"十三五"国家重点出版物出版规划项目

会计原典

Tractatus
Mathematicus
ad
Discipulos
Perusinos

[意] 卢卡·帕乔利 / 著　　　宋丽梦 / 译　　　郭道扬 / 主审
[意] 朱塞佩·卡尔佐尼　　[意] 詹弗兰科·卡瓦佐尼 / 整理

图书在版编目(CIP)数据

会计原典 /（意）卢卡·帕乔利著；宋丽梦译.
上海：立信会计出版社，2025.1. — ISBN 978-7-5429-
7578-2

Ⅰ.F230

中国国家版本馆 CIP 数据核字第 2024GQ0006 号

策划编辑　窦瀚修
责任编辑　窦瀚修　孙　勇
美术编辑　吴博闻

会计原典
KUAIJI YUANDIAN

出版发行	立信会计出版社
地　　址	上海市中山西路 2230 号　　邮政编码　200235
电　　话	(021)64411389　　　　　　传　真　(021)64411325
网　　址	www.lixinaph.com　　　　电子邮箱　lixinaph2019@126.com
网上书店	http://lixin.jd.com　　　http://lxkjcbs.tmall.com
经　　销	各地新华书店
印　　刷	常熟市人民印刷有限公司
开　　本	787 毫米×1092 毫米　　1/16
印　　张	44.75
字　　数	850 千字
版　　次	2025 年 1 月第 1 版
印　　次	2025 年 1 月第 1 次
书　　号	ISBN 978-7-5429-7578-2/F
定　　价	360.00 元

如有印订差错，请与本社联系调换

序 一

 2010年8月我在河北承德参加了由中国会计学会主办、首都经济贸易大学会计学院承办的第七届会计史暨会计史国际学术研讨会。在研讨会上，来自意大利佩鲁贾大学经济学院的詹弗兰科·卡瓦佐尼（Gianfranco Cavazzoni，简称卡瓦佐尼）教授介绍了"现代会计之父"卢卡·帕乔利（Luca Pacioli，简称帕乔利）的学术发展之路及其影响，并向我和时任立信会计出版社社长窦瀚修研究员分别赠送了与朱塞佩·卡尔佐尼（Giuseppe Calzoni，简称卡尔佐尼）共同整理但尚未出版的帕乔利的著作《会计原典》（*Tractatus Mathematicus ad Discipulos Perusinos*）。这是该整理稿首次以古意大利文和古拉丁文形式在中国会计界呈现。在这次研讨会上，窦瀚修研究员向卡瓦佐尼教授回赠了由立信会计出版社出版的帕乔利的《簿记论》中译版，并提出组织翻译和出版《会计原典》中文版的想法。卡瓦佐尼教授当场慨允，并非常希望能在中国和世界范围内广泛传播帕乔利的会计思想。

 这部《会计原典》源自帕乔利在佩鲁贾大学任教8年的数学讲义，以古意大利文和古拉丁文写就。该手稿现存放于梵蒂冈图书馆，笔迹极难辨认，佩鲁贾大学的卡瓦佐尼和卡尔佐尼两位教授花了12年时间将其整理成印刷体古意大利文和古拉丁文。这部著作的语言、专业性以及帕乔利的用语习惯为翻译带来相当大的难度。国内懂意大利文的人不少，但既懂古意大利文和古拉丁文，又了解文艺复兴时期经济和数学历史，还知道帕乔利用语习惯并有会计背景的人，可谓凤毛麟角。为了物色合适的译者，从2011年开始，窦瀚修研究员和黄成艮编辑带着《会计原典》，走访了北京、上海几乎所有设意大利语专业的大学，遍访名师，却无功而返，皆因古意大利文、古拉丁文和专业的难度而被婉拒。2015年4月，他们与意大利驻上海总领馆的文化官员卡萨齐先生取得了联系。卡萨齐先生非常热心，一起帮助寻找既懂古意大利文、古拉丁文，又懂会计，母语是汉语的学者。半年过后，在2015年10月，意大利驻上海总领馆向立信会计出版社推荐了曾到意大利佩鲁贾大学进行合作研究的访问教授、中南财经政法大学会计学院的宋丽梦博士。宋丽梦是我指导的博士研究生,专业功底深厚、扎实,2011年应佩鲁贾大学的邀请前往意大利进行世界会计史的合作研究,熟练掌握了古意大利文、古拉丁文并熟悉文艺复兴时期的意大利会计史。宋丽梦博士承担本书的翻译工作之后,全身心投入,逐字逐句,精雕细刻,每当遇到疑惑,随时与意大利、英国和比利时等国研究帕乔利的学者们沟通讨论,不放过任何疑点,力求做到"信、达、雅"。功夫不负有心人。历经8年,他终于完成了《会计原典》的翻译工作,可谓十分难得,功不可没。

帕乔利自1475年开始在佩鲁贾大学任教,大约在1478年完成了他现存于世的第一部手稿——《会计原典》。这部手稿的诞生要早于其1494年所著的《数学大全》[①]16年,其内容丰富,涉及代数、数学、几何的应用,广泛讨论了商人之间合伙的利润分配、利息计算、债务期限、易货交易、各地关税、商业习俗,以及各种货币的计量换算、汇兑和票据等问题。

《会计原典》是帕乔利应用数学、教育和簿记思想的起点。他提出了商人最重要的三件事:钱财的计算;成为一名优秀的会计师和熟练的簿记员;妥善有序地安排一切商业事务。《会计原典》非常明确地定义了会计信息的精确性要求:即便某些类似问题可用多种方式来解答,但也不能将它们冠以账目之名,因为账目一定会被它自己唯一的和独一无二的比例所限定和束缚,不可能用其他不需要精确比例的数量形式来记录。

《会计原典》是《簿记论》[②]产生的前提和基础,反映了帕乔利簿记学思想的产生、形成和发展的历史演变过程。它包含17个部分或专论:分数,三数法则,教与学的顺序;合伙经营及其规则的范例;多种易货贸易及其广泛承认的规则;各地货币的汇兑与交换;不同交易形式的利息账目;多个期限账目计算一个到期日的方式和方法;金银提纯与熔合的账目;级数的方法和规则;利用假设条件的方法及超额和缺额的规则求解;特殊账目;数学游戏或游戏数学的摸索;数的分配与分割;数的求解或创造;几何账目;方根;运用代数的资本计算;商业费率。

历经8年,宋丽梦博士苦心钻研,细针密缕,才以中文形式突出展现了这部大师

---

① 《数学大全》(*Summa de Arithmetica Geometria Proportioni et Proportionalita*)的全称是《算术、几何、比及比例概要》,是文艺复兴时期重要的数学著作,系统总结了当时的算术、代数和几何知识,尤其对复式记账法的记载使其在会计学领域具有里程碑意义。
② 《簿记论》又称《计算与记录要论》。(会计)从零散的实践上升为系统的理念,对世界会计发展产生了深远影响。

手稿的精髓，把它完整地奉献给国内外管理学界，同时他还引证了丰富的文献，以注释形式对该著作进行了广泛和深入的学术研究，实属难能可贵，其成就及贡献影响深远。这部译著充分显示以下独特价值：

(1)《会计原典》是世界范围内系统阐述簿记理论、实践与思想的开山之作，其中文版将填补中文著作中会计史的空白，而且中文版的《会计原典》，是当今世界正式出版的唯一文字版本。

(2)《簿记论》为复式簿记技术的专论，仅为《数学大全》中第三卷第九部分的第十一篇，而本书包含17个部分，即17个专论，体系完整、篇幅巨大，全面地提供了复式簿记产生的历史背景、经济环境和技术基础，将两者结合才可能一窥马克斯·韦伯所称"理性资本主义"。

(3)《会计原典》系统提供了文艺复兴时期欧洲特别是意大利诸城邦的数学、经济、金融、商业、税收、企业组织的实践和规则，填补了上述专门史研究中的空白。

所以，这部译著的出版将推动中国会计学研究与会计教育事业的发展，将卓有成效地促进博士、硕士会计学术论文撰写，推动会计学术研究水平进入一个新的阶段。我充分肯定这部著作，乐于为其作序。

郭道扬

中国会计学会第一届至第七届理事会会计史专业委员会主任委员

中南财经政法大学教授　博士生导师

序 二

卢卡·帕乔利是文艺复兴时期的意大利学者，以往人们对他在数学上贡献的了解主要是依据其已公开出版的著述（特别是一向被看作其代表作的《数学大全》），而眼前这部《会计原典》，为我们深入评析这位学者在文艺复兴时期数学兴起过程中的重要作用打开了新的视界并将带来新的认知。

《会计原典》既是现代复式簿记学的开山经典，也是一部地道的数学珍宝。其内容不仅包括当时应用于贸易与金融等领域的各种数学方法（如分数运算、三数法则、假设法、等差数列和等比数列求和等），同时也有不少出于纯粹数学兴趣的篇章，如数的分配与分割，数的求解或创造，方根，摸索数学和游戏数学等，其中不少题材触及了文艺复兴时期近代数学的理论元素。例如，第十三部分"数的求解或创造"探讨代数方程的求解，在这里，帕乔利跨越了阿拉伯数学家们的研究疆界，将对二次代数方程的公式求解推向高次情形。他试图寻求三次方程的一般解法，虽然没有成功，但无疑激发了稍后的意大利同行对代数方程研究的热情，引导了塔尔塔利亚和卡尔达诺等人在三次、四次方程求解方面的突破；该部分的后半部分有大量与所谓完美数、线性数、表面积数、立方体数、三角形数、五角形数、实心数、球形数和循环数等相关的讨论，对17世纪费马等人的数论研究不无影响。在第十一部分"数学游戏或游戏数学的摸索"中，帕乔利提出了许多具有概率性质的问题，可以认为他是引领费马和帕斯卡等人早期探讨概率论的前驱。尤其引人注目的是，帕乔利在本书中已创用了大量数学符号，虽多为缩写性质，但却不失为文艺复兴时期数学符号化潮流的先声。

由以上几点，说这部著作表明帕乔利是文艺复兴时期在意大利等地域兴起的近代数学的先行者之一，应该并不夸张。

另外值得指出的是，书中一些关键的方法有着复杂的文化背景，例如，"三数法则"和"假设法"，在古代中国和印度的数学著作中都是常见的算法（在中国《九章算术》中分别称为"今有术"和"盈不足术"）。我们甚至可以从书中找到中国古代著名的

《孙子算经》中"物不知数"问题的影子（相同的问题和相同的解法）。帕乔利在书中更是直接提到了包括欧几里得和花剌子模在内的多位希腊数学家和阿拉伯数学家的名字并广泛引用他们的著述。因此，本书堪称是不同数学文化交融的结晶，为我们了解文艺复兴早期在丝绸之路西端发生的不同数学文化的交流融合提供了宝贵的史料。

仅从以上两大方面可理解《会计原典》这部著作的学术价值。书中的内容在帕乔利公开出版的《数学大全》中都有包含并得到了改进拓展。《会计原典》可以看作是《数学大全》的前身。深入考察研究《会计原典》，对于进一步评价帕乔利在近代数学史上的地位，追寻其思想演进的过程乃至文艺复兴时期近代数学的来源及形成轨迹，具有重要意义。

《会计原典》是帕乔利在佩鲁贾大学的讲义手稿，在其生前没有正式出版，其后在梵蒂冈图书馆蒙尘长达5个多世纪。现在的中译本是参考佩鲁贾大学卡尔佐尼和卡瓦佐尼两位教授的古意大利文和古拉丁文整理本译出，并且这部著作是目前在世界范围唯一正式出版的版本。因此，帕乔利这部著作中译本的出版，也是数学史领域的重要事件。

本书不仅内容深广，而且篇幅浩大，所据底本的语言又是古意大利语并夹杂古拉丁文，其中文翻译是何等艰巨的工程！人们可以想象译作道路上的荆棘与坎坷。宋丽梦博士历经整整8年的磨砺，不仅出色地完成了翻译任务，同时开展了深入的研究，书中大量的注释文字足以说明其付出的心血。面对即将出版的80余万字的译稿，笔者不禁要为译者的勇气和能力点赞，对本书的出版将引起的学术兴趣及后续研究充满期待！笔者同时赞赏立信会计出版社的学术眼光，使这部沉睡已久的数学珍宝得以风采展世。

李文林

中国科学院数学与系统科学研究院 研究员 博士生导师
中国科学院数学研究所原副所长
第七届中国数学会秘书长
第四届、第六届中国数学会数学史分会理事长
国际数学联盟数学史委员会特派委员

译 者 序

历经5个多世纪的岁月，若卢卡·帕乔利再临人世间，会欣喜地发现他的希冀都一一实现了：复式簿记成为全球通用的会计方法；数学已广泛应用；计算与簿记成为商业要素；"无做无错，无错无获"的实践理念及"兴趣是最好的老师"的教育理论被奉为圭臬。会令他惊讶的是，他在《会计原典》和《数学大全》中对数学应用、利润分配、利息计算、货币汇兑、度量衡换算和复式簿记等所进行的规则化和标准化的尝试，今天已然臻于极致。会令他震惊的是，为"神圣比例"画插图的他的学生兼好友，拉丁文都不精通的达·芬奇，成为世人皆知的博学者和艺术家。他不会想到的是，他在佩鲁贾大学8年讲义的手稿——《会计原典》，存放于梵蒂冈图书馆长达500余年，这部代表他最初商业和教育理念的作品，会被翻译为中文，出版于古老而又神秘的东方大陆之国。

卢卡·帕乔利，方济各会修士，教授、数学家、现代会计之父、魔术师、书法家、语言学家、公爵、将军、国王和教皇的顾问，国际象棋专家，人文主义教育家，达·芬奇及阿尔布雷希特·丢勒的导师。他一生至少著有十部作品，这在15世纪几乎是不可想象的事情，以致受到后世诸多名人的质疑，比如法比奥·贝思塔(1909)、亚梅(1994)和埃尔南德斯·埃斯特维(1994)等，认为其不过是欧几里得、斐波那契、保罗·达戈马里以及威尼斯商人成果的总结者。本部《会计原典》是帕乔利现存于世最早的著作，其手稿的整理与研究有力地回击了这些怀疑与不解；而且研究者们还发现，可能是帕乔利帮助甚至参编了皮耶罗·德拉·弗朗西斯卡所著的《算术专论》(1470)。所以穆勒(1952)认为帕乔利"对人类生活的影响要比但丁或米开朗基罗大得多"。

我们向经典致敬，更重要的是回归帕乔利思想和观点的核心，回归他直面世俗及至宗教藩篱的勇气，立足商业实践的底气，远见卓识的创造力以及秉承人文主义的教育实践。唯有这样，我们才能站在巨人肩膀之上，眺望远方。

犹记2010年我到佩鲁贾大学经济学院访学，合作导师詹弗兰科·卡瓦佐尼教授先对我说:"你必须学习意大利语。"然后他递给我一本《数学大全》,让我翻译其中的"簿记论"。这就是我学习意大利语的开始,我想这个世界上可能从未有人以这种方式开始一门语言教育的启蒙,但是6个月以后我居然完成了这个似乎不可能完成的任务。应时任立信会计出版社社长窦瀚修研究员的邀请,从2016年至2024年,我又完成了另一个似乎不可能完成的任务——翻译80余万字的《会计原典》(整理稿)。这是一部由意大利佩鲁贾大学卡尔佐尼和卡瓦佐尼两位教授花了12年时间,自帕乔利原始手稿整理出来的会计学名著。它也是从未被以任何一种语言文字正式出版的帕乔利现存于世的第一部著作。虽然常常有人问我,翻译这本书有什么意义?我也不知该如何回答,但每当我沉浸于帕乔利的世界,目光及于500多年前的笔迹,感受满纸的智慧与勇气,顿生坚持的动力。

我需要向读者朋友特别说明:第一,《会计原典》是帕乔利用当时的白话文即古意大利文夹杂一部分古拉丁文,手写而成,因书写习惯、符号、简写和术语与当今的情况差异巨大,难以辨认,卡尔佐尼和卡瓦佐尼两位教授忠实于原文,将其整理成现代印刷体(依然是古意大利文并夹杂古拉丁文),我在翻译过程中借鉴了该整理稿,但同时亦发现了整理稿中的诸多遗漏或差错;第二,为了忠实原文,保持作者原意,文中有多处数字之后没有单位,有些图、表没有图名和表名;第三,书中例题的序号是我加上的,主要是为了方便读者检索和阅读;第四,因为原著是手稿和讲义,帕乔利并未仔细核对所有的计算,因此存在不少计算错误,本着研究性翻译的理念,对其中明显计算错误之处,以译者注的形式进行了纠正或说明,对有的疑似错误,因时间久远,手写字迹难以辩认,很难判定,未加改动;第五,为了体现帕乔利在文艺复兴时期数学符号化潮流中的贡献,本书沿用了部分原稿中的数学符号,且在附录中专门制作了"数学符号"表格。第六,有的例题只告诉了解答思路,没有计算结果;第六,对于书中出现的20世纪中期意大利及至地中海地区商贸中使用的度量衡,也专门进行了梳理,作为附录呈现。

感谢郭道扬教授,带我进入会计史的世界。

感谢窦瀚修社长,敏锐地察觉到本书的价值,尽管翻译过程漫长,他都陪伴在侧,鼓励我坚持下去。坚持鼓励我坚持。

感谢卡瓦佐尼教授,"逼迫"我进入帕乔利的世界。

感谢佩鲁贾大学的同事们:里贝罗·马里奥·马里,卢卡·巴尔多齐,安德烈·卡尔多尼,克里斯蒂安·卡瓦佐尼,西蒙尼·特尔扎尼,法比奥·桑提尼,弗兰西斯卡·皮齐埃阿,为我解惑。

感谢有缘在佩鲁贾大学相识的博士生们:瓦伦蒂娜·斯卡利瑟,贾科莫·威博纳,埃多阿多·聘奇,达米亚娜·卢琴提尼,艾莲娜·马可,与你们一起度过了在意大利的美好时光。

感谢理查德·麦克维,阿兰·桑斯特,阿尔布雷特·希弗,付磊,赵丽生,让我在"孤独之路"上不那么孤单。

最后感谢我的父母、妻子和两个孩子,你们是我的实地,让我得以看到天空。

宋丽梦
于中南财经政法大学会计学院

推荐者语

　　1494年,卢卡·帕乔利(Luca Pacioli)的《数学大全》出版,专论九(Distinctio IX)中的"簿记论"(*Tractatus de Computis et Scripturis*)被认为是欧洲第一部正式出版的会计学著作,极大地促进了会计科学理论的形成与传播。这位传奇大师世代不朽,源于他本能地意识到这门学科的重要性,并致力于"交易的艺术"以及让"意大利"或"威尼斯"的复式簿记方法获得世界性地位。

　　1475年至1480年,帕乔利开始执教生涯——先是作为私人教师。1477年他在佩鲁贾成为公共数学教师,撰写了《会计原典》(*Tractatus Mathematicus ad Discipulos Perusinos*)。这部作品在梵蒂冈图书馆收藏了大约500年,于1994年由朱塞佩·卡尔佐尼(Giuseppe Calzoni)教授和詹弗兰科·卡瓦佐尼(Gianfranco Cavazzoni)教授在"庆祝卢卡·帕乔利神父的非凡国际会议"之际,首次在威尼斯展出,因包含许多在《数学大全》中讨论的主题而显得尤为重要。

　　帕乔利的这部作品分为17个部分。特别有趣的是第二部分"合伙经营及其规则的范例",涉及几个商人之间建立的利益关系,即他们决定共同从事商业活动并分享所得利润;第三部分是"多种易货贸易及其广泛承认的规则",阐述了易货贸易必须在由卖方换取另一种货物的情况下发生;第四部分是"各地货币的汇兑与交换",涉及货币的材质和汇率的问题,这是商人从事贸易活动必须了解的知识;第五部分是"不同交易形式的利息账目",解释了"利息"的概念,即无论是以货币抑或是实物形式发生的,须应用于每笔贷款交易的利息;第六部分是"多个期限账目计算一个到期日的方式和方法",阐述了将两个商人之间存在的若干债权债务结转到一个单一期限的方法,并确保双方不会因这种操作而受损;第七部分"金银提纯与熔合的账目",讨论了相关的规则,用以了解贵金属的价值,从而确定金银的纯度,因为自然界中金银总是与其他价值较低的金属混在一起。《会计原典》的最后一部分内容是第十七部分"商业费率",讨论了意大利和欧洲主要大城市的商业习俗和惯例。

《会计原典》中的前述讨论随后被复制在《数学大全》的各专论中，仅修改了部分范例，而讨论内容未改，分布在《数学大全》的专论一"合伙经营"，专论三"易货交换"，专论四"货币兑换"，专论五"利息、剩余、尾数、折扣和计算一个到期日的方法"，专论六"货币精炼与熔合的方法"，专论十二"商业费率"。

　　通过比较《会计原典》和《数学大全》专论九的内容，我们能够驳斥那些针对帕乔利的《数学大全》是抄袭的指控，因为该作品中涉及的许多主题之前已经在这部未发表的著作中讨论过。两部作品内容的共性也让我们能够重新评价《会计原典》，并赋予其应有的重要性。

　　因此，应特别感谢佩鲁贾（Perugia）会计师学院和斯波莱托（Spoleto）会计师学院、特尔尼（Terni）会计师学院和奥尔维耶托（Orvieto）会计师学院，它们通过本书的出版表明了他们的敏锐，来倡议传播《会计原典》，为了科学界以及那些想要深入研究伟大的圣塞波尔克罗（San Sepolcro）修士[①]思想的人。

威廉·圣托勒利
意大利国家会计师协会主席

[①] 指帕乔利，因其来自圣塞波尔克罗（San Sepolcro）。——译者注。

祝贺帕乔利《会计原典》(*Tractatus Mathematicus ad Discipulos Perusinos*)中译本问世！这位数学教师闻名于世的作品《数学大全》及其中的复式簿记专论以《会计原典》为基础写就。拜读本书，人们对其著述和成就的认知，将得到前所未有的拓展！

理查德·麦克威

荣誉精算师(Hon FIA)

伦敦政治经济学院(英国)会计学荣誉教授

阿伯里斯特威斯大学商学院(英国,威尔士)荣誉客座教授

对外经济贸易大学(中国,北京)荣誉客座研究员

中南财经政法大学(中国,武汉)荣誉教授

东北财经大学国际商学院(中国,大连)荣誉客座教授

很高兴获悉卢卡·帕乔利手稿《会计原典》项目取得进展。本书自 2016 年开始翻译，历经数年，将其翻译成另一种语言的难度之大，足以令每一个想要承担此重任的会计史学家望而却步。

《会计原典》手稿由帕乔利完成于 1478 年，是现存于世的第一部会计学著作，先于他最著名的作品——1494 年出版的《数学大全》16 年。《会计原典》是《数学大全》的基础，也是现代会计真正的起源。因此，《会计原典》是世界第一部会计学著作，极大地推动了会计学发展。

《会计原典》内容丰富，涵盖文艺复兴时期意大利及欧洲地区的所有重要商业知识，是当时介绍数学在商业中应用最全面和领先的著作。

《会计原典》是"现代会计之父"帕乔利早期会计思想和数学思想的体现，代表了帕乔利成长的独特阶段，而且其并未公开出版，可以说是帕乔利，也是会计史上独一无二的作品。它填补了会计史知识的空白，将产生重大影响，引起了世界学术界的关注。可以预期，此译作的面世必将引发批判性的思考和赞赏性的评论，任何在这个层次上的重大突破皆是如此。宋丽梦先生面对并一直在攻克难关，他的努力将有助于继续推动对会计学科和会计学专业知识的理解和传播，这是非常必要的工作。

谨上

加里·约翰·普雷维茨
美国会计史学家协会首任主席
凯斯西储大学维德黑德管理学院会计学教授

《会计原典》在会计历史中具有独一无二的地位。它揭示了"现代会计之父"卢卡·帕乔利是如何在其教师生涯的初期教授代数的。在那时，帕乔利已经是商业实践数学领域顶尖教师群体的一员，该著作亦揭示了他如何使用广泛的资源来教授商业实践数学；与出版的《数学大全》相比，可以看出，在这两部书相隔的 16 年里，他一步一步发展成为一名数学先驱，远超其商业实践数学领域的同行。《簿记论》被视为第一部提供复式簿记方法指导的著作，并被视作现代复式记账法的催化剂，而《会计原典》揭示了他应用数学知识的广度和深度。其教学方法论的改进也体现在《簿记论》之中，这揭示了他的教学能力，即从模仿到提出独特的有洞察力的教学法的历程，也真正展示了使用印刷品进行教学的潜力。

　　就内容理解和翻译而言，《会计原典》的翻译远非易事。语义随着时间推移而变，我们今天的措辞和语序不能被指望或假定就是 500 余年前的情况。任何试图将这一著作翻译成现代语言的人都面临着诸多困难。这是一项重大的任务，其艰巨性如何强调都不为过。完成翻译充分说明将译本作为自己作品的译者拥有足够的能力和奉献精神。对于那些对数学史感兴趣的人来说，这本著作全面概括了当时的应用数学知识，为商业实践提供了极富价值的洞见。而且，它铸就了《数学大全》的基础。简而言之，它代表了"现代会计之父"卢卡·帕乔利学术生涯的一个独一无二的阶段。

　　手抄本原稿也会使得翻译难度倍增。如果还使用手抄本原稿与印刷体整理稿进行核对，翻译的难度可想而知，原稿极难阅读，一方面原因是笔迹难以辨认，另一方面原因是当时所使用的缩写词。

阿兰·桑斯特

阿伯丁大学会计史教授

会计教育杂志（劳特利奇）主编

英国会计与财务学会（BAFA）会计史委员会主席

会计史学家学会理事

《会计原典》是"现代会计之父"、意大利人卢卡·帕乔利举世罕见的一部论述借贷复式簿记的著作，它的出版有着重要的学术价值，并将产生良好的社会效益。

　　目前，人们普遍认为借贷复式簿记学的开山之作是1494年出版的帕乔利的《数学大全》。《会计原典》是新发现的帕乔利的另一本会计学著作，完成于1478年，比《数学大全》早了16年。《会计原典》的发现为借贷复式簿记学的形成时间提供了新的证据，将冲击传统观念中借贷复式簿记学的时点划分，具有里程碑意义。

　　《会计原典》是《数学大全》形成的基础和前期准备。它所论述的主题是借贷复式簿记成熟时期"管理商业活动的'一般和特殊规则'""数学和几何学在商业中的应用"，且大多重现于《数学大全》中。《会计原典》的出版有助于人们更准确地认识借贷复式簿记学的起源、形成和发展，寻觅会计大师思想形成的轨迹。

　　文化是构建人类命运共同体的重要基石。中文版《会计原典》是目前世界范围内唯一正式出版的版本。该书中文版的出版是世界会计学术界的大事，并将向世界展现中国学习借鉴世界优秀文化成果的大国胸怀，对构建人类命运共同体，具有非常特殊的价值和意义。

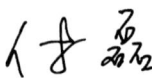

首都经济贸易大学教授　博士生导师
首都经济贸易大学会计学院原院长
中国会计学会第八届理事会会计史专业委员会主任委员

整理者序

关于卢卡·帕乔利(Luca Pacioli),我们有很多零散的信息。帕乔利1440年左右出生于圣塞波尔克罗①,但我们对他家人的情况几乎一无所知。帕乔利父亲的名字是巴托洛么奥·帕乔利(Bartolomeo Pacioli),可能是因为密切的亲属关系,或是幼年丧父,帕乔利在佛勒克·德·贝佛勒奇(Folco de Befolci)先生家中度过了他的童年。

圣塞波尔克罗是位于斯波莱托公国(Ducato di Spoleto)的一个迷人小镇,它因是文艺复兴时期杰出画家皮耶罗·德拉·弗朗西斯卡(Piero della Francesca,简称皮耶罗)的出生地而闻名。皮耶罗在他那个时代与一些杰出人物建立了深厚友谊,从布鲁内莱斯基(Brunelleschi)到阿尔贝蒂(Alberti),从多纳泰罗(Donatello)到保罗·乌切洛(Paolo Uccello)。皮耶罗接受了重要的工作委托,于是他沿着意大利中北部的整个亚得里亚海一侧(包括乌尔比诺、佩鲁贾、卡梅里诺、费拉拉、佛罗伦萨、里米尼、安科纳、佩萨罗、博洛尼亚)长期辗转,但在阿雷佐(Arezzo)②大区以及尼科洛五世(Niccolo V)和皮奥二世(Pio II)的罗马教廷附近逗留了很长时间。皮耶罗也被证实反复在圣塞波尔克罗停留:1442年,他被任命为地方人民议员;1445年,圣塞波尔克罗慈善兄弟会(Misericordia di S. Sepolcro)的会员们,包括著名的皮克(Pichi)家族的一名成员,委托他制作一幅祭坛画③;1454年,圣阿戈斯蒂诺(Sant'Agostino)教士会委托他这位"当代画家"制作一幅祭坛画;1462年,他收到了慈恩祭坛画④的部分报酬;从1466年到1469年,他受雇于公共事务;从1471年至1475年,他接受圣方济各教会(兄弟会)的委任书(1473年),在巴迪亚教堂(1474年)绘制壁画,还致力于撰写关于

---

① 圣塞波尔克罗(San Sepolcro)的正式全称为 Borgo Santo Sepolcro。——译者注。
② 帕乔利的出生地圣塞波尔克罗属于阿雷佐大区。——译者注。
③ 这幅画是一幅多联祭坛画,由皮克家族资助,其中的慈恩圣母(Madonna della Misericordia)在美术史上享有盛誉。——译者注。
④ 指前述圣塞波尔克罗慈善兄弟会(Misericordia di S. Sepolcro)委托的祭坛画。——译者注。

算术的论文；从1477年到1482年，他再次成为地方人民议员，后来成为圣巴托洛梅奥（S. Bartolomeo）兄弟会的领袖；最后，从1486年到1492年，直到他去世的那一天都在博尔戈。

尽管进行了诸多研究，但仍无法知道佛勒科·德·贝佛勒齐（Folco de Befolci）和皮耶罗之间存在什么样的关系。可以肯定的是，如果帕乔利在前者家里"成长"，那么在皮耶罗的工作室里，他肯定会接受皮耶罗的数学启蒙，学习这门科学的基本原理，并非纯理论数学，而是作为解决哲学、神学和实际问题的工具。

正是与画家皮耶罗的接触，皮耶罗认可了帕乔利在威尼斯继续他的学业，确信这个年轻人有学好数学的能力，但这需要不断传授和持续的投入。可以假设帕乔利于1453年左右离开圣塞波尔克罗前往威尼斯的朱代卡岛（Giudecca），为富商安东尼奥·德·龙皮耶西（Antonio de Rompiasi，简称龙皮耶西）"服务"，但并不是像之前商定的那样教授一个年轻后裔，而是与不同年龄的三兄弟巴勒托罗莫奥（Bartolomeo）、弗朗西斯科（Francesco）和保罗（Paolo）相伴，并处理一些必要的家庭事务。年轻的帕乔利实现了三兄弟接受小学教育的愿望，并且在里亚托（Rialto）学校学习后，开始了他真正作为家庭教师的教学，致力于确保这三兄弟学好数学、代数和几何，以及其他熟练解决家庭未来事务所必需的科学知识。

1470年，帕乔利撰写了他的第一部作品。在《数学大全》专论五（Distinctio V）的几行题献中，可以感受到他的人性。这位远离故土的年轻导师在威尼斯龙皮耶西的家中找到了家庭的温暖。这几句话作为永恒的见证，超越了数学家的伟大，凸显他的高尚情操，如此艰难，如此罕见，比其他任何东西都更能体现出其精神的伟大：感恩。

帕乔利所在的威尼斯致力于陆地扩张。推动泻湖城市扩张的原因首先是确保其货物畅通的交通以及回报良好的财富投资增长的机会。威尼斯人是典型的重商主义者，几乎没有理想主义，但具有强烈的国家意识和公民责任感。

为满足社会如此迅速变化的需要，威尼斯管理者很快意识到，与高中和大学相比，对基础、小学和初中教育的重视不够，教育必须进入日常生活的各个方面，必须培养能在不断发展的经济体系中有经营能力的商人，以及能够适应社会发展的懂政治、善治理的管理者。

在这个总体框架内，里亚托学校首先成立，这是一所教授哲学、逻辑学、神学和数学的高等文化学院；随后，圣马克（San Marco）又建立了一所人文科学学校，为国家管理部门，特别是为总理府培训官员。两个学校之间立即产生了极大的对立；"仁慈和博爱"的教师之间相互羡慕、嫉妒,乃至攻击,在他们的个性暴露无遗、不被人称道的同时,却以不同的方式迅速地、极大地促进哲学和历史评论的革新。罗马、那不勒斯、佛罗伦萨和威尼斯在这方面表现得尤为突出,成为整个欧洲的"样板"。

可以肯定的是,为了威尼斯的公共利益,特别是那些必须让孩子接受教育的公民的利益,最好通过充分的自由竞争,选用合格的教师以确保教育质量。因此,这座泻湖城市吸引了来自各地的教师,有的来自附近的城镇,有的来自文化繁荣的中心城镇,如帕多瓦、博洛尼亚、罗马、佛罗伦萨,有的来自与威尼斯共和国有直接往来和利益关系的地区,如罗马涅、马尔凯、托斯卡纳,但也有的来自关系不太密切的地方,如帕尔马、特伦托、米兰、曼图亚,有的甚至来自非常遥远的地方(如法国和德国)。

因为受威尼斯经济和政治影响的区域倍增,教师们从各地而来,使威尼斯成为汇集其他地方经验和不同专业技能的中心。大量教师的存在意味着对教育服务的大量需求,这表明,一个具有强烈商业特征的社会存在许多需求,阅读和写作的重要性不亚于计算。

时代在前进,在这样的背景下,算术教师理应比他们的语法同事受到更多尊重,他们被要求教授"与商人或商业相关"的课程。要知道莱昂纳多·斐波那契(Leonardo Fibonacci)的《计算之书》①(Liber abaci)和阿拉伯数字的传播所带来的非凡的新颖思想仍然活力四射;一个新的时代正在开启,逐渐变革旧时代并取而代之。

值得补充的是,在我们所谈论的时代,威尼斯出现了一批最杰出的教育家,这些大师以创新的教学方法为己任,坚信知识的自主价值,努力寻求人格的和谐发展和文明进步。

帕乔利如托马索·塔伦蒂(Tommaso Talenti)所愿在里亚托学校学习。托马索因众所周知的对文化的兴趣,在1397年立下遗嘱,以每年50个杜卡迪(ducati)金币支付薪酬给一位"学术大师"即"有公认的学识和名声"的教师,聘请其教授逻辑和哲学。

这所学校于1408年开始运作,因对教师质量的高要求而获得了非凡的成功。它很快就成为一所高级文化学院,以至于甚至有人试图将学校改造成一个帕多瓦大学

---

① 《计算之书》是比萨数学家莱昂纳多·斐波那契于1202年出版的数学著作,其死后被称为斐波那契(Fibonacci)。这本著作是第一批描述印度—阿拉伯数字系统并使用类似于现代"阿拉伯数字"符号的西方书籍之一。它通过解决商人和数学家的应用问题,向欧洲人展示了阿拉伯数字的便利性和高效性,为阿拉伯数字在欧洲的广泛传播奠定了基础。——译者注。

（也许它应该取而代之）式的结构，高度自治并能够自我管理，但被十人委员会①阻止了。

帕乔利清晰地回忆道，他对几何和代数的学习是在多门尼科·波拉伽丁先生（Ser Domeneco Bragadin，简称波拉伽丁）的指导下开始进行的。波拉伽丁于1455年8月7日至1481年5月在里亚托学校任教，他讲授的课程主要是逻辑和数学理论，与帕多瓦艺术学院（Facoltà delle Arti di Padova）的课程非常相似。

帕乔利也是波拉伽丁的前任保罗·德拉·佩尔戈拉（Paolo della Pergola，简称佩尔戈拉）的学生。佩尔戈拉从1420年2月7日至1454年7月15日在里亚托学校任教，是继卡米洛·达费拉拉（Camillo da Ferrara）（1408年8月28日至1414年5月15日在该校任教）、尼古拉·达萨勒诺（Nicolò da Salerno）（1414年9月9日至1418年10月28日在该校任教）和斯基斯蒙多·达·帕多瓦（Sigismondo da Padova）（1418年11月1日至1420年2月13日在该校任教）之后在该校任教的第四任教师。佩尔戈拉是哲学、逻辑和神学教师，似乎是他将代数和几何的重要元素添加到（里亚托学校的）教学之中的。其教学效果明显，许多来自威尼斯和其他城市的市民，包括非宗教人士和教会人士，都从中受益。

在这些年里，帕乔利和安东尼奥·科纳罗（Antonio Cornaro，简称科纳罗）一起在学校学习，由于波拉伽丁的健康状况不佳，科纳罗先是作为他的助手（从1479年6月5日起），然后（从1482年9月9日起）成为他值得信赖的继任者。当帕乔利从米兰逃离回到里亚托时，学校教师是安东尼奥·朱斯蒂尼安（Antonio Giustinian），随后，在1507年，当帕乔利担任公共数学教师时，以及在1508年，当他"在威尼斯里亚托的圣巴托洛梅奥（San Bartolomeo di Rialto）教堂为关于欧几里得（Euclide）第五卷的一轮课程"开课时，学校教师都由塞巴斯蒂安·福斯卡林（Sebastian Foscarin）担任，他被修士称为"最有声望的哲学教授"。

毫无疑问，里亚托特别关注文化和基础教育，这种关注是通过对学校和教师的投资来实现的；从这一点上，可以看出泻湖社会统治机构和高层贵族的初心。

重申反映基本事实的结论：里亚托的授课主题和坚定地倾向创新教学法的大师们，使帕乔利获得了关于商业运作和习俗的可靠认知。除此之外，帕乔利经常拜访龙皮耶西家族，并通过他们接触威尼斯商人们，有机会了解正确管理总账和其他账簿的

---

① 威尼斯共和国的主要治理机构。——译者注。

标准。

但是，那个时代的威尼斯在各方对新教学法需求的确认过程中没有能力发挥重要作用，因此也无法留住这座泻湖城市的优秀教师，也没有留住帕乔利。帕乔利在担任数学公共教师之后，于1471年移居罗马，成为杰出的人文主义者莱翁·巴蒂斯塔·阿尔贝蒂（Leon Battista Alberti）的座上宾。

次年，帕乔利回到圣塞波尔克罗，成为圣方济各会的青年修士；他当然也参加了神学院的学习，获得教师身份，并被允许执教，这可以解释为什么从1472年到1475年没有关于他的消息。

帕乔利成为圣方济各会修士的原因不明。当然，他的选择与15世纪中叶圣塞波尔克罗的社会环境，以及与皮耶罗的接触不无关系。事实上，纵观其经历，可以注意到画家和圣方济各会之间的持续关系网络。也许正是通过这个网络，皮耶罗得到了他"从圣塞波尔克罗到佩鲁贾再到阿雷佐最负盛名的（画作）委托"。

很难想象，卢卡·帕乔利神父对学习的渴望和传授知识的愿望与修士生活之间的矛盾。他本可以按照圣方济各会的基本规则，过隐居祈祷和苦行生活，但他自认是一个有思想有行动力的人，是一个深度参与社会和政治生活的公众人物。正因如此，他在几何和代数学科上的能力得到广泛认可，他辗转各地努力传播科学知识。

经教会总负责人弗朗西斯科·圣索那·达·布勒西亚（Francesco Sansone da Brescia）的同意，帕乔利从1475年起，应一些有意愿的年轻人邀请，在佩鲁贾开展数学私人教学，并声称自己是在"勤勉服务"。

帕乔利向那些学生披露了在里亚托学校学到的数学秘密。他掌握的知识和能力使佩鲁贾地方官在1477年10月14日组织选举并任命"来自圣塞波尔克罗的帕乔利修士在佩鲁贾的工作室教授算术，年酬30弗罗林"[1]，并在确定其有大学导师般博学多才的能力后，将其任命延长了两年，至1480年6月。

帕乔利为他在佩鲁贾大学的第一次任教留下了重要的证明——《会计原典》。这是一份396对开页的手稿，以白话文[2]写成，帕乔利以足够的耐心，用当时的白话文而不是古代字符，使其达到可以阅读理解的状态。

帕乔利的《会计原典》并未得到应有的重视。第一个提到《会计原典》的是帕乔利本人，在《数学大全》专论五的最后，在谈到伟大的艺术：教授大众代数（algebra e

---

[1] 佛罗伦萨发行的金币。——译者注。
[2] 指在官方语言是拉丁文的时代，平民所使用的语言。——译者注。

amucabala)的规则时,他说我们将在这里使用对字符的缩写;在《数学大全》的其他四卷中,也使用了类似规则;在 1476 年①为佩鲁贾大学年轻人编写的内容中,并未涉及太多;在 1481 年为扎拉(Zara)编写的内容中,有更多涉及;在 1470 年为巴勒托罗莫奥(Bartolomeo)、弗朗西斯科(Francesco)和保罗(Paolo)三兄弟讲授的相关内容中,也是如此。巴尔迪(Baldi)在三位数学家未发表的生平中也提到了这部作品,但巴尔迪很可能是由于《数学大全》的提及才知道佩鲁贾专论②,这从他将其定义为代数的一篇简短论文可以看出,它根本就不是什么一篇论文,而且并不简短。

1861 年,伯克帕尼(Boncompagni)在梵蒂冈图书馆发现了编号 3129 的手稿,题为"圣塞波尔克罗的帕乔利,算术(Lucae Pacioli ex Burgo Sancti Sepulchri, Arithmetica)";他发现此手抄稿包含帕乔利未发表的关于代数和几何的完整论文,并将这项工作与巴尔迪提到的论文联系起来,出版了其序言。维阿尼罗(Vianello)也谈到了这一点,将这项工作定义为真正的数学大全(una vera Somma),认为其涉及代数、数学、几何;广泛讨论了威尼斯、佛罗伦萨、热那亚和罗马等地的商业习俗,各种货币、多种计量、汇兑和票据等。

帕乔利的《会计原典》,与中世纪的法律术语类著作类似,其内容并非起源于它写作的时代,而是与帕乔利本人和其他先辈之前的贡献有关。因此,它可以被认为属于当时的现行文献,也就是说,从史学的角度来看,不是原始来源,而是派生和传承下来的,属于现行文献的作品,其内容构成与传播并不区分哪些作品是作者原创的,哪些作品是在使用、理解和接受他人成果的基础上创作的,这使现行文献的原创性和总结性很难被区别和辨认。

《会计原典》分为若干部分,正文之前是前言。帕乔利在前言中祝贺那些最亲爱和热情的佩鲁贾人,他们让数学大学教育的价值在佩鲁贾这个庄严和杰出的城市中得到体现,在那里哲学原则和元素犹如奔腾的河流和翻腾的浪花。

帕乔利撰写这部作品的目的是指导那些希望投身于商业贸易的人;因此有必要讨论管理商业活动的一般规则和特殊规则,以使商人们可以获得合法正当的贸易知识,很多时候,人们陷入欺诈和犯罪事件,仅仅是因为不了解理性的方法而已,受引领商人们通过了解科学得到真理这一愿望的推动,帕乔利相信有创世主的帮助,自己有合适的条件来创作,不仅仅只是汇编很多我们古老前辈所实践的有序方

---

① 此处应为 1478 年。——译者注
② 本部著作中出现的佩鲁贾专论或佩鲁贾数学专论,即《会计原典》这部著作。——译者注

法和操作,还可以通过自己的总结来努力简化这些经营操作和规则,根据我不充分的理解,上帝将能够给你比教义更多的东西,因为一个人总是无法看到和经历所有。

《会计原典》的内容设计尽管复杂,但条理清晰至极:数学和几何学(哲学家们所验证的其他科学之母)在商业实践中得到了很好的应用,因为这些学科表明了最高程度的确定性以及对随之而来的其他事物性质的统驭。帕乔利认为,只有充分了解它们,商人才能展现荣耀,实现有用。这些古老的话语代表了资产阶级和商业社会的价值观:对人与人以及人与金钱和消费之间关系的世俗观念。帕乔利不指责利润,而是推崇勤奋、专业和诚实赚取财富的美德。

在一个文化热情高涨、经济发展迅猛的时代,也存在着差异化的意识形态,对于教会来说,财富的价值是可憎的,因此,任何渴望基本需求之外物资的人,都会被归为吝啬鬼而堕入地狱。帕乔利提议为商人的行为建立合理的规则。这是资本主义道德观的源头,可以追溯到那些所有人共享的价值观,因为它们关系到社会生活的基础。

正是因为这个原因,帕乔利使用了数字,随之运用了计算;通过这个工具,他演示了从最简单和最基本到最广泛和最复杂的方法,以便商人在实践经历中可以更好地管理自己的事务。

这项工作同时满足了"理论家"和那些没有对市场进行过任何研究的"实践者"的需要。其可服务两者,既能引发其对基本理论的思考,也能寻找到有益的经验和理性原则的支持。

在这部作品中,科学探究的两种手段被联系起来:方法和工具。前者建议通过对事实的观察来发现它们;后者则是寻找支配它们的规律。这些方法起初很简单,后逐渐复杂,有了它们,能为那些必须承担多种性质事务的人提供便利和帮助。

帕乔利于1477年圣卢西亚节前夜(incepit tam in vigilia Sancte Lucia Virginis)[①]开始创作《会计原典》,并于次年4月29日结束他的工作。这个开始日期潜在的意义引发了研究者的好奇心,促使他们去寻找答案。事实上,如果穿越时空是历史学家的工作,那么每一个敏锐的读者都会注意到,人类历史有一条共同的线索,一条可以从现在看到过去的路径。它可以追溯到渗入中世纪基督教的一些人,他们正视不变的古

---

① 1477年12月12日。——译者注。

典传统:缪斯,伟大的天才,现在帮助我!哦,我所看到的是谁写的,这是一种将自己的作品置于神明、守护神保护之下的习惯。如果我们排除那个日期(1477年12月13日,或圣卢西亚节)的偶然性,没有道理不相信这一选择是因为这一天本身的特殊性。卢西亚(Lucia)是304年在锡拉丘兹(Siracusa)被杀的基督教殉道者,传说将光明的概念归于她,她在但丁的寓言中成为光明的恩典。帕乔利修士选择圣卢西亚作为该作品创作的见证人。事实上,我们知道帕乔利是方济各会修士,而圣方济各在患眼疾的黑暗时期,帕乔利思绪转向这位殉道者。而且,即使是但丁对圣人也极为忠诚;人们相信正是出于对治愈眼疾的感激之情,帕乔利将圣卢西亚置于在天堂与玛丽亚接近的高位。方济各会的青年修士不可能不知道这一点。此外,也不能排除他的名字Luca是这个选择的关键,这个名字从希腊语Lookas或Lookanos①演变为拉丁语Lux,作为光明使者照亮我们。

无论动机如何,帕乔利能够在非常短的时间内(139天)完成如此重要的工作,特别是考虑到他不得不进行密集的教学活动,他关怀和照顾的有150多名学生和知名的年轻人,似乎可以肯定,圣卢西亚协助了帕乔利。帕乔利的教学如此吸引人(他白天必须去教学),以至于这部著作只有在晚上才有时间撰写。

根据研究主题,该作品可分为两部分:第一部分涉及数学应用和计算问题,目的是指导学生了解商人在日常经营中使用的计算及记账规则;第二部分更深入,涉及更适合在商业活动中引用和参考的代数和几何。

关于级数的数学部分似乎与商人的活动没有任何交集,但随后就会发现,深入钻研并不容易,按级数形式增长的价值,其增长程度逐步递增,因而借贷可以按级数形式的份额来偿还。

关于几何学的长篇章为商人的专业训练增加了重要的内容:帕乔利用精确的参考资料,引用欧几里得定理,用以计算建筑物的高度,麻袋、木桶和槽的容量,以及表面积值。

《会计原典》的结构相当复杂但清晰流畅,由17个部分组成,包含800多个问题②,许多不同种类金银币的列表和对商业费率的广泛讨论由帕乔利的一位弟子帮助编撰,这位不知名的佩鲁贾商人与老师合作,人的同情心促使他尽最大努力工作。

翻阅作品,人们就能完全理解中世纪商人的培养所需要的多面性,他们被要求处

---

① 希腊语中,"Lookas"或者"Lookanos"通常被写作"Δουκάς"(Lu-kas)或者"Δουκανός"(Lu-ka-nos)。——译者注。
② 译者整理并编有序号的问题约1 000个。——译者注

理如此复杂、如此明显不同的问题,以至于帕乔利承认,一言以蔽之,做商人比做律师更难。

《会计原典》还讨论了在几个合伙人之间分配利润的问题,他们在从事商业活动时提供不同的货物、不同的货币,展示不同的个人才干;在不同货物之间找到表示公平易货交易的数量,这些货物以不同的计量单位表示,以不同的货币计价,同时考虑到皮重、关税和佣金;进行货币兑换、金属精炼和合金成分的经营操作。

在商业实践中,与时间推移相关联的业务活动出现了,例如贷款利率的计算,包括在固定期限内提前或拖欠还款的情况,无论是按单利还是复利。

与《会计原典》中教学法提出的一样,该作品的第一部分具有基本原理的价值,帕乔利首先解释并示范了分数的使用,用它来进行四种运算;其次他介绍了三数法则(交叉相乘规则),通过这条规则,如果一个问题的三个相关项是已知的,那么第四项就可以通过一个比例计算出结果;最后他证明了它在贸易中的具体作用。

事实上,帕乔利强调传授这些工具相关知识的必要性,以便学生可以在集市上的商人中间显露自身的能力和荣誉,因为有句谚语说,市场上的狐狸比驴(傻瓜)多。

正因如此,下一步他请来一位假想的教师在课程中带领学生对商业交易中可能发生的案例进行计算和推理。帕乔利在这一点上表现出了非凡的教育敏感性,他肯定地说,如果他给学生一个案例来思考并解决相关商业实践中的问题,胜过给学生们上1 000堂课。

帕乔利接着列举了学生必须学习的科目,以便他们能够成为优秀的商人;事实上,他明确指出,必须了解钱币的知识……,划分收益,弄清楚这些事项后,即可算出盈亏。关于旅途即货物和钱币从一个地方到另一个地方的运输,商人如果想获得更多利润,就要知道利用自己的聪明才智降低商品成本,否则将会亏得一塌糊涂。一言以蔽之,做商人比做律师更难;你可以自由地利用这些知识,展示合伙主体的运作,讨论货币问题;然后你可以向他介绍易货贸易,这些知识一天获得,受益终身。

此外,帕乔利还教学生超额和缺额、根、二项式和其他数学工具的规则,对这些知识进行了总结:那些不经历困苦,毫不在乎的人,不可能成为会计师。在该作品第一部分末尾的几页中,帕乔利的教育使命感清晰地浮现出来,作为一名才华横溢的数学家,这种使命感融入商业贸易的具体应用之中。

第二部分讨论了商人之间建立的社会或合伙关系,他们决定共同投入金钱或货物,目的是共同开展商业活动并按出资额比例分享所获得的利润。

第三部分讨论易货贸易,即一种商品与另一种商品的交换,特别是当要交换的商品没有有效市场时,卖方会被迫放弃现金销售,将其商品换成另一种商品。

第四部分讨论各地货币的汇兑与交换,帕乔利进行了一个非常简短的介绍,描述了不同货币之间的关系,并解释了里拉(lire)、索尔迪(soldi)、德纳里(denari)的细分;让读者了解不同国家和地区的货币并遵守将展示的规则,以便正确计算汇率。这部作品讨论了大量关于各种货币的问题,以及相应的解决方案,进而说明了所遵守的计算方法。

在第五部分,帕乔利提醒读者注意这样的事实,即在每次借贷经营之中,无论以何种方式发生交易(包括金钱、货物和动物),都需要计算对应的利息,或者说,上述交易期满必然产生利息。在这一点上,帕乔利表明他坚持方济各会的指令,该指令承认在预定的最大值范围内借贷利息的合法性,高利贷经营除外。他举例说明了一些方法,简化商人间借贷关系问题的解决,商人为了避免麻烦,借贷双方同时削减(利息)来达成协议。此外,他强调,这种改变是一个很好的规则,因为要投资于有财富的地方,而不是从短缺中榨取。无需赘言,这揭示了所谓效率,即强调便利地将金融手段投入富裕和发展中的市场,而从实际产品和货币价值下跌的短缺危险市场中撤出。

第六部分帕乔利说明了一个主题,即为两个商人之间存在的债务和信用风险敞口计算一个单一到期日的方法,使双方不因此业务受损。帕乔利通过精确完整并伴以丰富课程内容的案例,探究平均期限的概念(即把不同时期的、以相同利率使用的若干资本结转到一个固定期限)、预付补偿(通过支付一笔或多笔预付款,用更多的资本代替一笔款项),以及最后时间和利率调整(通过这种方式,将具有不同期限和产生不同利率的资本调整至单一时间和单一利率)。

在第七部分,帕乔利论述了贵金属,即金和银。在说明了这些金属的度量衡之后,他严肃地指出这些度量衡有别于其他商业度量,他指导学生如何识别融合金或银的纯度与重量,因为这些贵金属很少在流通中以其纯粹的状态出现,而通常是与其他价值较低的金属混合。对这些问题进行阐述后,帕乔利引入了代数和几何的讨论,他写道:面对所有的情形,你可以引入代数于其中,跟随其方法,展示运用方根的方法,以及它们如何区别,如何相乘、相加和相减,与其他数在一起或没有其他数的运算,有二项式和无二项式的运算等。

在第八部分,帕乔利深入探讨了级数的主题。他对级数的定义如下:其是一个从期望数值开始的取数进程,其总是从作为级数的基础和母体的一个单元开始,一个超越另一个地持续取数,即第二个数字超越第一个数字的数值,与第三个数字超过第二个数字的数值,以及第四个数字超越第三个数字的数值均相同,如此到无穷,超过部分总是相等的,这样就可以概括地得到包含该公差的第一项到最后一项的总和。帕乔利强调了解这些知识对于发展和完成各种商业经营是多么的必要:易货、合伙、汇兑,以及利息等。

在第九部分,帕乔利阐述了超额和缺额的规则。

在第十部分,帕乔利探讨了一些特殊问题,他将其定义为"特殊账目"。

在第十一部分,帕乔利为了让他的学生有适当的休息和放松的时间,阐述了一些有趣的数学游戏,并指出为了解答这些游戏问题,不应参照那些一般的规则,而是应用只为这些有乐趣的话题服务的特殊规则,即便其他许多问题可以用千百种方式来解答,但也并不将它们归入理性计算名义,因为理性计算会被它自己唯一的、独一无二的比例所限定和束缚,不可能用其他不需要精确比例的数量来满足。在其实际应用中,帕乔利设置了商业模拟,或者更准确地说,他预设了让人类的思维陷于窘迫之中的商业游戏,让学习者不得不去考虑这些情形的偶然性和动态变化,去寻找不是绝对的,而是相对的规律。因此,学习者必须通过应用尝试和再尝试的原则来寻求这些游戏的解决方案,它独特的价值就是在于犯错后再重新尝试的可能性。这正是帕乔利所希望的,不断将学习者的决策投入实验,从而保证他们的全面成功。

从第十二部分至第十六部分分别讨论了"数的分配与分割""数的求解或创造""几何账目""方根"和"运用代数的资本计算"。

在第十七部分,帕乔利讨论了"商业费率",说明了意大利和欧洲主要城市的商业实践与惯例,以及汇兑规则及其在不同地方的运用等,便于商人自己设法投资经营。这是整个著作的最后一部分。

从《会计原典》到《数学大全》,可以发现《会计原典》总结并收集了帕乔利所掌握的所有数学知识,这些知识是为那些想要实践商业交易艺术的人而准备的。《会计原典》原稿有300余页,分为两个主要部分,再分为9个和8个有区别的部分:前者分为论文和文章;后者为章。

帕乔利在《会计原典》中使用的语言简单明了,通俗易懂,即使文化程度不高也能够理解和接受,介绍算术、代数和几何的基础知识、规则和实际应用;然后,他描述了合伙和商业协会,认为它们对从事商业的人非常有用。在这里,他讨论了汇兑、利息和折扣的计算,这些都是商人必须熟练掌握的基本功,因为对商人来说有三件事是必要的:

钱财的计算;成为一名优秀的会计师和熟练的簿记员;妥善有序地安排一切商业事务。

帕乔利谈到了《会计原典》的价值。该书是对商人事务最有用的教材,如果作品缺乏适当的顺序,就无法驾驭,他们的思想会总是陷入极大的困境,片刻不得安宁,随后他就商业费率进行了论证。综上所述,可以在《会计原典》中发现,数学和会计结合在一起,两者的完美结合,也许就是当商人们必须算账时,在柜台上实现的。

从两部著作的各个主题即可以看出,帕乔利在撰写《数学大全》时,几乎使用了《会计原典》的全部内容。如果我们特别分析一下专论九[①],它是一部名副其实的簿记和商业技术汇编,我们可以看到两部著作内容上的相似之处如下。

《数学大全》的专论一合伙企业(c.150-c.159)和专论二合伙经营(c.159-c.161)与《会计原典》的第二部分合伙经营及其规则的范例(c.25-c.60)。

《数学大全》的专论三易货交换(c.161-c.168)与《会计原典》的第三部分多种易货贸易及其广泛承认的规则(c.61-c.84)。

《数学大全》的专论四兑换(c.168-c.173)与《会计原典》的第四部分各地货币的汇兑与交换(c.85-c.109)。

《数学大全》的专论五利息、剩余、尾数、折扣和计算一个到期日的方法(c.168-c.173)与《会计原典》的第五部分不同交易形式的利息账目(c.109-c.133)以及第六部分多个期限账目计算一个到期日的方式和方法(c.133-c.145)。

《数学大全》的专论六货币融合与控制的方法(c.182-c.186)与《会计原典》的第七部分金银提纯与熔合的账目(c.145-c.157)。

《数学大全》的专论十非常规(c.194-c.197)与《会计原典》的第十部分特殊账目(c.181-c.217)。

《数学大全》的专论十二关税(c.211-c.224)与《会计原典》的第十七部分商业费率(c.361-c.396)。

除了以上相似之处,在《数学大全》的第二个主要部分(c.1-c.76),我们发现了许多主题和部分内容修改的案例,均包含在《会计原典》的第十四部分几何账目(c.265-c.313)之中。

《会计原典》的完稿比《数学大全》的印刷和出版早了16年,其中的许多主题使我

---

① 即中译《簿记论》在《数学大全》中所在的篇,"簿记论"为该专论的第十一篇(Tractatus XI)。——译者注。

们知晓帕乔利对数学、商业等的理解更早。由于这些主题的重要性，帕乔利决定在他的主要工作中为所有接触商业艺术的人再次提出[1]。鉴于此，我们将继续沿着前述路径，去寻找这位神秘修士、中世纪欧洲第一位会计规则理论家思想的进一步证据。

朱塞佩·卡尔佐尼　詹弗兰科·卡瓦佐尼

于佩鲁贾，1996年5月

注明：脚注通常包含对帕乔利手稿中页面的引用。

---

[1] 指在《数学大全》中再次论述相同或类似主题。——译者注。

前　言

每个人都很自然地依靠上帝的恩赐而努力工作,与他人分享,以便更深刻地了解我们对上帝的义务,由此心存感恩并对上帝无限赞颂。

但有时在穷困潦倒的生活中,从事不同职业的人们,忘记了分享,忘记了履行对上帝的义务,饮水而不思源。

我可以肯定地说,这也同样困扰着我,但是那些崇尚美德的,我最敬爱和亲切的佩鲁贾绅士们,他们并非每一个人都在类似的学院①追求着学识,而我们这些在意大利的人知道,这个神圣而卓越的城市②就是每个学院的源泉。我如此评价,毫无虚言,也不是受热忱或奉承的影响,这样的品性都应该远离每个忠诚的基督信徒。显而易见,这样的学院能使每个虔诚信徒更为强大,犹如法律之于哲学,沛水之于河流。最终,算术和几何的数学知识在我们的学院里传播,在意大利那些著名的城邦传播和讨论。在此之前,可能有一些值得尊敬的人留下了他们的著作,但在我们这个时代,除了在这个充满活力的城市,找不到任何可以留给后人的、讨论这些数学、商业理论和实践的作品。

神圣上帝的仁爱驱使和鼓舞着我,在这些商业的艺术中,发挥我有限的才智,提供一般和特殊的规则,凭借它们,我们可以获得合法和正确的商业知识。很多时候,人们往往只是因为不了解理性③的方法而陷入欺诈和罪恶。然而,为满足你们谦卑的祈祷,即对我而言的戒律,我把自己放在正确的位置上,依靠造物者的帮助,有序地组织、收集和汇编我们许多古老的祖先所实践过的许多数学和商业的方法、诉求和处理

---

① 可能指帕乔利在佩鲁贾任教的学院。——译者注。
② 可能指佩鲁贾。——译者注。
③ Ragione,理性,源自拉丁语"比率(ratio)",通常指计算或比率。西塞罗用它来翻译希腊语"λόγος (lógos)"一词,其包含了话语、计算、思想等含义,总体而言,其含义丰富,而这一词在本作品中频繁出现,当与具体的商业实践联系在一起时,往往指计算、账目等含义,本文很多时候翻译为"账目",或者应该表述为"某某账目的计算"更为贴切,比如"利息账目计算"等。——译者注。

方式。基于我有限的认知，我努力简化所述的处理方法和规则。我所传授的知识，与上帝注定要教给你的一样多，因为一个人始终无法洞察和经历所有步骤。

因此，我诚恳地请求在这门艺术中博学而有经验的老师们，按照自己的想法，将不断修订和完善的内容提供给我，也祈求至高无上的上帝给予和授予我所期望的一切。我经常提醒那些初学者，在所有的经营中都要注意最重要的，也是所有哲学家都验证过的，所有其他科学的两个皇后，即算术和几何。它们处于确定性和自然顺序的首要位置，通过它们，人们将有机会和途径获得每一种能力，而荣誉将随之而来。

以这样的初心，我勤勉前行，努力将其所有部分以文字形式记录下来，这些内容随后你们将会看到。

就此告别，并为所有人向上帝祈祷。

从圣卢西亚节前夜开始，在1478年4月29日的佩鲁贾，我完成了这项工作。圣卢西亚的恩典，学生们的大力帮助，让我得以完成必要的工作。

所有内容都由我亲手写就，除了结尾的几页由我们的个别学生撰写。他们最想写的是人性关怀。所以，如果本书写得不那么好，不那么精炼，不要惊讶，是因为这个城市带给我巨大的压力和持续的劳碌，你们会清晰地看到，在我白天的教学中有150多名学者和知名年轻人需要我关心和照顾。上帝将他们保留在圣事之中，白天我必须去教学，因而只有在晚上我才能写作，但我相信，你们不会介意其中的瑕疵，因其出于善意。

本书包括17个主要部分：第一部分讨论分数，三数法则[①]，教与学的顺序。其中列举了许多案例，我不知道再如何拓展讨论这部分内容，因为我已经在手稿中向你们有条不紊地进行了演示，如同我所写的我们的其他书一样。这一部分从第13页[②]开始，到第25页结束。

第二部分主要包括合伙经营及其规则的范例。这一部分用大写的字母C标明，始于第25页，共52个案例[③]。

第三部分包括多种易货贸易及其广泛承认的规则。这一部分用大写的字母D标明，始于第61页，共55个案例。

[①] 即交叉相乘规则。——译者注。
[②] 指在原稿中的页码。原稿是指卢卡·帕乔利在佩鲁贾大学的讲义，后文提及的页码都是指原稿中的页码。——译者注。
[③] 帕乔利讲的案例数量与书中的案例数量不一致，可能是后来进行了修正。起始页码是指帕乔利手稿的起始页码。下同。译者注。

第四部分展示了各地货币的汇兑与交换。这一部分用大写的字母 L 标明,始于第 85 页,共 65 个案例。

第五部分展示了不同交易形式的利息账目。这一部分用大写的字母 E 标明,始于第 109 页,共有关于利息、租金和合伙的 60 个案例。

第六部分包含并展示了多个期限账目计算一个到期日的方式和方法,处理期限和金额的余数。这一部分用大写的字母 A 标明,始于第 133 页,共 16 个案例。

第七部分包含金银提纯与熔合的账目,以及如何通过其进行交易。这一部分用大写的字母 J 标明,始于第 145 页,共 46 个案例。

第八部分包含级数的方法和规则。这一部分用大写的字母 R 标明,始于第 157 页,共 29 个案例。

第九部分展示了利用假设条件的方法及超额和缺额的规则求解。这一部分用大写的字母 M 标明,从第 169 页开始,共 54 个案例。

第十部分的内容是特殊账目,其中列示了每一种方法。这一部分用大写的字母 S 标明,从第 181 页开始,共 92 个案例。

第十一部分的内容是数学游戏或游戏数学的摸索。这一部分用大写的字母 B 标明,从第 217 页开始,共 38 个案例。

第十二部分展示了数的分配与分割,比如展示了 10 的各种分配的可能性和案例。这一部分用大写的字母 P 标明,从第 229 页开始,共 74 个案例。

第十三部分展示了数的求解或创造。这一部分用大写的字母 Y 标明,从第 257 页开始,共 39 个案例。

第十四部分的内容是几何账目。这一部分用大写的字母 U 标明,展示了平面、立方体等,从第 265 页开始,共 196 个问题。

第十五部分的内容是方根,教授每种方根的加总、扣减、衡量、除法,以及含方根的二项式的衡量、除法、加总和扣减,均为精细的方法。这一部分没有明显区别性的标示,从第 313 页开始。

第十六部分的内容是运用代数的资本计算,包括其实践应用和验证等。以大写的字母 Q 标明,从 327 页开始,关于代数的界定与类似 30 次方根的极限,展示解答的方法,以及无穷的应用。

第十七部分,也是最后一部分,主要内容是商业费率,对于经营极为有益。这也是本著作的结尾部分。

现在将上述所说的字母(对应的主题和页码)列示如下：

字母 A：计算一个到期日的方法

c. 133

字母 J：金银

c. 145

字母 D：易货贸易

c. 61

字母 B：数学游戏或游戏数学的摸索

c. 217

字母 C：合伙

c. 25

字母 L：汇兑

c. 85

一次方、二次方、三次方等

c. 313

字母 Q：运用代数的资本计算

c. 327

字母 P：数的分配与分割

c. 229

分数，三数法则

c. 13

字母 U：几何

c. 265

字母 Y：数的求解或创造

c. 257

字母 E：租金和利息案例

c. 109

字母 R：级数

c. 157

字母 M：假设条件

c. 169

方根

c. 313

字母S：特殊账目

c. 181

商业费率

c. 361

这样一日之中便想要一心二用，最终将想法落于纸上，心怀尊敬，思想游走在合伙和易货贸易的理论之间，而在这个学院，有限或终止编撰作品绝无可能，亚里士多德说："如果无限的是数字，那么我亦如此。"

卢卡·帕乔利[①]

于1477年

---

① 署名及年份为译者后加，原稿无。——译者注。

目 录

第一部分	分数，三数法则，教与学的顺序	1
第二部分	合伙经营及其规则的范例	25
第三部分	多种易货贸易及其广泛承认的规则	75
第四部分	各地货币的汇兑与交换	110
第五部分	不同交易形式的利息账目	158
第六部分	多个期限账目计算一个到期日的方式和方法	204
第七部分	金银提纯与熔合的账目	219
第八部分	级数的方法和规则	248
第九部分	利用假设条件的方法及超额和缺额的规则求解	266
第 十 部 分	特殊账目	294
第十一部分	数学游戏或游戏数学的摸索	366
第十二部分	数的分配与分割	384
第十三部分	数的求解或创造	427
第十四部分	几何账目	445
第十五部分	方根	551
第十六部分	运用代数的资本计算	571
第十七部分	商业费率	599
帕乔利对前文的增补、勘误及修订		627
附表		656

数学符号 ··· 670

跋 ·· 671

出版者按语 ··· 673

第一部分

分数,三数法则,教与学的顺序

在分数的计算中,非常有必要知道如何约分,即如何计算最简分数。我想通过一个非常简短的规则来论证约分。希腊语中,约分的意思是指分割或将分数线上的数(分子)与分数线下的数(分母)等分;要做到这一点,必须找到一个数,它是一个分割器,或者说是分数线上数字和分数线下数字的公约数,也就是说,它必须能等分分数线上和线下的两个数字。如果它只能分割其中一个数字,那么分数就不能被正确约分。寻找公约数的方法有多种,但最有效的方法是:当分数线下数字较大时,总是用线下数字除以线上数字,当存在约数时,分数未至最简。简言之,总是用较大的数字除以较小的数字,直至找到一个约数使余数为零,该约数就是这个分数的分割器(最大公约数);如果得到的最大公约数是1,意味着这个分数无法再被分割。当你求最大公约数时,总是用余数作为被除数,这样直到余数为零(这个除数就是最大公约数)。

以上是波爱修斯(Boethius)①算术中的一种方法,另一种方法是持续对分子和分母进行约分,简言之就是一直约分,直至找到最大公约数。如果找到一个约数,不可再约分,这个约数就是最大公约数,如此约分直到最后,分数就被约为最简分数了,但是约分的次数可能是一次,也可能是若干次。

有一个判定不可约分的简单的方法,即要看这些数字是不是质数或是由13、17、19这样的数构成,如果一个数字是质数而另一个不是,则不可约分,但这并非一个明智的方法,因为其不可用于处理较大的数字。从前文两种方法中选取其一,则分数计算毫无难度。

【例 1-1】 12 乘以 $\dfrac{2}{3}$。

解答如下: 12 乘以分数线上的 2,得 24,将其除以 3,得 8,解毕。

---

① 波爱修斯,480—524 年,全名拉丁语为 Anicius Manlius Severinus Boëthius,6 世纪早期哲学家。其哲学巨著《哲学的慰藉》是中世纪最有影响力的哲学著作之一。——译者注。

【例 1-2】 12 乘以 $39\frac{2}{3}$。

解答如下：先用整数乘以整数，结果置于此，同[例 1-1]，用 12 乘以分数线上的 2，除以 3 为 8，加上之前所得整数，即得解。此计算结果与将另一部分全部换算为分数后再相乘的计算结果相同。即将整数 39 换算为分母为 3 的分数形式，然后再用整数 12 乘以这个分数线上的数，再用线下的数约分后即得解 476。

【例 1-3】 $\frac{2}{3}$ 乘以 $\frac{3}{4}$。

解答如下：总是用一个分数线上的数（分子）①乘以另一个分数线上的数，用这个乘积除以两个分数线下的数（分母）②的乘积，即得解。

【例 1-4】 $\frac{1}{2}$ 乘以 $\frac{1}{3}$ 再乘以 $\frac{1}{4}$。

解答如下：将所有分子逐一相乘，即 1 乘以 1，得 1，再 1 乘以 1，得 1，将乘积置于分数线上，然后将所有线下的数字逐一相乘，即 2 乘以 3，得 6，然后 6 乘以 4，得 24，将乘积置于分数线下，得结果 $\frac{1}{24}$，解毕。

【例 1-5】 连乘 $\frac{1}{2}$、$\frac{2}{3}$、$\frac{3}{4}$、$\frac{4}{5}$、$\frac{5}{6}$、$\frac{6}{7}$。

解答如下：这样类似的问题被称为"连乘"分数。连乘（infilzare）③问题，不同的人解法不同，但解答类似问题的一些方法来自那些所谓的"无知者（bestie）"，当提出这样的问题时，他们对于连乘或其他相关术语都不清楚，对于所有的术语都毫无概念，犹如他们称公约数为意大利或德国面包。他们也并不愿意弄清楚这些概念，而还要你按他们的方法求解，当然可能在你的国家，人们也是如此解答连乘问题。若你告诉他们关于这些分数的正确求解想法时，会发现其与你理解的并不一样，这是因为这些术语并不来自著名的学者，如欧几里得、波爱修斯、阿基米德等，而就是乘、除、加、减等方法的运用。

解这种连乘时，最好按以下方法进行：同[例 1-4]，将所有分数线上的数字逐一相乘，然后将乘积置于分数线上，同样，将分数线下的所有数字逐一相乘，并将乘积置于分数线下。即 1 乘以 2 得 2，2 乘以 3 得 6，6 乘以 4 得 24，24 乘以 5 得 120，120 乘以 6 得 720，把 720 置于分数线上。然后做线下面的乘法，2 乘以 3 得 6，6 乘以 4 得

---

① 分数线上的数即分子。——译者注。
② 分数线下的数即分母。——译者注。
③ 这个术语除了"连乘"，还有另外一个意思是"串起"，是指从倍数分数（frazione multipla）到普通分数（frazione ordinaria）的分解，参见本书最后的增补部分帕乔利对此术语的解释，同时本部分也有一个例题是关于"串起"这个术语的。——译者注。

24,24 乘以 5 得 120,120 乘以 6 得 720,720 乘以 7 是 5 040,将这个乘积置于分数线下,得到 $\frac{720}{5040}$,约分得 $\frac{1}{7}$,这个方法可解分数相乘,包括一串分数相乘等所有类似问题。

【例 1-6】 $\frac{3}{5}$ 乘以 $17\frac{3}{5}$。

解答如下:一种方法,先用 $\frac{3}{5}$ 乘以 17,结果置于此,再用 $\frac{3}{5}$ 乘以 $\frac{3}{5}$,两者相加即得解。另一种方法:将整数化为同一性质的分数即化为分母为 5 的分数,然后采用分数相乘的方法,再约分,同样亦得解①。

【例 1-7】 $2\frac{1}{2}$ 乘以 $17\frac{2}{3}$。

解答如下:首先以整数乘以整数,置于一边,然后用整数乘以分数②,再用分数乘以分数,将所有结果加总,即可得解。简捷方法是将每个数都变换为一个分数,然后两者相乘,即可得解。

【例 1-8】 $7\frac{1}{2}$ 乘以 $9\frac{3}{4}$ 再乘以 $12\frac{1}{3}$。

解答如下:将每个数都变换为一个分数,得 $\frac{15}{2}$、$\frac{39}{4}$、$\frac{37}{3}$;然后将分子相乘,即 15 乘以 39,再乘以 37,再将分子相乘,即 2 乘以 4,再乘以 3,最终得解 $901\frac{7}{8}$,用上面同样的方法就足以解答。

除了这种分子分母平行相乘,分数还有交叉相乘。

【例 1-9】 $\frac{3}{5}$ 除以 7,转向相乘,即交叉相乘,得 $\frac{3}{35}$。

解答如下:7 除以 $\frac{2}{3}$,计算得 $10\frac{1}{2}$。如果用 $7\frac{2}{3}$ 除以 9,将被除数换算成一个分数再计算,得 $\frac{23}{27}$,其不可再约分。

$\frac{2}{3}$ 除以 $\frac{3}{4}$,得 $\frac{8}{9}$。$\frac{3}{4}$ 除以 $\frac{2}{3}$ 则得 $1\frac{1}{8}$。

$\frac{3}{4}$ 除以 $2\frac{1}{2}$,将除数换算成一个分数再计算,得 $\frac{3}{10}$。

---

① 本例题只告诉解题方法,没有给出计算结果,后文也有类似的情况。——译者注
② 即分别用 2 乘以 $\frac{2}{3}$,用 17 乘以 $\frac{1}{2}$。——译者注

$7\frac{1}{2}$ 除以 $\frac{2}{3}$，将被除数换算成一个分数再计算，得 $11\frac{1}{4}$。

$12\frac{3}{4}$ 除以 $8\frac{1}{2}$，将每个数都换算成一个分数再计算，得 $1\frac{1}{2}$，$8\frac{1}{2}$ 除以 $12\frac{3}{4}$ 等于 $\frac{2}{3}$。

$\frac{18}{9}$ 除以 $\frac{22}{12}$，计算结果为 $1\frac{1}{11}$。$\frac{22}{12}$ 除以 $\frac{18}{9}$ 结果为 $\frac{99}{108}$，所有的分数除法都应这样交叉相乘，则计算无碍。验算就是用结果去乘以除数，其应等于被除数。

【例 1-10】 $\frac{2}{3}$ 和 $\frac{5}{6}$ 相加，计算得 $1\frac{1}{2}$。$\frac{3}{4}$ 和 $\frac{3}{5}$ 相加得 $1\frac{7}{20}$。$\frac{3}{5}$、$\frac{1}{3}$、$\frac{5}{8}$ 相加是多少。

解答如下： 先相加两个分数，然后用和与第三个分数相加，这样逐一计算，结果为 $1\frac{67}{120}$。即使不用交叉的方法，也可以进行加总，即通过分数线下的数字相乘，5 乘以 3 得 15，15 乘以 8 得 120，同时换算分数线上的数字，$\frac{3}{5}$ 为 72，$\frac{5}{8}$ 为 75，$\frac{1}{3}$ 为 40；72、75、40 的总和是 187，除以 120，得 $1\frac{67}{120}$，结果与交叉方法一样。但这种方法笨重冗长，按照我们的方法，简单容易。

【例 1-11】 $\frac{2}{5}$、$\frac{3}{4}$、$\frac{4}{9}$、$\frac{2}{7}$ 相加是多少。同上计算，得 $1\frac{1\,109}{1\,260}$。

解答如下： $7\frac{1}{2}$ 和 $9\frac{2}{5}$ 相加。首先相加整数，然后其他数相加，得 $16\frac{9}{10}$。

$7\frac{1}{2}$、$5\frac{1}{3}$、$8\frac{1}{4}$、$9\frac{5}{6}$ 相加。同上计算，先整数相加，然后逐个相加分数，再将整数与其他整数（即分数加总得到的整数）相加，得 $30\frac{11}{12}$，依此类推。

注意，(动词)summare、ragiognere、racogliere 和 acozare 都是相加之意。

7 减去 $\frac{2}{5}$，得 $6\frac{3}{5}$。8 减去 $\frac{3}{7}$，得 $7\frac{4}{7}$。

13 减去 $3\frac{3}{5}$，得 $9\frac{2}{5}$。8 减去 $4\frac{5}{7}$ 得 $3\frac{2}{7}$。

$7\frac{1}{3}$ 减去 $\frac{3}{5}$，换算成分数，然后交叉相乘计算，得 $6\frac{11}{15}$。验算：$6\frac{11}{15}$ 加上 $\frac{3}{5}$，得 $7\frac{1}{3}$。

$\frac{1}{2}$ 减去 $\frac{1}{3}$，等于 $\frac{1}{6}$。验算：$\frac{1}{6}$ 加上 $\frac{1}{3}$，得 $\frac{1}{2}$。

$15\frac{1}{9}$ 减去 $7\frac{1}{2}$：换算成分数，然后交叉相乘计算，得 $7\frac{11}{18}$[①]。验算：$7\frac{11}{18}$[②]加上 $7\frac{1}{2}$，等于 $15\frac{1}{9}$。

需要注意，"减去"在不同时间、不同地点的称呼不同，有时被称为"chavare"，有时又被称为"abatere"，验证就是通过将余数与减数相加，总和对比被减数，不符则为错误。世界各种货币如阿勒布拉（alzibra）、弗罗林（fiorini）、索尔迪（soldi）、德纳里（denari）、杜卡迪（ducati）等的数量计量都是如此。

取 7 的 $\frac{3}{4}$，即用 $\frac{3}{4}$ 乘以 7，$\frac{3}{4}$ 乘以 7 得 $5\frac{1}{4}$，就是取 7 的 $\frac{3}{4}$。

取 $\frac{7}{9}$ 的 $\frac{2}{5}$，如上同解：用 $\frac{7}{9}$ 乘以 $\frac{2}{5}$，得 $\frac{14}{45}$，也就是 $\frac{7}{9}$ 的 $\frac{2}{5}$，依此类推。

$13\frac{1}{6}$ 的 $\frac{7}{9}$ 是多少，如上同解：将 $13\frac{1}{6}$ 换算成一个分数，然后乘以 $\frac{7}{9}$，得 $10\frac{13}{54}$。

【例 1-12】 求 $\frac{7}{8}$ 的 $\frac{5}{6}$ 是多少。

解答如下： 如上同解，得 $\frac{35}{48}$。计算 $17\frac{8}{9}$ 的 $\frac{2}{5}$ 是多少。如上同解，得 $7\frac{7}{45}$。

如此根据你自己的方法对某个数进行部分取值，验算方法是：用结果除以其中一个数必须等于另外一个数。比如，$\frac{5}{6}$ 的 $\frac{2}{3}$ 是 $\frac{5}{9}$；用 $\frac{5}{9}$ 除以 $\frac{2}{3}$ 就是 $\frac{5}{6}$；$\frac{5}{9}$ 除以 $\frac{5}{6}$ 就是 $\frac{2}{3}$，不符则为错误。还可进一步更有力地验证：如果 $\frac{5}{9}$ 是 $\frac{5}{6}$ 的 $\frac{2}{3}$，那么取 $\frac{5}{9}$ 的 $\frac{1}{2}$（即 $\frac{5}{6}$ 的 $\frac{1}{3}$）再加上 $\frac{5}{9}$（即 $\frac{5}{6}$ 的 $\frac{2}{3}$），就会得到 $\frac{5}{6}$，即 $\frac{5}{6}$ 的 $\frac{3}{3}$，如果 $\frac{5}{9}$ 是 $\frac{5}{6}$ 的 $\frac{2}{3}$，那么它的一半就是 $\frac{5}{6}$ 的 $\frac{1}{3}$；加上它自身，就会变成 $\frac{5}{6}$ 的 $\frac{3}{3}$，这样验算对初学者而言比较难，因为更有思辨性。

【例 1-13】 $\frac{5}{6}$ 和 $\frac{7}{8}$ 哪个更大？大多少？

解答如下： 如同做减法一样交叉相乘，乘积更大一边的分数将更大，计算后你会发现 $\frac{7}{8}$ 比 $\frac{5}{6}$ 大，因为它那一边有更大的乘积：6 乘 7 是 42，5 乘 8 是 40，42 来自 7

[①] 原稿为 $7\frac{11}{13}$，应为 $7\frac{11}{18}$，笔误。——译者注
[②] 同上。

的一边,这样哪个更大的问题得解①。现在回答第二个问题,即大多少,用 $\frac{5}{6}$ 这边的乘积和 $\frac{7}{8}$ 这边的乘积相减,即用 42 减 40,得 2,置于分数线上,然后用 6 乘以 8 得 48,置于分数线下,得 $\frac{2}{48}$,即 $\frac{1}{24}$,已知 $\frac{7}{8}$ 比 $\frac{5}{6}$ 多 $\frac{1}{24}$;可用减法验算:即 $\frac{1}{24}$ 与 $\frac{5}{6}$ 相加得 $\frac{7}{8}$,因为若 $\frac{7}{8}$ 比 $\frac{5}{6}$ 多 $\frac{1}{24}$,那么将 $\frac{1}{24}$ 补给 $\frac{5}{6}$ 等于 $\frac{7}{8}$,道理相同。

【例 1-14】 $4\frac{1}{2}$ 和 $3\frac{1}{3}$ 哪个更大?大多少?

解答如下: 与上同解,得到 $4\frac{1}{2}$ 比 $3\frac{1}{3}$ 大 $1\frac{1}{6}$。

【例 1-15】 $9\frac{1}{2}$ 和 $5\frac{1}{3}$ 哪个更大?大多少?

解答如下: 计算结果为大 $4\frac{1}{6}$,哪个数字更大显而易见,但你总应想方设法根据问题给出答案。

【例 1-16】 告诉我 $\frac{2}{3}$ 是 $\frac{9}{10}$ 的多少份额。

解答如下: 这种类似问题无需赘言,用 $\frac{2}{3}$ 除以 $\frac{9}{10}$,即可得到份额数。用前文所述方法计算 $\frac{2}{3}$ 除以 $\frac{9}{10}$,得 $\frac{20}{27}$②,就是 $\frac{2}{3}$ 占 $\frac{9}{10}$ 的份额。如此验算,取 $\frac{9}{10}$ 的 $\frac{20}{27}$,一定得 $\frac{2}{3}$。例如问 4 是 12 的多少份额,用 4 除以 12,得到 $\frac{4}{12}$,即 $\frac{1}{3}$,所以称 4 是 12 的 $\frac{1}{3}$。验算:用前述方法取 12 的 $\frac{1}{3}$,得 4,这样可以精准处理所有类似问题。

---

① 在原稿的右边空白处有以下计算:

$$\begin{array}{cc} 40 & 42 \\ \frac{5}{6} \diagtimes \frac{7}{8} \\ \frac{2}{48} & \frac{1}{24} \end{array}$$

② 在原稿的右边空白处有以下计算:

$$\begin{array}{cc} 27 & 20 \\ \frac{9}{10} \diagtimes \frac{2}{3} \\ & \frac{20}{27} \end{array}$$

【例 1-17】 $\frac{3}{5}$ 占 $9\frac{1}{4}$ 的份额。

解答如下：$\frac{3}{5}$ 除以 $9\frac{1}{4}$，得 $\frac{12}{185}$，即 $\frac{3}{5}$ 占 $9\frac{1}{4}$ 的份额是 $\frac{12}{185}$，验算同上。

【例 1-18】 $6\frac{2}{3}$ 占 $15\frac{1}{8}$ 的份额。

解答如下：用 $6\frac{2}{3}$ 除以 $15\frac{1}{8}$，得 $\frac{160}{363}$，验算同上，这种关于份额的认识是一个好会计师应该具备的有益素质之一，否则其将一无是处。

【例 1-19】 告诉我 $\frac{5}{9}$ 是多少个 $\frac{1}{18}$。

解答如下：这意味着将 $\frac{5}{9}$ 转换为 $\frac{1}{18}$，而要知道其是多少个 $\frac{1}{18}$，用 $\frac{5}{9}$ 除以 $\frac{1}{18}$，得 10，$\frac{5}{9}$ 就是 $\frac{10}{18}$，即 $\frac{1}{18}$ 的 10 倍是 $\frac{5}{9}$。比如 100 索尔迪是多少弗罗林？答案是 5 个①，因为 20 的 5 倍是 100，这样就可以换算某个数量为分数或者整数。

【例 1-20】 $\frac{2}{5}$ 是多少个 $\frac{1}{4}$。

解答如下：又如，12 是多少个 $\frac{1}{9}$，等。这种转换对于认知分数非常有益，因为当人们发现更多种类的分数时，就会产生新的认知，但他可能是通过交叉相乘的方法或其他很繁琐的方法来进行计算，不过知道如何将不同分数变换为同一性质是很重要的，这样就可以如同整数一样无碍地进行计算，即都变换为 $\frac{1}{3}$ 或 $\frac{1}{4}$ 或 $\frac{1}{6}$ 等。

【例 1-21】 $\frac{3}{5}$ 乘以多少是 $\frac{7}{8}$。

解答如下：用 $\frac{7}{8}$ 除以 $\frac{3}{5}$，得 $1\frac{11}{24}$②，如果用 $\frac{3}{5}$ 乘以此数，将会得 $\frac{7}{8}$，因为如果用乘积除以乘数之一，就会得另一个乘数，正如前文反复显示的那样，在所有整数及分数的类似问题中，都可以看到。

【例 1-22】 $\frac{3}{5}$ 乘以多少是 $13\frac{1}{2}$。

---

① 根据后文，索尔迪与弗罗林之间的兑换率应该是 20 索尔迪兑换 1 弗罗林。——译者注。
② 原稿为 $1\frac{8}{27}$，有误。——译者注。

解答如下：如上同解。$7\frac{1}{3}$ 乘以多少是 $12\frac{1}{4}$，第一个是 $22\frac{1}{2}$，第二个是 $1\frac{59}{88}$[①]，与以上乘数相乘即可。

【例 1-23】 连乘 $\frac{1}{3}$、$\frac{1}{4}$、$\frac{1}{2}$。按照前文展示的方法计算，但在这里采取另一种方法，如前所述，连乘这个术语有多重含义。

解答如下：用分数线上的 1 乘以 4，得 4，加分数线上的 1 得 5，然后用 5 乘以分数线下的 2 得 10，那么用这个 10 除以分数线下的数字的乘积，即 3 乘以 4，再乘以 2，就是 24，得 $\frac{10}{24}$ 即 $\frac{5}{12}$[②]，如此得解，但第一种方法更适合我，而你可以按此法计算。

【例 1-24】 $\frac{3}{5}$ 加多少可得 $\frac{7}{8}$。

解答如下：从 $\frac{7}{8}$ 中减去 $\frac{3}{5}$，剩余 $\frac{11}{40}$，这个数加上 $\frac{3}{5}$，得 $\frac{7}{8}$。

【例 1-25】 $\frac{3}{5}$ 加多少可得 $12\frac{1}{2}$。

解答如下：如上同解，从 $12\frac{1}{2}$ 中减去 $\frac{3}{5}$，余 $11\frac{9}{10}$，用 $\frac{3}{5}$ 加上这个数即可验证之。

$7\frac{1}{9}$ 加多少可得 $15\frac{1}{2}$，如上同解。$3\frac{2}{3}$ 加多少可得 $4\frac{5}{6}$，$5\frac{4}{7}$ 加多少可得 $9\frac{6}{11}$，你可以试着解答，注意整数包括在内。

【例 1-26】 $\frac{3}{5}$ 除以几等于 $\frac{1}{2}$。

解答如下：$\frac{3}{5}$ 除以 $\frac{1}{2}$，得 $1\frac{1}{5}$，$\frac{3}{5}$ 除以这个数，得 $\frac{1}{2}$。

【例 1-27】 $12\frac{1}{2}$ 除以几等于 $\frac{3}{5}$。

解答如下：$\frac{3}{5}$ 除以多少可得 $9\frac{1}{2}$，答案是 $\frac{6}{95}$。

这种类似的问题，均可同样求解，整数也一样，根据计算的结果进行验算则更佳。

[①] 原稿为 $1\frac{59}{83}$，有误。——译者注。

[②] 从本例最后一句所述来看，帕乔利想要展示的应该是分数连乘的计算，但是若按分数连乘计算其结果有误，而从原稿中分数的表示方法来看，由于其未在 $\frac{1}{3}$、$\frac{1}{4}$、$\frac{1}{2}$ 三个分数之间加任何标点符号，即 $\frac{1}{3}$ $\frac{1}{4}$ $\frac{1}{2}$，因此有可能想要在后文增补部分演示"串起"运算，但按"串起"运算结果亦有误。——译者注。

【例 1-28】 几减去 $\frac{3}{5}$ 差为 $\frac{1}{2}$。

解答如下：将 $\frac{3}{5}$ 与 $\frac{1}{2}$ 相加，得 $1\frac{1}{10}$，这个数减去 $\frac{3}{5}$ 得 $\frac{1}{2}$。

【例 1-29】 几减去 $\frac{3}{5}$ 差为 $7\frac{1}{2}$。

解答如下：将 $\frac{3}{5}$ 与 $7\frac{1}{2}$ 相加，这个数减去 $\frac{3}{5}$ 后将得 $7\frac{1}{2}$。几减去 $7\frac{1}{2}$ 后，差为 $11\frac{1}{9}$，求解方法同前。

【例 1-30】 从 $4\frac{1}{2}$ 中减去几差为 $2\frac{1}{3}$，告诉我你的解答。

解答如下：从 $4\frac{1}{2}$ 中减去 $2\frac{1}{3}$，差就是从 $4\frac{1}{2}$ 中减去的，减去后得 $2\frac{1}{3}$。

【例 1-31】 $\frac{3}{5}$ 加上几个 $\frac{1}{8}$ 可得 $\frac{8}{9}$。

解答如下：先计算 $\frac{3}{5}$ 加上几得 $\frac{8}{9}$，用 $\frac{8}{9}$ 减去 $\frac{3}{5}$，差为 $\frac{13}{45}$，这个数字加上 $\frac{3}{5}$ 得 $\frac{8}{9}$，然后再计算其是几个 $\frac{1}{8}$：用 $\frac{13}{45}$ 除以 $\frac{1}{8}$，得 $2\frac{14}{45}$，用这么多的 $\frac{1}{8}$ 来相加，即 $2\frac{14}{45}$ 个 $\frac{1}{8}$。这样如果问多少个 $\frac{1}{7}$、$\frac{1}{9}$ 或 $\frac{1}{4}$，以及问 $\frac{1}{8}$ 或 $\frac{1}{3}$ 的多少倍，总能计算出结果，再相加，即得解。

【例 1-32】 $7\frac{1}{3}$ 加上几个 $\frac{1}{4}$ 可得 $10\frac{1}{2}$。

解答如下：如上所解，从 $10\frac{1}{2}$ 中减去 $7\frac{1}{3}$，得 $3\frac{1}{6}$，这个数加上 $7\frac{1}{3}$ 将得 $10\frac{1}{2}$。现在计算 $3\frac{1}{6}$ 里有多少个 $\frac{1}{4}$：计算 $3\frac{1}{6}$ 是 $\frac{1}{4}$ 的多少倍，即用 $3\frac{1}{6}$ 除以 $\frac{1}{4}$，得 $12\frac{2}{3}$，这么多 $\frac{1}{4}$，加上 $7\frac{1}{3}$，得 $10\frac{1}{2}$，即有 $12\frac{2}{3}$ 个 $\frac{1}{4}$。验算无误，类似同解。

【例 1-33】 几个 $\frac{1}{7}$ 减去 $\frac{3}{5}$ 余 $\frac{1}{2}$。

解答如下：先计算多少减去 $\frac{3}{5}$ 后差为 $\frac{1}{2}$，将 $\frac{3}{5}$ 与 $\frac{1}{2}$ 相加得 $1\frac{1}{10}$，这个数减去 $\frac{3}{5}$ 后正好差为 $\frac{1}{2}$。现在用上面的方法来计算，$1\frac{1}{10}$ 有多少个 $\frac{1}{7}$ 或 $\frac{1}{6}$ 或 $\frac{1}{3}$ 等，用 $1\frac{1}{10}$ 除以 $\frac{1}{7}$，

得 $7\frac{7}{10}$ 个 $\frac{1}{7}$，即 $7\frac{7}{10}$ 倍的 $\frac{1}{7}$。同理，多少个 $\frac{1}{8}$ 减去 $7\frac{1}{2}$ 后差为 $9\frac{1}{4}$，计算同前；多少个 $\frac{1}{5}$ 减去 $\frac{3}{4}$ 后余 $\frac{7}{8}$；多少个 $\frac{1}{9}$ 减去 $3\frac{4}{7}$ 后差为 $6\frac{5}{8}$。

【例 1-34】 $3\frac{1}{2}$ 减去几个 $\frac{1}{6}$ 后差为 $\frac{4}{9}$。

解答如下：首先从 $3\frac{1}{2}$ 中减去 $\frac{4}{9}$，然后使用前述方法计算余数中有多少个 $\frac{1}{6}$，就能知道几个 $\frac{1}{6}$ 被减去，这样每一个分数都可以计算了。

【例 1-35】 $7\frac{1}{2}$ 除以几等于 $17\frac{1}{2}$ 的 $\frac{5}{6}$，注意我问的是除以几。

解答如下：首先计算 $17\frac{1}{2}$ 的 $\frac{5}{6}$，即 $14\frac{7}{12}$，这个数字是上面除法所必需的。现在，为了求解 $7\frac{1}{2}$ 除以几得 $14\frac{7}{12}$，用 $7\frac{1}{2}$ 除以 $14\frac{7}{12}$，得 $\frac{90}{175}$，这是 $7\frac{1}{2}$ 要除以的数，即除以 $\frac{90}{175}$，将得 $17\frac{1}{2}$ 的 $\frac{5}{6}$，即 $14\frac{7}{12}$。

【例 1-36】 从多少中减去 $\frac{2}{5}$ 和 $\frac{5}{6}$ 之间的差，会等于 $\frac{1}{2}$ 和 $\frac{5}{9}$ 之间的差。

解答如下：首先求解 $\frac{2}{5}$ 和 $\frac{5}{6}$ 之间的差，得 $\frac{13}{30}$，这是通过一个减去另一个得解，然后求解 $\frac{1}{2}$ 和 $\frac{5}{9}$ 之间的差，为 $\frac{1}{18}$。现在把 $\frac{1}{18}$ 和 $\frac{13}{30}$ 相加，得 $\frac{22}{45}$，这就是减数，问题如此便得解。

【例 1-37】 $5\frac{1}{2}$ 与 $12\frac{2}{3}$ 的差乘以 $8\frac{2}{5}$ 与 $17\frac{1}{2}$ 的差。

如同上解，通过减法解得题目中的差，然后两者相乘即得解。

【例 1-38】 串起（infilza）①三分之若干和四分之若干和五分之若干和六分之若干，得 $\frac{287}{360}$。

解答如下：取分数线上的数字，即 287，用其除以 6，因为题中有六分之若干，得 47 并剩余 5，即得 $\frac{5}{6}$，然后用 47 除以 5，因为题中有五分之若干，得 9 并剩余 2，即得

---

① 注意这里的 infilza 是指分数运算的另一含义即"串起"，而非"连乘"之意，参见本书最后的增补部分帕乔利对此术语的解释。——译者注。

$\frac{2}{5}$,然后用9除以4,因为题中有四分之若干,得2剩余1,即得$\frac{1}{4}$,然后用2除以3,因为题中有三分之若干,得$\frac{2}{3}$,因此连乘数应该为$\frac{2}{3}$、$\frac{1}{4}$、$\frac{2}{5}$和$\frac{5}{6}$,得解。

【例1-39】 $\frac{3}{5}$乘以几个$\frac{1}{8}$会得$\frac{5}{6}$。

解答如下: 先求解$\frac{3}{5}$乘以几得$\frac{5}{6}$,按照前述方法求解,用$\frac{5}{6}$除以$\frac{3}{5}$得$1\frac{7}{8}$,这个数乘以$\frac{3}{5}$将得$\frac{5}{6}$,即$1\frac{7}{18}$。现在计算需要几个$\frac{1}{8}$,或$\frac{1}{9}$或$\frac{1}{4}$等,用$1\frac{7}{18}$除以$\frac{1}{8}$,得$11\frac{1}{9}$,如此数量的$\frac{1}{8}$乘以$\frac{3}{5}$,将得$\frac{5}{6}$,即$11\frac{1}{9}$个$\frac{1}{8}$,依此类推。

【例1-40】 $\frac{3}{4}$乘以几个$\frac{1}{12}$,可得$7\frac{1}{2}$。如上同解。

【例1-41】 几个$\frac{1}{5}$乘以$3\frac{2}{3}$得$\frac{3}{4}$。如上同解。几个$\frac{1}{6}$乘以$\frac{4}{9}$将得$2\frac{2}{7}$。几个$\frac{1}{11}$乘以$3\frac{1}{2}$将得$7\frac{4}{5}$。求解如前法,将顺利得解。

【例1-42】 $7\frac{1}{2}$除以几个$\frac{1}{9}$可得$2\frac{1}{4}$。

解答如下: 先求解$7\frac{1}{2}$除以几得$2\frac{1}{4}$;用$7\frac{1}{2}$除以$2\frac{1}{4}$,得$3\frac{1}{3}$,用$7\frac{1}{2}$除以这个数将得$2\frac{1}{4}$。现在计算是多少个$\frac{1}{9}$:用$3\frac{1}{3}$除以$\frac{1}{9}$,得30,用$7\frac{1}{2}$除以这个数量的$\frac{1}{9}$将得$2\frac{1}{4}$,即30个$\frac{1}{9}$,依此类推。$\frac{3}{5}$除以几个$\frac{1}{4}$将得$7\frac{1}{2}$,如上同解。$3\frac{1}{2}$除以几个$\frac{1}{3}$可得$4\frac{2}{5}$;$5\frac{4}{9}$除以多少个$\frac{1}{8}$将得$3\frac{2}{7}$,如此类问题。

【例1-43】 $\frac{3}{5}$加上几个$\frac{1}{7}$可得$3\frac{1}{4}$。

解答如下: 首先求解$\frac{3}{5}$加几得$3\frac{1}{4}$。$3\frac{1}{4}$减去$\frac{3}{5}$余$2\frac{13}{20}$,$\frac{3}{5}$加上这个数得$3\frac{1}{4}$。现在可以计算它是多少个$\frac{1}{7}$,或$\frac{1}{8}$或$\frac{1}{9}$:用$2\frac{13}{20}$除以$\frac{1}{7}$,得$18\frac{11}{20}$个$\frac{1}{7}$,用这个数量来加即可。

【例1-44】 几个$\frac{1}{8}$取其中的$\frac{2}{3}$可得$\frac{1}{2}$。

解答如下：要知道这个问题意味着哪个数的 $\frac{2}{3}$ 是 $\frac{1}{2}$。因而用 $\frac{1}{2}$ 除以 $\frac{2}{3}$，得 $\frac{3}{4}$，然后计算其是多少个 $\frac{1}{8}$，用 $\frac{3}{4}$ 除以 $\frac{1}{8}$，得 6，取 6 个 $\frac{1}{8}$，即 $\frac{6}{8}$ 的 $\frac{2}{3}$，将得 $\frac{1}{2}$，得解。

【例 1-45】 $\frac{3}{5}$ 乘以 $\frac{5}{6}$，再乘以多少得 $\frac{5}{8}$。

解答如下：先用 $\frac{3}{5}$ 乘以 $\frac{5}{6}$，得 $\frac{1}{2}$，然后计算 $\frac{1}{2}$ 乘以多少可得 $\frac{5}{8}$，用 $\frac{5}{8}$ 除以 $\frac{1}{2}$ 得 $1\frac{1}{4}$，即再乘以这个数即可。

【例 1-46】 告诉我多少个 $\frac{1}{6}$ 的 $\frac{7}{9}$ 是 $\frac{3}{5}$①。

解答如下：计算哪个数的 $\frac{3}{5}$ 是 $\frac{7}{9}$，用 $\frac{7}{9}$ 除以 $\frac{3}{5}$，得 $1\frac{8}{27}$，这个数即 $1\frac{8}{27}$ 的 $\frac{3}{5}$ 将是 $\frac{7}{9}$。验算：取其 $\frac{3}{5}$，正好得 $\frac{7}{9}$；现在计算有多少个 $\frac{1}{6}$、$\frac{1}{8}$ 或 $\frac{1}{9}$ 或 $\frac{1}{10}$ 是 $1\frac{8}{27}$，用其除以 $\frac{1}{6}$，得 $7\frac{7}{9}$，这么多数量 $\frac{1}{6}$ 的 $\frac{3}{5}$ 是 $\frac{7}{9}$。依此类推，多少个 $\frac{1}{3}$ 的 $\frac{5}{8}$ 是 $\frac{3}{4}$；多少个 $\frac{1}{11}$ 的 $\frac{9}{10}$ 是 $\frac{5}{6}$，等。

【例 1-47】 $\frac{3}{5}$ 除以多少个 $\frac{1}{8}$ 可得 $\frac{4}{7}$。

解答如下：先计算 $\frac{3}{5}$ 除以多少能得 $\frac{4}{7}$。用 $\frac{3}{5}$ 除以 $\frac{4}{7}$，得 $1\frac{1}{20}$，用 $\frac{3}{5}$ 除以这个数即 $1\frac{1}{20}$ 得 $\frac{4}{7}$；现在来看看它是多少个 $\frac{1}{8}$：用 $1\frac{1}{20}$ 除以 $\frac{1}{8}$，得 $8\frac{2}{5}$，用 $\frac{3}{5}$ 除以这么多即 $8\frac{2}{5}$ 个 $\frac{1}{8}$ 会得到 $\frac{4}{7}$。

【例 1-48】 从几个 $\frac{1}{4}$ 中减去 $2\frac{1}{3}$ 的差是 $10\frac{1}{4}$。

解答如下：首先求解多少减去 $2\frac{1}{3}$ 会余 $10\frac{1}{4}$。用 $2\frac{1}{3}$ 加上 $10\frac{1}{4}$，得 $12\frac{7}{12}$，这个数 $12\frac{7}{12}$ 减去 $2\frac{1}{3}$，差为 $10\frac{1}{4}$；现在计算 $12\frac{7}{12}$ 是几个 $\frac{1}{4}$：用 $12\frac{7}{12}$ 除以 $\frac{1}{4}$②，得 $50\frac{1}{3}$，

---

① 根据后文的解答，此例题目有误，应为："告诉我多少个 $\frac{1}{6}$ 的 $\frac{3}{5}$ 是 $\frac{7}{9}$"。——译者注。

② 原稿中为 $\frac{1}{4}$，后涂改为 $\frac{1}{8}$，笔误。——译者注。

即 $50\frac{1}{3}$ 个 $\frac{1}{4}$①中减去 $2\frac{1}{3}$ 的差是 $10\frac{1}{4}$，依此类推。

【例 1-49】 取几个 $\frac{1}{3}$ 的 $\frac{8}{9}$ 会得 $7\frac{1}{2}$。这个问题同前，意味哪个数的 $\frac{8}{9}$ 是 $7\frac{1}{2}$。

解答如下： 用 $7\frac{1}{2}$ 除以 $\frac{8}{9}$，等于 $8\frac{7}{16}$，$7\frac{1}{2}$ 占这个数的份额是 $\frac{8}{9}$。验算：取 $8\frac{7}{16}$ 的 $\frac{8}{9}$，应该就是 $7\frac{1}{2}$。现在计算 $8\frac{7}{16}$ 是几个 $\frac{1}{3}$：像上面那样处理，用 $8\frac{7}{16}$ 除以 $\frac{1}{3}$，得 $25\frac{5}{16}$，这个数量即 $25\frac{5}{16}$ 个 $\frac{1}{3}$ 的 $\frac{8}{9}$ 就是 $7\frac{1}{2}$。如此你便会处理无限个类似问题，且顺利得解。

【例 1-50】 $7\frac{1}{2}$ 乘以 $8\frac{2}{3}$，再乘以几可得 100。

解答如下： 此题意味着要找到乘以 $7\frac{1}{2}$ 与 $8\frac{2}{3}$ 的积，结果为 100 的那个数。用 $7\frac{1}{2}$ 乘以 $8\frac{2}{3}$，得 65，找到那个数，用 65 乘以其得 100，用我给你展示的方法求解：用 100 除以 65，得 $1\frac{7}{13}$②，乘以这个数即可。

【例 1-51】 几乘以 $\frac{7}{9}$ 的 $\frac{2}{3}$ 等于 $\frac{7}{8}$。

解答如下： 先取 $\frac{7}{9}$ 的 $\frac{2}{3}$，得 $\frac{14}{27}$，然后将其乘以一个数，使之得 $\frac{7}{8}$；用 $\frac{7}{8}$ 除以 $\frac{14}{27}$，得到 $1\frac{11}{16}$，乘以这个数即可。

【例 1-52】 几乘以 $12\frac{3}{5}$ 的 $\frac{1}{2}$ 等于 $\frac{2}{9}$，以及几乘以 $\frac{7}{8}$ 的 $\frac{5}{6}$ 等于 $3\frac{3}{4}$，等，与上面的解法相同。

【例 1-53】 $7\frac{1}{2}$ 除以几，等于 $\frac{3}{5}$ 除以 $\frac{7}{8}$。

解答如下： 首先看 $\frac{3}{5}$ 除以 $\frac{7}{8}$ 是多少，用 $\frac{3}{5}$ 除以 $\frac{7}{8}$，得 $\frac{24}{35}$，现在要求解 $7\frac{1}{2}$ 除以多少

---

① 原稿中为 $\frac{1}{8}$，笔误。——译者注。

② 原稿中为 $1\frac{7}{20}$，计算错误。——译者注。

得 $\frac{24}{35}$。这个问题解答如下：用 $7\frac{1}{2}$ 除以 $\frac{24}{35}$，得到 $10\frac{15}{16}$①，$7\frac{1}{2}$ 除以这个数正好得 $\frac{24}{35}$。

【例 1-54】 $7\frac{1}{2}$ 除以多少得 $3\frac{1}{2}$ 和 $4\frac{2}{3}$ 的乘积。

解答如下：首先求解 $4\frac{2}{3}$ 与 $3\frac{1}{2}$ 的乘积，得 $16\frac{1}{3}$②。这个问题就变成 $7\frac{1}{2}$ 除以多少会得 $16\frac{1}{3}$，现在用 $7\frac{1}{2}$ 除以 $16\frac{1}{3}$，得 $\frac{45}{98}$，$7\frac{1}{2}$ 除以这个数即可。

【例 1-55】 $\frac{3}{5}$ 与几相加等于 $\frac{5}{6}$ 的 $\frac{7}{8}$。首先求解 $\frac{5}{6}$ 的 $\frac{7}{8}$，为 $\frac{35}{48}$③。这样问题就变成 $\frac{3}{5}$ 加多少，等于 $\frac{35}{48}$，如同前述那样，从 $\frac{35}{48}$ 中减去 $\frac{3}{5}$，差为 $\frac{31}{240}$，加上这个数即等于 $\frac{35}{48}$。

【例 1-56】 $\frac{2}{3}$ 加几，等于 $12\frac{2}{3}$ 除以 $2\frac{5}{6}$。首先计算应得数是多少：$12\frac{2}{3}$ 除以 $2\frac{5}{6}$，得 $4\frac{8}{17}$。因此问题变换为 $\frac{2}{3}$ 加多少等于 $4\frac{8}{17}$。同上求解，从 $4\frac{8}{17}$ 中减去 $\frac{2}{3}$，余 $3\frac{41}{51}$，得解。

【例 1-57】 $\frac{3}{5}$ 减去多少，差为 $\frac{9}{10}$ 的 $\frac{4}{5}$；先求解 $\frac{9}{10}$ 的 $\frac{4}{5}$，得 $\frac{18}{25}$。现在的问题是 $\frac{3}{5}$ 减去多少，差为 $\frac{18}{25}$，因此将 $\frac{3}{5}$ 与 $\frac{18}{25}$ 相加，即得 $1\frac{8}{25}$。

【例 1-58】 从多少中减去 $\frac{6}{7}$ 的 $\frac{2}{3}$，差为 $\frac{9}{10}$ 的 $\frac{5}{6}$。先求解 $\frac{9}{10}$ 的 $\frac{5}{6}$，得 $\frac{3}{4}$，然后计算 $\frac{6}{7}$ 的 $\frac{2}{3}$，得 $\frac{4}{7}$。因而问题为：从多少中减去 $\frac{4}{7}$，将得 $\frac{3}{4}$，按照上面的方法，得 $1\frac{9}{28}$，得解。

【例 1-59】 从多少中减去 $12\frac{1}{2}$ 的 $\frac{3}{4}$ 的 $\frac{1}{2}$，差为 $10\frac{1}{4}$ 的 $\frac{2}{3}$ 的 $\frac{5}{6}$。

解答如下：先求解 $\frac{3}{4}$ 的 $\frac{1}{2}$，为 $\frac{3}{8}$，然后计算 $12\frac{1}{2}$ 的 $\frac{3}{8}$，为 $4\frac{11}{16}$，再求解 $\frac{2}{3}$ 的 $\frac{5}{6}$，为 $\frac{5}{9}$，然后取 $10\frac{1}{4}$ 的 $\frac{5}{9}$，为 $5\frac{25}{36}$。现在的问题是从多少中减去 $4\frac{11}{16}$，正好差为 $5\frac{25}{36}$；按

---

① 原稿中为 $10\frac{11}{12}$，计算错误。——译者注
② 原稿中为 15，计算错误，导致本例后文结果亦错误，不再单独列明。——译者注
③ 原稿中为 $\frac{2}{3}$，计算错误，导致本例后文结果亦错误，不再单独列明。——译者注

上述方法,你会发现它将是 $10\frac{55}{144}$,得解。

【例 1-60】 从多少中减去 $7\frac{1}{4}$,差与 $5\frac{1}{2}$ 除以 $\frac{5}{6}$ 的值相等。首先求解 $5\frac{1}{2}$ 除以 $\frac{5}{6}$,得 $6\frac{3}{5}$。现在的问题是从多少中减去 $7\frac{1}{4}$,差为 $6\frac{3}{5}$。因此用 $6\frac{3}{5}$ 加 $7\frac{1}{4}$ 得 $13\frac{7}{20}$,这个数减去 $7\frac{1}{4}$,差为 $6\frac{3}{5}$。

【例 1-61】 从多少中减去 $\frac{3}{5}$,差与 $\frac{3}{4}$ 乘以 $\frac{7}{9}$ 的值相等。首先求解 $\frac{3}{4}$ 乘以 $\frac{7}{9}$,得 $\frac{7}{12}$。现在的问题是从多少中减去 $\frac{3}{5}$,差是 $\frac{7}{12}$。因而将 $\frac{7}{12}$ 与 $\frac{3}{5}$ 相加,得 $1\frac{11}{60}$,即得解。

【例 1-62】 从多少中减去 $\frac{3}{4}$ 的 $\frac{1}{2}$,差等于 $\frac{1}{2}$ 乘以 $\frac{3}{4}$ 的值。首先计算 $\frac{3}{4}$ 的 $\frac{1}{2}$,即 $\frac{3}{8}$,然后用 $\frac{1}{2}$ 乘以 $\frac{3}{4}$,得 $\frac{3}{8}$。现在的问题为从多少中减去 $\frac{3}{8}$,差为 $\frac{3}{8}$。因此将 $\frac{3}{8}$ 和 $\frac{3}{8}$ 相加,得 $\frac{6}{8}$,即 $\frac{3}{4}$,从其中减去 $\frac{3}{8}$,差为 $\frac{3}{8}$。

【例 1-63】 用 $\frac{2}{3}$ 和 $\frac{4}{5}$ 的差乘以 $\frac{7}{8}$ 和 $\frac{11}{12}$ 的差。先用减法求解 $\frac{2}{3}$ 和 $\frac{4}{5}$ 的差,得 $\frac{18}{35}$①,然后求 $\frac{7}{8}$ 和 $\frac{11}{12}$ 的差,即 $\frac{1}{24}$。现在问题变换为,用 $\frac{18}{35}$ 乘以 $\frac{1}{24}$,得 $\frac{3}{140}$,这样就可以解此乘法问题。

【例 1-64】 告诉我 $\frac{2}{3}$ 与 $10\frac{1}{2}$ 的差与 $\frac{1}{2}$ 与 $11\frac{1}{8}$ 的差相乘的结果。首先像上面那样,求得 $\frac{2}{3}$ 与 $10\frac{1}{2}$ 的差是 $9\frac{5}{6}$,然后解 $\frac{1}{2}$ 与 $11\frac{1}{8}$ 的差,得 $10\frac{5}{8}$。现在问题为用 $9\frac{5}{6}$ 乘以 $10\frac{5}{8}$,将得 $104\frac{23}{48}$②,即可得解。

【例 1-65】 $\frac{3}{4}$ 的 $\frac{2}{3}$ 与 $10\frac{4}{5}$ 的 $\frac{5}{6}$ 之间的差,乘以 $11\frac{1}{4}$ 的 $\frac{4}{5}$ 和 $18\frac{5}{6}$ 的 $\frac{5}{9}$ 之间的差。先计算 $\frac{3}{4}$ 的 $\frac{2}{3}$,得 $\frac{1}{2}$,再解 $10\frac{4}{5}$ 的 $\frac{5}{6}$,得 9;再计算 $\frac{1}{2}$ 和 9 的差,为 $8\frac{1}{2}$,这样解答了第一个差。然后取 $11\frac{1}{4}$ 的 $\frac{4}{5}$,为 9,再计算 $18\frac{5}{6}$ 的 $\frac{5}{9}$,为 $10\frac{25}{54}$。最后计算 9 与 $10\frac{25}{54}$ 的

---

① 原稿中为 $\frac{2}{15}$,计算错误,导致本例后文结果亦错误,不再单独列明。——译者注。

② 原稿中为 $83\frac{7}{20}$,计算错误。——译者注。

差额,这个数再乘以 $8\frac{1}{2}$,将得 $12\frac{47}{108}$①,这就是上述问题所要求的乘积。

【例1-66】 几乘以 $\frac{5}{6}$ 和 $\frac{8}{9}$ 之间的差。会得 $\frac{1}{3}$ 和 $\frac{1}{2}$ 之间的差;首先求得 $\frac{5}{6}$ 和 $\frac{8}{9}$ 之间的差,为 $\frac{1}{18}$,然后算出 $\frac{1}{3}$ 和 $\frac{1}{2}$ 之间的差为 $\frac{1}{6}$。现在的问题就是多少乘以 $\frac{1}{18}$ 将得 $\frac{1}{6}$,因此用 $\frac{1}{6}$ 除以 $\frac{1}{18}$,得 3,用其去乘,就可得到结果。类似去解几乘以 $7\frac{1}{2}$ 和 $12\frac{3}{4}$ 的差,会得 $13\frac{3}{4}$ 和 $23\frac{5}{8}$ 的差。

【例1-67】 几个 $\frac{1}{8}$ 乘以 $\frac{4}{5}$ 会得 $\frac{7}{9}$,这个提问是要计算 $\frac{1}{8}$ 的数量。首先来计算 $\frac{4}{5}$ 乘以几得 $\frac{7}{9}$。用 $\frac{7}{9}$ 除以 $\frac{4}{5}$,会得 $\frac{35}{36}$,用这个数 $\frac{35}{36}$ 乘以 $\frac{4}{5}$ 就会得 $\frac{7}{9}$,现在计算是多少个 $\frac{1}{8}$ 或 $\frac{1}{9}$ 等。用 $\frac{35}{36}$ 除以 $\frac{1}{8}$,这个数量即 $7\frac{7}{9}$ 个 $\frac{1}{8}$ 乘以 $\frac{4}{5}$,将得 $\frac{7}{9}$。

【例1-68】 用几个 $\frac{1}{7}$ 除以 $\frac{2}{3}$,会得 $\frac{5}{9}$,问题是关于被除数是多少个 $\frac{1}{7}$。先计算多少除以 $\frac{2}{3}$ 会得 $\frac{5}{9}$:用 $\frac{2}{3}$ 乘以 $\frac{5}{9}$,得 $\frac{10}{27}$,这个数即 $\frac{10}{27}$ 除以 $\frac{2}{3}$ 得 $\frac{5}{9}$。现在计算是多少个 $\frac{1}{7}$、$\frac{1}{9}$、$\frac{1}{8}$ 等。用 $\frac{10}{27}$ 除以 $\frac{1}{7}$,结果是 $2\frac{16}{27}$②,即一个 $\frac{2}{7}$ 和 $\frac{16}{27}$ 个 $\frac{1}{7}$ 合起来就是被除数。

【例1-69】 几个 $\frac{1}{12}$ 加上 $\frac{4}{5}$ 会得 $\frac{9}{10}$,问的是加数是几个 $\frac{1}{12}$。先计算多少加上 $\frac{4}{5}$ 会得 $\frac{9}{10}$,从 $\frac{9}{10}$ 中减去 $\frac{4}{5}$,得 $\frac{5}{50}$,也就是 $\frac{1}{10}$,这个数加 $\frac{4}{5}$ 便得到 $\frac{9}{10}$。现在计算是多少个 $\frac{1}{12}$、$\frac{1}{8}$、$\frac{1}{9}$ 等:用 $\frac{1}{10}$ 除以 $\frac{1}{12}$,得 $1\frac{1}{5}$,即 $\frac{1}{12}$ 和 $\frac{1}{5}$ 个 $\frac{1}{12}$ 合起来就是这个加数。

【例1-70】 从几个 $\frac{1}{9}$ 中减去 $\frac{7}{8}$,会余 $\frac{2}{3}$,问的是被减数是几个 $\frac{1}{9}$。先求解多少减去 $\frac{7}{8}$ 会余 $\frac{2}{3}$,$\frac{7}{8}$ 与 $\frac{2}{3}$ 相加得到 $1\frac{13}{24}$,这个数即 $1\frac{13}{24}$ 扣除 $\frac{7}{8}$ 便得到 $\frac{2}{3}$。现在求解是几个 $\frac{1}{9}$。用 $1\frac{13}{24}$ 除以 $\frac{1}{9}$,得 $13\frac{7}{8}$,即 13 个 $\frac{1}{9}$ 和 $\frac{7}{8}$ 个 $\frac{1}{9}$ 合起来就是这个被减数,依此类推即得解。

---

① 原稿中为 $87\frac{89}{108}$,计算错误。——译者注

② 原稿中为 $2\frac{26}{27}$,计算错误。——译者注

【例 1-71】 用 $\frac{3}{5}$ 的 $\frac{2}{3}$ 和 $\frac{8}{9}$ 的 $\frac{7}{8}$ 之差，加上多少个 $\frac{1}{5}$，会得 $\frac{8}{9}$ 的 $\frac{2}{3}$ 和 $\frac{16}{17}$ 的 $\frac{7}{8}$ 之差。

解答如下：首先求解 $\frac{3}{5}$ 的 $\frac{2}{3}$，也就是 $\frac{2}{5}$，同样求解 $\frac{8}{9}$ 的 $\frac{7}{8}$，两者相减，得 $\frac{17}{45}$，这样就得解第一部分。然后计算 $\frac{8}{9}$ 的 $\frac{2}{3}$，为 $\frac{16}{27}$，接着计算 $\frac{16}{17}$ 的 $\frac{7}{8}$，为 $\frac{14}{17}$；现在来计算 $\frac{16}{27}$ 和 $\frac{14}{17}$ 的差是多少，为 $\frac{106}{459}$，这个数就是 $\frac{16}{27}$ 和 $\frac{14}{17}$ 的差。现在来计算 $\frac{17}{45}$ 加上多少能得到 $\frac{106}{459}$；就像我在许多例子中向你展示的那样：从一个数中减去另一个数，会得到需要加上 $\frac{377}{2295}$；现在计算是多少个 $\frac{1}{5}$，除以 $\frac{1}{5}$，得 $\frac{337}{459}$，加上这个数量的 $\frac{1}{5}$，得解。同样可以求解 $\frac{1}{7}$、$\frac{1}{8}$、$\frac{1}{9}$ 等。

【例 1-72】 计算 $\frac{11}{12}$ 是多少个 $\frac{2}{7}$。

解答如下：计算多少个 $\frac{2}{7}$ 包含在 $\frac{11}{12}$ 中，即用 $\frac{11}{12}$ 除以 $\frac{2}{7}$，得 $3\frac{5}{24}$，是这个数的 $\frac{2}{7}$，即 3 个 $\frac{2}{7}$ 和 $\frac{5}{24}$ 个 $\frac{2}{7}$，如此得解，依此类推。

【例 1-73】 串起四分之若干，五分之若干，七分之若干，得到分数 $\frac{61}{140}$，问每个分数为多少。

解答如下：取分数线上的数 61，除以 7，因为题中有七分之若干，得 8 并剩余 5，即得 $\frac{5}{7}$，然后用 8 除以 5，因为题中有五分之若干，得 1 并剩余 3，即得 $\frac{3}{5}$，然后用 1 除以 4，因为题中有四分之若干，即得 $\frac{1}{4}$，因此串起数应该为 $\frac{1}{4}$、$\frac{3}{5}$ 和 $\frac{5}{7}$，得解。

请注意，这样的分数串起可以形成无穷尽的问题，且一个比一个难；尽管如此，要相信我们的智慧，在我看来，我已经尽可能简要地去解决这些问题。

现在，我打算有序展示三数法则①，这个重要规则被称为"三"，通过它可以进行每一个基础问题的交叉相乘运算。

关于经常所讨论的 $\frac{1}{2}$ 乘以 $\frac{1}{2}$ 结果是增加还是减少的疑问，举例说 $\frac{1}{2}$ 乘以 $\frac{1}{2}$ 得 $\frac{1}{4}$，

---

① 即交叉相乘法则，指知道 2 个有比例关系的数，同时知道另一个数，按比例关系通过交叉相乘求解未知数的规则。——译者注

这个 $\frac{1}{4}$ 与 $\frac{1}{2}$ 在性质上有很大的不同,要知道 $\frac{1}{2}$ 是一条边的长度,而这个 $\frac{1}{4}$ 则是一个面积的大小[①],在其他条件相同的情况下,$\frac{1}{2}$ 大于 $\frac{1}{4}$,即一个数量的 $\frac{1}{2}$,大于这个数量的 $\frac{1}{4}$。

但就乘法而言,当 $\frac{1}{4}$ 的性质与 $\frac{1}{2}$ 不同时,$\frac{1}{4}$ 总是比 $\frac{1}{2}$ 大,因为此时 $\frac{1}{2}$ 是过程,而 $\frac{1}{4}$ 是结果(乘积)。进一步而言,不论数量值,分数的分母越大,分数越大,$\frac{1}{4}$ 比 $\frac{1}{2}$ 离整数 1 更远,因此,相对于 $\frac{1}{2}$,$\frac{1}{4}$ 是更大的分数,而不是更大的数量值。

接下来我将简要地展示理性商人的习惯做法,如百分之一和千分之一的转换等,先要将这个方法的规则描述出来,即:

三数法则下,如果用一个你想要知道的数乘以一个性质不同的数,再除以另外一个性质不同的数,那么除数则总是一个与你想知道的数的性质相同的数。

换一种说法,也是如此,三数法则告诉我们应该注意两次提及的数字的性质,其中第一次是除数,第二次是与提及一次的数字相乘,乘积除以上述除数,得到的商与这个提及一次的数字性质相同,了解这一点,就能精确知道我们所想要求解数字的性质,如下面给出的例子所示[②]。

100 单位的糖价值 24 弗罗林,那么 975 里拉价值多少糖?按空白处注释所示,将 100 按规则进行处理,最终你会按前述方法得解[③]。

按上述范例,可以毫不费力地处理价值相关的问题,不需要分数即可精确运算,

---

① 在原稿的右边空白处有以下旁注:

$$\begin{array}{c} & \frac{1}{2} & \\ \frac{1}{2} & \boxed{\frac{1}{4}} & \frac{1}{2} \\ & \frac{1}{2} & \end{array}$$

② 在原稿的右边空白处有以下计算:

被除数	提及一次的单位	想要知道的单位
	乘数	
糖	弗罗林	糖
$\frac{100}{1}$	$\frac{24}{1}$	$\frac{975}{1}$

$$\overline{20}$$

③ 本章节并没有给出弗罗林和里拉的兑换率,因此本换算实际无法完成。——译者注。

根据你所要尝试的运算,可以处理索尔迪相加,索尔迪与德纳里相加,索尔迪与德纳里及德纳里的零数相加,重量单位磅与盎司相加,盎司与盎司的零数相加等,以及不需要分数按百分数处理皮重折扣,比如扣除 $\frac{1}{2}$、$\frac{3}{4}$ 等,用这样的方法,能够很好地传递、理解商人在折扣上的目的,并由此获得荣誉和利润。

我们知道,所有著名的商人都有这样的习惯,每次按百分数或千分数进行皮重折扣时,只要皮重折扣数超过了 $\frac{1}{2}$,就必须多放一磅,这对买方来说,当然是皮重折扣越多越有利,所以一般来讲,从打好皮重的那一刻起,就不会再扣除皮重了。然后你教他们按订单进行分配、计算税金和股价等,以及按 2%、4%、5%(有时会有些零头)等计算中介佣金和其他杂费等,这样他们就知道如何把每个数值都处理好。

为了减少麻烦,总是要在簿记之前就将商品的分配和馈赠数量预先弄清楚,然后准确地进行簿记,如果商品的分配数量清楚,则剩余数量也将准确。要知道"馈赠"和"皮重折扣"这两个数量实际上是一样的,但在商人眼中,"皮重折扣"往往指纯度不高的商品,但"馈赠"在大多数情况下是指纯度高的商品。有些客户想得到尊重,因此当你告诉他们"皮重折扣"时,他们会说不需要,若因为商品纯度不高,但他们会同意"买一送一"之类的馈赠等,你想要给出"折扣"的数量实际上和他们要求你"馈赠"数量是一样的,遇到类似这样的客户时,你要知道这样的惯例。

当一切都有条不紊地处理后,你就可以进行一些双重记录,或者说你将两三种类型的商品记录在一起,比如,100(磅)锡价值 9 弗罗林,100(磅)铅价值 3 弗罗林,100(磅)铜价值 10 弗罗林等,那么 100 磅的锡、铅、铜,其皮重折扣分别是多少?

关于皮重折扣和商业馈赠等,值得开展四五个类似的讲座,因为它们是商业经营中有益的工具,很多人因为不知道如何分割和分类,被归咎千百次。商业中所说的百分数和千分数,除开除法外没有什么区别:如百分数用以分割两位数,千分数用以分割三位数;在每个分割中,以千作为被除数,数量可以通过除法被分割,一直约分得出最简分数。

一旦对上述事宜有了充分了解,就可以按部就班来讨论磅的主题。如 1 磅旋花草(schamonea)价值 3 个杜卡迪,776 磅旋花草值多少等。这些关于磅的问题,仍然可以通过分数和皮重折扣来将其分割为盎司与磅,正如用百分数和千分数分解一样,每弗罗林价值多少索尔迪,每杜卡迪价值多少德纳里等。在这些钱币的处理中,年轻人通过这些方法会学到很多。然后用磅来进行簿记:如 1 磅康乃馨(garofani)价值 35 索尔迪,1 磅蒸馏物(dististi)价值 19 索尔迪,1 磅粉末(polvere)价值 7 索尔迪,1 磅小馄饨(capelletti)价值 13 索尔迪,那么 2 盎司粉末,3 盎司梗茎(fusti),$1\frac{1}{2}$ 盎司小馄饨价值多少?

先处理第一个商品,然后再处理第二个、第三个商品,直到你认为弄清楚了;或者你不是卖出康乃馨,而是银、金和铜,用你的智慧,即使问题不同,方法也相同。

重量必需的知识已经讨论,有必要展示如何处理长度,比如说布的长度卡纳(canna)①,或者匹(pezze),不同数量价值几何的处理等。寻(braccia)②、卡纳、匹、callo emendo③、datio④、步(passo)等长度单位的使用以及估价、中介佣金的处理,以及每百单位多少、每匹多少、每寻多少、每卡纳多少、计算馈赠及分配数量,根据情况来进行处理。然后,有了这些知识,其他的度量也能同样处理,每斯塔(stara)⑤小麦价值多少,若干斯塔小麦价值多少;或者是若干米娜(mine)⑥,或者若干索玛(some)⑦,每斯塔价值多少索尔迪等;酒的体积度量单位索玛(soma)⑧,也是同样计量。

现在进一步介绍商人如何处理数量⑨的计算,而不是重量、面积及长度的衡量,例如,100单位的杏价值是多少?某个数量的杏的价值是多少?动物幼崽、貂、狐狸、羔羊、普利亚及马尔凯的动物等商品也是一样,馈赠的比例是多少。但是这类商品的账目计算并不适用皮重折扣,而是用百分或千分比例馈赠来计算,学生们有必要了解这一点,这样就可以在集市上的商人中间显露自身的优势和荣誉。因为谚语云:市场上的狐狸比驴(傻瓜)多,也就是说,很多时候即便熟悉交易但不知计算的人,也可能会比那些精通计算的人给出更多的销售馈赠。

当给年轻学生们上课时,我们应该总是让他们对发生的交易进行簿记,要求他们成为专家,因为即便你讲1 000次课,那些你亲口讲出来的案例,学生们也不可能都逐一牢记;因而首要的事情,是有序地传授规则,让他们记录交易账目,持续形成习惯并记在脑中。教导他们认同和理解事情本质的各方面,比如分数、$\frac{1}{3}$、$\frac{1}{4}$、$\frac{1}{5}$等问题均是如此。

做到这一点后,仍有必要告诉他们关于货币即价值的知识;如何计算杜卡迪、弗罗林和里拉、索尔迪等,并让其明白,在整个世界的交易中,1里拉等于20索尔迪,而1索尔迪总是等于12德纳里,每一种货币都如此,包括金币弗罗林、弗罗林和小弗罗

---

① Canna,本意是杆或竿状植物,是一种古老的意大利测量单位,主要是长度单位,其长度因地而异折合2~3米,比如在托斯卡纳地区为2.918 3米。——译者注。
② 长度单位,表示"伸展开的双臂",因而一寻也就是两臂之长,英制约合1.828 8米。——译者注。
③ 可能也是一种长度衡量单位,但未见相关记载。——译者注。
④ 可能指dito,拉丁文为digitus,古罗马最小的长度衡量单位,约相当于1.85 cm。——译者注。
⑤ 可能指staio(复数形式staia),staio是意大利传统的、最重要的谷物衡量单位,其容量因地方不同而不同,从20升到83升不等。——译者注。
⑥ Mina,古希腊重量单位,等于100德拉克马(drachmas),1德拉克马约重4.37克,mine为mina的复数。——译者注。
⑦ Soma的复数形式,见下一脚注。——译者注。
⑧ 古意大利体积衡量单位。——译者注。
⑨ 指商品以数量论,比如个、件等,而非以某种标准的度量衡单位来计量。——译者注。

林(piccioli)①。重量也如此,在所有交易中,1 磅的重量总是 12 盎司,尽管有些磅被称为粗磅(la grossa),有些磅被称为细磅(la sutile)②,细磅每磅是 18 盎司,但实际上也可以是 12 盎司,即如果它们被分成 12 份,其重量与那细磅的 18 份一样重,因此并非 1 磅是 18 盎司。在威尼斯这种磅的用法最常见。威尼斯以贸易而闻名于世,有些商人使用粗磅作为重量单位,但是商人必须在家里就要考虑周全:当地点变换的时候,交易目的地会对所使用的不同重量单位标准进行质疑,必须知道如何应对这些对重量单位标准的质疑,以免在期望获利之地造成损失等。

对金币、铜币和银币做同样的换算处理,也就是人们会经常问的这些地方使用什么货币,威尼斯基督徒商人如何看待威尼斯杜卡迪等;如果没有威尼斯杜卡迪这种在贸易中总是比其他货币更有价值的货币,他们就不可能与远地商人最大程度地通过货币兑换来进行贸易。因此,了解在一些地方如何使用铜币,在另一些地方如何使用金银币等是必要的,如在威尼斯,他们使用巴卡替尼(bagatini),银币称为马克提(marcheti),和价值 2 索尔迪的么扎尼尼(mezanini),和价值 4 索尔迪的格洛色提(grossetti),和价值 8 索尔迪的格洛索提(grossoni)。

自从威尼斯执政官尼科洛·特罗诺先生(Miser Nicolò Trono)当选执政后③,铸造了一个带有他的公爵头像的银币,称为特洛尼(troni)④,每个特洛尼价值 20 索尔迪,并宣布所有的格洛色提(grossetti)和格洛索提(grossoni)为旧币,因为它们被伪造太多。在他之后,尼科洛·马赛洛先生(Miser Nicolò Marcello)⑤继任执政官,他铸造了两种硬币,与特洛尼一样价值 20 索尔迪,但一面是基督,另一面是给执政官授旗的圣马可(San Marco)⑥,这枚硬币较之前的更佳;他还铸造了另一种硬币,就像特洛尼硬币因特罗诺而被命名一样,这种硬币根据他的姓称为马赛勒(marcelle)⑦。然后他在执政官任期内,制定了一项法律,规定之后的执政官不能铸造价值超过 10 索尔迪的银币,这项法律一直被遵守。

在尼科洛·马赛洛之后的执政官是皮埃罗·默兹尼科先生(Miser Piero Mozenigo)⑧,除了一种称为默兹尼戈(mozenigha)⑨价值 10 索尔迪的硬币,他没有铸

---

① 佛罗伦萨弗罗林的辅币,等于 $\frac{1}{4}$ 弗罗林。——译者注。
② 粗磅(la grossa)和细磅(la sutile)主要用来衡量不同类型的货物,一般而言较为精细的货物即单位重量价值较高的货物用细磅来衡量,这样更为精确,参见本书的最后部分"商业费率"。——译者注。
③ Niccolò Trono,威尼斯执政官(1471—1473)。——译者注。
④ 以执政官的姓 Trono 为名,troni 是 trono 的复数。——译者注。
⑤ Niccolò Marcello,威尼斯执政官(1473—1474)。——译者注。
⑥ 圣马可(San Marco),威尼斯守护神。——译者注。
⑦ Marcelle 是 Marcello 的阴性复数名词。——译者注。
⑧ Pietro Mocenigo,威尼斯执政官(1474—1476)。——译者注。
⑨ Mozenigha 是 Mozenigo 的阴性单数名词。——译者注。

造过其他硬币,这种硬币的铸模和形状比过去的任何其他硬币都要漂亮,犹如今天的货币一样,按以前的习惯索尔迪和杜卡迪也按此铸造。他的继任者是安德鲁·凡卓米诺先生(Miser Andrea Vendramino)[①],他现在[②]仍然生活在威尼斯,他也铸造了价值 10 索尔迪的硬币,没有铸造银币。

我所讨论的主题是商人非常有必要了解的,这样他们就能更好地管理其贸易。这些金银币的问题,例如,每小弗罗林价值 100 索尔迪,那么 365 里拉、17 索尔迪和 3 德纳里价值多少小弗罗林?若每金弗罗林(fiorino a oro)价值 20 索尔迪,每弗罗林(fiorino a fiorino)价值 29 索尔迪,那么两者之间兑换比率是多少?当商人熟悉这种方法,就会知道钱币之间如何兑换。尽管如此,为了让商人更好地了解这些货币,要把兑换货币的价值、重量和面额等变动情况以固定格式记录在已形成的账目上。

对于要学习货币知识的学生,让他们进行一些小的账目计量,比如,价值某某里拉的商品价值多少杜卡迪或弗罗林?学生们可以讨论盎司、千分数、计数、体积、长度,然后展示所投资的金额。例如,我投资价值若干杜卡迪或弗罗林的糖,每百价值若干,每磅价值多少,每盎司价值多少,根据投入进行计算,这样持续提问直到理解所有问题。

我们应教学生如何计算收益,但首先要确保他们知道什么是收益,什么是损失,先讨论一些相关的问题。比如,我用这么多杜卡迪买了 100(磅)糖,如果我以每磅若干价格卖掉,则是收益还是损失,每 100 磅(赚或亏)多少。我们还要教他们如何销售,比如,如果用若干杜卡迪买了 1 000 磅的羊毛,我必须以每百磅多少钱的价格卖掉才能赚到百分之多少,这样讨论千分数、磅、盎司、百分数等。如果以某某价格买了一颗宝石,我以什么价格卖出,才能赚到百分之多少?

对损失和收益要多问一些更深入的问题,要求使用各种方法,以便更好地学习。例如,如果我以比之前成本少 3 杜卡迪的价格购买了 100 磅糖,以 19 杜卡迪的价格卖出,每百磅赚了若干数量的杜卡迪,那么之前的成本是多少?又如,如果我以比之前成本多 2 杜卡迪的价格购买货物,每百磅赚取收益 12(杜卡迪),就需要看看之前购买时的情况。再如,若之前所赚的 12(杜卡迪)来自百磅货物,那 15 或 20(杜卡迪)是多少磅货物所赚得的?要求解,就必须看购买和销售的价格,每百磅可以赚得多少,而其称之前购买价格低若干,现在购买价格较之前高若干,若想要知道现在购买的价格,就加上 2 杜卡迪到之前投入的资金上,就得到现在的购买价格。

如果商人用更高的价格购买了商品,实际上意味着其之前购买的价格较低;从已投入资金中减去这些购买成本,剩余就是商人所花的费用,用这个方法可以更清晰

---

① Andrea Vendramin,威尼斯执政官(1476—1478)。——译者注。
② 指在书写本书时,即 1477 年。——译者注。

地将费用按磅和盎司分配。弄清楚这些事项后,即可算出盈亏。

关于旅途贸易,即货物和钱币从一个地方运输到另一个地方,商人如果想获得更多利润,就要知道利用自己的聪明才智降低商品成本,否则将会头破血流。一言以蔽之,做商人比做律师更难。

对于这样的商品运输,要处理重量账目,容积账目和长度账目,比如,在佩鲁贾以弗罗林购买的以百为单位的商品,运到拉卡那提(Rachanati)①,发现重量轻了30%,问题是必须以什么样的价格卖出才能获得既定数量的利润?在佛罗伦萨用某个数量的博洛尼尼(bolognini)购买丝绸,其价值多少里拉?所支付的中介费用如何分配到购买金额及购买数量上等;商品运到博洛尼亚,支付税金和人工费用等,发现佛罗伦萨的长度单位比博洛尼亚的长度单位更长,问题又来了:这里的10里拉相当于佛罗伦萨的17里拉,那么这些商品又价值多少(博洛尼亚)里拉?能赚取百分之几的收益?

商人们要努力了解各种货币和度量衡,比如叙利亚的阿尔坎塔拉(alcantarǎ),阿布鲁佐(Abruzo)的阿鲁比(arubii),西西里的罗托利(ruotoli)②和鲁比(rubi)。在这部作品的最后,我将讨论商业关税与许多交易相关的知识,最重要的货币兑换规则及其在各地的运用等,便于商人自己设法投资经营。由此,在合伙经营之前,在诸多商业运营之中,商人都可以自由地利用这些知识,从简单便捷的经营开始。比如:3个人合伙运营,第一个合伙人投入多少,第二个合伙人投入多少,第三个合伙人投入多少,他们的投资收益是多少,以及每个人应分多少收益?

后文我们将展示如何进行合伙运营,讨论资金,经营时间从某个月的第一天开始计算等;经过数月的学习使他们③知道最佳的商业实践,涉及人员、货物等。学生们有时缄口不语。这样的沉默和他们的探索,犹如我们初到他们地方的时候也通常会做的那样,向他们介绍易货贸易,及其多样化特征,充分展示他们所在地的商业实践;逐步向他们证明易货贸易是如此重要。

接下来会展示易货贸易的方方面面,若商人们不愿以其他方式交易,可以在其所愿意的地方进行易货交易,这些知识一旦获得,受益终身。如同后面将要充分展示的那样,去努力了解如何赚取钱财和商品,最终运用假设条件,即通过两个假设条件来进行估算④,这样可以很好地进行经营实践,而商人的每种类型的商品都会有很多账目,若不通过假设条件来估算,将很难处理。

---

① 位于马尔凯大区马切拉塔(Macerata)的一个镇。——译者注
② 西西里地区的重量单位,约79.34公斤。——译者注
③ 指学生们。——译者注
④ 参见本书的第九部分。——译者注

如果学生们能或多或少地理解各种规则，并且愿意学习，我们可以选择金银主题给他们，展示金银纯度和合金的方法，让他们理解其重量根据标识的不同是有区别的。面对所有的情形，学生们可以在其中引入代数，跟随其方法，展示运用方根的方法，以及它们如何相互区别，如何相乘、相加和相减，与其他数在一起或没有其他数的运算，有二项式和无二项式的运算等。

当展示了以上方法之后，开始展示什么是平方、立方等，以及它们指数大小；并展示各种加减乘除。所提及的数量都能相互变换，从世俗理解这是不可能的，但我会向学生们展示其方法，从一个小数量中提取一个大数量，即从最小的数量中获得最大的数量①，例如从 12 中获得 20。这对于那些对（数学）艺术②有充分了解的人来说，并不奇怪，而是合理的，可能的。但很多人，不能吃苦，不专注，很明显其不可能成为优秀的会计师，而且他们也不自知。

---

① 比如复利。——译者注。
② 在此艺术可被定义为"做某项具体事情的技能，尤其指那些通过实践才能获得的技能"，牛津英文活用词典 https：//en.oxforddictionaries.com/definition/art。——译者注。

第二部分

合伙经营及其规则的范例

【例2-1】 两人合伙，第一个合伙人投入60杜卡迪，第二个合伙人投入40杜卡迪，合赚20杜卡迪，问每个合伙人各自应分①多少。

解答如下： 合伙制，即每个合伙人的投入相加，合计为100杜卡迪，这将是除数；随后，如果100杜卡迪的投入赚取20杜卡迪的收益，投入60杜卡迪赚取多少，投入40杜卡迪赚取多少？对于第一个合伙人，用60杜卡迪乘以20杜卡迪，再除以100杜卡迪，得12杜卡迪，这就是第一个合伙人应分的收益；对于第二个合伙人，用40杜卡迪乘以20杜卡迪，除以100杜卡迪，得8杜卡迪，这就是第二个合伙人应分的收益。验算合伙主体中各合伙人的分配账目，合伙主体的收益应该为各合伙人收益之和，即每个合伙人分配的收益之和应该是被分配数，即12杜卡迪和8杜卡迪之和为20杜卡迪，得证，而20杜卡迪为被分配数，第一个合伙人的收益与其投入资本的比例，必须等于第二个合伙人的收益与其投入资本的比例，多或少均为误。

例如，你可以计算分配给第一个合伙人的收益为12杜卡迪，占其所投入60杜卡迪的比例，即12杜卡迪除以60杜卡迪，得$\frac{1}{5}$，这就是其占投入资本的比例；那么$\frac{1}{5}$杜卡迪也必须是第二个合伙人从他投入资本中获得收益的比例：8杜卡迪除以40杜卡迪，也得$\frac{1}{5}$，两个比例相等。反过来也是一样，第一个合伙人投入资本相对于其分得收益的比例，必须与第二个合伙人投入资本相对于其分得收益的比例完全相等。你会在后面内容中看到同样的证明，我不再重复。

【例2-2】 两人合伙赚取收益24杜卡迪，第一个合伙人应分$\frac{1}{2}$，第二个合伙人应

---

① 关于合伙制的发明及其影响可参见：Padgett John F, Paul D McLean. Organizational Invention and Elite Transformation: The Birth of Partnership Systems in Renaissance Florence[J]. American Journal of Sociology, 2006, 111(5): 1463-1568。由于合伙期满合伙主体所赚的收益或利润必须全部分配，所以本章案例中"赚"或"赚取"与"分"或"分得"在不涉及所得税税收的情况下仅有时间上的差异而没有数量上的差异。——译者注。

分$\frac{1}{3}$,问每个合伙人分别应分多少?

解答如下:找到$\frac{1}{3}$和$\frac{1}{2}$的同分母,将两个分数的分母相乘即可得到,即2乘以3得6,这就是$\frac{1}{2}$和$\frac{1}{3}$的同分母;现在取6的$\frac{1}{2}$,得3杜卡迪,然后取6的$\frac{1}{3}$,得2杜卡迪;把3和2相加,将得5杜卡迪,这就是合伙主体,其将作为除数。然后问:如果投入5赚24杜卡迪,两个合伙人各自应分多少;对于第一个合伙人,将3乘以24得72杜卡迪,除以5,得$14\frac{2}{5}$杜卡迪,其分配给第一个合伙人,然后对于第二个合伙人,2乘以24得48杜卡迪,除以5,得$9\frac{3}{5}$杜卡迪,其分配给第二个合伙人。验算方法同前文所述,在$\frac{1}{2}$和$\frac{1}{3}$之间无论取6还是其他数字的同分母,结果一致。但我们必须想办法减少繁琐,尽量取较小的同分母。

【例 2-3】 两人合伙赚取收益100杜卡迪,第一个合伙人分$\frac{1}{2}$加5杜卡迪,第二个合伙人分$\frac{1}{3}$加4杜卡迪,问每个合伙人应分多少?

解答如下:将第一个合伙人应分的5杜卡迪,加上第二个合伙人应分的4杜卡迪,得9杜卡迪,将其从100杜卡迪中减去,得91杜卡迪。现在将91杜卡迪分配给他们,同上找到$\frac{1}{2}$和$\frac{1}{3}$的同分母,即6,其$\frac{1}{2}$杜卡迪是3,其$\frac{1}{3}$是2,然后两者相加为5,这将是除数,问:若5对应的收益是91杜卡迪,那么3对应的收益是多少?2对应的收益又是多少?

对于第一个合伙人,3乘以91等于273杜卡迪,除以5,等于$54\frac{3}{5}$杜卡迪,其应分给第一个合伙人,再用5加上这个应分数,得$59\frac{3}{5}$杜卡迪,其是第一个合伙人的应分数量;对于第二个合伙人,用91乘以2得182杜卡迪,除以5,等于$36\frac{2}{5}$杜卡迪,其是第二个合伙人的应分数,加4得$40\frac{2}{5}$杜卡迪,分配完毕。验证同上,将两个分配数相加正好等于100杜卡迪,即$59\frac{3}{5}$加上$40\frac{2}{5}$等于如题的100杜卡迪,验证无误①。

---

① 在原稿的左边空白处有以下旁注:"类似于第204页中的例子"。参见本书第337页[例10-56]。——译者注。

第二部分 合伙经营及其规则的范例　27

【例 2-4】 两人合伙赚取收益 100 杜卡迪：第一个合伙人应分 $\frac{1}{2}$ 加 3 杜卡迪，第二个合伙人应分 $\frac{1}{3}$ 减 5 杜卡迪，问每个合伙人各自应分多少？

解答如下： 首先从 100 杜卡迪中减去 3 杜卡迪，得 97 杜卡迪，然后用 97 杜卡迪加上第二个合伙人应减的 5 杜卡迪，得 102 杜卡迪。同[例 2-3]，找到 $\frac{1}{2}$ 和 $\frac{1}{3}$ 的同分母，即 6；6 的 $\frac{1}{2}$ 和 $\frac{1}{3}$ 加起来是 5。问：如果投入 5 赚 102 杜卡迪，那么投入 3 赚多少杜卡迪，这是第一个合伙人应分的数额；投入 2 赚多少杜卡迪，这是第二个合伙人应分的数额。对于第一个合伙人，3 乘以 102，得 306 杜卡迪，除以 5，得 $61\frac{1}{5}$ 杜卡迪，加 3 为 $64\frac{1}{5}$ 杜卡迪，即为第一个合伙人应分的数额；对于第二个合伙人，2 乘以 102，得 204 杜卡迪，除以 5，为 $40\frac{4}{5}$ 杜卡迪，减去 5 得 $35\frac{4}{5}$ 杜卡迪，即为第二个合伙人应分的数额。

验证如下： 将 $64\frac{1}{5}$ 与 $35\frac{4}{5}$ 相加，得到 100 杜卡迪，无误，类似的合伙分配也一样，同上减去增项和加上减项，然后得到合伙主体的应分数额。类似情况下，无论合伙人是 2 人、4 人、5 人甚至 1 000 人，都可以使用同样的方法，注意减去增项加上减项，这样当有一个合伙人和另一个合伙人的利润分配有减项时，就加回来，同上有增项时就减去。要记住在处理完增项和减项账目后，分配时应将每部分数字返还回去①。

【例 2-5】 两人合伙，第一个合伙人投入 100 里拉，第二个合伙人投入 90 弗罗林，一年期满赚取收益 500 里拉，第一个合伙人分配 80 里拉，第二个合伙人分得 420 里拉，问每弗罗林价值是多少。

解答如下： 首先测算出第二个合伙人投入的 90 弗罗林值多少里拉，按照这样的方法求解：已知投入 100 里拉的合伙人分到了 80 里拉，因此 100 里拉赚得 80 里拉。现在这样解：如果 80 里拉的利润来自 100 里拉的资本，那么第二个合伙人赚得的 420 里拉是来自多少里拉的资本？100 乘以 420，为 42 000 里拉，除以 80，得 525 里拉，即 525 里拉赚取了 420 里拉的利润，已知第二个合伙人投入了 90 弗罗林，所以 90

---

① 在原稿的左边空白处有以下旁注："类似于（原稿中的）第 52 页的第 60 个案例"。参见本书第 71 页[例 2-64]。——译者注

弗罗林价值525里拉；计算每弗罗林价值是多少，用525除以90，得到$5\frac{5}{6}$里拉，即5里拉16索尔迪8德纳里，这就是每弗罗林的价值，得解。

【例2-6】［承例2-5］，如同通过换算第二个合伙人投入的资本为与第一个合伙人投入的里拉一样，你也可以使用另一种方法求解。问：如果420里拉的利润来自90弗罗林的资本投入，那么80里拉的利润将来自多少弗罗林的资本投入？

解答如下：80乘以90，为7 200，除以420里拉，等于$17\frac{1}{7}$弗罗林，这个数量的弗罗林就是第一个合伙人的投入资本，已知其投入了100里拉，所以$17\frac{1}{7}$弗罗林价值100里拉；计算1弗罗林等于多少里拉，用100里拉除以$17\frac{1}{7}$弗罗林，每弗罗林等于5里拉16索尔迪8德纳里，结果同［例2-5］，依此类推。

【例2-7】 两人合伙，第一个合伙人投入300里拉，第二个合伙人投入60弗罗林，赚取200弗罗林；第一个合伙人分得利润100弗罗林，其余利润归第二个合伙人，问1弗罗林价值是多少。

解答如下：你可以发现第一个合伙人和第二个合伙人得到的收益是一样的，所以第二个合伙人投入的60弗罗林和第一个合伙人投入的300里拉价值相等，用300里拉除以60，得5里拉，则1弗罗林等于5里拉，得解。

【例2-8】 两人合伙，第一个合伙人投入3 000里拉，第二个合伙人投入3 500磅羊毛，合伙一年期满，赚得500里拉，第一个合伙人分得270里拉，第二个合伙人分得230里拉，问第二个合伙人的投入中每百磅羊毛价值是多少。

解答如下：已知第一个合伙人分得270里拉，来自其所投入的3 000里拉，因此为求解第二个合伙人投入资本的价值，问：如果270里拉的利润来自3 000里拉的资本投入，那么分配给第二个合伙人的230里拉将来自多少价值的资本投入？用3 000乘以230，得690 000，再除以270，得$2555\frac{5}{9}$里拉，即第二个人投入资本价值$2555\frac{5}{9}$里拉；现在来计算每百磅羊毛值多少钱，用这个金额除以35，因为35是他投入的百磅羊毛的价值，得73里拉0索尔迪$3\frac{201}{343}$德纳里[①]，这就是每百磅羊毛的价值。

也可以问：若3 500磅羊毛价值$2555\frac{5}{9}$里拉，那么每百磅羊毛价值是多少，解答同

[①] 应为$3\frac{17}{21}$德纳里，原稿计算错误。——译者注。

上,但解答过程更长。

【例 2-9】 3 人合伙,第一个合伙人投入 300 里拉,第二个合伙人投入 50 弗罗林,第三个合伙人投入 2 350 磅羊毛,一年期满他们发现赚取 300 里拉;第一个合伙人分得 110 里拉,第二个合伙人分得 100 里拉,第三个合伙人分得 90 里拉;问每弗罗林的价值是多少,每百磅羊毛价值是多少。

解答如下:用以下方法求解每个合伙人的资本,已知第一个合伙人投入 300 里拉,赚取 110 里拉;分配比例对于投入 50 弗罗林的合伙人来说是相同的:如果 300 里拉资本带来 110 里拉利润,那么第二个合伙人分得的 100 里拉是多少投资带来的?用 100 乘以 300,就是 30 000,除以 110,得 $272\frac{8}{11}$ 里拉,即第二个合伙人投入 50 弗罗林赚取 $272\frac{8}{11}$ 里拉;现在计算每弗罗林的价值是多少,$272\frac{8}{11}$ 里拉除以 50,得 5 里拉 9 索尔迪 $1\frac{1}{11}$ 德纳里,这就是 1 弗罗林的价值。现在计算每百磅羊毛价值是多少。用同样的方法来计算资本的价值:如果 110 里拉的利润来自 300 里拉的投资,那么 90 里拉将来自 $245\frac{5}{11}$ 里拉的资本,这样,第三个合伙人投入的羊毛价值是 $245\frac{5}{11}$ 里拉。求解每百磅羊毛的价值,问:如果 2 350 磅的羊毛价值 $245\frac{5}{11}$ 里拉,那么每百磅的羊毛价值是多少?采用乘除处理,得到每百磅羊毛价值为 10 里拉 8 索尔迪 $10\frac{398}{517}$ 德纳里,同样还可以计算 1 000 个合伙人的问题,得解。

【例 2-10】 三人合伙,第一个合伙人投入 500 里拉,第二个合伙人投入 300 匹布,第三个合伙人投入 300 米娜(mine)[①]小麦,他们一共赚取 800 里拉;第一个合伙人分得 400 里拉,第二个合伙人分得 250 里拉,第三个合伙人分得 150 里拉,问每匹布的价值是多少,每米娜小麦价值是多少。

解答如下:首先求解每个合伙人投入的资本收益,已知第一个合伙人投入多少,赚了多少,同样也求解其他人的投入和收益。现在来计算布的价值:若第一个合伙人 400 里拉收益来自其投入的 500 里拉资本,那么第二个合伙人 250 里拉收益是由价值多少的投资产生的?用 250 里拉乘以 500 里拉,再除以 400 里拉,第二个合伙人的投资为 $312\frac{1}{2}$ 里拉,所以 300 匹布价值 $312\frac{1}{2}$ 里拉。同样来求解第三个合伙人投入

---

① mina 为单数形式,mine 为复数形式,米娜作为体积衡量单位在意大利各地区广泛使用,代表的体积从 10 到 120 升(liter),在伦巴第-威尼托地区 1 米娜约为 10 升。——译者注

的资本收益,如果400里拉是由500里拉的资本赚取的,那么第三个合伙人150里拉收益是由第三个合伙人多少里拉的投资产生的?用500乘以150,得75 000,再除以400,为$187\frac{1}{2}$里拉,此数量里拉就是第三个合伙人所投入的,即$187\frac{1}{2}$里拉。现在,计算每米娜小麦价值是多少,与计算布价值的方法一样:若300米娜小麦价值$187\frac{1}{2}$里拉,每米娜价值是多少?用1乘以$187\frac{1}{2}$,除以300,得12索尔迪6德纳里,这就是每米娜小麦的价值。

【例2-11】 三人合伙,第一个合伙人投入200弗罗林,第二个合伙人投入400匹布,第三个合伙人投入3 500磅藏红花。赚得400弗罗林后,第一个合伙人分得30弗罗林,第二个合伙人分得100弗罗林,第三个合伙人分得270弗罗林。问每匹布的价值和每百磅藏红花的价值分别是多少。

解答如下: 以这种方法来找到每个合伙人投入的资本数额:已知第一个合伙人投入200弗罗林赚30弗罗林,然后你可以算出第二个合伙人的投入,若30弗罗林利润来自200弗罗林资本,那么第二个合伙人100弗罗林利润会来自多少数额的资本投入?100乘以200,得20 000,再除以30,为$666\frac{2}{3}$弗罗林,即第二个合伙人投入价值$666\frac{2}{3}$弗罗林的布。现在计算每匹布价值是多少。问:若400匹布价值$666\frac{2}{3}$弗罗林,那么每匹布价值多少钱?1乘以$666\frac{2}{3}$,除以400,得$1\frac{2}{3}$弗罗林,即每匹布价值此数额的弗罗林。藏红花价值的计算同解,计算其资本,若赚取的30弗罗林来自200弗罗林的投入资本,那么赚取270弗罗林来自多少资本的投入?200乘以270,就是54 000,再除以30,得1 800弗罗林,此数额的弗罗林就是藏红花的价值。要想知道每百磅藏红花值多少钱,你就像上面那样问:若3 500磅藏红花值1 800弗罗林,那么100磅藏红花值多少钱?用100乘以1 800,为180 000,除以3 500,得$51\frac{3}{7}$弗罗林,即为100磅藏红花价值的弗罗林数量,得解。

【例2-12】 四人合伙,第一个合伙人投入600里拉,第二个合伙人投入130弗罗林,第三个合伙人投入100匹布,第四个合伙人投入850磅羊毛,四人合赚1 000里拉;第一个合伙人赚取300里拉,第二个合伙人赚取250里拉,第三个合伙人赚取220里拉,第四个合伙人赚取230里拉。问每匹布及每百磅羊毛分别价值多少弗罗林。

解答如下: 首先用这样的方法找出每个合伙人投入的资本价值是多少里拉:已知第一个合伙人投入600里拉,赚取300里拉,然后计算第二个合伙人的资本价值是多少里拉,若 300 里拉的收益来自 600 里拉的资本,那么第二个合伙人 250 里拉的收益将来自价值多少的资本?600 乘以 250,为 150 000,除以 300,得 500 里拉,即第二个合伙人投入资本的里拉数量,已知其投入 130 弗罗林,所以 130 弗罗林就价值 500 里拉。若要计算弗罗林与里拉的换算价值,用 500 弗罗林除以 130,为 3 里拉、16 索尔迪、$11\frac{1}{13}$ 德纳里,即每弗罗林的价值。现在对第三个合伙人同解,问:若第一个合伙人 300 里拉的收益来自 600 里拉资本投入,那么第三个合伙人 220 里拉收益来自多少数额的资本投入?600 乘以 220,为 132 000,除以 300,得 440 里拉,即为第三个合伙人投入 100 匹布的价值;求解每匹布的价值,问:若 100 匹布值 440 里拉,那每匹布值多少?首先用 1 乘以 440,然后再除以 100,为 4 里拉 8 德纳里,即为每匹布的价值。然后对第四个合伙人同解,问:若 300 里拉利润来自 600 里拉的投入,那么 230 里拉利润将来自第四个合伙人的多少投资?600 乘以 230,为 138 000,除以 300,得 460 里拉,此数额里拉就是第四个合伙人的投入,其投入 850 磅羊毛,共价值 460 里拉。现在计算每百磅羊毛价值是多少,如上同解:若 850 磅羊毛值 460 里拉,那么每百磅值多少钱?采用乘除计算,可知每百磅羊毛价值是 54 里拉 2 索尔迪 $4\frac{4}{17}$ 德纳里。

【例 2-13】 两个合伙人赚取 200 里拉,第一个合伙人投资 85 里拉,第二个合伙人的投资分得 110 里拉,问第二个合伙人投资多少。

解答如下: 所赚取的 200 里拉利润,减去第二个合伙人分得的 110 里拉余 90 里拉,现在求解第二个合伙人投入多少资本。问:若第一个合伙人所赚 90 里拉,来自其投入资本 85 里拉,那么第二个合伙人所得 110 里拉来自多少投资?85 里拉乘以 110 里拉,是 9 350 里拉,除以 90 里拉,得 103 里拉 17 索尔迪 $9\frac{1}{3}$ 德纳里,即为第二个合伙人的投入资本额度,其赚得 110 里拉。

【例 2-14】 两个合伙人赚得 120 里拉,第一个合伙人比第二个合伙人多投入 30 里拉,第一个合伙人分得 70 里拉,第二个合伙人分得剩余的 50 里拉,问每个合伙人投入了多少。

解答如下: 将第二个合伙人所得从第一个人所得中减去,即 70 里拉减 50 里拉,得 20 里拉,这 20 里拉来自第一个合伙人多投入的 30 里拉;因此为计算投入资本,问:若 20 里拉利润来自 30 里拉资本,那么,50 里拉利润来自多少投入资本?30 里拉乘以 50 里拉,为 1 500 里拉,除以 20 里拉,得 75 里拉,此为第二个合伙人的投入。再计算第一个合伙人投入多少,是 75 里拉加上 30 里拉,得 105 里拉,第一个合伙人投入 105 里拉,比第二个合伙人多投入 30 里拉,得解。

【例 2-15】 两人合伙赚得 120 里拉：第一个合伙人投入若干数量的资本，第二个合伙人的投入是第一个合伙人投入的 2 倍加 5，第一个合伙人分得 30 里拉，第二个合伙人分得 90 里拉；问每个合伙人投入多少。

解答如下：假设第一个合伙人投入 1co[①]，则第二个合伙人投入 2co 加 5，所有合伙人合计投入 3co 加 5，为合伙经营主体的总投入，将作为除数。问：若 3co 加 5 里拉赚得 120 里拉，那么第一个合伙人投入的 1co 赚到多少？用 1co 乘以 120，将得 120co，除以 3co 加 5，即 $\frac{120}{(3\text{co} 加 5)}$co[②]，此为第一个人所赚，而由题设知其为 30 里拉。所以，用分母乘以 30，即（3co 加 5）乘以 30，得 90co 加 150，其等于分数线上面的那个数，即 120co，得到等式 30co 等于 150，用 150 除以 30，得 5，此为 1co 的价值。第一个合伙人投入了 1co，即为 5 里拉；想要知道第二个合伙人投入多少，首先计算第一个合伙人投入的 2 倍，为 10，再加 5，得 15，因此第二个合伙人投入 15 里拉。如同上文所示来验算。

【例 2-16】 三人合伙赚 100 里拉：第一个合伙人投入 25 里拉，第二个合伙人投入 54 里拉，第三个合伙人投入若干数量里拉，赚 32 里拉；问第三个合伙人各投入多少，第一个合伙人和第二个合伙人各赚多少。

解答如下：从所有的收益中减去第三个合伙人的收益，即从 100 里拉中减去 32 里拉，余 68 里拉，为第一个合伙人和第二个合伙人的收益，即投入 25 里拉和 54 里拉的收益。25 里拉和 54 里拉相加为 79 里拉，现在计算第三个合伙人的投入资本：若 68 里拉收益来自 79 里拉资本，32 里拉收益来自第三个合伙人的多少投入？用 32 乘以 79，为 2 528，除以 68，得 37 里拉 3 索尔迪 6$\frac{6}{17}$德纳里，即为第三个合伙人的投入；现在来计算第一个合伙人和第二个合伙人投入资本的收益。问：若 79 里拉资本的收益是 68 里拉，那么第一个合伙人投入 25 里拉和第二个合伙人投入 54 里拉会得到多少收益？根据规则进行乘除，得出第一个合伙人将分得 21$\frac{41}{79}$里拉，第二个合伙

[①] 这是本文第一次出现未知数假设，原稿中未知数的写法为数字的上标，见下图所示，co 是 cosa（事物泛指之意，类似于英文中的 what）的缩写。关于原稿即 Luca Pacioli's Perugia manuscript（Vat. Lat. 3129）中帕乔利的笔迹及其中的符号，可参见 A Heeffer. Algebraic partitioning problems from Luca Pacioli's Perugia manuscript（Vat. Lat. 3129）[J]. Sources and Commentaries in Exact Sciences, 2010(11)：3-52。——译者注

[②] 本式在原稿中的写法参见下图。帕乔利手稿中关于符号的写法很难在目前印刷体中一一呈现，特此说明。——译者注

人将分得 $46\frac{38}{79}$ 里拉，依此类推。

【例2-17】 两人以这样的条款合伙：第一个合伙人投入 2 000 里拉，占 $\frac{4}{7}$ 的比例，第二个合伙人投入 800 里拉和人力，占 $\frac{3}{7}$ 的比例。第一个合伙人额外再投入 500 里拉，问每个合伙人在利润分配中所占的份额。

解答如下：整个合伙主体中，一个合伙人所赚收益占另一个合伙人所赚收益的份额，应总是等于一个合伙人投入资本占另一个合伙人投入资本的份额，反之亦然。因此为计算所说的资本及相应收益，问：已知第一个合伙人投入 2 000 里拉，必须赚取收益的 $\frac{4}{7}$，第二个合伙人投入 800 里拉和人力，必须赚取 $\frac{3}{7}$。注意，收益的 $\frac{3}{7}$ 属于第二个合伙人，$\frac{4}{7}$ 属于第一个合伙人，用 $\frac{3}{7}$ 除以 $\frac{4}{7}$，得到 $\frac{3}{4}$，即第一个合伙人将得收益的 $\frac{3}{4}$ 等于第二个合伙人将得收益，同时第二个合伙人必须投入第一个合伙人将要投入数额的 $\frac{3}{4}$。

因此取第一个合伙人投入 2 000 里拉的 $\frac{3}{4}$，得 1 500 里拉，其为第二个合伙人的投入，已知其投入货币 800 里拉，剩余部分为人力资本的价值，即 700 里拉。现在第一个合伙人额外再投入 500 里拉，因此要重新计算其所分的收益，求解方式如下：将两个合伙人所有投入相加，即 1 500 和 2 000 以及额外的 500，得 4 000 里拉，现在求得 1 500 占 4 000 的份额，为 $\frac{3}{8}$，此份额分配给第二个合伙人；第一个合伙人拿走其余份额，也就是 $\frac{5}{8}$。如此得解，依此类推。

将上述资本数值加总，是为得出合伙主体的总资本额为 4 000 里拉。现在为了重新计算投入分配账目，要求出资本额 4 000 里拉的各投资份额所获得的收益，第二个合伙人投入 1 500 里拉，在总收益中应分的份额就是 1 500 里拉占总资本额（4 000 里拉）的份额，其分配账目就应该是：投入资本额 1 500 里拉对应总资本额 4 000 里拉，其应分收益同等对应总应分收益，可以发现，1 500 里拉是 4 000 里拉的 $\frac{3}{8}$，因此其应分份额也是总收益的 $\frac{3}{8}$。

【例2-18】 两人以这些条款约定合伙经营：第一个合伙人投入 3 000 里拉，第二个合伙人投入 800 里拉和人力并赚取 $\frac{3}{8}$ 的利润，第一个合伙人赚取 $\frac{5}{8}$；第一个合伙人额外再投入 400 弗罗林后其赚取的利润变为 $\frac{2}{3}$，第二个合伙人赚取 $\frac{1}{3}$。问 1 弗罗林价值是多少。

解答如下：先计算第二个合伙人投入资本的金额，求 $\frac{3}{8}$ 占 $\frac{5}{8}$ 的份额，得 $\frac{3}{5}$。那么第二个合伙人的投入应该是第一个合伙人投入的 $\frac{3}{5}$；取 3 000 里拉的 $\frac{3}{5}$，得 1 800 里拉，此为第二个合伙人的投入金额；已知其投入 800 里拉，则其投入的人力价值为 1 000 里拉。现在问，第一个合伙人额外再投入 400 弗罗林后，其赚取的利润份额变为 $\frac{2}{3}$，第二个合伙人的投入赚取的利润份额变为 $\frac{1}{3}$，则 1 弗罗林价值是多少？首先计算每个合伙人的投入资本，第二个合伙人所得为 $\frac{1}{3}$，第一个合伙人所得 $\frac{2}{3}$，第二个合伙人所得是第一个合伙人的 $\frac{1}{2}$，因此第二个合伙人的投入和收益都是第一个合伙人的 $\frac{1}{2}$。已知第一个合伙人投入 3 000 里拉 400 弗罗林，取其 $\frac{1}{2}$，会得到第二个合伙人的投入金额，3 000 里拉的 $\frac{1}{2}$ 是 1 500 里拉，400 弗罗林的 $\frac{1}{2}$ 是 200 弗罗林，1 500 里拉和 200 弗罗林就是第二个合伙人的投入资本数。

已知第二个合伙人投入金额是 1 800 里拉，该金额为 300 里拉加上 1 500 里拉，这 300 里拉就是 200 弗罗林的价值，现在求解 1 弗罗林的价值，用 300 除以 200，得 1 里拉 10 索尔迪 0 德纳里，即为 1 弗罗林的价值，得解。

【例 2-19】 两人合伙按以下协议经营：第一个合伙人投入 3 000 里拉，分得 $\frac{5}{9}$ 的收益，第二个合伙人投入 600 里拉和人力，分得 $\frac{4}{9}$ 的收益；第一个合伙人额外再投入一定金额，分得 $\frac{7}{9}$ 的收益，问第一个合伙人投入了多少。

解答如下：首先求解第二个合伙人的投入资本数额，求 $\frac{4}{9}$ 占 $\frac{5}{9}$ 的比例，为 $\frac{4}{5}$。然后第二个合伙人应该投入第一个合伙人投入 3 000 里拉的 $\frac{4}{5}$，即 2 400 里拉，他投入货币 600 里拉，加上人力投入应为 2 400 里拉，那么人力投入价值 1 800 里拉。现在，第一个合伙人又投入了一定金额,分得 $\frac{7}{9}$,因此第二个合伙人应分得 $\frac{2}{9}$,计算 $\frac{2}{9}$ 占 $\frac{7}{9}$ 的比例,为 $\frac{2}{7}$,这就是第二个合伙人投入总金额占第一个合伙人投入总金额的比例,也就是 2 400 里拉是第一个合伙人投入总金额的 $\frac{2}{7}$。现在求解多少金额的 $\frac{2}{7}$ 是 2 400 里拉,用 2 400 除以 $\frac{2}{7}$,得 8 400 里拉,这是第一个合伙人投入的总金额,分得收益的 $\frac{7}{9}$;现在来求解第一个合伙人额外的投入金额,将其之前的投资从中减去,即从 8 400 里拉中减去 3 000 里拉,得 5 400 里拉,即第一个合伙人额外投入的数额。

【例 2-20】 三个人合伙赚得 100 里拉,第一个合伙人投入一定数量资本,第二个合伙人比第一个合伙人的投入多 30 里拉,第三个合伙人比第二个合伙人的投入多 20 里拉,第一个合伙人分得收益 12 里拉,问第二和第三个合伙人分别投入多少。

解答如下: 设定第一个合伙人投入 1co,则第二个合伙人投入 1co 加 30,第三个合伙人投入 1co 加 50,加总得到 3co 加 80,这就是合伙主体的总资本额,作为除数。现在问:如果 3co 加 80 的资本赚得 100 里拉,那么第一个合伙人投入 1co 的资本能赚得多少?用 100 乘以 1co,用 100co 除以 3co 加 80,得到分数 $\frac{100co}{(3co+80)}$,而同时已知其分得 12 里拉,因此两者相等,用 12 乘以 3co 加 80,得 36co 加 960,其应等于 100co,化简得到 64co 等于 960,用 960 除以 64,得 15,这就是第一个合伙人投入的资本数额即 15 里拉,第二个合伙人投入为其加 30,得 45,第三个合伙人的投入是在第二个合伙人投入上加 20,得 65。现在计算第二和第三个合伙人分别分得多少收益,问:15 里拉的投入资本赚得 12 里拉,45 里拉的投入赚得多少?用 12 乘以 45 得 540,除以 15 得 36 里拉,即为第二个人所赚收益,第三个人的收益即为 100 里拉的剩余部分,得解。

【例 2-21】 两人合伙按以下协议经营:第一个合伙人投入 3 000 里拉,分得 $\frac{5}{8}$ 的利润,第二个合伙人分得 $\frac{3}{8}$ 利润,投入 1 000 里拉和人力;现有另一个合伙人加入合伙主体参与经营,投入 2 000 里拉,问他的分配份额是多少。

解答如下: 首先计算第二个合伙人的投入资本,看在不含人力投入的情况下他的资本额应是多少,其分配占第一个合伙人分配的份额是 $\frac{5}{8}$ 的 $\frac{3}{8}$,为 $\frac{3}{5}$,所以第二个合伙人必须投入第一个合伙人投入的 $\frac{3}{5}$,即 3 000 的 $\frac{3}{5}$,为 1 800 里拉,其必须投入

1 800 里拉，而其投入的货币为 1 000 里拉，所以人力投入价值为 800 里拉。现在，计算第三个合伙人要分得的份额，把第一个合伙人和第二个合伙人投入的资本合计，其中人力投入按 800 里拉计算，再加上第三个合伙人投入的 2 000 里拉，合计 6 800 里拉，此为合伙主体的资本额，作为除数。现在要计算每个合伙人应分配的份额，首先计算每个合伙人的资本投入占合伙主体资本额的份额，这个份额就是其应分得的份额；所以，对于第一个合伙人，以 3 000 除以 6 800，其中的 $\frac{15}{34}$ 归于第一个合伙人。对于第二个合伙人：用其投入的货币及人力的价值 1 800，除以 6 800，得 $\frac{9}{34}$，这部分收益将分配给第二个人。对于第三个合伙人的分配份额：其投入 2 000 里拉，除以 6 800，得到 $\frac{10}{34}$，即 $\frac{5}{17}$，这部分收益将分配给第三个合伙人。

【例 2-22】 两人合伙按以下协议经营：第一个合伙人投入 1 600 里拉，分配份额是 $\frac{4}{7}$；第二个合伙人投入 600 里拉和人力，分配份额是 $\frac{3}{7}$；第三个合伙人同意他们的协议，计划投入 1 200 里拉；第四个合伙人对这三个合伙人提议，让我和你们一起合伙经营合伙主体，投入多少资本，我可以得到 $\frac{1}{3}$ 的收益？三个合伙人同意此提议。问：在这样的情况下第一个合伙人、第二个合伙人、第三个合伙人的分配份额各是多少，第四个合伙人要投资多少。

解答如下：首先以这种方式求解第二个合伙人的资本：其分配份额是 $\frac{3}{7}$，占第一个合伙人分配份额 $\frac{4}{7}$ 的比例是，$\frac{3}{7}$ 除以 $\frac{4}{7}$，得 $\frac{3}{4}$。所以第二个合伙人的投入资本是 1 600 的 $\frac{3}{4}$，为 1 200 里拉，已知他投入货币 600 里拉，所以人力投入就是 1 200 减去 600 的剩余部分，为 600 里拉；现在，有第三个合伙人投入了 1 200 里拉，加总第一、第二、第三个人的投入，总共是 4 000 里拉。

然而，还有第四个合伙人想投入赚取 $\frac{1}{3}$ 收益的资本，这样其他三个合伙人能得到 $\frac{2}{3}$。现在来计算第四个合伙人要投入的资本：其想得到 $\frac{1}{3}$ 的收益，占其他三个人分得 $\frac{2}{3}$ 的比例，为 $\frac{1}{2}$。所以他应投入三个合伙人总投入的 $\frac{1}{2}$，即 2 000 里拉，第四个合伙人必须要投入这个金额的资本，才能赚得 $\frac{1}{3}$ 的份额。

若要知道第一、第二、第三个合伙人的收益分配份额,要计算他们的投资占合伙主体资本额的份额:先以这种方式计算合伙主体的资本额,将所有合伙人的投资相加,即第一个合伙人投入 1 600 里拉,第二个合伙人投入货币和人力价值 1 200 里拉,第三个合伙人投入 1 200 里拉,还有第四个合伙人投入 2 000 里拉,合计 6 000 里拉。然后取第一个合伙人的投入 1 600 里拉,计算其占总资本额的比例。与上同解,用 1 600 除以 6 000,得 $\frac{4}{15}$,为第一个合伙人分得收益的份额。然后计算第二个合伙人的收益份额:其投入 1 200 里拉,以同样的方式除以 6 000,得 $\frac{1}{5}$,此为第二个合伙人的收益份额。然后计算第三个合伙人的收益份额:将其投入的 1 200 里拉除以 6 000 里拉,得 $\frac{1}{5}$,即为其收益份额。然后计算第四个合伙人的收益份额:将其投入资本 2 000 里拉,除以 6 000,得到其中的 $\frac{1}{3}$,得解。

【例 2-23】 两人合伙:第一个合伙人在 1 月 1 日投入 500 弗罗林,第二个合伙人在 3 月 1 日投入 400 弗罗林,一年期满赚得 1 000 里拉,问每个合伙人应分配多少。

解答如下:先计算每个合伙人在合伙主体的时间长度,第一个合伙人从 1 月到年底,为 12 个月;现在用这个时间乘以其投入资本 500 弗罗林,得到 6 000 弗罗林;然后计算第二个合伙人在合伙主体的时间长度,是从 3 月到年底,为 10 个月;现在用这个时间乘以其投入资本,即 10 乘以 400 弗罗林,为 4 000。现在将这两个乘积加总,即 6 000 加 4 000,得 10 000,这就是时间和金钱(融合值),是合伙主体的资本额(时间和金钱),其将作为除数。现在计算每个人的资本和收益,问:如果 10 000 时间和金钱能赚到 1 000 里拉,那么 6 000 时间和金钱会赚到多少?用 1 000 乘以 6 000,得 6 000 000,除以 10 000,得 600,即为第一个人的应分配收益。同样来计算第二个人:如果 10 000 赚了 1 000 里拉,那么第二个人 4 000 时间和金钱可赚得多少收益?同上运用乘除法,得到 400 里拉,得解;验算:每个人所得收益相加,正好为 1 000 里拉。

【例 2-24】 两人合伙:第一个合伙人在 4 月 1 日投入 800 弗罗林,第二个合伙人在 6 月 1 日投入某数额资本,1 年期满,二人平分利润,即各按 $\frac{1}{2}$ 计算,问第二个合伙人投入资本多少。

解答如下:首先看第一个合伙人自 4 月 1 日起在合伙主体的时间长度,为 12 个月;现在用此时间乘以其投入的 800 弗罗林,得 9 600,这就是第一个合伙人的时间和金钱数量。如果要平分利润,第二个合伙人必须投入和第一个合伙人一样多的时间和金钱,否则他就无法分得一半利润。然后,他用投入的金钱与他在合伙主体 10 个月时长相乘,应等于 9 600,即第一个合伙人的时间和金钱数量。计算如下:找一个数字,乘以 10 等于 9 600;用 9 600 除以 10,得 960,即为第二个合伙人需要投入的弗罗林数量,乘以他在合伙主体的 10 个月,等于 9 600,与第一个合伙人一样多。因此,如果想要公平无欺地赚取合伙主体 $\frac{1}{2}$ 的利润,就要知道合伙的时间,如前所述,根据实际发生将时长计算到月、到天,然后如前述方法用时长进行乘除运算,可得解。

【例 2-25】 三人合伙:第一个合伙人在 12 月 1 日投入 500 弗罗林,第二个合伙人在 2 月 1 日投入 600 弗罗林,第三个合伙人在 4 月 1 日投入 700 弗罗林,合伙 2 年期满,共赚得 1 000 弗罗林,问每个合伙人分得的收益是多少。

解答如下: 首先计算第一个合伙人从 12 月 1 日开始在合伙主体投入的时长,为 24 个月,乘以他投入的 500 弗罗林,得 12 000,为第一个合伙人投入的时间和金钱。然后计算第二个合伙人在合伙主体投入的时长是从 2 月 1 日开始到两年结束,要注意合伙期的起始时间总是从第一个合伙人投入的时间开始计算,为 22 个月,乘以他投入的资本 600,为 13 200,这就是第二个合伙人投入的时间和金钱;然后对第三个合伙人做同样的计算,他对合伙主体的投入时长为 20 个月,乘以他投入的资金 700,得 14 000,这就是第三个合伙人投入的时间和金钱。

现在,为了计算合伙主体的资本额,找到除数,把所有这三个合伙人时间和金钱的乘积加总,合计为 39 200,作为除数;为了找到每个合伙人应分得的收益,如前同问,若 39 200 时间和金钱赚得 1 000 弗罗林,第一个合伙人的时间和金钱 12 000 将赚多少,第二个合伙人的时间和金钱 13 200 将赚多少,第三个合伙人的时间和金钱 14 000 将赚多少? 按照前述方法进行乘除,会发现,第一个合伙人分得 $306\frac{6}{49}$ 弗罗林,第二个合伙人分得 $336\frac{36}{49}$ 弗罗林[①],第三个合伙人分得 $357\frac{1}{7}$ 弗罗林,此为每个合伙人应分收益;验算:第一、第二和第三个合伙人应分收益合计一定是 1 000 弗罗林。

【例 2-26】 三人合伙:第一个合伙人在 7 月 1 日投入 800 弗罗林,第二个合伙人在 9 月 1 日投入数量未知的货币,第三个合伙人在 11 月 1 日也投入了数量未知的货币,一年期满收益按每人 $\frac{1}{3}$ 平均分配,问第二个合伙人和第三个合伙人各投入多少。按照上面[例 2-24]的方法:先计算第一个合伙人的投入时长,7 月 1 日投入,投资时长为 12 个月,然后乘以他投入的金钱,也就是 800 弗罗林,得 9 600,为第一个合伙人投入的时间和金钱数。因此,他们中的第二和第三个合伙人必须各自投入某数

---

① 原稿中的数量为 $336\frac{24}{31}$,计算错误。——译者注

量的金钱,乘以他们的投入时长,所投入的时间和金钱要等于第一个合伙人投入的时间和金钱数 9 600,否则利润就不能在他们之间平分。

要找到第二个合伙人投入的资本数量,首先要看其投入时长,已知是从 9 月 1 日到(第二年的)7 月 1 日,为 10 个月,此为第二个合伙人投入的时长,因此他投入的金钱弗罗林,乘以 10 就应等于 9 600;要算出弗罗林的数量,你会说,找到乘以 10 得 9 600 的数字,用 9 600 除以 10,得 960,第二个人投入这么多弗罗林。现在看第三个合伙人的投入时长,从 11 月 1 日到合伙经营结束的(来年)7 月 1 日,为 8 个月,然后他所投入的金钱弗罗林数量,乘以 8 应得 9 600,为计算弗罗林数量,你会如上那样说,找到 1 个数字,乘以 8 得 9 600,用 9 600 除以 8,得 1 200,这个数字乘以 8 得 9 600,即为第三个合伙人投入弗罗林的数额。

【例 2-27】 三人合伙:第一个合伙人在 4 月 1 日投入 600 弗罗林,第二个合伙人在 5 月 1 日投入 2 000 里拉,第三个合伙人在 6 月 1 日投入 3 000 磅羊毛,合伙经营年结束时,赚取 800 弗罗林的利润,第一个合伙人分得 400 弗罗林,第二个合伙人分得 300 弗罗林,第三个合伙人分得 100 弗罗林。问每弗罗林价值是多少,每百磅羊毛价值又是多少。

解答如下:首先计算第一个合伙人的投资时长,4 月 1 日投入,到合伙经营年结束时,时长为 12 个月,然后计算第二个合伙人的投资时长,5 月 1 日投入,持续 11 个月。现在有了时长数,就可以算出其他数:已知第二个合伙人投入 2 000 里拉,持续 11 个月,所以用 11 乘以 2 000,得 22 000,这就是第二个合伙人的时间和金钱,已知他赚了 300 弗罗林。因此,为了算出第一个合伙人以里拉计价的资本,问:若第二个合伙人的 300 弗罗林收益来自 22 000 时间和金钱的资本,那么 400 弗罗林收益将来自第一个合伙人多少数量时间和里拉的投入资本?用 400 乘以 22 000,为 8 800 000,除以 300,得 $29\,333\frac{1}{3}$,从这么长的时间和里拉中得到第一个合伙人分配到的 400 弗罗林收益,已知第一个合伙人在合伙主体的投入时长为 12 个月,所以如果用这个数字除以时长,就会得到投入金额,也就是第一个合伙人投入的里拉。所以用 $29\,333\frac{1}{3}$ 除以 12 个月,得到 $2\,444\frac{4}{9}$,这就是第一个合伙人投入的里拉数,已知他投入 600 弗罗林,所以 600 弗罗林价值 $2\,444\frac{4}{9}$ 里拉;要计算每弗罗林价值多少里拉,用 $2\,444\frac{4}{9}$ 里拉除以 600 弗罗林,得 $4\frac{2}{27}$ 里拉,这就是每弗罗林的价值。

现在,为知道每百磅羊毛的价值,同上解:先计算第三个合伙人的投入时长,他

6月1日投入,持续10个月,已知他赚了100弗罗林。那么像对待第一个合伙人那样,问:如果300弗罗林,即第二个合伙人的收益,来自22 000时间和里拉,那么100弗罗林来自多少时间和里拉的投资?用22 000乘以100,为2 200 000,除以300,得$7\,333\frac{1}{3}$,这是第三个合伙人投入的时间和里拉。已知投入时长10个月,所以用$7\,333\frac{1}{3}$除以10个月,得$733\frac{1}{3}$,这就是第三个合伙人投入的里拉数额,其投入的羊毛就价值$733\frac{1}{3}$里拉。要想知道每百磅的价值,用$733\frac{1}{3}$除以30,因为投入了30个百磅的羊毛,得$24\frac{4}{9}$里拉,这就是每百磅羊毛的价值,解毕。诸如此类,皆可同解。

【例2-28】 三人合伙:第一个合伙人在4月1日投入700弗罗林,第二个合伙人在6月1日投入3 000里拉,第三个合伙人在9月1日投入200匹布;一年期满,第一个合伙人分得$\frac{4}{9}$的利润,第二个合伙人分得$\frac{3}{9}$的利润,第三个合伙人分得$\frac{2}{9}$的利润,问每弗罗林价值多少,每匹布价值多少。

解答如下: 首先分析合伙主体的第一个合伙人,4月1日投入,持续12个月;现在用12乘以投入的700弗罗林,得8 400;然后分析第二个合伙人,6月1日投入,持续到合伙经营一年期满,投入时长为10个月。现在,为了赚取和第一个合伙人一样多的利润,他投入的弗罗林数量乘以10个月必须等于第一个合伙人投入的时间和金钱数即8 400,因此,用8 400除以10个月,得840,第二个合伙人必须投入此数量的弗罗林才能赚取和第一个合伙人一样多的利润。已知第二个合伙人所分利润的份额是$\frac{1}{3}$,第一个合伙人所分为$\frac{4}{9}$,$\frac{1}{3}$是$\frac{4}{9}$的$\frac{3}{4}$,所以第二个合伙人要分得$\frac{1}{3}$的收益,就必须投入840弗罗林的$\frac{3}{4}$,即630弗罗林。而已知第二个合伙人投入了3 000里拉,所以630弗罗林价值3 000里拉;若想计算弗罗林的价值,用3 000除以630弗罗林,得4里拉、15索尔迪、$2\frac{6}{7}$德纳里,这就是每弗罗林的价值。

现在,要想知道每匹布值多少钱,首先计算第三个合伙人投入的时长,其9月1日投入,也就是持续7个月的时间;所以,如果用第一个合伙人投入的8 400时间和金钱除以7,得1 200,即第三个合伙人要投入这个数量的弗罗林,才能获得和第一个合伙人的$\frac{4}{9}$一样的利润份额。但他的分配份额是$\frac{2}{9}$,$\frac{2}{9}$占$\frac{4}{9}$的份额为$\frac{1}{2}$;所以他应投入1 200弗罗林的$\frac{1}{2}$,即600弗罗林,此为第三个合伙人投入7个月的资本金额,其分

得 $\frac{2}{9}$ 的利润。已知他投入的是 200 匹布,所以这些布价值 600 弗罗林;要想知道每匹布的价值,用 600 弗罗林除以 200,得到 3 弗罗林,这就是每匹布的价值,解毕。

【例 2-29】 四人合伙,赚得 100 里拉收益,每个合伙人将分得收益的 $\frac{1}{4}$,合伙期满退伙时,每个合伙人都想尽可能多地拿走收益,为此产生了矛盾需要解决,然后他们的一个朋友了解情况后与他们达成了一致意见,以解决分配不公的问题。这位朋友让第一个合伙人把强拿①收益的 $\frac{1}{2}$ 给他,第二个合伙人把强拿收益的 $\frac{1}{3}$ 给他,第三个合伙人把强拿收益的 $\frac{1}{4}$ 给他,第四个合伙人把强拿收益的 $\frac{1}{5}$ 给他,他将拿到的所有收益在他们中间平分,这样每个合伙人得到这位朋友转来收益的 $\frac{1}{4}$。当这些合伙人检查自己的收益时,发现每个人的收益账目都是以前应该有的,问每个人强拿了多少收益。

解答如下:这个朋友将各合伙人给他的收益平均分配给他们,然后每个人的收益账目都相等;因此,每个合伙人在把钱给了这位朋友后,手中剩下的钱也是相等的;否则,当这位朋友把钱平均分配之后,他们就不会发现自己按题目所说,拥有和别人一样的钱。现在你可以设定一个剩余钱的数字,假设每个合伙人剩余的钱都为 3,就是他们每个合伙人强拿的收益按上述比例分给这位朋友后还剩余 3,这样求解:对于第一个合伙人,找到一个数字,拿走 $\frac{1}{2}$ 后剩余 3,这个数字应为 6,即假定第一个合伙人强拿了 6,分出 $\frac{1}{2}$,剩余 3。对于第二个合伙人,找到一个数字,拿走 $\frac{1}{3}$ 剩下 3,这将是 $4\frac{1}{2}$,即假定第二个合伙人强拿走这么多。对于第三个合伙人,找到一个数字,拿走 $\frac{1}{4}$ 剩下 3,这将是 4,即假定第三个合伙人强拿走这么多;然后对于第四个合伙人,找到一个数字,拿走 $\frac{1}{5}$ 剩下 3,这将是 $3\frac{3}{4}$,即假定第四个合伙人强拿走这么多。

如果按上文所说的那样取走相应份额给这位朋友,每个合伙人的剩余都是相等的,因此,如果这位朋友再平均分配,他们的收益也会相等,但对于收益账目来说,所计算的这些数字应该总共为 100 才可。所以,要分析这四个数字的总和,即 6、$4\frac{1}{2}$、

---

① 强拿的意思是某人多拿的收益,因为该收益分配方案未经所有合伙人同意。——译者注。

4、$3\frac{3}{4}$,合计为 $18\frac{1}{4}$,而你要的合计数是 100;问:如果 $18\frac{1}{4}$ 对应 100,那所假定的第一个合伙人强拿的 6 应为多少,第二个合伙人的 $4\frac{1}{2}$ 应为多少,第三个合伙人的 4 应为多少,第四个合伙人的 $3\frac{3}{4}$ 应为多少?用 6 乘以 100,再除以 $18\frac{1}{4}$,得 $32\frac{64}{73}$,为第一个合伙人强拿的钱;用 $4\frac{1}{2}$ 乘以 100,再除以 $18\frac{1}{4}$,得 $24\frac{48}{73}$,为第二个合伙人强拿的钱;用 4 乘以 100,再除以 $18\frac{1}{4}$,得 $21\frac{67}{73}$,为第三个合伙人强拿的钱;然后用 $3\frac{3}{4}$ 乘以 100,除以 $18\frac{1}{4}$,得 $20\frac{40}{73}$,为第四个合伙人强拿的钱。

通过两点验算:第一,把这些钱加起来,必须正好等于 100;第二,为了满足题目要求,每个合伙人被拿走相应比例的钱,应该能发现每个人剩余的收益都相等,再将这些拿走的钱平均分配给每个人,每人得到的收益应该都为 25,验证完毕。

【例 2-30】 三人合伙,赚得 100 里拉。第一、第二个合伙人共投资 30 里拉,第二、第三个合伙人共投资 40 里拉,第一、第三个合伙人共投资 50 里拉,问每个合伙人投资多少,每个合伙人分得收益多少。

解答如下:假设第一个合伙人投入 1co,第二个合伙人必须投入 30 减 1co,然后,因为第二个合伙人和第三个合伙人投入了 40 里拉,第三个合伙人必须投入 10 加 1co;现在因为第一个合伙人和第三个合伙人投入了 50 里拉,而将第一个合伙人投入的 1co 与第三个合伙人投入的 10 加 1co 相加,得 10 加 2co,而他们投入了 50 里拉,就有 10 加 2co 等于 50 里拉。化简得 2co 等于 40 里拉,用 40 除以 2,得 20 里拉,这就是第一个合伙人投入资本的价值,第二个合伙人投入 10 里拉,第三个合伙人投入 30 里拉,根据题目,得解。

现在来计算每个人分得多少。三人合伙运营组成的合伙主体,第一个合伙人投入 20 里拉,第二个合伙人投入 10 里拉,第三个合伙人投入 30 里拉,赚了 100 里拉,问每人分得收益多少?加总每个合伙人的投入(20 里拉、10 里拉、30 里拉),合计 60 里拉,这将是合伙主体的资本,那么对于第一个合伙人来说,如果投入 60 里拉赚了 100 里拉,投入 20 里拉赚得多少?第二个合伙人投入的 10 里拉又赚得多少?第三个合伙人投入的 30 里拉又赚多少?20 乘以 100,再除以 60,得 33 里拉、6 索尔迪、8 德纳里,第一个合伙人赚的就是这么多;然后 10 乘以 100,得 1 000 里拉,再除以 60,得 16 里拉、13 索尔迪、4 德纳里,这是第二个合伙人所赚的收益;然后 30 乘以 100,得 3 000 里拉,再除以 60,得 50 里拉,这是第三个合伙人赚的收益,得解。依此类推。

【例 2-31】 四人合伙，赚得 1 000 里拉：第一、第二、第三个合伙人共投资 30 里拉，第二、第三、第四个合伙人共投资 40 里拉，第一、第三、第四个合伙人共投资 45 里拉，问每人投资多少，每人分得收益多少。

解答如下： 假设第一个合伙人投入 1co，第二个合伙人的投入以你所愿①，假设他投入 10 里拉，那么第三个合伙人就投入 20 减去 1co，这样他们的投入加起来就是 30 里拉。现在对第二、第三和第四个合伙人这样来分解，他们共投入 40 里拉，而前面你假设第二个合伙人投入 10 里拉，第三个合伙人投入 20 里拉减 1co，这样第四个合伙人就投入 10 里拉加 1co，然后对第一、第三和第四个合伙人这样分解，他们共投入 45 里拉，因此加上第一个合伙人投入的 1co，第三个合伙人投入的 20 里拉减 1co 和第四个合伙人投入的 10 里拉加 1co，合计为 30 里拉加 1co，化简得到 1co 等于 15 里拉，15 里拉就是第一个合伙人投入的资本价值，第二个合伙人投入 10 里拉，第三个合伙人投入 5 里拉，第四个合伙人投入 25 里拉，根据题目得解。

现在来分析每个合伙人能够分配的收益，问：四个合伙人，第一个合伙人投入 15 里拉，第二个合伙人投入 10 里拉，第三个合伙人投入 5 里拉，第四个合伙人投入 25 里拉，他们的收益是 1 000 里拉，问每个合伙人分得多少收益。

加总所有投资即 15 + 10 + 5 + 25，得 55 里拉，这就是合伙主体的总资本，然后问：如果投入 55 里拉赚得 1 000 里拉，第一个合伙人投入的 15 里拉，第二个合伙人投入的 10 里拉，第三个合伙人投入的 5 里拉，第四个合伙人投入的 25 里拉，分别会赚得多少？15 乘以 1 000，得 15 000 里拉，除以 55，得 $272\frac{8}{11}$ 里拉，即第一个合伙人所得收益；然后 10 乘以 1 000，得 10 000 里拉，除以 55，得 $181\frac{9}{11}$ 里拉，即第二个合伙人的收益；然后 5 乘以 100，得 5 000，除以 55，得 $90\frac{10}{11}$ 里拉，即第三个合伙人的收益；再将 25 乘以 1 000，得到 25 000，除以 55，得 $454\frac{6}{11}$ 里拉，即第四个合伙人的收益。验算：按上述方法处理即可验证。

【例 2-32】 三人合伙经营，赚取 100 里拉。第一个合伙人投入一定数额的资本，第二个合伙人投入的资本数额是第一个合伙人投入的资本数额的 2 倍加 2，第三个合伙人投入的资本数额是第一个合伙人投入的资本数额乘以第二个合伙人投入的资本

---

① 在 1560 年之前，使用第二个未知数的方法在代数实践中是个例外。总的来说，在 17 世纪之前的代数问题解决中，通常使用单一未知数。参见 Heeffer, Albrecht. "From the Second Unknown to the Symbolic Equation." Philosophical Aspects of Symbolic Reasoning in Early Modern Mathematics, edited by Albrecht Heeffer and Maarten Van Dyck, vol. 26, College Publications, 2010, pp. 57-101。——译者注。

数额;第一个合伙人赚得 10 里拉,问每个合伙人投入的资本数额和第二、第三个合伙人分得的收益。

解答如下:假设第一个合伙人投入 1co,因此第二个合伙人应该投入 2co 加 2,现在对于第三个合伙人来说,将第一个合伙人投入的资本数额与第二个合伙人投入的资本数额相乘,即 1co 乘以 2co 加 2,也就是加 2co$^{\square}$[1] 加 2co,这就是第三个合伙人投入的资本数额;现在将 1co、2co 加 2 和 2co$^{\square}$ 加 2co 加总,得 5co 加 2co$^{\square}$ 加 2,就是合伙主体投入的资本总额;现在问:如果 5co 加 2co$^{\square}$ 加 2 可以赚得 100 里拉,那么第一个合伙人投入的 1co 会赚到多少?用 100 乘以 1co,得 100co,除以 5co 加 2co$^{\square}$ 加 2,即 $\dfrac{100co}{(5co + 2co^{\square} + 2)}$,为第一个合伙人分得的收益,而已知他分得的是 10 里拉,因此这个分数等于 10,把分母乘以 10,就会变成 50co 加 20co$^{\square}$ 加 20,这个数必须等于分子,即 100co。简化得到等式 $2\dfrac{1}{2}$co 等于 1co$^{\square}$ 加 1;取一次项系数的一半,将其平方,加上常数项[2],(等式右边)为 $\dfrac{9}{16}$,得到 1co 等于 $1\dfrac{1}{4}$ 加 R$_x$[3] $\dfrac{9}{16}$,R$_x$ $\dfrac{9}{16}$ 等于 $\dfrac{3}{4}$,$\dfrac{3}{4}$ 加 $1\dfrac{1}{4}$,得 2,为第一个合伙人投入的金额。

根据题目,第二个合伙人的投资额是第一个合伙人投资额的两倍加 2,因此第二个合伙人投入 6,第三个合伙人投入 12,其为第一、第二个合伙人投入额的乘积,2 乘以 6 得 12。现在用另一种方法来计算第二、第三个合伙人分得的利润如下:从收益 100 中扣除第一个合伙人的收益 10 里拉,剩余 90 里拉。问:二个合伙人,第一个合伙人投入 6 里拉,第二个合伙人投入 12 里拉,赚得利润 90 里拉,每个合伙人分多少?6 加 12 得 18,这是除数。又问:如果投入 18 里拉赚得 90 里拉,第二个合伙人投入 6 里拉赚得多少,第三个合伙人投入 12 里拉赚得多少?6 乘以 90,为 540 里拉,除以 18,得 30 里拉,这是第二个合伙人所赚,剩余利润属于第三个合伙人,即 60 里拉,得解。验证同上。

【例 2-33】 四人合伙赚得 400 里拉,第一个合伙人投入某数额,第二个合伙人投入的数额是第一个合伙人投入数额的 2 倍,第三个合伙人的投入数额是第一个合伙

---

[1] 在原稿中,二次方用上标符号 □ 表示。——译者注。
[2] 这是本书第一次出现解一元二次方程,其所使用的方法为现代所称的配方法,基本流程是先将二次项的系数化简为 1,然后取一次项系数的一半,将其平方,再根据常数项前面的运算将其加上或减去常数项,对剩余值开平方根,再加上或减去一次项系数的一半。为简化表达及指代明确,翻译中使用了现代通用的代数术语。后文同。——译者注。
[3] 在计算二次方程的解时,采用旧的写法 R$_x$ 表示平方根符号。——整理者注。平方根 R$_x$ 的写法是由 Leonardo Pisano(即 Leonardo Fibonacci)在 1220 年出版的 Practica geometriae 中首次使用,其来源于拉丁语的 radix(平方根),使用大写 R,并在 R 右下角有一斜画,像 P 和 x 的合体,本书中的写法参见下图的 R$_x$505。——译者注。

R$_x$505

人与第二个合伙人投入数额的乘积,第四个合伙人的总投入是第二个合伙人与第三个合伙人投入的乘积,也是四个合伙人投入的资本总额。第一个合伙人将分得 25 里拉的收益,问每个合伙人的投入和每个合伙人的收益。

解答如下:假设第一个合伙人投入 1co,第二个合伙人投入 2co,对第三个合伙人来说,第一个合伙人投入的 1co 乘以第二个合伙人投入的 2co,得 2co$^\square$,为第三个合伙人的投入。然后对四个合伙人的总投入这样计算:用第二个合伙人的投入 2co 乘以第三个合伙人的投入 2co$^\square$,得 4co$^\triangle$[①],这就是四个合伙人的总投入,也是合伙主体的资本额。现在,计算第一个合伙人分得多少收益。问:如果 4co$^\triangle$ 赚 400 里拉,第一个合伙人投入 1co 将赚得多少:用 1co 乘以 400,得 400co,除以 4co$^\triangle$,得 $\frac{400co}{4co^\triangle}$,如你所见,这个 4co$^\triangle$ 为分母的分数,就是第一个合伙人应该获得的收益,而已知第一个合伙人获 25 里拉的收益,所以 400co 除以 4co$^\triangle$ 等于 25。去分母,用 4co$^\triangle$ 乘以 25,得 100co$^\triangle$,等于 400co,化简,得 100co$^\square$ 等于 400,用 400 除以 100,得 4,那么 R$_x$4 就是第一个合伙人的投入,即 2 里拉。第二个合伙人投入 2 倍,即 4 里拉,第三个合伙人投入 8 里拉,即第一个合伙人投入的 2 里拉,乘以第二个合伙人投入的 4 里拉。四个合伙人总共投入 32 里拉,即第二个人投入的 4 里拉乘以第三个人投入的 8 里拉,32 里拉就是合伙主体的总投入资本。

现在为了求解四个合伙人分得的收益,首先从总资本额 32 里拉中减去第一、第二和第三个合伙人的投入,得 18 里拉,这是第四个合伙人的投入资本。如果要求解每个合伙人分得的收益,2、4、8、18 相加得 32 里拉,如前文一样问:若投入 32 里拉赚得 400 里拉,那么分别投入 2、4、8、18 里拉各赚得多少?第一个合伙人投入的 2 里拉乘以 400 等于 800 里拉,除以 32,得 25 里拉,这是第一个合伙人所赚;然后第二个合伙人投入的 4 里拉乘以 400 等于 1 600 里拉,除以 32,得 50 里拉,为第二个合伙人赚得;第三个合伙人投入的 8 里拉乘以 400,得 3 200 里拉,除以 32,得 100 里拉,这是第三个合伙人所得;最后第四个合伙人,与其他合伙人一样,其投入的 18 里拉乘以 400 得 7 200,除以 32,得 225 里拉,这是第四个合伙人所赚。如果想验算一下,就像上述其他例题验算那样,加总每个合伙人的所得,正好等于 400,多或少均为误。

【例 2-34】 三人合伙:第一个合伙人投入 20 杜卡迪,投入 12 个月,第二个合伙人投入 20 杜卡迪,第三个合伙人投入一颗宝石,投入 10 个月,他们总共赚得 60 杜卡迪;第一个合伙人分得 20 杜卡迪,第二个合伙人分得 10 杜卡迪,第三个合伙人分得 30 杜卡迪。问第二个合伙人投入的时长以及第三个合伙人投入的宝石价值几何。

---

① 在原稿中,三次方由符号右上标 △ 表示。——译者注

解答如下：首先来换算第一个合伙人的利润，这里必须借用第一个合伙人的投入时长和投入价值来计算另外两个合伙人的投入价值，将第一个合伙人的投入时长，即 12 个月乘以其投入的 20 杜卡迪，即 12 乘以 20 等于 240 时间和金钱，这就是第一个合伙人投入的时间和金钱。问：如果他所赚的 20 个杜卡迪来自投入的 240 时间和金钱，那么第二个合伙人所赚的 10 杜卡迪会来自多少时间和金钱？10 乘以 240，就是 2 400，除以 20，就是 120，这就是第二个合伙人投入的时间和金钱。已知第二个合伙人投入 20 杜卡迪，因此用 120 除以金钱 20 杜卡迪，就得到他投入的时间；这样，120 除以 20，得 6，即为第二个合伙人投入资本到合伙主体的时长 6 个月。

现在对第三个合伙人同样求解：为计算宝石的价值，已知第三个合伙人赚了 30 杜卡迪，这是全部利润 60 杜卡迪减去第一个和第二个合伙人所赚的剩余部分。问：如果第一个合伙人 20 杜卡迪的利润来自 240 时间和金钱的，那么第三个合伙人 30 杜卡迪的利润将来自多少时间和金钱？240 乘以 30，得 7 200，除以 20，得 360，就是第三个合伙人投入的时间和金钱。已知第三个合伙人投入的时长是 10 个月，所以将 360 时间和金钱，除以投资时长 10 个月，将得到第三个合伙人投入合伙主体的金钱是 36 杜卡迪，根据题目，他将赚取 30 杜卡迪的利润。

已知第三个合伙人投入了一颗宝石，因此这颗宝石价值 36 杜卡迪，得解。如需验证，使用前文关于时间和金钱验算的方法。

【例 2-35】 三人合伙：第一个合伙人投入 30 杜卡迪和 10 个月，第二个合伙人投入 50 杜卡迪和 0 个月（即未在合伙主体中投入时间），第三个合伙人投入 0 杜卡迪和 12 个月，他们总共赚得 100 杜卡迪，问每个合伙人应分多少收益。

解答如下：首先计算合伙主体资本额，对于第一个合伙人，用他在合伙主体的 10 个月乘以投入的 30 杜卡迪，得 300 时间和金钱，为第一个合伙人投入的时间和金钱；对于第二个合伙人，不需要用金钱乘以时间，因为他没有在合伙主体投入时间，只是投入了 50 杜卡迪。同样，对于第三个合伙人，也不需要用投入金钱的数量乘以他在合伙主体的时间，因为他没有投入任何金钱，只是投入人力到三个合伙人的共同合伙经营中。这样，合伙主体的资本额就不需要再计算其他，只是需要将每个合伙人投入的集合在一起，即第一个合伙人 300 时间和金钱，第二个合伙人 50 杜卡迪，第三个合伙人 12 个月：合计 362，这就是合伙主体的资本总额，也将成为三个合伙人分配收益的除数。

因此问：若投入 362 赚 100 杜卡迪，那么第一个合伙人投入的 300 赚到多少？用 100 乘以 300，得 30 000，除以 362。30 000 除以 362，得 $82\frac{158}{181}$，这就是第一个合伙人投入时间和金钱所赚的收益。对于第二个合伙人同问：若投入 362 赚 100 杜卡迪，那么第二个合伙人投入的 50 杜卡迪赚多少？用 100 乘以 50，得 5 000，除以 362，得

$13\frac{147}{181}$，这就是第二个合伙人分得的收益。关于第三个合伙人同问：若投入 362 赚 100 个杜卡迪，那么他投入的 12 个月赚多少？100 乘以 12，得 1 200，除以 362，得 $3\frac{57}{181}$ 杜卡迪，这就是第三个合伙人所赚，得解。验算：各部分加总等于 100。

【例 2-36】 三人合伙，平均赚 100 杜卡迪，即每个合伙人分得 $\frac{1}{3}$；但分配时每个合伙人计算收益的方法不同，都想获取尽可能多的利益。于是他们的一个朋友来协调并达成一致，从第一个合伙人那里强拿其收益的 $\frac{1}{3}$，从第二个合伙人那里强拿其收益的 $\frac{1}{4}$，从第三个合伙人那里强拿其收益的 $\frac{1}{2}$，将强拿收益平均分给三个合伙人，各得其所。分完后他们检查自己所得，发现每个合伙人得到了应分数，即 100 杜卡迪的 $\frac{1}{3}$；问每个合伙人从强拿收益中获得了多少收益，以及他们的这个朋友分给每个合伙人的金额是多少。

解答如下：找一个数字能包含 $\frac{1}{3}$，$\frac{1}{4}$，$\frac{1}{2}$，为 12[①]，然后计算：若第一个合伙人给出 $\frac{1}{3}$，那么他就剩余 $\frac{2}{3}$，然后看哪个数字的 $\frac{2}{3}$ 是 12。这样去找：取 12 的 $\frac{1}{2}$ 也就是 6，与 12 相加，得 18，这个数字的 $\frac{2}{3}$ 是 12，因此第一个合伙人从强拿收益中获得了 18，给出 $\frac{1}{3}$，剩下 12。然后再计算第二个合伙人：如果他给出 $\frac{1}{4}$，那么剩余 $\frac{3}{4}$，该剩余须和第一个合伙人相同，所以会剩余 12。现在来计算多少的 $\frac{3}{4}$ 是 12，这样求解：取 12 的 $\frac{1}{3}$，也就是 4，加上 12，即为 16，即第二个合伙人从强拿收益中获得 16，将 $\frac{1}{4}$ 给这位朋友，还剩余 12，与第一个合伙人剩余的一样多。对第三个合伙人同解，也必须像其他合伙人一样剩余 12，否则最后他们就不能平分利润。然而，若他给出 $\frac{1}{2}$，剩余 12，多少的 $\frac{1}{2}$ 是 12，然后与上同解，12 的一倍为 24，12 是其一半，所以你会说，第三个合伙人从强拿收益的 24 中拿走 $\frac{1}{2}$，像其他合伙人一样剩余 12。

---

① 也就是找到各分数分母的最小公倍数。——译者注。

现在要计算这位朋友手中金钱的数量。若将这部分金钱在 3 个合伙人中平均分配,每个合伙人分到的收益相同,已知若将他们强拿的钱加总,必须等于 100,多或少都是误。18、16 与 24 相加得 58,将它换算成 100,问:如果 58 换算成 100,那么第一个合伙人获得的 18 应换算成多少,第二个合伙人获得的 16、第三个合伙人获得的 24 又分别换算成多少?将第一个合伙人的 18 乘以 100,为 1 800,除以 58,得 $31\frac{1}{29}$,即为第一个合伙人获得的金额;然后计算第二个合伙人获得的金额,16 乘以 100,为 1 600,除以 58,得 $27\frac{17}{29}$,为第二个合伙人获得的金额;计算第三个合伙人获得的金额,100 乘以 24,为 2 400,除以 58,得 $41\frac{11}{29}$,为第三个合伙人获得的部分,问题的第一部分得解。

现在根据题目来验算,首先验算一下我所说的合计为 100 是否正确,结果正好是 100,即 $31\frac{1}{29}$、$27\frac{17}{29}$ 与 $41\frac{11}{29}$ 相加为 100。现在计算合伙人拿走的部分:如果第一个合伙人被拿走他自己的 $\frac{1}{3}$,计算为 $10\frac{10}{29}$,剩余 $20\frac{20}{29}$;如果第二个合伙人被拿走 $\frac{1}{4}$,即 $6\frac{26}{29}$,他将像第一个合伙人一样剩余 $20\frac{20}{29}$;如果第三个合伙人被拿走 $\frac{1}{2}$,即 $20\frac{20}{29}$,他将像其他合伙人一样,剩余 $20\frac{20}{29}$。现在计算合伙人拿在手上的金额分别是 $10\frac{20}{29}$、$6\frac{26}{29}$ 和 $20\frac{20}{29}$,合计为 $37\frac{27}{29}$。现在将合计金额一分为三,即 $12\frac{56}{87}$,分给他们每个人,然后每个人都像以前应该分得的那样,赚得 $33\frac{1}{3}$,解毕且依此类推。

【例 2-37】 两人合伙赚得 30 杜卡迪,每个合伙人分 $\frac{1}{2}$。分配时出现争议,第三方来调解达成协议,第一个合伙人给了他强拿收益的 $\frac{1}{3}$,第二个合伙人给了他强拿收益的 $\frac{1}{4}$,当第三个朋友将这些收益拿在手里,平均分配给每个人之后,每个人如之前应得的那样分得 15 杜卡迪,问每个合伙人的强拿收益是多少。

解答如下:假设第一个合伙人强拿收益为 1co,第二个合伙人拿走剩下的,即 30 减 1co,现在取第一个合伙人的 $\frac{1}{3}$,即 $\frac{1}{3}$co 给这位第三方朋友,剩余 $\frac{2}{3}$co;然后取第二个合伙人强拿收益 30 减 1co 的 $\frac{1}{4}$,即 $7\frac{1}{2}$ 减 $\frac{1}{4}$co 给这位第三个朋友,剩余 $22\frac{1}{2}$ 减

$\frac{3}{4}$co,而第三个朋友手中将有 $7\frac{1}{2}$ 加 $\frac{1}{12}$co。现在将 $7\frac{1}{2}$ 加 $\frac{1}{12}$co 分成两份,即 $3\frac{3}{4}$ 加 $\frac{1}{24}$co;把这个金额分给第一个合伙人,加上他把 $\frac{1}{3}$ 给他第三个朋友时剩下的 $\frac{2}{3}$co,将分得 $3\frac{3}{4}$ 加 $\frac{17}{24}$co,而已知他将分得 15 杜卡迪。

即 $3\frac{3}{4}$ 加 $\frac{17}{24}$co 等于 15,化简得到 $\frac{17}{24}$co 等于 $11\frac{1}{4}$。如果你用 $11\frac{1}{4}$ 除以 $\frac{17}{24}$,得 $15\frac{15}{17}$,即为第一个合伙人强拿收益的数量,第二个合伙人强拿的收益就是 30 杜卡迪中剩余的 $14\frac{2}{17}$。现在按照题目验算,若第一个合伙人给出 $\frac{1}{3}$,即 $5\frac{5}{17}$,会剩余 $10\frac{10}{17}$,如果第二个合伙人给出 $\frac{1}{4}$,即 $3\frac{9}{17}$,两个合伙人给出的金额相加得 $8\frac{14}{17}$;平均分给两个合伙人即 $4\frac{7}{17}$,这样分给两个合伙人,每个合伙人都将分得 15 杜卡迪,证毕。

【例 2-38】 三人合伙,赚得 12 杜卡迪;第一个合伙人应分得 $\frac{1}{2}$,第二个合伙人应分得 $\frac{1}{3}$,第三个合伙人应分得 $\frac{1}{6}$。分配时有争议,他们每个合伙人都想尽可能多地获取收益,在这种情形下,他们的一个朋友出面协商调解。这位朋友对应分 $\frac{1}{2}$ 的第一个合伙人说:把你所拿的 $\frac{1}{2}$ 还回;对应分 $\frac{1}{3}$ 的第二个合伙人说:把你所拿的 $\frac{1}{3}$ 还回;对应分 $\frac{1}{6}$ 的第三个合伙人说:把你所拿的 $\frac{1}{6}$ 还回。每个合伙人如此做,当他们按前述还回收益份额后,这位朋友将其平均分给每个合伙人,之后每个人审视自己的所得收益,发现自己得到了应分之数:应该分 $\frac{1}{2}$、$\frac{1}{3}$ 和 $\frac{1}{6}$ 的人均各得其所。问每个合伙人强拿了多少利益,他们总共还回了多少利益。

解答如下:首先计算每个合伙人应该分得的收益:应分 $\frac{1}{2}$ 收益的合伙人须得 6 杜卡迪,应分 $\frac{1}{3}$ 收益的合伙人须得 4 杜卡迪,应分 $\frac{1}{6}$ 收益的合伙人应得 2 杜卡迪。现在,为了遵循这个收益账目,解答如下:假设在他们三个合伙人共还回 1co,这个数被均分为 3 份,即 $\frac{1}{3}$co 为一份,那么第一个应分 $\frac{1}{2}$ 的合伙人用 6 减去 $\frac{1}{3}$co,然后每个合伙人都可算得自己应还回的部分。因此,第一个合伙人必须归还 6 减 $\frac{1}{3}$ co,加上 $\frac{1}{3}$ co 就可以得 6;现在,由于他手里还有 6 减 $\frac{1}{3}$ co,而已知他已还回他收益的 $\frac{1}{2}$,在他还回 $\frac{1}{2}$ 之前,他还有另外一份和还回一样多的收益,即有 12 减 $\frac{2}{3}$ co,通过还回 $\frac{1}{2}$,他将得到 6 减 $\frac{1}{3}$ co。然后对第二个合伙人来说,他必须分得 $\frac{1}{3}$,也就是 4,所以当他还回他所拿收益的 $\frac{1}{3}$ 时,必定剩余 4 减 $\frac{1}{3}$ co,然后 $\frac{1}{3}$ co 被分配给他时,其得 4,所以他需要拿 6 减去 $\frac{1}{2}$ co,再减去其中的 $\frac{1}{3}$,剩余 4 减去 $\frac{1}{3}$ co。然后对第三个合伙人来说,应分得 $\frac{1}{6}$ 即 2,当 $\frac{1}{6}$ 被还回时,他手中应剩余 2 减 $\frac{1}{3}$ co,当 $\frac{1}{3}$ co 被分配给他时,他就会分得他应得的 2;因此,他获益的部分是 $2\frac{2}{5}$ 减 $\frac{2}{5}$ co,将 $\frac{1}{6}$ 还回,会剩余 2 减 $\frac{1}{3}$ co。

至此,第一个合伙人强拿获益的 12 减 $\frac{2}{3}$ co,第二个合伙人强拿获益的 6 减 $\frac{1}{2}$ co,第三个合伙人强拿获益的 $2\frac{2}{5}$ 减去 $\frac{2}{5}$ co,现在加总,得 $20\frac{2}{5}$ 减去 $1\frac{17}{30}$ co,而已知应分总额为 12,所以 $20\frac{2}{5}$ 减去 $1\frac{17}{30}$ co 等于 12,化简得 $8\frac{2}{5}$ 等于 $1\frac{17}{30}$ co,用 $8\frac{2}{5}$ 除以 $1\frac{17}{30}$,得 $5\frac{17}{47}$,这就是所有合伙人还回的杜卡迪数额。

现在,要计算每个合伙人的强拿获益数量,解答如下:首先,把 $5\frac{17}{47}$ 分成三份,每份 $1\frac{37}{47}$,这是每个合伙人应被这位朋友重新分配的数量;因为第一个合伙人应分收益 6,所以在他被分配 $1\frac{37}{47}$ 之前,也就是当他把获益的 $\frac{1}{2}$ 还给这位朋友后,剩余 $4\frac{10}{47}$,因此他获益 $8\frac{20}{47}$。计算第二个合伙人的收益:已知分配给他 $1\frac{37}{47}$ 后,他就有了 4 的收益,所以当他还回获益的 $\frac{1}{3}$ 时,还剩余 $2\frac{10}{47}$,再加上分配给他的 $1\frac{37}{47}$,就有了 4 的收益,所以他获益的数量是 $3\frac{15}{47}$,当他还回其 $\frac{1}{3}$ 时,就剩余 $2\frac{10}{47}$。然后计算第三个合伙人的收益,应得 $\frac{1}{6}$,也就是 2,他还回获益的 $\frac{1}{6}$ 后,剩余 $\frac{10}{47}$,再分配给他 $1\frac{37}{47}$,就得到他应分得的 2。

因此，他获益的数量是 $\frac{12}{47}$。现在知道第一个合伙人获益 $8\frac{20}{47}$，第二个合伙人获益 $3\frac{15}{47}$，第三个合伙人获益 $\frac{12}{47}$，共还回给这位朋友 $5\frac{17}{47}$，均分给每人是 $1\frac{37}{47}$，得解。

还可以这样处理此类复杂的收益账目。当每个人强拿收益的多少未知，而每个人应分收益已知，可以通过比例换算来避免使用分数计算，就是将收益的数额、返还的数额和剩余的数额换算为整数，来求解分配数量、强拿收益的数量和将分得的数量等。通过比例换算来增大一个数字并使其为整数。比如，$5\frac{17}{47}$ 是所有合伙人还回的金额，将其乘以 47，得 252，那么这个数可以作为所有的合伙人还回的数且不是分数。为求解第一个人将分得的同比例收益，用 47 乘以 6，即 282，这个数字是第一个合伙人应分的另外一个数字（即同比例增大的数字）；对第二个合伙人同样计算，用 47 乘以 4，为 188，这是第二个合伙人应得的同比例数字；对第三个合伙人同样计算，即应分 $\frac{1}{6}$，用 47 乘以 2，为 94，是第三个合伙人应得 $\frac{1}{6}$ 的同比例数字。如果你知道最终将会变成什么数字，那么将 282、188 和 94 相加，得到 564，这就是退伙时应分的同比例杜卡迪数额，如果想知道第一个、第二个、第三个合伙人强拿收益的数额，计算同上。第一个合伙人获益 396，还回 198，第二个合伙人获益 156，还回 52，第三个合伙人获益 12，还回 2，所有合伙人如同上文计算的那样还回 252，如上所示，运算中永远不会有小数，如此得解。

【例 2-39】 两人合伙：第一个合伙人投入 50 里拉，分得 38 里拉和 4 弗罗林的收益；第二个合伙人投入 20 弗罗林，赚得 10 弗罗林和 80 里拉，但投入 20 弗罗林的第二个合伙人分得 42 里拉和 6 弗罗林，另一个合伙人分得剩余收益，问每一弗罗林价值多少里拉。

解答如下：假设每一弗罗林价值 1co 里拉，已知投入 50 里拉的合伙人分得 38 里拉和 4 弗罗林的收益，因此这 4 弗罗林价值 4co 里拉，另一个合伙人投资的 20 弗罗林价值 20co 里拉。问：如果 50 里拉赚 38 加 4co 里拉，那价值 20co 里拉的 20 弗罗林赚得多少？用 20co 乘以 38 加 4co，得 80co□ 加 760co，除以 50，得 $1\frac{3}{5}$co□ 加 $15\frac{1}{3}$co，即为投入 20 弗罗林的第二个合伙人所赚，已知第二个合伙人赚得 42 里拉和 6 弗罗林，即 42 加 6co 里拉，因此 $1\frac{3}{5}$co□ 加 $15\frac{1}{3}$co 等于 42 加 6co，化简得 $5\frac{3}{4}$co 加 1co□，等于 $26\frac{1}{4}$。取一次项系数的一半，将其平方，加上常数项，等式右边得 $34\frac{33}{64}$，求解得 1co

等于 $R_x 34\frac{33}{64}$ 减去 $2\frac{7}{8}$，即 3，每一弗罗林价值 3 里拉，按同上方法验证，解毕。

【例 2-40】 两人合伙经营：第一个合伙人投入若干数量资本，第二个合伙人投入 2 倍数量资本，每个合伙人所赚收益与其投入资本相同，合伙期满，资本和收益加总为 1 000 弗罗林，问每个合伙人投入的资本和每个合伙人分得的收益①。

解答如下： 假设第一个合伙人投入 1co，第二个合伙人投入 2co，合计为 3co，即为两个合伙人的总资本，计算他们所赚的收益账目，问：如果 1 000 弗罗林的资本和收益来自 3co 的资本，100 资本会获得多少资本和收益？用 1 000 乘以 100，得 100 000，除以 3co，得 $\frac{100\,000}{3co}$，这就是 100 资本所获得的资本和收益数量，而已知 100 获得 100 加 3co 的资本和收益②，因此上述分数（即 $\frac{100\,000}{3co}$）等于 100 加 3co。化简，用 100 加 3co 乘以 3co，得 300co 加 9co□，等于 100 000；求解 1co□，取一次项系数的一半，将其平方，加上常数项，等式右边得 $11\,388\frac{8}{9}$，解得 1co，为 $R_x 11\,388\frac{8}{9}$ 减 $16\frac{2}{3}$，这就是第一个合伙人投入资本的数量，第二个合伙人投入资本的数量是第一个合伙人的两倍，其他求解与前述类似。

【例 2-41】 两人合伙经营：第一个合伙人投入了一定数量的资本，第二个合伙人投入的资本是第一个合伙人的四倍，他们每个人赚的钱和他们投入的资本一样多，在合伙结束时，他们发现自己的资本和收益合计 11 弗罗林。问每个合伙人的资本和分得的收益分别是多少。

解答如下： 假设第一个合伙人投入 1co，第二个合伙人投入 4co，两者相加为 5co，这就是他们投入的资本。因而问：如果投入 5co 得到资本和收益 11，那么投入 100 获得多少资本和收益？用 11 乘以 100，得 1 100，除以 5co，得 $\frac{1\,100}{5co}$，等于 100 加 5co③，化简分数，用 100 加 5co 乘以 5co，等于 500co 加 25co□，等于 1 100，求解 1co□，取一次项系数的一半，将其平方，加上常数项，得 144，解得 1co，为 $R_x 144$ 减 10，即 2，这就是第一个合伙人投入的资本数量，第二个合伙人投入的为其 4 倍即 8，两人共投入 10，根据题目两人赚得 10，而 10 对应 11 的资本和收益④，因此若你想知道每个人分得多少，根据上文很容易求解。

---

① 本例和下例在问题及解答上类似，但是解答内容与题目条件并不完全相符，原因不详。——译者注。
② 此处为难以理解之处，因为 100 和 5co 都是假设的资本数量，下例同。——译者注。
③ 此处难理解之处与上例相同。——译者注。
④ 这两个条件似乎是矛盾的，即"根据题目两人赚得 10，而 10 对应 11 的资本和收益"。——译者注。

【例 2-42】 三人合伙聚餐：第一个合伙人带了 4 个面包和价值 3 索尔迪的肉，第二个合伙人带了 2 个面包和价值 5 索尔迪的酒，第三个合伙人带了 2 个面包和价值 4 索尔迪的肉，第四个同伴来和他们一起吃饭，吃喝完毕，第四个人为所吃的膳食付给他们 3 个人 10 索尔迪，问 10 索尔迪在三个人中如何分配。

解答如下：已知第四个人为自己那部分的膳食支付了 10 索尔迪，那么所有膳食就价值 40 索尔迪，现在把第一个合伙人 3 索尔迪的肉、第二个合伙人 5 索尔迪的酒、第三个合伙人 4 索尔迪的肉减去，还剩下 28 索尔迪，这就是所带来所有面包的价值，共有 8 个面包，计算多少钱一个：28 除以 8，得 $3\frac{1}{2}$，因而一个面包价值 $3\frac{1}{2}$ 索尔迪。现在计算 10 索尔迪如何分配给每个人，已知第一个人带了 4 个面包价值 14 索尔迪和 3 索尔迪的肉，共 17 索尔迪，他和其他人分摊膳食费为 10 索尔迪，因而他剩余 7 索尔迪以供第四个人膳食，这样第一个合伙人就应得 7 索尔迪。已知第二个合伙人带了两个价值 7 索尔迪的面包和 5 索尔迪的酒，共 12 索尔迪，他应分摊膳食 10 索尔迪，所以第四个合伙人吃掉了他 2 索尔迪，第二个合伙人因此应从第四个合伙人 10 索尔迪的膳食费中得到 2 索尔迪。第三个合伙人带来了 2 个面包，价值 7 索尔迪，还有 4 索尔迪的肉共 11 索尔迪，他自己吃掉 10 索尔迪；第四个合伙人吃了第三个合伙人的 1 索尔迪，第三个合伙人必须在其 10 索尔迪的膳食费中得到 1 索尔迪，得解并如此类推。

【例 2-43】 四人结伴游戏，拥有的金钱数额未知。第一个人向其他三个人掷骰子，结果他输了，他将支付给其他三个人金钱，支付数额是他们三人所拥有金钱的两倍，因为这三个人投入了他们所有的金钱作为赌注；然后第二个人掷骰子，其他三人亦投入所拥有的金钱作为赌注，结果是他输，第二个人亦将支付给其他三人所拥有数量的金钱；轮到第三个人掷骰子，结果他也输，支付同样数额的金钱；最后轮到第四个人掷骰子，结果亦一样。当每人都掷完，每人都输后，发现每人都有了相同数量的金钱，问每个人的初始投入是多少，最终每个人手里有多少钱。

解答如下：要知道这些账目其实不能称为账目①，称为"摸索"更为合适，因为它们没有像其他账目那样具备通常的规则，即便给这种摸索一个如前述的规则，随后也会带来麻烦。我现在提供一种方式来处理，这种处理方式会有分歧和争议，因为其可有无穷项的解②。如下文看到的那样，不是用每个人有多少钱来确定问题，而是用游戏后他们每人有多少钱，如 16 或 10 或 20 等来确定问题。

无论如何，若满足题设条件，下面的每种方法可作为一般规则：总是在参与者人数上加 1，总和就当作是最后一个人的初始投入，然后取其双倍减 1，其剩余作为倒数

---

① 因为其无法得到一个唯一解，因而不精确，不能作为账目。——译者注。
② 这个问题可能存在无穷多个解。——译者注。

第二个人的初始投入,将此剩余再取双倍后减 1,剩余就是倒数第三个人的初始投入,继续取该剩余的双倍后减 1,剩余就是随后一个人的初始投入,这样可以将同类问题无穷持续下去,且无误。

[例 2-43]中有 4 个参与者,在这个人数上加 1,得 5,这就是最后那个人(第 4 个人)的投资额,即其初始和其他人一起投入的金额,然后取 5 的两倍,得到 10,减 1,余 9,这就是第三个人的投入额,然后取 9 的两倍,为 18,减 1,余 17,为第二个人的投入额,再取 17 的两倍,得到 34,减 1,为 33,这就是第一个人的投入额。根据题目来验证:第一个人从投入 33 开始,支付其余三人共 31 后余 2,支付后从 17 开始的为 34,9 开始的为 18,5 开始的为 10。第二轮从第二个人的投入的 34 开始,支付给其他 3 个人 30 后余 4,第一个人的 2 变为 4,第三个人的 18 变为 36,第四个人的 10 变为 20,第三轮从第三个人投入的 36 开始,支付给其他 3 个人 28 后剩余 8,前两个人的 4 变为 8,因此前三个人的都为 8,第四个人的 20 变为 40,第四轮第四个人将支付 24,其自己剩余 16,其余 3 人也为 16,所有人相等①。

解答是:当第一个人参与游戏时,投入 33 弗罗林(或德纳里),第二个人投入 17,第三个人投入 9,第四个人投入 5,这样如所见无误。现在可知,当 4 人参与游戏,可以这样增加条件:我期望最终每人有 40 或 30 或 100 等,这样可以计算每个人的投入额,永远无误。假设每人投入 20,因此最终 4 个人的总数为 80,加总前述解答的每人投入数 33、17、9、5,可得 64,这个解可以用来求解人数为 4 且设定最终在手数量的所有题目,将这个解作为除数即可求解。

假设每人最终在手数量为 20 的问题解答如下:已知上述解答 64 完全符合题设条件,每个人最终在手数量为 16,因此问,如果 64 对应 80,那么 33、17、9、5 各对应多少?用 33 乘以 80,得 2640,除以 64,得 $41\frac{1}{4}$,这就是第一个人的投入额,用 17 乘以 80,得 1360,除以 64,为 $21\frac{1}{4}$,这就是第二个人的投入额,用 9 乘以 80,得 720,除以 64,为 $11\frac{1}{4}$,这是第三个人的投入额,用 5 乘以 80,得 400,除以 64,为 $6\frac{1}{4}$,这就是第四个人的投入额,最终每人拥有的金额均为 20,如上验证无误。

【例 2-44】 若想计算每人有 100,问:所有人有 400,若 64 对应 400,那么 33、17、

---

① 在原稿页面左边空白处有如下计算过程:

33	输 31	2		4		8		16
17		34	输 30	4		8		16
9		18		36	输 28	8		16
5		10		20		40	输 24	16
								$\overline{64}$

9、5 各对应多少？当人数多于 4 时也可依此类推。

解答如下：例如，我们假设有 5 个人，经历同样的游戏后每人有相等的金额，将人数加 1，得到 6，这就是最后一个人的投入额，倒数第二个人的投入额将是取其两倍减 1，即 11，再取 11 的两倍减 1，为 21，为第三个人的投入额，取 21 的两倍减 1，为 41，为第二个人的投入额，取 41 的两倍减 1，得 81，为第一个人的投入额，这样得解每个人的投入额，然后依次游戏后可得同样的金额，验算并可知每个人最终金额为 32[①]。

这样就可以处理同类条件的每个人最终在手多少钱的问题，比如想知道 5 人游戏，最终每人在手 40，加总每个人的金额，得到 200，前文已知每人最终有 32，第一个人的投入额是 81，第二个人的投入额是 41，第三个人的投入额是 21，第四个人的投入额是 11，第五个人的投入额是 6，投入额合计为 160，同上求解。问：若 160 对应 200，那么 6、11、21、41 和 81 各对应多少，根据规则乘除，按照比例就可以得到每个人的初始投资额。当条件为：5 个人每人最终有 60，或多或少，或正好，均同上解，即便 1 000 个人也可以解答无误，或人数少于 4 人，比如 3 人、2 人等，亦可同样解答。假设为 3 人，最后一人先掷骰子[②]，在人数上加 1，得到 4，这就是第一人的投入额，取两倍减 1，余 7，这就是第二人的投入额，取 7 的两倍减 1，得 13，即第三人的投入额。假如是第一个人向另外两人掷骰子且输了，如此按次序游戏，就应该是第一个人的投入额 13，第二个人的投入额 7 和第三个人的投入额 4。验证如下：计算该参与人支付的赌注，第一个人掷骰子，其投入赌注额 13 输后支付 11，从 13 中减去后余 2，其余两人将获得赌注额的两倍，因此赌注投入额 7 的人将获得 14，投入额 4 的人将获得 8，然后手中有 14 的人向另外两人掷骰子，输掉 10，从 14 中减去后余 4，其余两人将获得赌注额的两倍，因此投入赌注 2 的人[③]将获得 4，投入赌注 8 的人将获得 16，最后手中有 16 的第三个人掷骰子，输掉 8，余 8，其余两人将获得投入赌注额的两倍，其他投入赌注 4 的两个人也将每人获得 8，因此最终每人手中的金钱数额相同，依此类推。

【例 2-45】 四人合伙租赁一艘船，他们与船主达成协议，每个人必须装载同样数量的小麦。第一个人用其所装载小麦的 $\frac{1}{3}$ 来支付海运运费，第二个人用其所装载

[①] 在原稿页面左边空白处有如下计算过程：

81	输 79	2		4		8		16		32
41		82	输 78	4		8		16		32
21		42		84	输 76	8		16		32
11		22		44		88	输 72	16		32
6		12		24		48		96	输 64	32
										160

[②] 根据后文的解答，其掷骰子的顺序与前述顺序相反，即最后一个人先掷。——译者注。

[③] 第一个人第一次掷骰子输掉了，原本 13 的赌注输掉 11 后余 2。——译者注。

小麦的 $\frac{1}{4}$ 和 20 弗罗林来支付和第一个人一样的运费。第三个人想用其所装载小麦的 $\frac{1}{5}$ 和一定数量的货币来支付其应分摊的与第一、第二个人一样的运费。第四个人计划用其所装载小麦的 $\frac{1}{6}$ 和某数量的货币来支付与其他三个人一样的应分摊运费。当航行结束时他们按上述协定向船主支付运费，4 人共付运费 1 000 单位小麦。问有多少货物装船，4 个人各装载多少，每人支付运费多少，小麦价值多少。

解答如下：先找到船上的全部货物。假设想要的数量，但为了方便分割数字，假设这艘船总共装载了 240 单位小麦，即每人装载 60 单位小麦。对于第一个人，付给船主 $\frac{1}{3}$，即 60 的 $\frac{1}{3}$，为 20 单位小麦；然后是第二个人，支付 $\frac{1}{4}$，即 60 的 $\frac{1}{4}$，为 15 单位小麦；第三个人支付 $\frac{1}{5}$，即 60 的 $\frac{1}{5}$，为 12 单位小麦；第四个人支付 $\frac{1}{6}$，即 60 的 $\frac{1}{6}$，为 10 单位小麦。

现在将 20，15，12，10 相加，总共是 57 单位小麦，这就是他们支付给船主的单位小麦数量，已知他们总共支付 1 000 单位小麦数量的运费，因此问：如果 57 对应 1 000 单位小麦，那么 60 对应多少？用 1 000 乘以 60，就是 60 000，再除以 57，得 1 052 $\frac{12}{19}$ 单位小麦，每个人有如此数量的小麦装载。现在计算整个装船货物有多少，用 4 乘以 1 052 $\frac{12}{19}$ 单位小麦，得 4 210 $\frac{10}{19}$ 单位小麦，即有这么多货物装船。

现在对第一个人来说，他支付了装船货物 $\frac{1}{3}$ 的运费，所以他支付了 1 052 $\frac{12}{19}$ 单位小麦的 $\frac{1}{3}$，即 350 $\frac{50}{57}$ 单位小麦，从装船货物 1 052 $\frac{12}{19}$ 单位小麦中减去这个数量，剩余 701 $\frac{43}{57}$ 单位小麦，所以第一个人为 701 $\frac{43}{57}$ 单位小麦货物支付运费 350 $\frac{50}{57}$ 单位小麦。对于第二个人来说，他支付了装船货物的 $\frac{1}{4}$，取 1 052 $\frac{12}{19}$ 单位小麦的 $\frac{1}{4}$，即 263 $\frac{3}{19}$ 单位小麦，从 1 052 $\frac{12}{19}$ 单位小麦中减去这个数量，剩余 789 $\frac{25}{57}$ 单位小麦①，这是第二个人支付运费的小麦数量，也就是为 789 $\frac{25}{57}$ 单位小麦支付与第一个人一样的单位费用。我

---

① 这是一个比较明显的计算错误，结果应为 789 $\frac{27}{57}$ 或 789 $\frac{9}{19}$ 而非 789 $\frac{25}{57}$，下文同，而且因为此处的错误，影响了以下所有与之相关的计算结果。——译者注

们来计算 $789\frac{25}{57}$ 单位小麦的运费是多少,问:如果第一个人为 $701\frac{43}{57}$ 单位小麦支付了 $350\frac{50}{57}$ 单位小麦,那么第二个人将为 $789\frac{25}{57}$ 单位小麦支付多少?用 $350\frac{50}{57}$ 乘以 $789\frac{25}{57}$,得到 $276\,995\frac{3\,245}{3\,249}$ 单位小麦①,除以 $701\frac{43}{57}$ 单位小麦,得 $394\frac{93\,479}{129\,960}$ 单位小麦②,这就是第二个人相对第一个人应支付的运费数量,已知他已经支付了 $1\,052\frac{12}{19}$ 单位小麦的 $\frac{1}{4}$,即 $263\frac{3}{19}$ 单位小麦,从 $394\frac{93\,479}{129\,960}$ 单位小麦中减去这个数,剩余 $131\frac{17}{24}$ 单位小麦③,他为这 $131\frac{17}{24}$ 单位小麦支付了 20 弗罗林,因此这个数量的小麦价值 20 弗罗林。现在可以计算小麦的价值,问:如果 $131\frac{17}{24}$ 单位小麦价值 20 弗罗林,一个单位的小麦价值几何?根据规则相乘相除,就会发现一个单位小麦价值 15 索尔迪 $2\frac{698}{9\,161}$ 德纳里④。到此为止,已经知道装船多少,第一个人和第二个人各支付多少,以及小麦价值多少。现在来看支付了装船小麦 $\frac{1}{5}$ 的第三个合伙人,取 $1\,052\frac{12}{19}$ 单位小麦的 $\frac{1}{5}$,为 $210\frac{10}{19}$ 单位小麦,从 $1\,052\frac{12}{19}$ 单位小麦中减去这个数量,剩余 $842\frac{2}{19}$ 单位小麦,这就是他必须为之支付船舶运费的货物数量。问:第一个人为 $701\frac{43}{57}$ 单位小麦货物支付运费 $350\frac{50}{57}$ 单位小麦,那么第三个人为 $842\frac{2}{19}$ 单位小麦货物要支付多少?将其乘以 $350\frac{50}{57}$,得 $296\,399\frac{992}{1\,083}$ 单位小麦⑤,除以 $701\frac{43}{57}$,得 $422\frac{92\,109}{760\,000}$ 单位小麦⑥,从其中减去 $210\frac{10}{19}$ 单位小麦,即他所必须支付的 $1\,052\frac{1}{9}$ 单位小麦的 $\frac{1}{5}$,得 $211\frac{15}{38}$ 单

---

① 结果应为 $277\,008\frac{1\,008}{3\,249}$。——译者注

② 结果应为 $394\frac{9\,576}{12\,996}$。——译者注

③ 结果应为 $131\frac{3\,762}{6\,498}$。——译者注

④ 此处按 1 弗罗林等于 100 索尔迪,1 索尔迪等于 12 德纳里计算,应为 15 索尔迪 $2\frac{2}{5}$ 德纳里。——译者注

⑤ 此处计算也是错误的,结果应为 $29\,547\frac{575}{1\,083}$,这同样也导致了后面的计算错误。——译者注

⑥ 根据上文的正确结果,此处应等于 $421\frac{1}{19}$。——译者注

位小麦①，这就是第三个人必须要支付的，与第一个和第二个合伙人单价一样的货币价值。已知第二个人支付 20 弗罗林价值 $131\frac{17}{24}$ 单位小麦，问：第三个人应支付的 $211\frac{15}{38}$ 单位小麦价值多少弗罗林？根据规则乘除，得到第三个人支付的货币是 31 弗罗林 83 索尔迪 10 德纳里②。

计算支付 $\frac{1}{6}$ 的第四个人，取 $1\,052\frac{12}{19}$ 单位小麦的 $\frac{1}{6}$，也就是 $175\frac{25}{57}$ 单位小麦，从 $1\,052\frac{12}{19}$ 单位小麦中减去这个数量，余 $877\frac{11}{57}$ 单位小麦，第四个人为这个数量的货物支付船舶运费。计算他支付的货币数量，我们回忆下其他人分摊费用的小麦账目，问：第一个人为 $701\frac{43}{57}$ 单位小麦支付运费 $350\frac{50}{57}$，那么第四个人为 $877\frac{11}{57}$ 单位小麦要支付多少？根据规则进行乘除，会发现第四个人将支付 $438\frac{24\,159}{40\,000}$ 单位小麦的运费③，已知他支付了货物的 $\frac{1}{6}$ 即 $175\frac{25}{57}$ 单位小麦，从 $438\frac{24\,159}{40\,000}$ 单位小麦中减去 $175\frac{25}{57}$ 单位小麦，剩余 $262\frac{18}{19}$ 单位小麦④，这就是他要支付的与其他人单价一样的货币价值。又已知，1 单位小麦价值 15 索尔迪、$2\frac{698}{3\,161}$ 德纳里，因此，$262\frac{18}{19}$ 单位小麦价值 39 弗罗林 78 索尔迪 $5\frac{2\,699}{3\,161}$ 德纳里⑤，这就是第四个人要支付的货币数额。

至此已解得每个人支付的费用，计算每个人支付了多少船舶运费。已经求得 1 单位小麦价值 15 索尔迪、$2\frac{698}{3\,161}$ 德纳里，而 $350\frac{50}{57}$ 单位小麦价值 53 弗罗林 22 索尔迪 $3\frac{1}{2}$ 德纳里⑥。这是为 $701\frac{43}{57}$ 单位小麦所支付的费用，因此，用 53 弗罗林 22 索尔

---

① 根据上文的正确结果，此处应等于 $210\frac{10}{19}$。——译者注。
② 根据上文正确的结果，此处应等于 32 弗罗林。非常有意思的事情是，可能帕乔利举例出题时已经考虑到了要得出相对简化的近似整数的结果，但是由于计算错误，结果表达起来较为复杂。——译者注。
③ 应为 $438\frac{34}{57}$。——译者注。
④ 应为 $263\frac{3}{19}$。——译者注。
⑤ 根据上文的正确结果，此处应等于 40 弗罗林。此处的整数结果再次验证上述对帕乔利想法的猜测。——译者注。
⑥ 根据上文正确的结果，此处应等于 53 弗罗林 33 索尔迪 4 德纳里。——译者注。

迪 $3\frac{1}{2}$ 德纳里除以 $701\frac{43}{57}$，得到 5 索尔迪 $1\frac{102}{800}$ 德纳里①，即每个单位小麦支付的运费，至此，已经根据题目条件解答了所有的问题。

【例 2-46】 四人合伙投资：不含第一个合伙人的 3 人投资额是 122 杜卡迪，不含第二个合伙人的 3 人投资额是 114 杜卡迪，不含第三个合伙人的 3 人投资额是 106 杜卡迪，不含第四个合伙人的 3 人投资额是 96 杜卡迪，问每个人的投资额是多少。

解答如下： 根据法则将 122、114、106、96 相加，得 438，除以比合伙人的数量少一个的数字，即 3，因为是 4 个人，所以用 438 除以 3，得 146；现在，从这个总和中，如果逐个减去，剩余的数就是那个人的投资额。计算第一个合伙人的投资额：从 146 中减去 122，差为 24，这就是第一个合伙人的投资额；第二个合伙人的投资额：从 146 中减去 114，余 32，这就是第二个合伙人的投资额；第三个合伙人的投资额：从 146 中减去 106，余 40，这就是第三个合伙人的投资额；从 146 中减去 96，余 50，就是第四个合伙人的投资额；根据题目验算，依此类推，永远无误②。

只需要将题目所设的合伙投资额数量加总，并且是用总和除以合伙人数量减 1，

---

① 即便按照上文错误的费用金额，此处也是明显的计算错误，本例及前面多例都有不同程度的错误，可能有特殊原因的存在。此处正确的结果应为 7 索尔迪 $7\frac{1}{5}$ 德纳里。——译者注

② 在原稿的左边空白处有如下案例：不含第一个合伙人的两个人投入 120 个金币，不含第二个合伙人的两个人投入 140 个金币，不含第三个合伙人的两个人投入 170 个金币，赚取 900 里拉，问每个合伙人分得多少收益，每个合伙人投入多少资本。与前同解，算出他们的资本，根据资本来分配收益。第一个合伙人投入 95 杜卡迪，第二个合伙人投入 75 杜卡迪，第三个合伙人投入 45 杜卡迪，第一个合伙人分得……里拉，第二个合伙人分得……里拉，第三个合伙人分得……里拉，解毕。计算如下：

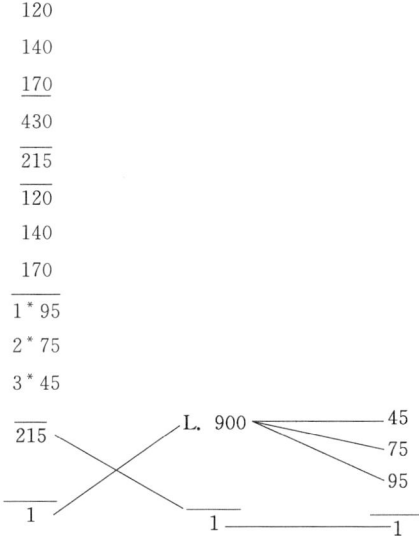

图示说明：这里的"＊"是指合伙人。L. 指里拉。——译者注

再一个一个地减去,这样就可计算出每一个合伙人的投资额,随之计算其他合伙人的投资额;哪怕有千百个合伙人,也能计算出投资额,永远无误。

【例 2-47】 假设再加入另外一个合伙人,共 5 个人。不含第一个合伙人的 4 个合伙人的投资额是 34 杜卡迪,不含第二个合伙人的 4 个合伙人的投资额是 32 杜卡迪,不含第三个合伙人的 4 个合伙人的投资额是 33 杜卡迪,不含第四个合伙人的 4 个合伙人投资额是 37 杜卡迪,没有第五个合伙人的 4 个合伙人的投资额是 40 杜卡迪。

解答如下:将这些数量加总,即 34、32、33、37 和 40 相加,总和为 176,这个数量除以比合伙人数少 1 的数,即 4,等于 44,再将这些数量逐一减去。从第一个合伙人开始计算:从 44 中减去 34,余 10,是第一个合伙人的投资额;对于第二个合伙人,从 44 中减去 32,余 12,是第二个合伙人的投资额;对于第三个合伙人,从 44 中减去 33,余 11,是第三个合伙人的投资额;第四个合伙人的投资额是从 44 中减去 37,余 7;第五个合伙人的投资额是从 44 中减去 40,余 4,如此解毕。根据题目进行验算证实,这样去解答类似的问题,有多少合伙人就用总和除以其数量减 1,如上同解。

【例 2-48】 合伙。一位丈夫在他妻子怀孕期间行将就木。他立下遗嘱如下:如果生男孩,财产 1 400 杜卡迪的 $\frac{2}{3}$ 给儿子,财产的 $\frac{1}{3}$ 给妻子;如果生女孩,财产的 $\frac{2}{3}$ 给妻子,财产的 $\frac{1}{3}$ 给女儿。如果生了一男一女,问每人分得多少财产。

解答如下:如果妻子生一个儿子,儿子会分得财产的 $\frac{2}{3}$,母亲分得财产的 $\frac{1}{3}$,所以如果儿子分得 2,母亲分得 1;如果生个女儿,则女儿分得 1,母亲分得 2。假设一个想要的数字:假设女儿分得 1,母亲得 2,如果母亲得 2,儿子分得 4;然后把 1、2、4 相加得 7,希望它对应 1 400。问:如果 7 对应 1 400,1、2、4 分别对应多少?1 将对应 200,女儿会分得这么多杜卡迪,2 对应 400 杜卡迪,即为母亲分得的财产数量,4 对应 800 杜卡迪,是儿子分得的杜卡迪数量。

验算:将女儿分得的 200 杜卡迪、母亲分得的 400 杜卡迪、儿子分得的 800 杜卡迪相加,正好等于被分配的 1 400 杜卡迪,每个人必须根据规定的比例来分配。

【例 2-49】 三人合伙以 3 杜卡迪的价格租赁一条小船去威尼斯,突然来了第四个人,向船主请求加入,船主很高兴,但租船的前三个合伙人说,他们想要分走船主从第四个合伙人处所得收益的一半。船主乐意接受,最后第四个合伙人对船主说:"我听从你的意见。"船主说:"无论如何你都和其他三个人一样。"现在他们已结束航程,问这第四个合伙人要和其他合伙人一起各支付多少运费。

解答如下:前三个合伙人支付 3 杜卡迪,除此之外,他们还要船主另外支付其所得第四个合伙人的 $\frac{1}{2}$,即每个合伙人得到 $\frac{1}{6}$;现在假设第四个合伙人支付 1co 运费,

取其 $\frac{1}{2}$ 即 $\frac{1}{2}$co,分给前三个合伙人,按分配给其他人的比例得 $\frac{1}{6}$co①。每一个人支付 1 杜卡迪,但他们实际支付的是 1 杜卡迪减去 $\frac{1}{6}$co,就是第四个合伙人的支付所带来的前三个人的真实支付。将这 $\frac{1}{6}$co 和第四个合伙人原来支付的 1co 相加,得 $1\frac{1}{6}$co,这将等于 1 杜卡迪,因为如果每个人支付 1 减 $\frac{1}{6}$co,那么谁加上这 $\frac{1}{6}$co 都将等于 1 杜卡迪,这样将 $\frac{1}{6}$co 和 1co 相加也应该等于 1 杜卡迪,所以 $1\frac{1}{6}$co 等于 1,用 1 除以 $1\frac{1}{6}$ 得 $\frac{6}{7}$ 杜卡迪,这就是第四个合伙人必须支付的金额。验证如下:如果先支付的合伙人支付 1 减 $\frac{1}{6}$co 杜卡迪,而 1co 为 $\frac{6}{7}$,因此这三个合伙人中每人支付 $\frac{6}{7}$ 杜卡迪。先支付和最后支付的合伙人所支付的费用是一致的,他们虽然先支付了 1 杜卡迪,但是从第四个合伙人那里分到了 $\frac{1}{7}$ 杜卡迪,他们实际支付 $\frac{6}{7}$ 杜卡迪,这样所有人的支付都相同②。

【例 2-50】 三人合伙赚得 12 杜卡迪。第一个合伙人应分 $\frac{1}{2}$。第二个合伙人应分 $\frac{1}{3}$,第三个合伙人应分 $\frac{1}{4}$,问每个合伙人分得多少。

解答如下:取 12 的 $\frac{1}{2}$,为 6,12 的 $\frac{1}{3}$,为 4,12 的 $\frac{1}{4}$,为 3,把这些数加总是 13,而希望它是 12。然后会这样想:如果 13 对应 12,那么 6 对应多少? 4 对应多少? 3 对应多少? 对应分 $\frac{1}{2}$ 的合伙人这样计算:用 6 乘以 12,得 72,除以 13,得 $5\frac{7}{12}$,这就是第一个合伙人分得的数额,即分得 $\frac{1}{2}$ 的合伙人将分得的数。然后对必须分得 $\frac{1}{3}$ 的合伙人这样计算,问:如果 13 对应 12,4 对应多少?用 12 乘以 4,得 48,除以 13,得 $3\frac{9}{13}$,这就是第二个合伙人分得的数额,即分得 $\frac{1}{3}$ 的合伙人应分得的数。接下来计算第三个合伙人分得的数额,问:如果 13 对应 12,3 对应多少?用 3 乘以 12,得 36,再除以 13,为 $2\frac{10}{13}$,这就是第三个合伙人应分得的数。验算:加总 $5\frac{7}{13}$、$3\frac{9}{13}$、$2\frac{10}{13}$,得 12,根据比例来分配 12,这样可以计算其他的任何数字,如 60、24 和 36,都可以得解。

---

① 在原稿页面的左边有注释:"类似于第 48-49 页中的案例"。参见本书第 63 页[例 2-53]。——译者注。
② 在原稿页面的右边有注释:"类似于第 387 页中的两人分配 10 杜卡迪"。参见本书第 640 页的[例 22]。——译者注。

【例 2-51】 3 只动物，即狗、狮子、狼合伙。狗会在 $\frac{1}{2}$ 小时内吃完 1 只羊，狮子会在 $\frac{1}{3}$ 小时内吃掉一只羊，狼会在 $\frac{1}{4}$ 小时内吃掉一只羊。问：将 1 只羊扔给这三只动物时，它们会用多长时间吃掉它。

解答如下： 先计算每只动物在一小时内会吃掉多少只羊。已知狗在 $\frac{1}{2}$ 小时内吃掉 1 只羊，它在 1 小时内会吃掉 2 只羊；已知狮子在 $\frac{1}{3}$ 小时内吃掉 1 只羊，它在一小时内会吃掉 3 只羊；已知狼在 $\frac{1}{4}$ 小时内吃掉 1 只羊，它在 1 小时内会吃掉 4 只羊。现在把它们能吃掉的羊放在一起，也就是 2 只、3 只、4 只，共 9 只。它们在一小时内可吃掉这么多只羊。现在想知道它们在多长时间内吃掉 1 只羊。问：如果它们一小时内可吃掉 9 只羊，那么一只羊会被在多长时间内吃掉？用 1 乘以 1，得到 1$^{\square}$①，除以 9，得 $\frac{1}{9}$ 小时，在这么长时间内就被吃掉，即 $\frac{1}{9}$ 小时，得解。验算：如果 1 只羊在 $\frac{1}{9}$ 小时内被吃掉，那么 9 只羊会在多长时间被吃掉？用 1 乘以 9，乘以 $\frac{1}{9}$，得 1，1 小时内就能吃掉 9 只羊。

【例 2-52】 两人合伙用一艘船运输羊毛。第一个合伙人有 25 麻袋羊毛，第二个合伙人有 31 麻袋羊毛，船主要求支付运费；第一个合伙人给船主 1 麻袋羊毛和 23 索尔迪，用以支付其应分摊的运费；第二个合伙人给船主 2 麻袋羊毛，船主还给他 50 索尔迪。问每麻袋羊毛价值是多少，以及每袋的运费是多少。

解答如下： 可以用几种方法来计算。先计算两个合伙人之间的关系，假设每麻袋羊毛价值 103 索尔迪，加上第一个合伙人额外支付的 23 索尔迪，合计 126 索尔迪，则有 25 麻袋羊毛的第一个合伙人所支付的运费是 126 索尔迪。每麻袋羊毛支付运费 $5\frac{1}{25}$ 索尔迪。第二个合伙人给了 2 麻袋羊毛，其价值 206 索尔迪，船主返还给他 50 索尔迪，用来支付其 31 麻袋羊毛的运费，即 156 索尔迪；现在计算支付每麻袋羊毛的运费是多少，156 除以 31，得 $5\frac{1}{31}$ 索尔迪，与第一个合伙人的每麻袋羊毛 $5\frac{1}{25}$ 索尔迪相比，相差 $\frac{6}{775}$。

现在采取另一种假设，设每麻袋羊毛价值 104 索尔迪，第一个合伙人总共付了 127 索尔迪，除以 25，得 $5\frac{2}{25}$；现在计算给船主 2 麻袋羊毛的第二个合伙人，他支付了

---

① 如前文，即 1^2。——译者注。

208 索尔迪，船主返还 50 索尔迪。他为 31 麻袋羊毛支付了 208 减去 50 索尔迪的运费，即 158 索尔迪。用 158 除以 31，得 $5\frac{3}{31}$，第一个合伙人支付的是 $5\frac{2}{25}$，所以每麻袋羊毛多付了 $\frac{13}{775}$；遵循超额和缺额的法则[①]，会发现每麻袋羊毛的价值是 $103\frac{6}{19}$，每麻袋羊毛的运费是 $5\frac{1}{19}$。

现在这样来计算，假设每麻袋羊毛可卖 1co 索尔迪，加上 23 索尔迪得到 1co 加 23，这是他为 23 麻袋羊毛支付的运费，现在计算每麻袋羊毛的费用，用 1co 加 23 除以 25，得到 $\frac{(1\text{co}+23)}{25}$，这是第一个合伙人所支付的每麻袋羊毛的运费。对于第二个合伙人来说，他支付了 2 麻袋羊毛，所以他支付了 2co 索尔迪，船主返还 50 索尔迪，船主从第二个合伙人那里得到的运费是 2co 减 50；现在来计算第二个合伙人为每麻袋羊毛支付了多少运费，用 2co 减 50 除以 31，得 $\frac{(2\text{co}-50)}{31}$，这就是第二个合伙人为每麻袋羊毛支付的运费。

已知两个合伙人所支付的单位运费相等，因此上述两个分数应相等，将等式化简：得 19co 等于 1 963；用 1 963 除以 19，得到 $103\frac{6}{19}$，即每麻袋羊毛的价值[②]。若想知道每麻袋羊毛运费是多少，与上同解，依此类推。

【例 2-53】 两人合伙以 20 格洛斯（grossi）租赁一条船，条件是：船主携带其他人，他们要得到 $\frac{1}{2}$ 的利润。后来又来了三个商人，他们与船主商定，支付 30 格洛斯；船主对这个条件很满意，但这三个人想要与其他两个合伙人等额分摊费用，前面两个人同意了后面三个人的条件。当航行结束时，问每个人支付多少费用，前两个人和后三个人各付多少费用，后面 3 个人所支付的 30 格洛斯是如何分配的。

解答如下： 前两个合伙人必须分得船主另收取费用的 $\frac{1}{2}$，因此，这两个合伙人必须拥有 30 格洛斯中的一半，即 15 格洛斯，船主拥有另外的 15 格洛斯。三个商人要求与

[①] 关于超额和缺额的法则，参见本书的第九部分，其中专门论述了关于使用假设条件和超额缺额法则进行估算的方法，其运用的方法类似于插值法。——译者注。

[②] 在原稿的左边空白处写有如下计算过程：

$$\frac{(1\text{co}\,\text{加}\,23)}{25} \diagdown\!\!\!\!\diagup \frac{(2\text{co}\,\text{减}\,50)}{31}$$

31co 加 713 ——— 50co 减 1 250

1963 ——— 19co

$103\frac{6}{19}$

那两个合伙人支付的费用相同。为了满足他们的诉求,可以这样理解,如果前两个合伙人各要后面三人支付的 1,船主将得到 2,因为船主必须与这两个合伙人加起来一样多;如果前两个合伙人各要 1,后面的三个商人要跟他们一样,因此这三个商人应该是 3,现在将这些加总,即前面两个合伙人 2,船主 2,后面三个商人 3,总计为 7,而希望其是 30。

运用三数法则。如果 7 对应 30,那么前两个人的 2 对应多少,以及船主的 2,后面三个商人的 3 各对应多少?对于前面两个合伙人,用 30 乘以 2,即 60,除以 7,得 $8\frac{4}{7}$,后面三个商人支付的 30 中将有这么多格洛斯分配给前两个合伙人,船主得到同样的数量。对于后面三个商人,30 乘以 3,即 90,除以 7,即 $12\frac{6}{7}$,这是后面三个商人分配的数量。现在计算他们是否都支付相同的运费,已知前两个合伙人支付 20 格洛斯,减去从 30 中分得的 $8\frac{4}{7}$,余 $11\frac{3}{7}$,这就是前两个合伙人支付的运费总额,每人为 $5\frac{5}{7}$ 格洛斯。计算后面三个人支付多少运费,减去他们在所支付 30 中的分摊部分即 $12\frac{6}{7}$,余 $17\frac{1}{7}$,这三个商人将支付这个数额的运费,每人付 $5\frac{5}{7}$,与前两个人相同。若想知道船主收益多少,加总即可。

【例 2-54】 天然"合伙"。一个桶有 3 个洞,第一个洞放完液体用 5 个小时,第二个洞放完液体用 3 个小时,第三个洞放完液体用 7 个小时。问 3 个洞一起放需要多长时间才能放完。

解答如下:将 5、3、7 加总,得 15。由此可知,用 5 个小时放完的洞花 15 个小时会放完 3 次,用 3 个小时放完的洞花 15 个小时会放完 5 次,7 小时放完的洞花 15 个小时会放完 $2\frac{1}{7}$ 次[①];加总这些次数就是 $10\frac{1}{7}$[②],然后问,$10\frac{1}{7}$ 个桶在 15 个小时放完,1 个桶放完需要多长时间?使用规则进行乘除,就会发现它们是 $1\frac{34}{71}$ 小时[③],即 3 个洞的桶在这么长的时间内放完。

【例 2-55】 另外一个类似例子。一个桶有 3 个龙头,第一个龙头 2 个小时放完 1 桶液体,第二个龙头 3 个小时放完 1 桶液体,第三个龙头 4 个小时放完 1 桶液体;打开所有龙头,需多长时间放完。

---

① 原稿误为 $2\frac{1}{2}$。——译者注。

② 原稿误为 $10\frac{1}{2}$。——译者注。

③ 因为前文的计算错误,此处计算结果有误,原稿为 $1\frac{3}{7}$。——译者注。

解答如下：简单求解，首先找到包含 $\frac{1}{2}$、$\frac{1}{3}$ 和 $\frac{1}{4}$ 的数量 12，第一个龙头将在 12 小时放完 6 次，第二个龙头将在 12 个小时放完 4 次，第三个龙头将在 12 个小时放完 3 次，总共是 12 小时放完 13 次，如果想 1 次放完，用 12 除以 13，得 $\frac{12}{13}$，即用 $\frac{12}{13}$ 小时的时间 3 个龙头将放完一桶液体，解毕。

【例 2-56】 几种商品的"合伙"。有三个装满 3 种酒的桶，一个装有 20 索玛 (some)[①]玛尔维加 (malvagia)[②] 酒，另一个装有 14 索玛来自特雷维索 (Treviso) 的酒，还有一个装有 9 索玛来自马尔凯 (Marcha) 的酒；将这 3 种酒都放进一个大酒池里，然后再分装这种混合物到桶中；问每桶里分别会有多少玛尔维加酒、特雷维索酒和马尔凯酒。

解答如下：将 20、14、9 相加，等于 43 索玛，问：如果 43 索玛中有 20（索玛）玛尔维加酒，那么 20、14 和 9 索玛中各有多少；然后，如果 43 索玛有 14 特雷维索的酒，那么 20、14 和 9 索玛中各有多少，按照规则处理即可得解。

【例 2-57】 工匠合伙。一位工匠用 54 天建成一栋房屋，另一位工匠用 46 天建成一栋房屋。问他们一起工作，需要多少天可以建成一栋房屋。

解答如下：54 加 46，得 100 天，问：如果 46 对应的是 100，那么 54 对应是多少？用 46 乘以 54，除以 100，得 $24\frac{21}{25}$，即在这么多天两人一起可建成一栋房屋，解毕。

另一种解法。假设两个人在 1co 日建成一栋房屋，54 天建成一栋房屋的人就会说：54 天建成 1 栋，那么 1co 天可以建造多少？将为 $\frac{1}{54}$co；46 天建成一栋房屋的人说，如果 46 天建成 1 栋，那么 1co 日可以建造多少？运算得 $\frac{1}{46}$co，通分加总两个分数，得 $\frac{100}{2\,484}$co（栋房屋），现在若想建一栋房屋，因此这个分数就等于 1，交叉相乘，得 2 484 等于 100co，用 2 484 除以 100，会有 $24\frac{21}{25}$，在这么多天他们可建成一栋房屋，得解。即使你有 1 000 个工匠，或者商品的不同组成部分，比如合金等，磨坊的产品、马吃的饲料、工匠做的其他东西，都可以参照这种解法[③]。

---

① Some，古意大利酒的体积衡量单位 soma 的复数形式。——译者注
② 指用玛尔维萨 (malvasia) 品种的葡萄酿制的酒。——译者注
③ 在原稿的左边空白处，写有以下的例子：你可以假设一个天数，比如 20 天，由此推算，46 天完成的人 20 天可建造 $\frac{10}{23}$ 栋房子，54 天完成的人可建造 $\frac{10}{27}$ 栋房屋，加总为 $\frac{500}{621}$ 栋房屋，你想要 1 栋房子，问：如果 $\frac{500}{621}$ 栋房子是 20 天建造的，那么建造 1 栋房屋需要多少天？运用乘除法，得到同上的 $24\frac{21}{25}$，这是更简单的方法。

【例 2-58】 两人合伙。一个合伙人投入 400 里拉,须分得 $\frac{2}{3}$ 的利润,另一个合伙人投入 300 里拉,须分得 $\frac{1}{3}$ 的利润,投入 300 里拉的合伙人想额外再投入,以分得 $\frac{1}{2}$ 的利润,而以前他只应该分得 $\frac{1}{3}$,即他想通过再投入以期分得一半的利润。问他应该再投入多少。众所周知,类似问题对于那些不知道比例的人来说是很难解的。

解答如下:先计算他们未提出任何条件时,他们每个人的分配账目是什么。假设他们赚取了设定的总收益,我们合理假设他们每百里拉投资赚取 20 里拉,这样,投入 400 里拉的合伙人赚取 80 里拉,投入 300 里拉的合伙人赚取 60 里拉,现在加总收益,就是 140 里拉。若他们共赚 140 里拉,在没有附加其他条件的情况下,投入 300 里拉的合伙人赚得 60 里拉,另一个合伙人赚得 80 里拉。现在计算本题的收益账目:投入 300 里拉的合伙人应该分得 $\frac{1}{3}$,所以他应该分得 140 的 $\frac{1}{3}$,也就是 $46\frac{2}{3}$,这是投入 300 里拉的合伙人根据他们的条件所分得的里拉,已知他在不附加条件时应该分得 60 里拉,所以他要从合伙人那里拿得一部分里拉,使得 $46\frac{2}{3}$ 变为 60,即拿得 $13\frac{1}{3}$,这也是投资 400 里拉的合伙人被投资 300 里拉的合伙人所分收益的数额。

现在来看,这 $13\frac{1}{3}$ 里拉在 300 里拉投资直接收益①中所占的份额,用 $13\frac{1}{3}$ 除以 60,等于 $\frac{2}{9}$,因此可以说,投资 300 里拉的合伙人从另一个人那里分得了相当于自己直接收益 $\frac{2}{9}$ 的份额。

现在我们想知道投资 300 里拉的人必须再额外投资多少钱。必须以这样的方法求解:假设他总共要投入 1co 里拉,另一个人要投入 400 里拉,其投入规模没有变化。现在按上面描述的比例,即 20%,1co 会赚多少钱。若问:如果 100 赚得 20,1co 会赚多少?将赚取 $\frac{1}{5}$co,而这是他的收益。现在他想分得收益的一半,每人分得 40 里拉加 $\frac{1}{10}$co。已知投入 300 里拉的人必须把他直接收益的 $\frac{2}{9}$ 从另一个人那里分得,又已知,他直接赚得 $\frac{1}{5}$co,然后他分得 40 里拉加 $\frac{1}{10}$co。现在可以计算他的直接收益尚缺

---

① 指按投入资本比例应分得的收益。——译者注。

多少了。从 $\frac{1}{5}$co 中减去 40 加 $\frac{1}{10}$co，将得 $\frac{1}{10}$co 减去 40，这是他从第二个条件中要分得的收益，等于他直接收益的 $\frac{2}{9}$。

因而将其所赚 $\frac{1}{5}$co 的 $\frac{2}{9}$ 取出，得 $\frac{2}{45}$co，等于 $\frac{1}{10}$co 减去 40，通分，移项相加，得到等式 $\frac{25}{450}$co 等于 40；用 40 除以 $\frac{25}{450}$，得 720。这就是投入 300 里拉的合伙人必须投入的总数，即 720 里拉，可分得收益的 $\frac{1}{2}$。为了知道需要增加多少投入，从 720 中减去 300，余 420 里拉，其将不得不增加投入这么多里拉，这样完美得解①。

【例 2-59】 两人合伙。一个合伙人投入 300 里拉，根据他们之间的协议，要分得

---

① 在原稿页面的左边空白处有如下计算过程：

| 400 | —— | $\frac{2}{3}$ |
| 300 | —— | $\frac{1}{3}$ |

1co		400 里拉		
$\frac{100}{1}$	✕	$\frac{20}{1}$	——	$\frac{1}{1}$co
$\frac{1}{5}$co	加 80			
$\frac{1}{10}$co	加 40		$\frac{2}{9}$	—— $\frac{1}{5}$co

$\frac{1}{5}$co

$\frac{1}{10}$co 加 40

―――――

$\frac{1}{10}$co 减 40 —— $\frac{2co}{45}$

$\frac{45}{450}$co —— $\frac{20}{450}$co 加 40

$\frac{25}{450}$co —— 40

$\begin{matrix} \cancel{45} \\ \cancel{18\,000} \\ \cancel{2\,559} \\ \cancel{22} \end{matrix}$ } 720 里拉

$\frac{2}{3}$ 的利润,另一个合伙人投入 200 里拉,因为他的投资金额少于前一个合伙人,因而分得 $\frac{1}{3}$ 的利润。如果投入 200 里拉的合伙人再追加 100 里拉投资,问根据最初的协议,他应分得多少。

解答如下:在无额外条件的情况下,设定直接收益的百分比例。现在假设他们每百里拉投资赚取 10[①]。投入 300 的第一个人赚取 30,投入 200 的另一个人赚取 20,30 和 20 相加是 50。然后,根据协议条件,这个利润的 $\frac{1}{3}$ 将分给投资 200 里拉的人,也就是 $16\frac{2}{3}$,已知根据比例其分得的直接收益是 20,因此 $16\frac{2}{3}$ 和 20 之间的差额,也就是 $3\frac{1}{3}$,将分给投资 300 里拉的人。

现在投入 200 里拉的合伙人再投资 100 里拉:按照 10% 的投资收益率,他将总共分得 30 里拉的直接收益,但实际他总是应分得他直接收益的 $\frac{5}{6}$,即便他再投入 1 000 里拉,也是如此。另一个人将总是根据协议分走他直接收益的 $\frac{1}{6}$,因此,即使他的总投资超过了 300 里拉,也必须如此计算收益,不多也不少。

【例 2-60】 三人合伙经营。第一个合伙人在 1 月 1 日投入 200 杜卡迪,第二个合伙人在 4 月 1 日投入 300 杜卡迪,第三个合伙人在 7 月 1 日投入 400 杜卡迪,到了 8 月 1 日,第一个合伙人从合伙主体拿出 50 杜卡迪,第二个合伙人在 9 月 1 日拿出 150 杜卡迪,第三个合伙人在 11 月 1 日拿出 200 杜卡迪,一年终了,合伙主体获得 400 杜卡迪利润。问每个合伙人应分得多少。

要知道这些类似的合伙主体可能在不同的时间点经常有资本进出,这样的操作无可厚非,目的就是通过这种方式找到志趣相投的合伙人。

解答如下:先计算第一个合伙人投入的 200 金币在合伙主体待了多久。从 1 月 1 日到 8 月 1 日,共 7 个月。现在用这个时间乘以金钱,即 7 乘以 200,得 1 400。8 月 1 日他拿走 50 个金币,从 8 月 1 日到第二年 1 月 1 日,共 5 个月,该时间段的投入是 150 金币。现在用这个时间乘以这个剩余投资,即 5 乘以 150,为 750,再加上之前的 1 400,得 2 150,这就是第一个合伙人所有的时间和金钱,对另外两个合伙人也作同样计算,会发现第二个合伙人的时间和金钱是 2 100,第三个合伙人的时间和金钱是 2 000。

---

① 即设定 10% 的投资收益率。——译者注。

现在逐个相加，得 6 250，这将是合伙主体的时间和金钱总数，其将作为除数。问：如果 6 250 时间和金钱能赚到 400 杜卡迪，那么第一个合伙人的 2 150 能赚多少，第二个合伙人的 2 100 能赚多少，第三个合伙人的 2 000 能赚多少[①]？乘除求解，第一个合伙人将分得 $137\frac{3}{5}$ 杜卡迪，第二个合伙人将分得 $134\frac{2}{5}$ 杜卡迪，第三个合伙人将分得 128 杜卡迪。验算：每个合伙人分得收益的总和，正好为 400 杜卡迪。

也可以用另一种更简明的方法来求解，即不考虑其拿出资本的时间，计算第一个人投入 200 杜卡迪至 12 个月的时间和金钱，用 12 乘以 200，为 2 400，然后计算他从 8 月 1 日至 1 月 1 日拿出 50 杜卡迪没有用作资本的时间，也就是 5 个月。现在把这个无用时间乘以 50，就是 250，这就是第一个人无用的时间和金钱，从假设不抽出资本的 2 400 中减去这个无用数量，得 2 150，第一个合伙人投入了这么多时间和金钱，这样计算其他人的时间和金钱。哪怕抽出 1 000 亦可这样计算，资本的进出都如此计算，永远无误。

【例 2-61】 三人合伙经营：第一个合伙人在 5 月 1 日以 1 200 弗罗林投资进入，并将获得 $\frac{1}{2}$ 的利润，第二个合伙人在 7 月 1 日投资进入，将获得 $\frac{1}{3}$ 的利润，第三个合伙人想在某个时间点携 500 弗罗林投资进入，获得 $\frac{1}{4}$ 的利润。问第二个合伙人投资多少，第三个合伙人在什么时间进入以获得所说的利润。注意合伙主体必须持续一年，从第一次投入的那天开始计算。

解答如下： 第一个合伙人在合伙主体待了 12 个月，用这个时间乘以他投入的金钱，也就是 1 200 乘以 12，得到 14 400，即第一个合伙人所有的时间和金钱。由于第一个合伙人分得 $\frac{1}{2}$，第二个合伙人分得 $\frac{1}{3}$，第三个合伙人分得 $\frac{1}{4}$，找到一个包含这些分数的数字，将是 12，取 12 的 $\frac{1}{2}$，即 6，$\frac{1}{3}$ 是 4，$\frac{1}{4}$ 是 3，全部相加，得 13。但这个 13 目前还不知道对应数量是多少。问：如果是 6，也就是第一个人的 $\frac{1}{2}$，需要 14 400 的时间和金钱，如果是 4，也就是第 2 个的 $\frac{1}{3}$，需要多少时间和金钱？用 4 乘以 14 400，就是

---

① 在原稿页面的左边空白处有如下计算过程：

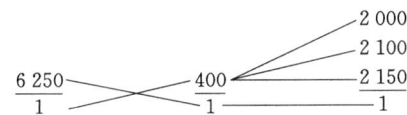

57 600,除以 6,得 9 600,这将是第二个人赚取 $\frac{1}{3}$ 利润所需要投入的时间和金钱。现在想知道他要投入多少钱,就把这个时间和金钱除以他待的时长,也就是从 7 月 1 日到合伙期年底,即 10 个月,就会得出 960,即他必须要投入的弗罗林数量。

对于第三个合伙人,同问:如果第一个合伙人的 6 需要 14 400 的时间和金钱,那么第三个合伙人的 3 需要多少时间和金钱?用 14 400 乘以 3,为 43 200,再除以 6,得 7 200,即第三个人想分得 $\frac{1}{4}$ 利润所需要投入的时间和金钱。现在分析他必须在哪个时间点投入 500 弗罗林,用其要投入的时间和金钱除以 500,得 $14\frac{2}{5}$,即,他必须将 500 弗罗林留在合伙主体 $14\frac{2}{5}$ 个月,才能获得 $\frac{1}{4}$ 的利润;解毕①。

【例 2-62】 三人合伙经营。第一个合伙人投入 2 344 弗罗林,第二个合伙人投入 1 540 弗罗林,第三个合伙人投入 1 346 弗罗林,因为他们的能力不同,所以他们达成了这样的协议:第一个合伙人的钱相当于以 1 当 20,第二个合伙人的钱是以 1 当 16,第三个合伙人的钱是以 1 当 10。合伙期满,赚了 1 800 弗罗林,问每人应分多少。

解答如下:用每个人的绩效乘以他们投入的资金。对第一个合伙人来说:用 2 344 乘以 20,为 46 880;对第二个合伙人来说:用 1 546 乘以 16,为 24 736;对第三个合伙人来说,用 1 346 乘以 10,为 13 460。把这些乘积数相加,得 85 076,即所有三个合伙人的绩效和资本②。问:如果 85 076 的绩效和资本赚取 1 800 弗罗林,第一个合伙

---

① 在原稿页面的右边空白处有如下计算:

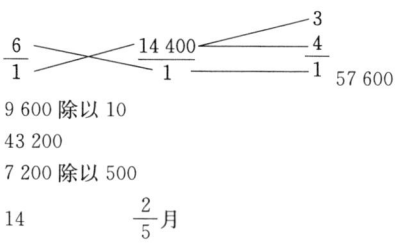

9 600 除以 10
43 200
7 200 除以 500
14　　$\frac{2}{5}$ 月

② 在原稿页面的右边空白处有如下计算:

1	2 344 乘以 20	46 880
2	1 546 乘以 16	24 736
3	1 346 乘以 10	13 460
	除数	85 076

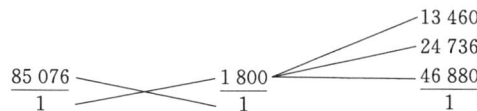

人的资本和绩效 46 880 赚得多少,第二个合伙人的资本和绩效 24 736 赚得多少,第三个合伙人的资本和绩效 14 360 赚多少?计算发现,第一个合伙人得 991$\frac{73\ 684}{85\ 076}$弗罗林,第二个合伙人得到 523$\frac{30\ 052}{86\ 076}$弗罗林,第三个合伙人得到 284$\frac{66\ 416}{85\ 076}$弗罗林,依此类推。

【例 2-63】 两人合伙。第一个合伙人投入 1 640 弗罗林,第二个合伙人投入 1 920 弗罗林,中间有一位经理(fatore)①离开,他们把利润的 15% 给了他;合伙期满,合伙主体赚得 1 100 弗罗林,问两个合伙人及那个经理每人分得多少。

解答如下: 先计算经理有什么绩效,即计算他分得多少。问:如果 100 中其分得 15 弗罗林,1 100 中分得多少?计算后他将分得 165 弗罗林。现在计算合伙人分得多少,从 1 100 中减去 165,就会剩下 935,这将是两个合伙人的利润。为计算每人所得,将他们的投资加总,即 1 640 加 1 920,得 3 560。问:如果 3 560 资本赚得 935,1 640 赚得多少?1 920 赚得多少?计算后会发现,第一个合伙人赚得 430$\frac{65}{89}$弗罗林,第二个合伙人赚得 504$\frac{24}{89}$弗罗林,这就是三个人所分得的数量,依此类推②。

【例 2-64】 三人合伙要分配 1 046 弗罗林。第一个合伙人要$\frac{1}{2}$减 2,第二个合伙人要$\frac{1}{3}$加 1,第三个合伙人要$\frac{1}{4}$减 1,问每人分得多少。

解答如下: 用 1 046 加上第一个合伙人要减去的 2,得到 1 048;然后用 1 048 加上第三个合伙人要减掉的 1,得到 1 049;然后从 1 049 减去第二个人想加上的 1,余 1 048;计算 12 的$\frac{1}{2}$、$\frac{1}{3}$、$\frac{1}{4}$各得多少,加总 12 的$\frac{1}{2}$、$\frac{1}{3}$、$\frac{1}{4}$,得 13,其为除数。问:如果 13 对应 1 048,那么 6、4、3 各对应多少?计算后发现第一个合伙人得 483$\frac{9}{13}$弗罗林,第二个合伙人得 322$\frac{6}{13}$弗罗林,第三个合伙人得 241$\frac{11}{13}$弗罗林;验算将求证③。

【例 2-65】 两人合伙经营:第一个合伙人在合伙主体待了 12 个月,投资 960 弗罗林,按贡献其投资以 1 当 8,第二个合伙人在合伙主体待了 8 个月,投资 1 120 弗罗林,其投资以 1 当 12;合伙期满,赚得 800 弗罗林,问按照他们的时间和投资,每人分得多少。

---

① 指未投入财务资本但投入人力的经营人员,其不在合伙人之列。——译者注。
② 在原稿页面的左边空白处有如下计算:

$$\frac{3\ 560}{1} \quad \frac{935}{1} \quad \frac{1\ 920}{1} \quad \frac{1\ 640}{1}$$

③ 原稿左边的空白处有如下注释:类似于原稿第 26 页的例 3、例 4,参见本书第 26 页[例 2-3]和第 27 页[例 2-4]。

解答如下：先用第一个合伙人投入的钱乘以他的绩效，即 8 乘以 960，得 7 680，为其绩效和资本，对第二个合伙人按如下处理，因为他以 1 当 12，用 12 乘以他投入的 1 120 弗罗林，得 13 440，这是第二个合伙人的绩效和资本。现在考虑时间的影响，这样来问：有两个合伙人，其中一个投入了 7 680 绩效和资本，另外一个投入 13 440，共赚得 800 弗罗林，每人分得多少？[①] 其中，第一个合伙人在合伙主体的时长是 12 个月，第二个合伙人时长 8 个月。

这样求解：用第一个合伙人的时长乘以他的绩效和资本 7 680，所以用 12 乘以 7 680，为 92 160，这是第一个合伙人的全部投入；然后用第二个合伙人的时长，也就是 8 个月，乘以他的绩效和资本 13 440，为 107 520，这是第二个合伙人的全部投入。现在把前者的 92 160 和后者的 107 520 相加，得 199 680，这是整个合伙主体的全部投入。问：如果 199 680 的资本、时间和绩效能赚得 800，那么前者的 92 160 资本、时间和绩效赚得多少，后者的 107 520 资本、时间和绩效赚得多少？按规则乘除，求得第一个合伙人将赚取 369 $\frac{46\,080}{199\,680}$ 弗罗林，第二个合伙人将赚取[②] 430 $\frac{153\,600}{199\,680}$ 弗罗林，如此这般，童叟无欺，如你所见，每个合伙人的资本、时间和绩效都已经被正确计算[③]。

---

① 原文中，在"每人分得多少"的句子后面，有一句被划掉的句子："解答如下：加总 7 680 和 13 440，得解"。
② 原文中，在"赚取（tochararà）"这个词的最后一个音节被划掉了。
③ 在原稿页面的右边空白处有如下计算过程：

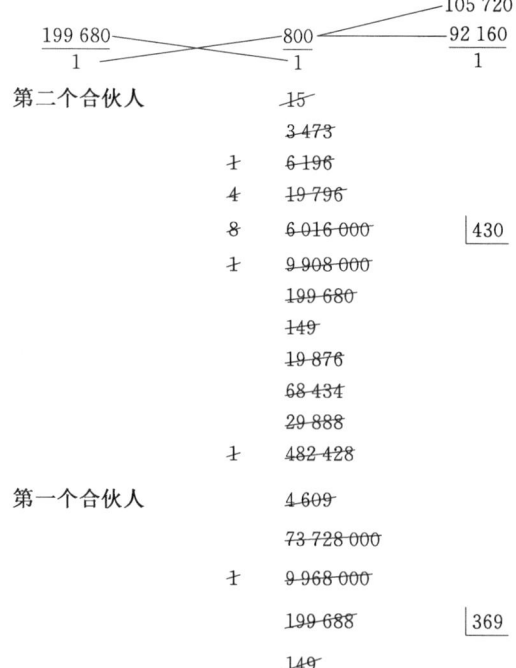

【例 2-66】 三人合伙占用一个牧场,在草季放牧他们的牲畜,牧场成本 460 弗罗林;第一个合伙人养了 4 800 只羊 40 天,第二个合伙人养了 6 000 只羊 25 天,第三个合伙人养了 7 640 只羊 28 天,他们三个人收割这个牧场,花费 100 弗罗林。问每个合伙人总共要支付多少钱,每人支付收割费用多少,每只羊发生费用多少?

解答如下: 先计算每个合伙人要为 460 弗罗林的成本支付多少钱,计算方法如下:把所有的羊加起来①,共 18 440 只羊,问:如果 18 440 只羊支付 460 弗罗林,那么 4 800 只、6 000 只、7 640 只羊各支付多少?按照法则计算,你会发现第一个合伙人支付 $119\frac{1\ 364}{1\ 844}$ 弗罗林,第二个合伙人支付 $149\frac{1\ 244}{1\ 844}$ 弗罗林,第三个合伙人支付

---

① 原稿此页的空白处有如下计算过程:

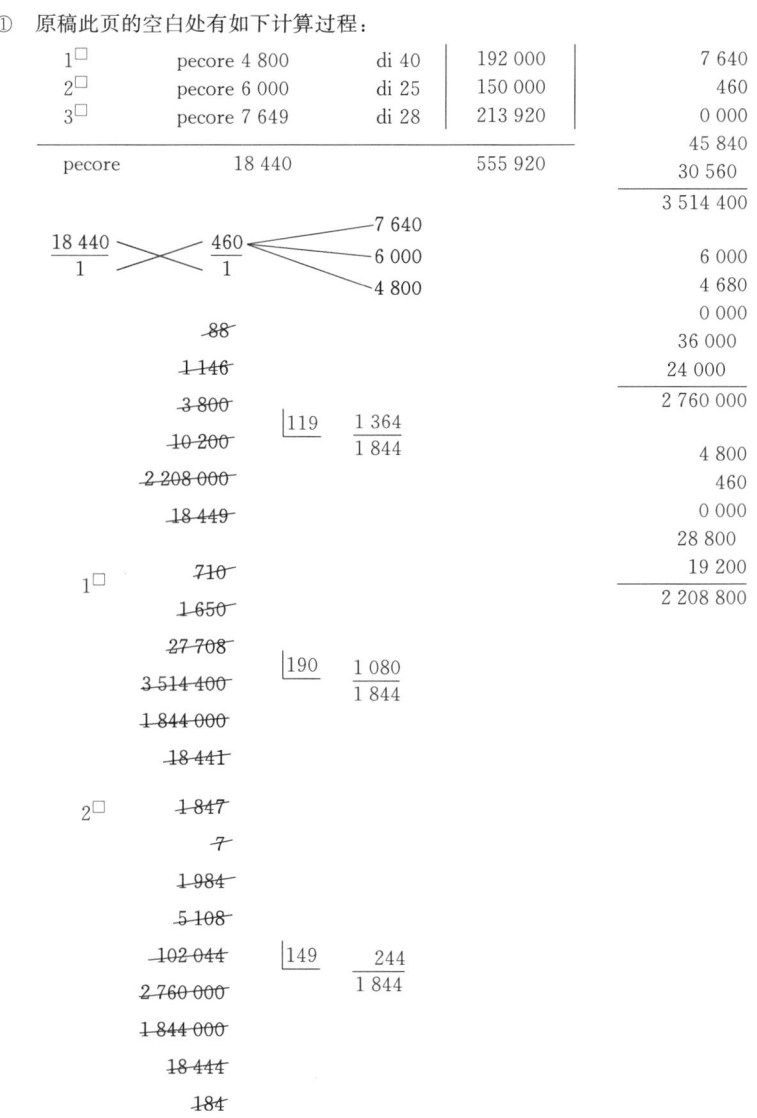

$190\frac{1\,080}{1\,844}$ 弗罗林，然后根据动物吃草的时长来进行费用的分配。用第一个合伙人的羊数量乘以放牧天数，即 40 天，为 192 000（只天）；再把第二个合伙人的羊数量乘以天数，即 6 000 只乘以 25 天，为 150 000（只天）；然后对第三个合伙人进行计算，7 640 乘以 28，得 213 920（只天），然后把这些羊和天数加总，为 555 920（只天），这就是分配费用的除数。

问：如果 555 920 时间和羊花掉费用 100 弗罗林，那么 192 000 时间和羊应分配费用多少？对其他人也作同样处理；按照规则计算，你会发现第一个合伙人花费 $34\frac{29\,872}{55\,592}$ 弗罗林，第二个合伙人花费 $26\frac{54\,608}{55\,592}$ 弗罗林，第三个合伙人花费 $38\frac{26\,704}{55\,592}$ 弗罗林，得解。如果你想知道每只羊的花费，同样求解，很容易[①]。

---

① 在原稿左边的空白处有如下计算过程：

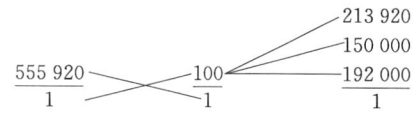

第三部分

多种易货贸易及其广泛承认的规则

【例3-1】 两人进行羊毛和布的易货贸易。每匹布的现金价值为9里拉,易货价值为10里拉①;每百磅②羊毛的现金价值为38里拉,问羊毛的易货价值是多少?

解答如下:如果现金价值9里拉相当于易货价值10里拉,那么现金价值38里拉相当于多少?10乘以38,为380,除以9,得$42\frac{2}{9}$,$42\frac{2}{9}$里拉就是每百磅羊毛易货时的价值。所以,假设要把每百磅羊毛以1co的价格进行物物交换,问:如果38对应1co,9对应多少?9乘以1co,得9co,再除以38,得$\frac{9}{38}$co,等于10,去分母再除以9,得到的结果和之前一样,解毕。

【例3-2】 两人进行羊毛和布的易货贸易。每匹布的现金价值9里拉,易货价值为10里拉;每百磅羊毛的易货价值为$42\frac{2}{9}$里拉,问羊毛的现金价值是多少。

解答如下:如果10里拉的易货价值来自每匹布9里拉的现金价值,那么$42\frac{2}{9}$里拉的易货价值来自多少里拉?用$42\frac{2}{9}$乘以9,得380,再除以10,得38,现金价值就是38里拉,得解。同样可以假设它价值1co的现金,现在问:如果$42\frac{2}{9}$从1co而来,那么10从多少而来?10乘以1co,用10co除以$42\frac{2}{9}$将等于布的现金价值9;同上去分母,会得到与前面一样的解。

---

① 易货贸易是古老的商业模式,本部分关于易货贸易的价值衡量术语包括"现金价值"和"易货价值"。易货价值不涉及现金交割但是也用货币作为计量单位来进行价值衡量。一般而言"易货价值"高于"现金价值",而且本部分中有时不同商品的易货价值与现金价值之间呈现相同的比例关系,有时则呈现不同的比例关系,当呈现不同比例关系时,就会出现易货损益。——译者注。

② 原文中并没有明确以磅为重量单位,但羊毛一般的衡量单位为百磅,为便于理解,译者自行加上"磅"作为重量单位。——译者注。

【例 3-3】 两人进行羊毛和布的易货贸易。每匹布如果进行易货交易则其价格比不易货（即现金价值）高 15 索尔迪，每百磅羊毛的现金价值 20 里拉，易货价值 27 里拉，问每匹布的现金价值和易货价值分别是多少。

解答如下： 从 27 里拉中减去 20 里拉，余 7 里拉，这就是进行易货贸易时 20 里拉所赚得的现金，即易货相对于现金交易用 20 里拉赚 7 里拉，用 20 索尔迪赚 7 索尔迪，用 20 弗罗林赚 7 弗罗林等。问：如果 7 里拉是用 20 里拉的现金赚来的，那么 15 里拉是用多少现金赚来的？用 15 乘以 20，得 300，除以 7，得 $42\frac{6}{7}$，$42\frac{6}{7}$ 里拉就是每匹布的现金价值。如果想知道它在易货贸易中的价值，用 15 加上 $42\frac{6}{7}$，得 $57\frac{6}{7}$，这就是每匹布的易货价值。还可以假设其现金价值 1co，问：如果 20 对应 27，1co 对应多少易货价值？27 乘以 1co，为 27co，除以 20，得 $\frac{27}{20}$co，等于 1co 加 15。去分母再简化等式，得等式：7co 等于 300，300 除以 7，得 $42\frac{6}{7}$，即每匹布的现金价值，加上 15 索尔迪，结果如前。

【例 3-4】 两人进行羊毛和布的易货贸易。每匹布进行如果易货交易，其价值为 6 里拉，每百磅羊毛的现金价值为 30 里拉，相应地其易货价值为 35 里拉，问每匹布的现金价值是多少。

解答如下： 如果易货价值 35 里拉来自 30 里拉的现金价值，那么 6 里拉来自多少现金价值？6 乘以 30，为 180，除以 35，得 $5\frac{1}{7}$，即其现金价值。为此还可以假设每匹布现金价值为 1co 里拉，现在问：如果 30 里拉对应 35 里拉，那么 1co 里拉对应多少？用 1co 乘以 35，为 35co，除以 30，将等于 6，然后用 30 乘以 6，为 180，等于 35co，除以系数，结果如前。

【例 3-5】 两人进行羊毛和布的易货贸易。每匹布的现金价值为 5 里拉，易货价值为 6 里拉，每百磅羊毛的现金价值为 9 弗罗林，问羊毛的易货价值是多少？

解答如下： 已知 5 里拉现金价值对应 6 里拉易货价值，如同 5 索尔迪对应 6 索尔迪，5 德纳里对应 6 德纳里等，但本例并没有如非易货交易一样，提供弗罗林与里拉的兑换比率。

问：如果 5 对应 6，那么 9 对应多少？6 乘以 9 等于 54，除以 5，得 $10\frac{4}{5}$，$10\frac{4}{5}$ 里拉就是每百磅羊毛的易货价值，与其现金价值相对应。为此还可以假设每百磅羊毛的易货价值为 1co 弗罗林，现在问：如果 9 对应 1co，那么 5 对应多少？1co 乘以 5，得

5co,除以9,必然会等于6,因为已知6是对应的易货价值,所以6乘以9,得54,其等于5co,除以系数,即用54除以5,结果如前。

【例3-6】 两人进行羊毛和布的易货贸易。每匹布的现金价值为7里拉,易货价值为9里拉,每百磅羊毛如果进行易货交易,其价值为现金交易价值加上3弗罗林,问每百磅羊毛的现金价值和易货价值各是多少。

解答如下:先将每匹布的现金价值从其易货价值中减去,即9减去7,余2,这样做是因为如果不通过布的资本(现金价值)与收益(现金价值与易货价值的差)之间的关系,就不可能得出羊毛的资本(现金价值)数量。问:如果收益2来自现金价值7,那么收益3来自多少现金价值?用7乘以3,得21,再除以2,得$10\frac{1}{2}$弗罗林,这就是每百磅羊毛以弗罗林为单位的现金价值;如果想知道其易货价值,那么在这$10\frac{1}{2}$上加上3,就会得到$13\frac{1}{2}$弗罗林,这就是其易货价值。

也可假设每百磅羊毛的现金价值是1co弗罗林,已知其易货价值为现金交易价值加上3弗罗林,因而易货价值为1co加3。问:如果1co对应1co加3,那么7对应多少?用7乘以1co加3,得7co加21,除以1co,应等于9,因为已知9是对应的易货价值。因此,用9乘以前述除数1co,数量将等于前述被除数。现在求解:1co乘以9得9co,将等于7co加21;移项,将得到等式:2co等于21,用21除以2co的系数,得$10\frac{1}{2}$,结果如前。

【例3-7】 两人进行羊毛和布的易货贸易。每匹布的现金价值为8里拉,易货价值为9里拉;每百磅羊毛的现金价值为18里拉,如果易货交易,其价值为6弗罗林,问弗罗林与里拉、索尔迪与德纳里之间的兑换比例是多少①。

解答如下:如果布的现金价值8里拉对应9里拉的易货价值,那么18里拉的羊毛对应多少易货价值?9乘以18,等于162,除以8,等于$20\frac{1}{4}$里拉,这就是每百磅羊毛的易货价值,已知其易货价值为6弗罗林,所以6弗罗林的价值等于$20\frac{1}{4}$里拉;若想知道每弗罗林价值是多少,用$20\frac{1}{4}$里拉除以6,得每弗罗林价值$3\frac{3}{8}$里拉,即3里拉7索尔迪6德纳里,得解。

---

① 因为弗罗林与里拉是不同的货币系统,两者之间的汇率是动态的,而索尔迪和德纳里是里拉货币系统的辅币,1里拉等于20索尔迪,1索尔迪等于12德纳里。——译者注。

为此还可以假设每弗罗林价值 1co 里拉,则 6 弗罗林就值 6co 里拉;问:如果 8 里拉现金价值对等于 9 里拉的易货价值,那么 18 里拉现金价值对应多少里拉的易货价值?乘除运算后,结果同上。另一种方式问:如果 6co 里拉来自 18,9 会来自多少?9 与 18 相乘,得 162,除以 6co,将必然等于 8,因为已知 9 来自 8;然后用 6co 与 8 相乘,得 48co,移项得到等式:48co 等于 162,用 162 除以 48,得 $3\frac{3}{8}$ 里拉,这就是每弗罗林的价值。前文设定 6co 为 6 弗罗林,因此用 6 与 $3\frac{3}{8}$ 相乘,得 $20\frac{1}{4}$,结果同上。

【例 3-8】 两人进行羊毛和布的易货贸易。每匹布的现金价值为 7 里拉,易货交易价值为 8 里拉,每百磅羊毛的现金价值为 20 里拉,而易货交易价值为 24 里拉,问哪种易货交易更好,每百里拉赚得多少。

解答如下: 按照布的现金与易货价值的对应关系,计算每百磅羊毛的现金价值应该对等于多少易货价值,因此问:若每匹布的现金价值为 7 里拉,其对应的易货价值为 8 里拉,那么 20 里拉对应的易货价值是多少?用 8 乘以 20,等于 160,再除以 7,等于 $22\frac{6}{7}$ 里拉,此易货价值才与布的现金与易货价值的对应关系一致。已知每百磅耗易货价值为 24,所以会赚得 $22\frac{6}{7}$ 与 24 之间的差,即 $1\frac{1}{7}$ 里拉;现在来计算每百里拉的投入能赚多少。问:若投入的易货价值是 $22\frac{6}{7}$,其赚 $1\frac{1}{7}$,那么投入 100 里拉能赚多少?用 100 乘以 $1\frac{1}{7}$,得 $114\frac{2}{7}$,除以 $22\frac{6}{7}$,得 5,这就是每百里拉易货交易所赚取的收益。若想计算现金价值的投入收益,则问:如果投入 20 赚 $1\frac{1}{7}$,投入 100 能赚多少?用 100 乘以 $1\frac{1}{7}$,得 $114\frac{2}{7}$,再除以 20,得 $5\frac{5}{7}$,即为 100 里拉现金价值投入能赚的里拉数。因此每百里拉赚 $5\frac{5}{7}$ 的易货交易更好,解毕。

为此还可以假设每百磅羊毛在易货贸易中价值 1co 里拉,现在问:如果 20 对应于 1co,7 对应多少?用 7 乘以 1co,得 7co,除以 20,其应该等于已知的易货价值 8。因此 8 乘以 20,得 160,应等于 7co,用 160 除以 7,结果同前。

【例 3-9】 两人进行羊毛和布的易货贸易。每匹布的现金价值为 5 里拉,易货价值为 6 里拉,而且期望交易是 $\frac{1}{3}$ 现金和 $\frac{2}{3}$ 羊毛,每百磅羊毛的现金价值为 17 里拉,问:如果易货交易,对等价值是多少。

解答如下：先将布交易中期望现金的部分即 $\frac{1}{3}$ 扣除，因为易货交易中支付现金并不适宜，因此取 6 的 $\frac{1}{3}$，为 2，将其从易货价值 6 中减去，余 4，将其从现金价值 5 中也减去，剩余 3。现在减去现金后的 3 里拉现金价值，对应的易货价值是 4，因而问：如果 3 对应易货价值 4，那么 17 对应的易货价值是多少？4 乘以 17，得 68，再除以 3，得 $22\frac{2}{3}$；这个 $22\frac{2}{3}$ 里拉就是每百磅羊毛易货贸易的价值。

也可以假设易货交易必须投入 1co 里拉，现在必须知道，在贸易中提出现金或易货交易的人总是想要压低那部分的价格，本例中是想压低这 $\frac{1}{3}$ 的价格，因此提出 $\frac{1}{3}$ 的现金交易。取 6 的 $\frac{1}{3}$，得 2，从现金价值和易货价值两者中减去这个数，剩余现金价值 3，易货价值则剩余 4。问：如果 17 对应于 1co，那么 3 对应多少？用 1co 乘以 3，等于 3co，除以 17，已知其易货价值的剩余是 4，因此其必须等于 4；然后用 4 乘以 17，得 68，其等于 3co，用 68 除以 3co 的系数，得 $22\frac{2}{3}$，结果同前。

【例 3-10】 两人进行羊毛和布的易货贸易。每匹布的现金价值为 7 里拉，易货价值为 8 里拉，而且期望交易是 $\frac{1}{4}$ 现金和 $\frac{3}{4}$ 羊毛，每百磅羊毛的易货价值为 19 里拉，问其现金价值是多少。

解答如下：先从两者即现金和易货交易中减去想要的现金交易 $\frac{1}{4}$，8 的 $\frac{1}{4}$ 是 2，从 8 中减去 2，得 6，从 7 中减去 2 则剩余 5。现在问：如果 6 来自 5，那么 19 来自多少？5 乘以 19，为 95，除以 6，得 $15\frac{5}{6}$，这就是每百磅羊毛的现金价值，得解。

也可以假设每百磅羊毛的现金价值 1co 里拉，现在减去布的交易中想要的那部分现金，解如下：8 的 $\frac{1}{4}$ 是 2，将其从易货价值和现金价值中减去，易货价值剩余 6，现金价值剩余 5；现在问：如果羊毛贸易中，现金价值 1co 对应易货价值 19，那么布的现金价值 5 对应多少？5 乘以 19，得 95，除以 1co，就是必须投入到易货贸易中布的价值，即 6，所以用 6 乘以 1co，等式为 6co 等于 95，除以系数，得 $15\frac{5}{6}$，结果同上，解毕。

【例 3-11】 两人进行羊毛和布的易货贸易。每匹布的现金价值为 5 里拉，易货价值为 6 里拉，而且期望交易是 $\frac{1}{2}$ 现金，每百磅羊毛的易货价值为 8 里拉加现金交易价值，问每百磅羊毛的现金价值是多少。

解答如下：因为期望 $\frac{1}{2}$ 的现金交易，将 $\frac{1}{2}$ 从现金和易货交易中减去。6 的 $\frac{1}{2}$ 是 3，从 6 中减去 3，余 3；从 5 中减去 3，余 2。现在问：若差额 1[①] 来自 2 的现金价值，那么 8 来自多少现金价值？2 乘以 8，得 16，除以 1，得 16，这就是每百磅羊毛的现金价值；若想计算易货价值，用 8 加上 16，得到 24，这就是其易货价值。

亦可假设每百磅羊毛的现金价值为 1co 里拉，同上求解：从布交易中减去期望的 $\frac{1}{2}$ 现金交易部分，从 6 中减去 $\frac{1}{2}$，余 3，从 5 中减去，余 2；然后得出差额为 1，现在问：如果 1 对应羊毛易货价值与现金价值的差额 8，那么布的现金价值 2 对应羊毛的现金价值是多少？用 2 乘以 8，得 16，除以 1co，其必须等于 1，因此用 1co 乘以 1，那么 1co 将等于 16，结果如前。

【例 3-12】 两人进行羊毛和布的易货贸易。每匹布的现金价值为 8 里拉，易货价值为 9 里拉，而且期望交易是 $\frac{1}{3}$ 现金，每百磅羊毛的现金价值为 30 里拉，易货价值为 10 弗罗林，问弗罗林价值是多少。

解答如下：先从易货价值 9 里拉中减去期望现金交易的 $\frac{1}{3}$，剩余易货价值 6 里拉，从现金价值中减去剩余现金价值 5 里拉。现在问：如果现金价值 5 里拉对应易货价值 6 里拉，那么 30 里拉对应多少？30 乘以 6，为 180，再除以 5，得 36 里拉，这就是每百磅羊毛在易货交易中必须投入的价值。现在来计算弗罗林值多少钱，已知 36 里拉价值 10 弗罗林，用 36 除以 10，得 $3\frac{3}{5}$ 里拉，这就是每弗罗林的价值。

亦可假设每弗罗林价值 1co 里拉，10 弗罗林就价值 10co，现在同上将期望的现金交易部分减去，即剩余现金价值 5，易货价值 6。现在问：如果 30 里拉对应 10co，5 将对应多少？10co 乘以 5 得 50co，除以 30，得 $1co\frac{2}{3}$，其应等于 6，所以用 6 除以 $1co\frac{2}{3}$ 得 $3\frac{3}{5}$，这就是每弗罗林的价值。而设定易货价值为 10co，那么用 10 乘以 $3\frac{3}{5}$，就得 36，即为 10 弗罗林的价值。每弗罗林的价值就是 $3\frac{3}{5}$。

【例 3-13】 两人进行羊毛和布的易货贸易。每匹布的易货价值为 8 里拉，期望交易是 $\frac{1}{3}$ 现金，每百磅羊毛的现金价值为 30 里拉，而易货价值为 40 里拉，问每匹布的现金价值是多少。

---

① 即扣除现金交易部分后，布的现金价值和易货价值的差额，计算为 3 减去 2。——译者注。

解答如下：先从两者中减去期望现金交易的部分,剩余易货价值 $5\frac{1}{3}$ 里拉以及相对应的现金价值。现在为求解现金价值,问：如果 40 来自 30,$5\frac{1}{3}$ 将来自多少？用 $5\frac{1}{3}$ 乘以 30 等于 160,除以 40,得 4,即为每匹布减去 $\frac{1}{3}$ 现金交易后的剩余现金价值①。

另解如下。假设每匹布现金价值 1co 里拉,期望 $\frac{1}{3}$ 现金交易,因此从其易货价值 8 中减去 $\frac{1}{3}$,即 $2\frac{2}{3}$,将其从 8 中减去,得 $5\frac{1}{3}$,同样从 1co 中减去,得 1co 减 $2\frac{2}{3}$。现在问：若 30 对应易货交易的 40,那么 1co 减去 $2\frac{2}{3}$ 的布对应的易货价值是多少？用 1co 减 $2\frac{2}{3}$ 乘以 40,为 40co 减 $106\frac{2}{3}$,除以 30,而已知剩余布的易货价值为 $5\frac{1}{3}$;因此 40co 减 $106\frac{2}{3}$,除以 30,等于 $5\frac{1}{3}$,用 30 乘以 $5\frac{1}{3}$,为 160,其等于 40co 减 $106\frac{2}{3}$。移项得 $266\frac{2}{3}$ 等于 40co,除以系数,即 $266\frac{2}{3}$ 除以 40,得 $6\frac{2}{3}$,其减去 8 的 $\frac{1}{3}$,即 $2\frac{2}{3}$,所以求得每匹布剩余的现金价值正好为 4,结果同上。

【例 3-14】 两人进行羊毛和布的易货贸易。每匹布的现金价值为 5 里拉,易货价值是 6 里拉,期望易货交易中使用 $\frac{1}{3}$ 现金,每百磅羊毛的现金价值为 20 里拉,而易货价值为 30 里拉,问哪种易货交易更好及每百里拉赚多少。

解答如下：期望 $\frac{1}{3}$ 的现金交易,因此从 6 中减去其 $\frac{1}{3}$,余 4,从现金价值 5 中也减去同样的数,余 3。现在问：如果现金价值 3 对应易货价值 4,那么多少现金价值对应易货价值 30？20 乘以 4,为 80,再除以 3,得 $26\frac{2}{3}$,即为每百磅羊毛的易货价值。现在看哪个交易更好,可以看到对应的易货价值是 $26\frac{2}{3}$,但是却会得到价值 30 的东西,因此会有 $3\frac{1}{3}$ 收益,即每投入 20 里拉的现金就可以赚这么多收益。求解每百里拉能赚多少。问：若 20 里拉赚 $3\frac{1}{3}$,那么 100 里拉将赚多少？$3\frac{1}{3}$ 乘以 100,为 $333\frac{1}{3}$,除以 20,

---

① 每匹布的现金价值还应加上扣除的现金价值 $2\frac{2}{3}$,应该为 $6\frac{2}{3}$,这与下文中另一方法计算的结果相同。——译者注。

得 $16\frac{2}{3}$,这就是每百里拉羊毛所赚的收益,得解,同样可以处理相似的问题。

另解如下。先同上从易货价值和现金价值中减去期望现金交易的部分,减去后现金价值剩余 3,易货交易价值剩余 4,现在来计算哪种易货交易更好。为此先要计算易货交易中每百磅羊毛的投入,若投入的资金大于 30 里拉,那么另外一种易货交易更佳,如果投入的少于 30,那么将会获得相应的利润。因此,假设在羊毛易货交易中必须投入 1co 里拉,现在问:如果 20 里拉对应于 1co,那么 3 对应多少?用 1co 乘以 3,得 3co,除以 20,得 $\frac{3}{20}$co,已知对应的易货价值为 4,因此 $\frac{3}{20}$co 等于 4,去分母,用 20 乘以 4 得 80,等于 3co,用 80 除以 3,得 $26\frac{2}{3}$,这就是羊毛的易货价值,因此必须投入 $26\frac{2}{3}$ 里拉,但交易对手要投入 30 里拉,因此可以赚得相应的利润,羊毛易货更好。

【例 3-15】 两人进行羊毛和布的易货贸易。每匹布的现金价值为 8 里拉,易货价值是 3 弗罗林,期望交易是 $\frac{1}{3}$ 现金,每百磅羊毛的现金价值为 18 里拉,而易货价值为 24 里拉,问弗罗林和里拉的兑换比率。

解答如下:先易货交易 3 匹布,其价值 9 弗罗林,减去期望现金交易的 $\frac{1}{3}$,余 6,现在现金交易 3 匹布,价值 24 里拉。问:若一百磅羊毛易货交易所投入的 24 里拉,对应于另一商品的 6 弗罗林,这样 18 里拉的羊毛现金价值对应多少?用 18 乘以 6,得 108,除以羊毛的易货价值 24,得 $4\frac{1}{2}$ 弗罗林;现在这个数量的弗罗林加上所减去的 3 弗罗林,得 $7\frac{1}{2}$ 弗罗林,这 $7\frac{1}{2}$ 弗罗林是 3 匹布的现金交易价值,其应为 24 里拉。现在来计算每弗罗林的价值,用 24 除以 $7\frac{1}{2}$,得 $3\frac{1}{5}$,每弗罗林价值为 $3\frac{1}{5}$ 里拉,解毕。

另解简要如下。假设每弗罗林价值 1co 里拉,因此 3 弗罗林价值 3co 里拉,现在减去期望的 $\frac{1}{3}$ 现金交易,余 2co,也从现金价值 8 里拉中减去,为 8 减 1co。现在问:若 8 里拉减 1co 对应 2co,那么每百磅羊毛的现金价值 18 里拉对应多少?用 18 里拉乘以 2co,得 36co,除以 8 减 1co,必须等于已知的易货价值 24 里拉,因此用必须等于的 24 里拉乘以这个除数即 8 减 1co,得到被除数,即 8 减 1co 乘以 24,得 192 减 24co,其必须等于 36co,移项得到 60co 等于 192,用 192 除以 60,得 $3\frac{1}{5}$,这就是每弗罗林的价值。因此弗罗林对里拉的兑换比率即每弗罗林价值 $3\frac{1}{5}$ 里拉,解毕,结果同前。

【例 3-16】 两人进行羊毛和布的易货贸易。每匹布的现金价值为 8 里拉,易货价值是 9 里拉,期望交易是 $\frac{1}{3}$ 现金,每百磅羊毛的现金价值为 30 里拉,易货交易中每百里拉现金价值的布可赚得 5,问每百磅羊毛的易货价值是多少?

解答如下:先从两者中减去期望现金交易的部分,即 9 的 $\frac{1}{3}$ 为 3,从 9 中减去剩余 6,从 8 中减去剩余 5。已知易货交易中每百可赚 5,因此问:若 5 里拉现金价值对应 6 里拉易货价值,那么 100 里拉现金对应多少?用 6 乘以 100,得 600,除以 5,得 120,这就是 100 里拉现金价值的布所对应的易货价值,现在已知易货交易中每百里拉现金价值的布赚 5,从 120 中减去 5,得 115,然后问:若 100 里拉现金价值对应 115 的易货价值,那么 30 里拉对应多少?用 30 乘以 115,得 3 450,除以 100,得 $34\frac{1}{2}$,这就是每百磅羊毛的易货价值,即 $34\frac{1}{2}$ 里拉;照此处理同类问题,将得到同样的结果。

本交易的验算。用现金价值 100 里拉的布来交换,解答如下:用 6 乘以 100,为 600,除以现金价值 5 里拉,得 120,即这些布的易货价值,用 $34\frac{1}{2}$ 乘以 100,等于 3 450,除以百磅羊毛的现金价值 30 里拉,得到 115 里拉,这就是羊毛的易货价值,现在将其从 120 中减去,剩余 5,这就是每百里拉现金价值的布的交换可以赚得的,证毕。

【例 3-17】 两人进行羊毛和布的易货贸易。每匹布的现金价值为 7 里拉,易货价值是 8 弗罗林,期望 $\frac{1}{3}$ 现金交易,每百磅羊毛的现金价值为 30 里拉,而易货交易中,每百里拉布损失 5,问羊毛的易货价值。

解答如下:首先减去期望现金交易的部分,取 8 的 $\frac{1}{3}$,即 $2\frac{2}{3}$,从 8 中减去 $2\frac{2}{3}$,余 $5\frac{1}{3}$,也从 7 中减去 $2\frac{2}{3}$,余 $4\frac{1}{3}$。现在因为已知其每百里拉现金价值的布损失 5,问:若 $4\frac{1}{3}$ 的现金价值对应 $5\frac{1}{3}$ 的易货价值,那么 100 里拉现金价值对应多少?$5\frac{1}{3}$ 乘以 100,为 $533\frac{1}{3}$,再除以 $4\frac{1}{3}$,得 $123\frac{1}{13}$,即为 100 里拉现金价值对应的易货价值。现在已知每百里拉现金价值的布损失 5,因而将损失的 5 加上 $123\frac{1}{13}$,得 $128\frac{1}{13}$。问:若 100 里拉现金价值对应 $128\frac{1}{13}$ 里拉易货价值,那么 30 里拉羊毛会对应多少?用 30 乘以 $128\frac{1}{13}$,再除以 100,得 $38\frac{11}{26}$,即为每百磅羊毛的易货价值,以这个价值与布进行易货交易，每百里拉现金价值的布将损失 5，照此处理同类问题。

验算。100 里拉现金价值的布进行易货交易，求解：将 $5\frac{1}{3}$ 的易货价值乘以 100，得 $533\frac{1}{3}$，除以 $4\frac{1}{3}$ 的现金价值，得 $123\frac{1}{13}$ 里拉，这就是 100 里拉现金价值的布的易货贸易价值。现在计算 100 里拉现金价值的羊毛的易货价值，求解：用百磅羊毛的易货价值 $38\frac{11}{26}$ 乘以 100，得 $3842\frac{4}{13}$，除以现金价值 30 里拉，得 $128\frac{1}{13}$ 里拉，即 100 里拉现金价值的羊毛的易货价值。现在布的易货价值 $123\frac{1}{13}$ 与羊毛的易货价值 $128\frac{1}{13}$ 的差额为 5 里拉，即为布在易货交换中的损失。

【例 3-18】 两人进行羊毛和布的易货贸易。每匹布的现金价值为 7 里拉，易货价值是 8 里拉，期望 $\frac{1}{4}$ 现金交易，每百磅羊毛的现金价值为 20 弗罗林，而易货交易每百磅羊毛赚得 10 里拉，问每百磅羊毛的易货价值。

解答如下： 先从两者中减去现金交易的部分，即 8 的 $\frac{1}{4}$，为 2，从 8 中减去剩余 6，从 7 中减去剩余 5。已知羊毛易货交易每百磅羊毛赚 10 里拉，问：如果 5 里拉现金价值对应 6,100 里拉的现金价值对应多少？100 乘以 6，除以现金价值 5，得 120 里拉，这就是 100 里拉对应的易货价值；因为羊毛每百磅赚得 10 里拉，将 10 加到 120 上，为 130 里拉，然后问：如果 100 现金价值对应 130,20 弗罗林对应多少。如前文所得结果：如果 100 里拉对应 130 里拉，那么 100 弗罗林就对应 130 弗罗林。用 20 乘以 130，再除以 100，得 26 弗罗林，这就是每百磅羊毛赚 10 里拉时，每百磅羊毛的易货价值，照此处理同类问题。

验算。先计算易货交易现金价值 100 里拉的布，用布的易货价值 6 乘以 100，得 600，除以布的现金价值即 5，得 120 里拉，即布的易货价值。对等地现在易货交易 100 里拉羊毛，用 26 弗罗林乘以 100，除以现金价值即 20，得 130 里拉，因此可见羊毛每百磅赚 10 里拉，证毕。

【例 3-19】 两人进行羊毛和布的易货贸易。每匹布的现金价值为 8 里拉，易货价值是 9 里拉，期望 $\frac{1}{3}$ 现金交易，每百磅羊毛的现金价值为 30 里拉，而羊毛易货交易每百磅损失 10，问每百磅羊毛的易货价值。

解答如下： 先从两者中减去期望现金交易的部分，9 的 $\frac{1}{3}$ 是 3，从 9 中将其减去，余 6，从现金价值 8 中将其减去，余 5。现在因为每百磅羊毛损失 10，问：如果现金价值 5 对应易货价值 6,100 现金价值对应多少？用 6 乘以 100，然后除以 5，得 120，已知羊毛易货每百磅损失 10,那就将羊毛的易货价值 10 从布的易货交易中减去,得 110 里拉,问:如果现金价值 100 对应易货价值 110,那么现金价值 30 会对应多少易货价值? 用 110 乘以 30,除以 100,为 33,33 里拉就是每百磅羊毛的易货价值,以这个价值易货,羊毛每百磅将损失 10,依此类推。

验算。先验算易货交易价值 100 里拉的布,做法如下:用布的易货价值 6 乘以 100,除以布的现金价值 5,得 120。再验算易货交易 100 里拉羊毛:用 33 乘以 100,除以现金价值即 30,得 110,因此可以算出羊毛每百磅亏损 10。

【例 3-20】 两人进行羊毛和布的易货贸易。每匹布的现金价值为 8 里拉,易货价值是 9 里拉,期望 $\frac{1}{3}$ 现金交易,每百磅羊毛的易货价值为 36 里拉,易货交易布每百里拉布赚 10,问每百磅羊毛的现金价值。

解答如下:先从两者中减去期望现金交易的部分,9 的 $\frac{1}{3}$ 是 3,从 9 中将其减去,余 6,也从现金价值 8 中将其减去,余 5。然后计算易货交易 100 里拉的布的价值。用 6 乘以 100,然后除以现金价值 5,得 120,这就是易货价值。已知易货交易中每百里拉布赚 10,将 10 从 120 中扣除,得 110,然后问:如果易货价值 110 对应现金价值 100,那么易货价值 36 会对应多少现金价值? 用 36 乘以 100,除以 110,将是 $32\frac{8}{11}$,这就是每百磅羊毛的现金价值,易货交易中每百里拉布赚 10。

验算。先验算易货交易价值 100 里拉的布,做法如下:用布的易货价值 6 乘以 100,除以布的现金价值即 5,得 120,这就是所对应布的易货价值;现在验算易货交易 100 里拉羊毛,求解:用 100 乘以易货价值 36,除以现金价值即 $32\frac{8}{11}$,得 110,这就是对应的羊毛易货价值,因此可以计算出每百里拉布赚 10。

【例 3-21】 两人进行羊毛和布的易货贸易。每匹布的易货价值为 7 里拉,期望 $\frac{1}{3}$ 现金交易,每百磅羊毛的现金价值为 30 里拉,易货价值为 36 里拉,易货交易每百里拉布亏损 10,问每匹布的现金价值是多少。

解答如下:先减去期望现金交易的部分,即 $\frac{1}{3}$,易货价值 7 的 $\frac{1}{3}$ 是 $2\frac{1}{3}$,从 7 中将其减去,剩余易货价值 $4\frac{2}{3}$。现在易货交易 100 里拉羊毛,求解:用羊毛的易货价值 36 乘以 100,然后除以羊毛的现金价值 30,得 120 易货价值。已知易货交易每百里拉布亏损 10,将布的亏损 10 从 120 中减去,得 110。问:如果现金价值 100 对应易货价值110,那么多少对应 $4\frac{2}{3}$ 的易货价值? 用100乘以 $4\frac{2}{3}$,得 $466\frac{2}{3}$,除以110,得 $4\frac{8}{33}$,然后加上7的 $\frac{1}{3}$ 即 $2\frac{1}{3}$,得 $6\frac{19}{33}$,这就是每匹布的现金价值,依此类推。

验算。首先验算易货交易价值100里拉的布,用 $4\frac{2}{3}$ 乘以100,除以 $4\frac{8}{33}$,得110,即为每百里拉布的易货价值;再验算易货交易100里拉羊毛:用羊毛的易货价值36乘以100,得3 600,除以现金价值即30,得120,这就是对应的羊毛易货价值,因此可以看到每百里拉布亏损10,证毕。

【例3-22】 两人进行羊毛和布的易货贸易。每匹布的现金价值为8里拉,易货价值为 $2\frac{1}{2}$ 弗罗林,期望 $\frac{1}{3}$ 现金交易,每百磅羊毛的现金价值为20里拉,易货价值为25里拉,问弗罗林价值是多少[①]。

解答如下:先减去期望现金交易的部分, $2\frac{1}{2}$ 弗罗林的 $\frac{1}{3}$ 是 $\frac{5}{6}$,将其减去后剩余 $1\frac{2}{3}$ 弗罗林的易货价值。现在易货交易100里拉羊毛,求解:用羊毛的易货价值25乘以100,然后除以羊毛的现金价值20,得到125,这就是其易货价值。已知易货交易羊毛每百磅赚10,将10从125中减去,得115,问:如果115的易货价值来自100的现金价值,那么 $1\frac{2}{3}$ 的易货价值来自多少? 这样求解:用100乘以 $1\frac{2}{3}$,得 $166\frac{2}{3}$,除以115,得 $1\frac{31}{69}$ 弗罗林,这就是其对应的现金价值,然后加上 $2\frac{1}{2}$ 的 $\frac{1}{3}$ 即 $\frac{5}{6}$,得 $2\frac{13}{46}$ 弗罗林,这就是每匹布的现金价值。现在想知道弗罗林价值是多少,用每匹布的现金价值8里拉除以 $2\frac{13}{46}$ 弗罗林,得 $3\frac{53}{105}$ 里拉,这就是每弗罗林的价值,以此价值羊毛每百赚10,可以在空白处尝试解答此题。

验算。首先验算易货交易100里拉布,用 $2\frac{1}{2}$ 弗罗林减去 $\frac{1}{3}$ 现金交易后的 $1\frac{2}{3}$ 弗罗林乘以100,得 $166\frac{2}{3}$,除以 $1\frac{31}{69}$,得115,这就是每百里拉布的易货价值。再验算易货交易100里拉羊毛:用羊毛的易货价值25乘以100,得2 500,除以现金价值20,得125,这就是对应的羊毛易货价值,因此可以看到羊毛每百磅赚10,证毕。

【例3-23】 两人进行铁和铅的易货贸易。每千铁的现金价值为28里拉,易货价

[①] 根据后文解答中的陈述,题目中遗漏了条件"易货交易羊毛每百赚10"。——译者注。

值为 36，每千铅的现金价值为 21 弗罗林，期望与铁 $\frac{1}{4}$ 现金交易，问每千铅在与铁易货中，必须价值多少与铁对等。

解答如下：在这样的易货贸易中，要注意的是，交易双方期望交易的某部分收取现金和期望交易的某部分给付现金，其金额是一样的，所以遵循同样的方法。将 36 的 $\frac{1}{4}$ 即 9，从 36 中减去，得 27，再从 28 中减去，余 19；现在根据三数法则①问：如果 19 对应 27，那么 21 对应多少？乘除运算，很容易就可得到未知数②，解毕。

【例 3-24】 两人进行易货贸易。第一种货物锌的每百磅现金价值为 9 弗罗林，易货价值为 12 弗罗林，期望 $\frac{1}{3}$ 现金交易，另一种货物棉绒的每百磅现金价值为 $5\frac{1}{2}$ 弗罗林，期望 $\frac{1}{4}$ 现金交易，问易货交易中应投入多少使双方对等。

解答如下：将期望棉绒现金交易的 $\frac{1}{4}$ 从第一种期望货物的 $\frac{1}{3}$ 中减去，还剩下 $\frac{1}{12}$，这意味着第一种货物超出第二种货物 $\frac{1}{12}$，这样可以知道第一种货物还需要 $\frac{1}{12}$ 的现金，而第二种货物需要的现金为零，接下来，将 $\frac{1}{12}$ 从两者中减去，与前面展示的多个案例一样处理，就能顺利得解，依此类推。

---

① 参见第一部分，指交叉相乘法则。——译者注

② 在原稿页面左边空白处写有如下文字：

要知道每个人都会犯错，但又必须去做，直到无错。解答如下：假设铅的易货价值为 1co，因为要给付 $\frac{1}{4}$ 的现金，取 1co 的 $\frac{1}{4}$ 即 $\frac{1}{4}$co，将其加到现金价值和易货价值上，得到 21 加 $\frac{1}{4}$co 和 1co $\frac{1}{4}$。然后问：21 加 $\frac{1}{4}$co 的现金价值对应 1co $\frac{1}{4}$ 的易货价值，那么 28 对应多少易货价值？1co $\frac{1}{4}$ 乘以 28，得 35co，除以 21 加 1co，得 $\frac{35co}{\left(21+\frac{1co}{4}\right)}$，而这将等于 36。去分母、移项，得到等式 26co 等于 756，用 756 除以 26，得 $29\frac{1}{13}$，这就是每千铅的易货价值。

验算。假设有 400 里拉铅，每百里拉铅价值 $29\frac{1}{13}$ 弗罗林，总价值 $116\frac{4}{13}$ 弗罗林，其 $\frac{1}{4}$ 为 $29\frac{1}{13}$，两者加总得 $145\frac{5}{13}$。现在与易货价值为每百 36 弗罗林的铁易货。问：如果 36 弗罗林对应 100 里拉，那么多少对应 $145\frac{5}{13}$ 弗罗林？进行乘除运算，得到结果为 $403\frac{11}{13}$ 里拉；如果想验算两者是否相等，就要看两者换算为现金价值是否一样，多或少均为误。$403\frac{11}{13}$ 里拉铁，以每百里拉铁 28 弗罗林计算，价值 $113\frac{1}{13}$ 弗罗林；每百里拉铅价值 21 弗罗林，则 400 里拉铅价值 84 弗罗林。加上易货价值 $145\frac{5}{13}$ 的 $\frac{1}{5}$，得 $113\frac{1}{13}$ 弗罗林，两者价值相同，类似的情况，可以使用假设未知数以及假设条件估算的方法来求解，但假设未知数的方法更好更简单。

【例 3-25】 两人进行易货贸易：一种货物为巴西红木[①]，另一种货物为生姜，每百磅巴西红木的现金价值若干，易货价值为现金价值加上 $2R_x$[②]，期望 $\frac{1}{2}$ 以现金交易，每百磅生姜的现金价值为 18 弗罗林，易货价值为 20 弗罗林，两者对等易货交易，问每百磅巴西红木的现金价值是多少。

解答如下： 假设巴西红木的现金价值是 $1co\square$，易货价值为现金价值加 $2R_x$，因此易货的投入是 $1co\square$ 加 $2co$，期望 $\frac{1}{2}$ 的现金交易，因此为 $\frac{1}{2}co\square$ 加 $1co$，将其从 $1co\square$ 加 $2co$ 的易货贸易价值中减去，余 $\frac{1}{2}co\square$ 加 $1co$，也将其从 $1\square$ 的现金价值中减去，余 $\frac{1}{2}co\square$ 减 $1co$。因此有等式 $\left(\frac{1}{2}co\square - 1co\right)$ 除以 $\left(\frac{1}{2}co\square + 1co\right)$ 等于 18 除以 20，现在用 $\left(\frac{1}{2}co\square + 1co\right)$ 乘以 18，得 $9\square$ 加 $18co$，然后用 $\left(\frac{1}{2}co\square - 1co\right)$ 乘以 20，就是 $10\square$ 减 $20co$，移项得到 $1co\square$ 等于 $38co$，然后用 $38co$ 除以 $1co\square$，得 $1co$，等于 38，然后用 38 乘以 38，得 1 444，这就是每百磅巴西红木的现金价值，进行验算并能发现易货对等[③]。

【例 3-26】 两人进行易货贸易。第一种货物为棉花，每百磅的现金价值为 9 杜

[①] 巴西木或巴西红木是红色染料的重要原料，巴西木的称谓早于巴西作为国家的名称。——译者注
[②] 即 2 倍现金价值的平方根，现金价值的平方根用 R_x 表示。——译者注
[③] 原稿页面右边空白处写有如下例子：

两种货物易货贸易：第一种货物为布，其现金价值未知，每匹布的易货价值为现金价值加上 R_x，期望 $\frac{1}{4}$ 现金交易，另外一种货物羊毛的现金价值是每百磅 20 里拉，易货价值为 40 里拉，两者对等易货交易，问每匹布的现金价值是多少。

解答如下：需要付出努力来求解 R_x 的数量，假设每匹布的现金价值是 $1co\square$ 里拉，因此易货价值为 $1co\square$ 加 $1co$，现在期望 $\frac{1}{4}$ 以现金进行交易，从 $1co\square$ 加 $1co$ 中减去 $\frac{1}{4}$，即 $\frac{1}{4}co\square$ 加 $\frac{1}{4}co$，剩余 $\frac{3}{4}co\square$ 加 $\frac{3}{4}co$，从现金价值 $1co\square$ 中也减去这个数，剩余 $\frac{3}{4}\square$ 减 $\frac{1}{4}co$，现在可知减去现金交易后的现金价值和易货价值，因此问：如果 $\frac{3}{4}co\square$ 减 $\frac{1}{4}co$ 对应 $\frac{3}{4}co\square$ 加 $\frac{3}{4}co$，那么 20 里拉对应多少？根据乘除规则，得到等式：$(15co\square$ 加 $15co)$ 除以 $\left(\frac{3}{4}co\square - \frac{1}{4}co\right)$ 等于 40，去分母，移项，得到等式 $25co$ 等于 $15co\square$，用 $15co\square$ 除以 $25co$ 等于 1，得到 $1co$ 等于 $1\frac{2}{3}$，而假设的现金价值是其平方，因此用 $1\frac{2}{3}$ 乘以它自己，得 $2\frac{7}{9}$，这就是每匹布的现金价值，而易货价值为 $3\frac{1}{3}$（应为 $2\frac{7}{9}$ 加上 $1\frac{2}{3}$，得 $4\frac{4}{9}$。——译者注），同上进行验算，会无误。

$1co\square$	$1co\square$ 加 $1co$
$\frac{1}{4}co\square$ 加 $\frac{1}{4}co$	$\frac{1}{4}co\square$ 加 $\frac{1}{4}co$
$\frac{3}{4}co\square$ 减 $\frac{1}{4}co$	$\frac{3}{4}co\square$ 加 $\frac{3}{4}co$

卡迪，易货价值为 12 杜卡迪，期望增加 $\frac{1}{2}$ 的现金交易，另外一种货物生姜的现金价值是每百磅 15 杜卡迪，问生姜的易货价值，以及 768 里拉现金对应多少棉花。

解答如下： 当在一种货物的易货交易中有人想支付货币时，应该总是将其加在易货和现金交易的价值上，因此取 12 的 $\frac{1}{2}$，即 6，加到 12 上，得 18，也加到现金价值 9 上，就是 15。现在问：如果 15 对应 18，那么另外的 15 对应多少，也必将是 18，每个对应价值都将是相等的。现在计算 768 里拉的生姜[①]对应多少棉花，按照之前展示的易货规则来处理，无论交换多少次，都会顺利易货，这样就可以计算价值等问题。

【例 3-27】 两人进行易货贸易。一种货物为肉豆蔻，每百磅的现金价值为 14 格洛斯，易货价值为 16，期望 $\frac{1}{4}$ 的现金交易；另外一种货物蚕丝的现金价值是每磅 34 格洛斯，期望 $\frac{1}{3}$ 的现金交易，问蚕丝的易货价值是多少，以及 268 磅蚕丝对应多少肉豆蔻。

解答如下： 先减去期望现金交易的部分，即取 16 的 $\frac{1}{4}$，即 4，从 16 中减去，余 12，同样将其从 14 中减去，余 10。现在已将期望现金交易的部分从价格中减去，对于所期望的 $\frac{1}{3}$ 现金交易，必须加上其整个价格的 $\frac{1}{2}$，所加的 $\frac{1}{2}$ 就是加上后总和的 $\frac{1}{3}$，也就是所期望的必须从总额中减去的现金，$\frac{1}{3}$ 必须加上 $\frac{1}{2}$，因为加上 $\frac{1}{2}$ 后总价的 $\frac{1}{3}$ 和 $\frac{1}{2}$ 是一样多，因为所加部分就是原价的一半。同样对于 $\frac{1}{4}$，应在原价上加上 $\frac{1}{3}$，因为所加部分就是加总价格的 $\frac{1}{4}$，因此将易货价格的 $\frac{1}{2}$ 加在 10 上，得 18，加在 12 上，得 20。问：如果 18 对应 20，那么包含上述 $\frac{1}{3}$ 现金交易的 34 对应多少易货价值？用 34 乘以 20，再除以 18，即得到其易货价值。

【例 3-28】 两人进行易货贸易。一种货物为矾，每百磅的现金价值为 4 杜卡迪，易货价值为 6，期望交易中支付 $\frac{1}{3}$ 的现金，另一种货物羊毛的现金价值是每百磅 4 杜

---

① 在原稿页面的左边空白处有如下计算：
　　棉花　　　　　100 里拉，易货价值 18　　　　　1 800
　　　　　　　　　　　　　　768
　　生姜　　　　　100 里拉，易货价值 18　　　　　1 800

卡迪,期望在易货交易中支付 $\frac{1}{4}$ 的现金,问羊毛的易货价值是多少?

解答如下:在交易双方都期望以现金进行部分支付的情况下,必须要看哪一方现金支付部分的数额更大,从一个人想支付的部分中减去另一个人想支付的部分。例如在本例中,一个人想用 $\frac{1}{4}$ 的现金支付货物,另一个人想用 $\frac{1}{3}$ 的现金支付。显然,$\frac{1}{3}$ 的支付数额要比 $\frac{1}{4}$ 的数额大。因此从 $\frac{1}{3}$ 中减去 $\frac{1}{4}$,就会剩余 $\frac{1}{12}$,这是支付 $\frac{1}{3}$ 较之更大的部分;现在可以发现,矾交易商只需要支付 $\frac{1}{12}$ 的现金,而另一个人不需要支付现金。因此取易货价值 6 的 $\frac{1}{12}$,也就是 $\frac{1}{2}$,加在 6 上,得到 $6\frac{1}{2}$,同样也加在现金价值上,得到 $4\frac{1}{2}$,因为就如我们要减去的时候一样,当我们要支付的时候,因为现金不能易货,就必须把想要支付的部分加上。问:如果 $4\frac{1}{2}$ 对应 $6\frac{1}{2}$,那么价值 4 的羊毛将对应多少?用 $6\frac{1}{2}$ 乘以 4,得 26,再除以 $4\frac{1}{2}$,得 $5\frac{7}{9}$ 杜卡迪,这就是每百磅羊毛的易货价值。羊毛贸易商想支付给矾贸易商 $\frac{1}{4}$ 现金而自己收到 $\frac{1}{3}$ 的现金。

验算:易货交易 100 磅单位矾,再问:如果 $4\frac{1}{2}$ 对应 $6\frac{1}{2}$,那么 100 对应多少?其将对应 $144\frac{4}{9}$,这是矾交易所得,同样也会是羊毛交易所得,问:如果 4 对应 $5\frac{7}{9}$,那么 100 对应多少?100 乘以 $5\frac{7}{9}$,除以 4,就会得到 $144\frac{4}{9}$,与另一种货物一样多,没有人会额外赚得收益,依此类推。

【例 3-29】 两人进行易货贸易。一种货物为生姜,每百磅的现金价值为 18 杜卡迪,另外的三种货物是:糖每百磅价值 20 杜卡迪,肉桂每百磅价值 16 杜卡迪,肉豆蔻每百磅价值 12 杜卡迪。生姜货物总价值 886 杜卡迪,期望所交易的货物每种金额都一样,问糖和肉桂的易货金额各是多少。

解答如下:先确认每种货物的每百磅价值,即 20、16、12,合计为 48,现在确认 100 磅糖、100 磅肉桂、100 磅肉豆蔻的重量,合计为 300 磅。问:如果每种货物各 100 磅价值 48 杜卡迪,那么 886 杜卡迪对应每种货物的重量是多少?

用 300 乘以 886,再除以 48,就会是 $5537\frac{1}{2}$,这就是对应货物总共的重量。要想知道每一种货物的数量,就除以货物的种类数量,因为这里有三种货物,那么就除以 3,得 $1845\frac{5}{6}$,这就是 886 杜卡迪对应每种货物的重量(磅)。证明:每百磅糖价值 20 杜卡迪,计算 $1845\frac{5}{6}$ 磅糖的价值,其他货物也以同样方法计算,然后加总三种货物的价值,其总额必将等于 886 杜卡迪,大于或小于都是错误的,以同样的方法可以处理类似问题。

【例 3-30】 两人进行易货贸易。第一种货物是羊毛,另外的货物是毛线和胡椒,每百磅羊毛现金价值 30 里拉,易货价值未知,期望交易是 $\frac{1}{3}$ 现金,$\frac{1}{3}$ 毛线和 $\frac{1}{3}$ 胡椒,毛线每百磅现金价值 30 里拉,易货价值为 36 里拉,胡椒每百磅现金价值 40 里拉,易货价值为 45 里拉,问对等的羊毛易货价值是多少?

解答如下:问:如果毛线现金价值 30 里拉对应易货价值 36 里拉,40 现金价值的毛线对应多少易货价值?用 36 乘以 40 等于 1 440,除以 30,得到 48 里拉,即毛线 40 里拉(现金价值)所对应的易货价值。现在加上胡椒的易货价值 45 里拉,得 93 里拉,然后将各价值 40 里拉的毛线和胡椒相加,得(现金价值)80 里拉。因为羊毛商人期望 $\frac{1}{3}$ 的现金、$\frac{1}{3}$ 的毛线、$\frac{1}{3}$ 的胡椒,求解:100 磅羊毛进行易货交易,假设羊毛易货价值 1co,减去现金交易部分,也就是 $\frac{1}{3}$,剩余 $\frac{2}{3}$co,然后从现金价值 30 中减去这 $\frac{1}{3}$co,即 30 减去 $\frac{1}{3}$co,然后用 $\left(30-\frac{1}{3}\text{co}\right)$ 乘以 93,为 2 790 减去 31co,再用易货的 $\frac{2}{3}$co 乘以 80,为 $53\frac{1}{3}$co,得到等式:(2 790 − 31co) 等于 $53\frac{1}{3}$co。等式两边各加上 31co,将得 $84\text{co}\frac{1}{3}$ 等于 2 790;除以系数,得 $33\frac{21}{253}$ 里拉,$33\frac{21}{253}$ 里拉就是羊毛的易货价值,与其现金价值对应。

【例 3-31】 两人进行羊毛和布的易货贸易。每匹布的现金价值为 4,易货价值为 5,羊毛的现金价值为 10 弗罗林,当羊毛商期望易货交易时,对方支付现金价值和易货价值[①]差额 $\frac{1}{2}$ 的现金,可使双方对等,问这时羊毛的易货价值是多少。

解答如下:因为羊毛商在与布商易货交易时期望布商支付(现金价值和易货价

[①] 原文对于 $\frac{1}{2}$ 的定义不明确,根据后文在此处增加定语。——译者注。

值)差额 $\frac{1}{2}$ 的现金,已知该差额为 4 与 5 之间的差,为 1,这样支付给羊毛商 $\frac{1}{2}$。现在来计算易货投入的账目:取差额 1 的 $\frac{1}{2}$,加到现金价值 4 上,得 $4\frac{1}{2}$,而其易货价值为 5。问:如果 $4\frac{1}{2}$ 对应 5,那么每百磅羊毛的现金价值为 10,其对应多少易货价值? 10 乘以 5,就是 50,除以 $4\frac{1}{2}$,得 $11\frac{1}{9}$ 弗罗林,这就是羊毛的交换价值,依此类推。

【例 3-32】 两人进行易货贸易。一种货物是羊毛,每百磅的现金价值为 20,易货价值为 25,期望 $\frac{1}{4}$ 现金交易。另外的商品是两种布料,一种布料现金价值为 4,易货价值为 5,另一种布料的现金价值为 12,问易货交易中两种布料数量相同时,价值为 12 的布料,其易货价值是多少。

解答如下: 先减去期望现金交易的部分,即 25 的 $\frac{1}{4}$,为 $6\frac{1}{4}$,将其从 25 中减去,剩余 $18\frac{3}{4}$,将其也从现金价值 20 中减去,剩余 $13\frac{3}{4}$。现在求解,取 2 匹布,每一种 1 匹,一匹易货价值为 5,另一匹现金价值为 12,加总为 17①,将这 2 匹布合并算作 1 匹,现在问:如果 $13\frac{3}{4}$ 对应 $18\frac{3}{4}$,那么 17 对应多少? 用 17 乘以 $18\frac{3}{4}$,再除以 $13\frac{3}{4}$,就会得到 $23\frac{2}{11}$,这是两种布的易货价值。已知其中一种的易货价值是 5,所以从 $23\frac{2}{11}$ 中减 5,就会得 $18\frac{2}{11}$,这就是现金价值为 12 的布料的易货价值。如此可以处理类似问题。

【例 3-33】 两人进行羊毛和布易货贸易。每百磅羊毛的现金价值 24 里拉,易货价值为 30 里拉,期望 $\frac{1}{3}$ 现金交易,另外的商品是两种布料,一种布料每匹的现金价值为 8 里拉,另一种布料每匹的现金价值为 11 里拉,两种布料易货交易数量一致,问每种布料的易货价值是多少。

解答如下: 将两种布料每匹的现金价值相加,也就是 8 和 11 相加等于 19 里拉,将这 2 匹布料合并算作 1 种,然后将期望现金交易的部分扣除,即将 30 的 $\frac{1}{3}$ 从 30 中

---

① 应为两种布料的现金价值相加,即 4 加 12 等于 16,此处用易货价值加现金价值有误,使用 16 的合计现金价值计算,现金价值为 12 的布料易货价值为 $16\frac{2}{11}$。——译者注

减去,得 20 里拉,也从现金价值 24 中减去,得 14 里拉,现在问:如果 14 里拉对应 20 里拉,那么 19 里拉对应多少?用 19 里拉乘以 20 里拉,为 380 里拉,再除以 14 里拉,得 $27\frac{1}{7}$ 里拉,这就是 2 匹布的易货价值。

现在,来求解每种布料的易货价值,已知其中 1 种布料的现金价值为 8 里拉,问:如果 19 里拉对应 $27\frac{1}{7}$ 里拉,那么 8 里拉对应多少?用 $27\frac{1}{7}$ 里拉乘以 8 里拉,除以 19 里拉,得 $11\frac{57}{133}$ 里拉,这就是现金价值为 8 的布料的易货价值,同样也可以求解现金价值为 11 里拉的布料的易货价值。如果 19 里拉对应 $27\frac{1}{7}$ 里拉,那么 11 里拉对应多少?将 $11\frac{57}{133}$ 里拉从 $27\frac{1}{7}$ 里拉中减去,剩余 $15\frac{95}{133}$ 里拉,这就是现金价值为 11 里拉的布料的易货价值,依此类推。

【例 3-34】 两人进行易货贸易。一种货物是羊毛,另外的货物是胡椒和生姜,每百磅胡椒的现金价值为 30 弗罗林,易货价值为 35 弗罗林,生姜的现金价值和易货价值分别是 27 弗罗林和 33 弗罗林,每百磅羊毛的现金价值为 10 弗罗林,问易货交易中期望 $\frac{1}{2}$ 生姜和 $\frac{1}{2}$ 胡椒且在 10% 投资回报率的情况下,羊毛的易货价值是多少。

解答如下: 先来计算在 10% 投资回报率的情况下,投资 10 会对应得到多少,可发现每投资 10 将得到 11(本利之和),这样每百磅羊毛将是 11 弗罗林,因为期望交易中有 $\frac{1}{2}$ 生姜和 $\frac{1}{2}$ 胡椒,假设胡椒和生姜各 100 磅,两者金额相等,将 11 分成两半,每部分为 $5\frac{1}{2}$。现在从胡椒开始计算,问:如果 30 弗罗林对应 35,那么 $5\frac{1}{2}$ 对应多少?用 $5\frac{1}{2}$ 乘以 35,就是 $192\frac{1}{2}$,再除以 30,得 $6\frac{5}{12}$,这就是百磅羊毛的一半作为其中一部分的价值;现在计算另一种货物生姜的情况,问:如果 27 对应于 33,如何计算 $5\frac{1}{2}$ 的对应价值,即百磅羊毛另一半的价值?用 33 乘以 $5\frac{1}{2}$,为 $181\frac{1}{2}$,再除以 27,得 $6\frac{39}{54}$,这是每百磅羊毛的另一半相对于生姜的易货价值。

已知,半百磅羊毛对应胡椒和生姜的易货价值,分别为 $6\frac{5}{12}$ 和 $6\frac{39}{54}$,将两者加总,得 $13\frac{15}{108}$,这就是每百磅羊毛的易货交易价值。如果期望易货交易中 $\frac{1}{2}$ 生姜和 $\frac{1}{2}$ 胡椒,则将两者的现金价值 27 和 30 加总,得到 57,取其 $\frac{1}{2}$,为 $28\frac{1}{2}$,然后加总易货价值 33 和 35,得 68,也取其 $\frac{1}{2}$,为 34。问:如果 $28\frac{1}{2}$ 对应 34,那么 11 对应多少?用 11 乘以 34,得 374,除以 $28\frac{1}{2}$,得 $13\frac{7}{57}$,这是投入羊毛的数量,即做到投百赚 10,解毕。

【例 3-35】 两人进行羊毛和其他 3 种货物的易货贸易。胡椒,现金价值 24 弗罗林,易货价值 28 弗罗林;肉桂,现金价值 45 弗罗林,易货价值 53 弗罗林;康乃馨,现金价值 34 弗罗林,易货价值 40 弗罗林,每百磅羊毛的现金价值 12 弗罗林,问易货交易中期望 $\frac{1}{2}$ 胡椒、$\frac{1}{3}$ 肉桂和 $\frac{1}{4}$ 康乃馨,羊毛的易货价值是多少才可使价值对等。

解答如下:先将 12 弗罗林羊毛按 $\frac{1}{2}$、$\frac{1}{3}$ 和 $\frac{1}{4}$ 进行分割。$\frac{1}{2}$ 是 6,$\frac{1}{3}$ 是 4,$\frac{1}{4}$ 是 3,加总后得 13。分割的是 12,但实际分割的是 13[①]。

问:如果对应的 13 是 12,那么 6 对应的是什么,4 对应的是什么,3 对应的又是什么?这样 6 对应的是 $5\frac{7}{12}$,4 对应的是 $3\frac{9}{13}$,3 对应的是 $2\frac{10}{13}$。

问:用 $5\frac{7}{13}$ 弗罗林的胡椒交易 $\frac{1}{2}$,用 $3\frac{9}{13}$ 弗罗林的肉桂交易 $\frac{1}{3}$,用 $2\frac{10}{13}$ 弗罗林的康乃馨交易 $\frac{1}{4}$,问每百磅羊毛的易货价值是多少。

再问:如果胡椒现金价值是 24,对应易货价值是 28,那么 $5\frac{7}{13}$ 对应多少?用 $5\frac{7}{13}$ 乘以 28,然后除以 24,得 $6\frac{18}{39}$,这就是计算所得与胡椒易货交易的价值。现在计算肉桂,问:如果 45 对应的是 53,那么 $3\frac{9}{13}$ 对应的是多少?$3\frac{9}{13}$ 乘以 53,除以 45,得 $4\frac{68}{195}$,这个与前述结果一起保留在此。再计算康乃馨,同样问:如果 34 对应的是 40,那么 $2\frac{10}{13}$ 对应的是多少?用 40 乘以 $2\frac{10}{13}$,除以 34,得 $3\frac{57}{221}$,这就是三种货物的结果,即胡椒、肉桂和康乃馨,加总共为 $14\frac{4\,043}{43\,095}$[②],这就是与现金价值 12 弗罗林的 100 磅

---

① 指三者相加总数为 13。——译者注。
② 此结果计算有误,应为 $14\frac{2\,938}{43\,095}$。——译者注。

羊毛易货交换的价值,依此类推。

【例 3-36】 两人进行易货贸易。每匹布的现金价值未知,易货价值为现金价值加 1 弗罗林,另一货物羊毛,每百磅的现金价值为 10 弗罗林,易货价值为 12 弗罗林,可以发现布商可赚得比他投入资本多 1.5 倍的钱,问其资本额是多少。

解答如下: 我们可以假设其投入的资本是 4 弗罗林①,那么布商必须得到 6 弗罗林。现在按此假设条件来进行计算,每百磅羊毛的现金价值 10 弗罗林,易货价值 12 弗罗林,每匹布的现金价值 4 弗罗林,易货价值 5 弗罗林,问哪种货物易货交易更好,每百现金价值是多少。

现在让我们假设,易货交易 25 匹布,现金价值 100 弗罗林,期望与羊毛易货,其价值 125 弗罗林。计算 125 弗罗林可易货交易多少羊毛,羊毛每百磅的易货价值为 12 弗罗林,因此为 $1\,041\frac{2}{3}$ 磅,也就是 $10\frac{5}{12}$ 百磅。现在计算其现金价值,因为已知每百磅羊毛的现金价值为 10 弗罗林,$10\frac{5}{12}$ 百磅价值 $104\frac{1}{6}$ 弗罗林。假设每匹布价值 4,期望最终赚得 6,即其资本 4 的 1.5 倍,而目前的差额是 $104\frac{1}{6}$ 与 106 之间的差,即 $1\frac{5}{6}$,因此可知,对于(所假设的)投入资本 4,其所赚尚缺 $1\frac{5}{6}$②。

再假设另一个条件,假定每匹布的现金价值为 5 弗罗林,易货价值 6 弗罗林;每百磅羊毛的现金价值为 10 弗罗林,易货价值为 12 弗罗林。现在来计算,因为布商要赚取资本的 $1\frac{1}{2}$ 倍,所以需要从布的易货交易中赚 $7\frac{1}{2}$③,假设他交易了 20 匹布,其易货价值 120 弗罗林和现金价值 100 弗罗林。计算羊毛的交易金额,每百磅羊毛的易货价值为 12 弗罗林,即将交易得 10 百磅羊毛,每百磅羊毛的现金价值为 10 弗罗林,因此价值 100 弗罗林,那么会发现布商既没有收益也没有损失,但题设期望布商在易货交易中赚取 $7\frac{1}{2}$。

问:对于投入的 5,与需要赚取的利润之间差额是 $7\frac{1}{2}$,现在来计算两种投入应赚与实赚的两个差额之间的差额,即 $7\frac{1}{2}$ 与 $1\frac{5}{6}$ 之间的差额,为 $5\frac{2}{3}$,这是除数,现在

---

① 这里的投入资本实质上就是指每匹布的现金价值。——译者注
② 因为此处采用的解答方法是假设其投入的资本量,然后再来计算其所赚,所以会出现超额或缺额,结合下文,再假设一个数,利用类似插值法的方式来求解,参见本书第九部分所述利用假设条件估算的方法。——译者注
③ 因为投入资本即每匹布的现金价值是 5 弗罗林,因此应得 $7\frac{1}{2}$ 即投入资本的 1.5 倍。——译者注

交叉相乘，即 5 乘以 $1\frac{5}{6}$，得 $9\frac{1}{6}$，4 乘以 $7\frac{1}{2}$，得 30，从 30 中减 $9\frac{1}{6}$，得 $20\frac{5}{6}$，然后除以 $5\frac{2}{3}$，得 $3\frac{23}{34}$ 弗罗林，这就是每匹布的现金价值，即 $3\frac{23}{34}$[①]。

【例 3-37】 两人进行羊毛和布的易货贸易。每匹布的现金价值为 4 弗罗林，易货价值为 5 弗罗林，每百磅羊毛的现金价值为 10 弗罗林，易货价值为 13 弗罗林，问哪一个需要现金补偿，补偿多少[②]。

解答如下：先计算哪一个货物应该被补偿，计算两种货物在同样现金价值的情况下哪一个货物的易货价值更高，问：如果布现金价值为 4 弗罗林，易货价值为 5 弗罗林，那么现金价值为 10 弗罗林的羊毛，其易货价值应该是多少？10 乘以 5，得 50，除以 4，为 $12\frac{1}{3}$，这就是每百磅羊毛在与布价值对等的情况下的易货价值。很明显，羊毛比布的易货价值更高，差额是 $12\frac{1}{2}$ 到 13，所以，布在交易中必须给予现金补偿。

现在来计算补偿的现金金额。求解：计算每匹布在易货交易中的价值差额，即从 4 到 5，差额是 1 弗罗林；用易货价值 5 弗罗林除以 4 和 5 之间的差额即 1，得 5。现在对羊毛以同样方式处理，看其现金价值与易货价值相差多少，即从 10 到 13 弗罗林，差额为 3 弗罗林；现在按上面的方法做：用易货价值 13 除以 10 与 13 的差额即 3，得 $4\frac{1}{3}$。

已知两者的相对差额，布是 5，而羊毛是 $4\frac{1}{3}$。你应知道这些差额中较大的部分总是要用现金来偿还。现在计算偿还现金的金额，总是用较小的部分除以较大的部分，所以用 $4\frac{1}{3}$ 除以 5，得 $\frac{13}{15}$，这是羊毛的相对差额占布的相对差额的份额，其剩余份额，即 $\frac{2}{15}$，也是羊毛商必须补偿的现金份额。

---

① 原稿页面的左边空白处有如下计算过程：

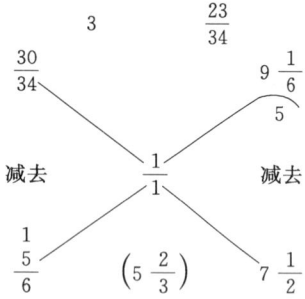

② 在原稿页面的右边空白处有如下说明：参见原稿第 77 页的 [例 40]，指本书第 98 页 [例 3-40]。——译者注。

验算。两人进行羊毛和布的易货交易。每匹布现金价值4弗罗林，易货价值5弗罗林，期望交易由$\frac{2}{15}$的现金和$\frac{13}{15}$的羊毛构成，羊毛现金价值10弗罗林，易货价值13弗罗林，问哪种货物在易货交易中更好。

现在计算15匹布的易货交易，每匹布的易货价值为5弗罗林，15匹布易货价值为75弗罗林，其中$\frac{2}{15}$以现金支付，也就是10弗罗林，剩下的65弗罗林，以每百磅易货价值13弗罗林的羊毛来交换。现在计算是多少羊毛。问：如果100磅羊毛对应13弗罗林，那么65弗罗林对应多少磅羊毛？求得结果为500磅。现在计算500磅羊毛的现金价值，已知其现金价值为每百磅10弗罗林，所以总共价值为50弗罗林，以及前述10弗罗林现金。因此布商收到羊毛和现金总价值60弗罗林。已知，为了这60弗罗林，布商付出15匹布，已知每匹布现金价值为4弗罗林，这样布商付出价值60弗罗林的布，可发现两者价值对等，因此我们上面的求解无误。

【例3-38】 两人进行羊毛和布的易货贸易。每百磅羊毛的现金价值为24里拉，易货价值为32里拉，每匹布的现金价值为3里拉，易货价值为$5\frac{1}{4}$里拉，两者对等易货，问哪一个需要现金补偿，补偿多少。

解答如下：先看哪一个需要被补偿，问：羊毛现金价值为24里拉，易货价值为32里拉，那么布的现金价值3里拉对应多少，更简洁的问法：如果对布而言是3对应$5\frac{1}{4}$，那么30对应多少？用$5\frac{1}{4}$乘以30，再除以3，就可以得到$52\frac{1}{2}$，故羊毛商必须得到现金补偿。现在，要想知道补偿多少，如前述解答方法：将一个价值金额放在另一个价值金额下面①，然后交叉相乘：即3乘以32，以及24乘以$5\frac{1}{4}$，然后计算两者的差额（一个乘积是96，一个是126），为30。现在用30除以布的价值差额，即布的现金价值与易货价值的差额，即3与$5\frac{1}{4}$的差额，为$2\frac{1}{4}$，用30除以$2\frac{1}{4}$，得$13\frac{1}{3}$，现在

---

① 在原稿页面的右边空白处有如下计算过程：

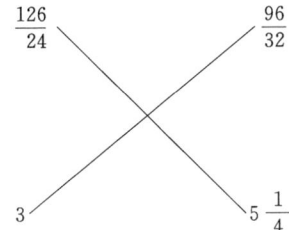

计算 $13\frac{1}{3}$ 占羊毛易货价值 32 的份额,即用 $13\frac{1}{3}$ 除以 32,得 $\frac{5}{12}$,这个份额必须用现金支付,其余的用布易货交换,即 $\frac{7}{12}$ 的交易以布易货进行。

【例 3-39】 两人面对面进行易货交易。一种货物为肉桂,每百(磅)价值 20 杜卡迪;另一种为生姜,每百(磅)价值 16 杜卡迪。问 3 469 里拉的肉桂能换得多少生姜。

解答如下: 参照前述在案例中运用的易货贸易规则①,对于解决易货贸易的任何问题均非常有用。把 100 肉桂数量及其价值金额放在下面②,100 生姜数量及其价值金额放在上面,然后用生姜的货币价值乘以肉桂的数量 100,将乘积放在右边;20 乘以 100 得 2 000,16 乘以 100 得到 1 600。已知,2 000 成为生姜对应的数量,1 600 成为肉桂对应的数量,用 1 600 肉桂以每百 20 杜卡迪的价值与用 2 000 磅生姜以每百(磅)16 杜卡迪的价值进行易货交换,其价值对等,因为两者的价值均为 320 杜卡迪,是相同的,可以通过计算来验证。现在可知 3 469 肉桂能够交换多少生姜。问:如果 1 600 肉桂对应 2 000 的生姜,那么 3 469 肉桂能交换多少生姜?按照规则乘除,将很容易得到结果。

现在教你如同前文展示的那样,求解交换中的现金比例。针对这些情况总结的规则,来源于世界上所有解决类似问题的规则。

【例 3-40】 两人进行羊毛和布的易货交易。每匹布的现金价值为 8 里拉,易货价值为 11 里拉,期望 $\frac{1}{3}$ 的现金交易,每百磅羊毛的现金价值为 14 里拉,易货价值为 16 里拉,问羊毛商的交易中,多少比例现金和多少比例羊毛,可使两者易货对等③。

解答如下: 先从两者中减去现金交易部分,11 的 $\frac{1}{3}$ 是 $3\frac{2}{3}$,将其从 11 中减去,余 $7\frac{1}{3}$,从 8 中减去,余 $4\frac{1}{3}$。现在问:如果 $4\frac{1}{3}$ 对应 $7\frac{1}{3}$,同时 14 对应 16,羊毛商应该向布商要求多少现金交易?这样求解:假设要求 1co 的现金,从易货价值 16 中减去,即 16 减 1co;也从现金价值 14 中减去,为 14 减 1co,然后根据三数法则问:如果 14 减 1co 对应 16 减 1co,那么 $4\frac{1}{3}$ 对应多少?现在用 $4\frac{1}{3}$ 乘以(16－1co),为 $69\frac{1}{3}$ 减去 $4\frac{1}{3}$co,然

---

① 在原稿页面的右边空白处呈现如下处理:

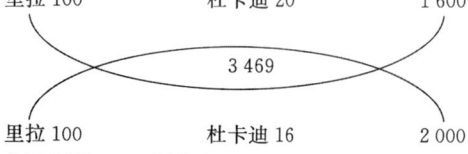

② 参见上图。——译者注。
③ 在原稿页面的右边空白处有如下说明:参见前面第 75 页中的[例 37]及随后的案例,指本书第 96 页[例 3-37]。——译者注。

后用易货价值 $7\frac{1}{3}$ 乘以 $(14-1\mathrm{co})$，为 $102\frac{2}{3}$ 减去 $7\frac{1}{3}\mathrm{co}$，将各部分相加，得到等式：$3\mathrm{co}$ 等于 $33\frac{1}{3}$，除以系数，得 $11\frac{1}{9}$，然后用 $11\frac{1}{9}$ 除以羊毛的易货价值 16，为 $\frac{25}{36}$，这就是现金交易份额。所以可知，羊毛商要求 $\frac{25}{36}$ 的现金和 $\frac{11}{36}$ 的布，可使易货交易对等。解毕。

【例 3-41】 两人进行羊毛和布的易货交易。每匹布的现金价值是 5 里拉，易货价值为 8 里拉，期望 $\frac{1}{4}$ 现金交易，每百磅羊毛的现金价值为 13 里拉，易货价值为 15 里拉；羊毛易货交易的投资回报率是 5%，问要求多少现金交易比例可与易货交易价值对等。

解答如下： 先从两者中减去期望现金交易的部分 8 的 $\frac{1}{4}$ 是 2，将其从 8 中减去得 6，从 5 中减去得 3；因为已知羊毛商的投资回报率为 5%，所以易货 100 单位的布用 6 乘以 100 再除以现金价值，即除以 3，得 200，因为羊毛商每百赚 5，将 5 加上 200，得 205。这样，每 100 现金价值对应 205 易货价值，因为题问羊毛商要求的现金交易份额，解答如下：假设羊毛商要求现金交易 $1\mathrm{co}$，从羊毛的易货价值中减去 $1\mathrm{co}$，得 15 减 $1\mathrm{co}$，再从现金价值 13 中减去，剩余 13 减 $1\mathrm{co}$，然后用 $(13-1\mathrm{co})$ 乘以 205 的交易价值，为 2 665 减 $205\mathrm{co}$，然后用 $(15-1\mathrm{co})$ 乘以 100 的现金价值，为 1 500 减 $100\mathrm{co}$，其应该等于 2 665 减 $205\mathrm{co}$。移项，最后得到等式：1 165 等于 $105\mathrm{co}$，用 1 165 除以 105，得 $11\frac{2}{21}$，然后用其除以羊毛的易货价值 15，得 $\frac{233}{315}$，这就是使易货对等的交易中要求布的比例，因此现金比例为 1 减 $\frac{233}{315}$。

验算。取易货价值为 15 的 $\frac{233}{315}$，得 $11\frac{2}{21}$，从 15 中减去，得 $3\frac{19}{21}$，从 13 中减去，得 $1\frac{19}{21}$。现在问：如果 $1\frac{19}{21}$ 对应 $3\frac{19}{21}$，那么 5 对应多少。同问：如果 $1\frac{19}{21}$ 对应 $3\frac{19}{21}$，那么 100 对应多少？用 $3\frac{19}{21}$ 乘以 100，除以 $1\frac{19}{21}$，得 205，证毕。

【例 3-42】 两人进行易货交易。一种货物是铁，每百磅的现金价值为 6 里拉，易货价值为 7 里拉，交货期限为 4 个月；另一种货物是皮革，现金价值为 8 索尔迪，易货价值为 9；问皮革多长期限交货才能使其与铁对等易货①。

解答如下： 已知每百磅铁的现金价值为 6 里拉，易货价值为 7 里拉，期限 4 个月，

---

① 遵循由易到难的教学逻辑，帕乔利在此第一次引入了易货交易的交割期限因素，而他所使用的解答思路与资本利息的思路是完全一致的，即将货物的现金价值看作是初始资本，经过时间期限后的易货价值看作是到期本金与利息，利息为初始投入资本所赚。——译者注。

按常理①，皮革现金价值为 8 里拉，易货价值应该为 $9\frac{1}{3}$ 里拉，即用 7 乘以 8，得 56，用 56 除以 6，得 $9\frac{1}{3}$ 里拉，这是由这一规则产生的结果。若现金价值 6 里拉对应易货价值 7 里拉，那么 8 索尔迪对应的易货价值是多少？如前所述，6 里拉对应 7 里拉等同于 6 索尔迪对应 7 索尔迪，8 就应对应 $9\frac{1}{3}$。而这多投入的 $1\frac{1}{3}$②和 4 个月的期限（也是对应关系）③，用 4 个月除以 $1\frac{1}{3}$，得到 3，这就是皮革与铁相对应的期限数量，若想验证，可以计算交易中铁的期限所对应的里拉数，然后再看看 6 里拉在 3 个月期限所"赚得"④的里拉数，以及 8 索尔迪即 $\frac{2}{5}$ 里拉⑤的收益⑥账目，8 索尔迪将赚得 1 索尔迪。

假设皮革的交货期限是 1co 个月，为计算相应账目，先看交易中铁的期限和对应的里拉数；已知期限为 4 个月，其现金价值为 6 里拉，投入的易货价值是 7 里拉，因此 6 里拉现金价值在 4 个月赚得 1 里拉。现在来计算期限中，每月所投入的里拉能赚多少：用 1 里拉除以投入的 6 里拉，得 $\frac{1}{6}$ 里拉，这就是 1 里拉在 4 个月时间里能赚到的；现在对于 1 个月来说，用 $\frac{1}{6}$ 里拉除以 4 个月，得 $\frac{1}{24}$ 里拉，这就是每里拉每个月所赚到的里拉数。

问：若一个月赚 $\frac{1}{24}$ 里拉，那么 1co 个月能赚多少？用 1co 乘以 $\frac{1}{24}$，再除以 1，得 $\frac{1}{24}$co，这就是交易中的铁在 1co 的时间里，赚到的里拉数量；现在来计算 8 索尔迪的收益账目，即 $\frac{2}{5}$ 的里拉，如果一个期限内有里拉，而另一个是索尔迪等（货币单位），我们必须保持以里拉为单位的等式，否则会陷入麻烦。问：若 1 里拉带来 $\frac{1}{24}$co 的收益，那么 $\frac{2}{5}$ 里拉会带来多少收益？用 $\frac{2}{5}$ 乘以 $\frac{1}{24}$co，再除以 1，将赚 $\frac{2}{120}$co，也就是 $\frac{1}{60}$co，这就

---

① 指两者现金价值和易货价值对等的情况。——译者注。
② 即 8 和 $9\frac{1}{3}$ 之间的差额，其对应的是 6 与 7 之间的差额以及相应的期限。——译者注。
③ 即 8 和 $9\frac{1}{3}$ 之间的差额对应于 6 与 7 之间的差额，同时期限也应该是一致的。——译者注。
④ 使用"赚得"一词的原因参见译者上述脚注中对帕乔利引入交割期限后的解答思路的注释。——译者注。
⑤ 索尔迪与里拉之间的兑换关系为 1 里拉兑换 20 索尔迪。——译者注。
⑥ 含义同上文中的"赚得"。——译者注。

是 8 索尔迪所带来的收益,已知赚到的钱是 1 索尔迪,这是 $\frac{1}{20}$ 里拉①,因为已知 8 索尔迪(经过时间期限)对应 9 索尔迪,所以将有等式:$\frac{1}{60}$co 等于 $\frac{1}{20}$ 里拉。用 $\frac{1}{20}$ 除以 $\frac{1}{60}$co,得 3,这就是其期限月数,因为我们假设的期限是 1co 个月,因此得到期限是 3 个月,解毕,证毕。

因为没有求平方根的问题,所以类似账目也可以使用假设条件的方法求解,来解决同样或类似的问题。解答如下:首先看交易中铁每月每里拉所赚的收益,同上,为 $\frac{1}{24}$ 里拉;现在来看皮革每里拉赚得的收益,问:如果 $\frac{2}{5}$ 里拉赚 $\frac{1}{20}$ 里拉,那么 1 里拉赚多少?将得到 $\frac{1}{8}$。现在来计算时间,问:如果铁的交易花费 1 个月时间得 $\frac{1}{24}$ 里拉,那么 $\frac{1}{8}$ 里拉需要花费多长时间?$\frac{1}{8}$ 乘以 1,除以 $\frac{1}{24}$,得 3,这就是期限月的数量,结果同上。

【例 3-43】 两人进行羊毛和布的易货交易。每匹布的现金价值为 8 里拉,易货价值为 9 里拉,期限为 10 个月,每百磅羊毛的现金价值为 30 里拉,易货价值为 32 里拉,问羊毛的交货期限多长才能使两者对等易货。

解答如下:已知羊毛商将会在一定期限后交付货物给布商,因为若(布商)即时收到现金价值 30 里拉(或易货价值 32 里拉的货物),那么他将赚得大把的时间。现在来计算羊毛商的交货期限,这样求解:首先看布商每里拉每月赚得多少里拉,因为已知 10 个月期限 8 里拉能赚 9 里拉,所以 10 个月期限 8 里拉赚 1 里拉。现在来看每月所赚,用 $\frac{1}{8}$ 除以 10,得 $\frac{1}{80}$ 里拉,这就是布商每月每里拉所赚得的数量——如果你想用德纳里衡量,就是 3 德纳里,但最好使用里拉来记录各账目,这样更简单,这个结果先保留于此。

现在为了对等易货,求解羊毛商投入的 30 里拉所对应的交货期限,羊毛商通过易货赚得 2 里拉,而每里拉每月赚 $\frac{1}{80}$ 里拉,为求解这个时间期限,问:如果 1 里拉赚 $\frac{1}{80}$ 里拉,那么 30 里拉将赚多少?其将赚取 $\frac{30}{80}$ 里拉即 $\frac{3}{8}$,这是 30 里拉在 1 个月的时间内所赚得的,因为并没有用时间乘以金钱,所以这两个数字均以 1 个月为时间单位。

---

① 1 索尔迪等于 $\frac{1}{20}$ 里拉。——译者注。

现在问：如果 $\frac{3}{8}$ 里拉的收益来自 1 个月的时间，那么 2 里拉的收益来自多少时间？1 乘以 2，得 2，除以 $\frac{3}{8}$，得 $5\frac{1}{3}$，这就是羊毛商与布商交易的交付时间，即 $5\frac{1}{3}$ 个月，当 $5\frac{1}{3}$ 个月结束时，羊毛商人的 30 里拉按每里拉每月赚 $\frac{1}{80}$ 里拉的收益率，赚得 2 里拉，得解。

另一种方法求解结果亦如此。同上，已知布商每里拉每月赚 $\frac{1}{80}$，然后羊毛商通过 30 里拉现金价值对应 32 里拉易货价值，赚 2 里拉，即每里拉赚得 $\frac{2}{30}$ 也就是 $\frac{1}{15}$ 里拉。现在问：如果赚 $\frac{1}{80}$ 里拉需要 1 个月的时间，那么赚 $\frac{1}{15}$ 里拉需要多长时间？用 $\frac{1}{15}$ 乘以 1，再除以 $\frac{1}{80}$，得 $5\frac{1}{3}$，要等这么多个月才能从与布的交易中拿到羊毛，结果同上。

也许有人会提出异议，称这个交易账目不对等，因为按照布商的现金价值 8 对应易货价值 9，羊毛的交易应该是 30 对应 $33\frac{3}{4}$[①]，但实际是 32 里拉，因此有误。对此问题的回答是：无误。因为其交易账目如下：布商的 8 对应 9，是在 10 个月期限结束时发生的，如果在 $5\frac{1}{3}$ 个月结束时发生，按照上面的做法，每月 $\frac{1}{80}$ 里拉，其 8 将对应 $8\frac{8}{15}$，如此 30 里拉将对应 32 里拉。

如有怀疑，可验证如下。问：如果 8 对应 $8\frac{8}{15}$，30 对应多少？30 乘以 $8\frac{8}{15}$，再除以 8，就是 32，两者交货期限都是 $5\frac{1}{3}$ 个月，则可实现对等易货交易，每里拉多赚的收益相等，均为 $\frac{1}{80}$ 里拉。因此，布商的 9 里拉易货价值，是因为交货期限从 $5\frac{1}{3}$ 个月开始，持续了 10 个月，如果羊毛也按此交货期间，则 30 里拉，将赚 $\frac{3}{4}$ 里拉，即易货价值为 $33\frac{3}{4}$。

还可以这样来求解同样和类似的问题。假设布商每里拉每月赚得 1co 里拉，那

[①] 即 30 乘以 9，除以 8，得到 $33\frac{3}{4}$。——译者注。

么 8 里拉 1 个月赚 8co 里拉。现在问：如果 1 个月赚得 8co，那么 10 个月赚多少？用 10 乘以 8co，得 80co，除以 1，为 80co，而已知其赚 1 里拉，因此 80co 里拉等于 1 里拉，用 1 除以 80，就得 $\frac{1}{80}$ 里拉，这就是假设值，即布商每里拉每月赚 $\frac{1}{80}$ 里拉，结果同上。

现在求解时间期限，问：假设羊毛商交货的时间期限为 1co 个月；从前述已知，每里拉每月赚 $\frac{1}{80}$ 里拉。问：若 1 里拉赚 $\frac{1}{80}$ 里拉，30 里拉将赚多少？用 $\frac{1}{80}$ 乘以 30，得 $\frac{30}{80}$，即 $\frac{3}{8}$ 里拉，这就是 30 里拉在 1 个月期限中所赚到的收益。

现在对于时间期限这样来问：如果 1 个月赚 $\frac{3}{8}$ 里拉，那么 1co 会赚多少？用 $\frac{3}{8}$ 乘以 1co，得 $\frac{3}{8}$co，而已知羊毛商赚得 2 里拉，因此有等式：$\frac{3}{8}$co 等于 2；用 2 除以 $\frac{3}{8}$，得 $5\frac{1}{3}$，这就是羊毛商交货期限的月的数量，解毕。确保牢记在这里演示的方法，因为它们在易货贸易上最有用处，我将在此处继续展示。

【例 3-44】 两人进行羊毛和布的易货交易。每匹布的现金价值为 10 里拉，易货价值为 11 里拉，交货期限为 12 个月，每百磅羊毛的现金价值为 36 里拉，当羊毛交货期限为 8 个月时，两者对等易货，问羊毛的易货价值是多少。

解答如下：先计算布商每里拉每个月赚多少，已知 12 个月的期限 10 里拉赚取 1 里拉，因为其易货价值是 11 里拉，然后用 1 里拉除以 10，为 $\frac{1}{10}$，这是 1 里拉在 12 个月期限所赚到的收益。现在求解每月所赚取的收益：用 $\frac{1}{10}$ 里拉除以 12，为 $\frac{1}{120}$ 里拉，这就是每里拉每月所赚得的收益。接下来计算 36 里拉的羊毛所赚：每里拉每月赚得 $\frac{1}{120}$ 里拉，那么 36 里拉所赚为 $\frac{36}{120}$，即 $\frac{3}{10}$ 里拉，为 36 里拉羊毛在 1 个月期限所赚的收益。现在看 8 个月期限会赚多少钱，将为 $\frac{288}{120}$ 里拉，也就是 $2\frac{2}{5}$ 里拉，即 2 里拉 8 索尔迪；现在把这 2 里拉 8 索尔迪加上 36 里拉，得 38 里拉 8 索尔迪，即为 8 个月交货期限的每百磅羊毛的易货价值，两种货物每里拉所赚得的收益相等，解毕。

可能有人会提出异议，称这个交易账目不对等，因为按照布商的现金价值 10 对应易货价值 11，羊毛的交易应该是 36 对应 $39\frac{3}{5}$，即 39 里拉 12 索尔迪，而不是 38 里拉 8 索尔迪。对此的回答是并非如此，如果其交货期限是 12 个月，那么对应的易货

价值是 $39\frac{3}{5}$,但如果布商以 8 个月为期限交货,则现金价值 10 应该对应 $10\frac{2}{3}$,与此对应,羊毛的现金价值 36 对应的易货价值为 $38\frac{2}{5}$ 里拉,即 38 里拉 8 索尔迪,因此无误。如果遇到这样的问题,同上处理,简单求解即可。

【例 3-45】 两人进行羊毛和布的易货交易。每匹布的现金价值为 $4\frac{1}{2}$ 弗罗林,易货价值为 6 弗罗林,交货期限为 8 个月,每百磅羊毛的易货价值为 15 弗罗林,当交货期限为 10 个月时,两者对等易货,问每百磅羊毛的现金价值是多少。

解答如下: 先计算两者期限的差异,可以发现羊毛交货期限较布长 2 个月,将第一种货物即布的交货期限从羊毛交货期限中减去,即从 10 个月中减 8 个月,剩余 2 个月,这就是两者的差异,这两个月占布的交货期限 8 个月的份额为 $\frac{1}{4}$。进而将每匹布的现金价值 $4\frac{1}{2}$ 弗罗林从易货价值 6 弗罗林中减去,得到的差额为 $1\frac{1}{2}$,取这个差额的 $\frac{1}{4}$,得 $\frac{3}{8}$,与布的易货价值 6 弗罗林相加,为 $6\frac{3}{8}$,这就是每匹布的易货价值。现在问:如果易货价值 $6\frac{3}{8}$ 对应现金价值 $4\frac{1}{2}$ 弗罗林,那么 15 弗罗林对应的现金价值多少? 用 15 乘以 $4\frac{1}{2}$,得 $67\frac{1}{2}$,然后除以 $6\frac{3}{8}$ 里拉,得 $10\frac{10}{17}$ 弗罗林,这就是每百磅羊毛的现金价值。

【例 3-46】 两人进行羊毛和布的易货交易。每匹布的现金价值为 3 弗罗林,易货价值为 4 弗罗林,交货期限为 12 个月,每百磅羊毛的易货价值为 15 弗罗林,当交货期限为 6 个月时,两者对等易货,问每百磅羊毛的现金价值是多少。

解答如下: 先计算布和羊毛两种货物时间期限的差异,这里将采用与前述相反的方法,先计算 12 个月与 6 个月的差额,从更长的期限中减较短的期限,即从 12 减 6,得 6。前述方法是必须要求得差额 6 个月,占时间期限 6 个月的份额,其为 1,亦即上述取差额期限占(较短期限)6 个月的份额。已知布的现金价值 3,易货价值为 4,两者差额为 1,然后取这个差额的 $\frac{1}{1}$,得 1,将这个 1 与布的易货价值 4 相加,得 5,这样就可以遵循前面易货贸易的规则来求解。但是在本案例及类似的易货贸易中,布的时间期限长于羊毛,因此应该按照相反的方法来求解,即从 12 中减 6,余 6,6 占 12 的份额为 $\frac{1}{2}$,然后从 4 中减 $\frac{1}{2}$,余 $3\frac{1}{2}$,这是布的易货价值,现在问:如果 $3\frac{1}{2}$ 来自现金价值 3，那么 15 将来自多少现金价值？用 15 乘以 3，得 45，除以 $3\frac{1}{2}$，得 $12\frac{6}{7}$，这就是每百磅羊毛的现金价值，解毕。

【例 3-47】 两人进行易货贸易。一种货物是羊毛，另一种货物是布。每匹布的现金价值为 10 弗罗林，易货价值为 13 弗罗林，时间期限为 12 个月，每百磅羊毛的易货价值为 50 里拉，时间期限为 15 个月，问每百磅羊毛的现金价值是多少。

解答如下：这里将采用一种简单的方法求解。先求解布商每里拉每个月的收益是多少，已知 10 弗罗林在 12 个月的期限对应的是 13，因此 10 里拉在 12 个月期限赚得 3 里拉；求每里拉所赚，用 3 除以 10，得 $\frac{3}{10}$，这就是每里拉在 12 个月期限赚得的收益，其为 6 索尔迪①。现在计算每个月所赚收益：用 6 索尔迪除以 12 个月，得 $\frac{6}{12}$ 索尔迪，即 6 德纳里②。现在计算 50 里拉赚取的收益，按每月每里拉 6 德纳里计算，15 个月将有 90 德纳里，即 7 索尔迪 6 德纳里。接下来计算 7 索尔迪 6 德纳里占 1 里拉的份额，为 1 里拉的 $\frac{3}{8}$，因此可知 1 里拉赚得 $\frac{3}{8}$，1 里拉对应易货价值 $1\frac{3}{8}$。现在问：若 $1\frac{3}{8}$ 来自 1 里拉，那么 50 里拉来自多少现金价值？用 50 乘以 1 再除以 $1\frac{3}{8}$，得到同样的结果，但方法更佳，结论就是，每百磅羊毛的现金价值为 $36\frac{4}{11}$ 里拉。

两人进行羊毛和布的易货贸易。每匹布的现金价值为 9 里拉，易货价值为 12 里拉，期限为 6 个月，每百磅羊毛的现金价值为 40 里拉，易货价值为 52 里拉，两者对等易货。如上同解，这个问题与前述问题类似，但是在题目中给出了易货价值。

【例 3-48】 两人进行易货贸易。一种货物是羊毛，另一种货物是布。每匹布的现金价值为 9 里拉，易货价值为 12 里拉，期限为 6 个月，每百磅羊毛的现金价值为 40 里拉，易货价值为 52 里拉。问羊毛的交货期限是多长以使其与布对等易货。

解答如下：按照展示的方法处理上述问题，通过布商的每里拉每月的收益来求解时间期限。羊毛商的每里拉收益与布商是一样的，求解期限需要看多长时间使 40 里拉对应 52 里拉，如此可解。

【例 3-49】 两人进行羊毛和布的易货贸易。每百磅羊毛的现金价值为 20 里拉，易货价值为 30 里拉，并期望 $\frac{1}{2}$ 现金交易，期限为 16 个月。每匹布的现金价值为 8 里

---

① 因为每里拉价值 20 索尔迪。——译者注。
② 因为每索尔迪价值 12 德纳里。——译者注。

拉,易货价值为10,易货对等,问每里拉每月收益是多少?

解答如下:假设双方以300磅羊毛进行易货交换,按每百磅30里拉计算,共90里拉,在这笔钱中,期望$\frac{1}{2}$现金,即45里拉的现金,期限为16个月,另$\frac{1}{2}$是布,也是45里拉,已知每匹布易货价值为10里拉。现在求解45里拉需要用多少匹布交换,为$4\frac{1}{2}$匹布,又已知每匹布的现金价值为8里拉,因此这些布价值36里拉现金,然后布商将在16个月后支付45里拉现金。

现在求解300磅羊毛,其每百磅的现金价值为20里拉,总共价值60里拉,也可以说,布商从羊毛商那里收到现金价值60里拉的羊毛,必须给羊毛商相当于现金价值60里拉的布和现金。我们知道$4\frac{1}{2}$匹布现金价值为36里拉,尚缺现金24里拉,布商必须支付才能对等易货,又已知45里拉将在16个月后支付。

因此我们可以认为24里拉对应16个月期限的45里拉,现在来求解每里拉每个月的收益,要知道24里拉16个月期限,赚得21里拉[①],因此用21除以24,得$\frac{7}{8}$里拉,即为每里拉在16个月所赚的收益。计算每个月的收益:用$\frac{7}{8}$除以16得$\frac{7}{128}$里拉,就是每里拉每月所赚的收益,等值于1索尔迪$1\frac{1}{8}$德纳里,即每里拉每月收益为$13\frac{1}{8}$德纳里,解毕。

【例3-50】 两人以这样的方式进行羊毛和布的易货贸易。每匹布的现金价值为4弗罗林,易货价值为5弗罗林,每百磅羊毛的现金价值为10弗罗林,易货价值为13弗罗林。布商对羊毛商说:我期望你等我1年,给我现金和羊毛,希望现金部分有10%的回报,剩余部分羊毛易货,每年如此,问:该交易中羊毛和现金比例各是多少,布商才可以获取10%的回报?

解答如下:先计算每匹布在投资回报率为10%的情况下的价值,因此问:如果投100得到110,那么投4赚得多少?应为$4\frac{2}{5}$,这是每匹布的现金价值,易货价值则为5,每百磅羊毛的现金价值为10,易货价值为13,那么布商(易货和现金)交易的份额是多少?

先计算$4\frac{2}{5}$和布的易货价值5的差额,为$\frac{3}{5}$,然后用5除以$\frac{3}{5}$,得$8\frac{1}{3}$,先保留于

---

① 即45里拉减去24里拉。——译者注。

此。计算羊毛现金价值为 10 弗罗林,易货价值为 13 弗罗林,10 与 13 的差额为 3,用 13 除以 3,得 $4\frac{1}{3}$,现在用较小数除以较大数,即 $4\frac{1}{3}$ 除以 $8\frac{1}{3}$,得 $\frac{13}{25}$,这就是布商从羊毛商那里要收到的,即易货贸易份额为 $\frac{13}{25}$,以及现金份额为 $\frac{12}{25}$,布商有 10% 的回报,解毕。

同样验证。两人进行羊毛和布的易货贸易。每匹布的现金价值为 4 弗罗林,易货价值为 5 弗罗林,期望 $\frac{12}{25}$ 现金,$\frac{13}{25}$ 与羊毛易货,每百磅羊毛的现金价值为 10 弗罗林,易货价值为 13 弗罗林,问哪个是更好的易货以及回报率是多少。

求解,假设易货 25 匹布,每匹易货价值 5 弗罗林,相当于 125 弗罗林,其中布商要求 $\frac{12}{25}$ 的现金,即 60 弗罗林,其余部分为 65 弗罗林的羊毛,每百磅价值 13 弗罗林,据此可知 65 弗罗林将价值多少百磅羊毛,用 65 除以 13,即 500 磅。

已知,布商收到 60 弗罗林现金和 500 磅羊毛,每百磅羊毛的现金价值为 10 弗罗林,因此,500 磅 50 弗罗林等值,加上 60 弗罗林现金,得 110,为这 110 弗罗林的价值,布商给出 25 匹布,每匹布的现金价值为 4 弗罗林。因此,这 25 匹布的现金价值为 100 弗罗林,如同展示的那样,布商付出 100 弗罗林,收到 110 弗罗林,所以布商的投资回报率是 10%。

【例 3-51】 两人进行羊毛和布的易货贸易。每匹布的现金价值为 5 里拉,易货价值为 8 里拉,期限 10 个月,期望 $\frac{1}{4}$ 现金交易,$\frac{3}{4}$ 羊毛易货,每百磅羊毛的现金价值为 11 里拉,易货价值为 13 里拉,期限为 12 个月,问羊毛商向布商要求多少比例的现金交易可使得易货对等。

解答如下:先扣除两者的现金交易部分,即 8 的 $\frac{1}{4}$ 为 2,从易货价值 8 中减去,余 6,从现金价值 5 中减去,余 3,然后可得布的现金价值 3 对应 10 个月期限的易货价值 6,因此赚得 3。现在计算每里拉每月的收益,先看 3 里拉每月所赚,用 3 除以 10,得 $\frac{3}{10}$ 里拉,这是 3 里拉每月所赚;再看每里拉所赚,用 $\frac{3}{10}$ 里拉除以 3,得 $\frac{1}{10}$ 里拉,即 2 索尔迪,这就是每里拉每月所赚。

现在知道每里拉每月赚得 2 索尔迪,那么 3 里拉 12 个月所赚将是 $3\frac{3}{5}$ 里拉。因此可知 3 里拉现金对应易货价值 $6\frac{3}{5}$ 里拉。遵循这样的收益账目:如果 3 对应 $6\frac{3}{5}$,

那么 11 的对应数一定比 13 多,也就意味着布商必须给羊毛商现金以使易货对等,以此求解这部分的现金份额。假设羊毛商要求布商支付 1co 现金,注意其数量是羊毛商要求布商支付的。

现在将这部分,也就是 1co 现金从两者中减去,从 13 里拉中减去,余 13 减 1co,再将其从现金价值 11 中减去,余 11 减 1co。现在问:如果 11 减 1co 对应 13 减 1co,每匹布的现金价值 3 对应什么?[①] 用(13 − 1co)乘以 3,得 39 减 3co,除以(11 减 1co),得到分数 $\frac{39-3co}{11-1co}$,又已知 3 对应的是 $6\frac{3}{5}$,所以这个分数等于 $6\frac{3}{5}$。去分母,用 $6\frac{3}{5}$ 乘以分母即 11 减去 1co,得 $72\frac{3}{5}$ 减去 $6\frac{3}{5co}$,其等于 39 减去 3co;移项化简,得到等式:$3\frac{3}{5co}$ 等于 $33\frac{3}{5}$,用 $33\frac{3}{5}$ 除以 $3\frac{3}{5}$,得 $9\frac{1}{3}$,这就是假设值。

现在用 $9\frac{1}{3}$ 除以羊毛的易货价值 13,得 $\frac{28}{39}$,这就是羊毛商要求布商支付现金的份额以使易货对等,而根据前述条件,布易货交易份额为 $\frac{11}{39}$,解毕。

【例 3-52】 两人进行羊毛和布的易货贸易。每匹布的现金价值为 6 里拉,易货价值为 10 里拉,期望 $\frac{1}{5}$ 现金交易,剩余部分为羊毛易货,时间期限为 7 个月。每百磅羊毛的现金价值为 12 里拉,易货价值未知,期望 $\frac{1}{3}$ 现金交易,时间期限是 $10\frac{1}{2}$ 个月,问羊毛的易货价值是多少可以使易货对等。

解答如下: 先从两者中扣除现金价值部分:10 的 $\frac{1}{5}$ 是 2,将其从 10 中减去,余 8,从 6 中减去,余 4;可以发现现金价值为 4 对应时间期限后的易货价值为 8,因此可以说 4 里拉在 7 个月时间期限赚得 4 里拉。现在计算每里拉每月收益:用 4 除以 7,得 $\frac{4}{7}$ 里拉,这是 4 里拉在 1 个月的时间期限所赚。进而计算每里拉收益:用 $\frac{4}{7}$ 除以 4,得 $\frac{1}{7}$ 里拉,即 2 索尔迪 $10\frac{2}{7}$ 德纳里,这就是每月每里拉所赚的收益,即 $2\frac{6}{7}$ 索尔迪。

现在求解 4 里拉在 $10\frac{1}{2}$ 个月时间期限的收益账目:先计算一个月所赚,其赚

---

① 在原稿页面的右边空白处有如下计算过程:

$$\frac{11 \text{ 减去 } 1co}{1} \qquad \frac{13 \text{ 减去 } 1co}{1} \qquad \frac{3}{1}$$

$11\frac{3}{7}$ 索尔迪。现在计算 $10\frac{1}{2}$ 个月所赚：用 $10\frac{1}{2}$ 乘以 $11\frac{3}{7}$ 索尔迪，得 6 里拉，加上 4 里拉，得 10。然后问：若 4 德纳里现金价值对应 10 德纳里易货价值，12 德纳里对应多少？这样求解：假设易货价值为 1co，现在既然期望 $\frac{1}{3}$ 现金交易，那就将其从两者中减去，即取 1co 的 $\frac{1}{3}$，为 $\frac{1}{3}$co，从 1co 中将其减去，余 $\frac{2}{3}$co，再从 12 中减去，余 12 减 $\frac{1}{3}$co，用 $\frac{2}{3}$co 乘以 4，得 $2\frac{2}{3}$co，再除以 12 减 $\frac{1}{3}$co，必须等于 10，因为前文已知 4 对应 10。

因此用 10 乘以 12 减 $\frac{1}{3}$co 即（上述等式中）$2\frac{2}{3}$co 的除数，得到 120 减 $3\frac{1}{3}$co，其应等于 $2\frac{2}{3}$co。移项化简，最终得到等式：6co 等于 120，除以系数，即 120 除以 6，得 20，这就是易货对等的羊毛易货价值，解毕。

验算：首先来看布商每里拉每月所赚，如上为 $2\frac{6}{7}$ 索尔迪，其次将羊毛商期望 $\frac{1}{3}$ 现金交易从两者中减去，即取 20 的 $\frac{1}{3}$，为 $6\frac{2}{3}$，将其从 20 中减去，余 $13\frac{1}{3}$，也从 12 中减去，余 $5\frac{1}{3}$，可知 $5\frac{1}{3}$ 对应 $13\frac{1}{3}$，因此 $5\frac{1}{3}$ 赚 8；现在可得 $5\frac{1}{3}$ 在 $10\frac{1}{2}$ 中所赚：用 $5\frac{1}{3}$ 乘以 $2\frac{6}{7}$，得 $15\frac{5}{21}$，即 $15\frac{5}{21}$ 索尔迪为 $5\frac{1}{3}$ 每月所赚。现在来计算在 $10\frac{1}{2}$ 个月中赚得多少钱：用 $10\frac{1}{2}$ 乘以 $15\frac{5}{21}$，得 160 索尔迪，即 8 里拉，这正好就是两者的差额。

在类似收益账目中处理每里拉每月所赚时，总应非常仔细小心。

第四部分

各地货币①的汇兑与交换

本文讨论精炼的货币和汇兑相关的问题。我将介绍相关的货币信息，如弗罗林（fiorini）②、金弗罗林、杜卡迪，以及皮佐利（pizoli）③等。比如，皮佐利货币的100索尔迪等于5里拉，想要知道其等于多少弗罗林货币的索尔迪（soldo a fiorini）④，用皮佐利货币的100索尔迪除以29即得其价值弗罗林货币的索尔迪数量，为$3\frac{13}{29}$，将分数兑换为德纳里，用13乘以12，再除以29，得$5\frac{11}{29}$。这样可知，皮佐利货币的100索尔迪等于弗罗林货币的3索尔迪$5\frac{11}{29}$德纳里。

若想知道皮佐利货币的100索尔迪等于多少弗罗林货币的德纳里（denaro）⑤，用其价值弗罗林货币的索尔迪数量，即3索尔迪$5\frac{11}{29}$德纳里，换算成德纳里，得$41\frac{11}{29}$德纳里，这就是其等于弗罗林货币的德纳里数量，无论弗罗林价值涨跌均照此处理。假

---

① 意大利地区的钱币历史异常复杂，钱币兑换业重要且发达。自查理大帝（Charlemagne，意大利语Carlo Magno）的货币改革（793—794）以来，引入了里拉作为记账货币，1里拉等于20索尔迪或240德纳里，直到中世纪末期才出现以里拉为名称的金属货币。绝大多数情况下，中世纪时期，里拉都仅仅是作为记账货币而存在，因此可以看到本章的大部分货币兑换都以里拉记账货币系统作为兑换媒介，但需要注意的是，即便是里拉、索尔迪和德纳里，其价值也是因地区和时期不同而变动的。弗罗林、杜卡迪等均为当时流通的各城市共和国自行铸造的货币。——译者注。
② 大约在11至12世纪，佛罗伦萨开始铸造弗罗林银币，13世纪开始铸造金弗罗林。由于佛罗伦萨银行业的兴盛，弗罗林逐渐成为欧洲首选的兑换货币之一，类似的重要货币还有威尼斯的杜卡迪。除佛罗伦萨自身铸造了不同种类的弗罗林之外，匈牙利、那不勒斯、阿维尼翁、法兰克福等国家或地区均铸造过不同种类的弗罗林，因此被称为弗罗林的货币种类繁多。自查理大帝的货币政策改革以来，意大利地区的所有货币系统都是用里拉系统即里拉、索尔迪和德纳里来进行计价，但是不同货币系统中的里拉记账价值也是不同的。要注意的是，fiorino为fiorini的单数，根据音译前者即Fiorino应该翻译为"弗罗洛"，由于中文并不区分单复数，而且翻译为不同名称还会产生歧义，因此均翻译为"弗罗林"，其他货币名亦如此。——译者注。
③ Pizoli，pizolo的复数，也称piccolo或picciolo，"小"的意思，是用于指代面值较小的货币。一般是货币贬值后，开始铸造更大面值货币时，这个名词用于指代价值较低的货币，其可能起源于威尼斯。——译者注。
④ Soldo为soldi的单数。鉴于上述原因，统一翻译为索尔迪。——译者注。
⑤ Denaro为denari的单数，统一翻译为德纳里。——译者注。

定有价值 5 里拉 2 索尔迪 6 德纳里的货币,其等于多少弗罗林货币的索尔迪和德纳里?将这个数额除以 29,在任何情况下都将得到正确的价值,或单独用 2 索尔迪和 6 德纳里除以 29,再将其结果加上前文已算出的 5 里拉价值,这将是其所增加的价值数量。这样当价值较少时也可以同样计算。

若想要计算皮佐利货币的里拉及与相应的弗罗林货币里拉之间的价值,也可以做类似处理。在所有货币体系中,每里拉等于 20 索尔迪,每索尔迪等于 12 德纳里,已知 5 里拉等于 100 索尔迪,同时等于 29 弗罗林货币的索尔迪,因此问:如果里拉货币的 100 索尔迪等于弗罗林货币的 29 索尔迪,那里拉货币的 20 索尔迪(即 1 里拉)价值是多少,即可算出相应的价值。现在已知弗罗林的数量,而每金弗罗林等于 20 索尔迪,要计算其价值多少金弗罗林的索尔迪,用皮佐利货币的弗罗林价值除以 20,就是金弗罗林的价值,如同前述除以 29 的那样,当货币价值上浮或下降时,也做同样处理,因为提高或降低货币价值是统治者的权力。

因此当你身处各地,为做好经营,就必须了解不同国家或地区的货币价值并遵守相应的规则。当以古老方法计算货币的时候,需要有更好的汇兑货币方法,在后文我将提供汇率,这样就能够学习不同国家或地区的每一种兑换方法,同时也需要了解不同货币的名称等。

【例 4-1】 每金弗罗林等于皮佐利货币的 4 里拉 10 索尔迪,那么弗罗林货币的 37 里拉 17 索尔迪 4 德纳里,等于多少皮佐利?

解答如下:已知每金弗罗林等于 20 索尔迪,而同时其等于弗罗林货币的 29 索尔迪,即金弗罗林的 20 索尔迪①与弗罗林货币的 29 索尔迪或皮佐利货币的 90 索尔迪价值相同,因此问:如果 29 弗罗林货币的索尔迪等于 90 皮佐利货币的索尔迪,那么弗罗林货币的 37 里拉 17 索尔迪 4 德纳里价值是多少?用 90 乘以弗罗林货币的 37 里拉 17 索尔迪 4 德纳里,再除以 29,得 117 里拉 10 索尔迪 $4\frac{4}{29}$ 德纳里,这就是其价值皮佐利货币的数额。

【例 4-2】 每金弗罗林等于皮佐利货币的 4 里拉 10 索尔迪②,那么皮佐利货币的 58 里拉 18 索尔迪 2 德纳里价值多少弗罗林?

解答如下:若皮佐利货币的 90 索尔迪等于弗罗林货币的 29 索尔迪,即皮佐利货币的 90 里拉等于弗罗林货币的 29 里拉,问:若 90 价值 29,那么 58 里拉 18 索尔迪 2

---

① 原稿中简写为"金索尔迪(soldi a oro)"。——译者注。
② 里拉是记账货币,金弗罗林里拉就是金弗罗林,金弗罗林里拉等于 20 金弗罗林索尔迪,等于 29 弗罗林索尔迪,等于 90 皮佐利索尔迪,因此每金弗罗林里拉等于 4 皮佐利里拉 10 索尔迪,但是本题并未用到金弗罗林与皮佐利的换算关系,而是弗罗林与皮佐利之间的换算。——译者注。

德纳里价值多少？用 29 分别乘以 58、18、2①，再除以 90，就可以得 18 里拉 19 索尔迪 $7\frac{26}{45}$ 德纳里，这就是其兑换为弗罗林货币的里拉、索尔迪和德纳里的数量，解毕，依此类推。

【例 4-3】 每金弗罗林等于皮佐利货币的 4 里拉 10 索尔迪，那么金弗罗林②的 58 里拉 15 索尔迪 7 德纳里等于多少皮佐利？

解答如下： 如果金币的 20 索尔迪或里拉等于皮佐利货币的 90（索尔迪或里拉），那么 58、15、7（金弗罗林）里拉将价值多少？计算里拉货币，用 90 乘以 58、15、7，再除以 20，可得 264 里拉 10 索尔迪 $1\frac{1}{2}$ 德纳里，即为其价值皮佐利货币的数额。

【例 4-4】 每金弗罗林等于皮佐利货币的 4 里拉 10 索尔迪，皮佐利的 365 里拉 10 索尔迪 10 德纳里价值多少金币？

解答如下： 如果皮佐利货币的 90 索尔迪等于 20 金币的索尔迪，那么 365、10、10 价值多少金币？计算里拉货币体系，用 20 乘以 365、10、10，再除以 90，得 81 里拉 4 索尔迪 $7\frac{5}{9}$ 德纳里，这就是其所价值金币的里拉、索尔迪和德纳里数量，解毕。

【例 4-5】 弗罗林货币的 17 索尔迪 6 德纳里等于多少金币？

解答如下： 如果弗罗林货币的 29 索尔迪等于 20 金币的索尔迪，那么弗罗林货币的 17 索尔迪 6 德纳里将等于多少金币？用 17、6 乘以 20，再除以 29，就会得金币的 12 索尔迪 $\frac{24}{29}$ 德纳里，解毕。

【例 4-6】 金币的 18 索尔迪 6 德纳里等于多少弗罗林？

解答如下： 如果金币的 20 索尔迪等于弗罗林的 29 索尔迪，那么 18、6 价值多少？用 29 乘以 18、6，再除以 20，得 26 索尔迪 $9\frac{9}{10}$ 德纳里，这就是其价值弗罗林货币的数量，解毕，依此类推。

【例 4-7】 将弗罗林货币的 18 索尔迪 4 德纳里从金币的 16 索尔迪 8 德纳里中减去后，剩余多少？

解答如下： 金币的 16、8 换算为弗罗林货币，问：如果 20 是 29，16、8 会是多少？29 乘以 16、8，再除以 20，得 24 索尔迪 2 德纳里，这就是弗罗林货币的索尔迪数额，从

---

① 简略写法，三个数字并列时分别代表里拉、索尔迪和德纳里，两个数字并列时分别代表索尔迪和德纳里，下同。——译者注。
② 原稿中简写为"金（oro）"，即金弗罗林，后文中译稿也会按照原稿的简写使用"金币"来指代金弗罗林。——译者注。

中减 18、4，将剩余弗罗林货币的 5 索尔迪 10 德纳里，即为剩余数量。

【例 4-8】 弗罗林货币的 17 索尔迪 6 德纳里价值皮佐利货币的 48 索尔迪 8 德纳里，问弗罗林和皮佐利之间的兑换比率是多少？

解答如下： 如果弗罗林货币的 17 索尔迪 6 德纳里等于皮佐利货币的 48 索尔迪 8 德纳里，那么弗罗林的 29 索尔迪①价值多少？用 29 乘以 48、8，再除以 17、6，得 80 索尔迪 7$\frac{27}{35}$ 德纳里，这就是弗罗林的 29 索尔迪所价值皮佐利的索尔迪的数量。

【例 4-9】 金币的 14 索尔迪 6 德纳里等于皮佐利货币的 58 索尔迪 8 德纳里，问弗罗林和皮佐利之间的兑换比率是多少？

解答如下： 如果 14、6 等于 58、8，那么 20 价值多少？用 58、8 乘以 20，再除以 14、6，得 80 索尔迪 11$\frac{1}{29}$ 德纳里，这就是弗罗林货币的 29 索尔迪价值皮佐利索尔迪的数量。

【例 4-10】 弗罗林货币的 648 里拉 8 索尔迪 4 德纳里，价值多少金币的里拉、索尔迪和德纳里？

解答如下： 如果 29 价值 20，那么 648、8、4 价值多少？用 20 乘以 648、8、4，再除以 29，得 447 里拉 3 索尔迪 8$\frac{4}{29}$ 德纳里，这就是其价值金币的数量，解毕。

【例 4-11】 金币 628$\frac{2}{3}$ 里拉，等于多少弗罗林货币的里拉、索尔迪和德纳里？

解答如下： 如果 20 价值 29，628$\frac{2}{3}$ 价值多少？用 29 乘以 628$\frac{2}{3}$，再除以 20，就是 911 里拉 11 索尔迪 4 德纳里，即为其价值弗罗林货币的数额，解毕，依此类推。

【例 4-12】 金币的 9 德纳里等于皮佐利货币的 35 德纳里，那么金弗罗林兑换皮佐利的比率是多少？

也可以这样问：如果金币的 9 等于皮佐利的 35，那么金币的 20 索尔迪价值多少？用 20 乘以 35，再除以 9，等于 77 索尔迪 9$\frac{1}{3}$ 德纳里，这就是金弗罗林兑换皮佐利的比率。

【例 4-13】 金币的 6 索尔迪 8 德纳里和弗罗林货币的 6 索尔迪 4 德纳里等于皮佐利货币的 38 索尔迪 10 德纳里，那么弗罗林和皮佐利的兑换比率是多少？

解答如下： 将金币 6 索尔迪 8 德纳里换算为弗罗林货币的价值。用 6、4 乘以

---

① 金弗罗林与弗罗林之间 20 索尔迪兑换 29 索尔迪的比例是固定的，但是与皮佐利之间的兑换比率是浮动的。计算 29 弗罗林的索尔迪与皮佐利的汇率就可以直接得出金弗罗林与皮佐利之间的兑换关系。——译者注。

29,再除以20,可得9索尔迪8德纳里;加上6、4,得弗罗林货币的16索尔迪,问:如果弗罗林货币的16索尔迪等于皮佐利货币的38、10,那么29弗罗林的索尔迪价值多少?29乘以38、10,再除以16索尔迪,得70索尔迪4$\frac{5}{8}$德纳里,这就是弗罗林和皮佐利之间的兑换比率,解毕。

【例4-14】 金币的6索尔迪8德纳里减去弗罗林货币的6索尔迪4德纳里后等于皮佐利货币的8索尔迪4德纳里,问弗罗林和皮佐利的兑换比率是多少?

解答如下:从金币的6、8中减去弗罗林的6、4,将金币的6、8换算为弗罗林的货币价值。问:如果20价值29,那么6、8价值多少?用29乘以6、8,再除以20,得9、8,从中减去6索尔迪4德纳里,余3索尔迪4德纳里。问:如果弗罗林的3、4等于皮佐利货币的8索尔迪4德纳里,29将价值多少?用29乘以8、4,除以3、4,得72索尔迪6德纳里,就是弗罗林和皮佐利的兑换比率,解毕,依此类推。

【例4-15】 弗罗林货币的8索尔迪4德纳里从多少金币的索尔迪中被减去,剩余金币15索尔迪8德纳里?

解答如下:将弗罗林货币的8索尔迪4德纳里换算为金币。问:如果29价值20,那么8索尔迪4德纳里价值多少?用20乘以8、4,再除以29,得金币的5索尔迪8$\frac{28}{29}$德纳里,现在将5、8$\frac{28}{29}$加上15、8,得21、4$\frac{28}{29}$①,就是该金币的索尔迪数量,如果从中减去弗罗林的8、4,将正好剩余金币15索尔迪8德纳里,解毕,依此类推。

【例4-16】 每威尼斯格罗斯②(grossi venitiani)的里拉等于弗罗林货币的14里拉12索尔迪6德纳里,那么格罗斯的25里拉17索尔迪9德纳里等于多少弗罗林的里拉、索尔迪和德纳里?

解答如下:对于25里拉,用25乘以14、12、6,就可以得365、12、6;现在换算17索尔迪,看其价值多少?用14、12、6除以20③,得14索尔迪7$\frac{1}{2}$德纳里;随之用17乘以14、7$\frac{1}{2}$,得12里拉8索尔迪7$\frac{1}{2}$德纳里。现换算9德纳里,计算其价值是多少:用14、7$\frac{1}{2}$除以12④,得14$\frac{5}{8}$德纳里。然后用9乘以14$\frac{5}{8}$,得10索尔迪11$\frac{5}{8}$德

---

① 原稿中为5$\frac{28}{29}$,计算错误。——译者注。

② Grosso(复数grossi)是12世纪开始在意大利铸造并流通的一种银币,随后在意大利的各城市共和国及欧洲地区广泛铸造。——译者注。

③ 即通过每里拉等于20索尔迪、240德纳里的比率来进行换算。——译者注。

④ 同③。

纳里。现将以上所有相加,得弗罗林货币的378里拉12索尔迪$1\frac{1}{8}$德纳里。现将其换算为金弗罗林货币[①]:用378乘以(里拉换算索尔迪)20,得7 560,再除以29,得260金弗罗林1里拉[②],1里拉加上上面的12索尔迪$1\frac{1}{8}$德纳里,得32索尔迪$1\frac{1}{8}$德纳里,除以29,得1金弗罗林3索尔迪$1\frac{1}{8}$德纳里,加上260,将得261金弗罗林3索尔迪$1\frac{1}{8}$德纳里,就是其价值金弗罗林货币的弗罗林、索尔迪和德纳里数额。

【例4-17】 每威尼斯格罗斯的里拉等于弗罗林货币的15里拉15索尔迪5德纳里,那么格罗斯的183里拉等于多少金弗罗林货币的弗罗林、索尔迪和德纳里?

解答如下:现在用另一种方法计算。将弗罗林货币的15里拉15索尔迪5德纳里换算为金弗罗林。将其乘以20,再除以29,得10金弗罗林以及弗罗林货币的25索尔迪5德纳里[③],这个数额等于格罗斯货币的1里拉。现换算183,用183乘以10,等于1 830,然后再用25索尔迪5德纳里乘以183里拉,为4 651[④],再除以29,等于160弗罗林13索尔迪[⑤]3德纳里,再加上1 830,为1 990弗罗林13索尔迪3德纳里,即是威尼斯格罗斯货币的183里拉价值金弗罗林货币的数额,解毕,依此类推。

【例4-18】 每威尼斯格罗斯的里拉等于弗罗林货币的14里拉16索尔迪8德纳里,那么多少格罗斯货币的弗罗林、索尔迪和德纳里等于800金弗罗林?

解答如下:首先将800金弗罗林换算为弗罗林货币的里拉,用29乘以800再除以20,得1 160里拉,现用1 160弗罗林货币的里拉除以14里拉16索尔迪8德纳里。计算16索尔迪8德纳里是里拉的多少份额,1里拉即20索尔迪,先看8德纳里对于索尔迪的比率,每索尔迪等于12德纳里,即$\frac{2}{3}$,计算$16\frac{2}{3}$占20的份额,为$\frac{5}{6}$,用1 160里拉除以$14\frac{5}{6}$里拉,即计算1 160的$\frac{6}{89}$,用6乘以1 160,得6 960,除以89,得78里拉

---

① 原稿中经常不区别书写弗罗林与金弗罗林,译者根据价值会在写为弗罗林但应为金弗罗林时,改写为金弗罗林。——译者注
② 7 560除以29,等于$260\frac{20}{29}$,因此260已经被换算为弗罗林金币,而后面的$\frac{20}{29}$还是之前的1里拉,将与后面的索尔迪和德纳里合并再来换算弗罗林金币,而这个弗罗林金币的价值实质上就等于弗罗林金币中的里拉价值。——译者注
③ 此处的索尔迪和德纳里并未换算为金弗罗林货币,因此后面还需要再进行换算。——译者注
④ 精确计算应该等于4 651.25,此处小数被省略,而这也将导致后面的结果出现差错,后文也有同样的情况。——译者注
⑤ 此处计算错误,应为11索尔迪,下同。——译者注

4 索尔迪 $\frac{48}{89}$ 德纳里,这个数额的格罗斯货币里拉、索尔迪和德纳里等于 800 金弗罗林,解毕。照此可以进行一种货币到另一种货币的无限换算,为了不影响后面的叙述,我将解法置于此处,为你所用。

【例 4-19】 每博洛尼尼(bolognino)①在佛罗伦萨价值 26 德纳里,在佩鲁贾(Perosa)②价值 30 德纳里,而一个商人在佛罗伦萨必须支付 300 里拉,请问其在佩鲁贾必须支付多少③。

解答如下:已知在佛罗伦萨的 26 德纳里在佩鲁贾价值 30 德纳里,即 26 德纳里价值 30 德纳里,或 26 里拉价值 30 里拉,均如此对应。问:如果佛罗伦萨的 26 里拉价值佩鲁贾的 30 德纳里,那么 300 里拉价值多少?通过乘除计算,结果是商人在佩鲁贾必须支付 346 里拉 3 索尔迪 $\frac{12}{13}$ 德纳里,就是佛罗伦萨支付 300 里拉相当于在佩鲁贾应支付的数额。

【例 4-20】 有一个人想从佩鲁贾取出 100 弗罗林汇到佛罗伦萨,在佛罗伦萨兑现价值为 104 弗罗林,问:如果从佛罗伦萨取 45 弗罗林并将其汇到佩鲁贾,价值是多少?

解答如下:本问题与前一问题类似。问:如果佛罗伦萨的 104 弗罗林在佩鲁贾价值 100 弗罗林,佛罗伦萨的 45 弗罗林在佩鲁贾价值是多少?乘除计算,得到 43 弗罗林 5 索尔迪 4 $\frac{8}{13}$ 德纳里④,这就是佛罗伦萨的 45 弗罗林在佩鲁贾的价值。

【例 4-21】 一个人想从佩鲁贾取 300 弗罗林汇到佛罗伦萨,其在佛罗伦萨兑现价值为 309 $\frac{1}{2}$ 弗罗林,问如果汇出 140 $\frac{1}{3}$,在佛罗伦萨兑现的价值多少⑤。

解答如下:可以发现在佩鲁贾 300 弗罗林的价值相当于在佛罗伦萨 309 $\frac{1}{2}$ 弗罗林。问:如果 300 价值 309 $\frac{1}{2}$,那么 140 $\frac{1}{3}$ 价值多少?用 140 $\frac{1}{3}$ 乘以 309 $\frac{1}{2}$,再除以 300,得 144 弗罗林 15 索尔迪 6 $\frac{8}{15}$ 德纳里,这就是从佩鲁贾汇出 140 $\frac{1}{3}$ 在佛罗伦萨兑现的价值,解毕。

---

① 博洛尼亚(Bologna)的货币,分为 12 世纪开始铸造的小博洛尼尼(bolognino piccolo)和 13 世纪开始铸造的大博洛尼尼(bolognino grosso)。其复数形式为 bolignini,为避免混淆,统一译为"博洛尼尼"。——译者注。
② Perosa,包括后文的 peroscia,均来自拉丁文 perosia,即今天的佩鲁贾(perugia),后文中的 perusino 或 perosino 等均指佩鲁贾人。——译者注。
③ 本例第一次涉及货币在不同地区的价值差异。——译者注。
④ 这里的每弗罗林价值 1 里拉,其与索尔迪和德纳里的换算关系与里拉相同,下同。——译者注。
⑤ 原稿中未给此例编号。——译者注。

【例 4-22】 一个人在佛罗伦萨想向在佩鲁贾的我支付 150 弗罗林 20 索尔迪,而从佛罗伦萨到佩鲁贾,溢价 3%,即佛罗伦萨的 100 等于佩鲁贾的 103,问其在佛罗伦萨要支付多少钱才能等于在佩鲁贾的 150 弗罗林 20 索尔迪。

解答如下:已知佩鲁贾的 103,相当于佛罗伦萨的 100,因此问:如果 103 对应的是 100,那么 150 弗罗林 20 索尔迪对应的是多少?用 100 乘以 150 弗罗林 20 索尔迪,再除以 103,得 146 弗罗林 8 索尔迪 8 $\frac{64}{103}$ 德纳里,这就是其在佛罗伦萨必须支付的数额。

【例 4-23】 一个债务人打算向一个在威尼斯的债权人支付 300 弗罗林,但债权人期望汇往佛罗伦萨,而威尼斯的钱在佛罗伦萨折价率为 4%,问债务人为支付 300 弗罗林必须在佛罗伦萨支付多少?

解答如下:已知从威尼斯汇往佛罗伦萨的货币每百折价 4,因此将 4 加上 100,得到 104,由此可知威尼斯的 104 弗罗林在佛罗伦萨等于 100 弗罗林。对于这 300 弗罗林而言,如果威尼斯的 104 在佛罗伦萨价值 100,那么 300 价值多少?300 乘以 100,再除以 104,就是 288 弗罗林 9 索尔迪 2 $\frac{10}{13}$ 德纳里,这是债务人在佛罗伦萨需要支付的金额。

【例 4-24】 一个人在佩鲁贾取出 250 金弗罗林 10 索尔迪 8 德纳里①,将其在佛罗伦萨支付,价值 259 金弗罗林 15 索尔迪,问支付给在佛罗伦萨的另一个人 60 金弗罗林 12 索尔迪 6 德纳里,需要在佩鲁贾取出多少?

解答如下:先要做的事情是计算每部分占金弗罗林价值的比例,这很容易处理,然后可以发现佩鲁贾的 250、10、8 在佛罗伦萨价值 259、15,即佛罗伦萨的 259、15 在佩鲁贾价值 250、10、8。因此对于 60、12、6 而言,如果佛罗伦萨的 259 金弗罗林 15 索尔迪相当于在佩鲁贾支付 250 金弗罗林 10 索尔迪 8 德纳里,那么在两者均以金币计价的情况下,佛罗伦萨的 60 金弗罗林 12 索尔迪 6 德纳里在佩鲁贾相当于支付多少数额?用 250、10、8 乘以 60、12、6,再除以 259、15,等于 58 金弗罗林 9 索尔迪 5 $\frac{753}{1\,039}$ 德纳里,即为相当于在佩鲁贾支付的货币数额。正如我所言,计算弗罗林的份额账目并非难事。

【例 4-25】 一个人在佩鲁贾给一个外国人支付 125 弗罗林 10 索尔迪 8 德纳里,这个外国人在佛罗伦萨得 130 弗罗林 20 索尔迪,问若另一个人要在佩鲁贾支付 50

---

① 若货币名称为"金弗罗林",则索尔迪和德纳里都是金弗罗林货币体系下的"金索尔迪"和"金德纳里",若货币名称为"弗罗林",则其后的索尔迪和德纳里都是弗罗林货币体系下索尔迪和德纳里。要注意两个体系下的索尔迪和德纳里的价值是不同的,同时这里的索尔迪和德纳里也都是"记账货币"。下同。——译者注。

弗罗林 15 索尔迪,其需要从佛罗伦萨汇出多少钱?

解答如下: 已知 125、10、8 相当于 130、20,因此问:对于 50 弗罗林 15 索尔迪,如果佩鲁贾的 125、10、8 相当于在佛罗伦萨的 130、20,那么佩鲁贾的 50、15 相当于多少?用 50、15 乘以 130、20,再除以 125、10、8,得 52 弗罗林 19 索尔迪 $2\frac{8\,674}{21\,214}$[①]德纳里,就是在佛罗伦萨要汇出的以弗罗林计价的货币数量,运用乘除,即可得出相应各部分的金额。

【例 4-26】 有一个人在威尼斯有 300 弗罗林,带到佩鲁贾使用,但威尼斯的钱在佩鲁贾每百折价 8,问其在佩鲁贾价值几何。

解答如下: 注意不要犯这样的错误,即粗略地将 300 折价计算为 24,且不去验证,而应该这样处理:如果威尼斯的钱在佩鲁贾每百折价 8,因此佩鲁贾的 100 在威尼斯价值 108,也就是威尼斯的 108 在佩鲁贾价值 100,对于 300 这样问:如果 108 对应 100,那么 300 对应多少?用 100 乘以 300,再除以 108,得到 277 弗罗林 15 索尔迪 $6\frac{2}{3}$ 德纳里,这就是威尼斯的 300 弗罗林在佩鲁贾的价值,解毕。

【例 4-27】 一个外国人在佩鲁贾借了 120 弗罗林 15 索尔迪,想偿还给一个佩鲁贾人并承诺将在威尼斯给他 125 弗罗林 10 索尔迪 8 德纳里,问另外一个人想要偿还给一个佩鲁贾人同样条件的 80 弗罗林 20 索尔迪,他要支付给这个在威尼斯的佩鲁贾人多少钱?

解答如下: 要知道这个问题与前面的问题类似。问:若借款 120 弗罗林 15 索尔迪须偿还 125、10、8,因此可知货币在佩鲁贾的价值更高,也就是 120、15 和 125、10、8 的差额,即 4 弗罗林 24 索尔迪 8 德纳里。对于 80、20 而言,问:如果 120、15 需要多支付 4、24、8,那么 80、20 需要多支付多少?用 4、24、8 乘以 80、20,再除以 120、15,将得 3 弗罗林 4 索尔迪 $11\frac{1\,515}{3\,495}$ 德纳里,这就是在威尼斯需要多支付的数额。如果想要知道总共支付的金额,将 80、20 与之相加,将得 83 弗罗林 24 索尔迪 $11\frac{1\,515}{3\,495}$ 德纳里,这就是另一个人在威尼斯必须支付给那个佩鲁贾人的金额,解毕。

还有一种简易的解题方法。问:如果 120 弗罗林 15 索尔迪对应在威尼斯的 125 弗罗林 10 索尔迪 8 德纳里,那么 80 弗罗林 20 索尔迪对应多少?可以用 125、10、8 乘以 80、20,再除以 120、15,也正好得到 83 弗罗林 24 索尔迪 $11\frac{1\,515}{3\,495}$ 德纳里,因此

---

① 精确的结果应该等于 $2\frac{770}{1\,883}$ 而非 $2\frac{8\,674}{21\,214}$,这两个数的大小非常接近,这种偏差是帕乔利所采用的算法在某一步骤乘除时会取整省略小数所导致的。——译者注。

无误。

【例 4-28】 有一个商人在佩鲁贾从一个外国人那里收到 350 弗罗林 20 索尔迪[①]，这个商人想将其以格罗斯货币的里拉、索尔迪和德纳里汇到威尼斯，其每里拉价值 10 弗罗林 4 索尔迪，问在威尼斯将收到多少格罗斯货币的里拉、索尔迪和德纳里。

解答如下：先要计算每个货币单位所占的份额。问：如果 10 弗罗林 4 索尔迪相当于在威尼斯格罗斯货币的 1 里拉，那么 350 弗罗林 20 索尔迪相当于多少格罗斯货币的里拉、索尔迪和德纳里？用 1 乘以 350、20，再除以 10 弗罗林 4 索尔迪，它将价值 34 里拉 11 索尔迪 $10\frac{15}{49}$[②]德纳里，这就是在威尼斯得到的格罗斯货币的里拉、索尔迪和德纳里数量，解毕。

【例 4-29】 一个在佩鲁贾的商人往佛罗伦萨汇佛罗伦萨货币 300 里拉，他可以使用两种货币汇兑：一种是博洛尼尼，在佛罗伦萨价值 26 德纳里，而在佩鲁贾价值 30 德纳里；另一种是格罗斯，在佛罗伦萨价值 5 索尔迪 6 德纳里，在佩鲁贾价值 6 索尔迪 3 德纳里，问汇兑格罗斯或博洛尼尼，哪一种货币更有优势。

解答如下：有很多方法可以处理类似账目，可以这样求解：如果博洛尼尼在佩鲁贾价值 30，而在佛罗伦萨值 26，那么不管是什么货币种类，在佛罗伦萨总是价值 26，或者里拉，或者索尔迪，或者弗罗林等。因此对于里拉而言，如果佛罗伦萨的 26 里拉等于佩鲁贾的 30 里拉，那他要汇出的 300 佛罗伦萨的里拉价值是多少？用 30 乘以 300，得 9 000，再除以 26，得 346 里拉 3 索尔迪 $\frac{12}{13}$ 德纳里，这就是必须支付的博洛尼尼数额。

现在计算支付多少格罗斯。已知格罗斯在佛罗伦萨价值 5 索尔迪 6 德纳里，在佩鲁贾价值 6 索尔迪 3 德纳里，据此可知每 $5\frac{1}{2}$ 佛罗伦萨索尔迪等于 $6\frac{1}{4}$ 佩鲁贾索尔迪。已知，佛罗伦萨的 $5\frac{1}{2}$ 货币等于佩鲁贾的 $6\frac{1}{4}$ 货币，因此问：若 $5\frac{1}{2}$ 佛罗伦萨里拉等于 $6\frac{1}{4}$ 佩鲁贾里拉，支付 300 佛罗伦萨里拉将价值多少？用 $6\frac{1}{4}$ 乘以 300，再除以 $5\frac{1}{2}$，得 340 里拉 18 索尔迪 $2\frac{2}{11}$ 德纳里，这就是其以格罗斯货币要支付的里拉、索尔迪和德纳里数量。

---

① 因为此处的货币表达为 350 弗罗林 20 索尔迪，因此其应为金弗罗林货币，每金弗罗林等于 29 索尔迪，因此才有 20 索尔迪的表述。——译者注。

② 应为 $10\frac{2}{49}$，原稿计算错误。——译者注。

因此你会发现,用格罗斯支付比用博洛尼尼要好,因为前者只需要支付 340、18、$2\frac{2}{11}$,而后者需要支付 346、3、$\frac{12}{13}$,两者的差额是 5 里拉 4 索尔迪 $10\frac{106}{143}$ 德纳里,若想知道每百相差多少,或者每里拉相差多少,你能够很容易进行计算,解毕。

【例 4-30】 一个商人在佩鲁贾支付了 1 000 弗罗林,并想要一张汇票,将这些钱在威尼斯汇兑为格罗斯或金币的里拉、索尔迪、德纳里和皮佐利①,但这些钱在威尼斯每百折价 6,问这张汇票以格罗斯的货币,将要支付多少里拉、索尔迪、德纳里和皮佐利。

解答如下:已知威尼斯格罗斯的 1 里拉等于 20 索尔迪,1 索尔迪等于 12 德纳里,1 德纳里等于 32 皮佐利,1 杜卡迪等于 24 德纳里②。若不知道汇兑地点每里拉的真实价值,将无法处理这个账目。假设格罗斯货币的每里拉等于 10 弗罗林 10 索尔迪:我们要做的事情就是计算在佩鲁贾支付 1 000 弗罗林,在威尼斯价值多少弗罗林。

通过前例可知,当处理一种货币相对于另一种货币的折价时,总是将这个折价数额加到 100 上,因此这里将 6 加 100,等于 106。所以问:如果佩鲁贾的 106 弗罗林在威尼斯价值 100,那么佩鲁贾的 1 000 弗罗林在威尼斯价值多少?1 000 乘以 100,得 100 000,再除以 106,得 943 弗罗林 7 索尔迪 $11\frac{5}{53}$ 德纳里,这就是佩鲁贾的 1 000 在威尼斯的价值;现在计算格罗斯的每里拉价值。问:如果 10 弗罗林 10 索尔迪相当于格罗斯的 1 里拉,那么 943 弗罗林 7 索尔迪 $11\frac{5}{53}$ 德纳里价值多少?计算每一部分的汇兑比例,用 1 乘以 943、7、$11\frac{5}{53}$,再除以 10、10,将得 $90\frac{137}{159}$ 里拉③,将分数换算为索尔迪,得 17 索尔迪 2 德纳里 $25\frac{57}{159}$ 皮佐利,这就是这张汇票必须有的价值,即 90 里拉 17 索尔迪 2 德纳里 $25\frac{57}{159}$ 皮佐利。

【例 4-31】 一个人须支付给另一个人 $160\frac{1}{2}$ 弗罗林,期望将该账目每百贴现(折价)5,问其实际得到多少?

---

① 这里的皮佐利应该是比德纳里更小的计量单位。——译者注。
② 此处的换算关系整理稿有误,译者根据原稿做了修正,而最后的"1 杜卡迪等于 24 德纳里",在原稿中难以辨认,不能确定是否正确。——译者注。
③ 这里的计算有误,从结果来看帕乔利是将 10 弗罗林 10 索尔迪中的弗罗林与索尔迪之间的换算关系按照 1 弗罗林等于 29 索尔迪计算,但是前文中计算的"943 弗罗林 7 索尔迪 $11\frac{5}{53}$ 德纳里"却是按 1 弗罗林等于 20 索尔迪计算的。若同样按 1 弗罗林等于 20 索尔迪来计算,结果应为 $89\frac{943}{1113}$ 里拉,即 89 里拉 16 索尔迪 11 德纳里 $10\frac{354}{371}$ 皮佐利。——译者注。

解答如下：我已经讲述很多次，每当折价任何金额时，都应把折价金额加在 100 上，因此将 5 加在 100 上，等于 105，可以说每 105 价值 100，若每百溢价 5，则每 100 价值为 105。

因为是折价，所以问：若每 105 价值 100，那么 160$\frac{1}{2}$ 弗罗林价值是多少？100 乘以 160$\frac{1}{2}$，再除以 105，将等于 152 弗罗林 17 索尔迪 1$\frac{5}{7}$ 德纳里，这就是 160$\frac{1}{2}$ 每百折价 5 后的价值；也就是说，每 105（的债务）能被（即时）偿还的 100 所满足，换言之，债权人为了更快实现债权，对债务人说：现在把钱给我，我很乐意让你将本应支付给我的每 105 算作 100，这 100 就是债务人将支付的金额，这样的做法在伦巴第地区非常普遍，客观上就是如此。

【例 4-32】 有一个商人在佩鲁贾支付了 800 弗罗林，想要一张在威尼斯兑现的汇票，希望在威尼斯以格罗斯货币的里拉兑现，格罗斯的每里拉价值 10 弗罗林 20 索尔迪。银行很乐意签发这张汇票，但条件是贴现（折价）5%，或者说银行拟要金额的 5%，问在这样的条件下，在威尼斯将会兑现多少钱。

解答如下：如前述，先将折价加在 100 上，这样，所说的折价金额和每百按比例所取的金额或者是每百所要贴现的金额一样。因此将 5 加在 100 上，得 105。问：若对 105 弗罗林，银行支付 100，那么对 800 弗罗林银行将支付多少？用 100 乘以 800，为 80 000，再除以 105，得 761 弗罗林 18 索尔迪 1$\frac{1}{7}$ 德纳里，即支付 800 弗罗林。现在计算其等于多少格罗斯的里拉。每里拉等于 10 弗罗林和 20 弗罗林货币的索尔迪①，需要分别计算两个不同货币单位（即弗罗林和索尔迪）。问：如果 10 金弗罗林 20 索尔迪等于格罗斯的 1 里拉，那么 761 金弗罗林 18 索尔迪 1$\frac{1}{7}$ 德纳里将价值多少？

先进行弗罗林与金弗罗林之间的换算，然后根据上述提问，将得到格罗斯 71 里拉 2 金弗罗林 27 索尔迪 2$\frac{6}{7}$ 德纳里，这就是汇票按 5% 贴现后的金额。

【例 4-33】 一个商人在佛罗伦萨兑付从佩鲁贾汇来的 200 里拉，有三种货币可供选择，即瓜特里尼（quattrini）②、博洛尼尼和格罗斯。1 格罗斯在佩鲁贾等于 6 索尔迪 3 德纳里，在佛罗伦萨等于 5 索尔迪 6 德纳里。1 瓜特里尼在佩鲁贾等于 4$\frac{1}{2}$ 德纳

---

① 从后文来看，此处应为弗罗林金币即"金弗罗林"，每金弗罗林为 29 索尔迪。——译者注
② Quattrino 是自 13 世纪以来在意大利各个地区使用的价值较低的硬币，大约相当于 4 德纳里。如前所述，因为里拉体系即里拉、索尔迪和德纳里充当的是记账货币，所以瓜特里尼（quattrini）是一种广泛铸造和使用的小面值金属货币。——译者注

里,在佛罗伦萨等于 4 德纳里。1 博洛尼尼在佩鲁贾等于 30 德纳里,在佛罗伦萨等于 26 德纳里,问应该用哪一种货币汇兑。

解答如下:如前所述,若 1 博洛尼尼在佛罗伦萨等于 26 德纳里,在佩鲁贾等于 30 德纳里,同理,26 里拉,或弗罗林,或索尔迪等就将等于 30 里拉,或弗罗林等。因此对于格罗斯,问:如果 $6\frac{1}{4}$ 佩鲁贾的里拉在佛罗伦萨等于 $5\frac{1}{2}$ 里拉,那么 200 里拉等于多少?用 200 乘以 $5\frac{1}{2}$,再除以 $6\frac{1}{4}$,等于 176 里拉,这就是从佩鲁贾汇出 200 里拉在佛罗伦萨兑付的格罗斯货币的里拉金额。

现在来看使用瓜特里尼支付的情况。已知 1 瓜特里尼在佩鲁贾等于 $4\frac{1}{2}$ 德纳里,在佛罗伦萨等于 4 德纳里。因此,若佩鲁贾的 $4\frac{1}{2}$ 里拉在佛罗伦萨价值 4 里拉,那么 200 里拉价值多少?用 4 乘以 200,再除以 $4\frac{1}{2}$,等于 177 里拉 15 索尔迪 $6\frac{2}{3}$ 德纳里,这就是从佩鲁贾汇出 200 里拉在佛罗伦萨兑付的瓜特里尼货币的里拉金额。

最后来看使用博洛尼尼支付的情况。已知 1 博洛尼尼在佩鲁贾等于 30 德纳里,在佛罗伦萨等于 26 德纳里。因此,如果佩鲁贾的 30 里拉在佛罗伦萨等于 26 里拉,那么 200 里拉会等于多少?用 26 乘以 200,再除以 30,等于 173 里拉 6 索尔迪 8 德纳里,这就是从佩鲁贾汇出 200 里拉在佛罗伦萨要兑付的博洛尼尼货币的里拉金额。

现在已知,如果想用格罗斯支付,应支付 176 里拉,用瓜特里尼支付,应支付 177 里拉 15 索尔迪 $6\frac{2}{3}$ 德纳里,用博洛尼尼支付,应支付 173 里拉 6 索尔迪 8 德纳里,由此可见,用瓜特里尼支付最佳,其次才是用格罗斯支付,解毕。

【例 4-34】 324 弗罗林每百溢价 $3\frac{2}{3}$,问 324 溢价多少。

解答如下:已知每百溢价 $3\frac{2}{3}$,这与每百兑换带来 $3\frac{2}{3}$ 和每百赚得 $3\frac{2}{3}$ 收益等是一样的,反之亦然,折价和亏损或者回报损失或者跌价是一样的。

正因如此我们可以用各种方法来求解。问:一个商人如果 100 兑换带来 $3\frac{2}{3}$ 的溢价,那么 324 兑换带来多少,或者如果 100 赚 $3\frac{2}{3}$,324 可赚多少?计算处理,结果是溢价,即通过兑换带来 11 弗罗林 17 索尔迪 $7\frac{1}{5}$ 德纳里,或者说,如果 100 带来的收入为

$103\frac{2}{3}$，那么 324 带来的收入是多少，这样没有减去本金投入就会更清楚，解毕。已知，当讨论溢价多少时，往往意味着其比对方的其他种类货币价值更佳，而折价则是相反的意思。

【例 4-35】 佛罗伦萨的里拉较佩鲁贾里拉溢价 32 德纳里，而佩鲁贾的里拉较比萨（Pisani）[①]的里拉溢价 20 德纳里，而比萨的里拉较锡耶纳（Siena）的里拉折价 15 德纳里，问 50 塞纳斯（Senesi）[②]的里拉相当于多少佛罗伦萨的里拉。

解答如下： 先计算每一种里拉在佛罗伦萨的价值是多少。问：佛罗伦萨的里拉较佩鲁贾的里拉溢价 32 德纳里，因此 20 个佛罗伦萨的索尔迪等于 $22\frac{2}{3}$ 佩鲁贾的索尔迪[③]；已知佩鲁贾里拉较比萨里拉溢价 20 德纳里，因此 20 佩鲁贾索尔迪等于 $21\frac{2}{3}$ 比萨索尔迪，又已知比萨里拉较锡耶纳里拉[④]折价 15 德纳里，因此 20 比萨索尔迪等于 $18\frac{3}{4}$ 塞纳斯索尔迪。

现在计算每一种货币在佛罗伦萨的价值。如果佩鲁贾里拉较比萨里拉溢价 20 德纳里，因此 20 佩鲁贾索尔迪价值 $21\frac{2}{3}$ 比萨索尔迪。问：若 20 对应 $21\frac{2}{3}$，那么 $22\frac{2}{3}$ 对应多少？其价值为 24 索尔迪 $6\frac{2}{3}$ 德纳里，这就是比萨里拉在佛罗伦萨的价值，如前所述，$22\frac{2}{3}$ 佩鲁贾索尔迪等于 20 佛罗伦萨索尔迪。

再计算锡耶纳里拉在佛罗伦萨的价值。问：如果 20 等于 24 索尔迪 $6\frac{2}{3}$ 德纳里，那么 18、9 等于多少？用 24 索尔迪 $6\frac{2}{3}$ 德纳里乘以 18 索尔迪 9 德纳里，再除以 20，等于 23 索尔迪 $\frac{1}{4}$ 德纳里，这就是锡耶纳里拉在佛罗伦萨的价值。现在计算 50 塞纳斯里拉在佛罗伦萨的价值是多少，问：如果塞纳斯的 23 索尔迪 $\frac{1}{4}$ 德纳里等于佛罗伦萨的 20 索尔迪，那么 50 里拉价值多少？乘除运算，结果为塞纳斯 50 里拉等于佛罗

[①] 指比萨共和国（Repubblica di Pisa）。——译者注

[②] Sanese（或者 senese），锡耶纳（Siena）货币，自 1376 年开始发行。——译者注

[③] 因为 1 里拉等于 20 索尔迪，而 1 索尔迪等于 12 德纳里，所以有 32 德纳里等于 $2\frac{2}{3}$ 索尔迪。——译者注

[④] 即塞纳斯里拉。——译者注

伦萨 43 里拉 8 索尔迪 9 $\frac{75}{221}$ 德纳里,解毕,依此类推。

【例 4-36】 1 比萨磅(libra)[①]相当于佛罗伦萨的 11 盎司(once),1 佛罗伦萨磅相当于佩鲁贾的 13 盎司,问 1 佩鲁贾磅相当于比萨的多少重量[②]。

解答如下:一种方法是先计算 1 佛罗伦萨磅相当于比萨的重量是多少,已知 12 比萨盎司等于 11 佛罗伦萨盎司,问:若 11 佛罗伦萨盎司等于 12 比萨盎司,那么 12 佛罗伦萨盎司等于多少比萨盎司? 等于 13 $\frac{1}{11}$ 盎司。已知佛罗伦萨的 1 磅在比萨是 13 盎司,所以佛罗伦萨 12 盎司和比萨的 13 $\frac{1}{11}$ 盎司一样多,与佩鲁贾的 13 盎司也是一样多。因此对于佩鲁贾磅在比萨的重量。问:若 13 佩鲁贾盎司等于 13 $\frac{1}{11}$ 比萨盎司,那么 12 佩鲁贾盎司等于多少比萨盎司? 等于 12 $\frac{12}{143}$ 盎司,这就是佩鲁贾磅在比萨的重量。

现在用另一种通用方法求解所有类似的问题。把不同重量单位的值列出来,如同在页面空白处看到的那样[③],把每个重量单位的属地名称置于其上,然后将这些地方的磅数串起来,即用比萨的盎司乘以佛罗伦萨的盎司,然后乘以佩鲁贾的盎司来计算总和。比如 12 盎司乘以 12,如连线所示,得 144,即为比萨磅的盎司数乘以佛罗伦萨磅的盎司数所得的乘积。用佩鲁贾磅的 12 盎司乘以 144,得 1 728,总是用这个乘积除以其余的数字,即 11 和 13,每个重量均如此。从想要的重量开始计算,或 11,或 13,比如从 11 开始,用 1 728 除以 11,得 157 $\frac{1}{11}$,再用这个数除以 13,得 12 $\frac{12}{143}$,这样就如同前文所述一样算出相当于比萨的重量数。若除了 11、13 还有其他的数,也一样用除以 13 后的商去除以其他的数,总会得到正确的结果。若要算出每种重量自身

---

① Libra 在拉丁文中为重量含义,货币单位里拉(lira)和重量单位磅(libbra)均来源于此,因此其既可指货币单位里拉(lira),又可指重量单位磅(libbra),1 磅等于 12 盎司。——译者注。
② 与西欧的大多数国家的计量系统不同,意大利的计量系统在中世纪和早期现代时期的发展没有一套普遍接受的国家标准。意大利有许多王国、公国、政府等,在受到严格限制的、小型的独立政治管辖范围之外,从未能够达到任何水平的计量标准化。一般来说,直到 19 世纪中期,实际上直到 1871 年才实现统一,意大利的度量衡才被国家认可。参见 Ronald Edward Zupko, Italian Weights and Measures from the Middle Ages to the Nineteenth Century, The American Philosophical Society Press (January 1, 1981)。——译者注。
③ 指原稿页面左侧空白处所列的计算过程。参见下列计算过程。——译者注。

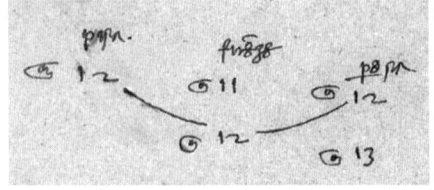

比萨	佛罗伦萨	佩鲁贾
12 盎司	11 盎司	12 盎司
	12 盎司	13 盎司

的值,则需要更合理更科学的方法,需要更多的想象力。

【例 4-37】 佩鲁贾的 100 磅相当于锡耶纳的 90 磅,锡耶纳的 100 磅相当于比萨的 120 磅,比萨的 100 磅相当于佛罗伦萨的 95 磅,佛罗伦萨的 100 磅相当于博洛尼亚的 96 磅,问博洛尼亚的 100 磅相当于佩鲁贾的多少磅。

解答如下: 如前所述,对于类似问题可以采用同样的方法,你可以不辞辛劳地列一个长长的清单。主要可以通过两种方法解答。一种方法是同上例找到每个重量的值,另一种方法是将重量值一个接一个地串(接连相乘)起来,本例即从 100 开始,然后如下面展示的那样处理其他的重量值。

然后如你在页面空白处①看到的那样,连线的重量值相乘,然后用积除以那些未被连线的数字。如你看到的那些磅数,总是用除以一个磅数后的商去除以另外一个磅数,依此类推,除以完所有的磅数之后得出的商就是我们要求解的博洛尼亚的 100 磅在佩鲁贾的重量值。

因此用 100 乘以 100,得到 10 000,然后用这个乘积再乘以另一个 100,得 1 000 000,再乘以另一个 100,得 100 000 000,再乘以另一个 100,得 10 000 000 000。现在用积除以剩下的没有被连线的数,分别是 90、120、95,最后的被除数是 96,将得 $101\frac{811}{1\,539}$,这就是博洛尼亚 100 磅在佩鲁贾的重量值,也可以使用其他方法来求解。

【例 4-38】 佩鲁贾的 100 磅相当于锡耶纳的 90 磅,锡耶纳的 100 磅相当于比萨的 120 磅,比萨的 100 磅相当于佛罗伦萨的 95 磅,佛罗伦萨的 100 磅相当于博洛尼亚的 96 磅。问佩鲁贾的 100 磅在博洛尼亚的重量值是多少。

解答同上。这个问题体现了我所要求的终极规则和原理。无需做任何其他处理,只要用一个磅数乘以另一个磅数,然后再除以所有其他数即可,但这里有一点不同:之前的求解是将 100 连乘,而这里是将其他磅数②连乘,然后除以这些 100,如同向你展示的那样,将连线的数字连乘,然后除以未连线的数字③,最后的商是佩鲁贾的百磅在博洛尼亚的重量值,为 $98\frac{1}{2}$ 磅,总是如此处理。

---

① 指原稿页面下方空白处所列的计算过程。参见下列计算过程。——译者注。

佩鲁贾	锡耶纳	比萨	佛罗伦萨	博洛尼亚
100	90	100	95	100
	100	120	100	96

② 指 100 磅相当于其他地方的磅数。——译者注。

③ 在原稿的页面左边空白处有这样的计算过程:

佩鲁贾	锡耶纳	比萨	佛罗伦萨	博洛尼亚
100	90	100	95	
100	100	120	100	96

【例 4-39】 5 比萨的里拉等于 7 图尔的(Tornesi)①里拉，9 图尔的里拉等于 11 沃尔特拉的(Volterrani)②里拉，13 沃尔特拉的里拉等于 17 卢卡(Luchesi)的里拉，问比萨的 100 里拉相当于多少卢卡里拉。

解答如下：按照前述的两种方法求解，得出比萨的 100 里拉相当于卢卡的 $223\frac{89}{117}$，观察页面空白处如前述的运算③，即用 7 乘以 100，得 700，用 700 乘以 11，得 7 700，用 7 700 乘以 17，得 130 900，除以 5、9、13，即得前值，解毕。

【例 4-40】 7 个鸡蛋价值 9 德纳里，15 德纳里价值 8 个梨，7 个梨价值 5 个苹果，11 个苹果价值 18 个栗子，16 个栗子价值 30 个核桃，250 个核桃价值 1 蒲式耳大麦。问，3 蒲式耳大麦价值多少个鸡蛋？

解答如下：用 7 乘以 15，再乘以 7、11、16、250、3，用总乘积除以 9、8、5、18、30，所得的最终数值就是 3 蒲式耳大麦价值的鸡蛋数量，即 $499\frac{2}{27}$，如题，得解④。

【例 4-41】 热那亚的(Genovini) $2\frac{2}{3}$ 索尔迪等于阿维尼翁(Ravignani)的 $3\frac{3}{4}$ 索尔迪，阿维尼翁的 $4\frac{1}{2}$ 索尔迪等于图尔的 $6\frac{2}{3}$ 索尔迪，问图尔的 40 索尔迪等于多少热那亚的索尔迪。

解答如下：按照前述规则也可以处理分数，解答如下。先计算多少阿维尼翁的索尔迪等于图尔的 40 索尔迪。已知阿维尼翁的 $4\frac{1}{2}$ 索尔迪等于图尔的 $6\frac{2}{3}$ 索尔迪，那么对于图尔的 40 索尔迪而言，等于阿维尼翁的 27 索尔迪。问：如果阿维尼翁的 $3\frac{3}{4}$ 索尔

---

① 可能指图尔(法语为 Tours)，法国中西部城市，其发行的货币名为托纳斯(tornese，复数为 tornesi)，随后这种名称的货币也在意大利南部发行。——译者注。
② 意大利比萨地区的一个城镇。——译者注。
③ 在原稿的页面左边空白处有这样的计算过程：

卢卡	沃尔特拉	图尔	比萨
17	13	7	5
	11	9	100

④ 在原稿的页面空白处左边如下计算过程：

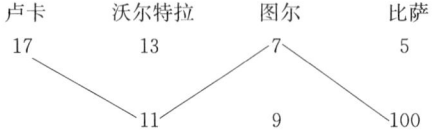

鸡蛋						大麦
7	9	7	5	16	30	3
	15	8	11	18	250	

迪价值热那亚的 $2\frac{2}{3}$ 索尔迪，那么阿维尼翁的 27 索尔迪价值多少热那亚的索尔迪？乘除运算，将价值热那亚的 19 索尔迪 $9\frac{3}{5}$ 德纳里①，这就是图尔 40 索尔迪的价值②。

【例 4-42】 一个商人在博洛尼亚有应付账款，应付数额为博洛尼亚的 100 里拉，他在佩鲁贾他有两种货币可供携带，即卡里尼（charlini）③和博洛尼尼（bolognini）。每卡里尼在佩鲁贾等于 104 德纳里，在博洛尼亚等于 80 德纳里。每博洛尼尼在佩鲁贾等于 30 德纳里，在博洛尼亚等于 24 德纳里，问携带哪种货币更佳，两种货币每百价值差额是多少。

解答如下：先计算博洛尼尼的汇兑与交换情况。若博洛尼亚的 24 德纳里在佩鲁贾价值 30 德纳里，那么博洛尼亚的 100 里拉在佩鲁贾价值多少？乘除运算，得 125 里拉，即为在博洛尼亚的博洛尼尼 100 里拉在佩鲁贾的价值数。现在来计算卡里尼，问：如果博洛尼亚的 80 德纳里价值佩鲁贾的 104 德纳里，那么博洛尼亚的 100 里拉在佩鲁贾价值多少？乘除运算，得到 130 里拉，这就是博洛尼亚的卡里尼 100 里拉在佩鲁贾的价值数，因此携带博洛尼尼更佳，两者每百差额为 5 里拉。

【例 4-43】 一个商人有 1 弗罗林，等于 40 博洛尼尼，或 20 阿贡塔尼（angontani）④，或 16 格罗斯。他期望能够换得 2 倍于阿贡塔尼的格罗斯，2 倍于博洛尼尼的阿贡塔尼，问汇兑商应给其多少博洛尼尼、格罗斯和阿贡塔尼。

解答如下：已知 1 弗罗林与 40 博洛尼尼、20 阿贡塔尼、16 格罗斯价值相等。假设期望博洛尼尼数量为 1，则有 2 阿贡塔尼和 4 格罗斯，现在计算所拥有的弗罗林相对于期望得到的博洛尼尼，或阿贡塔尼，或格罗斯的价值。求解如下。先计算 2 阿贡塔尼的价值，已知 20 阿贡塔尼价值 40 博洛尼尼，用 2 乘以 40 除以 20，得 4，即 4 博洛尼尼等于 2 阿贡塔尼。计算格罗斯的价值，已知 16 格罗斯价值 40 博洛尼尼，用 4 乘以 40 除以 16，得到 10 博洛尼尼，即 10 博洛尼尼相当于 4 格罗斯，将这些博洛尼尼加

---

① 原稿计算有误，应为 19 索尔迪 $2\frac{2}{5}$ 德纳里。——译者注。
② 在原稿的页面空白处左边有如下计算过程：

热那亚	阿维尼翁	图尔
$3\frac{2}{3}$	$3\frac{3}{4}$	40
	$4\frac{1}{2}$	$6\frac{2}{3}$

③ 那不勒斯货币卡里诺（Carlino）的复数。——译者注。
④ 阿贡塔尼（angontani）是安科纳（Ancona）共和国的货币。——译者注。

总然后再计算其是否有 40 博洛尼尼。

将 1、4、10 相加得 15 博洛尼尼,而期望是 40,所以问:如果 15 对应 40,那么 1 博洛尼尼对应的是多少,4 博洛尼尼对应的是多少,10 博洛尼尼对应的是多少?求解可知,1 对应 $2\frac{2}{3}$,这就是应有的博洛尼尼数量;对于阿贡塔尼,用 2 乘以 $2\frac{2}{3}$,得 $5\frac{1}{3}$,这就是应有的阿贡塔尼数量;对于格罗斯,用 2 乘以 $5\frac{1}{3}$ 得 $10\frac{2}{3}$,这是应有的格罗斯数量,三者加总会得到题设的 40 博洛尼尼,解毕,依此类推。

【例 4-44】 一个商人有 100 弗罗林,将其中的一部分兑换为托纳斯(tornesi),1 弗罗林可兑换 10 托纳斯,将兑换为托纳斯的数量乘以其自身,等于剩余的弗罗林数量,问将用多少弗罗林兑换。

解答如下: 假设其兑换了 1co 弗罗林,问:如果 1 弗罗林等于 10 托纳斯,那么 1co 弗罗林等于多少托纳斯?应为 10co 托纳斯,其剩余弗罗林数量为 100 减去 1co,现在将 10co 托纳斯乘以其自身,得 10co□①,其应该等于剩余的弗罗林数量,即 100 减去 1co,移项化简,得到等式:1co□加 $\frac{1}{100}$co 等于 1,取一次项系数的一半$\left(即\frac{1}{200}\right)$,将其乘以自身(即平方),加上常数项②,解得 1co 等于 $R_x 1\frac{1}{40\,000}$ 减 $\frac{1}{200}$,即为弗罗林用以兑换的数量,解毕。

还有一个类似问题:一个商人有 24 弗罗林,将其中若干数量兑换为托纳斯,1 弗罗林价值 $\frac{1}{2}$ 托纳斯,兑换为托纳斯的数量乘以自身数量等于剩余的弗罗林数量,问用多少弗罗林兑换。

与前述的求解相同,应兑换的弗罗林数量为 10 减去 2③,即 8,兑换的托纳斯数量为 4,剩余 16 弗罗林,如果将托纳斯数量乘以自身数量,正好等于 16。

【例 4-45】 1 托纳斯等于皮佐利若干,1 吉雅多(gigliato)④等于 $\frac{3}{4}$ 托纳斯,1 维尼亚尼(venitiano)⑤等于吉雅多和托纳斯值之和的平方根,兑换 3 格罗斯,每种货币数量均为 1,总计价值为 10 索尔迪 1 德纳里。问托纳斯和格罗斯相当于

---

① 即 10co^2。——译者注。
② 即一元二次方程配方的过程。——译者注。
③ 略去了一元二次方程求解的过程,应等于 $R_x 100$ 减去 2。——译者注。
④ 14 世纪初在那不勒斯发行的银币。——译者注。
⑤ 单数 venitiano,复数为 venitiani,统一翻译为维尼亚尼。同时,可能并不存在以此为名的真实货币,而可能是帕乔利为举例所设的"虚拟货币",意为"威尼斯的货币"。——译者注。

皮佐利的价值。

解答如下：假设 1 托纳斯等于 $\frac{4}{7}$co□ 皮佐利，这也是格罗斯的价值，因此 1 吉雅多等于 $\frac{3}{7}$co□ 皮佐利，两者相加得到 1co□ 皮佐利，取其平方根，即 1co 皮佐利，这就是 1 维尼亚尼的价值，加总等于 1co□ 加 1co，等于 10 索尔迪 1 德纳里，即 121 德纳里。注意，对于格罗斯而言，1 格罗斯等于 1 托纳斯，假设这两种货币以皮佐利计价相等，因此如果 1 托纳斯等于 $\frac{4}{7}$co□ 皮佐利，而用 1 格罗斯兑换托纳斯，就得 $\frac{4}{7}$co□ 皮佐利，用 1 格罗斯兑换吉雅多，就得 $\frac{3}{7}$co□ 皮佐利，这也是托纳斯的价值，同样，如兑换为维尼亚尼，就得 1co 皮佐利，因为 1 托纳斯相对于维尼亚尼的价值是 1co 皮佐利，也可以说，1co□ 加上 1co 皮佐利等于 3 格罗斯，即 121 德纳里。

要知道前文中所述格罗斯价值托纳斯的数量与托纳斯以皮佐利计价的数量一样是错误的。对于吉雅多而言，格罗斯价值吉雅多的数量，与吉雅多价值皮佐利的数量一致①；对于维尼亚尼而言，格罗斯价值维尼亚尼的数量，与维尼亚尼价值皮佐利的数量一致，这些观点也都是错误的。记住这些错误产生的原因是一开始就想当然②。

现在让我们回到上述等式。所有三种货币相对于皮佐利的价值加总，也就是 3 格罗斯价值皮佐利的数量。1co□ 加上 1co 等于 121，得维尼亚尼（1co）价值 $R_X\ 121\frac{1}{4}$ 减去 $\frac{1}{2}$。托纳斯与吉雅多之和等于 $121\frac{1}{4}$ 减去 $\frac{1}{2}$③，如果想知道托纳斯的价值，取 $121\frac{1}{4}$ 减去 $\frac{1}{2}$ 的 $\frac{4}{7}$，如果想知道吉雅多的价值，取 $121\frac{1}{4}$ 减去 $\frac{1}{2}$ 的 $\frac{3}{7}$，解毕。

【例 4-46】 1 珀普利诺（populino）④在科托纳（Cortonesi）⑤等于 32 德纳里，在锡耶纳的价值相当于在科托纳的价值减去在锡耶纳价值的平方根，即 32 德纳里减去在锡耶纳价值的平方根，问其在锡耶纳的价值是多少。

解答如下：假设其在锡耶纳的价值是 25，计算 32 和 25 之间的差额，为 7；若这个

---

① 在原稿页面的左边空白处有如下注释："如果你想正确理解这一点，请一直看到解答的最后，你会更清楚地知道这个错误愚弄了我。"
② 这个错误就是当兑换 3 格罗斯为 3 种货币，每种货币数量都是 1，有可能会想当然地认为每种货币正好等于 1 格罗斯。——译者注。
③ 此处计算有误，应为 $121\frac{1}{2}\sim R_X\ 121\frac{1}{4}$，由此计算出来的托纳斯的价值：$69\frac{3}{7}\sim R_X\ 39\frac{29}{49}$ 皮佐利，吉雅多的价值：$52\frac{1}{14}\sim R_X\ 22\frac{53}{196}$ 皮佐利。——译者注。
④ 13 世纪末在佛罗伦萨铸造的银弗罗林的名称。——译者注。
⑤ 位于托斯卡纳地区的科托纳（Cortona）。——译者注。

差额是 5，那么就是 R_x25，根据题设就正好满足要求，即在锡耶纳的价值正好等于 32 德纳里减去 R_x，若所求解的在锡耶纳的价值与 32 之间的差额正好等于在锡耶纳价值的平方根，即是正确的解答。

为了求解该账目，假设 1 珀普利诺在锡耶纳价值 1co□，因此其平方根就是 1co，加上 1co□，得 1co□ 加 1co，其应该等于 32 德纳里。这是因为如果在锡耶纳价值 1co□，其就应该等于 32 德纳里减 R_x1co□，即 1co，因此将其加上 1co□，即 1co□ 加 1co 等于 32 德纳里。取一次项系数的一半，将其平方，加上常数项，解得 1co，为 $R_x32\frac{1}{4}$ 减 $\frac{1}{2}$，前文假设 1 珀普利诺等于 1co□ 塞纳斯，因此将 $\left(R_x32\frac{1}{4}-\frac{1}{2}\right)$ 进行平方，得 $32\frac{1}{2}$ 减 $R_x32\frac{1}{4}$①，这就是 1 珀普利诺价值塞纳斯的数量，解毕，依此类推。

注意上一例题②中问到兑换 3 格罗斯，即每 1 格罗斯兑换 1 种货币，如果想要将 1 格罗斯兑换为珀普利诺，即 1 珀普利诺价值 $\frac{4}{7}$co□ 皮佐利，1 格罗斯兑换为吉雅多，即 1 吉雅多价值 $\frac{3}{7}$co□ 皮佐利，1 格罗斯兑换为维尼亚尼，即 1 维尼亚尼价值 1co 皮佐利，然后将所有这些价值的皮佐利相加，得 10 索尔迪 1 德纳里，即 121 德纳里，其看起来上佳但实际有误，要求能够按我期望的更好的方法来求解前述的正确数，并在本章中验证，这样来解类似问题。

【例 4-47】 1 老博洛尼尼（bolognino vechio）价值塞斯尼（sestini）③或德纳里若干，这里取值塞斯尼。1 卡梅里诺④的博洛尼尼（bolognino de Camerino）价值 $\frac{4}{5}$ 老博洛尼尼。1 阿里米诺⑤的博洛尼尼（bolognino d'Arimino）等于前两者价值之和的平方根，现将 3 种博洛尼尼（bolognini）中的每一种博洛尼尼均兑换为塞斯尼，共价值 12 塞斯尼，问每种博洛尼尼等于多少塞斯尼。

解答如下：如上所述，假设 1 老博洛尼尼等于 $\frac{5}{9}$co□ 塞斯尼，1 卡梅里诺的博洛尼尼等于 $\frac{4}{9}$co□ 塞斯尼，加总 $\frac{5}{9}$co□ 和 $\frac{4}{9}$co□，得 1co□，其 R_x 为 1co，这就是 1 阿里米诺博洛尼

---

① 原稿中为 $32\frac{1}{4}$ 减 $\frac{1}{2}$，计算有误，错误与上一例相同。——译者注。
② 因为上一例中的错误，此例中又重复上一例中的问题进行强调。——译者注。
③ 通常应称为塞斯尼（sesini，单数形式为 sesino），约 14 世纪在意大利开始铸造的一种通用硬币，价值 6 德纳里（半索尔迪）。——译者注。
④ 马尔凯（Marche）地区的一个城市。——译者注。
⑤ 艾米利亚-罗马涅（Emilia-Romagna）地区的一个城市。——译者注。

尼价值塞斯尼的数量。现将 1 老博洛尼尼兑换为塞斯尼,为 $\frac{5}{9}$co$^\square$ 塞斯尼,然后兑换 1 卡梅里诺的博洛尼尼,为 $\frac{4}{9}$co$^\square$ 塞斯尼,再兑换 1 阿里米诺的博洛尼尼,为 1co 塞斯尼,如此便根据题设兑换了 3 种博洛尼尼为塞斯尼。现将所有塞斯尼数量加总,总共为 1co$^\square$ 加 1co 塞斯尼,等于 12,所以 1co$^\square$ 加 1co 等于 12 塞斯尼;取一次项系数的一半,将其平方,加上常数项,得 $12\frac{1}{4}$,解得 1co 为 R$_x$ $12\frac{1}{4}$ 减 $\frac{1}{2}$,这就是 1 阿里米诺的博洛尼尼价值塞斯尼的数量,即 3。

现在来看其他货币的价值,将其 R$_x$ $12\frac{1}{4}$ 减 $\frac{1}{2}$ 平方,得 9,假设 1 老博洛尼尼等于 $\frac{5}{9}$co$^\square$,则为 5,1 卡梅里诺的博洛尼尼等于老博洛尼尼的 $\frac{4}{5}$,因而其价值为 4,现在来进行验算,3 种博洛尼尼的总价值为 12 塞斯尼,与结果一致,证毕。

【例 4-48】 1 金弗罗林等于皮佐利的里拉若干,其价值弗罗林的数量为价值皮佐利里拉的数量减去 10 索尔迪,一个商人兑换 20 金弗罗林为皮佐利,得皮佐利的 40 里拉和弗罗林的 40 里拉,问弗罗林以皮佐利计价的价值是多少。

解答如下: 假设 1 金弗罗林等于皮佐里的 1co 里拉,因为题设以弗罗林计价的价值为其价值皮佐利里拉的数量减去 10 索尔迪,而 10 索尔迪相当于 $\frac{1}{2}$ 里拉,那么其价值弗罗林将为 1co 减 $\frac{1}{2}$ 里拉。已知 20 金弗罗林可兑换为皮佐利的 40 里拉和弗罗林的 40 里拉,因此用皮佐利的 40 里拉除以金弗罗林相对皮佐利的价值,如同前文所展示的那样,将得到其兑换的金弗罗林的数量;用弗罗林的 40 里拉除以金弗罗林相对弗罗林的价值,将得其兑换金弗罗林的数量,这样将两个数量加在一起就得到要兑换为两种货币的金弗罗林数量,即 20。

用 40 除以一个数,先置于此,然后再用 40 除以这个数减去 $\frac{1}{2}$,因为其弗罗林的价值为此数量减去 $\frac{1}{2}$。现将两者相加应等于 20,而被除数金弗罗林相当于每种货币的价值。假设这个数量为 1co,则前者为 $\frac{40}{1\text{co}}$,后者为 $\frac{40}{\left(1\text{co}-\frac{1}{2}\right)}$,加总,通分,得 $\frac{(80\text{co}-20)}{\left(1\text{co}^\square-\frac{1}{2}\text{co}\right)}$,等于 20,化简,等式两边除以二次项系数,得等式:$4\frac{1}{4}$co 等于 1co$^\square$ 加

1，取一次项系数的一半，将其平方，加上常数项，得 $4\frac{1}{16}$，解得 1co，为 $R_x 4\frac{1}{16}$ 加 $2\frac{1}{4}$，这就是金弗罗林价值皮佐利里拉的数量，对于其价值弗罗林的数量，从 $R_x 4\frac{1}{16}$ 加 $2\frac{1}{4}$ 中减 $\frac{1}{2}$ 里拉，剩余 $R_x 4\frac{1}{16}$ 加 $1\frac{3}{4}$，解毕①。

如果要知道金弗罗林兑换每种货币的数量，将 20 分成两部分，一部分乘以 $R_x 4\frac{1}{16}$ 加 $2\frac{1}{4}$，另一部分乘以 $R_x 4\frac{1}{16}$ 加 $1\frac{3}{4}$，两者应该相等，因为都等于 40。现在求解，要找到一个数量乘以 $R_x 4\frac{1}{16}$ 加 $2\frac{1}{4}$ 等于 40，这个数字将是 20 的一部分，也是兑换为皮佐利里拉的金弗罗林数量，20 减去该数量的剩余数就是另外一部分，依此类推。

【例 4-49②】 1 老博洛尼尼价值塞斯尼若干，价值瓜特里尼（quatrini）的数量为其价值塞斯尼的数量减 1，兑换 20 博洛尼尼为塞斯尼和瓜特里尼，得 $54\frac{6}{11}$ 塞斯尼和相同数量的瓜特里尼，问 1 博洛尼尼价值塞斯尼和瓜特里尼各是多少，兑换为这两种货币的博洛尼尼数量各是多少。

解答如下： 如上同解，可以得出 1 博洛尼尼等于 6 塞斯尼和 5 瓜特里尼，兑换为塞斯尼的博洛尼尼数量为 $9\frac{1}{11}$，兑换为瓜特里尼的博洛尼尼数量为 $10\frac{10}{11}$。现在为确保更好地理解，假设 1 博洛尼尼等于 1co 塞斯尼，因此其价值瓜特里尼的数额为 1co

---

① 在原稿页面的右边空白处有如下计算过程：

40co 减 20　　　40co

$\frac{40}{1co}$　　　$\frac{40}{1co \text{ 减 } \frac{1}{2}}$

$\frac{80co \text{ 减 } 20}{1\square \text{ 减 } \frac{1}{2}co}$　——　20

80co 减 20　——　20□ 减 10co

90co　——　20□ 加 20

$4\frac{1}{2}$co　——　1□ 加 1

$\frac{9}{4}$ —— $\frac{9}{4}$　　$\frac{81}{16}$　　5　　$\frac{1}{16}$

皮佐利 $R_x 4\frac{1}{16}$ 加 $2\frac{1}{4}$ 里拉

弗罗林 $R_x 4\frac{1}{16}$ 加 $1\frac{3}{4}$ 里拉

② 此例原稿中未编号。——译者注

减 1。求解：用 $54\frac{6}{11}$ 除以一个数，然后用 $54\frac{6}{11}$ 再除以比之前少 1 的数，将两个商相加得 20。这个被除数就是博洛尼尼价值塞斯尼的数量，即所假设的 1co，因此用 $54\frac{6}{11}$ 除以 1co，化简得 $\frac{600}{11\text{co}}$，然后用 $54\frac{6}{11}$ 除以 1co 减 1，化简得 $\frac{600}{(11\text{co}-11)}$，将两者相加，通分得 $\frac{(13\,200\text{co}-6\,600)}{(121\text{co}^{\square}-121\text{co})}$，等于 20，化简，除以二次项系数，得 $6\text{co}\frac{5}{11}$ 等于 $1\text{co}^{\square}$ 加 $2\frac{8}{11}$，取一次项系数的一半，将其平方，加上常数项，得 $7\frac{333}{484}$，解得 1co 等于 $R_x 7\frac{333}{484}$ 加 $3\frac{5}{22}$，这就是博洛尼尼价值塞斯尼的数量，即 $R_x 7\frac{333}{484}$ 等于 $\left(2\frac{17}{22}+3\frac{5}{22}\right)$，为 6，而价值瓜特里尼的数量为 $R_x 7\frac{333}{484}$ 加 $\frac{5}{22}$。若想求解博洛尼尼的兑换数量，如上文所说求解，将得兑换塞斯尼的博洛尼尼数量为 $9\frac{1}{11}$，兑换瓜特里尼的博洛尼尼数量为 $10\frac{10}{11}$①。

【例 4-50】 一个商人用 40 金弗罗林兑换托纳斯（tornesi）若干，之后从中减去

---

① 在原稿页面的左边空白处有如下计算过程：

塞尼斯 1co   瓜特里尼 1co − 1

　11co　　　　　600　　　11co − 11　　　　　600
　　　　　×　　　　　　　　　　　　　×
　$\frac{1}{1}$co　　　$\frac{600}{11}$　　　$\frac{1\text{co}-1}{1}$　　　$\frac{600}{11}$

　6 600co 减 6 600　　　　　6 600co
　　　　　　　　　　　　　　　6 600co

　$\frac{600}{11\text{co}}$　×　$\frac{600}{11\text{co}-11}$

　$\overline{\quad 13\,200\text{co}-6\,600\quad}$
　$\quad 121^{\square}-121\text{co}\quad\quad 20$

13 200co − 6 600 ——— 24　20co

$6\frac{5}{11}$co　　50 ——— $1^{\square}+2\frac{8}{11}$

$\frac{71}{22}$ ——— $\frac{71}{22}$　　$\begin{array}{r}120\\430\\484\end{array}$　　$1\;\big|\;10\quad\frac{201}{484}$

$\frac{22}{484}$　　　　47

$R_x 7\frac{333}{484}+\frac{35}{22}$ 塞尼斯

$R_x 7\frac{333}{484}+2\frac{5}{22}$ 瓜特里尼

60 托纳斯,用 60 托纳斯以比之前兑换价格多 1 托纳斯的价格购买或兑换弗罗林,当其购买后,发现其购买的弗罗林数量加上减去 60 托纳斯后的剩余托纳斯,结果为 50 托纳斯,问 1 弗罗林价值多少托纳斯。

解答如下:假设 1 弗罗林等于 1co 托纳斯,计算 40 弗罗林价值多少,如果 1 弗罗林兑换 1co 托纳斯,40 弗罗林兑换 40co 托纳斯,即为 40 弗罗林兑换的托纳斯的数量,现在从中减 60,即 40co 减去 60,用这 60 托纳斯以比之前多 1 托纳斯的价格购买弗罗林,即购买价格为 1 弗罗林价值 1co 加 1 托纳斯,因为之前交换的价格是 1co。

现在计算 60 托纳斯以 1co 加 1 的价格可以兑换多少弗罗林,因此问:如果 1co 加 1 等于 1 弗罗林,那么 60 托纳斯等于多少?1 乘以 60,除以 1co 加 1,等于 $\frac{60}{(1co+1)}$,即为 60 托纳斯交换弗罗林的数量。现在将其加上剩余的托纳斯数量即 40co 减 60,化简得到 $\frac{(40co^\square - 20co)}{(1co+1)}$,等于题目所给的总数 50。

化简分数,等式两边除以二次项系数,得到等式:$1co^\square$ 等于 $1co \frac{3}{4}$ 加 $1\frac{1}{4}$,取一次项系数的一半,将其平方,加上常数项,得 $2\frac{1}{16}$,解得 1co 等于 $R_x 2\frac{1}{64}$ 加 $\frac{7}{8}$,这就是 1 弗罗林价值托纳斯的数量,解毕。

【例 4-51】 一个人用 10 老博洛尼尼兑换塞斯尼,1 博洛尼尼等于塞斯尼若干,兑换后,取这些塞斯尼中的 24 以较之前加 1 塞斯尼的价值来购买博洛尼尼,随后发现剩余的塞斯尼和购买的博洛尼尼之和为 30,问每博洛尼尼等于多少塞斯尼。

解答如下:同上文解答,可得结果为 1 博洛尼尼第一次兑换为 5 塞斯尼,再次兑换为 6 塞斯尼。更佳解答方法如下:假设 1 博洛尼尼等于 1co 塞斯尼,因此 10 博洛尼尼等于 10co 塞斯尼,已知 10 博洛尼尼兑换后有 10co 塞斯尼,减去其中的 24,即 10co 减去 24,用这 24 以较之前加 1 塞斯尼的价格来购买博洛尼尼,又已知 1 博洛尼尼价值 1co 塞斯尼,因此其购买价格为 1co 加 1。

问:如果 1co 加 1 塞斯尼等于 1 博洛尼尼,那么 24 塞斯尼价值多少?用 1 乘以 24,再除以 1co 加 1,得 $\frac{24}{(1co+1)}$,即为 24 塞斯尼价值博洛尼尼的数量。现将此博洛尼尼数量和之前兑换后减去 24 的塞斯尼相加,即 10co 减 24,通分后得总和 $\frac{(10co^\square - 14co)}{(1co+1)}$,其等于 30。化简分数,等式两边除以二次项系数,得到等式 $1co^\square$ 等于 $4co\frac{2}{5}$ 加 3,取一次项系数的一半,将其平方,加上常数项,得到 $7\frac{21}{25}$,解得 1co 为

$R_X 7\frac{21}{25}$ 加 $2\frac{1}{5}$，这就是第一次兑换时，博洛尼尼价值塞斯尼的数量，即 5，第二次兑换价格为其加 1，即 6，解毕，按题设来验证，为真①。

【例 4-52】 一个商人用 1 弗罗林兑换 12 托纳斯和 8 阿奎利尼(aquilini)②，或者是 8 托纳斯和 20 阿奎利尼，也可兑换 4 托纳斯、4 阿奎利尼和 20 皮佐利的索尔迪，问

---

① 在原稿页面的右边空白处有如下计算过程：

1co

$\dfrac{1co-1}{1}$ $\dfrac{1}{1}$ ———— $\dfrac{60}{1}$

60

$\dfrac{60}{1co+1}$ $\dfrac{40co-60}{1}$ $40\square+40co-60co-60$

$\dfrac{40\square-20co}{1co+1}$ 50

$40\square-20co$ ———— $50co+50$

$40\square$ ———— $70co+50$

$[90]$ ———— 1 $\dfrac{3}{4}co+\dfrac{1}{4}$

$\dfrac{7}{8}$ ———— $\dfrac{7}{8}$ $\dfrac{49}{64}$

托纳斯 $R_X 2\dfrac{1}{24}+\dfrac{7}{8}$

1co $10co-24$

$\dfrac{24}{1co+1}$ $\dfrac{10co-24}{1}$

$\dfrac{10\square-14co}{1co\text{加}1}$ 30

$10\square-14co-30\square+30$

$10\square$ ———— $44co+30$

$1\square$ ———— $4\dfrac{2}{5}co+3$

$\dfrac{11}{5}$ $\dfrac{121}{25}$ $2\dfrac{1}{5}$

$R_X 7\dfrac{21}{25}+2\dfrac{1}{5}$

塞斯尼 ———— 即 $R_X 7\dfrac{21}{25}+2\dfrac{1}{5}$

(注意这实际上是两个题目的计算过程，得到两个结果，原稿中两个计算过程之间有双横线，原稿图如上)

② 13 世纪开始在意大利北部城市梅拉诺(Merano)铸造发行的一种银币。——译者注。

1 弗罗林等于多少皮佐利。

解答如下：已知 1 弗罗林可兑换 12 托纳斯和 8 阿奎利尼，或兑换 8 托纳斯和 20 阿奎利尼。因此可知两个价值相减有 4 托纳斯和 12 阿奎利尼的差额（因为两者价值相等，一个为 12 托纳斯和 8 阿奎利尼，一个为 8 托纳斯和 20 阿奎利尼），则 4 托纳斯和 12 阿奎利尼相等，可得 1 托纳斯等于 3 阿奎利尼，现在来计算 12 托纳斯的价值：如果 1 托纳斯等于 3 阿奎利尼，12 托纳斯等于多少阿奎利尼？得 36 阿奎利尼。现在将其与 8 阿奎利尼相加，得 44 阿奎利尼，这就是 1 弗罗林兑换阿奎利尼的价值，即 44 阿奎利尼。

已知 1 弗罗林等于 8 托纳斯和 20 阿奎利尼以及 3 阿奎利尼等于 1 托纳斯，因此 20 阿奎利尼等于 $6\frac{2}{3}$ 托纳斯。

已知 1 弗罗林兑换 4 托纳斯、4 阿奎利尼和 20 皮佐利的索尔迪。已知 20 皮佐利的索尔迪是 1 弗罗林价值的一部分，另一部分是 4 托纳斯，而弗罗林价值 $14\frac{2}{3}$ 托纳斯，用 4 除以 $14\frac{2}{3}$，得 $\frac{3}{11}$，这就是 4 托纳斯占 1 弗罗林价值的比例，类似的来计算 4 阿奎利尼占 1 弗罗林价值的比例，已知 1 弗罗林等于 44 阿奎利尼，用 4 除以 44，得 $\frac{1}{11}$，这就是 4 阿奎利尼占 1 弗罗林价值的比例。

现在将两个比例相加，即 $\frac{3}{11}$ 和 $\frac{1}{11}$，得到 $\frac{4}{11}$，这就是 4 托纳斯和 4 阿奎利尼占 1 弗罗林价值的比例，因此剩余份额就是 20 皮佐利的索尔迪所占份额，为 $\frac{7}{11}$。现在求解弗罗林兑换皮佐利的价值，问：如果 1 弗罗林的 $\frac{7}{11}$ 等于 20 索尔迪，那么 $\frac{4}{11}$ 弗罗林等于多少索尔迪？用 20 乘以 $\frac{4}{11}$ 再除以 $\frac{7}{11}$，等于 $11\frac{3}{7}$ 索尔迪，即等于 4 托纳斯和 4 阿奎利尼价值索尔迪的数量，现在将其加上 20 索尔迪，等于 $31\frac{3}{7}$ 索尔迪，因此 1 弗罗林等于 $31\frac{3}{7}$ 皮佐利的索尔迪，现在就得到了弗罗林兑换每一种货币的价值。

【例 4-53】 1 金弗罗林等于 10 托纳斯和若干珀普利尼（populini），也等于 15 珀普利尼和若干托纳斯，其数量是弗罗林价值中减去 10 托纳斯后珀普利尼数量的 $\frac{1}{2}$。又知 1 弗罗林可兑换 8 托纳斯和 8 珀普利尼，问其分别等于多少珀普利尼和托纳斯。

解答如下：假设每弗罗林价值托纳斯的数额为 10 托纳斯加 1co 托纳斯，现在已知 1 弗罗林等于 8 托纳斯和 8 珀普利尼，从弗罗林的价值 10 加 1co 托纳斯中减去 8 托纳斯，剩余 2 加 1co 托纳斯，其价值等于减去 8 托纳斯的 8 珀普利尼。现在来计算题设的 15 珀普利尼等于多少托纳斯，问：如果 8 珀普利尼等于 2 加 1co 托纳斯，那么 15 珀普利尼等于多少？用 15 乘以 2 加 1co，再除以 8，等于 $3\frac{3}{4}$ 加 1co $\frac{7}{8}$，即为 15 珀普利尼等于的托纳斯数量，从弗罗林的价值即 10 加 1co 托纳斯中将其减去，因为两者均为托纳斯，因此剩余 $6\frac{1}{4}$ 减 $\frac{7}{8}$co，这个剩余值来自前文中的那些从弗罗林价值中减去后的剩余，再加上再减去所得到。

现在算出 1 弗罗林价值 15 珀普利尼加 $6\frac{1}{4}$ 减 $\frac{7}{8}$co 托纳斯，因为 $6\frac{1}{4}$ 减 $\frac{7}{8}$co 是用弗罗林的价值减去 15 珀普利尼后剩余的数量，而从题设可知，从上述 1 弗罗林的价值中减去 15 珀普利尼后剩余的托纳斯的数量就是 1 弗罗林价值中减去 10 托纳斯后珀普利尼数量的 $\frac{1}{2}$，因此取 $6\frac{1}{4}$ 减 $\frac{7}{8}$co 托纳斯的双倍，等于 $12\frac{1}{2}$ 减 1co $\frac{3}{4}$，即为弗罗林价值减去 10 托纳斯后的珀普利尼数量，而你假设弗罗林价值 10 托纳斯加 1co 托纳斯，因此 1co 托纳斯就等于这个数量的珀普利尼，即 $12\frac{1}{2}$ 减 1co $\frac{3}{4}$ 珀普利尼。现在来看 8 珀普利尼等于多少托纳斯。问：如果 1co 托纳斯等于 $12\frac{1}{2}$ 减 1co $\frac{3}{4}$ 珀普利尼，那么多少托纳斯等于 8 珀普利尼？按照三数法则处理：如果 $12\frac{1}{2}$ 减 1co $\frac{3}{4}$ 珀普利尼等于 1co 托纳斯，那么 8 珀普利尼价值多少？用 1co 乘以 8，得 8co，再除以 $\left(12\frac{1}{2}-1\mathrm{co}\frac{3}{4}\right)$，这就是其兑换托纳斯的数量。

如前所述，现在从 10 加 1co 托纳斯中减去 8 托纳斯，等于 2 加 1co 托纳斯，其应等于 8 珀普利尼所价值的托纳斯，即 $\dfrac{8\mathrm{co}}{\left(12\frac{1}{2}-1\mathrm{co}\frac{3}{4}\right)}$，化简分数，用（2 加 1co）乘以 $\left(12\frac{1}{2}-1\mathrm{co}\frac{3}{4}\right)$，得到等式：25 加 9co 减 1co□ $\frac{3}{4}$ 等于 8co，移项，除以二次项系数，得到等式：1co□ 等于 $14\frac{2}{7}$ 加 $\frac{4}{7}$co，取一次项系数的一半，将其平方，加上常数项，等于 $14\frac{18}{49}$，解得 1co，等于 $R_x 14\frac{18}{49}$ 加 $\frac{2}{7}$。同时假设每弗罗林等于 10 托纳斯加 1co 托纳

斯，因此将 10 和 $R_x 14\frac{18}{49}$ 加 $\frac{2}{7}$ 相加①，等于 $10\frac{2}{7}$ 加 $R_x 14\frac{18}{49}$，这就是每弗罗林价值托纳斯的数量。

现在如果想知道 1 弗罗林兑换多少珀普利尼，将 8 托纳斯从 $10\frac{2}{7}$ 加 $R_x 14\frac{18}{49}$ 托纳斯中减去，等于 $2\frac{2}{7}$ 加 $R_x 14\frac{18}{49}$，即为价值 8 珀普利尼的托纳斯数量。为求解弗罗林兑换珀普利尼的价值。问：如果 $2\frac{2}{7}$ 加 $R_x 14\frac{18}{49}$ 托纳斯等于 8 珀普利尼，那么 1 弗

---

① 原稿页面的右边空白处有如下计算过程：

$$\frac{\text{托纳斯 } 10 + 1co \text{ 托纳斯}}{\text{托纳斯 } 2 + 1co \text{ 托纳斯}} \qquad \frac{\text{托纳斯 } 8 + 8 \text{ 珀普利尼}}{1}$$

$$\frac{[\text{托纳斯 8}] \, 8 \text{ 珀普利尼}}{1} \qquad \frac{\text{托纳斯 } 2 + 1co}{1} \qquad \frac{\text{珀普利尼}}{\frac{15}{1}}$$

$$\frac{30 + 15co \; 8}{8} \qquad 3\frac{3}{4} + 1\frac{7}{8}co$$

$$\frac{3\frac{3}{4} + 1\frac{7}{8}co}{6\frac{1}{4} - \frac{7}{8}co} \qquad \text{珀普利尼 } 15 \text{ 加 托纳斯 } 6\frac{1}{4} - \frac{7}{8}co$$

$$\frac{\text{珀普利尼 } 12\frac{1}{2} - 1\frac{3}{4}co}{1} \qquad \frac{1^{co} \text{托纳斯}}{1} \qquad \frac{8}{1} \text{ 珀普利尼}$$

$$\frac{8co}{12\frac{1}{2} - 1\frac{3}{4}co} \longrightarrow 2 + 1co \text{ 托纳斯}$$

$8co$ ———— 25 加 $9co - 1\frac{3}{4}\square$

$1\frac{3}{4}\square$ ———— $25 + 1co$

$7\square$ ———— $100 + 4co$

$1co$ ———— $14\frac{2}{7} + \frac{4}{7}co$ $\qquad \frac{2}{7} \quad \frac{2}{7} \quad \frac{4}{49}$

$R_x 14\frac{18}{49} + \frac{2}{7} 1co$ 的价值

$10\frac{2}{7} + R_x 14\frac{18}{49}$ 弗罗林价值托纳斯

8

$2\frac{2}{7} + R_x 14\frac{18}{49}$

罗林所价值的 $10\frac{2}{7}$ 加 $R_x 14\frac{18}{49}$ 托纳斯价值多少珀普利尼？用 8 乘以 $\left(10\frac{2}{7} + R_x 14\frac{18}{49}\right)$，再除以 $\left(2\frac{2}{7} + R_x 14\frac{18}{49}\right)$，得 $R_x 704$ 减 8，就是每弗罗林等于珀普利尼的数量。

你可能并未注意到在上文最后一个案例中，没有在乘法和除法上花费太多时间。这样做是为了不冗长，后文中我将向你展示二项式以及关于平方根的讨论，让你能够轻松求解，因为当要用二项式除以某些数时，就必须要找到二项式的残差项，后文中将向你清楚地展示，但就现在要处理的账目而言，目前的方法已经够用。

【例 4-54】 1 金弗罗林等于 10 托纳斯和若干珀普利尼，也等于 15 珀普利尼减若干托纳斯，其数量（若干）是指从弗罗林价值中减去 10 托纳斯后珀普利尼数量的 $\frac{1}{2}$，又 1 弗罗林可兑换 8 托纳斯和 8 珀普利尼，问其相对于上述每种货币的价值是多少。

解答如下：如你所见，这个问题与上一个问题相反，假设弗罗林价值 10 托纳斯加 1co 托纳斯，从中减去 8 托纳斯，即从 1 弗罗林可兑换的 8 托纳斯 8 珀普利尼中减去 8 托纳斯，剩余 2 加 1co 托纳斯，其等于 8 珀普利尼。

现在讨论多少珀普利尼加 10 托纳斯等于 1 弗罗林，已知 2 加 1co 托纳斯等于 8 珀普利尼，那么 1co 托纳斯等于多少珀普利尼？用 8 乘以 1co 等于 8co，再除以 2 加 1co，得 $\frac{8co}{(2+1co)}$，这就是上述求解的珀普利尼数量。又每弗罗林等于 15 珀普利尼减去托纳斯若干，其数量（若干）是指从弗罗林价值中减去 10 托纳斯后珀普利尼数量的 $\frac{1}{2}$，因此 1 弗罗林等于 15 帕普利尼减去 $\frac{8co}{(4+2co)}$ 托纳斯。

先看 15 珀普利尼价值多少托纳斯，问：如果 8 珀普利尼等于 2 加 1co 托纳斯，那么 15 珀普利尼价值多少？用 15 乘以 2 加 1co，得 30 加 15co，再除以 8，得到分数：$\frac{(30+15co)}{8}$，即为 15 珀普利尼价值托纳斯的数量，从这 15 中减去 $\frac{8co}{(4+2co)}$，余 $\frac{(120 \text{加} 56co + 30co^\square)}{(32+16co)}$，为每弗罗林兑换托纳斯的价值，即其等于 10 托纳斯加 1co 托纳斯。化简分数，求解 $1co^\square$，得到等式：$1co^\square$ 等于 $9co\frac{5}{7}$ 加 $14\frac{2}{7}$。取一次项系数的一半，将其平方，加上常数项，（等式右边）得 $37\frac{43}{49}$，解得 1co 等于 $R_x 37\frac{43}{49}$ 加 $4\frac{6}{7}$，就是每弗罗林的价值减去 10 托纳斯后的剩余托纳斯价值数量。

而你假定 1 弗罗林等于 10 托纳斯加 1co,因此其价值 $14\frac{6}{7}$ 加 $R_x 37\frac{43}{49}$ 托纳斯;如果想知道其价值多少珀普利尼,从其中减去 8 托纳斯,余 $6\frac{6}{7}$ 加 $R_x 37\frac{43}{49}$,其等于 8 珀普利尼。现在来求解每弗罗林兑换帕普利尼的价值,这样问:如果 $6\frac{6}{7}$ 加 $R_x 37\frac{43}{49}$ 托纳斯等于 8 帕普利尼,那么 $14\frac{6}{7}$ 加 $R_x 37\frac{43}{49}$ 托纳斯将等于多少,8 乘以 $\left(14\frac{6}{7}+R_x 37\frac{43}{49}\right)$,再除以 $\left(6\frac{6}{7}+R_x 37\frac{43}{49}\right)$,通过二项式来处理,可以得到弗罗林兑换帕普利尼的价值 $\left(14\frac{6}{7}-R_x 37\frac{43}{7}$ 珀普利尼$\right)$,但过程繁琐,不在此展开,相信你会解答得非常好。

【例 4-55】 一个商人有 1 弗罗林,等于 $16\frac{1}{2}$ 格罗斯,或 22 阿贡塔尼,或 44 博洛尼尼,期望兑换后一种货币数量等于另一种货币的数量,问银行需要各支付多少每种货币。

解答如下: 要知道这样的账目是记录的好桥梁好工具,不仅仅对于货币兑换,对于商品贸易和易货贸易也是如此,如同这个人问如何使一种货币的数量等于另一种货币的数量,这样其也会提问三倍、四倍等货币数量关系的兑换,但要注意的是必须知道每一种货币的价值,或者同一种性质商品的价值,或以瓜特里尼、或以博洛尼尼、或以格罗斯等为货币单位。当这样提问一种货币数量等于另一种货币数量时,要算出这个数量,须将所有类型的货币换算为另一种货币,且为了避免繁琐,应为一种价值更小的货币。

假设 1 博洛尼尼等于 6co 瓜特里尼,同样假设其他货币,即假设其他货币等于多少瓜特里尼,然后将弗罗林兑换为瓜特里尼,这样弗罗林都被兑换为同种类型的货币,再将所有货币的价值加总,就将等于弗罗林的价值,1 弗罗林等于 44 博洛尼尼,1 博洛尼尼等于 6co 瓜特里尼,因此 1 弗罗林等于 264co 瓜特里尼,现在加总所有货币,即博洛尼尼价值 6co 瓜特里尼,阿贡塔尼价值 12co,格罗斯价值 $16co\frac{1}{2}$[①],加总等于 $34co\frac{1}{2}$,用 264co 除以 $34co\frac{1}{2}$,等于 $7\frac{15}{23}$[②],这就是格罗斯、阿贡塔尼和博洛尼尼三种货币的数量,得解,三种货币加总后将等于 1 弗罗林。

如果期望格罗斯两倍、三倍或四倍于博洛尼尼等,那就要找到三倍或四倍等假设

---

① 此处原稿计算错误,应为 16co,这导致后文的计算亦错误。——译者注。
② 原稿计算有误,应为 $7\frac{26}{34}$。——译者注。

条件,按照前文处理,将无误得解。

【例 4-56①】 一个商人有 1 杜卡迪,等于 44 博洛尼尼,或 22 阿贡塔尼,或 $8\frac{4}{5}$ 卡里尼,每博洛尼尼等于 6 瓜特里尼,每阿贡塔尼等于 12 瓜特里尼,每卡里尼等于 30 瓜特里尼,期望兑换时卡里尼的数量是阿贡塔尼的 2 倍②,问每种货币的数量。

解答如下:如上文,找出它们对瓜特里尼的价值,为了给那些不想劳心费神的人降低难度,假设每种货币相对于瓜特里尼的价值,准备好期望的数量比例关系。因为期望博洛尼尼是阿贡塔尼的 3 倍,假设 1 博洛尼尼等于 6co,现在取 1 博洛尼尼,相应就要取 3 阿贡塔尼,每博洛尼尼价值 6 瓜特里尼,因此 3 阿贡塔尼等于 36 瓜特里尼,假设其价值 36co,然后对于卡里尼,2 倍于阿贡塔尼,即 6,等于 189 瓜特里尼,假设其价值为 180co,现在将 6co、36co 和 180co 相加,总计为 222co,这样可以处理上千种商品和货币。

222co 等于 1 杜卡迪,因为要将不同货币兑换为瓜特里尼,将其兑换为 264 瓜特里尼,用 264 除以 222co,等于 $1\frac{21}{111}$,就是博洛尼尼的数量,用 3 乘以 $1\frac{21}{111}$,等于 $3\frac{63}{111}$,就是阿贡塔尼的数量,卡里尼数量是阿贡塔尼的两倍,用 2 乘以 $3\frac{63}{111}$,等于 $7\frac{15}{111}$,就是卡里尼的数量,验算方法是将以上数量的三种货币加总,其价值为 1 杜卡迪,多或少皆有误。

【例 4-57】 一个商人有 4 博洛尼尼,另一个商人有 6 比萨尼,两者兑换,有这样的数量相等关系:即比萨尼价值博洛尼尼的数量等于博洛尼尼价值比萨尼数量的 R_x,问博洛尼尼等于多少比萨尼。

解答如下:假设 1 博洛尼尼等于 1co 比萨尼,现在兑换 4 博洛尼尼,来看看等于多少比萨尼,问:如果 1 博洛尼尼价值 1co 比萨尼,4 博洛尼尼价值多少,用 1co 乘以 4,得 4co,这么多的比萨尼价值 4 博洛尼尼,现在我们来计算 6 比萨尼等于多少博洛尼尼。

假设 1 博洛尼尼价值 1co 比萨尼,问:如果 1co 比萨尼兑换 1 博洛尼尼,那么 6 比萨尼兑换多少?用 1 乘以 6,再除以 1co 等于 $\frac{6}{1co}$,即为 6 比萨尼等于博洛尼尼的数量,现在要求解 4 博洛尼尼等于比萨尼数量的 R_x(平方根),因此有 $\frac{6}{1co}$ 等于 $R_x 4co$,因

---

① 此例原稿中未编号,可能帕乔利认为与上例同类,因而不单独编号。——译者注
② 根据后文,还应有条件"期望 3 倍于博洛尼尼的阿贡塔尼"。——译者注

为 4 博洛尼尼等于 4co 比萨尼，化简分数，用 1co 乘以（R_x4co），但先要将两者平方，用 1co$^\square$ 乘以 4co，得到 4co$^\triangle$ [①]，有等式：6 等于 R_x4co$^\triangle$，两边平方，得 36 等于 4co$^\triangle$，即 1co 等于 R_xc9 [②]，即为博洛尼尼等于比萨尼的数量，解毕。

验算如下。对于比萨尼，问：如果 R_xc9 比萨尼等于 1 博洛尼尼，那么 6 比萨尼即 R_xc216 等于多少？用 1 的立方乘以 216，再除以 9 等于 24，再取其立方根，即 R_xc24，因此 6 比萨尼可兑换 R_xc24 博洛尼尼。对于 4 博洛尼尼的价值，用 4 乘以 R_xc9，取 4 的立方，即 64，乘以 9，等于 576，现在已经满足了题设，因为对于比萨尼的 24，正好等于 R_x576，或者（题设条件）想要设为立方根、四次方根或五次方根等，总是将这两者对应，毫无问题。

【例 4-58】 一个商人有 12 弗罗林，价值 15 里拉，另一个商人有 13 弗罗林，价值 16 里拉，问弗罗林的价值是多少。

解答如下： 假设 1 弗罗林等于 1co，12 弗罗林等于 12co 里拉，现在来计算 15 里拉占 12co 里拉的份额，即用 15 除以 12co，得 $\frac{15}{12co}$，同样来处理 16 里拉，用 16 除以 13co，得 $\frac{16}{13co}$，这两个比例应该相等，用 15 乘以 16，等于 240，然后 12co 乘以 13co，等于 156co$^\square$，其应等于 240，将其除以 156co$^\square$，得 $R_x 1\frac{7}{13}$，这就是所假设的 1 弗罗林等于 1co，因此每弗罗林等于 $R_x 1\frac{7}{13}$ 里拉。

【例 4-59】 一个人有 1 杜卡迪，等于 48 老博洛尼尼，或等于 53 新博洛尼尼，其想兑换为数量相等的两种货币，问老博洛尼尼和新博洛尼尼的数量是多少。

解答如下： 总是这样处理，假设兑换为每种博洛尼尼数量为 1，即 1 老 1 新，计算 1 老博洛尼尼占 1 杜卡迪的份额，已知 1 杜卡迪等于 48 老博洛尼尼，因此用 1 除以 48，得 $\frac{1}{48}$ 的份额。同样处理新博洛尼尼，用 1 除以 53，得其占杜卡迪价值的比例为 $\frac{1}{53}$。将两个分数相加，得占杜卡迪价值的份额为 $\frac{101}{2\,544}$，而期望兑换 1 杜卡迪，因此用 1 除以 $\frac{101}{2\,544}$，得 $25\frac{19}{101}$，这就是兑换为两种博洛尼尼的数量，解毕。

简要说明另外的解题方法。将 48 与 53 相加，得到 101，然后将 48 与 53 相乘，得 2 544，除以 101，即得同上的两种博洛尼尼的数量为 $25\frac{19}{101}$。

---

① 在原稿中，未知数的立方值由 △ 符号表示。——译者注
② R_xc9 指 9 的立方根，原稿中立方根用 R_x cuba 表示，本文简写为 R_xc。——译者注

【例 4-60】 一个商人在佩鲁贾有 464 弗罗林 80 索尔迪,每弗罗林等于 36 老博洛尼尼,这种弗罗林为公众所知,但是有另外一种商人使用的弗罗林,每 1 弗罗林可兑换 40 老博洛尼尼,想知道其等于多少这种价值 40 老博洛尼尼的弗罗林。

解答如下:本例不涉及货币种类,仅需要学习一个变换的最简明规则。现在要将价值 36(老博洛尼尼)的弗罗林变换为价值 40(老博洛尼尼)的弗罗林,将价值 36 弗罗林的数量,除以要变换的份额,即 10①,再将其从价值 36 弗罗林的数量中减去,剩余的就是价值 40 弗罗林的数量了。

例如在本例中,用 464 除以 10,等于 $46\frac{2}{5}$,这 $\frac{2}{5}$ 为 40 索尔迪,因为 1 弗罗林价值 100 索尔迪,因此从 464 弗罗林 80 索尔迪中减去 46 弗罗林 40 索尔迪,剩余 418 弗罗林 40 索尔迪,这就是对应价值 40 的弗罗林的数量。两者反过来即要求解价值 36 老博洛尼尼的弗罗林相对于价值 40 的弗罗林数量时,按照这样的规则:总是用价值 40 老博洛尼尼的弗罗林除以 9,然后加在价值 40 的弗罗林上,即得到价值 36 的弗罗林的数量。

【例 4-61】 936 弗罗林 50 索尔迪,每弗罗林等于 40 老博洛尼尼,若用价值 36 老博洛尼尼的弗罗林衡量,其数量是多少?

解答如下:用 936 除以 9,得 104,加上 936 弗罗林 50 索尔迪,得 1 040 弗罗林 50 索尔迪,这就是对应的价值 36 的弗罗林的数量。另外还需知道的是,当有若干里拉要与价值 36 的弗罗林兑换时,应总是将其除以 $4\frac{1}{5}$,因为 $4\frac{1}{5}$ 里拉等于 1 价值 36(老博洛尼尼)的弗罗林,这样就能得出相当于弗罗林的数量,当想要兑换里拉和价值 40 老博洛尼尼的弗罗林时,应除以里拉相当于弗罗林的价值 5,依此类推。

【例 4-62】 一个人有 1 弗罗林,等于 9 托纳斯和 1 拉维涅尼(ravignano)②,或 13 拉维涅尼和 1 托纳斯,其想兑换为同样数量的托纳斯和拉维涅尼,问每种数量是多少。

解答如下:先计算弗罗林价值托纳斯的数量,然后计算拉维涅尼的数量,对于托纳斯而言,已知 1 弗罗林等于 9 托纳斯和 1 拉维涅尼,也等于 13 拉维涅尼和 1 托纳斯。依题意可知,8 托纳斯等于 12 拉维涅尼,因为 13 拉维涅尼减去 1 等于 12 拉维涅尼,9 托纳斯减 1,等于 8 托纳斯,因此有 12 拉维涅尼等于 8 托纳斯。

问:若 12 拉维涅尼等于 8,那么 13 拉维涅尼等于多少?用 13 乘以 8 等于 104,再除以 12 等于 $8\frac{2}{3}$,即为 13 拉维涅尼价值托纳斯的数量。将 1 托纳斯和 13 拉维涅

---

① 即 36 与 40 的差,占 40 的份额。——译者注。
② 货币 ravignani 的单数,统一译为拉维涅尼。——译者注。

尼价值的托纳斯相加，等于 $9\frac{2}{3}$，这就是 1 弗罗林价值托纳斯的数量，即 $9\frac{2}{3}$。对于拉维涅尼，已知 8 托纳斯价值 12 拉维涅尼，问：如果 8 托纳斯等于 12 拉维涅尼，那么 9 托纳斯等于多少拉维涅尼？等于 $13\frac{1}{2}$，即 9 托纳斯价值拉维涅尼的数量，因此将 1 拉维涅尼与 9 托纳斯价值拉维涅尼的数量相加，等于 $14\frac{1}{2}$，即为 1 弗罗林价值拉维涅尼的数量。

本例中期望将 1 弗罗林兑换为数量相同的两种货币，先假设一个数，比如 1 托纳斯和 1 拉维涅尼，再看弗罗林价值多少或兑换多少托纳斯，或兑换多少拉维涅尼，求解 1 弗罗林价值多少托纳斯。问：如果 $9\frac{2}{3}$ 托纳斯等于 $14\frac{1}{2}$ 拉维涅尼，1 托纳斯等于多少？用 1 乘以 $14\frac{1}{2}$，再除以 $9\frac{2}{3}$，等于 $1\frac{1}{2}$，这就是假设的 1 托纳斯价值拉维涅尼的数量，现在将假设的 1 拉维涅尼和 1 托纳斯价值拉维涅尼的数量相加，等于 $2\frac{1}{2}$ 拉维涅尼，而 1 弗罗林等于 $14\frac{1}{2}$ 拉维涅尼。

因此问，如果 $2\frac{1}{2}$ 拉维涅尼对应 $14\frac{1}{2}$ 拉维涅尼，那么 1 拉维涅尼对应多少？通过乘除运算，1 拉维涅尼对应 $5\frac{4}{5}$，即为 1 弗罗林兑换拉维涅尼以及托纳斯的数量。验算如下：$5\frac{4}{5}$ 拉维涅尼所价值的托纳斯与 $5\frac{4}{5}$ 托纳斯相加，等于 $9\frac{2}{3}$，即为 1 弗罗林价值托纳斯的数量，$5\frac{4}{5}$ 托纳斯价值拉维涅尼的数量加上 $5\frac{4}{5}$ 拉维涅尼，等于 $14\frac{1}{2}$，这就是弗罗林价值拉维涅尼的数量，得证，多或少皆有误。

为了验算，问：如果 12 拉维涅尼等于 8 托纳斯，$5\frac{4}{5}$ 拉维涅尼等于多少托纳斯？通过乘除运算，得 $3\frac{13}{15}$ 托纳斯，与 $5\frac{4}{5}$ 托纳斯相加，正好等于 $9\frac{2}{3}$ 托纳斯，得证。对拉维涅尼也作同样处理：如果 8 托纳斯等于 12 拉维涅尼，那么 $5\frac{4}{5}$ 托纳斯等于多少？乘除运算，得 $3\frac{13}{15}$ 托纳斯，与 $5\frac{4}{5}$ 托纳斯相加，正好等于 $9\frac{2}{3}$ 托纳斯，得证。然后计算拉维涅尼：如果 8 托纳斯等于 12 拉维涅尼，多少拉维涅尼等于 $5\frac{4}{5}$ 托纳斯？通过乘除运算,得 $8\frac{7}{10}$ 拉维涅尼,加上 $5\frac{4}{5}$,等于 $14\frac{1}{2}$ 拉维涅尼,其正等于弗罗林的价值,证毕。

现在运用规则求解,已知每弗罗林相对于一种货币和另一种货币的价值,想求解每种货币的数量,用弗罗林兑换一种货币的数量乘以另外一种货币的数量,即 $9\frac{2}{3}$ 托纳斯乘以 $14\frac{1}{2}$ 拉维涅尼,等于 $140\frac{1}{6}$,用其除以 $9\frac{2}{3}$ 和 $14\frac{1}{2}$ 的和,两者之和等于 $24\frac{1}{6}$,因此用 $140\frac{1}{6}$ 除以 $24\frac{1}{6}$,等于 $5\frac{4}{5}$,这就是每种货币的数量,结果同上。

【例 4-63】 1 托纳斯等于 9 杰诺维尼(genovini),也等于 14 普罗维吉尼(provigini)①,其相对于博洛尼尼的价值未知,但知道 1 托纳斯可兑换 4 杰诺维尼 4 普罗维吉尼和 4 博洛尼尼,问 1 托纳斯等于多少博洛尼尼。

解答如下: 4 杰诺维尼相当于 $\frac{4}{9}$ 托纳斯,因为 1 托纳斯等于 9 杰诺维尼,因此 4 杰诺维尼可兑换 $\frac{4}{9}$ 托纳斯,然后 4 普罗维吉尼相当于 $\frac{4}{14}$ 托纳斯,即 $\frac{2}{7}$ 托纳斯,因为 1 托纳斯等于 14 普罗维吉尼。现在将这两个相当于托纳斯的份额相加,即 $\frac{4}{9}$ 和 $\frac{2}{7}$ 相加,得 $\frac{46}{63}$ 托纳斯,现在可知要兑换 1 托纳斯尚缺 $\frac{17}{63}$ 托纳斯,而这就是 4 博洛尼尼的价值,现在就很容易求解托纳斯兑换博洛尼尼的数量了。

问:如果 $\frac{17}{63}$ 托纳斯价值 4 博洛尼尼,那么 $\frac{46}{63}$ 托纳斯价值多少?

乘除运算,$\frac{46}{63}$ 托纳斯价值 $10\frac{14}{17}$ 博洛尼尼,加上 4 博洛尼尼,将得出 1 托纳斯价值 $14\frac{14}{17}$ 博洛尼尼。

【例 4-64】 一个商人有 1 弗罗林,等于若干托纳斯,其兑换成阿贡塔尼的数量为上述托纳斯数量的 2 倍加 2,其兑换成阿奎利尼的数量为托纳斯数量的 3 倍加 3,如果 1 弗罗林兑换为这三种货币,则为 5 托纳斯、5 阿贡塔尼和 5 阿奎利尼,问 1 弗罗林兑换每种货币的数量。

解答如下: 本题求解运算后得到的最终等式为:$1co^{\triangle}$ 等于 $7co^{\square}\frac{1}{6}$ 加 $18\frac{1}{6}$,其由

---

① 指货币普罗维斯诺(Provisino),12 世纪于法国普罗旺斯发行。——译者注。

6co△ 等于 43co□ 加 60co 加 30 而得,每当一个一元三次方程等式的各项为:未知数的立方项、未知数的平方项、未知数一次项和常数,规则为将等式两边除以三次项的系数,得到等式:1co△ 等于 7co□ $\frac{1}{6}$ 加 18 $\frac{1}{6}$,取二次项系数的一半,将其平方,加上常数项,得 31 $\frac{1}{144}$,解得 1co,为 R_x 31 $\frac{1}{144}$ 加 3 $\frac{7}{12}$,这就是 1 弗罗林价值托纳斯的数量,其他货币亦能轻易求解,同类问题亦同样求解。

一个人有 1 弗罗林,等于若干卡里尼,等于格罗斯的数量为等于卡里尼数量的 2 倍加 2,等于阿贡塔尼的数量为等于卡里尼数量的 3 倍加 3,如果兑换为这三种货币,则为 2 $\frac{2}{5}$ 卡里尼 2 $\frac{2}{5}$ 格罗斯 2 $\frac{2}{5}$ 阿贡塔尼,问 1 弗罗林等于卡里尼、格罗斯和阿贡塔尼的数量。

同样求解,根据题目得 1 弗罗林等于 4 卡里尼、10 格罗斯和 15 阿贡塔尼,但此处不再赘述,因为其较为繁琐,将结果置于此。

【例 4-65】 一个商人有 1 弗罗林,等于 5 卡里尼,等于格罗斯的数量为等于卡里尼数量的 2 倍加 2,即为 12 格罗斯,等于博洛尼尼的数量为 3 倍于格罗斯的数量加 3,即为 39 博洛尼尼,如果兑换为这三种货币,其数量一致,问 1 弗罗林兑换每种货币的数量。

解答如下: 假设有 1co 卡里尼,1co 格罗斯和 1co 博洛尼尼,现在根据每一种货币的价值来计算其总计价值是多少,先计算卡里尼,问:如果 12 格罗斯等于 5 卡里尼,那么 1co 格罗斯等于多少卡里尼?等于 $\frac{5}{12}$co 卡里尼。然后计算博洛尼尼,如果 39 博洛尼尼等于 5 卡里尼,1co 博洛尼尼价值多少卡里尼?等于 $\frac{5}{39}$co 卡里尼,现在将这些价值相加再加上 1co 卡里尼,分数通分,得 1co 加 $\frac{85}{156}$co,这将等于弗罗林的价值 5 卡里尼,用 5 除以 1 $\frac{85}{156}$,得 3 $\frac{57}{241}$,这就是兑换为相等数量的三种货币的数量值,即 3 $\frac{57}{241}$ 卡里尼、3 $\frac{57}{241}$ 格罗斯、3 $\frac{57}{241}$ 博洛尼尼。现在可以看到 1 弗罗林兑换为相同数量货币的数量,多或少皆为误,你可一试。

【例 4-66】 一个商人有 1 弗罗林,价值 26 维尼亚尼(venitiani)和 26 皮佐利,皮佐利价值维尼亚尼的数量等于维尼亚尼价值弗罗林的数量,问 1 弗罗林等于多少维尼亚尼。

解答如下: 假设 1 弗罗林等于 1co 维尼亚尼,因此 1 维尼亚尼等于 1co 皮佐利,现在来看 26 维尼亚尼等于皮佐利的数量,问:如果 1 维尼亚尼等于 1co 皮佐利,26 维尼亚尼等于多少皮佐利?其将等于 26co 皮佐利,将 26co 皮佐利加上 26 皮佐利,得 26co 加 26 皮佐利,即得到 1 弗罗林的价值。

用维尼亚尼相对于皮佐利的价值来衡量弗罗林的价值,问:如果 1 维尼亚尼等于 1co 皮佐利,那么 1co 维尼亚尼等于多少皮佐利?得 1co$^\square$ 皮佐利,即为弗罗林价值皮佐利的数量,而上文已知 1 弗罗林等于 26co 加 26 皮佐利,因此 1co$^\square$ 等于 26co 加 26,取一次项系数的一半,将其平方,加上常数项,等式右边得 195,解得 1co 为 R_X195 加 13,即为所假设的 1 弗罗林价值 1co 维尼亚尼的数量,因此 1 弗罗林等于 R_X195 加 13 或 13 加 R_X195,这也是 1 维尼亚尼价值皮佐利的数量,解毕。

【例 4-67】 一个人有 100 新和老弗罗林,前往银行兑换,兑换商为新弗罗林开价 38 索尔迪 4 德纳里,老弗罗林开价 37 索尔迪,如果同时兑换所有数量的新老弗罗林,价值 189 里拉,问有多少数量的新弗罗林和老弗罗林。

解答如下: 先运用规则求解,后文再利用假设求解。现假设有 100 老弗罗林,1 老弗罗林价值 37 索尔迪,用 100 乘以 37,等于 3 700 索尔迪,其价值为 185 里拉[①],与 189 里拉的差额为 4 里拉。根据题设已知新老弗罗林价值之差为 $1\frac{1}{3}$ 索尔迪,因此用 4 里拉除以 $1\frac{1}{3}$ 索尔迪,将 4 里拉换算为索尔迪,等于 80 索尔迪,除以 $1\frac{1}{3}$,得 60,就是新弗罗林的数量,老弗罗林的数量为 100 减去该数量,为 40,即老弗罗林的数量,解毕。下面通过假设解答问题。

假设新弗罗林数量为 1co,老弗罗林的数量即为 100 减 1co,现在来计算 1co 新弗罗林的价值。问:如果 1 新弗罗林等于 $38\frac{1}{3}$,那么 1co 新弗罗林价值多少?用 1co 乘以 $38\frac{1}{3}$,得 $38co\frac{1}{3}$,再除以 1,即得新弗罗林价值的索尔迪数量。再计算老弗罗林的价值:如果 1 老弗罗林等于 37 索尔迪,那么 100 减 1co 老弗罗林等于多少?用 37 乘以(100 减 1co),得 3 700 减 37co 索尔迪,即为 100 减 1co 老弗罗林价值的索尔迪数量。

现在将新老弗罗林的价值相加,得 3 700 加 $1co\frac{1}{3}$ 索尔迪,因为 $38co\frac{1}{3}$ 减 37co 等于 $1co\frac{1}{3}$,其等于 189 里拉,将其换算为索尔迪为 3 780,扣除常数,得 $1co\frac{1}{3}$ 等于 80,

---

① 1 里拉等于 20 索尔迪,因此 3 700 除以 20,得到 185 里拉。——译者注。

用 80 除以 $1\frac{1}{3}$，得 60，与上文同，这就是新弗罗林的数量，而老弗罗林的数量为 100 减 60，得 40。

如果验算，先以 1 新弗罗林等于 $38\frac{1}{3}$ 索尔迪计算 60 新弗罗林的价值，然后再以 1 老弗罗林等于 37 索尔迪计算 40 老弗罗林的价值，将两者相加，须等于 189 里拉，多或少皆有误，计算结果是有 60 新弗罗林，价值 115 里拉，有 40 老弗罗林，价值 74 里拉，加总得 189 里拉，得证。

【例 4-68】 一个商人向兑换商购买 100 弗罗林，兑换商有两种弗罗林，一种是每百弗罗林等于 500 里拉，另一种是每百弗罗林等于 300 里拉，给银行 450 里拉，要求得到 100 数量的两种弗罗林，问每种弗罗林的数量各是多少。

解答如下：运用规则，先取 100 价值较低的弗罗林，即每百弗罗林等于 300 里拉，将其从价值较高的即每百弗罗林等于 500 里拉的弗罗林中减去，剩余 200 里拉，也将其从付给兑换商的 450 里拉中减去，剩余 150 里拉，进而用 150 里拉除以 200 里拉①，得 $\frac{3}{4}$，然后取 100 弗罗林的 $\frac{3}{4}$，为 75，即为较高价值的弗罗林的数量，即每百弗罗林等于 500 里拉的弗罗林，其与 100 弗罗林的差额（即 25 弗罗林）就是每百弗罗林等于 300 里拉的弗罗林数量，运用这个极佳规则，通过比例的运算得解。

现在使用假设值再来解答一次该问题。假设每百弗罗林等于 500 里拉的弗罗林数量为 1co，那么其他弗罗林的数量就是 100 减去 1co。由于 1co 弗罗林每百价值 500 里拉，问，如果 100 弗罗林等于 500 里拉，那么 1co 等于多少里拉？等于 5co 里拉，先将其置于此，然后来看 100 减 1co 每百弗罗林等于 300 里拉的弗罗林价值是多少，问：如果 100 弗罗林等于 300 里拉，那么 100 减 1co 等于多少？用 300 乘以（100 减 1co），得 30 000 减 300co，再除以 100，为 300 减 3co，即为 100 减 1co 弗罗林价值的里拉数。现在将两者相加，得 300 加 2co，因为 3co 是被减数，5co 加上被减的 3co 等于 2co，这个合计数等于其所花费的 450 里拉，或者说是这些里拉的成本价值。

移项化简，得 2co 等于 150，用 150 除以 2，得 75，即为每百弗罗林价值 500 里拉的弗罗林数量，从 100 中将其扣减，其剩余就是每百弗罗林价值 300 里拉的弗罗林数量，为 25，与上同解。验算如下：每百弗罗林价值 500 里拉的弗罗林数为 75，价值 375 里拉，每百弗罗林价值 300 的弗罗林数为 25，价值 75 里拉，两者相加，正好等于其花费的 450 里拉，证毕，依此类推。

---

① 即两种弗罗林的价值差额。——译者注

＊＊＊①

到目前为止，如你所见，我已给出许多计算货币兑换的方式方法，若你掌握，即可用以解答最完全最有用的各种货币兑换账目。因此，虽然还可以无穷尽地举例，但我已不想再赘述。若将来在这一主题上还有值得关注的内容，我将会在本主题的最后作一补充，以便你能看到关于货币兑换的任何值得注意的新方法和新知识。

为了让你们充分了解货币兑换主题，我希望在此列出诸多不同种类的货币，包括金币和银币，货币的名称和每种类型货币的重量，以及将货币还原为威尼斯的杜卡迪，其重量为 72 格令（Grani），即 3 德纳里②的重量，因为 1 德纳里重量为 24 格令。

首先讨论银币，根据阿维尼翁教廷（Corte de Avignone）③的说法，对外货币兑换主要来自那些较远的国家，这样就不必因携带货币而产生危险。在那些国家，将纯银货币（的成色）称为 12 德纳里，在意大利称为 12 合金度（leghe），当纯度低于纯银时，按如下进行称谓④。各种货币与德纳里之间的兑换关系见表 4-1：

表 4-1　汇率（一）

货币名称（单位＝1）	德纳里
佛罗伦萨、比萨和锡耶纳的格罗斯	11 德纳里 12 格令
阿维尼翁和巴塞罗那的银币	11 德纳里 10 格令
普罗旺斯银币	11 德纳里 10 格令
标有皇冠的巴黎银币	11 德纳里 10 格令
普罗旺斯教宗格罗斯	10 德纳里 12 格令
教宗半格罗斯	11 德纳里 10 格令
阿维尼翁教廷银币	11 德纳里 12 格令
普罗旺斯教宗瓜尔提	5 德纳里 11 格令
教宗老帕塔克	2 德纳里 16 格令
教宗新帕塔克	2 德纳里 4 格令

---

① 下文将要论述其他内容，原稿中此处有如图的分隔符，整理稿中使用＊＊＊分开。

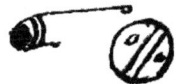

② 要注意德纳里也是重量单位的名称。例如在佛罗伦萨，1 磅（Libbra）为 12 盎司（Once），每盎司为 8 德拉玛（Dramma），每德拉玛为 3 德纳里（Denari），每德纳里为 24 格令（Grani），每格令为 48 瓜兰多特斯米（Quarantottesimi）。——译者注。

③ 1305 年教宗克莱孟五世由梵蒂冈迁至阿维尼翁境内，称为阿维尼翁教廷。——译者注。

④ 需要注意的是，由于各地及教宗均有货币发行权，因此会出现许多以地名或人名甚至货币的外形来进行描述命名的货币。——译者注。

(续表)

货币名称(单位＝1)	德纳里
贝拉罗达黑帕塔克	2 德纳里 6 格令
老教宗多布勒	2 德纳里 6 格令
小德纳里	1 德纳里 8 格令
热那亚老格罗斯	11 德纳里 14 格令
热那亚新格罗斯	11 德纳里 12 格令
热那亚半格罗斯	7 德纳里 12 格令
热那亚帕塔克那	6 德纳里 0 格令
老博洛尼尼	10 德纳里 0 格令
新博洛尼尼	9 德纳里 18 格令
格瑞塔格罗斯	10 德纳里 0 格令
巴塞罗那格罗斯	11 德纳里 2 格令
那不勒斯卡里尼	11 德纳里 4 格令
卡斯提莉亚格罗斯	11 德纳里 4 格令
图尔格罗斯	11 德纳里 2 格令
波西米亚格罗斯	7 德纳里 6 格令
威尼斯格罗斯	11 德纳里 2 格令
威尼斯半格罗斯	11 德纳里 2 格令
威尼斯格罗索尼、马克提、特洛尼、马勒勒	11 德纳里 2 格令
维罗纳和维琴察的大巴卡提尼和皮佐利	…德纳里…格令①
威尼斯巴塔奇	11 德纳里 2 格令
安波罗索的安波罗西尼②	8 德纳里 0 格令
德尔菲诺格罗斯	10 德纳里 0 格令
德尔菲诺瓜尔提	5 德纳里 6 格令
王后老巴塔奇	3 德纳里 19 格令
奇门托教宗瓜尔提	3 德纳里 19 格令
王后新巴塔奇	3 德纳里 5 格令
教宗小德纳里	1 德纳里 0 格令
王后小德纳里	1 德纳里 0 格令

---

① 原文即三个点,原因不详。——译者注。
② 米兰货币,以圣安波罗修(Sant'Ambrogio)命名。——译者注。

(续表)

货币名称（单位＝1）	德纳里
奇门托教宗格罗斯	11德纳里10格令
菲利普斯和卢多维科格罗斯	11德纳里10格令
德尔菲诺格罗斯①	10德纳里4格令
法兰西比安科	2德纳里6格令
奇门托教宗多自那	11德纳里10格令
乌尔巴诺教宗多自那	11德纳里10格令

这些都是意大利境内和境外商人之间通行的银币。更多其他货币后文会提及，不过强调老的货币也不失为一件好事，因为在交易中会出现，人们也更易理解。

接下来将阐述根据意大利的规则制成品金币的皮重折扣的问题，已知前述每种金币，在威尼斯都能很容易知道其价值，因为威尼斯杜卡迪重72格令，每德纳里重24格令，其重量亦为3德纳里，也就是$\frac{1}{8}$盎司，每种金币的皮重折扣要根据其相对于威尼斯杜卡迪的重量来确定，必须从其价值中减去，这是必须要注意的。各种货币的皮重折扣如表4-2所示。

表4-2　汇率（二）

货币名称（单位＝1）	皮重折扣
法兰西老斯库迪（Schudi）②	皮重2格令
法兰西新斯库多	皮重4格令
图卢兹斯库迪	皮重9格令
费利佩斯库迪	皮重26格令
贵耶勒米（Guiglielmi）	皮重4格令
法兰西瑞阿里（Reali）③	皮重2格令
巴黎瑞阿里	皮重2格令
巴黎利多里	皮重2格令
法兰西萨鲁提（Saluti）④	皮重1格令
站立和骑马的法郎⑤	皮重1格令

---

① 与前文中不同的另一种德尔菲诺格罗斯。——译者注
② 斯库多（Scudo），法国路易九世1266年开始发行的命名为埃居（écu）的金币，在意大利、西班牙等区域称为Scudo，Scudi为Scudo的复数。——译者注
③ Reale是一种广泛发行和流通于意大利及欧洲其他地区的货币，Reali是其复数。——译者注
④ Saluto是一种首先在那不勒斯发行的货币，Saluti是其复数。——译者注
⑤ "站立的和骑马的法郎"，是14世纪法国发行的两种金币，图案为站立和骑马的国王。——译者注

(续表)

货币名称(单位＝1)	皮重折扣
英格兰诺比利(Nobili)①	皮重 2 格令
新蒙托尼	皮重 9 格令
老蒙托尼	皮重 $4\frac{1}{2}$ 格令
新肾形弗罗林	皮重 15 格令
老肾形弗罗林	皮重 12 格令
小弗罗林	皮重 26 格令
拉格纳弗罗林	皮重 $19\frac{1}{2}$ 格令
马以奥丽卡弗罗林	皮重 24 格令
瓦伦西亚弗罗林	皮重 12 格令
老卡耶里弗罗林	皮重 28 格令
新卡耶里弗罗林	皮重 34 格令
肾形使徒弗罗林	皮重 34 格令
三弦琴弗罗林	皮重 2 格令
农夫弗罗林	皮重 7 格令
斧头弗罗林	皮重 12 格令
土耳其弗罗林	皮重 7 格令
威尼斯弗罗林	皮重 7 格令
祷告土耳其弗罗林	皮重 27 格令
罗迪弗罗林	皮重 7 格令
卡斯蒂亚多布勒(Doble)②	皮重 28 格令
马以奥丽卡老多布勒	皮重 14 格令
马以奥丽卡新多布勒	皮重 18 格令
格拉纳特老多布勒	皮重 14 格令
布拉克特多布勒	皮重 32 格令
杜尼提多布勒	皮重 18 格令
维尼翁弗罗林	皮重 5 格令
卢卡圣像弗罗林	皮重 9 格令
巴黎蒙托尼	皮重 12 格令
罗迪土耳其老弗罗林	皮重 $9\frac{1}{2}$ 格令

---

① 英文为 Noble,是英格兰爱德华三世发行的货币。——译者注。
② Doble 又称 doblone,是一种发行于西班牙的货币。——译者注。

(续表)

货币名称(单位=1)	皮重折扣
罗迪土耳其新弗罗林	皮重12格令
泊共尼亚斯库迪	皮重19格令
斯沃加弗罗林	皮重3格令
伦敦狮鹫弗罗林	皮重26格令
贝勒第多布勒	皮重14格令
葡萄牙多布勒	皮重24格令
贵洛特弗罗林	皮重3格令
波托利弗罗林	皮重27格令
伊斯帕达弗罗林	皮重14格令

到目前为止已经有条不紊地介绍了不同地区金币的毛重。下文我还将根据罗马的情况,提供更多不同种类金币的毛重[①]。

(1) 英格兰诺比利(Nobili)。图案为国王在船上手持宝剑。毛重1格令,重6德纳里12格令,价值2金弗罗林2索尔迪$4\frac{1}{2}$德纳里。

(2) 英格兰新诺比利,更轻,图案为船。重5德纳里12格令,毛重1格令金弗罗林,价值1金杜卡迪19索尔迪。

(3) 弗兰德(Fiandra)诺比利。图案除船之外还有专有的印记,有一个盾牌被分为四部分,两个部分各有三朵百合花,另外两个部分有三个权杖,老币毛重3格令,新币毛重6格令,重量同上,印记更为漂亮。

(4) 弗兰克斯库迪(Schudi)。一面是有3朵百合的王冠加冕的盾牌,另一面是十字架和12朵百合,新币毛重9格令,老币毛重3格令,也有一些毛重12格令和18格令。重3德纳里9格令,价值1金杜卡迪7德纳里,毛重9格令的新币,重3德纳里6格令,价值金币的18索尔迪$10\frac{1}{2}$德纳里。

(5) 苏格兰(Scotia)斯库迪。一面是十字架上的圣安德烈,毛重2格令,重3德纳里9格令,价值1金杜卡迪1索尔迪7德纳里,等于1法兰克老斯库迪。

(6) 法郎。一面为手持宝剑站立的国王,另一面为十字架和百合花,毛重1格令,重3德纳里9格令,价值1金杜卡迪1索尔迪$10\frac{1}{4}$德纳里。

(7) 骑马法郎。一面为手持宝剑、身披铠甲骑马的国王,身上装饰有很多百合

---

① 下文的顺序编号为译者加。——译者注。

花,毛重和重量和上面的法郎相同,除了图案有区别,其他无异。

(8) 瑞阿里(Reali)。一面为两手均持权杖的国王,其中一个权杖头装饰有一朵百合花,地上很多百合,另一面为装饰有百合和花朵的十字架,毛重 4 格令,重 3 德纳里 6 格令,价值 1 金杜卡迪 0 索尔迪 $2\frac{1}{4}$ 德纳里,在法国巴黎发行。

(9) 巴黎萨鲁提(Saluti)。一面是圣母宣读信件,下有法兰西和英格兰的盾形纹章,另外一面是十字架,狮子和百合花,毛重 2 格令,重 2 德纳里 23 格令,价值金币的 18 索尔迪 10 德纳里,所说的十字架在田野之上。

(10) 拉玛涅(Lamagna)萨鲁提。一面是圣彼得(santo Petro)站立在一个有四只狮子的盾形纹章上,另外一面是装饰有某种花朵的十字架,重 3 德纳里 8 格令,毛重 1 格令,价值 1 金杜卡迪 1 索尔迪。

(11) 拉玛涅格里芬尼(Griffoni)。一面为狮鹫,爪下有盾形纹章;重 3 德纳里 15 格令,毛重……①,价值金币的 15 索尔迪 $6\frac{3}{4}$ 德纳里。

(12) 伦敦法郎。一面为手持宝剑的国王端坐椅上,另一面为盾形纹章,两朵百合和 6 支权杖,重 3 德纳里 3 格令,毛重……,价值金币的 15 索尔迪 $\frac{1}{2}$ 德纳里。

(13) 卜勒塔涅(Bretagna)法郎。图案为骑士右手执矛骑于马上,马饰有权杖,重 2 德纳里 12 格令,毛重 $4\frac{1}{2}$ 格令,价值金币的 15 索尔迪 $\frac{1}{2}$ 德纳里。

(14) 格拉勒(Ghelare)法郎。重 3 德纳里 21 格令,毛重 28 格令,一面为圣乔万尼(San Giovanni),双腿间有十字架,另一面有 5 个祭坛,其间两头狮子背对背,价值金币的 11 索尔迪 2 德纳里。

(15) 马塔斯(Matasi)弗罗林。一面为圣斯戴法诺(santo Stefano),另外一面为盾形纹章即一面盾牌被横竖划分,重 3 德纳里,价值……

(16) 拉格纳(Ragona)弗罗林。除了图案其他与佛罗伦萨的(弗罗林)一样,图案为百合花和书有箴言的信,重 2 德纳里 22 格令,毛重 $9\frac{1}{2}$ 格令,价值金币的 13 索尔迪 $9\frac{1}{2}$ 德纳里,没有其他种类的货币。

(17) 摩尔(Moresche)多布勒。重 4 德纳里,毛重 14 格令,价值 1 金杜卡迪 2 索尔迪 5 德纳里,一面有一个四边形,其中一半是摩尔文字。

(18) 维尼翁(Vignone)弗罗林。有五种,包括圣母,教宗马丁诺五世,国王路易

---

① 下文中也有多处出现省略号,原文如此,原因不详。——译者注。

吉（Luigi）图案，每种毛重均为 $4\frac{1}{2}$ 格令，几种上均一半百合花一半十字架，重 2 德纳里 6 格令，每种价值金币的 13 索尔迪 $1\frac{1}{4}$ 德纳里。

（19）卡斯提莉亚（Chastiglia）多布勒。一面为一只狮子、一个十字架和一朵小百合，另外一面为一个女人头像及一些盾形纹章，毛重 1 格令，重 4 德纳里，价值 1 金杜卡迪 6 索尔迪减 $\frac{1}{2}$ 德纳里。

（20）摩尔多布勒。大的和老博洛尼尼一样，毛重 6 格令，重 4 德纳里，价值 1 金杜卡迪 4 索尔迪 7 德纳里。

（21）勒诺（Reno）弗罗林。有很多种类，除了老的毛重为 7 格令，其他毛重均一样，为 $14\frac{1}{2}$ 格令，重 3 德纳里，价值金币的……索尔迪……德纳里。

（22）齿状小弗罗林（Fiorini del dente e da bellino）。除了圣人肩处有头盔和齿状物外，同佛罗伦萨弗罗林，毛重 12 格令，重 3 德纳里，价值金币的 14 索尔迪 $4\frac{3}{4}$ 德纳里。

（23）金土耳其弗罗林（Fiorini turchi d'oro）。标记和威尼斯（弗罗林）类似，但不如其精致，也没有人像，毛重 9 格令，重 3 德纳里，价值金币的 17 索尔迪 $1\frac{3}{4}$ 德纳里。

（24）老土耳其弗罗林（Fiorini turchi vechi）。坚硬的金币，（图案）和上文说的类似，有长而缠绕的字，毛重 6 格令，重 3 德纳里，价值金币的 18 索尔迪 0 德纳里。

（25）鹰狮弗罗林。图案和佛罗伦萨弗罗林类似，在圣乔万尼身侧有一只鹰和一只狮子，毛重 3 格令，重 3 德纳里，价值金币的 18 索尔迪 $4\frac{3}{4}$ 德纳里。

（26）大捆弗罗林。图案和佛罗伦萨弗罗林类似，在百合花下面有一大捆（物），标记与佛罗伦萨弗罗林一样，毛重……，重……，价值金币的 15 索尔迪。

（27）小圆盾弗罗林。标记与佛罗伦萨弗罗林类似，在立像圣人右肩处有一个小圆盾，毛重……，重……，价值金币的 18 索尔迪。

（28）狼弗罗林。在圣乔万尼肩处有一只鹰[①]，毛重 18 格令，重 3 德纳里，价值金币的 15 索尔迪。

（29）维尼翁弗罗林。在一面有一个盾牌和一根小柱，毛重 32 格令，即 1 德纳里 8 格令，重 3 德纳里，价值金币的 12 索尔迪。

---

① 此处"一只鹰"可能应为"一只狼"，因为该弗罗林以狼（lupis）命名。——译者注。

(30) 苏格兰公爵弗罗林。一面为圣乔治右手执旗左手执号角，另一面为狮头头盔，下有盾牌和十字架，重 3 德纳里，毛重 8 格令，价值金币的 18 索尔迪 6 德纳里。

(31) 卢切拉弗罗林。一面为两腿叠放的狮子，另一面为法语信件，重 2 德纳里，21 格令，毛重 4 格令，价值金币 18 索尔迪。

(32) 巴黎蒙托尼。一面为上帝的羊羔，另一面为饰花十字架，毛重 4 格令，重 2 德纳里 2 格令，价值金币的 12 索尔迪。

(33) 瑞阿里（Reali de Maiolicha）弗罗林。一面为十字架，另一面为头戴王冠的国王端坐，左手执球，右手执杖，毛重 6 格令，重 3 德纳里，价值金币的 18 索尔迪。

(34) 罗迪弗罗林。一面为圣乔万尼和执旗下跪的罗迪首领，另一面为基督耶稣纪念碑和一个坐着的小天使，毛重……格令，重……德纳里，价值……

(35) 瑟伯勒克罗（Sepolcro）弗罗林。重 2 德纳里 6 格令，毛重……，一面为站立的圣乔万尼及百合花，价值金币的……索尔迪……德纳里。

到此为止，我们已对货币进行了如此多的讨论，对你而言或许已足够。上述金银币的价值随着那些拥有统治权的人的意志而起伏，对货币的价值波动我们无法给出一般的规则，但我们必须对统治者发行的货币和金币的价值波动保持警惕，并随时发出警告，如同那些优秀商人，以免在自由贸易中遭受损失或受到打击。

对于来自意大利的金银币，我并没有讨论很多。我认为你们应该自己多实践。对于那些距离更远的货币，可能接触不多，但我知道有一天也会用到。对于铜币，虽有很多国家和地区铸造，我并未讨论，因为其使用不如金银币频繁，而且有较多伪造。

* * *

【例 4-69】[①] 两个商人各有货币。其中一个商人有 20 弗罗林，另一个商人有 30 杰诺维尼。两人去兑换商处，有弗罗林的商人将购买杰诺维尼，而有杰诺维尼的商人将购买弗罗林。当杰诺维尼兑换弗罗林时，发现其数量等于 20 弗罗林所兑换的杰诺维尼数量加上 10 杰诺维尼，问 1 弗罗林等于多少杰诺维尼。

解答如下：假设 1 弗罗林等于 1co 杰诺维尼，现在要兑换 30 杰诺维尼，问，如果 1co 杰诺维尼可以兑换 1 弗罗林，那么 30 杰诺维尼可兑换多少弗罗林？用 1 乘以 30，除以 1co，得 $\frac{30}{1co}$，而其应等于 20co 加 10。化简分数，得 30 等于 20co$^{\square}$ 加 10co，求解 1co$^{\square}$，得 1co$^{\square}$ 加 $\frac{1}{2}$co 等于 $1\frac{1}{2}$，取一次项系数的一半，将其平方，加上常数项，等式右边得 $1\frac{9}{16}$，解得 1co 为 $R_x 1\frac{9}{16}$ 减 $\frac{1}{4}$，即为 1 弗罗林价值杰诺维尼的数量，前文假设 1

[①] 如前文所述，这是帕乔利在后面补充的内容，总共三个例题。——译者注

弗罗林等于 1co 杰诺维尼，因此其等于 $R_x 1\frac{9}{16}$ 减 $\frac{1}{4}$，解毕。

【例 4-70】 两个商人各有货币。其中一个商人有 20 弗罗林，另一个商人有 100 托纳斯，有弗罗林的商人想兑换托纳斯，而有托纳斯的商人想兑换弗罗林，当兑换时，发现两者兑换后数量相等，问 1 弗罗林价值多少托纳斯。

解答如下： 假设 1 弗罗林等于 1co 托纳斯，因此 20 弗罗林等于 20co 托纳斯，现在计算 100 托纳斯可兑换多少弗罗林，问：如果 1co 托纳斯兑换 1 弗罗林，那么 100 托纳斯能兑换多少？用 100 乘以 1，再除以 1co，得 $\frac{100}{1co}$，其应等于 20co，化简分数，得 20co$^{□}$ 等于 100，用 100 除以 20，得 5，即其价值为 $R_x 5$，而前文假设 1 弗罗林等于 1co 托纳斯，因此 1 弗罗林等于托纳斯的数量为 $R_x 5$，解毕。验算该题目，用一种货币去兑换另一种即可。

【例 4-71】 1 博洛尼尼等于 12 比萨尼，1 拉维涅尼等于 16 比萨尼，一个商人有 3 比萨尼的里拉，期望兑换博洛尼尼和拉维涅尼，兑换的博洛尼尼数量，其平方后为兑换为拉维涅尼的数量，问其等于多少博洛尼尼。

解答如下： 假设兑换了 1co 博洛尼尼，其兑换的拉维涅尼数量为 1co$^{□}$，1co 博洛尼尼等于 12co 比萨尼，1co$^{□}$ 拉维涅尼等于 16co$^{□}$ 比萨尼，因而 12co 加 16co$^{□}$ 等于 3 里拉，将 3 里拉兑换为德纳里，为 720 德纳里，即 12co 加 16co$^{□}$ 等于 720，求解 1co$^{□}$，有 1co$^{□}$ 加 $\frac{3}{4}$co 等于 45，取一次项系数的一半，将其平方，加上常数项，等式右边得 $45\frac{9}{64}$，$R_x 45\frac{9}{64}$ 减 $\frac{3}{8}$ 即为其值。我们假设其可兑换 1co 博洛尼尼，因此 3 比萨尼里拉价值为 $R_x 45\frac{9}{64}$ 减 $\frac{3}{8}$ 博洛尼尼，对于拉维涅尼，因为其数量为 $R_x 45\frac{9}{64}$ 减 $\frac{3}{8}$ 的平方，这就是 3 里拉兑换的拉维涅尼数量，其价值博洛尼尼的数量是 $45\frac{9}{64}$ 减去 $R_x 25\frac{901}{1024}$[①]，解毕。

---

① 结果应为 $45\frac{9}{32} - R_x 25\frac{401}{1024}$，原稿计算有误。——译者注

第五部分

不同交易形式的利息账目

规则 1。每里拉每月赚若干德纳里,将其乘以 $3\frac{1}{3}$,将是每百里拉日赚的德纳里数量①。

规则 2。每百里拉日赚若干皮佐利,将其除以 $3\frac{1}{3}$,将是每里拉每月所赚的皮佐利数量。

规则 3。每里拉每月赚若干德纳里,将其乘以 5,将是每百里拉年赚的里拉数量②。

规则 4。每百里拉年赚若干里拉,将其除以 5,将是每里拉月赚的德纳里数量。

规则 5。每百里拉日赚若干德纳里,将其乘以 $1\frac{1}{2}$,将是每百里拉年赚里拉的数量。

规则 6。每百里拉年赚若干里拉,将其除以 $1\frac{1}{2}$,将是每百里拉日赚德纳里的数量。

规则 7。每百里拉日赚若干索尔迪,将其乘以 18,将是每百里拉年赚里拉的数量。

规则 8。每百里拉年赚若干里拉,将其除以 18,将是每百里拉日赚索尔迪的数量。

规则 9。每百里拉月赚德纳里的数量,等于其年赚索尔迪的数量。

规则 10。每百里拉年赚索尔迪的数量,等于每百里拉月赚德纳里的数量。

规则 11。每百里拉月赚若干索尔迪,取其 $\frac{3}{5}$,就是每百里拉每年赚的里拉数。

---

① 即用 100 里拉除以 30 天,得到 $3\frac{1}{3}$。——译者注。

② 即 100 里拉乘以 12 个月,再除以 1 里拉价值的 240 德纳里,得 5。——译者注。

规则 12。每百里拉年赚若干里拉,将其乘以 $1\frac{2}{3}$,就是每百里拉月赚索尔迪的数量。

要注意在上述章节中,凡是提到"百",都必须理解为百里拉,因为若你将其当作其他货币,除非之前就将里拉替换为其他货币,否则无法得到正确的账目。比如若干里拉和德纳里出借数月,却要求计算总额有多少维尼亚尼,以及年赚多少,便无法求解。

在这种方法中,假设总数是 80 里拉,而每里拉每月赚 3 德纳里,就必须取 80 的 $\frac{3}{20}$,为 12,这就是 80 里拉年赚的数量,若是 80 杜卡迪,则年赚 12 杜卡迪。如果每里拉每月赚 4 德纳里,而我们想知道多长时间可以翻倍,必须总是用 20 年除以 4 德纳里,即 20 除以 4,得 5 年,这就是本金总数翻倍需要的时间,这样无论货币价值高低,是杜卡迪或里拉或其他种类货币,均如此处理,永远无误。

按上述规则你将能够处理所有回报账目的案例。

【例 5-1】 一个人出借货币,利息率[①](ragione)为每里拉每月 2 德纳里[②],问出借多少里拉可在 8 天赚 12 德纳里利息。

解答如下: 先计算每里拉在 8 天可赚多少。问:如果 1 个月有 30 天,每里拉利息 2 德纳里,8 天得到多少利息?用 8 乘以 2,得 16,再除以 30,得 $\frac{8}{15}$,即为每里拉 8 天所获的德纳里(利息),若想知道在此期间内,多少里拉可以获 12 德纳里。问:如果 1 里拉获 $\frac{8}{15}$ 德纳里(利息),那么多少里拉将获 12 德纳里?用 1 乘以 12,得 12,再除以 $\frac{8}{15}$,得 $22\frac{1}{2}$,即为以利息率每月每里拉 2 德纳里,在 8 天获 12 德纳里利息所需出借的里拉数量。

【例 5-2】 一个人出借货币,利率为每里拉每月 3 德纳里,问出借 25 里拉可在多少天赚 40 德纳里。

解答如下: 先看 25 里拉每月可赚多少。问:若每里拉每月赚 3 德纳里,那么 25 里拉每月可赚多少?结果为赚 75 德纳里。若想知道多少天其可赚 40 德纳里。问:如果 75 德纳里由 1 个月所赚得,40 德纳里由多少天赚得?用 1 乘以 40 等于 40,

---

① 意大利语 ragione 有比率之意,但是本文中并未出现"利息(interesse)"这一专有名词,而是使用"赚取(guadagnare)"或"回报(merito)"来描述借贷所产生的收益,为了便于理解,"利息"为译者所加,后同。——译者注。

② 由于德纳里和里拉之间的兑换关系为 1 里拉兑换 240 德纳里,因此这里的月利率为 $\frac{2}{240}$,即约 0.83%。——译者注。

再除以 75,等于 $\frac{40}{75}$,即 16 天可赚得这个数量。

【例 5-3】 一个人出借货币,利率为每里拉每月 4 德纳里,问出借 250 里拉需要多长时间可赚 10 里拉。

解答如下:先看 250 里拉一个月可赚多少。问:若 1 里拉每月赚 4 德纳里,那么 250 里拉赚多少?用 250 乘以 4,再除以 1,得 1 000,即为 250 里拉 1 个月所赚,等于 $83\frac{1}{3}$ 索尔迪,而你想知道多长时间可赚 10 里拉,即 200 索尔迪。问:如果 1 个月赚 $83\frac{1}{3}$ 索尔迪,多长时间可赚 200 索尔迪?用 1 乘以 200,再除以 $83\frac{1}{3}$,等于 $2\frac{2}{5}$,在 $2\frac{2}{5}$ 个月可赚 10 里拉。

【例 5-4】 一个人出借货币,利率为 25 里拉 6 个月利息 40 索尔迪,问以此利率,多少里拉可在 8 个月赚 40 索尔迪。

解答如下:可用两种方法来求解。第一种方法:想知道多少里拉 8 个月赚 40 索尔迪,已知 25 里拉 6 个月赚 40 索尔迪,因此将 8 个月对应为 6 个月即可。问:如果 8 对应 6,25 对应多少?用 6 乘以 25,得 150,再除以 8,等于 $18\frac{3}{4}$,这就是在该利率条件下,8 个月赚 40 索尔迪所需要的里拉数量。

第二种方法:先计算 25 里拉 8 个月可赚多少。问:若 6 个月赚 40 索尔迪,那么 8 个月赚多少?用 8 乘以 40,得 320,再除以 6,得 $53\frac{1}{3}$,即为 25 里拉 8 个月所赚,然后问:若 $53\frac{1}{3}$ 由 25 里拉所赚得,40 索尔迪由多少里拉赚得?结果同上为 $18\frac{3}{4}$。因此,用 $18\frac{3}{4}$ 里拉在上述利率条件下 8 个月可赚 40 索尔迪。

【例 5-5】 一个人出借货币,利率为每里拉每月 3 德纳里,问用 99 里拉需要多长时间可赚 99 里拉。

解答如下:先计算 99 里拉在利率每里拉每月 3 德纳里的条件下,每月可赚多少。3 乘以 99,得 297 德纳里,等于 $24\frac{3}{4}$ 索尔迪。问:若赚取 $24\frac{3}{4}$ 索尔迪需要 1 个月时间,那么赚取 99 里拉即 1 980 索尔迪需要多长时间?用 1 980 乘以 1,再除以 $24\frac{3}{4}$,得 80,这就是用 99 里拉以上述利率赚得 99 里拉需要的时间,即 6 年 8 个月。

【例 5-6】 一个人出借货币,利率为每百里拉年赚 8 里拉,问 25 里拉以该利率在多长的时间可实现收益翻倍。

解答如下：有多种方法来解答这样的问题。问：若 8 里拉的回报需要 1 年的时间，那么 100 里拉的回报需要多长时间？因为希望投入 25 里拉并实现利率翻倍，同样时间也能让 100 里拉翻倍，使用这样的数量可以避免复杂计算。因此用 1 乘以 100，再除以 8，得 $12\frac{1}{2}$，这么多年以上述利率，100 里拉可以翻倍，25 里拉也同样可以翻倍，30 里拉以及 20 里拉亦如此。

另一种方法。求解 25 里拉年赚数量。问：若 100 赚得 8，25 赚得多少？用 8 乘以 25，得 200，再除以 100，为 2，即为 25 里拉年赚数量，而你知道所谓翻倍即为在一定的时长赚得另一个 25 里拉。问：若 1 年可获得 2 里拉回报，多长时间可获得 25 里拉？用 1 乘以 25，再除以 2，得 $12\frac{1}{12}$，这么多年可赚得另一个 25，即翻倍，结果同上。

【例 5-7】 一个人出借货币，利率为每百里拉日赚 36 德纳里，问出借的 1 里拉月利率是多少？

解答如下：先计算 1 里拉 1 天赚多少，用 36 德纳里除以 100，得 $\frac{9}{25}$，这是借出 1 里拉每天赚德纳里的数量。你想知道 30 天即 1 个月赚多少，因此用 $\frac{9}{25}$ 乘以 30，得 $10\frac{4}{5}$，即为借出 1 里拉月赚数量，即 $10\frac{4}{5}$ 德纳里，解毕。

【例 5-8】 一个人出借货币，利率为 25 里拉日赚 1 德纳里，问 100 里拉年赚多少。

解答如下：先计算 100 里拉日赚数量。问：若 25 里拉日赚 1 德纳里，100 里拉日赚多少？用 1 乘以 100，再除以 25，得 4，即为 100 里拉日赚德纳里数量。现在求解年赚数量，要知道有很多方法来求解：先使用与日赚同样的规则，来看月赚数即用日利息乘以 30 日即 1 个月，得每月 120 德纳里，然后求解年赚利息，用月利息乘以 12 个月即 1 年，因此有 120 乘以 12 得 1 440 德纳里，就是 100 里拉以上述利率年赚德纳里的数量，即 6 里拉，解毕。

还有另一种可靠的规则来求解类似及其他问题，如下：每当知道每百里拉或某人，或某房屋租金，或重量每磅等每日赚得多少德纳里时，若要知道每年赚多少里拉，总是将日赚的德纳里数量乘以 3，然后用乘积除以 2，即得到年赚的里拉数量[①]。如前例已知 100 里拉日赚 4 德纳里，那么用 3 乘以日赚的 4，得 12，然后总是用这个乘

---

① 算法解释如下，即首先将其乘以 360（年转化为日的数量），然后除以 240（里拉兑换德纳里的数量）。——整理者注。

积除以 2,得 6 里拉,即为以上述利率每百年所赚里拉数量,结果同上,但是更为简单。

如此当知道 1 里拉日赚数量时,可这样求解:假设每里拉或杜卡迪日赚 2 德纳里,用 3 乘以 2,得 6,再除以 2,得 3,便是每里拉或杜卡迪在前述日赚 2 德纳里的利率条件下年赚的里拉数量,永远无误。

如此若想知道某个人的薪酬,例如某人日赚 10 德纳里,求其年赚多少里拉,用 10 乘以 3,得 30,再除以 2,为 15,即其年赚 15 里拉,同样某房日租 6 德纳里,想知道年租多少里拉,用 6 乘以 3,得 18,再除以 2,即得到年租 9 里拉。

如此,只要知道如何将其应用于你的目的,它总可以被你用于应对各种情形。同样,若已知每里拉年赚多少,而求解日赚多少,那就采用相反的规则。总是取某人或每百里拉年赚里拉数量的 $\frac{2}{3}$,这个 $\frac{2}{3}$ 所对应数量就是某人、每百里拉、房屋或杜卡迪日赚德纳里的数量,永远无误。

如前述的 100 里拉,已知其年赚 6 里拉,求解日赚多少,用 2 乘以年赚里拉数,然后除以 3,将得到每百里拉日赚德纳里的数量,解毕。但这个规则不与我将放在本书最后部分的里拉或百里拉的其他特殊规则同时使用。

【例 5-9】 一个人出借货币,利率为每里拉每月 5 德纳里,问每百里拉日赚多少。

解答如下:先计算每里拉日赚多少,用 5 除以 30 日即 1 个月,得 $\frac{1}{6}$,为每里拉日赚数量,现在求解 100 里拉日赚数量:若 1 里拉日赚 $\frac{1}{6}$ 德纳里,100 里拉赚得 $\frac{100}{6}$,为 $16\frac{2}{3}$ 德纳里,即 1 索尔迪 $4\frac{2}{3}$ 德纳里,就是 100 里拉日赚的德纳里数量。

【例 5-10】 一个人出借货币,利率为 100 里拉日赚 10 德纳里,问年赚多少。

同上求解:用 10 德纳里乘以 3,再除以 2,得 14,按照上文方法得到每百里拉年赚 15 里拉。

【例 5-11】 一个人出借货币,利率为 100 里拉日赚 10 德纳里,问每里拉每月出借的利率是多少。

解答如下:先计算 100 里拉每月赚多少。问:若 1 天赚 10 德纳里,那么 30 天即 1 个月赚多少?用 10 乘以 30,得 300,即为 100 里拉每月所赚的德纳里数量。求解每里拉所赚,用 300 德纳里除以 100 里拉,等于 3 德纳里,为每里拉每月出借所赚的德纳里数量,也是每里拉每月出借的利率,即如前述的 3 德纳里。

【例 5-12】 一个人出借货币,利率为每百里拉年赚 12 里拉,问每里拉每月出借的利率是多少。

按上述规则来求解。先求解日赚数量,取年赚 12 里拉的 $\frac{2}{3}$,为 8,为 100 里拉对应年赚12里拉的日赚德纳里数量。现在来计算月赚多少：用8德纳里乘以30天，等于240德纳里，即为100里拉月赚德纳里的数量，求解每里拉所赚，用240除以100，得$2\frac{2}{5}$，就是每里拉每月出借所赚得的德纳里数量，也是每里拉每月出借的利率，解毕。

【例5-13】 一个人出借货币，利率为每里拉每月3德纳里，问100里拉年赚多少。

解答如下：先计算每里拉年赚多少。问：若每里拉月赚3德纳里，那么12个月即1年赚多少？用3乘以12，得36德纳里，即3索尔迪，为每里拉年赚数量，现在求解100里拉。问：若1里拉年赚3索尔迪，那么100里拉赚得多少？用3乘以100，得300，再除以1，得300，就是100里拉以上述利率年赚索尔迪的数量，即15里拉，解毕。

【例5-14】 一个人出借货币，利率为每百里拉年赚14里拉，问100里拉日赚多少。

解答如下：根据上文规则求解，即取14的$\frac{2}{3}$，得$9\frac{1}{3}$，就是100里拉日赚德纳里的数量，解毕。

【例5-15】 一个人出借货币，利率为每百里拉日赚8德纳里，问年赚多少。

解答如下：按上述规则求解，用8德纳里乘以3，得24，再除以2，得12，就是每百里拉年赚里拉的数量，即12里拉，解毕。

【例5-16】 一个人出借货币，利率为用45里拉6个月赚50索尔迪，问用50里拉需要多长时间可赚40索尔迪。

解答如下：根据45里拉的利率求解50里拉6个月赚多少。问：如果45里拉6个月赚50索尔迪，那么50里拉6个月赚多少？乘除运算，得解50里拉6个月赚$55\frac{5}{9}$索尔迪。现在想知道用50里拉需要多长时间可赚40索尔迪。问：如果赚$55\frac{5}{9}$索尔迪需要6个月，那么赚40索尔迪需要多长时间？用6乘以40，得240，再除以$55\frac{5}{9}$，得$4\frac{8}{25}$，就是用50里拉赚得40索尔迪所需要的时间，即4个月$9\frac{3}{5}$天。

【例5-17】 一个人出借货币，利率为每里拉每月2德纳里，每年计息[①]，如果其出借295里拉，出借3年，问整个出借期间可赚多少。

解答如下：先看月赚2德纳里的利率下，每里拉年赚多少：用2乘以12，得24（德纳里），即2索尔迪，为其年赚数量。现在求解295里拉年赚多少。如果1里拉

---

① 即复利（interesse composto）。——整理者注。

年赚 2 索尔迪，295 里拉年赚多少？年赚 590 索尔迪，也等于 29 里拉 10 索尔迪。因为每年计息，因此将这个回报加在 295 里拉的资本上，得 324 里拉 10 索尔迪，这是第一年的本息总额。求解第 2 年所赚：用 2 索尔迪乘以 $324\frac{1}{2}$ 里拉，得 649 索尔迪，即 32 里拉 9 索尔迪，这就是第 2 年所赚。现在将其加在 324 里拉 10 索尔迪上，得 356 里拉 19 索尔迪。随后求解第 3 年所赚：用 2 索尔迪乘以 356 里拉 19 索尔迪，得 $713\frac{9}{10}$ 索尔迪，其为 35 里拉 $13\frac{9}{10}$ 索尔迪，这就是第三年所赚，加在 356 里拉 19 索尔迪上，得 392 里拉 $12\frac{9}{10}$ 索尔迪。以上是在每年计息的条件下，295 里拉 3 年所得本息。若想要知道 3 年每年计息的 295 里拉所赚的利息，从 392 里拉 $12\frac{9}{10}$ 索尔迪中减去作为资本的 295 里拉，剩余 97 里拉 $12\frac{9}{10}$ 索尔迪，即为 295 里拉 3 年所赚利息。

【例 5-18】 一个人出借货币，利率为每里拉每月 2 德纳里，每年计息，问 876 里拉 13 索尔迪 4 德纳里 3 年 7 个月 15 日赚得多少。

解答如下： 先计算 1 里拉每年计息，3 年 7 个月 15 天可赚得多少。先以每月 2 德纳里的利率计算第一年所赚，为 2 索尔迪，然后计算第二年所赚：将第一年所赚加在 1 里拉上，得 1 里拉 2 索尔迪。问：如果 1 里拉赚 2 索尔迪，那么 1 里拉 2 索尔迪赚多少，得 2 索尔迪 $2\frac{2}{5}$ 德纳里，若你不愿意采用这样的规则求解，取 1 里拉 2 索尔迪的 $\frac{1}{10}$①也可求解，这将是其 1 年所赚，即 2 索尔迪 $2\frac{2}{5}$ 德纳里，这样的方法更为简捷，算出第二年所赚的数量。

现在求解第三年所赚的数量，将第二年利息加上之前的本息即 1 里拉 2 索尔迪，等于 1 里拉 4 索尔迪 $2\frac{2}{5}$ 德纳里。问：如果 1 里拉年赚 2 索尔迪，那么 1 里拉 4 索尔迪 $2\frac{2}{5}$ 德纳里赚得多少？取其 $\frac{1}{10}$，得 2 索尔迪 $5\frac{1}{25}$ 德纳里，即为第三年所赚，将其加上，得 1 里拉 6 索尔迪 $7\frac{11}{25}$ 德纳里，就是按年计息，1 里拉 3 年得到的本息。

现在计算 7 个月 15 天的利息，先计算其占 1 年的份额，为 $\frac{5}{8}$ 年，因此取接下来

---

① 1 里拉每月 2 德纳里的利率，实质上相当于年利率 10%，即年息 24 德纳里，而 1 里拉等于 240 德纳里。——译者注。

1年即第四年利息的 $\frac{5}{8}$：即计算 1 里拉 6 索尔迪 7 $\frac{11}{25}$ 德纳里在第四年所赚利息，取其 $\frac{1}{10}$，得 2 索尔迪 7 $\frac{118}{125}$ 德纳里，就是第四年的所赚，但题设期限仅有 1 年的 $\frac{5}{8}$，因此取 2 索尔迪 7 $\frac{118}{125}$ 德纳里的 $\frac{5}{8}$，得 1 索尔迪 7 $\frac{193}{200}$ 德纳里，就是 7 个月 15 天所赚。现在将其与 3 年的本息总和即 1 里拉 6 索尔迪 7 $\frac{11}{25}$ 德纳里相加，得 1 里拉 8 索尔迪 3 $\frac{81}{200}$ 德纳里，即为 1 里拉每年计息，在 3 年 7 个月 15 天的期限满了后所得本息。

若想知道在此期限赚得多少，从 1 里拉 8 索尔迪 3 $\frac{81}{200}$ 德纳里中减去 1 里拉的最初资本即可，得 8 索尔迪 3 $\frac{81}{200}$ 德纳里，即是 1 里拉在此期限所赚。现在计算 876 里拉 13 索尔迪 4 德纳里所获收益，先看 13 索尔迪 4 德纳里占 1 里拉的份额，其为 $\frac{2}{3}$，因此将 876 $\frac{2}{3}$ 乘以 1 里拉所赚即 8 索尔迪 3 $\frac{81}{200}$ 德纳里，得 361 里拉 19 索尔迪 $\frac{9}{10}$ 德纳里①，即为 876 里拉 13 索尔迪 4 德纳里在 3 年 7 个月 15 天的期限里，每年计息，以每里拉每月 2 德纳里的利率所获的收益，解毕。

也可以使用本例的解法来计算前一例题，即先计算 1 里拉在整个期限内所赚的数量，这样更为简便，乘数更小，如此便可以记住此方法。

【例 5-19】 一个人出借货币，利率为 100 里拉年赚 12 里拉 10 索尔迪，按年计息，问 233 里拉 6 索尔迪 8 德纳里 3 年 6 个月 15 日赚多少。

解答如下： 先计算 1 里拉在整个期间所赚的利息。先计算第一年的收益：1 里拉 1 年赚多少。如果 100 里拉赚 12 里拉 10 索尔迪，1 里拉赚多少？用 12 里拉 10 索尔迪除以 100，得 2 $\frac{1}{2}$ 索尔迪，即为 1 里拉在第一年所赚。现在计算第 2 年的收益。将 2 索尔迪 6 德纳里加在资本 1 里拉上，得 1 里拉 2 索尔迪 6 德纳里，现在可知以上述利率 1 里拉 1 年可赚 2 索尔迪 6 德纳里。

为了便捷求解，我将在这里引入一个最佳规则，可以用来求解整个利息。取第一年的利息，计算其占资本的比例，这个比例可以用来计算所有资本所赚的利息，无需使用其他规则，前一期本息作为当期资本，取其这个比例，就是想求解的当期资本所赚利息。

---

① 原稿计算有误，应为 363 里拉 2 索尔迪 $\frac{11}{20}$ 德纳里。——译者注。

例如本例中你想要知道 1 里拉 2 索尔迪 6 德纳里在第 2 年的所赚，先来计算第一年的所赚占其资本的比例，因此取 1 里拉所赚的 2 索尔迪 6 德纳里，除以 1 里拉，得 $\frac{1}{8}$，就是所赚占其资本的比例。现在根据上述规则计算第 2 年，取其资本的这个比例，即 1 里拉 2 索尔迪 6 德纳里的 $\frac{1}{8}$，得 2 索尔迪 $9\frac{3}{4}$ 德纳里，这就是 1 里拉 2 索尔迪 6 德纳里按照上述利率在第二年的所赚，如此得解。

第一年所赚取的收益是资本的 $\frac{1}{8}$，同样第二年也是 $\frac{1}{8}$，第三年也是如此，直至无穷，也是如此，否则资本就不会总是平等地赚取收益。所以要记住这个规则。当第一年所赚取的收益是资本的 $\frac{1}{10}$ 时，应这样处理：总是取随后资本的 $\frac{1}{10}$，即为随后一年资本所赚收益的数量，均可采用前述的规则来处理，之所以取其 $\frac{1}{10}$ 而非其他比例，是因为第一年所赚就是其资本的 $\frac{1}{10}$，因此所有随后的年份总是取其资本的 $\frac{1}{10}$。

现在回到案例上来，将第二年所赚的收益加到其资本上，得 1 里拉 5 索尔迪 $3\frac{3}{4}$ 德纳里，就是 1 里拉至第二年的本息之和。现在对于第三年，取 1 里拉 5 索尔迪 $3\frac{3}{4}$ 德纳里的 $\frac{1}{8}$，为 3 索尔迪 $1\frac{31}{32}$ 德纳里，就是第三年所赚，加上其资本，得 1 里拉 8 索尔迪 $5\frac{23}{32}$ 德纳里，即为第三年的本息之和。现在来计算这个总和在 6 个月 15 天中赚多少，先计算 6 个月 15 天占 1 年的份额，等于 $\frac{13}{24}$，现在来看 $\frac{13}{24}$ 赚得多少，为避免繁琐，使用前述方法计算第四年一整年所赚，取 1 里拉 8 索尔迪 $5\frac{23}{32}$ 德纳里的 $\frac{1}{8}$，为 3 索尔迪 $6\frac{183}{256}$ 德纳里，这就是第四年整个一年所赚，我们仅取其 $\frac{13}{24}$。

因此只要取其所赚的 $\frac{13}{24}$，计算 3 索尔迪 $6\frac{183}{256}$ 德纳里的 $\frac{13}{24}$，得 1 索尔迪 $11\frac{851}{6144}$ 德纳里，即为 6 个月 15 天中其所赚得的，现在加上其资本，即 28 索尔迪 $5\frac{23}{32}$ 德纳里，得 30 索尔迪 $5\frac{877}{6144}$ 德纳里，为 1 里拉在整个时间期限里的本息之和。若仅只是想求解其所赚的收益,就减去资本 1 里拉,剩余 10 索尔迪 5 $\frac{877}{6\,144}$ 德纳里,即为 1 里拉在整个时间期限里所赚。你想知道 233 里拉 6 索尔迪 8 德纳里赚得多少,因此问:若 1 里拉赚得此数量收益,那上述数量的里拉可赚多少?

用 10 索尔迪 5 $\frac{877}{6\,144}$ 德纳里乘以 233 里拉 6 索尔迪 8 德纳里,得 121 里拉 13 索尔迪 $\frac{4\,483}{4\,607}$ 德纳里,即为 233 里拉 6 索尔迪 8 德纳里所赚的收益,后面可以如此处理所有类似的复利问题,但必须活学活用,付诸实际运用,不能墨守成规。

【例 5-20】 一人出借给另一人 60 里拉,8 个月期满后,出借人对债务人说:因为我有所需,如果你愿意现在归还借款,我愿意按每月每里拉 2 德纳里来折现。问须归还多少,折扣是多少。

解答如下: 先计算 1 里拉在整个期限即 8 个月中,利率每里拉每月 2 德纳里的收益,如果 1 个月为 2 德纳里,那么 8 个月收益多少?将为 16 德纳里,即 1 $\frac{1}{3}$ 索尔迪,然后将其加在资本即 1 里拉上,得 21 $\frac{1}{3}$ 索尔迪,即为 1 里拉 8 个月的本息。现在已知出借人为 60 里拉提供 8 个月每里拉每月 2 德纳里的折扣,因此债务人需要现在支付的数量应是其以每月每里拉 2 德纳里的利率 8 个月后的本息之和,为 60 里拉,否则就不会是真正的每里拉 2 德纳里的折现率。

现在为了求解其须支付的折现后资本的数量,如此解答:取 21 $\frac{1}{3}$ 索尔迪,这是 1 里拉资本在 8 个月后的本息之和,已知这个本息在计息前是 20 索尔迪,因此问:如果 21 $\frac{1}{3}$ 索尔迪对应 20,那么多少对应 1 200 索尔迪即 60 里拉?换个角度问:如果 21 $\frac{1}{3}$ 索尔迪来自 20 索尔迪的资本投入,那么 1 200 索尔迪来自多少资本的投入?用 20 乘以 1 200,再除以 21 $\frac{1}{3}$,得 1 125 索尔迪,为 56 里拉 5 索尔迪,就是其根据上述每里拉每月 2 德纳里折现率所必须支付的金额,验证如下:56 里拉 5 索尔迪以每里拉每月 2 德纳里的利率,8 个月本息之和为 60 里拉,多或少皆为误,依此类推。

【例 5-21】 一人须从另一人那里收取 10 个月期限的 70 里拉借款,他对债务人说:我想要折现,现在还我 65 里拉,问借款利率为每里拉每月多少。

解答如下: 先看其损失多少,从到期须支付的 70 中扣减 65,剩余 5 里拉,这就是其在 10 个月期限的损失数量。现在来计算每里拉每月所赚的收益,用 5 里拉除以 65

里拉,得 $\frac{1}{13}$ 里拉,就是 1 里拉在 10 个月所赚,现在求解每里拉每月所赚,用 $\frac{1}{13}$ 除以 10 个月,得 $\frac{1}{130}$ 里拉,即为每里拉每月所赚,换算成德纳里为 $1\frac{11}{13}$ 德纳里。因此可知每里拉出借利率为每月 $1\frac{11}{13}$ 德纳里,依此类推。

【例 5-22】 一人出借货币给另一个人,利率为每里拉每月 2 德纳里,其出借 537 里拉,在借款期限到时,债务人归还 689 里拉 16 索尔迪 8 德纳里,问期限是多少。

解答如下:先计算在 1 里拉每月 2 德纳里的利率下每里拉每年赚多少,假设每里拉每月赚 2 德纳里,12 个月将赚 24 德纳里即 2 索尔迪,先置于此,然后减去其出借的货币即归还数额中所包含的资本,从 689 里拉 16 索尔迪 8 德纳里中减去 537 里拉,剩余 152 里拉 16 索尔迪 8 德纳里,就是 537 里拉在整个借款期限所赚的收益。

现在求解每里拉在整个借款期限中赚的收益。问:若 537 里拉在该期限中赚 152 里拉 16 索尔迪 8 德纳里,那么 1 里拉赚多少?用 1 乘以 152 里拉 16 索尔迪 8 德纳里,再除以 537,得 $5\frac{1\,115}{1\,611}$ 索尔迪,就是 1 里拉在整个借款期限所赚的收益。又据前文得知每里拉每年可获利息 2 索尔迪,现在来求解借款期限,问:若赚 2 索尔迪利息需要 1 年时间,那么赚 $5\frac{1\,115}{1\,611}$ 索尔迪需要多长时间?用 1 乘以 $5\frac{1\,115}{1\,611}$,再除以 2,得 $2\frac{1\,363}{1\,611}$,需要这么长的时间,每里拉可获 $5\frac{1\,115}{1\,611}$ 索尔迪的利息,如此得解。

验算如下:在上述期限,利率为每里拉每月 2 德纳里,537 里拉赚 152 里拉 16 索尔迪 8 德纳里,多或少皆为误,而本解答结果无误,得证。

【例 5-23】 一人借出 362 里拉 16 索尔迪 8 德纳里,在 15 个月 10 天期限后,其收到了 543 里拉 5 索尔迪,问每里拉每月的出借利率是多少。

解答如下:将其资本从本息之和中减去,即从 543 里拉 5 索尔迪中减去 362 里拉 16 索尔迪 8 德纳里,余 180 里拉 8 索尔迪 4 德纳里,即为 362 里拉 16 索尔迪 8 德纳里用 15 个月 10 天时间所赚的利息。现在来计算每里拉在上述期限赚多少。问:若 362 里拉 16 索尔迪 8 德纳里赚 180 里拉 8 索尔迪 4 德纳里,那么 1 里拉赚得多少?用 1 乘以 180、8、4,再除以 362、16、8,将各部分换算为同一性质后相除,得 10 索尔迪,为 1 里拉在整个期限所赚。现在计算每月所赚,问:若 $15\frac{1}{3}$ 月[①]赚 10 索尔迪,那么每

---

① 10 天按 $\frac{1}{3}$ 个月计算,计算利息时,每个月均按 30 天计算。——译者注

里拉每月赚的利息多少？用 10 乘以 1，再除以 $15\frac{1}{3}$，得 $7\frac{19}{23}$ 德纳里，即为每里拉每月所赚的利息。

【例 5-24】 一人出借资金若干给另一个人，借款期限 8 个月，利率为每里拉每月 2 德纳里，期限终了收到本息共 361 里拉 10 索尔迪，问其出借多少金额的本金。

解答如下： 先求解每里拉在 8 个月期限和每月 2 德纳里利率的条件下能赚多少。问：若每里拉每月获 2 德纳里利息，那么每里拉 8 个月所获利息是多少？得 16 德纳里，即 $1\frac{1}{3}$ 索尔迪，然后加上本金，得 $21\frac{1}{3}$ 索尔迪，即为 1 里拉 8 个月后的本息之和。

已知初始资本的本息之和为 361 里拉 10 索尔迪，因此问：若 $21\frac{1}{3}$ 索尔迪是 20 索尔迪的本息之和，那么 361 里拉 10 索尔迪中的本金是多少？不同本金与其 8 个月借款期满本息之和之间的比例是相同的。用 20 乘以 361 里拉 10 索尔迪，换算为同一性质后计算，再除以 $21\frac{1}{3}$ 索尔迪，等于 338 里拉 9 索尔迪① $1\frac{1}{2}$ 德纳里，即为其出借的本金，解毕②。

【例 5-25】 一个人出借给另一个人资金若干，借款期限为 3 年 7 个月 15 天，利率为每里拉每月 2 德纳里，按年计息，到期后收到本息之和为 361 里拉 15 索尔迪，问最初出借资金金额是多少。

解答如下： 先来计算 1 里拉在 3 年 7 个月 15 天的期限里，以每里拉每月 2 德纳里的利率，按年计息所获的利息。求解第一年收益，问：如果一个月利息 2 德纳里，那么 12 个月利息是多少？等于 24 德纳里即 2 索尔迪，因为按年计息，因此将利息加在 1 里拉的资本上。再求解第二年收益，为减少繁琐，如同上文所讨论，使用利息和资本的比例，即用利息 2 索尔迪除以资本 20 索尔迪，得 $\frac{1}{10}$。因此年利率为 $\frac{1}{10}$，而且对于随后的资本均如此：取第二年资本即 22 索尔迪的 $\frac{1}{10}$，等于 $2\frac{1}{5}$ 索尔迪，为第二年所赚

---

① 原稿计算有误，应为 18 索尔迪。——译者注
② 在原稿页面的右边有如下案例：
　　一人以这样的方式出借给另一人若干数量的货币。借款人第 1 天须支付 1 索尔迪的利息，第 2 天须支付 2 索尔迪的利息，第 3 天须支付 3 索尔迪的利息，这样每天增加 1 索尔迪的利息，在整个借款期间出借人共收到利息 2 里拉 18 索尔迪，问出借的天数是多少。
　　通过级数来求解，找到一个数字，从 1 到这个数字的所有个体相加后等于 58 索尔迪。假设这个数字为 1co，加上 1，得 1co 加 1，然后取 1co 的一半，为 $\frac{1}{2}$ co，现在用 $\frac{1}{2}$ co 乘以（1co 加 1），得 $\frac{1}{2}$ co□加 $\frac{1}{2}$ co，其等于 58，有等式 1co□加 1co 等于 116，取一次项系数的一半，将其平方，加上常数项，解得 1co 等于 $R_x 116\frac{1}{4}$ 减 $\frac{1}{2}$，这就是要求解的那个数字，验算无误，即为出借的天数，解毕。

的收益,加在其资本金即 22 索尔迪上,等于 $24\frac{1}{5}$ 索尔迪,为 2 年的本息之和。现在求解第三年的收益,同样取 $24\frac{1}{5}$ 索尔迪的 $\frac{1}{10}$,等于 $2\frac{21}{50}$ 索尔迪,为 1 里拉在第三年所赚的收益,加在其资本金 $24\frac{1}{5}$ 索尔迪上,等于 $26\frac{31}{50}$ 索尔迪,即为 1 里拉 3 年的本息之和。

现在求解 7 个月 15 天的收益,为简便起见,先计算 7 个月 15 天占 1 年的比例,为 $\frac{5}{8}$,再来计算第四年的收益,取 $26\frac{31}{50}$ 索尔迪的 $\frac{1}{10}$,为 $2\frac{331}{500}$ 索尔迪,是第四年整年所赚的收益,而其期限为 1 年的 $\frac{5}{8}$,取 $2\frac{331}{500}$ 索尔迪的 $\frac{5}{8}$,等于 $1\frac{411}{800}$ 索尔迪①,即为 1 里拉在 7 个月 15 天期限内所赚,加上其资本金 $26\frac{31}{50}$ 索尔迪,等于 $28\frac{107}{800}$ 索尔迪②,这就是 1 里拉在整个借款期限的本息和。

已知最初资本到期后的本息之和为 361 里拉 15 索尔迪,问:若 $28\frac{107}{800}$ 索尔迪是 20 索尔迪资本在整个借款期限内产生的本息之和,那么多少资本可获得上述期限的本息之和 361 里拉 15 索尔迪?用 20 乘以 361 里拉 15 索尔迪,注意应将各部分的货币单位换算为同一性质的货币单位,然后除以 $28\frac{107}{800}$,得出最初出借的资本为 276 里拉 6 索尔迪 $2\frac{18\,882}{22\,507}$ 德纳里③,解毕。以这样的方法验算:如果该资本在上述借款期限,按年计息,每里拉每月获 2 德纳里利息,正好等于本息之和 361 里拉 15 索尔迪,多或少均为误,依此类推。

【例 5-26】 一个人出借 50 里拉给另一个人,期限为 15 个月,利率是每里拉每月 2 德纳里,借款期满时借款人归还 15 弗罗林,问 1 弗罗林价值是多少。

解答如下: 先看 1 里拉 15 个月赚多少。问:若 1 里拉 1 个月赚 2 德纳里,15 个月赚多少?结果为 30 德纳里,即 $2\frac{1}{2}$ 索尔迪,也是 1 里拉 15 个月的利息。然后计算

---

① 原稿此处计算有误,应为 $1\frac{531}{800}$ 索尔迪,这导致后面的计算亦出现错误。——译者注。

② 应为 $28\frac{277}{800}$ 索尔迪,下同。——译者注。

③ 原稿计算错误,结果应为 255 里拉 4 索尔迪 $8\frac{17\,688}{22\,677}$ 德纳里。——译者注。

50 里拉,问：如果 1 里拉 15 个月赚 $2\frac{1}{2}$ 索尔迪,50 里拉 15 个月赚多少？用 $2\frac{1}{2}$ 乘以 50,等于 125,再除以 1,仍等于 125,即为 50 里拉在 15 个月所赚,将其加上 50 里拉资本,共计 1 125 索尔迪,等于 15 弗罗林,欲知每弗罗林价值多少,用 1 125 索尔迪除以 15 弗罗林,等于 75 索尔迪,即 3 里拉 15 索尔迪,就是 1 弗罗林的价值,解毕。

【例 5-27】 一人要在 2 年 4 个月的期限后从另一人那里收取 100 里拉回报,债务人对债权人说：若你给我每里拉每月 2 德纳里的折扣,按年计息,我现在就可以给付回报,两人达成一致,问现在须支付多少钱。

解答如下：先计算 2 年 4 个月以每里拉每月 2 德纳里的利率按年计息,得到多少本息,先计算第一年的收益。问：若 1 个月利息 2 德纳里,那么 1 年即 12 个月利息是多少？是 2 索尔迪。将其与资本相加,等于 22 索尔迪。然后计算第二年的收益。计算第一年的利息占资本的份额,即用 2 索尔迪除以 20 索尔迪,为 $\frac{1}{10}$,因此如果每年利率相同,那么资本总是赚得 $\frac{1}{10}$,取 22 索尔迪的 $\frac{1}{10}$,等于 $2\frac{1}{5}$ 索尔迪,为第二年所赚。现在计算 4 个月的利息,先计算 4 个月占 1 年的份额,即 1 年的 $\frac{1}{3}$,然后计算第三年所赚,取 $24\frac{1}{5}$ 索尔迪的 $\frac{1}{10}$,等于 $2\frac{21}{50}$,即为第三年所赚。但第三年的期限为 $\frac{1}{3}$ 年,因此只能收取年收入的 $\frac{1}{3}$,即 $2\frac{21}{50}$ 索尔迪的 $\frac{1}{3}$,等于 $\frac{121}{150}$ 索尔迪,是 1 里拉 4 个月所赚,加上其资本即 $24\frac{1}{5}$,等于 $25\frac{1}{150}$ 索尔迪,为 1 里拉在上述借款期限的本息之和。

现在我们必须计算债务人将给付债权人多少回报。为求解,问：若 $25\frac{1}{150}$ 索尔迪的本息是 20 索尔迪到期后的价值,那么 100 里拉是多少资本到期后的价值？或者问：如果 $25\frac{1}{150}$ 索尔迪的本息来自 20 索尔迪的资本投入,那么 100 里拉来自多少资本的投入？用 20 乘以 100,首先应将其换算为同一性质的货币单位,然后除以 $25\frac{1}{150}$,可得解 100 里拉来自资本 79 里拉 19 索尔迪 $6\frac{3\,306}{3\,751}$ 德纳里,这是债务人现在必须给付的金额,童叟无欺。

验证如下：79 里拉 19 索尔迪 $6\frac{3\,306}{3\,751}$ 德纳里以每里拉每月 2 德纳里的利息,按年计息,在 2 年 4 个月的期限后,其本息之和正好为 100 里拉,多或少皆为误,要注意不要将大分数弄错。

【例 5-28】 一人借钱给另一个人,期限三年,到期应收回 87 里拉,债务人对债权人说:如果折现,按年计息,我现在付给你 58 里拉,算作归还债务,两人达成一致,问按年计息每里拉每月折现率为多少?

解答如下:假设出借利率为每里拉每月 2 德纳里,计算整个 3 年期限债权人赚多少。求解第一年的收益。问:若 1 个月利息 2 德纳里,那么 12 个月利息是多少? 为 2 索尔迪,其为资本的 $\frac{1}{10}$,将该利息与其资本即 1 里拉相加,等于 22 索尔迪,是第一年的本息之和。计算第二年的收益。取 22 索尔迪的 $\frac{1}{10}$,为 $2\frac{1}{5}$ 索尔迪,即第二年所赚的收益,加上其资本,等于 $24\frac{1}{5}$ 索尔迪。然后计算第三年的收益,取 $24\frac{1}{5}$ 索尔迪的 $\frac{1}{10}$,为 $2\frac{21}{50}$ 索尔迪,即第三年所赚的收益。将第三年的利息加上其资本,等于 $26\frac{31}{50}$,为第三年的本息之和。计算 1 里拉在整个借款期限内的收益,从这个本息总和中减去初始资本 20 索尔迪,等于 $6\frac{31}{50}$,为 1 里拉以每月 2 德纳里的利率,每年计息所赚。

想要知道 87 里拉的折现率,这样求解:从 3 年后应归还的 87 里拉中减去现在将要支付的 58 里拉,剩余 29 里拉,因此 58 里拉以这样的利率在整个借款期限后所得的利息为 29 里拉。我们来计算每里拉每月赚多少。先计算在 3 年期限内每里拉赚多少,用 29 除以 58,得 10 索尔迪即 $\frac{1}{2}$ 里拉,因此可知 1 里拉 3 年赚 10 索尔迪,而按前述假设的利率其赚得 $6\frac{31}{50}$,因此其利率并非前述假设的 2 德纳里,若 $6\frac{31}{50}$ 索尔迪对应所赚 10 索尔迪,根据我们假设的利率来求解真实利率:如果 $6\frac{31}{50}$ 索尔迪对应所赚 10 索尔迪,那么 2 德纳里对应多少? 用 10 乘以 2,要确保除数总是同一性质的货币单位,除以 $6\frac{31}{50}$,得 $3\frac{7}{331}$ 德纳里,就是其所说每年计息的每里拉每月的折现率,即 $3\frac{7}{331}$ 德纳里。

类似问题的验证如下。如果出借 58 里拉,3 年期限,利率每里拉每月 $3\frac{7}{331}$ 德纳里,按年计息,其本息之和应为 87 里拉,多或少皆为误,如此验证类似问题,对于更特殊的问题,将随后演示。

【例 5-29】 一人在 2 年 1 个月 10 天的借款期限后要收取另一个人 361 里拉 6 索尔迪 8 德纳里,债务人在债权人出借的当天,即期限开始的那天就给付了 40 弗罗林,折现率为每里拉每月 2 德纳里,问 1 弗罗林价值多少。

解答如下:先看 1 里拉在整个借款期限内即 2 年 1 个月 10 天赚多少。问:若 1 个月利息 2 德纳里,那么整个期限 $25\frac{1}{3}$ 个月利息多少? 用 2 乘以 $25\frac{1}{3}$,再除以 1,等于 $50\frac{2}{3}$,就是 1 里拉在整个借款期限所赚,折算为 4 索尔迪 $2\frac{2}{3}$ 德纳里,现在加上其 1 里拉的资本,等于 24 索尔迪 $2\frac{2}{3}$ 德纳里,就是 1 里拉的本息之和。现在计算 361 里拉 6 索尔迪 8 德纳里,其资本和利息是多少。问:若 24 索尔迪 $2\frac{2}{3}$ 德纳里是从 20 索尔迪资本而来,那么 361 里拉 6 索尔迪 8 德纳里来自多少资本? 用 20 乘以 361、6、8,注意首先换算为同一性质的货币单位,然后用这个乘积除以 24 索尔迪 $2\frac{2}{3}$ 德纳里,等于 299 里拉 8 索尔迪 $9\frac{91}{181}$ 德纳里①,就是当前将要给付的 40 弗罗林的价值,欲知每弗罗林的价值,问:若 40 弗罗林价值如此数量,那么 1 弗罗林价值多少? 用 1 乘以上述数量,再除以 40,等于 7 里拉 9 索尔迪 $8\frac{2\,103}{3\,620}$ 德纳里②,这就是 1 弗罗林相对于里拉的价值。

验证如下:计算 299 里拉 8 索尔迪 $9\frac{91}{181}$ 德纳里以每里拉每月 2 德纳里的利率,其本息之和为 361 里拉 6 索尔迪 8 德纳里,如题所述的数量,证毕,多或少皆为误。

【例 5-30】 一人在 18 个月后须收到另一个人给付的数量未知的若干货币,而债务人在期限开始时须支付 361 里拉 10 索尔迪,折现率为每里拉每月 3 德纳里,问原先借款到期须给付的数额。

解答如下:先计算 1 里拉在每月 3 德纳里的利率和 18 个月的期限内赚多少。问:若每里拉每月利息 3 德纳里,18 个月利息是多少? 为 54 德纳里即 $4\frac{1}{2}$ 索尔迪,是 1 里拉在整个借款期限所赚,加上其资本 20 索尔迪,等于 $24\frac{1}{2}$ 索尔迪。现在来看债务人到期应给付的数额。求解如下:若 20 索尔迪在 18 个月期限内赚取的本息之

---

① 原稿计算错误,应为 298 里拉 8 索尔迪 $9\frac{91}{181}$ 德纳里,下同。——译者注。

② 应为 7 里拉 9 索尔迪 $\frac{210}{109}$ 德纳里。——译者注。

和为 $24\frac{1}{2}$ 索尔迪,那么 361 里拉 10 索尔迪赚取多少?用 $24\frac{1}{2}$ 索尔迪乘以 361 里拉 10 索尔迪,注意首先应换算为同一性质的货币单位,然后用乘积除以 20 索尔迪,等于 441 里拉 2 索尔迪 6 德纳里[①],即为原先借款到期应给付的金额,但是随后因具体情况发生了变化,损失掉了相应的回报。

【例 5-31】 一人原本在未知期限后须收到另一个人给付的 108 里拉,而债务人在借款期限开始时给付了 96 里拉,折现率为每里拉每月 2 德纳里,问最初借款期限是多长。

解答如下: 先计算 96 里拉以每里拉每月 2 德纳里的利率,1 个月有多少利息。问:若 1 里拉得利息 2 德纳里,那么 96 里拉将得多少利息?其将赚取 16 索尔迪即 $\frac{4}{5}$ 里拉。从须归还的 108 里拉中扣除 96,剩余 12 里拉,现在来计算 96 里拉在多长的时间内能够赚 12 里拉,已知其 1 个月赚 $\frac{4}{5}$ 里拉,因此问:如果 1 个月赚 $\frac{4}{5}$ 里拉,多长时间能赚 12 里拉?用 1 乘以 12,再除以 $\frac{4}{5}$,等于 15,即 96 里拉以每里拉 2 德纳里的利率,需要 15 个月赚 12 里拉,由此可知,上述最初借款期限为 15 个月,类似问题同解。

【例 5-32】 一人在 3 年借款期限后须收到债务人偿还的若干借款,而债务人在借款期限开始时向债权人给付了 361 里拉,两人达成一致的折现率为按年计息每里拉每月 2 德纳里,问到期须偿还的金额是多少。

解答如下: 先计算 1 里拉在整个 3 年借款期限,按年计息每月 2 德纳里的利率,所得本息之和是多少。问:若 1 里拉 1 个月赚 2 德纳里,12 个月赚多少?将赚 24 德纳里即 2 索尔迪,加上其资本金,得 22 索尔迪,为第 1 年的本息之和。然后计算第 2 年的收益,先计算第一年的利息 2 索尔迪占其资本的比例,为 $\frac{1}{10}$,因此取第 2 年资本 22 索尔迪的 $\frac{1}{10}$,获利息 $2\frac{1}{5}$ 索尔迪,为第 2 年所赚的利息,加上其资本金,得 $24\frac{1}{5}$ 索尔迪,就是 1 里拉在第 2 年的本息之和。再计算第 3 年的收益,取 $24\frac{1}{5}$ 索尔迪的 $\frac{1}{10}$,为 $2\frac{21}{50}$ 索尔迪,即第 3 年所赚的利息,加上其资本金,得 $26\frac{31}{50}$ 索尔迪,就是 1 里拉按年计息,3 年的本息之和。

---

① 原稿计算错误,应为 442 里拉 16 索尔迪 9 德纳里。——译者注

我们想知道其到期须偿还多少,因此来看现付的 361 里拉在上述期限后,债务人应付的金额是多少,求解如下:20 里拉的资本按年计息,3 年本息之和是 $26\frac{31}{50}$。问:如果 20 索尔迪的资本 3 年本息之和为 $26\frac{31}{50}$,那么 361 里拉的资本在整个借款期限后的本息之和是多少?用 $26\frac{31}{50}$ 索尔迪乘以 361 里拉,再除以 20 索尔迪,等于 480 里拉 9 索尔迪 $9\frac{21}{25}$ 德纳里,就是到期后其须给付的金额,如此可求解无数类似问题。

【例 5-33】 一人借给另一人 562 里拉,为期 2 年,按年计息。到期债务人给付了 814 里拉 18 索尔迪,问出借的利率,即每里拉每月是多少。

解答如下:为求解,假设出借利率为每里拉每月 2 德纳里,现在来看一里拉在两年期限内赚多少。先看第一年的收益情况,若 1 个月利息 2 德纳里,那么 12 个月利息是多少?为 24 德纳里即 2 索尔迪,为第一年所赚利息,加上其资本,等于 22 索尔迪。再看第二年的收益情况,第一年利息占资本的比例为 $\frac{1}{10}$,因此第二年利息为取 22 索尔迪的 $\frac{1}{10}$,等于 $2\frac{1}{5}$,为第二年所赚利息,将两年利息相加,等于 $4\frac{1}{5}$ 索尔迪,为 1 里拉在整个借款期间所赚取的利息,先置于此。

现在从偿还的 814 里拉 18 索尔迪中减去借出的 562 里拉,剩余 252 里拉 18 索尔迪,其为投入的 562 里拉资本在 2 年内所赚的收益。现在计算 1 里拉在整个借款期间所赚。问:若用 562 里拉赚 252 里拉 18 索尔迪,那么 1 里拉赚多少?用 252、18 乘以 1,再除以 562,等于 9 索尔迪,就是 1 里拉在整个借款期间所赚,因此我们的假设条件有误,因为假设条件的结果是 $4\frac{1}{5}$ 索尔迪。问:若 $4\frac{1}{5}$ 索尔迪对应 9 索尔迪,那么 2 德纳里对应多少?2 乘以 9 索尔迪,注意换算为同一性质的货币单位的量,用乘积除以 $4\frac{1}{5}$,等于 $4\frac{2}{7}$ 德纳里,就是月出借利率,即每月 $4\frac{2}{7}$ 德纳里。

以这样的方式验证:若 562 里拉两年到期,以每里拉每月 $4\frac{2}{7}$ 的利率,按年计息,到期本息之和为 814 里拉 18 索尔迪,得证,多或少皆为误。

【例 5-34】 一人出借给另一人钱款,出借金额未知,每里拉每月的利率未知,但是第一年末其本息之和为 100 里拉,债务人的借款在第二年的利息和第一年相同,在第二年年末,发现本息之和与最初资本之间的比例关系是 4 比 3。问出借的资本金和利率是多少。

解答如下： 假设 1 里拉每年获利 1co 里拉，为避免繁琐用年来代替月，有年利率就能获得月利率和日利率。因此 1 里拉资本在第一年的本息之和为 1 加 1co 里拉，已知第一年的本息之和为 100 里拉，然后下一年利息相同，因此问：如果 1 里拉 1 年本息为 1 加 1co，100 里拉本息是多少？等于 100 加 100co，即为第二年的本息之和。已知其与最初资本之间的比例关系是 4 比 3，用以下方法求解其资本额，问：若 1 里拉加 1co 本息来自 1 里拉的资本，那么 100 里拉的第一年本息来自多少资本？得资本为 $\dfrac{100}{(1+1co)}$。

进而问：若投入 3 的回报为 4，那么资本 $\dfrac{100}{(1+1co)}$ 两年的本息回报是多少？用 $\dfrac{100}{(1+1co)}$ 乘以 4，除以 3，等于 $\dfrac{400}{(3+3co)}$，应用三数法则演示如下[①]。等式为 $\dfrac{400}{(3+3co)}$ 等于 100 加 100co，化简得等式 2co 加 1co□ 等于 $\dfrac{1}{3}$。现在使用另外一种方法，无须计算上述资本来获得该等式，问：若回报 4 来自投资 3，那么多少回报来自 75 加 75co？这个将等于资本即 $\dfrac{100}{(1+1co)}$，化简分数，除以二项式系数，也将得到最终等式：2co 加 1co□ 等于 $\dfrac{1}{3}$，解得结果同上。取一次项系数的一半，将其平方，加上常数项，等于 $1\dfrac{1}{3}$，解得 1co 为 $R_x 1\dfrac{1}{3}$ 减 1，就是 1 里拉 1 年所获的利息。欲知应给付的金额[②]，将其加上资本 1 里拉，得 $R_x 1\dfrac{1}{3}$，就是 1 里拉 1 年的本息之和。

---

① 在原稿左边的空白处写有如下计算过程：

$$3+3co$$
$$\dfrac{3}{1} \times \dfrac{4}{1} \quad \dfrac{100}{1+1co}$$
$$\dfrac{400}{(3+3co)}$$

② 在原稿页面下面的空白处有如下案例：

一人出借货币给另一个人，数量和利率未知。第一年债务人给付本息 80 里拉，其想以与第 1 年相同的利率再借一年，第二年年末，第二年的利息乘以 8 等于其资本，问将给付多少。

假设借出 1co 里拉，因此第二年的利息为 $\dfrac{1}{8}$co，即该利息乘以 8 等于资本 1co，因此第二年年末的本息之和为 1co $\dfrac{1}{8}$。现在问：如果 1co 资本第一年本息回报为 80 里拉，那么 80 里拉 1 年的回报多少？得 $\dfrac{6400}{1co}$，而已知其为 1co $\dfrac{1}{8}$，化简分数，有等式：6 400 等于 1co□ $\dfrac{1}{8}$，用 6 400 除以 $1\dfrac{1}{8}$，等于 $5688\dfrac{8}{9}$，其平方根即为资本的价值，即最初的出借数额。

现在问：若 $R_x 1\frac{1}{3}$ 里拉来自 1 里拉的资本投入，那么第一年的本息 100 里拉来自多少投入？将 100 平方后再求解，注意将各部分换算为同一性质的量，得 100 里拉来自 $R_x 7\,500$ 里拉的资本投入。如果想知道每里拉出借的利率，总是采用这样的规则来处理，每次当已知每里拉出借一年所获利息的里拉数量时，将这个数量乘以 20，其乘积就是每里拉每月所赚的德纳里数量，这样就毫不费力地换算了。当已知每里拉每月获利的德纳里数量，而又欲知每里拉年获利多少时，总是取每月获利的德纳里数量的 $\frac{1}{20}$，即除以 20，将得到每里拉每年所赚的里拉数量。这样的规则永不出错，且如果以此法处理类似问题，简便易行。

例如，假设 1 里拉出借利率为每月 2 德纳里，取 2 的 $\frac{1}{20}$，即 $\frac{1}{10}$ 里拉，为 2 索尔迪，即 1 里拉年赚取的利息，这样 3 德纳里的月利率相当于年利率 $\frac{3}{20}$ 里拉。每年 $\frac{1}{10}$ 里拉利息乘以 20 即正好等于 2 德纳里，就是每里拉每月的利息。$\frac{3}{20}$ 里拉的年利率，乘以 20，正好等于 3，就是每里拉每月 3 德纳里的利息，切记。

回到我们的主题，已知 1 里拉年利息为 $R_x 1\frac{1}{3}$ 减 1，将 20 平方，等于 400，然后用 $1\frac{1}{3}$ 乘以 400，得 $R_x 533\frac{1}{3}$ 减去 20，即为每里拉每月利息的德纳里数量，验算无误，但须理解如何求解，否则将一无所获，解毕①。

【**例 5-35**】　一人出借给另一人钱款，金额未知，每里拉每月利息未知，但已知第一年本息之和为 100 里拉，该本息在下一年以同样的利率计息，两年本息之和与最初资本之间是 25 对应 16 的比例关系，问每里拉每月的利息和出借的金额分别是多少。

解答如下：解答方法同[例 5-34]，适当而审慎地处理。假设每里拉年利率 1co 里拉，因此 1 里拉 1 年本息之和为 1 加 1co，计算上一年的本息之和 100 里拉在下一年的本息之和如下：

如果 1 里拉得本息 1 加 1co，那么 100 里拉得多少本息？得 100 加 100co

---

① 在原稿右边的空白处有如下计算：

$$R_x \begin{matrix} 1\frac{1}{3} \\ 1 \end{matrix} \diagup \begin{matrix} \frac{1}{1} \end{matrix} \quad \begin{matrix} R_x\,100 \\ \frac{100}{1} \end{matrix}$$

$R_x 7\,500$

里拉①，因为已知 16 与 25 的对应关系，同上求解初始资本，问：若 1 加 1co 里拉来自 1 里拉的资本金，那么 100 里拉来自多少资本金？等于 $\frac{100}{(1+1co)}$。问：若 16 对应 25 的本息，那么 $\frac{100}{(1+1co)}$ 对应多少？等于 $\frac{2\,500}{(16+16co)}$，其将等于 100 加 100co，化简分数，等式两边除以二次项系数，得到等式：2co 加 1co$^\square$ 等于 $\frac{9}{16}$。或者使用另一种方法，问：如果本息之和 25 来自资本金 16，那么 100 加 100co 来自多少资本金？同样也可以得到等式：2co 加 1co$^\square$ 等于 $\frac{9}{16}$。取一次项系数的一半，将其平方，加上常数项，等于 $1\frac{9}{16}$，解得 1co 为 $R_x 1\frac{9}{16}$ 减 1，为每里拉 1 年利息的数量，即 $\frac{1}{4}$ 里拉。

欲知月利率，同上例处理。用 20 乘以 $\frac{1}{4}$，等于 5，即月利率为每里拉每月 5 德纳里，如果想知道出借数，将 1 里拉和其 1 年的利息相加，等于 $R_x 1\frac{9}{16}$，即 $1\frac{1}{4}$，问：如果 $1\frac{1}{4}$ 里拉本息来自 1 里拉的资本金，第一年要给付的 100 里拉来自多少资本金？乘除处理，等于 80 里拉，即其出借金额。这样验证：求解出借 2 年以每里拉每月 5 德纳里的利率，是否有初始投入资本 16 获 25 本息回报。也可以使用上述平方根的利率来求解，但是要让其在计算中清晰明了。

【例 5-36】 一人借给另一个人 20 里拉，期限 2 年，每里拉每月多少利息未知，按年计息，第一年年末又以同样利率借给债务人 10 里拉，2 年期满本息总共 60 里拉，问

---

① 在原稿下面的空白处有如下案例：

一人借给另一人皮奇奥利(picioli)的 50 里拉和 32 弗罗林，第一年末其给付 50 里拉资本的利息为 5 弗罗林，32 弗罗林资本的利息为 20 里拉，问弗罗林的兑换价值是多少，以及每里拉每月的利息是多少。

求解时要将各金额有序排列，比如 5 弗罗林与其对应的金额等（整理者注：参见随后的注明），将里拉交叉相乘：50 乘以 20 等于 1 000，而 32 乘以 5 等于 160 弗罗林，现在用 1 000 除以 160，等于 $6\frac{1}{4}$，那么弗罗林价值里拉为 $R_x 6\frac{1}{4}$ 即 $2\frac{1}{2}$。求解每里拉每月的利息，假设其为 1co，年末时为 12co，12co 的利息对于 50 里拉来说，就是 1co 乘以 $\frac{1}{20}$ 再乘以 50，等于 $2co\frac{1}{2}$，对于 32 弗罗林来说就是 1co 乘以 $\frac{1}{20}$ 再乘以 32，为 $1co\frac{3}{5}$。现在用 $2co\frac{1}{2}$ 乘以 $1co\frac{3}{5}$，等于 $4co^\square$，其等于里拉的利息 5 弗罗林和弗罗林的利息 20 里拉相乘，为 100，即 $4co^\square$ 等于 100，用 100 除以 4，等于 25，那么 1co 就等于 $R_x 25$，即 5，即每里拉每月利息是多少德纳里，这样可以很好地处理类似的问题。

注明：在原稿页面的右边空白处有如下计算：

弗罗林 160   里拉 1 000
弗罗林 32   里拉 20
里拉 50   弗罗林 5

每里拉每月利息是多少。

解答如下： 假设每里拉的年利率为 1co 里拉，现在计算 20 里拉第一年的本息，问：1 里拉资本金投入，本息之和为 1 加 1co，20 里拉资本金投入，其本息之和是多少？等于 20 加 20co。现在债权人增加了 10 里拉借款，因此在第 2 年资本为 30 加 20co，求解第二年的本息：如果 1 里拉本息 1 加 1co，那么 30 加 20co 本息是多少？结果为 30 加 50co 加 20co$\square$，而其应等于 60，移项化简，除以二次项系数，得等式：$2\frac{1}{2co}$ 加 1co$\square$ 等于 $1\frac{1}{2}$，取一次项系数的一半，将其平方，加上常数项，得 $3\frac{1}{16}$，解得 1co 为 $R_x 3\frac{1}{16}$ 减 $1\frac{1}{4}$，即为每里拉每年的利息[①]。而 $R_x 3\frac{1}{16}$ 等于 $1\frac{3}{4}$，减去 $1\frac{1}{4}$ 等于 $\frac{1}{2}$，即每里拉每年利息为 $\frac{1}{2}$ 里拉，欲知月利息，用 20 乘以 $\frac{1}{2}$，得 10，因此每里拉每月的利息为 10 德纳里。

【例 5-37】 一人出借给另一个人 100 里拉，期限 3 年，按年计息，利率每里拉每月 2 德纳里，如果期望每年偿付某个数额的钱款，最终到期后无须再偿付，问每年要偿付多少钱款。

解答如下： 先看 100 里拉以每里拉每月 2 德纳里的利率在第 1 年的本息是多少，可知每里拉年利息 $\frac{1}{10}$ 里拉即 2 索尔迪；因此取 100 的 $\frac{1}{10}$，即 10，这是 100 里拉在第一年所赚利息，加上 100 等于 110，假设债务人年付 1co 里拉，从 110 中减去后剩余 110 减 1co，现在剩余部分第二年利息为 110 减 1co 的 $\frac{1}{10}$，即 11 减 $\frac{1}{10}$co，为剩余部分在第二年所赚的利息，加上其资本金 110 减 1co，等于 121 减 $\frac{11}{10}$co，再减去债务人这一年支付的 1co，余 121 减 $\frac{21}{10}$co。然后计算剩余部分在第三年的所赚，取 121 减 $\frac{21}{10}$co 的 $\frac{1}{10}$，

---

① 在原稿页面左边的空白处有如下计算：

$$\frac{1 \text{ 加 } 1}{1}\text{co} \times \frac{1}{1} \quad \frac{100}{1}$$

$$16 \text{ 加 } 16\text{co} \qquad \frac{100}{1 \text{ 加 } 1\text{co}}$$

$$\frac{16}{1} \times \frac{25}{1} \quad \frac{100}{1 \text{ 加 } 1\text{co}}$$

$$\frac{1}{1} \times \frac{1 \text{ 加 } 1\text{co}}{1} \quad \frac{20}{1}$$

$$20 \text{ 加 } 20\text{co}$$

$$\frac{1}{1} \times \frac{1 \text{ 加 } 1\text{co}}{1} \quad \frac{30 \text{ 加 } 30\text{co}}{1}$$

$$30 \text{ 加 } 50\text{co} \text{ 加 } 20\square$$

等于 $12\frac{1}{10}$ 减 $\frac{21}{100}$ co，为剩余部分第三年所赚的利息，加上 121 减 $\frac{21}{10}$ co 的资本，得本息 $133\frac{1}{10}$ 减 $\frac{231}{100}$ co，然后从中减去债务人这一年支付的 1co，余 $133\frac{1}{10}$ 减 $\frac{331}{100}$ co 里拉，而你期望剩余为零，因此使其等于零，移项化简，有 $133\frac{1}{10}$ 等于 $\frac{331}{100}$ co，用 $133\frac{1}{10}$ 除以 $\frac{331}{100}$，等于 $40\frac{70}{331}$，这就是所假设的债务人每年必须支付的钱款数量，为 $40\frac{70}{331}$ 里拉，在三年期限届满后将无须再偿还。验算亦将无误，依此类推。

同类简单案例：一人出借给另一个人 3 里拉，期限 3 年，每年计息，利率为每里拉每年 1 里拉，每年偿付某个数量的钱款，3 年期限满后无须再偿付，问每年须偿付多少钱款。同上处理，解得每年须偿付 $3\frac{3}{7}$ 里拉，结果来自等式：24 减 7co 等于零①。

【例 5-38】 一人出借给另一人钱款，数量未知，月利率未知，但是出借的里拉数量等于每里拉每月所赚的德纳里数量，同时第二年终了，资本金与到期本息之和的比例为 1 比 3，问出借多少及每里拉每月赚取德纳里的数量。

解答如下：假设出借 1co 里拉，利率为每里拉每月 1co 德纳里，取 1co 的 $\frac{1}{20}$，得 $\frac{1}{20}$co，为每里拉每年的利息数量，即 $\frac{1}{20}$co 里拉，因此问：若 1 里拉年本息之和为 1 加 $\frac{1}{20}$co，1co 赚取的本息之和是多少？等于 1co 加 $\frac{1}{20}$co□，为第一年的本息之和。然后计算第二年的收益情况，同样问：若 1 里拉本息之和为 1 加 $\frac{1}{20}$co，1co 加 $\frac{1}{20}$co□ 本息多少？得 1co 加 $\frac{1}{10}$co□ 加 $\frac{1}{400}$co△，②同时已知对应比例为 1 比 3，因此问：若投入资本 1 赚取的本息之和为 3，那么最初资本 1co 赚取的本息之和是多少？为 3co。因此得到等式：3co 等于 1co 加 $\frac{1}{10}$co□ 加 $\frac{1}{400}$co△，化简有 40co 加 1co□ 等于 800，取一次项系数的一半，将其平

---

① 原稿计算错误，等式应为 $7\frac{1}{9}$ 减 4co $\frac{1}{9}$ 等于零，1co 应等于 $1\frac{27}{37}$ 里拉。——译者注。

② 在原稿页面左边的空白处有如下计算过程：

$$\frac{1}{1} \times \frac{1 加 \frac{1}{20}co}{1} \quad \frac{1co}{1}$$

$$\frac{1}{1} \quad \frac{1 加 \frac{1}{20}}{1} \quad \frac{1 加 \frac{1}{20}}{1}$$

$$1co 加 \frac{1}{10}□ 加 \frac{1}{400}△$$

方,加上常数项,等于 1 200,解得 1co 为 R_x1 200 减 20,而前文假设出借 1co 里拉,因此出借的里拉数量为 R_x1 200 减 20,也是每里拉每月利息的数量,及 R_x1 200 减 20 德纳里,验证亦无误。

同类案例。一人出借给另一人钱款,数量未知,利率多少未知,但是出借的里拉数量等于每里拉每月所赚的索尔迪数量,同时第二年终了,资本与到期本息之和的比例关系为 20 比 3 380 的关系,问出借多少及每里拉每月赚得索尔迪的数量。同上求解,得出借 20 里拉,利息每里拉每月 20 索尔迪。最终等式为:$466\frac{2}{3}$ 等于 $3\frac{1}{3}$co 加 1co$^\square$,解得 1co 为 $R_x 469\frac{4}{9}$ 减去 $1\frac{2}{3}$,正好是 20,得解。

【例 5-39】 一人出借给另一人钱款,数量未知,月利率未知,但是出借的里拉数量等于每里拉每月所赚的德纳里数量,同时 6 个月到期,债务人偿还本息 80 里拉,问债权人出借多少钱款及每里拉每月利息是多少。

解答如下:假设出借 1co 里拉,利率为每里拉每月 1co 德纳里,因此 6 个月 1 里拉本息之和为 1 加 6co 德纳里,将德纳里换算为里拉,6co 德纳里为 $\frac{1}{40}$co 里拉,1 里拉 6 个月的本息之和为 1 加 $\frac{1}{40}$co 里拉,现在求解 1co 里拉的本息。问:如果 1 里拉 6 个月本息之和为 1 加 $\frac{1}{40}$co,那么 1co 本息之和是多少? 应为 1co 加 $\frac{1}{40}$co$^\square$,等于 80 里拉;等式两边除以二次项系数,得等式:40co 加 1co$^\square$ 等于 3 200。取一次项系数的一半,将其平方,加上常数项,等于 3 600,解得 1co 为 R_x3 600 减 20,而假设出借 1co 里拉,因此其出借的金额为 R_x3 600 减 20,即 40。根据题目验证应无误①。

【例 5-40】 一人租赁房屋,年租金 20 里拉,其给了房主 48 里拉即期票据,房主承诺每里拉每月 2 德纳里的折扣,问房子可租多长时间。

解答如下:首先计算 48 里拉以每里拉每月 2 德纳里的利率,1 年赚得多少利息,计算得到 4 里拉 16 索尔迪,加上 48,得 52 里拉 16 索尔迪,现在扣减其支付的年租金

---

① 在原稿页面下面的空白处有以下案例:
一人出借给另一人钱款,数量未知,月利率未知,但是出借的里拉数量减 1 等于每里拉每月所赚的德纳里数量,借期 1 年,期满债务人偿还本息 30 里拉,问出借多少及每里拉每月利息是多少德纳里。
先计算 1 里拉 1 年本息是多少,假设出借里拉数量为 1co,其将赚 12co 减 12 德纳里,换算为里拉,问:如果 12 德纳里为 $\frac{1}{20}$ 里拉,那么 12co 减 12 德纳里是多少里拉,应为 $\frac{1}{20}$co 减 $\frac{1}{20}$ 里拉,就是 1 里拉 1 年所赚利息。现在计算 1co 里拉赚得多少,问:如果 1 里拉赚 $\frac{1}{20}$co 减 $\frac{1}{20}$ 里拉,那么 1co 赚多少? 乘除处理,得 $\frac{1}{20}$co$^\square$ 减去 $\frac{1}{20}$co,加上其资本即 1co,得 1co 加 $\frac{1}{20}$co$^\square$ 减去 $\frac{1}{20}$co,即 $\frac{1}{20}$co$^\square$ 加 $\frac{19c}{20}$,其等于 30 里拉,移项化简,除以二次项系数,得到等式:1co$^\square$ 加 $\frac{19}{20}$co 等于 600,取一次项系数的一半,将其平方,加上常数项,得 $690\frac{1}{4}$,解得 1co 为 $R_x 690\frac{1}{4}$ 减 $9\frac{1}{2}$,就是出借的里拉数。将其减 1,剩余 $R_x 690\frac{1}{4}$ 减 $10\frac{1}{2}$,即为每里拉每月利息德纳里的数量,年本息之和为 30 里拉。——译者注。

20 里拉,剩余 32 里拉 16 索尔迪,即 $32\frac{4}{5}$ 里拉,现在求解其利息,问:如果 1 里拉年息 $\frac{1}{10}$ 里拉,$32\frac{4}{5}$ 里拉年息多少?乘除处理,得到 $3\frac{7}{25}$ 里拉,加上上述资本 $32\frac{4}{5}$ 得到 $36\frac{2}{25}$ 里拉,将其扣减年租金 20,剩余 16 里拉 $3\frac{3}{5}$ 索尔迪①。

然后来计算其在相同利率下年息多少,结果是 1 里拉 $12\frac{9}{25}$ 索尔迪,加上其资本金 16 里拉 $3\frac{3}{5}$ 索尔迪,等于 17 里拉 $15\frac{24}{25}$ 索尔迪②,现在来看其占年租金 20 里拉的比例,为 $\frac{5499}{6000}$,因此取 1 年即 12 个月的 $\frac{5499}{6000}$③,等于 10 个月 $29\frac{141}{150}$ 天④,加上之前的 2 年租期,得 2 年 10 个月 $29\frac{141}{150}$ 天,即为按照每里拉每月 2 德纳里的利率,承租人可以租住上述房屋中的期限,依此类推。

【例 5-41】 一人租赁房屋,年租金 60 里拉,租期从 1 月 1 日开始,另一人在 5 月 1 日加入合租,第三个人 9 月 1 日加入合租,问每个人年末应付多少租金。

解答如下:先计算第一个人的租赁时长,其从年初开始,租赁了完整租期,即 12 个月,然后计算第二个人的租赁时长,其从 5 月 1 日开始,租期为 8 个月,第三个人从 9 月 1 日开始,租期为 4 个月,现在将所有租赁时长相加,即第一个人的租期 12 个月,第二个人的租期 8 个月,第三个人的租期 4 个月,共为 24 个月,此为被除数。

问:如果所有人的 24 个月租期应支付 60 里拉,这三个人各应付多少?乘除处理,计算结果是第一个人应付 30 里拉,第二个人应付 20 里拉和第三个人应付 10 里拉,解毕。验算如下:将所有人支付的金额相加,必须等于 60 里拉,多或少皆为误,还有很多其他的解答方法,但此方法足矣。

【例 5-42】 一人租赁房屋,期限 5 年,年租金 10 里拉,房主说:现在支付租金,我给你每里拉每月 2 德纳里的折扣,问现在要付多少租金。

解答如下:先计算 1 里拉以每月 2 德纳里的利率,1 年能赚取多少,计算得 2 索尔迪,然后看 5 年赚取多少。因为其租赁房屋期限 5 年,问:如果 1 年赚取 2 索尔迪,5 年赚取多少?计算结果是 1 里拉 5 年赚取利息 10 索尔迪。现在将其加上其资本 1 里拉即 20 索尔迪,等于 30 索尔迪。然后问:若本息 30 索尔迪来自 20 索尔迪的资

---

① 原稿计算错误,应为 16 里拉 $1\frac{3}{5}$ 索尔迪,下同,此处错误导致后文的计算全部错误。——译者注

② 应为 17 里拉 $13\frac{24}{25}$ 索尔迪。——译者注

③ 应为 $\frac{8849}{10000}$,下同。——译者注

④ 应为 10 个月 $18\frac{141}{250}$ 天,下同。——译者注

本投入，那么房屋租金本息的 50 里拉来自多少资本投入？乘除处理，注意换算各部分应为同一性质的货币单位的量，解等于 50 里拉来自 33 里拉 6 索尔迪 8 德纳里的资本投入，就是以每里拉每月 2 德纳里的折扣，其现在就应该支付的房屋租金，即 33 里拉 6 索尔迪 8 德纳里。

【例 5-43】 一人有两栋房屋，其中一栋价值 137 里拉，年获利 17 里拉，另一栋价值 113 里拉，问价值 113 里拉的房屋若获利 17 里拉需要多长时间，而价值 137 里拉的房屋多长时间可获得与价值 113 里拉的房屋年获利一样的利益。

解答如下：先计算价值 113 里拉的房屋按照价值 137 里拉的房屋的收益率，年赚多少。问：若 137 里拉的房屋年赚 17，那么 113 里拉的房屋年赚多少？乘除处理，等于 $14\frac{3}{137}$ 里拉；现在来计算按照价值 137 里拉房屋的收益率，其赚得 17 里拉需要多长时间。问：若 $14\frac{3}{137}$ 里拉由 113 里拉的房屋 1 年赚得，那么其赚取 17 里拉需要多长时间？乘除处理，得在 $14\frac{62}{113}$ 个月，其可赚得 17 里拉，或者问：若 113 对应 137，那么多少对应 12 个月，乘除处理，得到同样的结果，即 $14\frac{62}{113}$ 个月。

最后求解 137 里拉的房屋多长时间可以赚取 113 里拉 1 年所赚取的收益，同样问：若 137 对应 113，那么多少对应 12 个月？乘除处理，得 $9\frac{33}{137}$ 个月[①]，在这么长的时间内，137 里拉的房屋可以赚得 113 里拉的房屋在 1 年时间所赚到的收益，依此类推，解毕。

【例 5-44】 一人出借给另一人钱款，数量未知，利率为每里拉每月 8 德纳里，债务人第一年给付 12 里拉、第二年给付 17 里拉、第三年给付 28 里拉，还剩 7 里拉欠款，问债权人出借多少。

解答如下：假设债权人出借 1co 里拉，求解 1co 里拉每月利息，问：如果 1 里拉赚 8 德纳里，1co 赚多少？为 8co 德纳里，将其换算为年利息：取 8co 德纳里的 $\frac{1}{20}$，得 $\frac{2}{5}$co，就是 1co 里拉年赚的里拉数，即 $\frac{2}{5}$co 里拉，加上其资本，为 $1co\frac{2}{5}$，即为第一年的本息之和，已知其第一年给付了 12 里拉，因此将其从 $1co\frac{2}{5}$ 中减去，剩余 $1co\frac{2}{5}$ 减 12。现在计算其在第二年所赚，取 $1co\frac{2}{5}$ 减 12 的 $\frac{2}{5}$，等于 $\frac{14}{25}co$ 减 $4\frac{4}{5}$，就是其在第二年所赚的利息，加上其资本即 $1co\frac{2}{5}$ 减 12，等于 $1co\frac{24}{25}$ 减 $16\frac{4}{5}$。

---

① 原稿计算错误，应为 $9\frac{123}{137}$ 个月。——译者注。

已知第二年已给付 17 里拉，因此这 17 里拉应从该本息和中减去，余 $1\text{co}\frac{24}{25}$ 减 $33\frac{4}{5}$。现在计算第三年所赚的利息，利率同样为 $\frac{2}{5}$，因此取 $1\text{co}\frac{24}{25}$ 减 $33\frac{4}{5}$ 的 $\frac{2}{5}$，等于 $\frac{98}{125}\text{co}$ 减 $13\frac{13}{25}$，为第三年所赚的利息，加上其资本，等于 $2\text{co}\frac{93}{125}$ 减 $47\frac{8}{25}$，为第三年的本息之和，已知第三年偿还了 28 里拉，剩余 7 里拉欠款，因此从 $2\text{co}\frac{93}{125}$ 减 $47\frac{8}{25}$ 中减去 28 里拉，余 $2\text{co}\frac{93}{125}$ 减 $75\frac{8}{25}$，而其[①]等于剩余的 7 里拉，移项化简，等于 $2\text{co}\frac{93}{125}$ 等

---

① 在原稿页面右边和下面的空白处有如下计算：

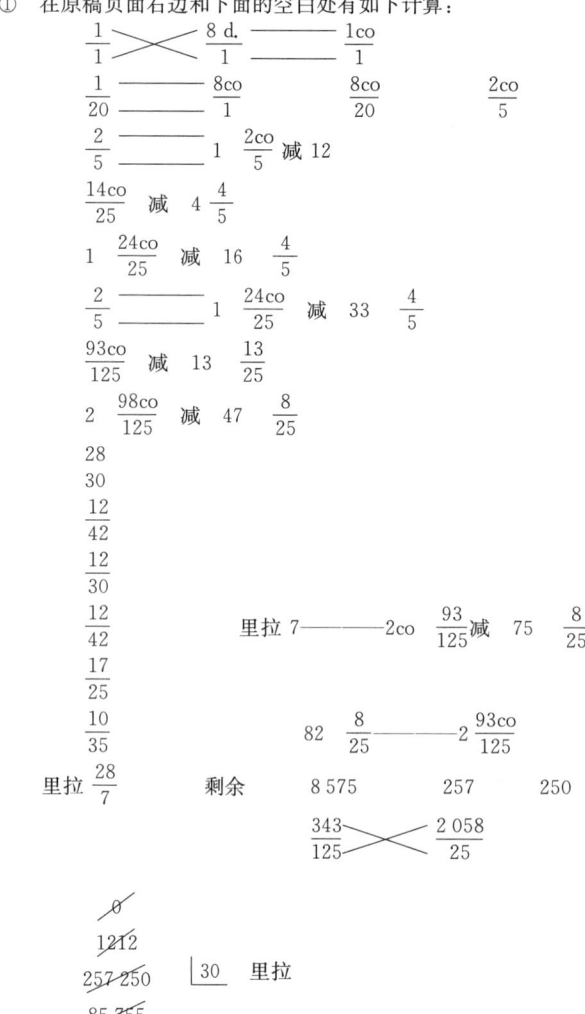

于 $82\frac{8}{5}$，用 $82\frac{8}{5}$ 除以 $2\frac{93}{125}$，等于 30。根据题目验算将无误，要记住每年都要将偿还的部分减去后，再用剩余的资本来计算利息，验算将会发现第三年扣除 28 里拉后剩余 7 里拉，这 7 里拉为欠款。

【例 5-45】 一人出借给另一人 100 里拉，每里拉每月利率多少未知，年末债务人欲给付本息，而债权人希望其以同样的利率再借一年。第二年年末债务人发现第一年本息的平方根乘以第二年本息的平方根，等于 500，问出借的每里拉月利率是多少。

解答如下：本题较为少见。每里拉每月和年利率均未知，而且并不能使用通用规则来处理平方、立方和数量。因此要使用其他的方法，假设第一年本息为 1co 里拉，因此第二年将按 1co 资本和初始资本 100 里拉同样的利率来计算。

现在按照第一年的利率求解第二年的本息。已知第一年的 100 里拉本息为 1co 里拉，因此问：若 100 里拉的资本金在第一年本息是为 1co，那么 1co 里拉第二年的本息是多少？用 1co 乘以 1co，等于 1co□，再除以 100，等于 $\frac{1}{100}$co□，就是第二年的本息。

根据题目，取第一年本息的平方根，即 R_X 1co，然后取第二年本息的平方根，即 $R_X \frac{1}{100}$co□，现在将两者相乘，即 R_X 1co 乘以 $\frac{R_X 1}{100}$co□，等于 $\frac{R_X 1}{100}$co△，其应等于 500，将 500 平方，得到 250 000，其等于 $\frac{1}{100}$co△，因此 1co△ 等于 25 000 000，因此 1co 等于 R_Xc25 000 000，[①] 即为第一年的本息和。

现在已知第一年的本息之和，然后求解出借的每里拉每月的利息。解答如下：减去初始出借资本 100 里拉，剩余 R_Xc25 000 000 减 100，为 100 里拉在 1 年时间内所赚的利息，现在计算每里拉每年赚多少利息：用（R_Xc25 000 000 减 100）除以 100，将 100 立方，等于 1 000 000，然后用 25 000 000 除以 1 000 000，等于 25，然后用减数 100 除以 100，得减数 1，因此结果为 R_Xc25 减 1，将其除以 1 年的 12 个月，先将 12 立方，等于 1 728，因此得 $\frac{R_X c25}{1728}$ 减 $\frac{1}{12}$，即为每里拉每月利息的里拉数量。

若想换算为德纳里，首先将其换算为索尔迪，乘以 20，将 20 立方为 8 000，其次用 $\frac{25}{1728}$ 乘以 8 000，等于 $\frac{200\ 000}{1728}$，$\frac{R_X c200\ 000}{1728}$ 减 $\frac{20}{12}$ 就是每里拉每月利息的索尔迪数量。然后将其乘以 12，先将 12 立方，等于 1 728，然后用 200 000 乘以 1 728，等于

---

① R_Xc 为立方根简写，R_Xc25 000 000 即为 25 000 000 的立方根，原稿简写为 R_Xq。——译者注

$\frac{345\,600\,000}{1\,728}$，结果为 $R_x 200\,000$ 减 20，即为第一年本息 $R_x c25\,000\,000$ 中的利率，每里拉每月赚取利息的德纳里数量。若想知道第二年的本息，可以同样处理。问：若 100 里拉本息为 $R_x c25\,000\,000$，那么 $R_x c25\,000\,000$ 的本息是多少？取第二年资本的立方乘以第一年本息的立方，再除以 100 的立方，再开立方，结果正好为 500，解题方法已给出，可随时应用，解毕。

另一种求解方法：当得到第二年的本息 $\frac{1}{100}co^\square$ 时，为了减少两个平方根相乘的量，可以先将 $R_x \frac{1}{100}co^\square$ 换算为 $\frac{1}{10}co$，然后用 $\frac{1}{10}co$ 乘以 $R_x 1co$，得 $R_x \frac{1}{10}co^\square$①，而其应等于 500，化简为同一性质，求解 $1co^\square$，同上计算类似，将得到同样的结果，同时避免了大数字的相乘，减少了繁琐，解毕。

【例 5-46】 一人出借给另一人钱款，金额未知，利率多少未知，年末债务人应给付本息 100 里拉，然后出借给第二个人这 100 里拉，利率与借给第一个人的相同，然后发现出借给第一个人的利息和第二个人的利息合计为 50 里拉，问初始资本，即借给第一个人的金额是多少。

解答如下：假设出借 $1co$ 里拉，现将其从第一年的本息即 100 中减去，剩余 100 减 $1co$，就是第一年所赚的利息。出借人将这 100 里拉本息以同样利率借给另一人，现在以出借给第一个人同样的利率求解其所赚利息，问：若 $1co$ 资本赚 100 减 $1co$，那么 100 里拉赚多少？用 100 乘以（100 减 $1co$），等于 10 000 减 $100co$，除以 $1co$，等于 $\frac{(10\,000-100co)}{1co}$，这就是出借给第二个人所赚的利息。已知借给两个人所赚利息之和为 50 里拉，有两种方法来获得等式：第一种必须加总借给两人所赚的利息，和等于 50，加总分数的处理参见前文。

或者不愿加总两者，而已知两者合计为 50，因此从 50 中减去其中一个利息，其剩余就将等于另一个利息，如此亦可得等式，结果与第一种方法所得结果一致，但更简单。因此减去出借给第一个人的利息，这样没有分数可减少繁琐，即从 50 中减（100 减 $1co$），余 $1co$ 减 50，其应该等于出借给第二个人的利息，即 $\frac{(10\,000-100co)}{1co}$，化简分数并移项，得等式：10 000 等于 $50co$ 加 $1co^\square$，取一次项系数的一半，将其平

---

① 原稿如此，但这是一个错误的计算结果，两者相乘后结果应仍为同上的 $\frac{R_x 1}{100}co^\triangle$，因此并不能按文中所说降低计算的量级。——译者注

方,加上常数项,等于 10 625,解得 1co 为 R$_X$10 625 减 25①。因为前文假设出借给第一个人的金额为 1co,因此出借给其 R$_X$10 625 减 25 里拉。至于每里拉每月利息多少,在题目未给出时间期限的情况下将无法计算,但是若设定这两个借款期限为两年即可求解,将资本从 100 里拉中减去后就是第一年的利息,然后问:如果若干资本赚取这个数量的利息,那么 1 里拉赚得多少? 即可解②。

【例 5-47】 一人出借给另一人数量未知的钱款,每里拉每月利息亦未知,年末债务人应给付本息 100 里拉,然后债务人继续持有这 100 里拉,期限 1 年,利率较第一年的利率每里拉每月多 1 德纳里,至第二年年末,债务人给付了两倍于初始出借的钱款,问债权人初始出借资本是多少。

假设最初借出 1co 里拉,根据题设第一年的本息为 100 里拉,因此其利息为 100 减 1co,加上 1co 资本金共计 100 里拉,若第二年利率与第一年相同,求解其本息。问:如果 1co 里拉赚取本息 100 里拉,那么 100 里拉赚取多少本息? 用 100 乘以 100,得 10 000,除以 1co,为 $\frac{10\,000}{1co}$,即为利率相同时第二年的本息,但题设条件为第二年利息较第一年每里拉每月多 1 德纳里,因此以每里拉每月 1 德纳里的利率,计算 100 里拉 1 年的利息,每里拉每月 1 德纳里即为每里拉每年 1 索尔迪,因此 100 里拉 1 年利息为 100 索尔迪即 5 里拉,加上 $\frac{10\,000}{1co}$,等于 $\frac{10\,000}{1co}$ 加 5,将分数的分母即 1co 乘以 5,其可换算为分数 $\frac{(10\,000 + 5co)}{1co}$。

---

① 在原稿页面的左边空白处有如下计算过程:

$\frac{1}{1}$ $\quad\frac{100\ 减\ 1co}{1}$ $\quad\frac{100}{1}$

$\frac{10\,000\ -\ 100co}{1co}$

$\frac{10\,000\ -\ 100co}{1}\qquad\frac{100\ -\ 1co}{1}$

$\frac{10\,000\ -\ 100co\ 加\ 100co\ -\ 1\square}{1co}\qquad 50$

$10\,000\ -\ 100co\ 加\ 100co\ -\ 1\square\qquad 50co$

$10\,000\qquad\qquad 50co\ 加\ 1\square$

$\qquad\qquad\qquad\qquad\frac{25}{\frac{25}{625}}$

价值 $\frac{10\,000}{R_X\,10\,625\ -\ 25}$

② 在原稿页面的左边空白处有如下案例:

一个人出借给另一个人数量未知的钱款,每里拉每月利息亦未知,但是知道第一年的本息为 100 里拉,然后再出借这 100 里拉给另外一人一年,利率相比出借给第一个人,每里拉每月多 2 德纳里。第二年期满,用第二年的利息除以第一年的利息,比第一年的利息除以第二年的利息多 2,问出借多少,每里拉每月利息多少。通过这些条件来求解,通过分数来处理相除关系。

已知第二年本息是初始资本的两倍,因此取 1co 的两倍即 2co,等于上述分数,化简,用 1co 乘以 2co,等于 2co$^\square$,将等于分数线上的部分即 10 000 加 5co,除以二次项系数,有等式:5 000 加 2co$\frac{1}{2}$ 等于 1co$^\square$,取一次项系数的一半,将其平方,加上常数项,等于 5 001 $\frac{9}{16}$,解得 1co 为 R$_x$5 001 $\frac{9}{16}$ 加 1 $\frac{1}{4}$①,因假设借出 1co 里拉,因此债权人出借的里拉数量为 R$_x$5 001 $\frac{9}{16}$ 加 1 $\frac{1}{4}$。

欲知每里拉每月多少利息,从第一年给付的 100 里拉中减去该资本,剩余 R$_x$ 5 001 $\frac{9}{16}$ 加 98 $\frac{3}{4}$②,即为第一年所赚的利息,再除以 12,得资本每月所赚的利息,求解 1 里拉的利息。问:若已知资本每月赚得的数量,那么 1 里拉赚多少?再换算为索尔迪、德纳里即可求出③。

【例 5-48】 一人出借给另一人钱款,数量未知,而其借出的里拉数量与借款期限的年数相同,利率为每里拉每月 2 德纳里,按年计息④,出借期满后的本息数为一个

---

① 在原稿页面左边的空白处有如下计算:

1co

100 减 1co

$\frac{1co}{1}$ ╳ $\frac{100}{1}$ ── $\frac{100}{1}$

$\frac{10\,000}{1co}$ 加 5 里拉

$\frac{10\,000 + 5co\ 里拉}{1co}$ ── 2co

10 000 加 5co 里拉 ──── 2$^\square$

5 000 加 2 $\frac{1co}{2}$ ───── 1$^\square$

$\frac{5}{4}$ ── $\frac{5}{4}$ ── $\frac{25}{16}$

5 000   1 $\frac{9}{16}$

价值 R$_x$5 001 $\frac{9}{16}$ 加 1 $\frac{1}{4}$

② 应为 $\frac{983}{4}$ 减 R$_x$500 $\frac{19}{16}$。——译者注。

③ 在原稿页面的下边空白处有如下案例:

一人出借给另一人钱款,数量未知,每里拉每月利息未知,但是知道第一年本息为 100 里拉,然后这 100 里拉在下一年的利率较第一年每里拉每月少 2 德纳里,当第二年期满发现当年利息为其资本金的平方根,问初始资本是多少,每里拉每月利息是多少德纳里。

同上求解,但因其有一定难度,需要更努力地计算,可以同样进行假设如 1co 或 1co$^\square$,[例 5-4] 中的利率是每里拉每月多 1 德纳里,要加上 5 里拉,本例是少 2 德纳里,那么就要减去 10 里拉。

④ 后文的解答并非按每年计息来处理,而是按单利处理。——译者注。

数的平方,问出借多少里拉,借期又是多长。

解答如下:假设其出借 1co 里拉,借期 1co 年,现在计算按每里拉每月 2 德纳里的利率,1co 里拉每年的利息是多少。先求解月利息。问:如果每里拉每月赚 2 德纳里,那么 1co 里拉赚多少? 为 2co 德纳里,求解年利息,问:如果 1 个月赚 2co 德纳里,那么 12 个月赚多少? 每年赚 24co 德纳里,同前文的方法,取每里拉每月的德纳里计价利息的 $\frac{1}{20}$,即得每里拉每年的里拉计价利息,因此取月利率 2co 德纳里的 $\frac{1}{20}$,等于 $\frac{1}{10}$co,就是年利率 1co 里拉,即 $\frac{1}{10}$co 里拉。现在来求解 1co 年所赚的利息,问:若年利率为 $\frac{1}{10}$co,那么 1co 年利息多少? 将为 $\frac{1}{10}$co$\square$,其是 1co 里拉在 1co 年所赚的利息。加上其资本 1co,等于 1co 加 $\frac{1}{10}$co$\square$,为整个借期的本息之和。又已知其数为一个数的平方,因此可以设定一个期望的平方数,多少都没有关系,以你所愿取一个数,或 4,或 9,或 16 等。

取 4,有 1co 加 $\frac{1}{10}$co$\square$ 等于 4,按照规则来列出带未知数平方的等式,有 10co 加 1co$\square$ 等于 40,取一次项系数的一半,将其平方,加上常数项,等于 65,解得 1co 等于 R_x65 减 5[①]。前文假设借出 1co 里拉,因此出借的里拉数为 R_x65 减 5,借期亦为

---

① 原稿页面左边的空白处有如下计算过程:

  1co 年 1co 里拉

  $\frac{1co\ 里拉}{10}$ 1co 年

 年 $\frac{1co}{10}$ $\frac{10}{10}$ —— $\frac{1}{1}$co

 1co 加 $\frac{1}{10}\square$ ————— 4

 10co 加 $\frac{1co}{10}$ ————— 40

  5
  5
  25
  40

R_x 65 减 5

出借期限和出借资本(里拉)

 300co 加 1 000 ———— 300 $\square$ 加 360co

 $\frac{300\ co\ 加\ 1\ 000}{60co}$ 5co 加 6

 $\frac{60}{1}$co $\frac{3co\ 加\ 10}{1}$ $\frac{100}{1}$

R_X65 减 5 年,因为前文假设平方数为 4,因此出借期满本息共 4 里拉,当这个数设定为其他数时,将有其他的结果。验证就使用 R_X 的结果数,乘除,换算年月利息,将无误。若按你的方法选择了其他类似的数,在同样的条件下,依此类推即可求解。

【例 5-49】 一人出借给另一人钱款,数量未知,每里拉每月利息 2 德纳里,出借的里拉数量与借期(年数)相同,不采用按年计息,期满后本息之和等于资本的平方,问出借多少,借期多长。

解答如下: 假设出借 1co 里拉,借期为 1co 年,现在来看其以每里拉每月 2 德纳里的利率年赚多少①,1co 每月赚 2co 德纳里,取 2co 德纳里的 $\frac{1}{20}$ 即 $\frac{1}{10}$co,就是 1co 年赚得利息的里拉数量,即 $\frac{1}{10}$co 里拉。现在计算 1co 里拉在 1co 年所赚利息,问:若 1 年赚得 $\frac{1}{10}$co 里拉,1co 年赚多少?将等于 $\frac{1}{10}$co$^\square$ 里拉,加上其资本 1co,等于 1co 加 $\frac{1}{10}$co$^\square$,即为 1co 里拉在整个借期,不按年计息情况下的本息之和。

然后已知该本息等于初始资本的平方,因此将 1co 平方,等于 1co$^\square$,其应等于 1co 加 $\frac{1}{10}$co$^\square$,化简等式,除以二次项系数,有 1co$\frac{1}{9}$ 等于 1co$^\square$,化简后等于 1co 等于 $1\frac{1}{9}$,这就是其价值②。前文假设出借 1co 里拉,因此出借 $1\frac{1}{9}$ 里拉,借期 $1\frac{1}{9}$ 年,利率每里

---

① 原稿页面下方的空白处有如下案例:
    一人出借给另一人 60 弗罗林和 100 皮奇奥利(picioli)的里拉,借期一年,60 弗罗林利息 3 弗罗林和 10 皮奇奥利的里拉,100 皮奇奥利的里拉利息是 5 弗罗林和 6 皮奇奥利的里拉,问弗罗林价值皮奇奥利多少。
    假设弗罗林价值 1co 皮奇奥利的里拉,因此 60 弗罗林价值 60co 里拉,3 弗罗林利息价值 3co 里拉,100 里拉所得利息 5 弗罗林价值 5co 里拉,现在得到 60co 里拉的利息是 3co 加 10 里拉,那么 100 里拉赚得多少利息?运用三数法则乘除处理,得 $\frac{300co+1\,000}{60co}$,同时又有 100 里拉的利息为 5co 加 6,因此前述分数应等于 5co 加 6,化简分数,用 60co 乘以(5co 加 6),得等式 300co$^\square$ 加 360co 等于 300co 加 1 000,移项化简,求解 1co$^\square$,得等式 1co$^\square$ 加 $\frac{1}{5}$co 等于 $3\frac{1}{3}$,取一次项系数的一半,将其平方,加上常数项,得到 $3\frac{103}{300}$,解得 1co 为 $R_X 3\frac{103}{300}$ 减 $\frac{1}{10}$,即为弗罗林价值皮奇奥利的里拉数量,解毕。

② 原稿页面右边的空白处有如下计算过程:

$\frac{10}{1} \diagdown \frac{1co}{10} \text{———} \frac{1co}{11}$

$\frac{1co}{10}$ ————1co 乘以 1co

1co 加 $\frac{1}{10}^\square$————1$^\square$

1co————$\frac{9}{10}^\square$

$1\frac{1co}{9}$————1$^\square$ $1\frac{1}{9}$ 价值

拉每月 2 德纳里。能很容易验证，出借期满后本息为 $1\frac{1}{9}$ 的平方，即 $1\frac{19}{81}$，依此类推。

【例 5-50】 一人出借钱款给另一人，数量未知，每里拉每月利息未知，而出借的里拉数等于借期月数，亦等于每里拉每月利息的德纳里数量，期满后利息为 18 索尔迪，问出借多少里拉，借期多长，每里拉每月利息又是多少德纳里。

解答如下：假设出借 1co 里拉，借期为 1co 个月，利率为每里拉每月 1co 德纳里，现在计算 1co 里拉在整个借期以每里拉每月 1co 德纳里的利率所赚得的利息数量。问：若 1 里拉 1 个月赚得利息 1co 德纳里，那么 1co 里拉的利息多少？将得 1co□ 德纳里，然后计算整个借期的利息。问：若 1 个月赚 1co□ 德纳里利息，那么在 1co 个月赚多少利息？为 1co△ 德纳里，就是 1co 里拉在 1co 个月以每里拉每月 1co 德纳里的利率所赚的利息德纳里数量，而已知其为 18 索尔迪，换算 18 索尔迪为德纳里，用 12 乘以 18 得 216 德纳里，其等于 1co△，因此 1co 等于 $R_x c 216$，这就是其出借的里拉数，借期月数和每里拉每月利息的德纳里数，而 $R_x c 216$ 等于 6，因为 6 乘以 6 等于 36，36 乘以 6 等于 216。因此可知其出借 6 里拉，借期 6 个月，利率为每里拉每月 6 德纳里[①]。

验算可知 6 里拉以每里拉每月 6 德纳里的利率在 6 个月的借期赚得利息 216 德纳里，即 18 索尔迪，正符合题设。

【例 5-51】 一人出借钱款给另一人，金额未知，每里拉每月利息未知，其借出的里拉数，等于每里拉每月利息的德纳里数，也等于借期年数，借出期满后每德纳里将得 4 德纳里，问借出的里拉数、每里拉每月利息数和借期年数分别是多少。

解答如下：假设其借出 1co 里拉，每里拉每月利息为 1co 德纳里，借期为 1co 年，现在计算 1co 里拉以每里拉每月 1co 德纳里在整个借期的本息，先求解每月收益。如果 1 里拉 1 个月利息是 1co 德纳里，那么 1co 里拉利息是多少？将得到每月利息 1co□ 德纳里，然后求解 1co 里拉以每月 1co□ 德纳里的利率 1 年所赚利息，为求解 1 里拉 1 年所赚利息，总是应遵循我所讲述的规则，取每月利息德纳里数量的 $\frac{1}{20}$，即为每年赚得的里拉数量。因此为求解 1co 里拉以每月 1co□ 德纳里的利率在 1 年所赚得的

---

① 在原稿页面右边的空白处有如下计算过程：

1 里拉	1co	1co 里拉
1	1	1
1	1co□	1co
1	1	1
	18 索尔迪	
	12	
	216	

1△ ——— 216
价值 R_x c. 216
6 里拉 6 德纳里 6 个月

利息,取 1co$^□$ 的 $\frac{1}{20}$,得 $\frac{1}{20}$co$^□$,就是 1co 里拉 1 年所赚利息的里拉数,若想知道其在 1co 年赚多少,因此问：若 1 年赚利息 $\frac{1}{20}$co$^□$ 里拉,1co 年赚多少？将等于 $\frac{1}{20}$co$^△$,就是 1co 里拉在整个借期赚得的里拉数量,即 $\frac{1}{20}$co$^△$,加上其资本 1co,得 1co 加 $\frac{1}{20}$co$^△$。

已知借出的每德纳里期满将得到 4 德纳里,也意味着每里拉将得到 4 里拉,每杜卡迪将得到 4 杜卡迪等,因为每种货币都遵循同样的比例,因此需要来看 1co 资本在这样的比例下将得到多少,问：如果出借 1 德纳里借期期满得到 4 德纳里,那么 1co 得到多少？将为 4co[1],这将等于前面计算的本息之和,即 1co 加 $\frac{1}{20}$co$^△$,移项得到 $\frac{1}{20}$co$^△$ 等于 3co,求解 1co$^△$,得等式 1co$^△$ 等于 60co,降次得 1co$^□$ 等于 60,因而有 1co 等于 R$_x$60,而前文假设借出 1co 里拉,因此借出的里拉数为 R$_x$60,每里拉每月利息的德纳里数为 R$_x$60 和借期年数为 R$_x$60。根据题目来验算,计算期满的本息之和,其应该等于初始资本的 4 倍,求解中要善于使用平方根,不要被数字所误导,依此类推。

【例 5-52】 一人出借钱款给另一人,数量未知,每里拉每月利息未知,年末债务人偿还本息,并以同样的利率继续持有债务一年,这样第二年期满发现第二年的利息平方比资本多 14 索尔迪,问出借多少,每里拉每月的利息是多少。

解答如下： 这个问题如你所见,没有每里拉每月利息的数据,要记住当因为有争议不得不对别人这样做（设定利率）的时候,是可以有很多方式来满足和解决此类问题的。假设其借出 1co 里拉,为避免繁琐和分数,假定每里拉每月利息 20 德纳里,那么 1 年的利息为 20 索尔迪即为 1 里拉,因此 1 里拉资本的年利息是 1 里拉,同样 1 索尔迪资本的年利息是 1 索尔迪,1 德纳里资本的年利息 1 德纳里,在同样的利率条件下,1co 将赚得 1co 利息,因此第一年的本息为 2co,各种货币均可如此计算。

现在计算这 2co 第二年的利息情况,前面已知每种货币的利息都是其自身的数量,因此 2co 的利息为 2co,这就是第二年利息的数量,现在将其平方,得 4co$^□$,将等于 1co 加 14 索尔迪,将 14 索尔迪换算为德纳里,得到等式：4co$^□$ 等于 1co 加 168,除以二次项系数,得等式：1co$^□$ 等于 $\frac{1}{4}$co 加 42,取一次项系数的一半,将其平方,加上常数

---

[1] 在原稿页面左边的空白处有如下计算：

$$\frac{1}{1} \diagup \frac{1}{4} \quad\underline{\quad\quad} \quad \frac{1}{1}co$$

$$4co$$

项,等于 $42\frac{1}{64}$,解得 1co,为 $R_x 42\frac{1}{64}$ 加 $\frac{1}{8}$①,因此其出借 $R_x 42\frac{1}{64}$ 加 $\frac{1}{8}$ 里拉,利率为每里拉每月 20 德纳里,根据题设来验算将无误。

【例 5-53】 一人出借钱款给另一人,数量未知,每里拉每月利息未知,但是第一年本息之和为 100 里拉,然后以同样的利率再借一年,其偿还金额的平方根等于出借的金额,问出借多少,每里拉每月利息又是多少。

解答如下: 假设出借 1co 里拉,第一年本息之和为 100 里拉,然后债务人以与第一年同样的利率继续持有 100 里拉,该利率下 1co 里拉本息为 100 里拉,因此等于求解第二年的本息之和。问:若 1co 里拉产生的本息 100 里拉,那么 100 里拉产生的本息是多少?用 100 乘以 100,等于 10 000,再除以 1co,等于 $\frac{10\,000}{1co}$,就是 100 里拉产生的本息数额。已知其最后一年偿还本息的平方根等于出借的金额,因此将出借金额平方,应等于上述本息之和,即上述本息之和的平方根等于初始资本。

现在将 1co 资本平方,得 1co□,其等于 $\frac{10\,000}{1co}$,化简分数,用 1co□ 乘以分母 1co,得 1co△,等于 10 000,因此有 1co 等于 R_xc10 000,而前文假设出借 1co 里拉,因此其借出的数量为 R_xc10 000。欲知每里拉每月的利息,从第一年的本息 100 里拉中减去资本 R_xc10 000,剩余 100 减 R_xc10 000,为第一年所赚的利息,用其除以资本即 R_xc10 000,注意各部分应换算为同一性质的数量,将得每里拉年赚利息,若想求解月利息,用年利息除以 12,将 12 换算为 R_xc(再来运算),将得月赚利息的里拉数量,要换算为索尔迪数量就将其乘以 20,当然须先将 20 换算为 R_xc(再来运算),然后再乘以 12 就得出德纳里的数量,先将 12 换算为 R_xc 为 1 728,然后就可以得出每里拉每月利息的德纳里数量,以此利率,第一年本息之和为 100 里拉,第二年的本息之和将为资本的平方。

【例 5-54】 一人出借钱款给另一人,数量未知,每里拉每月利息 2 德纳里,按年计息,出借里拉数量等于借期年数,借期期满,债务人偿还金额等于出借数额的平方,

---

① 在原稿页面左边的空白处有如下计算过程:

$$
\begin{array}{ccc}
1co\ \dfrac{1}{1} & \dfrac{1}{1} & \dfrac{1co}{1} \\[4pt]
\dfrac{1}{1} & \dfrac{1}{1} & \dfrac{2co}{1} \\[4pt]
\dfrac{2co}{2co} & & \\[4pt]
4\square & 1co\ \text{加 索尔迪 } 14 & \\
4\square & 1co\ \text{加 } 168 & \\
1\square & \dfrac{1co}{4}\ \text{加 } 42 & \\
R_x & 42\dfrac{1}{64}\ \text{加}\ \dfrac{1}{8} &
\end{array}
$$

问出借多少、借期多长。

解答如下：要注意按年计息需要至少一年的期限，否则不能重新计息，也不是每月或每日计息。因此对于求解上述问题，每年计息的条件很重要，而你会发现，结果数字可能是纯数字（numero vero）或离散数字（numero discreto）。① 解答如下：假设出借 1co 加 1 里拉，因为出借里拉数与借期年数相同，因此借期为 1co 加 1 年，现在来看 1 里拉以每月 2 德里纳的利率，年息是多少，将得到 2 索尔迪即 $\frac{1}{10}$ 里拉，也是资本的 $\frac{1}{10}$。如此假设出借数额中多出的那 1 里拉，出借一年本息为 $1\frac{1}{10}$，然后 1co 在每里拉每月 2 德纳里的利率条件下，利息为每月 2co 德纳里，每年 $\frac{1}{10}$co 里拉，因此一年本息为 $1\frac{1}{10}$co。

现在将上述本息加总，为 $1\frac{1}{10}$ 加 $1\frac{1}{10}$co，为所假设借出资本在第一年的本息数量，现在计算在 1co 年即所假设数量中多于 1 的那部分期限的本息②，先求解 1 里拉的收益，已知每里拉以每月 2 德纳里的利率每年赚得 $\frac{1}{10}$ 里拉，求解其在 1co 年所赚的数量：若 1 年赚得 $\frac{1}{10}$ 里拉，那么 1co 年赚多少？将赚 $\frac{1}{10}$co 里拉。

现在求解 $1\frac{1}{10}$ 里拉赚得的利息，问：若 1 里拉在 1co 年赚得 $\frac{1}{10}$co 里拉，那么 $1\frac{1}{10}$ 里拉赚多少？根据规则乘除，得 $\frac{11}{100}$co 里拉，先将结果置于此，然后计算 $1\frac{1}{10}$co 在 1co 年的利息。由上文已知每里拉赚 $\frac{1}{10}$co 里拉，问：若 1 里拉在 1co 年赚 $\frac{1}{10}$co 里拉，那么 $1\frac{1}{10}$co 赚多少？根据规则乘除，得其赚 $\frac{11}{100}$co□，如此便得到借出的每部分在整个借款期限所赚的利息数量。

现在将前述所有部分相加，即第一年的本息加上 1co 年的本息，总和为 $1\frac{1}{10}$ 加 1co $\frac{21}{100}$ 加 $\frac{11}{100}$co□，因为第一年是 $1\frac{1}{10}$ 加上 $1\frac{1}{10}$co，其余期限为 $\frac{11}{100}$co 加 $\frac{11}{100}$co□，正好

---

① 因为信息很少，纯数字（numero vero）和离散数字（numero discreto）究竟指代什么很难明确，现代数学术语中的有理数、实数、无理数等概念大都是在 16—17 世纪才开始运用。根据后文，离散数字（numero discreto）可能指可以解出 R_x 值的数。——译者注。
② 因为本例的条件之一是按年计息，求解较为复杂，因此帕乔利采用了较为特殊的假设，即假设借期为 1co 加 1 年，而后面的计算中，实质上是隐含了 1co 年小于 1 年，若其大于 1 年，则需要复利。——译者注。

得到 $1\frac{1}{10}$ 加 1co $\frac{21}{100}$ 加 $\frac{11}{100}$co□，这就是根据题设期满需要偿还的金额。已知偿还的金额等于借出金额的平方，因此有 1co 加 1 的平方，即 1co□ 加 2co 加 1，等于上述本息之和，化简等式，得 $\frac{89}{100}$co□ 加 $\frac{79}{100}$co 等于 $\frac{1}{10}$，等式两边除以二次项系数，得到等式：1co□ 加 $\frac{79}{89}$co 等于 $\frac{10}{89}$，取一次项系数的一半，等于 $\frac{79}{178}$，将其平方，等于 $\frac{6\,241}{31\,864}$，加上常数项，等于 $\frac{9\,801}{31\,684}$，解得 1co 等于 $\frac{R_x 9\,801}{31\,684}$ 减去 $\frac{79}{178}$。

前文假设借出 1co 加 1 里拉，因此借出的里拉数为 $\frac{R_x 9\,801}{31\,684}$ 减去 $\frac{79}{178}$ 加 1，就是借出的里拉数，也是借期年数，而且期满本息等于出借资本的平方。

若要验证，计算假设值中离散的数字，$\frac{R_x 9\,801}{31\,684}$ 为 $\frac{99}{178}$，减去一次项系数的一半 $\frac{79}{178}$，余 $\frac{20}{178}$，除以 2 化简，等于 $\frac{10}{89}$，再加上 1 里拉，等于 $1\frac{10}{89}$，因此其借出金额为 $1\frac{10}{89}$ 里拉，借期为 $1\frac{10}{89}$ 年，利率为每里拉每月 2 德纳里，按年计息得总本息为 $1\frac{1\,880}{7\,921}$，其正好满足题设要求，即等于 $1\frac{10}{89}$ 的平方。总是如此求解。

【例 5-55】 一人出借给另一人 6 里拉，两年期满其偿还 20 里拉，问每里拉每月利息①多少。

解答如下：假设出借利率为每里拉每月 1co 德纳里，取其 $\frac{1}{20}$，得 $\frac{1}{20}$co，即为每里拉年利息的里拉数额，出借人出借 6 里拉，因此利息为 $\frac{6}{20}$co 即 $\frac{3}{10}$co，加上其资本，等于本息 6 加 $\frac{3}{10}$co 里拉，这就是第一年的本息之和。现在计算第二年的收益情况，其中的 6 里拉同第一年一样可赚得利息 $\frac{3}{10}$co，要计算 $\frac{3}{10}$co 赚多少利息。问：若 6 里拉年利息 $\frac{3}{10}$co，那么 $\frac{3}{10}$co 里拉年利息是多少？按规则乘除，得年利息 $\frac{3}{200}$co□，将第一年和第二年的每部分相加，共计 6 加 $\frac{6}{10}$co 加 $\frac{3}{200}$co□，该数字将等于期满归还的 20 里拉。

---

① 根据后文解答，本题应为每年计息即复利。——译者注

移项化简,除以二次项系数,最终得到等式:1co□加 40co 等于 933$\frac{1}{3}$,取一次项系数的一半,将其平方,加上常数项,等于 1 333$\frac{1}{3}$,解得 1co 等于 R_x1 333$\frac{1}{3}$减去 20。而前文假设每里拉每月利息为 1co 德纳里,因此以每里拉每月 R_x1 333$\frac{1}{3}$减去 20 德纳里的利率,6 里拉两年(按年计息)本息之和为 20 里拉。

【例 5-56】 一人出借钱款给另一人,数量未知,利率是每里拉每月 3 德纳里,借期 3 年,他们约定 3 年借期满,利息为 10 里拉 11 索尔迪 8 德纳里。立约后很快债务人便说:你看,我觉得我无法在期满时偿还该笔借款的 10 里拉 11 索尔迪 8 德纳里利息。看到债务人不愿支付这 10 里拉 11 索尔迪 8 德纳里的利息,最终他们重新约定,债务人须每年支付 1 斯塔[①]小麦,如此达成协定。然后债权人每年提醒债务人支付 1 斯塔小麦,收到小麦则立即以 3 里拉的价格卖出,并立即转为 3 里拉汇票并放贷给另一个人,这样,当 3 年期满,债权人将总共赚得与前一协议一样的 10 里拉 11 索尔迪 8 德纳里的利息。假定这样价格的小麦,价值相当于之前协议下每里拉每月利率所计算的利息数额。问支付小麦的情况下,出借多少,每里拉每月利息多少,支付小麦所产生的利息相当于每里拉每月多少德纳里。

解答如下:要知道这是一个复杂且有难度的问题,必须求解出借的金额,解答如下:已知出借的利率为每里拉每月 3 德纳里,按年计息,必须在 3 年期满一次性支付利息 10 里拉 11 索尔迪 8 德纳里。现在来计算 1 里拉以每月 3 德纳里的利率,按年计息,3 年的利息是多少。问:若 1 个月利息 3 德纳里,那么 12 个月利息是多少?将得到 36 德纳里,即 3 索尔迪,为每里拉每年所赚的利息,将其换算为里拉,为 $\frac{3}{20}$ 里拉,加上其资本 1 里拉,得本息 1$\frac{3}{20}$ 里拉,再求解第二年:因为 1 里拉年息 $\frac{3}{20}$ 里拉,因此取其 $\frac{3}{20}$,这样将可计算每个资本的利息。

取 1$\frac{3}{20}$ 的 $\frac{3}{20}$,得 $\frac{69}{400}$ 里拉,为第二年所赚,加上资本等于 1$\frac{129}{400}$,就是 1 里拉第二年的本息之和。现在求解第三年收益情况:取 1$\frac{129}{400}$ 的 $\frac{3}{20}$,得 $\frac{1\,587}{8\,000}$,就是最后一年所赚的利息,现在将所有的利息加总,即第一年的 $\frac{3}{20}$ 里拉,第二年的 $\frac{69}{400}$ 里拉,第三年的 $\frac{1\,587}{8\,000}$ 里拉,共计 $\frac{4\,167}{8\,000}$ 里拉,即为 1 里拉以每里拉每月 3 德纳里的利息,每年计息,在

---

① 斯塔(staio)是意大利传统的、最重要的谷物衡量单位。——译者注。

3 年期限获得的利息数量。

现在想要知道债权人借出多少里拉，这样求解：已知债权人在 3 年期满须收到所赚收益 10 里拉 11 索尔迪 8 德纳里，问：若资本中的 1 里拉 3 年赚得利息 $\frac{4\,167}{8\,000}$ 里拉，那么多少资本可赚得利息 10 里拉 11 索尔迪 8 德纳里？将 11 索尔迪 8 德纳里换算为里拉，为 $\frac{7}{12}$ 里拉。根据规则乘除，得到资本为 $20\frac{3\,980}{12\,501}$ 里拉，就是其以每里拉每月 3 德纳里利率出借的资本数额，其 3 年期满原应得 10 里拉 11 索尔迪 8 德纳里利息。第一个问题解毕。

因为改约，利息为每年 1 斯塔小麦，且债权人总是将其以 3 里拉价格卖出，欲算出在这样协议下的每里拉每月的利息，有很多方法，但以下方法最清晰。先看（原先）以每里拉每月 3 德纳里的利率所得的利息数额，应为 $10\frac{7}{12}$ 里拉，但改约后小麦的价值较此利息低，为 9 里拉。问：若 $10\frac{7}{12}$ 对应 9，那么 3 德纳里对应多少？首先将 3 德纳里换算为里拉，为 $\frac{1}{80}$，再根据规则乘除，得到 3 德纳里对应 $2\frac{70}{127}$ 德纳里，这就是改约后每里拉每月的利息数额。第二个问题解毕。

现在来看对于支付小麦的债务人来说，其每里拉每月的利息相当于多少，在解答第一个问题和第二个问题后，在这里需要求解对于债务人的利率。假设利率为每里拉每月 1co 德纳里，因此 1 里拉年息 $\frac{1}{20}$co 里拉，1 斯塔小麦价值 3 里拉，其利息为 $\frac{3}{20}$co 里拉，加上其资本，在第一年整个数额为 3 加 $\frac{3}{20}$co 里拉，但这实质上是第二年的本息，因为在第一年债权人并没有持有小麦，因此直到第一年末其也未能（将这 3 里拉）放贷，进而未能产生利息。

现在加上第二年的第二次支付的 1 斯塔小麦，即 3 里拉，得 6 加 $\frac{3}{20}$co，现在取其 $\frac{3}{20}$，因为 3 里拉赚得 $\frac{3}{20}$co，因此 6 里拉利息为 $\frac{6}{20}$co，现在求解 $\frac{3}{20}$co 赚得多少，问：若 1 里拉年息 $\frac{1}{20}$co，$\frac{3}{20}$co 年息多少？将得到年息 $\frac{3}{400}$co□，先将第二年和第三年的本息加总，得 6 加 $\frac{9}{20}$co 加 $\frac{3}{400}$co□，就是 2 斯塔小麦的本息之和，即债务人为第二年支付的 1 斯塔小麦，和第一年支付的已经生息的 1 斯塔小麦。至第三年年底，债务人直接偿还给债权人 1 斯塔小麦，价值 3 里拉，其不再生息，因为借期不再持续。

现在将这 3 里拉加到上述总和上，得 9 加 $\frac{9}{20}$co 加 $\frac{3}{400}$co□，而其应等于 10 里拉 11 索尔迪 8 德纳里即 10 $\frac{7}{12}$ 里拉，移项得 $\frac{9}{20}$co 加 $\frac{3}{400}$co□ 等于 1 $\frac{7}{12}$，除以二次项系数，即将等式两边乘以 $\frac{400}{3}$，有等式 60co 加 1co□ 等于 211 $\frac{1}{9}$，取一次项系数的一半，将其平方，加上常数项，得 1 111 $\frac{1}{9}$，解得 1co 为 R_x 1 111 $\frac{1}{9}$ 减 30，这就是支付小麦所相当的每里拉每月利息的德纳里数量。前文假设利率为 1co 德纳里，因此其利率为每里拉每月 R_x 1 111 $\frac{1}{9}$ 减 30，等于 33 $\frac{1}{3}$ 减 30，即 3 $\frac{1}{3}$ 德纳里，而非其他数字，正如上文所述。

现在来验算应无误，第一年债权人未得利，因为其并未收到债务人给付的 1 斯塔小麦，未持有则无法放贷出去，但是第二年即可持有 3 里拉，可以每里拉每月 3 $\frac{1}{3}$ 德纳里的利率赚得年息 10 索尔迪，在第二年年末收到另外的 1 斯塔小麦，加上述本息得到 6 里拉 10 索尔迪，其在第三年以每里拉每月 3 $\frac{1}{3}$ 德纳里的利息，赚得利息 1 里拉 1 索尔迪 8 德纳里。

加总每一部分，得本息 7 里拉 11 索尔迪 8 德纳里，在第三年终了，债权人再收到 1 斯塔小麦，价值 3 里拉，不再计息，因为借期仅持续 3 年。将 3 里拉再加进前述本息中，共计 10 里拉 11 索尔迪 8 德纳里，这样其与第一个协议中的利息 10 里拉 11 索尔迪 8 德纳里正好相等。银行家把放贷合同中的这种合同称为再保险，也就是说，用一种利息来融合另一种利息，(对于这种计息)你需要使用与上面相同的解法，观察清楚，依此类推。

【例 5-57】 一人出借 25 里拉给另一人，借期 5 年，按年计息，每里拉每月利息未知，5 年借期届满其偿还本息 100 里拉，问每里拉每月利息多少。

解答如下： 假设出借利率为每里拉每月 1co 德纳里，每里拉年息 $\frac{1}{20}$co 里拉，因此 25 里拉年息 $\frac{25}{20}$co 即 1co $\frac{1}{4}$ 里拉。

现在为求解第 5 年末的本息之和，可使用我之前教授的各种方法和途径，但是过程将漫长、繁琐和困难，因此当处理类似利率尤其是借期超过 3 年时，采用以下这个最重要的规则，对于普通人能理解的数量均已足够：总是将 20 求借期年数对应指数的次方，然后开借期年数对应指数的次方根(R_x)，再减 20 来求解。

这是一个借期 5 年的案例，其指数为 5，要知道指数为 1 即其自身，指数为 2 即平方，指数为 3 即立方，指数为 4 即平方的平方，指数为 5 即第一个"无法形容的(指数)"(primo relato)①,指数为 6 即立方的平方等。这里应采用 20 的 5 次方求解,因为本例借期为 5,所以将 20 平方,得 400,再将 400 平方得 160 000,再乘以 20 得 3 200 000,即为 20 的 5 次方,这样(计算)能让你更好地了解其数量。然后求解到期偿还数量相对于初始资本的倍数,即看其是 2 倍、3 倍或 4 倍等,然后再计算这个数(即 20 的 5 次方)的 2 倍、3 倍或 4 倍等。

已知到期本息 100 是初始资本 25 的 4 倍,因此用 4 乘以 3 200 000,等于 12 800 000,将其求 $R_X pr$②,再减去 20,将得到按年计息的每里拉每月利息的德纳里数量。对于类似利率的求解,我在这里注明如下:

第二年为 R_X 减 20;

第三年为 $R_X c$ 减 20;

第四年为 $R_X R_X$ 减 20;

第五年为 $R_X pr$ 减 20;

第六年为 $R_X c R_X c$ 减 20;

第九年为 $R_X c R_X c R_X c$ 减 20;

第十年为 $R_X R_X R_X c R_X c$ 减 20。

如此可以无止境地排列下去③,但是当我们的账目期限使得指数超过 10 的时候,要能摆脱这种一长串繁琐的表达。有的人可能会认为,用一长串 R_X 来表示 10 次方根足矣,的确,当超过"第二个无法形容的(指数)"(second relato)④时,这种方法的表达就会有一长串 R_X。但是创造这种数学艺术的阿拉伯人却不用 R_X censo 来表示 2 次方,而是使用 $R_X 1$(R_X prima),$R_X 2$(R_X seconda)等⑤,按这样的顺序排列下去。根

---

① Primo relato 代表 5 次方,在帕乔利的《数学大全》中亦是如此表述,其由希腊语 alogos 翻译而来,意为"不合理的",而帕乔利将其翻译为 relato 应是一个错误的翻译,本意应为"无法形容的",参见 Rosenfeld, B. A. (1988). Geometric Algebra and the Prehistory of Multidimensional Geometry. In: A History of Non-Euclidean Geometry. Studies in the History of Mathematics and Physical Sciences, vol 12. Springer, New York, NY. 译者注。

② 即将其求 5 次方根,这里用 $R_X pr$ 即 R_X prima relata 或 R_X primo relato 来代表开 5 次方根。——译者注。

③ 这种表示的方法即用平方和立方来表达所有指数,无法用平方和立方表达的时候就将第一个称为"第一个无法形容的(指数)",如此排列下去,若要表示方根,则在指数前加 R_X。——译者注。

④ 即 7 次方。——译者注。

⑤ 以下列出本书以及《数学大全》中指数的写法,这也是 15 世纪意大利数学家经常采用的写法,可供参考,本文中用 R_X 来表示平方根,$R_X c$ 表示立方根,$R_X pr$ 表示 5 次方根。关于帕乔利数学符号的写法及其演进,可参见 Ulivi, Elisabetta. "Masters, Questions and Challenges in the Abacus Schools." Archive for History of Exact Sciences 69, no. 6 (November 2015): 651-70. ——译者注。

X^2——censo(简写为 ce.)

X^3——cubo(简写为 cu.)

X^4——censo de censo(简写为 ce. ce.)

X^5——primo relato(简写为 $p^0 r^0$.)

X^6——censo de cubo(简写为 ce. cu.)

X^7——secondo relato(简写为 $2^0 r^0$)

X^8——censo de censo de censo(简写为 ce. ce. ce.)

X^9——cubo de cubo(简写为 cu. cu.)

X^{10}——censo de primo relato(简写为 ce. $p^0 r^0$)

X^{11}——tertio relato(简写为 $3^0 r^0$)

据你的意愿采用不同的方法来表达次方和方根,对你而言足矣。

【例5-58】 一人与另一个人合伙经营40只绵羊,为期4年,协议约定4年期满必须将绵羊各分$\frac{1}{2}$;18个月后,第一个人以与之前相同的协定,又投入了60只绵羊,问合伙主体什么时候进行分配。

这种类似账目的处理方法和金银融合铸造一样,但在这里必须绑定时间。因此解答如下:已知必须持有4年,而至投入60只羊之日,已持有期限为$1\frac{1}{2}$年,尚余$2\frac{1}{2}$年,现在用40只羊乘以$2\frac{1}{2}$年,等于100,然后来看以同样的协定,这60只羊的持有时间必须和其他40只羊一样是持有到4年期满,现在来计算其与必须持有时间相乘的价值:60乘以4等于240。加总这两个数字即100加上240,等于340,现在计算羊的总数为100,用340除以100,等于$3\frac{2}{5}$,即为18个月之后,再增加60只羊应继续经营的年数,必须持有这些羊$3\frac{2}{5}$年后进行分配,童叟无欺。

若要问为什么通过时间和羊数量融合值这样的方法来求解,原因如下:你可发现在测量金银含量时通常用纯度这一概念,第一批羊的账目有时间限制,好似一个合金体,这40只羊所经历的$1\frac{1}{2}$年并非是4年经营期限之外的时间,而是继续经营$2\frac{1}{2}$年。而60只羊被融合于4年期限之中,但其实际并未经营这么长时间,若单独计算期限,必须持续$2\frac{1}{2}$年,但逐个分配,60应处理所缺,而40应处理所盈,这样当两者加上处理盈缺后的时间,经营期限则不多不少。哪怕有上千只羊,也应总是将牲畜数量与其应分摊的时间相融合,即两者相乘得到融合值,将融合值相加,再除以牲畜数量之和,就将得到应分配时间的年、月、日数量,待该经营期限到期,必须根据他们所达成的协议比例如$\frac{1}{2}$或$\frac{1}{3}$或$\frac{1}{4}$来进行分配。

【例5-59】 一个人与另一个人合伙经营40只羊,另一个人自己也投入了10只羊,5年后他们必须把利润和资本按各一半进行分配。而给出羊的人仅持有了3年时间,合伙所拥有的羊群已有100只羊,问各应分得多少。

解答如下: 把所有以合伙方式持有的羊加总,即投入的40只羊和10只羊相加等于50只羊。现在合伙经营,问:若50只羊的资本投入获得100只羊的回报,那么投入40只羊、10只羊各有多少回报?10乘以100,得1 000,除以50,等于20,此为没有达成任何协议时，投入 10 得到的回报，因为其投入了财产总额的 $\frac{1}{5}$，其就必须分得 $\frac{1}{5}$ 的资本和利润，因此说在没有其他协议时分得 20 只羊。现在来看 5 年期即整个合伙期满，其分得多少：已知其分得 $\frac{1}{2}$，因此其份额为 50，而其按前述比例的收入应为 20，因此 5 年赚 30。

现在求解合伙持续的 3 年中赚多少就简单了，问：若 5 年赚 30，那么 3 年赚得多少？用 30 乘以 3，等于 90，再除以 5，等于 18，这就是其 3 年所赚，加上上述应分的 20，其投入 10 只羊总共应分得 38，从 100 中减去，剩余 62，就是持有 40 只羊的那个人应分得的数量。

【例 5-60】 一人与另一人合伙经营 25 只羊，为期 4 年，期满他们各分资本和利润的一半，但是一人只持有 $2\frac{1}{2}$ 年，合伙所拥有的整个羊群是 60 只羊，问每人分得多少。

解答如下：已知 4 年期满每人分得一半，因此这 60 其应分得 30，但是其仅持有了 $2\frac{1}{2}$ 年，因此要求解在这个期限其应分得多少，问：若 4 年分得 30，$2\frac{1}{2}$ 年分得多少？根据规则乘除，得 $18\frac{3}{4}$，从 60 中将其扣减，剩余 $41\frac{1}{4}$，须如此对牲畜进行分配。

这样你就可以处理无数类似问题，注意不要被期限所蒙骗，(遵循前述方法)问题会依次得到解答，(这个主题)现在到此为止。

要注意那些简便计算利息或其他贸易费率规则的使用：若已知每里拉或杜卡迪，或人力，或房屋租金，每月所赚的德纳里数量，而想要求解每年赚得的里拉数量，总是按这样的方法处理：将其除以 20，即取每里拉每月利息的德纳里数量的 $\frac{1}{20}$，这样就得到每里拉、每人、每杜卡迪等每年所赚得的里拉数量。例如，假设每月赚得 1 德纳里，将其除以 20，得 $\frac{1}{20}$，即为每里拉每月利息 1 德纳里换算为每里拉年利息 $\frac{1}{20}$ 里拉，即 1 索尔迪，若每月 2 德纳里，就用 2 除以 20，得每年 $\frac{1}{10}$ 里拉，即 2 索尔迪，若每月 3 德纳里，则为 $\frac{3}{20}$ 里拉等，依此类推。

当已知年赚里拉的数量时，若想知道月赚德纳里的数量，则反之，即将年赚里拉数乘以 20，这样就能够算出月赚德纳里的数量。如前例，$\frac{1}{20}$ 里拉乘以 20，即可得月赚 1 德纳里，年赚 $\frac{1}{10}$ 里拉乘以 20，即可得月赚 2 德纳里，如此可求解无穷问题且永无误。

这样的规则也同样适用于商品贸易,即已知商品每盎司价值的德纳里数量,若想求解每磅价值的里拉数量,可作类似处理①,即将每盎司价值的德纳里数量除以20,等于每磅价值的里拉数量,同样当已知每磅价值的里拉数量,欲知每盎司价值的德纳里数量,将其乘以20即可得知每盎司价值德纳里数量,这就是首先要强调的规则。

其次要强调的规则是,取德纳里数量的$\frac{3}{2}$,即将日赚德纳里数量乘以$\frac{3}{2}$,就将算出年赚里拉的数量②。每次当已知每里拉或每人或每杜卡迪每日所赚的德纳里数量,而欲知年赚里拉数,采用此规则永无误。例如日赚6德纳里,将其乘以3再除以2,等于9,就是日赚6德纳里换算为年赚里拉的数量。假定日赚8德纳里,将8乘以3,等于24,再除以2,等于12,就是日赚8德纳里换算为年赚里拉的数量,依此类推。这样对于每百也适用,若已知每百里拉或人力等的年赚数量,而欲知日赚数量,取其$\frac{2}{3}$,即得日赚德纳里的数量。如前例,年赚9里拉,日赚多少? 取9的$\frac{2}{3}$,等于6,即日赚6德纳里,若为12里拉,取其$\frac{2}{3}$,得日赚8德纳里。

第三个需要强调的是关于利息的规则。当处理按年计息或不按年计息的利息账目,欲知随后各年的利息时,应如此处理:总是计算出第一年所赚的里拉或杜卡迪,计算其占资本的比例,这个比例也适用于随后的各年,将其乘以随后各年的资本,就可以算出随后各年所赚的利息,因为如果第一年赚$\frac{1}{3}$或$\frac{1}{4}$,以后各年均与此一致。若每年计息,则意味着利生利,总是将利息加在前一年的资本上,这样就得到随后年份的资本。

第四个要强调的规则是,每当已知每百里拉或弗罗林所赚,而欲知每里拉赚多少德纳里:总是取每百里拉所赚的里拉数量的双倍,再加上这个双倍数量的$\frac{1}{5}$,就是每里拉所赚德纳里的数量,用这一方法永无误。例如100里拉赚8里拉,问1里拉赚多少:取8的双倍,即将8乘以2,等于16,再加上其$\frac{1}{5}$,就是每里拉或杜卡迪所赚的德纳里数量,即$19\frac{1}{5}$。在所有贸易中均可如此处理。再假设每百里拉赚6里拉,取6

---

① 因为当时1磅(libra)等于12盎司(oncia),等同于年月之间的数量关系,因此适用同样的规则。——译者注

② 因为1里拉等于240德纳里,而一年按360天计算,因此乘以$\frac{3}{2}$即得到年赚里拉的数量。——译者注

的双倍即 12，那么每里拉赚 12 和 12 的 $\frac{1}{5}$，即 $14\frac{2}{5}$。若所赚里拉为分数，也可以直接使用分数计算，只不过更繁琐而已。

第五个要强调的规则是，当已知每百所赚博洛尼尼的数量，而欲知每里拉或杜卡迪所赚的数量，注意每博洛尼尼总是价值 30 德纳里，或者是其他价值 30 德纳里的货币，总是取每百所赚博洛尼尼数量的 $\frac{3}{10}$，将算出每里拉或杜卡迪所赚的德纳里数量。

例如 100 里拉赚 30 博洛尼尼，问每里拉赚多少，取 30 的 $\frac{3}{10}$，即 30 乘以 3 再除以 10，等于 9，就是每百赚 30 博洛尼尼转换为每里拉赚德纳里的数量。若每百赚 50 博洛尼尼，同样求解：取 50 的 $\frac{3}{10}$，等于 15，就是每里拉所赚的德纳里数量，如此得解无误。

同样，若已知每里拉所赚德纳里的数量，欲知每百里拉商品所赚博洛尼尼的数量，按以下方法处理：总是取每里拉所赚德纳里数量的 $\frac{10}{3}$，将得到每百所赚博洛尼尼的数量。上文中对于每百所赚数量是乘以 3 再除以 10，求解每里拉所赚德纳里的数量，这里是乘以 10 再除以 3 来求解每百所赚博洛尼尼的数量。如前例，每里拉赚 9 德纳里，用 9 乘以 10 再除以 3，正好得每百赚 30 博洛尼尼，若每里拉赚 15 德纳里，将其乘以 10 得 150，再除以 3，得每百赚 50 德纳里，依此类推，按此规则将无误。

到现在为止，以上帝的恩典，我想我已充分地说明了如何求解借贷利息、房屋租金以及合伙利润等常见财产的回报问题，也根据我有限所知，将这些知识延伸到一些很好的问题和不同类型回报的难点上，其不可能使用代数以外的其他方法来解答。如你所见，这些解答方法非常智慧。而我这样做只是为了让那些不喜欢粗俗品位的高尚心灵有其精神食粮，而随时光流逝，人们终将注意到这些案例和实用方法，如此科学缜密的代数方法便会得到充分运用。

第六部分

多个期限账目计算一个到期日的方式和方法

商人们经常会多次借给同一个人不同金额的款项,当有很多不同期限的账目时,就会期望将其计算到一个到期日,目的是避免繁琐,将所有的期限组合归结到一起。商人们有多种方法可以达到这一目的。首先,当债务人必须归还给债权人多个期限的借款而又期望将其计算到单一到期日时,就必须将一项项借款的金额与期限相乘,然后把这些乘积归集在一起,得到时间金钱(融合值)的总和。

我们必须先归集所有(出借)金额的款项,用时间金钱(融合值)的总和除以金额总和,将得到与乘积的时间性质一样的时间,即时间金钱乘积中的时间是年,得到的时间也将是年,然后可以把年再换算为月和日;若乘积中的时间是月或日,那么得到的也是月或日,这样所得的单一期限,可满足债权人与债务人之间的多个(借贷)期限的需求,避免繁琐,且童叟无欺。验证这种计算结果的方法就是使用(借款)利息的里拉或弗罗林或杜卡迪等的数量,即所期望的年息或月息,也就是说,基于单一期限所得利息数量必须和每个基于自身借贷款项单独期限所产生的利息相等,详见下文所示案例。

与上文相对应的是另一种情形,即当债务人只需支付某一期限款项,而债权人在此期限之前已经从债务人那里收取了某一金额的款项时,债权人必须补偿债务人,从应付的款项中扣除其事先支付的钱及其所应赚取的钱(利息),亦详见下文案例。

预先偿还了某金额而又要支付多个期限款项的债务人,必须首先计算多个账目的单一到期日,以及在这样的期限届满时其必须支付的金额,然后再如同前述那样处理。

在有多个期限的借款同时债务人又向债权人提前偿还了多个款项的情况下,必须先计算应偿还所有款项的单一到期日,以及提前偿还的所有款项的单一到期日,这样就存在两个独立的期限:一个是提前偿还款项后的期限提前,另一个是应该偿还的日期,然后可以像前述那样处理,即我们用下文的方法计算其期限,将款项按提前偿还后的期限处理,但是将提前偿还后债权人提前所得部分赚取的金额扣除,如此便不会有人受到欺骗,详见[例6-8]。

还有一种情形，当债务人在某个时间只偿还了一定的金额，而他又疏忽了再次偿还借款。若他在期限之后偿还，毫无疑问，他延迟了多长时间，就必须偿还给债权人相应金额的钱，即债权人所要求的利息，这样账目才无异议。但如果他在期限过后偿还了其中一部分，而剩余一部分未支付，那么要问他在什么时候支付余款，以便补偿债权人因未收到款项而损失的时间。我们将计算上述时间，并将其从期限中扣除，即要将时间回溯，债权人必须偿付从回溯之日起到其应付期限的利息，偿付利息所对应的时间必须满足债权人最初设定的期限，若债务人此后的支付不止一次，那么需要以上述方法计算到同一日期和一个期限。

因此在类似情形下，要始终牢记下文中的有益规则。

若提前偿付，即到期之前偿付，须将提前的时间从期限中单独扣除，将这段时间内的利息予以补偿，才能童叟无欺。

若款项延迟支付，即逾期，就必须将期限回溯到约定期限，以满足债权人所要求的时间，债务人必须偿付之前以及逾期应付的金额，整个期限必须满足债权人所要求的按月或年支付里拉或弗罗林或杜卡迪利息的要求。为了更加清晰，下文中的案例将包含所有这些情形，你要仔细关注。

【例 6-1】 计算这个账目的期限。一人必须自 1412 年 3 月 7 日起给另一人 100 里拉，期限为 10 个月，条件是每月 10 里拉，直到付完 100 里拉为止，债权人某日对债务人说：我期望你在一个日期支付所有款项，问其在什么时候必须支付。

解答如下：首先计算期限是多长，在这样的期限中债务人将每月支付 10 里拉，直到付完为止，该期限为 10 个月，即从 3 月 7 日开始每月支付，如表 6-1 所示：

表 6-1　　　　　　　　　　综合账目计算表①

期限	支付金额	融合值
到 4 月 7 日	第 1 个月 10 里拉	时间金钱融合值 10
到 5 月 7 日	第 2 个月 10 里拉	时间金钱融合值 20
到 6 月 7 日	第 3 个月 10 里拉	时间金钱融合值 30
到 7 月 7 日	第 4 个月 10 里拉	时间金钱融合值 40
到 8 月 7 日	第 5 个月 10 里拉	时间金钱融合值 50
到 9 月 7 日	第 6 个月 10 里拉	时间金钱融合值 60
到 10 月 7 日	第 7 个月 10 里拉	时间金钱融合值 70
到 11 月 7 日	第 8 个月 10 里拉	时间金钱融合值 80
到 12 月 7 日	第 9 个月 10 里拉	时间金钱融合值 90
到 1 月 7 日	第 10 个月 10 里拉	时间金钱融合值 100
合计	10 个月 100 里拉	时间金钱融合值 550

① 本表名为译者加。——译者注。

现在用每笔款项与其对应时间相乘,从最初时间开始,到 4 月 7 日即一个月,用 10 里拉乘以 1 个月,得 10 时间金钱(融合值),然后计算第二笔款项,到 5 月 7 日为两个月,用其乘以 10 里拉,得 20 时间金钱,以此类推,一个一个地计算。把这些时间金钱或"融合"(fonditure)①的数量都记录下来,总计 550,然后把款项的金额汇总,共 100 里拉。现在用 550 除以 100,得 $5\frac{1}{2}$,其时间单位为月,所以必须在从 3 月 7 日开始的 5 个半月后,即 1412 年 8 月 22 日支付,注意每个月总应计算为 30 日,这是商人之间的惯例,应按此处理。

另外,也可以通过计算利息来进行处理,假设借出的每里拉每月利息 2 德纳里或其他利息,把所有款项一项一项地按照其期限以此利率计息。从第一项开始即到 4 月 7 日为 1 个月,10 里拉利息 20 德纳里,这样如下文一项项处理,乘以利率然后记录,如表 6-2 所示:

表 6-2　　　　　　　　　利息计算表②

时间	利息计算
1 个月	10 里拉每里拉(每月)2 德纳里 利息 20 德纳里
2 个月	10 里拉每里拉(每月)2 德纳里 利息 40 德纳里
3 个月	10 里拉每里拉(每月)2 德纳里 利息 60 德纳里
4 个月	10 里拉每里拉(每月)2 德纳里 利息 80 德纳里
5 个月	10 里拉每里拉(每月)2 德纳里 利息 100 德纳里
6 个月	10 里拉每里拉(每月)2 德纳里 利息 120 德纳里
7 个月	10 里拉每里拉(每月)2 德纳里 利息 140 德纳里
8 个月	10 里拉每里拉(每月)2 德纳里 利息 160 德纳里
9 个月	10 里拉每里拉(每月)2 德纳里 利息 180 德纳里
10 个月	10 里拉每里拉(每月)2 德纳里 利息 200 德纳里
合计	100 里拉每里拉(每月)2 德纳里 合计利息 1 100 德纳里

---

① 即时间与金钱相乘的融合值。——译者注。
② 本表名为译者加。——译者注。

现在如你所见，每项利息已经列示，加总共 1 100，然后看 100 里拉 1 个月以每里拉 2 德纳里赚得多少利息，为 200 德纳里，那么 1 100 德纳里在多长的期限中赚得，问：若 1 个月利息 200 德纳里，1 100 德纳里在多长期限内赚得？用 1 乘以 1 100，再除以 200，得 $5\frac{1}{2}$ 个月，因此，100 里拉以每月每里拉 2 德纳里利率计息，用 $5\frac{1}{2}$ 个月能赚得上述款项同样的利息。这样两种方法都可以计算上述问题，童叟无欺，所期望赚取的利息永远无误，如此可以解答所有类似问题。

【例 6-2】 计算下列款项到一个到期日。一人必须给另一人下列不同期限的金额，首先是债权人在 1412 年 3 月 8 日应收到 548 里拉，其他资料如表 6-3 所示：

表 6-3　　　　　　　　　　　综合账目计算表①

1412 年 3 月 8 日	548 里拉	0 个月 0 天	融合值 0
1412 年 4 月 10 日	684 里拉	1 个月零 2 天	融合值 21 888
1413 年 5 月 7 日	728 里拉	13 个月零 29 天	融合值 305 032
1413 年 6 月 10 日	976 里拉	15 个月零 2 天	融合值 441 152
1414 年 6 月 11 日	346 里拉	27 个月零 3 天	融合值 281 298
1414 年 7 月 27 日	856 里拉	28 个月零 19 天	融合值 735 304
合计	4 158 里拉	28 个月零 19 天	融合值 1 784 674

与[例 6-1]同解：首先计算每一笔款项从第一个日期开始的时间长度，即从 1412 年 3 月 8 日开始，第一笔款项的时间长度为零，因为债权人在此日期已经得到偿付，因此其期限为零。其次看第二项，即 684 里拉，其期限从 3 月 8 日开始到 4 月 10 日，因此为 1 个月零 2 天；第三项即 728 里拉，期限从 1412 年 3 月 8 日开始到 1413 年 5 月 7 日，即 13 个月零 29 天；第四项即 976 里拉，期限从 1412 年 3 月 8 日开始到 1413 年 6 月 10 日，即 15 个月零 2 天；第五项即 346 里拉，期限从 1412 年 3 月 8 日开始到 1414 年 6 月 11 日，即 27 个月零 3 天；第六项即 856 里拉，期限从 1412 年 3 月 8 日开始到 1414 年 7 月 27 日，即 28 个月零 19 天。

接着计算时间和金钱的融合值，而本例中期限的单位为月和日，因此将其换算为日，计算金钱和日的融合值，从 548 里拉开始，其期限为零，用 548 乘以 0 得 0；第二项期限为 1 个月零 2 天即 32 天，用 684 乘以 32 得 21 888；第三项期限为 13 个月零 29 天即 419 天，用其乘以 728 里拉，得 305 032；第四项期限为 15 个月零 2 天即 452 天，将其乘以 976 里拉，得 441 152；第五项期限为 27 个月零 3 天即 813 天，将其

---

① 本表名为译者加。——译者注。

乘以 346 里拉，得 281 298；第六项期限为 28 个月零 19 天即 859 天，将其乘以 856 里拉，得 735 304。现在将所有款项加总，得到金钱和时间的融合值 1 784 674，用其除以金额的合计值即 4 158 里拉，得 $\frac{429\,446}{2\,079}$ 天，为 14 个月零 9 天①，即 1 年 2 个月 9 天，从前述 1412 年 3 月 8 日算起，债务人将在 1413 年 3 月 $\frac{16\,446}{2\,079}$ 日偿付所有款项，如此得解。当然，也可以使用上文计算利息的方法来求解。

【例 6-3】 计算剩余期限和金额。条件如下：一人应在 1469 年 9 月 7 日从另一人处得到 150 里拉 10 索尔迪 9 德纳里，而债务人逾期支付了一部分，即在 1470 年 2 月 25 日支付了 87 里拉 5 索尔迪 2 德纳里。问其他部分的金额债权人在什么时候提前收到这笔款项，才能公平不偏。

解答如下：首先看谁应收谁应付以及在什么时间支付等，其次看债务人是否提前或因疏忽延迟支付若干金额，以及提前和延迟的时间多久。本题中，债权人延迟支付的期限为自 1469 年 9 月 7 日到 1470 年 2 月 25 日，即 5 个月 18 天，债权人因上述期限的延迟承受了 87 里拉 5 索尔迪 2 德纳里的损失。现在需要为此款项计息，以原账目利率计算其所损失的利息，即 87,5,2 里拉② 5 个月 18 天的利息。

现在以每里拉每月 4 德纳里计息，87 里拉 5 索尔迪 2 德纳里 5 个月 18 天的利息为 8 里拉 10 索尔迪 2 德纳里③。现在看债权人剩余多少未付，应为 63 里拉 5 索尔迪 7 德纳里④，对于债权人来说，其产生的利息应该等于 87 里拉 5 索尔迪 2 德纳里逾期支付所遭受的损失即 8 里拉 10 索尔迪 2 德纳里，因此要计算 63,5,7 在多少时间以每里拉每月 4 德纳里的利息，可以弥补这样的损失。计算后得到 8 个月 18 天，在此时间期限，63 里拉 5 索尔迪 7 德纳里以每里拉每月 4 德纳里的利率可以获得的利息数量就是 87,5,2 所损失的 8 里拉 10 索尔迪 2 德纳里。

因此债权人应该在约定的期限即 1469 年 9 月 7 日之前（的某个时间），得到 63 里拉 5 索尔迪 7 德纳里，如此可赚得 8 里拉 10 索尔迪 2 德纳里的利息，提前的时间为 8 个月 18 天。因此，若债务人提前到上述期限支付，债权人能够保留该款项更长的时间，即 8 个月 18 天，在此期间债权人可以获得相应的利息，如此便可达成协议。而我们设定每里拉每月 4 德纳里的利息，那么债权人期望这个剩余款项提前偿

---

① 分数天此处未计入。——译者注。
② 87 里拉 5 索尔迪 2 德纳里的简写，下文同。——译者注。
③ 原稿计算有误，利息的计算结果应为 8 里拉 2 索尔迪 10 $\frac{44}{75}$ 德纳里，相应地，导致后文时间期限计算也有误，8 个月 18 天应为 7 个月 21 $\frac{10\,059}{15\,187}$ 天。——译者注。
④ 即应付的 150 里拉 10 索尔迪 9 德纳里减去债务人逾期支付的 87 里拉 5 索尔迪 2 德纳里。——译者注。

付,再要求应在 1469 年 9 月 7 日支付账目的余款,如此两个人都没有任何损失,所以从 1469 年 9 月 7 日扣减 8 个月 18 天的时间,得到 1469 年 1 月 5 日,因为必须将该账目的期限回溯,否则债务人将无法(足额)清偿 9 月 7 日到期的账目。

【例 6-4】 计算剩余期限和金额。一人应在 1470 年 8 月 1 日从另一人处得到 24 杜卡迪,债务人在 1471 年 8 月 1 日支付了 16 杜卡迪,问须在何时支付多少剩余款项以能清偿上述 1470 年 8 月 1 日到期的账目。

解答如下:首先看其支付的 16 杜卡迪已延迟多长时间,应为 1470 年 8 月 1 日到 1471 年 8 月 1 日,即 12 个月,现在使用计算利息的方法来求解,假设每杜卡迪每月 1 德纳里利息,因此 16 杜卡迪 12 个月利息为 192 德纳里。现在求解另外的 8 杜卡迪何时偿付才能弥补 16 杜卡迪延迟支付的损失,从原期限中回溯这个时间得到的就是其应偿付的时间,即这个剩余款项必须在什么时候提前支付。

可使用三数法则来求解这个时间。问:如果 16 杜卡迪 12 个月赚得 192 德纳里,那么 8 杜卡迪多长时间可以赚得这么多? 若对应 16 杜卡迪的期限,则可以反过来问:如果 8 杜卡迪对应(16 杜卡迪的)12 个月的时间,那么 16 杜卡迪对应(8 杜卡迪的)多长时间? 用 12 乘以 16,得 192,再除以 8,为 24,就是 8 杜卡迪以每杜卡迪每月 1 德纳里的利率赚得 192 德纳里所需要的月数。现在必须从支付 24 杜卡迪的期限即 1470 年 8 月 1 日回溯这个时间,因此要回溯 2 年即 24 个月,得出的日期为 1468 年 8 月 1 日。因此债务人必须在 1468 年 8 月 1 日偿付剩余的 8 杜卡迪,这个日期到 1470 年 8 月 1 日为 24 个月。

因此,若双方达成一致,债务人以这样的条件向债权人支付剩余款项,将能够清偿 1470 年 8 月 1 日的账目,债权人将被补偿因延迟支付 16 杜卡迪 12 个月的损失,以每杜卡迪每月 1 德纳里计息。

【例 6-5】 计算期限。一人借给另一人 500 杜卡迪,借期 12 个月,在第 4 个月月末,债务人还给债权人 200 杜卡迪,问债务人何时归还剩余款项是公平的。

解答如下:有很多种方法可解答类似问题,但有两种方法最简便,其一:通过时间金钱融合值,用借款期限乘以出借金额,即 500 杜卡迪乘以 12 个月,得 6 000,然后取其归还的 200 杜卡迪,乘以其时间期限即 4 个月,得 800,将其从前述融合值中扣除,余 5 200,用其除以尚未归还的 300 杜卡迪,得 $17\frac{1}{3}$ 个月,从出借之日到该期限满,债务人必须支付 300 杜卡迪,公平无欺。可以任意设定每杜卡迪每月利息,无论如何,300 杜卡迪在多出的这 $5\frac{1}{3}$ 个月的利息与提前支付的 200 杜卡迪在债务人按约定可持有的 8 个月的利息将会一致。验证如下:假定利率为每杜卡迪每月 2 德纳里,

200 杜卡迪 8 个月利息为 3 200 德纳里，300 杜卡迪在其多持有的 $5\frac{1}{3}$ 个月期限的利息亦如此。因此以此利率，债务人提前支付款项的利息与其延后 $5\frac{1}{3}$ 个月偿付款项的利息一致，未遭受损失，如此便公平无欺。

下面用另一种方法解答，即通过三数法则，即计算 300 杜卡迪赚得与 200 杜卡迪 8 个月所获同样利息所需的时间期限：若 200 杜卡迪对应 8 个月，那么 300 杜卡迪对应多长期限？应这样计算，求得的期限将远长于（应有的期限），要知道 300 赚得同样的利息所需的时间应短于 200 所需的时间，因此上述规则运用不当，应将其反过来，问：若 300 杜卡迪对应（200 杜卡迪的）8 个月，那么 200 杜卡迪对应（300 杜卡迪的）多长时间？用 8 乘以 200，为 1 600，再除以 300，得 $5\frac{1}{3}$，即为（借款人）提前偿付 200 杜卡迪后，所对应需要多持有 300 杜卡迪的时间，欲知其必须在何时偿付，将 $5\frac{1}{3}$ 个月加上 500 的借期 12 个月，得 $17\frac{1}{3}$ 个月，即为剩余 300 杜卡迪的期限，公平无欺。

【例 6-6】 计算期限和剩余金额。一人出借 186 里拉给另一人，从 1418 年 1 月 1 日开始，债务人每月偿还 18 里拉 6 索尔迪 8 德纳里直到付清。债权人请求债务人现在就提前支付 80 里拉，问债务人何时须偿还剩余款项才公平无欺。

解答如下： 先看偿付所有借款需要的时间，按如下方法求解：用 186 里拉除以 18 里拉 6 索尔迪 8 德纳里，得 $10\frac{8}{55}$，在这么多个月内，债务人必须每月支付 18 里拉 6 索尔迪 8 德纳里以偿还借款。现在将所有款项和期限同上文按顺序排列，用金额乘以每个款项的时间，然后将其时间金额融合值加总，用总和除以 186 里拉，即得到（单一期限）月的结果。在这个期限届满，债务人必须在一个单一日期偿付，即 5 个月 $12\frac{225}{431}$ 天，该期限届满，必须支付所有的款项，但因为提前支付 80 里拉，所以要看剩余款项需要多持有多长时间，同上使用三数法则来求解：若 186 里拉对应 5 个月 $12\frac{225}{431}$ 天，那么 80 里拉对应多长期限？用 80 里拉乘以 5 个月 $12\frac{225}{431}$ 天，再除以 186，得 3 个月零 3 天[①]，将其加在 1418 年 1 月 1 日上，得到 1418 年 4 月 4 日，这就是支付剩余款项的期限。

---

① 原稿计算错误，应为 2 个月零 $9\frac{72\,306}{80\,166}$ 天，约等于 70 天，由此后文的 1418 年 4 月 4 日也应为 1418 年 3 月 11 日。——译者注。

【例 6-7】 计算剩余款项。一债权人在 1439 年 7 月 15 日应得到另一债务人支付的 850 里拉 10 索尔迪,债务人在 1439 年 4 月 10 日支付了 462 里拉,问:为清偿债务,其剩余款项须在何时支付。

解答如下:先看其提前多长时间支付,为 3 个月零 5 天。计算 462 里拉 3 个月零 5 天的利息,以每月每里拉 1 德纳里利率计算,其利息为 6 里拉 2 索尔迪。再计算剩余款项,从 850 里拉 10 索尔迪中扣减 462 里拉,得 388 里拉 10 索尔迪,将其除以 20,将得到其年赚里拉的数量①,再除以 12 得到月赚里拉的数量,再除以 30 得到日赚里拉的数量,上述利息(6 里拉 2 索尔迪)对于 388 里拉 10 索尔迪来说,生息的时间期限为 3 个月 23 天②,将其加在应付期限上,得到 1439 年 12 月 8 日,即债权人应在此日期收到 388 里拉 10 索尔迪,解毕。使用利息也可以同样求解,计算剩余款项必须支付的时间,及相应获得的利息,用反向的三数法则求解,永无误。

【例 6-8】 计算剩余期限和金额。一人在 1476 年 8 月 1 日借给另一人 100 杜卡迪,于 9 月 1 日、10 月 1 日、11 月 1 日、12 月 1 日又向此人分别借出 100 杜卡迪,并希望 1477 年 8 月 1 日收回所有款项。1477 年 1 月 1 日债务人归还 50 杜卡迪,于 2 月 1 日、3 月 1 日和 4 月 1 日又各归还 50 杜卡迪③,问债务人何时归还剩余款项才能公平无欺。

解答如下,首先将款项和期限按顺序列示如表 6-4 所示:

表 6-4 综合账目计算表④

1476 年 8 月 1 日	12 个月	100 杜卡迪	融合值 1 200
1476 年 9 月 1 日	11 个月	100 杜卡迪	融合值 1 100
1476 年 10 月 1 日	10 个月	100 杜卡迪	融合值 1 000
1476 年 11 月 1 日	9 个月	100 杜卡迪	融合值 900
1476 年 12 月 1 日	8 个月	100 杜卡迪	融合值 800
合计	12 个月	500 杜卡迪	融合值 5 000

现在从第一项开始,计算时间金钱的融合值,第一项期限为 12 个月,因为其持续了整个期限,因此用 12 乘以 100 杜卡迪,得 1 200,即时间金钱融合值,如此逐项处理,

---

① 参见上一章节关于利息计算的相应换算规则,即每里拉每月利息的德纳里数量的 $\frac{1}{20}$ 就是每里拉每年所赚得的里拉数量。——译者注。

② 即用 388 里拉 10 索尔迪除以 7 200,即 $\frac{777}{2}$ 除以 7 200 得到 $\frac{777}{14\,400}$,再用 6 里拉 2 索尔迪即 $6\frac{1}{10}$ 除以 $\frac{777}{14\,400}$,约等于 113 天即 3 个月 23 天。——译者注。

③ 按后文列表和计算,5 月 1 日亦归还了 50 杜卡迪。——译者注。

④ 本表名为译者加。——译者注。

然后将乘积加总,得到 5 000 时间金钱融合值,用其除以借出的金额即 500 杜卡迪,即 5 000 除以 500,得 10,即为债务人持有所有借款的时间期限,也就是其应该提前 2 个月一次性归还所有款项。

现在将计算结果先保留,因为案例中提前偿还了数个款项,因此要类似地计算所有这些债务人归还款项的单一期限,这样债权人也持有一个单一期限的借款,可以计算剩余款项和期限,若不将这些款项的时间逐项处理到单一期限就会让借贷极为繁琐,因此下面列示债务人偿还的款项和其相应的债权人提前持有的期限,如表 6-5 所示。

表 6-5　　　　　　　　　　综合账目计算表①

1477 年 1 月 1 日	7 个月期限	50 杜卡迪	融合值 350
1477 年 2 月 1 日	6 个月期限	50 杜卡迪	融合值 300
1477 年 3 月 1 日	5 个月期限	50 杜卡迪	融合值 250
1477 年 4 月 1 日	4 个月期限	50 杜卡迪	融合值 200
1477 年 5 月 1 日	3 个月期限	50 杜卡迪	融合值 150
合计	7 个月期限	250 杜卡迪	融合值 1 250

现在同上用款项金额乘以其期限,将时间金额融合值加总,得 1 250,就是债权人享有债务人偿付的时间金钱融合值。将所有款项金额加总,得 250 杜卡迪,用 1 250 除以 250,得 5,这就是债权人收到债务人所支付的 250 杜卡迪较期限届满提前的月份数,因而债权人占有款项并得其回报共 5 个月时间。现在有了两个期限的账目,依照前文求解的方法,可这样表述:一人借给另一人 500 杜卡迪,期限 12 个月,债务人提前 5 个月偿还 250 杜卡迪,问剩余款项可以持有至何时,才能公平无欺。

可以用反向三数法则来求解,或者其他前文展示的方法,问:若 250 杜卡迪对应 5 个月,那么剩余的 250 杜卡迪②将什么时候归还?将这 5 个月加在原有期限 12 个月上,得到 17 个月,这就是债权人须持有剩余借款的时间。这样就把债务人已经偿付的部分款项进行了相应的扣除,剩余款项将在上述期限内支付。同前文,还可采用另一种方法求解,解毕。

【例 6-9】 计算清偿金额。一人出借给另一人 100 里拉,借期 1 年,条件如下:若提前还款,金额应为 90 里拉;若延迟还款,金额应为 108 里拉。若债务人提前还款 30 里拉,问剩余款项延迟多长时间支付。

解答如下:将这 30 里拉从将要提前支付的 90 里拉中扣减,得 60 里拉,这是其剩余的应付款项。现在来看这 60 里拉延迟支付需要多少里拉。计算如下:已知提前支

---

① 本表名为译者加。——译者注。
② 即出借的 500 杜卡迪减去提前还款的 250 杜卡迪,剩余 250 杜卡迪。——译者注。

付的金额为 90 里拉,而延迟支付金额为 108 里拉,因此问,若 90 里拉对应的延迟支付金额为 108,那么 60 里拉延迟支付需要多少金额? 用 60 乘以 108,得 6 480,再除以 90,得 72,因此根据双方的协定即 90 对应 108,若 60 里拉延迟支付,需要 72 支付里拉,得解。

【例 6-10】 计算类似上文的清偿金额。一人出借给另一人 100 杜卡迪,借期 1 年,条件如下:若提前偿付,金额为 90 杜卡迪;若逾期偿付,则金额为 108。债务人期满未清偿所有借款,仅偿付了 30 杜卡迪,请求宽限以延迟支付余款,问其应偿付多少杜卡迪。

解答如下: 已知如果提前支付,其金额应为 90 杜卡迪,但若期满清偿则应支付 100 杜卡迪,因此这 90 对应 100,现在其期满支付 30,将其从 100 中扣减,剩余 70,然后同上问:若 90 对应延迟支付的 108,那么 70 对应多少? 将其乘以 108,得到 7 560,再除以 90,得到延迟必须支付的金额 84。这里的 30 是期满支付的,因此其金额不增不减,但若 30 是提前支付的,其剩余部分要在期满时支付,那么就要使用 60 杜卡迪来计算期满时必须支付的金额,按如下方法求解:已知提前支付的 90 对应按期支付的 100。问,若 90 对应 100,60 对应多少? 用 100 乘以 60,得到 6 000,再除以 90,得到 $66\frac{2}{3}$,为债务人按双方约定为清偿借款账目而必须按期支付的金额,公平无欺。

【例 6-11】 计算单一期限。一人借款给另一人,其中,20 里拉借期 15 个月,利率每里拉每月 4 索尔迪;30 里拉借期 13 个月,利率每里拉每月 1 索尔迪;40 里拉借期 12 个月,利率每里拉每月 2 索尔迪;60 里拉借期 10 个月,利率每里拉每月 5 索尔迪;10 里拉借期 7 个月,利率每里拉每月 3 索尔迪;16 里拉借期 5 个月,利率每里拉每月 $\frac{1}{2}$ 索尔迪。现在债权人希望债务人按单一期限和利息偿付借款,问应何时归还,利率每里拉每月几何。

解答如下: 逐项列示账目,不要弄错,如表 6-6 所示。

表 6-6 综合账目计算表①

20 里拉	15 个月	利率 4 索尔迪	融合值 300	融合值 1 200
30 里拉	13 个月	利率 1 索尔迪	融合值 390	融合值 390
40 里拉	12 个月	利率 2 索尔迪	融合值 480	融合值 960
60 里拉	10 个月	利率 5 索尔迪	融合值 600	融合值 3 000
10 里拉	7 个月	利率 3 索尔迪	融合值 70	融合值 210

① 本表名为译者加。——译者注。

(续表)

16 里拉	5 个月	利率 $\frac{1}{2}$ 索尔迪	融合值 80	融合值 40
176 里拉（合计）	$10\frac{10}{11}$ 个月	利率 $3\frac{1}{48}$ 索尔迪	融合值 1 920	融合值 5 800

同上文处理，将每个项目的时间和金额相乘计算时间金钱融合值，从第一项 20 里拉开始，其期限为 15 个月：用 20 乘以 15，得 300，如此逐项计算，结果如上。将该时间金钱融合值加总得到 1 920，同时款项的总和是 176 里拉，用 1 920 除以 176，得 $10\frac{10}{11}$，这是债务人一次性偿付的期限。

已知不同款项有着不同的利率，且已经求得单一期限，因此将时间金钱融合值根据不同利率再计算融合值，从第一项 20 里拉开始，其融合值 300，利率每里拉每月 4 索尔迪，因此用 300 乘以 4 索尔迪，得 1 200，如上所示。这样将每一项的融合值与其利率相乘，然后加总所有的乘积，得 5 800，用其除以出借的资本即 176 里拉，得到 $32\frac{21}{22}$ 索尔迪，这是每里拉在单一期限即 $10\frac{10}{11}$ 个月的利息，欲计算每月利息，利用三数法则来求解：若 $10\frac{10}{11}$ 个月赚得利息 $32\frac{21}{22}$ 索尔迪，那么 1 个月利息多少？用 $32\frac{21}{22}$ 乘以 1，再除以 $10\frac{10}{11}$，得 $3\frac{1}{48}$，这就是每里拉每月将得到的利息数量，即单一期限里每个月的利息，公平无欺。

也可以用另一种方法来求解利率：先计算 15 个月的 20 里拉，利率为每里拉每月 4 索尔迪，其融合值为 1 200；然后计算 13 个月的 30 里拉，利率为每里拉每月 1 索尔迪，融合值为 390，如此计算所有款项的时间金钱融合值，将其加总得到 5 800，这就是未计算到单一期限时所有款项所赚得的索尔迪数量，用它除以借出金额总量即 176 里拉，将得到每里拉在整个期限的利息，再除以单一期限即 $10\frac{10}{11}$ 个月，结果同上。

这里我想向你展示一个更简短更清晰的案例：一人出借 10 里拉给另一人，期限 6 个月，利率为每里拉每月 1 索尔迪；在这一天还借出 12 里拉，借期 5 个月，利率为每里拉每月 2 索尔迪。债务人欲在一天偿付所有，问其应何时偿付，单一期限的利率多少。

与上同解：计算得到 10 里拉和 6 个月的融合值为 60，12 里拉和 5 个月的融合值也为 60，合计 120，加总出借里拉数量即 10 和 12，得 22，用 120 除以 22，得 $5\frac{5}{11}$，就是单一期限月数。为求解每里拉每月利息，使用前述方法逐项处理，即计算包含利息的融合值,用利息与时间金钱融合值相乘。第一项借款的利率为每里拉每月 1 索尔迪,将其乘以 60,得 60。第二项借款的利率为每里拉每月 2 索尔迪,乘以 12 里拉 5 个月的融合值 60,得 120,将 120 和 60 加总得 180,就是在整个期限所赚的利息,将其除以 22 里拉,得 $8\frac{2}{11}$ 索尔迪,是每里拉在整个时间期限即 $5\frac{5}{11}$ 个月的利息,此时求解每个月的利息,同上问:若 $5\frac{5}{11}$ 个月利息 $8\frac{2}{11}$ 索尔迪,1 个月利息是多少?将得到 $1\frac{1}{2}$ 索尔迪,就是单一期限里每里拉每月的利息数额。

再举一个没有分数的案例:一人出借 10 里拉给另一人,期限 6 个月,利率为每里拉每月 1 索尔迪;同时还出借 12 里拉,借期 8 个月,利率为每里拉每月 2 索尔迪;出借 24 里拉,期限 5 个月,利率为 3 索尔迪。问,若要在单一日期偿还,债务人应于何时偿付,单一期限下的利率几何。用类似方法可求得单一期限为 6 个月,利率为每里拉每月 $2\frac{5}{23}$ 索尔迪。

【例 6-12】 一人须在 3 个月后支付给我 10 杜卡迪,6 个月后支付 40 杜卡迪,8 个月后支付数量未知,而若归集到单一日期,他须在 6 个月后支付给我所有,问他 8 个月时须支付给我多少杜卡迪。

解答如下:假设 8 个月后,他必须支付 1co 杜卡迪,现在计算时间金钱的融合值①,即用 10 杜卡迪乘以 3 个月,得 30,40 乘以 6,得 240,1co 乘以 8,为 8co,加总融合值,为(270 加 8co),加总款项为(50 加 1co),用(270 加 8co)除以(50 加 1co)即 $\frac{(270 \text{ 加 } 8co)}{(50 \text{ 加 } 1co)}$,其等于单一日期即 6 个月,化简分数,得到(300 加 6co)等于(270 加 8co),移项,得等式 2co 等于 30,用 30 除以 2,得 15,就是在 8 个月后应支付的杜卡迪数量,也就是说在 8 个月后支付 15 杜卡迪。将所有款项归集到单一期限支付,单一期限将为 6 个月。

验算如下:融合 10 杜卡迪、40 杜卡迪、15 杜卡迪与其时间,加总融合值得到 390,除以款项总和 65,得到 6 个月,得证。

【例 6-13】 计算另一个类似案例。一人 2 个月后应支付给我 10 杜卡迪,5 个月

---

① 在原稿文本右边有如下计算:

10 杜卡迪	3 个月	融合值 30
40 杜卡迪	6 个月	融合值 240
1co 杜卡迪	8 个月	融合值 8co
合计 50 加 1co 杜卡迪		合计融合值 270 加 8co

后应支付我 10 杜卡迪，6 个月后应支付若干杜卡迪，归集到单一日期，他必须在 $4\frac{1}{3}$ 个月支付所有。问他 6 个月时须支付多少。

与上同解：假设 6 个月应支付 1co 杜卡迪，现在计算时间金钱融合值①，即 10 杜卡迪乘以 2 个月，及 10 杜卡迪乘以 5 个月，1co 杜卡迪乘以 6 个月，加总乘积合计为 $(70+6co)$；再将款项加总，得 $(20+1co)$，用 $(70+6co)$ 除以 $(20+1co)$ 即 $\frac{(70+6co)}{(20+1co)}$，其等于单一期限 $4\frac{1}{3}$ 个月，化简分数，得到 $86\frac{2}{3}$ 加 $4\frac{1}{3}co$ 等于 70 加 6co，移项有 $1\frac{2co}{3}$ 等于 $16\frac{2}{3}$。

用 $16\frac{2}{3}$ 除以 $1\frac{2}{3}$，得 10，这就是假设其应支付的杜卡迪数量，因此其应在 6 个月后支付 10 杜卡迪，将其与其他款项一起归集到单一日期可知，必须在 $4\frac{1}{3}$ 个月时支付所有款项。同上验证，融合 10 杜卡迪、10 杜卡迪、10 杜卡迪与其时间，加总融合值得到 130，用它除以款项总和即 30，得 $4\frac{1}{3}$，即债务人须在此期限支付所有，得证。

【例 6-14】 求解另一案例。一人 12 个月后应支付给我 20 杜卡迪，10 个月后应支付 30 杜卡迪。我还借给他 40 杜卡迪，借期若干，归集到单一日期，其必须在 $9\frac{5}{9}$ 个月后支付所有款项给我，问 40 杜卡迪的借期是多少。

解答如下：假设 40 杜卡迪借期 1co 个月，现在计算所有款项的融合值②：从 20 杜卡迪开始，将其乘以 12 个月，得 240，然后用 30 杜卡迪乘以 10 个月，得 300，再用 40 杜卡迪乘以 1co 个月，得 40co，加总所有乘积，总计 540 加 40co，用其除以款项合计

---

① 在原稿文本右边有如下计算：

10 杜卡迪	3 个月	融合值 20
10 杜卡迪	5 个月	融合值 50
1co 杜卡迪	6 个月	融合值 6co
合计 20 加 1co 杜卡迪		合计融合值 70 加 6co

② 原稿文本右边空白处有如下计算：

20 杜卡迪	12 个月	融合值 240
310 杜卡迪	10 个月	融合值 300
40 杜卡迪	1co 个月	融合值 40co
合计 90 杜卡迪		合计融合值 540 加 40co

即 90，即 $\frac{(540+40\text{co})}{90}$，其应等于 $9\frac{5}{9}$。

化简分数，移项，得到 40co 等于 320，用 320 除以 40，得 8，而前文假设 40 杜卡迪借期 1co 个月，因此 1co 等于 8，出借期限为 8 个月，同上验证，将得到偿还的单一期限为 $9\frac{5}{9}$ 个月。

【例 6-15】 求解另一案例。一人借给另一人 20 杜卡迪，借期 12 个月；出借 30 杜卡迪，借期 10 个月；还出借了若干金额杜卡迪，借期月数与出借的杜卡迪数量一致，即假如借出 6 杜卡迪，则借期为 6 个月。计算所有款项到单一还款日期，其必须在 $11\frac{1}{2}$ 个月支付所有款项，问最后一次出借杜卡迪的金额以及借期是多少。

解答如下： 假设出借 1co 杜卡迪，则其借期为 1co 个月，同上逐个款项计算时间金钱融合值①。用 20 杜卡迪乘以 12 个月得 240，用 30 乘以 10 得 300，然后用 1co 杜卡迪乘以 1co 个月，得 1co□，加总合计得到（540 加 1co□）时间金钱融合值，将其除以款项合计数（50 杜卡迪加 1co），即 $\frac{(540+1\text{co}^\square)}{(50+1\text{co})}$，应等于 $11\frac{1}{2}$。

化简、移项，得到 1co□ 等于 $\left(35+11\frac{1}{2}\text{co}\right)$，取一次项系数的一半，将其平方，加上常数项，为 $68\frac{1}{16}$，则 1co 等于 14，因此借出 14 杜卡迪，借期 14 个月，所有款项计算到一个期限为 $11\frac{1}{2}$ 个月。

同上验证：计算所有款项的时间金钱融合值，加总得 736，同时加总所有出借款项即 20、30 和 14，得 64，用 736 除以 64，得 $11\frac{1}{2}$，得证。如此便可解答无穷尽的类似问题，但需要注意，计算出单一期限不可能超过最大的期限，只能比其少。

【例 6-16】 计算单一期限。一人于 1476 年 8 月 1 日出借给另一人 10 里拉，借期 4 个月；同日还借出 20 里拉，借期 10 个月，利率为年息 10%，在出借日后第 2 个月收到偿还的 8 里拉，3 个月后收到偿还的 4 里拉，即在出借日后 5 个月收到 4 里拉，问债务人到期时一次支付剩余所有款项，金额多少才能公平无欺。

---

① 原稿文本右边空白处有如下计算：

20 杜卡迪	12 个月	融合值 240
30 杜卡迪	10 个月	融合值 300
1co 杜卡迪	1co 个月	融合值 1co□
合计 50 杜卡迪加 1co		合计融合值 540 加 1co□

解答如下：计算所有借款的单一到期日，用每个款项乘以其期限，从第一项开始，用 10 里拉乘以 4 个月，得 40；再计算第二项，用 20 里拉乘以 10 个月，得 200；加总两项时间金钱融合值即 40 和 200，得 240；再加总借出款项即 10 里拉和 20 里拉，为 30 里拉，用融合值 240 除以 30，得 8，即债务人一次偿还所有借款的单一期限。

先将结果置于此，然后处理债务人提前还款的款项，要将其计算到单一期限，也要先计算其时间金钱融合值，从第一项开始，因为其在借款日后的两个月归还 8 里拉，已知借款日为 1476 年 8 月 1 日，因此其在 1476 年 10 月 1 日归还这 8 里拉，期限为 2 个月，现在用 2 乘以 8，得 16，结果先置于此。

然后来计算第二项偿还款项，已知其在出借日后 5 个月偿还，因此为 1477 年 1 月 1 日进行的偿还，距 1476 年 8 月 1 日为 5 个月，用偿还的 4 里拉乘以 5 个月，得 20，加上先前的 16，时间金钱融合值合计 36；再加总偿还额即 8 里拉和 4 里拉，得 12 里拉，用 36 除以 12，得 3，这就是所计算的债权人一次性收到偿还款项的单一期限月数。

因此可重述问题如下：一人出借给另一人 30 里拉，借期 8 个月，年利率 10%，债务人提前 5 个月，即在出借日后 3 个月偿还给债权人 12 里拉，那么债务人必须清偿的剩余借款是多少？

因为年利率为 10%，所以每里拉年息 2 索尔迪，月息 2 德纳里，计算 30 里拉 8 个月的利息，为 2 里拉，加上 30，得 32，扣除债务人提前偿还的 12 里拉，余 20，这就是自出借日起以 10% 的年利率计算，8 个月后必须清偿的资本和利息，借期自 1476 年 8 月 1 日到 1477 年 4 月 1 日。

如此得解，你可（同法）便捷地解答其他类似问题。到目前为止，我已经根据商人可能经历的情形充分地讨论了这个主题，如你所见，使用融合值可以将万千账目计算到一个单一期限，随后利息的计算问题也将迎刃而解。

第七部分

金银提纯与熔合的账目

为展示金银的提纯与熔合，有必要先弄清楚它们的重量（如何衡量），因为衡量金银与衡量其他商品不同。

目前金银通常所使用的重量单位如下：磅，盎司，德纳里[①]，格令。每磅分为12份，每份称盎司；每盎司分为24份，每份称德纳里；每德纳里分为24份，每份称格令。或者根据有些人的说法，每德纳里分为6份，每份称克拉（Caratto）；每克拉分为4份，即每克拉为4格令，如此每德纳里就为24格令。

现在来看什么是合金，什么是黄金的纯度或含金量，即克拉（Caratura）。银的合金度是指每磅合金中的纯银含量，即银合金以磅为单位，比如说银为6合金度时，指每磅中含有6盎司纯银，即一磅银中有6盎司纯银和6盎司其他金属，12盎司为1磅，其他金属被视为铜；当称银为8合金度时，指每里拉有8盎司纯银，其余金属4盎司，即添加（4盎司）铜使其重量至1磅。

黄金是按盎司合金的，所以当称黄金是16克拉时，意味着它是16德纳里，即1盎司的24德纳里中，有16德纳里纯金，剩余其他金属为8德纳里，总和为1盎司，其他金属视为铜或黄铜。当称黄金纯度是一半时，意味着12德纳里纯金和12德纳里铜，当称其纯度为三分之二时，意味着在1盎司的三等分中，两部分是纯金，第三部分是铜；根据有些人的说法，所谓克拉是指德纳里的数量，只是名称不同而已，实际上是一回事。

在下文中，我将以各种方式向你们提出一些关于这种熔合和提纯的问题，为了更好地开始，我在此提出一个规则，通过此规则，可知金或银的纯度和合金度，应牢记。

每当你混合银或黄金，若想知道混合后的纯度或合金度，必须将重量乘以它们各自的（原先的）合金度或纯度，再用这个乘积除以它们的重量，所得商就是合金度或纯度。

例如：我想要混合11合金度的32磅银和9合金度的25磅银，问将得到怎样的合金度。

[①] 德纳里既是货币单位也是重量单位。——译者注。

先用 32 磅乘以其合金度 11,得 352;然后用 25 磅乘以其合金度,得 225,加总这两个融合值或者说乘积,即 352 和 225,得 577。现在必须计算它们的数量也就是各自重量,即 32 磅和 25 磅,合计为 57 磅,用 577 除以 57,得 $10\frac{7}{57}$,因此这两种银混合后为 57 磅,合金度是每磅 $10\frac{7}{57}$ 盎司,解毕。

需注意的是,黄金要按照克拉来计算。

【例 7-1】 我得到 45 盎司合金度或纯度为 18 克拉的黄金,问其有多少纯金、多少铜。

解答如下:已知合金度为 18 克拉,因此其剩余部分是 6 克拉铜,合计重量为 24 克拉,因此每盎司含有 6 克拉铜,现在看 45 盎司有多少铜。

问:若 1 盎司含 6 德纳里[①]铜,45 盎司含有多少铜?用 6 乘以 45,得 270,再除以 1,结果为 270,就是 45 盎司含铜的德纳里数量,换算为盎司,除以 24,得 11 盎司 6 德纳里,就是其含有铜的重量。欲知金的重量,从 45 盎司中扣减 11 盎司 6 德纳里,剩余 33 盎司 18 德纳里,即为其含有的纯金的重量。或者用上述规则来求解,问:若 1 盎司含 18 德纳里纯金,那么 45 盎司含有多少纯金?通过乘除运算后将得到和前文一样的结果,将其从 45 盎司中扣减后将剩余 11 盎司 6 德纳里,与上同解。

【例 7-2】 我获得 40 磅 7 盎司 16 德纳里 20 格令黄金,纯度为每磅 9 盎司 16 德纳里 12 格令,即每磅含 9,16,12[②] 的纯金,问其含纯金多少、含铜多少。

解答如下:要知道教授课程的时候,告诉学生这种写法[③]并非必须。这种写法分为三种情况:首先是只写盎司,其次是写盎司和德纳里,最后是写盎司、德纳里和格令[④],如此可更好地理解,也能牢记计算的数量。

现在来求解,问:若 1 磅含有纯金 9,16,12 盎司,那么 40 磅,7,16,20 含有多少纯金?按规则列示如下[⑤],将不同单位都换算为最小单位格令,根据规则运用乘法,将

---

① 根据上文,在合金中,克拉与德纳里通用。——译者注
② 这种写法即意味着 9 盎司 16 德纳里 12 格令,重量单位从大到小排列,下同。——译者注
③ 即上文中 9,16,12 的写法。——译者注
④ 指三种写法:即单列 9 就指盎司;9,16 就指盎司和德纳里;9,16,12 就指盎司、德纳里和格令。——译者注
⑤ 原稿页面下面左边空白处有如下计算过程:

格令	6 912	格令	5 580	格令	280 816
德纳里	288	德纳里	232	德纳里	11 704
盎司	12	盎司	9/16/12	盎司	487
磅	1		1	磅	40/7/16/20
1					1

$$280\,816 \times 5\,580 = \frac{1\,566\,953\,280}{6\,912} = 226\,700$$

黄金和铜   磅 40/7/16/20
黄金   磅 32/9/13/20
铜   磅 7/10/3/0

得到纯金 226 700 格令[1]，先将其换算为德纳里，然后德纳里和盎司，最后磅，将得到 32 磅 9 盎司 13 德纳里 20 格令，如此便可处理万千账目，但需要按照上述方法。如上所见，将得到所有数量。

【例 7-3】 我获得 20 盎司黄金，纯度未知，将其热加工后剩余纯度为 19 克拉的 16 盎司（黄金），问最初的纯度是多少。

解答如下：计算后者的重量和纯度融合值：用 16 乘以 19，得 304，用其除以最初的重量 20 盎司，得 $15\frac{1}{5}$ 克拉，这就是热加工之前的黄金的纯度，即 $15\frac{1}{5}$ 克拉。

【例 7-4】 我获得 20 盎司黄金，纯度 15 克拉，热加工后其重量为 $13\frac{1}{2}$ 盎司，问后者纯度多少。

解答如下：计算热加工之前其纯度和重量的融合值，用 20 乘以 15，得 300，用其除以后者的重量，即 $13\frac{1}{2}$，得 $22\frac{2}{9}$，即后者纯度的克拉值。

【例 7-5】 我获得 90 盎司黄金，纯度 15 克拉，热加工后纯度 18 克拉，问后者重量多少。

解答如下：计算前者重量和纯度的融合值，用 90 盎司乘以 15，得 1 350，用其除以后者的纯度 18，得 75，即纯度为 18 克拉的后者重量的盎司值。

【例 7-6】 我获得 80 盎司黄金，纯度 14 克拉，期望将其提纯至 18 克拉，问提纯后的重量是多少。

解答如下：计算重量纯度融合值，用 80 乘以 14，得 1 120，用其除以期望的纯度 18，得 $62\frac{2}{9}$，即提纯后重量的盎司数。

【例 7-7】 我获得纯度 15 克拉，重量未知的黄金，热加工后纯度 18 克拉，重量 60 盎司，问最初重量是多少。

解答如下：计算后者重量纯度的融合值，用 60 乘以 18，得 1 080，用其除以最初的纯度即 15，得 72，即提纯前重量的盎司数。

【例 7-8】 我获得 40 盎司纯度 15 克拉的黄金，期望将纯度提升到 18 克拉，问需要增加多少纯金。

解答如下：如左侧所示[2]，将期望的合金度（18）置于其他纯度之上，其下的其他

---

[1] 原稿计算有误，应为 226 781 格令，换算结果应为 32 磅 9 盎司 17 德纳里 5 格令。——译者注
[2] 原稿页面左边空白处有如下计算：

盎司 $\frac{6}{1}$ 盎司 $\frac{3}{1}$ $\frac{40}{1}$ 盎司

                  18
             15   24

    盎司 6   3 盎司
     3——24   40——15
     6——15   20——24

纯度是要去提升的纯度和纯金的纯度,即 15 和 24。计算期望纯度与两者的差额,其比想要增加的纯金纯度 24 要少 6,比目标纯度 15 要多 3,这些称为差额。因此对于每 6 盎司纯度 15 的黄金,需要增加 3 盎司纯度 24 的黄金(才能将纯度提升到 18)①,而你想知道将 40 盎司纯度 15 的黄金提升至纯度 18 需要增加多少纯金,使用三数法则:若 6 盎司须增加 3 盎司纯黄金,那么 40 盎司需要增加多少?通过乘除处理,得到 20 盎司纯黄金,解毕。

验证如下:计算 40 盎司和其纯度 15 的融合值,用 40 乘以 15 为 600;然后融合 20 盎司和其纯度 24,得 480;将融合值相加得 1 080,加总 40 盎司和 20 盎司得 60 盎司,用 1 080 除以 60,得 18,正好等于要求的纯度,依此类推。

【例 7-9】 我获得 60 盎司纯度为 18 克拉的黄金,期望将其纯度降为 10 克拉,问需要增加多少铜。

解答如下:将期望的纯度 10 置于其他纯度之上,即置于铜的纯度 0 和想要的纯度 18 之上,如页下注②所示②。计算期望纯度与两者的差额,可知与纯度 0 的差额为 10,其对应纯度 18;与纯度 18 之间的差额为 8,其对应铜即纯度 0。因此对于纯度 18 的 10 盎司(或者是磅等无论什么重量单位),需要增加 8 盎司铜,以便降低纯度到 10 克拉,而你想知道 60 盎司需要增加多少(使纯度降到 10),运用三数法则:如果纯度 18 的 10 盎司黄金要增加 8 盎司铜,那么 60 盎司应增加多少?用 8 乘以 60,得 480,用 480 除以 10,得 48,即将 60 盎司黄金的纯度 18 降到纯度 10 所应增加铜的盎司数。

同上处理即可验证且结果无误,因此可以总结如下:每次当你想不通过热加工来提升纯度时,应增加纯金,每次你想要降低纯度而又不想通过硬化来提炼(出纯金)时,应增加铜,如此便可处理所有类似问题。

【例 7-10】 我获得纯度为 15 克拉的若干盎司黄金,但我想将其熔炼成纯度 10 克拉的 60 盎司黄金,问需要增加多少铜,以及我最初所获得的黄金重多少盎司。

---

① 此结论缺少计算过程,基本原理在本书的第五部分例 58 中有阐述,即采用融合值的计算方法:若欲将 1 盎司纯度 15 克拉的黄金,纯度提升至 18 克拉,需要增加多少盎司纯度为 24 的黄金? 1 盎司乘以纯度 15 克拉的融合值为 15,假设应增加 1co 盎司纯度为 24 的黄金,可得到 1co 加 1 盎司纯度为 18 的黄金,即得到融合值的等式:15 加 24co 等于 18 加 18co,化简可得等式:6co 等于 3,即应增加 $\frac{1}{2}$ 盎司 24 克拉黄金。而上述等式中 6 与 3 正好是 24 与 18 以及 18 与 15 之间的差,因此得出这样的结论:每 6 盎司纯度为 15 的黄金,需要增加 3 盎司纯度为 24 的黄金,可将纯度提升到 18 克拉。——译者注

② 原稿页面左边空白处有如下计算:

```
              10
        0           18
   60——18      10——18
   48——0       8——0
```

解答如下：将想要的纯度 10 置于要处理的纯度上面，即放在铜的纯度 0 和纯度 15 上，0 和 10 之间的差额是 10，15 和 10 之间的差额是 5，因此可以说对于纯度 15 的每 10 盎司黄金，需要 5 盎司铜来熔炼成纯度 10 的黄金，欲知 60 盎司纯度 10 的黄金来自多少，问：若纯度 15 的 10 盎司黄金和 5 盎司铜，合起来是纯度 10 的 15 盎司黄金，即该 15 盎司含有 5 盎司铜，那么 60 盎司含有多少铜？用 60 乘以 5，除以 15，得 20，即 60 盎司中含有 20 盎司的铜。

欲知最初获得多少黄金，从 60 盎司中扣减 20 盎司，余 40 盎司，这意味着纯度 15 的 40 盎司黄金加上 20 盎司铜可熔炼为纯度 10 的 60 盎司黄金。同上，可用融合值来验证将无误。

【例 7-11】 我获得 9 克拉纯度的黄金和纯金，期望熔炼成 16 克拉纯度的 60 盎司黄金，问每种黄金重量是多少。

解答如下：将期望的纯度置于其他两个纯度上，计算其与这两个纯度之间的差额，一个总是多于而另一个总是少于，即一个会超过期望的纯度而另一个则达不到这个纯度。纯金纯度 24 与 16 之间的差额为 8，这个差额与另一个纯度 9 对应；另一个差额是 16 和 9 之间的差额为 7，这个差额与纯度 24 对应，因此可以说纯度 9 的 8 盎司与纯度 24 的 7 盎司熔合可得纯度 16 的黄金，重量合计为 15 盎司，欲熔炼 60 盎司黄金。问：若 15 对应 60，那么 8 对应多少，7 又对应多少？用 8 乘以 60，得 480，用 480 除以 15，为 32，这就是纯度 9 克拉的黄金的重量①；然后用 7 乘以 60 得 420，再用 420 除以 15，得 28，就是纯度 24 克拉纯金的重量，两者相加为 60 盎司，混合后纯度将为 16 克拉。

【例 7-12】 我获得纯度为 12 克拉和 19 克拉的黄金，期望熔炼为纯度 17 克拉的美金，问每种重量是多少。

解答如下：如同下面页下注列示的解答②，求解期望纯度 17 和 19 之间的差额，

---

① 此处整理稿中写的纯度 24,28 对应的纯度为 9,为误,应将两个纯度颠倒。——译者注
② 原稿页面下边空白处有如下计算：

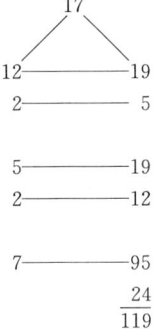

为 2,其对应 12;17 和 12 之间的差额为 5,其对应 19,因此可以说纯度 19 的黄金取 5 和纯度 12 的黄金取 2,熔合后得到纯度 17 的黄金。

【例 7-13】 我获得纯度为 22 克拉、20 克拉、16 克拉和 14 克拉的黄金,期望熔炼为纯度 11 的黄金,问需要加多少铜,每种黄金需多少重量。

解答如下: 如同下面页下注列示的解答①:将超过期望纯度的所有纯度列示在一边,将少于期望纯度的纯度(即铜的纯度 0)列示在另一边,然后同上文逐项计算差额,22 与 11 的差额为 11,列在铜的纯度 0 下面,20 和 11 差额为 9,16 和 11 的差额为 5,14 和 11 的差额为 3,均列示在铜的纯度 0 下面,然后计算 0 和 11 的差额即 11,列示在每一个其他纯度即 22、20、16 和 14 的下面。

然后可知对于纯度 22 的黄金每 11 盎司须熔合 11 盎司铜,纯度 20 的黄金每 11 盎司熔合 9 盎司铜,纯度 16 的黄金每 11 盎司熔合 5 盎司铜,纯度 14 的黄金每 11 盎司熔合 3 盎司铜。加总所有黄金总量得 44 盎司,加总所有铜的重量得 28 盎司,如此将每一种黄金取 11 盎司和 28 盎司铜熔炼即可得到纯度 11 克拉的黄金,用融合值验证如所列示,依此类推。

【例 7-14】 我获得纯度为 20、18 和 15 的黄金,期望熔炼为纯度 10 克拉的 60 盎司黄金,问需要加多少铜,每种黄金需要多少重量。

---

① 在原稿页面左边空白处有如下计算:

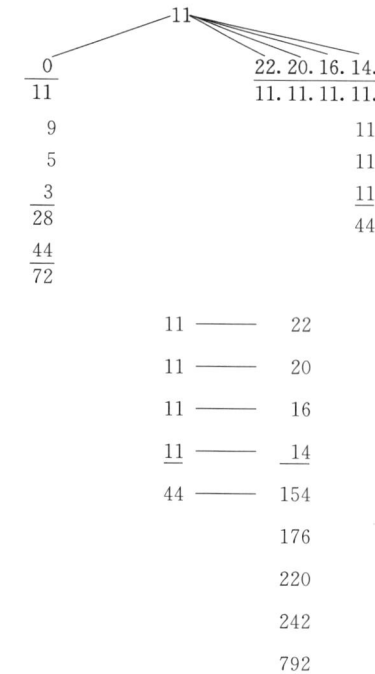

解答如下： 如页下注所示①，将期望的纯度置于其他纯度之上，如同前文那样逐项计算差额，纯度 20 和期望的纯度 10 之间的差额为 10，将其置于铜的纯度为 0 一边，18 和 10 之间的差额为 8，置于铜的纯度一边，15 和 10 之间的差额为 5，同样置于铜的纯度下边，再来计算铜的纯度为 0 和期望纯度为 10 之间的差额，为 10，将其置于不同纯度的黄金下边。

由此可知，纯度 20 的每 10 盎司黄金须熔合 10 盎司铜，纯度 18 的每 10 盎司黄金须熔合 8 盎司铜，纯度 15 的每 10 盎司黄金须熔合 15 盎司铜，如此混合熔炼，将会得到纯度 10 克拉的黄金，可以采用前文方法验算。题设期望熔炼 60 盎司，因此将前述的不同纯度黄金和铜的重量加总，得 53 盎司，其对应于期望的 60 盎司，为求解每种纯度的数量，问：若 53 盎司对应于期望的 60 盎司，那么每种纯度黄金的 10 盎司对应多少？将得 $11\frac{17}{53}$ 盎司，即每种纯度黄金的重量。然后求解铜的重量，问：若 53 对应 60，那么 23 对应多少？根据规则乘除，得 $26\frac{2}{53}$ 盎司，即 60 盎司中包含的铜的重量②，

---

① 原稿页面左侧有如下计算：

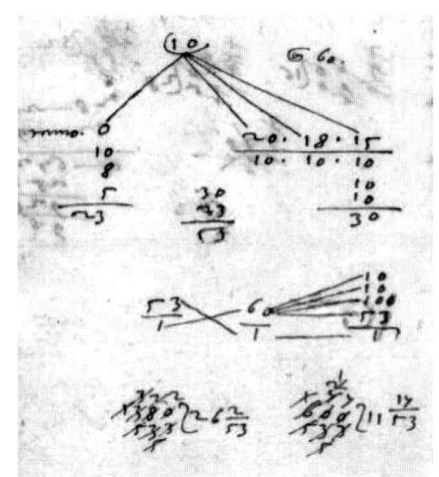

② 在原稿页面下面的左边有如下计算：

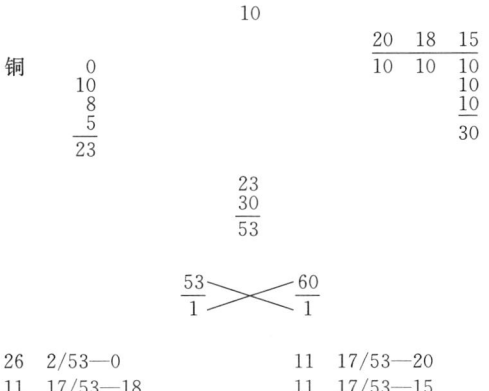

如此得解，验算可发现重量总计为 60 盎司，纯度如同要求那样为 10 克拉。

【例 7-15】 我获得 30 磅银，合金度为 $5\frac{1}{2}$，期望熔炼为合金度为 4 的白银，问需要增加多少铜，将得到多少磅白银。

解答如下： 如前，将期望的合金度置于其他合金度之上，然后看 $5\frac{1}{2}$ 和期望合金度 4 之间的差额，为 $1\frac{1}{2}$，将其置于铜的合金度为 0 一边，再看 0 与 4 之间的差额，为 4，将其置于 $5\frac{1}{2}$ 一边，因此可知对于合金度 $5\frac{1}{2}$ 的每 4 磅白银，须熔合 $1\frac{1}{2}$ 磅铜，而期望熔炼 30 磅合金度 $5\frac{1}{2}$ 的白银，求解需增加的铜重量。

问：若合金度为 $5\frac{1}{2}$ 的 4 磅白银需要 $1\frac{1}{2}$ 磅铜，那么 30 磅需要多少？

用 30 乘以 $1\frac{1}{2}$，得 45，用 45 除以 4，得 $11\frac{1}{4}$，就是为得到合金度 4，熔炼 30 磅白银所需要的铜的重量，欲求解总重量磅数，将 $11\frac{1}{4}$ 磅铜加上纯度 $5\frac{1}{2}$ 的 30 磅白银，得 $41\frac{1}{4}$，就是总重量磅数，解毕，如此便可得到期望的白银。

【例 7-16】 我获得 60 盎司合金度为 $3\frac{1}{2}$ 的白银，期望熔炼为合金度为 9 的白银，问需要加入多少纯白银，熔炼后又得到多少白银。

解答如下： 将期望的合金度置于其他合金度之上，即置于纯白银的合金度为 12 和另一个合金度为 $3\frac{1}{2}$ 之上。然后计算期望合金度 9 与纯白银合金度 12 之间的差额，为 3，将其置于 $3\frac{1}{2}$ 一边，然后计算 $3\frac{1}{2}$ 和 9 之间的差额，为 $5\frac{1}{2}$，置于纯银合金度一边。

可知合金度 $3\frac{1}{2}$ 的每 3 盎司白银须熔合合金度 12 的纯银 $5\frac{1}{2}$ 盎司，欲知 60 盎司需要熔合多少纯银，应使用三数法则来求解：若 3 盎司对应 $5\frac{1}{2}$ 盎司，那么 60 盎司对应多少？根据规则乘除，得 110 盎司。欲知熔炼后得到多少白银，加总 110 和 60，得 170，就是熔炼后的白银重量盎司数。逐项用其合金度计算融合值，然后除以重量，得合金度 9,得验。

【例 7-17】 我获得合金度为 7 的白银,期望熔炼为 60 盎司,问需要加入多少铜,能使合金度为 4。

解答如下: 计算合金度 7 和期望的合金度 4 之间的差额,为 3,其对应铜的合金度 0,然后计算期望合金度 4 与铜的合金度 0 之间的差额,为 4,其对应于合金度 7,因此可知,合金度 7 的每 4 盎司白银须熔合 3 盎司铜,欲知熔合后 60 盎司白银中所含铜的重量,加总 3 盎司铜和 4 盎司合金度 7 的白银,得 7 盎司,其对应于熔合后期望的重量 60 盎司。

问:若 7 对应 60,4 对应多少?3 又对应多少?乘除处理,可得 4 对应 $34\frac{2}{7}$,即合金度 7 的白银的重量盎司数,3 对应 $25\frac{5}{7}$,即铜的重量盎司数,加总合计为 60 盎司,合金度为 4,随后验证如页下注所示[①]。

【例 7-18】 我获得纯银以及合金度为 $3\frac{1}{2}$ 的白银,期望熔炼为合金度 8 的 60 磅白银,问每种合金度的白银需要投入多少[②]。

解答如下: 纯银合金度为 12,其与期望合金度 8 之间的差额为 4,其对应合金度 $3\frac{1}{2}$,然后计算合金度 $3\frac{1}{2}$ 与期望合金度 8 的差额,为 $4\frac{1}{2}$,其对应纯银的合金度,即 4 对应 $3\frac{1}{2}$,$4\frac{1}{2}$ 对应 12,加总上述差额数量为 $8\frac{1}{2}$,其对应期望获得的 60 磅,因此问:若 $8\frac{1}{2}$ 对应 60,那么合金度 $3\frac{1}{2}$ 的 4 对应多少,合金度 12 的 $4\frac{1}{2}$ 对应多少?乘除处理,可得 4 对应 $28\frac{4}{17}$,即合金度 $3\frac{1}{2}$ 白银的重量磅数;$4\frac{1}{2}$ 对应 $31\frac{4}{17}$,为纯银的重量

---

① 原稿页面左边空白处有如下计算:

$$\begin{array}{cc} & 4 \\ 0 & 7 \\ \overline{3} & \overline{4} \\ 7 & 60 \\ \overline{1} & \overline{1} \end{array} \quad \begin{array}{c} 4 \\ \overline{1} \end{array}$$

$34\frac{2}{7}$—7 $25\frac{5}{7}$—0   盎司 60—240

② 原稿中本例编号为 18,在整理稿中缺失,该例的内容为译者根据原稿内容翻译所得,因原稿极难辨认,可能有错漏。——译者注

磅数,两者加总为60磅,合金度为8,验证如页下注所示①。

【例7-19】 我获得合金度为10和8的白银,期望熔炼为合金度为7的40磅白银,投入的两种合金度不同的白银数量相同,问需要加入多少铜,以及每种合金度的白银需要投入多少。

解答如下:计算合金度10和期望合金度7之间的差额,为3,其对应铜的合金度为0;8与7之间的差额为1,对应铜的合金度也为0;再计算铜的合金度0与7的差额,为7,其对应两种白银的合金度10和8,将合金度10的7磅与合金度8的7磅相加,得14磅;再将铜的重量即3和1相加,为4磅,加上白银的重量14,总计18磅,其合金度为7,对应期望的40磅。

问:若18对应40,那么合金度8的7磅白银对应多少,4磅铜又对应多少? 通过乘除处理,得到7磅对应 $15\frac{5}{9}$,就是每种白银的重量磅数;4磅铜对应 $8\frac{8}{9}$,就是40磅重的合金所含铜的重量磅数;$15\frac{5}{9}$ 磅合金度10和 $15\frac{5}{9}$ 磅合金度8的白银,再加上 $8\frac{8}{9}$ 磅铜,熔炼为合金度7的40磅白银,利用融合值进行验证如下页下注

---

① 原稿页面左边空白处有如下计算。——译者注。

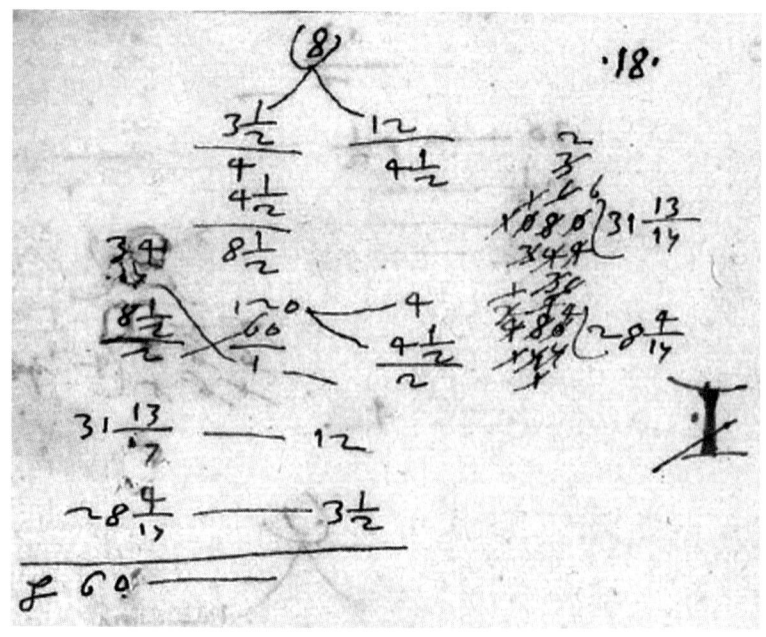

(右上18为本例编号,右下字母为例题开头标记,左下数字60前的符号为磅)

所示①。

【例 7-20】 我获得合金度为 3、5 和 $11\frac{1}{2}$ 的白银,期望熔炼为合金度 $8\frac{1}{2}$ 的白银 40 磅,问每种白银投入多少。

解答如下:计算 $11\frac{1}{2}$ 和 $8\frac{1}{2}$ 的差额,为 3,其对应最低的合金度 3;5 与 $8\frac{1}{2}$ 的差额为 $3\frac{1}{2}$,其也对应合金度 3;最低合金度 3 与 $8\frac{1}{2}$ 的差额为 $5\frac{1}{2}$,其对应另外两种较大的合金度。现在合计这些数量,即合金度 $11\frac{1}{2}$ 的白银 $5\frac{1}{2}$ 磅,合金度 5 的 $5\frac{1}{2}$ 磅和合金度 3 的 3 磅及 $3\frac{1}{2}$ 磅,总计 $17\frac{1}{2}$ 磅,就是为熔炼合金度 $8\frac{1}{2}$ 白银所投入的每种白银的总量,而期望熔炼为 40 磅。

因此问:若 $17\frac{1}{2}$ 对应 40,那么合金度 $11\frac{1}{2}$ 的 $5\frac{1}{2}$ 磅对应多少,合金度 5 的 $5\frac{1}{2}$ 磅对应多少,合金度 3 的 $6\frac{1}{2}$ 磅对应多少,根据规则乘除,得出 $5\frac{1}{2}$ 对应 $12\frac{4}{7}$,就是合

---

① 在原稿页面的下面空白处有如下计算:

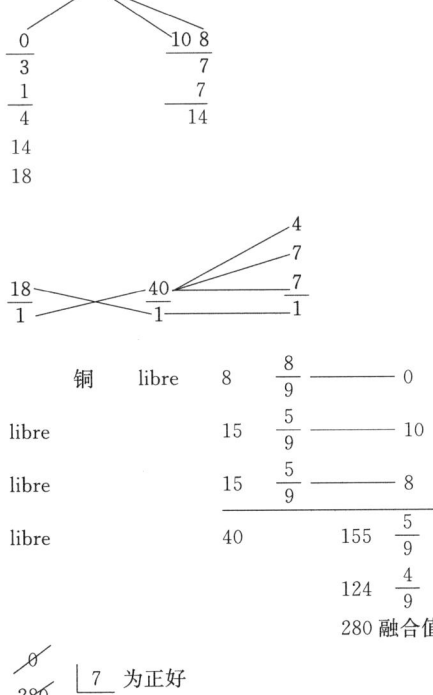

铜	libre	8	$\frac{8}{9}$	0
	libre	15	$\frac{5}{9}$	10
	libre	15	$\frac{5}{9}$	8
	libre	40	155 $\frac{5}{9}$	
			124 $\frac{4}{9}$	
			280 融合值	

为正好

金度 $11\frac{1}{2}$ 白银的投入量,亦为合金度为 5 的白银的投入量,$6\frac{1}{2}$ 对应 $14\frac{6}{7}$,即为合金度 3 的白银的投入量,合计为 40 磅,纯度为 $8\frac{1}{2}$。同上,用融合值进行验证将无误。

要记住,上文解答是失败的,现在来修正:必须按另一种方法来取差异,即按页下注所示的处理①,仍按照前述方法,但是合金度 $11\frac{1}{2}$ 除外,把 5 与 $8\frac{1}{2}$ 的差额 $3\frac{1}{2}$ 与其对应,以及 3 与 $8\frac{1}{2}$ 的差额 $5\frac{1}{2}$ 也与其对应,对于合金度 5,将 $11\frac{1}{2}$ 与 $8\frac{1}{2}$ 的差额 3 与其对应,同时也对应于合金度 3。然后将上述 $\left(各差额即 3\frac{1}{2}, 5\frac{1}{2}, 3, 3\right)$ 加总,为 15 磅,对应合金度 $11\frac{1}{2}$ 的重量为 9,对应合金度 5 和 3 的重量为 6。

同上问:若 15 对应 40,那么 9 对应多少,3 又对应多少? 将得到 24,就是纯度为 $11\frac{1}{2}$ 白银的重量,3 对应 8,就是每种其他合金度白银的重量,解毕。

【例 7-21】 我得到 4 种白银:合金度 8 的 50 盎司,合金度 9 的 60 盎司,合金度 5 的 80 盎司,合金度 11 的 90 盎司,期望将所有获得的白银熔炼为合金度 6 的白银,问熔炼后所得合金度是多少,是否可以混合上述所有白银而得到合金度 6,若不能,问应加入多少铜能得到上述合金度。

解答如下:计算每种白银合金度和重量的融合值,从合金度 8 开始,其重量为

---

① 在原稿页面下方和右边空白处有如下计算:

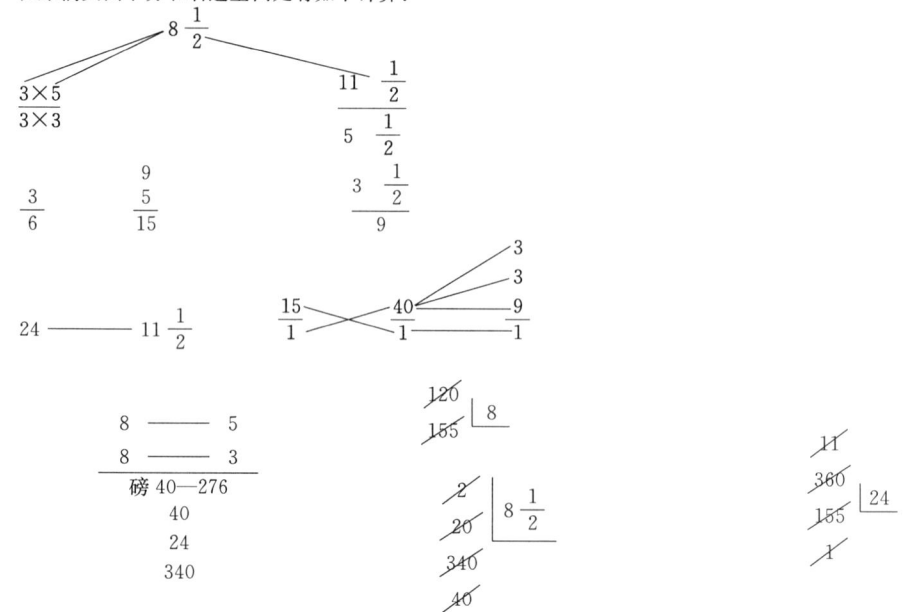

50 盎司,用 50 乘以 8,得 400,依此类推,60 乘以 9 为 540,80 乘以 5 为 400,90 乘以 11 为 990,加总融合值即 400,540,400,990,合计为 2 330。以这样的方法计算:加总所有重量得 280 盎司,用 2 330 除以 280 得 $8\frac{9}{28}$,就是不添加任何物质所得到的合金度,而期望得到的合金度为 6,因此并不满足题目的要求,其混合后合金度高于期望的合金度,所以需要添加铜,以降低合金度达到所要的期望值。

要求解投入铜的数量,应先用融合值 2 330 除以期望的合金度 6,得 $388\frac{1}{3}$,就是期望合金度白银的重量盎司数,而所获得的白银若不降低合金度,并不能熔炼到期望合金度,已知这些白银的合计总量为 280 盎司,将其从 $388\frac{1}{3}$ 盎司中扣减后的剩余即 $108\frac{1}{3}$,就是需要添加入铜的重量盎司数,由此可以获得合金度 6,依此类推。

【例 7-22】 我获得 5 种白银,合金度各为 11、10、9、8 和 5,期望熔炼得到合金度为 7 的白银,问每种投入的数量及熔炼后得到的数量。

解答如下:如前,将期望的合金度置于其他合金度之上,那些高于期望合金度的列于一边,低于期望合金度的列于另一边,然后逐项计算其他合金度与期望合金度之间的差额。从高于期望合金度的其他合金度开始,先计算 11 与期望合金度 7 之间的差额,为 4,其对应最低合金度 5;然后计算 10 与 7 之间的差额,为 3,对应合金度 5;9 与 7 的差额为 2,对应最低合金度 5;8 和 7 的差额 1,也对应最低合金度 5,现在将所有对应最低合金度 5 的数量即 4、3、2、1 相加,得 10,就是要投入的合金度为 5 的白银重量盎司数。

现在来计算需要投入的其他较大合金度白银的数量:计算最低合金度 5 与期望合金度 7 之间的差额,为 2,其对应于每一种较大的合金度即 11、10、9、8。现在可知,合金度 11 的每 2 盎司和合金度 5 的 4 盎司,合金度 10 的每 2 盎司和合金度 5 的 3 盎司,合金度 9 的每 2 盎司和合金度 5 的 2 盎司,合金度 8 的每 2 盎司和合金度 5 的 1 盎司,全部加总熔炼可得到合金度为 7 的白银。欲知熔炼后合金的重量,将合金度 11 的 2 盎司,合金度 10 的 2 盎司,合金度 9 的 2 盎司,合金度 8 的 2 盎司和合金度 5 的 10 盎司加总,得总重量 18 盎司,用融合值验算,将得到合金度 7,依此类推。

【例 7-23】 我获得合金度为 11、$9\frac{1}{2}$、8、6、5 的白银,期望熔炼得到合金度为 7 的白银,问每种投入的数量及熔炼后得到的数量。

与上同解,将期望合金度置于其他合金度上面,高于期望合金度的排列在一边,低于其的排列在另一边,计算其他合金度与期望合金度的差额,然后将对应关系交换,即期望合金度与较大合金度的差额对应较小的合金度,与较小合金度的差额对应较大合金度。从较大合金度开始,计算合金度 11 与期望合金度 7 的差额,为 4,其对应合金度 6,也对应于合金度 5,因为这两个合金度都小于期望合金度 7;再看较大合金度 $9\frac{1}{2}$ 和 7 的差额,为 $2\frac{1}{2}$,这个也对应合金度 5 和 6;类似地,较大合金度 8 与 7 的差额为 1,这些较大合金度即 11、$9\frac{1}{2}$ 和 8 与期望合金度的差额都对应较小的合金度。然后再看较小合金度 5 与 7 的差额,为 2,此差额对应于所有较大合金度即 11、$9\frac{1}{2}$ 和 8。

因此可知,合金度 11 的 2 磅和合金度 5 的 4 磅,合金度 11 的 1 磅和合金度 6 的 4 磅,合金度 $9\frac{1}{2}$ 的 2 磅和合金度 5 的 $2\frac{1}{2}$ 磅,合金度 $9\frac{1}{2}$ 的 1 磅和合金度 6 的 $2\frac{1}{2}$ 磅,合金度 8 的 2 磅和合金度 5 的 1 磅,合金度 8 的 1 磅和合金度 6 的 1 磅,全部加总熔炼,如同随后所验证的那样,将得到合金度 7 的白银,这解答了问题的第一部分,即每种白银的投入重量。欲知熔炼后合金的重量,将所有数量相加,即合金度 11 的 3 磅,$9\frac{1}{2}$ 的 3 磅,8 的 3 磅,得到较大合金度白银合计 9 磅;再加总较小合金度白银数量,即合金度 5 的 $7\frac{1}{2}$ 和合金度 6 的 $7\frac{1}{2}$,合计为 15。15 加上较大合金度的 9,总计 24 磅,就是熔炼后合金重量的磅数。验算:查看下列计算处理过程即可得到验证①,依此类推。

---

① 原稿页面右边空白处有如下计算:

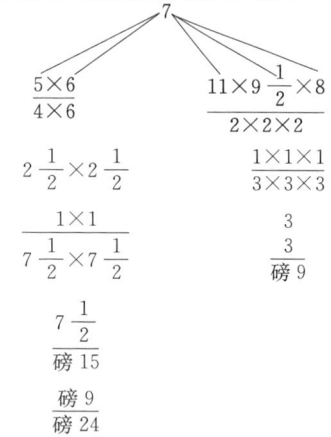

验证	磅 $7\frac{1}{2}$ —— 6	融合值 —— 45
	磅 $7\frac{1}{2}$ —— 5	融合值 —— $37\frac{1}{2}$
	磅 3 —— 11	融合值 —— 33
	磅 3 —— $9\frac{1}{2}$	融合值 —— $28\frac{1}{2}$
	磅 3 —— 8	融合值 —— 24
	磅 24	融合值 —— 168

$$\frac{0}{028}$$
$$\frac{168}{24} \quad | \underline{7} \quad 合金度正好是 7$$

【例 7-24】 我获得合金度 9、8、11$\frac{1}{2}$、10 和 7 的白银,一起熔炼,问将得到合金度多少的白银。

解答如下:取每种白银各 1 磅,计算它们的合金度融合值,从合金度 9 开始,用 1 乘以 9 得 9,1 乘以 8 得 8,1 乘以 11$\frac{1}{2}$ 得 11$\frac{1}{2}$,1 乘以 10 得 10,1 乘以 7 得 7,然后加总所有融合值 9、8、11$\frac{1}{2}$、10 和 7,得 45$\frac{1}{2}$,计算它们的数量,总计为 5 磅,用 45$\frac{1}{2}$ 除以 5,得 9$\frac{1}{10}$,即为加在一起熔炼得到的合金度。

【例 7-25】 我获得 60 磅合金度为 11、50 磅合金度为 10、30 磅合金度为 8 的白银,自己还有合金度为 9 和 5 的白银,将所有获得的白银熔炼合金,并加入合金度为 9 和 5 的白银,期望合金度为 7,问将如何熔炼。

解答如下:要知道类似账目,经过两次计算便可得解。计算重量和合金度的融合值,用 60 乘以 11 得 660,50 乘以 10 得 500,30 乘以 8 得 240,加总融合值 660、500 和 240,得 1 400,用其除以期望的合金度 7,得 200,即需要投入所有各种白银的重量为 200 磅,而 60、50、30 的合计数为 140,不足 200,因而需要增加相应的铜使合计重量为 200,将 140 从 200 中扣除余 60 磅,因此需要增加 60 磅铜才能熔炼以得到 200 磅合金度为 7 的白银,将这个结果先置于此①。而题设要求再加入合金度 9 和 5 的白银,按上文所用方法来解答。

根据前述计算,假定已经熔炼了合金度为 7 的白银,可以增加其他合金度的白银,但需要将它们熔炼为原有的合金度,这样就不会改变原有合金度,也可以处理万千种其他种类的添加:将需要添加的金属单独熔炼,然后再添加其他种类。因此,将这两种白银熔炼:取期望合金度 7,置于 5 和 9 之上,计算差额,较大的合金度 9 与 7 的差额为 2,对应合金度 5;再计算较小合金度 5 和 7 的差额,为 2,对应合金度 9,因此 2 磅合金度 9 的白银和 2 磅合金度 5 的白银一起可以熔炼为合金度 7 的白银,将两者

---

① 原稿页面外部空白处有如下计算:

磅	60	——	11	融合值	660
磅	50	——	10	融合值	500
磅	30	——	8	融合值	240
			9	融合值	
			5	融合值	

磅 140   融合值 1 400

$\quad$ 200   000   ⌐200 磅
$\quad$ 140   1400
磅 $\overline{60}$ 铜   777

加总,为 4 磅,再将其添加至上述的 200 磅中,得到 204 磅,即为所有种类白银混合熔炼而成的重量磅数。验证见下面所示的处理方式①。

【例 7-26】 我获得 7 种黄金,纯度分别为 23、22、20、19、14、12 和 10 克拉,期望将其熔炼为纯度 17 克拉的黄金,对于纯度高于期望纯度的黄金,即纯度 23、22、20 和 19 的黄金,期望它们数量相等;对于纯度低于期望纯度的黄金,即纯度 14、12 和 10,也期望它们数量相等,问每种黄金投入多少,熔炼得到多少盎司黄金。

解答如下:通过讨论过前述例题你已经精通此类问题,但还需要谨慎处理。将期望的纯度置于其他纯度之上,较大的置于一边,较小的置于另一边,相对而列,如下所示②。因题设要求纯度较小的黄金每种数量一样,所以将所有较小纯度即 14、12 和 10 相加得 36,用 36 除以 3,得 12,便可将它们 3 种(混合)视为纯度 12 克拉的黄金。现在来计算差额:12 与期望纯度 17 差额为 5,其对应所有较大纯度即 23、22、20 和 19,即这些纯度黄金应投入的数量。

计算较小纯度黄金的投入数量:计算每一种较大纯度的黄金比期望纯度大多少,即 23 大 6,22 大 5,20 大 3,19 大 2,将所有差额 6、5、3、2 相加得 16,用其除以 3(因为较小纯度的种类为 3 种),得 $5\frac{1}{3}$,就是每种较小纯度黄金的投入数量,即 $5\frac{1}{3}$ 盎司,将它们和每种 5 盎司的较大纯度黄金一起熔炼得到纯度 17 克拉的黄金,验

---

① 原稿页面下面空白处有如下计算:

验证:	磅	60	——	11	融合值	660
	磅	50	——	10	融合值	500
	磅	30	——	8	融合值	240
	磅	2	——	9	融合值	18
		2	——	5	融合值	10
		60	——	0	融合值	0

磅 204 ———— 融合值 1 428

        000
   1428   7   正好
    204

② 原稿页面右边空白处有如下计算:

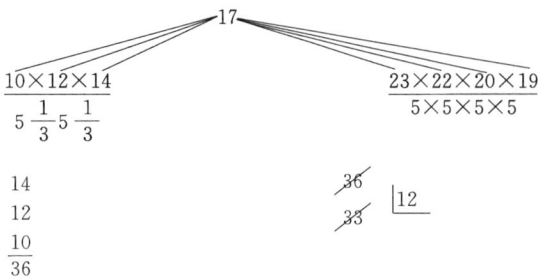

算如下所示①。

欲知熔炼后黄金重量，加总 23 纯度的 5 盎司，22、20、19 纯度的各 5 盎司，14、12 和 10 纯度的各 $5\frac{1}{3}$ 盎司，得 36 盎司，即熔炼后黄金的总重量。还有其他方法来计算类似账目，但为避免长篇大论，在此一带而过，而你要努力学习之②。

【例 7-27】 我获得 5 种货币，每磅价值如下：一种为 20 里拉 16 索尔迪，一种为 15 里拉 12 索尔迪，一种为 12 里拉 15 索尔迪，一种为 9 里拉 6 索尔迪，一种为 8 里拉 8 索尔迪。期望熔炼所有这些货币获得 50 磅，每磅价值 11 里拉 4 索尔迪，问每种货币需要投入多少。

---

① 原稿页面下面空白处有如下计算：

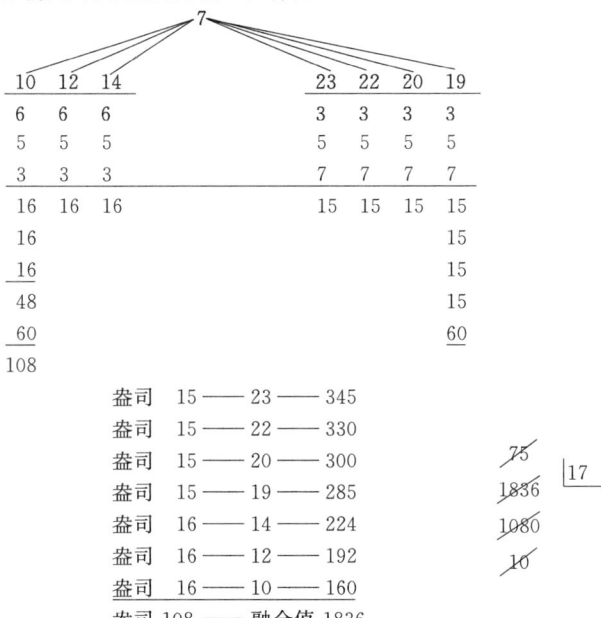

这是另一种原理相同的计算方法，数量增加，但要比前一种更容易。

② 原稿页面下面空白处有如下计算：

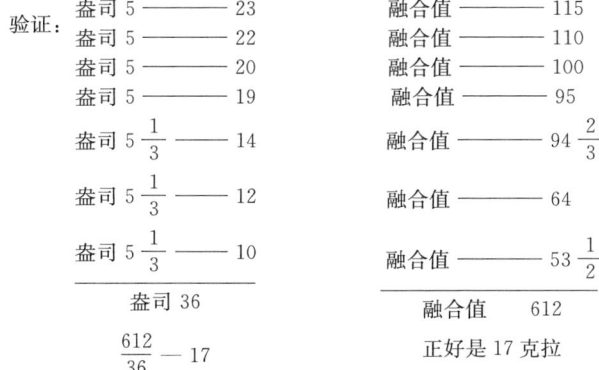

解答如下：将所有超过期望价值的种类列于一边，低于期望价值的列在另一边，然后如同上文对金银的处理一样，计算差额，为避免繁琐，将所有价值换算为索尔迪来处理货币价值账目，将较高价值与期望价值的差额对应那些价值较低的种类，将较低价值与期望价值的差额对应价值较高的种类，计算每种货币投入的磅数，将得到每磅价值 11 里拉 4 索尔迪①。如果所得到的各种货币重量的磅数不是 50 磅，则采用前文中的方法问：如果某某对应期望的 50 磅，那么这个对应多少，这样就可以计算出投入的每种货币的重量。

因为较为简单，在此不再赘述。如果不愿将价值换算为索尔迪，也可以将价值换算为相当于里拉的份额，亦能进行相应的计算，这样也能处理其他类似问题，比如较高价值和较低价值混合的货物等。

【**例 7-28**】 我获得 20 盎司纯度 16 克拉的黄金，期望精炼出 8 盎司 24 克拉的黄金，问剩余黄金纯度几何。

解答如下：计算所得黄金的融合值，用 20 乘以 16，得 320；期望精炼的黄金的融合值，用 8 乘以 24，得 192；将 192 从 320 中减去，余 128，用其除以剩余的重量（即 20

---

① 原稿页面的下面和左边有如下计算：

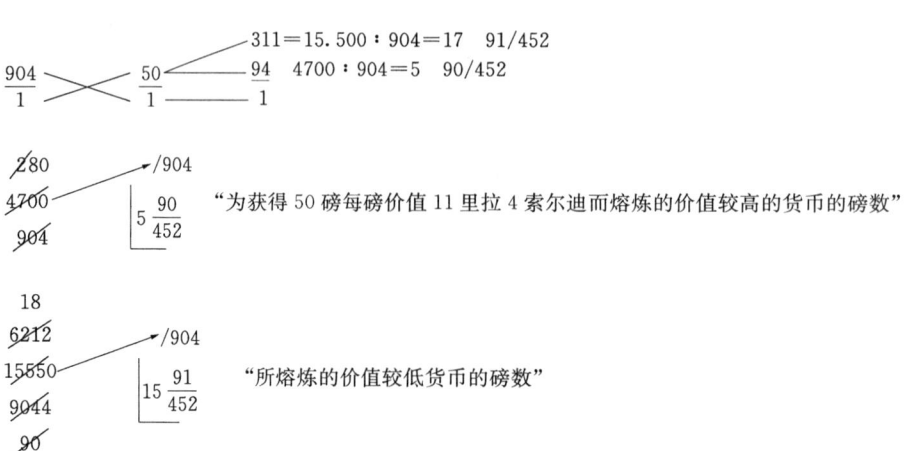

减去 8 剩余 12),得 $10\frac{2}{3}$,即为剩余黄金的克拉数,解毕,依此类推。

【例 7-29】 我获得纯度 16 克拉的 20 盎司黄金,投入 15 盎司铜,问将获得多少纯度的黄金。

解答如下:计算黄金的融合值,用 20 乘以 16,得 320;加总 20 盎司和 15 盎司,得 35;用 320 除以 35,得 $9\frac{1}{7}$,即是将获得的黄金纯度。

【例 7-30】 我获得 20 盎司纯度未知的黄金,投入 15 盎司纯度 18 的黄金,熔炼后纯度为 $14\frac{4}{7}$,问最初纯度多少。

解答如下:用 20 加上投入的 15,得 35,然后计算其与纯度为 $14\frac{4}{7}$ 的融合值,得 510;再融合 15 和 18,得 270,将其从 510 中减去,余 240,就是 20 盎司与其纯度的融合值,用 240 除以重量 20,得 12,即是最初黄金的纯度克拉数,解毕。

【例 7-31】 我获得 31 磅合金度为 5 的白银,热加工后得到合金度为 7 的白银,问热加工后其重量多少。

解答如下:用 31 乘以其合金度 5,得 155,用 155 除以热加工后的纯度 7,得 $22\frac{1}{7}$,即是热加工后的重量磅数。

【例 7-32】 我获得合金度为 5 的白银,其重量磅数未知,热加工后得到 40 磅合金度 $8\frac{1}{2}$ 的白银,问最初重量多少。

解答如下:融合 40 和 $8\frac{1}{2}$,得到 340,用其除以最初的合金度 5,得到 68,这就是最初的重量磅数。

【例 7-33】 我获得 12 磅合金度为 7 的白银,热加工后合金度变为 8,问每磅减去的重量。

解答如下:融合 12 和 7,为 84,将其除以热加工得到的纯度 8,得 $10\frac{1}{2}$,就是热加工后的重量,可知热加工减去的重量是 $1\frac{1}{2}$ 磅,欲求每磅中减去的重量,用 $1\frac{1}{2}$ 除以 12,得 $\frac{1}{8}$,就是每磅减去的重量磅数,依此类推。

【例 7-34】 我获得不同种类的小麦,即每斯塔(staro)68、70、80、84、92、96、52、44、40、36、32 索尔迪。问每种小麦需要多少斯塔,能够获得每斯塔 60 索尔迪的 2 580

斯塔小麦。

如同求解白银那样,小麦的价值如同白银的纯度。将期望的价值置于其他价值上面的中间位置,如下所示[①],将价值高于期望价值的列于一边,低于期望价值的列在另一边,然后计算差额,将较高价值与期望价值之间的差额对应较低价值,较低价值与期望价值的差额对应较高价值,这个差额以斯塔为单位。

然后将差额列示在每种价值的下面,就是每种价值的小麦需要投入的斯塔数量,将所有这些斯塔加总,看其是否等于期望的重量,若是则得解,若不足,则如前述。问:若这个总量对应2 580,那么每种小麦的数量对应于多少?通过乘除处理,然后加总所有结果,将等于如你所期望的2 580斯塔,同时其价值等于每斯塔60索尔迪。随后,便可以通过融合值来验算,用融合值的总和除以重量斯塔的总和,将得到60索尔迪,其好比是白银的合金度。

这样你能够拓展"合金度"到那些特定的其他类型的案例上。例如,计算不同价值的羊毛、原棉等混合得到每磅价值多少,均可按此解答。

---

① 原稿页面下面空白处有如下计算:

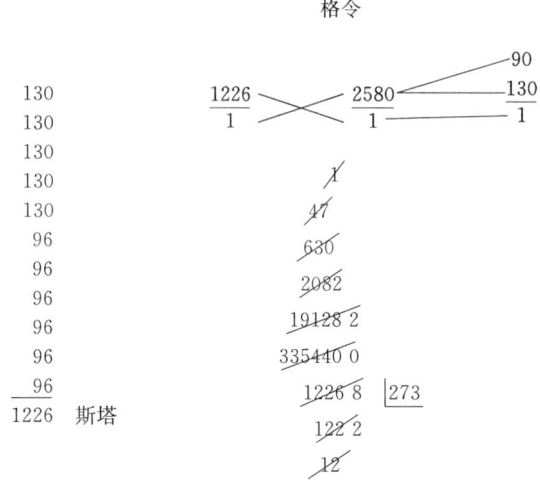

【例 7-35】 我获得 12 盎司 12 克拉黄金,再投入 12 盎司其他纯度的黄金,获得 11 克拉的黄金,问后加入的黄金纯度为多少克拉。

解答如下: 假设加入黄金的纯度为 1co 克拉,计算每种黄金重量纯度的融合值。第一种为 12 乘以 12,得 144;第二种为 12 乘以 1co,得 12co,加总融合值得(144 加 12co),用其除以总重量 24,得到纯度 11,因此用 11 乘以 24,得 264,其等于 144 加 12co,移项得到"12co 等于 120",用 120 除以 12,得 10,就是后加入黄金的克拉数,解毕[①]。

【例 7-36】 我获得合金度 11 的白银,重量未知,加入 4 盎司铜后的合金度为 8,问最初白银的重量为多少盎司。

解答如下: 将熔炼后的合金度从最初的合金度中减去,即从 11 中减去 8,余 3,然后用铜的 4 盎司乘以 8,得 32,用 32 除以 3,结果为 $10\frac{2}{3}$,就是合金度为 11 的白银重量的盎司数。

另一种解答方法是假设白银重 1co 盎司,现在融合 1co 和 11,得 11co,再融合 4 盎司和铜的合金度 0,得到融合值 0,将融合值 11co 和 0 加总得 11co,用其除以重量(4 加 1co),将得到合金度 8,用(4 加 1co)乘以 8,得(32 加 8co),其等于 11co,移项得到"3co 等于 32",用 32 除以 3,得 $10\frac{2}{3}$,就是合金度 11 的白银的重量盎司数。

【例 7-37】 我获得 12 盎司 12 克拉的黄金,加入另一种黄金,其盎司数和克拉数相同(即若加入 10 盎司黄金,其纯度为 10 克拉),熔炼后纯度为 16 克拉,问加入的黄金重多少盎司,纯度多少克拉。

解答如下: 假设加入黄金重 1co 盎司,纯度 1co 克拉。计算每种黄金重量纯度的融合值,最初获得黄金的 12 乘以 12,为 144;加入黄金的 1co 乘以 1co,得 1co□;将融合值加总,得(144 + 1co□),除以合计重量(12 + 1co)盎司,其将等于熔炼后获

---

① 原稿页面左边空白处有如下计算:

盎司 12 —— 12 —— 144
盎司 12 —— 1co —— 12co
盎司 24 ———— 144 加 12co

$$\frac{114 \text{ 加 } 12co}{24} \qquad \frac{264}{144}$$
$$\qquad\qquad\qquad\overline{11}$$

12co ———— 120

得的纯度 16 克拉,因此用 16 乘以(12 + 1co),得(16co + 192),其应等于(144 + 1co□),化简得 1co□ 等于(48 + 16co),取一次项系数的一半,将其平方,加上常数项,得 112,解得 1co 为($R_x 112 + 8$),因此所投入黄金重($R_x 112 + 8$)盎司,纯度为($R_x 112 + 8$)克拉,解毕①。

现在我想向你以及否定你的人展示类似账目的验算:融合黄金重量和纯度并加总所有融合值,再除以总重量。因此融合 12 盎司与纯度 12 克拉,得 144;融合($R_x 112 + 8$)盎司与其纯度($R_x 112 + 8$)克拉,交叉相乘,得($112 + R_x 28\,672$ 加 64),加总它与上一融合值 144②,得($320 + R_x 28\,672$),现在加总重量 12 盎司和($R_x 112 + 8$ 盎司),得($R_x 112 + 20$ 盎司),用($320 + R_x 28\,672$)除以总重量,必然正好得到我们上述解答的结果即 16。

因此用 16 乘以($R_x 112 + 20$),其乘积应该等于($320 + R_x 28\,672$),将 16 平方后再乘以平方根 $R_x 112$,正好得 $R_x 28\,672$,也可以使用二项式的除法,结果将正好为 16,依此类推。

【例 7-38】 我获得 100 盎司合金度为 7 的白银,取其中特定数量精炼成合金度为 11 的白银,将其与 100 盎司中剩余的量混合熔炼,正好得到合金度为 9 的白银,问

---

① 原稿页面右边空白处有如下计算:
         12 —— 12
        1co —— 1co
    12 + 1co —— 144 + 1□
      144 + 1□
       12 + 1co
   144 + 1□   192 + 16
    1——48 加 16co
   8 8 — 64 加 48 — 112
    价值 R_x 112 加 8

② 原稿页面外侧空白处有如下计算:
        12 —— 12
   R_x 112 加 8 —— R_x 112 加 8
R_x 112 加 20 —— 176 加 R_x 28 672
320 加 R_x 28 672——R_x 28 672 加 320
R_x 112 加 8   ——16
R_x 112 加 8
R_x 112 加 8
112 加 R_x 28 672 加 64 加 144 上一个融合值

从 100 盎司中取出的数量以及最终熔炼后的重量。

解答如下：使用规则求解，然后再用假设值求解，要知道这个是一个很精彩奇妙的好问题，而这两种方法均能够很好地解答。用 7 乘以 12，得 84；用 11 乘以 12，得 132；84 除以 132 得 $\frac{7}{11}$，从 1 中将其减去，得 $\frac{4}{11}$，将其乘以 9，得 $3\frac{3}{11}$，就是除数。用 9 乘以 100，得 900；用 7 乘以 100 得 700；将 700 从 900 中减去剩余 200，用 200 除以 $3\frac{3}{11}$，得 $61\frac{1}{9}$，就是所取部分的盎司数，精炼成合金度为 11 的白银后，其重量为 $38\frac{8}{9}$ 盎司，它和剩余的合金度为 7 的 $38\frac{8}{9}$ 盎司白银混合熔炼成合金度为 9、重量为 $77\frac{7}{9}$ 的白银，解毕。

现在再使用假设值的方法求解：假设取 1co 盎司白银，那么剩余白银为（100 减 1co 盎司），现在来计算 1co 盎司白银熔炼成合金度为 11 的白银后的重量：用 1co 乘以其合金度为 7，得融合值 7co，其熔炼后得到合金度 11，因此用该融合值除以纯度，即得到其重量，因此用 7co 除以 11，得 $\frac{7}{11}$co，就是熔炼后的白银重量，将其与合金度为 7 的 100 盎司白银中剩余部分即（100 减 1co）盎司混合，逐项计算重量纯度融合值，先用 $\frac{7}{11}$co 乘以其纯度 11，得 7co；然后用（100 减 1co）乘以其合金度 7，得（700 减 7co），将融合值（700 减 7co）和 7co 加总，正好得到 700。

现在来计算重量的总和，即 $\frac{7}{11}$co 加上（100－1co），得 $\left(100-\frac{4}{11}\text{co}\right)$，现在用融合值 700 除以重量 $\left(100-\frac{4}{11}\text{co}\right)$，得 $\frac{700}{\left(100-\frac{4}{11}\text{co}\right)}$，而已知其等于 9，化简分数，用 $\left(100-\frac{4}{11}\text{co}\right)$ 乘以 9，得 $\left(900-3\frac{3}{11}\text{co}\right)$，其等于 700，因而有 $3\frac{3}{11}$co 等于 200，用 200 除以 $3\frac{3}{11}$，得 $61\frac{1}{9}$，就是从 100 盎司白银中取出的数量。

验证如下：精炼合金度为 7 的 $61\frac{1}{9}$ 盎司白银到合金度 11，将得到的重量为 $38\frac{8}{9}$ 盎司，合金度为 11，加上 100 盎司中剩余的合金度为 7 的 $38\frac{8}{9}$ 盎司白银，熔炼得到合金度为 9 的 $77\frac{7}{9}$ 盎司白银，这样可以处理无穷类似问题且无误[①]。

【例 7-39】 我获得 100 盎司合金度为 7 的白银，取其中一部分，精炼合金度至 11，将精炼后的白银给我的一个学徒，让他将这些与 100 盎司中的剩余白银一起熔炼，我知道混合后将得到合金度为 9 的白银，学徒将其以他的方式熔炼，得到 100 盎司合金度为 6 的白银，问我学徒被盗走了多少白银。

对于这个账目，我们需要先求解从 100 盎司中取出的数量，按照上文的方法求解，得到取出的白银为 $61\frac{1}{9}$ 盎司，精炼后得到合金度为 11 的白银 $38\frac{8}{9}$ 盎司，这个数量就是交给学徒的数量。为求解被盗走多少，这样来问：我获得合金度为 9 的白银，我期望将其熔炼成合金度为 6 的白银，问应该加入多少铜，如前文方法求解：将期望的合金度置于其他合金度之上，然后看它们之间的差额，9 与 6 的差额为 3，其对应铜（合金度为 0）；铜的合金度 0 与 6 的差额为 6，其对应合金度为 9[②]。因此可以说每 6 盎司合金度为 9 的白银和 3 盎司铜将熔炼得到合金度为 6 的白银，将 3 和 6 加总，得到重量 9。

现在已知有 100 盎司合金度为 6 的白银，因此问：若 9 对应 100，那么合金度为 9 的 6 盎司对应多少，3 盎司铜对应多少？通过乘除处理，得到 6 盎司对应 $66\frac{2}{3}$，3 盎

---

① 原稿页面左边空白处有如下计算：

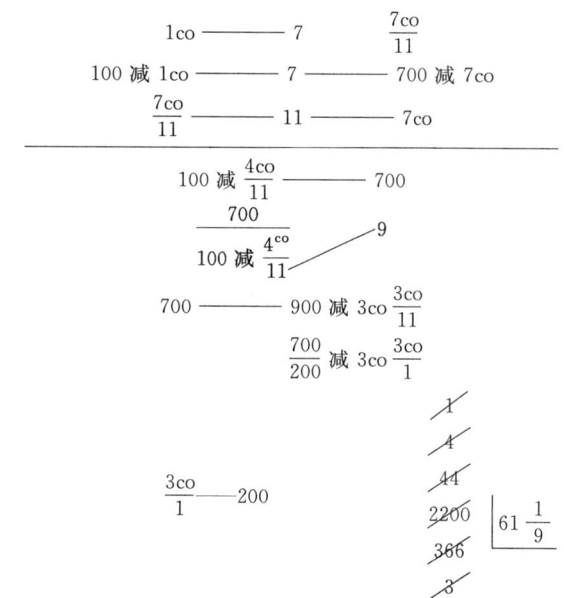

② 原稿页面外侧空白处有如下计算：

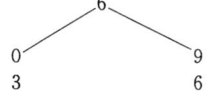

司对应 $33\frac{1}{3}$，因此其要熔炼得到 100 盎司合金度为 6 的白银，需要投入 $66\frac{2}{3}$ 盎司合金度为 9 的白银和 $33\frac{1}{3}$ 盎司铜，已知应得到合金度为 9 的白银 $77\frac{7}{9}$ 盎司，因此其所盗走的是 $66\frac{2}{3}$ 与 $77\frac{7}{9}$ 的差额 $11\frac{1}{9}$ 盎司，学徒盗走了该数量的白银，加入了 $33\frac{1}{3}$ 盎司的铜，熔炼得到合金度为 6 的白银 100 盎司。这样亦可处理类似其他问题，但要知道这个问题是双重的，即必须首先求解（与学徒熔炼后合金度一致的）应有数量。

【例 7-40】 我获得合金度为 11、10、9、6 的白银，期望熔炼得到合金度为 8 的白银 100 磅，我将投入上述每一种纯度的白银，而合金度为 10 的白银我想要投入 20 磅，问每种投入多少。

要解答类似问题需要进行两次计算，然后合并求解。先求解合金度为 11、9、6 的三种白银需要多少，因合金度为 10 的白银数量已经确定为 20 磅，因此无需计算。现在来看合金度 6，其与 8 的差额为 2，其对应合金度为 11 和 9；再来看合金度 11 与 8 的差额，为 3，对应合金度为 6；合金度 9 与 8 的差额为 1，也对应于 6，因此，对于合金度为 11 的每 2 磅白银，需要 3 磅合金度为 6 的白银；对于合金度为 9 的每 2 磅白银，需要 1 磅合金度为 6 的白银。

加总每种白银①，得到 8 磅，即 6 合金度的 4 磅，11 合金度的 2 磅和 9 合金度的

---

① 原稿页面下面空白处有如下计算：

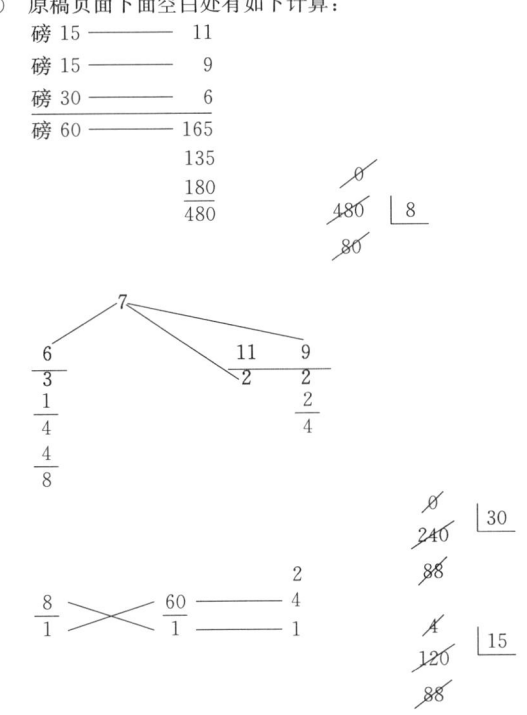

2磅,将得到期望合金度8。现在来计算加入合金度为10的白银数量,其需要与较低合金度的白银混合,即与合金度6的白银熔合,因此,计算10与期望合金度8的差额,为2,其对应合金度为6;而6与8的差额2对应10。因此,对于每2磅合金度为10的白银,需要2磅合金度为6的白银以获得合金度8,而期望投入20磅合金度为10的白银,因此需要熔合20磅合金度为6的白银,合计得到40磅合金度为8的白银。再计算前述8磅所对应的另外的各种类白银数量,其须对应60磅,即期望得到的100磅扣除上述的40磅。

因此问:若8对应60,那么合金度为6的4磅对应多少,合金度为11的2磅对应多少,合金度为9的2磅对应多少?根据规则乘除处理,得到4对应30,即合金度6的白银重量磅数;2对应15,即合金度为11和9的白银重量磅数;合计得到60磅合金度为8的白银,将其与前述40磅合并即可得到合金度为8的白银100磅,其中含有合金度为10的白银20磅。

验算如下所示[①]:加总60磅中合金度为6的30磅和40磅中合金度为6的20磅,得到合金度为6的白银50磅,计算每种白银的重量纯度融合值,从合金度为11的15磅开始:用15乘以11,得165;再用15乘以9,得135;20乘以10,得200;50乘以6,得300。加总所有融合值165、135、200、300,得总和800。然后加总重量,即11合金度的15磅,9合金度的15磅,10合金度的20磅和6合金度的50磅,得100磅。用融合值除以重量即800除以100,正好得所要求的合金度8。记住应如何处理类似问题,因为需要两次计算处理,比较繁琐,若要减少繁琐亦可通过假设值的方法,使用平方根来进行求解计算。

【例7-41】 我获得20磅铜,想要熔炼成合金度为每磅10盎司的白银,问应加入多少纯银,熔炼后重量是多少。

解答如下: 假设加入1co磅纯银,计算铜重量和纯度0的融合值,为0;计算1co纯银和合金度12的融合值,为12co;加总融合值0和12co为12co,用其除以重量总和(20+1co),得$\dfrac{12co}{(20+1co)}$,应等于期望合金度10,化简分数,用(20+1co)乘以10,得

---

① 原稿页面外侧空白处有如下计算:

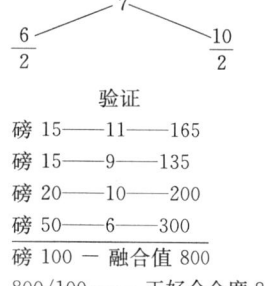

验证
磅 15——11——165
磅 15——9——135
磅 20——10——200
磅 50——6——300
磅 100 — 融合值 800
800/100 —— 正好合金度8

（200 加 10co），令其等于 12co，移项得 2co 等于 200，用 200 除以 2，得 100，就是应加入纯银重量磅数，因此应投入纯银 100 磅，加 20 磅铜即可得到 120 磅合金度为 10 的白银。

运用规则的解答方法如下：期望得到合金度每磅 10 盎司的白银，因此每磅（12 盎司 − 10 盎司）剩余为 2 盎司铜，因此每 2 盎司铜需要 10 盎司纯银（来获得合金度 10），已知有 20 磅铜，问：若 2 盎司铜需要 10 盎司纯银，那么 240 盎司（即 20 磅）铜需要多少纯银？用 240 乘以 10 得 2 400，用 2 400 除以 2，得 1 200，这就是需要的纯银盎司数，即为同上文解答的 100 磅，依此类推。

【例 7-42】 我获得 20 磅白银，合金度未知，加入 20 磅纯银得到合金度 7，问 20 磅白银合金度多少。

解答如下： 假设其合金度为 1co，逐项计算融合值。对于最初获得的白银，其重量合金度融合值为（20 乘以 1co），得 20co。纯银融合值为 20 乘以 12，得 240。加总得到（240 加 20co），其除以总重量 40 磅，应等于 7，因此用 40 乘以 7 得 280，其等于（240 加 20co），移项得到 20co 等于 40，用 40 除以 20 得 2，就是最初白银的合金度[①]，验算亦可得到合金度 7。

运用规则的解答方法如下：已知混合得到 40 磅合金度为 7 的白银，计算其融合值，40 乘以 7 为 280。对于加入的纯银 20 磅，其融合值等于 20 乘以 12，为 240，将其从前一融合值 280 中扣除，剩余 40，就是最初所获白银的重量合金度融合值，因此用其除以重量 20 磅，得合金度 2，结果同上，解毕。

【例 7-43】 我获得 10 盎司 24 克拉的纯金，向其中加入 $1\frac{1}{2}$ 盎司铜，问得到多少克拉的黄金。

解答如下： 假设得到 1co 克拉的黄金。计算纯金融合值，即 10 乘以 24 为 240。不需要计算铜的融合值，融合值总是为 0。然后加总重量得 $11\frac{1}{2}$，用 240 除以 $11\frac{1}{2}$ 应等于纯度 1co，用 $11\frac{1}{2}$ 乘以假设的纯度 1co，得 $11\frac{1}{2}$co，等于 240，用 240 除以 $11\frac{1}{2}$，得 $20\frac{20}{23}$，就是将得到的黄金纯度，因此可知将得到 $20\frac{20}{23}$ 克拉纯度的黄金，解毕。

---

① 原稿页面空白处有如下计算：

```
    磅 20 —— 1co
    磅 20 —— 12
   磅 40 —— 240 加 20co
   240 加 20co     7
   ─────────
        40
   240 加 20co ——— 280
   40 │ 2  最初合金度        20co —— 40
   20
```

运用规则求解：融合 10 和纯金的纯度 24，得 240。加总重量为 $11\frac{1}{2}$，用 240 除以 $11\frac{1}{2}$，亦得上述结果。

【例 7-44】 我获得 10 盎司纯金，期望熔炼为 20 克拉纯度，问需要加多少铜。

解答如下： 假设应加入 1co 盎司铜，融合 10 和纯度 24，得到 240。再融合 1co 和其纯度 0 得 0。加总重量为 (10 + 1co)，用融合值 240 除以 (10 + 1co)，为 $\frac{240}{(10+1co)}$，等于期望纯度 20，化简分数，用 20 乘以 (10 + 1co)，得 (200 + 20co)，其等于 240，移项得到 20co 等于 40，用 40 除以 20，得到 2，这就是需要加入铜的数量。因此可知需要加入 2 盎司铜，熔炼后得到 12 盎司纯度 20 克拉的黄金。验算亦无误。

运用规则求解：融合 10 和 24 得 240，除以期望纯度 20，得到 12，因此当期望获得 20 克拉纯度时，其熔炼后的重量为 12 盎司，已知投入 10 盎司纯金，因此将其扣减，得到 2 盎司铜，结果同上，亦为 2 盎司。

【例 7-45】 我获得 30 盎司 18 克拉黄金，问其包含多少纯金、多少铜。

解答如下： 已知获得的黄金纯度为 18，即每盎司 18 克拉，因此问：若 1 盎司包含 18 克拉纯金，那么 30 盎司中包含多少纯金？乘除处理，得到纯金 $22\frac{1}{2}$，从 30 中减去 $22\frac{1}{2}$，余 $7\frac{1}{2}$，即铜的重量盎司数，解毕。

【例 7-46】 我获得价值每磅 32 索尔迪的糖、每磅 30 索尔迪的康乃馨、每磅 26 索尔迪的紫檀（sandali rossi）、每磅 24 索尔迪的肉豆蔻干皮（macis）、每磅 20 索尔迪的肉豆蔻（noci moschate）、每磅 16 索尔迪的肉桂、每磅 12 索尔迪的胡椒和每磅 11 索尔迪的生姜，期望投入上述商品，得到 50 磅混合货物，每磅价值 22 索尔迪，问每种货物将投入多少。

解答如下： 将所有价值高于期望价值的商品列示于一边，低于的列在另一边，计算每种商品价值与期望价值之间的差额，同时将期望的价值 22 置于两者之上。计算差额，从糖的价值 32 索尔迪开始：其比 22 多 10，对应 20、16、12、11；康乃馨的 30 索尔迪，比 22 多 8，其也对应 20、16、12、11；紫檀的 26 索尔迪比 22 多 4，同样对应 20、16、12、11；肉豆蔻干皮的 24 索尔迪，比 22 多 2，亦对应 20、16、12、11。计算较低价值与期望价值的差额，肉豆蔻的 20 索尔迪，较 22 少 2，对应较高价值 32、30、26、24；肉桂的 16 索尔迪，比 22 少 6，也对应 32、30、26、24；胡椒的 12 索尔迪，比 22 少 10，也对应于 32、30、26、24；生姜的 11 索尔迪，比 22 少 11，同样对应 32、30、26、24。

计算上述每种商品的重量磅数，加总每个较高价值商品对应的差额即 2、6、10、11，得 29，即价值 32、30、26 和 24 索尔迪的商品均应投入 29 磅；然后加总每个较低商品对应的差额即 10、8、4、2，为 24，即价值 20、16、12、11 索尔迪的商品均应投入 24 磅。这样每种较高价值商品应投入 29 磅，每种较低价值的商品应投入 24 磅，将得到每磅价值 22 索尔迪的混合货物。

现在已知期望得到 50 磅的混合货物，加总所有应投入的商品重量，即较高和较低价值的商品，得 212 磅，而期望重量为 50 磅，因此问：若 212 对应 50，那么糖及康乃馨等应投入的 29 对应多少？将得 $6\frac{89}{106}$，即为每种价值较高的商品应投入的重量磅数，然后问较低价值商品应投入的 24 对应多少，得 $5\frac{35}{53}$，就是每种价值较低的商品应投入的重量磅数。

第八部分

级数的方法和规则

　　回顾这部尚未完成的作品,会发现它缺少一个必要的部分,即级数[①](progressione),其一直被许多伟大的哲学家所推崇,因为它是一个与众不同的主题。这一主题的早期及现在所展示的法则均包含在乔万尼·德·萨克罗博斯科(Giovanni de Sacrobusco)[②]《运算法则》[③]的 8 个部分中。类似法则也见于帕多瓦的普罗多西莫·德·贝尔德曼迪(Prodocimo de Beldomandis de Padua)[④]和另外一位学者比安奇尼(Bianchino)[⑤]的著作中。对于古人如盖伯(Geber)[⑥],阿尔几布(Algebra)[⑦],梅尔科梅勒克(Melchimellech)[⑧],欧几里得

---

① 指算术级数,等差数列,下同。——译者注。
② 约翰·霍利伍德(John of Holywood)(1190—1260),修士,天文学家和数学家,著有《运算法则》(*Algoritmus*)或称《计算的艺术》(*De'arte numerandi*)。——整理者注。
③ 乔万尼·德·萨克罗博斯科,亦称 Ioannes de Sacro Bosco,拉丁语称为 Johannes de Sacrobosco,英语称为约翰·霍利伍德(John of Holywood)或约翰·霍利布什(John of Holybush),《运算法则》这本书的写作时间估计在 1225 年左右。印度-阿拉伯数字计算方法(Hindu-Arabic methods of numerical calculation)在之前的 50 年间已经传到欧洲,但未广泛传播。《运算法则》是将印度-阿拉伯数字和算术程序引入欧洲大学课程的第一部文本(参见 Smith D. E., Karpinski, L. C. The Hindu-Arabic Numerals[M]. Boston and London: Ginn and Company. 1911)。——译者注。
④ 普罗多西莫·贝尔德曼迪(Prosdocimo Beldomandi)(1375—1438),音乐理论家和数学家,帕多瓦大学数学教授。他写了许多关于天文学和数学的论文,包括《算法演示》(*Algoritmus demonstratus*),在帕乔利的作品中多次被引用。——整理者注。
⑤ 可能指乔万尼·比安奇尼(Giovanni Bianchini)(1410—1469)(拉丁语为 Johannes Blanchinus,约翰内斯·布兰奇努斯)(1410—约1469),费拉拉大学的数学和天文学教授。——译者注。
⑥ 全称为来自塞维利亚的阿布·穆罕默德·贾比尔·伊本·阿弗拉赫(al-Ishbili Abu Muhammad Jabir ibn Aflah)(1100—1150),一般称贾比尔·伊本·阿弗拉赫(Jabir ibn Aflah),拉丁文名盖伯(Geber),塞维利亚的阿拉伯人,穆斯林天文学家和数学家,他的著作被翻译成拉丁文,可供欧洲数学家使用。——译者注。
⑦ 指穆罕默德·伊本·穆萨·花剌子米(Muhammad ibn Musa al-Khwarizmi)(约780—约850),通常简称为花剌子米(al-Khwarizmi),其最重要的著作简称"阿尔几布(Al-Jabr)",英文名 The Compendious Book on Calculation by Completion and Balancing(《完成和平衡计算简明书》),他因此被称为"代数之父"。英语术语代数(algebra)即来自他的著作简称(Al-Jabr,意为"完成"或"重新加入")。——译者注。
⑧ 指《穆罕默勒斯之书》(*Liber Mahameleth*),是一部拉丁文著作,写于 12 世纪中叶,主要基于来自伊斯兰西班牙的阿拉伯语资料,它也是拉丁中世纪第二部数学著作(另一部是斐波那契的著作,大约成书于 50 年后)。此书作者不详,现代瑞士学者雅克·赛西亚诺(Jacques Sesiano)将其整理出版,赛西亚诺认为此书可能是由塞维利亚的约翰用拉丁语写成的。"mahameleth"一词是阿拉伯语单词的拉丁语版本,意思类似于"商业数学"。赛西亚诺还提及了本书中帕乔利所列的数学家的名字,认为本部分涉及的阿尔几布(Algebra)和梅尔科梅勒克(Melchimellech)均是误用,帕乔利混淆了书名和人名(参见 Jacques Sesiano. Liber Mahameleth[M]. London: Springer, 2014)。——译者注。

(Euclide)和波爱修(Boetio)等，我曾多次翻阅他们的书，其中也有单独段落讨论该主题。还有托勒密(Tholomeo)[①]，以及许多伟大的数学家，也是占星家、算术家和几何学家，他们都对这种艺术（即级数）有很好的理解。

理解级数对于处理账目极为必要，但（前人）在相关部分并未提出任何关于级数的法则，而级数的法则对很多领域都非常有用，比如易货贸易、合伙、兑换、收益和利息等。根据我有限的理解，前文已经充分处理了这些问题。但为了使本书更完善，我将努力论述关于级数的问题，未必比前人论述更好更多，但我仍将努力做必要之事，使其更清晰，提出一些也许无人总结的法则以便于人们更好地学习，处理前人未处理过的问题，这样阅读它的人将能明确地知道（如何处理相关问题）。在讨论该主题伊始，有必要对其进行定义和分类。

为了区分，称级数是一个从初始项[②]开始以期望数量往前取数的进程，初始项是级数这项艺术的基本要素和基础。持续地一项超越另一项取数，即第二项超越第一项某个数量，与第三项超过第二项的数量，以及第四项超越第三项的数量均相同，如此到无穷，超越部分总是相等的。总而言之，级数就是从第一项到最后一项各项数列的总和。但要注意的是，级数有两种形式，一种称自然级数，或称连续级数，另一种称断续(intercisa)级数，或称不连续级数。

自然级数是指从初始项开始，不遗漏任何一个数字，保持持续的取数进程，如1，2，3，4，5，6，7，8等，其总是以一个单位的公差即1按序排列。

而断续或不连续级数，是指从初始项1或2等开始，跳跃排列，即数字之间有间隔，比如，1，3，5，7，9，11等，其总是按公差为2来排列，又如，1，4，7，10，13，16，再如，1，6，11，16，21等，这样每一个数字，都以相等的超出数量排列。不连续级数也可以从2开始，比如，2，4，6，8，10等；还可从其他数字开始，比如，4，6，8，10，12等；10，14，18，22等；20，30，40等；如此每个数字也都以相等的超出数量排列。

对于自然级数通常有两条法则：一条法则是当级数持续排列并以一个偶数结束时，取最后一个偶数的$\frac{1}{2}$并乘以紧随其后的数字，将得到数列的总和。例如，我想计算从1到10数列的总和：取10的$\frac{1}{2}$，即5，然后取10后面的数字，即11，将其乘以5，得55，就是从1到10数列的和。

[①] 指克劳狄乌斯·托勒密(Claudius Ptolemy)（约100—168），亚历山大(Alexandrian)数学家、天文学家、占星家、地理学家和音乐理论家，最著名的著作为《天文学大成》(Almagest)。——译者注

[②] 一般指1。——译者注

连续级数的另一条法则是：当其以一个奇数结束时，须（将这个奇数分成两部分）取较大那个数，将其乘以数列的项数，得到数列的总和。比如，欲计算 1 到 11 的总和，先将 11 分成两部分，两部分的差不能大于级数公差，即一部分为 5，另一部分是 6，然后取其中较大那个数，即 6，乘以所有数列项的数量 11，得 66，就是 1 到 11 这个数列的和。

但这两个规则是在缺乏大量观察的情况下给出的，绝对地说，在每一个连续级数中，无论最后一项是偶数还是奇数，总是取最后一项即结尾项的一半，然后将数列项数加上 1 个单位即 1，再用最后项的一半乘以后面这个加总数，就能得到数列总和，永远无误。比如，最后一项为 10 的数列，将 10 取一半为 5，然后将（数列项数）10 加 1，为 11，用 5 乘以 11 为 55，得到同上的数列总和；结尾数为 11 的数列，11 的一半为 $5\frac{1}{2}$，然后将（数列项数）11 加上 1 为 12，再用 $5\frac{1}{2}$ 乘以 12 为 66，结果同上。简言之，除此最终法则，无需其他法则，永无误。他们可能是为了避免分数运算，因此提出两个法则。

类似地，对于非连续级数也有两个法则，第一个如下：当断续级数以偶数结束时，取其一半，再将其加 1，然后将其一半与其加 1 的和相乘，得到数列的总和。例如，欲计算从 2 开始到 14，公差为 2 的数列的总和，即 2，4，6，8，10，12，14 这一数列的总和，取 14 的 $\frac{1}{2}$ 即 7，再取紧随其之后的数即将其加 1，为 8，将两者相乘，得 56，就是 2 到 14 这个数列以上述方法计算的总和。

第二条规则是针对以奇数结尾的数列，如 1，3，5，7，9，11，13 等，必须将最后一项，即那个奇数，如前文连续级数部分所述，分成两部分，然后将其中较大的数乘以其自身，即得到数列的总和。例如，欲计算从 1 到 13，公差为 2 的数列，以上述方法，先将 13 分成两部分，一个为 6，另一个是 7，然后用 7 乘以其自身得 49，就是 1 到 13 这个数列的总和。另一种方法：取 7 的一半即 $3\frac{1}{2}$，然后将最后一个数加 1 的和 14 与之相乘，两者相乘也得到同上的 49。永远无误。

还有很多其他级数并未提及，事实上还存在很多不同种类的级数，我们在下面将与相应的实用法则一同展示。

【例 8-1】 1 到 30 的数列，这样排列：1，2，3，4，5 等，问其总和。

根据上述关于连续级数的法则计算：取 30 的一半即 15，然后将 30 加 1 为 31，再用 15 乘以 31，得 465，就是 1 到 30 数列的总和。

【例 8-2】 从 1 到某个数的数列，其总和为 465，问这个数是多少。

解答如下：假设这个数为 1co，根据法则，取其一半即 $\frac{1}{2}$co，将最后一个数即 1co 加上 1 得 (1co + 1)，再将其一半即 $\frac{1}{2}$co 乘以其加 1 的和即 (1co + 1)，得 $\frac{1}{2}$co□ 加 $\frac{1}{2}$co，等于 465，求解 1co□，将等式两边乘以 2，得 (1co□ + 1co) 等于 930。取一次项系数的一半，将其平方，加上常数项，得 930 $\frac{1}{4}$，求解得到 1co 等于 R_x930 $\frac{1}{4}$ 减去 $\frac{1}{2}$，其等于 30，因此同上例，此数为 30。

【例 8-3】 一个人以这样的规律行路：第一天走 1 千步(miglio)①，第二天 2 千步，第三天 3 千步，第四天 4 千步，如此每天递增 1 千步，问 24 天共走了多少千步。

解答如下：取 24 的一半即 12，将 24 加 1 为 25，然后将两者相乘，得 300，即 24 天走了 300 千步。

【例 8-4】 一人必须以如下方式支付 15 里拉给另一人：第一天支付 1 索尔迪，第二天支付 2 索尔迪，第三天支付 3 索尔迪，如此每一天比上一天多支付 1 索尔迪直到完成支付，问多少日支付完毕。

解答如下：假设其必须在 1co 日完成支付，则数列是从 1 到 1co，按上述法则：取 1co 的一半，得 $\frac{1}{2}$co，将 1 加上 1co 得 (1co + 1)，然后用 $\frac{1}{2}$co 乘以 (1co + 1)，得 $\frac{1}{2}$co□ 加 $\frac{1}{2}$co，这个数等于必须支付的 15 里拉，换算成索尔迪为 300 索尔迪，求解 1co□，将等式两边乘以 2，得 1co□ 加 1co 等于 600，取一次项系数的一半，将其平方，加上常数项，得 600 $\frac{1}{4}$，求解得到 1co 等于 R_x600 $\frac{1}{4}$ 减去 $\frac{1}{2}$，此天数将满足题设条件，而 R_x600 $\frac{1}{4}$ 等于 24 $\frac{1}{2}$，减去 $\frac{1}{2}$ 得 24，因此须支付 24 日，解毕。

【例 8-5】 一人要掘一口井，井深 11 寻(bracia)②，挖 11 寻需要酬劳 11 里拉，当其挖掘到 6 寻时，无须再挖因为水已经足够，业主应按挖 11 寻的相应比例支付这 6 寻的酬劳，问应支付多少。

解答如下：处理类似问题总是要先确认级数的所有数项，其在类似案例中被称为"工作量(fatighe)"。本例所涉及的数列是从 1 到 11，根据上述法则计算：取 11 的一半即 5 $\frac{1}{2}$，将 11 加上 1 得 12，用 5 $\frac{1}{2}$ 乘以 11 得 66，就是挖掘 11 寻所对应的工作

---

① 千步(miglio)，古罗马长度单位。——译者注。
② 古意大利长度衡量单位，一般写为"braccio"或"braccia"，主要用于布料长度的测量，其长度根据城市的不同而不同，约为 50~75 厘米。——译者注。

量,先置于此。然后计算挖掘 6 寻的工作量,取 6 的一半 3,加 1 于 6 得 7,再用 3 乘以 7,得 21,即为 6 寻的工作量。

现在来求解根据合约挖掘 6 寻价值几何,问:若 66 工作量价值 11 里拉,那么 21 工作量价值多少?用 11 乘以 21,为 231,除以 66,得 $3\frac{1}{2}$,就是按 11 寻的工作量和价值比例求解得到的 6 寻工作量所价值的里拉数量,即挖得越深,工作量越大,价值越大。

【例 8-6】 一人挖掘一口 11 寻深的水井,酬劳 11 里拉,已经挖了若干寻,价值 $3\frac{1}{2}$ 里拉,问挖掘了多少寻。

假设其已经挖掘了 1co 寻,那么其工作对应的数列是从 1 到 1co。根据法则:取 1co 的一半,得 $\frac{1}{2}$co,然后加 1 于 1co,为(1co 加 1),两者相乘,得 $\left(\frac{1}{2}co^\square + \frac{1}{2}co\right)$,这就是挖掘 1co 寻的全部工作量。现在根据法则来计算挖掘 11 寻的工作量,得 66,问:若 $\left(\frac{1}{2}co^\square + \frac{1}{2}co\right)$ 的工作量价值为 $3\frac{1}{2}$,那么挖掘 11 寻的工作量 66 价值多少?用 $3\frac{1}{2}$ 乘以 66,得 231,将其除以 $\left(\frac{1}{2}co^\square + \frac{1}{2}co\right)$,得 $\frac{231}{\left(\frac{1}{2}co^\square + \frac{1}{2}co\right)}$,其应等于 11 里拉,去分母即用 $\left(\frac{1}{2}co^\square + \frac{1}{2}co\right)$ 乘以 11,得 $\left(5\frac{1}{2}co^\square + 5\frac{1}{2}co\right)$,等于 231,求解 1co$^\square$,有 1co$^\square$ 加 1co 等于 42,取一次项系数的一半,将其平方,加上常数项,(等式右边)得到 $42\frac{1}{4}$,求解得到 1co 等于 R$_x$ $42\frac{1}{4}$ 减去 $\frac{1}{2}$,即为 $6\frac{1}{2}$ 减去 $\frac{1}{2}$,余 6,因此其已经挖掘了 6 寻,结果同上例。

【例 8-7】 一人挖掘 20 寻深的水井,酬金 20 弗罗林,问挖掘多少寻价值 15 弗罗林。

如上同解:先确认数列所有的数项即工作量,数列以 20 寻结尾,因此取 20 的一半 10,加 1 于 20 得 21,然后将两者相乘得 210,就是价值 20 弗罗林的工作量,求解挖掘多少价值 15 弗罗林,问:若 20 弗罗林对应 210 工作量,那么 15 对应多少,用 15 乘以 210 得 3 150,将其除以 20,得 $157\frac{1}{2}$,就是价值 15 弗罗林的挖掘工作量,而想知道挖掘多少寻,则问题变换为:找到 1 个数,从 1 到这个数的和等于 $157\frac{1}{2}$,问这个数是多少。

假设这个数为 1co,以上述法则计算 1 到 1co 数列的和,取 1co 的一半,得 $\frac{1}{2}$co,加 1 于 1co 得(1co 加 1),用 $\frac{1}{2}$co 乘以 1co 加 1,得 $\frac{1}{2}$co□加 $\frac{1}{2}$co,其等于 157 $\frac{1}{2}$,除以二次项系数,得到等式 1co□加 1co 等于 315,取一次项系数的一半,将其平方,加上常数项,得 315 $\frac{1}{4}$,求解得到 1co 等于 R_x315 $\frac{1}{4}$ 减去 $\frac{1}{2}$,就是 15 弗罗林所对应的挖掘寻数。若验算,取 R_x315 $\frac{1}{4}$ 减去 $\frac{1}{2}$ 的一半,再将其加 1,两者相乘即得到工作量 157 $\frac{1}{2}$。

【例 8-8】 两人行走同一旅途,一人每天走 20 千步,另外一个人第 1 天走 1 千步,第二天走 2 千步,第三天 3 千步,第四天 4 千步,以此类推,问多少天两人能一起落脚休憩。

解答如下:这种情况可以使用一个法则,即将每日行走的 20(千步)取双倍为 40,再扣减 1 为 39,就是两人可以在同一旅店落脚的行走天数。验证如下:计算每日行走 20 千步的人 39 天行走的路程,用 39 乘以 20 得 780,就是其 39 天行程的千步数。现在来看另一人的行程:其为一个连续级数,取 39 的一半,得 19 $\frac{1}{2}$,加 1 于 39 为 40,两者相乘亦得到 780,即每日行走递增 1 千步之人 39 天的行程,两者正好相等,证毕。

【例 8-9】 两人行走同一旅途,一人每天走 15 千步;另外一个人第 1 天走 1 千步,第二天走 2 千步,第三天走 3 千步,第四天走 4 千步,这样每日递增 1 千步。问多少天第二个人与第一个人碰面。

如前同解:取 15 的双倍,得 30,扣减 1 余 29,就是两人碰面的日子,即第 29 天。验证:一日行走 15 千步的人,29 天的行程为 15 乘以 29,得 435。现在计算第二个人的行程,其为 1 到 29 的级数,取 29 的一半,即 14 $\frac{1}{2}$,加 1 于 29 为 30,两者相乘正好为 435,即另一每日行走 15 千步之人的行程。

这样的法则永无误,"双倍后扣减 1"即可得解。

【例 8-10】 有一个圆锥体,高 8 掌尺(palmi)[①],底座一圈长 1 掌尺,欲将其横着捆扎后挂起并实现两边平衡,问应在何处捆扎。

解答如下:按上述方法计算从 1 到 8 等差数列的和,取 8 的一半为 4,加 1 于 8 得

---

① 手掌是古老的长度计量单位,在多种文化中存在,又称为手幅尺、掌尺,古罗马的掌尺约合 0.074 1 米,在意大利的各个地区,相当于成年人张开手的大拇指尖和小指之间的距离,约 26~38 厘米。——译者注。

9，两者相乘得 36，就是此圆锥体的重量单位数①。现在为找到重量的平衡点，取 36 的一半 18，就是绳子的平衡捆扎点，该捆扎点到底端的重量为 18 单位，捆扎点的另一边到顶端的重量也为 18，两边重量相等。

欲知从底端到平衡点和从顶端到平衡点的掌尺数，如上求解，假设从 1 到 1co 掌尺的数列和为 18，取 1co 的一半 $\frac{1}{2}$co，加 1 于 1co，得（1co + 1），然后两者相乘，得 $\left(\frac{1}{2}co^\square + \frac{1}{2}co\right)$，其等于 18，等式两边除以二次项系数，得等式（1co$^\square$ + 1co）等于 36，取一次项系数的一半，将其平方，加上常数项，得 $36\frac{1}{4}$，求解得到 1co 等于 $R_x 36\frac{1}{4}$ 减去 $\frac{1}{2}$，就是从底座到平衡点的掌尺数，因此必须捆扎在 $R_x 36\frac{1}{4}$ 减去 $\frac{1}{2}$ 掌尺的位置以获得平衡。

【例 8-11】 一人离开佩鲁贾前往罗马，耗费 4 天，另一人离开罗马前往佩鲁贾，耗费 5 天，从罗马到佩鲁贾距离 80 千步，问二人同时出发，哪天碰面及碰面时第一人走了多少千步。

解答如下： 首先使用这样一种方法：将 80 分成两部分，一部分除以 4，另一部分除以 5，两者结果相等，这样求解：假设第一部分是 1co，则另一部分是（80 - 1co），将一部分除以 4，即用较小的那一部分除以较小的除数 4，用 1co 除以 4 得 $\frac{1}{4}$co，再次用（80 - 1co）除以 5，得 $\frac{(80 - 1co)}{5}$，令两者相等，两个分数分子分母交叉相乘，即 1co 乘以 5，为 5co，最后用（80 - 1co）乘以 4，得 320 减 4co，它等于 5co。

移项得到 9co 等于 320，用 320 除以 9，得 $35\frac{5}{9}$，就是其中一部分的千步数，另一部分的千步数为 80 中扣除该数，即 $44\frac{4}{9}$。因此要走 5 天的人将走 $35\frac{5}{9}$ 千步，遇到的另一人走了 $44\frac{4}{9}$ 千步。欲知他们在哪一天碰到，先计算每个人每天走多少千步，用 80 除以 4 得 20，这是走 4 天的人每天走的距离，然后用 80 除以 5 得 16，这是走 5 天的人每天走的距离，然后问：若 16 千步对应 1 天，那么 $35\frac{5}{9}$ 千步对应多少天？计算得 $2\frac{2}{9}$；同样计算另一人：若 20 千步对应 1 天，$44\frac{4}{9}$ 对应多少天？也得到 $2\frac{2}{9}$，因此

---

① 即并不知晓用标准重量单位如磅等衡量的重量，但是知道其有 36 个单元或单位，以便后文求解。——译者注。

他们行走 $2\frac{2}{9}$ 天后将会恰好碰到。

也可以使用另一种方法：假设他们在 1co 天遇到，来计算这种情况下他们行走的距离，已知一人每日走 20 千步，另一人每日走 16 千步，问：若 1 天行走 16 千步，那么 1co 天行走多少距离，得到 16co 千步；对于另一人，问：若 1 天行走 20 千步，那么 1co 天行走多少距离，将得到 20co 千步，将 16co 和 20co 相加得到 36co 其应该等于 80 千步即整个行程距离。

因此用 80 除以 36，得 $2\frac{2}{9}$，在第 $2\frac{2}{9}$ 天两者将正好碰面，结果同上，依此类推。

【例 8-12】 求解类似[例 8-11]的另一问题，但并不以千步为单位：一人从罗马到威尼斯，耗时 11 日，另一人从威尼斯到罗马，耗时 9 日，问二人同时出发，何日相遇。

解答如下： 假设二人在 1co 日相遇，现在计算从威尼斯出发的人耗时 1co 日行至多远，问：若 9 日完成这一旅途，那么 1co 日行至多远？将得到 $\frac{1}{9}$co 的旅途。然后计算另一人 1co 日行至多远，已知从罗马到威尼斯耗时 11 日，问：若 11 日完成 1 个旅途，那么 1co 日行至多远？将得到 $\frac{1}{11}$co。

已知两人相遇意味着两人完成了整个旅途，因此两人行程为 1 个旅途，将两人完成的旅程即 $\frac{1}{9}$co 和 $\frac{1}{11}$co 相加，得 $\frac{20}{99}$co，其应为 1 个旅途，因此 $\frac{20}{99}$co 等于 1，化简，将 99 乘以 1 为 99，等于 20co，用 99 除以 20，得 $4\frac{19}{20}$，就是 1co 的值，而前面假设二人在 1co 日相遇。因此可知二人将在 $4\frac{19}{20}$ 日相遇。若要验证则可以通过假设旅程为若干千步，总是会得到两个人在 $4\frac{19}{20}$ 日完成整个旅途，即可得验。其中一人的行程总是会比另一人多，因为其行走比另一人更快，但两人会正好在上述时间相遇，解毕。

回到我们的第一个主题，即级数的分类。到现在为止，我们已经充分地讨论了连续级数，但从这里开始，我们将讨论不连续级数，那些知道如何很好应用它的人可以将其用于许多不同类型的账目计算。其特点正如我们前面所说，从第一项开始到最后一项，相邻项的差总是相等的，因此，请注意以下案例。

【例 8-13】 列示从 1 到 20 所有的奇数，以这样的方式列示：1, 3, 5, 7, 9, 11, 13, 15, 17, 19, 不列 20 因为其为偶数。这是一个不连续级数，按如下法则计算：不连续级数以一个奇数结束时，总是将其拆分为差小于级数公差的两部分，用所得的较大部分乘以其自身,就将得到整个数列即从 1 到最后数字的总和,永远无误。

这里可知数列的最后一个奇数为 19,因此将 19 拆分成差小于公差的两部分,为 10 和 9,将其中较大部分即 10 乘以其自身,得 100,就是按上述方法计算的数列总和,若结束数字为 29 或 31 等,也可同样求解。

【例 8-14】 列示从 2 到 24 所有偶数的数列,即从 2 开始的不连续级数,2,4,6,8,10,12,14,16,18,20,22,24,问数列总和多少。

这也是一个不连续级数,但如你所见,其与前一个不同。前面我忘了给出另一个规则,这里叙述如下:计算从 1 到 19 的数列和,总是把 1 加在最后一项上,得到 20,取其 $\frac{1}{2}$,即 10,10 乘以自身,得 100,即得解。如此,对于以 29 结尾的数列,将其加 1 为 30,取其一半 15,15 乘以自身得 225,就是以 29 结尾的数列和。

现在回到本案例,当不连续级数以偶数结束时,总是取最后一项的 $\frac{1}{2}$,然后用这个数字乘以紧接着它的数字。例如,本例中最后一项是 24,取其一半,即 12,然后取紧接着 12 的数字,即 13,用 12 乘以 13,得 156,就是 2 到 24 公差为 2 的数列和。如此从 2 到 24 的偶数数列和得解无误,如此解答其他数列永无误。

还可以采用另一种永远无误的方法和法则:取第一个偶数加在最后一个数字上,即 2 加上 24,得 26,然后看从 2 到 24 共有多少个偶数,为 12 个,取其一半即 6,6 乘以 26,正好得到 156,得解。

【例 8-15】 从 4 到 32,公差为 4 的数列,即 4,8,12,16,20,24,28,32,问数列总和多少。

解答如下: 用最后一项除以第一项的双倍,然后取第一项和最后一项之和,将两者相乘。例如,本题取第一项 4 的双倍 8,用最后一项 32 除以 8 得 4。然后加总 4 和 32 为 36,将两者相乘即 4 乘以 36,得 144,就是从 4 到 32,公差为 4 的数列和。

若最后一项为 44:用 44 除以 4 的双倍 8,得 $5\frac{1}{2}$,然后将 4 和 44 相加得 48,再用 48 乘以 $5\frac{1}{2}$ 得 264,就是从 4 到 44,公差为 4 的数列和。

也可以使用另一极佳的法则:即先取最后一项 32 的一半,为 16,然后再取紧跟其 $\frac{1}{2}$ 即 8 之后的数字,为 9,将两者即 16 和 9 相乘,得到 144,永无误。这样亦可计算最后项为 44 的数列,取 44 的一半 22,再取紧跟 22 的一半即 11 之后的数 12,然后用 22 乘以 12,为同上的 264,解毕。

另外一种方法亦可:用最后一项除以第一项即 32 除以 4,得 8。然后将第一项与最后一项相加,即 4 加 32 得 36,取其一半 18,然后将其乘以之前所得的 8,结果为 144,永无误。同样求解最后一项为 44 的数列,用 44 除以 4 得 11,然后用 4 加上 44 得 48,再取其 $\frac{1}{2}$ 为 24,将 24 乘以 11,亦正好得 264。这些规则都普遍适用。

【例 8-16】 从 3 到 30,公差为 3 的数列,即 3,6,9,12,15,18,21,24,27,30,问数列和是多少。

求解如下:用最后一项除以第一项即 30 除以 3,得 10,然后将第一项与最后一项相加即 3 加上 30,得 33,取其 $\frac{1}{2}$ 即 $16\frac{1}{2}$,再用 $16\frac{1}{2}$ 乘以 10,得 165,就是从 3 到 30,公差为 3 的数列和,如此求解每一个数列和,验证将永无误。

【例 8-17】 从 5 到 50,公差为 5 的数列,即 5,10,15,20,25,30,35,40,45,50,问数列和是多少。

解答如下: 同上,用最后一项除以第一项即 50 除以 5 得 10,然后用第一项加上最后一项得 55,取其一半即 $27\frac{1}{2}$,乘以之前所得 10,得 275,就是该数列的和,解毕。

【例 8-18】 从 6 到 300,公差为 6 的数列,即 6,12,18,24,如此直到 300,问数列总和多少。

与上同解:用最后一项除以第一项即 300 除以 6 得 50,然后将第一项与最后一项相加得 306,取其一半 153,乘以前面所得的 50,得 7 650,即得到该数列总和,解毕。

【例 8-19】 求解从 7 到 56,公差为 7 的数列和。

与上同解:用最后一项 56 除以第一项 7 得 8,将第一项与最后一项相加为 63,取其一半 $31\frac{1}{2}$,乘以前面所得的 8,得 252,即为该数列的和。如此可求解公差为 8,9,10 等的数列,永无误。因为其数列不开始于 1,(所以采用上述方法),若数列开始于 1,取最后一项的一半,用 1 加上最后一项,再将两者相乘即可得到数列和,如前所述,且验证无误。

【例 8-20】 一人踏上旅途,第一天走 2 千步,第二天走 4 千步,第三天走 6 千步,如此总是每天增加 2 千步,问何日可行至 156 千步。

根据前述法则求解:先要求解最后一日行走多少千步,即要求解一个数,使从 2 到这个数、公差为 2 的数列和为 156,假设这个数为 1co,数列为从 2 到 1co,根据法则用最后一项即 1co 除以第一项即 2,得 $\frac{1}{2}$co,然后将第一项与最后一项加总,得(1co 加 2),取其一半为 $\left(\frac{1}{2}co+1\right)$,将其乘以 $\frac{1}{2}$co,得 $\left(\frac{1}{4}co^{\square}+\frac{1}{2}co\right)$,其应等于 156。求解

1co□,等式两边乘以 4,得到 1co□加 2co 等于 624,取一次项系数的一半,将其平方,加上常数项,得 625,求解得到 1co 等于($R_X 625-1$),就是最后一天其行走的千步数即($R_X 625-1$),即 24。

而我们想知道其行走多少天,现在提出这样的法则:欲知数列的项数,即级数的项数,用最后一项除以第一项即可得到项数,即从第一项到最后一项的项数。本题中的第一项是 2,最后一项是 24,用 24 除以 2,得 12,就是其行走的天数。若第一项为 4,则用 24 除以 4 得 6,就是从 4 到 24,公差为 4 的级数的项数;若第一项为 3,用 24 除以 3 得 8,就是从 3 到 24,公差为 3 的级数的项数;若第一项为 6,用 24 除以 6 得 4,就是从 6 到 24,公差为 6 的级数的项数,解毕。

【例 8-21】 一人挖掘水井,挖第一脚尺(piede)[①]酬劳 4 索尔迪,挖第二脚尺酬劳 8 索尔迪,挖第三脚尺酬劳 12 索尔迪,如此,每挖一脚尺增加 4 索尔迪,已知其挖掘酬劳总价值为 7 里拉 4 索尔迪,问其挖了多少脚尺。

解答如下:依据以上规则求解,要找到这个从 4 开始,公差为 4 之数列的最后一项,其数列和为 7 里拉 4 索尔迪即 144 索尔迪。假设这个数字为 1co,数列为从 4 到 1co,公差为 4,按上述规则,用最后一项 1co 除以第一项 4,得 $\frac{1}{4}$co;然后将第一项和最后一项相加得到(1co 加 4),取其一半为 $\left(\frac{1}{2}\text{co}+2\right)$,两者相乘得到 $\left(\frac{1}{8}\text{co}□+\frac{1}{2}\text{co}\right)$,其等于 144,求解 1co□,将等式两边乘以 8,得到(1co□加 4co)等于 1 152,取一次项系数的一半,将其平方,加上常数项,得 1 156,求解得到 1co 等于 $R_X 1 156$ 减去 2,即 32,这就是所挖掘的最后一尺所值的索尔迪数量。

欲知挖了多少尺,如上解答,用最后一项 32 除以第一项 4,得 8,就是其挖掘的价值 7 里拉 4 索尔迪的尺数。当想要解答所有类似问题时都可以用类似的平方根(R_X)来计算处理,同样还可处理以 1 或其他数递增或递减的数列。

【例 8-22】 一人以这样的方式偿还另一人款项:第一个月偿付 5 弗罗林,第二个月偿付 10 弗罗林,第三个月偿付 15 弗罗林,如此以每月增加 5 弗罗林偿付递增,总共偿付 275 弗罗林,问多少月偿付完毕。

按上述法则解答:首先求解最后一次偿付的金额,即寻找一个数,使从 5 到这个数、公差为 5 的数列总和为 275,假设这个数为 1co,数列第一项为 5,最后一项为 1co,用 1co 除以 5,为 $\frac{1}{5}$co。其次将第一项和最后一项相加得到(1co + 5),取其一半为 $\left(\frac{1}{2}\text{co}+2\frac{1}{2}\right)$,将两者相乘,得 $\left(\frac{1}{10}\text{co}□+\frac{1}{2}\text{co}\right)$,其等于 275,求解 1co□,将等式两边乘以

---

① 欧洲广泛使用的长度单位,意指用脚丈量的长度,但长度即便在意大利各地也并不统一,其长度相当于现代的 29~51 厘米。——译者注。

10,有(1co□加5co)等于2750,取一次项系数的一半,将其平方,加上常数项,得 $2756\frac{1}{4}$,求解得到 1co 等于 $R_x 2756\frac{1}{4}$ 减去 $2\frac{1}{2}$,即 50,因此最后一次其偿付 50 弗罗林。

现在来看一共偿付了多少次,按上文方法处理:用最后一项 50 除以第一项 5,得 10,即其以上述方法偿付 10 个月,依此类推,可处理递增 7、9 等无穷的问题。

【例 8-23】 从佛罗伦萨到罗马有 100 千步,有 4 个同伴离开佛罗伦萨去罗马,第一个人第一天走 1 千步,第二天走 2 千步,第三天走 3 千步,如此每天递增 1 千步;第二个人第一天走 1 千步,第二天走 3 千步,第三天走 5 千步,第四天走 7 千步,如此每天递增 2 千步;第三个人第一天走 2 千步,第二天走 4 千步,第三天走 6 千步,第四天走 8 千步,如此每天递增 2 千步;第四个人第一天走 4 千步,第二天走 8 千步,第三天走 12 千步,如此每天递增 4 千步。问:想要这些人同时到达罗马的一个地方碰面,他们 4 个人一个接一个需要何时从佛罗伦萨出发。

解答如下: 这是一个值得关注的问题,先要计算每个人需要走多少天,从第一个人开始,其每天递增 1 千步,直到走完 100 千步,因此需要找到一个数,从 1 到这个数的数列总和为 100,假设这个数为 1co,根据连续级数的法则,用 1 加上最后一项的总和乘以最后一项的一半,因此用 1 加上 1co 得 (1co + 1),取 1co 的 $\frac{1}{2}$ 为 $\frac{1}{2}$co,两者相乘得到 $\left(\frac{1}{2}\text{co}□ + \frac{1}{2}\text{co}\right)$,其等于 100,求解 1co□,将等式两边乘以 2,有 (1co□ + 1co) 等于 200,取一次项系数的一半,将其平方,加上常数项,得 $200\frac{1}{4}$,求解得到 1co 等于 $R_x 200\frac{1}{4}$ 减去 $\frac{1}{2}$,就是第一个人行程的天数[①]。

现在来看第二个人,其从行走 1 千步开始,每天递增 2 千步,计算其需要多少天走完 100 千步,因此需要找到一个数,从 1 到这个数、公差为 2 的数列,即 1,3,5,7 等

---

① 原稿页面左边空白处有如下计算:
1co
$\frac{1}{2}$co   1co 加 1
   $\frac{1}{2}$□ + $\frac{1}{2}$co ── 100
1□ + 1co ── 200
1
2
3
4
5
6
7 等。第一人 $R_x 200\frac{1}{4}$ co 减 $\frac{1}{2}$

等，其总和为 100，假设这个数为 1co，根据上文关于不连续级数的法则，用第一项加上最后一项，即 1 加上 1co 得 (1co + 1)，然后取这个和的一半为 $\left(\frac{1}{2}co + \frac{1}{2}\right)$，用它乘以自身，得 $\left(\frac{1}{4}co^\square + \frac{1}{2}co + \frac{1}{4}\right)$，其等于 100，求解 1co$^\square$，将等式两边乘以 4，有 1co$^\square$ 加 2co 等于 399，取一次项系数的一半，将其平方，加上常数项，得 400，求解得到 1co 等于 (R_x 400 减去 1)，就是第二个人最后一天所行走的千步数。现在欲知其行程的天数，以上文规则求解：加总第一项和最后一项，取总和的 $\frac{1}{2}$，即得到其行走天数和数列项数。因此取第一项 1 加上最后一项 (R_x 400 减 1)，得 R_x 400，取其 $\frac{1}{2}$，即将 R_x 400 除以 2，先将 2 平方为 4，得 $R_x \frac{400}{4}$，400 除以 4 为 100，R_x 100 等于 10，就是第二个人 100 千步行程的天数，如此便计算得到 2 位同伴的行程[①]。

现在计算第一天行走 2 千步的第三个人的行程天数，而先要计算其最后一天的行程千步数，因此需要找到一个数，使从 2 到这个数、公差为 2 的数列，其总和为 100，假设这个数为 1co，数列为 2 到 1co，根据上文法则，用最后一项 1co 除以第一项 2，得 $\frac{1}{2}$co，然后用第一项 2 加上最后一项得到 (1co 加 2)，再取其一半 $\left(\frac{1}{2}co + 1\right)$，乘以 $\frac{1}{2}$co，得 $\left(\frac{1}{4}co^\square + \frac{1}{2}co\right)$，其等于 100，求解 1co$^\square$，将等式两边乘以 4，有 1co$^\square$ 加 2co 等于 400，取一次项系数的一半，将其平方，加上常数项，得 401，求解得到 1co 等于 (R_x 401 减去 1)，这

[①] 原稿页面左边空白处有如下计算：

1co

1co + 1

$\frac{1}{2}$co + $\frac{1}{2}$

$\frac{1}{2}$co + $\frac{1}{2}$

$\frac{1}{4}^\square$ + $\frac{1}{2}$co + $\frac{1}{4}$ —— 100

$1^\square$ + 2co + 1 —— 400

$1^\square$ + 2co —— 399

1
3
5
7
9   第二人 R_x 400 减 1
11
13 等。 R_x 100 为 10 天

就是第三个人最后一天所行走的千步数。现在欲知其行程的天数,用最后一项除以第一项 2,即得到其天数和级数的项数。因此取 2 的平方 4,401 除以 4 为 $100\frac{1}{4}$,$\left(R_x 100\frac{1}{4}-\frac{1}{2}\right)$ 就是第三个人行程的天数,如此已计算得到 3 位同伴的行程[①]。

现在计算每天递增 4 千步的第四个人的行程天数,需要找到一个数,从 4 到这个数、公差为 4 的数列,其总和为 100,假设这个数为 1co,根据上文规则,用最后一项 1co 除以第一项 4,得 $\frac{1}{4}$co,然后用第一项 2 加上最后一项得到(1co 加 4),取其一半 $\frac{1}{2}$co 加 2,然后乘以 $\frac{1}{4}$co,得 $\left(\frac{1}{8}co^\square+\frac{1}{2}co\right)$,其等于 100,求解 $1co^\square$,将等式两边乘以 8,有 $1co^\square$ 加 4co 等于 800,取一次项系数的一半,将其平方,加上常数项,得 804,求解得到 1co 等于(R_x 804 减去 2),就是第四个人最后一天所行走的千步数。

现在欲知其行程的天数,用最后一项除以第一项,即(R_x 804 减去 2)除以 4。取 4 的平方得 16,804 除以 16 为 $50\frac{1}{4}$,然后减数 2 除以 4 为 $\frac{1}{2}$,$\left(R_x 50\frac{1}{4}-\frac{1}{2}\right)$ 就是第四个人行程的天数[②]。

---

① 原稿页面左边空白处有如下计算:
  1co
  1co+2
  $\frac{1}{2}$co+$\frac{1}{2}$co+1
  $\frac{1}{4}^\square$+$\frac{1}{2}$co———— 100
  $1^\square$+2co———— 400
  2
  4
  6
  8   R_x 401−1
  10 等第三人 R_x $100\frac{1}{4}$−$\frac{1}{2}$ 天

② 原稿页面下面空白处有如下计算:
  1co   1co+4
  $\frac{1}{4}$ $\frac{1}{2}$co+2
  $\frac{1}{8}^\square$ + $\frac{1}{2}$co———— 100
  $1^\square$ + 4co———— 800
  4
  8
  12
  16
  20 第四人 R_x 804−2
  24, 等 R_x $50\frac{1}{4}$−$\frac{1}{2}$ 天

现在来看每个人出发的日期。确认他们每个人的行程天数,并将其逐项列示[①]。第一个人行程天数为 $R_x 200\frac{1}{4}$ 减 $\frac{1}{2}$,第二个人为 10 天,第三个人为 $R_x 100\frac{1}{4}$ 减 $\frac{1}{2}$,第四个人为 $R_x 50\frac{1}{4}$ 减 $\frac{1}{2}$,以及每人最后一天的行程千步数,第一个人最后 1 天的行程千步数与行程天数相同,第二个人最后一天的行程千步数为($R_x 400$ 减 1),第三个人最后 1 天的行程千步数为($R_x 401$ 减 1),第四个人最后 1 天的行程千步数为($R_x 804$ 减 2)。

现在来看每个人将在前一个人出发后多少天出发,先计算第二个人在第一个人出发后多少天出发:将第二个人的行程天数从第一个人的行程天数中扣减,即从 $\left(R_x 200\frac{1}{4} - \frac{1}{2}\right)$ 中扣减 10,得到 $\left(R_x 200\frac{1}{4} - 10\frac{1}{2}\right)$,就是第二个人在第一个人出发后多少天出发的天数。然后看第三个人在第二个人出发后多少天出发的天数:从 10 中扣减 $\left(R_x 100\frac{1}{4} - \frac{1}{2}\right)$,得 $\left(10\frac{1}{2} - R_x 100\frac{1}{4}\right)$,就是第三个人在第二个人出发后出发的天数。再看第四个人在第三个人多少天后出发:从 $\left(R_x 100\frac{1}{4} - \frac{1}{2}\right)$ 中扣减 $\left(R_x 50\frac{1}{4} - \frac{1}{2}\right)$,得 $\left(R_x 100\frac{1}{4} - R_x 50\frac{1}{4}\right)$,就是第四个人在第三个人之后出发的天数。

如果想知道每个人在前一个人出发后多少天出发,你可以按照上述方法求解,若要验证,即确认每个人行程从第一天到最后一天的数列,根据规则计算数列和都将等于 100,通过平方根的规则、乘除处理等,计算结果均将得以验证。

【例 8-24】 一人从罗马出发去法国,每日行程 30 千步,5 天后另一人出发,每日行程 35 千步,问多少天两人将碰面。

---

① 原稿页面左边列示如下:

第一个人	$R_x 200\frac{1}{4}$ 减 $\frac{1}{2}$ 天	最后一日行程 $R_x 200\frac{1}{4}$ 减 $\frac{1}{2}$ 千步	100 千步
第二个人	10 天	最后一日行程 $R_x 400$ 减 1 千步	100 千步
第三个人	$R_x 100\frac{1}{4}$ 减 $\frac{1}{2}$ 天	最后一日行程 $R_x 401$ 减 1 千步	100 千步
第四个人	$R_x 50\frac{1}{4}$ 减 $\frac{1}{2}$ 天	最后一日行程 $R_x 804$ 减 2 千步	100 千步
第二个人	在第一个人 $R_x 200\frac{1}{4}$ 减 $10\frac{1}{2}$ 日之后出发		
第三个人	在第二个人 $10\frac{1}{2}$ 减 $R_x 100\frac{1}{4}$ 日之后出发		
第四个人	在第三个人 $R_x 100\frac{1}{4}$ 减 $R_x 50\frac{1}{4}$ 日之后出发		

解答如下：先看每天行走 30 千步的人 5 天行程多少千步：用 5 乘以 30 为 150，这就是 5 天行程千步数量，因此用 150 千步除以另一人每天多走的 5 千步，得 30，即两人碰面需要的天数。验证如下：要知道天行 35 千步的人将行走 30 天，而天行 30 千步的另一人将行走 35 天，其在 35 天的行程将等于另一人 30 天的行程。

简单的求解方法：假设两者在 1co 天碰面，现在计算在 1co 天内两人行程的千步数量：若一人日行 35 千步，1co 天行程多少？将为 35co 千步；然后看日行 30 千步的另一人，1co 日行程为 30co，已走的 5 天行程为 150 千步，总数为（30co 加 150 千步），其应等于 35co，移项有 5co 等于 150，用 150 除以 5 得 30，就是两者碰面需要的天数，结果同上，依此类推。

【例 8-25】 一个人从威尼斯去西班牙，日行 32 千步，其行走出发较另一个人多 6 天，另一个人行走了 25 天后，两者碰面，问第二个人日行多少千步。

解答如下：将 6 与 25 相加得 31，就是第一个人与另一个人碰面时已经行走的天数，计算日行 32 千步的第一个人在这个天数里的行程千步数，为 992，将其除以第二个人的行程天数 25，得 $39\frac{17}{25}$，就是第二个人的日行千步数。也可以更简单地求解，亦无误。

【例 8-26】 一个人从那不勒斯出发前往加泰罗尼亚，日行千步数未知，但在其出发 4 天后，另一人出发，日行 35 千步，20 天后两者碰面，问第一个人日行多少千步。

解答如下：计算日行 35 千步的第二个人 20 天的行程千步数，为 700，已知第一个人提前 4 天出发，用 700 除以 24，得 $29\frac{1}{6}$，就是第一个人日行的千步数。

【例 8-27】 两人行路，一个人在前 25 千步，日行 25 千步，另一个人第一天行走 1 千步，第二天行走 2 千步，第三天行走 4 千步，第四天行走 8 千步，如此，每天行走的步数总是前一天行程的双倍，问二人何时碰面。

要知道这种双倍递增的类似问题，并无规则可以计算数列项数，需要用任意一个假设条件，一项项摸索尝试。假设二人 7 天碰面，因此第一个人 7 天行程 175 千步，加上提前的 25 千步，共 200 千步。现在计算第二个人：计算 7 天的行程，即第一天 1 千步，第二天 2 千步，第三天 4 千步，如此递增，7 天总行程为 127，相比 200 千步仍不足。

因此来计算第八天的行程，假设第一个人行程为 200 及第八天的 25co 千步，因为其开始了第八天的行走但可能未行走完一整天。同样，另一个人第八天行走 128co 千步，因为第八天的行程是第七天 64 的双倍，为 128，因此有（200 加 25co）等于（127 加 128co），移项有 103co 等于 73，用 73 除以 103 为 $\frac{73}{103}$，加上 7，为 $7\frac{73}{103}$ 天，即二人在这么多天时会碰面,用你的方法验算,将无误①。

接下来将讨论与前文所展示的不一样的级数,其没有类似的公差,而是以相同的比例变化,这样的级数被称为几何级数而非算术级数,因此其计算法则与前文不同,对于其提出这样的法则:类似上文所提及的双倍递增级数总和的计算,将第一项从最后一项中扣除,将余数加上最后一项,将得到级数的和。

【例 8-28】 从 1 到 64 双倍递增的数列即 1,2,4,8,16 等,将第一项 1 从最后一项 64 中扣减得到 63,将其加上最后一项 64,得 127,就是 1 到 64 这个数列的总和。

若求解从 2 到 64 双倍递增的数列和,即 2,4,8,16,32 等,将第一项 2 从最后一项 64 中扣除,得到 62,加上 64,得 126,即这个双倍递增数列的总和。这样的数列无论从任何数开始,运用该法则计算均无误。例如,4 到 64 的双倍递增数列,64 扣除 4 为 60,加上 64,为 124,即其总和;10 到 160 的双倍递增数列,160 扣除 10 为 150,加上 160 为 310,即为 10 到 160 双倍递增数列的和。

【例 8-29】 对于三倍递增级数,须将第一项从最后一项中扣除,再取半,加在最后一项上,即得到级数的总和。例如,2 到 162 三倍递增数列,即 2,6,18,54,162,将第一项 2 从最后一项即 162 中扣除,余 160,取其一半得 80,再加上最后一项 162,得 242,就是其总和。

对于四倍递增级数,须将第一项从最后一项中扣除,再取其 $\frac{1}{3}$,加在最后一项上,即得到级数的总和。例如,2 到 128 四倍递增数列,即 2,8,24,128,将第一项即 2 从最后一项即 128 中扣除,余 126,取其 $\frac{1}{3}$ 为 42,再加上最后一项 128,得 170,就是其总和。

对于五倍递增级数,必须取剩余值的 $\frac{1}{4}$ 加在最后一项上,将得到级数的总和。六倍递增级数则取剩余值的 $\frac{1}{5}$ 加在最后一项上,将得到级数的总和,依此类推至无穷,

---

① 在原稿页面右边空白处有如下内容:
在这些类似问题中,有必要弄清楚每个人的行程日数,或者它们将是相等的,或者没有在若干(整数)天全部同时到达,即可能存在不是在一整日(同时到达)的情况,这样对于不足一整天的部分,有必要将其假设为 1co,如上文,7 天其行程 175 千步,另一人第一天只走 1 千步,第二天 2 千步,第三天 4 千步等,其 7 天行程 127 千步,由此可发现要考虑第八天(需要分割进行),假设(第八天)每个人行程时间为 1co,这样就可以将一天转换为一个(可以分割的)时间。

根据三数法则:若日行 25 千步的人走了 25 千步,1co 天行走多少?通过乘除处理,得 25co 千步,然后将 7 天行程 175 千步加上,得(175 加 25co)。再计算另一人:因为第 7 天的行程是 64,因此第八天行程为 128 千步,计算 1co 天的行程,问:若日行 128 千步,1co 行程多少?得 128co 千步,加上 127,得(127 加上 128co),其应等于(175 加 25co),移项计算,将得到 1co 为 $\frac{73}{103}$ 天。如此,当日行程为前一日行程的 4 倍时,也依此类推。

这对于几何级数的解答而言就足够了。

现在讨论对于超特定[①]的级数即倍半$\left(\dfrac{3}{2}\right)$递增级数的超特定法则。注意，在所有倍半递增级数中，必须始终将第一项的双倍从最后一项的三倍中扣除，将得到整个级数的总和。例如，从 2 到 $6\dfrac{3}{4}$ 的倍半递增数列，即 $2, 3, 4\dfrac{1}{2}, 6\dfrac{3}{4}$，后一项是前一项的一倍半，必须取第一项 2 的双倍 4，最后一项的三倍为 $20\dfrac{1}{4}$，将 4 从 $20\dfrac{1}{4}$ 中扣除，得 $16\dfrac{1}{4}$，就是 2 到 $6\dfrac{3}{4}$ 倍半递增数列的总和。

在 $\left(\dfrac{4}{3}\right)$ 递增级数中，须总是取第一项的三倍，将其从最后一项的四倍中扣减，剩余数即为数列和。例如，3 到 $5\dfrac{1}{3}$ 的 $\left(\dfrac{4}{3}\right)$ 递增数列，取第一项 3 的 3 倍，将其从最后一项的 4 倍中扣减，余 $12\dfrac{1}{3}$，就是数列和。如此，在 $\left(\dfrac{5}{4}\right)$ 递增级数中，须取第一项的 4 倍，从最后一项的 5 倍中扣除，依此类推至无穷，形成其他问题及其解答。

---

① 超特定（Superparticular）数是由古代数学家和音乐理论家尼科马库斯（Nicomachus）（公元 60—120 年）在其著作《算术入门》（*Introduction to Arithmetic*）中提出的，被应用在音乐理论及视觉和谐度的研究中，许多音程可以表示为超特定数的比例。——译者注

第九部分

利用假设条件的方法及超额和缺额的规则求解

在这部分中，我理所应当地应向你展示"假设条件"[①]主题，其实用价值留待应用它的人去评述，但若缺乏假设条件及化繁为简的法则，将会有无穷尽难以解决的账目，因此接下来我打算讨论相关主题，若你学会应用，将能举一反三，解答很多类似问题。

在讨论之前，有必要指出，这些假设条件分为两种：一种被称为第一假设条件，另一种被称为第二假设条件。或者按照一些人的说法，（用这种方法解答相应问题时）一个假设条件总是有另一个与之相配。当通过假设条件来求解未知数，而所得并非所需时，就同下文我将展示的那样，通过改变假设条件来求解；当第一次假设未能得解，就必须要进行第二次假设，然后通过十字交叉相乘来求解。

对于第一假设条件，除我上文所述，没有给出其他任何规则，但对于第二假设条件，有四条规则，实质上是三条[②]，被称为超额和缺额[③]的规则。第一个规则：（依据两个假设条件所得的结果与应有结果之间出现）缺额和缺额时，即当依据第一假设条件得到的结果少于应有结果，而依据第二假设条件也出现缺额时，总是用一个扣减另一个，将剩余数作为除数；超额和超额情况的处理同缺额和缺额情况一样，使用一个扣减另一个后的剩余数作为除数；同时出现缺额和超额则总是相加，即当依据一个假设条件得到的结果多于应有结果，而依据另一个条件得到的结果少于应有结果时，必须将缺额和超额相加，其和作为除数，然后进行十字交叉相乘等。出现超额和缺额的情况也是进行相加处理。

通过假设条件，利用上述规则可以很好地计算求解，但必须始终小心谨慎，否则你的计算可能在某些时候让你蒙羞。

---

① "假设条件"的方法是指根据题目给出的已知条件来求解未知数的方法，即通过假设未知数，得到一个结果，根据结果与题目条件的差距即"超额"和"缺额"，利用线性插值法来求解的方法。——译者注。
② 四条规则分别是：当第一条件缺额、第二条件缺额时的规则；当第一条件超额、第二条件超额时的规则；当第一条件缺额、第二条件超额时的规则；当第一条件超额、第二条件缺额时的规则；但由于后两个规则的处理方法完全一致，因而算作一条规则。——译者注。
③ 所谓超额和缺额，是指假设条件的结果与实际结果之间的差距，多则称超额，少则称为缺额。——译者注。

【例 9-1】 我们首先要讨论第一假设条件,随后讨论第二假设条件。一人以若干弗罗林的价格购买了一颗宝石,然后以 50 弗罗林的价格卖掉,算账后发现每弗罗林赚得 $3\frac{1}{3}$ 索尔迪,问他购买宝石花费多少。

依你所愿,假设其成本,但为减少麻烦应避免分数。现在假设成本为 30 弗罗林,已知其以 50 弗罗林的价格卖出且每弗罗林赚得 $3\frac{1}{3}$ 索尔迪,来计算 30 弗罗林可赚得多少。

问:若每弗罗林赚得 $3\frac{1}{3}$ 索尔迪,30 弗罗林赚得多少?计算得到 100 索尔迪,换算为 1 弗罗林[1],将其加在投入资本即 30 弗罗林上,得到 31,而题中销售价格为 50,因此若 31 对应得到的 50,那么 30 就对应其成本。

因此问:若 31 对应 50,那么其成本 30 对应多少花费?用 50 乘以 30,为 1 500,除以 31,得 $48\frac{12}{31}$,即其成本为 $48\frac{12}{31}$ 弗罗林,销售价格 50 弗罗林,每弗罗林赚得 $3\frac{1}{3}$ 索尔迪。验证如下:若每弗罗林赚得 $3\frac{1}{3}$ 索尔迪,那么 $48\frac{12}{31}$ 弗罗林赚得多少?通过乘除处理并换算货币单位,结果为赚得 $1\frac{19}{31}$ 弗罗林,加上其成本正好得 50 弗罗林。

【例 9-2】 一人以每磅 9 弗罗林价格购买合金度为 8 的白银,现欲购买 20 磅合金度为 10 的白银,问每磅将花费多少弗罗林。

如你所愿,假设这 20 磅白银的成本,假定成本为 80 弗罗林,用其除以 20,得合金度为 10 的白银每磅花费 4 弗罗林,已知合金度为 8 的白银每磅价值 9 弗罗林,问:若纯度[2]为 10 的白银的成本是 4 弗罗林,那么纯度为 8 的白银成本是多少?将得到结果 $3\frac{1}{5}$。

已知纯度为 8 的白银每磅成本为 9 弗罗林,因此问:若 $3\frac{1}{5}$ 对应 9,那么 80 对应多少?用 9 乘以 80,为 720,用其除以 $3\frac{1}{5}$,得 225,就是纯度为 10 的白银按照纯度为 8 的白银的价值,20 磅所对应的成本(弗罗林数量),欲知每磅成本,问:若 20 磅成本为 225 弗罗林,1 磅成本为多少?将得到 $11\frac{1}{4}$ 弗罗林,解毕。

---

[1] 原稿页面空白处注明:在佩鲁贾 1 弗罗林等于 100 索尔迪。
[2] 按照本作品第六部分的界定,合金度与纯度意思一致。——译者注

【例9-3】 一人以每磅11弗罗林价格购买合金度10的白银,欲购买25磅其他合金度的白银,总成本200弗罗林,问其合金度是多少。

如你所愿,假设其合金度为8,按合金度10的白银来计算其成本,问:若纯度10的白银价值11弗罗林,那么纯度8的白银价值多少?用11乘以8,为88,用88除以10,得$8\frac{4}{5}$,就是纯度8的白银每磅价值的弗罗林数量。已知将购买25磅,现在计算其价值,问:若每磅价值$8\frac{4}{5}$,那么25磅价值多少?用$8\frac{4}{5}$乘以25再除以1,得220,就是25磅纯度8的白银所价值的弗罗林数量。

已知其成本为200,因此问:若220对应200,那么合金度8对应多少?用200乘以8得1 600,用1 600除以220,得$7\frac{3}{11}$,即为其合金度。同上验证:若10对应成本11,$7\frac{3}{11}$对应的成本是多少?通过乘除计算,得8,即为合金度$7\frac{3}{11}$的白银每磅价值的弗罗林数量,其25磅正好价值200弗罗林。

同样可以解答不同克拉黄金的价值问题,将其分成已知和未知的两部分,然后使用上述方法解答,如同下面的问题([例9-4]和[例9-5])。

【例9-4】 合金度$11\frac{1}{2}$的白银每磅10弗罗林,一人欲花费120弗罗林购置16磅白银,问其纯度将为多少?

与上同解,将得到纯度$8\frac{5}{8}$。

【例9-5】 纯度8的白银每磅价值9弗罗林,50弗罗林$5\frac{1}{2}$磅的白银的纯度是多少?

与上同解,得到纯度$8\frac{8}{99}$,依此类推。

【例9-6】 一人将300弗罗林存放银行若干时间,年利率为8%,其得到本息和为460弗罗林,问其存放了多长时间。

先将每弗罗林年息8%换算为每月所赚,或者是每里拉每月所赚,即每年赚得多少对应每里拉或每弗罗林每月赚得多少。

当需要将年利率的百分之多少换算为每里拉每月的利息数时,我提出一个重要之极且你可验证永无误的法则:总是将每百单位年赚的(里拉)数量除以5,所得商就是每里拉每月所赚德纳里的数量。这样,对于弗罗林,总是将每百单位所赚数量除以5,就将得到每弗罗林每月所赚金德纳里的数量。

若你想要计算每金弗罗林每月所赚的德纳里数量,如我在货币兑换中所述的那样,5 金弗罗林价值 25 弗罗林,20 金币索尔迪价值 100 索尔迪,1 金币索尔迪价值 5 索尔迪。计算每弗罗林年赚数量和每里拉的结果是相同的,为了更好地理解,我们假设每百里拉年赚 5(里拉),若要求解每里拉每月所赚,将 5 除以 5 为 1,则每里拉每月赚得 1 德纳里,换算为 100 里拉年赚数量则正好是 5 里拉[①]。

对于每年 8% 的利息率,用 8 除以 5,得 $1\frac{3}{5}$,即每里拉每月的利息为 $1\frac{3}{5}$ 德纳里,100 里拉一年赚得利息 8 里拉,如此可知每里拉每月所赚的利息。弗罗林和里拉的利息计算也一样,其每百单位每年所赚得的与里拉一致,因为若 100 里拉年本息 108(里拉),100 弗罗林年本息也是 108(弗罗林),若每年利率是 7% 或 9% 也是一样的,后文将验证。

这样当已知百分比利率时,若要计算弗罗林每月利息,同样处理:例如,300 弗罗林,年利率为 5%,用 5 除以 5 得 1,用弗罗林的价值来表达利率,(每弗罗林每月利息)将为 1 金币德纳里,因为 1 弗罗林价值 1 金币里拉,而 1 金币里拉月利息为 1 金币德纳里,若年利率更高,则这个德纳里数量亦更高,若其单位为金币,则德纳里的单位也为金币,若为弗罗林也是一样。因此每弗罗林月息为 1 金币德纳里,因为其价值 1 金币里拉。记住这个规则,很多时候你将会使用其来处理利息账目。

现在来看前文所述年利 8% 的利息账目,其每里拉每月利息 $1\frac{3}{5}$,使用其可以计算任何期望年数的利息,假定计算 1 年期利息,其为 12 个月,计算 300 弗罗林所赚得的利息,已知每里拉每月利息 $1\frac{3}{5}$ 德纳里,这样每弗罗林每月利息为 $1\frac{3}{5}$ 金币德纳里,先计算每弗罗林年利息:用 12 乘以 $1\frac{3}{5}$,得到金币的 1 索尔迪 $7\frac{1}{5}$ 德纳里,那么计算 300 弗罗林年利息,问:若每弗罗林年赚金币的 1 索尔迪 $7\frac{1}{5}$ 德纳里,那么 300 弗罗林年赚多少利息?将得到 24 弗罗林[②]。

加上其资本得 324,而期望本息 460,因此应赚得利息 160 弗罗林,其对应 24 弗罗林,问:若 24 弗罗林对应 160,那么 12 个月对应多少?用 160 乘以 12 为 1 920,除以

---

① 每里拉每月赚得 1 德纳里,则每里拉每年赚得 12 德纳里,100 里拉年赚 1 200 德纳里,每里拉等于 240 德纳里,用 1 200 除以 240 得 5,则每百里拉年赚 5 里拉。——译者注。

② 即 300 乘以 1 金币索尔迪 $7\frac{1}{5}$ 德纳里,为 300 金币索尔迪 2 160 德纳里,每金索尔迪价值 12 金德纳里,因此共为 480 金索尔迪,每金里拉价值 20 金索尔迪,因此为 24 金里拉,每弗罗林价值 1 金里拉,因此利息为 24 弗罗林。——译者注。

24,得 80,这就是其应该存放在银行的时间,以年利率 8% 将获得本息 460,存放期限即 6 年 8 个月。

验证如下:在上述期限内,300 弗罗林以单利正好赚得利息 160 弗罗林,如此总是可以解答,如年利率为 13%、20% 等,或使用不同货币,如里拉或弗罗林、杜卡迪、索尔迪、德纳里等,但总是需要将本息以同样货币单位进行计量。

【例 9-7】 一人计划做一件衣服,找到裁缝,其中一人需要 8 天完工,另一人需要 10 天完工。此人希望能更快,去找到另一个只需 4 天完工的裁缝,想让 3 个裁缝一起工作,问需要多少天完工。

假设完工天数为某一个数量,为了减少繁琐,这个数最好能乘以 $\frac{1}{10}$、$\frac{1}{8}$ 和 $\frac{1}{4}$ 仍得到整数,这样取 40,现在来看每个人在 40 天能做多少衣服,对于 10 天能做一件的人,40 天可做 4 件;8 天做一件的人能做 5 件;4 天做一件的人能做 10 件。将这些数量即 4、5、10 加总为 19,即 40 天能做的总量,而期望做一件衣服,问:若 19 来自 40,1 来自多少?用 1 乘以 40 得 40,用 40 除以 19 得 $2\frac{2}{19}$,即为三人一起做一件衣服所需的天数。

【例 9-8】 一人有若干弗罗林,其 $\frac{1}{2}$、$\frac{1}{3}$ 和 $\frac{1}{4}$ 加总得 50 弗罗林,问其有多少弗罗林。

按你所愿,假设一个数量,为避免繁琐,这个数最好能被上述分母数整除,比如 12 和 24,现在假设这个数为 24,其 $\frac{1}{2}$ 为 12,$\frac{1}{3}$ 为 8,$\frac{1}{4}$ 为 6,加总为 26,而实际为 50,问:若 26 对应 50,24 对应多少?用 24 乘以 50 得 1 200,用 1 200 除以 26 得 $46\frac{2}{13}$,就是其所拥有的弗罗林数量。

【例 9-9】 每匹布价值 17 里拉 5 索尔迪,问多少匹布价值 100 里拉?

按你所愿,假设有 4 匹布,每匹布价值 17 里拉 5 索尔迪,则 4 匹布价值 69 里拉,而实际是 100 里拉,问:若 69 对应 100,4 对应多少?用 100 乘以 4 得 400,用 400 除以 69,得 $5\frac{55}{69}$,即价值 100 里拉的布匹数。

【例 9-10】 求解一个数字,其 $\frac{1}{5}$ 和 $\frac{1}{4}$ 加总为 12。

按你所愿,假设这个数字,假定其为 20,其 $\frac{1}{5}$ 为 4,其 $\frac{1}{4}$ 为 5,加总为 9,实际为 12,

问：若9对应12,20对应多少？12乘以20得240,240除以9得$26\frac{2}{3}$，其$\frac{1}{5}$和$\frac{1}{4}$加总为12。

【例9-11】 求解一个数字，其扣除自身的$\frac{1}{2}$、$\frac{1}{3}$和$\frac{1}{8}$后剩余24。

按你所愿，假设这个数字为48，其$\frac{1}{2}$为24，其$\frac{1}{3}$为16，其$\frac{1}{8}$为6，加总为46，从48中扣除，余2，实际剩余为24，因此问：若2对应24,48对应多少？用24乘以48得1 152，用1 152除以2，得576，这个数字扣除其$\frac{1}{2}$、$\frac{1}{3}$和$\frac{1}{8}$后剩余24。

验证如下，其$\frac{1}{2}$为288，$\frac{1}{3}$为192，$\frac{1}{8}$为72，加总为552，从576中扣除552，剩余为24，依此类推。

【例9-12】 一个人想碾磨25柯贝(corbe)①谷子，他找到一个磨坊主，8天可磨完。但他想更快，找到另一个人，6天可磨完，还有一人3天可磨完。他想所有的人一起磨，问需要多少天才能磨完。

如你所愿，假定日数，假设为24日，现在看8天磨完的磨坊主在24天能磨完几次，为3次；6天的可磨完4次；3天的可磨完8次，将三者即3、4、8相加为15，即3位在24天可磨完15次，而实际想磨完1次，问：若15对应1,24对应多少？用1乘以24得24，用24除以15，得$1\frac{3}{5}$，即3人一起工作可在$1\frac{3}{5}$天磨完一次。

【例9-13】 一个数，取其$\frac{1}{3}$和$\frac{1}{4}$加在自身上，和为21，问这个数是多少。

如你所愿，假设这个数字为12，其$\frac{1}{3}$为4，其$\frac{1}{4}$为3，加总4、3和12，得19，而期望为21，问：若19对应21,12对应多少？用12乘以21，得252，用252除以19，得$13\frac{5}{19}$，这个数的$\frac{1}{3}$和$\frac{1}{4}$加上其自身正好得21。

【例9-14】 一人掘井，找到两位掘井人，其中一个人8天能完成，另一个人15天完成，他想让两位一起干活，问需要多少天完成。

如你所愿，假设天数为24天，现在计算8天完工的人可完工几次，为3次；然后计算15天完工的人24天可完工几次，为$1\frac{3}{5}$次；将两者相加，得$4\frac{3}{5}$，即24天两人可

---

① 博洛尼亚干燥货物及液体的容积单位，1柯贝约等于78.6升。——译者注。

挖掘完工的次数,而期望完工 1 次,问:若 $4\frac{3}{5}$ 对应 1,那么 24 对应多少？用 24 乘以 1 再除以 $4\frac{3}{5}$,得 $5\frac{5}{23}$,即这么多天即可挖掘完工。

【例 9-15】 一人售卖羊毛,每百单位 20 里拉,每百单位赚 10,问羊毛每百单位成本是多少。

【例 9-16】 一人售卖茜草红,每百单位卖 30 里拉,每百单位赚 20,问其成本是多少。

【例 9-17】 一人售卖小茴香,每百单位卖 30 里拉,每百单位损失 20,问其成本是多少。

这些类似的商业问题,你都能通过第一假设条件来求解。

【例 9-18】 找到一个数,5 是其 $\frac{2}{3}$。

如你所愿,假设其数量为 6,其 $\frac{2}{3}$ 为 4,但实际为 5,问:若 4 对应 5,那么 6 对应多少？用 5 乘以 6 得 30,用 30 除以 4 得 $7\frac{1}{2}$,5 是这个数字的 $\frac{2}{3}$。验证:取 $7\frac{1}{2}$ 的 $\frac{2}{3}$,为 5。

【例 9-19】 找到一个数,$6\frac{1}{2}$ 是其 $\frac{3}{4}$。

与上同解,如你所愿,假设其数量为 8,其 $\frac{3}{4}$ 为 6,而实际为 $6\frac{1}{2}$,问:若 6 对应 $6\frac{1}{2}$,8 对应多少？8 乘以 $6\frac{1}{2}$,得 52,用 52 除以 6,得 $8\frac{2}{3}$,$6\frac{1}{2}$ 是这个数字的 $\frac{3}{4}$,取 $8\frac{2}{3}$ 的 $\frac{3}{4}$ 得到 $6\frac{1}{2}$。

【例 9-20】 找到一个数,它加在自身的 $\frac{3}{4}$ 上得 $6\frac{1}{2}$。

假设其为 8,加上 $\frac{3}{4}$ 为 $8\frac{3}{4}$,而实际应为 $6\frac{1}{2}$,因此问:若 $8\frac{3}{4}$ 对应 $6\frac{1}{2}$,那么 8 对应多少？用 8 乘以 $6\frac{1}{2}$,得 52,用 52 除以 $8\frac{3}{4}$,得 $5\frac{33}{35}$,但这并非是题设要求的数①。

因此必须另行解答如下:找到一个数,它加在自身的 $\frac{3}{4}$ 上为 $6\frac{1}{2}$,假设这个数为 4,取

---

① 因为其第一步加上的是 $\frac{3}{4}$ 而非 8 的 $\frac{3}{4}$,由此导致计算错误。——译者注。

其 $\frac{3}{4}$ 得 3,3 加上其自身为 7,而实际应为 $6\frac{1}{2}$,因此问：若 7 对应 $6\frac{1}{2}$,4 对应多少？用 $6\frac{1}{2}$ 乘以 4,得 26,用 26 除以 7,得 $3\frac{5}{7}$,这个数加上其自身的 $\frac{3}{4}$ 正好为 $6\frac{1}{2}$。

【例 9-21】 一人欲碾磨 100 斯塔①小麦,有 3 个磨坊,一个磨坊比另一个磨坊工作速度快,一个磨坊需 10 日磨完,一个磨坊需要 5 天磨完,另一个磨坊需要 4 天磨完,其期望所有磨坊一起工作,问多少日可以磨完,每个磨坊应投入多少斯塔小麦以使所有磨坊同一时间磨完。

以多种方法来解答这个及类似问题。首先计算时间,其次计算小麦的分配。如你所愿,假设天数为 20 天,现在计算 3 个磨坊在 20 天可磨完多少次：若 10 天磨完 1 次,那么 20 天将磨完 2 次;5 天磨完 1 次的将磨完 4 次;4 天磨完 1 次的将磨完的 5 次,加总 2、4、5 得 11 次,而期望 1 次磨完,因此问：若 11 对应 1,20 天对应多少？用 1 乘以 20 再除以 11,得 $1\frac{9}{11}$,就是所有磨坊一起工作的天数。

另一种方法：10 天可磨完的磨坊,每天可碾磨多少小麦？计算可知,10 天磨完的磨坊日磨 10 斯塔,5 天磨完的日磨 20 斯塔,4 天磨完的日磨 25 斯塔,现在将三者即 10、20、25 相加,得 55 斯塔,而实际为 100 斯塔,将其除以 55,得 $1\frac{9}{11}$,即在 $1\frac{9}{11}$ 天可一起磨完,结果同上,简单明了。

现在来计算每个磨坊投入的小麦斯塔数量,这个问题也可以使用多种方法解答。问：若 10 天磨完的磨坊在 10 天消耗 100 斯塔,在 $1\frac{9}{11}$ 天消耗掉多少斯塔？用 100 乘以 $1\frac{9}{11}$ 再除以 10,得 $18\frac{2}{11}$,就是必须投入 10 天可磨完的磨坊的小麦斯塔数量。然后同样求解其他磨坊投入量：若 5 天磨完 100,$1\frac{9}{11}$ 天将磨完多少斯塔？通过乘除处理得到将磨完 $36\frac{4}{11}$ 斯塔,即应投入的数量。同样求解可知,必须投入 4 天可磨完的磨坊的数量为 $45\frac{5}{11}$ 斯塔,解毕。也可以使用其他方法求解,即问：若 55 斯塔对应 100,10 对应多少。

【例 9-22】 一只狮子 $\frac{1}{4}$ 小时吃掉一只小羊,其他动物吃掉一只小羊的时长分别

---

① 意大利传统的最重要的谷物衡量单位,其容量因地而异,从 20 升到 83 升不等。——译者注

为：猎豹 $\frac{1}{3}$ 小时，狼 $\frac{1}{2}$ 小时，狗 $\frac{3}{4}$ 小时，问这 4 只动物一起吃 2 只小羊，多少小时吃完，每只动物吃掉多少？

与上同解，如你所愿，假定 1 小时吃完，现在来看 4 只动物 1 小时吃掉几只小羊：一只狮子 $\frac{1}{4}$ 小时吃掉 1 只，因此 1 小时吃掉 4 只；猎豹 $\frac{1}{3}$ 小时吃掉 1 只，因此 1 小时吃掉 3 只；狼 $\frac{1}{2}$ 小时吃掉 1 只，因此 1 小时吃掉 2 只；狗 $\frac{3}{4}$ 小时吃掉 1 只，因此 1 小时吃掉 $1\frac{1}{3}$ 只。

现在看（1 小时）共吃掉多少只小羊，即狮子吃掉 4 只，猎豹吃掉 3 只，狼吃掉 2 只和狗吃掉 $1\frac{1}{3}$ 只，总计 $10\frac{1}{3}$ 只，这就是 4 只动物 1 小时吃掉的小羊数量。欲知多长时间吃掉两只，问：若 $10\frac{1}{3}$ 对应 2，那么 1 小时对应多长时间？用 2 乘以 1 再除以 $10\frac{1}{3}$，得 $\frac{6}{31}$，这就是吃掉 2 只羊的时间小时数。或者问：若 $10\frac{1}{3}$ 只在 1 小时吃完，那么 2 只在多长时间吃完？2 乘以 1 再除以 $10\frac{1}{3}$，亦得 $\frac{6}{31}$。

现在求解每只动物吃掉多少，解答如下：首先计算狮子，问：若 $\frac{1}{4}$ 小时吃掉 1 只，$\frac{6}{31}$ 小时吃掉多少？得 $\frac{24}{31}$，就是狮子吃掉的小羊数量。对于猎豹，问：若 $\frac{1}{3}$ 小时吃掉 1 只，$\frac{6}{31}$ 小时吃掉多少？得 $\frac{18}{31}$。对于狼，问：若 $\frac{1}{2}$ 小时吃掉 1 只，$\frac{6}{31}$ 小时吃掉多少？得 $\frac{12}{31}$。对于狗，问：若 $\frac{3}{4}$ 小时吃掉 1 只，$\frac{6}{31}$ 小时吃掉多少？得 $\frac{8}{31}$，这就是每只动物吃掉的小羊数量。

验证，将上述数量加总，即狮子的 $\frac{24}{31}$，猎豹的 $\frac{18}{31}$，狼的 $\frac{12}{31}$，狗的 $\frac{8}{31}$，合计正好等于 2，或多或少皆误，证毕。

【例 9-23】 一人欲建造一间房屋，找到一位建筑师，建造需 30 天，为了激励建筑师有意愿持续工作，其与建筑师达成如下条约：工作 1 天可赚得 18 索尔迪，1 天不工作则损失 16 索尔迪，满 30 天后，建筑师工作和不工作各若干天，将其赚得和损失相加，建筑师所得为零，问其工作了几天？不工作了几天？

本题可这样表述：要找到两个数，一个数乘以 18 等于另一个数乘以 16，两个数相加等于 30;或者将 30 分成两部分,一个数乘以 18 等于另一个数乘以 16。现在如你所愿,假设一个数,首先将其乘以 18,然后用乘积除以 16,就得到另一个数,该数乘以 16 应该等于前一数乘以 18。

假定一个数为 8,因此,用 8 乘以 18 为 144,除以 16 得另一个数即 9,因此有 8 乘以 18 等于 9 乘以 16,乘积均为 144,而这两个数字相加应该等于 30,因此问:若 17 对应 30,8 对应多少,用 8 乘以 30 为 240,除以 17,得 $14\frac{2}{17}$,就是建筑师工作的天数,即 $14\frac{2}{7}$ 日,从 30 中将其减去 $14\frac{2}{17}$ 得 $15\frac{15}{17}$,就是不工作的天数。也可以根据法则计算,如同前问:若 17 对应 30,9 对应多少,亦可得到 $15\frac{15}{17}$。

验证如下:首先计算 $14\frac{2}{17}$ 日以每日赚得 18 索尔迪,能赚得多少,可得收益为 $254\frac{2}{17}$,再看 $15\frac{15}{17}$ 日以每日损失 16 索尔迪,损失多少,正好也得到 $254\frac{2}{17}$,即所赚得与所损失两者相等,其将免费得到房屋。当然,知道如何计算这类账目才是重要的。

【例 9-24】 有两个数字,其中一个的 $\frac{1}{2}$ 与其 $\frac{1}{3}$ 的和与另一个数字的 $\frac{1}{4}$ 与其 $\frac{1}{5}$ 的和相同,问分别是哪两个数字。

要注意,有多个数字能够满足题设要求,其中一个数字较大,另一个较小。我们可不使用代数,用两种方法来解答。第一种方法这样求解:如你所愿,假设一个数,取其 $\frac{1}{2}$ 和 $\frac{1}{3}$,假定该数为 6,其 $\frac{1}{2}$ 为 3,$\frac{1}{3}$ 为 2,加总为 5,先置于此。然后找到一个数,其 $\frac{1}{4}$ 和 $\frac{1}{5}$ 相加得到 5,同样如你所愿假设一个数,假定是 20,取其 $\frac{1}{4}$ 为 5,$\frac{1}{5}$ 为 4,加总得 9,而期望结果为 5,因此问:若 9 对应 5,20 对应多少?用 5 乘以 20 得 100,用 100 除以 9 得 $11\frac{1}{9}$,这就是另一个数字。

验证如下:取 $11\frac{1}{9}$ 的 $\frac{1}{4}$,为 $2\frac{7}{9}$,取其 $\frac{1}{5}$,为 $2\frac{2}{9}$,加总得到 5,证毕。这样可以验证你所假定的条件比如 6、12 等的更多数字。

另外一种方法是将两个部分的比例相加:将 $\frac{1}{2}$ 和 $\frac{1}{3}$ 相加得到 $\frac{5}{6}$,将 $\frac{1}{4}$ 和 $\frac{1}{5}$ 相加得 $\frac{9}{20}$。现在进行十字交叉相乘即:6 乘以 9 得 54,该数字属于 $\frac{1}{4}$ 和 $\frac{1}{5}$ 这一边,然后用 5

乘以 20 得 100，其属于 $\frac{1}{2}$ 和 $\frac{1}{3}$ 这一边，现在你已经找到了两个数，但要注意这两个数的"所属"是交换了的，即属于 $\frac{1}{4}$ 和 $\frac{1}{5}$ 这一边的数，满足 $\frac{1}{2}$ 和 $\frac{1}{3}$ 的条件，而属于 $\frac{1}{2}$ 和 $\frac{1}{3}$ 这一边的数，满足 $\frac{1}{4}$ 和 $\frac{1}{5}$ 的条件，因此有 54 的 $\frac{1}{2}$ 和 $\frac{1}{3}$ 相加得 45，100 的 $\frac{1}{4}$ 和 $\frac{1}{5}$ 相加也得到 45。

此方法可以用来解答涉及多个比例的问题。例如，找到两个数，一个数的 $\frac{1}{2}$、$\frac{1}{3}$、$\frac{1}{4}$ 相加等于另一个数的 $\frac{1}{5}$、$\frac{1}{6}$、$\frac{1}{7}$ 相加等，同样，一个数的 $\frac{1}{3}$、$\frac{1}{4}$ 相加等于另一个数的 $\frac{1}{5}$、$\frac{1}{6}$、$\frac{1}{7}$ 相加等，可以使用上文的第一种方法先求解第一个数字然后再根据其计算第二个数字，如同上文的 6 和 20，但更简捷的方法是使用十字交叉相乘的方法，但要注意两者之间的交换关系[①]。

【例 9-25】 若 7 的 $\frac{1}{2}$ 对应 3，那么 9 的 $\frac{1}{2}$ 对应多少。

解答如下： 取 7 的 $\frac{1}{2}$ 为 $3\frac{1}{2}$，然后取 9 的 $\frac{1}{2}$ 为 $4\frac{1}{2}$，问：若 $3\frac{1}{2}$ 对应 3，$4\frac{1}{2}$ 对应多少？通过乘除处理得到 $3\frac{6}{7}$，因此，当 $3\frac{1}{2}$ 对应 3，$4\frac{1}{2}$ 将对应 $3\frac{6}{7}$，依此类推，比如：16 的 $\frac{1}{3}$ 对应 5，11 的 $\frac{1}{4}$ 对应多少；又如，若 18 的 $\frac{1}{5}$ 对应 23 的 $\frac{1}{6}$，25 的 $\frac{1}{7}$ 对应多少；再如，若 13 的 $\frac{1}{2}$、$\frac{1}{3}$ 对应 17 的 $\frac{1}{4}$、$\frac{1}{5}$，那么 29 的 $\frac{1}{6}$、$\frac{1}{7}$ 对应多少。

如此便可使用上文方法，求解所遇到的类似问题。

【例 9-26】 若 5 的 $\frac{1}{2}$ 对应 3，那么 5 对应哪个数的 $\frac{1}{4}$。

解答如下： 计算 5 是哪个数的 $\frac{1}{4}$，为 20。然后取 5 的 $\frac{1}{2}$，为 $2\frac{1}{2}$，因此问：若 $2\frac{1}{2}$

---

① 原稿页面空白处有如下计算：

$\frac{1}{2} \times \frac{1}{3}$ $\qquad$ $\frac{1}{4} \times \frac{1}{5}$

100 54 $\qquad\qquad$ 27 25

$\frac{5}{6} \times \frac{9}{20}$ $\qquad$ $\frac{18}{45}$ $\frac{20}{45}$

对应 3,那么 20（其 $\frac{1}{4}$ 为 5）对应多少？用 3 乘以 20 得 60,60 除以 $2\frac{1}{2}$,得 24,5 对应这个数的 $\frac{1}{4}$,依此类推,注意不要被诡辩所迷惑。

【例 9-27】 若 $\frac{1}{3}$ 对应 $\frac{1}{5}$ 的 $\frac{1}{2}$,那么哪个数的 $\frac{1}{5}$ 对应 $\frac{1}{4}$？

解答如下： 若 $\frac{1}{3}$ 对应 $\frac{1}{5}$ 的 $\frac{1}{2}$,那么 $\frac{1}{5}$ 就对应 $\frac{2}{3}$,以这样的方法来验证：已知 $\frac{1}{5}$ 的 $\frac{1}{2}$ 是 $\frac{1}{10}$,其对应 $\frac{1}{3}$,因此问：若 $\frac{1}{10}$ 对应 $\frac{1}{3}$,$\frac{1}{5}$ 对应多少？计算可得其必对应 $\frac{2}{3}$。现在根据问题来计算哪个数的 $\frac{2}{3}$ 是 $\frac{1}{4}$,用 $\frac{2}{3}$ 乘以 4,得 $2\frac{2}{3}$,这个数的 $\frac{1}{5}$ 对应 $\frac{1}{4}$,得解。

【例 9-28】 $3\frac{1}{2}$ 对应某个数的 $\frac{1}{2}$,而 5 是这个数的 $\frac{2}{3}$,问 3 对应哪个数的 $\frac{1}{2}$。

解答如下： 计算 5 是哪个数的 $\frac{2}{3}$,用这样的方法求解：取 5 的一半为 $2\frac{1}{2}$,加在 5 上,得 $7\frac{1}{2}$,5 是这个数的 $\frac{2}{3}$,因为 5 是其 $\frac{2}{3}$,5 的一半就是其 $\frac{1}{3}$。因此根据题目 $3\frac{1}{2}$ 对应 $7\frac{1}{2}$ 的 $\frac{1}{2}$,即 $3\frac{3}{4}$。现在来看 3 对应哪个数的 $\frac{1}{2}$,先看 3 所对应的数是多少,问：若 $3\frac{1}{2}$ 对应 $3\frac{3}{4}$,那么 3 对应多少？计算得 $3\frac{3}{14}$,这个数是要求解数的 $\frac{1}{2}$,取其双倍,为 $6\frac{3}{7}$,即 3 对应这个数的 $\frac{1}{2}$,根据已知比率得解。

【例 9-29】 15 是哪个数的 $\frac{5}{6}$。

如你所愿,假设这个数是 12,取 12 的 $\frac{5}{6}$,为 10,但实际为 15,问：若 10 对应 15,那么 12 对应多少,用 12 乘以 15 得 180,用 180 除以 10 得 18,即这个数的 $\frac{5}{6}$。验证：18 的 $\frac{5}{6}$ 正好为 15,因为 18 的 $\frac{1}{6}$ 是 3,5 乘以 3 为 15。

另外一种简捷的方法：取 15 的 $\frac{1}{5}$ 为 3,3 加上 15 得 18,这个数的 $\frac{5}{6}$ 为 15,因为一个数的 $\frac{1}{5}$ 必等于其加上自身总和的 $\frac{1}{6}$,因此 15 就必然是这个总和的 $\frac{5}{6}$。对这样类似的问题,可以通过第一假设条件使用长解题步骤来处理计算；若知道相应的简短解法,也可以使用它来得到最终的结果。

【例 9-30】 一人有两种布,一种布每匹价值 15 里拉,另一种布每匹价值 12 里拉,我想花费 100 里拉购买 7 匹(两种布),问每种布买多少匹。

因为上文已经讨论了第一假设条件的计算,到此为止。现在来讨论两个假设条件的计算。假设须购买每匹 15 里拉的布 3 匹,这样每匹 12 里拉的布将为 4 匹,两者共 7 匹,现在来计算这样花费多少,4 匹 12 里拉的布价值 48 里拉,3 匹 15 里拉的布价值 45 里拉,加总 48 和 45,得 93,而期望的花费是 100,因此少 7。然后来计算另外一个假设条件,按你所愿来假设,假定须购买每匹 15 里拉的布 4 匹,其价值为 60 里拉,这样每匹 12 里拉的布将为 3 匹,其价值为 36,价值合计 96,相对于期望的 100,少 4。

根据缺额的相关规则,从 7 中减去 4,余 3,其为除数。然后十字交叉相乘:7 乘以 4 为 28,4 乘以 3 为 12,从 28 中减去 12 余 16,将其除以 3,得 $5\frac{1}{3}$,就是每匹 15 里拉的布应购买的匹数,总数 7 中剩余的部分就是每匹 12 里拉的布的匹数,即 $1\frac{2}{3}$。验证将会得到合计价值 100 里拉。

【例 9-31】 一人派农夫购买小麦,给了其数量未知的若干货币,在市场中农夫发现有人要价每斯塔 20 索尔迪,农夫计算了要购买的小麦账目后发现尚缺 10 里拉。农夫去找另一人,要价每斯塔 18 索尔迪,其算账后发现还结余 6 里拉,问要买多少斯塔小麦,给了农夫多少钱。

如你所愿来假设,假定其须购买 20 斯塔,每斯塔 20 索尔迪则价值 20 里拉,而按这个价格其尚缺 10 里拉,因此其有 10 里拉。对于每斯塔 18 索尔迪的价格:20 斯塔价值 18 里拉,按这个价格其将结余 6 里拉,因此其必须有 24 里拉,而这并不等于 10 里拉,两者差额 14 里拉,这是第一个假设条件。

现在来看第二个假设条件:如你所愿来假设,假定须购买 30 斯塔,每斯塔 20 索尔迪,因此价值 30 里拉,而按这个价格其尚缺 10 里拉,因此其有 20 里拉。对于每斯塔 18 索尔迪的价格:30 斯塔价值 27 里拉,按这个价格其将结余 6 里拉,因此其必须有 33 里拉而前文中其有 20 里拉,两者差额 13 里拉,这是第二个假设条件。

根据缺额的法则:从 14 中减去 13,余 1,其将是除数。然后十字交叉相乘:14 乘以 30 得 420,13 乘以 20 得 260,从 420 中减去 260 余 160,将其除以 1,得 160,就是其要求购买的小麦斯塔数量。欲知其给了农夫多少钱,计算每斯塔 20 索尔迪时 160 斯塔的价值,为 160 里拉,减去其所缺的 10 里拉,为 150 里拉,就是其给农夫的钱数。以每斯塔 18 索尔迪计算,160 斯塔价值 144 里拉正好结余 6 里拉。解毕。

【例 9-32】 一个人购买三包棉絮,价值 50 弗罗林,第一包价值若干,第二包比第一包价值多50索尔迪,第三包比第二包价值多18索尔迪,问每包棉絮的价值。

如你所愿,为减少繁琐不假设分数,假设第一包的价值为100索尔迪,第二包价值为150索尔迪,第三包价值为168索尔迪,加总得418索尔迪,而实际应为5 000索尔迪即50弗罗林,因此缺额为4 582索尔迪。现在来看第二个条件:假设第一包价值为150索尔迪,则第二包价值为200索尔迪,第三包价值为218索尔迪,加总为568索尔迪,缺额为4 432索尔迪。

根据缺额的法则:从4 582中减去4 432,为150,其为除数。然后十字交叉相乘:4 582乘以150为687 300,4 432乘以100为443 200,将443 200从687 300中减去余244 100,244 100除以150,得1 627$\frac{1}{3}$,就是第一包价值的索尔迪数量,即16弗罗林27$\frac{1}{3}$索尔迪,第二包价值为16弗罗林77$\frac{1}{3}$索尔迪,第三包价值为16弗罗林95$\frac{1}{3}$索尔迪。验证如下:将这三个价值相加,每弗罗林等于100索尔迪,结果正好等于题目中的50弗罗林,如此可解答所有类似问题。

【例9-33】 一人购买4匹布,分别为白色、红色、绿色和天蓝色,白色价值若干弗罗林,红色比白色多1$\frac{1}{2}$弗罗林,绿色比红色多1$\frac{1}{4}$弗罗林,天蓝色比绿色多2$\frac{1}{3}$弗罗林,总共价值200弗罗林,问每种布价值多少。

假设白色的布价值10弗罗林,则红色价值11$\frac{1}{2}$弗罗林,绿色价值12$\frac{3}{4}$弗罗林,天蓝色价值15$\frac{1}{12}$弗罗林,加总得49$\frac{1}{3}$弗罗林,实际为200弗罗林,因此缺额为150$\frac{2}{3}$。计算第二个条件:假设白色布价值20弗罗林,则红色价值21$\frac{1}{2}$弗罗林,绿色价值22$\frac{3}{4}$弗罗林,天蓝色价值25$\frac{1}{12}$弗罗林,现在加总得89$\frac{1}{3}$弗罗林,缺额为110$\frac{2}{3}$。

根据缺额的法则:从150$\frac{2}{3}$中减去110$\frac{2}{3}$,余数为40,其为除数。然后十字交叉相乘:20乘以150$\frac{2}{3}$为3 013$\frac{1}{3}$,10乘以110$\frac{2}{3}$为1 106$\frac{2}{3}$,将1 106$\frac{2}{3}$从3 013$\frac{1}{3}$中减去余1 906$\frac{2}{3}$,用1 906$\frac{2}{3}$除以40,得47$\frac{2}{3}$,就是白色布价值的弗罗林数量,那么红色价值49$\frac{1}{6}$弗罗林,绿色价值50$\frac{5}{12}$弗罗林,天蓝色价值52$\frac{3}{4}$弗罗林。验证如下:将这三个价值相加,结果正好等于题目中的200弗罗林,解毕。

【例9-34】 一人花费250杜卡迪购买3匹布,第一匹布价值未知,第二匹布花费第一匹布价值的两倍加 10 杜卡迪，第三匹布花费第一匹布和第二匹布价值和的两倍再加 1 杜卡迪，问每匹布的价值是多少。

假设第一匹布花费 10 杜卡迪，则第二匹布价值 30 杜卡迪，第三匹布价值 81 杜卡迪，加总价值 121 杜卡迪，而实际为 250 杜卡迪，因此缺额为 129。假设另一价格，假定第一匹布价值 20 杜卡迪，第二匹布价值 50 杜卡迪，第三匹布价值 141 杜卡迪，加总为 211 杜卡迪，缺额为 39。

根据缺额的法则：从 129 中减去 39，余数为 90，其为除数。然后十字交叉相乘：20 乘以 129 为 2 580，10 乘以 39 为 390，将 390 从 2 580 中减去余 2 190，用 2 190 除以 90，得 $24\frac{1}{3}$，就是第一匹布价值的杜卡迪数量，那么第二匹布价值 $58\frac{2}{3}$ 杜卡迪，第三匹布价值 167 杜卡迪。验证如下：将这三个价值相加，结果正好等于题目中的 250 弗罗林，依此类推①。

【例 9-35】 一只狗看见一只狐狸，两者距离 60 步，狗开始跑向狐狸，狐狸也开始跑，狗跑一步，狐狸也跑一步，但狗的 7 步相当于狐狸的 9 步，问狗跑多少步可以追上狐狸。

要知道，可以有多种方法来求解。如你所愿，假设狗追上的步数为 35 步，现在来计算狐狸 35 步相当于多少步，因为狐狸领先狗 60 步，因此加上这 35 步其相对于狗的起点是 95 步，然后再看狗的 35 步相当于狐狸的步数。狗的 7 步相当于狐狸的 9 步，因此问，若狗的 7 步相当于狐狸 9 步，那么狗的 35 步相当于狐狸的多少步？用 9 乘以 35 得 315，用 315 除以 7 得 45。狐狸领先 60 步，加上跑的 35 步为 95 步，狗相当于跑了狐狸的 45 步，因此缺额为 50 步。然后计算第二个条件：假设追上需要 42 步，

---

① 原稿页面空白处有如下计算：

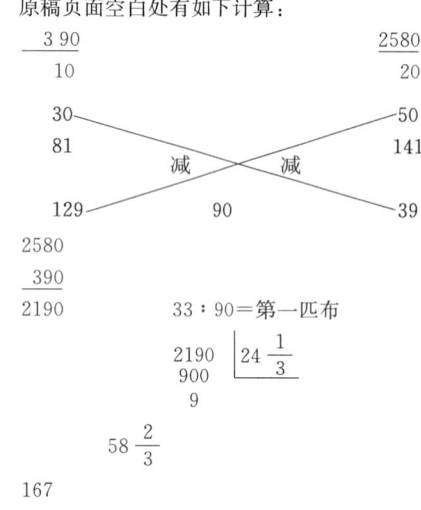

正好 250 弗罗林

现在来看狗的42步相当于狐狸的步数,问:若7对应9,42对应多少?用9乘以42为378,除以7为54,而狐狸的步数为42加上领先的步数60,总和为102,因此狗无法在42步追上狐狸,缺额为48。

根据缺额的法则:从50中减去48,余2,其为除数。然后十字交叉相乘:42乘以50得2 100,35乘以48得1 680,将1 680从2 100中减去,余420,用420除以2,得210,就是狗追上狐狸需要的步数,当狗跑出210步,狐狸的步数加上其领先狗的步数,实际为270步。解毕。

另一种简捷的解答方法:已知狗的7步相当于狐狸的9步,因此,每7步领先2步,问:若每7步领先2步,多少步可以领先60步?用60乘以7得420,用420除以2得210。结果同上,狗跑这么多步数可追上狐狸。

还有一种解法:假设狗跑1co步追上,现在来看狗跑这么多步,狐狸跑出的步数。问:若7对应9,那么1co对应多少?用9乘以1co为9co,用9co除以7,得$\frac{9}{7}$co,就是狐狸跑出的步数,已知狐狸领先60步,其与狗同时开始后又跑了1co步,即狗跑了(60+1co),其应等于上述的$\frac{9}{7}$co,移项化简,有$\frac{2}{7}$co等于60,用60除以$\frac{2}{7}$,得210,结果同上,狗跑210步可追上[①]。

---

① 原稿页面空白处有如下计算:

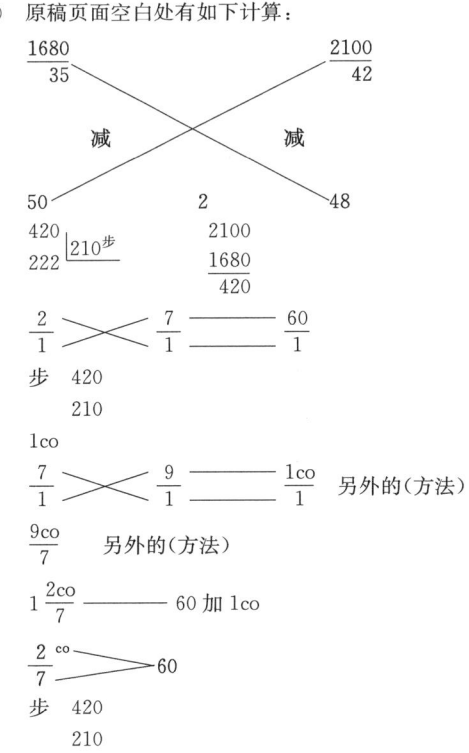

本题亦可如此表达：狐狸领先狗60步，狐狸每跑9步狗跑7步，问狗跑多少步能追上狐狸。或如同上文，狗的7步相当于狐狸的9步，同样也可以用这一方法求解马的奔跑问题。

【例9-36】 3个人赚100杜卡迪，第一个人赚的数量未知，第二个较第一个人多赚3杜卡迪，第三个人较第二个人多赚4杜卡迪，问每个人分别赚多少杜卡迪。

假设第一个人赚1，则第二个人赚4，第三个人赚8，合计13，而实际为100，缺额为87；再假设第一人赚4，则第二个人赚7，第三个人赚11，加总为22，缺额为79。根据缺额的法则：从87中减去78，余数为9，其为除数。然后十字交叉相乘：1乘以78，4乘以87，乘积分别为78和348，将78从348中减去余270，用270除以9，得30，就是第一个人赚得的杜卡迪数量，第二个人所赚则为33，第三个人所赚为37，符合题目的要求。验证：加总三者，总和为100杜卡迪①。

【例9-37】 一人去市场购买3只母鸡、4只鹧鸪和5只鹅，花费86索尔迪，每只鹧鸪比母鸡多花费3索尔迪，每只鹅比鹧鸪多花费7索尔迪，问母鸡、鹧鸪和鹅成本各多少。

假设每只母鸡成本为1索尔迪，则每只鹧鸪成本为4索尔迪，每只鹅成本为11索尔迪，因此3只母鸡价值3索尔迪，4只鹧鸪价值16索尔迪，5只鹅价值55索尔迪，加总得74索尔迪，而实际为86索尔迪，缺额为12。然后计算另一个条件，假设每

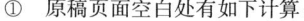

① 原稿页面空白处有如下计算：

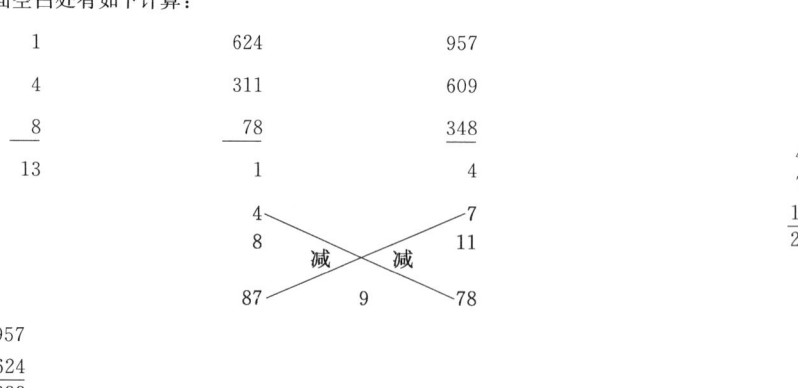

只母鸡成本为 3 索尔迪,则每只母鸡成本为 6 索尔迪,鹅成本为 13 索尔迪,因此 3 只母鸡价值 9 索尔迪,4 只鹧鸪价值 24 索尔迪,5 只鹅价值 65 索尔迪,加总得 98 索尔迪,而实际为 86 索尔迪,超额为 12。

根据法则,将超额和缺额相加,即 12 加 12,得 24,它是除数。然后十字交叉相乘,3 乘以 12 为 36,9 乘以 12 为 108,加总得 144,用 144 除以 24,得 6,就是母鸡的总成本索尔迪的数量,然后计算其他成本,可知鹧鸪总成本为 20 索尔迪,鹅的总成本为 60 索尔迪,因此每只母鸡成本为 2 索尔迪,每只鹧鸪成本为 5 索尔迪,每只鹅成本为 12 索尔迪[①]。

【例 9-38】 一个主人派其男仆去买鱼,给了他 20 索尔迪,让他购买喜欢的鱼,他买了 4 磅丁鲷、5 磅梭子鱼、6 磅鳗鱼并带回家。主人问男仆:每磅花费多少? 男仆回答说:我不知道,但渔夫说每磅梭子鱼比丁鲷贵 4 德纳里,每磅鳗鱼比梭子鱼贵 5 德纳里,问每种鱼每磅成本是多少。

假设每磅丁鲷成本为 1 德纳里,则每磅梭子鱼的成本为 5 德纳里,鳗鱼的成本为 10 德纳里,4 磅丁鲷价值 4 德纳里,5 磅梭子鱼价值 25 德纳里,6 磅鳗鱼价值 60 德纳里,加总为 89 德纳里,而实际为 240 德纳里即 20 索尔迪,因此缺额为 151 德纳里。另外假设每磅丁鲷成本为 2 德纳里,则每磅梭子鱼的成本为 6 德纳里,鳗鱼的成本为 11 德纳里,4 磅丁鲷价值 8 德纳里,5 磅梭子鱼价值 30 德纳里,6 磅鳗鱼价值 66 德纳里,加总为 104 德纳里,实际应为 240 德纳里,缺额 136 德纳里。

---

① 原稿页面空白处有如下计算:

	660			780	
	192			288	
	36			108	
	3			9	
	16			24	
	55			65	
	减			加	
	12		24		12
	288		780		108
	192		660		36
	480		1440		144
	20		60		6

根据法则,从 151 减去 136,余数为 15,其为除数。然后十字交叉相乘:1 乘以 136 为 136,2 乘以 151 为 302,从 302 中减去 136,余 166,166 除以 15,得 $11\frac{1}{15}$,就是每磅丁鲷的成本德纳里的数量,计算另外品种的成本,得到每磅梭子鱼成本为 $15\frac{1}{15}$,鳗鱼成本为 $20\frac{1}{15}$ 德纳里。因此 4 磅丁鲷价值 $44\frac{4}{15}$,5 磅梭子鱼价值 $75\frac{5}{15}$,6 磅鳗鱼价值 $120\frac{6}{15}$,加总正好得 240,即 20 索尔迪,解毕[①]。

【例 9-39】 一个人问另一个人现在几点钟了,其回答说已敲钟次数的 $\frac{1}{3}$ 和 $\frac{1}{4}$ 相加是当天还要敲钟次数的 $\frac{1}{5}$ 和 $\frac{1}{6}$ 的和,问当时几点钟。

假设已敲钟 12 次,到一天的 24 点还要敲 12 次钟,其 $\frac{1}{3}$ 和 $\frac{1}{4}$ 相加为 7,其 $\frac{1}{5}$ 和 $\frac{1}{6}$ 相加为 $\frac{132}{30}$,将其从 7 中减去,余 $\frac{13}{5}$,因此前者超额 $\frac{13}{5}$。另外,假设已敲钟 10 次,将要敲钟 14 次,10 的 $\frac{1}{3}$ 和 $\frac{1}{4}$ 相加为 $\frac{70}{12}$,14 的 $\frac{1}{5}$ 和 $\frac{1}{6}$ 为 $\frac{154}{30}$,将其从 $\frac{70}{12}$ 中减去,余数为 $\frac{126}{180}$,因此超额 $\frac{126}{180}$,即 $\frac{7}{10}$。

根据法则:从 $\frac{13}{5}$ 中减去 $\frac{7}{10}$,余 $\frac{19}{10}$,其为除数。然后十字交叉相乘:$\frac{7}{10}$ 乘以 12 为 $\frac{84}{10}$,$\frac{13}{5}$ 乘以 10 为 $\frac{130}{5}$,将 $\frac{130}{5}$ 从 $\frac{84}{10}$ 中减去后余 $\frac{88}{5}$,用 $\frac{88}{5}$ 除以 $\frac{19}{10}$,得 $9\frac{5}{19}$,就是已敲钟的

---

① 原稿页面空白处有如下计算:

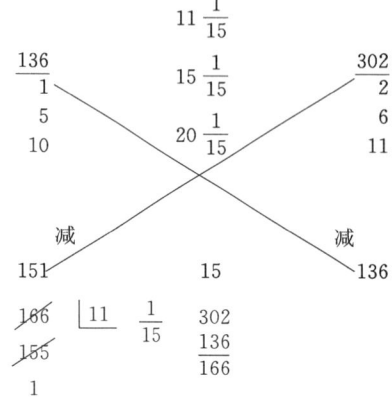

时间,则到 24 点的剩余敲钟次数为 $14\frac{14}{19}$①。验证:计算 $9\frac{5}{19}$ 的 $\frac{1}{3}$ 和 $\frac{1}{4}$、$14\frac{14}{19}$ 的 $\frac{1}{5}$ 和 $\frac{1}{6}$,两者相等。证毕。

【例 9-40】 两个人持有同样数量的钱到市场,第一个人买了 13 寻布,口袋中剩余 15 杜卡迪,第二个人以同样的价格买了 20 寻布,未付部分欠债 28 杜卡迪,问每人携带的杜卡迪数量以及每寻布成本是多少。

假设第一个人购买的 13 寻布价值 39 杜卡迪,即每寻 3 杜卡迪,39 加上其剩余的 15 杜卡迪等于 54 杜卡迪,因此其带了 54 杜卡迪。另外一个人带了 32 杜卡迪,因为 20 寻布价值 60 杜卡迪,而其负债 28 杜卡迪,因此一人携带 54 杜卡迪,另一人携带 32 杜卡迪,两者不相等,第二个人的缺额为 22 杜卡迪。另外一种计算方法,假设 13 寻布的成本为 52 杜卡迪,即每寻 4 杜卡迪,因此第一个人携带了 67 杜卡迪,另一人携带了 52 杜卡迪,因为其 20 寻布价值 80 杜卡迪,支付 52 杜卡迪,余 28 杜卡迪未付,而实际两者应相等,因此第二个人的缺额为 15 杜卡迪。

依据法则,从 22 中减去 15 杜卡迪,余 7 杜卡迪,将 7 作为除数,然后交叉相乘,22 乘以 67 得 1 474 杜卡迪,15 乘以 54 得 810 杜卡迪,将其从前者中减去,余 664 杜卡迪,用 664 除以 7,得 $94\frac{6}{7}$ 杜卡迪②,要知道 13 寻布的价值,从其中减去剩余的 15 杜卡迪,得

---

① 原稿页面空白处有如下计算:

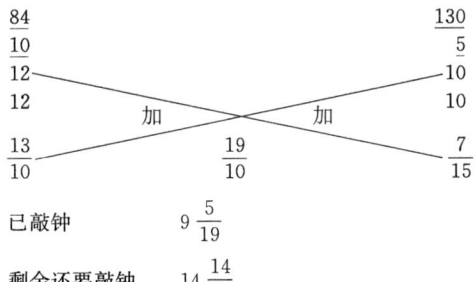

② 原稿页面空白处有如下计算:

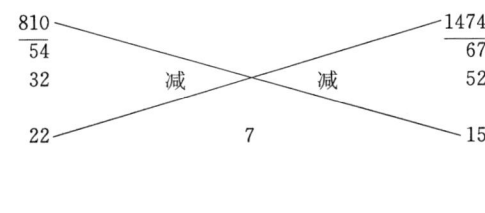

$79\frac{6}{7}$ 杜卡迪,则每寻布的价格为 $79\frac{6}{7}$ 除以 13,为 $6\frac{1}{7}$,即每寻布价值,因此两人都携带了 $94\frac{6}{7}$ 杜卡迪,每匹布的价格为 $6\frac{1}{7}$ 杜卡迪。解毕。

【例 9-41】 一个人欲购买一匹帆布,算账发现若每寻 8 索尔迪则剩余 50 索尔迪,若每寻 10 索尔迪则尚缺 80 索尔迪,问这匹布的长度和他携带了多少钱。

假设这匹布长 10 寻,每寻 8 索尔迪,价值 80 索尔迪,加上剩余的 50 索尔迪,为其所携带的 130 索尔迪,每寻 10 索尔迪,则价值 100 索尔迪,缺 80 索尔迪,将其减去,余 20 索尔迪,前文已求得其所携带为 130 索尔迪,因此缺额为 110 索尔迪。另一种计算方法,假设布长 20 寻,每寻 8 索尔迪则价值为 160 索尔迪,余 50 索尔迪,因此共携带 210 索尔迪;然后看每寻 10 索尔迪的交易,其价值为 200,减去所缺的 80 索尔迪,余 120 索尔迪,就是其携带的杜卡迪数量。已知每寻 8 索尔迪,所携带的是 210 索尔迪,因此其缺额为 90 索尔迪。

依据法则,从 110 中减去 90,余 20,作为除数。然后交叉相乘 10 和 90,得 900,20 乘以 110 为 2 200,将 2 200 从前者中减去,差 1 300,用 1 300 除以 20,得 65,就是这匹布长度的寻数。欲知携带多少钱,每寻布 8 索尔迪,65 寻总价值 520 索尔迪,加上剩余的 50,得 570 索尔迪,即其所携带的钱。验证:计算每寻 10 索尔迪时布的价值,为 650 索尔迪,因此其携带的也是 570 索尔迪,根据题目,650 索尔迪中有 80 索尔迪的债务①。

【例 9-42】 两个商人在索利亚(Soria)②将货物装船,第一个人装了 7 袋,第二个人装了 11 袋。到达威尼斯后,船主索要运费,两位商人每人拿一袋货物支付其运费,船主给有 7 袋货物的商人返还 50 杜卡迪,给有 11 袋货物的商人返还 20 杜卡迪,问每袋货物售价多少,每袋货物运费是多少。

假设每袋货物运费 3 杜卡迪,则 7 袋运费为 21 杜卡迪,加上该商人返还的 50 杜卡迪,为 71 杜卡迪,就是 1 袋货物的售价;11 袋货物运费 33,加上返还的 20 杜卡迪,为 53 杜卡迪与 71 的缺额为 18 杜卡迪。另外一种情况:假设每袋运费 4 杜卡迪,7 袋运费 28 杜卡迪,加返还的 50 杜卡迪为 78 杜卡迪,即每袋货物的价值为 78 杜卡迪,

---

① 原稿页面空白处有如下计算:

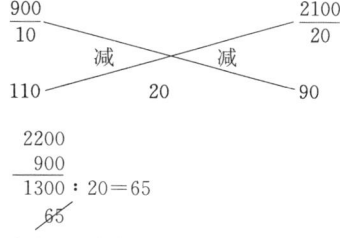

② 意大利马尔凯地区的港口城市。——译者注。

11袋运费44杜卡迪,加上返还20杜卡迪,为64杜卡迪,与78杜卡迪缺额为14杜卡迪。

根据法则:从18杜卡迪中减去14杜卡迪,余4杜卡迪,其为除数。然后十字交叉相乘:3乘以14为42杜卡迪,4乘以18为72杜卡迪,将42从72中减去,差为30,30除以4得$7\frac{1}{2}$,就是每袋货物要支付的运费杜卡迪数量,则第一个商人的运费为$7\frac{1}{2}$乘以7,得$52\frac{1}{2}$,加上其被返还的50杜卡迪为$102\frac{1}{2}$杜卡迪,即每袋货物售价$102\frac{1}{2}$杜卡迪。验证:计算另一个商人的运费,11袋支付$82\frac{1}{2}$杜卡迪,加上返还的20杜卡迪,正好也得到$102\frac{1}{2}$杜卡迪[①]。

【例9-43】 两个人曾每人投入100杜卡迪,日后两人出现分歧,每个人想将这些投资分走,实际分配则有人多有人少,后两人达成一致,分得多的第一个人拿出其所分的$\frac{1}{2}$,分得少的第二个人拿出其所分的$\frac{1}{3}$,再将这两部分加起来一分为二,这样每个人都将拿到最初拥有的100杜卡迪,问当时每个人分得多少。

假设第一个人分得12,第二个人分得9,取12的$\frac{1}{2}$为6,剩余6;取9的$\frac{1}{3}$为3,剩余6,这样将取出的再平分,两人所拥有的杜卡迪会相等,但两人最初实际应拥有200杜卡迪,而在假设条件下所分总和为21杜卡迪,缺额179杜卡迪。另外一种情况:假设第一个人分得16,第二个人分得12,第一个人取出$\frac{1}{2}$为8,剩余8;第二个人取出$\frac{1}{3}$为4,亦剩余8,若平分所取则两人拥有的杜卡迪相等,两人总共分得28杜卡迪,与实际的200杜卡迪之间的缺额为172。

根据法则:从179中减去172,余7,其为除数。然后十字交叉相乘:12乘以172

---

① 原稿页面空白处有如下计算:

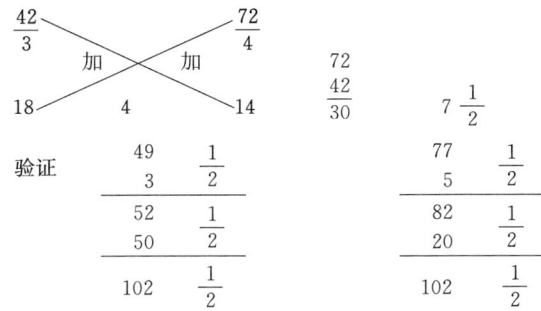

为 2 064，16 乘以 179 为 2 864，将 2 864 从 2 064 中减去，差为 800，800 除以 7 得 $114\frac{2}{7}$，即第一个人分得 $114\frac{2}{7}$ 杜卡迪，第二个人分得 $85\frac{5}{7}$[①]。验证：第一个人拿出 $57\frac{1}{7}$ 杜卡迪，第二个人拿出 $28\frac{4}{7}$，然后再平分。

【例 9-44】 5 棵苹果树减去 1 棵梨树后价值 8 德纳里，7 棵梨树减去 1 棵苹果树后价值 14 德纳里，问梨树价值多少，苹果树价值多少。

假设每棵苹果树价值 4 德纳里，这样每棵梨树就应该价值 12 德纳里，因为 5 棵苹果树价值 20，减去一棵梨树后价值 8 德纳里；然后 7 棵梨树减去一棵苹果树后价值 14 德纳里，则 7 棵梨树价值 84 德纳里，其减去一棵苹果树 4 德纳里，得 80 德纳里，而实际为 14 德纳里，因此超额 66。另一种解法，假设苹果树价值 3 德纳里，则梨树价值 7 德纳里，因为 5 棵苹果树的价值 15 德纳里减去梨树的价值 7 德纳里，得到题设的剩余价值 8 德纳里；再来计算梨树：7 棵价值 49 德纳里，减去 1 棵苹果树的价值 3 德纳里，得 46 德纳里，实际为 14 德纳里，因此超额 32。

根据法则：先从 66 中扣减 32 得 34，其为除数。然后交叉相乘，4 乘以 32 为 128，3 乘以 66 为 198，将 128 从 198 中扣减，差为 70，用 70 除以 34，得 $2\frac{1}{17}$，就是苹果树的价值，然后可计算出梨树价值为 $2\frac{5}{17}$ 德纳里[②]。

---

① 原稿页面空白处有如下计算：

② 原稿页面空白处有如下计算：

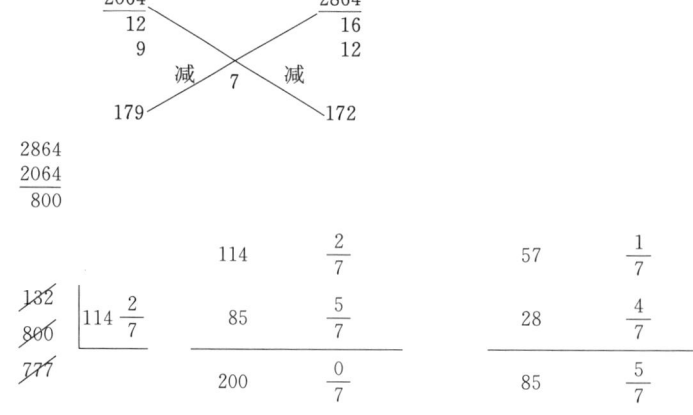

【例 9-45】 7 寻红布和 9 寻绿布价值 24 杜卡迪,在这样的条件下,9 寻红布和 7 寻绿布价值 27 杜卡迪,问每种布每寻价值几何。

假设每寻红布价值 3 杜卡迪,那么每寻绿布应价值 $\frac{1}{3}$ 杜卡迪,因为 7 寻红布和 9 寻绿布价值 24 杜卡迪,而 7 寻红布价值 21,因此 9 寻绿布价值 3 杜卡迪,每寻 $\frac{1}{3}$ 杜卡迪。若 9 寻红布和 7 寻绿布价值 27,其中 9 寻红布价值 27,7 寻红布价值 $2\frac{1}{3}$,加总为 $29\frac{1}{3}$,而实际为 27,因此超额 $2\frac{1}{3}$①。

另外一种情况:假设每寻红布价值 2 杜卡迪,则每寻绿布价值 $1\frac{1}{9}$,因为 7 寻红布价值 14,因此 9 寻绿布价值 10,合计为 24 杜卡迪。现在看价值 27 杜卡迪的两种布:9 寻红布价值 18,7 寻绿布价值 $7\frac{7}{9}$,合计为 $25\frac{7}{9}$,实际为 27,缺额 $1\frac{2}{9}$。

根据法则:将 $2\frac{1}{3}$ 与 $1\frac{2}{9}$ 相加得到 $\frac{96}{27}$,此为除数。然后交叉相乘,3 乘以 $1\frac{2}{9}$,得 $\frac{33}{9}$,2 乘以 $2\frac{1}{3}$ 为 $\frac{14}{3}$,加总得 $\frac{225}{27}$,$\frac{225}{27}$ 除以 $\frac{96}{27}$,得 $2\frac{11}{32}$,就是每寻红布价值的杜卡迪数量,再计算可得绿布每寻 $\frac{27}{32}$ 杜卡迪,根据题目即可验证为真②。

【例 9-46】 4 只公鸡和 3 只母鸡价值 40 索尔迪,按同样价格,2 只公鸡和 9 只母鸡价值 60 索尔迪,问公鸡和母鸡各价值几何。

假设每只母鸡价值 12 索尔迪,3 只母鸡价值 36 索尔迪,因为共价值 40 索尔迪,因此 4 只公鸡价值 4 索尔迪,每只公鸡价值 1 索尔迪。已知 2 只公鸡和 9 只母鸡价值 60 索尔迪,2 只公鸡价值 2 索尔迪,9 只母鸡价值 108 索尔迪,共 110 索尔迪,而实

---

① 根据前面题目和后文,此处整理稿有误,翻译稿已订正。——译者注。
② 原稿页面空白处有如下计算:

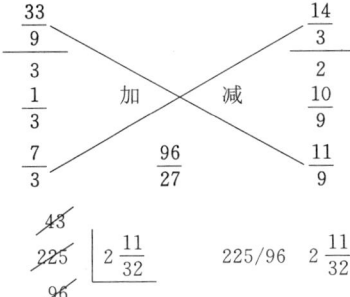

际价值为60索尔迪,因此超额50索尔迪。另外一种情况:假设每只母鸡价值8索尔迪,3只母鸡价值24索尔迪,因为共价值40索尔迪,因此4只公鸡价值16索尔迪,每只公鸡价值4索尔迪,然后看2只公鸡和9只母鸡价值60索尔迪:2只公鸡价值8索尔迪,9只母鸡价值72索尔迪,合计为80索尔迪,实际为60索尔迪,超额20索尔迪。

根据法则,将20从50中减去,差为30索尔迪,其为除数。然后交叉相乘,12乘以20得240索尔迪,8乘以50为400索尔迪,将240从400中减去,差为160索尔迪,160除以30得$5\frac{1}{3}$索尔迪,就是每只母鸡的价格,计算可得每只公鸡的价值为6索尔迪,根据题目可以验证。

【例9-47】 3只母鸡、4只鹧鸪、5只鹅价值80索尔迪,按这个价格,2只母鸡、5只鹧鸪、7只鹅价值100索尔迪,问每只母鸡、鹧鸪和鹅价值多少。

假设每只母鸡价值4索尔迪,3只价值12索尔迪,每只鹧鸪价值2索尔迪,4只价值8索尔迪,每只鹅价值12索尔迪,5只价值60索尔迪,总共价值80索尔迪。现在来看其他:2只母鸡价值8索尔迪,5只鹧鸪价值10索尔迪,7只鹅价值84,总共102索尔迪,而实际为100,超额为2。另外一种情况:假设每只母鸡价值4索尔迪,鹧鸪价值7索尔迪,鹅价值8索尔迪,其总价值为题设的80索尔迪。现在看另一个条件(是否有超额或缺额):2只母鸡价值8索尔迪,5只鹧鸪价值35索尔迪,7只鹅价值56索尔迪,总共为99,实际为100,缺额1索尔迪。

根据法则,用1加上2为3,其为除数。然后交叉相乘,4乘以2得8,1乘以4为4,从8中减去4余4①,4除以3得$1\frac{1}{3}$,就是每只母鸡价值的索尔迪数量。然后通过交叉相乘同样处理其他,得到每只鹧鸪价值$5\frac{1}{3}$索尔迪,每只鹅价值$9\frac{1}{3}$索尔迪,结果完全满足题设的两个条件。

【例9-48】 6个苹果的价值加5德纳里的结果比1索尔迪多的数量,等于14个苹果的价值减16德纳里的结果比1索尔迪少的数量,问每个苹果价值多少。

如你所愿,假设每个苹果的价值,计算处理可得每个苹果价值为$1\frac{3}{4}$德纳里,本题可运用超额和缺额来计算处理,亦可采用处理另外一种情况的方法计算。

【例9-49】 三人赌博:第一个人赢了第二个人的$\frac{1}{2}$,第二个人赢了第三个人的

---

① 原稿此处计算错误,根据法则,8加上4得12,再用12除以3得4,即每只母鸡价值4索尔迪。——译者注

$\frac{1}{3}$,第三个人赢了第一个人的$\frac{1}{4}$,此后,每个人都发现自己有 100 杜卡迪,问每个人在赌博之前有多少钱。

假设第一个人最初有 50 杜卡迪,这样第二个人就有 100,因为其输给第一个人$\frac{1}{2}$,第三个人将有 150 杜卡迪,因为他输给第二个人$\frac{1}{3}$即 50 杜卡迪。这样第二个人就同第一个人一样,剩下 100 杜卡迪,第三个人赢了第一个人的$\frac{1}{4}$即$\frac{50}{4}$,加上其剩余的 100,有 $100\frac{50}{4}$,因此超额$\frac{50}{4}$。另外一种情况:假设第一个人有 60,这样第二个人有 80,第三个人有 180,因此第一个人和第二个人满足题设,但是第三个人赢了第一个人的$\frac{1}{4}$即 15,加上剩余的 120,为 135,但实际为 100,因此超额 35。按照法则,从 35 中减去$\frac{50}{4}$,差为$\frac{90}{4}$,其为除数。然后如同前面展示的那样交叉相乘,得到第一个人有 $44\frac{4}{9}$ 杜卡迪,其他依此类推[①]。

【例 9-50】 一个商人派他的管家去集市买牲口,给了管家 100 杜卡迪,要求买四种牲口,即绵羊、山羊、猪和驴,要求以每只$\frac{1}{2}$杜卡迪的价格购买绵羊,以每只$\frac{1}{3}$杜卡迪的价格购买山羊,以每头 1 杜卡迪的价格购买猪,以每头 3 杜卡迪的价格购买驴,所有牲口不多不少 100 头,总价值不多不少 100 杜卡迪,问要买多少(只/头)绵羊、山羊、猪和驴。

假设购买 28 只绵羊,价值 14 杜卡迪;购买 52 头猪,价值 52 杜卡迪;购买 6 只山

---

① 原稿页面空白处有如下计算:

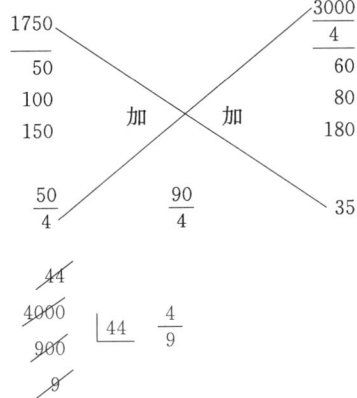

羊价值 2 杜卡迪；购买 14 头驴，价值 42 杜卡迪。加总为 110 杜卡迪，实际为 100 杜卡迪，超额为 10 杜卡迪。另外一种情况：假设购买 20 只绵羊，价值为 10 杜卡迪；购买 40 头猪，价值 40 杜卡迪；购买 24 只山羊，价值 8 杜卡迪；购买 16 头驴，价值 48 杜卡迪。加总为 106 杜卡迪，超额为 6。

依据法则，将 6 从 10 中减去，差为 4，其为除数，然后交叉相乘，6 乘以 28 为 168，10 乘以 20 为 200，从 200 中扣减 168 余 32，32 除以 4 得 8，就是必须购买的绵羊的数量，然后使用交叉相乘方法依此类推，可得应购买 8 只绵羊、51 只山羊、22 头猪和 19 头驴，总共花费 100 杜卡迪，总数量为 100 只。

【例 9-51】 两个人发现两个袋子，其中一个袋子里面比另一个袋子多 10 杜卡迪，两个袋子共有 100 杜卡迪；第一个人对第二个人说："如果你把第一个袋子和你的 10 杜卡迪给我，我拥有的货币就是你的 4 倍。"第二个人对第一个人说："如果我拥有第二个袋子和你的 20 杜卡迪，我拥有的货币就是你的 5 倍。"问每个人拥有多少杜卡迪。

假设第一个人有 21 杜卡迪，第二个人则有 $31\frac{1}{2}$ 杜卡迪，因为第一个袋子里面有 55 杜卡迪，加上其所拥有的 21，为 76，再加上来自同伴的 10，总和为 86（其 $\frac{1}{4}$ 为 $21\frac{1}{2}$，加上第二人给第一个人的 10，因此第二个人拥有 $31\frac{1}{2}$），此时第一个人所拥有的就是第二个人的 4 倍，即第一个人拥有 86，第二个人拥有 $21\frac{1}{2}$。而第二个人若有第二个袋子里的 45，加上第一个人的 20（和其拥有的 $31\frac{1}{2}$），总和为 $96\frac{1}{2}$，其应该为第一个人给出 20 后所拥有的 5 倍，但是此时第一个人仅剩余 1，其 5 倍为 5，因此超额 $91\frac{1}{2}$。

另外一种情况：假设第一个人有 31 杜卡迪，则根据题目中的条件可知第二个人拥有 34 杜卡迪，计算得第二个人的超额为 44，然后依据上述法则来计算，结果为第一个人拥有 $40\frac{5}{19}$ 杜卡迪，第二个人拥有 $36\frac{6}{19}$ 杜卡迪，第一个袋子中有 55 杜卡迪，第二个袋子中有 45 杜卡迪，依此类推。

【例 9-52】 一个人派他的徒工去花园采摘玫瑰。在出口处，他经过三道门，在第一道门留下 $\frac{1}{2}$ 的玫瑰加 1，在第二道门留下剩余玫瑰的 $\frac{1}{2}$ 加 1，在第三道门留下剩余

玫瑰的 $\frac{1}{2}$ 加1,这样其仅剩下1朵玫瑰,问其采摘了多少玫瑰。

按照你所知道的方法计算,本题很容易,我不赘述,结果为采摘了22朵,将满足题目的条件。若题设条件为剩余2或4或5等,同样处理,可得解。

【例9-53】 一群丹顶鹤在河流上方的空中飞翔,水下传来呼喊声;一个空中的声音说:"仙鹤,仙鹤,"水下的声音说:"你们上面有多少鹤?"空中的声音回答说:"我们的数量,加上同样的数量,再加上这数量的 $\frac{1}{2}$,再加这数量的 $\frac{1}{4}$,再加上你,正好是100个。"问有多少鹤在天空中飞翔。

如你所知进行计算,结果为36,其满足题设条件,若加10,加数量的 $\frac{1}{5}$,也同解。

【例9-54】 一个人有三次旅行,第一次旅行中,双倍所携带的钱财并花费12,第二次旅行中,双倍剩下的钱并花费12,第三次旅行中,再双倍剩下的钱并花费12,然后他的钱袋空空如也,问其最初有多少钱。

如你所知来解答,可知其最初拥有 $10\frac{1}{2}$,单位可以是德纳里或里拉或索尔迪等,若花费 $\frac{1}{3}$、$\frac{1}{4}$、$\frac{1}{5}$ 等,剩余若干等,总是如同那些商人所做的一样,以你掌握的方法来求解,通过游戏等方式来实践,以更好地应对挑战。

现在我打算结束这个主题,至此讨论已经充分。若你智慧,能将所述方法应用于任何类似问题,并很好地解答。

第十部分

特 殊 账 目[①]

【例 10-1】 特殊账目：11 匹马在 5 天内吃掉 13 普罗文达（provende）[②]的饲料，问 17 匹马在 29 天内会吃掉多少普罗文达饲料。

解答如下：总是计算时间和马数量的融合值，否则就需要计算两次。因此用 11 匹马乘以 5 天为 55，其为除数；然后再用 17 匹马乘以 29 天得 493，为时间和马的融合值。然后问：若 55 时间和马的融合值对应吃掉 13，那么 493 时间和马的融合值对应吃掉多少？用 13 乘以 493 再除以 55，得 $116\frac{29}{55}$，就是 17 匹马 29 天吃掉的普罗文达饲料数量。

【例 10-2】 4 匹马 6 天吃掉 12 普罗文达饲料，问 6 匹马多少天吃掉 24 普罗文达饲料。

解答如下：计算时间和马的融合值，因此 4 乘以 6 为 24，为时间和马的融合值，问：若 12 普罗文达由 24 融合值消耗，那么 24 普罗文达饲料将由多少时间和马的融合值消耗掉？用 24 乘以 24 为 576，用 576 除以 12 得 48，就是消耗掉 24 普罗文达的时间和马的融合值，已知马的数量为 6，因此用时间和马融的合值 48 除以马的数量 6，就将得到时间，即 8 天，在这么多天 6 匹马将吃掉 24 普罗文达饲料。

【例 10-3】 10 匹马 12 天吃掉 16 普罗文达饲料，问多少匹马在 10 天会消耗掉 20 普罗文达饲料。

解答如下：计算时间和马的融合值，用 10 乘以 12，得 120，其为乘数，然后问：若 16 普罗文达被 120 时间和马的融合值消耗，那么 20 普罗文达被多少时间和马的融合值消耗掉？用 120 乘以 20，得 2 400，用 2 400 除以 16 得 150，即为消耗掉 20 普罗文达饲料对应的时间和马融合值。已知时间为 10 天，因此用 150 除以 10 得 15，就是马的

[①] 本部分名为特殊账目，从其内容来看，是本书之前所讨论的相关规则和方法在一些较为独特的商业实践情形或计算案例中的实际运用。——译者注

[②] 普罗文达（provende），意大利古代容积单位，约等于 8.8 升。——译者注

数量,这么多马 10 天将消耗掉 20 普罗文达饲料。

【例 10-4】 6 个师傅 10 天制作 100 个玻璃杯,问 8 个师傅 25 天可制作多少玻璃杯。解答方法同上。

【例 10-5】 4 个师傅 5 天制作 16 个玻璃杯,问 5 个师傅多少天可制作 30 个玻璃杯。按前文[例 10-2]的解答方法解答,依此类推。

【例 10-6】 7 个师傅 12 天制作 40 个玻璃杯,问多少个师傅 20 天可以制作 70 个玻璃杯。同上文[例 10-3]的解答方法求解。

4 个人 3 天吃掉 11 个面包,问 10 个人 15 天吃掉多少面包,按上文[例 10-1]的解答方法求解。

6 个人 4 天吃掉 16 个面包,问 5 个人多少天吃掉 26 个面包,按上文[例 10-2]的解答方法求解。

8 个人 17 天吃掉 30 个面包,问多少人 11 天吃掉 50 个面包,按上文[例 10-3]的解答方法求解。

3 个磨坊 5 天磨完 100 斯塔小麦,问 4 个磨坊 7 天磨完多少斯塔小麦,按上文[例 10-1]的解答方法求解。

4 个磨坊 10 天磨完 1 000 斯塔小麦,问 5 个磨坊多少日可磨完 2 500 斯塔小麦,按上文[例 10-2]的解答方法求解。

6 个磨坊 8 天磨完 50 柯贝小麦,问多少个磨坊可以在 14 天磨完 96 柯贝小麦,按上文[例 10-3]的解答方法求解。

对你而言,总是可以使用上述方法来求解,即便主题不同,也可以考虑使用这些方法。我不会再进一步展开介绍如何使用假设条件及其两个规则来解答,所有上述问题都可以通过两步计算求解,但一步计算更好更简单。

【例 10-7】 一人发现两个同样长度或者深度的麻袋,第一个容积为 $100\frac{4}{7}$ 斯塔,第二个容积为 $56\frac{4}{7}$ 斯塔,现在将两个麻袋合成一个,问其容积将为多少斯塔(图 10-1)。

解答如下:要知道这个问题很容易产生争议,因为你很可能会将一个麻袋和另一个的长度相加来求解这两个麻袋的容积,但为了不产生争议,应该要考虑扩展麻袋直径(宽度),而不能采用你的方法。

现在,如你所愿假设其中的一个的高度或直径,我们假定第二个麻袋的直径为 3 寻,长 8 寻,其容积将等于 $56\frac{4}{7}$,以这个方法计算如下:将直径平方,得 9,取其 $\frac{11}{14}$[①],

---

① 本书计算圆的面积所采用的方法从直径的平方开始,数值 $\frac{11}{14}$ 代表 $\frac{\pi}{4}$ 的近似值。——整理者注。

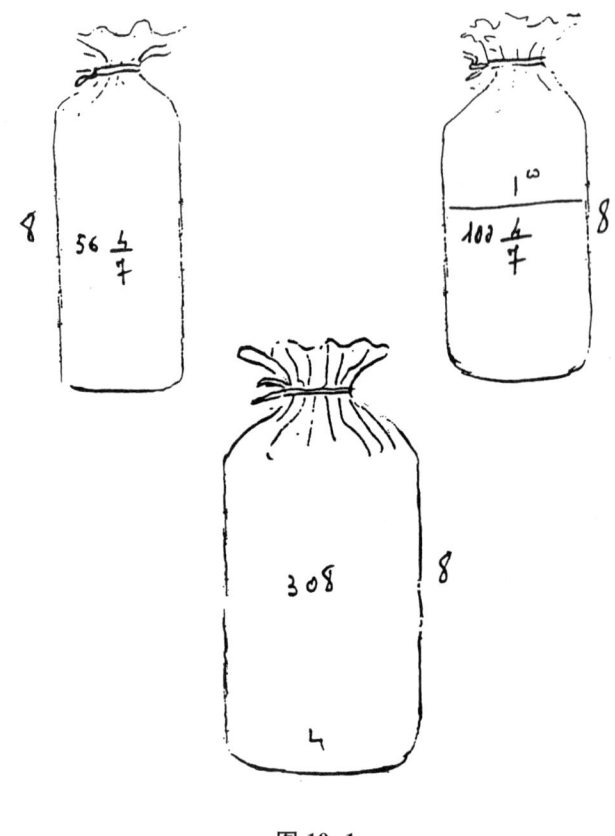

图 10-1

得 $7\frac{1}{14}$^①，乘以其深度 8，得 $56\frac{4}{7}$，就是寻的平方的数量，即麻袋容积斯塔的数量，因为每寻的平方容积为 1 斯塔^②。

已经通过假设条件求得了第二个麻袋的直径，而深度已知，现在来求解第一个麻袋的直径：假定其直径为 1co，其平方为 1co[□]，取其 $\frac{11}{14}$，为 $\frac{11}{14}$co[□]，乘以其深度 8，得 $6\frac{2}{7}$co[□]，其等于 $100\frac{4}{7}$ 斯塔，用 $100\frac{4}{7}$ 除以 $6\frac{2}{7}$ 得 16，得 1co 等于 R_x16 即 4，由此可知第一个麻袋的直径为 4。

现在要将两个麻袋合二为一，其直径为 7，因为两个直径加在一起正好为 7，其周长也正好是两个加起来。现在直径和深度已知，就可以很容易计算其容积：将直径

---

① 即圆的面积，按照整理者注，其计算圆面积的方法是将直径平方后乘以 $\frac{11}{14}$，而 $\frac{11}{14}$ 约等于 $\frac{\pi}{4}$。——译者注

② 每斯塔应等于寻的立方，即长高宽均为 1 寻的立方体，其体积为 1 斯塔。——译者注

平方为 49，取其 $\frac{11}{14}$，得 $38\frac{1}{2}$，然后乘以其深度 8，得 308，即其容量为 308 斯塔。注意，可以对这两个麻袋提出很多类似问题，如不提直径告知深度，或者不提深度告知直径或周长，均很容易求解。

【例 10-8】 一个父亲有若干个儿子和若干杜卡迪，他算账发现，给每个儿子 8 杜卡迪，他还剩余 52 杜卡迪；给每人 12 杜卡迪，他还缺 60 杜卡迪。问他有多少个儿子，又有多少杜卡迪。

解答如下：使用两个假设条件，按你的方式来计算，可以得出其有 28 个儿子，然后求解其所拥有的杜卡迪数量，用 8 乘以 28，加上 52，得 276 杜卡迪，根据题目可验证无误。

【例 10-9】 一个父亲给若干个儿子若干弗罗林，给第一个儿子其财产的 $\frac{1}{10}$ 加 1 弗罗林，给第二个儿子其剩余财产的 $\frac{1}{10}$ 加 2，给第三个儿子其剩余财产的 $\frac{1}{10}$ 加 3，依此类推，给第四个儿子其剩余财产的 $\frac{1}{10}$ 加 4，问其有多少个儿子，有多少弗罗林，给了每个儿子多少钱。

解答如下：利用一个通用法则来解答，以便你可遵循它，但你（运用时）不要局限于任何确定的数量：始终取分数线上的数字，把它从分数线下的数字中扣减，剩余的就是此人儿子的数量，然后用这个数字乘以线下的数字即 9 乘以 10，得 90，就是其所拥有的弗罗林数量，给第一个儿子 $\frac{1}{10}$ 加 1 即 10，给第二个儿子其剩余的 $\frac{1}{10}$ 即 8，加 2 为 10，这样持续，每个人都将得到 10，即此人有 9 个儿子和 90 弗罗林。这样，当其他类似问题提出相应的分数比如 $\frac{1}{6}$ 加 1 等，从 6 中扣减 1，余 5，即其儿子的数量，然后用 5 乘以 6 为 30，即其弗罗林的数量。

【例 10-10】 一个父亲有若干个儿子和若干杜卡迪，给第一个儿子 10 杜卡迪和剩余的 $\frac{1}{8}$，给第二个儿子 20 杜卡迪和剩余的 $\frac{1}{8}$，给第三个儿子 30 杜卡迪和剩余的 $\frac{1}{8}$，这样持续，总是递增 10 杜卡迪，问其有多少个儿子和多少杜卡迪，给了每个儿子多少钱。

总是可以按照上述法则来求解，将分数线上的数字从分数线下数字中扣减，即从 8 中扣减 1，剩余 7，这就是其儿子的数量。为求解给了每个人多少，用 10 乘以 7 为 70，就是给每个儿子的杜卡迪数量，欲知其共有多少杜卡迪，用 7 乘以 70 得 490，就是其总共拥有的杜卡迪数量,得解。

【例 10-11】 一个父亲有若干个儿子和若干杜卡迪,给第一个儿子 10 杜卡迪和剩余的 $\frac{1}{10}$,给第二个儿子 20 杜卡迪和剩余的 $\frac{1}{10}$,这样持续,每次总是递增 10 杜卡迪直到最后,给每个人的钱都是相等的,问其有多少个儿子和多少杜卡迪。

解答如下: 与上同解,将分数线上面的数字从分数线下面的数字中扣减,余 9,就是其儿子的数量,欲知给了每个儿子多少钱,用 9 乘以 10 为 90,即给每个儿子的杜卡迪数量;欲知这个父亲有多少杜卡迪,用 9 乘以 90 得 810,就是其拥有的杜卡迪数量。这样只要分数线上的数字小于线下,如 $\frac{3}{10}$、$\frac{4}{7}$、$\frac{5}{8}$ 等,均可按此方法求解。

【例 10-12】 一位父亲有若干个儿子和若干弗罗林,给第一个儿子 1 弗罗林和剩余的 $\frac{1}{8}$,给第二个儿子 2 弗罗林和剩余的 $\frac{1}{8}$,给第三个儿子 3 弗罗林和剩余的 $\frac{1}{8}$,这样持续每次递增 1 弗罗林,最后给每个儿子的钱都相等,问他有多少个儿子及多少杜卡迪。

解答如下: 同上求解,从分数线下数字 8 中减去分数线上数字 1,余 7,就是其儿子的数量,欲知给每个儿子多少杜卡迪,用分数线上的数字乘以 7,为 7,就是给每个人的弗罗林数量,即 7 弗罗林。欲知这个父亲总共有多少弗罗林,用 7 乘以 7 得 49,就是该父亲拥有的弗罗林数量,即 49 弗罗林,依此类推,求解类似问题。

【例 10-13】 4 个鸡蛋价值超过 12 德纳里的数量,其价值等于 20 德纳里减去 5 个鸡蛋的价值,问每个鸡蛋价值多少。

解答如下: 先使用法则求解,然后使用假设求解。5 加上 4 得 9,12 加上 20 得 32,用其除以 9 得 $3\frac{5}{9}$,就是每个鸡蛋价值的德纳里数量,解毕,根据题目可验证无误。用另一种方法求解:假设 4 个鸡蛋价值(1co + 12)德纳里,现在来计算 5 个鸡蛋价值多少,问:若 4 价值(12 + 1co),5 价值多少,可得 $\left(15 + 1\frac{1}{4}co\right)$,而其将等于(20 − 1co),移项化简,有 9co 等于 20,用 20 除以 9 得 $2\frac{2}{9}$,就是 1co 的价值,因此 4 个鸡蛋价值 $14\frac{2}{9}$,欲知每个鸡蛋的价值,用 $14\frac{2}{9}$ 除以 4,等于 $3\frac{5}{9}$,即每个鸡蛋的价值,结果同上,验证如下:5 个鸡蛋的价值比 20 少的数量等于 4 个鸡蛋价值比 12 多的数量。

【例 10-14】 我花 5 德纳里买了 3 个鸡蛋,而 7 个鸡蛋销售价格为 13 德纳里,购买和销售相同数量的若干鸡蛋后,发现我赚得了 30 德纳里,问我买和卖了多少个鸡蛋。

解答如下：计算购买 7 个鸡蛋需花费多少，问：若 3 个鸡蛋价值 5 德纳里，那么 7 个鸡蛋价值多少？用 5 乘以 7，得 35，35 除以 3 为 $11\frac{2}{3}$，就是购买 7 个鸡蛋所需投入的资本价值德纳里数量。现在来计算我购买了多少个鸡蛋，先要知道我应该花费多少，已知 7 个鸡蛋成本为 $11\frac{2}{3}$ 德纳里，售价为 13，因此赚得 $11\frac{2}{3}$ 和 13 的差额 $1\frac{1}{3}$，问：若 $1\frac{1}{3}$ 德纳里来自 $11\frac{2}{3}$ 的资本，那么 30 德纳里来自多少资本，用 $11\frac{2}{3}$ 乘以 30，然后除以 $1\frac{1}{3}$，得 $262\frac{1}{2}$，就是我购买鸡蛋所花费的德纳里数量，由此我可赚得 30 德纳里。

欲知购买的鸡蛋数量，问：若 5 德纳里对应 3 个鸡蛋，那么 $262\frac{1}{2}$ 德纳里对应多少鸡蛋？用 3 乘以 $262\frac{1}{2}$，再除以 5，得 $157\frac{1}{2}$，就是我卖出鸡蛋的数量，求解卖出价值，问：若卖出 7，价值 13 德纳里，卖出 $157\frac{1}{2}$ 价值多少德纳里？通过乘除处理，得 $292\frac{1}{2}$ 德纳里，因此其赚得 $262\frac{1}{2}$ 和 $292\frac{1}{2}$ 之间的差额 30 德纳里。

【例 10-15】 一个人花费 3 德纳里购买 5 个鸡蛋，若卖出 7 个鸡蛋的价格 5 德纳里，总共花费 30 德纳里，问买了多少鸡蛋，赚得多少收益？

解答如下：先看 5 个鸡蛋花费 3 德纳里，30 德纳里可购买多少个鸡蛋，问：若 3 德纳里购买 5 个鸡蛋，30 德纳里可购买多少个鸡蛋？用 5 乘以 30 得 150，用 150 除以 3 得 50，就是其购买鸡蛋的数量。已知 7 个鸡蛋售价 5 德纳里，来看其是盈利还是亏损，问：若 7 个鸡蛋价值 5 德纳里，那么 50 个鸡蛋价值多少德纳里？用 5 乘以 50 得 250，用 250 除以 7 得 $35\frac{5}{7}$，就是 50 个鸡蛋售出后赚取的德纳里数量，因此其将赚得售价超过花费 30 德纳里的数量，即 $5\frac{5}{7}$ 德纳里。

【例 10-16】 一个人花费 7 德纳里购买 4 个鸡蛋，若 7 个鸡蛋售价 11 德纳里，他购买了 300 个鸡蛋，问若卖出所有，盈利还是亏损，金额是多少。

解答如下：先看其以 7 德纳里购买 4 个鸡蛋共花费多少，问：若 4 个鸡蛋价值 7，300 个鸡蛋价值多少？用 7 乘以 300 为 2 100，用 2 100 除以 4，得 525，就是购买花费的德纳里数量。现在看其销售后盈利还是亏损，问：若 7 价值 11 德纳里，300 价值多少？用 11 乘以 300 为 3 300，用 3 300 除以 7，为 $471\frac{3}{7}$，就是其销售收入，而其成本为 525，因此其亏损是 $471\frac{3}{7}$ 和 525 的差额，为 $53\frac{4}{7}$ 德纳里。

【例 10-17】 一个人花费 8 德纳里购买了 7 个鸡蛋，若 5 个鸡蛋售价 $4\frac{1}{2}$ 德纳里，购买了若干鸡蛋并以上述价格卖出，共亏损 40 德纳里，问其花费了多少德纳里，购买了多少个鸡蛋。

解答如下：先看 5 个鸡蛋的购买成本是多少，问：若 7 个鸡蛋价值 8 德纳里，5 个鸡蛋价值多少？用 5 乘以 8 为 40，用 40 除以 7 得 $5\frac{5}{7}$，相对于其售价，可知 5 个鸡蛋亏损 $1\frac{3}{14}$ 德纳里，即售价 $4\frac{1}{2}$ 和成本 $5\frac{5}{7}$ 之间的差额，因此问：若 5 个鸡蛋亏损 $1\frac{3}{14}$ 德纳里，那么多少个鸡蛋亏损 40 德纳里？用 5 乘以 40 为 200，用 200 除以 $1\frac{3}{14}$，得 $164\frac{12}{17}$，就是购买的鸡蛋数量，然后以 5 个鸡蛋 $4\frac{1}{2}$ 德纳里的价格销售，承担 40 德纳里的亏损。

验证如下：所有鸡蛋，即 $164\frac{12}{17}$ 个鸡蛋，若 8 德纳里购买 7 个鸡蛋，价值多少？计算得价值总共为 $188\frac{4}{17}$，而其销售仅得 $148\frac{4}{17}$ 德纳里，因此亏损 40 德纳里。另一种计算方法，计算 5 个鸡蛋的亏损额，即 $1\frac{3}{14}$ 德纳里。问：若 $5\frac{5}{7}$ 的资本对应亏损 $1\frac{3}{14}$ 德纳里，那么多少资本亏损 40 德纳里？用 $5\frac{5}{7}$ 乘以 40，再除以 $1\frac{3}{14}$，得 $188\frac{4}{17}$，就是所花费的德纳里数量，然后计算其能购买多少鸡蛋。问：若 8 德纳里可购买 7 个鸡蛋，$188\frac{4}{17}$ 可购买多少个鸡蛋？将得到 $164\frac{12}{17}$，但此方法较前者繁琐，因此应使用第一个较简单的方法。

【例 10-18】 一个人借给另一个人 20 弗罗林，利息 10 里拉，其以同样条件借出 30 里拉，利息 2 弗罗林，问弗罗林兑换里拉的价值是多少。

解答如下：假设 1 弗罗林价值 1co 里拉，20 弗罗林价值 20co 里拉，2 弗罗林价值 2co 里拉，问：若 30 里拉赚得 2co 利息，20co 赚得多少？用 2co 乘以 20co 为 40co□，用 40co□ 除以 30，得 $\frac{40}{30}$ co□，令其等于 10，化简得 40co□ 等于 300，用 300 除以 40 得

$7\dfrac{1}{2}$,因此,弗罗林价值 $R_x 7\dfrac{1}{2}$ 里拉,依此类推①。

【例 10-19】 20 里拉年赚(3 弗罗林减 1 里拉),30 弗罗林以同样利率年赚(10 里拉加 1 弗罗林),问 1 弗罗林价值多少里拉。

解答如下: 假设 1 弗罗林价值 1co 里拉,因此 30 弗罗林价值 30co,问:若 20 里拉赚得(3co 减 1 里拉),30co 里拉赚得多少?用(3co − 1)乘以 30co,得(90co$^\square$ 减 30co),用(90co$^\square$ 减 30co)除以 20,得 $\dfrac{(90co^\square - 30co)}{20}$,令其等于(10 + 1co),化简移项,等式两边除以二次项系数,最终等式变为:1co$^\square$ 等于 $2\dfrac{2}{9}$ 加 $\dfrac{5}{9}$co,取一次项系数的一半,将其平方,加上常数项,得 $2\dfrac{97}{324}$,求解得 1co 等于 $\left(R_x 2\dfrac{97}{324} + \dfrac{5}{18}\right)$,就是 1 弗罗林兑换里拉的数量,即 $\left(R_x 2\dfrac{97}{324} + \dfrac{5}{18}\right)$。

【例 10-20】 之前每斯塔小麦价值 15 索尔迪,其中 2 德纳里小麦可做成 12 盎司面包,现在小麦降价,每斯塔价值 12 索尔迪,问 2 德纳里小麦可制成的面包重量多少。

解答如下: 若 12 索尔迪相当于 15,12 盎司相当于多少?用 12 乘以 15 再除以 12,得 15,15 就是花费 2 德纳里所制成的面包重量(盎司数)。当时的小麦价格为每斯塔 12 索尔迪。当然你还可使用更多方法来求解。

【例 10-21】 之前每斯塔小麦价值 27 索尔迪,4 德纳里小麦可制成 7 盎司面包,现在小麦涨价,每斯塔价值 35 索尔迪,问 4 德纳里小麦可制成的面包重量是多少。

与上同解: 若 35 索尔迪相当于 27,7 盎司相当于多少?用 27 乘以 7,为 189,用 189 除以 35,得 $5\dfrac{2}{5}$,就是 4 德纳里小麦制成的面包重量(盎司数),如此可求解所有类似问题。

【例 10-22】 之前每斯塔小麦价值 36 索尔迪,4 德纳里小麦可制成 10 盎司面包,现在 6 德纳里小麦可制成 18 盎司面包,问现在每斯塔小麦价值是多少。

---

① 原稿页面空白处有如下计算:

$\dfrac{30}{1}\diagdown\diagup\dfrac{2co}{1}$ ——— $\dfrac{20co}{1}$

$\dfrac{40^\square}{30}\diagdown\diagup 10$

$40^\square$ ——— 300

$R_x \qquad\qquad 7\dfrac{1}{2}$

解答如下：若 18 盎司对应 10 盎司,36 索尔迪对应多少？将得到 20 盎司,即 4 德纳里小麦制成的面包重量(盎司数),问：若 4 德纳里得到 20 盎司,那么 6 德纳里得到多少？将得到 30 索尔迪,即 6 德纳里可制成 18 盎司的面包,每斯塔小麦价值 30 索尔迪。或者这样处理：用 10 乘以 36 再除以 18,得 20,问：若 4 对应 20,6 对应多少？20 乘以 6,为 120,120 除以 4 为 30,即每斯塔小麦价值 30 索尔迪。结果同上,但本方法更简捷。

【例 10-23】 之前每斯塔小麦价值 20 索尔迪,3 德纳里小麦可制成 12 盎司面包,现在小麦涨价至每斯塔 28 索尔迪,问 5 德纳里小麦可制成的面包重量是多少？

解答如下：若 28 对应 20,12 对应多少？用 20 乘以 12 为 240,用 240 除以 28 得 $8\frac{4}{7}$,问：若 3 德纳里小麦可制成 $8\frac{4}{7}$ 盎司面包,5 德纳里小麦可制成多少盎司面包？用 5 乘以 $8\frac{4}{7}$ 再除以 3,得 $14\frac{2}{7}$,即 5 德纳里(每斯塔 28 索尔迪的小麦)可制成的面包重量(盎司数),如此可解答所有类似问题。

【例 10-24】 四年款项：第一年 10 杜卡迪,第四年 80 杜卡迪,第二年与第一年的比,等于第三年与第二年及第四年与第三年的比,问第二年和第三年的金额是多少。

解答如下：假设第二年为 1co 杜卡迪,现在计算 1co 和 10 之间的比例关系,用 1co 除以 10,得 $\frac{1}{10}$co,就是第二年与第一年的比,而已知第三年与第二年的比等于第二年与第一年的比,因此取 1co 的 $\frac{1}{10}$co,得 $\frac{1}{10}$co□,就是第三年的金额,因为用 $\frac{1}{10}$co□ 除以 1co 正好等于 $\frac{1}{10}$co,这个第三年与第二年的比正好等于第二年与第一年的比,均为 $\frac{1}{10}$co。现在计算第四年的金额,取第三年金额的 $\frac{1}{10}$co,得 $\frac{1}{100}$co△,若将其除以 $\frac{1}{10}$co□,也正好等于 $\frac{1}{10}$co,等于其他的比例。

据题设已知第四年金额为 80 杜卡迪,因此有 $\frac{1}{100}$co△ 等于 80,化简有 1co△ 等于 8 000,因此有 1co 等于 R$_x$c8 000,而前文假设第二年的金额为 1co,因此其为 R$_x$c8 000 即 20,就是第二年杜卡迪数量,第三年金额为 $\frac{1}{10}$co□,即 1co 的 $\frac{1}{10}$co,即 20 乘以 2,得 40。通过计算一个金额与另一个金额之间的比例关系是不是 $\frac{1}{2}$ 即可进行验证。

【例 10-25】 一个人与一个男仆就工资达成协议,每年薪酬 12 杜卡迪和一套衣服,在工作了四个半月的时候,这位男仆离开,这 $4\frac{1}{2}$ 月以这套衣物作为薪酬正好支付,问这套衣物价值几何。

解答如下:根据协议,已知其一年的薪酬由现金 12 杜卡迪和一套衣服构成一个整体,其未能完成的期限是 $4\frac{1}{2}$ 月与 12 个月的差额,即 $7\frac{1}{2}$ 个月,由于其工作 $4\frac{1}{2}$ 个月被支付的薪酬是一套衣服,因此这 $7\frac{1}{2}$ 个月其应赚得 12 杜卡迪薪酬。现在来计算这套衣服的价值,问:若 $7\frac{1}{2}$ 个月赚得 12 杜卡迪,那么 $4\frac{1}{2}$ 个月赚得多少? 用 12 乘以 $4\frac{1}{2}$ 再除以 $7\frac{1}{2}$,得 $7\frac{1}{5}$ 杜卡迪,就是 $4\frac{1}{2}$ 个月的报酬,而男仆被支付了一套衣服,因此衣服价值 $7\frac{1}{5}$ 杜卡迪。

【例 10-26】 一男仆与一位先生达成协议,一年薪酬 25 杜卡迪和一匹马,在工作了 $2\frac{1}{2}$ 个月的时候,男仆离开,他期望能够得到已工作时间的报酬。这位先生算账后说,这匹马的价值要比其尚未支付的薪酬多 $4\frac{1}{2}$ 杜卡迪,男仆支付了多余的款项即 $4\frac{1}{2}$ 杜卡迪,问这匹马价值几何。

与上同解:首先计算其未完成的期限,即 $2\frac{1}{2}$ 个月与 12 个月的差额,为 $9\frac{1}{2}$ 个月,此期间的报酬为 25 杜卡迪。那匹马比应付男仆的薪酬多,需要男仆返还 $4\frac{1}{2}$ 杜卡迪。因此这 $9\frac{1}{2}$ 个月的薪酬应为 $29\frac{1}{2}$ 杜卡迪,以此比率来计算 $2\frac{1}{2}$ 个月的薪酬,问:若 $9\frac{1}{2}$ 个月赚得 $29\frac{1}{2}$,那么 $2\frac{1}{2}$ 个月赚得多少? 用 $29\frac{1}{2}$ 乘以 $2\frac{1}{2}$,然后用积除以 $9\frac{1}{2}$,得 $7\frac{29}{36}$[①],就是其提供 $2\frac{1}{2}$ 个月服务的酬劳(杜卡迪)。

欲知马的价值,取其返还的 $4\frac{1}{2}$ 杜卡迪加上其薪酬 $7\frac{29}{36}$,得 $12\frac{11}{36}$ 杜卡迪,就是这匹马的价值。

【例 10-27】 一仆人就薪酬与主人达成协议,年薪 36 里拉和 1 只山羊,仆人工作了 8 个月,得到薪酬 20 里拉和这只山羊,问山羊价值几何。

---

① 原稿计算错误,应为 $7\frac{29}{38}$,如此马的价值应为 $12\frac{5}{19}$ 杜卡迪。——译者注。

解答如下：仆人工作时间为 1 年的 $\frac{2}{3}$，因此其薪酬应该为年薪酬中现金的 $\frac{2}{3}$ 和山羊价值的 $\frac{2}{3}$，36 里拉的 $\frac{2}{3}$ 为 24 里拉，而其得到 20 里拉和一只山羊，因此差额为 4 里拉，应等于 $\frac{1}{3}$ 山羊的价值，欲知山羊的价值，用 3 乘以 4 为 12 里拉，即这只山羊的价值为 12 里拉。

另一种计算方法：计算这 1 年中缺失的 4 个月，其失去的酬劳是多少，已知主人支付酬金后剩余 16 里拉，也就是其若服务 4 个月所赚得的酬劳，因此问：若 4 个月应支付 16 里拉酬劳，那么 8 个月应支付多少？用 16 乘以 8，为 128 里拉，用 128 除以 4，得 32 里拉，就是其服务 8 个月的酬劳，而已知支付了 20 里拉现金，从 32 中减去 20 后差为 12 里拉，就是山羊的价值，同上。

【例 10-28】 一人与另一人达成 4 年薪酬协议，第 1 年的薪酬是 10 杜卡迪，第 4 年的薪酬是 60 杜卡迪，相邻两年薪酬之比相同，问第 2 年和第 3 年的薪酬是多少。

要解答此类问题，关键是找到 10 与 60 之间的两个数字，使第 2 年（薪酬）与第 1 年（薪酬）的比等于第 3 年（薪酬）与第 2 年（薪酬）的比，也等于第 4 年（薪酬）与第 3 年（薪酬）的比。如同［例 10-24］的账目那样，即有四年款项，第 1 年为 10，第 2 年为 60，第 2 年与第 1 年的比等于第 3 年与第 2 年的比，也等于第 4 年与第 3 年的比①。

假设第 2 年薪酬 1co，现在来看第 2 年薪酬和第 1 年薪酬的比，为 $\frac{1}{10}$co，那么第 3 年的薪酬就是 1co 的 $\frac{1}{10}$co，这样就有相同的比例，因此取 1co 的 $\frac{1}{10}$co，得 $\frac{1}{10}$co□，就是第 3 年的薪酬，这样 $\frac{1}{10}$co□ 与 1co 的比就等于 1co 与 10 的比，均为 $\frac{1}{10}$co。

---

① 原稿页面下面空白处有如下案例：

一个人 4 年薪酬：第 1 年和第 4 年合计 90 弗罗林，第 2 年和第 3 年合计 60 弗罗林，问在每年薪酬数之间比例恒定的情况下，每年薪酬各是多少。

解答如下：要求解应总是这样处理，取第 2 年和第 3 年合计数的立方，因此用 60 乘以 60 为 3 600，再乘以 60 得 216 000，用其除以 270（即 3 乘以第 2 年和第 3 年薪酬的和 60，得 180，再加上第 1 年和第 4 年薪酬的和 90 得 270，用 21 600 除以 270，得 800，先置于此。

现在可以这样表述：将 90 分成两部分，两者乘积为 800，假设其中一部分为 1co，另一部分为（90 减 1co），两者相乘得到（90co 减 1co□），其等于 800，移项，取一次项系数的一半，将其平方，减去这个数字 800，剩余 1 225，（45 减 R_X1 225）即要求解的数字，其为 10，就是第 1 年薪酬的金额，第 4 年薪酬为从 90 中将其减去后的余额，即 80。同样来计算 60：将 60 分成两个部分，两者乘积为 800，如上假设，求解得到一部分为（30 减 R_X100），即 20，就是第 2 年的薪酬，剩余部分就是第 3 年的薪酬即 40。解毕，依此类推。

或这样简单表述：若 1co 来自 10，那么多少来自 1co？用 1co 乘以 1co，再除以 10，得 $\frac{1}{10}$co□，就是第 3 年的薪酬数量，然后计算第 4 年，问，若 1co 来自 10，多少来自 $\frac{1}{10}$co□？将得到 $\frac{1}{100}$co△，或者问：若 $\frac{1}{10}$co□ 来自 1co，多少来自 $\frac{1}{10}$co□？亦得到 $\frac{1}{100}$co△，而其等于 60。

然后计算第 4 年的薪酬：取 $\frac{1}{10}$co$^\square$ 的 $\frac{1}{10}$co，得 $\frac{1}{100}$co$^\triangle$，就是根据前述各年账目所得的第 4 年薪酬，$\frac{1}{100}$co$^\triangle$ 是 $\frac{1}{10}$co$^\square$ 的 $\frac{1}{10}$co，比例同前，而已知第 4 年的薪酬是 60，因此有 $\frac{1}{100}$co$^\triangle$ 等于 60，化简得到 1co$^\triangle$ 等于 6 000，即 1co 等于 R_xc 6 000，而前文假设第 2 年薪酬为 1co，因此其等于 R_xc 6 000 杜卡迪。

第 3 年薪酬为 $\frac{1}{10}$co$^\square$，即 1co 的 $\frac{1}{10}$co。取 R_xc 6 000 的 $\frac{1}{10}$，将 $\frac{1}{10}$ 开立方为 $\frac{1}{1\,000}$，取 R_xc 6 000 的 $\frac{1}{1\,000}$，得 R_xc 6，就是 R_xc 6 000 的 $\frac{1}{10}$，再乘以 1co 即 R_xc 6 000，得 R_xc 36 000，就是第 3 年的薪酬，第 4 年为 60。

若需验证，计算 R_xc 6 000 对于 10 的比例，即第 2 年相对于第 1 年的比，其等于第 3 年相对于第 2 年的比，也等于第 4 年相对于第 3 年的比，均等于 R_xc 6，而其计算需用到立方根，否则无法求解。计算可知，每一年与其前一年薪酬的比都等于 R_xc 6，这样可求解 10 年的薪酬，但会很复杂。

【例 10-29】 一个学校工作人员想制作一本书，书的页面高、宽若干，但宽度和高度的比例并不令人满意。他希望以一定的方式来裁剪，裁剪后以下面这种方式再无限裁剪，都将满足这样的条件：当将其长度①裁剪一半时②，其第二个页面（裁剪后新的页面）的宽度和高度的比例，正好还是与第一个页面宽度和高度的比例相同，问裁剪后其宽度和长度各是多少，才能够满足上述的裁剪要求。

为求解，如你所愿，假设长度为 2，宽度为 1co，则宽度与高度的比例，即 1co 占 2 的比例，为 $\frac{1}{2}$co，现将页面裁剪一半，这样高度减半，宽度变成了高度，因此宽度为 1 而高度为 1co（因为高宽比例不变），现在 1 变成高度的 $\frac{1}{2}$co，取 1co 的 $\frac{1}{2}$co，为 $\frac{1}{2}$co$^\square$，等于 1，化简分数，有 1co$^\square$ 等于 2，用 2 除以 1 得 2，因此 1co 等于 R_x2。因此裁剪上述页面后其宽为 R_x2，高为 2，随后将页面裁剪至无限，高宽比例总是与裁剪前的相同③。

验证如下：先将高度一分为二，得到高度为 R_x2 和宽度为 1 的页面，因此两个比例分别为 1 比 R_x2 和 R_x2 比 2，均为 $\frac{R_x1}{2}$，然后再裁剪一次，将 R_x2 一分为二，为 $\frac{R_x1}{2}$，其宽度为 $\frac{R_x1}{2}$，高度为 1，因此其比例依然为 $\frac{R_x1}{2}$，这样若高度为 4，宽度为 R_x8，以及

---

① 本案例中长度与高度同义。——译者注
② 即将页面从中横切一半，这样高度变成原来的一半，而原来的宽度变成了高度。——译者注
③ 原稿页面左边有如下说明：关于这个问题，参见后文第 392 页的完美假设，指本节第 648 页[例 29]及其之前的一段陈述。

其他高宽，均可。

【例 10-30】 一人到裁缝那里买布，裁缝裁剪了 $\frac{3}{4}$ 寻，他数了 38 索尔迪，裁缝说：关于剩余款项，你还需要给我 $\frac{1}{5}$ 寻的价值。问裁缝要求每寻支付多少。

要知道类似账目可以通过很长的过程来进行求解，也可以通过假设条件和假设未知数来很顺畅地求解，但我们追求简短，因此我想向你展示一个从未提及的法则。

解答如下： 已知为 $\frac{3}{4}$ 寻支付了 38 索尔迪，而剩余款项还需支付 $\frac{1}{5}$ 寻的价值；因此若将 $\frac{1}{5}$ 寻从 $\frac{3}{4}$ 寻中减去，剩余部分将价值 38 索尔迪。现从 $\frac{3}{4}$ 中减去 $\frac{1}{5}$，剩余 $\frac{11}{20}$ 寻，价值 39 索尔迪，为求解每寻价值，问：若 $\frac{11}{20}$ 寻价值 38 索尔迪，1 寻价值多少？用 38 乘以 1 得 38，38 再除以 $\frac{11}{20}$，得到 $69\frac{1}{11}$，这就是每寻的价值多少索尔迪①。

验证如下： 每寻布价值 $69\frac{1}{11}$ 索尔迪，那么来计算 $\frac{3}{4}$ 寻价值多少，得 $51\frac{9}{11}$ 索尔迪，其支付了 38 索尔迪，因此剩余需支付金额为 $13\frac{9}{11}$ 索尔迪，其为 $\frac{1}{5}$ 寻的价值，而 $13\frac{9}{11}$ 索尔迪正好是 $69\frac{1}{11}$ 的 $\frac{1}{5}$，由此可知每寻布的价值为 $69\frac{1}{11}$ 索尔迪。

【例 10-31】 一个人在羊毛商人处购买 $\frac{3}{4}$ 寻布，支付了 19 索尔迪。羊毛商人说：你还必须给我若干，其乘以自身等于 $\frac{1}{7}$ 寻的价值，问 $\frac{3}{4}$ 寻价值多少，羊毛商人希望每寻支付多少。

本例与平方根有关，不能通过比例也不能通过前一案例的方法来求解，因此使用假设未知数的方法来求解：假设每寻价值 1co 索尔迪，现在求解 $\frac{3}{4}$ 寻的价值，问：若 1 寻价值 1co，$\frac{3}{4}$ 寻价值多少？

已知支付 19 索尔迪后还需支付若干，其乘以自身等于 $\frac{1}{7}$ 寻的价值，因此需要加

---

① 原稿页面空白处有如下计算：

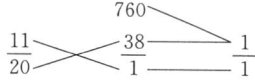

上 $\frac{1}{7}$ 寻价值的平方根,每寻价值 1co,$\frac{1}{7}$ 寻价值 $\frac{1}{7}$co,因此有 19 加 $R_x\frac{1}{7}$co,其等于 $\frac{3}{4}$ 寻的价值,即 $\frac{3}{4}$co。

现在为了求解价值,当等式中有平方根时,必须减少每部分的其他所有数量,使每部分只剩下 R_x。因此从每部分中减少 19,剩余 $\left(\frac{3}{4}\text{co}-19\right)$,等于 $R_x\frac{1}{7}$co,现必须将等式平方以消除 R_x,因此用 $\left(\frac{3}{4}\text{co}-19\right)$ 乘以自身,得 $\left(\frac{9}{16}\text{co}\Box-28\frac{1}{2}\text{co}\text{加}361\right)$,然后将 $R_x\frac{1}{7}$co 平方,得 $\frac{1}{7}$co,等于 $\left(\frac{9}{16}\text{co}\Box-28\frac{1}{2}\text{co}+361\right)$。

化简,等式两边除以二次项系数,得到最终等式 $\left(1\text{co}\Box+641\frac{7}{9}\right)$ 等于 $50\frac{58}{63}$co,取一次项系数的一半,将其平方,减去常数项数字,得 $\frac{25\,600}{3\,969}$,则解得 1co 等于 $R_x\frac{25\,600}{3\,969}$ 加 $25\frac{29}{63}$,即 $2\frac{34}{63}$ 加 $25\frac{29}{63}$,为 28,即每寻布价值 28 索尔迪,解毕①。

验证如下：$\frac{3}{4}$ 寻价值为 21 索尔迪,而其支付了 19 索尔迪,剩余未支付部分为

---

① 原稿页面空白处有如下计算：

1co
4

$\frac{1}{1}$ ╳ $\frac{1\text{co}}{1}$ ── $\frac{3}{4}$

$\frac{3\text{co}}{4}$ ── 19 加 $R_x\frac{1\text{co}}{7}$

$\frac{3\text{co}}{4}$ 减 19 ── $R_x\frac{1\text{co}}{7}$

$\frac{3\text{co}}{4}$ 减 19

$\frac{9\Box}{16}$ 减 28co $\frac{1}{2}$ 加 361 ── $\frac{1\text{co}}{7}$

$\frac{9\Box}{16}$ 加 361 ── 28co $\frac{9\text{co}}{14}$

$1\Box$ 加 $641\frac{7}{9}$ ── 50co $\frac{58}{63}$ $25\frac{29}{63}$

2 572 816 $25\frac{29}{63}$
2 547 216   2 572 816
  25 600   3 969

$R_x\frac{25\,600}{3\,969}$ 加 $25\frac{29}{63}$

2 $\frac{34}{63}$ 加 $25\frac{29}{63}$

价值 28 索尔迪

2 索尔迪，其为 $\frac{1}{7}$ 寻价值的平方根，因此将其平方为 4，即 $\frac{1}{7}$ 寻价值 4 索尔迪，因此每寻价值 28 索尔迪，根据题设可以验证。若你想采用其他方法进一步求解，可以假设一个合适的数字，比如 18 索尔迪，或 $18\frac{3}{4}$ 等，不使用 R_x 来计算处理求解，但上述方法更为简单，所以建议你还是按上述方法求解为佳。

【例 10-32】 7 个鸡蛋价值比 12 德纳里少的部分，等于 12 个鸡蛋比 8 德纳里少的数量，问鸡蛋价值几何。

要知道，这个账目的答案是负价值，否则将是不可能（满足题设）的。假设 1 个鸡蛋价值 1co 德纳里，7 个鸡蛋价值 7co 德纳里，从 12 德纳里中将其减去，为 (12 - 7co)，就是 7 个鸡蛋的价值少于 12 德纳里的数量。另外一种情况是：12 个鸡蛋价值 12co，从 8 中将其减去，剩余 (8 - 12co)，就是 12 个鸡蛋的价值少于 8 德纳里的数量，已知这个数量等于 7 个鸡蛋价值少于 12 德纳里的数量，因此两者相等即 (12 减 7co) 等于 (8 减 12co)，移项，等式一边为 (12 + 12co)，另一边为 (8 + 7co)，未知数扣减未知数，数字扣减数字，一边得到 (4 + 5co)，另一边没有金额，也就是说该等式并非一个正常等式。

用得到的数字除以未知数的系数，所得到的就是负价值。因此用 4 除以 5，得 $\frac{4}{5}$，就是每个鸡蛋的负价值德纳里数量。现在验证，计算 7 个鸡蛋价值少于 12 德纳里的数量和 12 个鸡蛋价值少于 8 德纳里的数量。先计算 7 个鸡蛋的负价值，问：若 1 个鸡蛋的负价值为 $\frac{4}{5}$ 德纳里，那么 7 个鸡蛋的负价值是多少？得到负价值 $5\frac{3}{5}$ 德纳里，将其从 12 中减去，将得到 $17\frac{3}{5}$ 德纳里，因此减去越多则剩余越多。对减去的证明是用剩余值加上所扣减的值，正好等于 12，即将 $17\frac{3}{5}$ 加上负价值 $5\frac{3}{5}$，正好等于 12，因为所加的是负值。

现在来看 12 个鸡蛋的负价值，用 $\frac{4}{5}$ 乘以 12，得 $9\frac{3}{5}$，就是 12 个鸡蛋的负价值数量，从 8 中减去 $9\frac{3}{5}$，余 $17\frac{3}{5}$，两个账目正好相等，都是 $17\frac{3}{5}$。

类似问题：4 个鸡蛋价值少于 12 德纳里的数量，等于 6 个鸡蛋价值少于 16 德纳里的数量，按上文方法计算，得到每个鸡蛋的价值为 2 德纳里，差别部分在于最终等式不同，本题等式为 2co 等于 4。

【例 10-33】 一人共有两次贸易旅行，第一次赚得 8 里拉，第二次损失了（与第一次利润率)相同的比率,最终其带着 100 里拉归来,问其第一次旅行出发时的初始资本是多少。

假设其带着 1co 里拉出发,第一次旅行得到(1co + 8)里拉,已知第二次旅行损失比率和第一次旅行利润率相同,因此问:若 1co 损失(赚得)8 里拉,(1co 加 8)里拉损失多少? 因为其 1co 赚得 8 里拉,因此同样的比率其 1co 损失 8 里拉,更好的问法是:若 1co 得到第二次旅行的(1co − 8),那么(1co + 8)得到多少? 用(1co 减 8)乘以(1co 加 8),得(1co$^\square$ + 8co 减 8co − 64),用它除以 1co,得 $\frac{(1co^\square + 8co - 8co - 64)}{1co}$,等于 100。

化简移项,得到最终的等式:1co$^\square$ 等于(100co + 64),取一次项系数的一半,将其平方,加上常数项,得 2 564,解得 1co 等于(R_x 2 564 + 50),因此其出发时携带的资本为(R_x 2 564 + 50),依此类推,你自己也可以假设一个适当的数字(利用假设条件求解)。

【例 10-34】 一人有三次贸易旅行,第一次旅行赚 6 德纳里,第二次旅行赚的比按第一次旅行的利润率所赚的少 2 德纳里,第三次旅行的利润率与第一次旅行的利润率相同,且赚 13 德纳里,问其第一次旅行时的初始资本是多少。

假设其携带 1co 德纳里出发,因此第一次旅行得到 1co 加上所赚的 6 德纳里。现在计算第二次旅行,先计算以同样的利润率赚得多少。问:若 1co 资本第一次旅行得到本利(1co 加 6),那么(1co 加 6)资本在第二次旅行能得到多少本息? 用(1co 加 6)乘以(1co 加 6),得(1co$^\square$ 加 12co 加 36),再除以 1co 得 $\frac{(1co^\square + 12co + 36)}{1co}$,就是第二次旅行按与第一次旅行相同的利润率所获得的本利,但是已知其所赚较上述少 2 德纳里,因此从中减去这 2 德纳里得到 $\frac{(1co^\square + 12co + 36 - 2co)}{1co}$。

现在来计算第三次旅行按第一次旅行的利润率所赚[①],其初始资本就是上述(第二次旅行的)本利和,无需将利润从本利中扣减,问:若 1co 赚得 6 德纳里,$\frac{(1co^\square + 12co + 36 - 2co)}{1co}$ 赚得多少? 用这个分数乘以 6 再除以 1co,得 $\frac{(6co^\square + 72co + 216 - 12co)}{1co^\square}$,就是第三次旅行所赚得的利润,而已知第三次旅行赚得 13,因此该分数等于 13,化简有(6co$^\square$ + 72co 加 216 − 12co)等于 13co$^\square$,移项化简,等

---

① 原稿页面下面空白处有如下案例:
  一艘 4 桨船从威尼斯到基奥贾(Chioggia)需要 5 个小时,两地之间距离 25 千步,问 6 桨船需要多少小时。解答如下:要反过来问,如果 6 对应 5,4 对应多少? 4 乘以 5,为 20,20 除以 6,得 3$\frac{1}{3}$,即在 3$\frac{1}{3}$ 小时 6 桨船将能到达。

式两边除以二次项系数,得到最终等式:1co□等于 $\left(30\frac{6}{7}+8co\frac{4}{7}\right)$,取一次项系数的一半,将其平方,加上常数项,得 $49\frac{11}{49}$,解得 1co 为 $\left(R_x 49\frac{11}{49}+4\frac{2}{7}\right)$,而上文假设其出发时携带 1co 德纳里,因此其出发携带资本为 $\left(R_x 49\frac{11}{49}+4\frac{2}{7}\right)$ 德纳里。

根据题目,来验证,会发现解答正确,但需要注意数字和平方根的计算处理,不要弄错加总和扣减。若你求解一个结果为离散平方根数字[①]的类似问题,可获得更多的认识,这样的问题如下:一人有3次旅行,第一次旅行赚得2德纳里,第二次旅行所赚得的比按第一次旅行的利润率少赚1德纳里,第三次旅行利润率与第一次旅行相同且赚得4德纳里,问其第一次旅行出发时的初始资本是多少。如上文做法一样,计算处理,得到其出发时携带4德纳里,根据题目可验证无误。

【例 10-35】 一人有若干次贸易旅行,其出发时携带的德纳里数量与旅行次数相同,每次旅行中其德纳里都比前一次翻倍,最终其得到30德纳里,问其出发时携带多少德纳里,开展了多少次旅行。

为求解这个账目,必须找到一个数字,这个数字每次翻倍,直至30,用这种方法来检验,很快就会发现或多或少或正好[②]。假设他有2次旅行,携带2德纳里,其第一次旅行得到4德纳里,第二次旅行得到8德纳里,最终得到12德纳里,显然不符合题目要求。假设为4,第一次旅行翻倍为8,第二次为16,第三次为32,至此无需继续,已经超过了30。因此其携带的应该在2和4之间,现在假设其携带3德纳里及有3次旅行,第一次旅行翻倍为6,第二次为12,第三次为24,未及30,现在知道其旅行次数是一个大于3的分数。

通过假设条件的方法,可以得出相应的等式。要知道这需要通过利润来求解:已知每次旅行都会得到双倍的本利,现在假设在这个(3次之后的)不完整的旅程中,其赚得1co德纳里,将其从整个本利30中扣减,剩余(30-1co),这就是3次完整旅行的资本和利润,因为你假设是大于3的以分数形式出现的旅行赚得1co。

现在非常清楚,若其(在3次之后)还有一次完整的旅行,将会得到(30-1co)的双倍即(60-2co),因此要计算3次旅行的资本,为了求解,有必要对其进行分解,即翻倍多少次就将其减半多少次,最后的剩余部分就是资本。3次旅行,翻倍3次,因此减半3次。第一次:(30 减 1co)的 $\frac{1}{2}$ 为 15 减 $\frac{1}{2}$co。第二次:$\left(15-\frac{1}{2}co\right)$ 的 $\frac{1}{2}$ 为

---

① 即根据所假设的未知数,求解的结果是一个含有平方根的二项式,而这个平方根可以解出,为一个整数,称为离散平方根,参见后文中关于平方根的分类。——译者注

② 原稿页面左边空白处有如下说明:这个35号案例和随后的36号案例的求解方法在后文第383页中更清楚地进行了讨论,因此需要阅读后文。参见本书第634页的[例7]。——译者注

$\left(7\frac{1}{2}-\frac{1}{4}\text{co}\right)$。第三次：$\left(7\frac{1}{2}-\frac{1}{4}\text{co}\right)$ 的 $\frac{1}{2}$ 为 $\left(3\frac{3}{4}-\frac{1}{8}\text{co}\right)$，根据题设其就是初始资本以及旅行的次数，即 $\left(3\frac{3}{4}-\frac{1}{8}\text{co}\right)$。已知完整旅行数为 3 次，因此剩余的不完整旅行为 $\left(\frac{3}{4}-\frac{1}{8}\text{co}\right)$，而已知若其完成 4 次旅行，将赚得 $(30-1\text{co})$，因为将得到翻倍的本利，但其仅完成了 $\left(\frac{3}{4}-\frac{1}{8}\text{co}\right)$ 次旅行，因此将赚得 $(30-1\text{co})$ 的 $\left(\frac{3}{4}-\frac{1}{8}\text{co}\right)$ 部分。

因此取 $(30$ 减 $1\text{co})$ 的 $\left(\frac{3}{4}-\frac{1}{8}\text{co}\right)$ 部分，即 $\left(\frac{3}{4}-\frac{1}{8}\text{co}\right)$ 乘以 $(30$ 减 $1\text{co})$，得到 $\left(22\frac{1}{2}-4\frac{1}{2}\text{co}+\frac{1}{8}\text{co}^\square\right)$，就是该不完整旅行所赚得的利润，而前文假设这个利润为 1co。因此 1co 等于 $\left(22\frac{1}{2}-4\frac{1}{2}\text{co}+\frac{1}{8}\text{co}^\square\right)$，移项化简，得到最终的等式：$44\text{co}$ 等于 $(180$ 加 $1\text{co}^\square)$，取一次项系数的一半，将其平方，扣减常数项，得 304，解得 1co 等于 $(22$ 减 $\text{R}_\text{x}304)$，而前文假设这个不完整旅行赚得 1co，即 $(22$ 减 $\text{R}_\text{x}304)$。

现在，为计算最初的资本，将该不完整旅行所赚利润从最终的本利 30 德纳里中扣除，余 $(8$ 加 $\text{R}_\text{x}304)$，就是初始资本和 3 个完整旅行所赚得的利润。再将这个本利和减半 3 次，最终的剩余就是最初的资本。第一次减半得到 $(4+\text{R}_\text{x}76)$，第二次得 $(2$ 加 $\text{R}_\text{x}19)$，第三次得 $\left(1+\text{R}_\text{x}4\frac{3}{4}\right)$，其携带这个德纳里数量的初始资本出发，所有旅行中，每次旅行资本翻倍，到最后获得 30 德纳里。但是要注意需要有力地证明上述解答，否则会如我所经历的一样，陷入困境麻烦之中。

另外一种解答方法，假设有 $(3+1\text{co})$ 次旅行，其出发时携带 $(3+1\text{co})$ 德纳里，现在计算 3 次完整旅行中的变化。第一次翻倍为 $(6+2\text{co})$，第二次为 $(12+4\text{co})$，第三次为 $(24+8\text{co})$，再来看其与 30 间的差额，从 30 中扣减 $(24+8\text{co})$，余 $(6-8\text{co})$，就是最后那个不完整旅行所赚得的。问：若 1 次旅行赚得 $(24+8\text{co})$，那么 1co 次旅行赚得多少？用 1co 乘以 $(24+8\text{co})$，得 $(24\text{co}+8\text{co}^\square)$，其等于 $(6-8\text{co})$，移项化简，等式两边除以二次项系数，有等式 $(4\text{co}+1\text{co}^\square)$ 等于 $\frac{3}{4}$，取一次项系数的一半，将其平方，加上常数项，得 $4\frac{3}{4}$，解得 1co 等于 $\left(\text{R}_\text{x}4\frac{3}{4}-2\right)$。而前文假设其出发时携带 $(3+1\text{co})$ 德纳里，因此其携带 $\left(3\text{ 加 }\text{R}_\text{x}4\frac{3}{4}-2\right)$，即 $\left(\text{R}_\text{x}4\frac{3}{4}+1\right)$，同时也是其旅行的次数。结果同上，这个方法更简易，而上一方法更清晰。

【例 10-36】 一个人有若干次旅行,其出发时携带的德纳里数量与旅行次数相同,每次旅行赚得 25%,最终其发现自己赚得资本的 $\frac{2}{5}$,问其有多少次旅行,出发时携带多少德纳里。

这些类似的账目很怪异,但可增长你的智慧。你应遵循我向你展示的那些解答类似问题的方法。例如,旅程终了发现赚得资本的 $\frac{2}{3}$ 或 $\frac{3}{4}$,或旅途终了发现赚得收益和资本若干德纳里,如 10、20 等。解答所有这样的问题都应遵循同样的方法。现在来解答当前案例:假设其有 1 次完整旅行和 1co 次旅行(不完整),因此其携带了(1co 加 1)德纳里,因为总是赚得 25% 的收益,那么来计算(1 + 1co)在一次旅行后赚得多少。问:若 100 德纳里在一次旅行赚得 25,(1 + 1co)赚得多少[①]?用(1 + 1co)乘以 25,再除以 100,得 $\left(\frac{1}{4} + \frac{1}{4}co\right)$,就是(1 加 1co)在一次旅行后所赚得的数量。

现在来计算在 1co 次旅行中,上述本利能够赚得多少,因为已知总是赚得 25% 的利润,来看 100 德纳里在这样的情况下能赚得多少,问:若 1 次旅行 100 德纳里能赚 25,1co 次旅行能赚得多少?用 1co 乘以 25 为 25co,25co 除以 1 为 25co,就是 100 德纳里在 1co 次旅行中所赚取的,现在来看上一次旅行后的本利即 $1\frac{1}{4}$ 加 $1\frac{1}{4}$co 在这次旅行可赚得多少,问:若在这次旅行中 100 德纳里可赚取 25co,那么 $1\frac{1}{4}$ 加 $1\frac{1}{4}$co 赚得多少?用 25co 乘以 $1\frac{1}{4}$ 加 $1\frac{1}{4}$co,得 $\left(\frac{125}{4}co + \frac{125}{4}co^{\square}\right)$,除以 100,得 $\frac{5}{16}co$ 加 $\frac{5}{16}co^{\square}$,就是其在 1co 次旅行中所赚得的数量。

现在将两次旅行的利润加总,即第一次旅行的利润 $\left(\frac{1}{4} + \frac{1}{4}co\right)$,及这次的

---

① 原稿页面下面空白处有如下案例:一个人有两次旅行,第一次赚得其携带资本的平方根,第二次旅行的利润率与第一次相同,旅行结束后其发现得到 40 杜卡迪,问其出发时携带多少资本。

假设其出发时携带 1co$^{\square}$ 杜卡迪,因此第一次旅行赚得 1co 即 $R_X 1co^{\square}$,求解第二次,问:若 1co$^{\square}$ 赚得 1co,那么第二次旅行的资本(1co$^{\square}$ + 1co)赚得多少?或者更简单地问:若 1co$^{\square}$ 得到本利(1co$^{\square}$ + 1co),那么(1co$^{\square}$ + 1co)本利是多少?通过乘除处理,得到本利为 $\frac{(1co^{\square\square} + 2co^{\triangle} + 1co^{\square})}{1co^{\square}}$,等于 40,去分母,有 1co$^{\square\square}$ 加 2co$^{\triangle}$ 加 1co$^{\square}$ 等于 40co$^{\square}$,降次得到等式 1co$^{\square}$ 加 2co 等于 39,取一次项系数的一半,将其平方,加上常数项,得 40,解得 1co 等于($R_X 40 - 1$)。而前文假设其出发携带 1co$^{\square}$,因此将($R_X 40 - 1$)平方,得到($41 - R_X 160$),就是其出发携带的杜卡迪数量。

$\left(\dfrac{5}{16}\text{co}+\dfrac{5}{16}\text{co}\square\right)$,得$\left(\dfrac{1}{4}+\dfrac{9}{16}\text{co}+\dfrac{5}{16}\text{co}\square\right)$其应等于$\left(\dfrac{2}{5}\text{co}+\dfrac{2}{5}\right)$。移项化简,除以二次项系数,得到最终等式$\left(1\text{co}\square+\dfrac{13}{25}\text{co}\right)$等于$\dfrac{12}{25}$,取一次项系数的一半,将其平方,加上常数项,得$\dfrac{1\,369}{2\,500}$,解得 1co 等于 $R_x\,\dfrac{1\,369}{2\,500}$ 减 $\dfrac{13}{50}$,即 $\dfrac{37}{50}$ 减 $\dfrac{13}{50}$,为 $\dfrac{12}{25}$,因此得到旅行次数为 $1\dfrac{12}{25}$,其出发时携带 $1\dfrac{12}{25}$ 德纳里。根据题目验证,会发现每一次旅行都能赚得 25%,现在你知道该如何划分旅行次数,这样就不会陷入困境,最终其会赚得初始资本的 $\dfrac{2}{5}$,依此类推。

【例 10-37】 一人有两次旅行,第一次赚 12,第二次与第一次赚得的比率相同,然后发现本利共 70 弗罗林,问其第一次旅行出发时有多少钱。

假设其有 1co 弗罗林并赚得 12,因此,第一次旅行后得到(1co + 12),计算第二次旅行的利润。问:若 1co 赚得 12,那么(1co + 12)赚得多少,用 12 乘以(1co + 12),再除以 1co,得 $\dfrac{(12\text{co}+144)}{1\text{co}}$,就是第二次旅行所赚得的,将其加上其资本(1co + 12),得到 $\dfrac{(12\text{co}+144+1\text{co}\square+12\text{co})}{1\text{co}}$①,等于 70,化简得到(12co + 144 加 1co$\square$ + 12co)等于 70co,移项,最终得到 46co 等于(1co$\square$ + 144),取一次项系数的一半,将其平方,扣减常数项,得 385,解得 1co 等于($R_x\,385+23$),而前文假设其出发携带 1co 弗罗林,因此其携带($R_x\,385+23$)弗罗林。解毕,依此类推可解答无限问题。

【例 10-38】 告诉我若 3 乘以 3 对应 10,那么 4 对应多少。

你知道,很多粗俗之人会以这样的方法来处理,问:如果 9 对应 10,那么 4 对应多少,会得到 $4\dfrac{4}{9}$,但这个方法和结果均是错误的,因为回答这个问题必须考虑平方值。因此必须这样问:若 3 对应 $R_x\,10$,那么 4 对应多少②?根据法则,通过(将数字)转换为同一性质来求解平方根:用 $R_x\,10$ 乘以 4,但是先将 4 平方为 16,然后用 16 乘

---

① 原稿页面空白处有如下计算:

$1\square$

$\dfrac{1\text{co}}{1} \bowtie \dfrac{12}{1} \longrightarrow \dfrac{1\square+12\text{co}+36-2\text{co}}{1}$

② 原稿页面左边空白处有如下计算:

$R_x\,9$ \qquad\qquad $16R_x$

$\dfrac{3}{1}$ \qquad $\dfrac{R_x\,10}{1} \diagdown \dfrac{4}{1}$

以 10。再求平方根为 R_x160，将其除以 3，先将 3 平方为 9，用 160 除以 9 得 $17\frac{7}{9}$，因此若 3 乘以 3 对应 10，则 4 对应 $R_x 17\frac{7}{9}$。

另有一种更简单的方法：计算 3 的平方为 9，4 的平方为 16，问：若 9 对应 10，16 对应多少？用 16 乘以 10 为 160，除以 9，得 $17\frac{7}{9}$，则有同上的 4 对应 $R_x 17\frac{7}{9}$。这样将每一部分平方才是正确的解题方法，这些类似的问题可以帮助无知的人意识到自己的无知[①]。

【例 10-39】 3 个人有 1 颗宝石，他们各有一个装有若干货币的口袋。第一个人对其他两个人说，若你们把宝石给我，我的钱就比你们多 $\frac{1}{2}$。第二个人对其他两个人说，若你们把宝石给我，我的钱就是你们的两倍再加其 $\frac{1}{3}$。第三个人对其他两个人说，若你们把宝石给我，我的钱就是你们的三倍再加其 $\frac{3}{4}$，问每个人有多少钱，宝石价值多少。

你知道这种类似的账目可以有上千种方法来解答，而且总是会有争议，除非有人限制宝石的价值并给出每个人拥有钱财的份额，才会有确定的价值数量答案。按以下方法，可如你所愿来假设其价格，但要按照题设来约束每个人的账目，即不能脱离同一个总量单位的限制。这样求解：假设第一个人有 1co 杜卡迪或弗罗林等，已知其（拥有宝石后）的钱财价值比另两个人多 $\frac{1}{2}$，如此情况下另外两个人拥有的（钱财价值）将是这第一个人的 $\frac{2}{3}$，现在取（第一个人所拥有的 1co + 1 宝石）的 $\frac{2}{3}$，为 $\left(\frac{2}{3}co + \frac{2}{3}宝石\right)$，即为另外两个人所拥有的钱财，这样第一个人就比另外两个人多 $\frac{1}{2}$，因为另外两个人拥有第一个人的 $\frac{2}{3}$，而第一个人拥有 3 个 $\frac{1}{3}$，是另外两个人的 1 倍半。

现在来看拥有 $\left(\frac{2}{3}co + \frac{2}{3}宝石\right)$ 的第二个人和第三个人每人拥有多少价值，你知

[①] 原稿页面下面空白处有如下案例：若 3 乘以 3 对应 10，那么 7 乘以 7 以同样的比率对应多少？与上同解，可得 $54\frac{4}{9}$，即 7 乘以 7 对应 $54\frac{4}{9}$。

道这里可以设定另外一个假设条件来划分这两个人的 $\left(\frac{2}{3}\text{co}+\frac{2}{3}\text{宝石}\right)$，用来满足题目关于第一个人和第二个人的条件，那么第三个人的条件就自然满足了，因为其将被包含在等式之内，因此这样表述：将 $1\frac{2}{3}\text{co}$[①] 分为两部分，因为加上第一个人所拥有的 1co 以后，得到一个量为 $1\frac{2}{3}$[②]，后面再将第一个人的扣减，剩余就是其他人所拥有的。

因此，将 $1\frac{2}{3}$ 分成两部分，一部分是另一部分的两倍加上其 $\frac{1}{3}$，假设一部分为 1co[③]，另外一部分为 $\left(1\frac{2}{3}-1\text{co}\right)$，因为一部分是另一部分的两倍加上其 $\frac{1}{3}$，因此将 $\left(1\frac{2}{3}-1\text{co}\right)$ 取双倍，为 $\left(3\frac{1}{3}-2\text{co}\right)$，然后取 $\left(1\frac{2}{3}-1\text{co}\right)$ 的 $\frac{1}{3}$，为 $\left(\frac{5}{9}-\frac{1}{3}\text{co}\right)$，再将两者加总得到 $\left(3\frac{8}{9}-2\frac{1}{3}\text{co}\right)$，其应该等于另一部分即 1co。

移项得到 $3\frac{1}{3}\text{co}$ 等于 $3\frac{8}{9}$，用 $3\frac{8}{9}$ 除以 $3\frac{1}{3}$，得 $1\frac{1}{6}$，就是 $1\frac{2}{3}$ 的其中一部分，它是另一部分的双倍再加上其 $\frac{1}{3}$，则另一部分为 $\frac{1}{2}$，现在我们可以将 $1\frac{2}{3}\text{co}$ 分成两部分，一部分为 $1\frac{1}{6}\text{co}$，另一部分为 $\frac{1}{2}\text{co}$，因此可知第二个人有 $1\frac{1}{6}\text{co}$，第一个人和第三个人合计有 $\frac{1}{2}\text{co}$，而已知第一个人有 1co，因此从 $\frac{1}{2}\text{co}$ 中将 1co 扣减，余 $-\frac{1}{2}\text{co}$，就是第三个人所拥有的，这样将其分配给了 3 个人，即第一个人 1co，第二个人 $1\frac{1}{6}\text{co}$，第三个人 $-\frac{1}{2}\text{co}$。

现在来分配宝石，即这 $\frac{2}{3}$ 个宝石，请注意，其并不包含第一个人的份额，因此第一

---

① 根据前文假设和计算，3 个人的总数量是 $1\frac{2}{3}\text{co}$ 加 $\frac{2}{3}$ 个宝石，因此先分配 $1\frac{2}{3}\text{co}$ 给 3 个人，后面再分配 $\frac{2}{3}$ 个宝石。——译者注

② 这里去掉了 1co 这个未知数，原因是这里只需要计算在这 $1\frac{2}{3}$ 的量中各人所占的份额，而且下文中还要假设未知数，所以这里去掉了 1co。——译者注

③ 本书在假设未知数时，仅有 1co 这种表述方法，因此需要注意的是，在同一案例中可能有多个假设都使用 1co 作为未知数，而未知数却是不同的，以下多个案例都存在这种情况。——译者注

个人不从其中分配,只需按照上述方法分配给第二个人和第三个人,可以使用另一个假设条件来分配:将 $\frac{2}{3}$ 分成两个部分,一部分加上 1 个宝石是另外一部分的两倍加另外一部分的 $\frac{1}{3}$,假设一部分为 1co,另一部分将为 $\left(\frac{2}{3}-1\text{co}\right)$,因此 2 乘以 $\left(\frac{2}{3}-1\text{co}\right)$,得 $\left(1\frac{1}{3}-2\text{co}\right)$,然后取 $\left(\frac{2}{3}-1\text{co}\right)$ 的 $\frac{1}{3}$,为 $\left(\frac{2}{9}-\frac{1}{3}\text{co}\right)$。加总 $\left(1\frac{1}{3}-2\text{co}\right)$ 和 $\left(\frac{2}{9}-\frac{1}{3}\text{co}\right)$,得 $1\frac{5}{9}$ 减 $2\frac{1}{3}$co,其将等于(1co + 1 个宝石)。移项得到 $3\frac{1}{3}$co 等于 $\frac{5}{9}$,用 $\frac{5}{9}$ 除以 $3\frac{1}{3}$,得 $\frac{1}{6}$,就是 $\frac{2}{3}$ 其中的一部分,剩余部分为 $\frac{1}{2}$,因此 $\left(\frac{1}{6}+1\right)$ 应等于 $\frac{1}{2}$ 的两倍加上 $\frac{1}{2}$ 的 $\frac{1}{3}$。

现在已经将所假设的未知数代入其他人的数量,则第一个人有 1co 个宝石,第二个人有 $\left(1\frac{1}{6}\text{co}+\frac{1}{6}\right)$ 个宝石,第三个人有 $\left(\frac{1}{2}-\frac{1}{2}\text{co}\right)$ 个宝石,因此给第二个人 1 个宝石,其所拥有的宝石是第一个人和第三个人的两倍再加其 $\frac{1}{3}$。

目前已经求解了第一个和第二个人的所拥有的宝石。现在来计算第三个人所有宝石的情况,已知第三个人如果有这个宝石就将是第一个人和第二个人的 3 倍再加其 $\frac{3}{4}$,现在求解:第一个人和第二个人共有 $2\frac{1}{6}$co 加 $\frac{1}{6}$ 个宝石,若第三个人拥有这个宝石,其将拥有 $1\frac{1}{2}$ 减 $\frac{1}{2}$co,这将是第一个人和第二个人所拥有的 3 倍再加上其 $\frac{3}{4}$,因此用 3 乘以第一个人和第二个人所拥有的,得 $\left(6\frac{1}{2}\text{co}+\frac{1}{2}\right)$,然后取 $\left(2\frac{1}{6}\text{co}+\frac{1}{6}\right)$ 的 $\frac{3}{4}$,得 $\left(1\frac{5}{8}\text{co}+\frac{1}{8}\right)$,加上 $\left(6\frac{1}{2}\text{co}+\frac{1}{2}\right)$,得 $\left(8\frac{1}{8}\text{co}+\frac{5}{8}\right)$,其将等于第三个人所拥有的 $1\frac{1}{2}$ 减 $\frac{1}{2}$co。移项化简,得到 $\frac{7}{8}$ 等于 $8\frac{5}{8}$co,用 $\frac{7}{8}$ 除以 $8\frac{5}{8}$,得 $\frac{7}{69}$,就是所假设的未知数的价值数量,因此可知第一个人有 $\frac{7}{69}$ 杜卡迪,第二个人拥有 $\left(1\frac{1}{6}\text{co}+\frac{1}{6}\right)$ 杜卡迪,即为 $\frac{177}{621}$,第三个人拥有 $\left(\frac{1}{2}-\frac{1}{2}\text{co}\right)$,为 $\frac{279}{621}$ 杜卡迪,这就是每个人所拥有的杜卡迪数量,这个宝石价值为 1 杜卡迪或 1 弗罗林等。

根据题目,验证可知所有的条件都能满足,但若你期望宝石价值 10 杜卡迪,那么第一个人就拥有 $1\frac{1}{69}$ 杜卡迪,第二个人拥有 $2\frac{176}{207}$ 杜卡迪,第三个人拥有 $4\frac{34}{69}$ 杜卡迪,这也满足题设,如此你便知道如何求解类似问题。

【例 10-40】 3 人想买 1 匹马,第一个人对另外两个人说,若给我你们财富的 $\frac{1}{2}$,我将可买这匹马。第二个人对其他两个人说,若给我你们财富的 $\frac{1}{3}$,我可买这匹马。第三个人对另外两个人说,若给我你们财富的 $\frac{1}{4}$,我将买这匹马。问马价值几何,每个人有多少钱。

如上文所说,有这样类似的账目有非常多的解答方式①,但期望每个人的账目计算限制在一个单位总量即马的价格之内。因此假设第一个人有 1co,则另外两个人拥有 (2 匹马 - 2co),这样将其 $\frac{1}{2}$ 给第一个人后正好可以购买一匹马,将 3 人拥有的相加得到 (2 匹马 - 1co)。现在将其中的 2(匹马) 分成两部分,使得一部分加上另一部分的 $\frac{1}{3}$ 正好等于 1。

假设第一部分为 1co,另一部分将为 (2 - 1co),取 (2 - 1co) 的 $\frac{1}{3}$,为 $\frac{2}{3}$ 减 $\frac{1}{3}$co,将其给另外一个人(即有 1co 的人),将得到 $\frac{2}{3}$co 加 $\frac{2}{3}$,其等于 1,移项有等式 $\frac{2}{3}$co 等于 $\frac{1}{3}$,用 $\frac{1}{3}$ 除以 $\frac{2}{3}$,得 $\frac{1}{2}$,即未知数 1co 的值,即 2 的一部分价值,另一部分价值为 $1\frac{1}{2}$。现在以同样的方式来分割 1co②,将另一部分的 $\frac{1}{3}$ 给第一部分,使合计数等于零(null)。计算另一个情况:假设一部分为 1co③,另一个将是 (1 - 1co);取 1co 的 $\frac{1}{3}$,即 $\frac{1}{3}$co,将其给有 (1 - 1co) 的人,得 $\left(1 - \frac{2}{3}\text{co}\right)$,将等于零。移项得到 $\frac{2}{3}$co 等于 1,用 1 除以 $\frac{2}{3}$,得 $1\frac{1}{2}$,其为 1 的一部分,另一部分为 1 减去 $1\frac{1}{2}$,得到 $-\frac{1}{2}$。

---

① 原稿页面空白处有如下注明:类似问题在前一页。(即例 39。——译者注)
② 注意这个地方的 1co 是指第一次假设中 3 个人拥有的总价值为"2 匹马减 1co"中的 1co,前述已经分配了 2 匹马的数量,这里采用同样的方法来分配 1co。——译者注。
③ 注意这里的 1co 是指用来分配上述的 1co 所假设的未知数,而上述的 1co 在这里表示为 1。——译者注。

这样可知第二个人有$\frac{1}{2}$匹马加$\frac{1}{2}$co,因为减去负数变为加①。另外两个人则拥有 $1\frac{1}{2}$匹马减$1\frac{1}{2}$co,因为需要将其$\frac{1}{3}$给第二个人,而其所拥有的正好等于1匹马。现在将第一个人的1co从$\left(1\frac{1}{2}\text{匹马}-1\frac{1}{2}\text{co}\right)$中扣减,余$1\frac{1}{2}$减$2\frac{1}{2}$co,就是第三个人所拥有的,即$\left(1\frac{1}{2}-2\frac{1}{2}\text{co}\right)$。

对于第三个人和其他两个人:将另外两个人的$\frac{1}{4}$给第三个人,其将正好有1匹马(的价值),第一个人和第二个人有$\left(\frac{1}{2}+1\frac{1}{2}\text{co}\right)$,取其$\frac{1}{4}$,得$\left(\frac{1}{8}+\frac{3}{8}\text{co}\right)$,加上第三个人所拥有的,有$1\frac{5}{8}$减$2\frac{1}{8}$co,其将等于1匹马(的价值),移项得到$\frac{5}{8}$等于$2\frac{1}{8}$co,用$\frac{5}{8}$除以$2\frac{1}{8}$得到$\frac{5}{17}$,就是1co,即第一个人所拥有的,第二个人拥有的为$\left(\frac{1}{2}+\frac{1}{2}\text{co}\right)$即$\left(\frac{1}{2}+\frac{5}{34}\right)$,为$\frac{11}{17}$,第三个人拥有的为$\left(1\frac{1}{2}-2\frac{1}{2}\text{co}\right)$,即$1\frac{1}{2}$减$\frac{25}{34}$,即$\frac{13}{17}$②。

因此可以认为第一个人有5,第二个人有11,第三个人有13,马价值为17,因为马的价值只需要让每一个人所拥有的钱数能够满足题设条件即可。或者也可以是,第一个人有$\frac{5}{17}$,第二个人有$\frac{11}{17}$,第三个人有$\frac{13}{17}$,这样马的价值为1,因为每个人都可以

---

① 因为在3人"2匹马减1co"的价值总和中,第二个人在2匹马中的份额为$\frac{1}{2}$,在1co中的份额为$-\frac{1}{2}$co,即其拥有的为$\frac{1}{2}$匹马减去负$\frac{1}{2}$co,减去负数变为加,则第二个人所拥有的变为$\frac{1}{2}$匹马加$\frac{1}{2}$co。——译者注。

② 原稿页面空白处有如下计算:

第一个人	1co
第二个人	$\frac{1}{2}+\frac{1}{2}$co
第三个人	$1\ \frac{1}{2}-2\text{co}\frac{1}{2}$

$1\ \frac{5}{8}-2\frac{1}{8}\text{co} \longrightarrow 1$

$\qquad\qquad\frac{5}{8} \longrightarrow 2\text{co}\frac{1}{8}\text{co}$

第一个人	$\frac{5}{17}$
第二个人	$\frac{11}{17}$
第三个人	$\frac{13}{17}$

通过整数 1 来满足题设。

【例 10-41】 3 个人想买一匹马,而他们自己的钱财均无力单独购买,第一个人对另外两个人说,如果你们给我你们 $\frac{1}{2}$ 的钱,我就可以买这匹马;第二个人对另外两个人说,如果你们给我你们 $\frac{2}{3}$ 的钱,我就可以买这匹马;第三个人对另外两个人说,如果你们给我你们 $\frac{3}{4}$ 的钱,我就可以买这匹马。问每个人有多少钱,马价值几何。

与上同解,假设第一个人有 1co,则其他人有(2 匹马 - 2co),以使这两个人将其所拥有的 $\frac{1}{2}$ 给第一个人后,其正好可以购买 1 匹马。然后将三人所拥有的相加,得到(2 - 1co)。对第二个人进行条件假设:现在将 2(匹马)分成两部分,一部分加上另一部分的 $\frac{2}{3}$ 正好等于 1,因为题设为第二个人得到其他两个人的 $\frac{2}{3}$,则正好可以购买 1 匹马。因此假设一部分为 1co,则另外一部分为(2 减 1co),取 1co 的 $\frac{2}{3}$ 为 $\frac{2}{3}$co,将其给另外一部分即(2 - 1co),得 $\left(2 - \frac{1}{3}\text{co}\right)$,其应等于 1,移项求解得到 1co 等于 3,另外一部分为 -1,这样其加上 3 的 $\frac{2}{3}$ 正好等于 1。因此说这 2 匹马的价值中,第二个人有 -1,而第三个人有 3,加总为 2。

现在需要将(总量 2 - 1co 中的)减 1co 进行分配,将其中一部分的 $\frac{2}{3}$ 给第二个人,使合计数等于零,计算另一个假设条件:将 1(即 1co)分成两部分,一部分加上另外一部分的 $\frac{2}{3}$ 合计数为零,即将其抵消,假设①其中一部分为 1co,另一部分为 1 减 1co,取 1co 的 $\frac{2}{3}$,将其加上(1 减 1co),为 $\left(1 - \frac{1}{3}\text{co}\right)$,其应等于零,移项有 1 等于 $\frac{1}{3}$co,用 1 除以 $\frac{1}{3}$,得 3,就是 1 的其中一部分为 3,另一部分则为 -2,两者相加等于 1。

现在从(3 减 3co)中返还 1co 给第一个人,得到第三个人所拥有的为 3 匹马减 4co,现在得到第一个人(所拥有的)为 1co,第二个人为(2co - 1 匹马),第三个人为(3 匹马 - 4co),关于第一个人和第二个人的题设条件已经满足且后面会验证。现在来

---

① 原稿页面空白处有如下说明:同上求解。

看第三个人的题设条件,其若拥有另外两个人的 $\frac{3}{4}$ 则可购买 1 匹马,另外两个人合计为(3co − 1 匹马),取其 $\frac{3}{4}$ 为 $\left(2\frac{1}{4}co - \frac{3}{4}\text{匹马}\right)$,加上(3 匹马 − 4co),得合计数 $\left(2\frac{1}{4}\text{匹马} - 1\frac{3}{4}co\right)$,其应等于 1。移项将得到 $1\frac{1}{4}$ 等于 $1\frac{3}{4}co$,用 $1\frac{1}{4}$ 除以 $1\frac{3}{4}$,得 $\frac{5}{7}$,就是 1co 的值,即为第一人所拥有的货币数量,第二个人有(2co − 1),因此为 $\frac{3}{7}$,第三个人有(3 − 4co),因此为 $\frac{1}{7}$,解毕。

欲知马匹的价值,来看 3 个人按题设条件可以加总的数量,当然需要(3 个人各按条件加总)得出同样的数量,可以发现均可加总为 7,因此马的价值可为 7;或者均可加总为 $\frac{7}{7}$,即 1,因此马的价值亦可为 1,按题设逻辑,给马匹赋予 1 或 7 以外的任何价值,只要符合上述 3 个人的分配逻辑即可,除非按你所愿来设定马匹的价值又不按上述逻辑来分配,则可能不适合本题题设。

【例 10-42】 3 个人有若干货币:第一个人有若干货币,第二个人的货币是第一个人货币的两倍,第三个人的货币是第二个人的货币的 3 倍再加上 3 人所有货币的平方根,3 人共有 10 德纳里,问每个人拥有的德纳里数量。

这个问题可以如此表述:计算 10 德纳里中各人的份额,其中,第二个人的德纳里数量是第一个人的两倍,第三个人的德纳里数量是第二个人的 3 倍再加上 10 的平方根。现在解答如下:假设第一个人有 1co,那么第二个人有 2co,第三个人有(6co + R_x10),将三者加总得到(9co 加 R_x10),其等于 10,则有 R_x10 等于(10 − 9co)。

现在将等式换算为同一性质,将等式两边平方消除平方根,因此将(10 − 9co)乘以(10 − 9co),得(100 − 180co + 81co□)等于 10,移项化简得到等式 $2\frac{2}{9}$co 等于 $\left(1\frac{1}{9} + 1\text{co}□\right)$,取一次项系数的一半,将其平方,扣减常数项,得 $\frac{10}{81}$,解得 1co 等于 $\left(1\frac{1}{9} - R_x \frac{10}{81}\right)$。

因此可知第一个人有 $\left(1\frac{1}{9} - R_x \frac{10}{81}\right)$ 德纳里,第二个人有 2co 德纳里,因此用 2 乘以 $\left(1\frac{1}{9} - R_x \frac{10}{81}\right)$,得 $\left(2\frac{2}{9} - R_x \frac{40}{81}\right)$,第三个人有(6co + R_x10)德纳里,因此用 6 乘以

$\left(1\frac{1}{9}-\mathrm{R_x}\frac{10}{81}\right)$,得$\left(6\frac{2}{3}-\mathrm{R_x}4\frac{4}{9}\right)$,再加上$\mathrm{R_x}10$,得$\left(6\frac{2}{3}+\mathrm{R_x}1\frac{1}{9}\right)$。根据题目验证,可知第二个人的是第一个人的2倍,第三个人的是第二个人的3倍再加上$\mathrm{R_x}10$,将三者相加亦可得到10。证毕。

也可以根据更简单的法则来求解:将1co,2co和$(6\mathrm{co}+\mathrm{R_x}10)$加总,得到$(9\mathrm{co}$加$\mathrm{R_x}10)$,然后假设未知数为可能的数字:假设第一个人有1,则第二个人有2,第三个人有$(6+\mathrm{R_x}10)$,加总得到$(9+\mathrm{R_x}10)$,如你所愿,假设第一个人所拥有的数量,2倍或3倍均可。现在的结果是$(9+\mathrm{R_x}10)$,而已知应为10,则$(9+\mathrm{R_x}10)$等于(对应)10,根据规则求其10等份即可得到结果。

因此等式两边减$\mathrm{R_x}10$,得9等于(对应)$(10-\mathrm{R_x}10)$,根据3的法则问:若9对应$(10-\mathrm{R_x}10)$,那么1对应多少,2和6各对应多少?用1乘以$(10$减$\mathrm{R_x}10)$,再除以9,得$\left(1\frac{1}{9}-\mathrm{R_x}\frac{10}{81}\right)$,是第一个人拥有的德纳里数量。对于第二个人拥有的德纳里数量求解方法类似:若9对应$(10-\mathrm{R_x}10)$,那么2对应多少?用2乘以$(10-\mathrm{R_x}10)$,得$(20-\mathrm{R_x}40)$,再除以9,得$\left(2\frac{2}{9}-\mathrm{R_x}\frac{40}{81}\right)$,就是第二个人拥有的德纳里数量。求解第三个人拥有的德纳里数量:若9对应$(10-\mathrm{R_x}10)$,那么6对应多少?用6乘以$(10$减$\mathrm{R_x}10)$,得$(60$减$\mathrm{R_x}360)$,再除以9,得$6\frac{2}{3}$减$\mathrm{R_x}4\frac{4}{9}$,再加上$\mathrm{R_x}10$,得$6\frac{2}{3}$加$\mathrm{R_x}1\frac{1}{9}$,就是第三个人拥有的德纳里数量。验证如上文,上文解法更严谨①。

【例10-43】 3个人都有若干货币:第一个人有若干货币,第二个人的货币是第一个人货币的两倍,第三个人的货币是第二个人货币的3倍再加上第一个人和第二个人货币总和的平方根,3人共有100德纳里,问每个人拥有的德纳里数量。

与上同解:假设第一个人有货币1co,则第二个人有货币2co,第三个人有货币$(6\mathrm{co}+\mathrm{R_x}3\mathrm{co})$,现在将三个人的货币加总得到$(9\mathrm{co}+\mathrm{R_x}3\mathrm{co})$,其等于100,移项得到$\mathrm{R_x}3\mathrm{co}$等于$(100-9\mathrm{co})$,将等式两边平方以将数字换算为同一性质,将$(100-9\mathrm{co})$平方得到$(10\,000-1\,800\mathrm{co}$加$81\mathrm{co}^{\square})$,然后将$\mathrm{R_x}3\mathrm{co}$平方,得$3\mathrm{co}$,其等于$(10\,000-1\,800\mathrm{co}+81\mathrm{co}^{\square})$。

---

① 原稿左边页面空白处有如下计算:

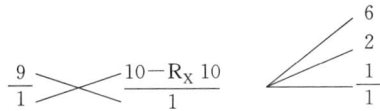

移项化简，除以二次项系数，得到最终等式 $22\frac{7}{27}$co 等于 $123\frac{37}{81}$ 加 $1\text{co}^\square$。取一次项系数的一半，将其平方，扣减常数项，得 $\frac{1\,201}{2\,916}$，解得 1co 等于 $\left(11\frac{7}{54} - R_x\frac{1\,201}{2\,916}\right)$，即第一个人所拥有的德纳里数量。假设第二个人有 2co，因此用 2 乘以 $\left(11\frac{7}{54} - R_x\frac{1\,201}{2\,916}\right)$，得 $\left(22\frac{7}{27} - R_x\frac{4\,804}{2\,916}\right)$，即第二个人所拥有的德纳里数量，假设第三个人有 $(6\text{co} + R_x 3\text{co})$，因此用 6 乘以 $\left(11\frac{7}{54} - R_x\frac{1\,201}{2\,916}\right)$，得 $\left(66\frac{2}{9} - R_x\frac{43\,236}{2\,916}\right)$，加上 $R_x 3\text{co}$，即 $\left(\frac{1}{6} - R_x\frac{97\,281}{2\,916}\right)$，得 $66\frac{11}{18}$ 加 $R_x\frac{10\,809}{2\,916}$，就是第三个人拥有的德纳里数量。

如你所愿来验证，将会满足题设，3 人拥有的德纳里数量加总为 100 德纳里，若想要等式中不出现平方根，可以假设第一人有货币 $3\text{co}^\square$，则第二个人有货币 $6\text{co}^\square$，第三个人有货币 $(18\text{co}^\square - R_x 9\text{co}^\square)$ 即 3co，按此求解。

【例 10-44】 3 人都有若干钱财，他们发现一个装有货币的口袋。第一个人对另外两个人说，若你们把这个袋子里面的钱给我，我拥有的钱将是你们的 2 倍。第二个人对其他两个人说，若你们把这个袋子里面的钱给我，我拥有的钱将是你们的 3 倍。第三个人对其他两个人说，若你们把这个袋子里面的钱给我，我拥有的钱将是你们的 4 倍。问每个人有多少钱，袋子里面有多少钱。

假设第一个人有货币 1co，则其他两个人有货币 $\frac{1}{2}$co（即第一个人所拥有的一半）加上 $\frac{1}{2}$ 即袋子里面货币的一半，这样当第一个人有了袋子时，其货币就是其他两个人的 2 倍，将三个人拥有的货币加总，得到 $1\frac{1}{2}$co 加 $\frac{1}{2}$袋子。

为求解第二个人拥有的货币，提出另一个假设条件：将 $1\frac{1}{2}$co 分为两部分，一部分是另一部分的 3 倍，因为题设指出第二个人将是另外两个人的 3 倍，假设一部分为 1co，则另一部分为 $\left(1\frac{1}{2} - 1\text{co}\right)$，取 1co 的 3 倍为 3co，其将等于 $1\frac{1}{2}$ 减 1co，移项化简得到 4co 等于 $1\frac{1}{2}$，用 $1\frac{1}{2}$ 除以 4，得 $\frac{3}{8}$，这就是 1co 的值，则另一部分为 $\frac{9}{8}$，其为 $\frac{3}{8}$ 的 3 倍，因此在这 $1\frac{1}{2}$co 中第二个人的份额为 $1\frac{1}{8}$co。

现在计算 $\frac{1}{2}$ 袋子中每个人的份额,需要满足其中一部分加上 1 个袋子的货币后是另一部分的 3 倍,因此提出另一个假设条件:将 $\frac{1}{2}$ 袋子分成两部分,其中一部分加上 1 个袋子后是另一部分的 3 倍,假设一部分为 1co,另一部分为 $\left(\frac{1}{2} - 1\text{co}\right)$,现在给 1co 加上 1 个袋子,为 $(1 + 1\text{co})$,其将等于 3 倍的 $\frac{1}{2}$ 减 1co,即 $1\frac{1}{2}$ 减 3co,移项得到 4co 等于 $\frac{1}{2}$,用 $\frac{1}{2}$ 除以 4 得 $\frac{1}{8}$,就是其中一部分的值,即第二个人在这 $\frac{1}{2}$ 袋子中拥有的份额,为 $\frac{1}{8}$ 袋子,其剩余部分为另外两个人所拥有的货币,即 $\frac{3}{8}$,因此若 $\frac{1}{8}$ 加上 1,得到 $\frac{9}{8}$,为 $\frac{3}{8}$ 的 3 倍。

现在可得第一个人和第三个人合计有 $\left(\frac{3}{8}\text{袋子} + \frac{3}{8}\text{co}\right)$,现在返还 1co 给第一个人,将其从 $\left(\frac{3}{8} + \frac{3}{8}\text{co}\right)$ 中减去,得 $\left(\frac{3}{8} - \frac{5}{8}\text{co}\right)$,就是第三个人所拥有的,因此第一个人有 1co,第二个人有 $\left(\frac{1}{8} + 1\frac{1}{8}\text{co}\right)$,第三个人有 $\left(\frac{3}{8} - \frac{5}{8}\text{co}\right)$,至此,第一个人和第二个人的题设条件已经满足。现在给第三个人 1 个袋子,其是另外两个人的 4 倍:给其 1 个袋子,其有 $\left(1\frac{3}{8} - \frac{5}{8}\text{co}\right)$,而第一个人和第二个人合计有 $\left(\frac{1}{8} + 2\frac{1}{8}\text{co}\right)$,取其 4 倍得到 $\left(\frac{1}{2} + 8\frac{1}{2}\text{co}\right)$,等于 $\left(1\frac{3}{8} - \frac{5}{8}\text{co}\right)$,移项得到 $\frac{7}{8}$ 等于 $9\frac{1}{8}$co,用 $\frac{7}{8}$ 除以 $9\frac{1}{8}$,得 $\frac{7}{73}$,就是第一个人拥有的货币,然后取 $\frac{7}{73}$ 的 $\frac{9}{8}$,再加上 $\frac{1}{8}$,得 $\frac{17}{73}$,就是第二个人拥有的货币,第三个人拥有的货币为 $\left(\frac{3}{8} - \frac{5}{8}\text{co}\right)$,因此取 $\frac{7}{73}$ 的 $\frac{5}{8}$,将其从 $\frac{3}{8}$ 中减去[①],剩余 $\frac{23}{73}$,就是第

---

① 原稿页面左边空白处有如下计算:

第一个人	1co
第二个人	$\frac{3}{8}\text{co} + 1\text{co}\frac{1}{8}$
第三个人	$\frac{3}{8} - \frac{5}{8}\text{co}$
第一个人	$\frac{7}{73}$
第二个人	$\frac{17}{73}$ 袋子 73
第三个人	$\frac{7}{73}$

三个人拥有的货币。为求解袋子中货币的数量,只需看这些分数的分母,其为 73,这就是袋子中的货币数量。

验算可得证,结果更清晰地列示三个人所拥有的货币数量:第一个人有 7,第二个人有 17,第三个人有 23。袋子中的货币数量为 73。解毕。

还有另外一种求解方法,使用三数法则:对于 2 倍取 $\frac{2}{3}$[①],对于 3 倍取 $\frac{3}{4}$,对于 4 倍取 $\frac{4}{5}$,假设总数为 60,其 $\frac{2}{3}$ 为 40,$\frac{3}{4}$ 为 45,$\frac{4}{5}$ 为 48,现在加总 40、45、48 为 133,减去 60 得 73,就是袋子中货币的数量。对于 3 个人来说,用 2 乘以 45 为 90,减去 73 后余 17,就是第二个人所拥有的货币数量;对于第三个人,用 2 乘以 48 为 96,减去 73 余 23,就是第三个人所拥有的货币数量。如此解毕。

【例 10-45】 3 个人都有若干钱财。第一个人对其他两个人说,你们的 6 给我,我将是你们钱财的 2 倍。第二个人对其他两个人说,你们的 $\frac{2}{3}$ 给我,我将是你们钱财的 3 倍。第三个人对其他两个人说,你们的 $\frac{3}{4}$ 给我,我将是你们钱财的 4 倍。问每个人有多少钱财。

假设第一个人有钱财 1co,其他两个人则有钱财 $\left(\frac{1}{2}co+9\right)$,以使他们给第一个人钱财 6 后,第一个人所拥有的钱财是他们的 2 倍。现在将 3 人所拥有的钱财相加,得钱财 $\left(1\frac{1}{2}co+9\right)$,然后计算总和中第二个人的钱财份额部分,他得到其他两个人钱财的 $\frac{2}{3}$ 后是其他两个人剩余部分的 3 倍,因此提出假设条件:将 $1\frac{1}{2}co$ 分成两部分,一部分得到另一部分的 $\frac{2}{3}$ 后,将为另一部分剩余部分的 3 倍,假设这一部分为钱财 1co,另一部分则为钱财 $\left(1\frac{1}{2}-1co\right)$,取钱财 $\left(1\frac{1}{2}-1co\right)$ 的 $\frac{2}{3}$,得钱财 $\left(1-\frac{2}{3}co\right)$,加钱财 1co,得钱财 $\left(1+\frac{1}{3}co\right)$,其等于 3 乘以剩余部分 $\left(\frac{1}{2}-\frac{1}{3}co\right)$,即 $\left(1\frac{1}{2}-1co\right)$。移项有 $\left(1\frac{1}{3}co=\frac{1}{2}\right)$,用 $\frac{1}{2}$ 除以 $1\frac{1}{3}$,得 $\frac{3}{8}$,就是 $1\frac{1}{2}$ 的一部分,另外一部分为 $1\frac{1}{8}$,因此说在

---

① 第一个人获得袋子后,其财富是其他两个人的 2 倍,因此第一个人的财富加 1 个袋子占 3 个人的财富加 1 个袋子之和的 $\frac{2}{3}$,依此类推。——译者注。

$1\frac{1}{2}$ co 中第二个人的钱财份额部分是 $\frac{3}{8}$ co，其剩余部分即 $1\frac{1}{8}$ co 是第一个人和第三个人所拥有的钱财份额。

现在按同样的方法来分配 9，即第二个人得到另外两个人的 $\frac{2}{3}$ 后，将是剩余部分的 2 倍。另一假设条件：假设一部分为钱财 1co，则另外一部分为钱财（9 减 1co），取（9 减 1co）的 $\frac{2}{3}$，得钱财 $\left(6-\frac{2}{3}\text{co}\right)$，加上钱财 1co 则为钱财 $\left(\frac{1}{3}\text{co}+6\right)$，另外一部分剩余 $\left(3-\frac{1}{3}\text{co}\right)$，取其 3 倍得（9 − 1co），其应等于钱财 $\left(\frac{1}{3}\text{co}+6\right)$，移项化简，得到等式 $1\frac{1}{3}$ co 等于 3，用 3 除以 $1\frac{1}{3}$ 为 $2\frac{1}{4}$，就是第一部分的钱财值，则另一部分为 $6\frac{3}{4}$，因此可知第二个人有 $\left(\frac{3}{8}\text{co}+2\frac{1}{4}\right)$，第一个人和第三个人拥有的钱财总和为 $\left(1\frac{1}{8}\text{co}+6\frac{3}{4}\right)$。

现在将第一个人的钱财 1co 减去，剩余 $\left(\frac{1}{8}\text{co}+6\frac{3}{4}\right)$，因此可知第一个人有钱财 1co，第二个人有钱财 $\left(\frac{3}{8}\text{co}+2\frac{1}{4}\right)$，第三个人有钱财 $\left(\frac{1}{8}\text{co}+6\frac{3}{4}\right)$，这样第一个人和第二个人已满足题设，现在计算第三个人的钱财情况，其希望得到第一个人和第二个人之和的 $\frac{3}{4}$，这两个人共有钱财 $\left(1\frac{3}{8}\text{co}+2\frac{1}{4}\right)$，取其 $\frac{3}{4}$，得钱财 $\left(\frac{33}{32}\text{co}+\frac{27}{16}\right)$[①]，加上 $\left(\frac{1}{8}\text{co}+6\frac{3}{4}\right)$，得 $\left(\frac{37}{32}\text{co}+\frac{135}{16}\right)$，然后再看第一个人和第三个人剩余的钱财，为 $\left(\frac{11}{32}\text{co}+\frac{9}{16}\right)$，因为题设中第三个人得到其他两人之和的 $\frac{3}{4}$ 后将是这二人剩余部分的 4 倍，因此用 4 乘以 $\left(\frac{11}{32}\text{co}+\frac{9}{16}\right)$，得 $\left(\frac{44}{32}\text{co}+\frac{9}{4}\right)$，其应等于 $\left(\frac{37}{32}\text{co}+\frac{135}{16}\right)$，移项得到 $\frac{7}{32}$ co 等于 $\frac{99}{16}$，用 $\frac{99}{16}$ 除以 $\frac{7}{32}$，得 $28\frac{2}{7}$，就是未知数 1co 的钱财值。

前文假设第一个人拥有钱财 1co，因此其有钱财 $28\frac{2}{7}$。第二个人有钱财

---

① 此处原稿写为 $\frac{33}{32}$ co+$\frac{27}{16}$，为计算错误，这导致后文计算全部错误，但是很有意思的是在原稿页面的左边空白处列有两列答案（参见下一脚注图示），其中左边一列为原稿文中按此错误所计算出的结果，右边一列为正确结果，为避免误解，文中翻译未遵循原稿的错误计算而是直接使用了正确计算的数据。——译者注。

$\left(\dfrac{3}{8}\mathrm{co} + 2\dfrac{1}{4}\right)$，取 $28\dfrac{2}{7}$ 的 $\dfrac{3}{8}$，再加上 $2\dfrac{1}{4}$，得钱财 $12\dfrac{6}{7}$，就是第二个人所拥有的钱财。第三个人有钱财 $\left(\dfrac{1}{8}\mathrm{co} + 6\dfrac{3}{4}\right)$，因此取 $28\dfrac{2}{7}$ 的 $\dfrac{1}{8}$ 再加上 $6\dfrac{3}{4}$，得到钱财 $10\dfrac{2}{7}$，就是第三个人所拥有的钱财。解毕[①]。

根据题目验证：可计算得到第二个人和第三个人将他们所拥有的钱财数量 6 给第一个人后，第一个人所拥有的钱财将是第二个人和第三个人剩余部分的 2 倍，若第一个人和第三个人将他们所拥有的钱财 $\dfrac{2}{3}$ 给第二个人，第二个人所拥有的钱财将是第一个人和第三个人剩余部分的 3 倍，若第一、第二个人给第三个人 $\dfrac{3}{4}$，则第三个人拥有的钱财将是第一、第二个人剩余部分的 4 倍。证毕。

【例 10-46】 3 人商定想购买一匹马，但无人有能力单独购买。第四个人过来想加入购买队伍。第一个人和第二个人对他说，如果你给我们你 $\dfrac{1}{3}$ 的钱，我们即可购买这匹马；第一个人和第三个人对他说，如果你给我们你 $\dfrac{1}{4}$ 的钱，我们可购买这匹马，第二个人和第三个人对他说，如果你给我们你 $\dfrac{1}{5}$ 的钱，我们可购买这匹马。问每个人各

---

① 原稿页面左边空白处有如下计算：

第一个人	$1\mathrm{co}$
第二个人	$\dfrac{3\mathrm{co}}{8}$ 加 $2\dfrac{1}{4}$
第三个人	$\dfrac{1\mathrm{co}}{8}$ 加 $6\dfrac{3}{4}$
第一个人	$41\dfrac{1}{7}$
第二个人	$17\dfrac{19}{28}$
第三个人	$11\dfrac{25}{28}$

$28\dfrac{2}{7}$	第一个人
$12\dfrac{6}{7}$	第二个人
$10\dfrac{2}{7}$	第三个人

整理稿图右侧的打叉原稿中没有，原稿图如下：

有多少钱,第四个人有多少钱,马价值多少。

这里有一个特殊条件,因此有更多方法可以求解类似问题,在多数情况下要根据特定规则来求解。解答如下:所有类似情况,需要根据他们提供的所有分数来求解 1 个数字,这个数通过将分数线下的数字(分母)逐一相乘得到。现在把分数逐个列示如下:$\frac{1}{3},\frac{1}{4},\frac{1}{5}$,用 3 乘以 4 得 12,12 乘以 5,为 60,即第四个人的钱财数量,或者说某钱袋中的钱财数量等,按此方法,即便问题中有万千分数,亦不会有误。

现在求解马的价值,如下:假设第一个人和第二个人有 1co,因为他们要求 60 的 $\frac{1}{3}$ 即 20,因此他们所拥有的等于(1 匹马 − 20),将减 20 列示在一旁;然后第一个人和第三个人要求第四个人所拥有 60 的 $\frac{1}{4}$ 即 15,因此他们有(1 匹马 − 15),将减 15 置于前文的减 20 下面;第二个人和第三个人要求 60 的 $\frac{1}{5}$ 即 12,因此他们有(1 匹马减 12),将减 12 置于减 20 和减 15 下方,如本页页下注处所示①;现在将每项加总,得(1co 减 47),此加总数就是马匹价值,而其组成部分即 20,15,12,就是前三个人所拥有的钱财数量,但是要注意,最后一个数字即 12 是第一个人的,第一个数字即 20 是第三个人的,中间数字是第二个人的,这样的顺序永无误,因此可知第一个人有 12,第二个人有 15,第三个人有 20,马匹价值 47,第四个人有 60,根据题目验证将无误。

现在采用另一简捷方法解答,该方法使用前文法则。假设第四个人有钱财 1co,则第一个人和第二个人有 $\left(1 匹马 − \frac{1}{3}co\right)$,第一个人和第三个人有 $\left(1 匹马 − \frac{1}{4}co\right)$,第二个人和第三个人有 $\left(1 匹马 − \frac{1}{5}co\right)$,将所有项加总,得 $\left(3 匹马 − \frac{47}{60}co\right)$。现在使用这样的规则:总是用这个总和除以(前面的人数减 1),即 2,得 $1\frac{1}{2}$ 匹马减 $\frac{47}{120}co$,其将等于 1 匹马的价值,移项化简得到 60 等于 47co,因此这匹马价值 47,第四个人有钱财 60。

现在求解每个人的钱财数量,已知第一和第二个人有 1 匹马减 $\frac{1}{3}co$,即 27;第一和第三个人有 1 匹马减 $\frac{1}{5}co$,即 32;第二个人和第三个人有一匹马减 $\frac{1}{5}co$,即 35。现在计算每个人的钱财数量,将三者即 27,32,35 加总,得 94,除以(前面的人数减 1)即 3 减 1,即 2,得 47,即 3 个人拥有的钱财数量。因为第一、第二个人共有 27,因此第三

---

① 原稿页面空白处有如下图示:
  1co   减   20   第三个人
       减   15   第二个人
       减   12   第一个人

个人有 20;第一个人和第三个人合计有 32,因此第一个人有 12;第二、第三个人拥有 35,而第三个人有 20,因此第二个人拥有 15;如此便解答了前三个人拥有的钱财,则第四个人有钱财 60,马价值 47。所有类似问题均可以遵循这样的方法处理。

【例 10-47】 3 人有若干钱财,计划购买一个宝石,他们发现一个有若干钱财的袋子。第一个人和第二个人对另一人说,给我们这个袋子里面 $\frac{2}{3}$ 的钱财,我们可购买此宝石。第一个人和第三个人对另一人说,给我们这个袋子里面 $\frac{3}{4}$ 的钱财,我们可购买此宝石。第二个人和第三个人对另一人说,给我们这个袋子里面 $\frac{3}{6}$ 的钱财,我们可购买此宝石。

按照前面所提及的两种方法来求解,将得到第一个人有 36,第二个人有 54,第三个人有 48,袋子中有钱财 72,宝石价值 138。这样你将能掌握类似问题的解题之法,但正如前文多次提及的,你需要运用坚实可靠而又通用的规则,可能会存在多个解,但正确的答案往往只有一个。

【例 10-48】 3 人有若干钱财。第一个人对其他两人说,给我你们的 $\left(\frac{1}{3}+1\right)$,我将有 14。第二个人对其他两人说,给我你们的 $\left(\frac{1}{4}-2\right)$,我将有 17。第三个人对其他两人说,给我你们的 $\left(\frac{1}{5}+3\right)$,我将有 19。问每人有多少钱财。

这个问题与前文的条件假设案例类似:假设第一个人有 1co,则第二个人和第三个人有(39 减 3co),这样他们的 $\left(\frac{1}{3}+1\right)$ 给第一个人正好为 14,将三个人拥有的钱财相加,得到(39 减 2co)。现在计算这个总和中第二个人所占的份额,已知另外两个人给这第二个人他们的 $\left(\frac{1}{4}-2\right)$ 后,其所拥有的正好为 17,这需要利用假设条件来进行求解:将 39 分成两部分,一部分加上另外一部分的 $\left(\frac{1}{4}-2\right)$ 等于 17,根据前文的方法计算得到一部分为 $12\frac{1}{3}$,另一部分为从 39 中扣除 $12\frac{1}{3}$ 后的剩余部分即 $26\frac{2}{3}$,因此在这 39 中第二个人有 $12\frac{1}{3}$。

现在用假设条件来计算那个减 2 中各人的份额:将 2 分成两部分,一部分加上另一部分的 $\left(\frac{1}{4}-2\right)$[①] 为 0,因为第二个人期望有 17(而前面的计算已经按 17 计算,因此这

---

① 原稿中有减 2,但此处不应再减,因为计算前面 39 时已经减了 2,否则结果将为误。——译者注

一部分应抵消)。计算后得到一部分为 $2\frac{2}{3}$,则另一部分为 2 减 $2\frac{2}{3}$ 即 $-\frac{2}{3}$,因此第二个人有 $\left(12\frac{1}{3}+\frac{2}{3}\text{co}\right)$,因为前述的一部分为正另一部分为负,否则两者无法抵消,对于这些部分的计算,若计算出来的一部分和另一部分无法满足等式,则需要逐个尝试。

现在将第二个人所拥有的从 3 个人的总和中扣减,[即将 $12\frac{1}{3}+\frac{2}{3}\text{co}$ 从 $(39-2\text{co})$ 中扣减,为 $\left(26\frac{2}{3}-2\frac{2}{3}\text{co}\right)$],然后将第一个人的 1co 从结果中扣减即得到第三个人的。得到第一个人有 1co,第二个人有 $12\frac{1}{3}$ 加 $\frac{2}{3}\text{co}$[①],第三个人所拥有的根据题设应为 19 减去第一个人和第二个人之和的 $\frac{1}{5}$ 再减 3,即 $\left(13\frac{8}{15}-\frac{1}{3}\text{co}\right)$[②],三者相加应该等于 $(39-2\text{co})$[③],移项化简后,得到 1co 等于 $3\frac{47}{50}$。

现在可以来计算每个人所拥有的钱财,计算可得第一个人有 $3\frac{47}{50}$,第二个人有 $14\frac{48}{50}$,第三个人有 $12\frac{11}{50}$[④]。根据题目验证无误。

【例 10-49】 3 人有钱财若干,第一个人对第二个人说,你钱财的 $\frac{1}{3}$ 给我,我将有 12。第二个人对第三个人说,你钱财的 $\frac{1}{4}$ 给我,我将有 15。第三个人对第一个人说,你钱财的 $\frac{1}{5}$ 给我,加上我自己的,然后平方,我将是你们钱财的 10 倍。问每人各有多少钱财。

---

① 原稿此处为 $12\frac{2}{3}$ 加 $\frac{2}{3}\text{co}$,有误,已修正。——译者注。

② 原稿此处为 $\left(22\frac{7}{22}+2\frac{1}{6}\text{co}\right)$,计算有误,应根据题设的"第三个人获得其他两个人之和的 $\frac{1}{5}$ 再加 3 等于 19"来计算第三个人所拥有的,才能计算出假设值,因此做了相应的修正。——译者注。

③ 等式为 1co 加 $\left(12\frac{1}{3}+\frac{2}{3}\text{co}\right)$ 加 $\left(13\frac{7}{15}-\frac{1}{3}\text{co}\right)$ 等于 $(39-2\text{co})$,移项化简有 $\frac{10}{3}\text{co}=\frac{197}{15}$,这样才能得出正确的结果。——译者注。

④ 原稿页面右边空白处有如下列示:

第一个人	3	$\frac{47}{50}$
第二个人	14	$\frac{48}{50}$
第三个人	12	$\frac{11}{50}$

假设第一个人有1co,则第二个人有(36-3co),第二个人将自己钱财的$\frac{1}{2}$给第一个人,第一个人将正好有12,第三个人将有(-84+12co),第三个人将自己钱财的$\frac{1}{4}$给第二个人,第二个人正好有15,因为扣减总是要用加进行抵消。反之亦然。现在来满足第三个人的题设条件,即将第一个人钱财的$\frac{1}{5}$co给第三个人,将有 -84 加 $12\frac{1}{5}$co,而其所拥有钱财数量的平方将是其他两个人的10倍,因此将第一个人和第二个人的钱财相加,再乘以10。给第三个人$\frac{1}{5}$co后,第一个人剩余$\frac{4}{5}$co,加上(36 - 3co),得$\left(36 - 2\frac{1}{5}co\right)$。

现在将两者(第一个人和第二个人)钱财的和乘以10,即10乘以$\left(36 - 2\frac{1}{5}co\right)$,得(360 减 22co),然后将第三个人所拥有钱财的数量平方,即用$\left(12\frac{1}{5}co - 84\right)$乘以$\left(12\frac{1}{5}co - 84\right)$,得$\left(7\,056 - 2\,049\frac{3}{5}co + 148\frac{21}{25}co^{□}\right)$,应等于其他两人拥有钱财数量的10倍即(360 减 22co),移项化简,获取1co$^{□}$的等式,取一次项系数的一半,将其平方,扣减常数项,用扣减后的剩余部分的 R_x 减去一次项系数的一半,或者一次项系数的一半减去剩余部分的 R_x,即可得到假设值①。

因为这个未知数的解会如同上文所示那样存在两项,应通过逐项尝试来获得正确的解,本例中应取较小项而非较大项为解。上述解答结果为:第一个人有$\left(R_x\frac{19\,473\,625}{13\,845\,841} + \frac{25\,345}{3\,721}\right)$,第二个人有$\left(\frac{51\,921}{3\,721} - R_x\frac{175\,262\,625}{13\,845\,841}\right)$,第三个人有$\left(R_x\frac{2\,804\,202\,000}{13\,845\,841} - \frac{8\,424}{3\,721}\right)$。

【例10-50】 3人有钱财若干,第一个人对第二个人说,你钱财的$\frac{1}{2}$给我,第三个人再给我他钱财的$\frac{1}{3}$,我将有12。第二个人对第三个人说,你钱财的$\frac{1}{3}$给我,第一个人再给我他钱财的$\frac{1}{4}$,我将有15。第三个人对第一个人说,你钱财的$\frac{1}{4}$给我,第二个

---

① 一元二次方程的未知数应有两个解,但是本书中的所有一元二次方程中的未知数并非抽象的,而是代表了现实世界的事物,因此往往只有一个解是符合题设条件的。——译者注。

人再给我他钱财的 $\frac{1}{5}$，我将有 20。问每人各有多少钱财。

假设第一个人有 1co，有了第一个人的假设数量，就要设法将第二、第三个人的部分用满足第一个人和第二个人的题设条件来表达，这样第三个人的等式随后亦可列示。解答如下：假设第一个人有 1co，则第二个人有 $\left(\frac{1}{2}co+6\right)$，第三个人有 $\left(27-5\frac{1}{4}co\right)$，根据题设，第三个人将有 $28\frac{1}{5}$ 减 $4\frac{7}{10}co$[①]，等于 20，移项化简，得假设值为 $\frac{82}{47}$ 即 $1\frac{35}{47}$，现在便可计算每个人所拥有的钱财数量，因为你已经知道每个人的数量与假设值之间的表达式，跟随着解答即可，而我已厌倦这乏味的过程，将其留给你们来解答。

【例 10-51】 有 3 块丁鲷，即头部、躯干和尾部，头部占整个丁鲷的 $\frac{1}{3}$，尾部占整个丁鲷的 $\frac{1}{4}$，躯干，即中间稍黑的部分，重 8 盎司；问尾部和头部各重多少，整个重多少。

解答如下：假设头重 1co，因为头占整条鱼的 $\frac{1}{3}$，所以整个丁鲷重 3co，尾部占整体的 $\frac{1}{4}$，因此取 3co 的 $\frac{1}{4}$ 为 $\frac{3}{4}$co，现在将头尾加总得 $1\frac{3}{4}$co，将此重量从整体重量中扣减将得到剩余躯干部分重量，由此从 3co 中扣减 $1\frac{3}{4}$co，得 $1\frac{1}{4}$co，其等于躯干重量 8 盎司，用 8 除以 $1\frac{1}{4}$ 得 $6\frac{2}{5}$，就是假设值，即丁鲷头的重量，尾部重量为 $\frac{3}{4}$co，因此取 $6\frac{2}{5}$ 的 $\frac{3}{4}$，得 $4\frac{4}{5}$，就是尾部重量，现已知所有三个部分的重量，加总得 $19\frac{1}{5}$ 盎司，即整个丁鲷的重量，解毕。

还有另一种解法，可以假设整个丁鲷重 1co 盎司，取其 $\frac{1}{3}$ 为 $\frac{1}{3}$co，为头的重量；然后取其 $\frac{1}{4}$ 即 $\frac{1}{4}$co，为尾部的重量。加总头尾重量得 $\frac{7}{12}$co，将其从整体重量中扣除，余 $\frac{5}{12}$co，即为躯干重量，应等于 8 盎司，用 8 除以 $\frac{5}{12}$ 得 $19\frac{1}{5}$，就是假设值即整个丁

---

① 原稿计算错误，应为 $4\frac{9}{10}$co，下文中的结果应 $\frac{82}{49}$ 即 $1\frac{33}{49}$。——译者注。

鲷重量的盎司数，计算尾部重量则取 $19\frac{1}{5}$ 的 $\frac{1}{4}$，为 $4\frac{4}{5}$，（计算头部重量则取 $19\frac{1}{5}$ 的 $\frac{1}{3}$，为 $6\frac{2}{5}$），躯干重 8 盎司等。

一种使用法则的解法如下：找到一个数字，其扣减 $\frac{1}{3}$ 和 $\frac{1}{4}$ 后，剩余值为 8。现在假设这个数为 12，其 $\frac{1}{3}$ 为 4，$\frac{1}{4}$ 为 3，两者相加为 7，从 12 中扣减 7 余 5，而期望是 8，因此问：若 5 对应 8，那么 12 对应多少？用 12 乘以 8，为 96，96 除以 5，得 $19\frac{1}{5}$，就是要求解的数字，扣减其 $\frac{1}{3}$ 和 $\frac{1}{4}$，剩余值将为 8，即丁鲷躯干重量盎司数，结果同上。

还可以同上假设这个数字为 1co，也将会得到同样的结果。类似账目的条件均为扣除这些未知部分后的剩余值，是一个确定值。

【例 10-52】 3 人有 3 个杯子，我有另一个杯子重 8 盎司，一共是 4 个杯子，第一个的重量是另外 3 个杯子重量的 $\frac{1}{3}$ 及 $\frac{1}{4}$ 之和，第二个杯子的重量是另外 3 个杯子重量的 $\frac{1}{4}$ 及 $\frac{1}{5}$ 之和，第三个杯子的重量是另外 3 个杯子重量的 $\frac{1}{5}$ 及 $\frac{1}{6}$ 之和，问第一个和第二个杯子的重量。

要知道在这个账目中，这个另外的杯子并不对其他杯子做什么，但是求解却不可缺少。现解答如下：假设除了第一个杯子外的其他 3 个杯子重 1co 盎司，现在因为题设第一个杯子重量为其他三个杯子的 $\frac{1}{3}$ 及 $\frac{1}{4}$ 的和，因此其重量为其他 3 个杯子的 $\frac{7}{12}$，因为 $\frac{1}{3}$ 和 $\frac{1}{4}$ 相加为 $\frac{7}{12}$，因此取 1co 的 $\frac{7}{12}$，得 $\frac{7}{12}$co，就是根据题设的第一个杯子的重量，现在将 4 个杯子的重量加总得 $1\frac{7}{12}$co，即 4 个杯子的总重量。

因为题设条件第二个杯子的重量是另外 3 个杯子重量的 $\frac{1}{4}$ 及 $\frac{1}{5}$ 之和，因为 $\frac{1}{4}$ 加 $\frac{1}{5}$ 等于 $\frac{9}{20}$，因此其是另外 3 个杯子重量的 $\frac{9}{20}$，若从总和重量 $1\frac{7}{12}$co 中扣减某个数量后剩余这个数量的 $\frac{9}{20}$，那么这个数量的 $\frac{9}{20}$ 就是第三个杯子的重量。因此，将 $1\frac{7}{12}$co 分成两个部分，一部分的 $\frac{9}{20}$ 将等于另一部分。使用假设条件来求解，假设一部分为 1co，

则另一部分为 $\left(1\dfrac{7}{12}-1\text{co}\right)$,按上述条件求解可得一部分为 $\dfrac{57}{116}$co,另一部分为从 $1\dfrac{7}{12}$co 中扣减 $\dfrac{57}{116}$co 后的剩余,因此第二个杯子的重量为 $\dfrac{57}{116}$co,另外 3 个杯子的重量是从 $1\dfrac{7}{12}$co 中扣减 $\dfrac{57}{116}$co 后的剩余。现在将第一个杯子的重量 $\dfrac{7}{12}$co,以及第二个杯子的重量 $\dfrac{57}{116}$co,还有第四个杯子的重量 8 盎司,从总重量 $1\dfrac{7}{12}$co 中扣减,余 $\left(\dfrac{59}{116}\text{co}-8\right)$,就是第三个杯子的重量。到此可知,第一个杯子重 $\dfrac{7}{12}$co,第二个杯子重 $\dfrac{57}{116}$co,第三个杯子重 $\left(\dfrac{59}{116}\text{co}-8\right)$,第四个杯子重 8 盎司,这样第一个和第二个杯子的题设条件已经满足。现在来看第三个杯子的题设条件,其重量为另外 3 个杯子的 $\dfrac{1}{5}$ 及 $\dfrac{1}{6}$ 之和,即 $\dfrac{11}{30}$,将第一、第二、第四个杯子的重量加总,得 $\left(\dfrac{774}{1\,044}\text{co}+8\right)$,取其 $\dfrac{11}{30}$,得 $\left(\dfrac{473}{1\,740}\text{co}+\dfrac{88}{30}\right)$,其将等于第三个杯子的重量即 $\left(\dfrac{59}{116}\text{co}-8\right)$。移项化简,得到最终等式 $\dfrac{299}{2\,610}$co 等于 $10\dfrac{14}{15}$,用 $10\dfrac{14}{15}$ 除以 $\dfrac{299}{2\,610}$,得 $95\dfrac{131}{299}$,就是假设值,即除第一个杯子之外其他 3 个杯子重量的盎司数。

现在来求解每一个杯子的重量,根据假设所进行的计算可知第一个杯子重 $\dfrac{7}{12}$co,因此取 $95\dfrac{131}{299}$ 的 $\dfrac{7}{12}$,得 $55\dfrac{201}{299}$,为第一个杯子重量的盎司数,第二个杯子重 $\dfrac{57}{116}$co,因此取 $95\dfrac{131}{299}$ 的 $\dfrac{57}{116}$,得 $46\dfrac{268}{299}$ 盎司,或者,我相信这个数字是正确的,但最好再看看以下分数①:即 $46\dfrac{64\,911\,744}{68\,420\,192}$ 盎司②,第三个杯子的重量为 $\left(\dfrac{59}{116}\text{co}-8\right)$,因此取 $95\dfrac{131}{299}$ 的 $\dfrac{59}{116}$,为

---

① 前文计算结果 $46\dfrac{268}{299}$,根据原稿笔迹,被涂改过,帕乔利担心读者看不清或错读,因此有这样的表述,涂改参见下图。——译者注。

② 这个分数项被划掉了;确切的数量由帕乔利在原稿页面右边空白处用标记表示,以代替被删除的词语,并配以措辞:"这样可得解,即 $46\dfrac{268}{299}$。"——整理者注。

$48\frac{162}{299}$ 盎司，然后扣减第四个杯子的重量 8 盎司，余 $40\frac{162}{299}$，就是第三个杯子的重量，而第四个杯子重量为 8 盎司[①]。

根据题目来验证，可以发现第一个杯子的重量是另外 3 个杯子重量的 $\frac{7}{12}$，正好为 $55\frac{201}{299}$ 盎司，第二个杯子的重量是另外 3 个杯子重量的 $\frac{9}{20}$，计算其他三个杯子的重量，然后取其 $\frac{9}{20}$，正好得到如上的第二个杯子的重量，第三个杯子的重量是另外 3 个杯子重量的 $\frac{11}{30}$，将第一、第二、第四个杯子的重量加总后取 $\frac{11}{30}$，正好得到 $40\frac{162}{299}$，就是第三个杯子的重量，第四个杯子则重 8 盎司。

如此解答所有类似问题，但要注意不要让这些分数蒙蔽你，因为正如上文已经说

[①] 原稿页面左边空白处有如下计算：

| 第一个杯子 | $\frac{1}{3}$ | $\frac{1}{4}$ | 第二个杯子 | $\frac{1}{4}$ | $\frac{1}{5}$ | 第三个杯子 | $\frac{1}{5}$ | $\frac{1}{6}$ |

第四个杯子　　盎司 8

| 第一个杯子 | $\frac{7}{12}$ | $\frac{9}{20}$ | 第二个杯子 | $\frac{11}{30}$ | 第三个杯子 | 盎司 8 |

$\frac{1}{3}$　$\frac{1}{4}$　　　　$\frac{1}{4}$　$\frac{1}{5}$　　　　$\frac{1}{5}$　$\frac{1}{6}$

第四个杯子　　　　　盎司 8

第一个杯子　$\frac{7co}{12}$

第二个杯子　$\frac{57co}{116}$

第三个杯子　$\frac{59co}{116}$ 减 8　　　合计 1co

第四个杯子　盎司 8

第一个杯子	盎司	55	$\frac{201}{299}$
第二个杯子	盎司	46	$\frac{7\,772}{8\,671}$ | $\frac{268}{299}$
第三个杯子	盎司	40	$\frac{162}{299}$
第四个杯子	盎司	8

$\frac{299co}{2\,610}$ ——— 10　$\frac{14}{15}$

盎司 $95\frac{171}{299}$ 重量值为

总重量为 ＊＊盎司 $151\frac{33}{299}$

过的,我怀疑我在计算第二个杯子重量的时候,遗漏了一个小的数量①,但解答的方法和规则是无懈可击的,按此解答永无误。

【例 10-53】 3 人有若干德纳里,第四个人有 12 德纳里,第一个人有其他 3 人的 $\frac{1}{3}$,第二个人有其他三人的 $\frac{1}{4}$,第三个人有其他三人的 $\frac{1}{5}$,第四个人有上文所说的 12 德纳里,问第一、第二、第三个人各有多少德纳里。

本案例的求解方法与前一案例相同,但我将其列出以便你能更好地学习,因为本题不像上一案例有那么大的分数。解答如下:假设 3 人有 1co,因此第一个人有 $\frac{1}{3}$co,现在将 4 个人所拥有的加总得 $1\frac{1}{3}$co。已知第二个人有其他三人的 $\frac{1}{4}$,因此需要求解这总和中的一部分,其是剩余部分的 $\frac{1}{4}$,这部分将是 4 人总和的 $\frac{1}{5}$,如此不通过假设条件的计算也能发现,这部分将是剩余另一部分的 $\frac{1}{4}$,计算可得这部分为 $\frac{4}{15}$co,就是第二个人所拥有的,剩余的另一部分为 $\frac{16}{15}$co。

现在将第一人所拥有的 $\frac{1}{3}$co 从这剩余部分中扣减,余 $\frac{11}{15}$co,为第三和第四人所有的,从中再将第四个人拥有的 12 德纳里扣减,得 $\left(\frac{11}{15}\text{co} - 12\right)$,就是第三个人拥有的。至此可知第一人有 $\frac{1}{3}$co,第二人有 $\frac{4}{15}$co,第三人有 $\left(\frac{11}{15}\text{co} - 12\right)$,第四人有 12,第一和第二人已经满足题设条件。

现在用第三人的题设条件来计算其拥有的数量,将其他三人拥有的加总,得 $\left(\frac{9}{15}\text{co} + 12\right)$,取其 $\frac{1}{5}$ 为 $\left(\frac{9}{75}\text{co} + \frac{12}{5}\right)$,应等于 $\left(\frac{11}{15}\text{co} - 12\right)$,移项得到 $\frac{44}{75}$co② 等于 $\frac{72}{5}$,用 $\frac{72}{5}$ 除以 $\frac{44}{75}$,得 $23\frac{11}{23}$,就是假设值的数量。前文假设除第一人外的另外三人有 1co,因此这三个人有 $23\frac{11}{23}$,而第一个人有 $\frac{1}{3}$co,因此取 $23\frac{11}{23}$ 的 $\frac{1}{3}$,得 $7\frac{19}{23}$,就是第一个人拥有的德纳里数量。第二个人有 $\frac{4}{15}$co,因此取 $23\frac{11}{23}$ 的 $\frac{4}{15}$,为 $6\frac{6}{23}$,就是第二人拥有的德纳

---

① 参见上文中计算得到 $46\frac{64\,911\,744}{68\,420\,192}$ 盎司的部分,其与正确解答 $46\frac{268}{299}$ 盎司之间略有差距,上文脚注中已经说明。——译者注

② 应为 $\frac{46}{75}$co,后文的 $\frac{44}{75}$ 也应为 $\frac{46}{75}$,原稿应为笔误,因为后文的计算过程及结果都是正确的。——译者注

里数量,第三人有 $\left(\frac{11}{15}\text{co} - 12\right)$,因此取 $23\frac{11}{23}$ 的 $\frac{11}{15}$,为 $17\frac{5}{23}$,再减去 12 剩余 $5\frac{5}{23}$,就是第三人拥有的德纳里数量,第四人有 12 德纳里。验证可知无误[①]。

【例 10-54】 两人有资本 40 杜卡迪,一人携带若干前往威尼斯,另一人携带剩余部分前往佛罗伦萨,随后两人返回。关于他们旅程的情况,一人说他的资本翻倍了,而另一人说他损失了资本的 $\frac{1}{3}$,将两人旅程结束后的本利加总,为 51 杜卡迪。问每人在 40 杜卡迪中占有多少。

这个问题实质上就是要将 40 杜卡迪分成两部分,一部分翻倍,而另外一部分扣减其 $\frac{1}{3}$,将变化后的两者相加得到 51。因此假设第一个人在 40 杜卡迪中占有 1co,则另一个人占有 $(40 - 1\text{co})$。现在已知第一个人翻倍,为 2co,然后将第二个人的 $(40$ 减 $1\text{co})$ 扣除 $\frac{1}{3}$ 即 $\left(13\frac{1}{3} - \frac{1}{3}\text{co}\right)$,余 $\left(26\frac{2}{3} - \frac{2}{3}\text{co}\right)$,将 2co 与 $\left(26\frac{2}{3} - \frac{2}{3}\text{co}\right)$ 相加,得 $\left(26\frac{2}{3} + 1\frac{1}{3}\text{co}\right)$,应等于 51。移项得到 $1\frac{1}{3}\text{co}$ 等于 $24\frac{1}{3}$,用 $24\frac{1}{3}$ 除以 $1\frac{1}{3}$,得 $18\frac{1}{4}$,就是假设值。而前文假设第一个人携带 1co,因此其在 40 中占有 $18\frac{1}{4}$,而另一人占有剩余部分即 $21\frac{3}{4}$。根据题目验证将无误:将 $18\frac{1}{4}$ 翻倍为 $36\frac{1}{2}$,从 $21\frac{3}{4}$ 中扣减其 $\frac{1}{3}$,余 $14\frac{1}{2}$,两者相加,正好得到题设的 51 杜卡迪,依此类推。

【例 10-55】 两人有若干钱财。第一个人对第二个人说,若你给我你的 10,我的将是你(剩余)的 2 倍。第二个人对第一个人说,若你给我你的 10,我的将是你(剩余)

[①] 原稿页面左边空白处有如下图示:

$\frac{1}{3}\text{co}$

$\frac{4\text{co}}{15}$

$\frac{11}{15}\text{co} - 12$ ⎫ 总计 1co

德纳里 8

第一个人	7	$\frac{19}{23}$
第二个人	46	$\frac{6}{23}$
第三个人	40	$\frac{5}{23}$
第四个人	德纳里	12

的两倍再加你(初始钱财)的平方根。问每个人分别有多少钱财。

假设第一个人有 $1co\square$(假设为平方值),是因为题设有平方根,为避免计算繁琐所以假设为平方值,则另一人有 $\left(15+\dfrac{1}{2}co\square\right)$,这样其给第一个人 10 以后,第一个人所拥有的就是他(剩余)的两倍。对于第二个人:若给其 10,则其将是第一个人的两倍再加第一个人(初始钱财)的平方根,第一个人给出 10 后剩余$(1co\square-10)$,而第二个人将有 $\left(25+\dfrac{1}{2}co\square\right)$,因此取$(1co\square-10)$的两倍,为$(2co\square-20)$,再加上第一个人(初始)所拥有数量的平方根即 $1co$,得$(2co\square-20$ 加 $1co)$,应等于 $\left(25+\dfrac{1}{2}co\square\right)$。移项化简,有 $\left(1co\square+\dfrac{2}{3}co\right)$ 等于 30,取一次项系数的一半,将其平方,加上常数项,得 $30\dfrac{1}{9}$,解得到 $1co$ 等于 $\left(R_x 30\dfrac{1}{9}-\dfrac{1}{3}\right)$。

前文假设第一个人有 $1co\square$,因此将 $\left(R_x 30\dfrac{1}{9}-\dfrac{1}{3}\right)$ 平方,得 $\left(30\dfrac{2}{9}-R_x 13\dfrac{31}{81}\right)$,就是第一个人所拥有的钱财数量,第二个人有 $\left(15+\dfrac{1}{2}co\square\right)$,即 $\left(30\dfrac{1}{9}-R_x 53\dfrac{43}{81}\right)$[①]。根据题目验证将无误。要注意平方根的计算,不要被它蒙蔽,为了让你们更好地学习,用下面这个离散数量的案例来展示:两个人有若干钱财,第一个人对第二个人说,若给我你的 $\dfrac{1}{2}$[②],我的将是你(剩余)的两倍;第二个人对第一个人说,若给我你的 3,我的将是你(剩余)的 18 倍再加上你(初始)钱财的平方根。问每人各有多少钱财。

与上同解,可得第一个人有 4,第二个人有 17,通过求解等式,将得到假设值 $1co$ 为 $\left(R_x \dfrac{141}{1\,225}-\dfrac{1}{35}\right)$,正好等于 2,其平方即假设值 $1co\square$ 等于 4,或者用 $\left(R_x \dfrac{141}{1\,225}-\dfrac{1}{35}\right)$ 乘以 $\left(R_x \dfrac{141}{1\,225}-\dfrac{1}{35}\right)$,也将得到 4。

【例 10-56】 两人合伙,第一个人投入总量的 $\left(\dfrac{1}{2}+2\right)$,第二个人投入总量的 $\left(\dfrac{1}{3}+3\right)$,两人共赚得 100 杜卡迪,问每人分得多少,每人投入多少。

解答如下: 假设两人共投入 $1co$,因此第一人投入 $\left(\dfrac{1}{2}co+2\right)$,第二人投入

---

① 原稿计算错误,应为 $30\dfrac{1}{9}$ 减 $R_x 3\dfrac{28}{81}$。——译者注
② 根据结果,原稿题设错误,此处应该为 10,这样结果才满足题设。——译者注

$\left(\frac{1}{3}co+3\right)$，合计得 $\left(\frac{5}{6}co+5\right)$，其等于所假设的总投入 1co，移项化简，得到 5 等于 $\frac{1}{6}co$，用 5 除以 $\frac{1}{6}$，得 30，就是两个人投入的总量，而第一个人投入 $\left(\frac{1}{2}co+2\right)$ 即 17，第二人投入 $\frac{1}{3}co$ 加 3 即 13。

现在用合伙分配的方法来求解每人分配利润：若 30 赚得 100，那么 17 赚得多少。根据规则乘除，可知第一个人将分得 $56\frac{2}{3}$，另一个人应分得 100 中的剩余部分即 $43\frac{1}{3}$，解毕，依此类推，必将无误。

【例 10-57】 两人有钱财若干。第一个人对第二个人说，你钱财的 10 给我，我的钱财将是你的两倍。第二个人对第一个人说，你钱财的 10 给我，我的钱财将是你剩余部分的两倍再加你剩余部分的平方根。问每人有多少钱财。

假设第一个人有 $(1co^{\square}+10)$，这样假设是期望在等式中不出现平方根，因为若仅假设其为 $1co^{\square}$，要将其中的 10 给另一人，则剩余 $(1co^{\square}-10)$，而 $R_x(1co^{\square}-10)$ 在等式中运算更为繁琐，但假设第一个人有 $1co^{\square}$ 加 10，则第二个人有 $\left(20+\frac{1}{2}co^{\square}\right)$，其给第一个人 10 后，第一个人的将是他的两倍。

若第一个人给第二个人 10，则第二个人有 $\left(30+\frac{1}{2}co^{\square}\right)$，而第一个人剩余 $1co^{\square}$，已知第二个人得到 10 后其钱财将是第一个人剩余部分的两倍加剩余部分的平方根，因此取 $R_x 1co^{\square}$ 即 $1co$，然后取 $1co^{\square}$ 双倍为 $2co^{\square}$，这样有 $(2co^{\square}+1co)$ 等于 $\left(30+\frac{1}{2}co^{\square}\right)$，移项化简，除以二次项的系数，得到最终等式 $\left(1co^{\square}+\frac{2}{3}co\right)$ 等于 20，取一次项系数的一半，将其平方，加上常数项，得 $20\frac{1}{9}$，解得 $1co$ 等于 $\left(R_x 20\frac{1}{9}-\frac{1}{3}\right)$。而前文假设第一个人有 $(1co^{\square}$ 加 $10)$，因此 $1co$ 平方即 $\left(R_x 20\frac{1}{9}-\frac{1}{3}\right)$ 乘以 $\left(R_x 20\frac{1}{9}-\frac{1}{3}\right)$，得 $\left(20\frac{2}{9}-R_x 8\frac{76}{81}\right)$，再加上 10 得 $\left(30\frac{2}{9}-R_x 8\frac{76}{81}\right)$，就是第一个人拥有的钱财数量，而第二个人有 $30\frac{1}{9}$ 减 $R_x 2\frac{19}{81}$，即 $1co^{\square}$ 的 $\frac{1}{2}$ 再加上 20，解毕。

【例 10-58】 两人有若干钱财。第一个人对第二个人说，你钱财的 10 给我，我将有你（剩余）钱财的两倍加 10，第二个人对第一个人说，你钱财的 10 给我，我将有你钱财的两倍再加你剩余钱财的平方根，问每人有多少钱财。

假设第一个人有 $(1\text{co}^\square 加 10)$，则第二个人有 $\left(15+\dfrac{1}{2}\text{co}^\square\right)$，这样其给第一个人 10 后可满足题设，而第一个人给第二个人 10 后，第二个人将有 $\left(25+\dfrac{1}{2}\text{co}^\square\right)$，第一个人剩余 $1\text{co}^\square$，第二个人则拥有第一个人剩余部分的两倍再加上剩余部分的平方根，用 $1\text{co}^\square$ 乘以 2 为 $2\text{co}^\square$，再加上 $R_x 1\text{co}^\square$ 即 1co，得 $(2\text{co}^\square 加 1\text{co})$，其等于 $\left(25+\dfrac{1}{2}\text{co}^\square\right)$，移项化简求解 $1\text{co}^\square$，得到最终等式 $\left(1\text{co}^\square+\dfrac{2}{3}\text{co}=16\dfrac{2}{3}\right)$，取一次项系数的一半，将其平方，加上常数项，得 $16\dfrac{7}{9}$，解得 1co 等于 $\left(R_x 16\dfrac{7}{9}-\dfrac{1}{3}\right)$。

前文假设第一个人有 $(1\text{co}^\square+10)$，因此将 $\left(R_x 16\dfrac{7}{9}-\dfrac{1}{3}\right)$ 平方，得 $\left(16\dfrac{8}{9}-R_x 7\dfrac{37}{81}\right)$，再加上 10，得 $\left(26\dfrac{8}{9}-R_x 7\dfrac{37}{81}\right)$，就是第一个人所拥有的钱财，第二个人有 $\left(15+\dfrac{1}{2}\text{co}^\square\right)$，因此其为 $\left(23\dfrac{4}{9}-R_x 1\dfrac{280}{324}\right)$。根据题目来验证，会发现每个人拥有的钱财数量都满足题设。为让你们更好地理解，下文将会举出离散数字的案例。

【例 10-59】 两人有若干钱财。第一个人对第二个人说，你钱财的一半给我，我将有 6。第二个人对第一个人说，你钱财的 $\dfrac{1}{3}$ 给我，我将有 6 加上你剩余部分的平方根。问每个人有多少钱财。

假设第一个人有 $(6-3\text{co})$，这样假设是为了避免在求解中有分数运算，若假设为 6 减 3co，则第二个人将有 6co，将其 $\dfrac{1}{2}$ 即 3co 给第一个人，则第一个人正好有 6。现在第一个人将其 $\dfrac{1}{3}$ 即 $(2-1\text{co})$ 给第二个人，剩余 $(4-2\text{co})$，而第二个人有 $(5\text{co}+2)$，应等于 6 加第一个人剩余部分的平方根，因此有 $[6+R_x(4-2\text{co})]$ 等于 $(5\text{co}-4)$，将等式两边平方以去掉平方根，即 $R_x(4-2\text{co})$ 乘以 $R_x(4-2\text{co})$，得 $(4-2\text{co})$，因为这两个量（即 4 和 2co）是一个统一体，数字与未知数没有分离，也没有相逆。然后将 $(5\text{co}-4)$ 平方得 $(25\text{co}^\square-40\text{co}$ 加 $16)$，其应等于 $(4-2\text{co})$，移项化简，得 $\left(1\text{co}^\square+\dfrac{12}{25}\right)$ 等于 $\dfrac{38}{25}\text{co}$，取一次项系数的一半，将其平方，扣减常数项，得 $\dfrac{61}{625}$，解得 1co 等于 $\left(R_x \dfrac{61}{625}+\dfrac{19}{25}\right)$。

前文假设第一个人有（6 减 3co），因此将 3co 从 6 中扣减，用 3 乘以 $\left(R_x \frac{61}{625} + \frac{19}{25}\right)$，得 $\left(R_x \frac{549}{625} + 2\frac{7}{25}\right)$，将其从 6 中扣减，余 $\left(3\frac{18}{25} - R_x \frac{549}{625}\right)$，就是第一个人所拥有的。第二个人有 6co，因此用 6 乘以 $\left(R_x \frac{61}{625} + \frac{19}{25}\right)$，得 $R_x \frac{2\,196}{625}$ 即 $\left(R_x 3\frac{321}{625} + 4\frac{14}{25}\right)$，就是第二个人所拥有的，根据题目验证将无误。同样也可以假设第一个人有（6 − 6co□），那么第二个人就有 12co□，这样亦可避免平方根的计算，通过平方值来计算得到相同的价值，依此类推。

【例 10-60】 两人有钱财若干。第一个人对第二个人说，你钱财的 $\frac{1}{2}$ 给我，我将有 6。第二个人对你一个人说，你钱财的 $\frac{1}{3}$ 给我，我将有 6 加你之前所拥有数额的平方根。问每人有多少钱财。

假设一个数或价值，它为平方数，以减少繁琐的计算，同时其可以取 $\frac{1}{3}$ 而无余数，这样可以减少麻烦，因此假设第一个人有 9co□，则第二个人有 12 减 18co□，这样其将 $\frac{1}{2}$ 给第一个人后，第一个人将正好有 6。第二个人得到第一个人的 $\frac{1}{3}$ 即 3co□，加上其所拥有的将为（12 − 15co□），其应该等于第一个人所拥有数量的平方根 $R_x 9co□$ 再加上 6，即 $R_x 9co□$ 加 6，为 6 加 3co，即（12 − 15co□）等于（6 + 3co），移项化简，除以二此项的系数，得到最终等式 $\left(1co□ + \frac{1}{5}co\right)$ 等于 $\frac{2}{5}$，取一次项系数的一半，将其平方，加上常数项，得 $\frac{41}{100}$，解得 1co 等于 $\left(R_x \frac{41}{100} - \frac{1}{10}\right)$。

前文假设第一个人有 9co□，因此先计算 1co□，将 $\left(R_x \frac{41}{100} - \frac{1}{10}\right)$ 平方得到 $\left(\frac{21}{50} - R_x \frac{41}{2\,500}\right)$，再将其乘以 9，得 $\left(3\frac{39}{50} - R_x \frac{3\,321}{2\,500}\right)$，就是第一个人所拥有的。第二个人有（12 − 18co□），上文已知 9co□ 等于 $\left(3\frac{39}{50} - R_x \frac{3\,321}{2\,500}\right)$，将其双倍有 $\left(7\frac{14}{25} - R_x 5\frac{196}{625}\right)$，为 18co□ 的值，将其从 12 中扣减，剩余 $\left(4\frac{11}{25} + R_x 5\frac{196}{625}\right)$，这就是第二个人所拥有的，解毕。根据题目验算可知其满足题设条件，求解中平方根的计算也需要处理得当。

【例 10-61】 两人有钱财若干。第一个人对第二个人说，你钱财的 $\frac{1}{2}$ 给我，我将有 6。第二个人对第一个人说，你钱财的 $\frac{1}{3}$ 给我，我将有 6 加上我们两人所拥有钱财数量的平方根。问每个人分别有多少钱财。

为避免计算繁琐,假设一个可以被 3 整除的数,假定第一个人有 3co,则第二个人有 (12−6co),这样第二个人给第一个人他的 $\frac{1}{2}$ 后,第一个人正好有 6。第二个人得到第一个人的 $\frac{1}{3}$ 即 1co 后,其将有 (12−5co),而其又等于 6 加两人所拥有数量的平方根,因此将两人所拥有的数量加总,等于 (12−3co),则得到等式 [R_x(12−3co) 加 6] 等于 (12 减 5co),要注意这个 6 不属于平方根中的数量。

现在移项化简,即将 6 扣减,得 R_x(12−3co) 等于 (6−5co),为去除平方根,将等式两边平方,用 (6−5co) 乘以 (6−5co),得 (36−60co+25co$^\square$),然后 R_x(12−3co) 乘以 R_x(12−3co) 为 (12−3co),其等于 (36−60co+25co$^\square$)。移项化简,除以二次项的系数,有最终等式 $\left(1co^\square + \frac{24}{25}\right)$ 等于 $\frac{57}{25}$co,取一次项系数的一半,将其平方,扣减常数项,得 $\frac{849}{2\,500}$,解得 1co 等于 $\frac{57}{50}$ 减 $R_x \frac{849}{2\,500}$。因为这个等式有两个解,一个解是一次项系数的一半减上述剩余值(即 $\frac{849}{2\,500}$)的平方根,另一个解是上述平方根与一次项系数的一半的和,若第一个解不能满足题设条件,就要验证第二个解。

前文假设第一个人有 3co,因此用 3 乘以 $\left(\frac{57}{50} - R_x \frac{849}{2\,500}\right)$,得 $\left(3\frac{21}{50} - R_x 3\frac{141}{2\,500}\right)$,就是第一个人所拥有的钱财,第二个人有 (12−6co),6co 是 $\left(6\frac{21}{50} - R_x 12\frac{141}{625}\right)$,将 6co 从 12 中扣减,剩余 $\left(5\frac{4}{25} + R_x 12\frac{141}{625}\right)$,就是第二个人所拥有的钱财,解毕。

【例 10-62】 两人有钱财若干。第二个人的钱财数量是第一个人钱财的两倍加两人合计数量的平方根,两人合计有钱财 20。问每人分别有多少钱财。

假设第一个人有 1co,则第二个人有 (2co+R_x3co)[①],这样才能满足题设条件,而这两个人所拥有的数量之和等于 20,则有 R_x3co 等于 (20−3co),将等式两边平方,即 (R_x3co×R_x3co) 等于 3co,(20−3co) 乘以 (20−3co) 等于 (400−120co 加 9co$^\square$),其等于 3co。移项化简,除以二次项系数,有最终等式 $\frac{123}{9}$co 等于 $\left(\frac{400}{9} + 1co^\square\right)$,取一次项系数的一半,将其平方,扣减常数项,得 $\frac{729}{324}$,解得 1co 等于 $\left(6\frac{5}{6} - R_x \frac{729}{324}\right)$,即

---

① 此处令人费解,根据题设两人合计数应该是 20 而非 3co,但本案例原稿按 3co 求解,虽然结果两人合计数亦为 20,但是并不能完全满足题设条件即"第二个人的数量是第一个人的两倍再加两个人数量的平方根"。若按 20 计算则第一个人有 $\left(6\frac{2}{3} - R_x 2\frac{2}{9}\right)$,第二个人有 $\left(13\frac{1}{3} + R_x 2\frac{2}{9}\right)$。——译者注

$\left(6\frac{5}{6}-1\frac{1}{2}\right)$,为 $5\frac{1}{3}$,就是第一个人所拥有的钱财数量,第二个人有 $(2co+R_x3co)$ 即 $\left(10\frac{2}{3}+R_x16\right)$,即 $14\frac{2}{3}$,与第一个人的 $5\frac{1}{3}$ 相加正好得到题设的两人合计 20,依此类推。

【例 10-63】 两人有若干钱财。第二个人的钱财数量是第一个人的两倍再加两个人合计钱财数量的平方根,两个人总计有 R_x20。问每人各有多少钱财。

先从总量中扣除加在第二个人数量中的 R_xR_x20,剩余 $(R_x20-R_xR_x20)$。现在假设第一个人有 1,则第二个人有 2,可这样来问:两人合伙,第一个人投入 1,第二个人投入 2,两人赚得 $(R_x20-R_xR_x20)$,问每人应分得多少。

现在看两人合计的总投入,将 1 和 2 相加为 3,问:若投入 3 赚得 $(R_x20-R_xR_x20)$,那么投入 1 赚得多少,投入 2 赚得多少?用 1 乘以 $(R_x20-R_xR_x20)$,再除以 3,得 $\left(R_x2\frac{2}{9}-R_xR_x\frac{20}{81}\right)$,就是第一个人所拥有的钱财。对于第二个人,用 2 乘以 $(R_x20-R_xR_x20)$,得 $(R_x80-R_xR_x320)$,再除以 3,得 $\left(R_x8\frac{8}{9}-R_xR_x3\frac{37}{81}\right)$[①],再加上 R_xR_x20,为 $R_x8\frac{8}{9}$ 加 $R_xR_x\frac{20}{81}$,解毕。

【例 10-64】 两人有钱财若干。第一个人的钱财数和第二个人钱财数的比例是 1 比 3,第一个人所拥有的数量平方后加上两人总量,是一个完全平方数[②]。第二个人所拥有的数量平方后加上两人总量,也是一个完全平方数。问每人各有多少钱财。

解答如下: 以你所愿,假设 1 个完全平方数,假定为 16,再找到一个数字,其平方加上 16 依然是 1 个完全平方数,数字 3 满足要求,因为 3 乘以 3 为 9,9 加 16 为 25,25 是一个完全平方数。因此这样求解:假设第一个人有 1co,则第二个人有 3co,然后将 1co 平方,为 1co□,从 16co□ 中扣减 9co□,得 15co□。同时,将 1co 和 3co 加总得到 4co,其应该等于 15co□,用 4 除以 15,得 $\frac{4}{15}$,就是假设值 1co 的数量,解毕。

【例 10-65】 两人有钱财若干。两人钱财总量是一个完全平方数。第一个人所拥有的钱财数量平方后加上两人总量,是一个完全平方数。第二个人所拥有的数量平方后加上两人总量,也是一个完全平方数。问每人有多少钱财。

假设 1co□ 等于 16,现在求解一个数字,其平方加上 16 也是一个完全平方数,其可以为 3co,因为 3co 乘以 3co 为 9co□,9 加上 16 为 25,也是一个完全平方数,因为其

[①] 原稿存在笔误,应为 $R_xR_x3\frac{77}{81}$。——译者注

[②] 平方数,或称完全平方数,是指可以写成某个整数的平方的数,即其平方根为整数的数。——译者注

平方根为 5。现在取 5 的 $\frac{3}{4}$ co 为 $3\frac{3}{4}$，因为 5 是 R_x25，应总是取其 $\frac{3}{4}$，因为其 $\frac{3}{4}$ 的平方加上两人总和将是一个完全平方数，那么 3 应取多少份额，应为 $\frac{4}{5}$，因此取 3 的 $\frac{4}{5}$，为 $2\frac{2}{5}$，因此说第一个人有 $2\frac{2}{5}$ co，第二个人有 3co。若有 3 个人则第三个人有 $3\frac{3}{4}$ co，如此还可计算 4 个人。

因为题设 2 个人，因此可知第一个人有 $2\frac{2}{5}$ co，第二个人有 3co，现在将 $2\frac{2}{5}$ co 平方得到 $5\frac{19}{25}$ co□，从 16co□ 中扣减 $5\frac{19}{25}$ co□，余 $10\frac{6}{25}$ co□（其应该等于两个人的总量即 $5\frac{2}{5}$ co），用 $5\frac{2}{5}$ 除以 $10\frac{6}{25}$，就将得到假设值，解毕。

【例 10-66】 两人有钱财若干。第一个人对第二个人说，给我你钱财数量的平方根，我将是你（剩余）的两倍。第二个人对于第一个人说，给我你所拥有的钱财、你要求我给你的钱财占我所拥有的钱财的同样比例（即第一个人给出的占第一个人所拥有的比例）的部分，我的钱财将是你的 3 倍，问每人有多少钱财。

解答如下： 假设第一个人有 (2co□ − 3co)，则第二个人有 1co□，因为第二个人给第一个人 R_x1co□ 即 1co，则第一个人有 (2co□ − 3co)，第二个人剩余 (1co□ − 1co)，这样第一个人就是第二个人的两倍。而第二个人说，给我你所拥有的钱财、你要求我给你的钱财占我所拥有的钱财的同样比例（即第一个人给出的钱财占第一个人所拥有的钱财的比例）的部分，我将是你的 3 倍，因此可以用三数法则来计算第一个人要给第二个人的部分，问：若 1co□ 给出 1co，那么 (2co□ − 3co) 应给出多少？用 1co 乘以 (2co□ − 3co)，得到 (2co△ − 3co□)，再除以 1co□①，得 $\left(\frac{2co□ − 3co}{1co□}\right)$，注意这个地方不要弄错，将该数量从 (2co□ − 3co) 中取出，再加上 1co□，将是 (2co□ − 3co) 中剩余部分的 3 倍。

为求解上述除法等式（即 $\left(\frac{2co△ − 3co□}{1co□}\right)$）的结果，要找到一个数，其乘以这个除法等式的分母即 1co□，将等于这个除法等式的分子 (2co△ − 3co□)，这个数量就将是这

---

① 原稿页面左边空白处有如下计算：

$$\frac{1□}{1} \diagup \frac{1co}{1} \quad \frac{2□ 减 3co}{1}$$

$$\frac{2△ 减 3□}{1□}$$

个除法等式的结果①。

因此这个数量$\left(\text{即}\dfrac{2\text{co}^\triangle-3\text{co}^\square}{1\text{co}^\square}\right)$就是 2co 减 3，这是由理性计算而非主观臆断所得，因此每当我想知道某个数量，且已知其乘以一个已知数量得到第三个数量时，应总是用期望得到的那个数量去除以已知的数量，将得到未知的数量。例如，多少乘以 4 能够得到 12？用 12 除以 4，得 3，用其乘以 4 将得 12。这是自然的定理，已在欧几里得著作的第七部分②及其他很多地方被证明。每当两个数量相乘得到一个结果时，用这个结果去除以其中一个相乘的数，必将得到另一个相乘的数。

如此可这样表述：我想用 1co$^\square$ 乘以某个数从而得到 2co$^\triangle$ 减 3co$^\square$，为求解这个数就必须用(2co$^\triangle$−3co$^\square$)除以 1co$^\square$，得(2co−3)，因为用一个数的立方除以其平方将等于这个数的一次方，原因是用一个数的一次方乘以其平方等于其立方。因此 1co$^\square$ 乘以(2co−3)将得到(2co$^\triangle$−3co$^\square$)，因而这个除法等式$\left(\text{即}\dfrac{2\text{co}^\triangle-3\text{co}^\square}{1\text{co}^\square}\right)$必然等于(2co−3)，将其从(2co$^\square$−3co)中扣除，余(2co$^\square$−5co 加 3)，因为这个剩余加上那个被扣减的数正好等于(2co$^\square$−3co)。

现在用(2co−3)加上 1co$^\square$，为第二个人（得到第一个人给的后）所拥有的数量，即(1co$^\square$+2co−3)，其将是第一个人给出后的剩余即(2co$^\square$−5co+3)的 3 倍，将其乘以 3，为(6co$^\square$−15co+9)，移项化简，求解 1co$^\square$，得到最终等式$\left(1\text{co}^\square+2\dfrac{2}{5}\right)$等于 $3\dfrac{2}{5}$co，取一次项系数的一半，为 $\dfrac{17}{10}$，将其平方，得 $2\dfrac{89}{100}$，将 $2\dfrac{2}{5}$ 即 $\dfrac{240}{100}$ 从其中扣减，余

---

① 原稿页面下边空白处有如下案例：

两人有钱财若干，数量未知但知道第一个人所拥有的钱财数量乘以第二个人所拥有的钱财数量，等于两者相加。将每个人的数量平方，然后将其中一个平方从另外一个中扣除后，剩余值等于两个人数量的总和，问每个人各有多少钱财。

解答如下：假设其中一个为(1co+1)，另一个为 1co，然后用 1co 乘以(1co+1)，得到(1co$^\square$+1co)，然后将 1co 和(1co+1)相加，为(2co+1)，其将等于(1co$^\square$+1co)，移项得到(1co+1)等于 1co$^\square$，取一次项系数的一半，将其平方，加上常数项，得 $1\dfrac{1}{4}$，求解可得 1co 等于$\left(\text{R}_\text{X}1\dfrac{1}{4}+\dfrac{1}{2}\right)$，即为一个人所拥有的钱财数量，另一个人拥有$\left(\text{R}_\text{X}1\dfrac{1}{4}+1\dfrac{1}{2}\right)$。

验证如下：用$\left(\text{R}_\text{X}1\dfrac{1}{4}+\dfrac{1}{2}\right)$乘以$\left(\text{R}_\text{X}1\dfrac{1}{4}+1\dfrac{1}{2}\right)$，得到($\text{R}_\text{X}$5+2)，(其等于两者相加)，得验。同时将$\left(\text{R}_\text{X}1\dfrac{1}{4}+\dfrac{1}{2}\right)$平方得$\left(\text{R}_\text{X}1\dfrac{1}{4}+1\dfrac{1}{2}\right)$，然后将$\left(\text{R}_\text{X}1\dfrac{1}{4}+1\dfrac{1}{2}\right)$平方，得$\left(\text{R}_\text{X}11\dfrac{1}{4}+3\dfrac{1}{2}\right)$，现在将$\left(\text{R}_\text{X}1\dfrac{1}{4}+1\dfrac{1}{2}\right)$平方从$\left(\text{R}_\text{X}11\dfrac{1}{4}+3\dfrac{1}{2}\right)$中扣减，剩余($\text{R}_\text{X}$5+2)，得验。若将一个乘积从另一个中扣减，剩余两人合计数的一半，则可以假设一人有$\left(1\text{co}^\square+\dfrac{1}{2}\right)$，进行类似求解，将得到一人为$\left(\text{R}_\text{X}1\dfrac{1}{16}+\dfrac{3}{4}\right)$，另一人为$\left(\text{R}_\text{X}1\dfrac{1}{16}+1\dfrac{1}{4}\right)$。

② 应指欧几里得的《几何原本》中的内容。——译者注。

$\frac{49}{100}$，解得 1co 等于 $\left[R_x \frac{49}{100}\left(\text{即} \frac{7}{10}\right) + \frac{17}{10}\right]$，即 $2\frac{2}{5}$。

根据前文假设，第一个人有 $(2co^\square - 3co)$，第二个人有 $1co^\square$，将 $2\frac{2}{5}$ 平方得 $5\frac{19}{25}$，就是第二个人所拥有钱财的数量，第一个人则为 $\left(11\frac{13}{25} - 3co\right)$ 即 $7\frac{5}{25}$，得 $4\frac{8}{25}$，就是第一个人所拥有钱财的数量，解毕。

【例 10-67】 两人有若干钱财。第一个人对第二个人说，你钱财的 12 给我，我的钱财将是你钱财的两倍。第二个人对第一个人说，给我你所拥有的钱财，其占你钱财的比例与你要求我给你的（那 12）占我所拥有的比例的部分（即占第二个人所拥有的比例）相同，我的将是你的 3 倍。问每人各有多少钱财①。

解答如下： 假设第一个人有 2co，则第二个人有（1co 加 18），这样第二个人给第一个人 12 后，第一个人所拥有的钱财将是第二个人剩余的 2 倍。第二个人期望得到第一个人所拥有的钱财，与 12 占第二个人钱财同比例的数额，因此计算该比例的分数，即用 12 除以 (1co + 8)，这就是 12 占第二个人所拥有的比例，用这个比例可以来计算第一个人应该给出的数额，而更清晰的方法是使用三数法则，问：若 (1co 加 18) 给出 12，那么 2co 应给出多少？用 12 乘以 2co，得 24co，24co 除以（1co 加 18），得 $\frac{24co}{(1co + 18)}$，就是第一个人将给第二个人的数额。

计算第二个人给出后的剩余，须将这个分数 $\frac{24co}{(1co + 18)}$ 从 2co 中扣除，见旁边的标注②，将剩余 $\frac{(2co^\square + 12co)}{(1co + 18)}$，然后第一个人给出的数量和第二个人的数量通分相加，得到 $\frac{(60co + 1co^\square + 324)}{(1co + 18)}$，其将等于第一个人剩余的 3 倍，即 3 乘以 $\frac{(2co^\square + 12co)}{(1co + 18)}$，为 $\frac{(6co^\square + 36co)}{(1co + 18)}$，这个等式不需要通分化简，因为两个分数有同样的分母即 (1co + 18)，

---

① 原稿左侧上方空白处注有：参见原稿第 352 页的类似案例。指本书第 631 页 [例 7]。——译者注。
② 原稿页面左边和下面的空白处有如下计算：

$$\begin{array}{ccc} 2co & & 1co+18 \\ \frac{1co+18}{1} & \times & \frac{12}{1} \longrightarrow \frac{2co}{1} \\ 24co & \text{扣减} & 2^\square+36co \end{array}$$

$$\frac{24co}{1co+18} \times \frac{2co}{1}$$

$$\frac{2^\square+12co}{1co\ \text{加}\ 18} \quad \text{第一个人剩余}$$

因此有($6co^\square + 36co$)等于($60co + 1co^\square$加324)。

移项化简,有等式$1co^\square$等于$4\frac{4}{5}co$加$64\frac{4}{5}$[①],取一次项系数的一半,将其平方,加上常数项,得$70\frac{14}{25}$,解得$1co$等于$\left(R_x 70\frac{14}{25} + 2\frac{2}{5},\text{即}\ 8\frac{2}{5} + 2\frac{2}{5}\right)$,最终得到假设值为$10\frac{4}{5}$。

前文假设第一个人所拥有的数量为$2co$,因此用2乘以$10\frac{4}{5}$,得$21\frac{3}{5}$,第二个人拥有($1co+18$),即$28\frac{4}{5}$,如此解毕[②]。

根据题目,验证将无误,若第二个人给第一个人12,则第一个人将有$33\frac{3}{5}$,第二个人剩余$16\frac{4}{5}$,为第一个人的$\frac{1}{2}$,而第一个人给第二个人同样比例(即12占第二个人所拥有数量的比例)的数额,该比例等于12除以$28\frac{4}{5}$即$\frac{5}{12}$,将其乘以第一个人所拥有的$21\frac{3}{5}$,得9,这个数量给第二个人,其将有$37\frac{4}{5}$,而第一个人剩余$12\frac{3}{5}$,其为$37\frac{4}{5}$的$\frac{1}{3}$,由此验证符合题设条件。

---

① 原稿页面左边和下面的空白处有如下计算:

$$\begin{array}{c} 24co \\ \hline 1co+18 \end{array} \quad \text{合计} \quad \begin{array}{c} 1^\square + 36co + 324 \\ \hline 1co+18 \\ \hline 1 \end{array}$$

$$\frac{60co + 1^\square + 324}{1co + 18} \qquad \text{第二个人合计}$$

$$\frac{60co + 1^\square + 324}{1co + 18} \qquad \frac{6^\square + 36co}{1co + 18}$$

$$24co + 324 \qquad \qquad 5^\square$$

$$4\frac{4}{5}co + 64\frac{4}{5}co \qquad 1^\square$$

② 原稿页面左边和下面的空白处有如下计算:

$$\frac{12}{5} \qquad \frac{12}{5}$$

$$620$$

$$\frac{144}{25} \qquad \frac{1\,620}{25} \qquad \text{减} \quad \frac{1\,764}{25}$$

$$R_x\ 70\frac{14}{25}\ \text{加}\ 2\frac{2}{5}\ \text{价值}$$

$$8\frac{2}{5}\ \text{加}\ 2\frac{2}{5}\ \text{得}\ 10\frac{2}{5}$$

第一个人 $21\frac{3}{5}$

第二个人 $28\frac{4}{5}$

【例 10-68】 两人有钱财若干。第一个人对第二个人说,若你给我你钱财的 10,我将有你剩余部分的两倍半。第二个人对第一个人说,若你给我你所拥有的钱财,和你要求我给你的(那 10)占我所拥有的同样比例(即 10 占第二个人所拥有的比例),我将有你钱财剩余部分的 3 倍半。问每人有多少钱财。

假设第一个人有 $2\frac{1}{2}$co,当然你也可以如你所愿来进行假设,但是假设的目的应是利于账目计算。现在第二个人给第一个人 10,则第一个人将有第二个人剩余的 $2\frac{1}{2}$ 倍,因此这样来计算第二个人所拥有的:若将 10 给第一个人,那么其将有 $\left(2\frac{1}{2}\text{co}+10\right)$,而这个数量是第二个人的 $2\frac{1}{2}$ 倍,因此用 $\left(2\frac{1}{2}\text{co}+10\right)$ 除以 $2\frac{1}{2}$,得 $(1\text{co}+4)$,就是第二个人给第一个人 10 后的剩余,因此其最初拥有的数量是 $(1\text{co}+14)$,如此便求得第二个人所拥有的数量。若是 $3\frac{1}{3}$ 倍,抑或是 $5\frac{4}{7}$ 倍等,总是可以用上述的合计数去除以倍数,就可得到其给出后剩余的数量。因此第二个人有 $(1\text{co}+14)$,其给第一个人 10 后,第一个人所拥有的将是第二个人剩余的 $2\frac{1}{2}$ 倍。

第二个人期望第一个人给他同样比例的数量,要计算该比例,即用 10 除以 $(1\text{co}$ 加 $14)$,得 $\frac{10}{(1\text{co}+14)}$,即第二个人给出的 10 占其所拥有数量的比例,取 $2\frac{1}{2}$co 的 $\frac{10}{(1\text{co}+14)}$,为 $\frac{50\text{co}}{(2\text{co}+28)}$,就是第一个人给出的数量。但是更清晰的计算是使用三数法则,问:若 1co 加 14 给出 10,那么 $2\frac{1}{2}$co 给出多少?用 10 乘以 $2\frac{1}{2}$co,再除以 $(1\text{co}+14)$,亦得 $\frac{50\text{co}}{(2\text{co}+28)}$,将其从第一个人所拥有的 $2\frac{1}{2}$co 中扣减,如页下注所示[①],剩余

---

① 原稿页面右边和下面空白处有如下计算:

$$20\text{co}\frac{1}{2} \text{————} 1\text{co}+14$$

$$2\text{co}\frac{1}{2}+10 \text{————} 1\text{co}+4$$

$$2\text{co}+28$$

$$\frac{1\text{co}+14}{1} \diagup\diagdown \frac{10}{1} \text{————} \frac{5\text{co}}{2}$$

$$10\square+140\text{co}$$

$$\frac{50\text{co}}{20\text{co} \text{ 加 } 28} \diagup\diagdown^{\text{扣减}} \frac{5\text{co}}{2}$$

第一个人的剩余 $\quad \frac{10\square+40\text{co}}{4\text{co}+56}$

$\dfrac{(10\text{co}^\square + 40\text{co})}{(4\text{co}+56)}$,就是第一个人满足第二个人要求后所拥有的数量。然后将这个数量与第二个人所拥有的通分相加,得 $\dfrac{(106\text{co}+2\text{co}^\square+392)}{(2\text{co}+28)}$,其将是 $\dfrac{(10\text{co}^\square+40\text{co})}{(4\text{co}+56)}$ 的 $3\dfrac{1}{2}$ 倍,现在将两者换算为同一性质,即均以(4co 加 56)作为分母,用 2 乘以第二个人所拥有的,得$(4\text{co}^\square+212\text{co}+784)$等于$(35\text{co}^\square+140\text{co})$①。

移项化简,得到最终等式 $1\text{co}^\square$ 等于 $\left(25\dfrac{9}{31}+2\dfrac{10}{31}\text{co}\right)$,取一次项系数的一半,将其平方,加上常数项,得 $26\dfrac{614}{961}$,解得 1co 等于 $\left(\text{R}_\text{x} 26\dfrac{614}{961}+1\dfrac{5}{31}\right)$,即 $6\dfrac{10}{31}$。而前文假设第一个人有 $2\dfrac{1}{2}$co,因此用 $2\dfrac{1}{2}$ 乘以 $6\dfrac{10}{31}$,得 $15\dfrac{25}{31}$,就是第一个人所拥有的钱财数量,第二个人有$(1\text{co}+14)$即 $20\dfrac{10}{31}$,解毕②。根据题目验证将无误,如前所展示,这样你就知道如何取值同样比例的数额,依此类推。

【例 10-69】 两人有钱财若干。第一个人对第二个人说,给我你钱财的 12,我的钱财将是你钱财的两倍。第二个人对第一个人说,给我你所拥有的钱财,其比例与 16 占我所拥有数量的比例相同,我的钱财将是你钱财的 8 倍,问每个人各有多少钱财。

---

① 原稿页面右边和下面空白处有如下计算:

$\begin{array}{cc} 50\text{co} & 2^\square+56\text{co}+392 \\ \dfrac{50\text{co}}{20\text{co}+28} & \text{合计} \quad \dfrac{1\text{co}+14}{1} \end{array}$

第二个人的合计数 $\qquad \dfrac{2^\square+106\text{co}+392}{2\text{co}+28}$

$\dfrac{35^\square+140\text{co}}{4\text{co}+56} \qquad\qquad \dfrac{4^\square+212\text{co}+784}{4\text{co}+56}$

② 原稿页面下面空白处有如下计算:

$1^\square$ —— $25\dfrac{9}{31}+2\dfrac{10}{31}\text{co}$

$\dfrac{36}{31}$ —— $\dfrac{36}{31}$

数字 $\dfrac{24\,304}{961}$ ✕ $\dfrac{1\,296}{961}$ 假设值

$\text{R}_\text{x}\ \dfrac{25\,600}{961}+\dfrac{36}{31}$ 价值

价值 $\ 6\dfrac{10}{31}$ 离散数

第一个人 —— $15\dfrac{25}{31}$

第二个人 —— $20\dfrac{10}{31}$

尽管本例与上文案例有所区别,但求解方法类似:假设第一个人有 2co,则第二个人有(1co 加 18),这样第二个人给第一个人 12 后,第一个人的钱财将是第二个人钱财的 2 倍。现在第二个人期望得到第一个人的钱财、与 16 占第二个人所拥有数量相同比例的钱财的数额。计算这个比例为 $\frac{16}{(1\text{co}+18)}$,取 2co 的同比例,得 $\frac{32\text{co}}{(1\text{co}+18)}$,就是第一个人将要给出的数量。或者使用 3 的法则来求解,问:若(1co + 18)给出 16,那么 2co 给出多少?用 16 乘以 2co,得 32co,再除以(1co + 18),得到同样的结果。

现在将这个数量$\left(\text{即}\frac{32\text{co}}{(1\text{co}+18)}\right)$从 2co 中扣减,剩余 $\frac{(2\text{co}^\square+4\text{co})}{(1\text{co}+18)}$,然后将这个数量$\left(\text{即}\frac{32\text{co}}{(1\text{co}+18)}\right)$加在第二个人所拥有的数量上,通分得 $\frac{(68\text{co}+1\text{co}^\square+324)}{(1\text{co}+18)}$,其将等于 8 乘以第一个人的剩余即 $\frac{(2\text{co}^\square+4\text{co})}{(1\text{co}+18)}$,两者均以(1co + 18)为分母,性质相同,因此有($16\text{co}^\square+32\text{co}$)等于($68\text{co}+1\text{co}^\square+324$),移项化简,得到最终等式 $1\text{co}^\square$ 等于 $\left(2\frac{2}{5}\text{co}+21\frac{3}{5}\right)$,解得结果为 1co 等于 $\left(R_x 23\frac{3}{5}+1\frac{1}{5}\right)$ 即 6,这样第一个人有 12,第二个人有 24[①]。

【例 10-70】 两人有钱财若干。第一个人的钱财乘以第二个人的钱财结果为 60。随后第一个人赚得 1,第二个人损失 4,但两人拥有钱财数量的乘积依然为 60。问每人最初有多少钱财。

这个问题可以这样来表达:我用 60 除以一个数量得到另一数量,然后我仍用 60 除以(前一数量加 1),得到(另一数量减 4),问最初除以的那个数量是多少。现在假

---

① 原稿页面左边和下面的空白处有如下计算:

$\frac{16^\square+32\text{co}}{1\text{co}+18}$ $\frac{1^\square+68\text{co}+324}{1\text{co}+18}$

1    $5^\square$ ——— $36\text{co}+324$

$1^\square$ ——— $2\frac{2}{5}\text{co}+21\frac{3}{5}$

R_x $\frac{5\,184}{225}$ + $\frac{18}{15}$

4    $\frac{4}{5}$ + 1 $\frac{1}{5}$

价值是:
第一个人有 12
第二个人有 24

设第一个数量为 1co,那么第二个数量乘以 1co 得 60,因此其为 60 除以 1co 即 $\frac{60}{1co}$,就是第二个人所拥有的数量,两者相乘正好等于 60,而 1co 乘以 60 等于 60co,再除以 1co 等于 60。

题设称第一个人赚了 1,因此其有(1co 加 1),第二个人损失 4,因此将 4 从 $\frac{60}{1co}$ 中扣减,通分得 $\frac{(60-4co)}{1co}$,就是第二个人剩余的数量,将其乘以第一个人的本利即 (1co + 1),得 $\frac{(60co - 4co^\square + 60 - 4co)}{1co}$,其将等于 60,去分母得到 (60co − 4co$^\square$ + 60 减 4co)等于 60co。移项化简,得到最终等式 15 等于(1co + 1co$^\square$),取一次项系数的一半,将其平方,加上常数项,得 $15\frac{1}{4}$,解得 1co 等于 $\left(R_x 15\frac{1}{4} - \frac{1}{2}\right)$[①],而前文假设第一个人有 1co,因此其钱财数量为 $\left(R_x 15\frac{1}{4} - \frac{1}{2}\right)$,第二个人拥有的钱财数量则为 60 除以 $\left(R_x 15\frac{1}{4} - \frac{1}{2}\right)$,通过二项式除法运算,得 $(2 + R_x 244)$,即第二个人所拥有钱财的数量。根据题目验算:将第一个人的数量加 1,将第二个人的数量减 4,再把两者相乘将正好得到 60,验毕。

【例 10-71】 军队账目:一个旅的部队有 3 000 骑兵,上校发动对其敌人的一场打击,赚得 7 876 杜卡迪,问上校获得 $\frac{1}{10}$ 后,每位骑兵应分配多少利润。

解答如下: 提取上校的 $\frac{1}{10}$ 获利,即 7 876 的 $\frac{1}{10}$,为 $787\frac{3}{5}$,就是上校应分得的,

---

① 原稿页面右边空白处有如下计算:

$\frac{60}{1co}$

$\frac{1co+1}{1}$ —— $\frac{60-4co}{1}$

$\frac{60co-4^\square+60-4co}{1co}$ —— 60

60co−4$^\square$ 加 60−4co —— 60co

60 —— 4co+4$^\square$

15 —— 1co+1$^\square$

$\frac{1}{2}$ —— $\frac{1}{2}$

价值 $R_x 15\frac{1}{4} - \frac{1}{2}$

其剩余为 $7088\frac{2}{5}$，将其除以 3 000，即得到每位骑兵应分得的利润，如此便可得解。

【例 10-72】 军队账目：一位先生手下有 3 021 名骑士，而每月需支付每名长矛骑士 11 杜卡迪，问按此方式其 15 个月将要支付多少钱。

解答如下：先将骑士换算为长矛骑士，3 名骑士（的报酬）相当于 1 名长矛骑士[①]，因此用 3 021 除以 3 得 1 007，就是其手下骑士相当于长矛骑士的数量，而每名长矛骑士每月需支付 11 杜卡迪，用 11 乘以 1 007，为 11 077，就是 1 个月花费的杜卡迪数量，现在来计算 15 个月的花费，问：若 1 个月支付 11 077，15 个月需支付多少？用 15 乘以 11 077，为 166 125，即为 15 个月以每月每位长矛骑士 11 杜卡迪的报酬，共需要支付的杜卡迪数量。

【例 10-73】 军队账目：一位先生手下有 6 042 位骑士，而每月需支付每名长矛骑士 11 杜卡迪，问多长时间其需要支付 332 310 杜卡迪。

与上同解：通过除以 3 来把骑士换算为长矛骑士，得 2 014，就是长矛骑士的数量，现在来看一个月需支付多少杜卡迪：用 11 乘以 2 014，得 22 154，就是每个月应支付的杜卡迪数量，欲计算多少个月需支付 332 310 杜卡迪，问：若 22 154 是 1 个月的费用，那么 332 310 是多少个月的花费？将其乘以 1，再除以 22 154，得 15，就是按照每月每位长矛骑士 11 杜卡迪的费用标准，332 310 杜卡迪可支付的费用月数。

【例 10-74】 军队账目：12 个骑士和 10 个步兵赚得战利品 25 杜卡迪，为每位骑士和步兵支付的报酬分别是 $1\frac{1}{2}$ 杜卡迪和 1 杜卡迪，问每人应分得多少。

这个问题的求解类似于合伙经营，必须用他们的报酬乘以他们的人数，因为这种报酬被理解为他们的含金量或评估价值；因此，需要相乘或者融合骑士的报酬与其数量：$1\frac{1}{2}$ 乘以 12 得 18。然后步兵：1 乘以 10 得 10，为步兵数量和报酬的融合值。结合前述骑士数量和报酬融合值，将两者即 18 和 10 加总，得 28，它将是除数，问：若 28 赚 25，18 赚得多少？10 赚得多少？18 乘以 25 为 450，450 除以 28，得 $16\frac{1}{14}$，就是 12 个骑兵应分得的杜卡迪数量；然后 10 乘以 25，为 250，250 除以 28，得 $8\frac{13}{14}$，就是 10 个步兵应分得的杜卡迪数量，解毕。

[①] 3 名骑士的报酬相当于 1 名长矛骑士的报酬可能是当时的通行的规则。——译者注。

或者这样求解：每位骑兵报酬$\frac{3}{2}$，每位步兵报酬$\frac{2}{2}$，计算两者相对份额，用3乘以12得36，用2乘以10得20，两者相加得56，其为除数，然后同上问：若56赚得25，36和20各将赚得多少？通过乘除计算，将得到同上的结果。

【例10-75】 军队账目：一个被围困的城堡里面有100个人，他们经过计算，只要每天给每个人14盎司的面包，他们就可以支撑10个月。在7个月零10天的时候，来了一个间谍说，我告诉你们，救援要比你们计算的期限10个月多20天才能够到达。问每个人每天吃多少盎司面包才能够等到救援。

解答如下：10个月按300天计算，已经过去的7个月10天按220天计算，将其从300天中扣减，余80天，而被围困的人还需要增加20天（才能等到救援），合计需要等待100天，根据已有的计算，若80天的口粮要对应100天，无需更多的口粮，则需通过调整每天14盎司口粮的数量来应对，问：若100对应80，那么14对应多少？用80乘以14，得1 120，1 120除以100，得$11\frac{1}{5}$，就是调整后每日每人的面包重量为$11\frac{1}{5}$盎司，即可满足等待救援的需要。

【例10-76】 解答以下账目：14寻布和12百磅羊毛价值110弗罗林加1寻布，按同样价格，14百磅羊毛和12寻布价值112弗罗林和1百磅羊毛，问每寻布和每百磅羊毛价值是多少。

解答如下：假设每寻布价值1co弗罗林，14寻布价值14co弗罗林，因为14寻布和12百磅羊毛价值110弗罗林加1寻布，将这1寻布的价值即1co加上110弗罗林得(110加1co)，就是14寻布和12百磅羊毛的价值，将14寻布的价值从其中扣减，得到12百磅羊毛的价值，因此从(110 + 1co)中扣减14co，余(110 − 13co)，为12百磅羊毛的价值，如此第一部分计算完毕。

现在来计算另一部分，按题设条件，14百磅羊毛和12寻布价值112弗罗林和1百磅羊毛，现在以上文12百磅羊毛的价值(110弗罗林 − 13co)来计算14百磅羊毛的价值，问：若12价值(110 − 13co)，那么14价值多少，用14乘以(110 − 13co)，得(1 540 − 182co)，再除以12，得$\frac{(1\,540 - 182\text{co})}{12}$，就是14百磅羊毛的价值。

12寻布价值12co，加上14百磅羊毛的价值，得$\frac{(1\,540 - 182\text{co} + 144\text{co})}{12}$，就

是 12 寻布和 14 百磅羊毛的合计价值,而其价值 112 弗罗林加 1 百磅羊毛,因此将 1 百磅羊毛的价值加上 112 弗罗林。已知 12 百磅羊毛价值(110 − 13co),因此 1 百磅羊毛价值 $\frac{(110-13\text{co})}{12}$。通分加上 112,得 $\frac{(1\,344+110-13\text{co})}{12}$,应等于 $\frac{(1\,540-182\text{co}+144\text{co})}{12}$,两者为同一性质即都以 12 为分母,因此有(1 540 − 182co + 144co)等于(1 344 加 110 − 13co),移项化简,得 86 等于 25co,用 86 除以 25,得 $3\frac{11}{25}$[①],就是假设值。

前文假设每寻布价值 1co,因此可知其价值 $3\frac{11}{25}$ 弗罗林,12 百磅羊毛价值(110 − 13co),因此从 110 中减去 13co,即扣除 $44\frac{18}{25}$,余 $67\frac{7}{25}$ 弗罗林,将其除以 12,即得每百磅羊毛的价值,为 $5\frac{11}{25}$ 弗罗林。

根据题目验证将无误,14 寻布按每寻 $3\frac{11}{25}$,价值 $48\frac{4}{25}$ 弗罗林,12 百磅羊毛按每百磅 $5\frac{11}{25}$ 价值 $67\frac{7}{25}$ 弗罗林,两者合计为 $113\frac{11}{25}$ 弗罗林,减去 110,余 $3\frac{11}{25}$,正好等于 1 寻布的价值,此为题设条件的第一部分。第二部分中,12 寻布价值 $41\frac{7}{25}$ 弗罗

[①] 原稿页面左边和下面空白处有如下计算:

$3\frac{11}{25}$ 寻 14
$5\frac{11}{25}$ 百磅 12 ⎬ 110 弗罗林加 1 寻

寻 12
百磅 14 ⎬ 112 弗罗林加 1 百磅

1co 寻　　　　　　14co
110 加 1co
$\frac{14}{110-13\text{co}}$
$\frac{1\,540-182\text{co}+144\text{co}}{12}$
$\frac{1\,344+110-13\text{co}}{12}$

86 减 38co　　　　减 3co 价值

86 减 25co　　　　　　$\frac{86}{25}\,\big|\,3\frac{11}{25}$

86　　　　　　　　　25°

林，14 百磅羊毛价值 $76\frac{4}{25}$，两者合计为 $117\frac{11}{25}$ 弗罗林，减去 112，剩余 $5\frac{11}{25}$，正好等于 1 百磅羊毛的价值，验毕。本案例也可以使用两个假设条件来求解，但难度更大一些。

【例 10-77】 一盎司白银的价值与将其以每单位 11 格罗斯价格销售，每百单位所赚得的利润一样多，问每盎司白银价值几何。

解答如下：假设售价 11 格罗斯的白银每百单位赚得 1co，为得到等式，问：若 100 得到（100 + 1co），那么 1co 得到多少？用 1co 乘以（100 + 1co），得（100co + 1co$^{□}$），除以 100，得 $\frac{(100co + 1co^{□})}{100}$，其应等于 11，消分母，用分数线下的 100 乘以 11，得 1 100，其等于（100co + 1co$^{□}$），取一次项系数的一半，将其平方，加上常数项，得 3 600，求解得到 1co 等于（R$_x$ 3 600 − 50），即 60 减去 50，得到 10[①]。

而题设称每盎司白银的价值与将其以每单位 11 格罗斯价格销售，每百单位所赚得的利润一样多，因此可知每盎司白银价值 10 格罗斯，解毕。这也可以用来解答亏损的案例，多种类货币等。

【例 10-78】 花费 80 索尔迪购买大麦和小麦，即花费了同样的索尔迪购买大麦和小麦，每种花费 40 索尔迪，若购买总量 10 斯塔的大麦和小麦，为每斯塔小麦支付 3 索尔迪加上每斯塔大麦的价格，问其购买了多少斯塔大麦和多少斯塔小麦，每斯塔小麦和大麦花费各多少。

有多种方法来解答这个账目，而下文的最简捷，因此这个账目就是用 40 除以一个数量（即每斯塔大麦的成本，是第一个除数），得到一个结果（即大麦的体积斯塔数量），然后用 40 除以"3 加前面的数量（即每斯塔大麦的成本，是第二个除数）"，将两个结果相加将得到 10 斯塔，问第一个除数和第二个除数。第一个除数就是每斯塔大麦的成本，第二个除数等于 3 加第一个被除数，就是每斯塔小麦的成本，因花费 40 索尔迪购买大麦，用 40 除以每斯塔的价格，将得到所购买的斯塔数量。

---

① 原稿页面右边空白处有如下计算：

$$\frac{100}{1} \times \frac{100+1co}{1} \quad \frac{1co}{1}$$

$$\frac{100+1^{□}}{100} \quad 11$$

100co 加 1$^{□}$ ———— 1 100

　　50
　　50
　2 500
　1 100

R$_x$ 3 600 减 50 即 10 价值

现在假设购买每斯塔大麦花费 1co 索尔迪，因此用 40 索尔迪除以 1co，得 $\dfrac{40}{1\text{co}}$，因此每斯塔小麦成本为 (1co + 3) 索尔迪，因此用 40 索尔迪除以 (1co + 3) 即 $\dfrac{40}{(1\text{co}+3)}$，就是购买小麦的斯塔数量。将两者通分相加即 $\dfrac{40}{1\text{co}}$ 和 $\dfrac{40}{(1\text{co}+3)}$，得 $\dfrac{(80\text{co}+120)}{(1\text{co}^\square+3\text{co})}$，其必等于 10 斯塔，因此这个分数等于 10，消分母，有 (80co + 120) 等于 (10co$^\square$ + 3co)。移项化简，得到最终等式 (5co + 12) 等于 1co$^\square$，取一次项系数的一半，将其平方，加上常数项，得 $18\dfrac{1}{4}$，解得 1co 等于 $\left(\text{R}_\text{X}\,18\dfrac{1}{4}+2\dfrac{1}{2}\right)$，就是每斯塔大麦价值的索尔迪数量[①]，为上文所说 40 索尔迪的第一个除数，然后每斯塔小麦价格加 3，为 $\left(\text{R}_\text{X}\,18\dfrac{1}{4}+5\dfrac{1}{2}\right)$，就是 40 索尔迪的第二个除数。

现在按照上文所说求解两者体积斯塔的数量：用 40 除以每斯塔小麦和大麦的价格，就得到两者体积斯塔的数量，但这个除法需要使用二项式的方法，即用 40 除以 $\left(\text{R}_\text{X}\,18\dfrac{1}{4}+2\dfrac{1}{2}\right)$，首先需要找到平方根和数字 $\left(\text{R}_\text{X}\,18\dfrac{1}{4}+2\dfrac{1}{2}\right)$ 的剩余值 (residuo)[②]，应为 $\text{R}_\text{X}\,18\dfrac{1}{4}$ 减 $2\dfrac{1}{2}$，将两者相乘得 12，其次用剩余值乘以被除数即 40，得 $\left(\text{R}_\text{X}\,\dfrac{116\,800}{4}-\dfrac{200}{2}\right)$，最后再除以 12，将 12 平方再乘以 4 得 576，用 116 800 除以 576，得 $202\dfrac{7}{9}$，因此结果为 $\left(\text{R}_\text{X}\,202\dfrac{7}{9}-8\dfrac{1}{3}\right)$，就是购买大麦的体积斯塔数量，将其从 10

---

① 原稿页面左边和下面空白处有如下计算：

$\dfrac{40}{1\text{co}}$ ╳ 共计 ╳ $\dfrac{40}{1\text{co}\,\text{加}\,3}$

$\dfrac{80\text{co}\,\text{加}\,120}{1^\square\,\text{加}\,3\text{co}}$ —— 10

80co 加 120 —— 10$^\square$ 加 30co

50co 加 120 —— 10$^\square$

50co 加 12 —— 1$^\square$

$\text{R}_\text{X}\,18\dfrac{1}{4}\,\text{加}\,2\dfrac{1}{2}$ 价值

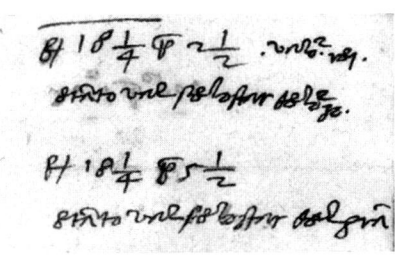

每斯塔小麦价值，整理稿的图最后部分有遗漏，在 $\left(\text{R}_\text{X}\,18\dfrac{1}{4}+2\dfrac{1}{2}\right)$ 下面应该是"每斯塔大麦价值"，然后再有两行数即 $\left(\text{R}_\text{X}\,18\dfrac{1}{4}+5\dfrac{1}{2}\right)$，是"每斯塔小麦价值"。

② 即使用平方差公式，去除分母上的带有平方根的二项式，剩余值就是与现有二项式配对的另一个二项式，参见后文关于平方根二项式的计算。——译者注。

斯塔中扣减后的剩余，即 $18\frac{1}{3}$ 减 $R_x 202\frac{7}{9}$，就是购买的小麦斯塔数量①。验证将无误，即用每种商品的斯塔数量乘以其价值，将得到题设条件 40 索尔迪，即用大麦的斯塔数量$\left(R_x 202\frac{7}{9} - 8\frac{1}{3}\right)$乘以其价值$\left(R_x 18\frac{1}{3} + 2\frac{1}{2}\right)$，正好得 40 索尔迪，如此计算大麦的价格亦无误，验毕。

离散数字案例：购买大麦和小麦各花费 24 索尔迪，共购买 7 斯塔，每斯塔小麦的价格是 2 索尔迪加每斯塔大麦的价格，问每种商品购买多少斯塔，每斯塔花费多少。

与上同解，将得到的结果是以每斯塔 6 索尔迪的价格购买了 4 斯塔大麦，以每斯塔 8 索尔迪的价格购买了 3 斯塔小麦，验证方法同上②。

【例 10-79】 一人把 13 磅肉卖给 3 个人，卖给每人的数量未知。卖给每个人多

---

① 原稿页面下面空白处有如下计算过程：

$$\frac{R_x \frac{73}{5} + \frac{5}{2} \quad \times \quad R_x \frac{73}{5} - \frac{5}{2}}{\frac{73}{4} - R_x \frac{1\,825}{16} + R_x \frac{1\,825}{10} - 6\frac{1}{4} - 12}$$

$$\frac{R_x \frac{73}{4} - \frac{5}{2}}{R_x \frac{116\,800}{4} - \frac{200}{2}} \times 40$$

```
  12                                  8
  12                                  4   | 8  1/3
 ---                               200
 144                                124
   4                                144   | 202 7/9
 ---                              12668
 576                             116800
                                  57666
每斯塔大麦 $R_x 202\frac{7}{9} - 8\frac{1}{3}$       577
每斯塔小麦 $18\frac{1}{3} - R_x 207\frac{7}{9}$        8
```

② 原稿页面空白处有如下计算：

$$\frac{24}{1co} \quad\quad \frac{24}{1co+2} \quad\quad \frac{24co+48+24co}{1\square+2co}$$

$$\frac{48co+48}{1\square+2co} \quad\quad 7$$

$48co+48 \quad\quad 7\square+14co$

$34co+48 \quad\quad 7\square$

$\frac{34co}{7} + \frac{48}{7} \quad\quad 1\square$

$R_x \frac{625}{49} + \frac{17}{7}$ 价值

6    $3\frac{4}{7} + 2\frac{3}{7}$

6   6 价值

少磅肉则每磅就卖多少德纳里,这样他们发现所有人共需 12 索尔迪即 144 德纳里,问每个人有多少磅肉。

解答如下:换算 12 索尔迪为 144 德纳里[①],现在按你所愿假设他们中的一个人有 1 磅[②],这样其他两个人就有 12 磅,也就是将 1 磅给第一个人后,要确保余下的各部分乘以自身的乘积合计为 143。现求解其他人的份额:将这 12 分成两部分,每部分乘以自身后,乘积相加等于 143,因为第一个人的那 1 磅按题设价值 1 德纳里。

假设其中一部分为 1co,则另一部分为 (12 - 1co),根据题设条件,有 (144 - 24co 加 2co$^\square$) 等于 143,求解 1co$^\square$,(有最终等式 $\left(1co^\square + \frac{1}{2}\right)$ 等于 12co,取一次项系数的一半,将其平方,加上常数项,得 $\left(35\frac{1}{2}\right)$,解得假设值 1co 等于 $\left(6 + R_x 35\frac{1}{2}\right)$,就是其中一个人拥有的磅数,则另一个人有 $\left(6 - R_x 35\frac{1}{2}\right)$,第三个人有 1,解毕。还可以这样求解:将 143 分成两部分,每部分的平方根加总得到 12,也将得解。类似问题:一人带了一块奶酪,欲分成 3 块,给出整个奶酪的重量求解每块重量,然后同上求解将得解。

【例 10-80】 一人花费 6 弗罗林购买若干寻布,其再以同样的价格转卖其中的 18 寻,其卖得的钱财数量加上剩余布的寻数,等于 24,问 6 弗罗林购买了多少寻布。

假设其购买了 1co 寻的布,然后其以同样的价格转卖了 18 寻,计算其价值,问:若 1co 寻布价值 6 弗罗林,那么 18 寻布价值多少?用 6 乘以 18 为 108,除以 1co 得 $\frac{108}{1co}$,就是 18 寻布的价值,现在将 18 从 1co 中扣减得 (1co 减 18),就是转卖 18 寻后剩余布的寻数。

现在将 18 寻布的价值和 (1co 减 18) 相加,得 $\frac{(108 + 1co^\square - 18co)}{1co}$,其应等于 24,消除分母,有 (108 + 1co$^\square$ - 18co) 等于 24co,移项有 (108 + 1co$^\square$) 等于 42co,取一次项系数的一半,将其平方,加上常数项,得 333,解得 1co 等于 ($R_x 333 + 21$),就是 6 弗罗

---

① 如前文,1 索尔迪等于 12 德纳里。——译者注
② 原稿页面空白处有如下案例:要知道你可以以你所愿给一个人若干磅,若不考虑给那个人的 1 磅,你给他 3 磅,他就会以每磅 3 德纳里卖出。然后其离 144 德纳里的总和,还缺少 141(应为 135,译者注);因此:将 10 磅分成 2 部分,每部分乘以自身,乘积相加得到 144,计算将得解,还可采用更多的方法来解答类似的问题。这种方式亦可:将 13 分成 3 部分,每部分乘以自身,乘积相加总和为 144 德纳里,总和不可能是 12 索尔迪这个数字,因为其小于 13。假设一部分为 1co,另一部分则为 13 减 3co(应为 10 减 1co,译者注)等等,如此将可得解。

林所购买布的寻数[①]。

根据题目验证，以同样价格转卖 18 寻，若（$R_X 333 + 21$）寻价值 6 弗罗林，那么 18 寻价值多少？通过乘除处理，计算 18 与（$R_X 333 + 21$）的比例，便可知其价格，再加上剩余的寻数，将得到 24[②]。

【例 10-81】 花费 9 德纳里购买无花果和鲈鱼，4 个无花果价值 1 德纳里，5 条鲈鱼价值 1 德纳里，然后以每德纳里 3 个无花果和每德纳里 6 条鲈鱼的价格转卖，最后获得 10 德纳里，即赚得 1 德纳里利润，问最初花费了多少德纳里购买无花果和鲈鱼。

假设花费 1co 德纳里购买无花果，因此花费了（9 − 1co）德纳里购买鲈鱼，而 4 个无花果价值 1 德纳里。问：若 1 德纳里购买 4 个无花果，1co 可购买多少个无花果，为 4co 个无花果。现在计算购买鲈鱼的花费，同问：若 1 德纳里购买 5 条鲈鱼，那么（9 − 1co）可购买多少条鲈鱼？用（9 − 1co）乘以 5，得（45 − 5co）条鲈鱼。现在以每德纳里 3 个无花果转卖，问：若 3 个无花果售价为 1 德纳里，4co 个无花果售价是多少？用 1 乘以 4co 再除以 3，得 $1\frac{1}{3}$co，就是转卖所得德纳里数量。对于鲈鱼，问：若 6 条鲈鱼售价是 1 德纳里，（45 − 5co）售价是多少？用 1 乘以（45 − 5co），再除以 6，得到 $7\frac{1}{2} - \frac{5}{6}$co，两者相加得 $7\frac{1}{2}$ 加 $\frac{1}{2}$co，其应等于 10 德纳里。移项有 $2\frac{1}{2}$ 等于 $\frac{1}{2}$co，用 $2\frac{1}{2}$ 除以 $\frac{1}{2}$，得 1co 等于 5。前文假设花费 1co 德纳里购买无花果，因此其花费 5 德纳里购买 20 个无花果，4 德纳里购买 20 条鲈鱼，然后转卖无花果得到 $6\frac{2}{3}$ 德纳里，转卖鲈鱼得到 $3\frac{1}{3}$ 德纳里，两者共计

---

① 原稿页面空白处有如下计算：
弗罗林 6
寻 1

$$\frac{108}{1co} \quad 共计 \quad \frac{1co 减 18}{1}$$

$$\frac{108 加 1^\square - 18co}{1co} \quad\text{————}\quad 24$$

108 加 $1^\square$ − 18co ———— 24co

108 π $1^\square$ ———— 42co

21
21

441
108

$R_X 333$ 加 21 价值

② 原稿页面空白处有如下案例：一人花费 12 德纳里购买软口鱼（lasche），因买的数量过多，其以购买的价格将 20 条退还给渔夫，之后发现渔夫退回的德纳里数量和剩余的软口鱼数量，合计为 60，问 12 德纳里购买了多少条鱼。

与上同解，得到 1 德纳里可购买 $\left(3\frac{1}{3} + R_X 9\frac{4}{9}\right)$ 条软口鱼，然后可计算 12 德纳里可购买的鱼数量。

10 德纳里,解毕。

【例 10-82】 30 寻大理石纹路的布的价值减 5 索尔迪等于 20 寻绿色的布的价值加 3 索尔迪,问每寻布价值是多少。

假设每寻布价值 1co,30 寻大理石纹路的布的价值减 5 索尔迪等于"30co 减 5 索尔迪",20 寻绿色的布的价值加 3 索尔迪价值为"20co 加 3 索尔迪"。问:若(30co－5)等于(20co＋3),那么每寻布价值几何? 用 1 乘以 20co 加 3,其应等于 30co 减 5,移项化简得到等式 10co 等于 8,用 8 除以 10 为 $\frac{4}{5}$,就是假设值,即每寻布的价值为 $\frac{4}{5}$ 索尔迪,解毕。另一种解题方法:将 3 与 5 相加为 8,从 30 中减 20 为 10,用 8 除以 10,也得到与上相同的结果,依此类推。

【例 10-83】 第一个人到市场花费 10 索尔迪买了一只公鸡和一只母鸡,这时来了第二个人,他说:"将公鸡卖给我。"第一个人说:"好的。"第二个人说:"你要多少钱?"第一个人回应说:"我不知道它价值多少,但是我卖这只公鸡和母鸡总共花了 10 索尔迪,我知道公鸡比母鸡贵 $\frac{1}{3}$。"问公鸡和母鸡各价值多少。

假设母鸡价值 1co,则公鸡价值 $1\frac{1}{3}$ co,两者合计为 $2\frac{1}{3}$ co,第一个人总花费 10 索尔迪,因此有 $2\frac{1}{3}$ co 等于 10,用 10 除以 $2\frac{1}{3}$,得 $4\frac{2}{7}$,就是 1co 的值,而前文假设母鸡价值 1co,因此母鸡价值 $4\frac{2}{7}$ 索尔迪,10 索尔迪中剩余部分为 $5\frac{5}{7}$,即公鸡的价值,其正好较母鸡贵 $\frac{1}{3}$,如此可验证[①]。

【例 10-84】 3 个梨的价值减 4 德纳里等于 9 德纳里减 3 个梨的价值,问梨价值几何。

解答如下:将题设中梨的数量相加,得到 6 个梨,德纳里数量相加为 13 德纳里,问:若 6 个梨价值 13,1 个梨价值多少? 计算得到梨的价值为 $2\frac{1}{6}$ 德纳里。同样的方法可以用来解答不对等的梨和德纳里组合的类似问题。

【例 10-85】 4 个梨加 5 德纳里的价值等于 12 德纳里加 2 个梨的价值,问梨价

---

① 原稿页面空白处有如下注明:以下解答更清楚,如你所愿,假设母鸡的价值,加上其价值的 $\frac{1}{3}$ 就是公鸡的价值,然后两者价值合计等于 10,若假设值正好是母鸡的真正价值即得解;若不是,则问:若这个合计数对应 10,那么这个母鸡价值的假设值对应是多少? 例如,假设母鸡价值为 3 索尔迪,因此公鸡价值为 4,两者相加为 7,而实际值为 10,因此问:若 7 对应 10,3 对应多少? 4 又对应多少? 得到 3 对应 $4\frac{2}{7}$。

值几何。

解答如下：4个梨减去2个梨，剩余2个梨，为除数。然后将5德纳里从12中扣减余7德纳里，为被除数。因此用7德纳里除以2个梨，得$3\frac{1}{2}$德纳里，即为梨的价值。

若题目为：5个梨加6德纳里的价值等于20德纳里减2个梨的价值，问每个梨价值多少。解答如下：将梨的数量加总为7；将一项德纳里从另一项中扣减，余14德纳里；然后用14德纳里除以7个梨，得2德纳里，就是每个梨的价值。

若题目为：6个梨的价值减4德纳里等于4德纳里加2个梨的价值，问每个梨价值多少。这样解答：从6个梨中扣减2个梨，余4个梨，为除数；然后用4德纳里加上4为8德纳里，8德纳里除以4个梨，得2德纳里，就是每个梨的价值。

若题目为：4个梨的价值减2德纳里等于12德纳里减2个梨的价值，问每个梨价值多少。这样解答：加总4和2，得6个梨；然后12德纳里加上2德纳里为14德纳里，用14除以6，得$2\frac{1}{3}$德纳里，就是每个梨的价值，即$2\frac{1}{3}$德纳里。

请注意，这5个案例的解答均属于第一个案例的主题，因为这些方法都是从一个案例衍生出来的，总是应将减项加在其他部分上，依此类推。

【例10-86】 一人购买奶酪重量若干磅，每磅花费多少未知，但是知道，将购买的奶酪以每磅24德纳里的价格转卖，将赚得1弗罗林；若以每磅26德纳里的价格转卖将赚得12弗罗林，问购买了多少磅奶酪，每磅价格多少，总共花费多少。

这样的问题可以使用假设条件来求解，但是会很繁琐，可以这样解答：假设购买了1co磅奶酪，现在将其以每磅24德纳里的价格转卖，问：若1磅价值24德纳里，1co磅价值多少？将价值24co德纳里，而题设条件是以此价格转卖赚得1弗罗林，在佩鲁贾1弗罗林即1 200德纳里，因此将这所赚得的1 200德纳里从24co中扣减，余(24co - 1 200)，就是其最初的资本，即最初其花费的德纳里数量。

若其以每磅26德纳里转卖，赚得12弗罗林，即14 400德纳里，因此以每磅26德纳里的价格转卖1co磅奶酪，问：若1磅价值26德纳里，1co磅价值多少？得26co德纳里，减去所赚得的12弗罗林即14 400德纳里，余(26co - 14 400)，就是根据第二次转卖计算所得的其初始资本数量。

第一次转卖计算得到的初始资本是(24co - 1 200)，其初始资本是一致的，因此有(24co - 1 200)等于(26co - 14 400)，移项得到2co等于13 200，用13 200除以2，得6 600，就是1co的值。前文假设购买了1co磅奶酪，因此其购买了6 600磅奶酪。

现在来计算初始资本，这样解答：以每磅24德纳里转卖，价值158 400德纳里，将所赚得的1弗罗林利润即1 200德纳里扣减，剩余157 200德纳里，就是其所花费的德纳里数量,欲知每磅奶酪成本,用 157 200 德纳里除以 6 600 磅,得 $23\frac{9}{11}$ 德纳里,就是第一次购买时每磅的成本。然后以每磅 24 德纳里转卖将赚得 1 200 德纳里即 1 弗罗林。若其以每磅 26 德纳里转卖,其将赚得 14 400 德纳里即 12 弗罗林,同样也满足题设条件。

【例 10-87】 一人有若干数量的羊毛,其百磅数量与每百磅价值的弗罗林数量相同,然后他将 1 百磅价值 50 弗罗林的羊毛混合入前述数量的羊毛中,这样混合后发现整个羊毛每百磅价值 30 弗罗林,问其最初有多少百磅羊毛,每百磅价值多少弗罗林。

要知道这样的问题求解方法与解答白银合金类似,如下文那样将价值和重量融合[①]:(假设重量为 1co 百磅),用 1co 百磅乘以 1co 弗罗林,得 1co$^\square$,然后用 1 百磅乘以 50 弗罗林得 50,两者相加为(1co$^\square$ + 50),将其除以百磅数量(1co + 1),得 $\frac{(1co^\square + 50)}{(1co + 1)}$,其应等于 30 弗罗林,消分母,有(50 + 1co$^\square$)等于(30co + 30),移项有(20 + 1co$^\square$)等于 30co,取一次项系数的一半,将其平方,加上常数项,得 205,解得 1co 等于(R_X 205 + 15),就是最初拥有的羊毛百磅数量,以及每百磅羊毛价值的弗罗林数量,解毕。

也可以采用另一种也许是更为直接的方法:假设其有 1co 百磅羊毛及每磅价值 1co 弗罗林,现在加上 1 百磅价值 50 弗罗林的羊毛,然后可知(1co + 1)百磅羊毛价值(1co$^\square$ + 50),因为最初的羊毛每百磅价值 1co,1co 百磅价值 1co$^\square$ 弗罗林。现在计算混合后羊毛每百磅的价值,问:若(1co + 1)百磅羊毛价值(1co$^\square$ + 50)弗罗林,那么 1 百磅价值多少?用 1 乘以 1co$^\square$,再除以(1co + 1),得到 $\frac{(1co^\square + 50)}{(1co + 1)}$ 等于混合后每百磅的价值 30 弗罗林。同上,消分母并移项,得到同样等式即(1co$^\square$ + 20)等于 30co,求

---

① 原稿页面空白处有如下计算:

百磅 1co	1co 弗罗林
百磅 1	50 弗罗林
1co+1	50+1$^\square$
$\frac{50+1^\square}{1co+1}$	30
50+1$^\square$	30co+30
20+1$^\square$	30co

$$\begin{array}{r} 15 \\ 15 \\ \hline 225 \\ 20 \end{array}$$

价值 R_X 205+15

解亦得到同样结果($R_x 205+15$)①,以你所愿选择解答方法。

【例 10-88】 一个人以每个 7 德纳里的价格买了若干无花果,然后将无花果转卖,每个无花果价格的德纳里数量与其购买的无花果数量相同,共赚得 15 德纳里,问其买了多少个无花果。

解答如下:假设其购买了 1co 个无花果,现在计算成本是多少,问:若 1 个无花果值 7 德纳里,那么 1co 个无花果价值多少? 价值 7co 德纳里,就是其购买无花果的总花费。现在转卖无花果,每个无花果价格的德纳里数量等于购买的无花果数量,问:若 1 个无花果价值 1co 德纳里,那么 1co 个无花果价值多少? 用 1co 乘以 1co 得 1co$^\square$,除以 1,得 1co$^\square$,就是其转卖购买的所有无花果赚得的德纳里数量。

其转卖赚得 15 德纳里,将 15 加上其初始资本 7co,得 (7co+15),应等于 1co$^\square$,取一次项系数的一半,将其平方,加上常数项,得 $27\frac{1}{4}$,解得 1co 等于 $\left(R_x 27\frac{1}{4}+3\frac{1}{2}\right)$,就是以每个 7 德纳里所购买的无花果数量,总共花费 7co$\left(即 R_x 1335\frac{1}{4}+24\frac{1}{2}\right)$。通过计算其转卖是否赚得 15 德纳里来进行验证,依此类推。

【例 10-89】 一名女子卖了一篮子无花果,她说,如果每德纳里少给 6 个无花果,我就会多赚 20 德纳里,每德纳里我给出的无花果数量和我将得到的德纳里数量相同,问售价为每德纳里多少个无花果,销售赚得多少德纳里。

解答如下:假设售价为每德纳里 1co 个无花果,因此共得到 1co 德纳里,因为题设称每德纳里的无花果数量与所得的德纳里数量相同,然后说,若每德纳里少给 6 个无花果,就会多赚 20 德纳里,因此若售价为每德纳里 (1co-6) 个无花果,以这样的价格其将多赚 20 德纳里。

这样求解:看她共有多少无花果,她卖掉无花果时得到 1co 德纳里,因此若用该

---

① 原稿页面空白处有如下计算:

$$\frac{1}{1} \diagup\!\!\!\diagdown \frac{1\text{co}}{1} \longrightarrow \frac{1\text{co}}{1}$$

$1^\square+50$

$$\frac{1\text{co}+1}{1} \diagup\!\!\!\diagdown \frac{1^\square+50}{1} \longrightarrow \frac{1}{1}$$

$$\frac{1^\square+50}{1\text{co}+1} \longrightarrow 30$$

$1^\square+50 \longrightarrow 30\text{co}+50$

$1^\square+20 \longrightarrow 30\text{co}$

$$\begin{array}{r} 15 \\ \underline{15} \\ 225 \\ \underline{20} \end{array}$$

$R_x 205+15$ 价值

德纳里数量乘以售价中每德纳里的无花果数量,就将得到其拥有的无花果数量,因为售价为每德纳里 1co 个无花果,因此用 1co 德纳里乘以 1co 个无花果,得 1co$^\square$,就是她所拥有的无花果数量。

现在计算 1co$^\square$ 个无花果,以每德纳里(1co-6)个无花果的售价,可售得多少德纳里,问:若(1co-6)个无花果价值 1 德纳里,1co$^\square$ 个无花果价值多少?用 1co$^\square$ 乘以 1,再除以(1co-6),得 $\dfrac{1co^\square}{(1co-6)}$,就是以每德纳里(1co-6)个无花果的售价所得到的德纳里数量,题设称以此售价将多赚 20 德纳里,而最初售得 1co 德纳里,因此有(1co+20)等于 $\dfrac{1co^\square}{(1co-6)}$,消分母有 1co$^\square$ 等于(1co$^\square$ - 6co 加 20co - 120)。移项得到最终等式 120 等于 14co,用 120 除以 14,得 $8\dfrac{4}{7}$,就是假设值 1co 的数量[①],而前文假设售价为每德纳里 1co 个无花果,因此售价将为每德纳里 $8\dfrac{4}{7}$ 个无花果,其也将得到 $8\dfrac{4}{7}$ 德纳里。

分析当她德纳里少给 6 个无花果时,她是否较之前多赚 20 德纳里,用其所拥有的无花果总数量,和每德纳里 $\left(8\dfrac{4}{7}-6\right)$ 即 $2\dfrac{4}{7}$ 个无花果的售价,来看其是否得到 $\left(8\dfrac{4}{7}+20\right)$ 即 $28\dfrac{4}{7}$ 德纳里。先计算其拥有的无花果总数量,用 $8\dfrac{4}{7}$ 乘以 $8\dfrac{4}{7}$,得 $\dfrac{3\,600}{49}$,就是其所拥有的无花果数量,现在以每德纳里 $2\dfrac{4}{7}$ 个无花果的售价卖出,根据 3 的法则:若 $2\dfrac{4}{7}$ 个无花果价值 1 德纳里,那么 $\dfrac{3\,600}{49}$ 价值多少,根据规则乘除处理,将得到 $28\dfrac{4}{7}$,正好较之前多赚得 20 德纳里,解毕。

---

① 原稿页面空白处有如下计算:

德纳里

$\dfrac{1co-6}{1}\diagup\dfrac{1}{1}\dfrac{\square}{1}$

$\dfrac{1^\square}{1co-6}$ ——— $1co+20$

$1^\square$ ——— $1^\square - 6co + 20co - 120$

120 ——— $14co$

$\require{enclose}\begin{array}{r}\cancel{18}\\\cancel{120}\\\cancel{14}\end{array}\enclose{longdiv}{8\,\dfrac{4}{7}}$

【例 10-90】 一名女子卖出无花果，得到 6 索尔迪，她说，若每德纳里少给 2 个无花果，我将会多得到和每德纳里价值的无花果数量一样多的德纳里，问共有多少个无花果，售价为每德纳里多少个无花果。

假设售价为每德纳里 1co 个无花果，因此售得 6 索尔迪需要卖出 72co 个无花果[1]，现在她称：若每德纳里较之前少给 2 个无花果。现在以每德纳里较之前少给 2 个即(1co－2)个无花果的价格，计算这 72co 个无花果的售价，若得到 72 德纳里就将卖出 72 乘以(1co－2)个无花果，未卖出的无花果还是作为商品存在（下文将计算这部分商品即无花果的数量）。

现在计算 72 乘以(1co－2)，为(72co－144)个无花果，由于该售价而多出的德纳里等于这个售价中每德纳里的无花果数量，所以将多出的德纳里乘以这个售价中每德纳里的无花果数量，就等于多出的德纳里对应的无花果数量，因此页下注所示[2]，用(1co－2)乘以(1co－2)，得(1co□－4co 加 4)，这么多个无花果，加上之前的(72co－144)个无花果，得到(1co□＋72co－144 加 4－4co)，这个数量就是之前售出的无花果数量，即 72co，因此根据题设条件，此数量等于 72co。

移项得到最终等式 1co□ 等于(140＋4co)，取一次项系数的一半，将其平方，加上常数项，得 144，解得 1co 等于(R_x 144＋2)，即 14。而前文假设第一次的售价为每德纳里 1co 个无花果，因此其为 14。根据题目验证，得到其共有 1 008 个无花果，以每德纳里 14 个无花果的售价，得到 72 德纳里即 6 索尔迪，若其以每德纳里少 2 个即 12 个无花果的售价出售，其将得到 84 德纳里，其多出的德纳里数量正好等于售价中每德纳里的无花果数量即 12，验毕。

【例 10-91】 从 1 开始翻倍直至 64 项，即 1，2，4，8，等，求数列和。

解答如下：取其中任一个你喜欢的数字，然后将其乘以自身，现在取 16，16 乘以其自身得到 256，注意 16 之前已有 4 项，到乘积 256 又往后翻倍了 4 次，若将 256 乘以其自身将得到 65 536，这个乘积往前有 8 项而往后也有 8 项，共 16 项，还有一项是其自身因此总共为 17 项，然后将 65 536 乘以自身，得 4 294 963 296[3]，其往前有 16 项，往后 17 项，合计 33 项，再将 4 294 963 296 乘以自身，将得 18 446 709 713 987 183 616[4]，这个数量往前有 32 项，往后 33 项，共 65 项，但题目期望求解的是 64 项。

---

[1] 1 索尔迪兑换 12 德纳里，6 索尔迪即为 72 德纳里。——译者注。
[2] 原稿页面空白处，如文中所指示，有如下计算：

    1co－2
    1co－2
  1□－4co＋4

[3] 这个数即为 2^{32}，结果应该为 4 294 967 296。——译者注。
[4] 这个数即为 2^{64}，结果应该为 18 446 744 073 709 551 616。——译者注。

因此需要扣减一次，而上述所有 64 项的数字加总就是上述数量（即第 65 项）减 1[①]，因此从上述最终翻倍数字中扣减 1，剩余值就是所有 64 项翻倍值的总和。

另一种方法：将 1 翻倍，为 2，将 2 翻倍为 4，翻倍第 3 个数字为 8，翻倍第 4 个数字为 16，翻倍第 5 个数字为 32，将 32 乘以自身，为 1 024，其为翻倍 10 次，然后将其乘以自身，为翻倍 20 次，如此无穷尽，解毕。

【例 10-92】 一主人给仆人 8 德纳里去买无花果，仆人说太少了，主人给他 12 德纳里，仆人说太多了，问多少是适宜的数量。

解答如下：用 8 乘以 12，得 96，而 $R_x 96$ 就是适宜的数量。若要验证，则这样计算：将 8 平方为 64，将 12 平方为 144，64 是 96 的 $\frac{2}{3}$，太少数是适宜数量的 $\frac{2}{3}$，而 96 占 144 的比例也是 $\frac{2}{3}$，适宜数量相对太多数也是 $\frac{2}{3}$，两者有相同的比例，因此说 $R_x 96$ 是符合题设条件的适宜数量。

关于特殊账目的讨论到此为止，其他的由你来实践。

---

① 即等比数列的求和，可参见等比数列的求和公式。——译者注。

第十一部分

数学游戏或游戏数学①的摸索②

  我认为,为大众着想,应在思辨性内容中加入些趣味性话题,这样可能会使大家

---

① 约1500年,帕乔利撰写了一本专门的游戏数学著作:《国际象棋游戏》(*De Ludo Schacorum*),其中的插图可能是由达·芬奇绘制的,这本著作的副本约在2006年被发现,其中一页见下图。——译者注。

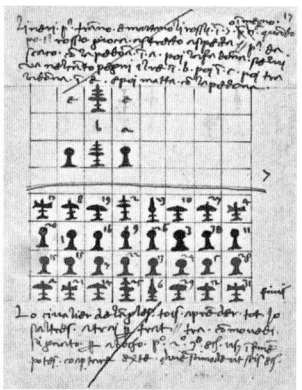

② 在比萨数学家莱昂纳多·斐波那契1202年撰写的西欧第一本数学专著《计算之书》(*Liber abaci*)中,他建议将算术和几何等称为"游戏数学"(bolzoni)和"摸索数学"(tastoni)(参见 Federico Botana. Learning through Images in the Italian Renaissance[M]. Cambridge: Cambridge University Press, 2020.),该书其中一页见下图。帕乔利也受其影响,使用了这两个词。——译者注。

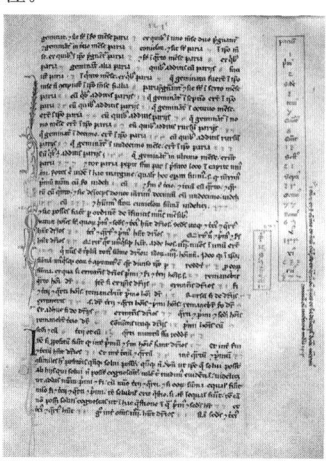

更容易记住作者所教的内容,学者们也会偶感愉悦。这些话题并非为了去应用那些一般规则①,而是只适用为这些有趣话题服务的特殊规则,哪怕这些问题可用千百种方式来解答,也并不将它们冠以计算(账目)之名,因为计算(账目)一定会被它自己唯一和独一无二的比例所限制和束缚,不可能用其他不需要精确比例的数量来满足。

我期望将这些问题称为"摸索数学"②(tastoni),或者称为"游戏数学"(bolzoni),因为它们的确是"数学游戏"。有时位卑之人可能手握几个类似问题,让那些精通艺术的名望之士难堪,如此情形令人惊悸,因而无视花言巧语,跟随理性之力(方为正道)。那些巧言令色不过是为了粗鄙之人的片刻欢愉,随后他们便弃之如敝屣。正因如此,我会将相关清晰明了的问题有序排列如下。

【例 11-1】 数学游戏:有一人脑海中有个数字,他说,让我按你制定的规则去做,但不能扣减,按这个规则,我所想的每一个数量都会得到我想要的结果而永无误。问什么样的规则可永远正好得到 100。

解答如下:第一次将其乘以 5,然后再乘以 4 得到乘积,再用这个最终的乘积除以最初的数,将所得结果乘以 5,必将得到 100,取任何数,无论是整数还是分数均将无误。

例如,取 12:将其乘以 5 得 60,再乘以 4 得 240,用 240 除以最初的数 12,结果为 20,然后将其乘以 5,正好得到 100。如此,假设取 70,将其乘以 5 得 350,再用 350 乘以 4 得 1 400,用其除以最初的数 70,得 20,20 乘以 5 亦得到 100,永无误。

如此亦可这样发问:不能加减,总是让我能得到 20,这样就无需在最后一次通过乘以 5 来得到 100,但是需要用所得的一个数除以最初数得到 20,否则就无法通过乘以 5 来得到 100。

进而可以这样问:给我一个数字,其乘以 5,再乘以 4,然后用乘积除以你给我的数字,将其乘以 5,正好得到 100,问这个数字是多少。这个数字可以是任何你所愿之数,其都将满足所说条件。同样亦可说:给我一个数字,其乘以 5 再乘以 4,用最终的乘积除以你给我的这个数字将正好得到 20。同样,此数字亦可是你所愿的任何数,均满足条件。

【例 11-2】 数学游戏:我脑海中有个数字,不超过 104,问这个数字是多少,给我一个规则,当其不超过 104 时,永无误。

解答如下:将这个你所想的数字除以 3,看余数是多少,用这个余数乘以 70;然后用这个所想数字除以 5,用所得余数乘以 21;再用这个所想数字除以 7,用余数乘以

---

① 比如前面部分广泛运用的三数法则等。——译者注。
② 原因见上文脚注,莱昂纳多·费波那契是第一个引入印度-阿拉伯数字系统(Hindu-Arabic numeral system)的西欧数学家,他将这个数字系统应用在商业实践和数学中,帕乔利应该也深受其影响。——译者注。

15；最后将所有的乘积加总后除以 105，其余数就是你所设想的数字。如题设所述，此数字不能超过 104，因为超过后这个规则无法满足要求。

例如，假设你所想数字为 26，将其除以 3，无论商为何，余数是 2，用余数 2 乘以 70，得 140；然后用所想的数字 26 除以 5，余数为 1，将其乘以 21 为 21；再用 26 除以 7，余数为 5，用其乘以 15 即 75。现在将三者即 140，21 和 75 相加，得 236，用此总和除以 105，余数将为 26，正是你所想的数字，永无误，无论你所想的是整数还是分数。

【例 11-3】 数学游戏：我脑海中所想有 1 个数字，问我所想的这个数字是多少，给我一个规则，这样我可以找到所想的数字。

解答如下： 取所想数字的 $\frac{1}{2}$ 加在其自身之上，然后再取此总和的 $\frac{1}{2}$ 加在该总和之上，若第一次取值时存在分数，则取整数，并提取 1 至所想数字①；若第二次取值时存在分数则同样也取整数，并提取 2 至所想数字。然后再将最后一步总和结果除以 9，（不管余数）有多少个 9②，则用多少乘以 4，再将前面因存在分数而提取的数量（即第一次提取 1，第二次提取 2）加在其上，就得到所想数字，永无误。

例如，先不考虑分数：假设你所想的是 12，取其 $\frac{1}{2}$ 为 6，将其加在所想数字之上，得 18，然后问是否存在分数 $\frac{1}{2}$，若无，则取 18 的 $\frac{1}{2}$ 加于其上，得 27，再问是否存在分数，若无则用 27 除以 9，得 3，将 3 乘以 4，正好得到所想数字 12。

第一次计算时有分数的数字：假设所想数字为 13，取其 $\frac{1}{2}$ 为 $6\frac{1}{2}$，$6\frac{1}{2}$ 加于 13 上得 $19\frac{1}{2}$，问是否存在分数，回答为是，则取整数即 20，并提取 1 至所想数字；然后取 20 的 $\frac{1}{2}$ 即 10，将 10 加在其上得 30，问是否有分数，若无则除以 9，得（整数商）3，3 再乘以 4，结果为 12，12 再加上前面为分数时所提取的 1，为 13，正好为所想之数字。

第二次计算时有分数的数字：假设所想数字为 14，取其 $\frac{1}{2}$ 即 7，加在其上，为 21，问是否存在分数，若无，则取 21 的 $\frac{1}{2}$ 加在其上，得 $31\frac{1}{2}$，问是否存在分数，回答为是，则取整数即 32，因为分数在第二次除法中产生，因此提取 2 至所想数字。然后 30 除以 9，得（整数商）3，3 再乘以 4，得 12，再将在第二次除法中因为存在分数所提取的 2

---
① 即取 1 加到后文所得的结果之上，见后文，下文中提取 2 亦为同样意思。——译者注
② 即无论余数多少，仅取整数商。——译者注

加在其上,得 14,正为所想的数字。

第一次和第二次计算时均有分数的数字:假设所想的数字为 15,取其 $\frac{1}{2}$ 加在其上,得 $22\frac{1}{2}$,问是否存在分数,回答是,取其整数部分 23,并提取 1 至所想数字,然后取加总和的 $\frac{1}{2}$ 加在其上,问是否存在分数,回答是,取其整数部分 35,因是第二次提取时存在分数,所以提取 2 加至所想数字,然后用 35 除以 9,得(整数商)3,3 乘以 4 得 12,再加上因存在分数所提取的数字即第一次提取的 1 和第二次提取的 2,总共为 3,得 15,即为所想之数字,解毕。这个规则永无误,即便所想数字提取值存在分数时,亦可取整并提取相应的数至所想数字,随后除以 9 再乘以 4[①]。

【例 11-4】 数学游戏:我任意取一个数字,问其是多少。

解答如下: 将所取数字双倍,次数以你所愿,同时亦将 1 双倍同样的次数,然后用所取数字双倍若干次后的值除以 1 双倍同样次数后的值,将得到最初所取数字,或用所取数字双倍后的值除以所取得数字即得到 1 双倍同样次数后的值。

例如,所取值为 4,你将其双倍 5 次即 4,8,16,32,64,128,同样将 1 双倍 5 次即 1,2,4,8,16,32。现在这样求解:若你用所取值双倍 5 次后的值除以 32,就将得到最初取值,因此用 128 除以 32,得到所取值 4;若用 128 除以所取值 4,则得到 32。

亦可以这样发问:我将 1 个数字双倍了 5 次,得到 128,问这个数字是多少。你可将 1 双倍 5 次,得到 32,然后用 128 除以 32,便可得到最初所取数字。

【例 11-5】 数学游戏:找到一个余数。一人脑海中想了一个数字,将其乘以 10,再加上 7,然后将总和双倍,再除以 5,用余数乘以自身得到 16,问所想的数字是多少。

解答如下: 以类似的方式取你所愿的数字,均能够满足题设条件。如你所愿,取任何值,将其乘以 10,加上 7 得到总和,将总和双倍后除以 5,随后你会得到一个余数,其乘以自身将得到 16。因为 7 的双倍会得到 14,因此不管你所愿是何数字,其乘以 10 将得到 10 的倍数,且由 5 构成,此结果加上 7 的双倍后得到的总和除以 5 的余数就将是 4,而 4 乘以自身为 16,即满足题设的条件。因此若想要你所假设的

[①] 原稿页面空白处有如下说明,其他方法:取所想数字的 3 倍,然后取其 $\frac{1}{2}$,即将乘积除以 2,所得结果再乘以 3,再除以 9,将结果双倍,就得到最初所想数字。例如,所想数字为 13,其 3 倍为 39,取其 $\frac{1}{2}$,为 $19\frac{1}{2}$,将其乘以 3 得 $58\frac{1}{2}$,再除以 9,得 $6\frac{1}{2}$,然后取其双倍,得 13,即为所想的数字,永无误,且即便每个数量出现分数亦无妨。

数字能够满足要求①,应始终记住你想要得到的数字,考虑其计算的结果,根据需求进行调整,然后适当取值并知道将会得到什么结果等。除非你要求,我在这里不再详阐。

【例 11-6】 数学游戏:也有一些人使用另一方法来解答,他们这样表述:以你所愿取一个数量,同时取同样数量并将其给另一人,再(从中)取 10 或 20 给出,同时再给出一半,你再将他给你的返还,这样你手中就剩余若干。这剩余的部分就是你所取值的数量,否则他们不可能知道你所取的数量,随后你可以按照你想要的方式给出 $\frac{1}{3}$,$\frac{1}{4}$ ②等,也可同样得解,但这个方法极为粗鄙②。

【例 11-7】 数学游戏:若要在枯燥乏味的计算中进行一些趣味数学游戏,可以说:一人从其两只手中各取出同样多的小石头,然后将从右手所取的若干小石头放入左手中,并记住所放的数量,数一数右手中剩余的数量,将其扔掉,然后左手也扔掉同样多的小石头,然后你就会发现仍在左手中的石头与你从右手中所拿到左手中石头数量的两倍一样多。因此即便未给出确切的数量,其亦不知道数量,但是始终牢记最终剩余数量是取出数量的两倍即可。

【例 11-8】 数学游戏:若一人想取若干数量的钱财,提出 3 个条件以满足要求,例如,假设某人有若干数量的钱财,你说,给我与我手上一样多的数量,直到我有 20 或 30 等,然后在此之外再给我 4 或 5 等,按此方式给我所有这些,正好实现,不多不少。

要知道,对于一些人来说,这样的问题可能看起来很麻烦,但解决起来很简单:对于你来说,要实现他希望你满足他的数字,总是给他所期望的,除他已有数量之外的增量数。例如,他说,给我与我手上一样多的数量,直到 30,然后再给我 6;其期望的数量不多不少为 36,而他所要求的数量却是他所没有的,亦即你并不需要提供他最终拥有的数量,而是提供他所要求而他没有的数量,以便使得其得到期望拥有的数量。总是取其已有数量之外的增量数,则能满足条件无误,依此类推。

【例 11-9】 数学游戏:两个人在花园里摘了苹果,一个人摘了若干,如果他把 1 个给他的同伴,他同伴就会有他的两倍;如果他的同伴把 1 个给他,二人会一样多。

---

① 这里所述的是解答类似数学游戏的一般性原则,因为与前述案例相比较,本案例事实上是一个逆向问题,任何整数都满足题设。所以帕乔利在此归纳如何思考这样的数学游戏条件。——译者注。

② 原稿涉及多个人称代词及多种动词变位,相互关系混淆不清,亦涉及绝对数量 10 或 20 和相对数量即 $\frac{1}{2}$,$\frac{1}{3}$ 和 $\frac{1}{4}$ 等,因此翻译可能未表达原意。但正如帕乔利所说,该方法"极为粗鄙",仅涉及简单的拿出和返回即加减的数量关系,因而翻译文本所述可能亦能表达出该"粗鄙"之法。——译者注。

问每人摘了多少苹果。

要知道这样问题的解答方法类似于前文的假设条件,对于题设条件只有一个数量可以满足,但因为类似问题非常普遍,所以在此提出。你知道其中一个人采摘了 5 个,另外一个人采摘了 7 个,这样第一个人给其同伴 1 个,他自己剩余 4 个,同伴为 8 个,为其两倍。若第二个人给第一个人 1 个则两人都是 6 个,如此得解。

【例 11-10】 数学游戏:一人用石头或货币围成一个圆圈,其脑海触及其中一个,想知道其触及了哪一个。

要知道,你永远无法通过圆圈来定位所触及的事物,你所能定位的方法就是从某一位置计数到所触及的位置,看其数量几何。例如,假设在一个圆圈里有 20 块石头,然后用意念触及其中任何想要的石头,从圆圈中拿出任意另一块石头,为避免混淆,将其放在一边,从这块石头数到所触及的那块石头,往右手方向计数,或左手,即第一次计数往一只手的方向,第二次计数往另一只手的方向,这样当他点完一圈,总会发现所计的数字为 22,即其所计总是比整个圆圈中石头的数量多 2,因为从起始点到结束点各计数了 2 次,所以会增加 2。

假设他所触及的是你往右手方向开始计数的第 5 个,这样往右手计数将是 5 个,然后从同一起点开始(往左手方向)计数,加在 5 个上,将会正好得到 22,而(石头)总数是 20,因此往左手方向计数结果将是 17。若他说"要(计数)到若干",则你需要往回计数若干,让数字增加,就像你自己试着解题一样。当然,若有多人,可让他们逐个选择位置,同样地逐个增加数字,这将会很有趣,但要注意可能会出现错误。

【例 11-11】 数学游戏:在 16 块石头中,一人在其脑海中触及了其中一个,问其触及了哪一个。

这是一个巧妙的谜题,你可以这样解答:将这 16 块石头,无论先后,分成两行,每行 8 块,然后问他所触及的石头在哪一行,并记住其回答。然后从那一行开始,按排列顺序先从那一行中取一块石头,再从另一行中取一块,依次排列成两行,每行 8 块,不多不少,否则就可能犯错,规则亦会失效。在每次重新排列两行时,确保将包含所触及石头的那行(所取的第一块石头)放置在后面第二行,而非前面第一行,直到得到完整的两行石头。注意先设置一行再设置另一行,不要同时设置两行。

然后再次询问他所触及的石头在哪一行,重复上述过程,确保将包含所触及石头的那行所取的第一块石头放置在后面一行。这样的排列重复三次后,再次询问在哪一行,然后从那一行的起始位置开始取石头,第三块石头就是他所触及的那块①,永无一误。若有多人(询问其所触及的石头),可以依次进行同样的步骤,然后混合所有的石

---

① 译者根据规则实验后,所触及的应为第一块石头,参见下文所列实验结果。——译者注

头,再指出正确的那一块,这将会很有乐趣①。

【例 11-12】 船上犹太人和基督徒商人的数学游戏:从前有若干商人坐船航行,包括 30 个犹太人和 2 个基督徒商人,航行中遇到了巨大的暴风雨,所以必须减轻重量,以免他们全部葬身海底。但是,即便有犹太人,每个人都敬畏上帝,不会通过强迫人跳海来伤害他人,而那些可怜的基督徒商人处境糟糕,因为他们人数少,害怕受到犹太人的迫害。

正如所说,基督徒商人没有强迫他人跳海,但其中一个犹太人站出来说,某个人灭亡总比大家都灭亡要好,大家应自己决定哪一个人先被扔下船。他们正思考如何做决定时,其中一个基督徒商人,他是个极为出色的会计师。他说,为了大家共同的利益,让我们围成一圈,从 1 数到 9,谁得到 9,就要被扔入水中,这个提议立刻得到大家的认同。这两个基督徒因为有共同的信仰,紧靠在一起,这个人(会计师)开始数数,数到 9 的时候,总是在犹太人身上,从未遇到他们两个,如此,30 个犹太人都被扔到了水里,只有这两个基督徒留在船上。问他们从哪里以及如何开始计数,所以 9 永远不会落到他们头上。

---

① 本例描述的是一种推理游戏,通过反复重新排列物体来引导参与者找到正确的物体。其基本原理是,通过三次重新排列将初始排列中所触及石头的筛选范围不断缩小至确定,具体如下表所示,假设其触及的是 7,则第一次重新排列 7 排列至第二行,第二次重新排列 7 排列至第一行,第三次重新排列 7 排列至第一行的第一个。因此本文规则应是三次重新排列后,所选行的第一个即为初始所触及的,同时排列在前或在后并不影响最终得到正确解答。验证:假设其触及的是 3,则结果如第二个表格所示,亦为第一个。——译者注。

初始排列		第一次重新排列		第二次重新排列		第三次重新排列	
1	9	1	5	5	7	7	8
2	10	9	13	1	3	5	6
3	11	2	6	13	15	3	4
4	12	10	14	9	11	1	2
5	13	3	7	6	8	15	16
6	14	11	15	2	4	13	14
7	15	4	8	14	16	11	12
8	16	12	16	10	12	9	10

初始排列		第一次重新排列		第二次重新排列		第三次重新排列	
1	9	1	5	1	3	3	4
2	10	9	13	5	7	1	2
3	11	2	6	9	11	7	8
4	12	10	14	13	15	5	6
5	13	3	7	2	4	11	12
6	14	11	15	6	8	9	10
7	15	4	8	10	12	15	16
8	16	12	16	14	16	13	14

要知道这对首先找到解答的人来说是一个极为精妙的探索，但若反复揣摩也没有进展，恐怕亦非美事。简略说其（会计师）将从他之前的第 5 个人开始，往他的方向，以数到 9 的方法计数，而其与另一个基督徒之间正好隔着一个犹太人，这样形成了一个基督徒和其他人的有秩序的圆圈，然后这样按顺序计数，9 总是落在犹太人身上而只有基督徒留下来。

【例 11-13】 数学游戏：还有一次，在一条船上有 15 个犹太商人和 15 个基督徒商人，他们遇上了暴风雨，也达成一致，得到数字 9 的人必须跳下水。他们同样按顺序围成圆圈，最终以这样的方式做好准备：首先是 4 个基督徒，之后 5 个犹太人，2 个基督徒，1 个犹太人，3 个基督徒，1 个犹太人，1 个基督徒，2 个犹太人，2 个基督徒，3 个犹太人，1 个基督徒，2 个犹太人，2 个基督徒，1 个犹太人，如此排列，所有人围成一个圆圈。

按上述方法，从某一个基督徒商人开始计数，则 9 总是落在犹太商人身上而从未落在基督徒身上，最终 15 个犹太商人均落入水中，仅剩下基督徒商人，问从谁开始计数。

要知道对于首先给出答案的人而言，这是一个很妙的发现，按照上述顺序排列犹太商人和基督徒商人，从第一个基督徒商人即从那 4 个基督徒开始计数，按照上述顺序，每 9 个连续计数，9 将总是落到犹太商人身上，而基督徒商人将留下来。

为使这个解答顺序时不至于失败，务必记住前面所述方法，同时为更好地理解，我在这里为你提供三个方法中的两个，教你如何排列这些基督徒商人和犹太商人。第三种同样也是为了教你这些，尽管可能并不严格精确，只是为了方便记忆，列示如下：45213112231221，即排列为 4 个基督徒、5 个犹太人、2 个基督徒、1 个犹太人、3 个基督徒、1 个犹太人、1 个基督徒、2 个犹太人，这样将基督徒和犹太人间隔排列，从那 4 个基督徒（的第一个）开始计数即可。

另一种方法这样表达：populea virga matea regina reserva[①]，即通过元音字母来表达排序，第几个元音就对应着相应数量，即上述第 1 个元音 o 来自第 1 个音节 po，而 o 是第 4 个元音，因此对应 4，随后第 2 个音节为 pu，u 是第 5 个元音，因此对应 5 等。

【例 11-14】 数学游戏：一人把 1 枚戒指给一群人中的某个人，他知道给了谁，在哪只手上，在哪个手指上，在哪个指关节上，但他希望你来回答这些问题，问如何解答。

解答如下：第一步，从人群的一边开始，计数到戒指所在人的位置停止，然后取这个数字的双倍，再加上 5，接着用其和乘以 5，再用这个乘积加上 10，然后进行判断，

---

① 此句无实际意义，仅为使用元音字母来记忆前述顺序，音节位置代表排列顺序，而不同元音字母代表不同数量，意大利语有 5 个元音，按顺序为：a、e、i、o、u，分别代表 1、2、3、4、5。——译者注

如果戒指在其右手则加2，若在左手则加1。第二步，做完这些以后用总和乘以10，然后进行判断，若戒指在第一个手指即大拇指上则在总和上加1，若在第二个手指上则加2，若在第三个手指上则加3，在第四个手指上则加4，在第五个手指上则加5，然后再将总和乘以10。第三步再来加上指节的数字，即按照从上往下数或从下往上数确定第一指节，若戒指在第一指关节则加1，在第二指关节加2，在第三指关节加3。做完这些以后问按照这样的规则，总数是多少，将其减去3 500后的剩余是多少。

其剩余数字的千位数就是戒指持有人在人群中所处的位置数，其百位数代表手的位置。若剩余200则戒指在其右手，若剩余100则在其左手。其剩余数字的十位数代表手指的位置，即若剩余10则在第一个手指，剩余20则在第二个手指，剩余30则是在第三个手指，剩余40则是在第四个手指，剩余50则是在第五个手指，永无误。

例如，假设戒指在第三个人右手第四指的第二个指关节上。取3的双倍为6，加上5为11，乘以5得55，加上10为65；因为其在右手，则加上2为67，乘以10得670；因为其在第四指，则加4为674，乘以10得6 740；其在第二指关节上，则加2得6 742。6 742扣减3 500得3 242，其千位数为3意味着是第3人，百位数为2意味着在右手，十位数为4意味着在第四指，个位数为2意味着在第二指节，解毕。

当戒指在左手：假设戒指在第五个人左手第三指的第二指关节上。取5的双倍为10，加5为15，乘以5为75，加上10为85；因为其在左手，则加1为86，乘以10得860；因为在第三指，则加3为863，乘以10得8 630；因为在第二指节，则加2得8 632。8 632扣减3 500剩余5 132，其千位数为5意味着是第5人，百位数为1意味着在左手，十位数为3意味着在第三指，个位数为2意味着在第二指节，如此解毕。你可以按你所喜欢确定哪只手计算时加上2，能举一反三应对变化为佳，因此将这些变化留予你来研究。

【例11-15】 数学游戏：一人掷出两个骰子，问其掷出的点数。

解答如下：总是取其中较小点数的双倍，然后加上5，再乘以5，接着加上第二个骰子的点数，最后将总和扣减25，剩余值的十位数就是一个骰子的点数，个位数就是另一个骰子的点数。例如，我们假设掷出的点数是5和3。取3的双倍为6，加上5得11，然后乘以5得55，再加上第二个骰子的点数即5，总数为60，扣减25剩余值为35，其十位数为3即一个骰子的点数，个位数为5即另一个骰子的点数，解毕。依此类推永无误。整理稿示意图和原稿示意图如图11-1所示。

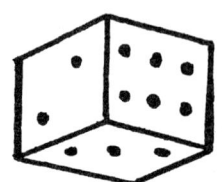 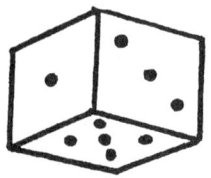

图 11-1

【例 11-16】 数学游戏：一人掷出 3 个骰子，问所掷的每个骰子的点数。

解答如下：将第一个骰子的点数即最大点数取双倍，再加 5，之后乘以 5，再加 10，然后再加上第二个骰子的点数即第二大点数，接着乘以 10，再加上第三个骰子的点数，最后将总数扣减 350，其剩余值的百位数就是第一个骰子的点数即最大点数，十位数就是第二个骰子的点数，个位数就是第三个骰子的点数即最小点数，永无误。

例如，我们假设点数分别为 6，5，4。取 6 的双倍，为 12，加上 5，得 17，乘以 5 为 85，再加 10 为 95，然后加上第二个骰子的点数即 5，得 100，乘以 10 为 1 000，接着加上第三个骰子的点数 4 得 1 004，最后扣除 350 剩余 654，因此其百位数 6 就是最大点数，十位数 5 就是第二个骰子的点数，个位数 4 就是第三个骰子的点数，如此三个骰子的点数正好是 6，5，4。当所有的骰子掷出相同点数，假定第一个骰子的点数，然后按上述方法将得到相同的百位数、十位数和个位数，即相同的每个骰子的点数等。整理稿示意图和原稿示意图如图 11-2 所示。

图 11-2

【例 11-17】 数学游戏：两个人玩掷骰子游戏，目标是使双方点数总和达到 30①，一个人对另一个人说，我总是想在你之前到达 30 点，并且每次都可做到。每个人每次总是可以任意取一个骰子的点数，即从 1 到 6 中取一个，问每个人各取什么点数可以实现上述目的。

要知道在此游戏中，那个人总处于优势，且到最后其同伴都无法察觉。已知骰子最大点数是 6，每个人以其所愿来取点数，一人与另一人的点数必须合计为 30，即一人取 6，另一人取 6，组成 12，一人再取 6，组成 18，按此顺序进行，一个点数必须加在另一个之上。简而言之，若一人(先)取点数 2，则总是有优势，其同伴就不可能在他之前到达 30，因为其同伴按其所愿取点数，而他总是随后使点数到 9；而到 9 之人必可先到 30，因为若其同伴继续按其意愿取点数，他总是随后使点数到 16。而到 16 之人，必可先到 30，因为若其同伴以其意愿继续取点数，他总是使点数到 23；而到 23 之人，必可先到 30，因为如果其同伴以其愿继续取点数，他总是可以使点数正好到 30。

简而言之，这个占优之人在点数到 30 之前需要取 4 个点数，第一个是 2，第二

---
① 即首先到达 30 点的人胜出。——译者注。

是 9,第三个是 16,第四个是 23。懂得如此之人总是会较对手先到 30,因为他可以等待时机,有时选择其中一个数,有时选择另一个数,来对付那些不懂之人。即便你不理解,只要你依照它们的比例,就可以处理很多数字游戏。

【例 11-18】 数学游戏:一人在三人中分配三种不同货币,每种货币给其中一人,问杜卡迪、卡里尼和塞斯尼分别分配给了哪一个人。

解答如下: 有一种巧妙之法。对其中懂得乘法的人说,请让三人逐个排列,然后给每人一个数字,第一人 1,第二人 2,第三人 3。完成此步后,要求分得最值钱货币[①]的人双倍其被给数字,然后要求分得价值次之货币的人将被给数字乘以 9,最后要求分得最不值钱货币之人将被给数字乘以 10。随后将三个乘积加总,将和从 60 中扣减,用得到的剩余值除以 8,所得整数商就对应拥有最值钱货币之人的数字,余数对应拥有价值次之货币之人的数字,拥有第三种货币之人的数字不必求解,因为剩下的那个即是。

例如,我们假设第一个人分得杜卡迪,给其分配数字 1;第二个人分得卡里尼,给其分配数字 2;第三个人分得塞斯尼,给其分配数字 3。取 1 的双倍为 2,然后将 2 乘以 9 为 18,再将 3 乘以 10 为 30,将三者即 2,18,30 相加得 50,从 60 中扣减 50 得 10,再用 10 除以 8,整数商为 1,余数为 2,整数商的数字 1 对应的就是分得最值钱货币之人,余数 2 对应的是分得价值次之货币之人,那么第三种货币对应的就是第三个人,解毕。

因此第一个人即你给其分配数字 1 的人,分得杜卡迪。第二个人即你给其分配数字 2 的人,分得卡里尼。另一个人分得第三种货币即塞斯尼。亦可以你所愿来假定各人所分得的,永无误。若除以 8 得到 3 则意味着你给其分配数字 3 的人分得了价值最高之货币,余数为 2 则意味着你给其分配数字 2 的人分得了价值次之货币,依此类推永无误。而且要知道所得数字除以 8 不可能整除,总会有余数,否则本规则无法成立,这个通过数字相乘的方法到此为止,但是对于那些不懂乘法的人还有另外一种方法。

对于不懂乘法计算的人有另一种方法,即使用石头:取 24 块石头,给第一人 1 块,第二人 2 块,第三人 3 块,则 24 块石头分发出 6 块剩余 18 块,这 18 块石头放在三人面前,由他们按份额进行提取,拥有杜卡迪的人从 18 块中提取和自己手中石头一样数量的石头,拥有价值次之货币的人提取 2 倍于自己手中石头数量的石头,拥有最低价值货币的人从 18 中提取 4 倍于手中数量的石头。

如此之后来看这 18 块石头中还剩余多少,然后根据剩余石头数量来进行判断;

---

① 三种货币的价值从高到低排列为:杜卡迪、卡里尼和塞斯尼。——译者注。

要知道，剩余数量不可能少于1，也不可能多于7，也不可能是4；其可能剩余1，2，3，5，6，7，不可能是其他数字。若剩余为1，则你给了1个石头的人拥有价值最高的货币，给了2个石头的人拥有价值次之的货币，给了3个石头的人则拥有剩余的价值最低之货币；若剩余为2，则第一个人拥有价值次之的货币，第二个人拥有价值最低的货币，第三个人拥有价值最高的货币；若剩余为3，则第一个人拥有价值最高的货币，第二个人拥有价值最低的货币，第三个人拥有价值居中的货币；若剩余为5，则第一个人拥有价值居中的货币，第二个人拥有价值最低的货币，第三个人拥有价值最高的货币；若剩余为6，则第一个人拥有价值最低的货币，第二个人拥有价值最高的货币，第三个人拥有价值居中的货币；若剩余为7，则第一个人拥有价值最低的货币，第二个人拥有价值居中的货币，第三个人拥有价值最高的货币，解毕。

为了让你能更好地记忆，我在此提供两节"诗"[①]，其中有多个元音音节和字母，注意元音字母的指代：a 指价值最高的货币，e 指价值居中的货币，o 指价值最低的货币。诗句列示如下：Asequor 1（unum），2（duos）belandos，3（tresque）latrones，dogniate 6（sex），ocreasdat 7（septem），5（quinque）reportant[②]。第一种情况，即 Asequor 1，意味着若剩余1，那么3个人所拥有货币的顺序就根据这句诗中元音字母的顺序，即元音 a 是第一个音节，这样第一个人就有价值最高的货币，其由元音 a 代表，第二个人有价值居中的货币，其由元音 e 代表，第三个人有价值最低的货币，其由元音 o 代表。其他的情况也同样根据这三个元音字母 a，e，o 的顺序来确定。

例如，对于上述解答，假定第一个人拥有价值最高的货币，即杜卡迪，你让他提取自己手中拥有石头的数量，即1，因为他有你给的1块石头。对第二个拥有卡利尼的人，你让他提取其所拥有石头数量的两倍，即4。你让第三个人提取其所拥有石头的4倍，即12。那么（从18中扣除三人提取总和17后）将剩余1。根据上述的诗句来判断，看看哪一个诗句对应剩余1，你会发现是 asequor，观察其中 a，e，o 所在的地方，因此同上，第一个人对应拥有 a，也就是价值最高的杜卡迪，第二个对应拥有 e，也就是价值居中的货币，第三个对应拥有 o，也就是价值最低的货币，解毕。根据剩余值找到对应诗句，依此类推永无误，两种方法均可用来解答。

【例 11-19】 数学游戏：一人给9人分配了9个不同的事物，或者100件事物，但必须是9个人或更少的人数，问谁拥有第一、第二件事物。

因为解答方法很简单，而详细过程要花很长时间，所以在此不再展开赘述。简言

---

① 即利用音节和元音字母标注顺序的方法，参见前文案例和本案例。——译者注。
② 与前文一样，此句的实际含义是"追赶一个，打败两个，遭遇三个，六人一队，七人出发，五人回来"，其中的数字对应上文石头方法中的剩余数，除此之外其含义并无意义，仅是为了使用其中的音节和元音字母来记忆前述顺序，方法同前文。——译者注。

之，应给9个人各编上数字，即第一个人对应1，第二个人对应2，第三个人对应3，依此类推到9，然后给每个事物命名，并按你自己的方式排序，以你所愿，比如第一、第二等。从第一件事物开始，得到这件事物的人必须将你给他的数字乘以10，然后在这个乘积上加得到第二件事物之人所拥有的数字；同样，把这个总和乘以10，再加上得到第三件事物之人的数字；依此类推，总是乘以10，并加上得到某件事物之人的数字。计算完毕后得到总数，其9个数位对应9个事物，数位上的数字对应你给出的数字即2，3，4等。按顺序来看第一个或第二个，第一个数位上的数字就代表你给出这个数字的人拥有第一件事物，第二件事物、第三件事物依此类推。

例如，4是第一个数位上的数字，即你给4的人拥有第一件事物，如果第二个数位上的数字是9，则你给9的人拥有第二件事物，因为9在第二个数位上，依此类推，找到你所给出的数字。要注意，数位的排序代表事物：第二、第三、第四代表第二、第三、第四个事物，等等；而数位上的数字是指人。若他们中的一个人有多个事物，如全部或3个或5个，等等，仍然按照顺序，如果你在最后总数中看到某个数字多于一个，即假如4出现在第4位和第6位等，那么即意味着你给4的人有多件事物，依此类推。

为知道是哪件事物，就要看数字所在的数位，如果是在第一位或第二位，就会知道对应的事物，无论难易，这种解答方法都适用，也许你以前从不知道这样的方法，而掌握后就会发现其合理性，但要注意这个规则无法解答超过9个人的问题。

【例11-20】 数学游戏：一人有若干不同种类的物体，比如扑克牌等，若其在脑海中抽取了其中一张，想知道其抽取了哪一张。

解答如下： 把这些物体排成几行，或3行或4行，问其所触及的物体在哪一行上，若知道了在哪一行，就把所有这些卡片按顺序拿在手上，再将其按照之前行的数量进行排列，但要将行进行翻转，也就是说，若以前是横向排列，现在则反方向即纵向排列。然后第二次问他是在哪一行之中，结合他第一次告诉你的，你就可以知道他所抽取的在哪里，永无误。

这个问题我不再展开赘述，因为显而易见，如上处理简便而准确。

【例11-21】 数学游戏：一人从一副扑克中抽了一张牌，用两次将其找到，先对所有牌的点数进行计数，然后看其与他抽取牌之后的所有牌点数之间的差别，比如或缺5或缺4，若缺5则进行第二次，看这个5是红心或梅花等，如此即可得解。

如果一个人抽取一张，要找到它，先将所有扑克按一个方向进行整理，然后将他抽取的那张转至相反方向，这样就可以从其他扑克中将其识别出来，因为其方向与其他扑克不同。

如果有更多的人每人抽取一张，按顺序收集好后将它们放在原有扑克下面，再一张张变换,问他们是否是其所抽取的,若回答是则记住哪个人抽取了哪一张并将这张放下,这样变换直到问完所有卡片,然后把卡片混合放置,你即知道每个人所抽取的卡片,这样相信你会很容易理解,我不再展开。

【例 11-22】 一个人有 90 个单位的小麦,要将其运送 30 天行程的路程,每次可携带 30 个单位,他的马每天口粮为 1 个单位,问如何携带运送使马不会吃光所有小麦,以及整个行程会有多少剩余。

参照此问题的解答方法,类似问题可以将数量扩展为无限。先携带 30 个单位小麦,走 20 天行程,马吃掉 20 个单位小麦,剩余 10 个单位;然后他再去携带另外 30 个单位走 20 天行程,马也将吃掉 20 个单位,剩余 10 个单位。接着,他要再回来携带另外 30 个单位走 20 天行程,这样总共将剩余 30 个单位,接下来他将携带这 30 个单位走剩下的 10 天行程,这 10 天马将吃掉 10 个单位,剩余 20 个单位。因此以上述方法携带运送,最终将剩余 20 个单位。

【例 11-23】 数学游戏:一人有 100 单位饲料,要携带运送 10 千步路程,马每千步需要 1 个单位饲料,每次可携带 10 个单位饲料,问如何携带运送使马不会吃光所有饲料,以及整个行程会有多少剩余。

解答如下: 每次总是运送 10 个单位饲料至 5 千步,这样每次将消耗掉 5 个单位、剩余 5 个单位,当每次 10 个单位,把所有饲料运送到 5 千步处,其将剩余 5 千步行程和 50 单位饲料,同时消耗掉 50 单位饲料。然后其将所剩余的 50 单位,每次运送 10 单位,行程为剩余的 5 千步,当其运送 50 单位再走 5 千步时,将消耗 25 单位饲料,剩余 25 单位,如此解答完毕。

【例 11-24】 两个人分 8 索玛的一桶酒,每个人须分得 4 索玛,他们另有两个桶,一个容量 5 索玛,另一个 3 索玛,问如何才能准确分配。

解答如下: 先装满 5 索玛的桶,这样 8 索玛的桶中剩余 3 索玛,然后把 5 索玛桶中的酒倒入 3 索玛的桶,装满后会发现 8 索玛的桶中有 3 索玛的酒,5 索玛的桶中有 2 索玛的酒;然后把 3 索玛桶中的酒倒入 8 索玛桶中,将有 6 索玛;接着把 5 索玛桶里的 2 索玛酒倒入 3 索玛的桶,会发现 8 索玛桶中有 6 索玛酒,3 索玛桶里有 2 索玛酒,5 索玛桶里没有酒。此时将 8 索玛桶中的酒倒入 5 索玛桶,其剩余 1 索玛酒,5 索玛桶被装满;接下来将 5 索玛桶中的酒装入已经有 2 索玛酒的 3 索玛桶,这样 5 索玛桶中就剩余 4 索玛的酒;最后将 3 索玛桶中的酒倒入 8 索玛桶中,8 索玛桶中将有和 5 索玛桶中一样的 4 索玛酒,如此便准确分配了。

另一种方法: 将 3 索玛桶倒满,然后从 3 索玛桶中将酒倒入 5 索玛桶中,接着再从 8 索玛桶中倒酒到 3 索玛桶满,再从 3 索玛桶中倒酒到 5 索玛桶满,这样 8 索玛桶中剩余 2 索玛酒,3 索玛桶中剩余 1 索玛酒,5 索玛桶装满了酒。将 5 索玛桶中的酒倒入 8 索玛桶中,其将有 7 索玛酒。将 3 索玛桶中的酒倒入 5 索玛桶中,从 8 索玛桶中再次倒酒至 3 索玛桶满,这样 8 索玛桶中就剩余 4 索玛酒,然后将 3 索玛桶中的 1 索玛酒倒入 5 索玛桶中,也将得到 4 索玛酒。这样用另一种方法分配完毕。

【例 11-25】 数学游戏:一个人有三个农夫,他给其中一个人 50 颗珍珠,给另外一个人 30 颗珍珠,给第三个人 10 颗珍珠,派他们去集市并说:去吧,尽你们所能,把每个人的珍珠以同样的价格卖出,但是每个人要给我带回同样多的钱。问这是否可能,如果可能,他们要怎样卖才能满足要求。

要知道,这是一个很巧妙的探索问题,通过两次出售,每次价格相同,而且每个人能带回同样的钱。第一次以每 7 颗 1 杜卡迪的价格出售,这样有 50 颗珍珠的人售得 7 杜卡迪,剩余 1 颗珍珠;有 30 颗的人售得 4 杜卡迪,剩余 2 颗珍珠;有 10 颗的人售得 1 杜卡迪,剩余 3 颗珍珠。然后进行第二次出售,因为第一次三人并未得到同样的款项,所以须以每颗珍珠 3 杜卡迪的价格出售手中剩余的珍珠,这样有 50 颗的人将剩余的 1 颗售出,得到 3 杜卡迪,加上第一次售出 49 颗珍珠所得到的 7 杜卡迪,合计为 10 杜卡迪;有 30 颗的人将剩余的 2 颗珍珠售出得到 6 杜卡迪,加上其之前售出得到的 4 杜卡迪,同样合计为 10 杜卡迪;有 10 颗的人将剩余的 3 颗珍珠售出得到 9 杜卡迪,加上之前售出得到的 1 杜卡迪,同样也总共得到 10 杜卡迪。

如此便得解,否则将是不可能的[①]。

【例 11-26】 三个人去市场,一个人携带 10 个鸡蛋,另一个人携带 20 个鸡蛋,还有一个人携带 30 个鸡蛋,他们以相同价格出售,所得钱财一致,问这是否可能,若可能,如何做到。

解答如下:第一个人,即有 30 个鸡蛋的人,以每个鸡蛋 1 德纳里的价格卖了 29 个,得到 29 德纳里,剩余 1 个鸡蛋;有 20 个鸡蛋的人卖了 18 个,得到 18 德纳里,剩余 2 个;有 10 个鸡蛋的人卖了 7 个,得到 7 德纳里,剩余 3 个。然后第二次售卖,价格为每个鸡蛋 11 德纳里,这样,剩余 1 个的售得 11 德纳里,加上他之前的 29,总共 40 德纳里。另外两个人中,有 20 个鸡蛋的人将剩余鸡蛋售得 22 德纳里,加上之前的 18,同样也是 40 德纳里;有 10 个鸡蛋的人将剩余售得 33 德纳里,加上之前的 7,亦得到与其他两人相同的 40 德纳里。

因此以上述方法售卖两次得解,否则不可能。

【例 11-27】 数学游戏:一个女士带了一篮子鸡蛋去市场售卖,结果一些踢球者弄碎了所有鸡蛋,她向行政官投诉,希望他们支付赔偿。最后,行政官下令让他们付

---

① 原稿页面右边空白处有如下案例:以下案例亦可类似解答,有 4 个农夫,前三个同上文分别有 50、30 和 10 颗珍珠,另外一个人有 70,以与上文同样的方法出售,每个人得到的销售款也是一样的,因为有 70 的人在第一次就全部售出,得到款项 10 杜卡迪。

款,其中一个踢球者问有多少个鸡蛋,女士回答说不知道,但她知道,若她 2 个 2 个地数,余 1;若 3 个 3 个地数,也余 1;若她 4 个 4 个、5 个 5 个、6 个 6 个地数,均余 1;但 7 个 7 个地数,则无余数,问有多少个鸡蛋。

这是一个探索问题:其有 301 个鸡蛋,验证应无误,亦可以是 721 个鸡蛋,验证也无误。求解如下:找到一个整数"包含"$\frac{1}{2}$,$\frac{1}{3}$,$\frac{1}{4}$,$\frac{1}{5}$,$\frac{1}{6}$,将所有分数的分母连乘,得到 720,再加上 1,正好为 721,即为鸡蛋数量,如此简要解毕[①]。

【例 11-28】 数学游戏:另一位女士也带了一篮子鸡蛋售卖,被人打碎,肇事者想给她钱,问她有多少个鸡蛋,她说不知道,但她知道如果 2 个 2 个地数,余 1;3 个 3 个地数,余 2;4 个 4 个地数,余 3;5 个 5 个地数,余 4;6 个 6 个地数,余 5;7 个 7 个地数,可数尽,即无余数,问有多少个鸡蛋。

这个例题较上文的例题更复杂,简言之,其有 119 个鸡蛋,根据题目验证将无误。

【例 11-29】 数学游戏:一人用 24 索尔迪购买 60 个鸡蛋,以成本作价再卖出,得到价款 25 索尔迪,问是否可能,若可能,该如何买和如何卖。

这是可能的,买卖的方式如下:其以 5 个鸡蛋 2 索尔迪的价格购买,因而 60 个鸡蛋花费 24 索尔迪;然后其以每索尔迪 3 个鸡蛋的价格再卖出 30 个鸡蛋,得到 10 索尔迪;随后以每索尔迪 2 个鸡蛋的价格卖出剩下的鸡蛋,得到 15 索尔迪,因而卖出全部 60 个鸡蛋得到 25 索尔迪,其售价就是其成本价格,即每 5 个鸡蛋 2 索尔迪[②],解毕。

另外一个购买 60 个鸡蛋的方式,即 48 个鸡蛋 16 索尔迪,价格为每索尔迪 3 个鸡蛋;然后再用 8 索尔迪购买 12 个鸡蛋,价格为每索尔迪 $1\frac{1}{2}$ 个鸡蛋;合计为 60 个鸡蛋花费 24 索尔迪。随后以价款 15 索尔迪卖出 45 个鸡蛋,即每索尔迪 3 个鸡蛋,然后再卖出剩余的 15 个鸡蛋,价款 10 索尔迪,价格为每索尔迪 $1\frac{1}{2}$ 个鸡蛋,价款合计为 25 索尔迪,而卖出价格与买入的价格相同即 $4\frac{1}{2}$ 个鸡蛋 2 索尔迪,但再售卖赚得 1 索尔迪。

【例 11-30】 数学游戏:告诉我 3 索尔迪乘以 3 索尔迪得到多少。

要知道,这是那些精通算术的人提出的一个陷阱,会有几个解答:当你用银币索

[①] 原稿页面空白处有如下案例:
若这位女士说 2 个 2 个地数,余 1,若每次数 3、4、5、6、7、8、9、10、12 个,均余 1。但 11 个 11 个地数,余 10。13 个 13 个地数,则无余数,问有多少鸡蛋。同上解得到 50 401,验证亦无误,虽然更困难但方法依然清楚。

[②] 其逻辑如下:第一次卖出的价格为每索尔迪 3 个,第二次卖出的价格为每索尔迪 2 个,因此本例解答将此视作整体卖出价格为 2 索尔迪 5 个鸡蛋,正好为其成本价格。——译者注。

尔迪乘以银币索尔迪时,3 索尔迪乘以 3 索尔迪等于 9 索尔迪;当用银币索尔迪乘以其价值(即 3 索尔迪价值 36 德纳里)时,3 索尔迪乘以 3 索尔迪等于 108;当用 3 索尔迪的(德纳里)价值乘以 3 索尔迪的价值时,即为 36 德纳里乘以 36 德纳里,得 1 296。这些都是 3 索尔迪乘以 3 索尔迪的结果。

但如果既不声明是索尔迪又不声明是德纳里,仅声称是数字相乘,那就不必使用(上述)那些奇怪的方式,这样你就要比那些要诡计之人更受尊敬,因为正直之人不会与阴谋之人为伍,但是若遇之需应知如何应对。

【例 11-31】 数学游戏:若有人对你说计算 3,3,则结果为 6;若说 3,(复数)3①,则为 9;依此类推若说 9,9,则为 18;若说 9,(复数)9②,则为 81。依此类推至无穷。

【例 11-32】 数学游戏:有人对你说,在一个篮子里,最上面有 3 个苹果,那么一共有多少苹果。

要知道这个话是模棱两可的,容易使人误解的,若其说的是"上面(di sopra)"(有 3 个苹果),那么总共就有 9 个苹果;若说的是"最多(sedere di sopra)"(3 个苹果),那么就是不超过 3 个苹果,因此需要明确词义并达成一致。

【例 11-33】 数学游戏:类似地,有人对你说,给我一个面包。你拿了给他。但若他说,拿给我一个烤过的(面包)。问你到底该怎么做。

我要说的是,必须要辨明词义。若他对你说,给我拿一个烤过(un più cotto)的面包。那你就要给他拿一个更热的。但若他说的是给我拿 1 个加 8 个(uno più ch'otto)③。你就要给他拿 9 个,如此才能满足他。

【例 11-34】 数学游戏:若有人给你一块布,长 24 寻、宽 8 寻,叫你裁剪成两块,不能减少布料,两块加起来长 32 寻,宽 6 寻,问如何裁剪。

裁剪如图所见④,将无误。无论谁否认,向他们证明裁剪前后有同样的表面积即可,也就是说,裁剪前表面积为 8 乘 24,即 192;现在为 6 乘 32,同样也是 192,两者面积相等;(半块布)长 12 宽 8,我想裁剪为长 16 宽 6,按你看到的第二个图的方式裁剪它,用这种方式你可以进行解决无穷尽的比例问题。

【例 11-35】 数学游戏:若有人说从一个方石切出三块,彼此叠放而不相互突出,你可以说这是不可能的。

【例 11-36】 数学游戏:3 个男人和他们的妻子渡河,只能 2 个 2 个地乘一条船过,问什么样的方式过河不会发生吃醋的现象。按你所学到的方式去解答。

---

① 两个 3,但前一个是单数 3(tre),后一个是复数形式 3(tri),这样意味着"3 个 3",因此为相乘。——译者注
② 两个 9,前一个是单数 9(nove),后一个是复数 9(novi),这样意味着"9 个 9",因此为相乘。——译者注
③ 因为"一个烤过(un più cotto)的面包"和"1 个加 8 个(uno più ch'otto)",两者发音几乎一致,所以帕乔利强调应辨明词义,以免误解或者受到欺诈等。——译者注
④ 原稿中并未出现图。——整理者注

【例 11-37】 数学游戏：山羊、狼和草（一起过河），采用和上题类似的方法，但本案例更容易。

【例 11-38】 数学游戏：两个盗贼在一个牧场偷 7 头猪，总是以同样方式处理，一次拿一只猪。贼从牧场的一边来，而猪在另一边（问如何才能偷到这 7 头猪）[①]。

本部分到此为止。

---

① 这个问题缺乏详细的条件说明和提问，也没有解题答案和过程，关于这个问题有意大利学者进行过相应的讨论，参见 Dario Bressanini, Silvia Toniato. I giochi matematici di fra' Luca Pacioli: trucchi, enigmi e passatempi di fine Quattrocento[M]. Bari: Edizioni Dedalo, 2011.——译者注。

第十二部分

数的分配与分割

【例 12-1】 把 10 分成两部分，较大部分除以较小部分的结果为 7，问这两部分各是多少。

假设一部分是 1co，另一部分则是（10－1co）；现在用较大的部分，即（10－1co）除以 1co，得到 $\frac{(10-1co)}{1co}$，其等于 7；化简分数，1co 乘以 7 为 7co，其等于（10－1co），移项得到 8co 等于 10，用 10 除以 8 得 $1\frac{1}{4}$，就是较小部分，剩余值是另一部分即 $8\frac{3}{4}$。

验证如下：用 $8\frac{3}{4}$ 除以 $1\frac{1}{4}$，得 7，符合题设。

类似问题的另外解答方法可以作为解答此类问题的规则。问题：将 1 个数字分成两部分，较大部分除以较小部分等于若干。解答方法总是将那个除法的商加 1，将和作为被分割数字的分母，如此便得到其中的一部分，永无误。例如，上述问题中商为 7，将其加 1 得 8，用 10 除以 8，得 $1\frac{1}{4}$，就是其中一部分，另一部分则为 $8\frac{3}{4}$，结果同上。若较大部分除以较小部分结果为 12 或是 13，则将 12 加 1，得 13，用 10 除以 13 为 $\frac{10}{13}$，这是一部分，则另一部分为 $9\frac{3}{13}$，将 $9\frac{3}{13}$ 除以 $\frac{10}{13}$，正好等于 12，解毕，依此类推。

【例 12-2】 将 10 分成两部分，两者乘积为 20。问这两部分各是多少。

假设一部分是 1co，则另一部分是（10－1co），用 1co 乘以（10－1co），得（10co－1co□），其等于 20，移项得到（20＋1co□）等于 10co，取一次项系数的一半，将其平方，等式两边减去这个数，剩余 5，用一次项系数的一半减去 $R_x 5$ 就是 1co 的值即（5－$R_x 5$）。这个等式有两个解，（根据具体情况）有时用一次项系数的一半减去剩余值的平方根，有时用一次项系数的一半加上剩余值的平方根。当剩余值的平方根比一次项系数的一半大时，就用前者减去后者；若剩余价值的平方根比一次项系数的一半小时，则相反，用一次项系数的一半减去剩余值的平方根，你不可能用（$R_x 5－5$）作为答案,因为 5 要比 R_X5 要大,解毕。

【例 12-3】 将 10 分成两个部分,一部分是另一部分的 3 倍加 3,问这两部分各是多少。

假设一部分是 1co,另一部分则为(10 − 1co),根据题设,一部分应该是另一部分的 3 倍加 3,因此将 1co 乘以 3,为 3co,再加 3 将为(3co + 3),其等于(10 − 1co)。移项得到 4co 等于 7,用 7 除以 4,得 $1\frac{3}{4}$,就是 1co 的值,为其中一部分,则另一部分是 $8\frac{1}{4}$。验证须检验 $8\frac{1}{4}$ 是否是 $1\frac{3}{4}$ 的 3 倍加 3,用 3 乘以 $1\frac{3}{4}$,为 $5\frac{1}{4}$,与 $8\frac{1}{4}$ 的差正好为 3,证毕。类似问题也可以通过其他方法解答,比如假设条件的方法等。

【例 12-4】 将 10 分成两个部分,两者均乘以自身,然后将两个乘积相加等于 60。问这两部分各是多少。

假设一部分是 1co,另一部分则是(10 − 1co),将 1co 乘以自身,得 1co$\square$,再将(10 − 1co)也乘以自身,得(100 − 20co + 1co$\square$),两个乘积相加等于(100 − 20co + 2co$\square$),其应等于 60。移项得到最终等式(20 + 1co$\square$)等于 10co。取一次项系数的一半,将其平方,从等式两边减去,剩余 5,再用一次项系数的一半减去 R_X5,即(5 − R_X5),就是假设项的值,因此一部分为(5 − R_X5),另一部分为(5 + R_X5),根据题目验证,将符合题设,因为将(5 + R_X5)乘以自身等于(30 + R_X500),将(5 − R_X5)乘以自身等于(30 − R_X500),两者相加的和正好等于 60,无误。

【例 12-5】 将 10 分成两部分,用较大部分除以较小部分,商加上较大部分等于 $7\frac{1}{2}$,问这两部分各是多少。

假设一部分是 1co,则另一部分是(10 − 1co),用(10 − 1co)除以 1co,得 $\frac{(10-1co)}{1co}$,与较大的数即(10 − 1co)相加,将(10 − 1co)变换为同分母的分数后相加,得 $\frac{(10-1co\text{ 加 }10co-1co\square)}{1co}$,其将等于 $7\frac{1}{2}$,移项化简,得最终等式 $\left(10+1\frac{1}{2}co\right)$ 等于 1co$\square$,取一次项系数的一半,将其平方,加上常数项,得 $10\frac{9}{16}$,解得 1co 等于 $\left(R_X10\frac{9}{16}+\frac{3}{4}\right)$,就是其中一部分,即 $R_X10\frac{9}{16}$ 加 $\frac{3}{4}$,另一部分为 $9\frac{1}{4}$ 减 $R_X10\frac{9}{16}$,即一部分是 4,另一部分为 6,根据题设验证将无误,解毕。

【例 12-6】 将 10 分成两部分,较大部分除以较小部分,其商加上较小部分等于 5。问这两部分各是多少。

假设一部分为 1co，则另一部分是(10 − 1co)，用(10 − 1co)除以较小部分，得 $\frac{(10-1co)}{1co}$，再加上1co，等于$\frac{(10-1co+1co^\square)}{1co}$，其应等于5。化简得(10 − 1co + 1co$^\square$)等于5co，移项得到最终等式(10 + 1co$^\square$)等于6co，取一次项系数的一半，将其平方，扣减常数项，剩余数未知①，因为常数项小于一次项系数一半的平方。

在这样的题设条件下，即等于5的情况下，不可能得到相应的数量结果，换为其他的条件可能会得到解答，或者改动第一个或两个题设条件，亦可能得解②。因此，在类似情况下，要记住：若有人认为这个题设不可行，就可以使用同样方法进行同样计算来证实解答方法和计算无误。例如，以数字12为分配对象来看其可能的解答，这样就可以证实方法无误。题设表述如下：将12分成两部分，用较大部分除以较小部分，其商再加上较小部分的和为6，按上文方法解答，得到一部分为4，另一部分为8，用8除以4得2，2加上4等于6。在那些货币、数量的账目计算上也会使用到这些解答方法。

【例12-7】 将10分成两部分，较小部分除以较大部分的商加上较小部分的和为5。问这两部分各是多少。

假设一部分是1co，另一部分则为(10 − 1co)，用1co除以(10 − 1co)，得$\frac{1co}{(10-1co)}$，加上1co，通分得$\frac{(1co+10co-1co^\square)}{(10-1co)}$，其应等于5，化简得到最终等式16co等于(50 + 1co$^\square$)，取一次项系数的一半，将其平方，扣减常数项，剩余14，一次项系数的一半8减去$R_x 14$，即为假设值，此为其中一部分，因此可知一部分为(8 − $R_x 14$)，另一部分为(2 + $R_x 14$)，解毕。

【例12-8】 将10分成两部分，用每部分乘以其自身，从一个乘积中扣减另一个乘积，余49。问这两部分各是多少。

假设一部分为1co，另一部分为(10 − 1co)，1co乘以自身得1co$^\square$，(10 − 1co)乘以其自身，得(100 − 20co + 1co$^\square$)，将前一乘积1co$^\square$从后一乘积中扣减，余(100 − 20co)，其应等于49，因此(100 − 20co)等于49，移项得51等于20co，用51除以20，得$2\frac{11}{20}$，就是其中一部分，剩余值为另一部分。

【例12-9】 将10分成两部分，用每部分乘以其自身，一个乘积比另一个乘积多200，问这两部分各是多少。

---

① 为负值，表明此方程没有正数解。——译者注
② 原稿右边有如下注明：若(其商加上较小部分)等于$7\frac{1}{2}$，则可得一部分为$4\frac{1}{4}$减$R_x 8\frac{1}{16}$，另一部分为$5\frac{3}{4}$加$R_x 8\frac{1}{16}$。

假设一部分为 1co,则另一部分为(10 - 1co),1co 乘以其自身,得 1co$^\square$,(10 - 1co)乘以其自身,得(100 - 20co + 1co$^\square$),而题设条件是一个乘积比另一个乘积多 200,要注意这于你而言是一个极有价值的案例。而在这样类似的案例中,应以如下方式来处理。现在来看等式,将 1co$^\square$ 从(100 - 20co + 1co$^\square$)中扣减,得(100 - 20co),其将等于 200,因为题设条件是一个较另一个多 200,因此将 200 加在较小的部分将等于另一部分,这样用(200 + 1co)应该等于(100 - 20co + 1co$^\square$),移项得等式 100 等于(200 + 20co),再扣减常数项,有(100 + 20co)等于零,这就是上述所说极有价值的情况,即这样的等式和题设条件(是无解的),但你要注意类似案例是存在的。

若你必须使用一次项系数 20 来分配这个数字(即 100),则 1co 等于 5,但这是在 20co 等于 100 的情况之下。当你处理类似本案例情况即等式仅有一端①的时候,其解将得到一个负值(meno svalere)②,如果存在两端③则会得到一个正值(più valere)。因此这个案例的假设值等于负值 5,即 10 的其中一部分为负 5,另外一部分加上负 5 应等于 10,因此其为 15,但是若等式为"100 等于 20co",那么假设值应等于 5,和其他案例一样。

现在来看是否一部分乘以自身的乘积较另一部分乘以自身的乘积多 200,用 15 乘以 15 得到 225,负 5 乘以负 5,得正值 25,因此可知一个乘积较另一个多 200,得解。在(假设值)出现平方、立方或其他次方的情况下,则用 R$_x$(即方根)来解答。

【例 12-10】 将 10 分成两部分,两者乘积加上两者的差,等于 22。问这两部分各是多少。

假设一部分为 1co,则另一部分为(10 - 1co),将 1co 乘以(10 - 1co),得(10co - 1co$^\square$),加上 1co 与(10 - 1co)的差即(10 - 2co),将得到(10co - 1co$^\square$ 加 10 - 2co),其将等于 22。移项有最终等式 8co 等于(12 + 1co$^\square$),取一次项系数的一半,将其平方,扣减常数项,剩余 4,即得到 1co 等于一次项系数的一半减 R$_x$4,因此可知其中一部分等于(4 - R$_x$4)即 2,另一部分为(6 + R$_x$4)即 8。根据题目验证,用 2 乘以 8 得 16,加上两者的差 6,得 22,证毕。

【例 12-11】 将 10 分成两部分,用每一部分乘以其自身,这两个乘积的和再加上两个部分之差,最终的总和等于 54,问这两部分各是多少。

假设一部分为 1co,则另一部分为(10 - 1co),将 1co 乘以其自身,得 1co$^\square$,然后将(10 - 1co)乘以其自身,得(100 - 20co + 1co$^\square$),两者相加得(100 - 2co 加 2co$^\square$),再加

---

① 即类似上文中 100 加 20co 等于零的情况,这种情况下等式一边为正数常数项加上二项式或多项式,而另一边为零。——译者注。
② 这是本书第一次对于负值进行明确的解释。——译者注。
③ 即等式两边都是正数的情况。——译者注。

上两部分即 1co 和 (10 − 1co) 的差 (10 − 2co)，得到最终总和 (100 − 2co + 2co$^\square$ + 10 − 2co)，其将等于 54。

移项得到最终等式 (28 + 1co$^\square$) 等于 11co，取一次项系数的一半，将其平方，扣减常数项，剩余 $2\frac{1}{4}$，得到 1co 等于 $\left(5\frac{1}{2} - R_x 2\frac{1}{4}\right)$，就是其中一部分的值即 4，另一部分则为 $\left(4\frac{1}{2} + R_x 2\frac{1}{4}\right)$ 即 6。根据题目验证：用 4 乘以其自身为 16，6 乘以其自身为 36，两者相加为 52，再加上 4 与 6 的差即 2，正好得 54，符合题设，证毕。

【例 12-12】 将 10 分成两部分，用每一部分乘以其自身，这两个乘积的和等于两个部分之差加上 54，问这两部分各是多少。

假设一部分为 1co，则另一部分为 (10 − 1co)，将 1co 乘以其自身，得 1co$^\square$，然后将 (10 − 1co) 乘以其自身，得 (100 − 20co 加 1co$^\square$)，两者相加得 (100 − 2co 加 2co$^\square$)。现在取两部分即 1co 和 (10 − 1co) 的差即 (10 − 2co)，加上 54，得 (64 − 2co)，其等于上述两个乘积的和即 (100 − 2co + 2co$^\square$)。移项得到最终等式 (18 + 1co$^\square$) 等于 9co，取一次项系数的一半，将其平方，扣减常数项，剩余 $2\frac{1}{4}$，得到 1co 等于 $\left(4\frac{1}{2} - R_x 2\frac{1}{4}\right)$。

因此一部分的值为 $\left(4\frac{1}{2} - R_x 2\frac{1}{4}\right)$，即 3，另一部分则为 $\left(5\frac{1}{2} + R_x 2\frac{1}{4}\right)$，即 7。根据题目验证：用 3 乘以其自身为 9，7 乘以其自身为 49，两者相加为 58，同时 3 与 7 的差为 4，加上 54 正好得 58，符合题设，证毕。

【例 12-13】 将 10 分成两部分，两者相乘的乘积除以两者之差等于 18，问两部分各是多少。

假设一部分为 1co，另一部分为 (10 − 1co)，两者相乘得到 (10co − 1co$^\square$)，然后用其除以 1co 与 (10 − 1co) 的差即 (10 − 2co)，得 $\frac{(10co - 1co^\square)}{10 - 2co}$，应等于 18。去分母，用 (10 − 2co) 乘以 18，为 (180 − 36co)，其等于 (10co − 1co$^\square$)，移项化简，有最终等式 46co 等于 (180 + 1co$^\square$)，取一次项系数的一半，将其平方，扣减常数项，剩余 349，得到 1co 等于 (23 − R_x349)。

因此可知一部分为 (23 − R_x349)，另一部分则为从 10 中将其扣减的剩余，即 (R_x349 − 13)，因为两者相加必须正好等于 10。

类似问题求解：将 10 分成两部分，两者相乘的乘积除以两者的差等于 12，问两部分各是多少。同上解答，得到一部分等于 (17 − R_x169)，即 4，另一部分为 (R_x169 减 7)，即 6，用 4 乘以 6 为 24，除以 4 与 6 之间的差 2，正好得到 12。

【例 12-14】 将 10 分成两部分，两者相乘的乘积除以两者的差，正好等于两者的差,问两部分各是多少。

假设一部分为 1co,则另一部分为(10－1co),两者相乘得(10co－1co$^\square$),然后用其除以 1co 和(10－1co)的差即(10－2co),得 $\frac{(10co－1co^\square)}{10－2co}$,其应等于两者的差即(10－2co)。去分母,用(10－2co)乘以(10－2co),得(100－40co＋4co$^\square$),其将等于(10co－1co$^\square$),移项得到最终等式 10co 等于(20＋1co$^\square$),取一次项系数的一半,将其平方,扣减常数项,剩余 5,得到 1co 等于(5－R$_x$5)。因此可知一部分为(5－R$_x$5),另一部分则为(5＋R$_x$5),解毕,依此类推。

【例 12-15】 将 10 分成两部分,较大部分的平方除以两者乘积等于 6,问两部分各是多少。

假设一部分为 1co,另一部分为(10－1co),将较大者平方即用(10－1co)乘以其自身,得到(100－20co＋1co$^\square$),用其除以两者的乘积即(10co－1co$^\square$),得 $\frac{(100－20co＋1co^\square)}{10co－1co^\square}$,其将等于 6。去除分母即用(10co－1co$^\square$)乘以 6 为(60co－6co$^\square$),其等于(100－20co＋1co$^\square$)。移项化简得到最终等式 $\left(14\frac{2}{7}＋1co^\square\right)$ 等于 $11\frac{3}{7}$co,取一次项系数的一半,将其平方,扣减常数项,剩余 $18\frac{18}{49}$,得到 1co 等于 $\left(5\frac{5}{7}－R_x18\frac{18}{49}\right)$。因此可知一部分为 $\left(5\frac{5}{7}－R_x18\frac{18}{49}\right)$ 即 $1\frac{3}{7}$,另一部分则为 $8\frac{4}{7}$,根据题目验证将无误,解毕。

【例 12-16】 将 10 分成两部分,用 10 除以每一部分得到两个商,两个商加总得到 5,问两部分各是多少。

假设一部分为 1co,则另一部分为(10－1co),用 10 除以 1co 得 $\frac{10}{1co}$,再用 10 除以(10－1co)为 $\frac{10}{(10－1co)}$,将两者相加,通分,交叉相乘,将得到 $\frac{100}{(10co－1co^\square)}$,其应等于 5。

去分母,用(10co－1co$^\square$)乘以 5 为(50co－5co$^\square$),其将等于 100,移项化简,除以二次项系数,得到最终等式(10＋1co$^\square$)等于 10co,取一次项系数的一半,将其平方,扣减常数项,剩余 5,得到 1co 等于(5－R$_x$5)。因此可知一部分为(5－R$_x$5),另一部分为将其从 10 中扣减后的剩余即(5＋R$_x$5),依此类推。

【例 12-17】 将 10 分成两部分,每一部分乘以其自身得到两个乘积,两个乘积的和再加上两个部分之差,等于 55,问这两部分各是多少。

假设一部分为 1co,则另一部分为(10 - 1co),将 1co 乘以其自身,得 1co$^\square$,然后将(10 - 1co)乘以其自身,得(100 - 20co + 1co$^\square$),两者相加得(100 - 2co 加 2co$^\square$)。现在加上两部分之差,即 1co 和(10 - 1co)的差(10 - 2co),得(100 - 2co 加 2co$^\square$ 加 10 - 2co),其将等于 55。

移项,除以二次项系数,得到最终等式 $\left(27\frac{1}{2} + 1co^\square\right)$ 等于 11co,取一次项系数的一半,将其平方,扣减常数项,剩余 $2\frac{3}{4}$,得到 1co 等于 $\left(5\frac{1}{2} - R_x 2\frac{3}{4}\right)$。因此一部分的值为 $\left(5\frac{1}{2} - R_x 2\frac{3}{4}\right)$,另一部分的值为 $4\frac{1}{2}$ 加 $R_x 2\frac{3}{4}$,解毕。

类似问题求解:将 10 分成两部分,每一部分乘以其自身得到两个乘积,这两个乘积的和再加上两个部分之差,等于 54,问这两部分各是多少。与上同解,得到一部分的值为 4,另一部分的值为 6,用每一部分乘以其自身,两者的和等于 52,加上 4 和 6 的差即 2,等于 54,解毕。

【例 12-18】 将 10 分成两部分,两者的乘积等于两者的差乘以 4,问这两部分各是多少。

假设一部分为 1co,则另一部分为(10 - 1co),用 1co 乘以(10 - 1co)得(10co - 1co$^\square$),取 1co 和(10 - 1co)的差,为(10 - 2co),将其乘以 4 为(40 - 8co),其将等于(10co - 1co$^\square$),移项得到等式 18co 等于(40 + 1co$^\square$),取一次项系数的一半,将其平方,扣减常数项,剩余 41,得到 1co 等于 $(9 - R_x 41)$。因此其中一部分的值为 $(9 - R_x 41)$,将其从 10 中扣减后的剩余是另一部分,即 $(1 + R_x 41)$,解毕。

类似问题求解:将 10 分成两部分,两者的乘积等于两者的差乘以 12。同上解答,得到一部分的值为 $(17 - R_x 169)$,即 4,另一部分为 $(R_x 169 - 7)$,即 6,根据题目验证,用 4 乘以 6 为 24,用两者的差 2 乘以 12,亦为 24,满足题设条件。

【例 12-19】 将 10 分成两部分,一部分与另一部分的乘积等于两者的差乘以差自身。

假设一部分为 1co,则另一部分为(10 - 1co),用 1co 乘以(10 - 1co)得(10co - 1co$^\square$),取 1co 和(10 - 1co)的差,即(10 - 2co),将其乘以自身得(100 - 40co + 4co$^\square$),其将等于(10co - 1co$^\square$),移项,除以二次项系数,得到最终等式 10co 等于(20 + 1co$^\square$),取一次项系数的一半,将其平方,扣减常数项,剩余 5,得到 1co 等于 $(5 - R_x 5)$。因此其中一部分为 $(5 - R_x 5)$,另一部分为 $(5 + R_x 5)$,解毕。

【例 12-20】 将 10 分成两部分,一部分的 $\frac{3}{4}$ 等于另一部分的 $\frac{4}{5}$。

假设一部分为 1co,则另一部分为(10 - 1co),取 1co 的 $\frac{3}{4}$,为 $\frac{3}{4}$co,然后取(10 -

1co)的 $\frac{4}{5}$，为 $\left(8-\frac{4}{5}\text{co}\right)$，其将等于 $\frac{3}{4}$，移项得到等式 $1\frac{11}{20}$co 等于 8，用 8 除以 $1\frac{11}{20}$，得 $5\frac{5}{31}$，将其从 10 中扣减，剩余则为另一部分即 $4\frac{26}{31}$，解毕，验证将无误。

【例 12-21】 将 10 分成两部分，两者的乘积为 $(20+\text{R}_x 20)$，问这两部分各是多少。

假设一部分为 1co，则另一部分为 $(10-1\text{co})$，用 1co 乘以 $(10-1\text{co})$，得 $(10\text{co}-1\text{co}\square)$，其应等于 $(20$ 和 $\text{R}_x 20)$，移项得到 10co 等于 $(20+\text{R}_x 20+1\text{co}\square)$，取一次项系数的一半，将其平方，扣减常数项，剩余 $(5-\text{R}_x 20)$，得到 1co 等于 $[5-\text{R}_x(5-\text{R}_x 20)]$。因此其中一部分为 $[5-\text{R}_x(5-\text{R}_x 20)]$，另一部分为 $[5+\text{R}_x(5-\text{R}_x 20)]$，解毕。

【例 12-22】 将 10 分成两部分，一部分乘以 $\text{R}_x 7$ 等于另一部分乘以 $\text{R}_x 6$。

假设一部分为 1co，则另一部分为 $(10-1\text{co})$，用 1co 乘以 $(10-1\text{co})$，使用另一种计算方法以简便求解，将 10 平方得 100，然后 6 和 7 之间的差为 1，则 1 为除数，然后 6 乘以 100 为 600，7 乘以 600 为 4 200，6 乘以 600 为 3 600，则其中一部分为 $(\text{R}_x 4\,200-\text{R}_x 3\,600)$。对于另一部分：7 乘以 100 等于 700，7 乘以 700 为 4 900，6 乘以 700 为 4 200，则另一部分为 $(\text{R}_x 4\,900-\text{R}_x 4\,200)$，无误，解毕。

【例 12-23】 将 10 分成三大部分，最大部分与最小部分乘积等于第二大部分乘以第二部分自身。

假设一部分为 1，另外一部分即第二大的部分为 2，用 2 乘以 2 为 4，（因为最小部分为 1）根据题设其就是最大部分的值，将三者即 1,2,4 相加，得 7，而题设为 10，现在计算处理这个差异，问：若 7 对应 10，那么 1 对应多少，用 1 乘以 10 为 10，除以 7，得 $1\frac{3}{7}$，就是第一部分的值。

同样计算第二部分的值：若 7 对应 10，2 对应多少？用 2 乘以 10 为 20，除以 7，得 $2\frac{6}{7}$，就是第二部分的值。然后计算第三部分的值：若 7 对应 10，最大部分即 4 对应多少？用 4 乘以 10 得 40，除以 7，得 $5\frac{5}{7}$，就是第三部分的值，解毕，依此类推。

【例 12-24】 将 10 分成两部分，一部分乘以其自身，从 100 中扣减（该部分得到一个值）；另一部分乘以其自身并将其从 120 中扣减（得到另一个值），取两者的 R_x，其中一个比另一个多 2。

解答如下：假设一部分为 1co，则另一部分为 $(10$ 减 $1\text{co})$，用 1co 乘以其自身为 $1\text{co}\square$，然后用另一部分即 $(10-1\text{co})$ 乘以其自身，为 $(100-20\text{co}+1\text{co}\square)$，将 $1\text{co}\square$ 从

100 中扣减,余(100 − 1co$^\square$),再将(100 − 20co + 1co$^\square$)从 120 中扣减,余(20 + 20co − 1co$^\square$)。扣减这些乘积应总是遵循这样的规则：扣减后的剩余加上扣减数必然等于被扣减数,扣减的验证方法就是加回,即将扣减后的剩余数加上扣减数,必须等于被扣减数,如此即可得到验证。

因此,在上述计算中,需要剩余(20 + 20co),因为剩余值中的加 20co 意味着扣减数中的减 20co,也将剩余减 1co$^\square$,因为剩余值减 1co$^\square$ 也意味着扣减数加 1co$^\square$,如此剩余值和扣减数的和就正好等于 120,即被扣减数,这说明计算无误。

题设条件为一个剩余值的 R_x 比另一个剩余值的 R_x 多 2,因此有 R_x(20 + 20co − 1co$^\square$)比 R_x(100 − 1co$^\square$)多 2,即[R_x(100 − 1co$^\square$) + 2]将等于 R_x(20 + 20co − 1co$^\square$)。

注意计算类似等式时不要犯错,但其求解很困难：每次当你解答包含指数的等式时,都不得不以这样的方法来进行。这些等式可能涉及数量之间的加减运算,又或是数量与 R_x,或是 $R_x R_x$,$R_x R_x R_x$ 等(之间的运算)[①]。在等式中,数量的加减规则就是同一性质的不同数量可以加减,而指数值与假设值不是同一性质,须转换为假设值与假设值相加减来处理。

当等式中存在 R_x 或 $R_x R_x$ 等时,比如 R_x 单独在等式一边,或两边均有,应总是将等式两边均乘以 R_x 自身,消除等式中的 R_x,然后按照上面说的规则有序地进行解答,加减运算将无误。但若 R_x 仅等于一个其他的数量,须取其他数量的 R_x 值,这样两个部分均为 R_x 值,即可将两个部分均乘以自身,消除 R_x,然后再按上述方法解答。

但如果等式的一个部分有 R_x 和其他数量,或假设值,或平方、立方、常数等,R_x 加上这些数量等于另一部分,另一部分或者是一个单独的 R_x,或者是没有 R_x 的数量,或者是 R_x 加上或减去其他数量。若另一部分是一个单独的 R_x,那么将每部分乘以自身,两边的 R_x 就会返回到开方前的数量,但如果"R_x 加上或减去其他数量"乘以其自身就必须将两者交叉相乘,注意不要被这种乘法所迷惑,有时 R_x 之中会包含多个数量,如某个数量或加或减其他的数量,或假设值,或常数、平方值、立方值等。需要注意 R_x 主体中有许多数量的情况,比如 R_x(4 加 3co − 1co$^\square$)乘以 R_x(4 加 3co − 1co$^\square$)应等于(4 加 3co − 1co$^\square$),因为如上所说每个 R_x 乘以自身时,其就应返回其主体自身的数量。这种情况并不需要交叉相乘,但需要记住若 R_x 作为一个主体与其他数量一起,或常数,或假设值、平方值,如上述我们计算的等式,

---

① 原稿(P343)页面的底部,有一行用墨水写的字符,很难解释；看起来像密码文。——整理者注。
该字符如下图所示。——译者注。

$R_X(100-1co^□)$ 加 2 等于 $R_X(20+20co+1co^□)$，$R_X(100-1co^□)$ 必须被当作一个单独的主体，如同 R_X4，除非不知道 R_X 主体中所含数量是什么，但是实际上上述加项和减项是已知的，因此其数值即为如上表达，然后再加上 2。

因此将 $[R_X(100-1co^□)+2]$ 乘以自身，可以从你所愿的地方开始相乘，或者前者，或者后者，现在我们从前者开始，即左手边这一项：$R_X(100-1co^□)$ 乘以 $R_X(100-1co^□)$ 为 $(100-1co^□)$，因为如前所说其是一个主体，因而返回为一个数值，然后计算 2 乘以自身：2 乘以 2 为 4，这两项计算结果先置于此，然后用 2 乘以 $R_X(100-1co^□)$，但其是平方根，因此需要先将 2 换算为平方根即 R_X4，然后用 4 乘以 $(100-1co^□)$，得到 $R_X(400-4co^□)$，然后计算另外一个交叉相乘，结果一样即 $[R_X(400-4co^□)]$。

将这两个 R_X 相加，因为两者相等，因此将其中一个（中的数量）乘以 4 即可，因为两个相同 R_X 相加实际上就是将其中一个乘以 2，将 2 平方为 4，乘以其即可。因此有：用 4 乘以 400 得 1 600，用 4 乘以减 $4co^□$ 得减 $16co^□$，两者相加再取 R_X 值就得到 $[R_X(1\,600-16co^□)]$。

现在将所有的乘积归集在一起，即 $(100-1co^□)$ 和 $[R_X(1\,600-16co^□)]$，其总和就是等式一边的其中一部分即 $[100-1co^□+R_X(1\,600-16co^□)]$①。现在来将等式的另一部分乘以其自身，即 $[R_X(20+20co-1co^□)]$ 乘以 $[R_X(20+20co-1co^□)]$，得 $20+20co-1co^□$，因为其是一个数量主体，这个结果等于上述的总和部分。现在的规则是，当某些部分包含 R_X 时，必须要很确定地知道其每个部分的数量是多少。现在你可看到在 $[100\,减\,1co^□\,加\,R_X(1\,600-16co^□)]$ 的一部分，你很肯定地知道 $(100-1co^□)$ 正是从 $[R_X(100-1co^□)]$ 而来，但是你无法知道 $[R_X(1\,600-16co^□)]$ 是多少，而你可能会认为 $R_X1\,600$ 是 40，而 $R_X16co^□$ 是 $4co$，因此你可能会认为其是从 $R_X(40-4co)$ 而来，但这种看法有误，因为 $(40-4co)$ 乘以其自身是另外一个数量。

因此需要我们这样来理解：现在将上述可以确定数量的"100""加 4"和"减 $1co$"从等式两边扣除。但也可以首先将等式另一边你所确定的部分扣除，因此先从 100 中扣减 20，从减 $1co^□$ 中扣除减 $1co^□$，剩余部分为 $[84\,加\,R_X(1\,600-16co^□)]$，而等式另一边剩余 $20co$，然后继续来扣减上述计算后你所确定的部分，即 84，将其从 $[84+R_X(1\,600-16co^□)]$ 中扣除，那么等式一边剩余 $R_X(1\,600-16co^□)$，从等式另一边也扣除 84，剩余 $(20co-84)$，其将等于 $R_X(1\,600-16co^□)$，现在必须重新将等式两边的每部分乘以其自身，将其换算为同一性质，因此有 $R_X(1\,600-16co^□)$ 乘以自身等于 $(1\,600-16co^□)$，$(20co-84)$ 乘以自身等于 $(400co^□-3\,360co+7\,056)$。

---

① 等式一边的全部应为 $[100\,减\,1co^□\,加\,R_X(1\,600\,减\,16co^□)\,加\,4]$。——译者注

现在已经没有了 R_x 的障碍，其变成了一个通用的等式。移项，从 7 056 中扣减 1 600，剩余 5 456，400co$^\square$ 加上 16co$^\square$，则有等式一边变成（416co$^\square$ − 3 360co + 5 456），最终得到等式 3 360co 等于（416co$^\square$ + 5 456），等式两边除以二次项的系数，有等式 $\frac{3\,360}{416\text{co}}$ 等于 $\left(1\text{co}^\square + \frac{5\,456}{416}\right)$，取一次项系数的一半，将其平方，扣减常数项，剩余 $3\frac{131}{416}$，解得假设值 1co 等于 $\left(4\frac{1}{26} + R_x 3\frac{131}{676}\right)$，即为其中一部分，将其从 10 中扣减，就得另一部分，为 $\left(5\frac{25}{26} - R_x 3\frac{131}{676}\right)$，得解。

类似问题求解：将 10 分成两部分，每部分乘以其自身（得到两个乘积），其一从 20 中扣减，其二从 61 中扣减，得到两个剩余值，两个剩余值的 R_x 中一个比另一个多 3，问这两部分各是多少。

与上同解，得到其中一部分为 $\left(3\frac{13}{109} + R_x \frac{9\,216}{11\,881}\right)$，即 4；另一部分为 $6\frac{96}{109}$ 减 $R_x \frac{9\,216}{11\,881}$，即 6。按题设验证：将 4 乘以自身为 16，从 20 中扣减 16 为 4，6 乘以自身为 36，从 61 中扣减 36 为 25，取这两个剩余值的 R_x，$R_x 4$ 为 2，$R_x 25$ 为 5，一个较另一个多 3。

因为这种方法能更好地被理解和学习，我们将以此方法简略解答：假设一部分为 1co，则另一部分为（10 − 1co），1co 乘以自身为 1co$^\square$，（10 − 1co）乘以自身为（100 − 20co + 1co$^\square$），现在将 1co$^\square$ 从 20 中扣减，剩余（20 − 1co$^\square$），将（100 − 20co + 1co$^\square$）从 61 中扣减，剩余（−39 + 20co − 1co$^\square$），扣减中使用上文中所述的二项式减法，没有规则比上述规则能够更准确地获得扣减后的剩余值。

现在取每个剩余值的 R_x，即 R_x（20 − 1co$^\square$）和 R_x（−39 + 20co − 1co$^\square$），两者中一个较另一个多 3，因此将 3 加在另一个值上即 R_x（20 − 1co$^\square$）加 3，将等于 R_x（39 + 20co − 1co$^\square$），现在将等式的两边都乘以自身来把两边换算为同一性质：3 乘以 3 为 9，然后 3 乘以 R_x（20 − 1co$^\square$），将 3 换算为 R_x 值为 9，因此用 9 乘以（20 − 1co$^\square$）为（180 − 9co$^\square$），然后再计算另一个交叉相乘的乘积，而其与前一个相同，这样将两个乘积加总，即：4 乘以（180 − 9co$^\square$），得（720 − 36co$^\square$）。将所有乘积归集在一起，得到等式［20 − 1co$^\square$ + R_x（720 − 36co$^\square$）+ 9］等于 R_x（−39 + 20co − 1co$^\square$）乘以 R_x（−39 + 20co − 1co$^\square$），后者即（−39 + 20co − 1co$^\square$）。

现在按照上文的方法消项，从等式两边扣减负 1co$^\square$，然后扣减负 39，得到等式一边为［68 + R_x（720 − 36co$^\square$）］，另一边为 20co，依据上述已知规则，将数量 68 从等式两边扣减，即得到 R_x（720 − 36co$^\square$）等于（20co − 68）。

现在继续将这个等式两边分别乘以自身以把它们换算为同一性质：$R_x(720-36co\square)$ 乘以自身得到 $(720-36co\square)$，因为其不需要如上文中的交叉相乘，然后用 $(20co-68)\times(20co-68)$，得到 $(400co\square-2\,720co+4\,624)$，其将等于 $(720-36co\square)$，两边都加上 $(36co\square$ 及 $2\,720co)$，得到等式 $(436co\square+4\,624)$ 等于 $(720+2\,720co)$。

现在扣减常数项，等式两边除以二次项系数，最终得到等式 $\dfrac{2\,720co}{436}$ 等于 $\left(1co\square+\dfrac{3\,904}{436}\right)$，取一次项系数的一半，将其平方，扣减常数项，剩余 $\dfrac{9\,216}{11\,881}$，因此 $R_x\dfrac{9\,216}{11\,881}$ 和一次项系数的一半就是假设值，因此其中一部分为同前文的 $\left(3\dfrac{13}{109}+R_x\dfrac{9\,216}{11\,881}\right)$，另外一部分为 $\left(6\dfrac{96}{109}-R_x\dfrac{9\,216}{11\,881}\right)$，两者为同前文的 4 和 6[①]，仔细观察上述过程十分必要。

【例 12-25】 将 10 分成三部分，第一部分乘以 3，第二部分乘以 4，第三部分乘以 5，三者相等，问这三部分各是多少。

第一种解题方法是假设第一部分为 $1co$，因为需要变换为其他部分（所以将其乘以较大的数），这一部分乘以 5，为 $5co$，第二部分乘以 4 与其相等，为求得第二部分数

---

① 原稿页面空白处有如下计算：

$1co$ $10-1co$

$\dfrac{1co}{1\square}$ $\dfrac{10-1co}{100-20co+1\square}$

$20-1\square$ $-39+20co-1\square$

$R_x\,20-1co+3$ —— $R_x\,-38+20co-1\square$

$R_x\,20-1co+3$ $R_x\,-38+20co-1\square$

$20-1\square+R_x\,720-36\square+9$ —— $-39+20co-1\square$

$68+R_x\,720-36\square$ —— $20co$

$R_x\,720-36\square$ $20co-68$

$\dfrac{R_x\,720-36\square}{720-36co}$ $\dfrac{20co-68}{400\square-2720co+4624}$

$2720co$ $436\square+3904$

$\dfrac{2720co}{436}$ $1\square+\dfrac{3904}{436}$

第一部分 $\left| 3\dfrac{13}{109}+R_x\dfrac{9216}{11881} \right.$

第二部分 $\left| 6\dfrac{96}{109}-R_x\dfrac{9216}{11881} \right.$ 正好 10

量,用5除以4得$1\frac{1}{4}$,因此第二部分为$1\frac{1}{4}$co,因为其乘以4应该等于5co,剩余的一部分就将是10(扣除这两部分)的剩余,即10减$2\frac{1}{4}$co,将其乘以3为$(30-6\frac{3}{4}co)$,其应该等于5co,因此有等式5co等于$(30-6\frac{3}{4}co)$,移项有$11\frac{3}{4}$co等于30,用30除以$11\frac{3}{4}$,得$2\frac{26}{47}$,就是假设值,即第一部分,然后即可得到其他部分,因为第二部分等于假设值的$1\frac{1}{4}$,剩余值就是第三部分,解毕。

第一种解题方法是找3个数字,按上述要求将它们乘以不同的数,乘积相等,同时3个数加总等于10,然后看看这3个数加总是否等于10,若等于10那就得解,若不是则问:若加总数对应10,那么第一个数字对应的第一部分应该是多少,第二部分和第三部分各是多少?将得解。

第二种解题方法是用10除以5,这将得到一部分;然后用10除以4,这将得到另一部分;再用10除以3,得到第三部分,然后使用上述求解方法即可得解。

【例12-26】 将10分成两部分,将每部分乘以其自身然后加总,用这个总和除以各自乘以自身得的两个乘积的差,得到20,问两部分各是多少。

假设一部分为1co,则另一部分为(10-1co),用1co乘以其自身为1co$^\square$,然后用另一部分即(10-1co)乘以其自身,为(100-20co+1co$^\square$),现在将两个乘积相加得到(100-20co+2co$^\square$),除以这两个乘积即1co$^\square$和(100-20co+1co$^\square$)的差即(100-20co),得到分数$\frac{(100-20co+2co^\square)}{(100-20co)}$,其将等于20,去除分母有(2 000-400co)等于(100-20co+2co$^\square$),移项得到最终等式(190co+1co$^\square$)等于950,取一次项系数的一半,将其平方得到9 025,加上常数项(得到9 975),其减去一次项系数的一半即为假设值,即第一部分的值,解毕①。

【例12-27】 将10分成两部分,将每部分乘以其自身,在较小的乘积上加10后,两者相等。问这两部分各是多少。

假设一部分为1co,则另一部分为(10-1co),(10-1co)乘以其自身,为(100-20co+1co$^\square$),另一部分即1co乘以其自身为1co$^\square$,加上10为(1co$^\square$+10),其等于(100-20co+1co$^\square$),移项得到20co等于90,用90除以20,得到$4\frac{1}{2}$,就是假设值即

---

① 原稿页面下方空白处有如下案例:将10分成两部分,两者平方的和除以两者的差等于25。若结果为26则一部分为4,另一部分为6,同上解答无误。但若有人否认,你要知道这里所说的两者的差(不是这两部分之差),不要弄错这个二项式,出于这个原因,我想确保这一点对你来说是必要的。

较小的部分,另一部分将为 $5\frac{1}{2}$。

根据题目验证:$5\frac{1}{2}$ 乘以其自身为 $30\frac{1}{4}$,$4\frac{1}{2}$ 乘以其自身为 $20\frac{1}{4}$,其加上 10 正好等于 $30\frac{1}{4}$,证毕。

【例 12-28】 将 10 分成两部分,一部分乘以 2,另一部分乘以 3,两个乘积相加等于 10。问这两部分各是多少。

假设一部分为 1co,则另一部分为(10-1co),将 1co 乘以 2 为 2co,然后将(10-1co)乘以 3 为(30-3co),加上 2co 得(30-1co),其等于 10,将常数项扣减,有 20 等于 1co,用 20 除以 1 得 20,就是假设值,即一部分为 20,另一部分将为(10-20),得解,根据题目去验证。

【例 12-29】 将 10 分成两部分,一部分除以 2,另一部分除以 3,两者加总为 10。问这两部分各是多少。

假设一部分为 1co,则另一部分为(10-1co),将 1co 除以 2 为 $\frac{1}{2}$co,然后将另一部分除以 3 得 $\left(3\frac{1}{3}-\frac{1}{3}co\right)$,两者相加得 $\left(3\frac{1}{3}+\frac{1}{6}co\right)$,其等于 10,根据等式得到其中一部分为 40,另一部分为(10-40),根据题目验证将无误。

【例 12-30】 将 10 分成两部分,用较大部分的平方除以较小部分的平方得到 2,问这两部分各是多少①。

假设一部分为 1co,则另一部分为(10-1co),将(10-1co)乘以其自身,得(100-20co 加 1co$^\square$),然后 1co 乘以其自身为 1co$^\square$,用(100-20co+1co$^\square$)除以 1co$^\square$,结果应为 2,因此用 1co$^\square$ 乘以 2 为 2co$^\square$,其等于被除数即(100-20co+1co$^\square$),移项得到(1co$^\square$+20co)等于 100,计算得到第一部分为(R_x200-10),另一部分为(10-R_x200)。

【例 12-31】 将 10 分成两部分,较大部分乘以其自身等于较小部分乘以 10。问这两部分各是多少。

假设一部分为 1co,则另一部分为(10-1co),注意,你要理解这里所要求计算的数量就是要将 10 从中间到两端,按比例进行分配②。根据题目有等式 10co 等于(100-20co+1co$^\square$),移项有 30co 等于(100+1co$^\square$),计算得到假设值为(15-R_x125),这就是较小部分的值,另一部分为(R_x125-5)。

类似问题:将 10 分成两部分,较小部分相对较大部分的比例等于较大部分相对

---

① 原稿页面下方空白处有如下注明:若结果为 R_x6 计算将更为简单。
② 即下文类似案例中的"较小部分相对较大部分的比例等于较大部分相对整体的比例"。——译者注。

整体的比例,这个问题实质上就是:较小部分乘以10等于较大部分乘以其自身,按比例将10从中间到两端进行分配。

【例 12-32】 将10分成两个部分,用较大部分除以较小部分,然后用较小部分除以较大部分,两者加总等于9。问这两部分各是多少。

假设一部分为1co,则另一部分为(10−1co),现在用较大部分即第二个数,除以1co,得到$\frac{10-1co}{1co}$,然后用较小部分即1co除以较大部分即(10−1co),得到$\frac{1co}{(10-1co)}$,将两者如同两个分数一样相加①,得到$\frac{(100-20co+2co^\square)}{(10co-1co^\square)}$,其等于9,去分母,将其乘以9,得$(90co-9co^\square)$,移项得到等式110co等于(100加11co$^\square$),除以二次项的系数,利用规则求解,得到其中一部分为$\left(5-R_X 14\frac{10}{11}\right)$,另外一部分为$\left(5+R_X 14\frac{10}{11}\right)$,解毕②。

【例 12-33】 将10分成两部分,用10除以每部分,然后加总得10。问这两部分各是多少。

假设一部分为1co,则另一部分为(10−1co),用10除以1co为$\frac{10}{1co}$,然后用10除以(10−1co)得$\frac{10}{(10-1co)}$,两者按如下分数相加的方法加总③,得$\frac{100}{(10co-1co^\square)}$,其将等于10,去分母有最终等式$(10+1co^\square)$等于10co,取一次项系数的一半,将其平方等,计算得到其中一部分为$(5-R_X 15)$,另一部分为$(5+R_X 15)$,解毕。

【例 12-34】 将10分成3部分,第一部分乘以第三部分等于第二部分乘以其自

---

① 原告页面空白处有如下计算:
$$100-20co+1^\square \qquad 1^\square$$
$$\frac{10-1co}{1co} \diagdown\diagup \frac{1co}{10-1co}$$
$$\frac{100-20co+2^\square}{100co-1^\square} \qquad 等于9$$
$$100-20co+2^\square \qquad 90co-9^\square$$
$$100+11^\square \qquad 100co$$

② 原稿计算错误,结果应为:其中一部分为$\left(5-R_X 15\frac{10}{11}\right)$,另外一部分为$\left(5+R_X 15\frac{10}{11}\right)$。——译者注。

③ 原稿页面空白处有如下计算:
$$100-10co \qquad 10co$$
$$\frac{10}{1co} \diagdown\diagup \frac{10}{10-1co}$$
$$\frac{100}{10co-1^\square} \qquad 10$$
$$10 \qquad 100co-10^\square$$
$$10 \qquad 100co-1^\square$$
$$10+1^\square \qquad 10co$$

身。问这三部分各是多少。

因为这些部分之间具有比例关系,假设第二部分是第一部分的两倍①,所以假设第一部分为 1co,则第二部分为 2co,第三部分为(10 − 3co),第一部分与第三部分相乘,将为(10co − 3co$\square$),第二部分乘以其自身,将为 4co$\square$。得到等式 7co$\square$ 等于 10co,用一次项系数除以二次项系数,得 $1\frac{3}{7}$,就是第一部分,第二部分为 $2\frac{6}{7}$,第三部分为 $5\frac{5}{7}$,正好满足题设要求。

【例 12-35】 将 10 分成三部分,第一部分乘以第二部分再乘以第三部分得到 6,问这三部分为多少。

解答如下:从 10 中扣减 1,剩余 9,这个扣减是因为我们期望第一部分为 1,然后说,将 9 分成两部分,这两部分相乘得到 6,问这两部分各是多少。

假设一部分为 1co,另一部分为(9 − 1co),根据题设相乘,为(9co − 1co$\square$),等于 6,移项有 9co 等于(6 + 1co$\square$),计算得到假设值为 $\left(4\frac{1}{2} + R_X 14\frac{1}{4}\right)$,即其中一部分的值,另一部分则为 $\left(4\frac{1}{2} - R_X 14\frac{1}{4}\right)$,而再一部分则为 1,验证符合题设。

【例 12-36】 将 10 分成两部分,两者相乘,乘积再除以两者的差,得到 $R_X 18$,问这两部分各是多少。

假设一部分为 1co,则另一部分为(10 − 1co),用(10 − 1co)乘以 1co 为(10co − 1co$\square$),将其除以 1co 和(10 − 1co)的差即(10 − 2co),将得到 $R_X 18$,因此用除数即(10 − 2co)乘以 $R_X 18$,需要将(10 − 2co)平方,为(100 − 40co 加 4co$\square$),这样两者都是 R_X 值,将其乘以 18,得(1 800 − 720co + 72co$\square$),其 R_X 值就等于(10co − 1co$\square$),将(10co − 1co$\square$)平方,为(100co$\square$ − 20co$\triangle$ + 1co$\square\square$)。

按照代数的秩序②,首先除以四次项的系数(即 1),结果不变,然后将三次项的系数即 20 除以 4,得 5,其必须乘以自身,得 25,再取一次项系数的一半,即将其除以 2,得 360,用其除以三次项之前的系数 20,得 18,然后将其与三次项现在系数的平方即 25 相加,得 43,则 $R_X 43$ 加上"三次项系数除以 4 的结果(即 5)",减去"一次项系数除以 2 再除以之前的三次项系数 20 的结果(即 18)"的 R_X 值,即 $R_X 18$,得到假设值③。

---

① 因为有两个未知数,因此须假设这两个未知数之间的关系方能求解。——译者注
② 上文实际得到一个一元四次方程:1 800 − 720X + 72X² = 100X² − 20X³ + X⁴,即 X⁴ − 20X³ + 28X² + 720X = 1 800,本部分是关于这个一元四次方程的解答。——译者注
③ 从过程来看,帕乔利解四元一次方程使用了配方法。——译者注

前文假设其中一部分为 1co，因此其应为（R_x43 加 5 − R_x18），另一项则等于该数至 10 的剩余值，为（5 + R_x18 − R_x43）。现在教你另一种计算方法，用二次项系数即 28 除以 4，得 7，将其平方为 49，加上常数 1 800，为 1 849，取平方根为 43（再取其平方根即 R_x43），加上三次项系数（即 20 除以 4 得 5），减去 "一次项系数除以 2 再除以三次项系数 20 的结果（即 18）" 的平方根，得到其中一部分为（R_x43 + 5 − R_x18），另一项则为（5 + R_x18 − R_x43），解毕。

【例 12-37】 将 10 分成两部分，每部分的 R_x 值加总得 $3\frac{1}{2}$，问这两部分各是多少。

要解答这个问题，可以反过来考虑，问题可以变换为：将 $3\frac{1}{2}$ 分成两部分，将每部分乘以其自身，然后将乘积加总得到 10，问两部分各是多少。因为题设为每部分平方根加总得 $3\frac{1}{2}$，因此 $3\frac{1}{2}$ 的两部分分别乘以自身，乘积加总就应该等于 10。但按本案例的要求，你必须回答的是 10 的两部分各是多少而非 $3\frac{1}{2}$ 的两部分。可按如下方法计算：当你解答了将 $3\frac{1}{2}$ 分成两部分，每部分分别乘以自身的乘积加总得到 10 之后，将 $3\frac{1}{2}$ 的两部分各乘以其自身即可。

现在你就可轻松地处理该问题，无须计算繁琐到难以容忍的 10 之分配。因此来计算 $3\frac{1}{2}$：假设其中一部分为 1co，则另一部分为 $\left(3\frac{1}{2} - 1\text{co}\right)$，将两部分都乘以自身：1co 乘以 1co 为 1co□，$\left(3\frac{1}{2} - 1\text{co}\right)$ 乘以 $\left(3\frac{1}{2} - 1\text{co}\right)$ 为 $\left(\frac{49}{4} - 7\text{co} + 1\text{co}□\right)$，两者相加得 $\left(\frac{49}{4} - 7\text{co} + 2\text{co}□\right)$，其应等于 10，移项并将等式两边除以二次项系数，得到最终等式 $\left(\frac{9}{8} + 1\text{co}□\right)$ 等于 $\frac{7}{2}$co，取一次项系数的一半，将其平方，减去常数项，剩余 $1\frac{15}{16}$，用一次项系数的一半减去 $R_x 1\frac{15}{16}$ 即为假设值，因此可知其中一部分为 $\left(1\frac{3}{4} - R_x 1\frac{15}{16}\right)$，另一部分为该数至 $3\frac{1}{2}$ 的剩余，即 $\left(1\frac{3}{4} + R_x 1\frac{15}{16}\right)$。

现在根据题设来计算 10 的两部分，将上述两个部分各自乘以自身，$\left(1\frac{3}{4} - \right.$

$R_x 1\frac{15}{16}$) 乘以 $\left(1\frac{3}{4} - R_x 1\frac{15}{16}\right)$,得 $\left(5 - R_x 23\frac{47}{64}\right)$,就是其中一部分,其 R_x 值加上后文另一个乘积的 R_x 值,等于 $3\frac{1}{2}$。现在将上文的第二个值即 $\left(1\frac{3}{4} + R_x 1\frac{15}{16}\right)$ 乘以自身,得 $\left(5 + R_x 23\frac{47}{64}\right)$,其与上述的另一部分相加正好等于 10,因此 10 的第二部分是 $\left(5 + R_x 23\frac{47}{64}\right)$。这两部分的 R_x 值加总正好等于 $3\frac{1}{2}$。此验算使谁也无法否认上述解答计算过程,解毕。

类似问题:将 13 分成两部分,每部分的 R_x 值加总等于 5,问这两部分各是多少。

按上文的方法解答计算,将得到其中一部分为 4,另一部分为 9,$R_x 4$ 为 2,$R_x 9$ 为 3,加总为 5,解毕。通过上述 $3\frac{1}{2}$ 的方法,反向来描述此问题就是:将 5 分成两部分,将每部分乘以其自身,两个乘积加总为 13,依此计算将无误。

假设一部分是 1co,另一部分则为 (5 - 1co),1co 乘以自身为 1co□,(5 - 1co) 乘以自身为 (25 - 10co + 1co□),两者相加为 (25 - 10co + 2co□),其将等于 13,按照前文方法移项,除以二次项系数,即可得解。

【例 12-38】 将 10 分成两部分,每部分的 R_x 值加总得到 $3\frac{1}{2}$,问这两部分各是多少。

这个问题与上文相同,但我想教你与上述反向解答不同的直接解答方法。

若你熟悉根据代数的方法来解答未知数的等式,你可以按你的意愿来假设其为一次项未知数或二次项,均可。假设 10 的一部分是 1co,则另一部分则为 (10 - 1co),1co 的平方根为 $R_x 1co$,另一部分为 $R_x (10 - 1co)$,两者相加为 [$R_x 1co$ 加上 $R_x (10 - 1co)$],其应等于 $3\frac{1}{2}$。若整个部分只有一个 R_x 值而没有其他项时,所需要做的就是将其乘以自身,其乘积总是等于平方根中的数量,因为某数平方根的值是唯一的,平方根的值乘以自身也就将等于该数,而其也就是其平方根乘以自身。例如 $R_x 9$ 等于 3,3 乘以自身为 9,同时其又等于 $R_x 9$ 乘以自身,亦为 9,因为 $R_x 9$ 乘以 $R_x 9$ 即等于 9,所以是一致的。

现在回到本题,有等式 [$R_x 1co$ 加上 $R_x (10 - 1co)$] 等于 $3\frac{1}{2}$,因此将 $3\frac{1}{2}$ 乘以自身,得 $12\frac{1}{4}$,同时将 [$R_x 1co + R_x (10 - 1co)$] 也乘以自身,交叉相乘得到 [1co + 10 -

1co 加 $R_x(40co-4co^□)$］，注意不要弄错这些数量即（平方根中的）二项式，不要单独取某个数量进行计算，而是将它们整体当作一个数量，比如要如同 R_x5 一样看待 $R_x(10-1co)$，因为 $(10-1co)$ 是组合在一起的数量。

依此方式相乘，从你所愿，一边开始交叉相乘，现在从右手边开始到左手边，$R_x(10-1co)$ 乘以 $R_x(10-1co)$ 得 $(10-1co)$，因为 R_x 乘以自身得到其主体的数量，然后 R_x1co 乘以 $R_x(10-1co)$ 为 $R_x(10co-1co^□)$，如此继续计算另外一项，即 $R_x(10-1co)$ 乘以 R_x1co，同样还是得到 $R_x(10co-1co^□)$，现在将这两个相同的乘积相加，即将此 R_x 双倍（即乘以 2）即可，但是先要将 2 换算为同一性质，即将其平方得 4，用 4 乘以 $(10co-1co^□)$，得 $(40co-4co^□)$，便得到上述两个 R_x 值的和，即 $R_x(40co-4co^□)$，再将 R_x1co 乘以自身等于 $1co$，将所有乘积加总，得到 [$1co + R_x(40co-4co^□)$ 加 $10-1co$]，等于 $12\frac{1}{4}$。

现在移项，消除每个确定的数量，得到剩余的等式，你可以发现在多项式中确定的数量是 $1co$ 和 $(10-1co)$，其他的为 R_x 值，$1co$ 与减 $1co$ 抵消，因此剩余 10，从等式两边扣除，得到两个剩余项 $R_x(40co-4co^□)$ 和 $2\frac{1}{4}$，因为 $12\frac{1}{4}$ 扣减 10 得 $2\frac{1}{4}$，这两个剩余项应相等，因为（扣除）之前它们相等，而等式两边扣除同样部分后其剩余也相等，其根据是公理"如果从相等的部分中取出相等的部分，剩下的部分也将是相等的"。

现在因为等式一边是 R_x 值，而另一边是 $2\frac{1}{4}$，因此将每部分都乘以自身，便去掉 R_x，使等式两边性质相同，因此：$R_x(40co-4co^□)$ 乘以 $R_x(40co-4co^□)$ 等于 $(40co-4co^□)$，然后再将 $2\frac{1}{4}$ 乘以自身得 $5\frac{1}{16}$，其等于 $(40co-4co^□)$，移项且除以二次项的系数，然后取一次项系数的一半，将其平方，扣减常数，剩余 $23\frac{47}{64}$，则一次项系数的一半减 $R_x 23\frac{47}{64}$ 即为假设值，因此可知其中一部分为 $\left(5-R_x 23\frac{47}{64}\right)$，另一部分为 $\left(5+R_x 23\frac{47}{64}\right)$。

根据前文，$\left(5-R_x 23\frac{47}{64}\right)$ 对应 $1\frac{3}{4}$ 减 $R_x 1\frac{15}{16}$，$\left(5+R_x 23\frac{47}{64}\right)$ 对应 $\left(1\frac{3}{4}+R_x 1\frac{15}{16}\right)$，两者加总正好等于 $3\frac{1}{2}$，因为加 $R_x 1\frac{15}{16}$ 与减 $R_x 1\frac{15}{16}$ 抵消，因此等于

$1\frac{3}{4}$ 加 $1\frac{3}{4}$，即为 $3\frac{1}{2}$。

如上文所述，还可以将一部分假设为 1co□，以与上述相同的方法求解，只是在最后，必须要牢记，你求解所得结果是 1co，并没有得到题设要求的部分，因为你所假设的一部分是 1co□。因此必须将 1co 乘以自身，获得 1co 的平方值 1co□，根据你的假设，1co□ 才是其中一部分的值。以你所愿，进行假设，而所求得的总是未知数的值，然后根据你的假设来计算这个值的次方，或平方，或 4 次方等。

与前文类似的案例：将 13 分成两部分，每部分的平方根相加等于 5，问这两部分各是多少。

按照上文直接和反向的方法计算，反向计算如同上文所述，分配 $3\frac{1}{2}$：将 5 分成两部分，每部分乘以自身，乘积加总等于 13，计算后得到 5 的一部分是 2，5 的另一部分是 3，将 2 乘以自身为 4，另一部分 3 乘以自身为 9，两者相加为 13。直接方法就是假设 13 的一部分为 1co□，按上述方法操作，不再赘述，将得到 1co 为 $\left(2\frac{1}{2} - R_x \frac{1}{4}\right)$，然后将其平方，得到 13 的其中一部分为 4。

【例 12-39】 将 10 分成两部分，用较大部分除以较小部分，结果等于两者的差。

假设一部分为 1co，则另一部分为 (10 − 1co)，为较大的部分，因此用 (10 − 1co) 除以 1co，得 $\frac{(10-1co)}{1co}$，根据题设其等于 1co 和 (10 − 1co) 的差，即 (10 − 2co)，因此用除数即 1co 乘以 (10 − 2co)，得 (10co − 2co□)，其将等于 (10 − 1co)。移项并将等式两边除以二次项的系数，取一次项系数的一半，将其平方，扣减常数项，剩余 $2\frac{9}{16}$，一次项系数的一半减 $R_x 2\frac{9}{16}$ 即为假设值，因此可知其中一部分为 $2\frac{3}{4}$ 减 $R_x 2\frac{9}{16}$，另一部分为 $7\frac{1}{4}$ 加 $R_x 2\frac{9}{16}$。解毕。

类似问题解答：将 12 分成两部分，较大部分除以较小部分等于较小部分与 12 的一半即 6 的差。

按上文方式解答，将得到较小部分为 $\left(3\frac{1}{2} + R_x \frac{1}{4}\right)$ 即 4，另一部分是 4 至 12 的剩余，为 $\left(8\frac{1}{2} - R_x \frac{1}{4}\right)$ 即 8，验证将无误。

另一案例：将 6 分成两部分，较大部分除以较小部分等于两者的差。很容易解得一部分为2，另一部分为4，用4除以2等于2，正好等于4和2的差。若如上文使用假设值解答，假设一部分为1co，则另一部分为(6－1co)，用(6－1co)除以1co得$\frac{(6-1co)}{1co}$，其等于两者即1co和(6－1co)之间的差即(6－2co)。

用除数1co乘以(6－2co)，其结果(6co－2co□)将等于被除数即(6－1co)，移项并除以二次项的系数，有等式$\left(3+1co\square=3\frac{1}{2}co\right)$，取一次项系数的一半，将其平方，扣减常数项，剩余$\frac{1}{16}$，一次项系数的一半加上$R_x\frac{1}{16}$即为假设值，因此可知一部分为$\left(1\frac{3}{4}+R_x\frac{1}{16}\right)$即2，另一部分为该数至6的剩余值即$\left(4\frac{1}{4}-R_x\frac{1}{16}\right)$即4。要注意有时未知数的解是用一次项系数的一半减去剩余值的平方根，而有时是一次项系数的一半加上剩余值的平方根，比如本案例的解，所以需要关注。

【例12-40】 将10分成两部分，较小部分是较大部分的平方根，问这两部分各是多少。

假设一部分为1co，则另一部分为(10－1co)，将较小部分乘以其自身为1co□，其将等于(10－1co)，移项有(1co□＋1co)等于10，取一次项系数的一半，将其平方，加上常数项，和为$10\frac{1}{4}$，其R_x值减去一次项系数的一半即为假设值。因此有$\left(R_x 10\frac{1}{4}-\frac{1}{2}\right)$为10的一部分，则该数至10的剩余值为另一部分即$\left(10-R_x 10\frac{1}{4}+\frac{1}{2}\right)$，解毕。

根据题目验证：将较小部分乘以自身即$\left(R_x 10\frac{1}{4}-\frac{1}{2}\right)$乘以自身，得$\left(10-R_x 10\frac{1}{4}+\frac{1}{2}\right)$，验毕，依此类推。

类似问题：将12分成两部分，较小部分是较大部分的平方根，按照上述同样的方法求解，可知一部分是3，另一部分是9。

假设第一部分为1co，另一部分为(12－1co)，1co乘以其自身为1co□，将等于(12减1co)，移项有(1co加1co□)等于12，取一次项系数的一半，将其平方，加上常数项，和为$12\frac{1}{4}$，则$\left(R_x 12\frac{1}{4}-\frac{1}{2}\right)$为其中一部分，另一部分则为$\left(12-R_x 12\frac{1}{4}+\frac{1}{2}\right)$，解毕，验证同上。

【例12-41】 将10分成两部分，用较大部分除以较小部分，较小部分除以较大部分，两者相减等于10，问这两部分各是多少。

假设一部分为 1co，则另一部分为（10 - 1co），用（10 - 1co）除以 1co，得 $\frac{(10-1co)}{1co}$，再用 1co 除以（10 - 1co），为 $\frac{1co}{(10-1co)}$，现在两者相减，通分，交叉相乘，得 $\frac{(100-20co)}{(10co-1co\square)}$，应等于 10，去分母移项，得等式（10 + 1co□）等于 12co，取一次项系数的一半，将其平方，扣减常数，剩余 26，一次项系数的一半减 $R_x 26$ 即为假设值，因此其中一部分为（6 - $R_x 26$），另一部分为（4 + $R_x 26$），解毕。

类似案例：将 12 分成两部分，用较大部分除以较小部分，较小部分除以较大部分，两者的差等于 $1\frac{1}{2}$。

假设一部分为 1co，则另一部分为（12 - 1co），按照上文方法进行计算，得其中一部分为（14 - $R_x 100$）即 4，其为较小部分，另一部分为该数至 12 的剩余，即（$R_x 100$ - 2），为 8。根据题目验证，用较大部分除以较小部分即 8 除以 4，为 2，然后用较小部分除以较大部分，即 4 除以 8，为 $\frac{1}{2}$，从 2 中扣减 $\frac{1}{2}$ 为 $1\frac{1}{2}$，符合题设，解毕。

【例 12-42】 将 10 分为两部分，一部分 R_x 值的 $\frac{1}{3}$ 和另一部分 R_x 值的 $\frac{1}{4}$，相加等于 $3\frac{1}{2}$，问各部分是多少。

要知道这个问题可以表述为：将 $3\frac{1}{2}$ 分成两部分，先将一部分乘以 3，另一部分乘以 4，然后将两个乘积各乘以其自身的结果相加，得 10。因为若你想要一部分 R_x 值的 $\frac{1}{3}$ 加上另一部分 R_x 值的 $\frac{1}{4}$ 等于 $3\frac{1}{2}$，因此这 $\frac{1}{3}$ 的部分将是 $3\frac{1}{2}$ 的一部分，$\frac{1}{4}$ 的部分将是另一部分，因此可求解 $3\frac{1}{2}$ 的一部分，将其乘以 3，所得值的 $\frac{1}{3}$ 就是 $3\frac{1}{2}$ 的这一部分，因为某个数量的 $\frac{1}{3}$ 乘以 3 就得到这个数本身。

例如，2 是某个数量的 $\frac{1}{3}$，问这个数是多少，则用 2 乘以 3 为 6，其数量的 $\frac{1}{3}$ 即为 2 等，若想知道某个数是哪个数的 $\frac{1}{4}$，则用某个数量乘以 4（即可得解），所得值的 $\frac{1}{4}$ 就是这个 $\frac{1}{4}$ 的数量，比如问 2 是哪个数量的 $\frac{1}{4}$，用 2 乘以 4，为 8，8 的 $\frac{1}{4}$ 就是 2，依此类推。

现在回到案例，若你把 $3\frac{1}{2}$ 的一部分乘以 3，将得到乘以 $\frac{1}{3}$ 那一部分，该数是 10

的其中一部分的 R_x 值,其乘以 $\frac{1}{3}$ 加上另一部分 R_x 值的 $\frac{1}{4}$,将等于 $3\frac{1}{2}$,而要求解另一部分,按照求解 $\frac{1}{3}$ 这一部分的过程计算即可,无需其他步骤。若你想通过直接的方法来解答计算,将极为繁琐。看看你是否知道如何进行这样的反向计算,因为其能解答许多问题。

类似案例:将 25 分成两部分,一部分 R_x 值的 $\frac{1}{3}$ 和另一部分 R_x 值的 $\frac{1}{4}$ 加总得到 2。可解得其中一部分为 16,另一部分为 9,因为 R_x 16 的 $\frac{1}{4}$ 为 1,R_x 9 的 $\frac{1}{3}$ 为 1,加总正好得到题设的 2。

而你亦可使用上文方法来求解,即将 2 分成两部分,一部分乘以 3 后再平方,另一部分乘以 4 后再平方,两者相加等于 25,问两部分各是多少。计算后可得其中一部分是 1,其乘以 3 为 3,这个 3 就是 25 的一部分 9 的 R_x 值,另一部分也是 1,其乘以 4 为 4,这个 4 就是 25 的另一部分 16 的 R_x 值,解毕,依此类推。

【例 12-43】 将 10 分成两部分,一部分的 R_x 值的 $\frac{3}{4}$ 加上另一部分的 R_x 值的 $\frac{2}{3}$,和为 $3\frac{1}{2}$,问这两部分各是多少。

此问题与上文解答方法一样,将 $3\frac{1}{2}$ 分成两部分,将一部分的 $\frac{1}{3}$ 加上这部分(即这部分的 $\frac{4}{3}$),用所得的和乘以其自身得到一个乘积;然后取另一部分的一半,加上这部分(即这部分的 $\frac{3}{2}$),将所得的和乘以其自身得到另一个乘积,两个乘积相加等于 10。

如我所述,你有一个数的 $\frac{3}{4}$,而又想知道这个数,由此你取 $3\frac{1}{2}$ 这一部分的 $\frac{1}{3}$,再加上这一部分,就得到这部分的 $\frac{4}{3}$,其就是 10 的一部分的 R_x 值,其乘以自身就得到 10 的一部分。取 $3\frac{1}{2}$ 另一部分的 $\frac{1}{2}$ 再加上这部分,就得到这部分的 $\frac{3}{2}$,就是 10 的另一部分的 R_x 值,其乘以自身得到这个部分,与上面的一部分相加等于 10。

类似问题:将 25 分成两部分,一部分 R_x 值的 $\frac{3}{4}$ 加上另一部分 R_x 值的 $\frac{2}{3}$ 的和为 5,问这两部分各是多少。

按上文同样的方法计算解答,将得到其中一部分为 16,另一部分为 9,因为 R_x 16

的 $\frac{3}{4}$ 为 3，R_x9 的 $\frac{2}{3}$ 为 2，两者加总为 5。为解答，问题可以表述为：将 5 分成两部分，一部分的 $\frac{1}{3}$ 加上这部分的和乘以和自身得到一个乘积，另一部分的一半加上该部分的和乘以和自身得到一个乘积，两个乘积相加，和为 25，问如上的两部分各是多少。此问题同上计算可得解。

【例 12-44】 将 10 分成两部分，一部分 R_x 值的 $\frac{3}{4}$ 等于另一部分 R_x 值的 $\frac{2}{3}$，问这两部分各是多少。

以你的方法及才能来解答本例，将得解，向那些想要否认（解题方法）的人展示这个案例。

类似问题：将 145 分成两部分，一部分 R_x 值的 $\frac{3}{4}$ 等于另一部分 R_x 值的 $\frac{2}{3}$，问这两部分各是多少。根据代数方法计算，可解得一部分为 64，另一部分为 81，因为 R_x64 的 $\frac{3}{4}$ 为 6，而 R_x81 的 $\frac{2}{3}$ 也为 6，因为 R_x64 为 8，而 R_x81 为 9，如此满足题设条件，解毕。

【例 12-45】 将 10 分成两部分，每部分的 R_x 值加总等于两部分的差，问这两部分各是多少。

要知道这是一个比较难解的问题，但只要找出正确的解题方法，就可以迎刃而解。因为最终等式的一边有两项，另一边有三项，解答起来非常繁琐，但对于掌握了解答方法的人将能够得解且随后验证无误。

类似问题：将 25 分成两部分，每部分的 R_x 值加总等于两部分的差，问这两部分各是多少。

计算解得其中一部分为 16，另一部分为 9，因为 R_x16 为 4，R_x9 为 3，加总为 7，而 16 和 9 的差也是 7，因此无误，计算同上。

【例 12-46】 将 10 分成两部分，用较大部分除以较小部分，然后将结果乘以其自身，乘积比较大部分少 2，或者也可以是多 2，但是无论哪种方法，等式的每边都将得到两个项式。问这两部分各是多少。

要知道，直到现在这些类似的问题还没有普遍规则[①]，但为反驳否认可求解之

---

① 本案例及随后案例都涉及一元三次方程的解答，但是在帕乔利的时代，尚未发现一元三次方程的解答方法，帕乔利对三次方程的求解进行了不懈探索但始终未果。西皮奥尼·德尔·费罗（Scipione Dal Ferro）于 1505 年左右发现了某些缺项三次方程的求解公式，1502 年，帕乔利在博洛尼亚大学任教期间可能曾与费罗探讨过三次方程的解法。尼科洛·丰塔纳（Niccolò Fontana）或称尼科洛·塔塔利亚（Niccolò Tartaglia）于 1535 年发现了多种类型三次方程的解法，可能于 1541 年发现了三次方程的一般解答公式。——译者注。

人,解答类似问题是可能的。由于在解答的等式中,有两个项在一边,两个项在另一边①,而且没有通用的处理规则(解答较为困难),但在本书的最后,我将告诉你将如何计算处理这种类似问题及我所知道的相关计算。

类似问题:将10分成两部分,用较大部分除以较小部分,然后将其乘以自身,乘积比较大部分少 $3\frac{3}{4}$。问这两部分各是多少。

解得一部分是4而另一部分为6,用6除以4得 $1\frac{1}{2}$,将其乘以自身得 $2\frac{1}{4}$,其较6少 $3\frac{3}{4}$,但是如前所述,该解答并非通过通用的规则,而是通过不寻常的等式项来求解计算的。

另一案例:将10分成两部分,用较大部分除以较小部分,然后将结果乘以自身,乘积比较大部分多8,问这两部分各是多少。

面对这个问题你同样将处理不寻常的等式项,即等式的一边有两项而另一边也有两项,可解得一部分是2,另一部分是8,因为用8除以2得4,将其乘以自身为16,16比较大部分多8,这样就可以让那些否认你的人或多或少知道解答这类问题是可能的,在所有类似的问题中,都会需要解答两边各含两项的等式②。

【例 12-47】 将10分成5部分,把每部分乘以10,然后5个乘积相加等于90,问这5部分各是多少。

要知道这样的问题是无解的:你不可能将10分成5部分,使得每部分乘以10得到的5个乘积相加等于90。同样,用另一个数字来提问:将某个数字分成5部分,把每部分乘以这个数字,乘积相加等于50。这个问题你也永远不可能找到(除唯一解外的)另一个解③,使总和是50。(前述问题可能)使用较大的(总和)的数量(有解),但这并非普遍的,(也有可能)使用较小的(被分配)数(有解),比如将10分成5部分,把每部分各乘以10加总要得到100,假设这5部分每部分都是2,将2乘以10为20,5乘以20等于100,可满足条件。但若总和少50,取数少5,即将5分成5部分,要得到50,假设每部分是1,每部分乘以5为5,加总这5个乘积则只得到25。

---

① 指含有一个未知数的方程在化简后,等式两边各有两项,共四项:三次项、二次项、一次项和常数,即一元三次方程。——译者注。

② 原稿页面左边空白处有如下案例:将10分成两部分,一部分乘以自身后再乘以另一部分等于144,问这两部分各是多少。要知道直到现在还没有找到很好的方法(来解答类似问题),但我希望能找到和上文一样有实际数字构成的等式。本问题题设条件为144,其一部分是4,另一部分是6,因为6乘以自身是36,36乘以另一部分即4,就是144,但是使用假设的方法无法解答。

③ 原文并未确指"另一个数"是什么,但是根据上下文来看,可能是指"除唯一解外的另一个数"。——译者注。

这些所采用的解答方法并非我所期望的通用规则[①],所以我期望这类问题到此为止,愿上帝保佑,弄清了许多晦涩难懂的步骤,为简洁起见,我留下了上述内容。

【例 12-48】 将 10 分成两个部分,一部分乘以 $R_x 8$ 等于另一部分乘以 3,问这两部分各是多少。

假设一部分为 1co,则另一个部分为 $(10-1co)$,用较小部分即 1co 乘以 3 为 3co,然后用 $(10-1co)$ 乘以 $R_x 8$,先将 $(10-1co)$ 换算为 R_x 值,为 $(100-20co+1co^\square)$,现在两者均为 R_x 值,将其乘以 8,得 $(800-160co+8co^\square)$,将每部分都乘以自身以消除 R_x,3co 乘以 3co 为 $9co^\square$,$R_x(800-160co+8co^\square)$ 乘以自身为 $(800-160co+8co^\square)$,其等于 $9co^\square$。

移项,除以二次项系数,得到等式:$(1co^\square+160co)$ 等于 800,取一次项系数的一半,将其平方,加上常数,和为 7 200,得到假设值为 $(R_x 7\ 200-80)$,因此可知一部分为 $(R_x 7\ 200-80)$,因为两部分相加应为 10,则另一部分为该数至 10 的剩余值即 $(90-R_x 7\ 200)$。

类似问题:将 5 分成两部分,一部分乘以 $R_x 4$ 等于另一部分乘以 3,问两部分各是多少?

与上同解,得到其中一部分为 $(R_x 36-4)$,另一部分为该数至 5 的剩余即 $(9-R_x 36)$,即一部分为 2,其乘以 3 为 6;另一部分为 3,其乘以 $R_x 4$ 得 $R_x 36$,亦为 6,验证两者相等,非常清楚。注意,采用上述同样的方法可以解答类似的无限问题,无须更多的计算,你也可以自己提出问题来解答。

【例 12-49】 用 100 除以一个数(第一个除数),商先保留;然后再用 100 除以"5 加上第一个除数"(第二个除数),商保留;再用 100 除以"第二个除数减 6"(第三个除数),商保留。将三个商加总得到 20,问第一次除以的数(第一个除数),第二次(第二个除数)和第三次除以的数(第三个除数)。

要知道这样类似的问题是可解的,尽管直到现在仍没有通用的规则,因为等式两边各有两项,即处理后的等式由常数、三次项、二次项和一次项构成,本案例最终等式为 $(144+1co^\triangle)$ 等于 $(9co^\square+24co)$[②],这个等式与上文中关于 10 的问题中所得到的(三次项求解)类似,因此这里仅简略带过。

类似可解的问题:用 100 除以一个数量(第一个除数),商先保留;然后再用 100 除以"5 加第一个除数"(第二个除数),商保留;再用 100 除以"第二个除数减 6"(第三

---

① 因为这种类型的题目涉及多个未知数,无法提供解答的通用规则,但帕乔利在本著作中贯穿始终的希望是找到并教给学生通用的解答规则。——译者注。

② 原稿计算可能有误,假设第一次除以的数量为 1co,将得到的最终等式为:$25+1co^\triangle=11co^\square+45co$。——译者注。

个除数),商保留。将三个商加总得到 $14\frac{5}{19}$,问第一次除以的数量(第一个除数),第二次(第二个除数)和第三次除以的数量(第三个除数)。

这个问题类似于上面的问题,但其有真实数(numero vero)的解,第一次除以的数为 20,商为 5;然后用 100 除以 25,得 4;再用 100 除以"第二次除以数量减 6"(即 19),得 $5\frac{5}{19}$,现在将 3 个商即 5、4 和 $5\frac{5}{19}$ 加总,得到题设的 $14\frac{5}{19}$。但你若想把结果变成 15 或其他数量,只要不是 $14\frac{5}{19}$,就需要进行摸索尝试解答,类似问题的解答都会很繁琐。

用 100 除以一个数量(第一个除数),商先保留;然后再用 100 除以"5 加第一个除数"(第二个除数),得到的商是"第一次得到的商减 1",问第一次和随后第二次除以的数量。

同上,无他意。

【例 12-50】 由若干人来平等分配 100 弗罗林(第一次分配),然后由比第一次多 5 个的人来平等分配 100 弗罗林(第二次分配),第一次分配中每人分得的数量比第二次分配中每人分得的数量多 1,问第一次和第二次各有多少人参与分配。

假设第一次参与分配的人数为 1co,因此用 100 除以 1co,为 $\frac{100}{1co}$,就是每个人分得的弗罗林数量。现在用 100 除以"第一次的人数加 5",即(1co 加 5),得 $\frac{100}{(1co+5)}$,这是第二次每人所分,而题设条件是第一次比第二次多 1,因此将第二次的加 1 即为第一次的,即 $\left[\frac{100}{(1co \text{ 加 } 5)}+1\right]$,现在将 1 与分数通分,用 1 乘以(1co 加 5)得(1co 加 5),这样两者分母相同,得到分数 $\frac{100+1co+5}{(1co+5)}$,其等于第一次分配的数量即 $\frac{100}{1co}$。

交叉相乘去分母,得到等式 500 等于(5co+1co□),取一次项系数的一半,将其平方,加上常数项,为 $506\frac{1}{4}$,解得假设值为 $\left(R_x 506\frac{1}{4}-2\frac{1}{2}\right)$,就是第一次(参与分配)的人数,$R_x 506\frac{1}{4}$ 为 $22\frac{1}{2}$,$22\frac{1}{2}$ 减 $2\frac{1}{2}$ 则为 20,即第一次的人数,第二次的人数为其加 5,即 25。

根据题目验证:第一次每人分配数量为 5 弗罗林,第二次每人分配数量为 4 弗罗林,较第一次少 1 弗罗林,你可以按此主题自己设定类似问题。

【例 12-51】 用 100 除以某个数,然后再用 100 除以"第一次除以的数(第一个除数)加 3"(第二个除数),两个商加总得 20,问第一次(第一个除数)和第二次(第二个除数)除以的数。

假设第一次除以 1co,得 $\dfrac{100}{1\text{co}}$,然后用 100 除以(1co 加 3),得 $\dfrac{100}{(1\text{co}+3)}$,两者加总,通分得 $\dfrac{(100\text{co}+300+100\text{co})}{(1\text{co}^\square+3\text{co})}$,其等于 20,去分母,用 $(1\text{co}^\square+3\text{co})$ 乘以 20 为 $(20\text{co}^\square+60\text{co})$,其等于 $(100\text{co}+300+100\text{co})$,移项,除以二次项系数,得到等式 $(7\text{co}+15)$ 等于 $1\text{co}^\square$,取一次项系数的一半,将其平方,加上常数项,得 $27\dfrac{1}{4}$,则假设值为 $R_x 27\dfrac{1}{4}+3\dfrac{1}{2}$,就是第一次的除数,第二次为 $\left(6\dfrac{1}{2}+R_x 27\dfrac{1}{4}\right)$。

注意当解答结果是一个由常数和 R_x 值组成的二项式时,除非更大的数是减项,应该总是把更大的数放在前面的位置,把更小的数放在前面位置不佳。如同上述解答,将更大的数放在前面位置,因此第一次的除数应该为 $\left(R_x 27\dfrac{1}{4}+3\dfrac{1}{2}\right)$,第二次为 $\left(6\dfrac{1}{2}+R_x 27\dfrac{1}{4}\right)$,这样更佳,即使它并不重要,但这样排列更完美。

类似问题:用 100 除以一个数量(第一个除数),商先保留;然后再用 100 除以"5 加第一次除以的数量"(第二个除数),两个商相加得 30,问第一次(第一个除数)和第二次(第二个除数)除以的数。

同上解答,第一次为除以 5,得 20;第二次为除以 10,得 10;两个商相加正好等于 30,无误。

【例 12-52】 100 除以一个数,然后再用 120 除以"3 加'100 除以的数'",将第二次的商从第一次的商中扣除,剩余 5,问 100 除以的数和 120 除以的数各是多少。

同样的意思亦可如下文那样表述。

某个数量的人分配 100 弗罗林。然后另外一个数量的人,即之前的人数加 3,分配 120 弗罗林,第二次分得的数量比分配 100 弗罗林所分数量少 5 弗罗林,问分配 100 弗罗林时每人得到多少,分配 120 弗罗林时又得到多少,这个问题与上一个(实质上)相同。

假设首先用 100 除以 1co,得 $\dfrac{100}{1\text{co}}$,然后用 120 除以 $(1\text{co}+3)$,再将第二次的商即 $\dfrac{120}{(1\text{co}+3)}$ 从第一次的商即 $\dfrac{100}{1\text{co}}$ 中扣减,通分,得 $\dfrac{(100\text{co}+300-120\text{co})}{(1\text{co}^\square+3\text{co})}$,其将等于 5,去

分母得到(5co□ + 15co)等于(100co + 300 − 120co)，移项，除以二次项的系数，得到等式 60 等于(1co□加 7co)。

取一次项系数的一半，将其平方，加上常数项，得 $72\frac{1}{4}$，则假设值为 $R_x 72\frac{1}{4}$ 减 $3\frac{1}{2}$，因此第一次 100 除以的数为 $\left(R_x 72\frac{1}{4} - 3\frac{1}{2}\right)$，即 5，为第一次参与分配的人数，120 除以的数为 $\left(R_x 72\frac{1}{4} - \frac{1}{2}\right)$，即 8，即第二次参与分配的人数。根据题目验证，用 100 除以 5 得 20，用 120 除以 8 得 15，将 15 从 20 中扣减，剩余 5，验证无误。

【例 12-53】 用 10 乘以一个数量，乘积先保留；然后用 10 乘以"2 加这个数量"，乘积保留；再用 10 乘以"第二次的乘数减 6"。将这三个乘积相加，得 10，问每次的乘数是多少。

假设第一次乘数为 1co，乘积为 10co，然后乘以(1co + 2)，乘积为(10co + 20)；10 乘以"第二次乘数减 6"，即(1co − 4)，乘积为(10co − 40)，三者相加为(10co + 10co + 20 + 10co − 40)，得(30co − 20)，其等于 10，或者其他你所愿的数。移项得到 30co 等于 30，用 30 除以一次项的系数，得到假设值为 1，这就是第一次的乘数，则第二次的乘数为 3，第三次的乘数为 − 3。

根据题目验证，用 1 乘以 10 为 10，10 乘以 3 为 30，10 乘以 − 3 为 − 30，加总三个乘积正好为 10，因为其为加 40 减 30，从一个中去除另一个得 10。若你期望三个乘积加总得 220，则第一个乘数为 8，第二个乘数为 10，第三个为 4，若你期望加总得 221，则第一个为 $8\frac{1}{30}$，第二个为 $10\frac{1}{30}$，第三个为 $4\frac{1}{30}$，无误。

有人会否认 3 减 6 为 − 3，这样来向他们证明：− 3 就是 3 减 6 的结果，因为加 6 和减 3 在一起将得到 3，这不能被否认。当有两个数量，一个大于另一个时，给较小数量若干使其等于较大数量，这样就可以说此较小的数量比较大数量少若干，而较小数量加上这个若干数量就会等于较大数量。例如，通过扣减可知 4 比 6 小 2，因此若用 2 加上 4 就必然等于 6。类似地，− 3 比 3 小 6，因为从 3 中扣减 6，剩余值为 − 3。证据就是在每个现实场景之中，剩余值加上扣减数量总是等于被减数，因此从 3 中扣减 6 等于 3 减 6，我们知道扣减越多，剩余就越少，因此从 3 中扣减 6，将剩余 − 3，而其加上 6 将正好等于如前的 3，证毕。

【例 12-54】 将 10 除以一个数，商先保留；然后用 12 除以同样的数；两个商加总为 4，问除数是多少。

假设 10 除以 1co，得 $\frac{10}{1co}$，然后 12 也除以 1co 为 $\frac{12}{1co}$，两者通分相加，得到一个分母

是二次项的分数 $\frac{22\text{co}}{1\text{co}^\square}$。因为这两个分数实质上是同一性质,即分母都是同样的一次项,将两个分子相加就得到 $\frac{22}{1\text{co}}$。现在使用第一个结果即 $\frac{22\text{co}}{1\text{co}^\square}$ 来计算,去分母,用 $1\text{co}^\square$ 乘以 4 为 $4\text{co}^\square$,将等于 22co。用二次项除以一次项,得 $5\frac{1}{2}$,就是假设值,即 10 和 12 共同的除数,解毕①。用第二个结果即 $\frac{22}{1\text{co}}$ 来计算,有 4co 等于 22,结果同上。这样可以处理乘法或除法中确定每个数的类似问题。例如,10 或 100 乘以某个数,然后 12 或 1 000 乘以同样的数,乘积加总为 100(求解乘数)等。

【例 12-55】 用 100 除以一个数,然后将结果从 100 中扣减,再用剩余值除以"第一次的除数加 1",得到"第一次之商减 4",问这个除数是多少。

与上同解,假设 100 除以 1co,为 $\frac{100}{1\text{co}}$,将其从 100 中扣减,通分得到 $\frac{(100\text{co} - 100)}{1\text{co}}$,将其除以 $(1\text{co} + 1)$,得 $\frac{(100\text{co} - 100)}{(1\text{co}^\square + 1\text{co})}$,等于 $\frac{100}{(1\text{co} - 4)}$,因此将 4 加上 $\frac{(100\text{co} - 100)}{(1\text{co}^\square + 1\text{co})}$,等于第一次的商即 $\frac{100}{1\text{co}}$,用 4 乘以其分母即 $(1\text{co}^\square + 1\text{co})$,(得 $4\text{co}^\square + 4\text{co}$),加上分子,得分数 $\frac{(100\text{co} - 100 + 4\text{co}^\square + 4\text{co})}{(1\text{co}^\square + 1\text{co})}$,等于 $\frac{100}{1\text{co}}$。

交叉相乘化简,用 100 乘以 $(1\text{co}^\square + 1\text{co})$,得 $(100\text{co}^\square + 100\text{co})$,然后用 1co 乘以分子即 $(100\text{co} - 100 + 4\text{co}^\square + 4\text{co})$,得 $(100\text{co}^\square - 100\text{co} + 4\text{co}^\triangle + 4\text{co}^\square)$,移项,降次,等式两边除以二次项的系数,得到 $(1\text{co}^\square + 1\text{co})$ 等于 50,取一次项的一半,将其平方,加上常数,和为 $50\frac{1}{4}$,则假设值为 $\left(\text{R}_\text{x}\,50\frac{1}{4} - \frac{1}{2}\right)$,即为除数。

因此第一次的除数是 $\left(\text{R}_\text{x}\,50\frac{1}{4} - \frac{1}{2}\right)$,第二次用剩余值除以 $\left(\text{R}_\text{x}\,50\frac{1}{4} + \frac{1}{2}\right)$,下面

---

① 原稿页面空白处有如下计算:

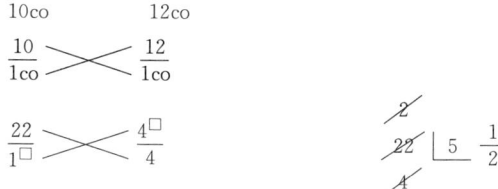

展示的计算过程①非常值得学习,解毕。对于计算中的分数加法,通分的方法如下:若 $\frac{2}{3}$ 加 2,为换算为同一性质,要将 2 乘以 $\frac{2}{3}$ 的分母 3,再把得到的 6 与分数线上的 2 相加,即可解答。

类似问题:用 60 除以一个数,将商从 60 中扣减(得到剩余值),剩余值除以"第一次除数加 1",得到比第一次的商少 6 的数量,问除数是多少。

与上同解,将得到除数为 $R_x 20\frac{1}{2}$ 减 $\frac{1}{2}$,即 4,第二次的除数则为 5。根据题目验证,用 60 除以 4 得 15,然后从 60 中扣减 15,余 45,其除以"4 加 1",即 5,得 9,其比第一次的商少 6,无误。

【例 12-56】 100 除以一个数,商先保留;然后用 130 除以"这个数加 3",所得之商乘以第一次的商,结果为 101,问 100 和 130 的除数。

本例如同非常普遍的分配账目问题:某个数量的人分配 100 弗罗林,每人分得某个数量;然后加了 3 个人和 30 弗罗林,重新进行分配,每人所分得的数量乘以每人第一次分配的数量,为 101,问第一次和第二次各有多少人。这样表述的问题与上述案例是一样的。

假设第一次人的数量为 1co,用 100 弗罗林除以 1co 为 $\frac{100}{1co}$。现在将 100 加上 30 为 130,人数加 3 为 (1co + 3),用 130 除以 (1co + 3) 为 $\frac{130}{(1co+3)}$,两者相乘得到 $\frac{13\,000}{(1co^\square + 3co)}$,等于 101。去分母,用 101 乘以 $(1co^\square + 3co)$,得 $(101co^\square + 303co)$,移

---

① 原稿页面空白处有如下计算:

$$
\begin{array}{ccc}
1co & 100 & 100co \\
& \frac{100}{1co} & \frac{100}{1}
\end{array}
$$

$$\frac{100co - 100}{1co}$$

$$\frac{1co \text{ 加 } 1}{1} \times \frac{100co - 100}{1co} \quad \frac{100co - 100}{1^\square + 1co} \quad \frac{100}{1co} - 4$$

$$\frac{100co - 100co + 4^\square + 4co}{1^\square + 1co} \times \frac{100}{1co}$$

$$4^\triangle + 4^\square \longrightarrow 200co$$

$$4^\square + 4co \longrightarrow 200 \text{ 数}$$

$$1^\square + 1co \longrightarrow 50 \text{ 数}$$

$$\frac{1}{2} \longrightarrow \frac{1}{2}$$

$$R_x 50\frac{1}{4} - \frac{1}{2} \quad \text{值}$$

$$R_x 50\frac{1}{4} + \frac{1}{2} \quad \text{第二次除数}$$

项,等式两边除以二次项系数,得到等式 $128\frac{72}{101}$ 等于 $(1co^\square + 3co)$,取一次项系数的一半,将其平方,加上常数项,得 $130\frac{389}{404}$,则假设值为 $\left(R_x 130\frac{389}{404} - 1\frac{1}{2}\right)$,就是第一次的人数,第二次的人数为 $\left(R_x 130\frac{389}{404} + 1\frac{1}{2}\right)$[①]。

【例 12-57】 100 除以某数,商先保留;将该数乘以 6 的乘积从 100 中扣减,用剩余值除以第一次的除数(得到一个商);然后用该数乘以 6 的乘积除以 3(得到另一个商),这两个商相等,问除数是多少。

性质相同的问题与解答(如下):若干数量的人平均分配 100 里拉,之后增加了 3 个人,也期望得到分配,第一次参与分配的每个人给出 6 里拉,使所有人所分数量一致,问第一次有多少人,分得多少,以及第二次的人数和分配数量。

假设第一次的人数是 1co,用 100 除以 1co 为 $\frac{100}{1co}$,就是第一次每人分得的数量,现在增加 3 个人,而第一次的每个人给他们 6 里拉,使用三数法则来计算共给出多少:若 1 个人给出 6 里拉,1co 个人给出多少?用 1co 乘以 6 再除以 1,得 6co,就是第一次所有人给出的总数,已知总共为 100 里拉,因此剩余 $(100 - 6co)$,将这个数进行重新分配,即 $(100 - 6co)$ 里拉在 1co 个人中进行分配,得 $\frac{(100 - 6co)}{1co}$。

现在再将 6co 在 3 个人中进行分配,每人得 2co,而已知最终所有人分得的数量是相等的,因此有 $\frac{(100 - 6co)}{1co}$ 等于 2co,去分母,用分母 1co 乘以 2co 为 $2co^\square$,将等于分子即 $(100 - 6co)$。移项并除以二次项的系数,得到等式 50 等于 $(1co^\square + 3co)$,取一次项系数的一半,将其平方,加上常数,为 $52\frac{1}{4}$,则假设值等于 $\left(R_x 52\frac{1}{4} - 1\frac{1}{2}\right)$,因此

---

① 原稿页面空白处有如下计算:

$$\frac{100}{1co} \quad\quad \frac{130}{1co+3} \quad\quad \frac{13\,000}{1^\square + 3co}$$

$$\frac{13\,000}{1^\square + 3co} \quad\quad 101$$

$$13\,000 \quad\quad 101^\square + 303co$$

$$128\frac{72}{101} \quad\quad 1^\square + 3co$$

$$\frac{3}{2} \quad\quad \frac{3}{2} \quad\quad \frac{9}{4}$$

值　　　$R_x 130\frac{389}{404}$ — $\frac{1}{2}$　$2\frac{1}{4}$

第二次　$R_x 130\frac{389}{404}$ + $1\frac{1}{2}$

第一次的人数为 $\left(R_x 52\frac{1}{4} - 1\frac{1}{2}\right)$。现在来看每人分得多少，因为第二次的 3 个人每人分得 2co，其等于其他所有人所分得的数量，因此将假设值乘以 2，就得到每个人所分得的数量。用 2 乘以 $-1\frac{1}{2}$ 为 -3，然后用 2 乘以 $R_x 52\frac{1}{4}$，将 2 平方为 4，然后用 $R_x 4$ 乘以 $R_x 52\frac{1}{4}$ 得 $R_x 209$，因此每人分得的里拉数量为 $(R_x 209 - 3)$，解毕。如页下注所示[①]。

类似案例：若干数量的人平均分配 120 弗罗林，之后增加了 4 个人，也期望得到同样的分配，第一次的每个人给出 8 弗罗林，总额在这 4 个人中分配，然后所有人分得数量一致，问第一次有多少人，每个人分得多少。

第一次的人数为 6，分配 120 弗罗林，则每人分得 20，然后每人给出 8，因此每人剩余 12，所有人给出的总额为 48，用 48 除以 4，得 12，则（第二次）每个人也分得与第一次一样的数量。

现在如同上文计算：找到一个数字乘以 8 并将乘积从 120 中扣减，用剩余值除以此数字，先保留于此；然后用上述的乘积除以 4，商将等于上文中用 120 扣除乘积后的剩余除以该数的商（保留的数），问这个数字是多少，而这个数字就是第一次分配时的人数。

计算如下：假设第一次的人数为 1co，用 120 除以 1co，得 $\dfrac{120}{1co}$，现在每个人扣减 8，为计算所有人给出总金额，问：若一个人给出 8，那么 1co 个人给出多少？用 1co 乘以 8 为 8co，就是第一次参与分配的所有人给出的金额，而总数是 120，因此这些人剩余

[①] 原稿页面空白处有如下计算：

$$\dfrac{100}{1co}$$

人	里拉	人	
$\dfrac{1}{1}$	$\dfrac{6}{1}$	$\dfrac{1co}{1}$	6co

$$\dfrac{100-6co}{1co} \longrightarrow 2co$$

$100 - 6co \longrightarrow 2\square$

$100 \longrightarrow 2\square + 6co$

$50 \longrightarrow \square + 3co$

$\dfrac{9}{4} \qquad \dfrac{3}{2} \longrightarrow \dfrac{3}{2}$

$2\dfrac{1}{4}$

$R_x 52\dfrac{1}{4}$ 减 $1\dfrac{1}{2}$ 第一次参与分配人数

$R_x 209$ 减 3 第二次每人所分，所有人相等

$(120-8co)$，现在将剩余值重新在他们中进行分配，得 $\dfrac{(120-8co)}{1co}$，就是每人给出 8 以后得到的分配值。

现在将这些人所给出的 8co 在第二次的 4 个人中分配，每人分得 2co，而题设为最终所有人所分相同，因此第二次分得的 2co 就应该等于第一次参与分配的那些人最终所分的 $\dfrac{(120-8co)}{1co}$，去除分母，用 1co 乘以 2co 为 2co$^\square$，其等于 $(120-8co)$，移项，除以二次项系数，有 60 等于 $(1co^\square + 4co)$，取一次项系数的一半，将其平方，加上常数，为 64，则假设值为 $(R_x 64 - 2)$，就是第一次分配的人数即 6。

计算(最终)每个人所分数量，已知 4 个人每人分得 2co，且与其他人所分相同，而 1co 价值 $(R_x 64 - 2)$，因此将其乘以 2，先用 -2 乘以 2 为 -4，然后用 $R_x 64$ 乘以 2，因为 2 的平方是 4，因此得到 $R_x 256$，就是第一次和第二次所有参与分配的人每人所分数量，为 $(R_x 256 - 4)$，即 12，结果同上。但你若想要更好更可靠的解答方法，参见上文分配 100 里拉得到(第一次的参与分配人数)$\left(R_x 52\dfrac{1}{4} - 1\dfrac{1}{2}\right)$ 的做法，最终计算出第二次每个人所分得的数量$(R_x 209 + 3)$。这样你可以通过求解上述(第一次参与分配的人给出里拉后的)剩余值来进行上述的除法，这些相关内容，我将在后文讨论 R_x 的内容时再详细讲解。

【例 12-58】 100 里拉在若干人中分配，这时又来了一个人参加分配，第一次参与分配的每个人给另一个人 2 里拉，则所有人分得的数量相等，问第一次有多少人，以及每人分得多少。

与上同解，假设第一次参与分配的人数是 1co，100 除以 1co 为 $\dfrac{100}{1co}$，问：若每个人给出 2，1co 个人给出多少？用 1co 乘以 2 为 2co，就是另一个人所得数量，如此便剩余 $(100-2co)$，现在回来将这个剩余值进行分配，得 $\dfrac{(100-2co)}{1co}$，应等于另一个人所得的 2co，去分母，移项，除以二次项系数，[得到最终等式 1co$^\square$ 等于 $(50-1co)$]，取一次项系数的一半，将其平方，加上常数，得到第一次参与分配的人数为 $\left(R_x 50\dfrac{1}{4} - \dfrac{1}{2}\right)$，那么第一次每人分得的数量就是用 100 除以 $\left(R_x 50\dfrac{1}{4} - \dfrac{1}{2}\right)$，得 $(R_x 201$ 加 $1)$，解毕。

【例 12-59】 两人每人分得钱财，数量未知，但知道两者分得数量的差乘以自身为 $20\dfrac{1}{4}$，问若分配数量共 10 弗罗林，两人各分得多少。

同上述类似问题，使用同样的解答方法：将 10 分成两部分，两者的差乘以自身为

$20\frac{1}{4}$,问这两部分各是多少。

假设一个人分得 1co 弗罗林,则另一个人分得(10 - 1co),现在取两者的差(10 减 2co),将其乘以自身,为(100 - 40co + 4co$^\square$),等于 $20\frac{1}{4}$,移项,除以二次项的系数,得到 $\left(19\frac{15}{16}+1\text{co}^\square\right)$ 等于 10co,取一次项系数的一半,将其平方,扣减常数项,剩余 $5\frac{1}{16}$,假设值即为 $R_x 5\frac{1}{16}$ 加一次项系数的一半即 5。因此一人分得 $\left(5+R_x 5\frac{1}{16}\right)$,即 $7\frac{1}{4}$ 弗罗林,另一人分得 $\left(5-R_x 5\frac{1}{16}\right)$,即 $2\frac{3}{4}$,其为前者所分数量与 10 的差额,依此类推。

【例 12-60】 将 100 弗罗林分配给某个数量的人,结果先保留,然后增加两个人参与分配,第二次分配的结果和第一次分配的结果相加,和为 10,问第一次有多少人参与分配。

假设第一次分配的人数为 1co,用 100 除以 1co,得 $\frac{100}{1\text{co}}$,然后用 100 除以(1co + 2),为 $\frac{100}{(1\text{co}+2)}$,加总两个分数,通分,交叉相乘,和为 $\frac{(100\text{co}+200+100\text{co})}{(1\text{co}^\square+2\text{co})}$,其将等于题设的 10,去分母,移项,除以二次项系数,得到最终等式为(20 + 18co)等于 1co$^\square$,取一次项系数的一半,将其平方,加上常数项,为 101,则一次项系数的一半即(9 + R_x 101)为假设值,就是第一次参与分配的人数,第二次的人数为(11 + R_x 101),第一次的人数为(9 + R_x 101)①。

【例 12-61】 用一个数除以"其加 1",得到"其减 1",问这个数是多少。

假设该数为 1co,现在将其除以"其加 1",即(1co + 1),得 $\frac{1\text{co}}{(1\text{co}+1)}$,等于此数减 1 即(1co - 1),去分母,用(1co + 1)乘以(1co - 1),等于(1co$^\square$ - 1),其等于 1co,移项得到最终等式(1co + 1)等于 1co$^\square$,取一次项系数的一半,将其平方,加上常数项,得

---

① 原稿页面空白处有如下计算:

$$\frac{100}{1\text{co}} \diagtimes \frac{100}{1\text{co}+2}$$

$$\frac{100\text{co}+200+100\text{co}}{1^\square+2\text{co}} \text{———— } 10$$

200co + 200 ———— 10$^\square$ + 20co

180co + 200 ———— 10co

18co + 20 ———— 1$^\square$

9 + R_x 101 第一次参与分配人数

11 加 R_x 101 第二次人数

$1\frac{1}{4}$，则一次项系数的一半加上 $R_x 1\frac{1}{4}$ 就是假设值，因此这个数字是 $\frac{1}{2}$ 加 $R_x 1\frac{1}{4}$，此数除以"其加1"，正好等于"其减1"，验证将无误，毕。

遇到类似问题，找到一个数，其除以"其加1"得到"其减 $3\frac{1}{5}$"，问这个数是多少。

同上解答，得到此数为4，根据题设验证，用4除以"1加4"，得$\frac{4}{5}$，其等于$\left(4-3\frac{1}{5}\right)$，验证无误。

【例 12-62】 100 弗罗林在若干人中分配，每人分得的数量加上人数得25，问有多少人。

假设人数为1co，用 100 除以 1co 得 $\frac{100}{1co}$，就是每人所分数量，将这个分数加上人数 1co，通分得到和为 $\frac{(100+1co^\square)}{1co}$，其等于25，去分母，得到 $(100+1co^\square)$ 等于 25co，取一次项系数的一半，将其平方，扣减常数项，剩余 $56\frac{1}{4}$，则一次项系数的一半即 $\left(12\frac{1}{2}-R_x 56\frac{1}{4}\right)$ 为假设值，即参与分配的人数，因为 $R_x 56\frac{1}{4}$ 为 $7\frac{1}{2}$，将 $7\frac{1}{2}$ 从 $12\frac{1}{2}$ 中扣减，剩余 5，即为人数。若题设的条件变为"得 24 或 23"，则无法得到整数的 R_x 值。

【例 12-63】 用 20 除以一个数，商先保留；然后用 20 除以"此数加 2"，两个商加总得 9，问除数是多少。

假设此数为 1co，用 20 除以 1co 得 $\frac{20}{1co}$，然后用 20 除以 $(1co+2)$，得 $\frac{20}{(1co+2)}$，通分加总，得 $\frac{(40co+40)}{(1co^\square+2co)}$，其等于 9，去分母，除以二次项系数，根据规则，得到第一个除数为 $\left(R_x 5\frac{76}{81}+1\frac{2}{9}\right)$，另一个除数为 $\left(R_x 5\frac{76}{81}+3\frac{2}{9}\right)$。

【例 12-64】 将 10 分成两部分，较大部分除以较小部分，得 $(7+R_x 7)$，问这两部分各是多少。

假设较小部分为 1co，则另一部分为 $(10-1co)$，用 $(10-1co)$ 除以 1co 为 $\frac{(10-1co)}{1co}$，其等于 $(7+R_x 7)$，去分母，用分母 1co 乘以 $(7+R_x 7)$，得 $(7co+R_x 7co^\square)$，其等于被除数 $(10-1co)$。

将等式含有 R_x 的一边中的其他项去除，以使剩余部分为一个性质即仅有 R_x

值，因此从等式两边扣减 7co，得 (10 − 8co) 等于 R_x7co$^\square$，为求解这个等式，将等式两边的每部分都乘以自身使等式变为同一性质，因此将 (10 − 8co) 乘以 (10 − 8co)，得 (100 − 160co + 64co$^\square$)，然后将 R_x7co$^\square$ 乘以 R_x7co$^\square$，得 7co$^\square$，因为 R_x 乘以自身就会返回其数值本身。

现在移项，除以二项式系数，得到最终等式 $\left(\dfrac{100}{57} + 1\text{co}^\square\right)$ 等于 $\dfrac{160\text{co}}{57}$，取一次项系数的一半，将其平方，扣减常数，余 $\dfrac{700}{3\,249}$，则一次项系数的一半即 $\left(1\dfrac{23}{57} - R_x\dfrac{700}{3\,249}\right)$ 就是假设值，即较小部分。另一部分为 $\left(8\dfrac{34}{57} + R_x\dfrac{700}{3\,249}\right)$。验证如下：用题设结果即 (7 + R_x7) 乘以较小部分，必然等于较大部分，否则较大部分除以较小部分就不会得到 (7 + R_x7)。

注意这个由常数、二次项和一次项构成的等式，其解由两项构成：即假设值有时等于一次项系数一半的平方扣减常数项后剩余值的 R_x，加上一次项系数的一半，(有时等于)一次项系数的一半减上述剩余值的 R_x，必须记住当另一个解无法为题设条件所验证时，这个解就是真正的解。

遇到类似问题时，将 10 分成两部分，较大部分除以较小部分得 (2 + R_x4)。

与上同解，解得等式的一个解是 (6 + R_x16)，即取剩余值的 R_x 加上一次项系数的一半，但若如此，另一部分就为 0，因此必须有假设值等于 (6 − R_x16)，即 2；另外一部分则为 (4 + R_x16)，即 8，用 8 除以 2 得 4，等于 (2 + R_x4)，依此类推。

【例 12-65】 将 10 分成三部分，第一部分占第二部分的比例，等于第二部分占第三部分的比例；同时，用第一部分乘以 3，第二部分乘以 4，第三部分乘以 5，三者相加为 35，问这三部分各是多少。

如你所愿，假设第一部分为 1，第二部分为 1co，则第三部分为 1co$^\square$，这样第一部分占第二部分的比例就等于第二部分占第三部分的比例。可以向质疑的人这样来证明：用第二部分除以第一部分就等于第三部分除以第二部分，因为用 1co 除以 1 等于 1co，而用 1co$^\square$ 除以 1co 也等于 1co，因为 1co 乘以 1co 就等于 1co$^\square$，因此用 1co$^\square$ 去除以一个乘数就等于另一个乘数。也可以使用另一种验证方法，就是用第二部分乘以其自身，应等于第三部分即 1co$^\square$ 乘以第一部分即 1，这样它们彼此成同样比例关系。

现在用第一部分即 1 乘以 3 为 3，第二部分即 1co 乘以 4 为 4co，第三部分乘以 5 为 5co$^\square$，三者相加为 (3 + 4co + 5co$^\square$)，再将其乘以 10，为 (30 + 40co + 50co$^\square$)，类似地，用 35 乘以 (1 + 1co + 1co$^\square$)，得 (35 + 35co + 35co$^\square$)，而其等于 (30 + 40co + 50co$^\square$)[①]。移项，除以二

---

① 因为前文假设时并未考虑 3 部分相加为 10，因此需要通过换算使假设符合题设"第一部分乘以 3，第二部分乘以 4，第三部分乘以 5，三者相加为 35"。——译者注

次项系数,得到最终等式 $\left(\frac{1}{3}\text{co} + 1\text{co}\square\right)$ 等于 $\frac{1}{3}$,取一次项系数的一半,将其平方,加上常数项,为 $\frac{13}{36}$,则假设值为 $\left(\text{R}_\text{x}\frac{13}{36} - \frac{1}{6}\right)$,而我们假设第一部分为 1,因此这部分没有疑问就是 1,第二部分假设为 1co,则第二部分为 $\left(\text{R}_\text{x}\frac{13}{36} - \frac{1}{6}\right)$,第三部分假设为 1co$\square$,因此将第二部分平方,为 $\left(\text{R}_\text{x}\frac{13}{36} - \frac{1}{6}\right)$ 乘以其自身,得 $\left(\frac{7}{18} - \text{R}_\text{x}\frac{13}{324}\right)$,就是第三部分的数值。

现在将三部分加总,即第一部分 1,第二部分 $\left(\text{R}_\text{x}\frac{13}{36} - \frac{1}{6}\right)$ 和第三部分 $\left(\frac{7}{18} - \text{R}_\text{x}\frac{13}{324}\right)$,首先是 $\left(1 - \frac{1}{6} + \frac{7}{18}\right)$,为 $1\frac{2}{9}$,然后是 $\left(\text{R}_\text{x}\frac{13}{36} - \text{R}_\text{x}\frac{13}{324}\right)$,剩余 $\text{R}_\text{x}\frac{13}{81}$,三部分相加等于 $\left(1\frac{2}{9} + \text{R}_\text{x}\frac{13}{81}\right)$。这样将 $\left(1\frac{2}{9} + \text{R}_\text{x}\frac{13}{81}\right)$ 分成如上的三部分,得到题设的比例关系。现在就可以使用类似前文合伙问题或者第一个假设条件的方法来计算本问题了。问:若 $\left(1\frac{2}{9} + \text{R}_\text{x}\frac{13}{81}\right)$ 对应 10,那么 1,$\left(\text{R}_\text{x}\frac{13}{36} - \frac{1}{6}\right)$ 和 $\left(\frac{7}{18} - \text{R}_\text{x}\frac{13}{324}\right)$ 各对应多少?根据规则乘除,将得到对应结果:第一部分为 $\left(\text{R}_\text{x}8\frac{1}{36} - \text{R}_\text{x}9\frac{1}{36}\right)$[①],第二部分为 $\left(\text{R}_\text{x}36\frac{1}{9} - 3\frac{1}{3}\right)$,第三部分为 $\left(4\frac{1}{6} - \text{R}_\text{x}9\frac{1}{36}\right)$,解毕。根据题目验证将无误,这些部分相加会得到 10。

【例 12-66】 将 10 分成四部分,第一部分占第二部分的比例,同于第二部分占第三部分,等于第三部分占第四部分的比例,将第一部分乘以 8,第二部分乘以 4,第三部分乘以 3,第四部分乘以 1,四个乘积相加得到 16,问这四部分各是多少。

与上同解得到各部分依次为 $\frac{2}{17}$,$\frac{8}{17}$,$1\frac{15}{17}$ 和 $7\frac{9}{17}$,验证将无误。

请注意,本例的各部分分配账目以及前例的解答都是没有规律的,也无法给出一个确定的规则。因此通常是通过寻找数字和比例来解答这些账目。本题你可以说 4 部分的和是上述乘积和的 $\frac{5}{8}$,即 10 是 16 的 $\frac{5}{8}$,假设第一部分是 1,那么第二部分就是 4,第三部分是 16,第四部分是 64,加总 1,4,16,64 得 85,然后根据题目用 1 乘以 8

[①] 原稿计算有误,第一部分应为 $9\frac{1}{6}$ 减 $\text{R}_\text{x}9\frac{1}{36}$。——译者注。

为8,4乘以4为16,3乘以16为48,1乘以64为64,加总四个乘积为136,然后看86占136的比例,与10占16的比例是相同的。

现在将10分给合伙人,问:有4个合伙人,第一个人投入1,第二个人投入4,第三个人投入16,第四个人投入64,合伙赚得10,每人分得多少。

将投入加总为85,然后用1乘以10为10,将其除以85,得$\frac{2}{17}$,然后用4乘以10为40,40除以85为$\frac{8}{17}$,16乘以10为160,160除以85得$1\frac{15}{17}$,64乘以10为640,除以85为$7\frac{9}{17}$,这样就得到四个人各分得$\frac{2}{17}$、$\frac{8}{17}$、$1\frac{15}{17}$和$7\frac{9}{17}$,满足题设条件,验证将无误。然后也可以不使用合伙分配而使用第一个假设条件的方法,问:若85对应10,那么1,4,16,64分别对应多少?也将得解,这样可以计算无穷尽的类似问题。当你被问到数字分割的相关问题时,应总是将其各个部分表示出来,然后把各部分相加,看总和是否构成要求的数字,若是即可,若非则同上解答:如果各部分的总和对应10,那么各部分对应多少,即可得解。

【例12-67】 将10分成两部分,较大部分除以较小部分,较小部分除以较大部分,两者(两个商)相加等于$R_x 16$,问这两部分各是多少。

这里使用$R_x 16$是因为其是离散的,但无论是$R_x 16$抑或$R_x 17$,解答方法均相同:总是在要得到的数上加2,本例即为($R_x 16$加2),然后用10乘以10为100,将其除以($R_x 16 + 2$),得$\left(R_x 1111\frac{1}{9} - R_x 277\frac{7}{9}\right)$,然后取10的一半为5,将其乘以自身为25,加上$R_x 277\frac{7}{9}$,得25加$R_x 277\frac{7}{9}$,如此便知其中一部分为$\left(25 + R_x 277\frac{7}{9}\right)$扣减$R_x 1111\frac{1}{9}$后剩余值的$R_x$再加上5。

为了更好地理解,$R_x 277\frac{7}{9}$为$16\frac{2}{3}$,加上25得$41\frac{2}{3}$,那么第一部分是从$41\frac{2}{3}$中扣减$R_x 1111\frac{1}{9}$后剩余值的R_x值,再加上5,那么5减去从$41\frac{2}{3}$中扣减$R_x 1111\frac{1}{9}$后剩余值的R_x值,就是另一部分。依此类推。

【例12-68】 将10分成两个部分,一个部分乘以另一个部分的乘积,是较大部分除以较小部分商的5倍,问这两部分各是多少。

要知道本例的解答会形成一个有两个二项式的等式,即等式由常数、三次项、二次项和一次项构成,如前文所述,此类等式我没能给出通用的解答规则,但是可以试提出如下规则,由于题设为一部分乘以另一部分的乘积等于5乘以"较大部分除以较小部分的商",因此取这个 5 的 R_X,则一部分为 R_X5,另一部分为 $(10-R_X5)$,这个数若为 3,4,5 或期望的任何值,总是取这个数的 R_X,即为其中一部分,这个数也就是两部分乘积相对两部分商的倍数,永无误。此为规则[①]。

【例 12-69】 将 12 分成两部分,一部分乘以自身再加上 13,另一部分乘以自身再扣减 11,第一个和的 R_X 加上第二个剩余数的 R_X,总和为 12,问这两部分各是多少[②]。

假设第一部分为 1co,则另一部分为 $(12-1co)$,将 1co 乘以自身得 $1co^\square$,加上 13 为 $1co^\square$ 加 13,然后将 $(12-1co)$ 乘以自身,得 $(144-24co+1co^\square)$,扣减 11,得 $(133-24co+1co^\square)$,两者加总和为 12。

你必须要懂得如何将 R_X 相加,先将两者的数值相乘,再将乘积的 R_X 两倍,将两个 R_X 的数值相加,再加上上述两倍的数值,其和的 R_X 就是两个 R_X 相加的和。例如,计算 R_X8 加 R_X18,先将两者数值相乘即 8 乘以 18 为 144,取其 R_X 即 12,其双倍为 24,再将 8 和 18 相加得到 26,26 加上 24 为 50,那么 R_X50 就是 (R_X8+R_X18)。但是当两个 R_X 数值相乘后其乘积的 R_X 无法解得,就取乘积的 4 倍。例如,这个问题中,若 144 的 R_X 值无法取得,那么取 144 的 4 倍 576,再将 8 加 18 的和 26 加上 R_X576,取其和的 R_X。

现在将 $R_X(1co^\square+13)$ 与 $R_X(133-24co+1co^\square)$ 相加,那么先将两者的数值相乘,即 $(1co^\square+13)$ 乘以 $(133-24co+1co^\square)$,从 $1co^\square$ 开始,$1co^\square$ 乘以 133 为 $133co^\square$,$1co^\square$ 乘以 $-24co$ 为 $-24co^\triangle$,$1co^\square$ 乘以 $1co^\square$ 为 $1co^{\square\square}$,得 $(133co^\square+1co^{\square\square}-24co^\triangle)$,然后用 13 乘以 $(133-24co+1co^\square)$ 得 $(1\,729+13co^\square-312co)$,现在两者相加即 $(133co^\square+1co^{\square\square}-24co^\triangle)$ 加上 $(1\,729+13co^\square-312co)$,得 $(1\,729+146co^\square+1co^{\square\square}-312co-24co^\triangle)$,将其双倍,因其不能解出,因此将 R_X 的数值乘以 4,为 4 乘以 $(1\,729+146co^\square+1co^{\square\square}-312co-24co^\triangle)$,得 $(6\,196+584co^\square+4co^{\square\square}-1\,248co-96co^\triangle)$,现在将两个 R_X 的数值相加,即 $(1co^\square+13$ 加上 $133-24co$ 加 $1co^\square)$,为

---

① 这个规则仅适用于本案例的同类型问题。——译者注
② 原稿页面下面空白处有如下案例:将 12 分成 3 部分,一部分乘以 3,另一部分乘以 4,第三部分乘以 5,乘以 4 所得的乘积比乘以 3 所得的乘积多 1,乘以 5 所得的乘积比乘以 4 所得的乘积多 1,还比乘以 3 所得的乘积多 2,问每部分是多少。
　　假设一部分为 1co,将其乘以 3 为 3co,另一部分乘以 4 为 $(3co+1)$,因此用 $(3co+1)$ 除以 4,得 $\left(\frac{3}{4}co+\frac{1}{4}\right)$,就是第二部分,第三部分乘以 5 等于乘积 $(3co+2)$,因此用 $(3co+2)$ 除以 5,得 $\left(\frac{3}{5}co+\frac{2}{5}\right)$,就是第三部分,然后将三者相加,即 $1co,\frac{3}{4}co$ 加 $\frac{1}{4}$,$\frac{3}{5}co$ 加 $\frac{2}{5}$,得 $2\frac{7}{20}co$ 加 $\frac{13}{20}$,其应等于 12,移项得到 $2\frac{7}{20}co$ 等于 $11\frac{7}{20}$,用常数除以一次项系数,得到假设值为 $4\frac{39}{47}$,这就是第一部分,第二部分为其 $\frac{3}{4}$ 再加上 $\frac{1}{4}$,即 $3\frac{41}{47}$,第三部分为其 $\frac{3}{5}$ 再加 $\frac{2}{5}$,即 $3\frac{14}{47}$,解毕,验证将无误。

$(146 + 2co^\square - 24co)$。

将这个和与前面乘以 4 的乘积相加,和就等于 12,当然必须将其平方为 144,这样等式就变成一个性质了。这样将 $(146 + 2co^\square - 24co)$ 从 144 中扣减,然后将剩余值平方,就将等于上述 $(6\,196 + 584co^\square + 4co^{\square\square} - 1\,248co - 96co^\triangle)$。现在这样计算:将 $(146 + 2co^\square - 24co)$ 从 144 中扣除,剩余 $(24co - 2 - 2co^\square)$,其必须乘以自身,先将 24co 乘以 24co 为 $576co^\square$,然后 24co 乘以 -2 为 -48co,24co 乘以 -2 为 -48co,合计为 $(576co^\square - 96co)$,然后 24co 乘以 $-2co^\square$ 等于 $-48co^\triangle$,24co 乘以 $-2co^\square$ 等于 $-48co^\triangle$,则有 $(576co^\square - 96co - 96co^\triangle)$,然后 -2 乘以 -2 为 4,$-2co^\square$ 乘以 $-2co^\square$ 等于 $4co^{\square\square}$,最终得 $(584co^\square + 4$ 加 $4co^{\square\square} - 96co - 96co^\triangle)$,其等于 $(6\,196 + 584co^\square + 4co^{\square\square} - 1\,248co - 96co^\triangle)$。

现在消除相同项,得到等式 1 152co 等于 6 912,解得假设值为 6,因此可知一部分为 6,另一部分也为 6,解毕。根据题目验证,乘、加等运算处理,将满足题设条件要求[①]。

【例 12-70】 将 12 分成两部分,每部分乘以其自身,第一部分的乘积扣减 7(得到一个数),第二部分的乘积加上 8(得到一个数),取这两个数的 R_x,相加得 12,问这两部分各是多少。

同上计算解答,得到最终等式 720co 等于 4 257,结果为其中一部分是 $5\frac{73}{80}$,另一部分为 $6\frac{7}{80}$,解毕。

【例 12-71】 将 10 分成两部分,第一部分乘以其自身并从 100 中扣减,其剩余值的 R_x 先保留;然后另一部分乘以其自身并从 101 中扣减,其剩余的 R_x 加上前一 R_x,和为 14,问两部分各是多少。

假设一部分为 1co,则另一部分为 (10 - 1co),将 1co 乘以自身得 $1co^\square$,将其从 100 中扣减,余 $(100 - 1co^\square)$,然后用 (10 - 1co) 乘以其自身,得 $(100 - 20co + 1co^\square)$,将其从 101 中扣减,剩余 $(1 + 20co - 1co^\square)$,现在取两者的 R_x 加总,应得 14。因此按上

---

① 原稿页面下面空白处有如下案例:将 20 分成 3 个部分,一部分乘以 4 等于另一部分乘以 5,等于第三部分乘以 6。假设一部分为 1co,则另一部分乘以 5 等于 4co,以使其乘以 5 的乘积等于第一部分乘以 4 的乘积,因此用 4co 除以 5,得 $\frac{4}{5}$co,就是第二部分,第三部分为 20 减去其他两部分即 $1\frac{4}{5}$co。现在用第三部分即 $\left(20-1\frac{4}{5}co\right)$ 乘以 6,得 $\left(120-10\frac{4}{5}co\right)$,其应等于 1co 乘以 4,或者 $\left(\frac{4}{5}co \times 5\right)$,即 4co,移项得到 $14\frac{4}{5}$co 等于 120,用 120 除以 $14\frac{4}{5}$,得 $8\frac{4}{37}$,就是假设值即第一部分,另一部分为 $\frac{4}{5}$co,因此取 $8\frac{4}{37}$ 的 $\frac{4}{5}$,得 $6\frac{18}{37}$,就是第二部分,第三部分为 20 减去其他两部分的剩余值即 $5\frac{15}{37}$,解毕。根据题目验证无误,如此可以计算类似问题。

述方法将两个 R_x 相加：用一个数值乘以另一个数值即 $(100-1co^\square)$ 乘以 $(1+20co-1co^\square)$，得到 $(200co+100-101co^\square-200co^\triangle+1co^{\square\square})$，因为其 R_x 值无法取得，因此将其乘以 4，得到 $(800co+400-404co^\square-800co^\triangle+4co^{\square\square})$①。

现在将两个 R_x 的数值相加，即 $(100-1co^\square+1+20co-1co^\square)$，得 $(101+20co-2co^\square)$，将其从 14 的平方值即 196 中扣减，剩余 $(95-20co+2co^\square)$，其乘以自身，就将等于上文中的 $(800co+400-404co^\square-800co^\triangle+4co^{\square\square})$。现在将 $(95-20co+2co^\square)$ 乘以自身，得 $(9\,025+4co^{\square\square}+780co^\triangle-3\,800co-80co^\square)$，移项，除以二次项的系数，得到最终等式 $\left(7\dfrac{337}{1\,184}+1co^\square\right)$ 等于 $\left(9co\dfrac{143}{148}\right)$，解得其中一部分价值为 $\left(4\dfrac{291}{296}+R_x\dfrac{42\,907}{47\,616}\right)$，另一部分为 10 与一部分的差额即 $\left(5\dfrac{5}{296}-R_x\dfrac{42\,907}{47\,616}\right)$②，你可以进行验证，但由上帝来判定。

【例 12-72】 将 10 分成两部分，较大部分除以较小部分的商乘以两者的差，结果等于两者的差加上 10，问这两部分各是多少。

解答如下：假设一部分为 $1co$，则另一部分为 $(10-1co)$，用 $(10-1co)$ 除以 $1co$ 得 $\dfrac{(10-1co)}{1co}$，然后计算两者的差为 $(10-2co)$，其乘以 $\dfrac{(10-1co)}{1co}$，得 $\dfrac{(100-30co+2co^\square)}{1co}$，然后用两者的差加上 10 为 $(20-2co)$，其应等于前一分数。去分母，用 $1co$ 乘以 $(20-2co)$，得 $(20co-2co^\square)$，其将等于 $(100-30co+2co^\square)$。移项，除以二次项系数，得到最终等式 $\left(25+1co^\square=12\dfrac{1}{2}co\right)$，取一次项系数的一半，将其平方，扣减常数项，余 $14\dfrac{1}{16}$，则假设值为 $\left(6\dfrac{1}{4}-R_x14\dfrac{1}{16}\right)$，就是其中一部分的值，则另一部分为 $\left(3\dfrac{3}{4}+R_x14\dfrac{1}{16}\right)$，根据题目验证将无误。

【例 12-73】 将 10 分成三部分，第一部分占第二部分的比例，等于第二部分占第三部分的比例，每部分乘以自身，乘积加总为 40，问这三部分各是多少。

解答如下，将 10 乘以自身，得 100，扣减 40 余 60，60 除以 10 的 2 倍（20），得 3，就是第二部分的值，因此第一部分和第三部分合计为 7，现在将 7 分成两部分，一部分占

---

① 原稿此部分的计算结果有误，其中第一个乘积中的 $200co^\triangle$ 应为 $20co^\triangle$，第二个乘积中的 $800co^\triangle$ 应为 $80co^\triangle$，后文中亦如此，但最终等式是正确的。——译者注

② 原稿计算错误，结果应为：其中一部分为 $4\dfrac{291}{296}+R_x17\dfrac{47\,903}{87\,616}$，另一部分为 $5\dfrac{5}{296}-R_x\left(17\dfrac{47\,903}{87\,616}\right)$。——译者注

3 的比例，等于 3 占另一部分的比例，这样解答：取 7 的一半，为 $3\frac{1}{2}$，其乘以自身为 $12\frac{1}{4}$，扣减第二部分的平方即 3 的平方为 9，余 $3\frac{1}{4}$，因此一部分为 $3\frac{1}{2}$ 减 $R_x 3\frac{1}{4}$，第二部分为 3，第三部分为 $3\frac{1}{2}$ 加 $R_x 3\frac{1}{4}$，根据题目验证将无误。

【例 12-74】 将 10 分成两部分，两者相乘，用乘积除以两者差的 R_x，得到两者差的 R_x，问这两部分各是多少。

假设一部分为 1co，则另一部分则为 (10 - 1co)，用 1co 乘以 (10 - 1co) 为 (10co - 1co□)，现在将其除以 $R_x(10-2co)$，即 1co 与 (10 - 1co) 两者差的 R_x，将等于 $R_x(10-2co)$，而 $R_x(10-2co)$ 乘以 $R_x(10-2co)$ 等于 10 减 2co，其等于 (10co - 1co□)，移项计算，结果易得。

第十三部分

数的求解或创造

第一条规则[①]

【例13-1】 求解一个数字,其乘以5再加上6等于12。

假设此数为1co,其乘以5为5co,加上6为(5co+6),等于12,移项有5co等于6,用6除以5,得$1\frac{1}{5}$,即为要求解的数,其乘以5再加上6等于12。

【例13-2】 求解一个数字,其乘以3再减去2余9。

假设此数为1co,乘以3为3co,扣减2余(3co-2),等于9,移项得3co等于11,用11除以3,得$3\frac{2}{3}$,即为要求解的数,解毕。

【例13-3】 求解一个数字,其除以4再加上6等于27。

假设此数为1co,除以4得$\frac{1}{4}$co,加6,得$\frac{1}{4}$co加6,等于27,移项得$\frac{1}{4}$co等于21,用21除以$\frac{1}{4}$,得84,即为要求解的数。

【例13-4】 求解一个数字,其除以9再减去3余18,问此数是多少。

假设此数为1co,除以9为$\frac{1}{9}$co,再减去3余$\left(\frac{1}{9}co-3\right)$,其等于18,移项得$\frac{1}{9}$co等于21,用21除以$\frac{1}{9}$,得189,即为要求数。

【例13-5】 求解一个数字,减去其$\frac{1}{2}$和$\frac{1}{3}$后余7。

[①] 原稿中有红色墨水写就的文字,字迹模糊难以辨认,整理稿未收录。根据后文猜测,可能是"第一条规则"。本部分共有十五项规则,事实上就是十五种不同类型的数的求解与创造。——译者注。

假设其为 1co,减去其 $\frac{1}{2}$ 和 $\frac{1}{3}$（即 $\frac{5}{6}$co），余 $\frac{1}{6}$co,等于 7,用 7 除以 $\frac{1}{6}$,得 42,即要求解的数。

【例 13-6】 求解一个数字,加上其 $\frac{1}{2}$ 和 $\frac{1}{3}$ 后得 24。

假设此数为 1co,其 $\frac{1}{2}$ 和 $\frac{1}{3}$ 之和为 $\frac{5}{6}$co,加上 1co 为 $1\frac{5}{6}$co,等于 24,用 24 除以 $1\frac{5}{6}$,得 $13\frac{1}{11}$,即要求解的数,依此类推。

第二条规则

【例 13-7】 求解一个数字,扣减其 $\frac{1}{2}$ 和 $\frac{1}{3}$ 后的剩余值乘以自身得 16。

假设其为 1co,减去其 $\frac{1}{2}$ 和 $\frac{1}{3}$ 即 $\frac{5}{6}$co,余 $\frac{1}{6}$co,$\frac{1}{6}$co 乘以自身为 $\frac{1}{36}$co$^\square$,等于 16,用 16 除以 $\frac{1}{36}$ 得 576,取其 R_x 值为 24,就是要求解的数。

【例 13-8】 求解两个数字,第一个数字和第二个数字的比例是 2 比 3,两者相乘得 36。

假设其中第一个数字为 2co,第一个数字为 3co,两者相乘为 6co$^\square$,等于 36,用 36 除以 6 为 6,则 R_x6 就是 1co 的值,而假设第一个数字为 2co,因此其为 2 乘以 R_x6,取 2 的 R_x 数值为 4,乘以 6 为 24,因此第一个数字为 R_x24。第一个数字为 3co,因此为 3 乘以 R_x6,取 3 的 R_x 数值为 9,9 乘以 6 为 54,因此第一数字为 R_x54,通过 R_x 值相乘来验证,R_x24 乘以 R_x54,正好得题设的 36。

【例 13-9】 求解两个数字,第一个数字和第二个数字的比例为 4 比 5,两者各乘以自身然后相加为 90。

假设第一个数字为 4co,第二个数字为 5co,将 4co 乘以自身为 16co$^\square$,5co 乘以自身为 25co$^\square$,加总为 41co$^\square$,等于 90,用 90 除以 41,得 $2\frac{8}{41}$,则 1co 等于 $R_x 2\frac{8}{41}$,前文假设第一个数字为 4co,因此为 4 乘以 $R_x 2\frac{8}{41}$,取 4 的 R_x 数值为 16,乘以 $2\frac{8}{41}$ 得 $35\frac{5}{41}$,即第一个数字为 $R_x 33\frac{5}{41}$。第二个数字假设为 5co,即为 5 乘以 $R_x 2\frac{8}{41}$,取 5 的

R_x 数值为 25，乘以 $2\frac{8}{41}$ 得 $54\frac{36}{41}$，则第二个数字为 $R_x 54\frac{36}{41}$。验证如下：两者各乘以自身，然后乘积相加，得 90，证毕。

【例 13-10】 求解一个数字，其乘以自身的 $\frac{1}{2}$ 为 10。

假设该数字为 1co，其 $\frac{1}{2}$ 为 $\frac{1}{2}$co，乘以 1co 为 $\frac{1}{2}$co□，等于 10，用 10 除以 $\frac{1}{2}$ 得 20，则 $R_x 20$ 就是该数。验证如下，取 $\frac{1}{2}$ 的 R_x 数值为 $\frac{1}{4}$，20 的 $\frac{1}{4}$ 为 5，该数的 $\frac{1}{2}$ 为 $R_x 5$，其乘以 $R_x 20$ 等于 $R_x 100$，即 10。

第三条规则

【例 13-11】 求解两个数字，第一个数字和第二个数字的比例是 3 比 4，两者相乘等于两者相加。

假设第一个数字为 3co，第二个数字为 4co，两者相乘为 12co□，然后两者相加为 7co，等于 12co□，用 7 除以 12 为 $\frac{7}{12}$，就是 1co 的值。前文假设第一个数字为 3co，因此用 3 乘以 $\frac{7}{12}$ 得 $1\frac{3}{4}$，就是第一个数字。第二个数字为 4，乘以 $\frac{7}{12}$ 得 $2\frac{1}{3}$。验证如下：用 $2\frac{1}{3}$ 乘以 $1\frac{3}{4}$ 等于 $2\frac{1}{3}$ 加上 $1\frac{3}{4}$，证毕。

【例 13-12】 求解一个数字，其 $\frac{1}{2}$ 和 $\frac{1}{3}$ 的和乘以自身正好等于该数字。

假设该数字为 1co，其 $\frac{1}{2}$ 和 $\frac{1}{3}$ 为 $\frac{5}{6}$co，乘以自身为 $\frac{25}{36}$co□，等于 1co，去分母得 36co 等于 25co□，用 36 除以 25，得 $1\frac{11}{25}$，即为该数字，其 $\frac{1}{2}$ 和 $\frac{1}{3}$ 的和乘以自身也等于 $1\frac{11}{25}$。

【例 13-13】 求解一个数字，减去其 $\frac{1}{3}$ 和 $\frac{1}{4}$，剩余值乘以自身正好得到该数字。

假设该数字为 1co，其 $\frac{1}{3}$ 和 $\frac{1}{4}$ 为 $\frac{7}{12}$co，从 1co 中减去 $\frac{7}{12}$co，余 $\frac{5}{12}$co，将其乘以自身得 $\frac{25}{144}$co□，等于 1co，去分母有 25co□ 等于 144co，用 144 除以 25 为 $5\frac{19}{25}$，就是要求解的数，验证将无误。

【例13-14】 找到一个数字,减去其$\frac{1}{3}$和$\frac{1}{4}$后的剩余值乘以自身等于6乘以该数字。

假设该数字为1co,其$\frac{1}{3}$和$\frac{1}{4}$之和为$\frac{7}{12}$co,1co 减 $\frac{7}{12}$co,余$\frac{5}{12}$co,$\frac{5}{12}$co 乘以自身为$\frac{25}{144}$co□,它等于6乘以1co 即6co。去分母得864co 等于25co□,用864 除以25 得$34\frac{14}{25}$,就是要求解的数字,验证将无误。

【例13-15】 求解一个数字,其$\frac{1}{4}$乘以自身的乘积加上3等于12。

假设该数字为1co,取其$\frac{1}{4}$为$\frac{1}{4}$co,乘以自身为$\frac{1}{16}$co□,加上3得$\left(\frac{1}{16}co□+3\right)$,等于12,移项有$\frac{1}{16}$co□等于9,去分母得1co□等于144,则所求解的数字就是R_x144 即12。

第四条规则

【例13-16】 求解一个数字,取其$\frac{1}{4}$乘以其$\frac{1}{4}$自身加上3正好得此数。

假设此数为1co,其$\frac{1}{4}$则为$\frac{1}{4}$co,乘以$\frac{1}{4}$自身为$\frac{1}{16}$co□,再加3等于1co,除以二次项系数,得到等式(1co□ + 48)等于16co,取一次项系数的一半,将其平方,减去常数,剩余16,则R_x16加上一次项系数的一半8,得到要求解的数12。

注意,此等式还有一个解为一次项系数的一半减去剩余值的R_x,即一个解为一次项多数减去剩余值的R_x,另一个解为加上。

【例13-17】 求解两个数字,一个与另一个之比同1比2,取每个数的$\frac{1}{4}$相乘,加上10等于这两个数相加。

假设其中一个为1co,则另一个为2co,取1co的$\frac{1}{4}$为$\frac{1}{4}$co,2co的$\frac{1}{4}$为$\frac{1}{2}$co,两者相乘为$\frac{1}{8}$co□,$\frac{1}{8}$co□加上10等于3co,除以二次项系数得到等式(1co□ + 80)等于24co,取一次项系数的一半,将其平方,扣减常数剩余64,则一次项系数的一半12减R_x64即为假设值,这样其中一个数字为4,另一个数字为2乘以(12减R_x64),即(24减R_x256),为8。根据题目验证将无误。

【例 13-18】 求解一个数字,其 $\frac{1}{4}$ 乘以其 $\frac{1}{4}$ 自身,乘积加 1 等于此数的剩余部分 $\frac{3}{4}$。

假设该数字为 1co,其 $\frac{1}{4}$ 为 $\frac{1}{4}$ co,将其平方为 $\frac{1}{16}$ co$^\square$,加 1 为 $\left(\frac{1}{16}\text{co}^\square + 1\right)$,等于剩余的 $\frac{3}{4}$ co,除以二次项系数,得(1co$^\square$ + 16)等于 12co,取一次项系数的一半,将其平方,减去常数项,剩余 20,R_x20 须从一次项系数的一半中减去,因为这一半的数值无法从 R_x20 中减去①,因此可知假设值为(6 $-$ R_x20),即为该数字。

【例 13-19】 求解两个数字,两者的比同 2 比 3,将第一个数字乘以其自身加上 36,总和与 5 乘以两个数字相加之和的乘积相等。

假设第一个数字为 2co,则另一个数字为 3co,将 2co 乘以自身为 4co$^\square$,加上 36 为(4co$^\square$ + 36),然后两个数字相加为 5co,乘以 5 为 25co,25co 等于(4co$^\square$ + 36),等式两边除以二次项系数,得(1co$^\square$ + 9)等于 $6\frac{1}{4}$ co,取一次项系数的一半,将其平方,减去常数项剩余 $\frac{49}{64}$,一次项系数的一半$\left(3\frac{1}{8} - R_x \frac{49}{64}\right)$为假设值,即 $2\frac{1}{4}$,而前文假设第一个数字为 2co,因此用 2 乘以 $2\frac{1}{4}$,得到第一个数字为 $4\frac{1}{2}$,另一个数字为 3 乘以 $2\frac{1}{4}$,得到第二个数字为 $6\frac{3}{4}$。根据题目验证将无误。

第五条规则

【例 13-20】 将 12 分成两部分,一部分乘以其自身(该部分)加上另一部分正好等于 68。问两部分各是多少。

假设其中一部分为 1co,则另一部分为(12 $-$ 1co),将 1co 乘以其自身为 1co$^\square$,加上另一部分为(1co$^\square$ + 12 $-$ 1co),等于 68,移项有(56 + 1co)等于 1co$^\square$,取一次项系数的一半,将其平方,加上常数项为 $56\frac{1}{4}$,则假设值为 $\left(R_x 56\frac{1}{4} + \frac{1}{2}\right)$,因此 12 的一部分

---

① 即不够减,结果为负数。——译者注

为 $\left(R_x 56\frac{1}{4} + \frac{1}{2}\right)$，另一部分为 $\left(11\frac{1}{2} - R_x 56\frac{1}{4}\right)$，根据题目验证将无误。

【例 13-21】 求解两个数字，两者的比为 3 比 4，第一个数字乘以其自身等于第二个数字加上 28。

假设第一个数字为 3co，则第二个数字为 4co，3co 乘以其自身为 9co□，然后用 4co 加上 28 为（4co + 28），等于 9co□，等式两边除以二次项系数，得 1co□ 等于 $\left(\frac{4}{9}co + 3\frac{1}{9}\right)$，取一次项系数的一半，将其平方，加上常数项得 $3\frac{13}{81}$，则假设值为 $\left(R_x 3\frac{13}{81} + \frac{2}{9}\right)$。而前文假设第一个数字为 3co，因此用 3 乘以 $\left(R_x 3\frac{13}{81} + \frac{2}{9}\right)$，得 $\left(R_x 28\frac{4}{9} + \frac{2}{3}\right)$，即为第一个数字，第二个数字等于 4 乘以 $\left(R_x 3\frac{13}{81} + \frac{2}{9}\right)$，得 $\left(R_x 50\frac{46}{81} + \frac{8}{9}\right)$，即为第二个数字，验证可知两者的比为 3 比 4。

【例 13-22】 求解一个数字，其 $\frac{1}{2}$ 和 $\frac{1}{3}$ 加总后乘以自身（加总值）等于其减去 $\left(\frac{1}{2} + \frac{1}{3}\right)$ 后的剩余值加上 98。

假设其为 1co，其 $\frac{1}{2}$ 和 $\frac{1}{3}$ 为 $\frac{5}{6}$co，乘以其自身为 $\frac{25}{36}$co□，然后取 1co 的剩余即 $\frac{1}{6}$co，加上 98 为 $\left(\frac{1}{6}co + 98\right)$，等于 $\frac{25}{36}$co□，等式除以二次项的系数得到 $\left(141\frac{3}{25} + \frac{6}{25}co\right)$ 等于 1co□，取一次项系数的一半，将其平方，加上常数项为 $141\frac{84}{625}$，则其 R_x 加上一次项系数的一半即 $\frac{3}{25}$，就是假设值（1co），也就是题设要求解的数。验证如下：取其 $\frac{1}{2}$ 和 $\frac{1}{3}$，按 R_x 相加方法计算加总，将加总之和从此数中减去，计算剩余值等，按题设计算将无误。

【例 13-23】 求解一个数字，其 $\frac{1}{4}$ 乘以其 $\frac{2}{3}$ 等于该数加 12。

假设该数为 1co，取其 $\frac{1}{4}$ 为 $\frac{1}{4}$co，然后取其 $\frac{2}{3}$ 为 $\frac{2}{3}$co，两者相乘得 $\frac{1}{6}$co□，等于（1co + 12），即 1co□ 等于（6co + 72），取一次项系数的一半，将其平方，加上常数项得 81，则假设值为 $R_x 81$ 加上一次项系数的一半 3，正好为 12。验证将无误。如此，你可在每个类似等式中求解，在此不再赘述。

第六条规则

【例 13-24】 求解一个数字,其 $\frac{1}{3}$ 乘以自身,然后乘以 5,再除以 2,再加上此数等于 $31\frac{1}{2}$。

假设该数为 1co,取其 $\frac{1}{3}$ 为 $\frac{1}{3}$co,乘以自身为 $\frac{1}{9}$co$^\square$,再乘以 5 为 $\frac{5}{9}$co$^\square$,除以 2 为 $\frac{5}{18}$co$^\square$,然后加上 1co 等于 $31\frac{1}{2}$,除以二次项系数,得 $\left(1\text{co}^\square + 3\frac{3}{5}\text{co}\right)$ 等于 $113\frac{2}{5}$,取一次项系数的一半,将其平方,加上常数项得 $116\frac{16}{25}$,则假设值为 $\left(R_x 116\frac{16}{25} - 1\frac{4}{5}\right)$,即 9,就是要求解的数①。

第七条规则

【例 13-25】 求解三个数,两两相比(第一个数比第二个数,第二个数比第三个数)分别等于 3 比 4 和 4 比 5,三者相乘等于 480。

假设第一个数为 3co,则第二个数为 4co,第三个数为 5co,用 3co 乘以 4co 为 12co$^\square$,然后再乘以 5co 得 60co$^\triangle$,其等于 480,用 480 除以 60 得 8,则假设值为 R_xc8②,即 2,而前文假设第一个数字为 3co,则其为 6;第二个数字为 4co,即 8,第三个数字为 5co,即 10。根据题设验证,三者相乘正好等于 480。

第八条规则

【例 13-26】 求解一个数字,其 $\frac{1}{3}$ 乘以其 $\frac{1}{4}$,再乘以其 $\frac{1}{6}$,再乘以 3,除以 6,即得到该数。

假设该数字为 1co,其 $\frac{1}{3}$ 为 $\frac{1}{3}$co,$\frac{1}{4}$ 即 $\frac{1}{4}$co,两者相乘为 $\frac{1}{12}$co$^\square$,取其 $\frac{1}{6}$ 为 $\frac{1}{6}$co,乘以 $\frac{1}{12}$co$^\square$ 为 $\frac{1}{72}$co$^\triangle$,再乘以 3 为 $\frac{3}{72}$co$^\triangle$,除以 6 为 $\frac{1}{144}$co$^\triangle$,等于 1co,用一次项除以三次项,

---

① 原稿右侧空白处有如下注明:参见原稿第 351 页类似案例,指本书第 573 页[例 16-3]。——译者注。
② R_xc 即 R_x cuba,即三次方根。——译者注。

得 1co$^\square$ 等于 144，则假设值 1co 等于 R$_x$144 即 12，就是要求解的数，验证将无误。

第九条规则

【例 13-27】 求解一个数字，其 $\frac{1}{6}$ 乘以自身，再乘以其 $\frac{3}{4}$，等于该数的 $\frac{1}{2}$ 乘以自身。

假设该数字为 1co，先取其 $\frac{1}{6}$ 为 $\frac{1}{6}$co，乘以自身为 $\frac{1}{36}$co$^\square$，然后取 1co 的 $\frac{3}{4}$ 为 $\frac{3}{4}$co，乘以 $\frac{1}{36}$co$^\square$ 得 $\frac{3}{144}$co$^\triangle$，再取 1co 的 $\frac{1}{2}$ 为 $\frac{1}{2}$co，乘以自身为 $\frac{1}{4}$co$^\square$，其等于 $\frac{3}{144}$co$^\triangle$，用二次项除以三次项，得到假设值为 12，就是要求解的数。计算中也可以先（用分数）分割（此数）两次（再相乘）。

第十条规则

【例 13-28】 求解一个数字，其乘以自身，再乘以它的 $\frac{1}{2}$，得 R$_x$16，或者是其他非离散①的 R$_x$ 值。

假设其为 1co，乘以自身为 1co$^\square$，然后取其 $\frac{1}{2}$ 为 $\frac{1}{2}$co，再乘以 1co$^\square$ 为 $\frac{1}{2}$co$^\triangle$，其等于 R$_x$16，用 R$_x$16 除以 $\frac{1}{2}$，取 $\frac{1}{2}$ 的 R$_x$ 数值为 $\frac{1}{4}$，用 16 除以 $\frac{1}{4}$ 得 64，则假设值为 R$_x$c（R$_x$64），此为所要求的数字，即 2，因为 R$_x$64 为 8，R$_x$c8 为 2，验证将无误。

第十一条规则

【例 13-29】 求解三个数字，第一个数字与第二个数字的比为 3 比 4，第二个数字与第三个数字的比为 4 比 5，将第一个数字乘以自身，再乘以第一个数字的 $\frac{1}{3}$，等于第二个数字乘以自身加上第三个数字。

假设第一个数字为 3co，则第二个数字为 4co，第三个数字为 5co，将第一个数字

---

① 指没有有理数解的二次方根。——译者注

乘以自身为 9co□，再取其 $\frac{1}{3}$ 为 1co，1co 乘以 9co□ 得 9co△，然后将第二个数字乘以自身得 16co□，加上第三个数字为（16co□ 加 5co），其应等于 9co△，除以三次项系数，得等式 1co△ 等于 $\left(1\frac{7}{9}\text{co}□ + \frac{5}{9}\text{co}\right)$，取二次项系数的一半，乘以自身，加上一次项的系数[①]，为 $1\frac{28}{81}$，则假设值为 $R_x 1\frac{28}{81} + \frac{8}{9}$。前文中假设第一个数字为 3co，因此用 3 乘以 $\left(R_x 1\frac{28}{81} + \frac{8}{9}\right)$，得 $\left(R_x 12\frac{9}{81} + 2\frac{2}{3}\right)$，就是第一个数字。第二个数字为 4co，用 4 乘以 $\left(R_x 1\frac{28}{81} + \frac{8}{9}\right)$ 得 $\left(R_x 21\frac{43}{81} + 3\frac{5}{9}\right)$，就是第二个数字。求第三个数字，用 5 乘以 $\left(R_x 1\frac{28}{81} + \frac{8}{9}\right)$，得 $\left(R_x 33\frac{52}{81} + 4\frac{4}{9}\right)$。验证将无误。

第十二条规则

【例 13-30】 求解三个数字，第一个比第二个为 2 比 3，第二个比第三个为 3 比 2，将第一个数字乘以其自身，再乘以第三个数字的 $\frac{1}{2}$，然后加上第三个数字，等于第二个数字乘以其自身。

假设第一个数字为 2co，则第二个数字为 3co，第三个为 2co，将第一个数字乘以其自身为 4co□，取第三个数字的 $\frac{1}{2}$ 为 1co，乘以 4co□，为 4co△，加上第三个数字为（4co△ + 2co），然后将第二个数字乘以其自身得 9co□，其等于（4co△ + 2co），等式两边除以三次项系数，得等式 $2\frac{1}{4}$ co□ 等于 $\left(1\text{co}△ + \frac{1}{2}\text{co}\right)$，取二次项系数的一半，将其平方，扣减一次项系数，剩余 $\frac{49}{64}$，则假设值为 $R_x \frac{49}{64}$ 加二次项系数的一半 $1\frac{1}{8}$。而前文假设第一个数字为 2co，因此用 2 乘以 $\left(R_x \frac{49}{64} + 1\frac{1}{8}\right)$，为 $\left(R_x 3\frac{4}{64} + 2\frac{1}{4}\right)$，第二个数字为 3 乘以 $\left(R_x \frac{49}{64} + 1\frac{1}{8}\right)$，得 $\left(R_x 6\frac{57}{64} + 3\frac{3}{8}\right)$，第三个数字等于第一个数字即

---

① 因为此等式可以降次为一元二次方程，因此依然采用与前文中一致的一元二次方程的配方法来解答，需要注意的是，帕乔利在前文中指出，其并没有解答一元三次方程的通用方法。——译者注。

$\left(R_x 3\dfrac{4}{64} + 2\dfrac{1}{4}\right)$,根据题目验证将无误。

第十三条规则

【例 13-31】 求解三个数字,第一个数字与第二个数字之比为 2 比 3,第二个数字与第三个数字之比为 3 比 5,第一个数字乘以其自身,再乘以第一个数字,然后加上第二个数字乘以其自身的乘积,等于第一个数字加上第三个数字。

假设第一个数字为 2co,则第二个数字为 3co,第三个数字为 5co,将第一个数字乘以自身为 4co$^\square$,再乘以第一个数字为 8co$^\triangle$,加上第二个数字乘以其自身的乘积 9co$^\square$,为 (8co$^\triangle$ + 9co$^\square$);第一个数字和第三个数字相加等于 7co,其等于 (8co$^\triangle$ + 9co$^\square$)。然后降次,将得到一个一次项和一个二次项等于一个常数,但是也可以根据前述的规则来求解:等式两边除以三次项的系数,得到等式 $\left(1co^\triangle + \dfrac{9}{8}co^\square\right)$ 等于 $\dfrac{7}{8}$co,取二次项系数的一半,将其平方,加上一次项系数,等于 $1\dfrac{49}{256}$,则假设值等于 $R_x 1\dfrac{49}{256}$ 减二次项系数的一半 $\dfrac{9}{16}$。

前文假设第一个数字为 2co,因此用 2 乘以 $\left(R_x 1\dfrac{49}{256} - \dfrac{9}{16}\right)$,得 $\left(R_x 4\dfrac{49}{64} - 1\dfrac{1}{8}\right)$,就是第一个数字。第二个数字为 3 乘以假设值 $\left(R_x 1\dfrac{49}{256} - \dfrac{9}{16}\right)$,得 $\left(R_x 10\dfrac{185}{256} - 1\dfrac{11}{16}\right)$,第三个数字等于 5 乘以 $\left(R_x 1\dfrac{49}{256} - \dfrac{9}{16}\right)$,得 $\left(R_x 29\dfrac{201}{256} - 2\dfrac{13}{16}\right)$。根据题目验证将得第一个数字与第二个数字之比为 2 比 3,第二个数字与第三个数字之比为 3 比 5。但要注意处理二项式时不要犯错,依此类推。

第十四项规则

【例 13-32】 求解三个数字,第一个数字与第二个数字之比为 2 比 3,第二个数字与第三个数字之比为 3 比 4,第一个数字乘以其自身再乘以第二个数字,然后加上第三个数字等于 52。

假设第一个数字为 2co,则第二个数字为 3co,第三个数字为 4co,将第一个数字乘以其自身为 4co$^\square$,然后乘以第二个数字即 3co,得 12co$^\triangle$,加上第三个数字即 4co,为

($12co^{\triangle}$ 加 $4co$),其等于 52。等式除以三次项的系数,得等式 $4\frac{1}{3}$ 等于 $\left(1co^{\triangle}+\frac{1}{3}co\right)$,要知道这是一个非常规的等式,其无法解答,因为有缺项①,即等式组成从三次项到一次项再到常数②。我根据有限的能力,构建了一个等式来摸索计算,你可以实践体验,但恐怕并不能形成通用的解答方法,其原因将在我们处理代数问题时在适当的地方给出。若把三次项和一次项看作是一个数,将等式两边除以三次项系数,接着将常数与一次项的系数相加,接着取一次项系数的一半,并将其平方,再加上上述常数与一次项系数的和,这个数的 R_x 值再减去一次项系数的一半,就是假设值③。

例如,本案例中,将等式两边除以三次项系数,得到等式 $\left(1co^{\triangle}+\frac{1}{3}co\right)$ 等于 $4\frac{1}{3}$,将 $4\frac{1}{3}$ 与 $\frac{1}{3}co$ 的系数相加得到 $4\frac{2}{3}$,然后取一次项系数 $\frac{1}{3}$ 的 $\frac{1}{2}$,得到 $\frac{1}{6}$,$\frac{1}{6}$ 乘以自身为 $\frac{1}{36}$,加上常数与一次项系数的和 $4\frac{2}{3}$,得到 $4\frac{25}{36}$,则假设值就为 $R_x 4\frac{25}{36}$ 减一次项系数的一半即 $\frac{1}{6}$,因为 $R_x 4\frac{25}{36}$ 等于 $2\frac{1}{6}$,从其中减去 $\frac{1}{6}$,剩余 2,就是假设值。而前文假设第一个数字为 $2co$,即 4。第二个 $3co$,即 6。第三个 $4co$,即 8。进行验证,发现结果是 104 而非 52,若结果是 104,即 52 的双倍才符合题设。

第十五项规则

【**例 13-33**】 求解三个数字,第一个数字比第二个数字为 1 比 2,第二个数字比第三个数字为 2 比 3,将第一个数字乘以自身再乘以第二个数字,然后再乘以第三个数字,等于 3 个数字相加之和乘以 8。

假设第一个数字为 $1co$,则第二个数字为 $2co$,第三个数字为 $3co$,第一个数字乘以自身为 $1co^{\square}$,然后乘以第二个数字 $2co$,得 $2co^{\triangle}$,然后再乘以第三个数字 $3co$,得 $6co^{\square\square}$。将三个数字即 $1co, 2co, 3co$ 相加,为 $6co$,$6co$ 乘以 8 得 $48co$,其应等于 $6co^{\square\square}$。按照规则,当四次项等于一次项,必须用一次项系数除以四次项系数,结果取三次方根,即假设值为 $R_x c 8$,即 2。

---

① 参见本书第 407 页页下注,即帕乔利没有解答一元三次方程的方法,此类欠缺一元三次方程解法的最早发现者费罗(Scipione del Ferro)出生于 1465 年,在本书写作时他年仅 13 岁。——译者注。
② 缺少二次项。——译者注。
③ 在这里帕乔利再次对于解一元三次方程进行了探索,但是仍然沿用的是解二元一次方程的配方法,根据后文的解答此方法并不可行。——译者注。

而前文假设第一个数字为1co,因此其为2。第二个数字为2co,即等于2乘以2为4。第三个数字为3co,即等于2乘以3为6。根据题目验证将无误。

这样你自己也可以依据不同的方法来求解,我把这些案例置于此只是为了展示如何处理不同的等式,我知道你可将它们融会运用至无限,这也正是这一主题到此为止的原因。从现在开始,我将展示非凡数字的创造过程,这些数字总是将你引向不同的等式,当问题足够丰富的时候,可能没有合适的等式能够满足你的需要(原因是繁琐或无解答方法),那么就尝试将等式乘以自身。当进行乘法处理后,也许你就会得到合适等式(从而可解答),或者不通过乘法,而是当需要的时候通过降次,1次、2次、3次和4次等直到获得最终合适的等式。

注意,当你发现等式中某项不能降次,可能是因为其已经是最低次而不能再降。当等式中有不规则的间隔缺项时①,其也可能有解,但其方法尚未被发现。而当间隔缺项是规则的,则求解是可能继续下去的。当等式的一边有两个项,另一边也有两个项时②,其可能有解,但我们尚不知解法。同样,当等式一边有三个项目,另一边也有三个项目时亦是如此③。

【例13-34】 求解不超过100的平方数,问它们是多少,给我一个通用的规则来找到我所期望的数字,问必须采用的方法。

要知道,这是为了能够求解各平方数而所需的有益事情之一④。对于问题的第一部分,至100(包括100),有10个平方数,其并不(像级数那样)从算术的基本要素和基础即初始项⑤出发(并按规律排列)。第一个是1,第二个是4,第三个是9,第四个是16,第五个是25,第六个是36,第七个是49,第八个是64,第九个是81,第十个是100,即十个。

但是我想给你一个一般的规则,让你知道,类似本题一样,至某个数量有多少个平方数:按照我将要在代数部分的最后⑥向你展示的方法,所至这个数量的R_x由多少个单位构成⑦,至这个数量就有多少个平方数。

例如,在本问题中,取100的R_x,即10,则其由10个单位构成,即从1到100,10就是所有平方数的数量,若你想知道至121有多少个平方数,其应为11个,因为121

---

① 比如上文的一元三次方程中仅缺二次项等。——译者注。
② 即等式有四项:三次项、二次项、一次项和常数项,为一元三次方程,帕乔利在本书多处表达了没有通用的解一元三次方程的方法。——译者注。
③ 即等式有六项,为一元五次方程,亦没有解法。——译者注。
④ 原稿页面左边空白处有如下注明:参见后文关于求解平方数的内容。
⑤ 参见本书第八部分关于级数的概述。——译者注。
⑥ 本部分是代数的最后一个部分,下一部分将是几何部分。——译者注。
⑦ 即这个数量的平方根必须是整数,整数是多少就是多少个单位。——译者注。

的 R_x 为 11,即其由 11 个单位构成。若想知道至 169 有多少个平方数,应为 13 个,因为其 R_x 是 13,由 13 个单位构成,依此类推。

但是有人会问你至 80 或至 120 等有多少个平方数,这样的数量没有离散的 R_x,使用上述规则就无法可知,但可这样处理:总是找出离这个数最近的第一个平方数,比这个数小或比这个数大均可。当你找到比这个数小的第一个平方数,那么按所说的方法取其 R_x,就是所包含的平方数的数量,但是若你找到的是比这个数大的第一个平方数,就必须要为所找之数超出这个数而扣减 1。这样寻找平方数需要一点摸索和试探。

例如,至 120,取随后的一个平方数,为 121,其 R_x 为 11,如上所述,含有 11 个单位,即至 121 有 11 个平方数,而题设为至 120,因此应从其中减去 1,剩余 10 个,这就是至 120 的平方数数量。而且,一个平方数的 R_x 所包含的单元数量,也是构成这个数的奇数的数量,即开始于 1,奇数相加,总和为这个数。例如,$R_x 81$ 含有 9 个单元,因此和为 81 的奇数数量也是 9:即 1,3,5,7,9,11,13,15,17,依此类推至无限。但要注意,这里所说的加总和为 81 的奇数项不是连续级数(progressione continua),而是不连续级数(progressione discontinua),或者说是离散级数(progressione intercisa),正如我在此向你充分展示的那样,把至 17 的所有奇数加在一起,就会发现在这个不连续级数中,有 9 个奇数,总和为 81,其中最后一个奇数将是 17。你若想知道偶数,依此类推进行计算,永无误。

这里我想向你展示解得平方数数量的(另一个)通用规则:总是开始于 1,加总所有奇数至你期望的奇数为止,取多少个奇数就有多少个平方数,加总的总和就是一个平方数。若你不想开始于 1,按照展示给你的级数的方法来加总获得总和,就将级数止于的这个数(分成两部分),取较大部分乘以自身①,其乘积就是加总止于这个数的所有奇数的总和。

例如,我想知道(加总,奇数)至 17 的平方数(是多少)②,将 17 分成两个主要部分③,一部分是 8,另一部分为 9,将较大部分 9 乘以自身,得 81,就是(加总,奇数)至 17 的平方数,即至 17 的所有奇数加总的总和。若想要知道加总的总和为 81 的奇数数量,按照上述的方法,即取 81 的 R_x 值,为 9,这就是加总得到 81 的奇数数量,依此类推至无限。

【例 13-35】 从 1 至某个奇数的所有奇数(相加)组成了 100,求解这个奇数。

---

① 参见本书第八部分关于级数和的计算。——译者注。
② 指从 1 到 17 中所有奇数加总所得的平方数。——译者注。
③ 参见本书第八部分关于级数和的计算,指两个部分之间的差不超过公差。——译者注。

如上所述解答,取其 R_x 为 10,扣减 1 为 9,加上 10 为 19,则至 19 的奇数可组成 100。这样构成是因为如前所述,所有平方数都可由奇数组成,若要解答组成这个平方数的从 1 至某个奇数的单元,就必须用这个奇数(两个主要部分)的较大部分乘以自身,得到这个奇数和所有其之前的奇数所相加得到的总和,因此这个总和的 R_x 就将是这个奇数的较大部分,较其少 1 的就是这个奇数的较小部分,两者构成了这个奇数。由此可知 100 可由至 19 的奇数组成。这样来看 169,其 R_x 为 13,扣减 1 为 12,则这个 12 就是构成那个奇数(两个主要部分)的较小部分,13 为较大部分,若要知道组成 169 的奇数,将 12 和 13 相加得 25,即从 1 至 25 的奇数构成了 169,依此类推,此为最佳解答方法。

【例 13-36】 求解若干奇数加总的和为 144,问所说奇数的数量多少。

如上所述求解,即计算其 R_x 即可。

【例 13-37】 求解(加总)至 100 有多少偶数。

如上述解答:求解其 R_x 值即得到组成其的奇数数量,而偶数数量应是一个较小数①,对你而言,计算其数量应采用同样的方法,排列不同的偶数很容易得到。

【例 13-38】 在充分解释了平方数的创造后,我打算适当地讨论完美数(li numeri perfetti),这种数字备受推崇,但在讨论所说的完美数字之前,先来看看普通数字的分解:有些数是不足数(diminuiti),有些数是过剩数(superflui),有些数则是完美数即既不缺少也不过剩。不足数是指数字本身超出了它的组成部分,即不包括其自身在内的所有因数②,如果加总所有因数,不足以组成这个数,这个数就被称为不足数,比如,8 和 14,均为不足数,因为它们的真因数相加不足以得到它们自身。

因为能够整除 8 的所有组成部分(即真因数)相加不足以得到 8:先将其除以 2,即取其一半,为 4;再取其 $\frac{1}{4}$ 部分为 2;接着取其 $\frac{1}{8}$ 部分为 1,就是将 8 分成所有能被整除的各组成部分,现在将这些部分即 $\left(\text{其}\frac{1}{2}\right)4, \left(\text{其}\frac{1}{4}\right)2, \left(\text{其}\frac{1}{8}\right)1$,相加得 7,相比 8 不足,因此称 8 为不足数。同样 14 也是不足数,所有能整除 14 的组成部分,先是取其 $\frac{1}{2}$,为 7;$\frac{1}{7}$ 为 2;$\frac{1}{14}$ 为 1。以这样的方式不可能再将 14 分成其他组成部分,现在将所有部分即 $\left(\text{其}\frac{1}{2}\right)7, \left(\text{其}\frac{1}{7}\right)2, \left(\text{其}\frac{1}{14}\right)1$,三者相加为 10,14 的组成部分不足以组成 14,

---

① 事实上,从 1 开始的偶数相加无法得到 100,即 2,4,6,8,10,12,14,16,18 这 9 个偶数相加等于 90,再加上第 10 个偶数即 20 则为 110。——译者注。
② 这里的因数和下文的真因数均为译者为了便于理解,按照本文所表达的意思,以当前便于理解的数学术语表达,但事实上本文中使用的并非当今所用的专业术语,而是通用语言即"部分(parti)"。——译者注。

因此称 14 为不足数。

类似地，也有一些数，其组成部分加总会超过自身，即其真因数加总会大于其自身，这种数被称为过剩数，比如 12 和 24，取 12 的组成部分加总会大于 12。取其最大的部分；即其 $\frac{1}{2}$，为 6；然后取其 $\frac{1}{3}$，即 4；$\frac{1}{4}$ 即 3；$\frac{1}{6}$ 即 2；$\frac{1}{12}$ 即 1，这就是将 12 以所有可能方式拆出组成部分，将这些部分加总，即其 $\frac{1}{2}$，$\frac{1}{3}$，$\frac{1}{4}$，$\frac{1}{6}$，$\frac{1}{12}$，分别为 6，4，3，2，1，总和为 16，超过了 12 这个数字本身，因此称 12 为过剩数。同样 24 也是过剩数，通过取 24 的组成部分来验证，取其最大部分，即其 $\frac{1}{2}$，为 12；其 $\frac{1}{3}$ 为 8；$\frac{1}{4}$ 为 6；$\frac{1}{6}$ 为 4；$\frac{1}{8}$ 为 3；$\frac{1}{12}$ 为 2；$\frac{1}{24}$ 为 1。现在已经不可能将 24 分成更多的组成部分了，将这些部分加总，即其 $\frac{1}{2}$，$\frac{1}{3}$，$\frac{1}{4}$，$\frac{1}{6}$，$\frac{1}{8}$，$\frac{1}{12}$，$\frac{1}{24}$，分别为 12，8，6，4，3，2，1，总和为 36，超过了 24 本身，因此其被称为过剩数。

但在这些数之外，如我所说，还有一类数的组成部分之和不会超过其本身，也不会不足，而是正好等于其自身，比如 6 和 28。因为 6 以所有可能方式拆出的组成部分，加总正好等于 6，先取最大部分，即其 $\frac{1}{2}$，为 3；再取其 $\frac{1}{3}$，为 2；$\frac{1}{6}$ 为 1，现在不可能将 6 再分成其他部分了，将所有这些组成部分相加即其 $\frac{1}{2}$，$\frac{1}{3}$，$\frac{1}{6}$，分别为 3，2，1，加总正好为 6，因此称其为完美数。28 亦如此，取其最大部分，即其 $\frac{1}{2}$，为 14；$\frac{1}{4}$ 为 7；$\frac{1}{7}$ 为 4；$\frac{1}{14}$ 为 2；$\frac{1}{28}$ 为 1。至此没有更多的组成部分了，将所有这些部分相加即其的 $\frac{1}{2}$，$\frac{1}{4}$，$\frac{1}{7}$，$\frac{1}{14}$，$\frac{1}{28}$，分别为 14，7，4，2，1，总和正好为 28，因而称其为完美数。

从 1 至 100，除了这两个完美数，即 6 和 28，没有其他完美数，所以按照此规则，当有人问你一个数是否是完美数，那么先看其最后的数字是不是 6 和 8 其中之一，若不是，则可非常肯定地说，它不是完美数，但若最后一个数是 6 或 8，它也可能不是完美数，因为有无限的数字是以 6 和 8 结束的（但完美数极少）。然后，你将很容易通过上述的所有组成部分来检验其是否是完美数；若是，其组成部分加总就应等于其自身，否则将是过剩数或不足数。

同样，若要知道一个数字是否为平方数，要看它的最后一位是否是 2 或 3，或 7 或 8，如果这个数字以其中任何一个数，即 2，3，7，8 结束，那么它绝对不是平方数，因为绝不会有任何数字在与自己相乘时的乘法结果是以 2,3,7,8 结束的数字,但任何其他数字可以是。因此,为了找到完美数和理解它们的生成,表述如下:总是从 1 开始,如下所示那样翻倍①,红色(右侧)的数字就是翻倍数,而黑色的数字就是那些可以生

---

① 原稿页面空白处有如下计算:

9007199187632128	第十四个完美数
4503599593816064	2
2251799796908032	4
1125899898454016	8
262949949227008	16
281474974513504	32
140737487306752	64
70368743653376	128
35184371826688	256
17592185913344	512
8796092956672	1024
4398046478336	2048
2199023239168	4096
1099511619584	8192
549755809792	16384
274877904896	32768
137438952448	65536
68319476224	137072
34359738112	
17179869056	
8589934528	
4294967264	
2147483632	
1073741816	
536870908	
268435454	
134217727	
67108864	
33554432	
16777216	
8388608	
4194304	
2097152	
1048756	
524288	
262144	
131072	
65536	
32768	
16384	
8192	
4096	
2048	
1024	
512	
256	
128	
64	
32	
16	
8	
4	
2	
1	

成完美数的,不能被合成的质数①。

总是从 1 开始,这样排列:1,2,4,8,16 等,一步一步进行加总,开始是 1,2,相加为 3;当总和是可以被合成的,则继续进行,即如同我向你展示的那样,继续加上下一个双倍数,被合成理解为一个加总数可以被(除 1 和其自身之外的)其他数整除②,当这个总和不能被合成时,停下,并用这个总和乘以总和中最后加上的双倍数,就得到完美数③。

例如,有总和 3,这是第一个不能被合成的,先将其乘以最后一个加上的数即 2,得 6,这就是第一个完美数。然后持续进行以寻找更多的完美数,计算 2 的双倍为 4,接着将这些至 4 的双倍数相加,即 1,2,4,为 7,这个和不能被合成,因此将其乘以最后一个双倍的数即 4,得 28,如上所示,这是第二个完美数。

之后继续进行,用另一个双倍数来寻找第三个完美数:现在到 4,将其双倍为 8,加上所有的双倍数即 1,2,4,8,和为 15,其可被合成,因此不能得到完美数,但需要继续寻找另一个双倍数,现在到 8,将其双倍为 16,现在将所有的双倍数相加即 1,2,4,8,16,其和为 31,不能被合成,因此必须用这个 31 乘以最后被加上的双倍数即 16,得 496,这就是第三个完美数,而 1 000 以下除 3 个完美数即 6,28,496 外,没有其他完美数。

若你想无限地继续下去,继续取双倍数,为 32,然后将所有双倍数相加为 63,其由 9 和 7 构成,因此继续取双倍数,为 64,然后再加总所有双倍数即 1,2,4,8,16,32,64,得 127,这是不能被合成的数,因此将其乘以最后加上的双倍数即 64,得 8128,这是第四个完美数,依此类推④。

验证这些完美数就是取它们的所有组成部分,总是从最大部分即一半开始,然后取 $\frac{1}{2}$ 的 $\frac{1}{2}$ 即 $\frac{1}{4}$,$\frac{1}{4}$ 的 $\frac{1}{2}$ 即 $\frac{1}{8}$,$\frac{1}{8}$ 的 $\frac{1}{2}$ 即 $\frac{1}{16}$ 等,依此类推,直到最后得到奇数如 7,3,5,9 等。再来分解这个单位,不能分解则将其加 1:比如,取 7 的 $\frac{1}{2}$ 为 $3\frac{1}{2}$,而为减少繁琐,我期望取 4,这样获得所说数字的所有组成部分,将它们相加正好得到这个数字,或多或少均为误,如同我在上图的计算中展示的那样。上图展示了第 14 个

---

① 注意这个计算的图并未直接列示完美数,而是给出了计算完美数的方法,具体生成完美数的方法参见下文。——译者注。
② 这里的可以被合成的数实质上就是指合成数,而不能被合成的数实质上就是质数。——译者注。
③ 这个方法实质上就是古希腊数学家欧几里得所创造的方法即通过 $2^{n-1}(2^n-1)$ 的表达式发现完美数。——译者注。
④ 欧洲首次提及第五个完美数是由一位不知名的数学家于 1456 年至 1461 年间撰写的手稿,参见 Smith, David Eugene. History Of Mathematics (Vol II)[M]. Ginn And Company, 1925. 从本著作来看,此时帕乔利显然并不知道第五个完美数,他也没有计算出第五个完美数。——译者注。

完美数①，解答了这些完美数的性质和一致性。它们总是第一个以 6 结尾，第二个以 8 结尾，第三个再以 6 结尾，第四个以 8 结尾，这样总是交替以 6 和 8 结尾，永无误②。

应注意的是，还有线性数、表面积数、立方体数、三角形数、五角形数、实心数、球形数和循环数，这些将不在这里提及，因为它们不属于介绍商业实践的主题内容。（但有时可能会顺带提及），比如我们在讨论 R_x 时会试图展示立方数。提到的循环数只有两个③，即 5 和 6，因为它们乘以自身，结果的最后一位总是会回到其自身，11 也是，因为其乘以自身的结果的最后一位总是会回到 1。

---

① 在帕乔利时代，解出的最后一个完美数是第五个完美数，即 33 550 336，第六个完美数于 1588 年（也有人说是 1603 年）被计算得到，因而本书此处称"第十四个完美数"，无法知道帕乔利是如何推算出来的，但并不正确。——译者注。

② 1588 年（也有人说 1603 年），意大利数学家彼得罗·卡塔尔迪（Pietro Antonio Cataldi）计算出第六个完美数 8 589 869 056，其与第五个完美数一样，仍是以 6 结尾，因此 6 和 8 交替结尾实质上是错误的规律。此外，其还计算出第七个完美数 137 438 691 328。——译者注。

③ 本书其他地方未见提及循环数。——译者注。

第十四部分

几何账目

【例14-1】 一座高40寻的塔,其脚下有一条宽30寻的渠,把绳子系于塔顶,然后将其拉至渠的一边,问绳子有多长。

解答如下:用塔的高度乘以自身长度,为1 600寻,然后用沟的宽度,乘以自身长度,为900寻,两者之和,即1 600加上900,为2 500寻,$R_x 2\,500$即50寻,就是绳子的长度,解毕(图14-1)。

【例14-2】 一座塔,塔脚下有条渠,宽度未知,但塔高40寻,所以从塔顶拉一根绳子,拉至渠外的岸边,这根绳子长50寻,问渠宽是多少。

解答如下:如上所述,用塔的高度乘以自身长度为1 600寻,然后将绳子长度乘以自身长度为2 500寻,现在从2 500中减1 600,为900寻,而$R_x 900$即30,就是沟渠宽度,解毕(图14-2)。

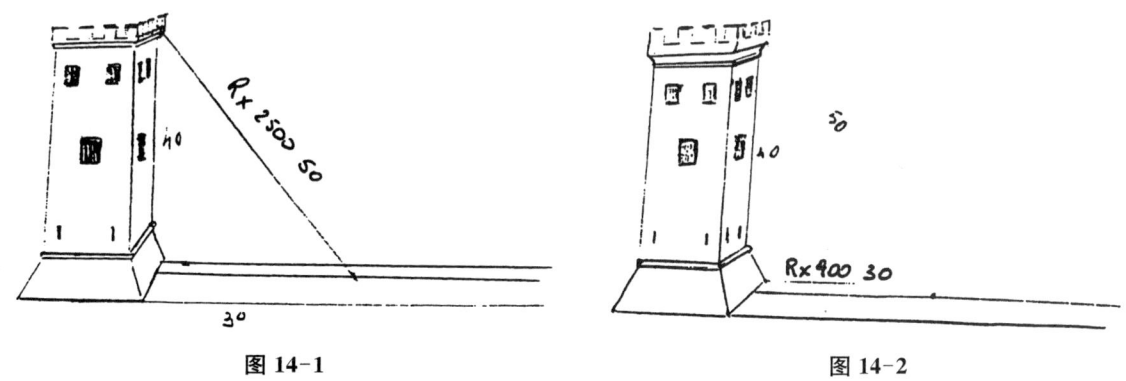

图14-1　　　　　　　　　　图14-2

【例14-3】 一座塔高度未知,脚下有一条渠,渠宽30寻,一条绳子长50寻,从塔顶拉至渠边,问塔的高度是多少。

解答如下:将绳子长度乘以自身长度,为2 500寻,然后将渠宽度乘以自身宽度,为900寻,将其从2 500中减去,得1 600寻,而$R_x 1\,600$即40寻,就是塔的高度(图14-3)。

【例 14-4】 一座高 60 寻的塔,一个阶梯的顶端靠在塔的顶端,其底端离塔的距离为 20 寻,将阶梯底端移动,较原位置远离 12 寻。问阶梯顶端至塔的顶端较原先低了多少。

解答如下:首先来计算阶梯长度,使用上述方法,可解得阶梯长度为 $R_x 4\,000$(图 14-4),题设要求阶梯离塔较原位置远 12 寻,因此用 12 加上 20 得 32,其乘以自身长度为 1 024 寻,从 4 000 中减去 1 024 剩余 2 976 寻,取 $R_x 2\,976$ 从 60 中减去,剩余值就是阶梯顶端要下降的高度,即阶梯顶端离塔顶端的距离。

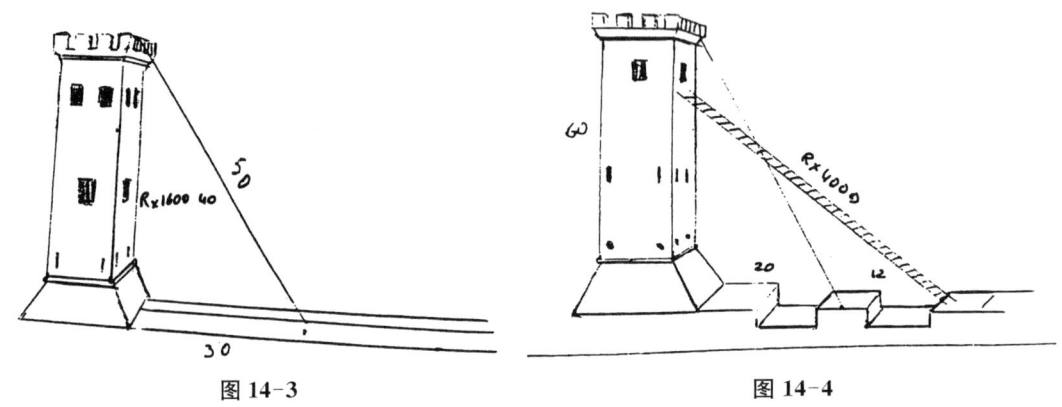

图 14-3　　　　　　　　　图 14-4

【例 14-5】 塔高 80 寻,周围有一个高 60 寻的围墙,围墙与塔距离 10 寻,我想放一个阶梯,从塔顶接触围墙上端,阶梯底端落到地上,问阶梯多长(图 14-5)。

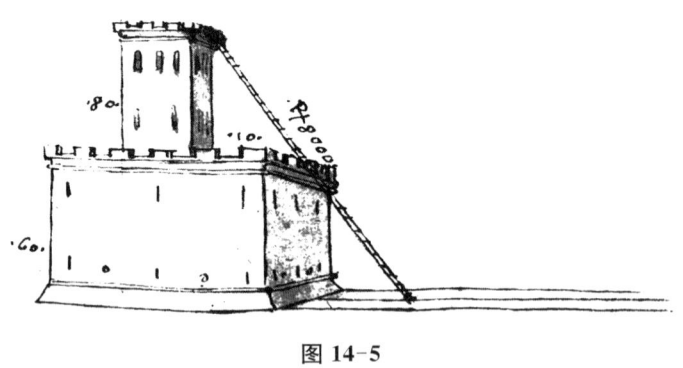

图 14-5

解答如下:首先计算塔比围墙高多少,从 80 中减去 60 余 20,即塔比围墙高 20 寻,同时围墙离塔 10 寻,因此 20 寻高度,阶梯离塔 10 寻,现在据此求解 80 寻高度,落在地面的阶梯底端离塔的距离,问:若 20 寻高,对应 10 寻距离,那么 80 寻高对应距离是多少?用 80 乘以 10 为 800 寻,除以 20 得 40 寻,就是塔底离阶梯底端的距离。

现为求解阶梯长度,按照上文中计算绳子和沟渠的方法来计算,梯子与绳子长度一致。已知其为一个直角三角形,直角的一条边是 80 寻,另一条边是 40 寻,在欧几里得著作①的倒数第二章中,直角三角形斜边的平方数等于其他两边的平方和。因此将 80 乘以自身长度,为 6 400 寻,将 40 乘以自身长度,为 1 600 寻,加总得 8 000 寻,而 R_x 8 000 就是阶梯从塔顶到地面的长度,阶梯底端离塔 40 寻,解毕。

【例 14-6】 一棵树,高度未知,折断了一部分,长 30 寻,其顶端跌落至地上,顶端离树桩 20 寻,问这棵树折断前有多高(图 14-6)。

解答如下: 你可总是将其设想为类似于直角三角形的问题,折断的这一部分,就是直角三角形的斜边,为 30 寻,将其乘以自身长度为 900 寻,然后跌落部分顶端离树桩 20 寻,将其乘以自身为 400 寻,将其从 900 中减去余 500 寻,就是树剩余部分高度的平方,因为如上所述,从斜边平方中减去了一边的平方,那么剩余就是另一边的平方。因此剩余部分高 R_x 500,树的整体高度就是其加上折断部分的高度 30 寻,即 R_x 500 加 30,就是折断前树的高度,解毕。

【例 14-7】 一棵树,高 80 寻,在某个高度被折断,此长度的树干落在地上,它的顶端离树桩 30 寻,问这棵树是在什么地方折断的,折断部分的长度是多少(图 14-7)。

假设折断部分长 1co,因此剩余 80 减 1co,即剩余树干的高度,现在形成了一个直角三角形,其斜边为 1co,直角边一边为 30 寻,另一边为 80 减 1co。为求解假设值,将每个直角边乘以自身,80 减 1co 乘以 80 减 1co 为 6 400 寻减 160co 加 1co□,然后将另一边即 30 乘以自身长度为 900 寻,加上 6 400 减 160co 加 1co□ 得 7 300 减 160co 加 1co□,再将斜边即 1co 乘以自身为 1co□,而如上文所验证,斜边的平方等于其他两边的平方和。

因此有等式 1co□ 等于 7 300 减 160co 加 1co□,移项得到 160co 等于 7 300 寻,用常数除以一次项系数,得到假设值为 $45\frac{5}{8}$,即折断部分的长度,那么剩余树干就是从

图 14-6

图 14-7

---

① 即《几何原本》。——译者注。

80中减去$45\frac{5}{8}$，剩余$34\frac{3}{8}$，即剩余的树干高度，解毕。验证如下：用斜边$45\frac{5}{8}$乘以自身，必等于其他两边的平方和。

【例14-8】 一棵树高60寻，其扭曲倾斜，拿一个62寻长的梯子，将其顶部靠在树顶端，地上的梯子脚距离树桩30寻，问这棵树倾斜了多远，即若一个铅垂从树的顶端落在树桩和梯子脚之间的地面，其距离树桩有多远。

图14-8

你可以将其想象为两个直角三角形，这个铅坠就是直角边或者垂线（图14-8），现在假设铅坠距离梯子1co。先将梯子长度62乘以自身，为3 844，然后将铅坠到梯子的距离即1co乘以自身，为1co□，两者相加为3 844加1co□，保留于此。然后将树的高度乘以自身长度为3 600寻，再将树到铅坠的距离即30减1co，乘以自身长度为900减60co加1co□，加上3 600得到4 500减60co加1co□，而其将等于前面保留的3 844加1co□。移项得到656等于60co，用常数除以一次项系数，得$10\frac{14}{15}$，就是假设值，即铅坠到梯子脚的距离，那么铅坠到树桩的距离就是从30中减去$10\frac{14}{15}$，余$19\frac{1}{15}$，就是其到树桩的距离。验证如下：将树的长度乘以自身长度，铅坠到树的距离乘以自身长度，两个乘积相加，等于梯子长度乘以自身长度，加上铅坠到梯子距离乘以自身长度，验毕。

【例14-9】 一根绳在地上，长度未知，取其$\frac{1}{3}$将其提升至离地25寻，我所提升$\frac{1}{3}$的一头向我这边移动了6寻，问绳子长度是多少（图14-9）。

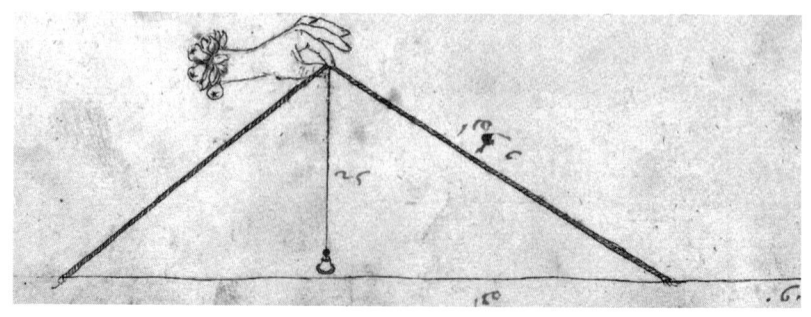

图14-9

要知道这是一个优美的问题。题设称将绳子提高到离地 25 寻,可以将这个高度看作是直角边,或者铅垂垂直线,假设这个铅垂落在地上的那点,距离提升 $\frac{1}{3}$ 的一头,长度为 1co,则所提升 $\frac{1}{3}$ 部分的长度就是 1co 加 6,因为绳子被提起,但是其长度并未变短,而提升后,这 $\frac{1}{3}$ 的一头移动了 6 寻,因此若铅垂至提升绳子的一头为 1co,那么这 $\frac{1}{3}$ 绳子长度就是 1co 加 6 寻。

因此你可以认为有一个直角三角形,其斜边就是绳子的 $\frac{1}{3}$,长 1co 加 6,其中一个直角边为 25 寻,另一个直角边为 1co,而已知斜边的平方等于两个直角边的平方和。因此将斜边长度乘以自身长度即 1co 加 6 乘以 1co 加 6,得 36 加 12co 加 1co$^\square$,先保留于此,然后来计算其他两边,首先将 25 乘以自身长度为 625 寻,然后 1co 乘以自身为 1co$^\square$,两者相加为 625 加 1co$^\square$,其等于 36 加 12co 加 1co$^\square$。移项得 589 等于 12co,用 589 除以 12 得 49$\frac{1}{12}$ 寻,就是假设值,而前文假设提升点至 $\frac{1}{3}$ 绳子的一头为 6 加 1co,因此用 6 加上 49$\frac{1}{12}$ 为 55$\frac{1}{12}$ 寻,而其为绳子长度的 $\frac{1}{3}$,因此将 55$\frac{1}{12}$ 乘以 3 得 165$\frac{1}{4}$,就是整个绳子的长度即 165$\frac{1}{4}$ 寻,解毕。这样对于类似的问题你都可以将其想象为三角形来求解。

【例 14-10】 一个人想做一顶大帐篷(图 14-10、图 14-11),或者说是一个金字塔,他想让中间的杆高 30 寻,一圈周长 40 寻,他想用一块宽 1.5 寻的布来进行制作,问需要多少此种类型的布。

解答如下:取帐篷高度的一半或宽度的一半;现在取高度即 30 的一半,即 15 寻[①],然后乘以 40 寻,也就是从帐篷底端开始的宽度,得 600,除以 1$\frac{1}{2}$,即布的宽度,得

---

① 原稿页面上方空白处有如下与案例相关的注明:要解答随后的 3 个帐篷案例,除了必须取中轴的 $\frac{1}{2}$ 及侧边的 $\frac{1}{2}$,还可以通过将中轴乘以自身高度,及半径乘以自身和取 R_x 来计算,所有这些相加就将得到侧边,然后去求解每个未知数比如中轴高,侧边长等,即可得解,或者按你的方法来求解。

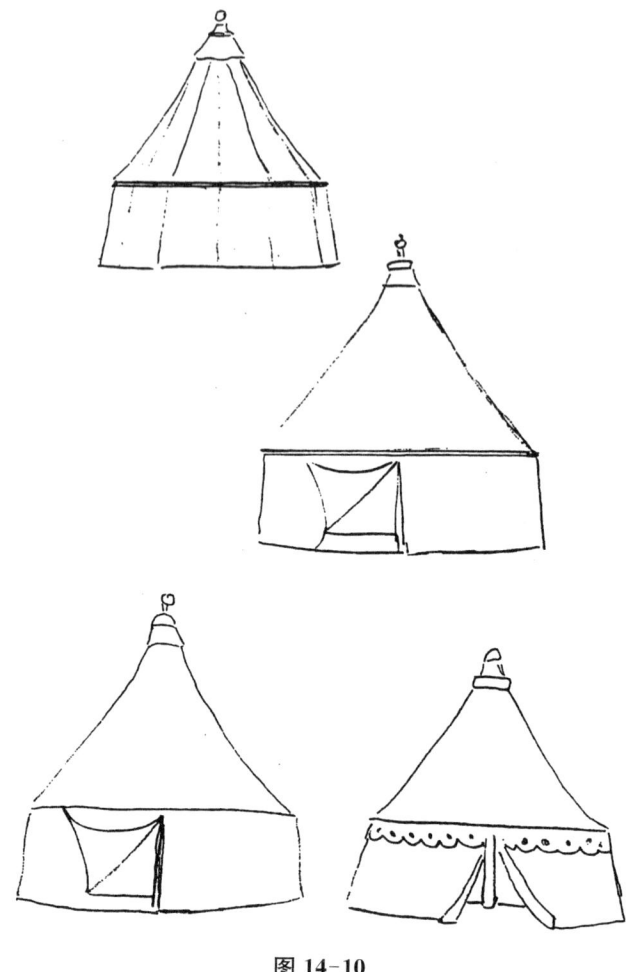

图 14-10

图 14-11

400，就是 $1\frac{1}{2}$ 寻宽度的布所需要的数量。

下面我将这几个关于这些帐篷的问题简明扼要地在这里展示给你，这些账目的计算很重要，上帝保佑，我将在本书末尾，或者在这部分几何学的末尾，向你展示其基础要素，以帮助你理解。

【例 14-11】 一人想要做一顶帐篷，期望高度 30 寻，计划使用 400 寻宽 $1\frac{1}{2}$ 寻的布，问帐篷底端宽是多少寻（图 14-12）。

解答如下： 将布的宽度即 $1\frac{1}{2}$ 乘以要使用的长度 400 寻，得 600 寻，将其除以期望高度 30 寻，得 20 寻，然后取 20 的双倍为 40 寻，则帐篷底端的宽度为 40 寻，解毕。

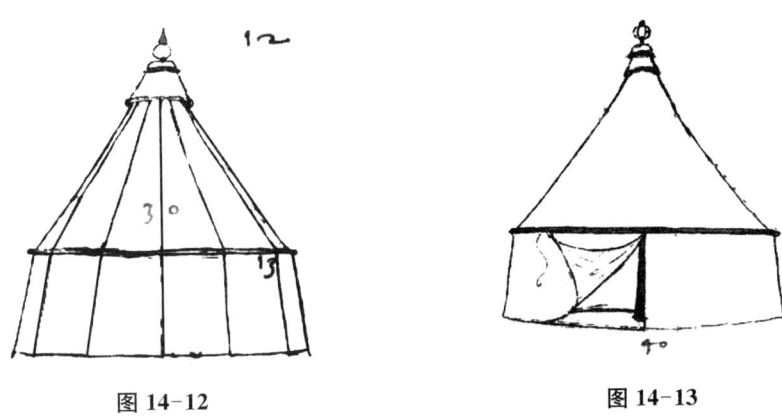

图 14-12　　　　　　　　图 14-13

【例 14-12】 一人建造一顶帐篷，使用了长 400 寻，宽 $1\frac{1}{2}$ 寻的布，帐篷一圈为 40 寻，问帐篷中间的轴杆高是多少（图 14-13）。

解答如下： 用布的宽度 $1\frac{1}{2}$ 乘以所使用布的长度即 400 寻，得 600 寻，除以帐篷底端一圈长度 40 寻，得 15 寻，取其双倍为 30 寻，则帐篷中轴高 30 寻，结果同上。

【例 14-13】 一人有一顶帐篷或者说是金字塔，侧边长为 9 寻，即从帐篷顶端到底端圆周一条线的长度，底端圆周的直径为 8 寻，求其表面积（图 14-14）。

现在用一种方法来解答：始终在半径即 4 和侧边即 9 之间找到一条成比例的平均线，这条平均线可以这样来找到：用半径乘以整个侧边长，即 4 乘以 9，为 36 寻，而 36 的 R_x 即 6 将在 4 和 9 之间形成居中的同比例关系，即 6 与 4 之比也等于 9 与 6 之比，也就是一个超出另一个的比例相同，4 与 6 之比等于 6 与 9 之比，即一个被包含在

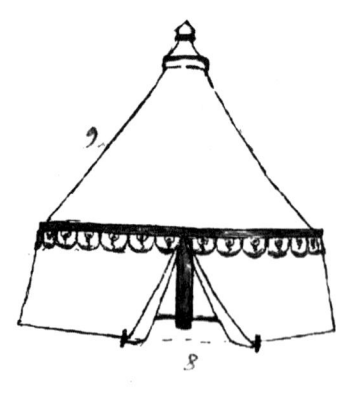

图 14-14

另一个中的比例也相同,用 4 除以 6 等于用 6 除以 9,即一个除以另一个为 $\frac{2}{3}$。

现在,根据这个比例线的数量,来形成一个圆,其直径将为 12 寻,现在你会发现这个圆的面积如下:将直径平方,得 144,取其 $\frac{11}{14}$①,得 $113\frac{1}{7}$,将是这个圆的表面积,也将是金字塔的表面积。

另一种求解的方法是找到帐篷底端的圆周长,用 8 乘以 $3\frac{1}{7}$②,得 $25\frac{1}{7}$,取其一半为 $12\frac{4}{7}$,将其乘以帐篷的侧边长即 9 寻,得 $113\frac{1}{7}$,与上文一致。因为你可以把帐篷看作是一个三角形,其有两个相等的边,边长都是 9 寻,另外一边边长则为 $25\frac{1}{7}$ 寻,这样即如页面空白处所画的那样③,依此类推。

另一种方法就是取侧边长的 $\frac{1}{2}$ 即 $4\frac{1}{2}$,将其乘以底端圆周长即 $25\frac{1}{7}$,得到同上的解 $113\frac{1}{7}$。

【例 14-14】 在地上的一棵树长 70 寻,一群人想要将其竖起,每次拉绳索将抬高 1 寻,问需要拉多少次才能将其竖起(图 14-15)。

解答如下:取树高 70 寻的双倍,即 140 寻,就是将树抬起的一个圆圈的直径,用

---

① 直径平方与圆面积之间的比例关系,取近似数为 $\frac{11}{14}$,相当于半径与圆面积之间的比例关系为 $3\frac{1}{7}$。——译者注。
② 即同上的近似圆周率。——译者注。
③ 整理稿并未提供这个文中所列的图,原稿中的图如下。——译者注。

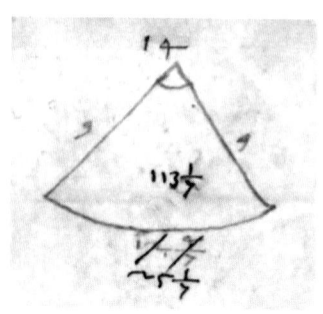

140 乘以 $3\frac{1}{7}$ 得 440 寻,然后将 440 除以 4,即取其 $\frac{1}{4}$,因为 440 是整个圆的周长,而将树从地上竖起只需要 $\frac{1}{4}$ 圈,因此用 440 除以 4 为 110,即是将树竖起需要拉的次数。

【例 14-15】 一个喷泉在两个塔楼之间的平面上,其中一个塔楼高 50 寻,另一个塔楼高 40 寻,两个塔楼之间距离 60 寻,两个塔楼顶端有两只鸽子要去喷泉喝水,它们同时移动,同时来到喷泉前(图 14-16),问喷泉距 50 寻高的塔楼距离是多少寻,距 40 寻高的塔楼距离是多少寻①。

图 14-15

这个问题会涉及 R_x,尽管我们能够采用假设条件的方法求解,但这里将使用一个更简便更优的方法,假设喷泉距离高 40 寻的塔楼 1co,因此距离高 50 寻的塔楼为 60 减 1co,现在对于高 40 寻的塔楼有:40 乘以 40 为 1 600 寻,保留于此,然后取喷泉离其的距离 1co,将其乘以自身为 1co□,加上 1 600 为 1co□ 加 1 600,然后对于高 50 寻的塔楼有:50 乘以 50 为 2 500 寻,然后喷泉距其距离的平方即 60 减 1co 乘以 60 减 1co,得 3 600 减 120co 加 1co□,加上 2 500 得 6 100 减 120co 加 1co□,而其将等于

图 14-16

1 600 加 1co□。移项得到 4 500 等于 120co,用 4 500 除以 120 得 $37\frac{1}{2}$,就是喷泉距离高 40 寻塔楼的距离,则距高 50 寻塔楼的距离为 60 减 $37\frac{1}{2}$,即 $22\frac{1}{2}$,解毕。

【例 14-16】 一座喷泉与三个塔楼在一个平面上,三个塔楼分别标注为 A、B 和

---

① 原稿页面左边空白处有如下注明:这个问题实质上是在提问:将 60 分成两个部分,一部分乘以自身加上 40 的平方 1 600,等于另一部分乘以自身加上 50 的平方 2 500,因为这两个数是两个直角三角形的同一个斜边。

C，A 塔高 50 寻，B 塔高 40 寻，C 塔高 60 寻，每座塔楼上有一只鸟，同时出发去喷泉喝水，同时到达喷泉，问若喷泉在 A 塔与 B 塔间的一条直线上，两者距离为 80 寻，问喷泉距每个塔楼的距离是多少（图 14-17）。

解答如下：假设 A 塔距离喷泉 1co，则塔 B 距离喷泉 80 减 1co，现在从 A 塔开始计算，其高 50 寻，将其乘以自身长度为 2 500 寻，然后将 1co 乘以自身为 1co$^□$，加上 2 500 为 2 500 加 1co$^□$，先保留于此。然后对于 B 塔，其高 40 寻，其乘以自身长度为 1 600 寻，其与喷泉之间的距离即 80 减 1co 乘以自身长度，为 6 400 减 160co 加 1co$^□$，加上 1 600，得 8 000 减 160co 加 1co$^□$，其将等于 2 500 加 1co$^□$，移项得到 160co 等于 5 500，用 5 500 除以 160，得 $34\frac{3}{8}$ 寻，就是假设值即 A 塔至喷泉的距离，则 B 塔至喷泉的距离为 80 减 $34\frac{3}{8}$，即 $45\frac{5}{8}$ 寻。

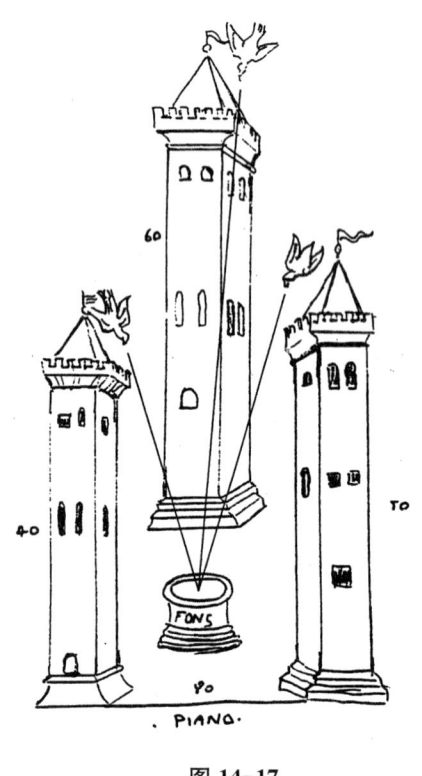

图 14-17

现在计算 C 塔至喷泉的距离，首先将 A 塔高度乘以自身长度即 50 乘以 50 得 2 500 寻。然后将 A 塔至喷泉的距离 $34\frac{3}{8}$ 乘以自身为 $1\,181\frac{41}{64}$，加上 2 500 得 $3\,681\frac{41}{64}$，其平方根就是从 A 塔顶端至喷泉的距离，即一个直角三角形的斜边，因为鸟同时到达，因此斜边必须相等，即从 C 塔顶端至喷泉的距离与从 A 塔的相同，C 塔高 60，将其乘以自身为 3 600 寻，从 $3\,881\frac{41}{64}$ 中减去后剩余 $81\frac{41}{64}$，则 $R_x 81\frac{41}{64}$ 就是从 C 塔顶端至喷泉的距离。

现在来看 A 塔至 C 塔的距离，这样计算：将 $34\frac{3}{8}$ 乘以自身长度，为 $1\,181\frac{41}{64}$ 寻，加上 C 塔至喷泉距离的平方即 $81\frac{41}{64}$，得 $3\,262\frac{18}{64}$，则 $R_x 3\,262\frac{18}{64}$ 就是 A 塔至 C 塔的距离。同样来计算 B 塔和 C 塔之间的距离：将 B 塔至喷泉的距离 $45\frac{5}{8}$ 乘以自身，为

$2081\frac{1}{4}$,加上 C 塔至喷泉距离的平方即 $81\frac{41}{64}$ 得 $2162\frac{57}{64}$,即 $R_x 2162\frac{57}{64}$ 就是 C 塔至 B 塔的距离,解毕。需要注意的是,这些计算是通过三角形的斜边相等来实现的,而这些三角形的其他边是不相等的。

【例 14-17】 一个直角三角形,其直角边一边长 4 寻,另一边长 3 寻,其斜边长度未知,问其面积是多少(图 14-18)。

解答如下: 取任一直角边的一半,为避免分数取 4 的一半为 2,将其乘以另一边即 3,等于 6,就是其面积。

【例 14-18】 一个直角三角形,直角边一边长 4 寻,斜边长 5 寻,问其面积是多少。

解答如下: 将斜边长乘以自身长度为 25,然后将一个直角边即 4 乘以自身长度为 16,从 25 中扣减剩余 9,则 $R_x 9$ 就是另一直角边的长度,现在取一个直角边 4 的一半为 2,将其乘以 3 等于 6,就是三角形的面积。

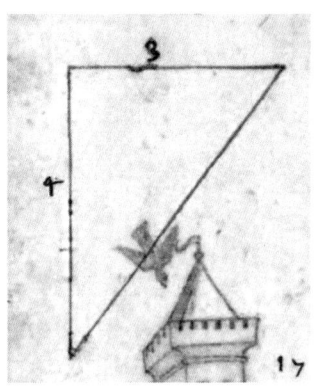

图 14-18

【例 14-19】 一个直角三角形,直角两边长分别为 4 和 3,斜边长度未知,从直角处做一条至斜边的垂直线,问其落在斜边的什么位置,同时利用这条边来计算这个三角形的面积(图 14-19)。

解答如下: 首先计算斜边长度,将 3 乘以自身长度为 9,4 乘以自身长度为 16,两者相加为 25,则 $R_x 25$ 就是斜边长,即 5。现在来计算垂直线落在斜边的位置,假设这条边至长度 3 直角边的距离为 1co,因此其距离长度 4 直角边的距离为 5 减 1co。现在首先来看长度 3 直角边的这一边:将 3 乘以自身长度为 9,然后将另一边长即 1co

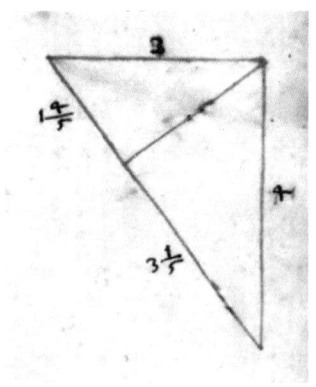

图 14-19

乘以自身长度为 1co□,将其从 9 中减去即为 9 减 1co□,然后来看另一直角边:将 4 乘以自身长度为 16,将另一边即 5 减 1co 乘以自身长度为 25 减 10co 加 1co□,从 16 中减去剩余长度减 9 加 10co 减 1co□,其应该等于 9 减 1co□。移项得 10co 等于 18,用 18 除以 10 得 $1\frac{4}{5}$,就是假设值,而前文假设这条垂直线落在长 5 的斜边上,距离长 3 直角边的距离为 1co,因此距离长 3 直角边的距离为 $1\frac{4}{5}$,而距离长 4 直角边的距离为 5 减 $1\frac{4}{5}$ 得 $3\frac{1}{5}$。现在计算三角形的面积,来看这条边的长度:将 3 乘以自身长度为9，将靠长3直角边的一边长度$1\frac{4}{5}$乘以自身长度为$3\frac{6}{25}$，从9中减去剩余$5\frac{19}{25}$，即这条边长为$R_x 5\frac{19}{25}$。现在根据这条垂直线来计算三角形的面积，取长5的斜边长的$\frac{1}{2}$即$2\frac{1}{2}$，将其乘以这条长$R_x 5\frac{19}{25}$的垂直线，将$2\frac{1}{2}$平方为$6\frac{1}{4}$，再将其乘以$5\frac{19}{25}$，得36，则$R_x 36$即6就是三角形的面积，依此类推。

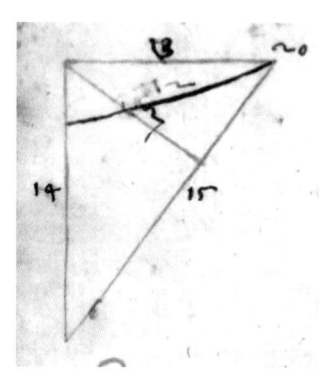

图 14-20

【例 14-20】 一个三角形，三条边长分别为14、15和13，从长15和13的两边之间的角作一条垂直线，落在长14的边上，问其长度，落在何处及三角形的面积（图14-20）。

解答如下：将14乘以自身长度为196，将另外任一边亦乘以自身长度，取13乘以自身为169，加上196为365，再将第三边即15乘以自身长度为225，从365中扣减剩余140，将其除以垂直线落在的那一边边长的双倍即14的双倍28，得5，就是这条垂直线至13这一边的距离，即落在至长13一边距离5的位置。

那么计算至长15一边的距离，将5从14中减去剩余9，就是其落点至长15一边的距离。为计算这条垂直线的长度，用13乘以自身长度为169，然后用5乘以自身长度为25，169减25得144，则$R_x 144$即12就是这条垂直线的长度，解毕。如此便可计算从三角形任何角所作的垂直线。

【例 14-21】 一个三角形，三边的长分别为15、14和13，面积为84，想在15这一边增加长度，而形成的三角形面积和之前一样，问增加的长度是多少（图14-21）。

解答如下：首先计算在长15的边和长13的边之间的角作一垂直线，落在长14的边上，然后看其至长13边的距离，如同上文可知，其至长13边距离为5寻，现在将

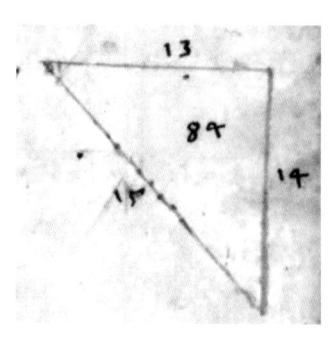

图 14-21

其与边长14相加为19，同时与上文同，这条垂直线长12，也可通过面积除以底线的一半来计算，即84除以7为12。现在将垂直线乘以自身长度为144，将19乘以自身长度为361，加总得505，即$R_x 505$就是长15边延长后的长度，解毕。

若你期望变化长13边的长度，那么垂直线离长15边的距离为9，将其加上底线长14，得23，将其乘以自身长度为529，同时将垂直线乘以自身长度为144，两者相加为

673，即 $R_x 673$ 为长 13 的边延长后的长度。

若你期望变化长 14 边的长度，就要改变垂直线，让其落在长 13 或 15 的边上，然后与上同解。假设从 14 和 13 边之间的角作垂直线落在长 15 的边上，按上文计算得到其长度为 $11\frac{1}{5}$，其至长 13 边的距离为 $\frac{63}{5}$，加上 15 得 $21\frac{3}{5}$，乘以自身长度为 $466\frac{14}{25}$，同上将垂直线长乘以自身长度为 $125\frac{11}{25}$，两者相加为 592，即 $R_x 592$ 为长 14 的边延长后的长度。

【例 14-22】 一个三角形，三边长分别为 10、12、$R_x 244$，想要将一个最大的正方形放入这个三角形，问正方形的边长是多少。

解答如下：用 10 乘以 12 为 120，将其除以 10 和 12 的和即 22，得 $5\frac{5}{11}$，即为这个正方形的边长，见页下注①。

【例 14-23】 一个等边三角形，边长为 10，问其高是多少（图 14-22）。

解答如下：取任一边的一半为 5，乘以自身长度为 25，这个 5 就是一个直角三角形一边的长度，另一边为 10，是这个直角三角形的斜边，将其乘以自身长度为 100，减去 25 余 75，则 $R_x 75$ 就是这个三角形的高，即这个直角三角形的直角边。

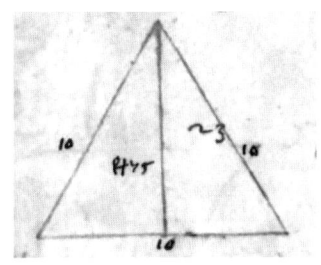

图 14-22

【例 14-24】 一个等边三角形，其高为 10，问边长是多少（图 14-23）。

解答如下：将高乘以自身长度为 100，取 100 的 $\frac{1}{3}$ 为 $33\frac{1}{3}$，加上 100 为 $133\frac{1}{3}$，则 $R_x 133\frac{1}{3}$ 就是边长，解毕。

---

① 整理稿未提供相应的图，原稿附图如下。——译者注。

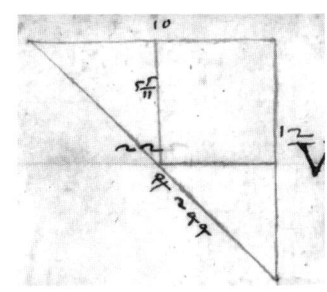

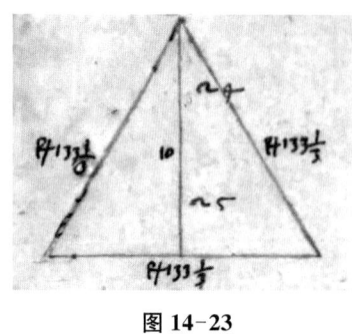
图 14-23

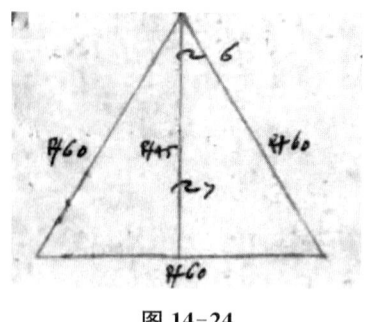
图 14-24

【例 14-25】 一个等边三角形,边长为 $R_x 60$,问其高是多少(图 14-24)。

解答如下：取 $R_x 60$ 的 $\frac{1}{2}$，这是一个直角三角形的一边，将 $\frac{1}{2}$ 乘以自身长度为 $\frac{1}{4}$，60 的 $\frac{1}{4}$ 为 15，从直角三角形斜边边长的平方 60 中减去，余 45，则 $R_x 45$ 就是这个三角形的高。

【例 14-26】 一个等边三角形高为 $R_x 80$，问其边长是多少(图 14-25)。

解答如下：取 80 的 $\frac{1}{3}$ 为 $26\frac{2}{3}$，加上 80 为 $106\frac{2}{3}$，则 $R_x 106\frac{2}{3}$ 就是这个等边三角形的边长。

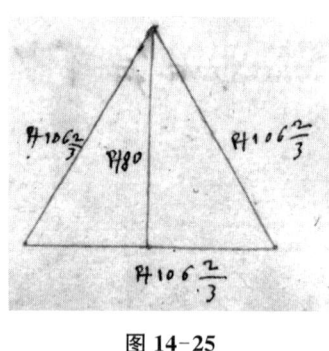
图 14-25

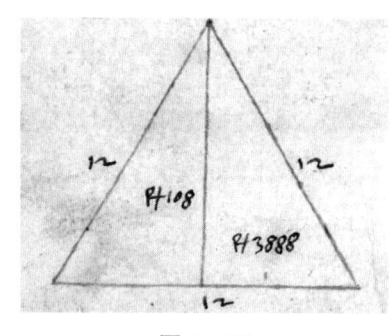
图 14-26

【例 14-27】 一个等边三角形边长 12，问其面积是多少(图 14-26)。

解答如下：首先以这样的方法来求其高：将任意一边长 12 乘以自身长度为 144，然后取 12 的一半，就是中垂线直角三角形一边的长度，为 6，将其乘以自身长度为 36，从 144 中减去，余 108，则 $R_x 108$ 就是等边三角形的高，其乘以底边的一半即 6，得 $R_x 3\,888$，就是其面积。

【例 14-28】 一个等边三角形，其高为 14，问其面积是多少（图 14-27）。

解答如下：首先计算其边长，将 14 乘以自身长度，为 196，取其 $\frac{1}{3}$ 为 $65\frac{1}{3}$，加上 196 得 $261\frac{1}{3}$，则 $R_x 261\frac{1}{3}$ 就是这个等边三角形的边长，然后计算其面积：取 $R_x 261\frac{1}{3}$ 的 $\frac{1}{2}$，首先将 $\frac{1}{2}$ 平方为 $\frac{1}{4}$，然后取 $261\frac{1}{3}$ 的 $\frac{1}{4}$，为 $65\frac{1}{3}$，然后将其乘以三角形的高 14 得 $914\frac{2}{3}$，则 $R_x 914\frac{2}{3}$ 就是三角形的面积。

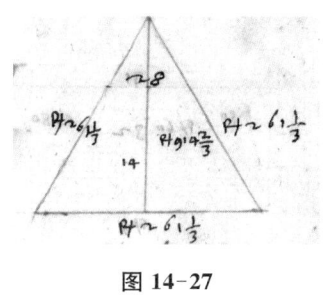

图 14-27　　　　　　　　　图 14-28

【例 14-29】 一个等边三角形，面积为 80，问其边长是多少（图 14-28）。

假设这个三角形的高为 1co，将其乘以自身为 1co$^□$，然后取其 $\frac{1}{3}$ 为 $\frac{1}{3}$co$^□$，加上 1co$^□$ 为 $1\frac{1}{3}$co$^□$，则 $R_x 1\frac{1}{3}$co$^□$ 就是其边长，取这个边长的 $\frac{1}{2}$，将 $\frac{1}{2}$ 平方为 $\frac{1}{4}$，取 $1\frac{1}{3}$co$^□$ 的 $\frac{1}{4}$，即为 $\frac{1}{3}$co$^□$，然后用 $\frac{1}{3}$co$^□$ 乘以三角形高的平方 1co$^□$，得 $\frac{1}{3}$co$^{□□}$，然后将面积 80 平方得 6 400，因此有 $\frac{1}{3}$co$^{□□}$ 等于 6 400，用 6 400 除以 $\frac{1}{3}$ 得 19 200，则假设值为 $R_x R_x 19\ 200$，就是三角形的高$\left(\text{其边长为 } R_x 1\frac{1}{3}\text{co}^□\right)$，解毕①。

【例 14-30】 一个等边三角形的面积为 100，边长未知，问其边长是多少（图 14-29）。

通过另一种方法来求解：假设这个等边三角形的边长为 1co，为求解面积将三边长度相加为 3co，取其 $\frac{1}{2}$ 为 $1\frac{1}{2}$co。则每边边长与三边边长总和 $\frac{1}{2}$ 的差为 $\frac{1}{2}$co，现在用

---

① 本例的图标识有误，$R_x R_x 19\ 200$ 应为三角形的高，而非边长。——译者注。

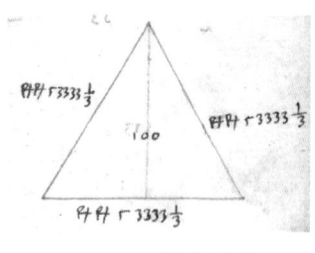

图 14-29

$\frac{1}{2}$co 乘以 $1\frac{1}{2}$co，得 $\frac{3}{4}$co□，再用上述差即 $\frac{1}{2}$co 乘以 $\frac{3}{4}$co□ 得 $\frac{3}{8}$co△，再用这个差 $\frac{1}{2}$co 乘以 $\frac{3}{8}$co△，得 $\frac{3}{16}$co□□，其等于 100（的平方即 10 000）。用 10 000 除以 $\frac{3}{16}$，得 $53\,333\frac{1}{3}$，则假设值为 $R_x R_x 53\,333\frac{1}{3}$，而前文假设这个等边三角形的边长为 1co，因此可知其边长为 $R_x R_x 53\,333\frac{1}{3}$，解毕。上文的方法较这个方法更佳。

【例 14-31】 一个等边三角形高为 $R_x 60$ 寻，问其边长是多少（图 14-30）。

解答如下：取 60 的 $\frac{1}{3}$ 为 20，加上 60 为 80，则 $R_x 80$ 为其边长，解毕。

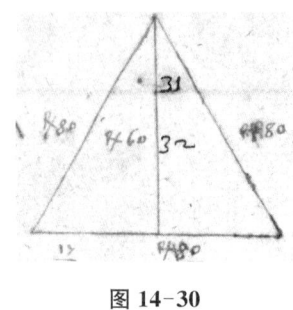

图 14-30

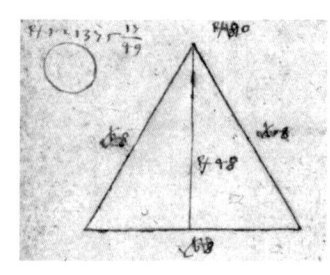

图 14-31

【例 14-32】 一个等边三角形的边长为 8 寻，想要一个圆，其面积与三角形相同，问圆周长是多少（图 14-31）。

解答如下：首先计算三角形的高，将边长 8 乘以自身长度为 64，然后取边长 8 的 $\frac{1}{2}$，即 4，将其乘以自身长度为 16，从 64 中扣除，余 48，则 $R_x 48$ 就是三角形的高。现在来计算其面积，取底边的 $\frac{1}{2}$ 即 4，乘以三角形的高即 $R_x 48$，取 4 的平方为 16，用 16 乘以 48 得 768，则 $R_x 768$ 就是这个三角形的面积。

现在来计算圆的周长，使用假设值：假设圆周长为 1co，取其 $\frac{1}{4}$，即为 $\frac{1}{4}$co，将其乘以自身长度为 $\frac{1}{16}$co□，乘以 14 为 $\frac{14}{16}$co□，即 $\frac{7}{8}$co□，再除以 11①，得 $\frac{7}{88}$co□，其等于三角

---

① 考虑圆周率的问题，圆的面积实际上是由圆周 $\frac{1}{4}$ 的平方乘以 $\frac{4}{\pi}$，即大约等于 $1\frac{2}{7}$。——整理者注。

形的面积 R_x768，用 R_x768 除以 $\frac{7}{88}$co□，首先将后者平方得 $\frac{49}{7744}$co□□，然后用 768 除以 $\frac{49}{7744}$co□□，得 $121\,375\frac{17}{49}$，则假设值为 $R_xR_x121\,375\frac{17}{49}$，即圆的周长。解毕。

【例 14-33】 一个等边三角形高 13，若想要一个正方形，其面积一样，问正方形直径是多少①（图 14-32）。

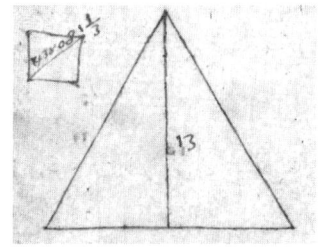

图 14-32

解答如下： 首先计算此等边三角形的边长，将其高 13 乘以自身长度为 169，然后取其 $\frac{1}{3}$ 为 $56\frac{1}{3}$，加上 169 为 $225\frac{1}{3}$，则 $R_x225\frac{1}{3}$ 为其边长。接下来计算三角形的面积，取底边长 $R_x225\frac{1}{3}$ 的 $\frac{1}{2}$，将 $\frac{1}{2}$ 平方为 $\frac{1}{4}$，乘以 $225\frac{1}{3}$ 为 $56\frac{1}{3}$，$R_x56\frac{1}{3}$ 乘以高 13，将 13 平方为 169，乘以 $56\frac{1}{3}$ 得 $9520\frac{1}{3}$，因此三角形的面积为 $R_x9520\frac{1}{3}$。

现在来计算正方形的边长以便求解其对角线，假设其边长为 1co，将两边长相乘为 1co□，其将等于 $R_x9520\frac{1}{3}$，将 1co□ 平方得 1co□□，其等于 $9520\frac{1}{3}$，即得到假设值为 $R_xR_x9520\frac{1}{3}$，就是正方形的边长。

现在来计算正方形的对角线长度，取两条边长，将其各乘以自身长度，然后加总，和的 R_x 就是对角线长。例如这个正方形的边长为 $R_xR_x9520\frac{1}{3}$，将其乘以自身长度为 $R_x9520\frac{1}{3}$，现在将乘积相加，因为两个乘积相等，因此将其值乘以 4 即可，用 4 乘以 $9520\frac{1}{3}$ 为 $38081\frac{1}{3}$，则 $R_xR_x38081\frac{1}{3}$ 就是这个正方形对角线的长度。

【例 14-34】 一个三角形每边 11 寻，我想要将每个锐角均分，问均分线到每个角的距离（图 14-33）。

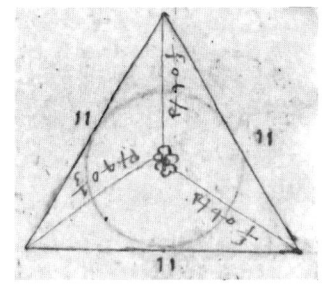

图 14-33

解答如下： 首先计算这个三角形的高：将边长 11 乘以自身长度为 121，然后取边长 11 的一半为 $5\frac{1}{2}$，即垂直

---

① 即其对角线。原稿页面的边缘也出现了三角形，由于是用淡墨画的，无法辨认。——整理者注

线落在边长 11 的中间,这样就形成了两个直角三角形,将 $5\frac{1}{2}$ 乘以自身为 $30\frac{1}{4}$,从 121 中减去剩余 $90\frac{3}{4}$,则 $R_x 90\frac{3}{4}$ 就是这个三角形的高。

现在来看均分线到角的距离:取 $R_x 90\frac{3}{4}$ 的 $\frac{2}{3}$,将 $\frac{2}{3}$ 平方为 $\frac{4}{9}$,用 $\frac{4}{9}$ 乘以 $90\frac{3}{4}$ 为 $40\frac{1}{3}$,则 $R_x 40\frac{1}{3}$ 就是均分线到每个角的距离,解毕。取高的 $\frac{2}{3}$ 是因为每个等边三角形高的 $\frac{2}{3}$ 就是这个等边三角形的外接圆直径的一半,所以这样就将得到均分线。

【例 14-35】 一个三角形每边的边长为 10,若想在三角形内放置一个最大的圆①,问其周长是多少②(图 14-34)。

解答如下:首先计算这个三角形的高,用边长 10 乘以自身长度得 100,然后取边长的 $\frac{1}{2}$ 为 5,将其乘以自身长度为 25,从 100 中扣减余 75,则 $R_x 75$ 就是这个三角形的高。现在来计算这个内切圆的直径,取 $R_x 75$ 的 $\frac{2}{3}$,将 $\frac{2}{3}$ 平方为 $\frac{4}{9}$,用 $\frac{4}{9}$ 乘以 75 为 $33\frac{1}{3}$,则 $R_x 33\frac{1}{3}$ 就是内切圆的直径。再计算这个圆的周长,用 $3\frac{1}{7}$ 乘以 $R_x 33\frac{1}{3}$,将 $3\frac{1}{7}$ 平方为 $9\frac{43}{49}$,将其乘以 $33\frac{1}{3}$,得 $329\frac{37}{147}$,则 $R_x 329\frac{37}{147}$ 就是圆的周长。

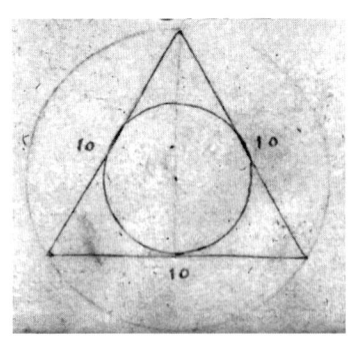

图 14-34

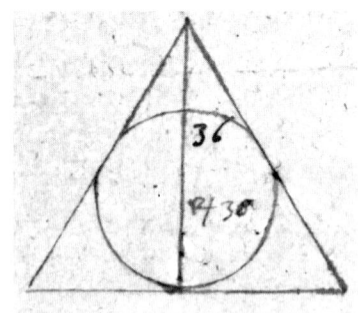

图 14-35

---

① 即内切圆。——译者注。
② 在这张纸的边缘,有三个连续的解释性图画,代表有一个内切圆的等边三角形,但由于是用淡墨写的,所以数字难以辨认。——整理者注。

【例 14-36】 等边三角形高 R_x38,若想要在三角形内放置一个最大的圆,问其周长是多少(图 14-35)。

解答如下:首先计算圆的直径,取 R_x38 的 $\frac{2}{3}$,将 $\frac{2}{3}$ 平方,得 $\frac{4}{9}$,乘以 38 为 $16\frac{8}{9}$,则 $R_x16\frac{8}{9}$ 就是内切圆的直径。现在来计算圆的周长,用 $R_x16\frac{8}{9}$ 乘以 $3\frac{1}{7}$,将 $3\frac{1}{7}$ 平方为 $9\frac{43}{49}$,将其乘以 $16\frac{8}{9}$,得 $106\frac{121}{147}$,则 $R_x106\frac{121}{147}$ 就是圆周长,解毕。

【例 14-37】 一个三角形每边边长为 10,我想在三角形内放置一个最大的圆,问其周长是多少①(图 14-36)。

解答如下:首先计算这个三角形的高,用边长 10 乘以自身长度得 100,然后取边长的 $\frac{1}{2}$ 为 5,将其乘以自身长度为 25,从 100 中减去余 75,则 R_x75 就是这个三角形的高。现在来计算这个内切圆的直径,取 R_x75 的 $\frac{2}{3}$,将 $\frac{2}{3}$ 平方为 $\frac{4}{9}$,用 $\frac{4}{9}$ 乘以 75 为 $33\frac{1}{3}$,则 $R_x33\frac{1}{3}$ 就是内切圆的直径。再计算这个圆的周长,用 $3\frac{1}{7}$ 乘以 $R_x33\frac{1}{3}$,将 $3\frac{1}{7}$ 平方为 $9\frac{43}{49}$,将其乘以 $33\frac{1}{3}$,得 $329\frac{37}{147}$,则 $R_x329\frac{37}{147}$ 就是圆周长。

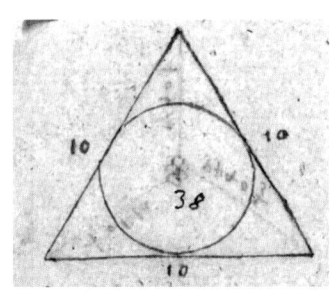

图 14-36

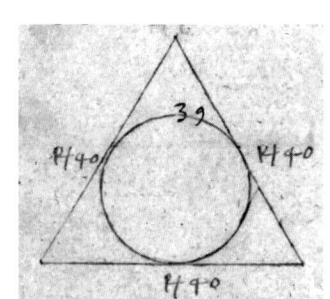

图 14-37

【例 14-38】 一个三角形每边边长为 R_x40,我想要在三角形内放置一个最大的圆,问其直径是多少(图 14-37)。

解答如下:首先计算三角形的高,取边长的 $\frac{1}{2}$,将 $\frac{1}{2}$ 平方为 $\frac{1}{4}$,乘以 40 为 10,从底边长的平方中减去,余 30,则 R_x30 就是三角形的高。现在计算内切圆的直径,取

---

① 与上文案例重复,整理者注。即与例 14-35 重复。——译者注。

$R_X 30$ 的 $\frac{2}{3}$，将 $\frac{2}{3}$ 平方为 $\frac{4}{9}$，乘以 30 为 $13\frac{1}{3}$，则 $R_X 13\frac{1}{3}$ 就是内切圆的直径，解毕。

【例 14-39】 一个等边三角形高 9 寻，若想画一个圆，圆周与三角形的每个角相接①，问圆的直径是多少（图 14-38）。

解答如下： 取三角形高 9 的 $\frac{1}{3}$ 为 3，再加上 9 为 12，就是外接圆的直径。

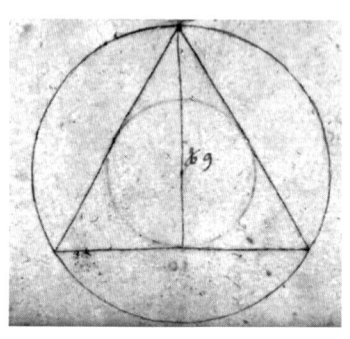

图 14-38

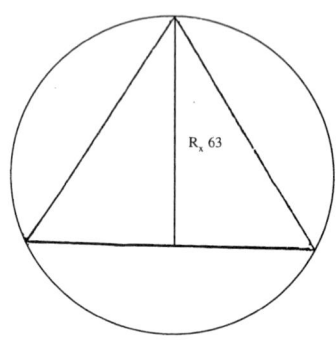

图 14-39

【例 14-40】 一个等边三角形高 $R_X 63$，若想画一个圆，圆周与三角形的每个角的顶端相接，问圆的直径是多少（图 14-39）。

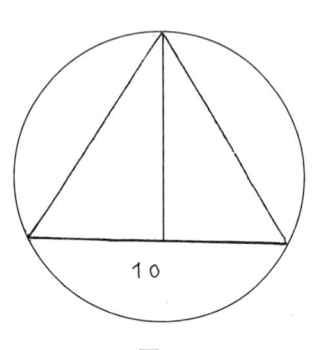

图 14-40

解答如下： 取 $R_X 63$ 的 $\frac{1}{3}$，将 $\frac{1}{3}$ 平方为 $\frac{1}{9}$，乘以 63 为 7，加上 63 为 70，则 $R_X 70$ 就是外接圆的直径②。

【例 13-41】 一个三角形每边边长为 10，若想画一个圆，圆周与三角形的每个角的顶端相接，问圆的周长是多少（图 14-40）。

解答如下： 首先同上计算三角形的高：将边长乘以自身长度为 100，取边长的 $\frac{1}{2}$ 为 5，将其平方为 25，从 100 中

---

① 即等边三角形的外接圆。——译者注。

② 原稿中的此计算为误。等边三角形外接圆的直径等于三角形高的 $\frac{4}{3}$（即高的 $\frac{1}{3}$ 加上高），因此应等于 $R_X 63$ 乘以 $\frac{4}{3}$，即 $R_X 112$，或 $R_X 63$ 乘以 $\frac{1}{3}$ 加上 $R_X 63$，即 $R_X 7$ 加 $R_X 63$，而帕乔利的算法将 $R_X 63$ 加 $R_X 7$ 的结果直接计算为 $R_X 70$，而且在后文中有多个外接圆案例的计算犯了相同错误。但是这个错误并非是帕乔利不清楚平方根相加的计算规则，因为在前一部分中，帕乔利曾专门强调 R_X 的加减规则问题，因此这个错误更可能是"过度自信"导致的疏忽。——译者注。

减去余75,则 R_X75 就是三角形的高。现在计算圆周长,取 R_X75 的 $\frac{1}{3}$,将 $\frac{1}{3}$ 平方为 $\frac{1}{9}$,乘以75为 $8\frac{1}{3}$,加上75为 $83\frac{1}{3}$,则 $R_X83\frac{1}{3}$ 就是外接圆的直径①,然后即可计算圆周长,用 $R_X83\frac{1}{3}$ 乘以 $3\frac{1}{7}$,将 $3\frac{1}{7}$ 平方为 $9\frac{43}{49}$,乘以 $83\frac{1}{3}$ 为 $823\frac{19}{147}$,则 $R_X823\frac{19}{147}$ 就是所要求的外接圆周长。

【例 14-42】 一个三角形每边边长为 R_X32,若想画一个圆,圆周与三角形的每个角的顶端相接,问圆的周长是多少(图 14-41)。

解答如下: 首先计算三角形的高,取边长的 $\frac{1}{2}$,将 $\frac{1}{2}$ 平方为 $\frac{1}{4}$,乘以32为8,从32中减去,余24,则 R_X24 就是三角形的高。现在使用上文的方法来计算外接圆的直径,取24的 $\frac{1}{9}$,为 $2\frac{2}{3}$,加上24为 $26\frac{2}{3}$,则 $R_X26\frac{2}{3}$ 就是外接圆的直径②,计算圆周长,用 $R_X26\frac{2}{3}$ 乘以 $3\frac{1}{7}$,将 $3\frac{1}{7}$ 平方为 $9\frac{43}{49}$,乘以 $26\frac{2}{3}$ 为 $263\frac{59}{147}$,则 $R_X263\frac{59}{147}$ 就是外接圆的周长,解毕。

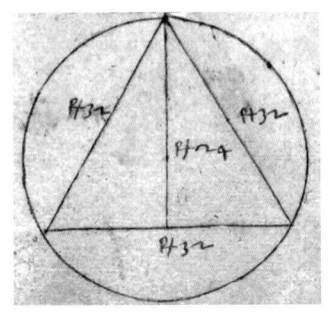

图 14-41

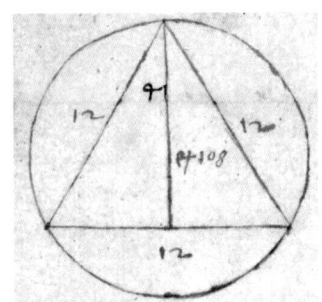

图 14-42

【例 14-43】 一个三角形每边边长为12,若想画一个圆,圆周与三角形的每个角的顶端相接,问圆的直径是多少(图 14-42)。

---

① 原稿计算有与上例计算同样的错误,外接圆直径应为 $R_X133\frac{1}{3}$,由此外接圆周长也计算错误,按照本著作的圆周率计算应为 $R_X1\,317\frac{1}{147}$。——译者注

② 错误同上例,直径应为 $R_X42\frac{2}{3}$,圆周长应为 $R_X421\frac{65}{147}$。——译者注

解答如下：首先计算三角形的高,将边长 12 乘以自身长度为 144,取其 $\frac{1}{2}$ 为 6,乘以自身长度为 36,从 144 中减去余 108,则 $R_X 108$ 就是三角形的高。现在来计算圆的直径,取 $R_X 108$ 的 $\frac{1}{3}$,将 $\frac{1}{3}$ 平方为 $\frac{1}{9}$,乘以 108 为 12,加上 108 得 120,则 $R_X 120$ 就是外接圆的直径①,解毕。

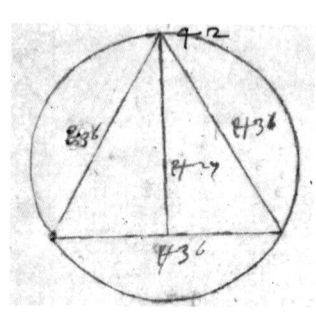

图 14-43

【例 14-44】 一个三角形每边边长为 $R_X 36$,若想画一个圆,圆周与三角形的每个角的顶端相接,问圆的直径是多少(图 14-43)。

解答如下：首先计算三角形的高,取边长 $R_X 36$ 的 $\frac{1}{2}$,将 $\frac{1}{2}$ 平方为 $\frac{1}{4}$,乘以 36 为 9,从 36 中减去余 27,则 $R_X 27$ 就是三角形的高。现在计算圆的直径,取 $R_X 27$ 的 $\frac{1}{3}$,将 $\frac{1}{3}$ 平方为 $\frac{1}{9}$,乘以 27 为 3,加上 27 得 30,则 $R_X 30$ 就是外接圆的直径②。

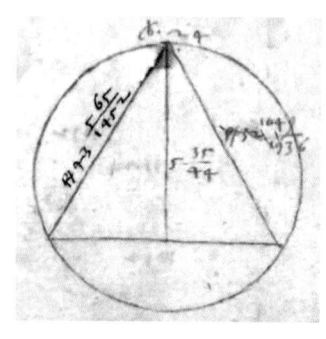

图 14-44

【例 14-45】 一个圆周长为 24,若想在其中放置一个最大的等边三角形,问其边长是多少(图 14-44)。

解答如下,首先来计算圆的直径,用圆周长 24 除以 $3\frac{1}{7}$,得 $7\frac{7}{11}$,就是圆的直径。现在来计算三角形的高,取圆的直径 $7\frac{7}{11}$ 的 $\frac{3}{4}$,得 $5\frac{31}{44}$,就是三角形的高。再计算等边三角形的边长,将三角形的高 $5\frac{31}{44}$ 乘以自身长度得 $32\frac{1049}{1936}$,取其 $\frac{1}{3}$ 得 $10\frac{4921}{5808}$,加上 $32\frac{1049}{1936}$,为 $43\frac{565}{1452}$,则其 R_X 就是三角形的边长,因为(等边)三角形高的平方与边长的平方之比为 3 比 4,则高的(平方)的 $\frac{1}{3}$ 加上自身长度后的 R_X 值就是边长。要记住类似问题总是要通过三角形的高来解答。

---

① 错误同上例,直径应为 $R_X 192$。——译者注
② 错误同上例,直径应为 $R_X 48$。——译者注

【例 14-46】 一个圆直径为 8，若想在其中放置一个最大的等边三角形，问其边长是多少（图 14-45）。

解答如下： 取 8 的 $\frac{3}{4}$ 为 6，就是三角形的高，一个等边三角形的高，总是等于其外接圆直径的 $\frac{3}{4}$。现在来计算其边长，用高即 6 乘以自身为 36，取其 $\frac{1}{3}$ 为 12，再加上 36 为 48，则 $R_x 48$ 就是三角形边长，解毕。

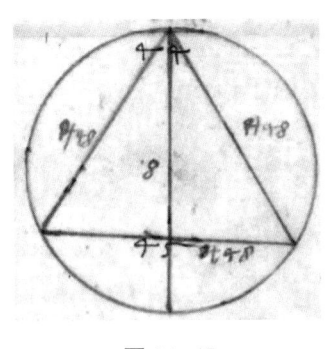

图 14-45

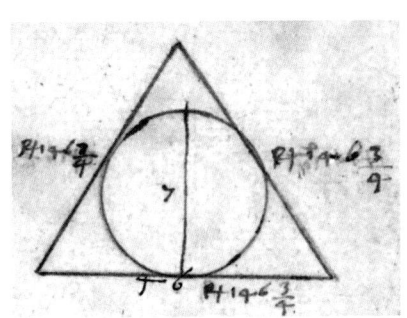

图 14-46

【例 14-47】 一个圆直径为 7，若想画一个三角形，每边都接触到圆周，问三角形的边长是多少（图 14-46）。

解答如下： 首先计算三角形的高，取圆直径 7 的 $\frac{1}{2}$，为 $3\frac{1}{2}$，加上圆直径 7 为 $10\frac{1}{2}$，就是三角形的高。现在计算其边长，将 $10\frac{1}{2}$ 乘以自身长度为 $110\frac{1}{4}$，然后取其 $\frac{1}{3}$ 为 $36\frac{3}{4}$，加上 $110\frac{1}{4}$，为 $146\frac{3}{4}$，则三角形边长为 $R_x 146\frac{3}{4}$[①]。

【例 14-48】 一个圆周长 24 寻，若想在其外部放一个三角形，其每边都接触到圆周，问其边长是多少（图 14-47）。

解答如下： 首先计算圆的直径，用圆周长 24 除以 $3\frac{1}{7}$，得 $7\frac{7}{11}$，这就是圆的直径。然后计算三角形

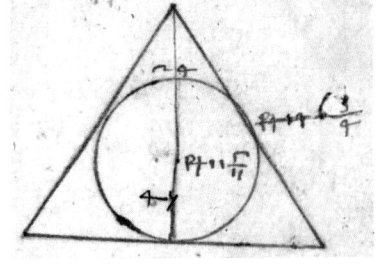

图 14-47

---

① 原稿此处计算错误，$36\frac{3}{4}$ 加上 $110\frac{1}{4}$，应为 $146\frac{3}{4}$，三角形边长应为 $R_x 146\frac{3}{4}$。——译者注

的高，取 $7\frac{7}{11}$ 的 $\frac{1}{2}$，为 $3\frac{9}{11}$，再加上 $7\frac{7}{11}$，为 $11\frac{5}{11}$，则 $R_x 11\frac{5}{11}$ 就是三角形的高[①]。

【例 14-49】 一个圆直径为 $R_x 36$，若想在其外部放一个三角形，其每边都接触到圆周，问其边长是多少（图 14-48）。

解答如下：首先计算三角形的高，取圆直径 $R_x 36$ 的 $\frac{5}{4}$，将 $\frac{5}{4}$ 平方为 $\frac{25}{16}$，乘以 36 为 $56\frac{1}{4}$，则三角形的高为 $R_x 56\frac{1}{4}$。然后计算三角形的边长，取 $56\frac{1}{4}$ 的 $\frac{1}{3}$，其为 $18\frac{3}{4}$，加上 $56\frac{1}{4}$ 为 75，则 $R_x 75$ 就是三角形边长，解毕，依此类推。

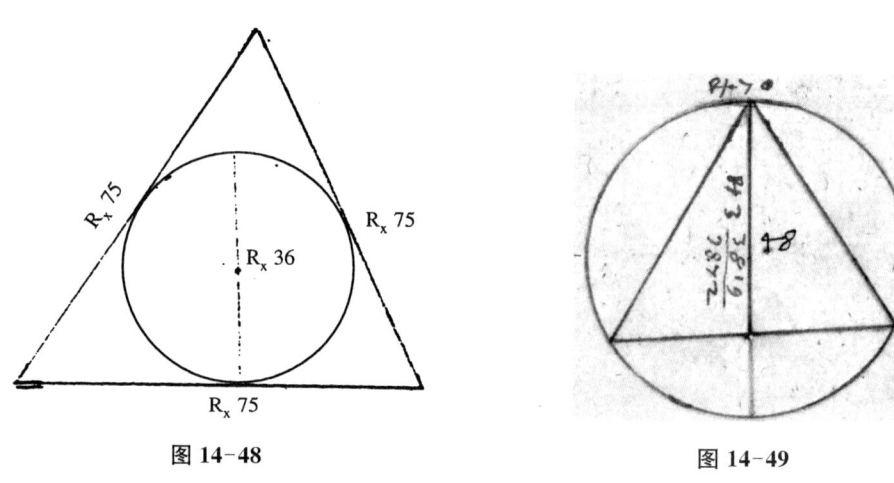

图 14-48   图 14-49

【例 14-50】 一个圆周长 $R_x 70$，若想其中放置一个最大的三角形，问其直径或高是多少（图 14-49）。

解答如下：首先计算圆的直径，用圆周长 $R_x 70$ 除以 $3\frac{1}{7}$，将 $3\frac{1}{7}$ 平方，为 $9\frac{43}{49}$，用 70 除以 $9\frac{43}{49}$，得 $7\frac{21}{242}$，其 R_x 值就是圆的直径。现在可以来计算三角形的高，取 $R\,7\frac{21}{242}$ 的 $\frac{3}{4}$，将 $\frac{3}{4}$ 平方为 $\frac{9}{16}$，乘以 $7\frac{21}{242}$，最终得 $R_x 3\frac{3\,819}{3\,872}$，即为三角形的高[②]，依此类推。

[①] 案例要求计算三角形边长但解答中未计算，计算边长应为 $R_x 174\frac{342}{363}$。——译者注

[②] 此例开始对于等边三角形的高与其外接圆直径之间的换算。——译者注

【例 14-51】 一个圆周长 $R_x 90$,若想在其外部放一个三角形,其每边都接触到圆周,问其边长是多少(图 14-50)。

解答如下： 首先计算圆的直径,用其周长 $R_x 90$ 除以 $3\frac{1}{7}$,将 $3\frac{1}{7}$ 平方为 $9\frac{43}{49}$,其次用 90 除以 $9\frac{43}{49}$ 为 $9\frac{29}{47}$,则 $R_x 9\frac{29}{47}$ 就是圆的直径。现在来计算三角形的高。取 $R_x 9\frac{29}{47}$ 的 $\frac{1}{2}$,将 $\frac{1}{2}$ 平方为 $\frac{1}{4}$,乘以 $9\frac{29}{47}$ 为 $2\frac{19}{47}$,加上 $9\frac{29}{47}$ 得 $12\frac{1}{47}$,则 $R_x 12\frac{1}{47}$ 就是三角形的高。再来计算其边长,取 $12\frac{1}{47}$ 的 $\frac{1}{3}$ 为 $4\frac{1}{141}$,加上 $12\frac{1}{47}$ 为 $16\frac{4}{141}$,则 $R_x 16\frac{4}{141}$ 就是三角形的边长,解毕。

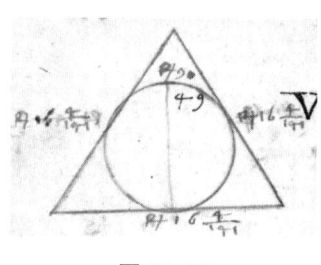

图 14-50

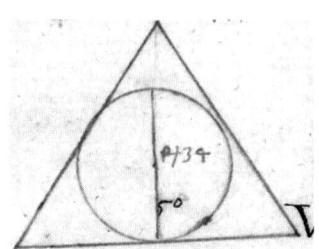

图 14-51

【例 14-52】 一个圆的直径为 $R_x 34$,若想在其外部放一个三角形,其每边都接触到圆周,问其高是多少(图 14-51)。

解答如下： 取圆直径 $R_x 34$ 的 $\frac{1}{2}$,将 $\frac{1}{2}$ 平方为 $\frac{1}{4}$,乘以 34 为 $8\frac{1}{2}$,加上 34 为 $42\frac{1}{2}$,则 $R_x 42\frac{1}{2}$ 就是三角形的高[①]。

【例 14-53】 一个三角形三边各长分别为 10、14 和 12,问从长 10 和 14 的边之间的角作一条垂直线至长 12 的边,问这个交点至长 10 和 14 的边距离各是多少(图 14-52)。

假设该交点至长 10 一边的距离为 $1co$,将其乘以自身长度为 $1co\square$,取边长 10 乘以自身长度为 100,减去 $1co\square$ 为 100 减 $1co\square$,就是垂直线长度即三角形高的平方。

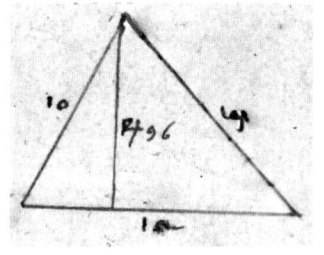

图 14-52

---

① 此例的计算有误,三角形的高应为内切圆直径 $R_x 34$ 的 $\frac{3}{2}$,计算结果应为 $R_x 76\frac{1}{2}$。——译者注

现在用长 14 的边来计算，取垂直线交点在底线的剩余部分（即其到长 14 边的距离）为 12 减 1co，将其平方为（144 减 24co 加 1co□），然后取边长 14 的平方为 196，扣减（144 减 24co 加 1co□）剩余（52 加 24co 减 1co□），其应等于 100 减 1co□。

移项得到等式 24co 等于 48，用 48 除以 24 等于 2，就是假设值。因此这条垂直线与底边交点至长 10 的边的距离为 2，那么至长 14 的边的距离就是 12 减 2，为 10。若要知道垂直线的长度，则取任意一边来计算，取边长 10 乘以自身长度为 100，然后将 2 乘以自身长度为 4，将其从 100 中减去为 96，则 R_x96 就是垂直线的长度，利用另一边的计算结果也是如此。

【例 14-54】 一个三角形，各边长分别为 18、15 和 12，问其面积是多少（图 14-53）。

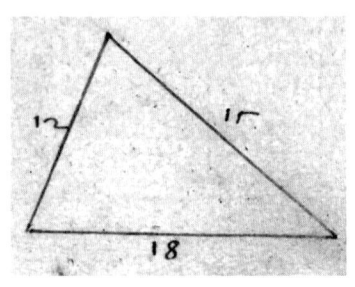

图 14-53

解答如下：首先以最长的边 18 作为底边，从长 12 和 15 的边之间作一条垂直线至底边，那么首先来计算这条垂直线的长度，假设这条垂直线与长 18 底边的交点至长 12 的边的距离为 1co，将其乘以自身长度为 1co□，然后将 12 乘以自身长度为 144，扣减 1co□ 余 144 减 1co□，先保留于此。然后来计算长 15 的这一边，垂直线与底边交点至其的距离为 18 减 1co，将其乘以自身长度为（324 减 36co 加 1co□），再将 15 平方为 225，减 324 再减（36co 加 1co□），余（36co 减 99 再减 1co□），应等于（144 减 1co□）。移项得到等式 36co 等于 243，用 243 除以 36，得 $6\frac{3}{4}$，就是假设值，即垂直线与底边交点至长 12 边的长度，那么其至长 15 边的距离就是 18 减 $6\frac{3}{4}$，为 $11\frac{1}{4}$。

现在计算垂直线的长度，取任意一边来计算，若取长 12 这一边，则将 $6\frac{3}{4}$ 乘以自身长度为 $45\frac{9}{16}$，然后将 12 乘以自身长度为 144，减 $45\frac{9}{16}$ 剩余 $98\frac{7}{16}$，则 $R_x$$98\frac{7}{16}$ 就是垂直线的长度。现在便可计算三角形的面积，取底边长 18 的 $\frac{1}{2}$ 为 9，乘以垂直线长度，将 9 平方为 81，用 $98\frac{7}{16}$ 乘以 81 得 $7980\frac{7}{8}$，则 $R_x$$7980\frac{7}{8}$ 就是三角形的面积[①]，解毕。

---

① 原稿此处计算错误，应为 $R_x$$7973\frac{7}{16}$。——译者注

【例 14-55】 一个三角形的各边边长分别为 10、12 和 14，从长 10 和 14 的边之间作一条至长 12 一边的直线，线长 11，问这条线与底边的交点至长 10 和长 14 边的距离各是多少（图 14-54）。

解答如下：注意这条线并非是这个三角形的垂直线，因此首先找到从长 10 和 14 的边之间所作的垂直于长 12 边的直线，假设这个垂直线与底边交点至长 10 边的距离为 1co，将其乘以自身长度为 1co□，然后将边长 10 乘以自身长度为 100，减 1co□ 为 100 减 1co□。再计算另一边，取交点至长 14 一边的距离，为 12 减 1co，将其乘以自身长度为（144－24co＋1co□），然后将 14 乘以自身长度为 196，减（144－24co＋1co□）得（52＋24co－1co□），其应等于 100 减 1co□。移项得 24co 等于 28，用 48 除以 24 得 2，就是假设值，即垂直线与底边交点至长 10 一边的距离，则距离长 14 一边的距离为 12 减 2 即 10。现在来计算这个垂直线或者说直角边的长度，取长 10 的一边，将其平方为 100，再将 2 平方为 4，从 100 中减去余 96，则 R_x96 即为这个所说的直角边或垂直线长度。

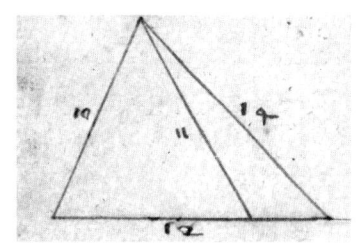

图 14-54

现在计算垂直线与底边的交点距这条长 11 的直线之间的距离，将 11 乘以自身长度为 121，减去垂直线长的平方即 96，剩余 25，则 R_x25 就是垂直线交点至这条长 11 直线的距离，减去垂直线长度平方的原因是，这条长 11 的直线是一个（由其底边和垂直线构成的）三角形的斜边，这条直线与底边的交点也不可能落在靠长 10 一边的那一侧。

已知垂直线至长 10 的一边距离为 2，而垂直线到长 11 直线间的距离为 R_x25，两者相加为 2 加 R_x25，这就是从这条直线至长 10 一边的距离。现在计算其与长 14 一边的距离，已知垂直线至长 14 一边的距离是 10，从其中将 R_x25 减去，剩余 10 减 R_x25，就是这条直线至长 14 一边的距离。

【例 14-56】 一个三角形各边边长分别为 10、12 和 14，从长 10 和 12 的两边之间作一条直线至长 14 的一边，发现其交点至长 12 的一边距离为 5，问这条线长是多少（图 14-55）。

解答如下：首先计算与长 14 一边垂直相交的直线所处的位置，假设这条垂直线距长 10 的一边距离为 1co，将其乘以自身长度为 1co□，然后将 10 乘以自身长度为 100，扣减 1co□ 得（100－1co□），先保留于此。然后计算垂直线交点至长 12 一边的距离，取底线长 14 上的剩余部分即（14－1co），将其乘以自身长度为

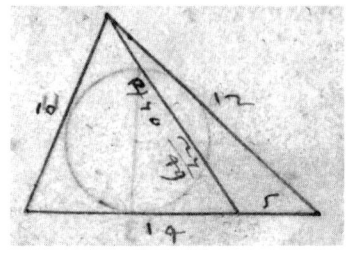

图 14-55

$(196-28\text{co}+1\text{co}^{\square})$，然后将 12 乘以自身长度为 144，减去$(196-28\text{co}+1\text{co}^{\square})$，余$(28\text{co}-52-1\text{co}^{\square})$，其应等于$(100-1\text{co}^{\square})$。移项得到 28co 等于 152，用 152 除以 28 为 $5\frac{3}{7}$，就是假设值，即垂直线与底边交点至长 10 一边的距离，则其距长 12 一边的距离为 14 减 $5\frac{3}{7}$，即 $8\frac{4}{7}$。

现在来计算题目所要求直线的长度，首先要看垂直线与底边交点与题目所述直线与底边交点之间的距离：上面计算已知垂直线交点距长 12 一边的距离为 $8\frac{4}{7}$，同时题设直线与长 12 一边的距离为 5，因此从 $8\frac{4}{7}$ 中减去 5 得 $3\frac{4}{7}$，就是垂直线与所述直线之间的距离。现在来计算所述直线的长度，首先用长 10 一边来计算垂直线的长度，将边长 10 乘以自身长度为 100，然后将垂直线与长 10 一边的距离即 $5\frac{3}{7}$ 乘以自身长度得 $29\frac{23}{49}$，从 100 中减去余 $70\frac{26}{49}$，则 $R_x 70\frac{26}{49}$ 就是垂直线的长度。现在来计算题目所述直线的长度，将其距垂直线的距离 $3\frac{4}{7}$ 乘以自身长度，得 $12\frac{37}{49}$，加上 $70\frac{26}{49}$，为 $83\frac{2}{7}$，即这条直线的长度为 $R_x 83\frac{2}{7}$，因为其是上面所计算的这个三角形的斜边。

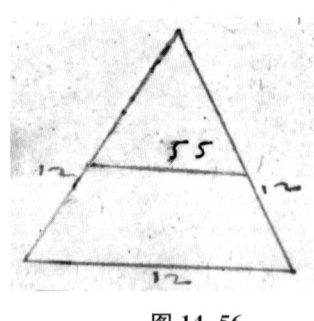

图 14-56

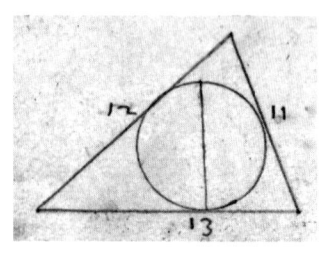

图 14-57

【例 14-57】 一个三角形的每边边长为 12，若想要取这个三角形的 $\frac{1}{4}$，问从何处裁剪（图 14-56）。

解答如下：取边长 12 乘以自身长度为 144，因为想取整个三角形的 $\frac{1}{4}$，取 144 的 $\frac{1}{4}$ 为 36，然后假设从距离角 1co 的地方裁剪，将其平方为 $1\text{co}^{\square}$，其应等于 36，因此应取一边的 $R_x 36$，即从 $R_x 36$ 处裁剪即可获得整个三角形的 $\frac{1}{4}$。

【例 14-58】 一个三角形各边的边长分别为 13、12 和 11，若想将一个最大的圆置于其中，问这个圆的直径是多少（图 14-57）。

解答如下：首先来计算这个三角形垂直线的长度，从长 13 和 12 的两条边之间取垂直线，看其落在长 11 底线的何处，首先计算长 12 这一边，假设垂直线交点距其 1co,乘以自身长度为 1co$\square$,然后将 12 平方为 144,减 1co$\square$,得 144 减 1co$\square$,先保留于此。再计算长 13 这一边：取垂直线交点至其的距离即 11 减 1co,将其乘以自身长度为 121 减 22co 加 1co$\square$,然后将 13 乘以自身为长度 169,减 121 减 22co 加 1co$\square$,余 48 加 22co 减 1co$\square$,其应等于 144 减 1co$\square$,移项得到 22co 等于 96,用 96 除以 22 得 $4\frac{4}{11}$,就是假设值，即垂直线与长 11 一边的交点至长 12 一边的距离。如此可知该交点到长 13 一边的距离为 11 减 $4\frac{4}{11}$,即 $6\frac{7}{11}$。现在即可计算垂直线的长度，用长 12 这一边来计算，将交点距此边的距离 $4\frac{4}{11}$ 乘以自身长度，为 $19\frac{5}{121}$,然后将 12 乘以自身长度为 144,减去 $19\frac{5}{121}$ 余 $124\frac{116}{121}$,则 $R_x 124\frac{116}{121}$ 就是垂直线的长度。现在来计算这个三角形的面积：取与垂直线相交的底边长度的 $\frac{1}{2}$,为 $5\frac{1}{2}$,乘以垂直线的长度，将 $5\frac{1}{2}$ 平方为 $30\frac{1}{4}$,乘以 $121\frac{116}{121}$ 得 3 780,则三角形的面积为 $R_x 3\,780$。

现在计算内切圆的直径，用三个直径来进行计算，其分别与长 13、12 和 11 的边相交。从长 13 的边开始，假设这个直径为 1co,取其 $\frac{1}{4}$ 为 $\frac{1}{4}$co,然后取直径相交的边长 13 的 $\frac{1}{4}$co,为 $\frac{13}{4}$co,再计算长 12 的边，仍假设直径为 1co,取其 $\frac{1}{4}$ 再乘以 12 得 3co,然后计算长 11 的边，取直径 1co 的 $\frac{1}{4}$,乘以 11 得 $2\frac{3}{4}$co①。三者相加为 9co,其应等于整个三角形的面积即 $R_x 3\,780$,将 9co 平方为 81co$\square$,其等于 3 780,用 3 780 除以 81 得 $46\frac{2}{3}$,则 $R_x 46\frac{2}{3}$ 就是这个内切圆的直径。仔细学习这个方法，极为有用。

【例 14-59】 一个三角形每边长 12,若裁剪掉一个角的 $\frac{1}{4}$,问剩余部分是多少。

解答如下：题设为裁剪掉一个角的 $\frac{1}{4}$②,将其平方为 $\frac{1}{16}$,因此裁剪了整个三角形

---

① 这个算法实质上就是将上述三角形，利用三条直径将其分成三个三角形，分别计算其面积，加总则是整个三角形的面积。——译者注。
② 即从长 12 边的 $\frac{1}{4}$ 即 3 处与底边平行作一条直线，这部分的面积就是裁剪掉的面积。——译者注。

的 $\frac{1}{16}$，这个部分就是从整个三角形中裁剪掉的。这样便可以依此计算同类问题。

【例 14-60】 一个等边三角形的边长为 14 寻，在一边的 6 寻处裁剪，然后再直接连接到另一边的 5 寻处，问这条裁剪线长是多少（图 14-58）。

解答如下： 题设称第一次裁剪是从一边的 6 寻处，假设其平行裁剪即连接两边的 6 寻处，现在来计算这个裁剪得到三角形的高，将一边乘以自身长度即 6 乘以 6 为 36，然后取另一边的 $\frac{1}{2}$ 即 3，将其平方为 9，从 36 中减去 9 剩余 27，则 $R_x 27$ 就是这个落在裁剪线上的垂直线的长度，其交点距离两边都是 3 寻。因为第二次裁剪是连接到一边的 5 寻处，因此裁剪线到垂直线的距离是 2 寻，因为其离另一边为 1 寻。因此将 2 平方为 4，加上 27 为 31，则 $R_x 31$ 就是这条裁剪线的长度，解毕。

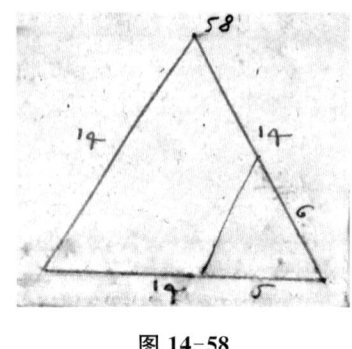

图 14-58   图 14-59

【例 14-61】 一个等边三角形的边长为 12，若将其分为 4 个部分，或者说是 4 个等边三角形，问每个三角形的边长是多少（图 14-59）。

解答如下： 取一边的 $\frac{1}{2}$ 为 6，然后作一条直线至另一边的 $\frac{1}{2}$ 处，对其他边进行同样处理，即得到 4 个三角形，每个边长均为 6，如图所示。

【例 14-62】 一个三角形每边长 12，若想要在其中放置 4 个相同的最大的圆，问圆的直径是多少（图 14-60）。

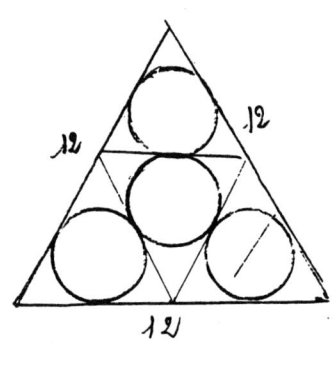

图 14-60

解答如下： 题设要求 4 个圆，则可以先取 4 个三角形，取一边长 12 的 $\frac{1}{2}$ 为 6，因此所取得每个三角形边长均为 6，现在计算这些三角形的高，取边长 6 的 $\frac{1}{2}$ 为 3，乘以自身长度为 9，然后取整个边长 6，其为斜边，乘以自身长度为 36,减 9 余 27,则 $R_X 27$ 就是这些三角形的高。现在来计算这些内切圆的直径:取 $R_X 27$ 的 $\frac{2}{3}$,将 $\frac{2}{3}$ 平方为 $\frac{4}{9}$,乘以 27 为 12,则 $R_X 12$ 就是这些圆的直径。若想知道这些圆的周长,用 $R_X 12$ 乘以 $3\frac{1}{7}$,将 $3\frac{1}{7}$ 平方为 $9\frac{43}{49}$,乘以 12 为 $118\frac{26}{49}$,则 $R_X 118\frac{26}{49}$ 就是每个圆的周长。

【例 14-63】 一个三角形,两边各长为 6,面积的平方为 320,问第三边长是多少(图 14-61)。

解答如下:首先计算这个三角形的高,假设第三边长为 1co,取其 $\frac{1}{2}$ 为 $\frac{1}{2}$ co,乘以自身长度为 $\frac{1}{4}$ co□,然后取一边长 6,乘以自身长度为 36,减去 $\frac{1}{4}$ co□ 余 $\left(36-\frac{1}{4} co□\right)$,就是三角形高的平方。现在来计算三角形面积的平方,取第三边长 1co 的 $\frac{1}{2}$ 为 $\frac{1}{2}$ co,乘以自身长度为 $\frac{1}{4}$ co□,然后乘以

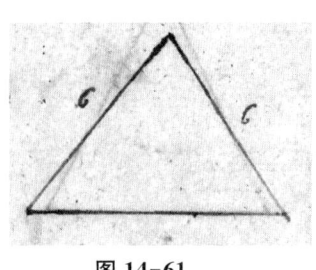

图 14-61

$\left(36-\frac{1}{4} co□\right)$,得 9co□ 减 $\frac{1}{16}$ co□□,这就是三角形面积的平方,等于 320。移项,除以四次项的系数,得 144co□ 等于 5 120 加 1co□□,取二次项系数的一半,将其平方为 5 184,减常数项即 5 120,余 64,则 $R_X 64$ 就是假设值,即第三条边。

【例 14-64】 一个三角形一条边的边长为 6,另一条边的边长为 10,第三条边边长未知,但知道三角形的面积是 24。

用另一种方法解。先用如下方法求解垂直线:即当知道两条边长,以其中一条作为底边,为避免犯错使用较长的边为底边,因为若从长边作垂直线至短边,有可能垂直线会落在三角形外面。因此以边长 10 为底边。现在先用三角形的面积除以底边得到垂直线长度的 $\frac{1}{2}$,然后将其翻倍可得垂直线长度。

因此用面积 24 除以 10,得 $2\frac{2}{5}$,就是垂直线长度的一半,取双倍得 $4\frac{4}{5}$,就是垂直线长度。如此计算之原因在于:若将底边长乘以垂直线长度的一半,就会得到三角形的面积(图 14-62)。

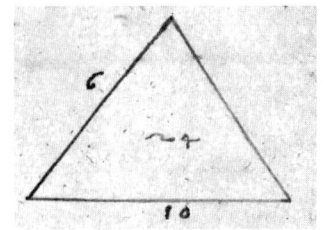

图 14-62

将垂直线长度乘以自身长度为 $23\frac{1}{25}$，被垂直线划分所得到的一个直角三角形的斜边边长为 6，将其乘以自身长度得 36，减去垂直线长的平方，得 $12\frac{24}{25}$，则 $R_x 12\frac{24}{25}$ 就是垂直线交点到长 6 一边的距离。因此有一个直角三角形其一边长为 6，另一边长为 $4\frac{4}{5}$，第三边长为 $R_x 12\frac{24}{25}$，对于另一边则有另一个直角三角形，其一边长为 $4\frac{4}{5}$，另一边长为 10 减 $R_x 12\frac{24}{25}$，以及一条斜边，其长为 8，即为题设三角形的第三边的边长，依此类推。验证将可得三角形的面积为 24。

【例 14-65】 一个三角形一边的边长为 8，面积为 40，问其他两边边长是多少①（图 14-63）。

解答如下：先求解垂直线，假设垂直线长即三角形高 1co，取已知边长 8 的 $\frac{1}{2}$ 为 4，乘以垂直线长 1co，得 4co，其等于题设已知的三角形面积 40。用 40 除以 4co，得到假设值 1co 等于 10，就是垂直线的长度。现在来计算其他边的长度，将 10 乘以自身长度为 100，然后取底边长 8 的 $\frac{1}{2}$ 为 4，将其平方为 16，加上 100 为 116，则 $R_x 116$ 为其他两边中一边的长度，也是另外一边的长度，解毕。

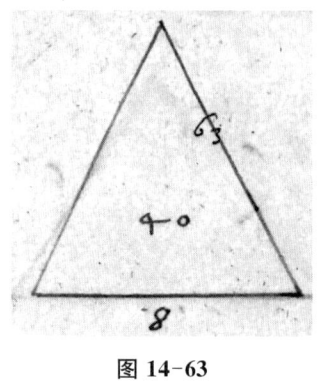

图 14-63

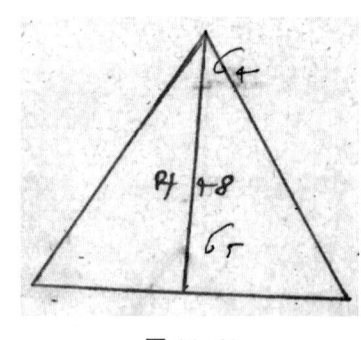

图 14-64

【例 14-66】 一个等边三角形，高 $R_x 48$，问其边长是多少（图 14-64）。

假设边长为 1co，将其乘以自身长度为 1co□，然后取另一边的 $\frac{1}{2}$ 为 $\frac{1}{2}$ co，将其平方

---

① 根据后文，题目中遗漏了这未知的两条边长度是相等的，即是一个等腰三角形。——译者注

得到 $\frac{1}{4}$co□,从 1co□ 中减去后余 $\frac{3}{4}$co□,就是三角形高的平方即 48,用 48 除以 $\frac{3}{4}$,得 64,则 R_X64 就是假设值,亦即三角形的边长,解毕。

【例 14-67】 一个等边三角形,三角形的面积为 80,高为 7,问边长是多少(图 14-65)。

解答如下:假设第三边边长为 1co,取其 $\frac{1}{2}$ 为 $\frac{1}{2}$co,设第三边为底边,现在将乘以三角形高 7,即 $\frac{1}{2}$co 乘以 7,得 $3\frac{1}{2}$co,其将等于三角形的面积 80,用 80 除以 $3\frac{1}{2}$,得 $22\frac{6}{7}$,就是假设值即第三边的边长。现在来计算其他两边的边长,取 $22\frac{6}{7}$ 的一半为 $11\frac{3}{7}$,乘以自身为 $130\frac{30}{49}$,然后将三角形的高乘以自身为 49,两者相加得 $179\frac{30}{49}$,则 $R_X 179\frac{30}{49}$ 就是其他两边的边长,解毕。依此类推。

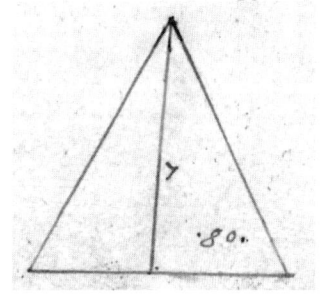

图 14-65

【例 14-68】 一个等边三角形,高较边长短 4,问边长是多少。

解答如下:假设边长为 1co,将其乘以自身长度为 1co□,然后取另一边即底边的 $\frac{1}{2}$ 为 $\frac{1}{2}$co,乘以自身长度为 $\frac{1}{4}$co□,从 1co□ 中减去得 $\frac{3}{4}$co□,就是三角形高的平方,而由题设可知其比边长少 4,则其为 1co 减 4,将其平方为(1co□ 减 8co 加 16),等于 $\frac{3}{4}$co□。移项,除以二次项系数,得到等式:32co 等于 64 加 1co□,取一次项系数的一半,将其平方,减去常数项,剩余 192,则假设值为 R_X192 加 16,即是题述三角形的边长。

【例 14-69】 一个直角三角形,两个直角边边长分别为 5 和 7,斜边即第三边边长为 R_X74,问与斜边相交的垂直线长度以及三角形的面积是多少(图 14-66)。

解答如下:先计算垂直线与底边交点距其他两边即长 7 和 5 两边的距离,计算至长 5 的边的距离,取边长 7,将其平方后为 49,从底边长的平方即 74 中减去 49,余 25。然后取另外一边边长即 5,乘以自身长度为 25,与 25 相加为 50,将其除以两倍的 R_X74。将 2 平方为 4,乘以 74

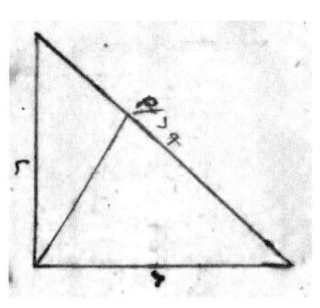

图 14-66

为296,然后将50平方为2500,用2500除以296,即得$8\frac{33}{74}$,则$R_x 8\frac{33}{74}$就是垂直线交点至长5一边的距离。

现在来计算垂直线交点到长7的一边的距离,用另一边来计算。每次想求解垂直线距离某一边的距离时,将某一边的边长乘以自身长度然后加上底边长的平方减去另一边长的平方。计算如下:将另一边的边长5乘以自身长度为25,从74中减去25后余49,然后将边长7乘以自身长度为49,加上49为98,将98平方后为9 604,除以两倍的$R_x 74$,即9 604除以74的4倍(即296),得$32\frac{33}{74}$,则$R_x 32\frac{33}{74}$就是落在长$R_x 74$底边上的垂直线到长7一边的距离。现在计算这条垂直线的长度,取边长5的这一边,将5乘以自身长度为25,减去垂直线至长5一边距离的平方即$8\frac{33}{74}$,余$16\frac{41}{74}$,则$R_x 16\frac{41}{74}$就是垂直线的长度。

现在你可以通过另一边来进行验证:将边长7乘以自身为49,减去垂直线至长7一边距离的平方$32\frac{33}{74}$,余$16\frac{41}{74}$,则$R_x 16\frac{41}{74}$就是垂直线的长度。通过另一边计算垂直线长度,结果完全相同,这是最优计算方法。现在计算三角形的面积,取底边长的$\frac{1}{2}$,或者垂直线的$\frac{1}{2}$,此处取$R_x 74$的$\frac{1}{2}$,将$\frac{1}{2}$平方为$\frac{1}{4}$,乘以74为$18\frac{1}{2}$,再将其乘以$16\frac{41}{74}$,结果为$306\frac{1}{4}$,就是整个三角形的面积,得解。

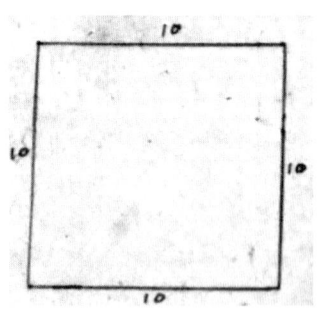

图14-67

【例14-70】 一个正方形的边长为10,问其面积是多大(图14-67)。

解答如下:取相对两边边长,每边边长为10,相加为20,取其$\frac{1}{2}$,为10,先保留于此,再取另外两边总和的$\frac{1}{2}$,也为10,然后将两边总和的$\frac{1}{2}$乘以另外两边总和的$\frac{1}{2}$,即10乘以10为100,就是这个正方形的面积。这个方法是通过一端长度乘以相对的另一端长度来求解,而且两端长度相等,这是最原始的计算方法,解毕,依此类推。

【例14-71】 一个长方形,相对的两个长边边长为18,另外相对的两边边长为10,问其面积是多大(图14-68)。

解答如下: 两个长边即 18 和 18 相加为 36, 取其 $\frac{1}{2}$ 为 18, 然后将两个短边即 10 和 10 相加为 20, 取其 $\frac{1}{2}$ 为 10, 这个一半乘以另一个一半即 18 乘以 10, 得 180, 就是其面积。

【例 14-72】 一个四边形, 四边各长 15、12、10 和 9, 问其面积是多大 (图 14-69)。

解答如下: 将两条相对的边即 15 和 12 相加为 27, 取其 $\frac{1}{2}$ 为 $13\frac{1}{2}$, 然后将另外两边即 9 和 10 相加为 19, 取其 $\frac{1}{2}$, 为 $9\frac{1}{2}$, 然后将 $9\frac{1}{2}$ 乘以 $13\frac{1}{2}$, 得 $128\frac{1}{4}$, 就是该四边形的面积①。

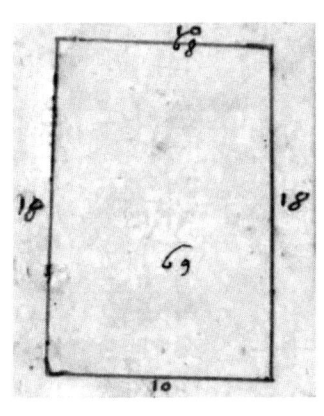

图 14-68

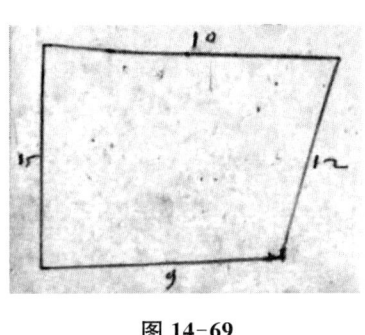

图 14-69

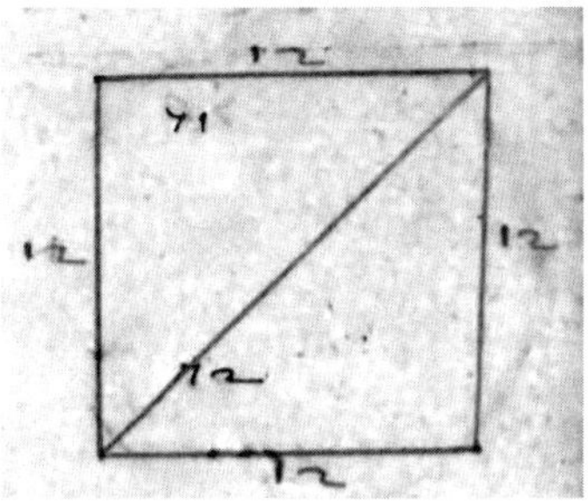

图 14-70

【例 14-73】 一个正方形的边长为 12, 问其对角线长是多少 (图 14-70)。

解答如下: 将相对应的两条边的边长相乘, 然后将两个乘积相加, 这个和的 R_x 就是其对角线的长度。如本案例, 将 12 乘以 12 为 144, 然后再将另外两边相乘即 12 乘以 12 为 144, 两者相加为 288, 则 $R_x 288$ 就是其对角线的长度, 每个正方形均如此计算。

【例 14-74】 一个正方形四边相等, 对角线长 18, 问其边长是多少 (图 14-71)。

解答如下: 将对角线长度 18 乘以自身长度为 324, 取其 $\frac{1}{2}$ 为 162, 则 $R_x 162$ 就是边长, 解毕。

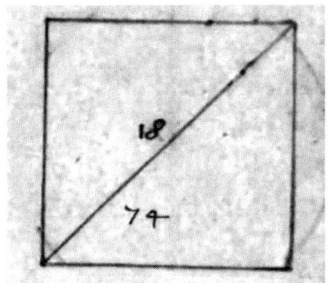

图 14-71

---

① 这种方法是关于四边形面积计算的一种近似方法, 并不精确。——译者注

【例 14-75】 一个四边形,两个长边的长度是两个短边的两倍,边长未知,但知道面积为 128,问边长是多少(图 14-72)。

解答如下:假设短边长为 1co,因此长边长度为 2co,用长边长度乘以短边长度,即 1co 乘以 2co 为 2co□,其应等于 128,用 128 除以 2 为 64,则 R_x64 即 8,就是短边长度,长边长度为 2co 即 16,解毕。用 8 乘以 16 正好等于题设面积 128。

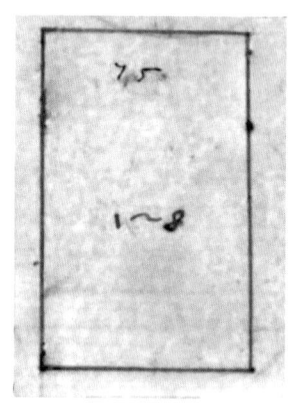

图 14-72

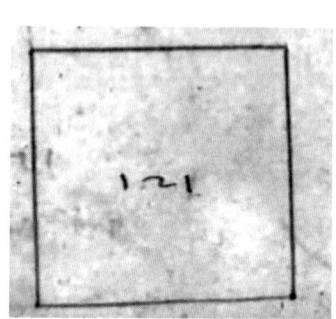

图 14-73

【例 14-76】 一个正方形面积为 121,问其边长是多少(图 14-73)。

假设边长为 1co,用 1co 乘以 1co 为 1co□,等于 121,则假设值 1co 等于 R_x121,即 11,就是其边长。

【例 14-77】 一个四边形四边相等,但不是直角,边长为 10,其较长的对角线为 16,问其较短的对角线长度及其面积是多少。

解答如下:取长对角线的 $\frac{1}{2}$ 为 8,将其乘以自身长度为 64,然后取边长 10 乘以自身长度为 100,减 64,余 36,则 R_x36 就是短对角线长度的一半,取其双倍,用 36 乘以 4 为 144,则 R_x144 就是短对角线的长度即为 12。然后计算其面积,取任意对角线的一半,乘以另一对角线的长度,如取 12 的 $\frac{1}{2}$ 为 6,6 乘以 16 为 96,就是这个四边形的面积。

【例 14-78】 一个圆周长为 22,问其直径是多少(图 14-74)。

解答如下:用圆周长 22 除以 $3\frac{1}{7}$,得 7,就是这个圆的直径长度。

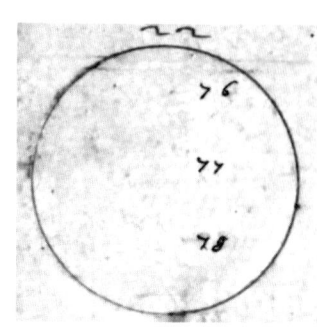

图 14-74

【例 14-79】 一个圆直径为 7，问其周长是多少（图 14-75）。

解答如下：用直径乘以 $3\frac{1}{7}$ 得 22，这就是其周长，解毕。

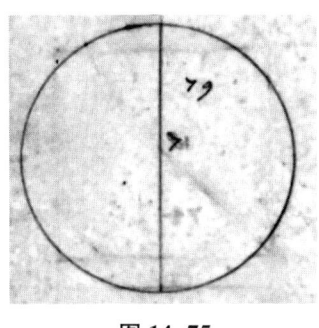

图 14-75

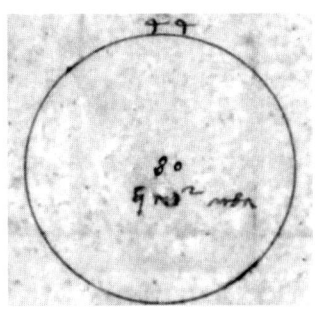

图 14-76

【例 14-80】 一个圆周长 44，问其面积是多少（图 14-76）。

解答如下：先计算其直径长度，用 44 除以 $3\frac{1}{7}$ 得 14，将其乘以自身长度为 196，取其 $\frac{11}{14}$，为 154，就是圆的面积。另一种方法是用直径长度乘以其周长即 14 乘以 44，得 616，将其除以 4，得 154，结果相同但是更加简明。

还有一种方法是取直径的 $\frac{1}{2}$ 为 7，取圆周长的 $\frac{1}{2}$ 为 22，两者相乘即 7 乘以 22，得 154，也得到同样结果。

另一种计算方法，取圆周长的 $\frac{1}{4}$ 即 11，乘以自身长度为 121，将其乘以直径长度即 14，得 1 604，再除以 11，得同上的 154。有很多很好的方法都可用以计算。

【例 14-81】 一个圆面积 154，问其周长是多少（图 14-77）。

解答如下：用 11 乘以 154 为 1 644，除以 14 得 121，其 R_x 值即 R_x121 为 11，然后将其乘以 4 为 44，就是圆周长。注意乘以 11 再除以 14 就是取其 $\frac{11}{14}$，不混和计算是因为必须小心从事。

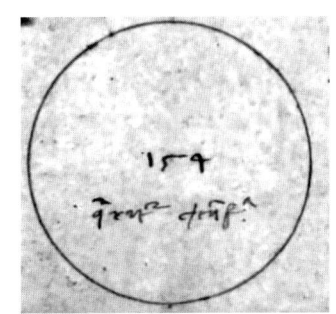

图 14-77

使用假设值的另一种方法，假设圆周长 1co，取其 $\frac{1}{4}$ 为 $\frac{1}{4}$co，乘以自身长度为 $\frac{1}{16}$co□，乘以 14 为 $\frac{14}{16}$co□，再除以 11 得 $\frac{7}{88}$co□，应等于 154，用

154 除以 $\frac{7}{88}$，得 1 936，则假设值为 R_x1 936 即 44，就是圆的周长，结果同上。

【例 14-82】 一个圆面积为 154，问其直径是多少（图 14-78）。

解答如下： 首先求解圆周长，用 11 乘以 154 为 1 644，除以 14 为 121，R_x121 为 11，将其乘以 4 为 44，就是这个圆的周长，用 44 除以 $3\frac{1}{7}$ 为 $13\frac{7}{11}$[①]，就是圆的直径，解毕。

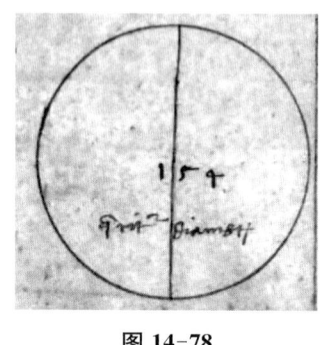

图 14-78

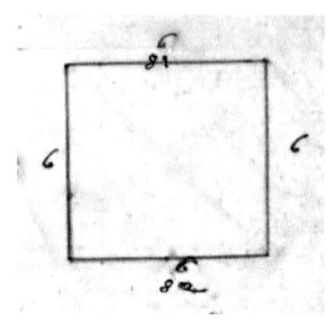

图 14-79

【例 14-83】 一个正方形的边长为 6，想要画一个外接圆，问这个圆的周长是多少（图 14-79）。

解答如下： 先计算正方形的面积，将相对应的两条边相加即 6 加上 6 为 12，取其 $\frac{1}{2}$ 为 6，然后加上另外相对应的两条边并取 $\frac{1}{2}$ 也为 6，两者相乘得 36，这就是正方形的面积。然后计算内切圆的周长，用 11 乘以 36 为 396，除以 14，得 $28\frac{2}{7}$，将 $R_x 28\frac{2}{7}$ 乘以 4，将 4 平方为 16，乘以 $28\frac{2}{7}$ 为 $452\frac{4}{7}$，则 $R_x 452\frac{4}{7}$ 就是这个正方形外接圆的周长。

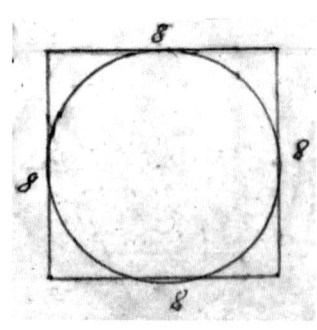

图 14-80

【例 14-84】 一个正方形边长为 8，想在其内部画一个最大的圆，问这个圆的周长是多少（图 14-80）。

解答如下： 首先计算圆的直径，其应为 8，因为正方形的边长为 8，因此正方形内切圆的直径为 8，计算其周长，用 8 乘以 $3\frac{1}{7}$，得 $25\frac{1}{7}$，就是题设所要求的圆的周长。

---

① 原稿计算错误，应为 14。——译者注

【例 14-85】 一个正方形的边长为 8,想在其外面画一个圆,圆周外接正方形的四个角,问其周长是多少(图 14-81)。

解答如下: 先计算正方形的对角线长度,其就是圆的直径长度,因为正方形的对角线是从一个角到相对的另一个角的直线,而每一个角都会外接圆周,因此正方形对角线长度和圆的直径长度是相等的。现在计算对角线长度,将一边的边长乘以自身长度为 64,再取另一边边长乘以自身长度亦为 64,加总得 128,则 $R_X 128$ 就是正方形对角线的长度,同时也是圆的直径长度。现在计算圆的周长,用 $R_X 128$ 乘以 $3\frac{1}{7}$,将 $3\frac{1}{7}$ 平方得 $9\frac{43}{49}$,乘以 128 为 $1\,264\frac{16}{49}$,其 R_X 就是圆周长。

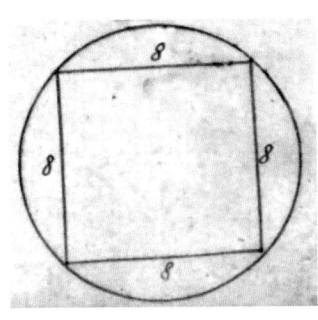

图 14-81

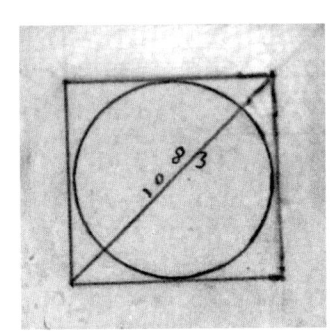

图 14-82

【例 14-86】 一个正方形对角线长度为 10,想要在正方形中放置一个最大的圆,问这个圆的周长是多少(图 14-82)。

解答如下: 首先以这样的方法来计算正方形的边长,将对角线长度 10 乘以自身长度为 100,取其 $\frac{1}{2}$ 为 50,则 $R_X 50$ 就是正方形的边长,同时其也是内切圆的直径,因为圆周内切正方形的 4 条边。现在计算圆周长,用 $R_X 50$ 乘以 $3\frac{1}{7}$,将 $3\frac{1}{7}$ 平方为 $9\frac{43}{49}$,乘以 50 得 $493\frac{43}{49}$,其 R_X 就是圆周长。

【例 14-87】 一个正方形的对角线长度为 11,想画一个圆外接正方形的四个角,问圆周长是多少(图 14-83)。

根据上文可知正方形的对角线长度就是外接圆的直径,因此将正方形的对角线长度乘以 $3\frac{1}{7}$,得 $34\frac{4}{7}$,就是外接圆的周长。

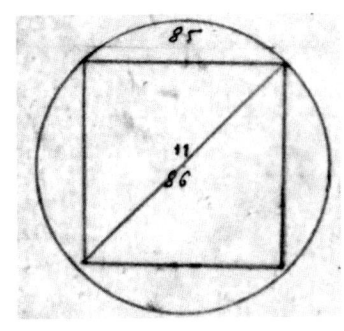

图 14-83

【例 14-88】 一个正方形的边长为 R_x200,想画一个圆外接正方形的四个角,问圆周长是多少(图 14-84)。

解答如下:将相对应的两边边长即 R_x200 和 R_x200 的平方相加为 400,则 R_x400 就是正方形对角线的长度,如上述可知其也是圆的直径长度,用 R_x400 乘以 $3\frac{1}{7}$,将 $3\frac{1}{7}$ 平方为 $9\frac{43}{49}$,将其乘以 400,得 $3\,951\frac{1}{49}$,则 $R_x3\,951\frac{1}{49}$ 就是题述外接圆的周长。

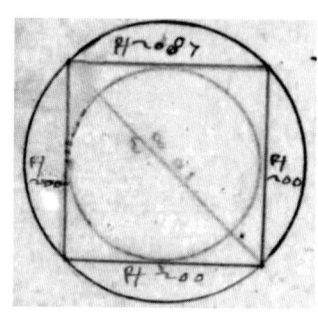

图 14-84

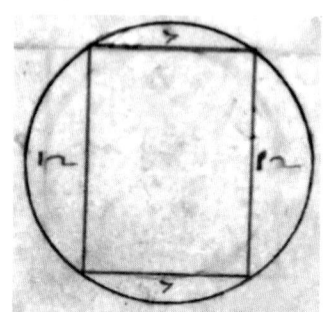

图 14-85

【例 14-89】 一个长方形,2 个相对应的长边边长为 12,两个相对应的短边边长为 7,想画一个圆外接这个四边形的四个角,问圆周长是多少(图 14-85)。

解答如下:先用这样的方法计算这个长方形的对角线:取长边乘以自身长度为 144,短边乘以自身长度为 49,两者相加为 193,则 R_x193 就是长方形的对角线长度,同时也是外接圆的直径长度,用 $3\frac{1}{7}$ 乘以 R_x193,将 $3\frac{1}{7}$ 平方为 $9\frac{43}{49}$,乘以 193 为 $1\,906\frac{18}{49}$,则 $R_x1\,906\frac{18}{49}$ 就是外接圆的周长。

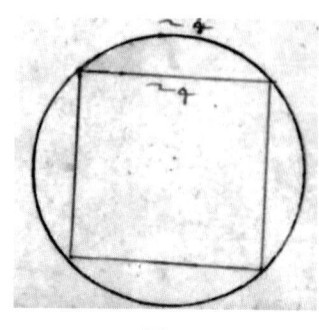

图 14-86

【例 14-90】 一个正方形周长为 24,一个圆的周长也是 24,问它们的面积是多少(图 14-86)。

解答如下:首先计算圆的面积,用周长 24 除以 $3\frac{1}{7}$,得 $7\frac{7}{11}$,就是圆的直径长度,现在按照上文中的 4 种方法来计算圆的面积,将上述圆的直径即 $7\frac{7}{11}$ 乘以周长 24,得 $183\frac{3}{11}$,再除以 4,得 $45\frac{9}{11}$,就是圆的面积。现在计算周长 24 的正方形的面积,将其除以4得正方形边长为6,将相对应的两边边长相加即6加6为12,取其$\frac{1}{2}$为6,再取另外相对应的两边即6和6,相加为12,再取其$\frac{1}{2}$为6,两者相乘为36,就是正方形的面积。可以发现圆的面积更大,若想知道面积大多少,用$45\frac{9}{11}$减36,剩余值就是圆的面积较正方形面积更大的部分。

【例 14-91】 一个圆周长为24,想在其中放一个最大的正方形,问这个正方形的边长是多少(图 14-87)。

解答如下:首先计算圆的直径长度,用其周长24除以$3\frac{1}{7}$,得$7\frac{7}{11}$,就是圆的直径长度,亦为正方形的对角线长度,因为正方形的每个角都外接这个圆周。现在计算正方形的边长,将其对角线长$7\frac{7}{11}$平方为$57\frac{114}{121}$,取其$\frac{1}{2}$,得$28\frac{235}{242}$,则$R_x 28\frac{235}{242}$就是正方形的边长。

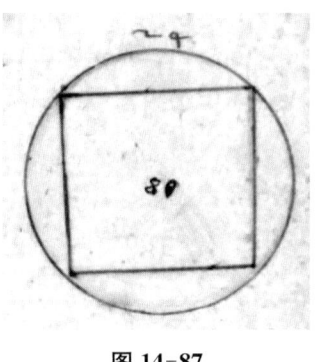

图 14-87

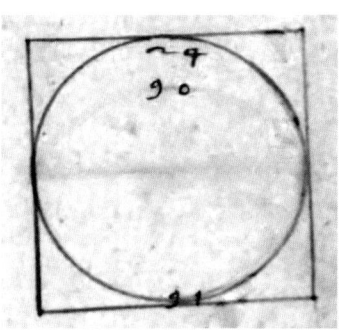

图 14-88

【例 14-92】 一个圆的周长为24,想在其外部画一个正方形,每个边外切圆周,问这个正方形的边长是多少(图 14-88)。

解答如下:先计算圆的直径长度,用24除以$3\frac{1}{7}$得$7\frac{7}{11}$,就是圆的直径长度,亦为外切正方形的边长,因为正方形的高正好就是圆的直径长,因此这个问题所述的正方形边长为$7\frac{7}{11}$。

【例 14-93】 一个圆直径为7,想在其中放置一个最大的正方形,问其边长是多少(图 14-89)。

解答如下：若圆的直径长为7,则正方形的对角线长也为7,因为正方形的每个角都内接圆周,现在计算正方形的边长,将其对角线乘以自身长度为49,取其$\frac{1}{2}$为$24\frac{1}{2}$,则 $R_X 24\frac{1}{2}$ 就是所述正方形的边长。

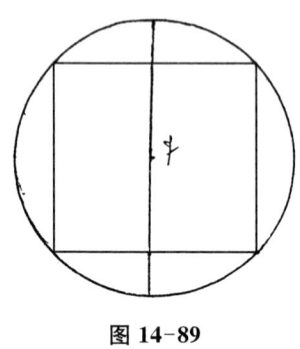

图 14-89

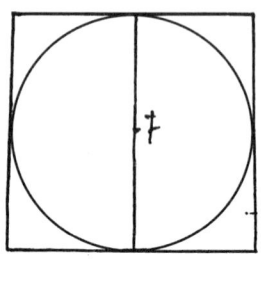

图 14-90

【例 14-94】 一个圆直径长为7,想在其外面画一个正方形,其每条边都外切圆周,问正方形的边长是多少(图 14-90)。

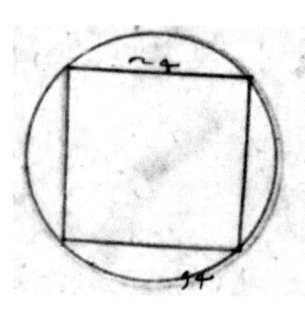

图 14-91

解答如下：圆的直径长为7,因此正方形边长也是7,因为正方形的高就是圆的直径,解毕。

【例 14-95】 一个正方形的周长为24,想画一个圆,其面积与正方形相同,问圆的周长是多少(图 14-91)。

解答如下：先计算正方形的面积,用周长24除以4得边长为6,将相对应的两边相加为12,取其$\frac{1}{2}$为6,另外相对应的两边相加并取$\frac{1}{2}$亦为6,两者相乘为36,就是正方形的面积。现在计算一个面积为36的圆其周长是多少,用11乘以36为396,再除以14为$28\frac{2}{7}$,其为圆面积的$\frac{11}{14}$,现在将其乘以4为$113\frac{1}{7}$,用$R_X 113\frac{1}{7}$再乘以4,将4平方为16,用16乘以$113\frac{1}{7}$,得$1810\frac{2}{7}$,则$R_X 1810\frac{2}{7}$就是圆的周长①。

【例 14-96】 一个圆拱形,底边(即圆的一条弦)长12,高为4,问整个圆的直径是多少(图 14-92)。

---

① 原稿计算错误,用$R_X 113\frac{1}{7}$再乘以4应为用$R_X 113\frac{1}{7}$再乘以2,圆周长应为$R_X 452\frac{4}{7}$。——译者注。

解答如下，取圆拱底边的 $\frac{1}{2}$，为 6，将其乘以自身长度为 36，除以其高 4，得 9，就是整个圆高除这个圆拱高之外的剩余部分，因此用其加上圆拱高 4，得 13，就是整个圆的直径，解毕。

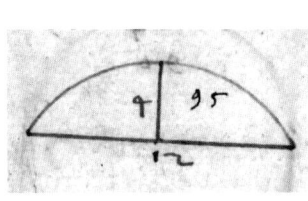

图 14-92

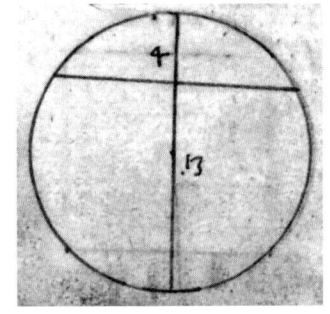

图 14-93

【例 14-97】 一个圆直径长为 13，想从其直径上取高为 4 的一部分圆拱，问这个圆拱的底边是多长（图 14-93）。

解答如下：取圆直径长为 13 的 $\frac{1}{2}$ 即 $6\frac{1}{2}$，乘以自身长度为 $42\frac{1}{4}$，从半径即 $6\frac{1}{2}$ 中减去直径被剪去的部分即 4，剩余为 $2\frac{1}{2}$，乘以自身长度为 $6\frac{1}{4}$，从 $42\frac{1}{4}$ 中减去，余 36，则 $R_x 36$ 就是上述圆拱底边的 $\frac{1}{2}$，计算整个圆拱底边的长度，将 $R_x 36$ 双倍，即用 4 乘以 36 得 144，则 $R_x 144$ 就是圆拱的底边长，解毕。

【例 14-98】 一个圆直径 13，取其中一部分，其底边长 12，问所取部分的高是多长（图 14-94）。

解答如下：取直径长为 13 的 $\frac{1}{2}$ 为 $6\frac{1}{2}$，乘以自身长度为 $42\frac{1}{4}$，然后取圆拱底边的 $\frac{1}{2}$ 为 6，也乘以自身长度为 36，从 $42\frac{1}{4}$ 中减去后剩余 $6\frac{1}{4}$，从半径即 $6\frac{1}{2}$ 中减 $R_x 6\frac{1}{4}$

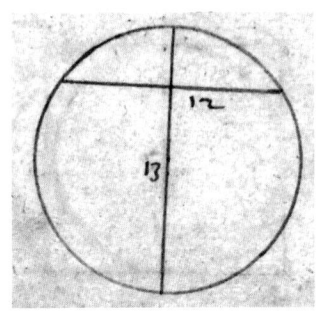

图 14-94

即 $2\frac{1}{2}$，得 4，就是所取的圆拱高度。若想知道剩余部分的高，则将 4 从直径中减去，余 9，则 9 就是剩余部分的高。

【例 14-99】 一个圆的一部分，弦长 12，想在其中置一个最大的正方形，问正方形的边长是多少（图 14-95）。

解答如下：取这条弦的 $\frac{1}{2}$ 为 6，乘以自身长度为 36，然后减其 $\frac{1}{5}$，余 $28\frac{4}{5}$，则 $R_x 28\frac{4}{5}$ 就是这个正方形的边长。

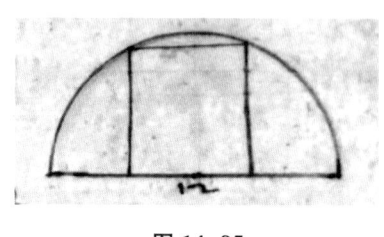

图 14-95　　　　　　　　　　　图 14-96

【例 14-100】　一个正方形的边长为 5，想画一个圆拱，内接正方形的两个角，问圆拱弦长多少，高又是多少（图 14-96）。

解答如下：将正方形的边长 5 乘以自身长度为 25，取其 $\frac{1}{4}$ 为 $6\frac{1}{4}$，加上 25 为 $31\frac{1}{4}$，则 $R_x 31\frac{1}{4}$ 就是这个圆拱的高度。计算圆拱的弦长，用 4 乘以 $31\frac{1}{4}$ 为 125，则 $R_x 125$ 就是圆拱的弦长，注意这里的乘以 4 就是用于计算 $R_x 31\frac{1}{4}$ 的双倍。

【例 14-101】　一个圆拱长 20，下面接两条直线形成一个锐角，两条直线每条长均为 6，问整个部分的面积是多少（图 14-97）。

解答如下：取圆拱长 20 的一半即 10，两条直线长度即 6 和 6 相加为 12，取一半为 6，两者相乘即 10 乘以 6 为 60，这就是整个部分的面积①。

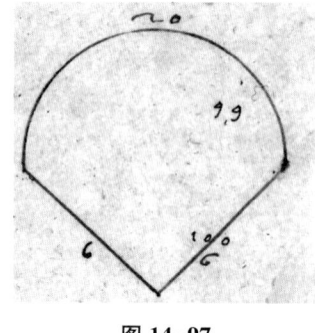　　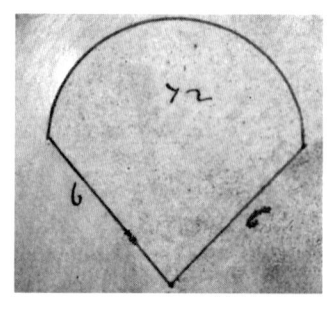

图 14-97　　　　　　　　　　　图 14-98

---

① 如前文所述，这种方法是一种面积计算的近似方法，并不精确。——译者注。

【例 14-102】 一个圆拱和两条形成锐角的直线构成一个形状,两条直线各长 6,整个部分面积为 72,问圆拱长是多少(图 14-98)。

解答如下: 用 72 除以直线长 6,得 12,然后将 12 双倍为 24,就是圆拱的长度。

【例 14-103】 一个圆拱长 25,两条直线连接圆拱,整个部分的面积为 75,问直线长是多少(图 14-99)。

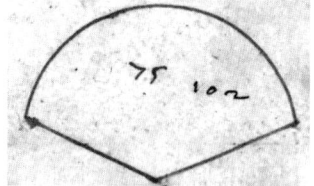

图 14-99

解答如下: 取圆拱长 25 的 $\frac{1}{2}$,为 $12\frac{1}{2}$,用面积 75 除以 $12\frac{1}{2}$,得 6,这就是每条直线的长度。

【例 14-104】 一个圆直径 12,想在其中置 6 个最大的圆,问每个圆的直径是多少。

解答如下: 取圆的直径 12 的 $\frac{1}{2}$ 为 6,再取 6 的 $\frac{2}{3}$ 为 4,这就是内置每个圆的直径①。

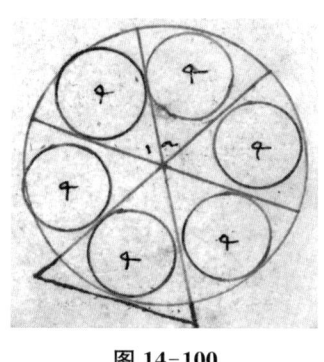

图 14-100

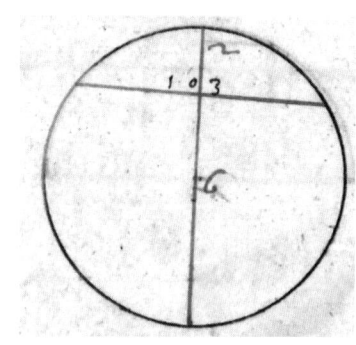

图 14-101

【例 14-105】 一个圆直径为 6 寻,从圆的上部剪去直径的 2 寻,问所剪部分的面积是多少(图 14-101)。

解答如下: 先计算整个直径较所剪去部分多多少,可知多 4,再看这多出来的 4 较剪去的 2 多多少,可知多 2,现在用所多的 2 乘以所多的 4,为 8,再将整个直径 6 乘以自身长度为 36,减 8 得 28,然后将所剪去的 2 乘以自身长度为 4,再用 4 乘以 28 为 112,尽

---

① 原稿页面空白处有如下解释:原因是将这些内置圆与大圆的圆周相切,可以画一个等边三角形,可以想象这个等边三角形的两条边与大圆的半径相等,然后它们延伸到大圆之外,直到与外切圆周的底边相交,这时其依然是一个等边三角形。正如可以在欧几里得的第三本书中所看到的那样,这个等边三角形垂直线(也就是大圆的半径)的 $\frac{2}{3}$ 就是小圆的直径,所以你可以通过取 12 的一半,再取 $\frac{2}{3}$ 来计算小圆的直径。

所能取 R_x112 的近似值,为 $10\frac{1}{2}$,最后计算 $10\frac{1}{2}$ 占直径平方即 36 的比例,用 $10\frac{1}{2}$ 除以 36 得 $\frac{7}{24}$,就是剪去部分面积占整个圆面积的比例①。

【例 14-106】 圆的一个部分,弦长为 8,高为 2,问其面积是多少(图 14-102)。

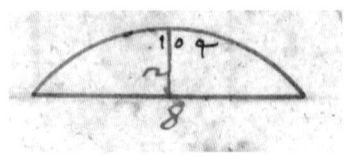

图 14-102

解答如下: 首先计算这个圆的直径,这样求解,取弦长的 $\frac{1}{2}$ 为 4,乘以自身长度,除以圆拱的高即 2,得 8,就是除开圆拱高之外圆直径的剩余部分,因此加上圆拱高 2,得到圆的直径为 10。然后再来计算圆拱面积,先看圆直径 10 较圆拱高即 2 多多少,可知多 8,再看这个 8 较圆拱高 2 多多少,可知多 6,将两者相乘即 6 乘以 8 为 48,再将圆直径乘以自身长度为 100,减 48 余 52,将圆拱高乘以自身长度为 4,再用 4 乘以 52 得 208,取 R_x208 的近似值,为 $14\frac{2}{5}$。

现在计算 $14\frac{2}{5}$ 占整个圆直径的平方即 100 的比例,用 $14\frac{2}{5}$ 除以 100,为 $\frac{72}{500}$ 即 $\frac{18}{25}$②,那么这个圆拱的面积就是整个圆的面积的 $\frac{18}{25}$。

现在为了完成计算,必须计算整个圆的面积,已知圆的直径为 10,则其周长为 10 乘以 $3\frac{1}{7}$ 为 $31\frac{3}{7}$,就是圆周长,然后将其乘以圆的直径 10,得 $314\frac{2}{7}$,除以 4 为 $78\frac{4}{7}$,就是整个圆的面积,现来计算圆拱部分的面积,即取 $78\frac{4}{7}$ 的 $\frac{18}{125}$,为 $11\frac{11}{35}$,就是那个弦长 8 高 2 的圆拱的面积,单位可以是寻,或足尺,或步(passa),或塔沃拉(tavole)③等。

【例 14-107】 一个圆直径为 10,弦长为 6,那么这个圆拱面积是多少,高是多少(图 14-103)。

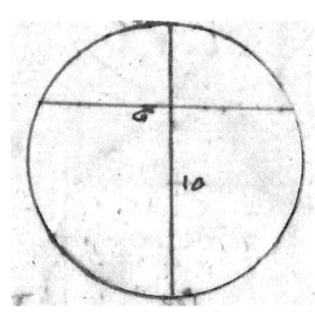

图 14-103

解答如下: 取直径的 $\frac{1}{2}$ 为 5,将其平方为 25,取弦长的 $\frac{1}{2}$ 为 3,将其乘以自身长度为 9,从 25 中减去余 16,取

---

① 这也是一种近似计算的方法。——译者注。
② 原稿此处为 $\frac{18}{25}$,笔误,应为 $\frac{18}{125}$,后同。——译者注。
③ 古意大利北部广泛使用面积单位,大约相当于 20~30 平方米。——译者注。

其 R_x 为 4,从圆半径 5 中减去,余 1,就是圆拱的高。现在来计算圆拱面积,这样求解,首先看圆直径 10 较圆拱高 1 多多少,可知多 9,再看这个 9 较圆拱高多多少,可知多 8,将两者相乘即 8 乘以 9 为 72,然后将圆直径乘以自身长度为 100,减去 72 余 28,取 R_x 28 的近似值为 $5\frac{1}{3}$,再计算 $5\frac{1}{3}$ 占圆直径平方 100 的比例,用 $5\frac{1}{3}$ 除以 100 为 $\frac{16}{300}$。

这样就可知将弦直线提高至弦长 6 时,圆拱的面积是整个圆面积的 $\frac{16}{300}$。现计算上述圆面积,已知圆直径为 10,则其周长为 10 乘以 $3\frac{1}{7}$ 即 $31\frac{3}{7}$,然后将其乘以圆直径 10,得 $314\frac{2}{7}$,除以 4 为 $78\frac{4}{7}$,就是整个圆的面积,最后计算圆拱部分的面积,即取 $78\frac{4}{7}$ 的 $\frac{16}{300}$,为 $4\frac{386}{2100}$①,就是题述圆拱的面积。

【例 14-108】 一块土地,形状如所见图中的四边形,两条相对的边边长为 10 寻,第三边边长为 12 寻,另一边边长为 8 寻,问其面积是多少(图 14-104)。

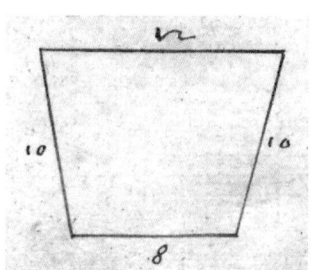

图 14-104

解答如下: 先计算不相等的两条边即 12 和 8,一边比另一边多多少,可知 12 较 8 多 4,取其 $\frac{1}{2}$ 为 2,加上 8 得 10,因此这块土地可视作边长为 10 寻,因为从长 12 边中拿取出 2 来给长 8 的边。

但要注意,在长 8 和长 12 边之间的两条边,其计算方法与上述从 12 中取 2 是有差异的。题设条件为这两条边各长 10 寻,但实质上却不是 10 寻,若想知道这两条边实质上是多长,用这样的例子来说明:从塔顶拉一根绳子至沟渠另一边,绳长 10 寻,沟宽 2 寻,这就相当于本题中从长 12 边中取 2 寻,问塔高多少?将绳长 10 乘以自身长度为 100,然后将沟宽 2 寻乘以自身长度为 4,从 100 中减去余 96,则 R_x 96 就是塔高。因此 R_x 96 就是题设中边长为 10 的高度。这样就可以来计算这块地的面积,将修正的两边边长 10 平方为 100,然后乘以 96,得 9 600,则 R_x 9 600 就是这块土地的面积,解毕。

---

① 原稿计算错误,应为 $4\frac{4}{21}$。——译者注

【例 14-109】 一块正方形的土地,两条对角线均为 14,问边长是多少,面积又是多少(图 14-105)。

解答如下:将对角线长度乘以自身长度为 196,取其一半为 98,则 $R_x 98$ 就是边长,然后计算其面积,取对角线的一半为 7,用 7 乘以对角线长 14 为 98,就是其面积。另一种方法就是用 $R_x 98$ 乘以自身长度,得 98,结果相同,解毕。

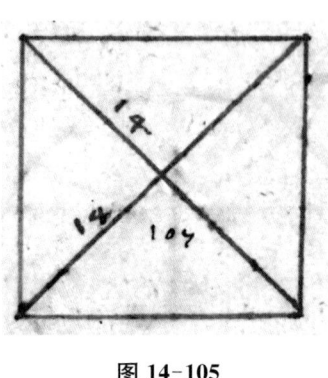

图 14-105

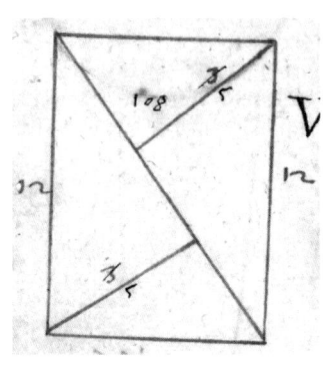

图 14-106

【例 14-110】 一块长方形的土地,长边边长为 12,短边长度未知,但知道两短边相等,作垂直线每条为 5,问这两条未知边边长是多少,对角线长度是多少(图 14-106)。

解答如下:已知垂直线长为 5,一边长为 12,用 5 除以 12 为 $\frac{5}{12}$,将其乘以自身长度为 $\frac{25}{144}$,用分母 144 减去分子 25,余 119,其是除数。然后将一边边长 12 乘以自身长度为 144,除以 119 得 $1\frac{25}{119}$,然后乘以 25,得 $30\frac{30}{119}$,则其 R_x 就是每条短边的长度。现在计算对角线的长度,将 12 平方为 144,加上 $30\frac{30}{119}$ 为 $174\frac{30}{119}$,其 R_x 就是题设要求的对角线长度,解毕,依此类推。

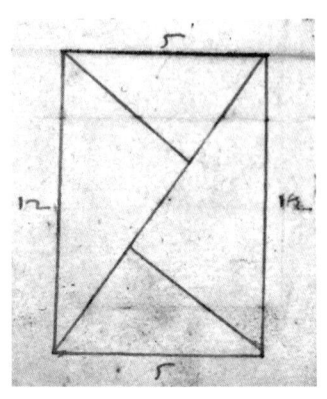

图 14-107

【例 14-111】 一块长方形的土地,相对应的两个长边边长 12,短边边长为 5,问其对角线、垂直线长度各是多少,其面积是多少(图 14-107)。

解答如下:先计算对角线的长度,将长边长度 12 乘以自身长度等于 144,然后将短边长度 5 乘以自身长度为 25,两者相加为 169,则 $R_x 169$ 即 13 就是对角线的长度。

再计算垂直线的长度,将长边长度 12 乘以自身长度等于 144,从 169 中减去 144,余 25,再加上 25 为 50,将 50 平方为 2 500,用 R_x2 500 除以 R_x169 的双倍,将 169 乘以 4 为 676,用 2 500 除以 676 得 $3\frac{118}{169}$,其 R_x 就是从边长 5 的一边和长 R_x169 的对角线之间所作垂直线的长度[①]。

从边长 5 和边长 12 两边作一对角线,计算与这一对角线垂直线的长度,将边长 5 乘以自身长度为 25,减去 $3\frac{118}{169}$,等于 $21\frac{51}{169}$,其 R_x 就是上述垂直线长度。最后计算整个长方形的面积,取对角线长 R_x169 的一半,将 $\frac{1}{2}$ 平方为 $\frac{1}{4}$,乘以 169 为 $41\frac{1}{4}$,再将其乘以(垂直线长的平方)$21\frac{51}{169}$,等于 900,R_x900 即 30,就是长方形面积的一半,双倍 R_x900,为 R_x3 600,就是长方形的面积,解毕。

【例 14-112】 一个柱面有 6 条边,每条边边长为 6 寻,问其表面积是多少(图 14-108)。

解答如下: 题设条件为此柱面有 6 条边,每条边边长 6 寻,因此整个柱面就是由 6 个边长为 6 寻的等边三角形组成,那么先来计算每个等边三角形的面积。将其边长 6 乘以自身长度为 36,然后取等边三角形另一边边长 6 的一半为 3,乘以自身长度为 9,从 36 中减去 9,余 27,则

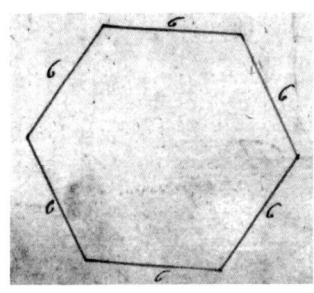

图 14-108

R_x27 就是这个三角形的高,那么其面积的计算就是取边长的 $\frac{1}{2}$ 乘以其高,即 3 乘以 R_x27,将 3 平方为 9,乘以 27 为 243,则 R_x243 就是这个三角形的面积。然后计算柱面的面积,其包含 6 个等边三角形,将 6 平方为 36,乘以 243 为 8 748,则 R_x8 748 就是整个柱面的面积,解毕。

【例 14-113】 一个柱面有 8 条边,每条边边长为 8 寻,问其面积是多少(图 14-109)。

解答如下: 用 5 乘以边长 8 等于 40,这就是该柱面多边形的直径[②]。该柱面有 8 条边,因此相当于有 8 个三角形,三角形的其中一边为 8,而另两边就是柱面直径的一

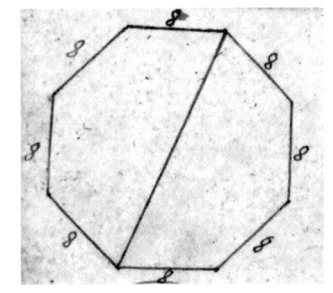

图 14-109

[①] 这条线实质上是两边之间作垂直线至对角线交点,至对角线与边长 5 短边交点之间的直线,其与两边之间所作垂直线垂直。——译者注

[②] 多边形直径即其最长对角线,这个八边形直径的计算有误,一个边长为 8 的八边形,其对角线长度应小于 40,这导致后文计算的面积也有误,而且本案例中亦没有说明这个对角线计算的方法和原理。——译者注

半,取 40 的 $\frac{1}{2}$ 为 20,就是三角形的另外两条边的边长。现在来计算三角形的面积,先计算三角形的高,将一边边长 20 乘以自身长度为 400,然后取底边 8 的一半即 4,将其平方为 16,从 400 中减去余 384,则 R_x384 就是三角形的高,计算其面积,取底边 8 的 $\frac{1}{2}$ 为 4,将其平方为 16,乘以 384 得 6 144,则 $R_x6\ 144$ 就是三角形的面积。那么 8 个三角形构成了这个柱面,将 8 平方为 64,乘以 6 144 为 393 216,则 $R_x393\ 216$ 就是这个柱面的面积,解毕。

【例 14-114】 一个柱子高 7 寻,底直径为 7 寻,问其表面积是多少(图 14-110)。

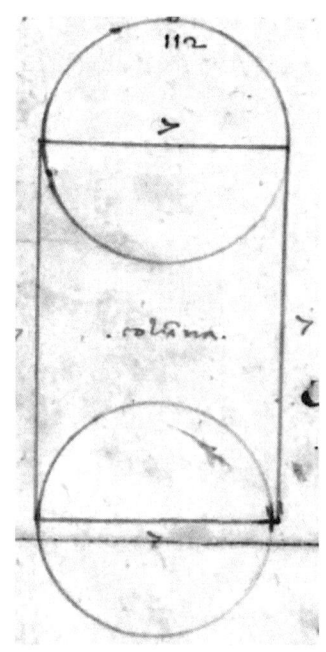

图 14-110

解答如下:当你想知道一个柱子的表面积时,找到一条与柱子高度和柱子底部直径等比例的平均线,根据所得均等线的数量,得到一个圆,而这个圆的面积将和整个柱子(除了底部)的表面积相等。如此先计算直径 7 寻和高 7 寻之间的均等线,用直径乘以高度,得 49,而 R_x49 即 7,就是直径和高之间的均等线。现在以 7 的数量(为半径)做一个圆,其直径将是 14,用 14 乘以其自身长度,得 196,取其 $\frac{11}{14}$ 为 154,即为圆面积,也是不含底部面积的柱子表面积,底面积可以通过其自身的直径来计算。

另一种计算柱子表面积的方法:不含底座的表面实质上是一个宽 7 长 22[①] 的长方形,用宽乘以长,亦得同上的 154。

到此为止,我们已经尽可能多地讨论了平面几何,但从下文开始将讨论立方体,就是三个维度的物体,即长宽高等。

【例 14-115】 一个装满水的圆形喷泉,其周长 22 寻,深 10 寻,问里面装有多少水(图 14-111)。

图 14-111

解答如下:先计算圆的直径,用 22 除以 $3\frac{1}{7}$,得 7,就是其直径,然后计算其面积,取直径 7 的 $\frac{1}{2}$ 为 $3\frac{1}{2}$,然

---

① 即底面的周长,按本文的计算方法为 7 乘以 $3\frac{1}{7}$,为 22。——译者注。

后用 11① 乘以 $3\frac{1}{2}$，得 $38\frac{1}{2}$，就是喷泉平面的面积，现在用喷泉的深度即 10 寻，乘以 $38\frac{1}{2}$，得 385，就是喷泉装满水体积的立方寻②数量。

【例 14-116】 一个方形喷泉，每条边边长为 10 寻，深为 15 寻，问里面装有多少水（图 14-112）。

解答如下： 将相对两边即 10 和 10 相加为 20，取其 $\frac{1}{2}$ 为 10，然后将另外相对两边相加再取 $\frac{1}{2}$，亦为 10，两者相乘为 100，这就是喷泉口的面积。注意这种取两边相加的方法更广泛地适用于各边不相等的情况。现在取其深度即 15，乘以 100 为 1 500，就是喷泉装满水体积的立方寻数量。

图 14-112

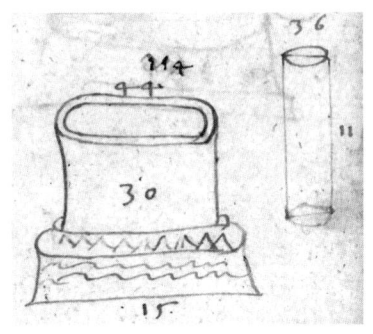

图 14-113

【例 14-117】 一个圆形喷泉周长 44 寻，深 30，取一个圆柱体底周长 36 寻，长 11 寻，将其扔入水高 15 寻的喷泉之中，问水位将在原来的基础上上升多少（图 14-113）。

解答如下： 先计算喷泉的直径，用 44 除以 $3\frac{1}{7}$，得 14，就是其直径。为计算其所装水的体积，取周长 44 的一半为 22，以及直径 14 的一半为 7，两者相乘为 154，就是喷泉口的面积，再将其乘以水的深度即 15 寻，得 2 310，就是喷泉中水的体积。现在来计算圆柱体体积，先计算柱底的直径，用周长 36 除以 $3\frac{1}{7}$ 得 $11\frac{5}{11}$，就是柱底的直径，取周长 36 的一半为 18，再取直径 $11\frac{5}{11}$ 的一半为 $5\frac{8}{11}$，两者相乘为 $103\frac{1}{11}$，就是柱底的面积，再乘

---

① 即周长的一半，其乘以半径即得圆的面积。——译者注
② 原稿中使用的单位是"平方寻（bracia quadri）"，但体积的衡量单位应为"立方寻（braccio cubo）"，立方寻也是古意大利广为使用的体积衡量单位，在米兰相当于 210.577 升。——译者注

以其长度 11 寻,得 1 134,将其除以喷泉口的面积 154,得 $7\frac{4}{11}$,就是水位上升的高度。

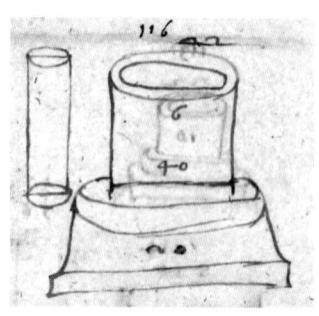

图 14-114

【例 14-118】 一个喷泉,周长 22,深 40,里面水高 20,然后有一个圆柱体,长度未知,但已知长度是直径的两倍,将其置入喷泉中,水位上升 6 寻,问圆柱体的长度和柱面周长是多少(图 14-114)。

解答如下:先计算水位上升 6 寻的体积,用喷泉口的周长 22 除以 $3\frac{1}{7}$ 得 7,就是其直径,则喷泉口的面积为 7 乘以自身长度,得 49,取其 $\frac{11}{14}$ 得 $38\frac{1}{2}$,即为其平面面积,然后乘以水位上升的 6 寻,得 231,就是水位上升体积的立方寻数量。现在计算圆柱体的柱面面积,假设其直径为 1co,因此圆柱体长 2co,将 1co 乘以自身长度为 1co□,取其 $\frac{11}{14}$ 为 $\frac{11}{14}$ co□,就是柱面面积,然后用 $\frac{11}{14}$ co□ 乘以圆柱体长 2co 得 $1\frac{4}{7}$ co△,其应等于水位上升的体积 231,用 231 除以 $1\frac{4}{7}$,得 $146\frac{1}{11}$①,则 R_xc147 就是假设值,即圆柱体柱底的直径,其长度则为直径乘以 2,取 2 的立方为 8,乘以 $146\frac{1}{11}$ 得 $1\,168\frac{8}{11}$,则 R_xc1 $168\frac{8}{11}$ 就是圆柱体的长度。

现在计算圆柱体柱面周长,将 $3\frac{1}{7}$ 立方,为 $31\frac{15}{343}$,将其乘以 $146\frac{1}{11}$,得 $4\,533\frac{1\,899}{3\,773}$,则其 R_xc 就是圆柱体柱面的周长,解毕。

【例 14-119】 一个方形喷泉每条边边长为 10,深为 10,水位高为 7,扔入一个圆柱体,其大小正好可以进入喷泉,水位上升,以至外溢了 11 立方寻,问圆柱体长是多少,柱面周长是多少(图 14-115)。

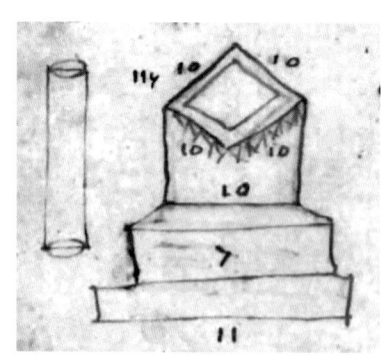

图 14-115

解答如下:先计算喷泉口的面积,其为方形每条边边长为 10,则用 10 乘以自身长度为 100,这就是喷泉口或者说是喷泉平面的面积。现在来计算圆柱体

---

① 原稿此处计算错误,231 除以 $1\frac{4}{7}$ 的结果应为 147,随后计算由此导致错误,正确结果应该是圆柱体长 R_xc1 176,圆柱体柱面周长 R_xc4 $563\frac{147}{343}$。——译者注。

柱底圆的直径,若正方形每条边边长为 10,则圆的直径为 10,因为题设称圆柱刚好进入,亦即其柱底圆的直径正好等于正方形的边长。现在计算其周长,用 10 乘以 $3\frac{1}{7}$ 为 $31\frac{3}{7}$,就是圆柱体柱底的周长。柱底面积为:将直径 10 乘以自身长度为 100,取其 $\frac{11}{14}$,得 $78\frac{4}{7}$,就是圆柱体的底面积。

现在计算圆柱体的长度,已知水位上升了 3 寻,溢出 11 寻,计算水位上升的体积,用喷泉口的面积 100 乘以水位上升的 3,得水在喷泉内上升的体积为 300,加上溢出的 11,共为 311。如此便可计算圆柱体的长度,用 311 除以圆柱体柱底面积 $78\frac{4}{7}$,得 $3\frac{227}{650}$,就是圆柱体长度的寻数,解毕。

【例 14-120】 一个圆形喷泉,直径 10,深 40,内有 30 高的水,扔入一块底面为三角形的石头[①],其底面三角形各边边长分别为 10、8 和 7,长 15,问水在喷泉内上升多少(图 14-116)。

解答如下: 先计算喷泉口的面积,将直径 10 乘以自身长度为 100,取其 $\frac{11}{14}$ 为 $78\frac{4}{7}$,就是喷泉口的面积。然后计算三角形石头的底面积,可从边长 8 和边长 7 两边之间作垂直线,落在边长 10 的一边,先计算垂直线交点至边长 10 与边长 7 两边夹角的距离,然后计算至边长 10 与边长 8 两边夹角的距离,假设垂直线至边长 10 和边长 7 两边夹角的距离为 1co,将其平方为 1co$^□$,然后将 7 乘以自身长度为 49,减 1co$^□$ 得 (49 − 1co$^□$)。计算其至边长 10 和边长 8 两边夹角之间的距离,因为交点落在边长 10 的边上,而另一端长 1co,所以距离应为 (10 − 1co),将其平方为 (100 − 20co + 1co$^□$),然后将边长 8 乘以自身长度为 64,减去 (100 − 20co + 1co$^□$),得 (20co − 36 − 1co$^□$),等于

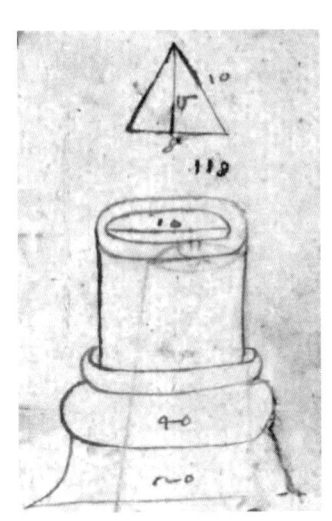

图 14-116

(49 − 1co$^□$)。移项得 20co 等于 85,用 85 除以 20co 为 $4\frac{1}{4}$,就是假设值即从边长 7 和边长 8 两边之间所作垂直线,落在边长 10 的边上,交点至边长 10 和边长 7 两边夹角的距离。

---

① 指底面为三角形,长或高 15 的柱体。配图所画三角形有误。——译者注

现在计算垂直线的长度。用 $4\frac{1}{4}$ 乘以自身长度为 $18\frac{1}{16}$，然后将边长 7 乘以自身长度为 49，减去 $18\frac{1}{16}$ 余 $30\frac{15}{16}$，其 R_x 就是垂直线长度。现在计算三角形的面积，取底边 10 的 $\frac{1}{2}$ 为 5，乘以自身长度为 25，乘以 $30\frac{15}{16}$，得 $773\frac{7}{16}$，其 R_x 值就是三角形石头的底面积。现在来计算其体积，已知其长即高为 15，将 15 平方为 225，乘以 $773\frac{7}{16}$，得 $174\,013\frac{7}{16}$①，其 R_x 就是三角形石头的体积。

现在计算这块石头掷入喷泉后水位会上升多少。先将喷泉口的面积 $78\frac{4}{7}$ 平方得 $6\,173\frac{23}{49}$，然后用三角形体积的平方值即 $174\,013\frac{7}{16}$ 除以 $6\,173\frac{23}{49}$，得 $28\frac{6\,937}{30\,250}$②，其 R_x 就是丢入石头后水位上升的高度，解毕。依此类推。

【例 14-121】 一个圆台，其顶部柱面直径为 2，而且其通体被包以外壳，所以底部台面直径是 3，其长度为 20，问其体积是多少（图 14-117）。

解答如下：取顶端即底部两个台面的直径，即 3 和 2，相加为 5，取其 $\frac{1}{2}$，即 $2\frac{1}{2}$，然后乘以自身长度，为 $6\frac{1}{4}$，取其 $\frac{11}{14}$，为 $4\frac{51}{56}$，再乘以其长度 20，得到 $97\frac{3}{4}$③，就是这个圆台体积的立方寻数量。

有人问若一块砖长 $\frac{1}{2}$ 寻，宽 $\frac{1}{4}$ 寻，高 $\frac{1}{8}$ 寻，那么上文的圆台体需要多少砖。计算砖的体积，用 $\frac{1}{2}$ 乘以 $\frac{1}{4}$ 为 $\frac{1}{8}$，再乘以 $\frac{1}{8}$ 为 $\frac{1}{64}$，就是一块砖的体积即 $\frac{1}{64}$，因此 1 立方寻体

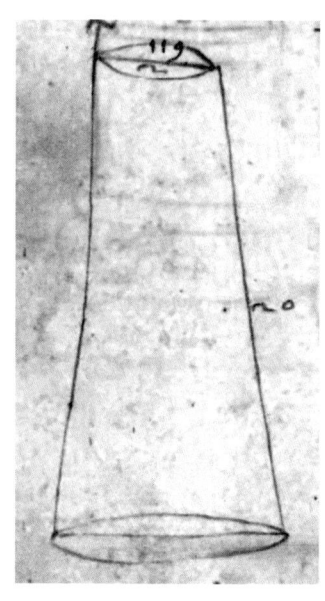

图 14-117

---

① 原稿此处计算有误，应为 $174\,023\frac{7}{16}$，这导致后文的计算也有误。——译者注

② 原稿此处计算有误，因为前文三角形石头体积应为 $R_x 174\,023\frac{7}{16}$，此处水面上升高度应为 $R_x 28\frac{133}{704}$。——译者注

③ 原稿此处计算错误，正确结果应该是 $98\frac{3}{14}$。——译者注

积需要 64 块砖,而上文已知圆台体积为 $97\frac{3}{4}$,因此用 64 乘以 $97\frac{3}{4}$,得 6 256[①],就是建造上文圆台所需要的砖块数量,依此类推。注意若要计算体积,应总是首先计算其平面面积,然后乘以高,即可得到体积。

【例 14-122】 一个圆球直径为 7,问其周长是多少(图 14-118)。

解答如下: 用 7 乘以 $3\frac{1}{7}$ 即可计算出其周长。

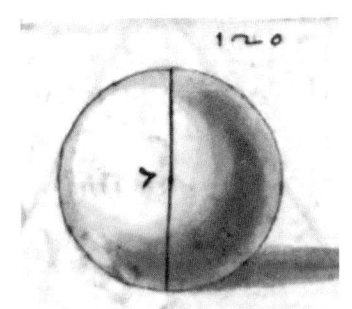

图 14-118

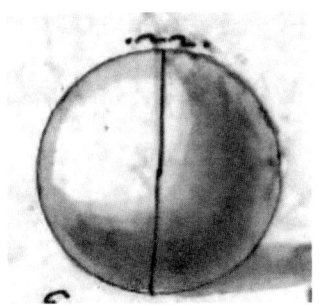

图 14-119

【例 14-123】 一个圆球周长为 22,问其直径是多少(图 14-119)。

解答如下: 用 22 除以 $3\frac{1}{7}$,得直径为 7。

【例 14-124】 一个正方体,每条边边长为 6,问其对角线是多少(图 14-120)。

解答如下: 用一条边长 6 乘以自身长度为 36,然后用 3 乘以 36 为 108,则 $R_X 108$ 就是其对角线,解毕。

另一种解答方法。取其平面的两条边即 6 和 6,两者相乘为 36,然后同样另两条边相乘后再相加为 72,则 $R_X 72$ 就是平面正方形的对角线长度,然后为计算正方体

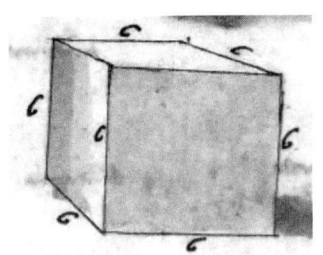

图 14-120

中的对角线,用平面的一条边 6 乘以自身长度为 36,然后将平面对角线乘以自身长度为 72,两者相加为 108,其 R_X 值就是正方体的对角线长度。这样计算的原因是,将一条边平方,然后再将平面上的对角线平方,这两条线就成了一个正方体内部的直角三角形的边,而正方体的直径就成了这个三角形的斜边。若将一个骰子对角剖开即可清晰看到。依此类推。

【例 14-125】 一个正方体内部对角线为 8,问其边长是多少(图 14-121)。

---

① 原稿此处计算错误,因为上文正确结果应该是 $98\frac{3}{14}$,因此此处正确结果应为 $6\,285\frac{5}{7}$。——译者注

解答如下：将 8 平方为 64，除以 3 得 $21\frac{1}{3}$，则 $R_X 21\frac{1}{3}$ 就是其边长，解毕。

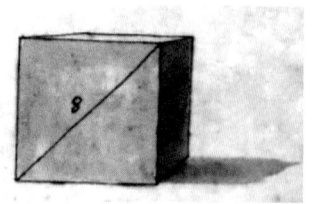

图 14-121

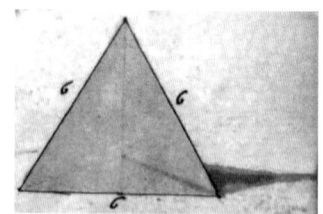

图 14-122

【例 14-126】 一个三角体每边相等，边长均为 6，问其高是多少（图 14-122）。

解答如下：取一条边长为 6 的平方是 36，取其 $\frac{2}{3}$ 即 24，则 R_X 就是其内部的高，这个规则永无误。

【例 14-127】 一个等边三角体，内部高为 6，问其边长是多少（图 14-121）。

解答如下：将 6 平方为 36，取其 $\frac{1}{2}$ 为 18，用 18 加上 36 为 54，则三角形的边长为 $R_X 54$。

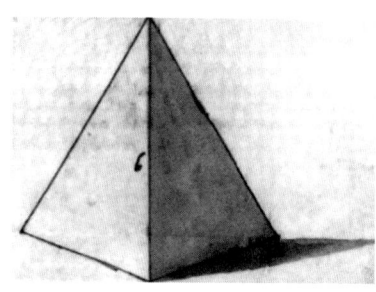

图 14-123

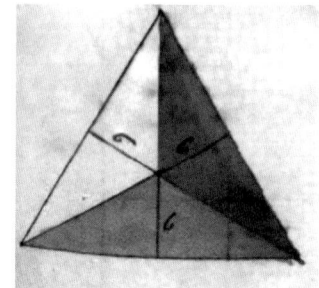

图 14-124

【例 14-128】 一个三角体，每个表面的高都是 6，问其内部的高是多少[①]（图 14-124）。

解答如下：将 6 平方为 36，取其 $\frac{1}{3}$ 为 12，加上 36 为 48，则 $R_X 48$ 就是三角形的边长。现在计算三角形内部的高，取 40 的 $\frac{2}{3}$ 为 32，则 $R_X 32$ 就是其内部的高，解毕。依此类推。

[①] 三角体表面高或称侧高指表面三角形的高，内部高或简称内高指从三角体顶点到底面的垂直线高度。——译者注。

另一种解答方法。将表面直径 6 乘以自身长度为 36，取其 $\frac{1}{9}$ 为 4，从 36 中减去余 32，则 $R_x 32$ 就是内部高。

【例 14-129】 一个三角体的内部高为 6，问其表面高为多少（图 14-125）。

解答如下：将内高 6 乘以自身长度，为 36，取其 $\frac{1}{2}$ 为 18，加上 36 为 54，再减去其 $\frac{1}{4}$ 即 $13\frac{1}{2}$，余 $40\frac{1}{2}$，则 $R_x 40\frac{1}{2}$ 就是三角体表面的高。

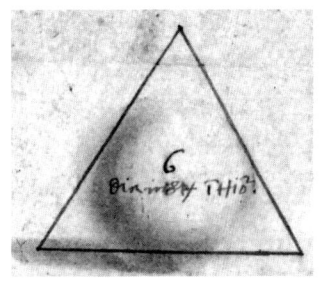

图 14-125

另一种解答方法。将 6 乘以自身长度为 36，取其 $\frac{1}{8}$ 为 $4\frac{1}{2}$，加上 36 为 $40\frac{1}{2}$，则 $R_x 40\frac{1}{2}$ 为表面高，结果同上。

【例 14-130】 一个圆球直径为 7，问其体积是多少（图 14-126）。

解答如下：取 7 的 $\frac{1}{6}$ 为 $1\frac{1}{6}$，加上 7 为 $8\frac{1}{6}$，然后计算圆球的周长，将 7 乘以 $3\frac{1}{7}$ 为 22，即为圆球周长，然后将其乘以 $8\frac{1}{6}$ 得 $179\frac{2}{3}$，就是圆球的体积。

另一种解答方法是将直径 7 乘以自身长度为 49，取其 $\frac{11}{14}$ 为 $38\frac{1}{2}$，就是圆球中最大圆的面积，然后将这个面

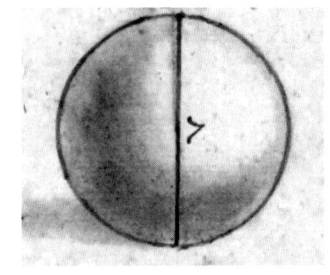

图 14-126

积乘以 4，得 154，就是整个圆球的表面积，因为哲学家欧几里得在第 12 卷①中指出，球的表面总是四倍于球体中最大圆的表面，而且清晰地证明过。

计算球体的体积，取直径的 $\frac{1}{2}$ 即 $3\frac{1}{2}$，将其乘以球体表面积 154 得 539，因为其是一个楔形的，因此再取其 $\frac{1}{3}$ 即 $179\frac{2}{3}$，就是整个球体的体积。乘以直径 $\frac{1}{2}$ 的原因是因为如果你把球分成两半，做成一个正方形，就变成了原来球体高度即直径的 $\frac{1}{2}$，然后用这个高乘以其平面的面积即 154，即得体积。另一种解答方法就是用直径即 7 乘以其周长 22 得 154，如此便不需要取 $\frac{11}{14}$ 或者扣减 $\frac{3}{14}$ 就能计算出其表面积，然后乘以直

---

① 指《几何原本》的第 12 卷。——译者注。

径的一半,也是 $179\frac{2}{3}$,结果相同。

还有一种解答方法是取直径的 3 次方,即 7 乘以自身为 49,再乘以 7 为 343,将其减去 $\frac{10}{21}$ 或者是取其 $\frac{11}{21}$,亦可得 $179\frac{2}{3}$,结果同上。

再一种解答方法就是将直径乘以自身长度为 49,取其 $\frac{1}{6}$ 为 $8\frac{1}{6}$,再乘以周长 22,得 $179\frac{2}{3}$,与上同解。

还有一种解答方法是以线性的方法计算 $\frac{1}{2}$ 球体,即将直径乘以自身长度为 49,取其 $\frac{11}{14}$ 为 $38\frac{1}{2}$,乘以高(即 $\frac{1}{2}$ 直径)$3\frac{1}{2}$,得 $134\frac{3}{4}$,因为其是楔形,因此取其 $\frac{1}{3}$ 为 $44\frac{11}{12}$,就是球体体积的 $\frac{1}{2}$ 平方(即 $\frac{1}{4}$),因此取其 4 倍即乘以 4,得 $179\frac{2}{3}$,结果同上。

【例 14-131】 一个正方体每边边长均为 6,问其体积是多少(图 14-127)。

解答如下: 将一边边长乘以自身长度为 36,再乘以边长 6,得 216,就是其体积。

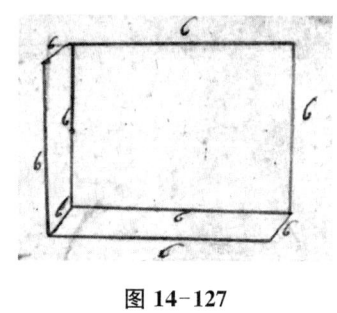

图 14-127

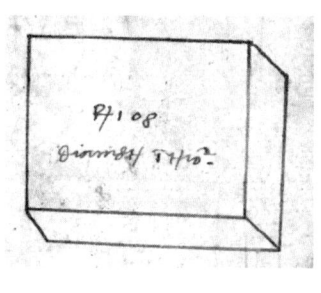

图 14-128

【例 14-132】 一个立方体的对角线长为 $R_x 108$,问其体积是多少(图 14-128)。

解答如下: 先计算其边长,将该立方体体对角线乘以自身长度为 108,然后取其 $\frac{1}{3}$ 为 36,则 $R_x 36$ 即 6,即为其边长,然后按前文的方法计算出体积将得解永无误。

【例 14-133】 一个三角体每边边长为 6,问其体积是多少(图 14-129)。

解答如下: 先将一条边边长 6 乘以自身长度为 36,然后取另一条边边长 6 的 $\frac{1}{2}$ 为 3,乘以自身长度为 9,从

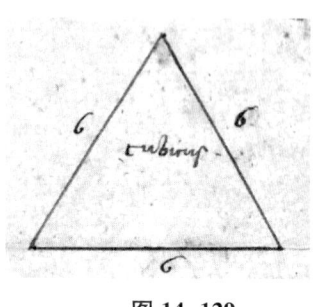

图 14-129

36 中减去得 27，则 R_x27 就是三角体侧高。现在取一条边的一半为 3，将其平方为 9，然后用 9 乘以 27 为 243，就是三个三角形中的其中一个面积的平方。现在来计算三角体的体积，那么首先必须计算其内高，将一边长 6 乘以自身长度为 36，然后取 36 的 $\frac{2}{3}$ 为 24，则 R_x24 就是三角体内高，取其 $\frac{1}{2}$，将 $\frac{1}{2}$ 平方为 $\frac{1}{4}$，乘以 24 为 6，然后乘以 243 得 1 458，则 R_x1 458 就是这个每边为 6 的三角体体积。

【例 14-134】 一个三角体，其内高为 R_x24，问其体积是多少（图 14-130）。

解答如下：先计算其边长，取 24 的 $\frac{1}{2}$ 为 12，加上 24 为 36，则 R_x36 为其边长，现在计算其表面直径（即侧高），取 R_x36 的 $\frac{1}{2}$，将 $\frac{1}{2}$ 平方为 $\frac{1}{4}$，乘以 36 为 9，从 36 中减去余 27，即 R_x27 是三角体的侧高，现在计算三角形的面积，取 R_x36 的 $\frac{1}{2}$，同上取 $\frac{1}{2}$ 平方为 $\frac{1}{4}$，乘以 36 为 9，再乘以 27 为 243，再取 R_x24 的 $\frac{1}{2}$，即 $\frac{1}{4}$ 乘以 24 为 6，再乘以 243 为 1 458，即 R_x1 458 为三角形的体积，解毕[①]。

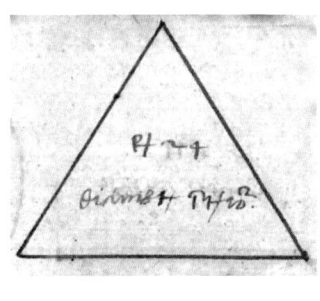

图 14-130

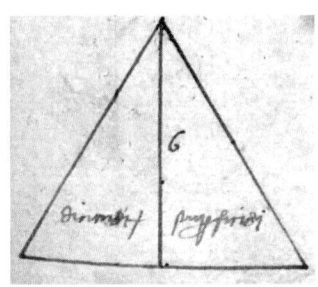

图 14-131

【例 14-135】 一个三角体每边的侧高均为 6，问其体积是多少（图 14-131）。

解答如下：将 6 乘以自身长度为 36，加上其 $\frac{1}{3}$ 为 48，则 R_x48 就是其边长，现在求一个三角形的面积，取 R_x48 的 $\frac{1}{2}$，将 $\frac{1}{2}$ 平方为 $\frac{1}{4}$，乘以 48 为 12，再乘以侧高 6 的平方 36，得到 432，则 R_x432 就是三角形的面积。然后计算这个三角体的内高，取边长的平方 48 的 $\frac{2}{3}$，为 32，然后乘以 432，为 5 184，则 R_x5 184 就是三角体的体积。

---

① 原稿页面空白处有如下注明：关于计算三角体体积的方法，请参见后文。原本置于此处的规则失败了，后面会讨论欧几里得的第 15 卷中优美的方法。

【例 14-136】 一个圆球,直径为 7,想做一个正方体(两者体积相同),问正方体的边长是多少(图 14-132)。

解答如下: 先计算圆的体积,取直径 7 的 $\frac{1}{6}$ 为 $1\frac{1}{6}$,加上直径为 $8\frac{1}{6}$,然后计算其周长,用 7 乘以 $3\frac{1}{7}$ 为 22,就是其周长,将 $8\frac{1}{6}$ 乘以 22 为 $179\frac{2}{3}$,则 $179\frac{2}{3}$ 就是圆的体积。现在要计算同样体积的一个立方体,其边长是多少,假设其边长为 1co,乘以自身长度为 1co$^\square$,再乘以 1co 为 1co$^\triangle$,等于 $179\frac{2}{3}$,用 $179\frac{2}{3}$ 除以 1,得 $179\frac{2}{3}$,那么 $R_X c 179\frac{2}{3}$ 就是假设值即其边长。

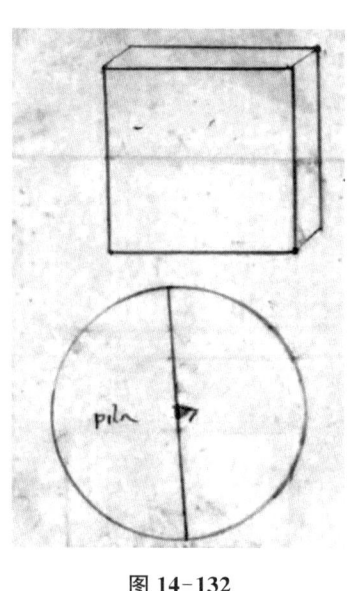

图 14-132　　　　　　　　　　图 14-133

【例 14-137】 一个正方体每边边长为 8,想将其做成一个圆球,问圆球的直径是多少(图 14-133)。

解答如下: 先计算正方体的体积,用 8 乘以自身长度为 64,然后再乘以 8 为 512,就是正方体的体积,现在再计算同样体积的圆球的直径是多少。假设圆球直径为 1co,取其 $\frac{1}{6}$ 加在其上为 $1\frac{1}{6}$co,然后计算圆周长,用 $3\frac{1}{7}$ 乘以 1co 为 $3\frac{1}{7}$co,两者相乘得 $3\frac{2}{3}$co$^\square$,就是圆球的体积,其应等于 512,用 512 除以 $3\frac{2}{3}$ 等于 $139\frac{7}{11}$,则其 R_X 值就是假设值,即所要求的圆球的直径。如同上文,随后将展示计算球体(体积)的 5 种方法。

【例 14-138】 一个正方体其体对角线长为 11,想将其做成一个圆球,问其周长是多少(图 14-134)。

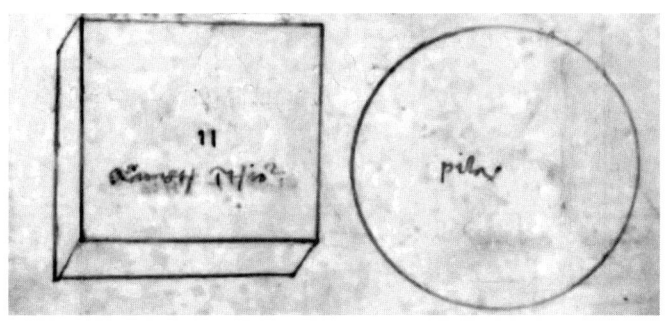

图 14-134

解答如下: 先计算正方体的边长,将 11 平方为 121,除以 3 为 $40\frac{1}{3}$,就是其边长的平方,用 $40\frac{1}{3}$ 乘以另一边 $40\frac{1}{3}$ 为 $1\,626\frac{7}{9}$,然后再乘以 $40\frac{1}{3}$,得 $65\,613\frac{17}{27}$[①],其 R_x 就是正方体的体积。然后计算圆球的体积,假设圆球直径为 $1\mathrm{co}$,取其 $\frac{1}{6}$ 加在其上为 $1\frac{1}{6}\mathrm{co}$。计算圆周长:用 $3\frac{1}{7}$ 乘以 $1\mathrm{co}$ 为 $3\frac{1}{7}\mathrm{co}$,两者相乘得 $3\frac{2}{3}\mathrm{co}^\square$,就是圆球的体积。可知 $3\frac{2}{3}\mathrm{co}^\square$ 等于 $R_x 65\,613\frac{17}{27}$,将其除以 $3\frac{2}{3}\mathrm{co}^\square$,将 $3\frac{2}{3}\mathrm{co}^\square$ 平方为 $13\mathrm{co}^{\square\square}\frac{4}{9}$,用 $65\,613\frac{17}{27}$ 除以 $13\frac{4}{9}$,得 $4\,847\frac{35}{121}$,那么 $R_x 4\,847\frac{35}{121}$[②]就是假设值,即圆球的直径,然后计算其周长,用 $3\frac{1}{7}$ 乘以 $R_x 65\,613\frac{17}{27}$[③],将 $3\frac{1}{7}$ 平方为 $9\frac{43}{49}$,再乘以自身长度为 $97\frac{1\,359}{2\,401}$,将其乘以 $65\,613\frac{17}{27}$,得 $6\,401\,655\frac{84}{113}$,其 $R_x R_x$ 就是圆球的周长[④],解毕。

【例 14-139】 一个立方体的面对角线为 $R_x 72$,想将其做成一个圆球,问其周长

---

① 原稿此处计算错误,应为 $65\,613\frac{10}{27}$,这也导致后文的计算错误。——译者注。
② 应为 $R_x 4\,880\frac{1}{3}$。——译者注。
③ 原稿此处乘以的数据是正方体的体积数据,应该乘以圆体的直径。——译者注。
④ 原稿计算错误,正确结果应为 $R_x 112\,480\frac{4}{63}$。——译者注。

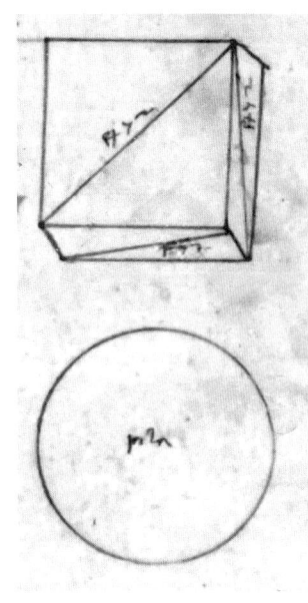

图 14-135

是多少(图 14-135)。

解答如下：取 72 的 $\frac{1}{2}$ 为 36，则 R_x 为其边长，现在计算正方体体积，用 36 乘以 36 为 1 296，再乘以 36 为 46 656，其 R_x 值就是正方体体积。现在计算圆球周长，假设其直径为 1co，取其 $\frac{1}{6}$ 再加上自身长度为 $1\frac{1}{6}$co，用 1co 乘以 $3\frac{1}{7}$ 为 $3\frac{1}{7}$co，就是球体的周长。再用 $3\frac{1}{7}$co 乘以 $1\frac{1}{6}$co，得 $3\frac{2}{3}$co$\square$，其应等于 R_x46 656，将 $3\frac{2}{3}$co$\square$ 平方得 $13\frac{4}{9}$co$\square\square$，用 46 656 除以 $13\frac{4}{9}$，得 $3\ 470\frac{34}{121}$，那么 $R_xR_x3\ 470\frac{34}{121}$ 就是假设值即圆球直径，那么使用 $R_xR_x3\ 470\frac{34}{121}$ 乘以 $3\frac{1}{7}$ 就得到周长，取 $3\frac{1}{7}$ 的四次方为 $97\frac{1\ 359}{2\ 401}$，乘以 $3\ 470\frac{34}{121}$，即取乘积的 R_xR_x 值就将得到圆球的周长。

【**例 14-140**】 一个圆球直径为 7，想将其做成一个三角体，问其边长是多少(图 14-136)。

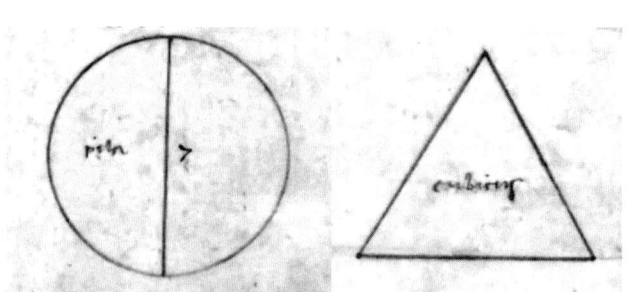

图 14-136

解答如下：先计算圆球体积，取 7 的 $\frac{1}{6}$ 加 7 得 $8\frac{1}{6}$，然后计算周长，用 7 乘以 $3\frac{1}{7}$ 为 22，即为周长，将其乘以 $8\frac{1}{6}$ 得 $179\frac{2}{3}$，就是圆球的体积。现在计算三角体的边长。假设三角体边长为 1co，将其乘以自身长度为 1co$\square$，然后取另外一边边长 1co 的 $\frac{1}{2}$，乘以自身长度为 $\frac{1}{4}$co$\square$，从 1co$\square$ 中减去余 $\frac{3}{4}$co$\square$，就是三角体的表面侧高的平方。计算三角形面积，取一边的 $\frac{1}{2}$ 为 $\frac{1}{2}$ co，乘以自身长度为 $\frac{1}{4}$ co□，然后乘以侧高 $\frac{3}{4}$ co□ 得 $\frac{3}{16}$ co□□，这就是一个三角形的面积的平方①。

现在计算三角体内高，将边长乘以自身长度为 1co□，取其 $\frac{2}{3}$ 为 $\frac{2}{3}$ co□，然后取 $R_x \frac{2}{3}$ co□ 的 $\frac{1}{2}$，将 $\frac{1}{2}$ 平方为 $\frac{1}{4}$，乘以 $\frac{2}{3}$ co□ 为 $\frac{1}{6}$ co□，然后将其乘以 $\frac{3}{16}$ co□□，得 $\frac{1}{32}$ co□□②，其应等于 $179\frac{2}{3}$ 的平方，将 $179\frac{2}{3}$ 乘以自身长度得 $32\,280\frac{1}{9}$，即 $\frac{1}{32}$ co□□ 等于 $32\,280\frac{1}{9}$，用 $32\,280\frac{1}{9}$ 除以 $\frac{1}{32}$ 为 $1\,032\,963\frac{5}{9}$，则 $R_x R_x 1\,032\,963\frac{5}{9}$ 就是假设值③，即三角形的边长，解毕，依此类推。

【例 14-141】 一个等边三角体边长 6，想将其做成一个圆球，问其直径是多少（图 14-137）。

解答如下： 先计算三角体体积，将一边边长 6 平方为 36，取另一边边长 6 的 $\frac{1}{2}$ 为 3，将其平方为 9，从 36 中减去余 27，则 R_x 为三角体的侧高。现在可计算其中一个三角形的面积，取一边边长 6 的 $\frac{1}{2}$ 为 3，平方后为 9，将 9 乘以 27 为 243，则 $R_x 243$ 就是三角形面积，若计算三角体体积必须先计算其内高，将 6 平方为 36，取其 $\frac{2}{3}$ 为 24，则 $R_x 24$ 就是三角体内高，现在即可计算三角体体积，取 $R_x 24$ 的 $\frac{1}{2}$，将 $\frac{1}{2}$ 平方为 $\frac{1}{4}$，乘以 24 为 6，其乘以 243 为 1 458，则 $R_x 1\,458$ 就是三角体的体积。

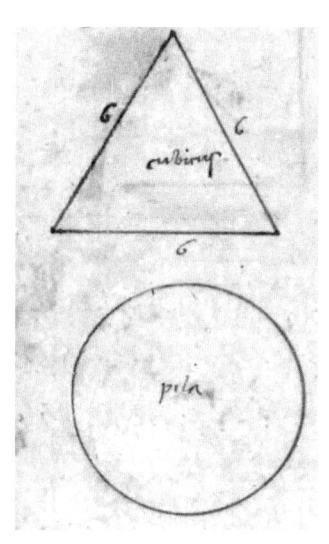

图 14-137

现在假设圆球的直径为 1co，取其 $\frac{1}{6}$ 为 $\frac{1}{6}$ co，加上自身长度为 $1\frac{1}{6}$ co，现在计算其

---

① 作者为了计算方便，很多时候并未对计算过程中的数据取平方根，语言表达也有所省略，比如计算出来的实际上是边长或面积的平方，但是言语上并未进行同意思表达。——译者注。
② 原稿此处计算错误，$\frac{1}{6}$ co□ 乘以 $\frac{3}{16}$ co□□ 应等于 $\frac{1}{32}$ co□□□，这也导致后文计算错误。——译者注。
③ 原稿此处计算错误，是由前述计算错误所导致，正确结果应该为 $R_x c R_x c 1\,032\,963\frac{5}{9}$。——译者注。

周长，用 $3\frac{1}{7}$ 乘以直径 1co 为 $3\frac{1}{7}$co，即为周长，将其乘以 $1\frac{1}{6}$co 得 $3\frac{2}{3}$co□，就是圆球体积，应等于三角体体积 $R_x1\,458$，将 $3\frac{2}{3}$co□ 平方为 $13\frac{4}{9}$co□□，用 1 458 除以 $13\frac{4}{9}$，得 $108\frac{54}{121}$，则 $R_xR_x108\frac{54}{121}$ 就是圆球直径，解毕。

【例 14-142】 一个三角体内高为 8，想将其做成一个圆球，问圆球的直径是多少（图 14-138）。

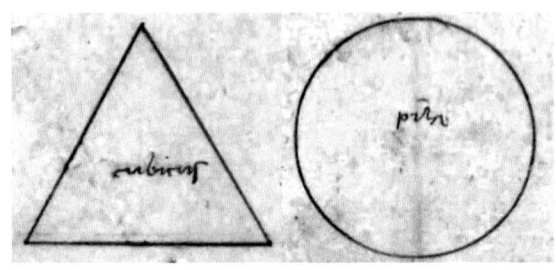

图 14-138

解答如下：计算三角体的体积，先计算其边长，将其内高 8 取平方为 64，取其 $\frac{1}{2}$ 为 32，加上 64 等于 96，则 R_x96 就是其边长，进而可以计算三角形的侧高，取 R_x96 的 $\frac{1}{2}$，将 $\frac{1}{2}$ 平方为 $\frac{1}{4}$，乘以 96 为 24，从 96 中减去 24 余 72，则侧高为 R_x72。

现在可计算三角形面积，取 R_x96 的 $\frac{1}{2}$，将 $\frac{1}{2}$ 平方为 $\frac{1}{4}$，乘以 96 为 24，乘以 72 为 1 768[①]，这就是其中一个三角形面积的平方。然后计算三角体体积，取内高 8 的 $\frac{1}{2}$ 为 4，将其平方为 16，乘以 1 768 为 28 288，则 $R_x28\,288$ 就是三角体的体积。

计算圆球直径。假设直径为 1co，取其 $\frac{1}{6}$ 为 $\frac{1}{6}$co，加上自身长度为 $1\frac{1}{6}$co，计算其周长，用 $3\frac{1}{7}$ 乘以直径 1co 为 $3\frac{1}{7}$co，得周长，将其乘以 $1\frac{1}{6}$co 得 $3\frac{2}{3}$co□，即为圆球的体积，此体积应等于三角体体积 $R_x28\,288$。将 $3\frac{2}{3}$co□ 平方为 $13\frac{4}{9}$co□□，用 28 288 除以 $13\frac{4}{9}$，得 $2\,104\frac{8}{121}$，则 $R_xR_x2\,104\frac{8}{121}$ 就是圆球的直径。现在可计算圆球的周长，将

---

① 原稿此处计算错误，1 768 应为 1 728，这也导致后文的计算错误，后文中的三角形体积应为 $R_x27\,648$，圆的直径应为 $R_xR_x2\,056\frac{56}{121}$，圆球的周长应为 $R_xR_x142\,189\frac{5}{7}$。——译者注。

$3\frac{1}{7}$ 取四次方为 $97\frac{1359}{2401}$，乘以 $2104\frac{8}{121}$ 得 $205284\frac{118572}{290521}$，则其 $R_x R_x$ 就是圆球周长。

【例 14-143】 一个等边三角体侧高为 6，想将其做成一个圆球，问其周长是多少（图 14-139）。

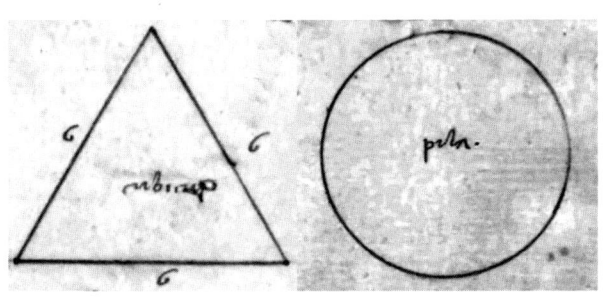

图 14-139

解答如下：先计算三角形的边长，将其侧高 6 平方为 36，取其 $\frac{1}{3}$ 为 12，加上 36 等于 48，则 $R_x 48$ 就是其边长，现在可以计算三角形面积，取 $R_x 48$ 的 $\frac{1}{2}$，将 $\frac{1}{2}$ 平方为 $\frac{1}{4}$，乘以 48 为 12，再乘以 36 为 432，其 R_x 值就是其中一个三角形的面积。要计算三角体体积，则需要计算三角形内高，取 48 的 $\frac{2}{3}$ 为 32（则 $R_x 32$ 就是三角体的内高），然后取 $R_x 32$ 的 $\frac{1}{2}$，将 $\frac{1}{2}$ 平方为 $\frac{1}{4}$，乘以 32 为 8，再乘以 432 为 3456，则 R_x 值就是三角体的体积。

计算圆球直径。假设其直径为 1co，取其 $\frac{1}{6}$ 为 $\frac{1}{6}$ co，加上自身长度为 $1\frac{1}{6}$ co，计算其周长，用 $3\frac{1}{7}$ 乘以直径 1co 为 $3\frac{1}{7}$ co，得周长，将其乘以 $1\frac{1}{6}$ co 得 $3\frac{2}{3}$ co□，就是圆球体积，应等于三角体体积 $R_x 3456$，将 $3\frac{2}{3}$ co□ 平方为 $13\frac{4}{9}$ co□□，用 3456 除以 $13\frac{4}{9}$，得 $264\frac{60}{121}$ ①，则其 $R_x R_x$ 值就是假设值，即圆球的直径。计算圆球的周长，将 $3\frac{1}{7}$ 取四次方为 $97\frac{1359}{2401}$，乘以 $264\frac{60}{121}$ 等于 $25803\frac{163174}{290521}$，则其 $R_x R_x$ 值就是圆球的周长。

【例 14-144】 一个正方体的边长为 6，想将其做成一个三角体，问其边长是多少

---

① 原稿此处计算错误，$264\frac{60}{121}$ 应为 $257\frac{7}{121}$，这也导致后文的计算错误，后文中圆球周长应为 $R_x R_x 25080\frac{31944}{290521}$。——译者注。

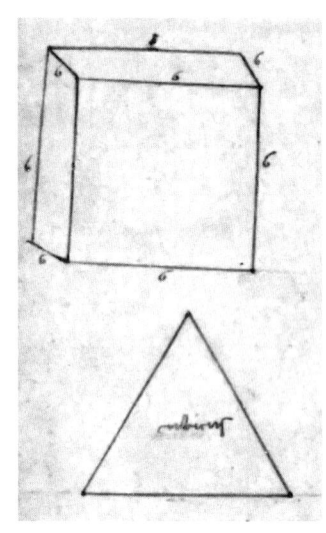

图 14-140

(图 14-140)。

解答如下: 先计算正方体体积,取 6 的三次方为 216,就是正方体的体积。然后计算三角体边长,假设其边长为 1co,先求其侧高,用 1co 乘以自身长度为 1co$^\square$,然后取边长 1co 的 $\frac{1}{2}$,将其平方为 $\frac{1}{4}$co$^\square$,从 1co$^\square$ 中减去,余 $\frac{3}{4}$co$^\square$,R$_x$ 就是三角体的侧高,取边长 1co 的 $\frac{1}{2}$,平方为 $\frac{1}{4}$co$^\square$,再乘以 $\frac{3}{4}$co$^\square$,等于 $\frac{3}{16}$co$^{\square\square}$,就是其中一个三角形的面积。

计算三角体体积。先计算其内高,将 1co 平方为 1co$^\square$,取其 $\frac{2}{3}$ 为 $\frac{2}{3}$co$^\square$,然后取 R$_x$ $\frac{2}{3}$co$^\square$ 的 $\frac{1}{2}$,将 $\frac{1}{2}$ 平方为 $\frac{1}{4}$,乘以 $\frac{2}{3}$co$^\square$ 为 $\frac{1}{6}$co$^\square$,乘以 $\frac{3}{16}$co$^{\square\square}$ 得 $\frac{1}{32}$co$^{\square\square\square}$,其应等于 216 的平方 46 656,用 46 656 除以 $\frac{1}{32}$ 为 1 492 992,则其 R$_x$cR$_x$c 就是三角体的边长。

【例 14-145】 一个等边正方体,其对角线长为 9,想将其做成一个三角体,问其边长是多少(图 14-141)。

解答如下: 先计算正方体的边长,将其对角线长 9 平方,为 81,除以 3 为 27,则 R$_x$27 就是其边长,再取边长的三次方即 R$_x$27 平方再乘以 R$_x$27,等于 R$_x$19 683,就是正方体的体积。再来计算三角体,假设三角体边长为 1co,将其平方为 1co$^\square$,然后取边长 1co 的 $\frac{1}{2}$ 为 $\frac{1}{2}$co,其为侧高垂直线落在底边的 $\frac{1}{2}$,将其乘以自身长度得 $\frac{1}{4}$co$^\square$,从斜边 1co$^\square$ 中减去,余 $\frac{3}{4}$co$^\square$,就是三角体的侧高。

现在计算三角形面积。用 $\frac{1}{4}$co$^\square$ 乘以 $\frac{3}{4}$co$^\square$,等于 $\frac{3}{16}$co$^{\square\square}$,就是三角形的面积,然后计算其内高,将边长 1co 平方为 1co$^\square$,取其 $\frac{2}{3}$ 为 $\frac{2}{3}$co$^\square$,即为其内高。计算三角体的体积,取 R$_x$ $\frac{2}{3}$co$^\square$ 的 $\frac{1}{2}$,将 $\frac{1}{2}$ 平方为 $\frac{1}{4}$,乘以 $\frac{2}{3}$co$^\square$ 为

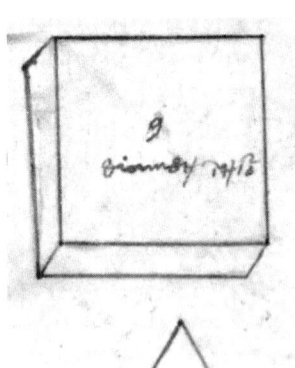

图 14-141

$\frac{1}{6}$co□,然后再乘以 $\frac{3}{16}$co□□ 等于 $\frac{1}{32}$co□□□,其应等于 19 683,将其除以 $\frac{1}{32}$ 为 575 856,则 $R_X cR_X c$575 856 就是假设值①,即为三角体的边长。

【**例 14-146**】 一个正方体其体对角线长为 9,想将其做成一个三角体,问其内高是多少(图 14-142)。

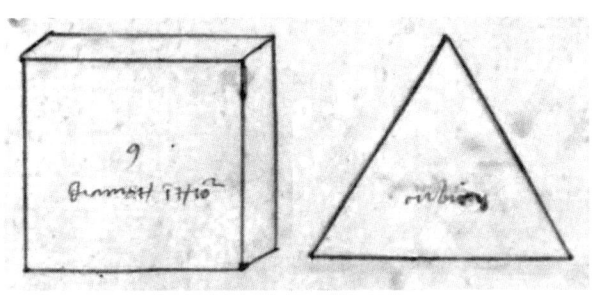

图 14-142

解答如下:先计算正方体体积,将体对角线长度 9 平方为 81,除以 3 为 27,则 R_X 27 就是其边长,再取边长的三次方即 R_X 27 平方再乘以 R_X 27,等于 R_X 19 683,就是正方体的体积。计算三角体的侧高:假设三角体内高为 1co,计算其边长,将 1co 平方为 1co□,取其 $\frac{1}{2}$ 再加上自身为 $1\frac{1}{2}$ co□,其 R_X 就是边长,然后再来计算其侧高,取 $R_X 1\frac{1}{2}$ co□ 的 $\frac{1}{2}$,将 $\frac{1}{2}$ 平方为 $\frac{1}{4}$,乘以 $1\frac{1}{2}$ co□ 为 $\frac{3}{8}$ co□,从 $1\frac{1}{2}$ co□ 中减去余 $1\frac{1}{8}$ co□,R_X 就是三角体的侧高。

现在计算三角形面积,用 $R_X \frac{3}{8}$ co□ 乘以 $R_X 1\frac{1}{8}$ co□,为 $R_X \frac{27}{64}$ co□□,即其中一个三角形的面积。随后即可计算三角体体积,取三角体内高 1co 的 $\frac{1}{2}$,将其平方为 $\frac{1}{4}$ co□,乘以 $R_X \frac{27}{64}$ co□□ 等于 $R_X \frac{27}{256}$ co□□□,其应等于正方体体积 R_X 19 683。用 19 683 除以 $\frac{27}{256}$,等于 186 624,其 $R_X cR_X c$ 就是假设值即三角体内高。

【**例 14-147**】 一个等边正方体的对角线为 8,我想将其做成一个三角体,问其侧高为多少(图 14-143)。

解答如下:计算正方体体积,先计算其边长,将正方体对角线 8 平方为 64,取其 $\frac{1}{2}$ 为 32,则 R_X 32 就是其边长,然后将其三次方即 R_X 32 乘以自身长度再乘以 R_X 32,

---

① 原稿此处计算错误,应为 $R_X cR_X c$629 856。——译者注。

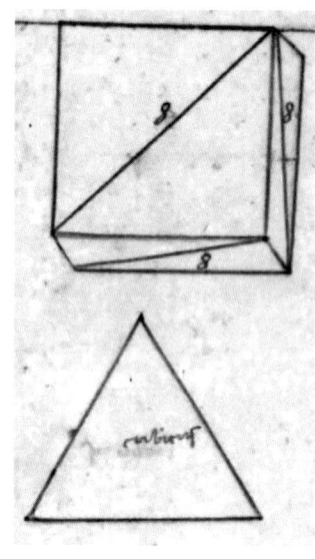

图 14-143

等于 R_x 32 768，就是正方体的体积。再来计算三角体：假设其侧高为 1co，乘以自身长度为 1co□，取其 $\frac{1}{3}$ 再加上自身长度为 $1\frac{1}{3}$ co□，其 R_x 就是边长。然后可计算三角形的面积，取边长 $R_x 1\frac{1}{3}$ co□ 的 $\frac{1}{2}$，将 $\frac{1}{2}$ 平方为 $\frac{1}{4}$，乘以 $1\frac{1}{3}$ co 为 $\frac{1}{3}$ co□，用 $R_x \frac{1}{3}$ co□ 乘以侧高 1co，将 1co 平方为 1co□，乘以 $\frac{1}{3}$ co，得 $\frac{1}{3}$ co□□，则 $R_x \frac{1}{3}$ co□□ 就是其中一个三角形的面积。再求解三角体内高，取 $1\frac{1}{3}$ co□ 的 $\frac{2}{3}$，为 $\frac{8}{9}$ co□，即为三角体内高，取其 $R_x \frac{8}{9}$ co□ 的 $\frac{1}{2}$，将 $\frac{1}{2}$ 平方为 $\frac{1}{4}$，乘以 $\frac{8}{9}$ co□，等于 $\frac{2}{9}$ co□，因此用 $R_x \frac{2}{9}$ co□ 乘以 $R_x \frac{1}{3}$ co□□ 等于 $R_x \frac{2}{27}$ co□□□，就是三角体的体积。其应等于正方体体积 R_x 32 768，用 32 768 除以 $\frac{2}{27}$ 等于 442 368，则其 $R_x c R_x c$ 就是假设值，即三角体的侧高，也就是三角体表面三角形的高，依此类推。

【例 14-148】 一个等边三角体的边长为 6，想将其做成一个正方体，问其边长是多少（图 14-144）。

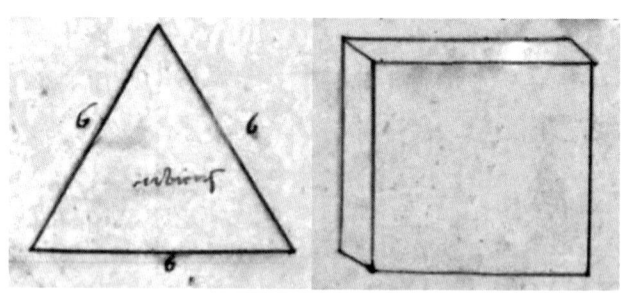

图 14-144

解答如下： 计算三角体体积，先计算其侧高，将 6 平方为 36，然后取 6 的 $\frac{1}{2}$，即与侧高垂直线相交的底边长的 $\frac{1}{2}$，为 3，将其平方为 9，从 36 中减 27，则 $R_x 27$ 就是侧高。现在计算三角形面积，取一边的 $\frac{1}{2}$ 为 3，乘以自身长度为 9，再乘以侧高的平方即 27，等于 243，则其 R_x 就是其中一个三角形的面积。接着计算三角体内高，将边长平方为 36，取其 $\frac{2}{3}$ 为 24，则 $R_x 24$ 就是三角体内高。现在可以计算三角体体积，取 $R_x 24$ 的 $\frac{1}{2}$，将 $\frac{1}{2}$ 平方为 $\frac{1}{4}$，乘以 24 为 6，再乘以 243 为 1 458，其 R_x 就是三角体体积。现在计算正方体的边长。假设其边长为 $1co$，取其三次方为 $1co^\triangle$，即为正方体的体积，其应等于三角体体积即 $R_x 1 458$，用 1 458 除以 1 得 1 458，则其 $R_x c R_x$ 就是假设值，即正方体边长，解毕。

【例 14-149】 一个等边三角体，其内高为 6，想将其做成一个正方体，问该正方体对角线的长度是多少（图 14-145）。

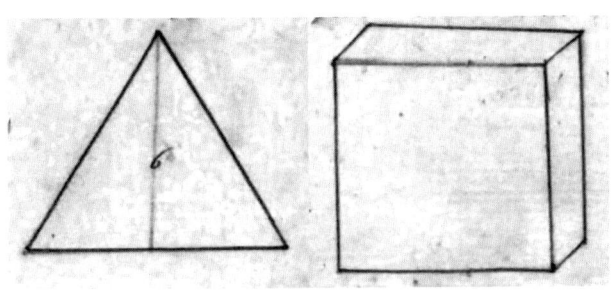

图 14-145

解答如下： 计算三角体的体积，先计算其边长，将 6 平方等于 36，取其 $\frac{1}{2}$ 等于 18，加上 36 等于 54，则 $R_x 54$ 就是其边长，再计算其侧高，取 $R_x 54$ 的 $\frac{1}{2}$，将 $\frac{1}{2}$ 平方等于 $\frac{1}{4}$，乘以 54 等于 $13\frac{1}{2}$，从 54 中减去余 $40\frac{1}{2}$，其 R_x 就是三角体的侧高。

这样即可计算三角体的体积。先计算三角形面积，取边长 $R_x 54$ 的 $\frac{1}{2}$，将 $\frac{1}{2}$ 平方等于 $\frac{1}{4}$，乘以 54 等于 $13\frac{1}{2}$，然后乘以 $40\frac{1}{2}$ 等于 $546\frac{3}{4}$，其 R_x 就是其中一个三角形的面积，再取内高 6 的 $\frac{1}{2}$ 等于 3，将其平方等于 9，乘以 $546\frac{3}{4}$，等于 $4\,920\frac{3}{4}$，其 R_x 就是三角体体积。计算正方体体积，假设其体对角线为 $1co$，将其平方等于 $1co^\square$，将其除以 3 得 $\frac{1}{3}co^\square$，则 $R_x \frac{1}{3}co^\square$ 就是其边长，取其三次方等于 $R_x \frac{1}{27}co^{\square\square\square}$，其等于三角体的体积 $R_x 4\,920\frac{3}{4}$，用 $4\,920\frac{3}{4}$ 除以 $\frac{1}{27}$ 等于 $132\,860\frac{1}{4}$，则 $R_x c R_x c 132\,860\frac{1}{4}$ 就是假设

值即正方体的体对角线。

【例 14-150】 一个等边三角体的侧高为 6，想将其做成一个正方体，问正方体面的对角线长度是多少（图 14-146）。

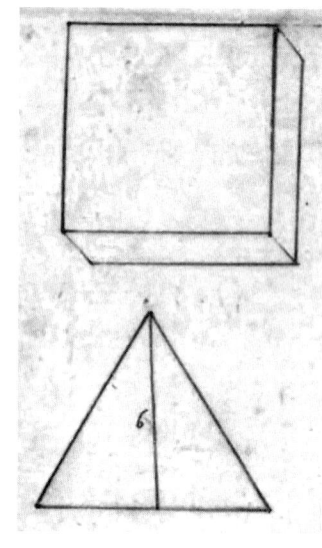

图 14-146

解答如下：计算三角体体积，先计算其边长，将 6 平方等于 36，取其 $\frac{1}{3}$ 等于 12，加上 36 等于 48，则 $R_x 48$ 就是其边长，现在计算三角形面积，取边长 $R_x 48$ 的 $\frac{1}{2}$，将 $\frac{1}{2}$ 平方等于 $\frac{1}{4}$，乘以 48 等于 12，然后将侧高 6 平方等于 36，两者相乘等于 432，其 R_x 就是其中一个三角形的面积。

现在计算三角体体积，需先计算三角体的内高，取 48 的 $\frac{2}{3}$ 等于 32，则 $R_x 32$ 就是三角体内高，如此便可计算三角体的体积，取 $R_x 32$ 的 $\frac{1}{2}$，将 $\frac{1}{2}$ 平方等于 $\frac{1}{4}$，乘以 32 等于 8，乘以 432 等于 3 456，其 R_x 就是三角体体积。计算正方体的体积，假设正方体的面的对角线长度等于 1co，将其平方等于 $1co^\square$，取其 $\frac{1}{2}$ 等于 $\frac{1}{2}co^\square$，则其边长等于 $R_x \frac{1}{2}co^\square$，如此便能计算正方体的体积，取边长的三次方等于 $R_x \frac{1}{8}co^{\square\square\square}$，其应等于三角体体积 $R_x 3\,456$，用 3 456 除以 $\frac{1}{8}$，等于 27 468，其 $R_x c R_x c$ 就是假设值即正方体的面的对角线的长度。

【例 14-151】 一个圆球直径为 7，在其中放置一个最大的正方体，问其边长是多少（图 14-147）。

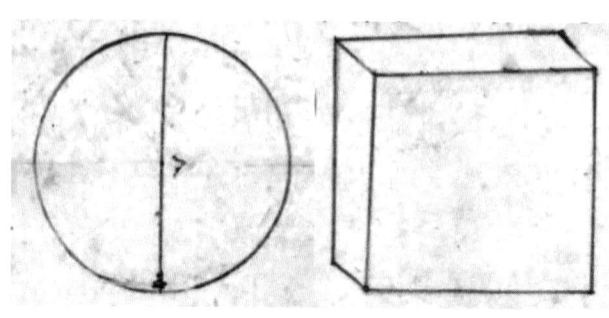

图 14-147

解答如下：已知圆球直径为 7，因此正方体的对角线也应为 7，因为圆球直径必须等于正方体的对角线（正方体才是最大的）。已知正方体的对角线等于 7，如此可计算其边长，将 7 平方等于 49，取其 $\frac{1}{3}$ 为 $16\frac{1}{3}$，其 R_x 值就是正方体的边长。

【例 14-152】 一个圆球周长为 22，在里面放置一个最大的正方体，问其边长是多少（图 14-148）。

解答如下：先应计算圆球直径，用 22 除以 $3\frac{1}{7}$ 等于 7，就是圆球的直径，因此正方体的对角线长度也是 7，因为这样正方体才正好被圆球所包含，这样即可计算正方体的边长，将 7 平方为 49，除以 3 为 $16\frac{1}{3}$，就是正方体边长的平方。

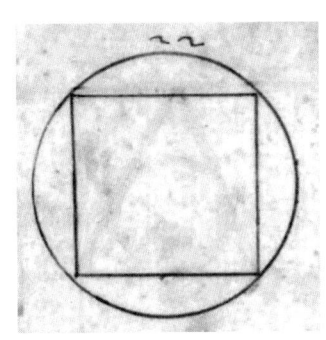

图 14-148

【例 14-153】 一个正方体边长为 6，在其中放置一个最大的圆球，问其周长是多少（图 14-149）。

解答如下：已知正方体边长为 6，因此圆球的直径也应为 6，将 6 乘以 $3\frac{1}{7}$ 等于 $18\frac{6}{7}$，这就是圆球的直径，解毕。

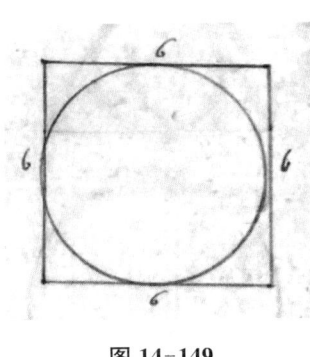

图 14-149

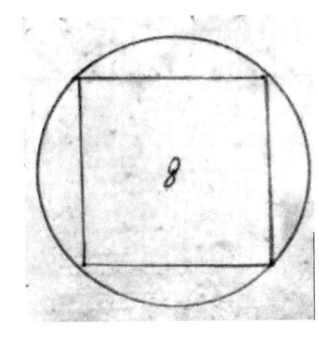

图 14-150

【例 14-154】 一个正方体，其对角线长度为 8，刚好放进一个圆球内，问圆球周长是多少（图 14-150）。

解答如下：已知正方体的体对角线为 8，因此圆球的直径也是 8，用 8 乘以 $3\frac{1}{7}$ 得 $25\frac{1}{7}$，就是圆球的周长。

【例 14-155】 一个圆球直径为 7，在其中放一个最大的三角体，问其边长是多少（图 14-151）。

解答如下：将圆球直径 7 平方等于 49，取其 $\frac{2}{3}$ 等于 $32\frac{2}{3}$，则 $R_x 32\frac{2}{3}$ 就是此三角体的边长，解毕。

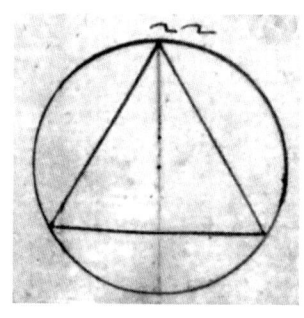

图 14-151

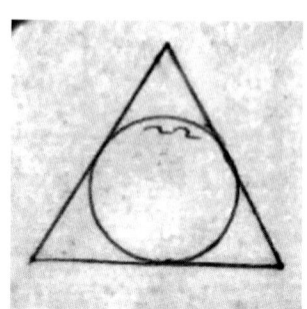

图 14-152

【例 14-156】 一个圆球周长等于 22，将其放入一个刚好可以容纳的三角体内，问其内高是多少（图 14-152）。

解答如下：先计算圆球直径，用 22 除以 $3\frac{1}{7}$ 等于 7，就是圆球直径，现在计算三角体内高，将圆球直径 7 取双倍等于 14，就是在圆外部的这个三角体的内高[①]。

图 14-153

【例 14-157】 一个三角体的每边边长为 8，在其中放置一个最大的圆球，问其直径是多少（图 14-153）。

解答如下：先计算三角体的内高，将 8 平方等于 64，取其 $\frac{2}{3}$ 等于 $42\frac{2}{3}$，则 $R_x 42\frac{2}{3}$ 就是三角体内高，若想要计算放入其中最大圆球的直径，取 $R_x 42\frac{2}{3}$ 的 $\frac{1}{2}$，将 $\frac{1}{2}$ 平方等于 $\frac{1}{4}$，乘以 $42\frac{2}{3}$ 等于 $10\frac{2}{3}$，则 $R_x 10\frac{2}{3}$ 就是放入其中圆球的直径。

【例 14-158】 一个三角体内高为 8，在其中放置一个最大的圆球，问其周长是多少（图 14-154）。

解答如下：将 8 平方等于 64，取其 R_x 值的 $\frac{1}{2}$，将 $\frac{1}{2}$ 平方等于 $\frac{1}{4}$，乘以 64 为 16，则

---

① 原稿页面空白处有如下注明：关于将三角体放入球中以及将球放入三角体中的计算方法，请参见后文的内容，有很好的解答。

R_x16 就是圆球的直径,若要计算其周长,用 R_x16 乘以 $3\frac{1}{7}$,将 $3\frac{1}{7}$ 平方等于 $9\frac{43}{49}$,乘以 16 等于 $158\frac{2}{49}$,$R_x158\frac{2}{49}$ 即为圆球周长。

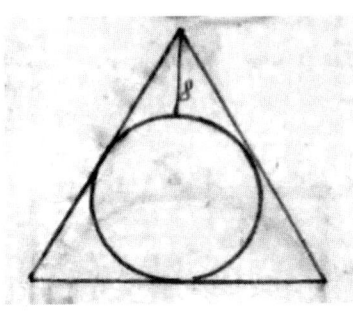

图 14-154

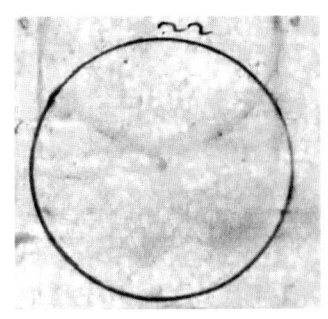

图 14-155

【例 14-159】 一个圆球周长 22 寻,用宽 $2\frac{3}{4}$ 寻的布将其盖住,问需要多少布(图 14-155)。

解答如下:先计算圆球直径,用 22 除以 $3\frac{1}{7}$ 等于 7,就是圆球直径。计算圆球表面积,用直径 7 乘以周长 22 等于 154,然后取其 $\frac{11}{14}$ 为 121,就是圆球表面积。再计算需要多少宽 1 寻的布能够覆盖其表面,用 121 除以 1 寻,需 121 寻布才能覆盖,若布宽 2 寻,则除以 2,就将算出布的长度,如此可以计算不同宽度的布。题设布宽为 $2\frac{3}{4}$,因此用 121 除以 $2\frac{3}{4}$ 等于 44,即长 44 寻,宽 $2\frac{3}{4}$ 寻的布可以覆盖此圆球,解毕。

【例 14-160】 一个蜡质圆球,其直径等于 7,重量为 100 磅,将其均匀地打磨至重量 80 磅,问其直径是多少(图 14-156)。

解答如下:先计算这个重 100 磅圆球的表面积,取其直径为 7 的 $\frac{1}{6}$ 再加上自身长度,等于 $8\frac{1}{6}$,然后计算其周长,用 7 乘以 $3\frac{1}{7}$ 等于 22,就是其周长,将两者相乘,即 $8\frac{1}{6}$ 乘以 22 等于 $179\frac{2}{3}$,这就是重 100 磅圆球的表面积。题设称将圆球均匀打磨至重量 80 磅,可以通过三数法则来计算

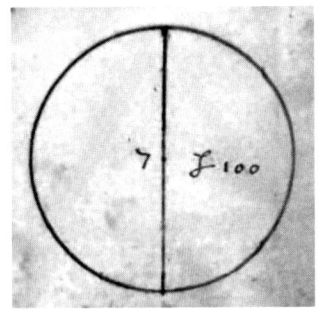

图 14-156

重 80 磅的球的表面积,若 100 磅对应 179 $\frac{2}{3}$ 的表面积,那么 80 磅对应多少表面积?用 80 乘以 179 $\frac{2}{3}$ 等于 14 373 $\frac{1}{3}$,除以 100 等于 143 $\frac{11}{15}$,就是重 80 磅圆球的表面积。

计算圆球直径。假设圆球直径为 1co,取其 $\frac{1}{6}$ 再加上自身长度等于 1 $\frac{1}{6}$ co,然后计算其周长,用 1co 乘以 3 $\frac{1}{7}$ 等于 3 $\frac{1}{7}$ co,就是其周长,将其乘以 1 $\frac{1}{6}$ co 得 3 $\frac{2}{3}$ co□,其等于重 80 磅圆球的表面积 143 $\frac{11}{15}$,用 143 $\frac{11}{15}$ 除以 3 $\frac{2}{3}$ 等于 39 $\frac{1}{5}$,则 R_x 39 $\frac{1}{5}$ 就是假设值即 80 磅重圆球的直径。

【例 14-161】 一个蜡质圆球周长为 22、重 100 磅,将周长打磨至 18,问其重量是多少(图 14-157)。

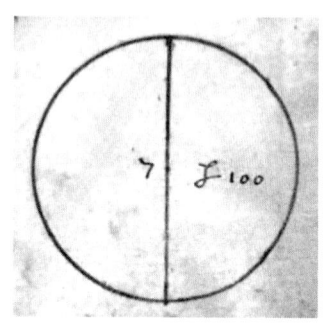

图 14-157

解答如下:先计算周长 22、重量 100 磅的圆球的表面积。计算其直径,用 22 除以 3 $\frac{1}{7}$ 等于 7,就是圆球直径,然后取 7 的 $\frac{1}{6}$ 再加上 7 等于 8 $\frac{1}{6}$,22 与 8 $\frac{1}{6}$ 相乘等于 179 $\frac{2}{3}$,即得到此圆球的表面积。再来计算周长 18 圆球的表面积,计算其直径,用 18 除以 3 $\frac{1}{7}$,得直径为 5 $\frac{8}{11}$,取其 $\frac{1}{6}$ 即 $\frac{21}{22}$,再加上自身长度为 6 $\frac{15}{22}$,将其乘以 18 得 120 $\frac{3}{11}$,就是圆球表面积。现在计算其重量,问:若周长 22、重 100 的圆球表面积为 179 $\frac{2}{3}$,那么表面积为 120 $\frac{3}{11}$ 周长为 18 的圆球重多少?用 100 乘以 120 $\frac{3}{11}$ 等于 12 027 $\frac{3}{11}$,除以 179 $\frac{2}{3}$,得 66 $\frac{5589}{5929}$,则 66 $\frac{5589}{5929}$ 磅就是周长 18 的圆球的重量,解毕。

【例 14-162】 一塔高 50,另一塔高 40,两塔在同一平面相距 70 寻,一绳从高 40 寻的塔顶拉至高 50 寻塔的底端,另一绳从高 50 塔顶拉至高 40 塔的底端,问两绳相交于何处,相交处离地面有多高,在交点处作一垂直线至地面,距离两塔各多远(图 14-158)。

解答如下:先计算从交叉点落下的垂直线与地面的交点至两塔的距离各是多少。亦可这样表达该问题:两人合伙分配 70 寻,即相当于两塔之间的距离,第一个人投入 50,这是一塔高,另一个人投入 40,这是另一塔高,问每人分得多少。这样来计算,将 50 和 40 相加为 90,其为除数,现在对于投入 50 的人:50 乘以 70 为 3 500,除以 90 得 $38\frac{8}{9}$,就是从高 50 寻的塔底至垂直线地面交点的距离,若要知道从高 40 寻的塔底至地面交点的距离,从 70 中减去 $38\frac{8}{9}$ 等于 $31\frac{1}{9}$,就是所述距离。

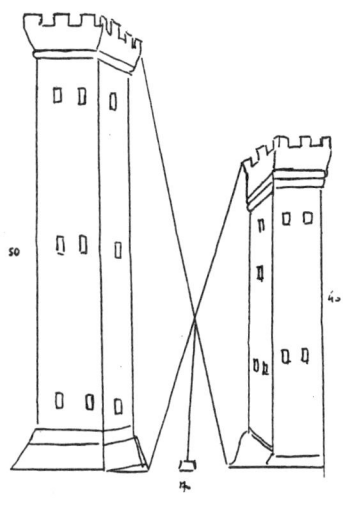

图 14-158

为计算两绳交点至地面的高,必须先计算三角形面积,即高 50 的塔,从其顶端拉绳索至高 40 塔的底端,以及从高 40 的塔顶拉绳索至高 50 塔的底端所构成的三角形的面积。第一个三角形是直角三角形,塔高 50 为一个直角边,两塔距离 70 为另一直角边,绳索是斜边。取任一直角边的一半,如 50 的 $\frac{1}{2}$ 为 25,乘以 70 为 1 750,即为此三角形的面积。再来计算从高 50 的塔产生的另一个三角形的面积,即从绳索交点到高 50 塔顶,以及从交点到高 50 塔的底端形成的三角形。已知从绳索交点所作垂直线落在地面的交点至高 50 塔的距离为 $38\frac{8}{9}$,因此这个从绳索交点到高 50 塔的顶和底的三角形,其高就是垂直线与高 50 塔之间的距离。计算此三角形的面积,取 50 的 $\frac{1}{2}$ 为 25,乘以三角形高 $38\frac{8}{9}$ 等于 $972\frac{2}{9}$,即为此三角形的面积。现在可计算垂直线所在三角形的面积,即从绳索交点到两塔底端的三角形,从一直角边 50,一直角边 70 的直角三角形面积 1 750 中,减去绳索交点至高 50 塔的顶和底的三角形面积 $972\frac{2}{9}$,余 $777\frac{7}{9}$,就是该三角形的面积。

现在计算垂直线高。假设垂直线高 1co,取底边长 70 的 $\frac{1}{2}$ 为 35,乘以 1co 为 35co,等于 $777\frac{7}{9}$,用 $777\frac{7}{9}$ 除以 35,得 $22\frac{2}{9}$,就是垂直线的长度,因此绳索交点至地面的高度为 $22\frac{2}{9}$ 寻,解毕。

然后计算绳索交点至每塔的距离。首先计算其至高 50 塔的距离,将绳索交点至地面高度 $22\frac{2}{9}$ 乘以自身长度为 $493\frac{67}{81}$,然后将垂直线与高 50 塔之间的距离 $38\frac{8}{9}$ 乘以自身长度为 $1\,512\frac{28}{81}$,两者相加为 $2\,006\frac{14}{81}$,其 R_x 就是绳索从高 50 塔的底端到绳索交点的长度。

最后求解绳索交点到高 40 塔的底端的距离。将绳索交点至地面高度 $22\frac{2}{9}$ 乘以自身长度为 $493\frac{67}{81}$，然后将垂直线与高 40 塔之间的距离 $31\frac{1}{9}$ 乘以自身长度为 $967\frac{64}{81}$，两者相加为 $1\,461\frac{50}{81}$，则 $R_X 1\,461\frac{50}{81}$①就是绳索从高 40 塔的底端到绳索交点的长度。解毕，依此类推②。

验证如下。从解答和题目中已知铅坠线或垂直线从绳索交点落到地面，与高 50 塔相距 $38\frac{8}{9}$，与高 40 塔相距 $31\frac{1}{9}$，垂直线长 $22\frac{2}{9}$，两塔之间的距离为 70。先验证高 50 的塔。若垂点距离高 40 塔 $31\frac{1}{9}$，垂直线高 $22\frac{2}{9}$，那么距离高 40 塔 70 寻远的塔高是多少？用 70 乘以 $22\frac{2}{9}$ 为 $1\,555\frac{7}{9}$，除以 $31\frac{1}{9}$ 等于 50，即塔高。再验证高 40 的塔。若垂点距离高 50 塔 $38\frac{8}{9}$，垂直线高 $22\frac{2}{9}$，那么距离高 50 塔 70 寻远的塔高是多少？用 70 乘以 $22\frac{2}{9}$ 等于 $1\,555\frac{7}{9}$，除以 $38\frac{8}{9}$ 等于 40，即塔高，得验。

【例 14-163】 一塔高 40 寻，另一塔的高度未知，两者在同一平面，两塔距离 60 寻。从高 40 塔顶拉一绳索至未知高度塔的底端，然后从未知高度塔顶拉一绳索至高 40 塔的底端，二绳交点作垂直线，垂点距离未知高度塔 20 寻，问另一塔高度多少（图 14-159）。

解答如下：已知自绳索交点至地面垂直线的垂点到未知高度的塔的距离为 20

---

① 此处原稿计算错误，应为 $R_X 1\,461\frac{59}{81}$。——译者注。
② 原稿页面空白处有如下注明：
　　这个问题是依据欧几里得的《几何原本》第 26 卷中所述方法来解的，即在同一个底边 BC 上有两个三角形 ABC 和 BCD，边 AB 长 50，另一边 40，底边 70，画一条直线 EF 与两条边 AB 和 BC 平行，与每个三角形的两条边相交，即第一个三角形的 AC 和 BC，第二个三角形的 DC 和 BC。求直线 EF 的长及 BE 和 EC 的长度。

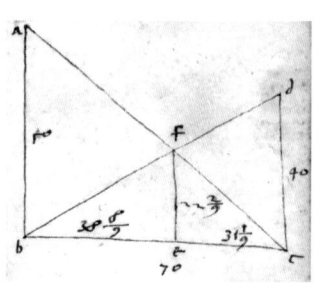

寻，因两塔之间的距离为60，所以垂点至高40塔的距离为40寻。现在计算垂直线高度。问：若60寻的距离对应塔高40寻，那么20寻的距离对应的塔高多少寻？用20乘以40，再除以60等于$13\frac{1}{3}$，就是垂直线的高度。计算未知高度塔的高，问：若垂点至高40塔的距离为40，其对应高度为$13\frac{1}{3}$，那么距离60对应的另一塔的高度是多少？用60乘以$13\frac{1}{3}$为800，除以40等于20，就是未知高度塔的高，解毕。

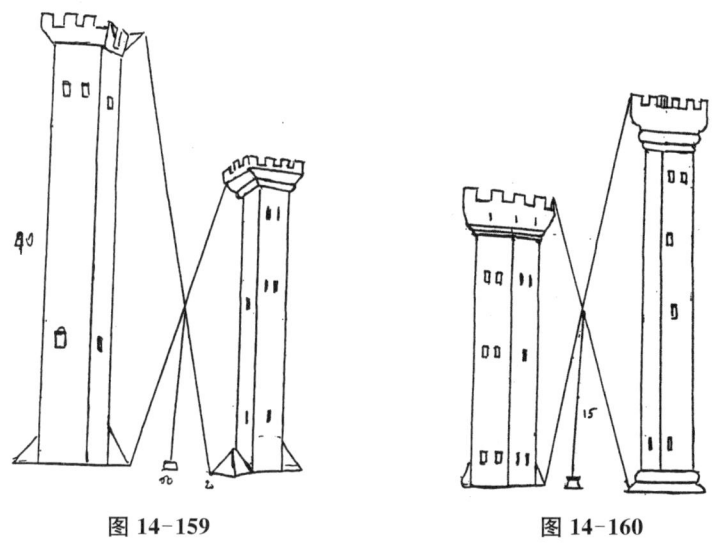

图 14-159　　　　　　　图 14-160

【例 14-164】 一塔高50寻，另一塔高度未知，两塔之间的距离亦未知，从高50塔顶拉一绳索至未知高度塔的底端，再从未知高度塔顶端拉一绳索至高50塔的底端，绳索长度未知，但直到从两绳交点至地面垂直线长15寻，问两塔之间距离是多少，另一塔高度是多少（图14-160）。注意两塔在同一平面。

解答如下： 随意假设两塔之间的距离，如假设距离为30，用30乘以垂直线长度15等于450，除以另一塔高50等于9，就是垂直线垂点至未知高度塔底端的距离。现在可知垂点至高50塔底端的距离为两塔距离30减9，余21，就是垂点至高50塔的距离。随之可计算未知高度塔的高度。问：若垂点至高50塔距离21，对应垂直线长度15，那么两塔距离30对应高度是多少？用30乘以15等于450，除以21等于$21\frac{3}{7}$，就是未知高度塔的高，解毕。

【例 14-165】 一平面有两塔，高度未知，两者距离70，从一座塔顶至另一座塔底各拉一条绳索，交点与地面垂直线的垂点至一座塔距离为29，至另一座塔距离为41，垂直线长15，问每座塔的高度分别是多少（图14-161）。

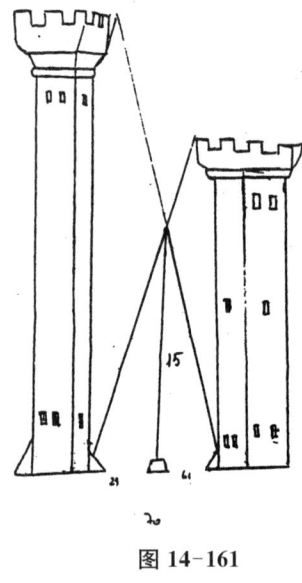

图 14-161

解答如下： 先计算距离垂点 41 的塔高。问：若垂点距离另一座塔 29，垂直线高 15，那么两塔距离 70 对应的塔高是多少？用 15 乘以 70 等于 1 050，除以 29 等于 $36\frac{6}{29}$，就是距离垂点 41 的塔高。再来计算另一座塔高。问：若距离 41 塔高的对应高度为 15，那么两塔距离 70 对应的塔的高度是多少？用 70 乘以 15 为 1 050，除以 41 等于 $25\frac{25}{41}$，就是距离垂点 29 的塔高，解毕。

【例 14-166】 一个平面上的两棵树，一棵高 50，另一棵高 40，若将每棵树折断，它们的顶端落在地面上的同一位置，交点至高 50 的树的底端距离 25 寻，距离高 40 的树的底端 20 寻，问每棵树折断点的位置是多少（图 14-162）。

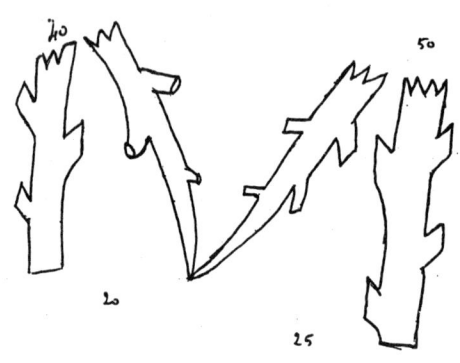

图 14-162

解答如下： 先计算高 50 的树，假设其在 1co 的位置折断，将其乘以自身长度等于 1co□，这棵树的剩余部分长度等于 50 减 1co，乘以自身长度等于（2 500 − 100co 加 1co□），然后将落地交点至树的距离 25 乘以自身长度等于 625，加上（2 500 − 100co + 1co□）等于（3 125 − 100co + 1co□），其等于 1co□，移项得 100co 等于 3 125，用 3 125 除以 100 等于 $31\frac{1}{4}$，就是假设值，即高 50 的树从顶端至折断点的距离。

再计算高 40 的树，假设其在 1co 的位置折断，将其乘以自身长度等于 1co□，这棵树的剩余部分为 40 减 1co，乘以自身长度等于（1 600 − 80co + 1co□），然后将落地交点至树木的距离 20 乘以自身长度为 400，加上（1 600 − 80co + 1co□）等于（2 000 − 80co + 1co□），其等于 1co□，移项得 80co 等于 2 000，用 2 000 除以 80 等于 25，就是高

40 的树木从顶端至折断点的距离。

验证证据来自欧几里得《几何原本》的倒数第二卷,适用于直角三角形的案例,与我们在解直角三角形案例中很多问题的方法一样,解答本问题,但在其他情况下则不适用。

【例 14-167】 一个平面上的两棵树,一棵高 50,另一棵高 60,两棵树间的距离未知。高 60 的树在 35 寻处折断,高 50 的树在 30 寻处折断,它们的顶端落在地面同一位置,问两棵树的距离以及折断后的树的顶端至树的距离(图 14-163)。

解答如下: 先计算高 60 的树,减去折断部分的 35,余 25,即为折断后树的长度,现在将 35 乘以自身长度等于 1 225,然后将 25 乘以自身长度等于 625,从 1 225 中减去 625 等于 600,则 R_x600 就是折断的树顶端与高 60 树之间的距离。现在计算另一棵树。从 50 中减去折断部分 30 等于 20,即为折断后的树的长度,将 30 乘以自身长度等于 900,其为斜边,将 20 乘以自身长度等于 400,从 900 中减去 400 等于 500,则 R_x500 就是折断的树木顶端与高 50 树木底部之间的距离。随之可计算两棵树之间的距离,将折断的树木顶端与树木之间的距离即 R_x600 和 R_x500 相加,便是两棵树之间的距离。

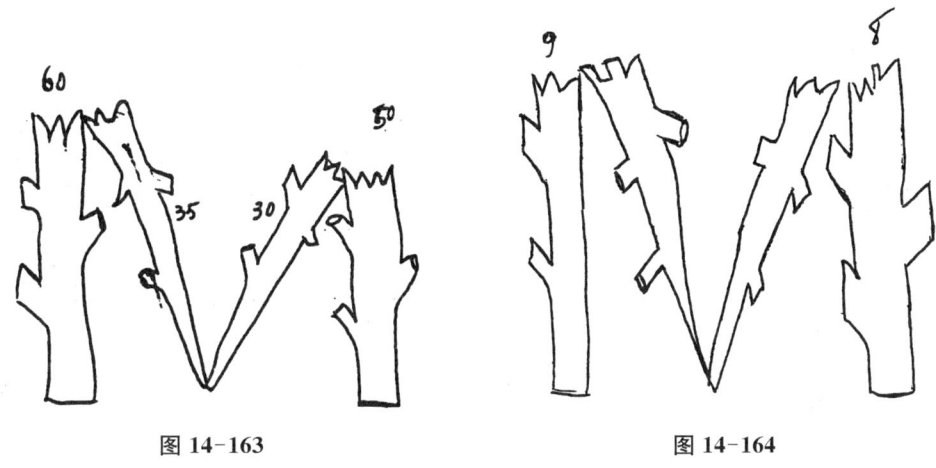

图 14-163　　　　　　　　图 14-164

【例 14-168】 一个平面上的两棵树,一棵高 9,另一棵高 8,两棵树之间的距离是 7。两棵树的折断长度一样,折断后树木顶端落于地面同一位置,问每棵树折断的位置及折断后树的顶端至树的距离(图 14-164)。

解答如下: 先计算折断后树木顶端至高 8 树木底部的距离,此距离较短,从总距离中减去后就可以算出较长的距离。假设这棵高 8 的树从 1co 处折断,则剩余部分等于(8 − 1co),将其平方等于(64 − 16co + 1co□)。现在计算树木顶端至高 9 树木的底部距离,因为两者折断长度相同,因此其剩余部分等于(9 − 1co),将其平方为(81 − 18co + 1co□),减(64 − 16co + 1co□),剩余 17 减 2co。已知两树间的距离为 7,因此将

7分成两个部分,每部分乘以自身长度后,一部分的乘积较另一部分多17减2co,假设这一部分为1co①,则另一部分为7减1co,将1co乘以自身长度为1co$\square$,然后将7减1co乘以自身长度等于(49 − 14co + 1co$\square$),其应该等于1co$\square$,移项得14co等于49,因为前文称一个较另一个多17减2co,将17减2co加上49等于66减2co,用66减2co除以14,等于$4\frac{5}{7}$减$\frac{1}{7}$co,其将等于高8树木折断的长度。

现在来计算高8树木的折断位置。将高8树木剩余部分8减1co乘以自身长度,为64减16co加10,然后将$4\frac{5}{7}$减$\frac{1}{7}$co乘以自身长度,等于$\left(22\frac{11}{49} - 1\frac{17}{49}co + \frac{1}{49}co\square\right)$,两者相加为$\left(86\frac{11}{49} - 17\frac{17}{49}co + 1\frac{1}{49}co\square\right)$,然后将折断长度1co平方为1co$\square$,两者相等,即$\left(86\frac{11}{49} - 17\frac{17}{49}co + 1\frac{1}{49}co\square\right)$等于1co$\square$,移项,得到等式:$17\frac{17}{49}$co等于$\left(86\frac{11}{49} + \frac{1}{49}co\square\right)$,等式两边除以二次项系数,取一次项系数的一半,将其平方,减去常数项,剩余176 400,则假设值等于一次项系数的一半,即425减R_x176 400,即折断长度为5。

再来计算两棵树间的距离,将R_x16和R_x9相加,在这里展示另外一种R_x相加的极佳计算方法。将16与9相加等于25,然后用4乘以16等于64,再用9乘以64等于576,再将R_x576等于24加上24,得49,则R_x49等于7,就是两树之间距离,解毕。

【例14-169】 一人离开佩鲁贾去罗马,另一人离开佩鲁贾去利米诺(Rimino),佩鲁贾到罗马100千步,佩鲁贾到利米诺是另一方向的100千步,当两人行程10千步时,发现两人相距4千步,问当两人到达罗马和利米诺时,两人相距是多少(图14-165)。

解答如下:可这样表述问题。若每人行程10千步时,对应两人之间的距离是4千步,那么每人行程100千步时,对应两人间的距离多少?用4乘以100等于400,除以10等于40,就是两人分别到达罗马和利米诺后,两人相距的千步数。

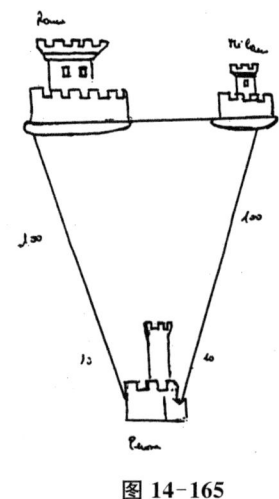

图 14-165

---

① 前文中已经"假设这棵高8的树从1co处折断",此处又假设7的两个部分其中之一为1co,令人困惑。本著作的假设值始终只有一个即cose,在后文的计算中,实质上换算了两个假设值之间的关系,然后回归到第一个假设值。——译者注。

【例 14-170】 一塔在阳光下,正午影长 100 寻,同样的时刻取一根长 5 寻的棍子,直立,影长 $7\frac{2}{3}$ 寻,问塔高是多少(图 14-166)。

解答如下:若 $7\frac{2}{3}$ 寻的影长来自高度 5 寻的棍子,那么 100 寻的影长来自高度多少的塔?用 5 乘以 100 等于 500,除以 $7\frac{2}{3}$,得 $65\frac{15}{23}$ 寻①,这就是塔高。

另一种解题方法,取一根棍子,在其上确定一点与视线相交,然后立于塔前地面,持棍直立,视线从棍子上的那一点看塔,前后移动,直到棍子上的一点与塔顶一致,塔高即为视线至塔的距离,解毕②。

另一种使用视线的方法是取一矩尺,一个直角边置于地上,另一直角边直立,将其置于塔前,然后将一直尺以下图的方式放在矩尺上(图 14-167),视线从尺子顶端看往塔顶,通过提高和降低,使视线从直尺顶端看到塔顶,即视线所及直尺顶端与塔顶平齐。测量从矩尺一端至地面上塔脚的距离,然后测量矩尺在地面上部分的长度,再测量矩尺直立的高度。假设从矩尺一端至塔脚的距离为 100 寻,矩尺在地面上的部分和高均为 4 寻,问:若在地面上的部分为 4 寻,对应高 4 寻,那么从矩尺一端至塔脚的距离 100 寻,对应高度是多少?用 4 寻乘以 100 寻等于 400 寻,除以矩尺在地面上的长度 4 寻等于 100 寻,就是塔高,如此可以通过三角形来计算类似问题。

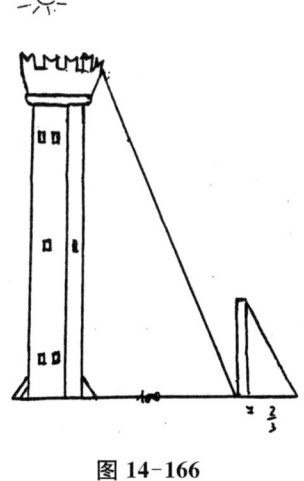

图 14-166

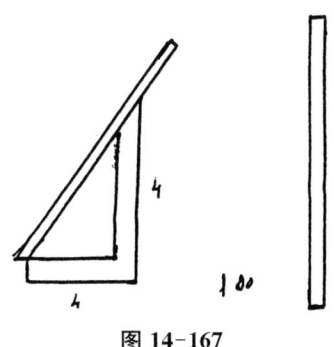

图 14-167

---

① 原稿此处计算错误,应为 $65\frac{5}{23}$。——译者注
② 这种方法必须是视线与棍子相交的夹角为 45 度,然后相交点与塔顶一致,则站立点至塔的距离等于塔高。——译者注。

【例 14-171】 如图 14-168 所示,有一座城堡,不知道距离其有多远,一条视线从我的眼睛至城堡,再横拉一条长 12 寻的线,从这条线的末端,有另一条视线到城堡,然后从第一条视线的 10 寻处拉另一条长 9 寻的横线至第二条视线,问我的第一条视线从哪里引向了城堡。

解答如下: 计算长 12 寻的横线与长 9 寻横线之间的差,为 3。然后问:若 10 寻的距离使得两条线的长度靠拢 3 寻,那么多少距离对应的长度靠拢 9 寻?用 9 乘以 10 为 90,除以 3 为 30,就是第一条视线引向城堡的位置①,解毕,依此类推。

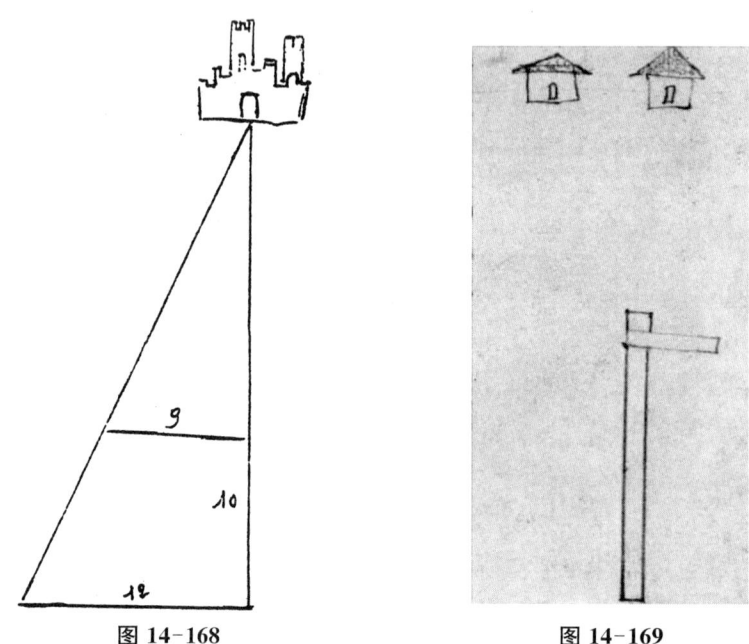

图 14-168　　　　　　　　图 14-169

【例 14-172】 你站在一个平面上的两个房屋前面,两座房屋之间距离未知,你与房子的距离也未知,问如何测量两座房屋之间距离及你与两房的距离(图 14-169)。

解答如下: 取一把直尺,将一根棍子横放其上,然后将这把尺子对着视线,就像弓弩一样对准房屋,直尺与棍子相交的点置于房屋之间,棍子自这一点高低移动若干,然后尺子对着视线往前移动若干,使横放在尺上的棍子在两栋房屋之间的位置改变直至连接两者,此时你停下来,计算从你最初所在的地方到现在所在的地方有多远,这就是从一个房屋到另一个房屋的距离。

然后测量你距房屋的距离,取横放于尺上的棍子,测量它从你第一次放置的地方与第二次放置的地方之间的距离,测量其是这根棍子长度的多少倍。假设测量的长

---

① 30 寻为长 9 的线与长 10 的线交点至城堡的距离,应还需要加上 10 寻,才是第一条视线起点至城堡的距离,共为 40 寻。——译者注。

度是 $10\frac{1}{2}$ 根棍子，则你距城堡的距离就是你第一次放置的地方与第二次放置的地方之间距离的 $10\frac{1}{2}$ 倍。

【例 14-173】 一个圆井，井口直径为 7 寻，深度未知，想用眼睛来测量，问井的深度是多少（图 14-170）。

解答如下：取一根棍子或一把直尺，放在井口边缘，视线从直尺的一端往下望去直至井底，即井底的相对角，然后计算直尺相对于井壁下降 1 寻，直尺置于井口边移动（以致直尺一端仍对着井底的相对角）的长度①。假设直尺置于井壁口边移动的长度为 $\frac{1}{2}$ 寻，已知井口直径为 7 寻，因此问：若直尺相对于井壁下降 1 寻，直尺在井口边须移动 $\frac{1}{2}$ 寻，若

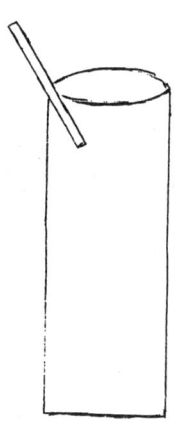

图 14-170

移动 7 寻，须下降多少？用下降 1 寻乘以 7 等于 7，除以 $\frac{1}{2}$ 等于 14，就是井的深度，解毕。这个问题在你的几何书②的最后有红色的示意图并且辅以文字批注。

【例 14-174】 一只轮子半埋在土中，露出部分高 2 寻，宽 8 寻，问轮子的周长是多少（图 14-171）。

解答如下：取宽度即横向长度的一半即 4 寻，乘以自身长度为 16，除以高度即纵向长度 2 寻等于 8 寻，就是埋在土中部分的纵向长度，加上地面上的纵向长度 2 寻，算出轮子的直径为 10，将其乘以 $3\frac{1}{7}$ 等于 $31\frac{3}{7}$，即是整个轮子的周长，解毕。

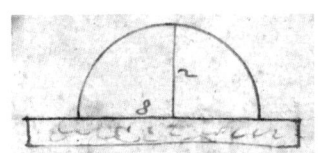

图 14-171

【例 14-175】 一只轮子周长 44 寻，用锤子敲掉其面积的 $\frac{1}{2}$，问没被敲掉部分的周长和直径是多少（图 14-172）。

解答如下：先计算这个轮子的面积，求其直径：用 44 除以 $3\frac{1}{7}$ 等于 14，将其乘以自身长度等于 196，取其 $\frac{11}{14}$ 等于 154，结果先置于此。题设称敲掉其面积的 $\frac{1}{2}$，则取 154

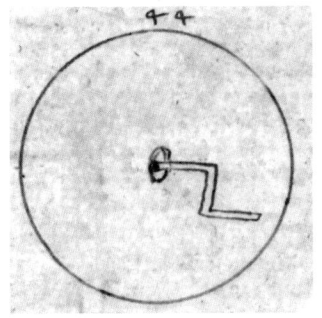

图 14-172

---

① 还需注意直尺与井壁的角度不能改变。——译者注。
② 可能指学生用书。——译者注。

的 $\frac{1}{2}$ 等于77平方寻,就是敲掉部分的面积,剩余部分就是未被敲掉的。若想知道其周长,先用77乘以14等于1 078,再除以11等于98,则 R_x98 就是剩余轮子的直径。随后可计算其周长,用 $3\frac{1}{7}$ 乘以 R_x98,将 $3\frac{1}{7}$ 平方后相乘,乘积 R_x 就是其周长。另一种计算方法是假设剩余部分直径为1co,将其乘以自身长度为1co□,取其 $\frac{11}{14}$ 等于 $\frac{11}{14}$ co□,等于77,用77除以 $\frac{11}{14}$ 等于98寻,则 R_x98 就是假设值即剩余部分的直径,结果同上,然后乘以 $3\frac{1}{7}$ 即可算出周长。

【例14-176】 一只轮子平躺于地面,想用锤子将其锻打,其周长是22寻。请来一个工匠锻打,价格为每平方寻6索尔迪。工匠锻打了 $\frac{1}{2}$ 寻后,因病无法继续工作,另一工匠以同样的价格来继续完成剩下的工作,但当他完成 $1\frac{1}{2}$ 寻后也因病无法工作,又来了第三个工匠以同样价格继续工作,问每个工匠应获多少酬金(图14-173)。

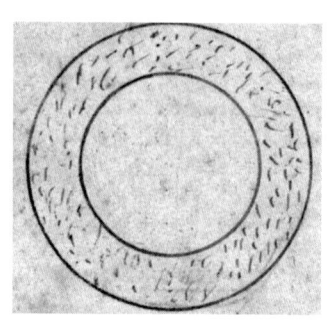

图14-173

解答如下:先计算轮子直径,用22除以 $3\frac{1}{7}$ 等于7,就是轮子的直径,然后计算轮子的面积,将直径平方为49,取其 $\frac{11}{14}$ 为 $38\frac{1}{2}$,即为轮子的面积。已知第一个工匠锻打了 $\frac{1}{2}$ 寻,因此其整个工作对于直径而言是1寻,因为直径每端均锻打了 $\frac{1}{2}$ 寻,合计为1寻,由此剩余直径为6寻。现在计算轮子剩余部分的面积,将直径6乘以自身长度等于36,取其 $\frac{11}{14}$ 为 $26\frac{1}{7}$①,就是剩余部分面积,而已知整个轮子面积为 $38\frac{1}{2}$,因此从其中减去 $26\frac{1}{7}$ 得 $12\frac{5}{14}$,即是第一个人完成工作的平方数。

现在计算第二个工匠的酬金,已知其工作了 $1\frac{1}{2}$ 寻,因此两头相加其工作了直径

---

① 原稿此处计算错误,应为 $28\frac{2}{7}$,这导致后文结果因此亦有误,正确结果应为:第一人完成平方数 $10\frac{3}{14}$,第二人完成平方数 $21\frac{3}{14}$,第三人完成平方数无误。——译者注。

的 3 寻，已知剩余的直径为 6 寻，扣减第二个工匠工作的 3 寻，直径尚剩余 3 寻，就是第三个工匠的剩余工作，将剩余直径 3 平方为 9，取其 $\frac{11}{14}$ 为 $7\frac{1}{14}$，就是第三个工匠工作的平方寻数量。随之可计算第二个工匠的工作量，从第一个工匠工作后的剩余部分 $26\frac{1}{7}$ 中减 $7\frac{1}{4}$，余 $19\frac{1}{14}$，就是第二个工匠的工作量，因此应该以每平方寻 6 索尔迪的价格，为第一个工匠支付 $12\frac{5}{14}$ 平方寻的酬金，为第二个工匠支付 $19\frac{1}{14}$ 平方寻的酬金，为第三个工匠支付 $7\frac{1}{14}$ 平方寻的酬金，解毕。

【例 14-177】 一只轮子由 3 个人打磨，工作量均等，问若轮子直径为 10 寻，每个人的工作如何安排（图 14-174）。

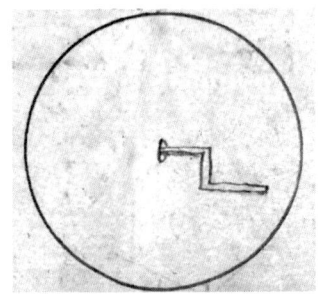

图 14-174

解答如下： 先计算轮子面积，将直径 10 乘以自身长度等于 100，然后除以 3，因为有 3 个工作伙伴，得 $33\frac{1}{3}$，从 100 中减去 $33\frac{1}{3}$，剩余 $66\frac{2}{3}$，因此第一个人工作的部分是从直径 10 到 $R_x 66\frac{2}{3}$，将 $66\frac{2}{3}$ 除以 2 为 $33\frac{1}{3}$，因此第二个人的工作部分是到直径 $R_x 33\frac{1}{3}$，剩余部分则是第三个人工作的部分，即直径 $R_x 33\frac{1}{3}$ 的轮子，解毕①

---

① 原稿页面空白处有如下增加的部分：假设第一个人的工作部分是直径 1co，则另外两个人的工作内容就是剩余的直径 10 减 1co，先保留于此。现在计算轮子的面积，将 10 平方为 100，这里不需要将其取 $\frac{11}{14}$，因为这样仍会得到同样的结果。现在将 100 分给 3 个人，每个人为 $33\frac{1}{3}$，因此两个人的工作就是 $66\frac{2}{3}$，剩余的直径乘以自身长度就会得到这个工作量，将 10 减 1co 乘以自身长度等于 100 减 20co 加 1co□，其应等于 $66\frac{2}{3}$，移项得 $33\frac{1}{3}$ 加 1co□ 等于 20co，取一次项系数的一半为 10，将其平方为 100，减常数项 $33\frac{1}{3}$，剩余 $66\frac{2}{3}$，则一次项系数的一半减其 R_x 就是假设值即 $\left(10-R_x 66\frac{2}{3}\right)$，就是第一个人在轮子上工作的内容。另外两个人的工作就是至 10 的剩余部分即 $R_x 66\frac{2}{3}$，将 $66\frac{2}{3}$ 除以 2 为 $33\frac{1}{3}$，其 R_x 就是另外两个人每个人的工作内容。第二个人的工作内容就是介于上下之间，即 $\frac{1}{2}$ 来自一边，$\frac{1}{2}$ 来自另一边，其工作直径为 $R_x 8\frac{1}{3}$，第三个人的工作内容则是靠中心的直径部分即直径的长 10 减 $R_x 66\frac{2}{3}$。这样若有更多的工作伙伴，也不需要计算面积因为如同随后证明的那样亦可得到相应的结果，而且若计算面积需要取直径平方的 $\frac{11}{14}$，这样会产生更多的分数。按上述方法可以来计算 4 个工作伙伴的工作量分配。

【例 14-178】 一个轮子由 4 个工作伙伴平均工作,其直径为 10,问每个人的工作内容安排。

解答如下:将直径乘以自身长度为 100,除以 4 等于 25,从 100 中减 25 余 75,则每个人工作量就是 10 减 R_x75。对于第二个人,首先可知除第一个人以外的剩余部分为 R_x75,由 3 个人工作,将 R_x75 除以 3,用 75 除以 3 等于 25,从 75 中减去 25 余 50,则第二个人的工作内容就是从 R_x50 到 R_x75。对于第三个人,R_x50 除以 2,用 50 除以 2 等于 25,则第三个人的工作内容就是从 R_x25 到 R_x50,第四个人的工作内容就是直径 R_x25,解毕,依此类推。

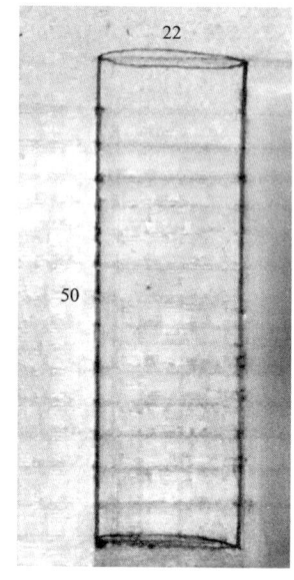

图 14-175

【例 14-179】 一根圆柱,周长是 22,高是 50,问其体积是多少(图 14-175)。

解答如下:先计算其底端面积,求直径:用 22 除以 $3\frac{1}{7}$ 等于 7,将其乘以自身长度等于 49,取其 $\frac{11}{14}$ 为 $38\frac{1}{2}$,就是圆柱的底面积。现在用 $38\frac{1}{2}$ 乘以圆柱高 50 等于 1 925,就是整个圆柱的体积,解毕。这样对于一个圆柱,知道其每一边长,其体积可以通过底面积乘以高度来计算。

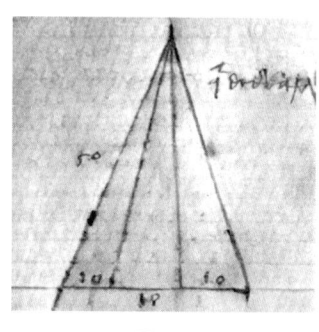

图 14-176

【例 14-180】 一个等边正方形底金字塔,底座每边边长是 10,高是 50,问这个金字塔的体积是多少(图 14-176)。

解答如下:用底座的一边长度乘以另一边长度,等于 100,就是底座平面的面积,现在将其乘以高度即 50,为 5 000,取其 $\frac{1}{3}$ 为 $1\,666\frac{2}{3}$,就是金字塔的体积,解毕。

【例 14-181】 一个圆底金字塔,底周长是 22,高是 50,问其体积是多少(图 14-177)。

解答如下:计算其直径为 7,乘以自身长度等于 49,取其 $\frac{11}{14}$ 为 $38\frac{1}{2}$,就是底座面积,乘以高度 50 为 1 925,取其 $\frac{1}{3}$ 为 $641\frac{2}{3}$,即为金字塔的体积,解毕。

若取一个柱体体积的 $\frac{1}{3}$,就是上述金字塔体积,欧几里得在其第 12 卷中证明了这一点,任何条件的金字塔,体积都是其柱体体积的三分之一,无论是方底、圆底、三角底或五边形底等。比如柱体体积是18,那么金字塔体积为6,若柱体体积是24,则金字塔体积为8。依此类推。

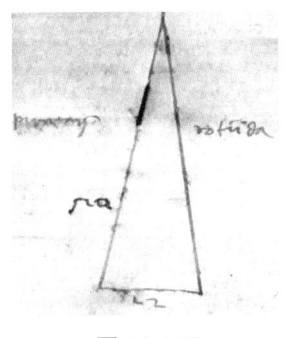

图 14-177

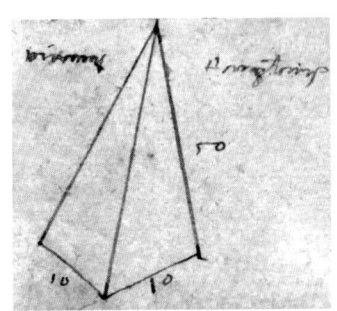

图 14-178

【例 14-182】 一个三角底的金字塔,每边边长是10,高是50,问其体积是多少(图 14-178)。

同上解答,先计算三角底底座的体积然后乘以高度,再取其 $\frac{1}{3}$,将算出其体积。

【例 14-183】 一个五边形底的金字塔,每边边长是10,高是50,问其体积是多少;与上同解(图 14-179)。

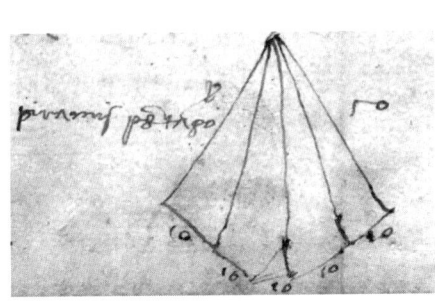

图 14-179

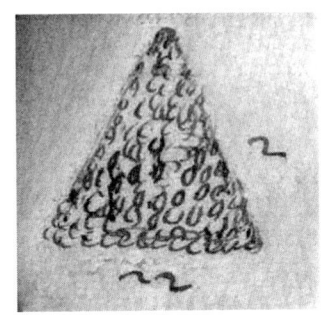

图 14-180

【例 14-184】 一堆小麦或其他货物以圆底金字塔的形式堆放,底周长为22,高为2,若每平方寻是 $7\frac{1}{3}$ 斯塔(stara),问其有多少斯塔小麦(图 14-180)。

解答如下:计算其直径为7,乘以自身长度等于49,乘以高度2等于98,取其 $\frac{11}{42}$

等于 $25\frac{2}{3}$,或取 98 的 $\frac{11}{14}$ 等于 77,然后取其 $\frac{1}{3}$ 也等于 $25\frac{2}{3}$,就是这一堆小麦体积的平方寻数量,题设称每平方寻为 $7\frac{1}{3}$ 斯塔,因此这一堆共含有 $188\frac{2}{9}$ 斯塔小麦。按此方式可以思考解答许多问题,试着将问题从冗长繁琐中简化,不断摸索尝试去计算各种容积,若形状有角则计算边长,若为圆形则计算周长等。

【例 14-185】 一个方形水槽,一边边长是 3,另一边边长是 5,其形状如金字塔,深度为 4,问其体积是多少(图 14-181)。

解答如下:计算槽口的面积,用 5 乘以 3 等于 15,15 乘以其深度 4 为 60,取其 $\frac{1}{3}$ 等于 20,即为其体积。

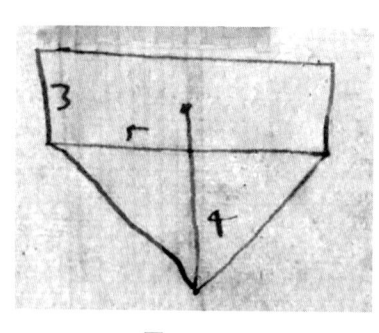

图 14-181

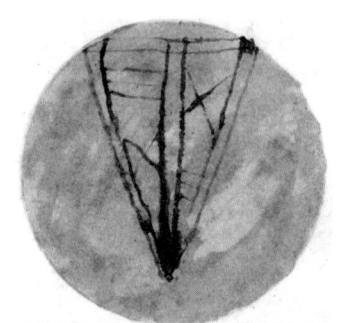

图 14-182

【例 14-186】 一块圆布周长是 $157\frac{1}{7}$,取一根长 20 寻的杆,放在圆布下面,杆头置于圆布 $\frac{1}{2}$ 处的一点,将圆布从地上顶起,但圆布会因此而起皱,想从这个圆布帐篷的顶端至圆布的边缘,在不降低帐篷高度的情况下进行裁剪以避免起皱,问将裁剪多少平方寻,裁剪后圆布周长是多少、面积是多少(图 14-182)。

解答如下:先计算圆布的直径,用其周长 $157\frac{1}{7}$ 除以 $3\frac{1}{7}$ 等于 50,乘以自身长度为 2 500,取其 $\frac{11}{14}$ 等于 $1964\frac{2}{7}$,就是圆布面积。现在取直径 50 的 $\frac{1}{2}$ 为 25,已知杆高 20 寻,因为杆在直径的 $\frac{1}{2}$ 处顶起,因此帐篷的斜边为 25。将杆高乘以自身长度等于 400,然后将 25 乘以自身长度等于 625,减 400 余 225,则 $R_x 225$ 即 15 就是轴杆至帐篷圆边的距离，因此帐篷的直径为 30 寻。现在将 30 乘以 $3\frac{1}{7}$ 等于 $94\frac{2}{7}$，即为帐篷周长。已知圆布面积为 $1964\frac{2}{7}$ 平方寻，因此问：我制作一个帐篷高 20 寻，周长 $94\frac{2}{7}$，问需要多少宽 1 寻的布料。取高度 20 的 $\frac{1}{2}$ 即 10，乘以 $94\frac{2}{7}$ 等于 $942\frac{6}{7}$，就是整个帐篷的表面积，而已知圆布面积为 $1964\frac{2}{7}$，因此从中减 $942\frac{6}{7}$，余 $1031\frac{3}{7}$[①]，就是从圆布中裁剪掉的面积。

【例 14-187】 一根长 22 掌尺（palmo）的绳索能绑 100 根长矛，问另一根长 44 掌尺的绳索可绑多少根长矛（图 14-183）。

解答如下：将 22 乘以自身长度等于 484，然后将 44 乘以自身长度等于 1 936，问：若 484 可绑 100 根长矛，那么 1 936 可绑多少根长矛？用 100 乘以 1 936 等于 193 600，除以 484 等于 400，即是长 44 掌尺的绳子可绑住的长矛数量。若问为什么要将绳索长度乘以自身长度，回答是因为须将绳索围成一圈，因此必须计算绳索所围成圆圈的面积，可将其长度即周长除以 $3\frac{1}{7}$

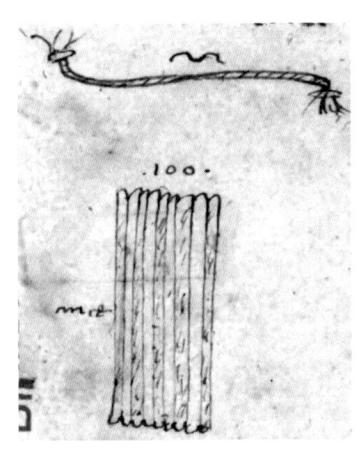

图 14-183

等于 7，然后将直径乘以自身长度，再取其 $\frac{11}{14}$，这样就可知其面积等于 $38\frac{1}{2}$。再来看长 44 掌尺的绳索，其围成圆圈的面积是 154，问：若面积 $38\frac{1}{2}$ 可绑住 100 根，那么面积 154 能绑住多少根？用 100 乘以 154 为 15 400，除以 $38\frac{1}{2}$ 得到与上相同的结果，即 400 根，但用上文的方法将周长乘以自身长度可以减少繁琐而结果无误。

以上求解方法是因为两圆面积的比例，等于两圆周长乘以自身乘积的比例，正如上文中一圆面积 $38\frac{1}{2}$ 是另一圆面积 154 的 $\frac{1}{4}$，同时将一圆周长 22 乘以自身长度等于 484，其同样是另一圆周长 44 乘以自身长度的 $\frac{1}{4}$。若有已知的直径而不是圆周长，也

---

① 原稿此处计算错误，应为 $1021\frac{3}{7}$。——译者注。

是如此，因为一个圆的直径乘以自身长度和另一个圆的直径乘以自身长度也有与两圆周长乘以自身长度相同的比例，以及一个圆面积和另一个圆的面积之间也有相同的比例，这可以在上述计算中得到证明。

因此长 22 掌尺的绳索围成的圆的直径为 7，乘以自身长度等于 49，另一长 44 掌尺的绳索围成的圆的直径为 14，乘以自身长度等于 196，49 比 196 等于 484 比 1 936，也等于 $38\frac{1}{2}$ 比 154，则可如此问：若 49 对应 100，那么 196 对应多少？结果将同上文，因为 49 比 196 为 $\frac{1}{4}$ 与上文比例相同，这个规则永无误，无论任何数量，甚至是后文中展示的立方数量，均是如此。

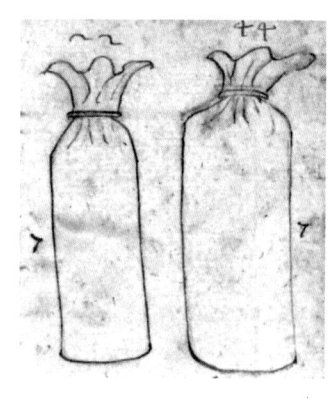

图 14-184

【例 14-188】 一个麻袋，周长是 22，高是 7，可装 100 磅康乃馨，另一麻袋周长 44，高 7，问可装多少磅康乃馨（图 14-184）。

与上同解，将 22 乘以自身长度等于 484，其乘以高度 7 等于 3 388，然后将 44 乘以自身长度等于 1 936，再乘以高度 7 等于 13 552，问：若 3 388 容积可装 100 磅，那么 13 552 容积可装多少磅？用 13 552 乘以 100 再除以 3 388 等于 400，即可装 400 磅，因为两只麻袋周长乘以自身长度再乘以高度的比例与圆面积乘以高度的比例是一样的，直径乘以自身长度也可以，无需计算底端面积。

另一种求解方法。一个麻袋直径为 7 高为 7 装 100，另一个麻袋直径为 14 高 7，将第一个麻袋直径乘以自身长度为 49，然后乘以高 7 为 343，再将另一麻袋直径 14 乘以自身为 196，乘以高 7 为 1 372，同上问：若 343 装 100，1 372 装多少？出于同样原因，结果是同上的 400。若计算每个麻袋底端的面积也是一样，第一个麻袋底面积为 $38\frac{1}{2}$，乘以高 7，同时另一麻袋也计算底面积为 154，乘以高 7，将得到同样结果。采用这样的规则可以处理类似多样问题。

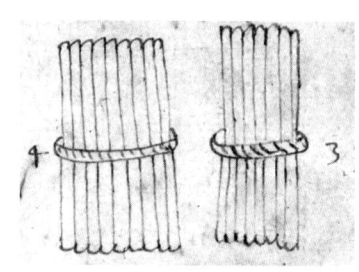

图 14-185

【例 14-189】 一根绳索长 3 脚尺（pie），其捆扎的木棍可卖 5 索尔迪，另一捆同样的木棍，捆扎绳索长 4 脚尺，问其可卖多少钱（图 14-185）。

与上同解，将 3 乘以自身长度等于 9，然后 4 乘以自身长度等于 16，问：若 9 可得 5 索尔迪，16 可得多少？用 16 乘以 5 等于 80，除以 9 等于 $8\frac{8}{9}$，即 4 脚尺长的绳索所捆扎木棍可卖得 $8\frac{8}{9}$ 索尔迪。

【例 14-190】 一座城池周长 9 千步,其中有 9 个大小相同的小城池,问这些小城池的周长多少。

解答如下:将 9 乘以自身长度等于 81,这是大城池面积对应的数量,因为其他城池的大小相同,由此每个城池的周长将为 3,因为 3 乘以自身长度等于 9,就是每个小城池面积所对应的数量①,由题设可知有 9 个小城池,因此 9 乘以 9 等于 81,解毕,依此类推。

【例 14-191】 一个麻袋直径为 1,周长为 3②,问其容积。

参照圆柱体那样求解,将直径乘以自身长度等于 1,取其 $\frac{11}{14}$ 等于 $\frac{11}{14}$,乘以高即 3,得 $2\frac{5}{14}$,就是麻袋的容积,因为其如同一个圆柱体。

【例 14-192】 两个如[例 14-191]问题所述的麻袋,高宽同上,想将两个麻袋合二为一,问合并后麻袋的容积是多少(图 14-186)。

解答如下:取两者合并的直径为 2,乘以自身长度等于 4,取其 $\frac{11}{14}$ 等于 $3\frac{1}{7}$,乘以其高即 3 等于 $9\frac{3}{7}$,就是合并后麻袋的容积。

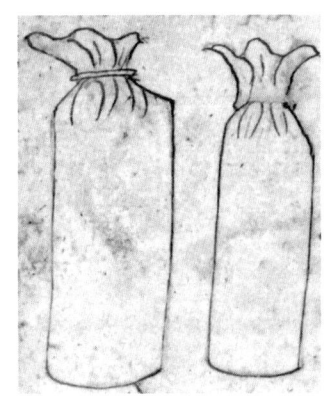

图 14-186

【例 14-193】 一人购买 13 寻长 5 掌尺宽的布,正好缝制一件衣服,问同样可缝制一件衣服的另一块布宽 7 掌尺,长是多少。

解答如下:计算宽 5 掌尺的布的面积,将 5 乘以长度 13 等于 65,除以另一块布的宽度 7 掌尺等于 $9\frac{2}{7}$,就是宽 7 掌尺的布的长度。通过两者须有同样的面积来验证,长 $9\frac{2}{7}$ 宽 7 和长 13 宽 5,两者面积均为 65 平方寻或平方掌尺。如此可计算其他条件下宽度,比如:若其宽 4,则用 65 除以 4 得 $16\frac{1}{4}$,亦有同样的面积,若宽 9,则用 65 除以 9,等于 $7\frac{2}{9}$,面积亦同。

---

① 此处的解答仅计算了周长的平方,而并没有使用面积公式来计算其实际面积,原因同上述案例即主要目的是计算比例关系。——译者注
② 原稿中笔误,此处题设应为"高为 3"。——译者注

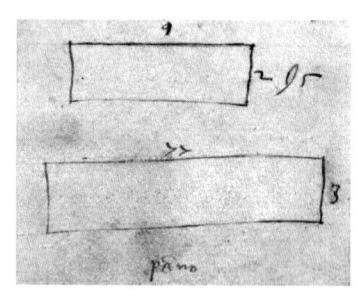

图 14-187

【例 14-194】 一个人买了一块长 9 寻宽 2 寻的布,花费 5 索尔迪,问一块长 77 寻宽 3 寻的布,要花费多少钱(图 14-187)。

解答如下:计算两块布的面积,先计算长 9 寻的布,用 9 乘以 2 等于 18,然后计算第二块布,用 77 乘以 3 为 231,按照三数法则,问:若面积 18 的布花费 5,那么面积为 231 的布要花费多少呢?用 5 乘以 231 等于 1 155,除以 18 等于 $64\frac{1}{6}$,就是这块长 77 宽 3 的布所需花费索尔迪数量。

图 14-188

【例 14-195】 一座岛周长三千步,一艘船想停靠其岸,其总是在离岸 1 千步航行,当它回来的时候,发现自己又回到了之前离开的地方,问船航行了多少千步(图 14-188)。

解答如下:用 3 除以 $3\frac{1}{7}$ 等于 $\frac{21}{22}$,就是岛的直径,加上船离岛岸的 1 千步等于 $1\frac{21}{22}$,还要再加上另外的 1 千步,因为直径的一边加上 1 千步,另一边必须加上 1 千步,总体应加 2,因此为 $2\frac{21}{22}$,即加上岛的整个航行直径等于 $2\frac{21}{22}$ 千步,亦即船转圈航行的直径,现在用 $2\frac{21}{22}$ 乘以 $3\frac{1}{7}$ 等于 $9\frac{2}{7}$,这就是船航行的千步数量。

应知道,用塔沃拉①(tavole)乘以塔沃拉总是得到塔沃拉,而用塔沃拉乘以寻(bracia)则是寻,用塔沃拉乘以盎司(once)则是盎司,寻乘以盎司则是彭提(punto),盎司乘以盎司则是阿图米(atumi),而用塔沃拉乘以皮奇(pici)则是皮奇,塔沃拉乘以盎司则是盎司。

了解测量单位罗马杆(perticha)②。假设每杆长 1 塔沃拉,而很多测量者为了能够更好地使用它而将它作为 $\frac{1}{2}$ 塔沃拉,这样当你用相当于 $\frac{1}{2}$ 塔沃拉的罗马杆来测量

---

① 在古意大利,tavola 通常是面积单位,正如后文所述,其又是长度度量的单位系统,而且包含多种不同的衡量体现即后文所述的寻,盎司,彭多,阿图米,以及皮奇,盎司等。本部分表述的是关于长度单位的乘法如何换算的问题。——译者注。

② 古罗马的长度单位,相当于 2.96 米,等于 10 足尺(piedi),在不同时期和不同地点具体长度不同,为了与其另一词义"杆"或"竿"相区别,在本书中译为"罗马杆",以示区别。——译者注。

时，你实质上是将衡量单位的实际值翻倍了，而当你用每杆长 1 塔沃拉来测量时，就不必将其双倍，所以让我们假设其为 1 塔沃拉，你知道塔沃拉一般以两种方式使用：第一种方式是塔沃拉、寻、盎司①的形式，第二种方式是塔沃拉、皮奇和盎司的形式；现在我们从第一种方式开始，假设杆长度是 1 塔沃拉，那么每塔沃拉相当于 10 寻，每寻相当于 10 盎司。

学习罗马杆的计量，在杆上每隔 1 寻做一个标记，共做 10 个标记，因为杆长等于 1 塔沃拉，而每塔沃拉等于 10 寻，每寻等于 10 盎司，这样将每寻又可分成 10 等分，则将每罗马杆分成了塔沃拉、寻和盎司。另一种衡量方式是塔沃拉、皮奇和盎司，1 罗马杆等于 1 塔沃拉，然后将塔沃拉分成所愿的皮奇数量，假设其可分成 12 皮奇，这样每皮奇分成 12 盎司，则 1 杆就由塔沃拉、皮奇和盎司组成，数量如上。同样可以使用其他的方式，也就是可以按你所愿在杆上设定标记，或皮奇，或寻，或盎司，然后设定数量，即多少皮奇，或盎司，或寻等于塔沃拉，多少盎司等于 1 皮奇或寻，这条规则永无误。

现在来看如上所述的计量单位之间的乘法，比如用 4 寻盎司乘以 4 寻盎司，必须使用的规则就是，1 塔沃拉等于 10 寻，1 寻等于 10 盎司，进行乘法应总是提取以 10 为单位的量（往前进位）。比如 5 塔沃拉 4 寻 5 盎司乘以 5 塔沃拉 4 寻 5 盎司，十字交叉相乘：5 盎司乘以 5 盎司为 25 盎司，留 5 提取 2②，然后 5 盎司乘以 4 寻为 20，以及 5 盎司乘以 4 寻为 20，加总等于 40，再将上一个乘法中需要进位的 2 加上等于 42，留 2 提取 4，然后 5 乘以 5 等于 25，5 乘以 5 等于 25，4 乘以 4 等于 16，加总 25、25、16 和上一乘法中的 4，等于 70，留 0 提取 7，然后用 4 乘以 5 等于 20，以及 4 乘以 5 等于 20，加总 20、20 和 7 等于 47，留 7 提取 4，然后 5 乘以 5 等于 25，加上前有的 4 等于 29，留 29，合在一起等于 297 025。

可知倒数第一个数字即 5，单位为阿图米（atumi），倒数第二个数字单位是彭提（ponti），第三个是盎司，第四个是寻，剩下的数字单位是塔沃拉，因此上述乘积为：29 塔沃拉 7 寻 0 盎司 2 彭提 5 阿图米，这样即解得所述乘积。

分析另一种方式的乘法，即塔沃拉、皮奇和盎司，每塔沃拉等于 12 皮奇，每皮奇等于 12 盎司，有这样的规则：塔沃拉被分为 12 皮奇，或者可以将其称为寻，应该总是将每 12 及 12 之上的数量提取（进位）。例如：用 7 塔沃拉 5 皮奇 4 盎司乘以 7 塔沃拉 5 皮奇 4 盎司，这样解答：从最后的长度开始计算，4 乘以 4 为 16，留 4 提取 1 个 12，然后交叉相乘 4 和 5，4 乘以 5 等于 20，5 乘以 4 等于 20，加总 20、20 和之前的 1 等于 41，保留 5 提取 3 个 12，然后用 4 乘以 7 等于 28，7 乘以 4 等于 28，5 乘以 5 等于 25，加总 28、28、25 和之前提取的 3，合计等于 84，保留 0 提取 7 个 12，然后 5 乘以 7 等

---

① Oncia 或 once，在古罗马也作为长度单位，约相当于 2.47 厘米。——译者注。
② 即 2 是 20，要往前进一位，加在前一个数量级上。——译者注。

于 35，7 乘以 5 等于 35，加总两者及之前的 7，共为 77，保留 5 提取 6 个 12，然后 7 乘以 7 等于 49，加上前述提取的 6 等于 55，保留 55，得最终数量 555 054，最后一位数即 4，单位为阿图米，倒数第二个数字单位是彭提，第三个是盎司，第四个是皮奇，最后数字的单位是塔沃拉，因此上述乘积为：55 塔沃拉 5 皮奇 0 盎司 5 彭提 4 阿图米。

【例 14-196】 塔沃拉测量桶（botti）①的容积时在不同的地方会有不同的名称：在佩鲁贾称为奇乌科里（ciucholi），每奇乌科里在佩鲁贾分为 12 彭提，然后每彭提又被分为另外的 12 彭提，佛罗伦萨将其就称为塔沃拉，每塔沃拉被分成 12 寻，每寻被分为 10 盎司，如此呈现多样性的特点（图 14-189）。

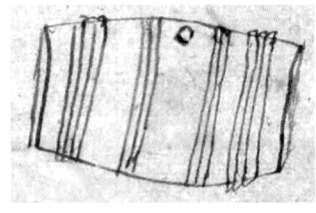

图 14-189

想要很好地测量桶②的容积，首先从前面测量其底部，看直径是多少，测量它的高度、长度和宽度；当已经用三种方式测量过，把这三个测量结果加总，取其 $\frac{1}{3}$，先保留。然后类似地从后面测量底部，与前面保留的 $\frac{1}{3}$ 相加，将总和除以 2，即取其 $\frac{1}{2}$，保留。然后从中间，即中间凸起处③进行测量其长、高和宽度，加在一起取其 $\frac{1}{3}$，然后将其与前面保留的 $\frac{1}{2}$ 加总后再取 $\frac{1}{2}$，就将是平均后的直径，将其乘以自身长度，去掉最后 3 个数字，用剩下数字再乘以整个桶的长度。

以与测量底部同样的方法来计量长度，即从桶的顶部到底部，从外围和中间（即孔塞处）进行相应的测量，然后取长度总和的 $\frac{1}{3}$，然后乘以两底和中部直径相加的 $\frac{1}{2}$，将得到的数字去除后三个，剩余数的最后一个数字的单位就是佩提提（petiti）④，前面数字双倍后就是巴利里（barili）⑤，每巴利里等于 20 佩提提。

这样处理的原因是，使用 3 种方法来测量两底和中部的直径，并以同样的方法来计算桶的长度，因为桶不是均等的，使用上述的方法，将其分为 3 部分来测量以求均等化，而且分得越细，均等度就越好，即将其分为 4 部分或者 5 部分来衡量，若用 4 部分来衡量，则取总和的 $\frac{1}{4}$，若分 5 部分就取总和的 $\frac{1}{5}$，如此递减将获得更精准的结果。若仅取前底和后底的直径则将其相加再取 $\frac{1}{2}$ 即可。

---

① 比如酿造葡萄酒的木桶等，同时桶也是古代液体容量单位，数量各地不一。——译者注。
② 需要注意这里一般指装液体的桶，比如酒桶，一般横放，中部凸起，有孔塞。——译者注。
③ 准确地说，孔塞处。——整理者注。
④ 容积单位，从属于巴利里（barili）。——译者注。
⑤ 欧洲古代广泛使用的容积单位，根据地方的不同，其容量通常大约从 100 升到 200 升不等。——译者注。

【例 14-197】 一个桶通过 3 次测量并取 $\frac{1}{3}$ 后得到其容积,其前底高 5 塔沃拉 7 寻 6 盎司,后底高 5 塔沃拉 7 寻 8 盎司,中间高 6 塔沃拉 2 寻 5 盎司,同样方法测量后得桶长 8 塔沃拉 4 寻 5 盎司,问其容积是多少。

解答如下:将前底高 5 塔沃拉 7 寻 6 盎司,与后底高 5 塔沃拉 7 寻 8 盎司相加等于 11 塔沃拉 5 寻 4 盎司,取其 $\frac{1}{2}$ 等于 5 塔沃拉 7 寻 7 盎司,将其与中部高相加,等于 12 塔沃拉 0 寻 2 盎司,取其 $\frac{1}{2}$ 等于 6 塔沃拉 0 寻 1 盎司,将其乘以自身长度,等于 361 201,去除后面 3 个数字,剩余 361,将其乘以 8 塔沃拉 4 寻 5 盎司①,数字与数字相乘。用 361 乘以 845 等于 305 045,去掉后三个数字,剩余 305,因此最后数字 5 的双倍,其单位就是佩提提,将 5 双倍等于 10,得 10 佩提提,将这个数字从 305 中减去,剩余 30,其单位为巴利里,因此可知桶的容积为 30 巴利里 10 佩提提,解毕。通过这个例子你就能够理解上文中的规则。

【例 14-198】 假设一个桶前底直径为 6 塔沃拉 8 寻 2 盎司,后底直径为 6 塔沃拉 6 寻 8 盎司,中部直径为 6 塔沃拉 10 寻 10 盎司,注意每塔沃拉等于 12 寻,每寻等于 12 盎司,桶前底处有缺量 8 寻,问桶缺量体积是多少。

解答如下:减去桶缺量(scemo)②的体积差额的计算有两种方法。第一种方法:将前底和后底相加等于 13 塔沃拉 2 寻 10 盎司,取其 $\frac{1}{2}$ 为 6 塔沃拉 5 寻 5 盎司,然后计算中间部分的直径 6 塔沃拉 10 寻 10 盎司比其多出的部分即 4 寻 5 盎司,取其 $\frac{1}{4}$ 即 1 寻 $1\frac{1}{4}$ 盎司,将其加上 8 寻即前底的缺量数,等于 9 寻 $1\frac{1}{4}$ 盎司,这就是桶的缺量。

第二种计算方法:将两底直径相加再取 $\frac{1}{2}$,将其再加上中间部分的直径,等于 13 塔沃拉 5 寻 3 盎司,将其再取 $\frac{1}{2}$ 等于 6 塔沃拉 8 寻 $7\frac{1}{2}$ 盎司,然后计算中部直径 6 塔沃拉 10 寻 10 盎司较两底和中部直径的均值 6 塔沃拉 8 寻 $7\frac{1}{2}$ 盎司多出的数量,其应为 2 寻 $2\frac{1}{2}$ 盎司,取其 $\frac{1}{2}$ 为 1 寻 $1\frac{1}{4}$ 盎司,加上前底缺量部分即 8 寻,和等于 9 寻

---

① 按照本书的计算方法,还应将直径的平方乘以 $\frac{11}{14}$ 来计算底的面积,再乘以桶长来计算体积。——译者注。

② 指桶未装满时,必须通过计算桶装满时的体积和缺量的体积来计算其中所装液体的体积,参见 Giov. Rossi, N. de Rosa. L. Carrieri. Annali delle opere pubbliche e dell'architettura, Tip. di G. Rusconi. , 1859。——译者注。

$1\frac{1}{4}$，就是桶的缺量，解毕。

【例 14-199】 假设前底为 6 塔沃拉 8 寻 10 盎司，后底为 6 塔沃拉 10 寻 10 盎司，每塔沃拉为 12 寻，每寻为 12 盎司，中间部分缺量 10 寻，问桶缺量是多少。

解答如下： 使用上述两种方法来计算缩减所产生的差异。第一种方法是将两底直径相加，得 13 塔沃拉 3 寻 6 盎司[①]，取其 $\frac{1}{2}$ 为 6 塔沃拉 7 寻 9 盎司，其较中间部分直径 6 塔沃拉 10 寻 10 盎司[②]少 2 寻 1 盎司，取其 $\frac{1}{4}$ 等于 $\frac{1}{2}$ 寻 $\frac{1}{4}$ 盎司，就是桶的差额，若想知道缺量的部分，用中间部分缺量的 10 寻减 $\frac{1}{2}$ 寻 $\frac{1}{4}$ 盎司，剩余 9 寻 $\frac{3}{4}$ 盎司，就是桶的缺量。

第二种方法是将两底直径相加，取其 $\frac{1}{2}$ 再与中间部分的直径相加，再取其 $\frac{1}{2}$，等于 6 塔沃拉 9 寻 $3\frac{1}{2}$ 盎司，比较其与中间部分直径的差异，为少 1 寻 $6\frac{1}{2}$ 盎司，取其 $\frac{1}{2}$ 为 $9\frac{1}{4}$ 盎司，就是桶的差额，然后计算缺量部分，从缺量 10 寻中减去这个差异，剩余 9 寻 $\frac{3}{4}$ 盎司，结果同上。

运用上述两种方法都可以计算缺量和两底与中间部分高（直径）的差额，若不计算桶的差额将无法计算缺量，这两种方法都可以计算差额。先加总两底的直径，取其 $\frac{1}{2}$，将这个 $\frac{1}{2}$ 加上中间部分的直径，取其和的 $\frac{1}{2}$，然后计算这个最终的平均值较两底直径之和的 $\frac{1}{2}$ 多出的部分，再取多出部分的 $\frac{1}{2}$，就是桶直径的差额。

还有一种方法是加总两底直径，取其 $\frac{1}{2}$，计算其比中间部分直径少的部分，取其 $\frac{1}{4}$，即为桶直径差额。

通过两种方法计算缺量：其一是用于两底的缺量，其二是用于中间部分的缺量。对于两底的缺量，将其加上差额就是整个缺量；对于中间部分的缺量，用中间部分缺量减去桶的直径差额，剩余部分就是桶的缺量。

【例 14-200】 一桶前底高（直径）是 5 塔沃拉 4 寻 2 盎司，后底高是 5 塔沃拉 4

---

① 这一案例数据有误或计算有误，按题设数据，两底直径相加应为 13 塔沃拉 7 寻 8 盎司，根据后文猜测，应是题目有误。——译者注。

② 前文题目中并未提供中间部分的直径，且这个直径与后底相同，应有误。——译者注。

寻 4 盎司,中间部分高是 5 塔沃拉 8 寻 7 盎司,桶长是 4 塔沃拉 3 寻 2 盎司,每塔沃拉等于 12 寻,每寻 12 盎司,问其体积是多少。

解答如下:先将两底直径加总,取其 $\frac{1}{2}$,加上中间部分的直径,取其和的 $\frac{1}{2}$ 为 5 塔沃拉 6 寻 5 盎司,即为桶的平均直径。将直径乘以自身长度等于 307 721,将其乘以 11,除以 14,即取其 $\frac{11}{14}$,等于 241 780 $\frac{11}{14}$,去掉后三个数字及分数,剩余 241,将其除以 10 等于 24,剩余 1,取 1 的双倍为 2,即为佩提提的数量,因此桶的体积为 24 巴利里 2 佩提提,解毕。

【例 14-201】 一桶前底高是 8 塔沃拉 6 寻 8 盎司,后底高是 8 塔沃拉 8 寻 9 盎司,中间部分高是 9 塔沃拉是 8 寻 2 盎司,长是 8 塔沃拉 6 寻 5 盎司,问桶的体积是多少。

解答如下:两底直径相加取其 $\frac{1}{2}$,再加上中间部分的直径,总和取 $\frac{1}{2}$,等于 9 塔沃拉 1 寻 5 盎司①,即是桶的平均直径,将直径乘以自身长度等于 821 201 112,去掉后面三个乘积,剩余 8 212,即为 8 塔沃拉 2 寻 12 盎司,乘以桶的长度 8 塔沃拉 5 寻 5 盎司,等于 697 888,去掉后三个数字,剩余 697,除以 10 等于 69 巴利里,剩余 7,将其双倍为 14,为佩提提,因此桶的体积为 69 巴利里 14 佩提提,解毕。

【例 14-202】 如下测量方法任何时候都适用。按你的方法来制作一个长度量具,以你所愿的长度间隔来进行标记,即取一根棍子,以你所愿将其平均分成 12 份来标记,简短说就是分成 12 份标记 12 个点。做完这个量具,有一个装满水的桶,用这个量具来测量在地上的桶容积的巴利里数量以及佩提提数量,或者其他单位的容积。

假设这个桶的容积为 14 巴利里,每巴利里等于 20 佩提提,因此要用量具测量在地上的容积为 14 巴利里的桶,现在用此分成 12 份的量具来测量该桶,假设前底高为 5.3 个点,后底高为 5 点,中间高为 7 点,桶长为 4 点,问其体积是多少。

解答如下:将两底直径相加,取其 $\frac{1}{2}$,加上中间部分的直径,再取 $\frac{1}{2}$,得 6②,就是桶的平均直径,因此桶的直径为 6 点,长度为 4 点,将直径乘以自身长度再乘以长度,就算出了桶的体积。再来计算长度 4 占平均直径 6 的比例,为 $\frac{2}{3}$,因为想要将塔沃拉分成 10 点,用 10 乘以桶已知的容积 14 巴利里,等于 140,然后问:找到一个数字,其乘以自身长度,然后取其 $\frac{2}{3}$,再乘以这个数字,等于 140。

---

① 应为 9 塔沃拉 1 寻 11 $\frac{1}{4}$ 盎司,因为实践中对于桶容积的计算是一种估算,所以可以看到本部分对于这一主题,很多的计算并不严格精确,后文中不再一一指出。——译者注。
② 应为 6.075,这里省略了后面的小数,原因在前面的脚注中已说明,不再赘述。——译者注。

假设这个数为 1co，将其乘以自身长度等于 1co□，取其 $\frac{2}{3}$ 等于 $\frac{2}{3}$ co□，再乘以 1co 等于 $\frac{2}{3}$ co△，其应该等于 140，用 140 除以 $\frac{2}{3}$ 等于 210，则 $R_{x}c$ 210 就是假设值，等于 5.94，即这个桶的平均直径为 5 塔沃拉 9 寻 4 盎司。现在来计算奇乌科里的量是多少。已知桶的直径为 6 点，而同时又假设其为 1co，因此这样问：若所假设桶直径 1co 等于 6 奇乌科里，即 5 塔沃拉 9 寻 4 盎司，那么 1 奇乌科里为多少？用 1 乘以 6，再除以 5 奇乌科里 9 寻 4 盎司。先将 9 寻 4 盎司换算为奇乌科里，应为 $\frac{47}{50}$，因此用 6 除以 $5\frac{47}{50}$，得 1 奇乌科里 0 寻 1 盎司，这就是 1 奇乌科里量的大小，取 6 奇乌科里就是桶的直径，而 1 奇乌科里 0 寻 1 盎司，就是这个量具刻度的大小。

这样在任何场景下都可进行上述测量，当将 1 奇乌科里划分为 10 份标记 10 点后，就得到上述量具，按以下方法进行：先用这种方法测量一个桶的大小，把桶里装满水，然后倒出来，看看你所测量的桶容积为多少巴利里。我们假设桶容积为 $10\frac{1}{2}$ 巴利里，将其乘以奇乌科里所分成的 10 份，得 105，取一个高 10 奇乌科里的量具，然后以你所愿将奇乌科里取较大值或较小值，但点之间的距离应是相等的。

随后用所制作的量具来测量这个 $10\frac{1}{2}$ 巴利里的桶，假设其前底直径为 6 奇乌科里 8 彭提 4 盎司，后底直径为 6 奇乌科里 7 彭提 6 盎司，中间部分直径为 7 奇乌科里 2 彭提，桶长为 4 奇乌科里，问其容积是多少。

解答如下：将两底直径相加取其 $\frac{1}{2}$，再加上中间部分直径的 $\frac{1}{2}$，取两者之和的 $\frac{1}{2}$ 正好等于 7 奇乌科里，即为桶的平均直径，再计算桶的长度 4 相对于直径 7 的比例，为 $\frac{4}{7}$，假设直径为 1co，将其平方等于 1co□，然后取 1co 的 $\frac{4}{7}$ 等于 $\frac{4}{7}$ co，乘以 1co□ 为 $\frac{4}{7}$ co△，其应等于桶的容积巴利里数量乘以 10，即 105。

因此用 105 除以 $\frac{4}{7}$ 等于 183 奇乌科里 7 彭提 5 盎司，其 $R_{x}c$ 就是假设值，即 5 奇乌科里 6 彭提 9 盎司，而每奇乌科里为 10 彭提，每彭提为 10 盎司，因此量具高 $5\frac{3}{5}$ 奇乌科里[①]。

---

① 约等数，即 5 奇乌科里 6 彭多 9 盎司，约等于 $5\frac{3}{5}$ 奇乌科里。——译者注

现在计算奇乌科里的大小,已知直径为 7 奇乌科里,而计算又得到 $5\frac{3}{5}$,因此问:若 $5\frac{3}{5}$ 对应 7,那么 1 奇乌科里对应多少?用 1 乘以 7,除以 $5\frac{3}{5}$,得 $1\frac{1}{4}$,就是奇乌科里的大小,即这个地区的 1 奇乌科里等于你的量具上的 $1\frac{1}{4}$,解毕。

【例 14-203】 在托斯卡纳(Toscana)地区测量桶的容积,测量单位被称为库皮(cupi),其做法就像人们用寻来计量一样,就是用一个小的如骰子一样的立方体来测量,其装满后大约相当于佛罗伦萨的 4 梅塔德拉(metadella)①,这个立方体的每条边可以分成 12 个较小部分,每部分称为彭提(ponti)。我们假设有一个桶,前底直径为 7 库皮 8 彭提,后底直径为 8 库皮 6 彭提,长为 5 库皮 4 彭提,问其容积是多少。

解答如下: 先计算两底的平均直径,将两底直径相加取 $\frac{1}{2}$,再加上中间部分的直径,取两者之和的 $\frac{1}{2}$ 将等于 8 库皮 1 彭提②,就是桶的平均直径,将其乘以自身长度等于 65 库皮 $4\frac{1}{12}$ 彭提,乘以桶的长度 5 库皮 4 彭提,等于 348 库皮 $4\frac{1}{2}$ 彭提。前文可知库皮如一个骰子一样,其容积是长宽高每边相乘,也已知其相当于佛罗伦萨的 4 梅塔德拉。因此用 4 乘以 348 库皮 $4\frac{1}{2}$ 彭提,等于 $1393\frac{1}{2}$ 梅塔德拉,这个数量必须再减 $\frac{3}{14}$ 或乘以 $\frac{11}{14}$,其 $\frac{3}{14}$ 等于 $298\frac{1}{2}$,从 $1393\frac{1}{2}$ 中减去 $298\frac{1}{2}$ 等于 1095 梅塔德拉,就是桶的体积,即 27 巴利里 15 梅塔德拉,其中每巴利里等于 40 梅塔德拉,解毕。

【例 14-204】 一个酒桶底直径为 10 库皮 $4\frac{1}{2}$ 彭提,口直径 9 库皮,中间部分直径为 9 库皮 6 彭提,问其体积是多少。

解答如下: 先将底和口的直径相加,取两者之和的 $\frac{1}{2}$,再加上中间部分的直径,再取 $\frac{1}{2}$ 等于 9 库皮 $7\frac{1}{8}$ 彭提,即为酒桶的平均直径,将其乘以自身长度等于 92 库皮 $\frac{1}{2}$ 彭提,再乘以酒桶高,假设为 6 库皮 3 彭提,等于 575 库皮 3 彭提,按照每库皮 4 梅塔德拉换算为 2130 梅塔德拉,这个数量再减其自身长度的 $\frac{3}{14}$,或者乘以 $\frac{11}{14}$,等于 1808 梅

---

① 托斯卡纳地区的容积单位,约等于 $3\frac{1}{25}$ 升。——译者注。
② 前文并未提供中间部分的直径。——译者注。

塔德拉，按每巴利里等于 40 梅塔德拉，换算得 45 巴利里 8 梅塔德拉，如此计算便可。

当想要将缺量换算为佩提提时，用巴利里乘以 60[①] 的乘积除以 3，因为每巴利里为 20 佩提提，20 的 3 倍为缺量的 60 份额，若想要将缺量换算为枚自（mezzi），取乘积的 $\frac{2}{3}$，因为每巴利里等于 40 枚自，而 40 是缺量 60 份额的 $\frac{2}{3}$，这样可以处理每一种计量单位。若想计算某个计量单位与缺量巴利里数量分成的 60 份额之间的关系，就看巴利里兑换成这个计量单位的量，然后用体积的巴利里数量乘以 60 的乘积再除以这个量即可。

要知道缺量所对应差额的两个数字，后面一个是 60 份额的，即 60 份额差额，第一个数字是一个整数，这个数字已经乘以 60，即表中每个缺量所对应的第一个数字是第二个数字所对应差额的 60 倍数。对于表中（表 14-1）的第一行，第二个数字 14 是上述 60 份额的差额，第三个数字是当缺量介于 1 和 2 之间时所对应的 60 份额的差额。

表 14-1　　缺量差额对应表[②]

缺量			
1	0	14	23
2	0	37	31
3	1	8	35
4	1	43	41
5	2	24	43
6	3	7	48
7	3	5	51
8	4	46	52
9	5	38	57
10	6	35	58
11	7	35	60
12	8	33	62
13	9	35	63
14	10	38	66
15	11	44	67
16	12	51	68
17	13	53	69
18	15	8	71
19	16	19	72
20	17	31	72
21	18	43	74
22	19	57	73
23	21	10	75
24	22	25	75
25	23	40	76
26	24	56	75
27	26	11	77
28	27	28	76
29	28	44	76
30	30	0	

---

① 参见下文中关于调整彭多数量（ponti regolari）的说明，为测量的方便，将其分成 60 份。——译者注。
② 表名为译者加。——译者注。

根据已知缺量所找到的表中对应的第一个数字及其所对应的缺量,我将向你展示如何处理:先找到桶的差额,假设差额为2寻,现在来看其缺量,已知缺量可用两种方法来获取:第一种方法是取前底或后底的缺量,第二种方法是取中间部分的缺量。若取底的缺量,则将桶的差额加在底的缺量上,加总值就是调整后的缺量,若取中间部分的缺量则用缺量减去桶的差额,剩余值就是调整后的缺量。

现在用如下方法来处理,假设底的缺量为10寻,加上桶的差额即2寻,为12,将其乘以要分的份额60,为720,将其除以桶的直径,即前底、后底和中间部分的平均直径,然后在表中找到这个结果,其对应的数量乘以桶的容积,再除以3就得到桶缺量的佩提提数量。

假设直径为6塔沃拉,其为60寻,桶的容积为18巴利里,用720除以桶直径60等于12,然后在表中找到12,其对应8和33,这个33占缺量60份额的比例为$\frac{33}{60}$即$\frac{11}{20}$,因此12对应的就是$8\frac{11}{20}$,然后将$8\frac{11}{20}$乘以桶的容积18巴利里,等于$153\frac{9}{10}$,除以3,等于佩提提数量,即$51\frac{2}{10}$,即为整个桶的缺量。

在上述表格中可以发现缺量差额,当这个差额由一个整数和一个分数构成,用这样的方法来计算,假设缺量为$10\frac{2}{3}$,缺量10在表中对应6和35,因为这个差额为$10\frac{2}{3}$,其介于10和11之间,因此取10和11之间的差额,在表中为58,将其加上对应的6和33,将其加上33,6单列,将得到6和91,这个91就是60份额,其整数部分为1,分数部分为$\frac{31}{60}$,再加上6,合计为$7\frac{31}{60}$,其对应的缺量是$10\frac{1}{2}$[①],假设桶的容积为$10\frac{1}{2}$巴利里,用$10\frac{1}{2}$乘以$7\frac{31}{60}$,等于$78\frac{111}{360}$,除以3将得到佩提提数量,即$26\frac{111}{360}$佩提提,解毕。

用另一张表通过分数计算圆拱(表14-2),这种方法很少被使用,因为其被粗陋的实践所忽视,也因为人们并不了解分数的实质,但其极为有用。首先计算圆拱所在的整个圆的直径,再来看这个圆拱的高是多少,计算圆拱高占整个直径的比例,对于任何数量的直径,都可以到表中找到对应的圆拱面积占整个圆面积的比例,其所对应的数就是上述圆拱的面积。例如,若圆拱高是直径的一半,则取这个$\frac{1}{2}$的比例来计算

---

① 58对应的是缺量$\frac{1}{2}$,因此缺量$10\frac{2}{3}$取的是近似值。——译者注。

圆拱面积和整个圆的面积比例,若比例为 $\frac{1}{3}$,则对应直径的 $\frac{7}{24}$。

表 14-2　　　　　　　　　拱高直径比与面积比对应表

对于 $\frac{1}{14}$	——	$\frac{1}{28}$	对于 $\frac{1}{24}$ —— $\frac{1}{63}$	
对于 $\frac{1}{3}$	——	$\frac{7}{24}$	对于 $\frac{1}{9}$ —— $\frac{1}{16}$	
对于 $\frac{1}{15}$	——	$\frac{1}{31}$	对于 $\frac{1}{25}$ —— $\frac{1}{68}$	
对于 $\frac{1}{4}$	——	$\frac{1}{5}$	对于 $\frac{1}{26}$ —— $\frac{1}{74}$	
对于 $\frac{1}{16}$	——	$\frac{1}{37}$	对于 $\frac{4}{9}$ —— $\frac{14}{33}$	
对于 $\frac{1}{5}$	——	$\frac{1}{7}$	对于 $\frac{1}{27}$ —— $\frac{1}{80}$	
对于 $\frac{1}{17}$	——	$\frac{1}{35}$	对于 $\frac{1}{28}$ —— $\frac{1}{86}$	
对于 $\frac{2}{5}$	——	$\frac{4}{11}$	对于 $\frac{1}{29}$ —— $\frac{1}{100}$	
对于 $\frac{1}{18}$	——	$\frac{1}{4}$	对于 $\frac{1}{10}$ —— $\frac{1}{19}$	
对于 $\frac{1}{6}$	——	$\frac{1}{9}$	对于 $\frac{1}{30}$ —— $\frac{1}{105}$	
对于 $\frac{1}{19}$	——	$\frac{1}{45}$	对于 $\frac{3}{10}$ —— $\frac{1}{4}$	
对于 $\frac{1}{7}$	——	$\frac{1}{11}$	对于 $\frac{1}{11}$ —— $\frac{1}{22}$	
对于 $\frac{1}{20}$	——	$\frac{1}{48}$	对于 $\frac{2}{11}$ —— $\frac{1}{8}$	
对于 $\frac{2}{7}$	——	$\frac{3}{13}$	对于 $\frac{3}{11}$ —— $\frac{11}{50}$	
对于 $\frac{1}{21}$	——	$\frac{1}{51}$	对于 $\frac{4}{11}$ —— $\frac{1}{3}$	
对于 $\frac{3}{7}$	——	$\frac{2}{5}$	对于 $\frac{5}{11}$ —— $\frac{3}{7}$	
对于 $\frac{1}{22}$	——	$\frac{1}{52}$	对于 $\frac{1}{12}$ —— $\frac{1}{25}$	
对于 $\frac{1}{8}$	——	$\frac{1}{14}$	对于 $\frac{1}{12}$ —— $\frac{19}{48}$	
对于 $\frac{1}{23}$	——	$\frac{1}{58}$	对于 $\frac{1}{13}$ —— $\frac{1}{26}$	
对于 $\frac{3}{8}$	——	$\frac{8}{23}$		

计算桶体积缺量的另一个表格。先按照上文中所展示的方法计算整个桶的平均直径,然后将其体积除以28。例如,体积为560梅塔德拉,除以28得20,先保留于此,

---

① 表名为译者加。——译者注。

然后将缺量的彭提数量乘以60,假设缺量为12彭提,乘以60为720,将其除以桶平均直径的彭提数量,假设桶的平均直径为70彭提,用720除以70,等于$10\frac{2}{7}$,就是调整的彭提数量(ponti regolari),通过这个数量可以在下面表格中找到相对应的数量(表14-3)。左手边的第一列,从1到30,在这一列往下找到调整彭提数10,然后看第二列,上面注明为"总数(somme)",找到与10彭提对应的数字,为312,然后看第三行,上面标记为"差额(diferentie)",找到对应数字为46,取其$\frac{2}{7}$为$13\frac{1}{7}$,再加上312为$325\frac{1}{7}$。得到此总数后,其每100对应上文保留的数20梅塔德拉,则有300对应60,$25\frac{1}{7}$约对应5,合计为65,就是桶缩减的体积数量。

表 14-3　　调整彭提数、总数与调整数对应表 1[①]

调整彭提数	总数	调整数
1	10	19
2	29	24
3	53	28
4	81	32
5	113	35
6	148	38
7	186	40
8	226	42
9	268	44
10	312	46
11	358	48
12	406	49
13	455	50
14	505	52
15	557	53
16	610	54
17	664	55
18	719	55
19	774	56
20	830	56
21	886	57
22	943	58
23	1 001	58
24	1 053	59
25	1 118	59
26	1 177	59
27	1 236	59
28	1 295	60
29	1 355	60
30	1 415	00

---

① 表名为译者加。——译者注。

另一种计算桶缺量的表格。先计算桶的平均直径,然后计算其体积,再除以 60。例如假设桶的体积为 560 梅塔德拉,除以 60 为 $9\frac{1}{3}$,先保留。最后将缩减的彭提数量乘以 60,假设缩减的彭提数量为 12,乘以 60 为 720,将其除以桶平均直径的彭提数量,假设平均直径为 70,用 720 除以 70 等于 $10\frac{2}{7}$,就是调整的彭提数量,按照这个方法即可得到缩减直径的通用彭提数 12,调整的彭提数 $10\frac{2}{7}$。

必须知道,所谓通用的彭提数是指使用通用的量具来衡量直径,或者桶的缺量,即当测量直径、缺量、长度及桶的两底时,测量单位称为通用彭提,而所谓调整彭提则是根据这个表格的次序和规则,无论桶的直径大小,将圆分为 60 份,每份称为调整彭提,一个圆直径的调整彭提数量之处理通过下表展示(表 14-4)。

表 14-4　调整彭提数、总数与调整数对应表 2[①]

调整彭提数	总数		调整数或差额
1	0	13	0
2	0	37	24
3	1	8	31
4	1	43	35
5	2	24	41
6	3	7	43
7	3	55	48
8	4	46	51
9	5	39	53
10	6	36	57
11	7	36	60
12	8	37	61
13	9	39	62
14	10	43	64
15	11	49	66
16	12	56	67
17	14	6	69
19	16	15	70
20	17	36	71
21	18	48	72
22	20	0	72
23	21	14	74
24	22	28	74
25	23	43	75
26	24	58	75
27	26	13	75
28	27	28	75
29	28	43	75
30	30	0	75
这是桶容积的 60 份		这是桶容积 60 份的 60 份	

---

① 表名为译者加。——译者注。

因此，使用计算所得的调整彭提数量，对应表中左手边的第一列，其列示数量从 1 到 30，上文中所计算的数字（$10\frac{2}{7}$）中的整数为 10，将其对应往右的一列，其上标识有"总数"，找到对应于 10 的数字为 6 和 36，然后再往右一列观察，其上标识有"差额"，找到其对应的数量为 57，再取其 $\frac{2}{7}$ 约为 17，将其置于 6 和 36 之上，得到 6 和 54，这个 6 为 6 个 60，54 为 1 个 60 减去 54 和 60 之间的差，即为 7 个 60 减去 $\frac{1}{10}$ 个 60。现在将前面保留的桶的体积除以 60 得到的 $9\frac{1}{3}$ 分给每个 60，将这个 $\frac{1}{3}$ 梅塔德拉从上述 60 的 7 个 60 的减项即 $\frac{1}{10}$ 个 60 中减去，余 65 梅塔德拉，就是桶的缺量。欲更精确计算，用 $9\frac{1}{3}$ 乘以 $6\frac{9}{10}$，得 $54\frac{2}{5}$，就是更精确的缺量。使用此法可测量所有两底及中部的缺量。

【例 14-205】 除了上述这些实用方法外，我还想介绍一个测量桶容积最可靠的方法。要知道，想要很好地测量桶，就须按下述的金字塔形状进行测量。先看下面所画的金字塔形状①，假设一个桶两底相等，若它们不相等，通过取两底之和的 $\frac{1}{2}$ 使它们相等，假设两底，即前底和后底的直径各为 6 库皮，桶中部直径为 7 库皮，问其体积是多少（图 14-190）。

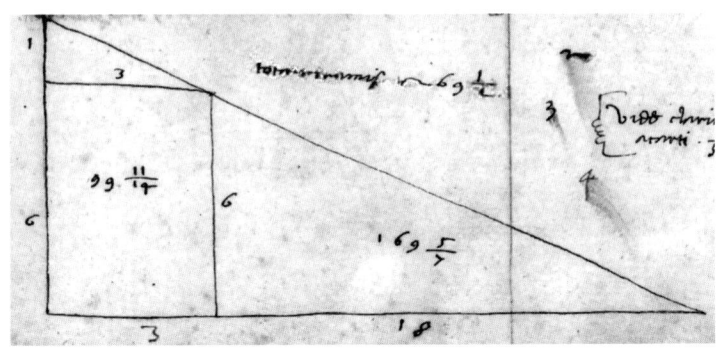

图 14-190

解答如下：先想象从中间即孔塞处切开这个桶，测量其一半，然后计算这一半的容积就得到整个桶的容积。因此将桶从中间切开，将得到一个柱子，底座即桶的中间部分直径为 7，另一个为 6，长为 3，因为假设整个桶长为 6。

---

① 图右侧有如下注明：从本书原稿第 396 页可以更清楚地看到下述计算。参见本书第 653 页［例 31］。——译者注。

如图 14-190 所示的整个金字塔,计算其高,首先看两个直径的差,即 7 和 6 的差为 1。问:若 1 来自 3,那么 7 来自多少?计算得 21,就是整个金字塔的高。现在通过金字塔来进行计算,即将底座直径 7 平方为 49,取其 $\frac{11}{14}$ 为 $38\frac{1}{2}$,乘以高 21 为 $808\frac{1}{2}$,取其 $\frac{1}{3}$ 为 $269\frac{1}{2}$,就是整个金字塔的体积。但我们所求解的是其中一部分,因此先保留于此,然后计算另一个底座为 6 的金字塔体积,其高为 18,因为整个金字塔高 21,桶的一半高 3,类似计算即可得解。

这样将直径 6 平方为 36,取其 $\frac{11}{14}$ 等于 $28\frac{2}{7}$,乘以高 18,等于 $509\frac{1}{7}$,取其 $\frac{1}{3}$ 等于 $169\frac{5}{7}$,就是第二个金字塔的体积。现在将其从上述保留的整个金字塔的体积中减去,余 $99\frac{11}{14}$,同时每库皮等于 4 梅塔德拉,得 $399\frac{1}{7}$ 梅塔德拉,再取其双倍得到整个桶的容积 $798\frac{2}{7}$ 梅塔德拉,解毕。

另一种方法是通过圆柱体来计算桶的一半或全部容积,我们将计算桶的全部容积,从两底不相等的情况开始,前文中采用的计算平均直径的方法比较粗率,这里采用计算面积的方法。将一底直径 6 乘以自身长度等于 36,然后将中间部分直径 7 乘以自身长度等于 49,然后将底的直径 6 乘以中间部分直径 7,等于 42,将三个乘积相加为 127,再除以 3 等于 $42\frac{1}{3}$,那么其 R_x 就是这个桶的平均直径。

现在根据圆柱体体积的计算规则,将底座直径乘以自身长度,再乘以桶的高度即 6,等于 $199\frac{4}{7}$,结果同上。用同样方法可以计算半桶容积。

若想知道为什么将这些直径乘以自身长度,然后一个与另一个再相乘,这样做是为了使一个和另一个之间的差更加准确,而且因为将直径平方,差也会被相乘,就会得到差的平方。而且一个直径和另一个直径之间的差越大,差距就会被越放大。例如,这里就可以展示更大的差距,假设桶中部直径是 7,底部的直径是 6 或 5,或 4 或 3 等均可,方法一致,计算便可验证所说差额。简单计算:先取直径和的 $\frac{1}{2}$,即 7 加 6 为 13,其 $\frac{1}{2}$ 为 $6\frac{1}{2}$,就是平均直径,将其平方为 $42\frac{1}{4}$,对于底座平面而言,差已变化了 $\frac{1}{3}$ 至 $\frac{1}{4}$,对于所有桶容积的计算均是如此。

第十五部分

方　根

　　我希望结束关于财产经营活动方面的相关学习,但不想遗漏这门艺术中我所知道的任何必要内容,如不同种类的 R_x(方根)如何相互区分,以及如何用它们来进行乘、除、加、减等,这是我能教授的最有用的知识之一。

　　要注意的是,方根种类繁多,比如离散(discrete)平方根,是有精确的解[①]的,如 R_x16 为 4,R_x9 为 3;其他的被称为非离散(indiscrete)的,是那些没有精确的解,需要如后文中展示的那样,用一些方法来求解。还有一些被称为立方根(R_x cube,简写为 R_xc),是那些乘以自身再用结果乘以自身的,如 2 乘以 2 为 4,然后再将 2 乘以 4 为 8,则 2 是 8 的立方根(R_xc),同样 3 乘以 3 为 9,3 乘以 9 为 27,3 是 27 的 R_xc。在这些方根中,有些是离散的,即可以精确得解,如 8 的立方根是 2 等,有些是非离散的,如 12 或 16 的立方根等,其不能求得精确解,即不可能有精确数量乘以自身再乘以这个乘积,最后得 16 或 12 等。这是在我们的计算中最常见的两种类型的方根,它们的计算方法将在本部分论述的后文中描述。

　　另一种方根被称为 5 次方根(R_x relate prime,简写为 R_xrp),其是某个数量乘以自身,乘积结果再乘以自身,然后再乘以这个数量,如 2 乘以 2 为 4,4 乘以 4 为 16,再乘以 2 为 32,则 R_xrp32 为 2,依此类推,其也分为离散和非离散两类,比如 R_xrp20 就没有精确解等。

　　还有一种方根被称为普洛尼克方根(R_x proniche,简写为 R_xp)[②],其是某个数量乘以自身,然后将结果加上这个数量的 R_x,例如 9 乘以 9 为 81,取 R_x9 为 3,加上 81 为 84,则 R_xp84 为 9,依此类推至无限。7 次方根(R_xsr)和 4 次方根(R_xR_x)等也一样可以类推。

---

① 可以等同于有理数解。——译者注。
② 这是一种特殊的方根,帕乔利是提出者之一,全称为普洛尼克方根(radice pronica,简写为 R_xp),在本著作和 1494 年的《数学大全》中,都对该特殊方根进行了解释。参见 Jens Høyrup, 2019, Selected essays on pre-and early modern mathematical practice, Springer. P332。——译者注。

在讨论这些方根时,首先我们要讲的是乘法,要注意,每当你将 R_x 与其他类型的 R_x 相乘、相除、相加或相减时,如 2 次方根与 3 次方根、与 5 次方根等,一定要确保将它们都还原为一个性质的根,即 2 次方根换算为 3 次方根、3 次方根换算为 2 次方根等,获得相同性质的根后,根据下文的规则进行运算。如此若要在运算中使用方根中的数字,一定要把数字还原成这些方根的性质,即如果是 2 次方根,就将其平方,如果是 3 次方根,就将其立方,否则就不可能进行运算。

注意乘法:每当用 R_x 乘以 R_x,就犹如数字的乘法一样,将得出一个乘积,再取其 R_x 值,全世界的 R_x 乘法都会采用这种方法,当进行除法时,用一个 R_x 除以另一个,也犹如它们是数字一样,将得出一个商,再取其 R_x 值,如下所示。每次当你进行二项式乘法时,总是要进行十字交叉相乘,把每一项的乘积归集起来,然后把所有的减项相加,再把所有的加项相加,再减去减项二项式,这样即便有千百项也不会算错。对于加减项的乘法,我将它的规则放在下面,你们要牢记。

乘法第一条:加项乘以加项总是得加项;

乘法第二条:减项乘以减项总是得加项;

乘法第三条:加项乘以减项总是得减项;

乘法第四条:减项乘以加项总是得减项;

以同样的方式来进行除法运算,注意加项除以加项总是得到加项,因为加项乘以加项总是得到加项,当你用乘积除以一个乘数总是得到另一个乘数;同样加项除以减项得到减项,因为减项乘以加项总是得到减项,减项除以加项也得到减项,减项除以减项总是得到加项。这些规则务必仔细了解,因为它们在本领域中非常必要。

R_x 二项式加法和减法的规则将在后文讨论,这里我们已将方根乘法和除法的规则一并进行了讨论,因为这两种运算的规则是相同的,正如哲学家们在大多数地方所证明的那样。

【例 15-1】 将 $R_x 8$ 乘以 $R_x 8$,用 8 乘以 8 等于 64,因此其结果等于 $R_x 64$,即 8,因为每个 R_x 乘以自身就将得到 R_x 所包含的那个数量。这个方法适用于任何根的运算,二次方根、三次方根等,因为它们具有相同的规则。

【例 15-2】 $R_x 8$ 乘以 5,首先将 5 换算为 R_x,即 $R_x 25$,然后用 8 乘以 25 为 200,则 $R_x 200$ 为其解。

$R_x 8$ 加 3,然后乘以 $R_x 8$,将 3 换算 R_x 为 9,然后 8 乘以 9 等于 72,8 乘以 8 等于 64,得结果为 $R_x 64$ 加上 $R_x 72$,即 8 加 $R_x 72$。

【例 15-3】 $R_x 8$ 加 3 乘以 $R_x 8$ 加 3,用十字交叉相乘:3 乘以 3 等于 9,$R_x 8$ 乘以 3,3 换算 R_x 为 9,9 乘以 8 等于 72,然后计算另一个 3,得 $R_x 72$ 加 $R_x 72$,然后将 $R_x 8$ 乘以 $R_x 8$ 为 $R_x 64$ 即 8,将所有乘积相加,得 17 加 $R_x 288$,因为若想要将两个相同的

R_X 相加,只需将其中一个取双倍即可,而取其双倍就是将其乘以 2,需将其换算为 R_X 即 4,再与其中一个相乘①。

【例 15-4】② R_X8 减 3 乘以 R_X8 加 3,用十字交叉相乘,记住上述关于加项和减项的规则:减 3 乘以加 3 为减 9,加 3 乘以 R_X8,3 换算 R_X 为 9,9 乘以 8 为 72,然后计算减 3,得减 R_X72,然后将 R_X8 乘以 R_X8 为 R_X64 即 8,将所有乘积相加,得 8 减 R_X72 加 R_X72 减 9,结果为减 1,即为上述所有乘积相加所得结果③。

【例 15-5】 R_X8 减 3 乘以 R_X8,减 3 换算 R_X 为 9,然后 8 乘以 9 为 72,8 乘以 8 为 R_X64 即 8,将所有乘积相加为 8 减 $R_X72$④。

【例 15-6】 R_X8 减 2 乘以 R_X8 减 2,用十字交叉相乘:减 2 乘以减 2 为加 4,然后继续交叉相乘,加总所有乘积得到 12 减 $R_X128$⑤。

【例 15-7】 R_X8 乘以 $R_Xq8$⑥,解答如下,8 换算 R_Xq 为 512,8 换算 R_X 为 64,再用 64 乘以 512 为 4 096⑦,则乘积应为 $R_Xq(R_X4\ 096)$。

【例 15-8】 R_X2 乘以 R_Xq4,2 换算 R_Xq 为 8,4 换算 R_X 为 16,再用 8 乘以 16 得 128,则乘积应为 $R_Xq(R_X128)$,因为一次方乘以三次方等于四次方。

【例 15-9】 R_X2 乘以 R_Xpr32,将 2 换算 R_Xpr,将 32 换算 R_X,然后两者相乘,结

---

① 原稿页面空白处有如下计算:

$$\begin{array}{r} R_X\ 8+3 \\ R_X\ 8+3 \\ \hline 8+R_X\ 72+R_X\ 72+9 \end{array}$$

即 $17+R_X\ 288.$

② 很奇怪的是,本部分原稿的编号至 3 为止,但仍按所有章节的惯例,在所有案例之前标有红色大写字母。为便于阅读,译者从例 15-4 开始按照本书的编号规律自行编号。——译者注。

③ 原稿页面空白处有如下计算:

$$\begin{array}{r} R_X\ 8-3 \\ R_X\ 8+3 \\ \hline 8+R_X\ 72-R_X\ 72-9 \end{array}$$

即 $8-9$,即 $-1.$

④ 原稿页面空白处有如下计算:

$$\begin{array}{r} R_X\ 8-3 \\ R_X\ 8 \\ \hline 8-R_X\ 72 \end{array}$$

⑤ 原稿页面空白处有如下计算:

$$\begin{array}{r} R_X\ 8-2 \\ R_X\ 8-2 \\ \hline 8+R_X\ 32+R_X\ 372+4 \end{array}$$

即 $12-R_X\ 128.$

⑥ R_Xq 即三次方根,又表示为 R_Xc。——译者注。

⑦ 原稿此处计算错误,应为 32 768,原稿为 4 096 显然是用 8 乘以 512。——译者注。

果为乘积的 R_x 的 R_xpr，即 $R_xpr(R_x32\ 768)$，这样若必要，二个、三个乃至千个二项式相乘均可如此运算无误。

【例 15-10】 R_x4 乘以 R_xq8，同上 4 换算 R_xq 为 64，8 换算 R_x 为 64，两者相乘即 64 乘以 64 为 4 096，则结果为 $R_xq\ (R_x4\ 096)$，$R_x4\ 096$ 为 64，$R_xq\ 64$ 为 4，则两者乘积为 4。

【例 15-11】 R_x32 乘以 $R_xpr\ 4$，解答如下：4 换算 R_xpr 为 1 024，即 4 乘以 4 为 16，16 乘以 16 为 256，再乘以 4 为 1 024。然后 32 换算 R_x 为 1 024，两者相乘即 1 024 乘以 1 024 为 1 048 576，其 R_x 值为 1 024，而 $R_xpr1\ 024$ 为 4，则两者乘积为 4。

【例 15-12】 6 加 R_x3 减 2 加 R_x5 乘以 R_x3 减 2 加 R_x5，十字交叉相乘即可得解。

这样结束二次方根乘法，下面讨论三次方根乘法运算问题。

【例 15-13】 R_xq8 乘以 R_xq8，解答如下：用 8 乘以 8 为 64，则 R_xq64 就是两者乘积。这样可以在此基础上加项或减项，然后按上述二次方根的二项式运算方法进行运算，即可轻松解答。

【例 15-14】 R_xpr32 乘以 R_xpr32，解答如下：用 32 乘以 32 为 1 024，则 $R_xpr1\ 024$ 就是两者乘积。同样可以按上述方法进行二项式运算，但其运算将是巨量，而这样的方法对实践者来说是显而易见的，尽管运算量会倍增。

现在进行除法运算，须保持小心谨慎。

【例 15-15】 R_x16 除以 R_x4，解答如下：如数字一样进行除法运算，即 16 除以 4 等于 4，则 R_x4 即为上述除法的商。

【例 15-16】 R_x16 除以负 R_x4，解答如下：用 16 除以负 4 等于负 4，则负 R_x4 即为上述除法的商，因为负乘以负为正。

【例 15-17】 负 R_x16 除以 R_x4，解答如下：用负 16 除以 4 为负 4，则负 R_x4 即为上述除法的商，因为负乘以正为负，与上述负负得正的乘法相反。

【例 15-18】 R_x16 除以 2，将 2 换算 R_x 为 4，用 16 除以 4 为 4，则 R_x4 就是上述除法的商，解毕。

【例 15-19】 4 除以 R_x4，解答如下：将 4 换算 R_x 为 16，16 除以 4 为 4，则 R_x4 就是上述除法的商，这样对于负或正采用同样的方法将运算无误。

【例 15-20】 R_x16 除以 $R_xq\ 8$，解答如下：将 16 换算 R_xq 为 4 096，将 8 算换 R_x 为 64，然后用 4 096 除以 64 得 64，则 $R_xq\ 64$ 的 R_x 就是上述除法的商即 2。因为 $R_xq\ 8$ 将得 R_x 的 R_xq，因此 R_x 除以 R_xq 将等于 R_xq 的 R_x。

【例 15-21】 $R_xq\ 64$ 除以 R_x4，解答如下：将 4 换算 R_xq 为 64，将 64 换算 R_x 为 4 096，用 4 096 除以 64 得 64，则 R_x64 的 R_xq 就是上述除法的商。

【例 15-22】 $R_x 16$ 除以 $R_x pr\ 32$，解答如下：将 16 换算 $R_x pr$ 为 1 048 576，将 32 换算 R_x 为 1 024，用 1 048 576 除以 1 024 得 1 024，则 $R_x 1\ 024$ 的 $R_x pr$ 就是其解，而 $R_x 1\ 024$ 为 32，$R_x pr\ 32$ 为 2，即其商为 2。

【例 15-23】 $R_x pr 1\ 024$ 除以 $R_x 4$，解答如下：将 4 换算 $R_x pr$ 为 1 024，将 1 024 换算 R_x 为 1 048 576，用 1 048 576 除以 1 024 为 1 024，则 $R_x pr\ 1\ 024$ 的 R_x 就是其解，而 $R_x pr\ 1\ 024$ 为 4，$R_x 4$ 为 2，即上述除法的商为 2。

【例 15-24】 $R_x q\ 64$ 除以 $R_x q\ 8$，解答如下：用 64 除以 8 为 8，则 $R_x q\ 8$ 就是上述除法的商，即为 2。

【例 15-25】 $R_x q\ 64$ 除以 2，解答如下：将 2 换算 $R_x q$ 为 8，用 64 除以 8，得到结果同上。

【例 15-26】 $R_x 64$ 除以 $R_x pr$，将每项换算为同一性质，注意不要混淆，运算同上。

【例 15-27】 4 除以 $R_x q\ 8$，解答如下：将 4 换算 $R_x q$ 为 64，然后用 64 除以 8 得 8，则 $R_x q 8$ 为其商。

要知道所述方法同样也适用于分数的方根。例如 $R_x 2\frac{1}{3}$ 乘以 $R_x 21$，用 $2\frac{1}{3}$ 乘以 21 为 49，则 $R_x 49$ 就是乘积。

【例 15-28】 取 $R_x 32$ 的 $\frac{3}{4}$，这实质上就是两者的相乘，将 $\frac{3}{4}$ 换算 R_x 为 $\frac{9}{16}$，乘以 32 为 18，则 $R_x 18$ 就是 $R_x 32$ 的 $\frac{3}{4}$。同上若是 $\frac{1}{2}$ 就取 $\frac{1}{4}$，$\frac{1}{4}$ 就取 $\frac{1}{16}$，$\frac{1}{3}$ 就取 $\frac{1}{9}$，根据方根的次将分数平方或者立方，若是 $R_x pr$ 或其他方根均可。

到目前为止，我们已经讨论了单项的除法，但现在需要讨论用单个数量（即单项式）除以两个数量（即二项式）的运算，例如，一个数除以"R_x 与数"（组成的二项式），或者是 R_x 除以 R_x 和数，类似地除以 3 项或 4 项等。反过来，用多项除以一个单项，以及两项除以另两项如"数与 R_x"除以"R_x 与数"等，无论是加项或减项，抑或 3 项除以 3 项或 2 项等，直至无穷。其被称为二项式或多项式除法，需要莫大的思考和才智。随后我们将讨论，但首先要将上述除法的规则列示如下：

当用数或 R_x，或 $R_x R_x$，或"数与 R_x"除以二项式时，我们必须先用二项式乘以另一个二项式得到其剩余值（residuo）[①]，一般而言此剩余值将是一个数字，而这个数字将是除数。然后我们必须用被除数乘以上述乘以的另一个二项式，再用这个乘积去

---

① 其定义及计算方法参见下文。——译者注

除以上述剩余值即除数,这样就可以解答上述除法的问题。这个规则适用于代数的每个数量和指数级,无论加项减项永无误。

【例 15-29】 50 除以 3 加 $R_x 4$,解答如下:先计算二项式的剩余值,其亦被称为"平方差(bismeno)",但欧几里得在《几何原本》的第十部分以及其他数学家将其称为"剩余值(residuo)"。为了计算这个剩余值,必须按照要除以的二项式,取其对应的二项式即加项对应减项,减项对应加项,再将两者交叉相乘,即便二项式(或多项式)有千百个项都将得到一个同一性质的量。

因此用 3 加 $R_x 4$ 乘以 3 减 $R_x 4$,得 9 加 $R_x 36$ 减 $R_x 36$ 减 4,加减项抵消,最终得到 5,其被称为二项式的剩余值或者称为"平方差",其将为除数。注意这种求解剩余值的做法仅仅只是为了将除数换算为同一性质,因为除以几种性质的量将是不可能的,同一性质的量可作为除数,但两种或三种性质的量(作为除数)就不知如何运算了。除非是用分数的方法,把二项式放在分数的线下,把被除数放在分数的线上,将这个二项式化简消除,我已经在前文的许多账目计算中多次展示过其方法。

现在回到除法。根据上述规则,计算得到剩余值,将被除数乘以另一个用于计算剩余值的二项式即 50 乘以 3 减 $R_x 4$,得 150 减 $R_x 10\,000$,将其除以 5 得 30 减 $R_x 400$,即 10,其为上述除法的商,即数字除以数字,R_x 除以换算所得的 R_x,得解。

因此注意,若你没有剩余值,为得出剩余值,就必须要找到相对应的二项式来相乘,剩余值的大小将视对应的二项式而定,研究找到这个对应的量来计算剩余值,无论这个量是多少,都不会改变(除法的计算)结果,因为这个量须被同时乘以和被除以,这也正是欧几里得和其他人想要做的,验证表明,如果我们将被除数乘以这个量,再将除数也乘以这个同样的量,然后两者的乘积相除,所得的商将不变。

例如 12 除以 3,将 12 和 3 各乘以你所愿之数,比如乘以 5,将得 60,同时也将除数 3 乘以 5 为 15,60 除以 15 得 4,与之前商一致,其他乘数也同样适用。发明剩余值的目的即为如此,无论你取何数量来相乘以得到所述的剩余值(并不改变除法的商),这个方法同样适用于三次、四次、五次方根等,因为通过这样的方法可以将方根换算为同一性质的量,即数字。

无需赘言,话说千遍结论一致。如上述将两个性质的项换算为单一性质,哪怕有千个性质的项,也可以通过加项对应减项,减项对应加项的方法找到对应的乘项,总将得到一个单一性质的剩余值:假设除以的量为 $R_x 4$ 加 2,为计算剩余值就用 R_x 加 2 乘以 R_x 减 2,但是这样其剩余值将为零,乘积也为零。然而可以取另外一个量,如 3 减 $R_x 4$,将其乘以 $R_x 4$ 加 2,得到剩余值 4。也就是说,若某个乘项未能得到一个(合适的)剩余值时,你可以取另一个量,或再取,直至得到适当的剩余值等。

还是用 R_X4 减 3 来说明,其乘以(R_X4+2)可得到剩余值为减 4,其为除数。记住上文关于乘法的规则,即加项除以减项得到减项因为减项乘以减项为加项,减项除以减项得到加项因为减项乘以加项为减项。

【例 15-30】 8 除以 R_X4 加 2,与上同解:可知其商必为 2。首先计算剩余值,用 R_X4 加 2 乘以 3 减 R_X4,得 R_X36 减 4 加 6 减 4,得剩余值 4,然后用 8 乘以 3 减 R_X4,得 24 减 R_X256,再将其除以 4,得 6 减 R_X16,即 2,其为上述除法的商。

计算剩余值的另一个方法:用 R_X4 加 2 乘以 R_X4 减 3,得剩余值负 4[①],其为除数,然后用 8 乘以 R_X4 减 3 得 R_X256 减 24,再除以负 4,将负 4 换算为 R_X,为负 R_X16,虽然负 R_X16 乘以自身为 4,但除法需要保留其为负。因此用 R_X256 除以负 R_X16,得负 R_X16,再用负 24 除以负 4 得 6,因此上述除法的商为 6 减 R_X16,即同上的结果 2,仔细观察这个方法的优点和价值,可以发现不同方法得到同样结果,其亦可用于其他类型 R_X 的运算。

【例 15-31】 20 除以 R_X5 加 R_X7。计算剩余值,即 R_X5 加 R_X7 乘以 R_X5 减 R_X7,得剩余值负 2,其为除数,然后用 20 乘以 R_X5 减 R_X7,得 $R_X2\,000$ 减 $R_X2\,800$,将其除以负 2,将 2 换算 R_X 为负 R_X4,2 000 除以负 4 为负 R_X500,负 2 800 除以负 4 得 R_X700,因此上述除法的商为 R_X700 减 R_X500,解毕。

如同 R_X、数字和其他地方一样验证,即用这个解乘以除数,应得到被除数,多或少均有误,因此用 R_X700 减 R_X500 乘以 R_X5 加 R_X7,正好得 20,得验。

【例 15-32】 R_X40 除以 R_X3 加 R_X5。计算剩余值:用 R_X3 加 R_X5 乘以 R_X3 减 R_X5,得负 2[②],其为除数,然后用 R_X40 乘以 R_X3 减 R_X5 得 R_X120 减 R_X200,将其除以

---

① 原稿页面空白处有如下计算:

$$\begin{array}{r} R_X\,4+2 \\ 3-R_X\,4 \\ \hline R_X\,36-4+6-4 \end{array}$$
即 4 剩余值
$$\begin{array}{r} R_X\,4+2 \\ R_X\,4-3 \\ \hline 4-R_X\,36+R_X\,16-6 \end{array}$$
即 −4 剩余值.

② 原稿页面空白处有如下计算:

$$\begin{array}{r} R_X\,3+R_X\,5 \\ R_X\,3-R_X\,5 \\ \hline 3+R_X\,15-R_X\,15-5 \end{array}$$
即 −2 剩余值.

负 2，将负 2 换算 R_X 为负 $R_X 4$，用 120 除以负 4 为负 $R_X 30$，然后用负 200 除以负 4 得 $R_X 50$，即商为 $R_X 50$ 减 $R_X 30$。

【例 15-33】 $R_X 40$ 除以 $R_X 5$ 减 $R_X 3$。计算剩余值：用 $R_X 5$ 减 $R_X 3$ 乘以 $R_X 5$ 加 $R_X 3$，得 5 加 $R_X 15$ 减 $R_X 15$ 减 3，即 2①，然后用 $R_X 40$ 乘以 $R_X 5$ 加 $R_X 3$ 得 $R_X 200$ 加 $R_X 120$，用其除以 2，将 2 换算 R_X 为 4，用 $R_X 200$ 除以 $R_X 4$ 为 $R_X 50$，然后用 $R_X 120$ 除以 $R_X 4$ 得 $R_X 30$，即商为 $R_X 50$ 加 $R_X 30$，依此类推。

【例 15-34】 40 除以 $R_X 20$ 减 4。计算剩余值：用 $R_X 20$ 减 4 乘以 $R_X 20$ 加 4，得 4②，然后用 40 乘以 $R_X 20$ 加 4 得 160 加 $R_X 32\,000$，其除以 4，得 40 加 $R_X 2\,000$，注意用 R_X 除以 4 时应将 4 换算 R_X，这部分（相除的商）为 $R_X 2\,000$。

【例 15-35】 30 加 $R_X 8$ 除以 3 加 $R_X 4$。计算剩余值，即 3 加 $R_X 4$ 乘以 3 减 $R_X 4$，得剩余值 5③，其为除数，然后用 30 加 $R_X 8$ 乘以 3 减 $R_X 4$，十字交叉相乘得 90 加 $R_X 72$ 减 $R_X 3\,600$ 减 $R_X 32$④，将其除以剩余值 5，得 18 加 $R_X 2\frac{22}{25}$ 减 $R_X 144$ 减 $R_X 1\frac{7}{25}$，即商为 6 加 $R_X 2\frac{22}{25}$ 减 $R_X 1\frac{7}{25}$。

【例 15-36】 $R_X q 4$ 乘以 $R_X pr 12$。解答如下：将 12 换算 $R_X q$ 为 1 728，然后将 4 换算 $R_X pr$ 为 1 024，1 024 乘以 1 728 为 1 769 472，则 $R_X q 1\,769\,472$ 的 $R_X pr$ 值即为上述乘法的积。要注意乘积最终总应是较大的次方根，比如本例中 5 次方根（$R_X pr$）较 3 次方根更大，因此说其结果应该是 $R_X q$ 的 $R_X pr$，而非 $R_X pr$ 的 $R_X q$，这适用于所有次

---

① 原稿页面空白处有如下计算：

$$\begin{array}{r} R_X\,5 - R_X\,3 \\ R_X\,5 + R_X\,3 \\ \hline 5 + R_X\,15 - R_X\,15 - 3 \end{array}$$

② 原稿页面空白处有如下计算：

$$\begin{array}{r} R_X\,20 - 4 \\ R_X\,20 + 4 \\ \hline 20 + R_X\,320 - R_X\,320 - 16 \end{array}$$

③ 原稿页面空白处有如下计算：

$$\begin{array}{r} 3 + R_X\,4 \\ 3 - R_X\,4 \\ \hline 9 + R_X\,36 - R_X\,36 - 减\,4 \end{array}$$

即剩余值 5.

④ 原稿页面空白处有如下计算：

$$\begin{array}{r} 30 + R_X\,8 \\ 3 - R_X\,4 \\ \hline 90 + 加\,R_X\,72 - R_X\,3\,600 - R_X\,32 \\ 30\ 加\ R_X\,72 - R_X\,32. \end{array}$$

方根的运算。

【例 15-37】 $R_x q4$ 除以 $R_x pr12$。解答如下：将 12 换算 $R_x q$ 为 1 728，将 4 换算 $R_x pr$ 为 1 024，然后用 1 024 除以 1 728 得 $\frac{16}{27}$，因此商为 $R_x q \frac{16}{27}$ 的 $R_x pr$ 值。

【例 15-38】 $R_x pr12$ 除以 $R_x q4$，即与前例相反，因此用 1 728 除以 1 024，得 $1\frac{11}{16}$，则 $R_x q 1\frac{11}{16}$ 的 $R_x pr$ 值就是上述除法的商。$R_x R_x 2$ 乘以 $R_x pr3$，将 3 换算为 $R_x R_x$ 为 81，将 2 换算为 $R_x pr$ 为 32，然后用 81 乘以 32 为 2 592，则 $R_x R_x 2 592$ 的 $R_x pr$ 值就是乘法的积，因为 5 次方根大于 4 次方根，因此乘积是 $R_x pr$ 值。

【例 15-39】 $R_x R_x 2$ 除以 $R_x pr3$，解答如下：将 3 换算 $R_x R_x$ 为 81，将 2 换算 $R_x pr$ 为 32，用 32 除以 81 得 $\frac{32}{81}$，则 $R_x pr \frac{32}{81}$ 的 $R_x R_x$ 值就是上述除法的商。

【例 15-40】 $R_x pr3$ 除以 $R_x R_x 2$，即前例反过来，用 81 除以 32 得 $2\frac{17}{32}$，则 $R_x R_x 2\frac{17}{32}$ 的 $R_x pr$ 值就是上述除法的商。

【例 15-41】 $R_x 6$ 加 3 减 $R_x 4$ 除以 $R_x 5$ 加 2 减 $R_x 7$，按照前文所示的方法，通过计算剩余值来运算。

【例 15-42】 $R_x q8$ 减 $R_x 3$ 加 4 除以 6 减 $R_x q3$，换算为 $R_x q$ 和 R_x，通过计算剩余值来运算。

【例 15-43】 10 减 $R_x 5$ 加 $R_x 7$ 减 2 加 $R_x 3$ 除以 $R_x 15$ 减 3 加 $R_x 7$。所有这些相除项，即便有千项，总是通过计算剩余值来运算它们，否则就不可能（运算）多项式除以多项式，正如欧几里得在《几何原本》的第十部分所证明的那样，其他一些人亦同意这一点。通过勤奋而准确地运算终将得解。

【例 15-44】 2 加 $R_x 16$。解答如下：将 2 换算为 R_x 为 4，先用 4 乘以 16 为 64，取其 R_x 值为 8，将其双倍为 16，然后将两个加项的 R_x 值即 4 和 16 相加为 20，其加上 $R_x 64$ 的双倍值即 16，合计为 36，则 $R_x 36$ 就是 $R_x 4$ 即 2 加上 $R_x 16$ 的和，依此类推。

另一种解题方法，将两个加项中的一个 R_x 平方，取 $R_x 16$ 平方为 16，乘以 4 为 64，然后将其乘以另一个的 R_x 值即 4，得 256，取其 R_x 为 16，再将两个 R_x 即 4 和 16 相加为 20，加上上述 16 为 36，则 $R_x 36$ 就是其解。

还有一种解题方法，将两个 R_x 相乘即 4 乘以 16 为 64，然后取其 4 倍为 256，取其 R_x 为 16，然后如同数字一样加总两个 R_x 即 4 加 16 为 20，再加乘积四倍的 R_x 即

16,得 36,则 R_x36 就是上述加法的和,依此类推。

注意当更多的 R_x 相加比如 3、4、5 个 R_x,可以如分数加法一样将它们两两相加,当你加总两个后,再取另一个相加,这样总是用前两个的和加上另一个 R_x,然后同上述运算方法,两个 R_x 相乘,乘积取 R_x,然后取双倍,再如同数字一样加上两个 R_x,总和的 R_x 值就是解。请注意,如果你通过一个与另一个相乘来求和,它们的乘积若不能解出 R_x 值,则不可能求和或相减。比如 R_x3 加上 R_x5,用 3 乘以 5 为 15,其 R_x 值不是离散的,因此称 R_x3 和 R_x5 无法相加,这需要持续注意。

【例 15-45】 R_x16 减 R_x4,解答如下:两个 R_x 相乘即 4 乘以 16 为 64,取其 R_x 为 8,将其双倍为 16,然后将两个 R_x 相加即 4 加上 16 为 20,将上述两者乘积 R_x 值的双倍从其中扣减,即将 16 从 20 中扣减,余 4,则 R_x4 就是 R_x16 减 R_x4 的差。

注意如上所述,如果两个 R_x 相乘乘积的 R_x 不是离散的,则两者无法相减。例如从 R_x5 中减 R_x3,得 $(R_x5 - R_x3)$;从 R_x12 中减 R_x7,得 $(R_x12 - R_x7)$。类似地,当从 R_x 值中减数字,将数字换算为 R_x,当从 R_x 值中减多个 R_x,首先将多个 R_x 相加,然后将其和从被减数 R_x 中减去,这样更快捷。

当你想要将两种类型的 R_x 相加,例如 R_x7 加 R_x8,两者相乘为 56,其 R_x 不是离散的。必须取其双倍就将 2 换算为 R_x 为 4,乘以 56 为 224,则 R_x7 加 R_x8 就等于 $R_xR_x(224$ 加 $15)$[①],因为 224 还必须加上两个数字即 7 和 8 的和 15。

【例 15-46】 R_xR_x20 加上 R_xR_x320,必须这样解答:用 320 除以 20,即较大的数除以较小的数,得 16,取其 R_x 为 4,再取其 R_x 为 2,即 R_xR_x16 为 2,总是将其加 1 为 3,将其换算为 R_xR_x 为 81,再乘以 R_xR_x20 为 $R_xR_x1\ 620$,就是上述加法的和。这个方法适用于所有的 R_xR_x 加法运算,但是注意 R_xR_x 的减法,若一个除以另一个的商不能解出 R_xR_x 值,则无法进行相减,同样三次方根(R_xc 或 R_xq)的加法和减法也是如此,需要保持注意。

【例 15-47】 R_xR_x320 减 R_xR_x20,用 320 除以较小数 20 为 16,取其 R_xR_x 为 2(减 1 为 1),用 1 乘以 R_xR_x20 为 R_xR_x20,即为两者相减的差。总结为规则如下:当 R_xR_x 相加时,总是将上述除法商的 R_xR_x 值加上 1,相减时,总是将上述除法商的 R_xR_x 值减去 1,规则清晰,按此运算永无误。

R_xq 相加或相减,必须用较大数除以较小数,然后取商的 R_xq,再根据上述可靠规则将其加 1,若是相减则减 1,然后用其结果乘以较小的 R_xq 值。利用案例可更好地领会。

---

① 这个结果似乎并不正确,原理也未明确。——译者注

【例 15-48】 R_xq12 加 R_xq96。解答如下：根据规则用 96 除以 12 为 8，取其 R_xq 值为 2，将其加 1 为 3，乘以较小数 R_xq12，将 3 换算 R_xq 为 27，乘以 12 为 324，则两者相加的和为 R_xq324，依此类推。

【例 15-49】 R_xq96 减 R_xq12。解答如下：用较大数 96 除以较小数 12 为 8，取其 R_xq 值为 2，将其减 1 为 1，乘以 R_xq12，将 1 换算 R_xq 为 1，乘以 12 为 12，则两者相减的差为 R_xq12。

如你所见，上述运算如不加 1 减 1 则结果没有差异，应如上所示，总是将最终结果乘以较小方根，此方法与上述 R_xR_x 运算方法相同。当有多项加减运算时，应总是逐项加减运算。

【例 15-50】 R_x18 减 R_x8。下文展示另一规则，我在上文其应该的位置忘记给出了。

解答如下： 如上所述用 8 乘以 18 为 144，取其 R_x 为 12，将其双倍为 24，然后将 8 和 18 相加为 26，然后从中减去 24 余 2，则 R_x2 为上述相减的差。

【例 15-51】 另一个进行加减运算的方法如下：R_x8 加 R_x18，用较大数 R_x18 除以较小数 R_x8，得 $R_x2\frac{1}{4}$，即 $R_x\frac{9}{4}$，为 $\frac{3}{2}$ 即 $1\frac{1}{2}$，将其加 1 为 $2\frac{1}{2}$，将其乘以较小 R_x，即 $2\frac{1}{2}$ 乘以 R_x18，将 $2\frac{1}{2}$ 换算 R_x 为 $6\frac{1}{4}$，乘以 8 为 50，即 R_x8 加 R_x18 等于 R_x50，就是另一种运算方法。这是一种很好的运算方法，但有必要记住加法和减法运算的差别。

【例 15-52】 根据这个规则运算 R_x18 减 R_x8。方法同上述加法运算：总是用较大数除以较小数，即 18 除以 8 为 $2\frac{1}{4}$，取其 R_x 为 $1\frac{1}{2}$，总是减去 1 余 $\frac{1}{2}$，将其乘以较小的 R_x8，将 $\frac{1}{2}$ 换算 R_x 即 $\frac{1}{4}$，乘以 8 为 2，则 R_x2 就是 R_x18 减 R_x8 的差，结果同上，或多或少均为误。

【例 15-53】 R_xq16 加 R_xq54，必须将其数进行分割使得每个数都能得到 R_xq 的解，因此将两个 R_xq 的数字都分割为 $\frac{1}{2}$，即 16 的 $\frac{1}{2}$ 为 8，54 的 $\frac{1}{2}$ 为 27，则分割后两者均可得到 R_xq 解，因为你知道若不能将上述数字分割成可得到 R_xq 解的数，则无法进行相应的运算。

现在这样运算：求解 R_xq8 为 2，R_xq27 为 3，用 16 除以分割后的数即 8，得 2，加上 R_xq27 即 3，得 5，将 5 换算 R_xq 为 125，将其乘以 16 除以 8 的商即 2，2 乘以 125 为

250,则 R_xq 250 为上述加法的和。但是上述展示的另外方法较本方法更简单,以你所愿采用任一种方法。

当你要将 R_x 与 R_xq 相加时,必须首先将 R_x 换算为 R_xq,然后用较大数除以较小数,取其结果 R_xq 的 R_x 值,将其加 1,然后将结果平方和立方,即将结果立方后再乘以自身,也就是将其换算为与前面的次方根换算后数量相同性质的数量,然后将立方后平方的结果乘以前面换算后较小的数,其乘积 R_xq 的 R_x 值就是前述加法的运算结果。若运算减法,类似处理,但是如前其他运算所展示的那样,加 1 变为减 1,最终计算结果的 R_xq 的 R_x 值就是减法的差。

【例 15-54】 例如:R_x16 加 $R_xq\,8$,其实可知 R_x16 为 4,$R_xq\,8$ 为 2,两者相加为 6。但是要根据上述规则来进行运算:将 16 立方,即 16 乘以 16 为 256,再乘以 16 为 4 096,将 8 平方为 64,总是将 R_xq 的数取平方,相对应地将 R_x 的数取立方。现在用 4 096 除以 64 得 64,即用较大数除以较小数,取其结果的 R_xq 的 R_x,再将其加 1,$R_xq\,64$ 为 4,R_x4 为 2,2 加 1 为 3,将其立方为 27,再将其平方,如此便换算为了同一性质,因此用 27 乘以 27 为 729,再将其乘以前述较小数即 64,得 46 656,则 R_xq 46 656 的 R_x 值就是 R_x16 与 $R_xq\,8$ 的和,而 R_xq 46 656 为 36,R_x36 为 6,得解。

若两者相减,则上述 2 加 1 变为 2 减 1,结果为 1,将其立方为 1,乘以自身即平方仍为 1,再乘以较小数 64,为 64,则 $R_x(R_xq64)$ 即 2 就是两者的差,解毕。总是遵照这样类似的方法将得解无误,参见页面空白处的加减运算处理①。

到此为止,我已经对方根的运算方法进行了简洁的讨论和演示,我认为所教大家的方法是适当的。(求解方根)既可以通过数字,也可以通过几何方法来运算。当其不能通过数字精确计算出结果时,特别是非离散方根,总是可以通过几何学用工具来计算结果,正如我们将在下文中所演示的那样。首先通过数字运算来求解②,然后再采用几何方法来计算。

要知道,为计算某个数的 R_x 值,必须首先知道这个数的位数是奇数还是偶数,如果是偶数,我们必须从右手向左手方向的倒数两个数位的数开始,找到一个数字,其平方可以还原(即等于)上述这个两位数,或尽可能接近。为了更清楚地说明,将数字从右手边的第一数位开始,直到整个数字的最左端,每隔一个数字在数字下标记一点,标记位置参见页面空白处的示例③。

---

① 原稿页面空白处有如下说明:
  从 2 中减 1 为 1,其乘以自身为 1,再立方为 1,乘以 64 为 64,则减法的差为 $R_x(R_xq64)$,R_xq64 为 4,R_x4 为 2,这就是 R_x16 减 R_xc8 的结果。
② 即计算方根的纸笔算法(The Pencil-and-Paper Algorithm)。——译者注。
③ 参见下一例题的图示。——译者注。

【例 15-55】 以计算 $R_x 99\,980\,001$ 为例(图 15-1),每隔一个数位将数字用点标记,从最后一个点即左手边的 9 开始[①],找到一个数字的平方可以还原 99,即最接近 99 但不能超过 99,找到 9,乘以自身为 81,将其从 99 中减去,剩余 18,置于剩下数字即 980 001 的前面,得 18 980 001,现在将刚求解所得到的数双倍,放在 9 下面。记住总是将你求解得到的数双倍,因此将上述解得的 9 双倍为 18,将 8 放在 9 下面,1 放在 8 下面,然后你需要找到另一个数字,其乘以上述双倍数可以还原上面的数,以这个双倍数为限,其乘以自身,最大程度还原上面的数字,然后将这个数字放在第二个点的位置即 8 下面。这个数字是 9,与双倍数即 18 放在一起,注意不是相加,而是并列排放,则为 189。

图 15-1

现在用双倍数即 18,乘以 9,为 162,从 189 中减去余 27,然后将 9 乘以自身为 81,从 278 中减去,余 197,与剩余数排列在一起为 1 970 001,继续按上述做法处理,即将所有找到的数取双倍,即 R_x,然后总是双倍所得到的数字,即上述找到的数字,即 R_x。按照上述方法运算直到最后得到 R_x 值为 9 999。依此方法处理所有部分,所有双倍数为红色,所得的数为黑色。

接下来,对于非离散的 R_x,我想在这里提出一个规则,根据这个规则,你将永远比你的同伴解题更精准。因此,若你想找到所述的 R_x,总是采用这个方法:首先直接计算 R_x 值,你会找到第一个近似于这个 R_x 的近似值,看看其超出这个 R_x 的数字是多少。然后用这个超出的部分即差额,除以第一个近似值的双倍,其商从第一个近似值中减去,剩余值就是第二个近似值。然后按照这个方法验证并计算第二个近似值超出 R_x 数字的数量,同样取这个差异,除以第二个近似值的双倍,将商从第二个近似值中减去,剩余部分就是一个更为接近 R_x 值的近似值,如此运算至无限,注意应从近

---

① 点的标记在百万位的 9 下,将百万位和千万位的两个 9 当作一个数即 99 来求解,本例图示。——译者注。

似值中而非其双倍中减去上述商。

【例 15-56】 如 $R_x 6$，第一个近似值为 $2\frac{1}{2}$，其超过了 $\frac{1}{4}$，用这个差异即 $\frac{1}{4}$ 除以第一个近似值的双倍即 $2\frac{1}{2}$ 的双倍为 5，得 $\frac{1}{20}$，将其从第一个近似值即 $2\frac{1}{2}$ 中减去，余 $2\frac{9}{20}$，这个近似值将比第一个近似值更接近 $R_x 6$，继续按照这样的方法，计算得到第二个近似值超过了 $\frac{1}{400}$，则第三个近似值为 $2\frac{881}{1\,960}$，其超过了 $\frac{1}{3\,841\,600}$，参见空白处所列示的计算①。

随后应注意的是，我们的这种方法用于计算整数，也可用于计算分数 R_x，包括单独的分数以及与整数组合的分数，因此，要计算分数 R_x，应继续使用这种方法。首先取分数线上数字的 R_x，仍置于分数线上，然后取分数线下数字的 R_x，仍置于分数线下，这样仍将得到一个分数。例如计算 $R_x \frac{9}{16}$，取线上数字的 R_x 为 $R_x 9$，得 3，然后取 $R_x 16$ 为 4，然后会得到平方根 $\frac{3}{4}$，这样无论分数大小均可进行运算。如果含有整数，就将整数换算为分数，然后再使用上述方法进行运算，如上面展示的那样，从分数的线上和线下逐项寻找近似值。

当寻找到一个近似值，分数 R_x 值超过其的数量与近似值的双倍一样多时，运算方法与整数的运算一致，即将近似值乘以自身，计算其超过 R_x 值的数量，按所述的方法进行相除和相减。例如想要计算 $R_x 8$，取 2，将其平方为 4，从 8 中减去余 4，置于分

---

① 原稿正文空白处有如下计算：

$R_x 6$ 第一次试算　　　　$2\frac{1}{2}$ 超过 $\frac{1}{20}$

$R_x 6$ 第二次试算　　　　$2\frac{9}{20}$ 超过 $\frac{1}{400}$

$R_x 6$ 第三次试算　　　　$2\frac{881}{1\,960}$ 超过 $\frac{1}{3\,841\,600}$

第四次试算 $2\frac{8\,459\,361}{18\,819\,920}$ 其乘以自身为：

$6\frac{1}{354\,189\,388\,806\,400}$

第五次试算：$2\frac{779\,939\,566\,141\,121}{1\,735\,166\,549\,767\,840}$

其乘以自身为：

$6\frac{1}{301\,080\,295\,543\,229\,967\,557\,826\,500}$

这样可继续第六次、第七次试算等

数线上,除以 2 的双倍 4(为 1,再加上近似值为 3),这样得到 $R_x 8$ 为 3,但不精确。将 3 乘以自身为 9,其超过 8 的数量为 1,将其除以近似值 3 的双倍为 $\frac{1}{6}$,从近似值 3 中减去为 $2\frac{5}{6}$,这个数量更为接近,同样 $R_x 24$ 将得到的近似值为 5。

因此当近似值(乘以自身)小于 R_x 中的数时,必须以相反的方式来运算,即取小于的差值,将其除以近似值的双倍,将商加在第一个近似值上,这样就得到第二、第三、第四个近似值等。即近似值超出则减去,近似值不足则加上。还有另一种方法可以来计算近似值,即取近似值与实际值的差异,除以近似值,将其从近似值中减去,得到第二个近似值,这样继续计算第二、第三、第四、第五个近似值等。

若你仍期望展示用几何的方法来求解 R_x 值,我提供两种方法。参见下图(见图 15-2):一种方法是将这个数($R_x 9$)分成两部分,一部分为 1,另一部分如下图所示,然后将 1 这一部分延长 4,将得到 5 和 5,然后取直线 ab 的一半,从 a 点作一条向上的直线,长度以你所愿,如图 15-2 所示的圆的分割线长度将正好是 $R_x 90$。

计算斜边长,将每边平方,乘积加总,其 R_x 值就将是斜边长,其将为 $R_x 90$,因为 9 乘以 9 为 81,3 乘以 3 为 9,加总为 90,解毕。

另一个图展示如何找到 R_x 数字的两个部分(图 15-3),只需用较大部分乘以较小部分,这两个数字(2 和 8)标记在下图的直线 AC 上,这样得到 $R_x 16$,从直线 bc 上画一条无限的直线,即从 B 点开始到 D,即直线 BD,直线 AC 形成一个半圆。数 16 被分成两个部分,一个为 2 另一个为 8,其一半是线 AC 的中间点,直线 BD 与圆周相接的部分得到直线 bf,其长度为 $R_x 16$,也是三角形的垂直线。

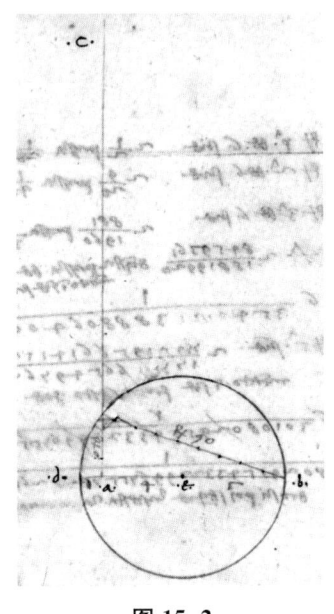

图 15-2

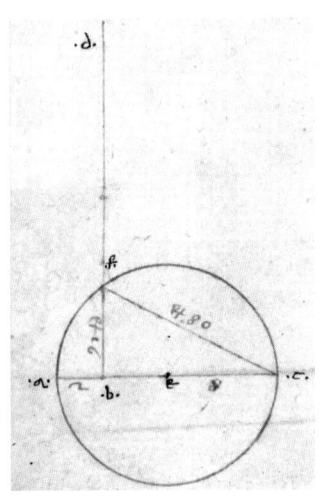

图 15-3

另一种方法,假设我们期望计算 R_x24 或者其他的数字,总是找到两个数字,其两者相乘等于24,通过这两个数字来计算 R_x24,比如1和24,因为1乘以24为24,同样4和6,3和8,2和12均可。假设其为1和24,总是将两者相加为25,然后作一条长25的直线,分成两半,每条边边长为 $12\frac{1}{2}$,按此长度作为半径画一个圆,其直径为25,取直径的中点,得到一条如下图的长 $11\frac{1}{2}$ 的直线,从 $11\frac{1}{2}$ 所在点作一条垂直的直线到圆周,则这条线长 R_x24,如图15-4所示。

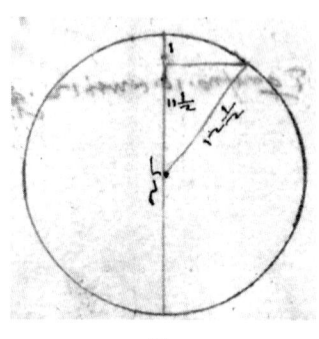

图 15-4

验证如下: 可以发现一个直角三角形,斜边是直径的一半即 $12\frac{1}{2}$,三角形的另外一边为直径 $\frac{1}{2}$ 减1,因为要减去为画圆所加上的长度1。斜边长乘以自身等于另外两边的平方相加,先计算斜边长的平方,$12\frac{1}{2}$ 乘以 $12\frac{1}{2}$ 等于 $156\frac{1}{4}$,为计算较短的一边,将已知边长的一边乘以自身即 $11\frac{1}{2}$ 乘以 $11\frac{1}{2}$ 等于 $132\frac{1}{4}$,从 $156\frac{1}{4}$ 中减去 $132\frac{1}{4}$ 余24,则 R_x24 就是另一边的边长,因为24加上 $132\frac{1}{4}$ 等于 $156\frac{1}{4}$,验毕。照此可以处理所有数,总是用半径减去为画圆所加上的长度(得到直角三角形的一边),斜边为直径的一半,因为其从圆点出发至圆周。

现在我们要讨论的是立方根 R_xc,其极为必要但亦极度困难,正如这里所显示的那样,不了解它就无法擅长计算,尤其是在代数之中。我将会教你两种计算 R_xc 的方法,即通过数字和结合工具的几何学方法,你将会在本部分的最后内容看到,现在采取第一种通过数字来计算的方法。

为求解任意数的 R_xc,我们必须总是一直标记到数字左手边的最后一个千分位。为了更好地找到千分位,这里将数字全部写出来(图15-5)。从右手的第一个数字开始进行千分位标记,向左手方向进行标记直到最末端,每隔2个数字标记一点,因为点要在千位下。为了更好理解,假设我们希望找到 999 700 029 999 的立方根 R_xc,在这里首先我们必须找到一个数字,即放在左手边千分位最后一个点下的数字,这个数字的三次方能还原其上的千位数,或者说最接近还原这个数字,这需要进行试探。

例如最后一个点上方为999,现在计算最接近999 的近似值,若取6则太少,取7亦太少,因此必须取9,因为已经没有更大的数字了,将9乘以自身

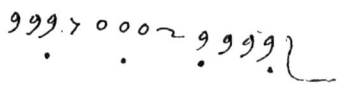

图 15-5

为81,再乘以9为729,这就是其立方值,将729从999中减去剩余270,其将与随后的数字组合,做完这些必须总是将最后找到的近似值乘以3,因此用3乘以9为27。

而且要注意,这个计算处理最后得到的值是两个数字的乘积,其被称为三倍体(triplati),是前述近似值乘以3,另一种叫亚三倍体(surtriplati),是那些找到的数字的运算结果,亚三倍体就是放在三倍体下面的那个数,即右边下面的第三个数字(图15-6),不是从你开始运算的那一点开始,而是从第一个三倍体下面的那个数开始。

图 15-6

确保把三倍体一个一个地加起来,并把它们一个放在另一个前面空两格的位置,就像在下图中看到的那样,我将把所有的三倍体用红色表示,所有亚三倍体用黑色表示以便能更好地理解。而且,在运算完成之前,不要停止排列三倍体和亚三倍体,要知道,从左手的点前面开始排列亚三倍体,即首先是找到的近似值,接着是三倍体,如图15-6所示。然后必须通过其亚三倍体来找到另一个数字,用1 000乘以所有的三倍体,和那个单独的数字相乘来还原上面的数字,即当乘以3时所取得的数字,因为三倍体是基于其所产生的,这个乘积要从上面的数字中减去,然后再乘以找到的近似值,依此类推。

现在回到运算中,取9的3倍为27,将这个三倍体前面空两格,即点的一侧下面为空白,如图所示,在上面有三倍体27 070,将亚三倍体9置于这个三倍体下,因此将9放在7下面,同前述处理:找到一个数在第二个点的下面即9,乘以三倍体,然后乘积再乘以那个数字,还原整个上面的数即27 070,然后这个数字的立方还原上面的数即最接近这个数。按照上述方法尝试,找到数字为9,与亚三倍体放在一起为99,这个数乘以三倍体27得2 673,这个乘积再乘以找到的数字即9为24 057,从27 070中减去余3 013。

现在取这个数字的立方为729,从其上的数字30 130中减去,余29 401。同上处理,即将最终找到的近似值乘以3,3乘以9为27,将7置于靠近点的2下,并将2加上第一个三倍体即27,得29,则所有的三倍体总和为297,将第一个亚三倍体即9和现在的亚三倍体即另一个9,组合在一起为99,置于7下面,然后按照上述方法找到一个数字,其乘以亚三倍体和三倍体相乘的乘积,还原其上的数即尽所能近似其上的数,然后将其取立方,还原为其上的数。

如此按该方法继续无限地运算处理将得解,只要你很好地运用三倍体和亚三倍体,就如同在图 15-6 中看到的那样,注意将三倍体的最后一个数字置于须求解 R_xc 的点的一侧,若多于一个数字,比如上述的 27 就有两个数字,仅将最后一个数字即 7 置于一侧,另外一个即 2,与其他的三倍体加总,即将 2 加在 27 上,为 29,再将 7 置于其后为 297,总是按这样的方法运算,第三次得到三倍体为 2 997,亚三倍体与其近似值在一起为 9 999,解毕。记住图 15-6 中所展示的方法,亦可用于非离散的以及分数的次方根求解[①]。

---

① 原稿页面空白处有如下计算:
　　99970002999
　第一次

$$\begin{array}{r} 9 \\ 9 \\ \hline 81 \\ 9 \\ \hline 729 \end{array} \qquad \begin{array}{r} 27 \\ 99 \\ \hline 243 \\ 243 \\ \hline 2673 \\ 9 \\ \hline 24057 \end{array}$$

　第二次

$$\begin{array}{r} 9 \\ 9 \\ \hline 81 \\ 9 \\ \hline 729 \end{array}$$

　第三次

$$\begin{array}{r} 297 \\ 999 \\ \hline 2673 \\ 2673 \\ 2673 \\ \hline 296703 \end{array} \qquad \begin{array}{r} 26973 \\ 26973 \\ 26973 \\ 26973 \\ \hline 29967003 \\ 9 \\ \hline 269\,703027 \end{array}$$

　继续

$$\begin{array}{r} 9 \\ 9 \\ \hline 81 \\ 9 \\ \hline 729 \end{array}$$

　继续

　　　　Ø
　　　Ø2ØØ
　　Ø296ØØ　ØØØ
　Ø3Ø4Ø7Ø3　ØØØ
　27Ø13175　Ø72Ø
　9997ØØØ29999

|9999| R_X cuba

若想要通过几何工具来计算三次方根 R_xc 则如此处理：首先画一个长方形或者四边形，其长度与 R_xc 中的数字一样，对于宽度，即头部，要使它总是高或宽正好为 1。然后做完这些，你将从直立的一边画一条垂直于另一边的无限延长直线，从另一边画另一条水平的无限延长线，然后从矩形的角到角画出这个矩形里面的两条直径（即对角线），两者在中间交叉。然后，用你的圆规，从上述直径交叉点取四边形的一半（为半径画圆），从上述（无线延长的）垂直线拉一条直线到（上述无线延长的）水平线，这条线正好切矩形的一角（亦切上述所画之圆），得到一个（小）直角三角形，其一边为矩形的高，另一边将为 R_xq，斜边为从矩形的一角到水平线，如图 15-7 所示。

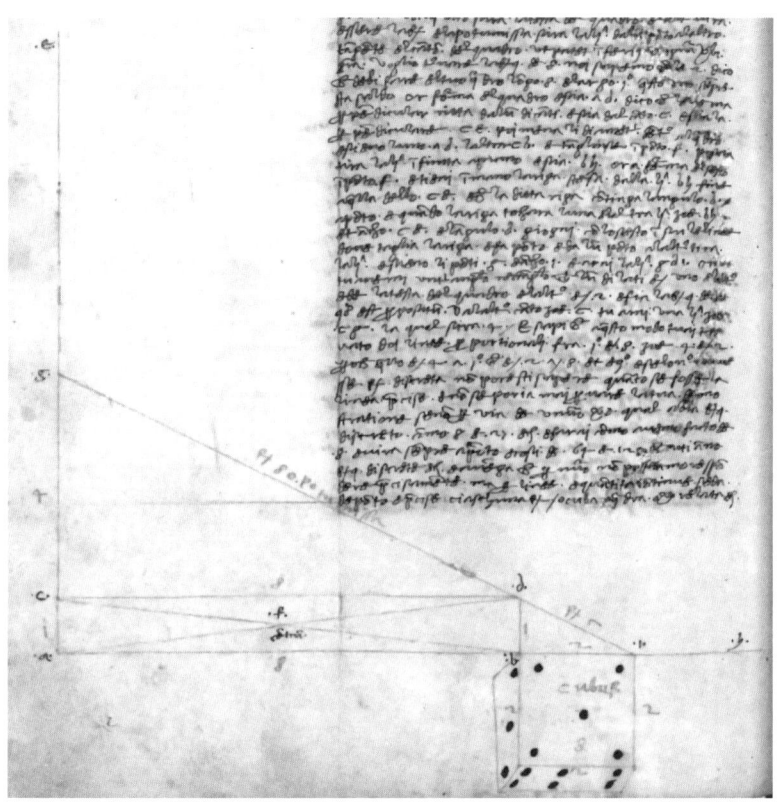

图 15-7

例如期望计算 R_xc8，我们知道其结果为 2。必须画一个矩形长 8 宽 1，其保持不变。矩形的一个角为 D。从其中的 C 边作一条垂直线，即垂直线 CE；然后作矩形内的两条直径（即对角线），一条为 AD，另一条 CB，交叉于 F 点，让圆规停在 F 点。作一条水平的无限延长直线 BH。拉一条直线从 BH 延伸到 CE，这条线正好切角 D，让这条线正好接触直线 BH 和 CE 以及角 D 时，正好与圆规所画出的圆相切，从这一点到垂直线相交于 G 点，到水平线形成角 1，则有一条直线为 GD1。现在形成了一个直角三角形，其一边为 R_x1 即矩形的高，另一边为 R_xc8，斜边为 $R_x 5$，则得解。从另一边即 C，也有一条线 CG，其长度为 4，通过这个方法可以计算两条边即 1 和 $R_xq\ 8$ 的比例，即其对应 4 和 8 的比例，同时 $R_x\ 5$ 对应 $R_x\ 80$，$R_xc\ 8$ 对应 8，反之亦然。

而如果这个数字不是离散的 R_xc，你将无法知道其精确解，也永远无法证明解答，除非是要解答一个离散 R_xc 的数字，比如 8 和 27，你将像我们解答 $R_xc\ 8$ 所做的那样，将得到精确解。而以同样方法亦可以求解 R_xc64 和 125，它们都是离散的 R_xc。可能发生的情况是，我们不能用数字精确地解答，但通过连续的线条和数量，我们将可以给出每个 R_x 或三次方根或 5 次方根等的精确解。

第十六部分①

运用代数的资本计算②

【例 16-1】③ 两人有钱财若干,数量未知,但知道第一个人的钱财数量乘以其自身,加上第二个人的钱财数量乘以其自身,和为 25。第一个人的钱财数量乘以第二个人的钱财数量为 12,问每个人各有钱财多少。

解答如下: 假设第一个人有 1co,则第二个人有 $R_x(25-1co^\square)$,注意 $(25-1co^\square)$ 不能分开,即两者是同一个数量(一个整体),再取这两项的 R_x。将第一个人的钱财乘以其自身为 $1co^\square$,然后将第二个人的钱财乘以其自身即 $R_x(25-1co^\square)$ 乘以 $R_x(25-1co^\square)$ 得 $(25-1co^\square)$,$(1co^\square + 25 - 1co^\square)$ 正好等于题设的 25。

现在来看题目的第二个条件,用 1co 乘以 $R_x(25-1co^\square)$,将 1co 换算成 R_x 为 $1co^\square$,用 $1co^\square$ 乘以 $(25-1co^\square)$,得 $(25co^\square - 1co^{\square\square})$,则 $R_x(25co^\square - 1co^{\square\square})$ 就是两者的乘积,应等于 12,将其乘以自身,得到等式 $(25co^\square - 1co^{\square\square})$ 等于 144,移项有 $25co^\square$ 等于 $(144 + 1co^{\square\square})$,取二次项系数的一半,将其平方,扣减常数项得到剩余值 $12\frac{1}{4}$,则 $R_x\, 12\frac{1}{4}$ 加上二次项系数的一半即 $12\frac{1}{2}$ 就是假设值的平方。$R_x\, 12\frac{1}{4}$ 为 $3\frac{1}{2}$,加上 $12\frac{1}{2}$ 为 16,$R_x\, 16$ 等于 4,即为假设值,即第一个人拥有的钱财数量就是

---

① 这部分原稿缺 25 页。——整理者注。
② 原稿这部分缺第 325 页到 349 页,本页从原稿 350 页开始,在原稿 324 页和 350 页之间可看见非常整齐的裁断口。同时,本部分(从 350 到 360 页)似乎是写作草稿且是被废弃的内容,其写作格式不似其他部分,不仅没有红色字母标注在每一例的题首,而且写作内容除 350 页外铺满整页,不似其他部分在页面一侧和上下均留出空白以供注释、画图或演算使用;同时,本部分的所有页面均有从右上角到左下角的划线,可能表达删除之意。——译者注。
③ 如上所述,本部分原稿缺失第 325 页到 349 页,因此本部分的案例编号是从 90 开始,但是到 352 页又从编号 83 开始,令人困惑。为便于阅读,译作编号仍从 1 开始。另外,需说明的是,本书仅在书打开的双面的右边一页顶端居中用红色笔迹写明页码,亦即一个对开页算作一页。——译者注。

假设值的平方[1]。

根据题目验证将无误。为了便于理解，我所设定的数字是经过设计的，但如果你运算没经过设计的数据则更佳。比如，第一个人拥有的钱财数量乘以其自身和第二个人的钱财数量乘以其自身相加，26 或 24 等，同样运算，对于 26 得到第一个人有 $R_x 18$，第二个人有 R_x（26 减 18）即 $R_x 8$，两者相乘同样还是得 12。

【例 16-2】 两人有钱财若干，数量未知，但知道第一个人的钱财数量乘以第二个人的钱财数量，乘积等于两者钱财数量相加之和；将每个人的钱财数量乘以其自身，从一个中扣减另一个，剩余值为两者钱财数量相加之和的一半，问每个人的钱财数量是多少。

解答如下：如同前文第 207 页（指本书第 345 页）空白处所列示的方法那样，假设一个人有 $\left(1\text{co} + \frac{1}{2}\right)$，另一个人有 1co，两者相乘为 $\left(1\text{co}^\square + \frac{1}{2}\text{co}\right)$，两者相加为 $\left(2\text{co} + \frac{1}{2}\right)$，其应等于 $\left(1\text{co}^\square + \frac{1}{2}\text{co}\right)$，移项化简得 $1\text{co}^\square$ 等于 $\left(1\frac{1}{2}\text{co} + \frac{1}{2}\right)$，取一次项系数的一半，将其平方，加上常数项得到 $1\frac{1}{16}$，则 $\left(R_x 1\frac{1}{16} + \frac{3}{4}\right)$ 就是一个人拥有的数量，另一个人拥有的数量为 $\left(R_x 1\frac{1}{16} + 1\frac{1}{4}\right)$。

根据题设条件验证将无误，用 $\left(R_x 1\frac{1}{16} + \frac{3}{4}\right)$ 乘以 $\left(R_x 1\frac{1}{16} + 1\frac{1}{4}\right)$，得 $\left(R_x 4\frac{1}{4} + 2\right)$，$\left(R_x 1\frac{1}{16} + \frac{3}{4}\right) +$ 上 $\left(R_x 1\frac{1}{16} + 1\frac{1}{4}\right)$ 同样也得到 $\left(R_x 4\frac{1}{4} + 2\right)$，验毕。

---

[1] 原稿页面空白处有如下计算：参见前文第 207 页，指本书第 345 页。

1co $R_x - 1^\square$
$1^\square$ $25 - 1^\square$
$R_x 25^\square - 1^{\square\square}$ —— 12
$25^\square - 1^{\square\square}$ —— 144
$25^\square$ —— $144 + 1^{\square\square}$

$$12\frac{1}{2}$$
$$12\frac{1}{2}$$
$$\overline{156\frac{1}{4}}$$
$$\overline{144}$$
$R_x 12\frac{1}{4} + R_x 12\frac{1}{2}$ 值为
即 $R_x 16$，即 4.

然后将 $\left(\mathrm{R_x}1\dfrac{1}{16}+\dfrac{3}{4}\right)$ 乘以 $\left(\mathrm{R_x}1\dfrac{1}{16}+\dfrac{3}{4}\right)$，得到 $\left(\mathrm{R_x}2\dfrac{25}{64}+1\dfrac{5}{8}\right)$，同时将 $\left(\mathrm{R_x}1\dfrac{1}{16}+1\dfrac{1}{4}\right)$ 乘以其自身得到 $\left(\mathrm{R_x}6\dfrac{41}{64}+2\dfrac{5}{8}\right)$，从 $\left(\mathrm{R_x}6\dfrac{41}{64}+2\dfrac{5}{8}\right)$ 中扣减 $\left(\mathrm{R_x}2\dfrac{25}{64}+1\dfrac{5}{8}\right)$ 得到 $\left(\mathrm{R}\,1\dfrac{1}{16}+1\right)$，其正好是 $\left(\mathrm{R_x}4\dfrac{1}{4}+2\right)$ 的 $\dfrac{1}{2}$ 即 $\left(\mathrm{R_x}1\dfrac{1}{16}+1\right)$，验毕。

若当从一个乘积中扣减另一个乘积时，剩余两者相加之和的 $\dfrac{1}{4}$，那么一个是 $1\mathrm{co}$，另一个就是 $\left(1\mathrm{co}+\dfrac{1}{4}\right)$，同样运算可得解，若是剩余 $\dfrac{1}{3}$ 则加 $\dfrac{1}{3}$，这样处理永无误。

你要知道，在第 284 页（原稿）关于在圆中作若干个圆的问题①，我在页面空白处的注解是有错误的，但是那个问题解答无误，因为我想象所说的 6 个圆应该在三角形之内。但那些在三角形内所作的圆不会是最大的，因为它们没有外切大圆的圆周，即使它们大小都一样，但上述圆的直径总是大圆直径的 $\dfrac{1}{3}$，因为每个圆的直径都是六边形边长的 $\dfrac{2}{3}$，也就是大圆半径的 $\dfrac{2}{3}$。这也是在第 304 页（原稿）中所展示的内容②，然后在中间有 1 个与 6 个圆大小一致的圆，总共是 7 个圆，相应的六边形外接大圆的圆周，内切小圆的圆周。

【例 16-3】 找到一个数，将其分为两部分，将每部分乘以其自身后相加，再加上两部分相乘后乘积的双倍，正好等于 80，问这个数字及其两部分是多少。

---

① 参见本书第十四部分的例 14-104，其在原稿的第 284 页，所画图如下。这一句话用红色笔迹写就，表示特别，同时这句话与本部分的其他例题无关。——译者注。

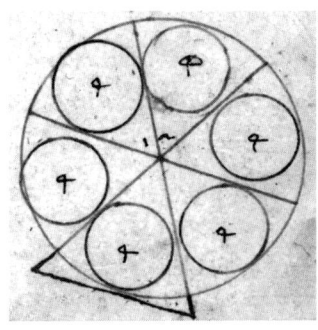

② 原稿第 304 页仍属于第十四部分的内容，但是没有与内切圆相关的例题，可能指其他页面的内切圆问题。——译者注。

你知道这个问题用假设条件的方法解答是非常繁琐困难的,所以我们必须回到欧几里得(《几何原本》)的第二篇第四章,他在那里展示了对这个问题的解答,这个数字将是 $R_x 80$,因为如果我们把一个数分成两部分,每一部分乘以其自身所构成的正方形面积将加上一部分与另一部分所构成的矩形面积的双倍,都将等于这个数量乘以自身(所得到的正方形面积)。

比如,假设 10 的一部分为 4,另一部分为 6,6 乘以自身为 36,4 乘以自身为 16,然后 4 乘以 6 为 24,取 24 的双倍为 48,现在将 16,36 和 48 相加得到 100,正好等于 10 乘以自身。若这个数字为 $R_x 80$,则分为任何你想要的两部分,每部分乘以自身相加,然后将一部分乘以另一部分再双倍,相加起来就正好等于 80,如同上文在原稿第 259 页(本书第 433 页)类似问题中所展示的那样①。

【例 16-4】 找到一个数字,将其分成两部分,两者相乘,加上较大部分和这个数字的一半之差的平方,得到 37,问这个数字及上述两部分各是多少。

本例很有益,但通过假设来求解将非常繁琐麻烦,需根据欧几里得(著作)的第二篇第五章来处理,即当把一个数量分成两个相等的部分和两个不相等的部分时,这个数字的 $\frac{1}{2}$ 乘以自身(其 $\frac{1}{2}$)就等于两个不相等的部分相乘。随你所愿分成两个不相等的数字,然后两个数字的乘积,加上两个数中较大部分与这个数字 $\frac{1}{2}$ 之差的平方。例如,假设数字 12,其 $\frac{1}{2}$ 为 6,6 乘以自身为 36。现在将其分成两个不相等的部分即 10 和 2,用 2 乘以 10 为 20,然后计算 10 与这个数的 $\frac{1}{2}$ 即 6 之间的差额,为 4,4 乘以自身为 16,加上两个数字的乘积即 20,得到 36,正好等于这个数字的一半乘以自身。

但如果问题是如何找到这个数字?假定取 $R_x 36$,即 6,是这个数字的一半,那么这个数字就是 12。现在,为了解答所问的两个部分,以你所愿将 12 分成两个不相等的部分,即一个比另一个大,以便较大部分与这个数的 $\frac{1}{2}$ 之间有差额,因为如果它们相等,就不会有任何差额,这是需要注意的事项等。因此,为了满足题目的要求,假定取 $R_x 37$,是该数字的一半,现在用你自己的方式将其分成两部分,遵循问题及解题方法将得解。

【例 16-5】 找到一个数字,其加上 4,总和乘以加上的数字 4,再加上这个数字一半的平方,得到 101,问这个数字是多少。

---

① 参见本书的第十二部分"数的分配与分割",有多个类似案例,指本书第 433 页的多个类似案例,其也注明见原稿第 351 页,指本书本页。——译者注

根据欧几里得(著作)的第二篇第六章来处理,要知道为了回答这个问题或其他类似的问题,需要取这个数字的 R_X,从这个 R_X 中扣减要加在其上的数字,即 4,剩余值就是这个数字的一半,永无误。将其双倍,就得到这个数字,验证将无误。这个数字加上一个数量,然后其总和乘以加上的这个数量,这个乘积再加上这个数字一半的平方,总是等于这个数字的一半加上这个数量乘以自身。

例如,(上述剩余值)得到 6,其为要求数字的一半,即这个数字是 12。验证如下:其加上 4 为 16,16 再乘以加上的 4 为 64,然后取这个数字的一半 6,6 乘以自身为 36,加上 64 为正好为 100,这就是 10 的平方,10 为 4 加这个数字的一半 6 之和。类似地,取 100 的 R_X 值为 10,10 扣减 4 为 6,就是要求数字的 $\frac{1}{2}$,取其双倍为 12,即为要求数字。类似地,假设加上的数量为 20,其无法被从 R_X100 中扣减,但你可以通过二项式加减来计算,从 R_X100 中扣减 20,余(R_X100 - 20),为要求数字的 $\frac{1}{2}$,取其双倍为 (R_X400 - 40),就是要求数字,因此它加上 20 为(R_X400 - 20),乘以加上的数 20,为 (R_X160 000 - 400),然后将要求数字的一半即(R_X100 - 20)乘以自身得(500 减 R_X160 000),加上(R_X160 000 - 400)正好等于 100。依此类推。

现在来看本题,其所得到结果即 101 的 R_X 是非离散的,用 R_X101 扣减 4,余 (R_X101 - 4),其为要求数字的 $\frac{1}{2}$,将其双倍得(R_X404 - 8),就是题目所要求的数字,利用二项式,根据题设条件进行验证将无误。

若没有告知加在这个要求数字上的数量,比如,找到一个数字,其加上一个数量的和乘以这个加上的数量,乘积加上这个数字一半的平方,得到 101,问这个加上的数量是多少。

同样方法来求解:取 R_X101,从中扣减你所愿的数量,其剩余值就是所要求数字的一半,题目所问的要加上的数量,就是这里你扣减的数量,比如,你扣减 5,那么加上的数量就是 5;扣减 7,加上的数量就是 7。所以计算要求数字的 $\frac{1}{2}$,如果想要加上的数量是 5,那么这个数字的一半就是(R_X101 - 5),这个要求的数字将是(R_X404 减去 10),当你想让数量为 7 时,那么要求数字的 $\frac{1}{2}$ 将是(R_X101 - 7),要求数字将是 (R_X404 - 14),如此即能满足题设,题设给出任何数量,均可按此方法求解。

【例 16-6】 两人有钱财若干,第一个人拥有的钱财数量的平方加上两个人拥有钱财总数的平方,为 160。第二个人拥有的钱财数量的平方加上两个人拥有钱财总数的平方,为 112,问每个人拥有多少钱财。

根据欧几里得(《几何原本》)的第二篇第七章来处理,前述的三个问题形成的结论很明显而且难度不大,但这些问题无法通过假设的方法求解,因此需要参照第七章的方法。即当一个数被分成两部分时,这个数的平方加上这个数中的某一部分的平方,等于这个部分乘以这个数的乘积,双倍后加上另一部分的平方。

例如,这个数为12,分成两部分,一部分为8,另一部分为4,12乘以自身为144,加上其中一部分的平方,这个部分取4,其平方为16,16加上144为160,然后这个加上部分4乘以12为48,再双倍为96,96加上另一部分8的平方64,得到160,两者相等永无误。

现在关于这个问题,你可清楚地看到,第二个计算中采用了双倍,若不采用双倍,结果将是112,这与160之间的差额为48,也就是第一次两者相乘的结果(即4乘以12)。现在在此基础上依此类推。假设第一部分为1co,问多少乘以1co等于48。用48除以1co得到$\frac{48}{1co}$,就是被分成两部分的数字,现在为求解第二部分是多少,从这个数字即两部分的总和中扣减1co,得$\frac{(48-1co^\square)}{1co}$,就是第二部分的数字。现在根据题设,将$\frac{48}{1co}$乘以自身,为$\frac{2\,304}{1co^\square}$,然后将第一部分1co乘以自身为$1co^\square$,再加上$\frac{2\,304}{1co^\square}$,得$\frac{(2\,304+1co^{\square\square})}{1co^\square}$,应等于160。

去分母得$(2\,304+1co^{\square\square})$等于$160co^\square$,取二次项系数的一半,将其平方,扣减常数项,余4\,096,二次项系数的一半为80,80减去$R_x 4\,096$即64,余16,再取R_x即$R_x 16$为4,就是假设值,也即第一部分数字。求解第二部分数字,将第一部分数字乘以自身为16,从160中扣减16余144,则$R_x 144$就是被分成两部分的数字12,将第一部分4从其中扣减,余8,即第二部分数字,解毕。若采用112来构建等式也是类推计算。

【例16-7】 将15分成两部分,每部分都乘以自身,然后用较大部分的平方数加上36,较小部分的平方减去12,得到两个剩余值,一个的R_x值加上另一个的R_x值等于10,问两部分各是多少。

要知道这是一个很好很适当的问题,(按照以下方法来运算),否则使用常规假设方法会很繁琐。因此如此表述:将15分成两部分,较大部分的平方扣减36,较小部分的平方数加上12,两个剩余值的R_x相加得到10。假设15的一部分是1co,另一部分是15减1co;用1co乘以自身为$1co^\square$,扣减12为$(1co^\square-12)$;亦可直接假设10的两部分为$(5-1co)$和$(5+1co)$。接着上述假设将$(15-1co)$乘以自身为$(225-30co+1co^\square)$,扣减36为$(189-30co+1co^\square)$,这是两部分中较大的部分。现在取$R_x(1co-$

12),然后取 $R_x(189-30co+1co^\square)$,两者加总得到 $[R_x(189-30co+1co^\square)$ 加 $R_x(1co-12)]$,其将等于 10,等式两边扣减 $R_x(1co-12)$,得到 $[10-R_x(1co-12)]$ 等于 $R_x(189-30co+1co^\square)$。

现在将等式两边平方,左边 $[10-R_x(1co^\square-12)]$ 乘以自身,同上使用十字交叉相乘: $-R_x(1co^\square-12)$ 乘以 $-R_x(1co^\square-12)$ 得 $(1co^\square-12)$,因为 R_x 乘以自身将还原其数量。再用 10 乘以 $R_x(1co^\square-12)$,将 10 换算 R_x 为 R_x100,然后 100 乘以 $(1co^\square-12)$ 为 $(100co^\square-1\,200)$,另外一个交叉相乘项有同样的结果,两者相加得到 $-R_x(400co^\square-4\,800)$,再将 10 乘以自身为 100,便得到乘积 $[100$ 减 $R_x(400co^\square-4\,800)$ 加 $1co^\square-12]$,即 $[88$ 加 $1co^\square-R_x(400co^\square-4\,800)]$。

接下来将 $R_x(189-30co+1co^\square)$ 乘以自身为 $(189-30co+1co^\square)$,其将等于 $[88+1co^\square-R_x(400co^\square-4\,800)]$。移项化简得到 $-R_x(400co^\square-4\,800)$ 等于 $(101-30co)$,为消除 R_x,等式两边各乘以自身,$(101-30co)$ 乘以自身等于 $(10\,201-6\,060co+900co^\square)$,$R_x(400co^\square-4\,800)$ 乘以自身为 $(400co^\square-4\,800)$,其应等于 $(10\,201-6\,060co+900co^\square)$。移项化简,得到 $6\,060co$ 等于 $(15\,001+500co^\square)$,除以二次项系数,得 $12\frac{3}{25}co$ 等于 $(30\frac{1}{500}+1co^\square)$。取一次项系数的一半为 $6\frac{3}{50}$,乘以自身为 $36\frac{1\,809}{2\,500}$,扣减常数项 $30\frac{1}{500}$,余 $6\frac{451}{625}$,则 $(6\frac{3}{50}-R_x6\frac{451}{625})$ 就是假设值,即 15 分成的两部分中的较小的一部分,另一部分则为剩余值即 $(8\frac{47}{50}+R_x6\frac{451}{625})$。

验证如下:将 $(6\frac{3}{50}-R_x6\frac{451}{625})$ 乘以自身,结果扣减 12,其剩余值取 R_x,先置于此;然后将 $(8\frac{47}{50}+R_x6\frac{451}{625})$ 乘以自身,结果扣减 36,剩余值取 R_x 加上上述 R_x,将正好等于 10,那么现在满足题设条件的 10 的两部分,一部分为第一个扣减 12 后剩余值的 R_x 值,即为较小的部分,另一部分为扣减 36 后剩余值的 R_x 值。

再根据题目来验证:将上述所得到的结果每部分均乘以自身,较小部分加上 12 后取 R_x,较大部分加上 36 后取 R_x,两者相加得 15,验毕。将上述加总结果换为 14 来验证,10 的一部分为 2,另一部分为 8,将 2 乘以自身为 4,4 加上 12 为 16,将 8 乘以自身为 64,64 加上 36 为 100,R_x16 为 4,R_x100 为 10,两者相加为 14,验毕。

你还可以假设一部分为 $7\frac{1}{2}$ 加 $1co$,另一部分为 $7\frac{1}{2}$ 减 $1co$,依据题目运算,有最终的等式 $1co^\square$ 等于 $(2\frac{22}{25}co+4\frac{81}{125})$,解得假设值 $1co$ 为 $(R_x6\frac{451}{625}+1\frac{11}{25})$,加上 $7\frac{1}{2}$ 为

$\left(8\frac{47}{50} + R_x 6\frac{451}{625}\right)$,结果同上,注意不要弄错 R_x 中的数量,这样可以计算另一部分。

【例 16-8】 将 10 分成两部分,将较大部分乘以自身,再除以较小部分,将商平方,其平方等于较大部分加上商的和再乘以较大部分,问两部分各是多少。或简言之,将 10 分成两部分,较大部分的平方除以较小部分所得之商乘以自身等于商加上较大部分之和再乘以较大部分,问两部分各是多少。

要知道,这个问题以及其他任何类似的问题,在普通的代数应用中是很难解答的,要解答这个问题,必须有欧几里得《几何原本》中第十三部分第四章的基础,其中讨论了每当一条直线按照比例 h、m、d① 划分时,如果上述直线作为一个整体,对其较大部分按照同样的比例划分,这个较大部分就将被看作是它被划分之前的直线。

所以你要知道,这个问题等同于:将 10 分成两部分,较大部分乘以自身等于较小部分乘以 10,即将 10 根据中间部分和两端的比例来划分。

假设其一部分为 1co,则另一部分为 (10 − 1co),将 (10 − 1co) 乘以自身为 (100 − 20co + 1co□),然后将用 1co 乘以 10 为 10co,其应等于 (100 − 20co + 1co□),移项得到 30co 等于 (100 + 1co□),取一次项系数的一半,乘以自身,扣减常数项,余 125,则假设值即较小部分为 (15 − R_x125),另一部分为 (R_x125 − 5)。

现在看其是否满足题设,将较大部分 (R_x125 − 5) 乘以自身为 (150 − R_x12 500),其除以较小部分即 (15 − R_x125),通过二项式的运算得到结果为 10,因为将 (15 − R_x125 × 10),正好等于 (R_x125 − 5) 乘以自身,因此除法的商为 10。将这个商乘以自身为 100,先置于此。然后将这个商加上较大部分即 (R_x125 − 5),得 (R_x125 + 5),将其再乘以较大部分即 (R_x125 − 5),得 100,正好等于上述商乘以自身,解毕。

但注意,并不是说所有的问题结果是 100 才能解答,若你用心理解上述逻辑,就知道其论证清晰确凿,其解答非常有力地验证了相应结论,即便以你所愿提出所得数量为 100 以上,亦可得解。

【例 16-9】 将 12 分成两部分,一部分乘以自身等于另一部分乘以 12,较大部分加上一个数量的和乘以自身是所加上的这个数量平方的 5 倍,问这两部分及加上的这个数量是多少②。

根据前文所提及欧几里得著作第十三部分的方法来解答,否则会单调乏味。这个问题如同(欧几里得《几何原本》)第十三部分第六章的倒数第二个问题所展示的那样,就是将 12 按照中间和两端的比例进行分割。第十三部分中的运算已经验证,若其中较大部分要加上的数量与这个要分配数量的一半相等,那么其和(即较大部分加

---

① 从后文来看应该是指中间和两端。——译者注
② 原稿页面左侧空白处有如下注明:1480 年 4 月 20 日送到佛罗伦萨。

上这个数量)的平方就将等于要分配数量一半的 5 倍,永无误。

因此为了满足题设,假设 12 的其中一部分为 1co,另一部分为(12 - 1co),将其平方,得(144 - 24co + 1co□),然后用 1co 乘以 12 为 12co,其将等于(144 - 24co 加 1co□),移项化简,求解得到假设值为(18 - R_x180),即为较小部分,另一部分为(R_x180 - 6),解毕。

现在来计算要加在较大部分上的数量,应总是取要分配数量即 12 的一半,为 6,其必然是要加上的数量,即较大部分加上这个数量的平方必将等于加上数量的 5 倍。但若要求是 4 倍或 3 倍等,这个规则将不再适用,除非是 5 倍,因此(若非 5 倍)就必须采用另外规则来解答。用 6 加上(R_x180 - 6)为 R_x180,其乘以自身为 180,为 6 的平方即 36 的 5 倍,解毕。

【例 16-10】 将一个数量分成三部分,第一部分乘以这个数量的 $\frac{2}{3}$,等于第三部分乘以自身;将第二部分加上第三部分,所得之和的平方是第二部分平方的 5 倍,问这个数量以及所分的每部分数量是多少。

要知道这个问题可以用上一案例加上一个数量来解答,若能便捷求解为佳。任何用假设条件求解的方法都会很繁琐,若使用假设条件,题设称分为三部分,则你须进行相应假设。

计算得到上一例应分数量 12 的一半为其中的一部分,将 12 的一半加上 12 自身为 18,也就是本例应分数量为 18,第一部分即较小部分为(18 - R_x180),第二部分为 6,第三部分为是(R_x180 - 6)。

先取 18 的 $\frac{2}{3}$,为 12,第一部分即(18 - R_x180)乘以 12,将等于第三部分即(R_x180 - 6)乘以自身,因为 12 被(根据上文中的比例)分成这两部分,取第二部分为 6,加上第三部分即(R_x180 - 6)为 R_x180,其平方等于 6 的平方,即 36 的 5 倍,解毕。

这样可以将每个数量按上述比例划分出一个数量,这个划分出的数量取 $\frac{1}{2}$,加在要分配的数量上,其总和就是要分成三部分的数量,其第一部分乘以这个要分配数量的 $\frac{2}{3}$,等于第三部分乘以自身。同时,第二部分加上第三部分所得之和的平方是第二部分平方的 5 倍。

例如,你想要将 10 分成两部分,取其 $\frac{1}{2}$,为 5,加上 10 为 15,这个 15 要分成三部分,第一部分将为(15 - R_x125),第二部分为 5,即总为 10 的一半,第三部分为(R_x125 - 5),即可满足题设条件永无误。若条件为 4 倍或 3 倍或 6 倍,则适宜于 5 倍的规则,对其不适用,所以对你而言,问题种类很多,解答问题不易。

【例 16-11】 找到一个数字,将其分为两部分,较小部分占较大部分的比例是较大部分占这个数字的比例;较小部分加上较大部分的一半之和乘以自身为 10,问这个数及每部分分别是多少。

要知道,为简化类似问题,须牢记欧几里得《几何原本》中第十三部分的内容,其讨论了若一个数量按照中间和两端的比例来划分,如果较小的部分连续地、直接地加上较大部分的一半,所得之和的平方将是较大部分一半的平方的 5 倍,永无误。

为了满足题设,你可以发现较小部分加上较大部分之和的平方为 10,而结论就是这个 10 是较大部分一半的平方的 5 倍,因此取 10 的 $\frac{1}{5}$,为 2,其就是较大部分的一半的平方,因此较大部分的一半为 $R_x 2$,其平方为 2,即 10 的 $\frac{1}{5}$。

现在解得较大部分的一半,将其双倍,为 $R_x 8$,就是所要求的数量的较大部分。现在计算较小部分,已知较小部分加上较大部分的一半为 $R_x 10$,因此将较大部分的一半从 $R_x 10$ 中扣减,剩余值就将是较小部分,但是 $R_x 2$ 不是离散的,无法从 $R_x 10$ 中扣减,因此可知剩余值为 $(R_x 10 - R_x 2)$,就是较小部分。

现在可求解要分配数,将两个部分相加即较小部分 $(R_x 10 - R_x 2)$ 和较大部分 $R_x 8$ 相加,得到 $(R_x 10 + R_x 2)$,它就是要分配数。根据题设条件来验证将无误,用二项式的方法来计算,应注意规则适用于 5 倍比例关系,而非 3 倍、4 倍等。

【例 16-12】 一个轮子的直径为 10,3 个人打磨,每个人打磨自己的部分,问每个人打磨的直径各是多少。

前文(原稿)第 302 页①已讨论过轮子打磨的计算,此处继续演示其运算,即便千人打磨其运算亦是同样方法。先如同圆一样计算轮子面积,将直径乘以自身为 100,取其 $\frac{11}{14}$ 得 $78\frac{4}{7}$,就是轮子面积,若每个人打磨部分相等,则将面积除以 3,若每个人打磨部分根据他们自己协商安排,则按每个人的安排部分进行计算。但此处要求平均分配,得到每个人打磨 $26\frac{4}{21}$。

现在来计算直径,从轮子中心开始计算,取上述面积数量计算,剩余部分就是其他人打磨部分,这样计算更简单。因此找到一个直径使圆面积为 $26\frac{4}{21}$,假设其为

---

① 参见第十四部分的例 14-177,其在卢卡·帕乔利原稿中第 302 页。——译者注。

1co,将其乘以自身为1co□,取其$\frac{11}{14}$得$\frac{11}{14}$co□,其等于$26\frac{4}{21}$,用$26\frac{4}{21}$除以$\frac{11}{14}$,得$33\frac{1}{3}$,则假设值为$R_x 33\frac{1}{3}$,就是最后剩余部分直径,也是第一个人打磨的直径。

现在计算第二个人打磨的直径,将其打磨的面积与第一个人打磨的面积相加,即$26\frac{4}{21}$和$26\frac{4}{21}$相加,得$52\frac{8}{21}$,然后计算这个面积的圆即第一个人和第二个人打磨的面积$52\frac{8}{21}$,其直径是多少,假设其直径为1co,乘以自身为1co□,取其$\frac{11}{14}$得$\frac{11}{14}$co,等于$52\frac{8}{21}$,用$52\frac{8}{21}$除以$\frac{11}{14}$,得$66\frac{2}{3}$,则$R_x 66\frac{2}{3}$就是第一个人和第二个人打磨的直径。

已知第一个人打磨的直径为$R_x 33\frac{1}{3}$,将其从$R_x 66\frac{2}{3}$中扣减,剩余$\left(R_x 66\frac{2}{3} - R_x 33\frac{1}{3}\right)$,就是第二个人打磨的中间部分,那么第三个人必须打磨剩余部分,即10减去其他两个人打磨的直径$R_x 66\frac{2}{3}$。若想要知道第二个人打磨了多少,用$\left(R_x 66\frac{2}{3} - R_x 33\frac{1}{3}\right)$除以2,得$\left(R_x 16\frac{2}{3} - R_x 8\frac{1}{3}\right)$,就是其打磨的一侧长度。

欲知第三个人打磨的长度,取$\left(10 - R_x 66\frac{2}{3}\right)$的一半,为$\left(5 - R_x 16\frac{2}{3}\right)$,就是其打磨的长度,如此哪怕千人打磨,先逐个相加运算,然后逐个扣减得到直径,再取其一半,如此可解答至无穷。

【例16-13】 将12分成三部分,第一部分的平方加上第二部分的平方等于第三部分的平方,用60除以每一部分,得到的3个商相加得48,问每部分各是多少。

要知道类似问题极为重要,要想把所有类似问题解答,而不仅仅是纸上谈兵,我将简明扼要地列示解答方法,你来照着做。要知道,将12分成三部分,计算每部分的平方,有很多方法,但不适用于(题设的另一个条件)60或其他数量除以它们。将12分成三部分:第一部分的平方加上第二部分的平方等于第三部分的平方,总是取12的$\frac{1}{4}$,为第一部分;然后取12的$\frac{1}{3}$,为第二部分;第三部分就是剩余值。取12的$\frac{1}{4}$,为3,即第一部分;再取12的$\frac{1}{3}$,为4,就是第二部分;剩余值为5,即第三部分。第一部分的平方为9,第二部分的平方为16,加总为25,但此划分并不完全满足题设条件,因此需要进行另外的运算。

现在假设第三部分为 1co，假设第三部分是为避免运算繁琐。剩余(12 减 1co)为其他两个部分，两者平方加总应等于第三部分的平方即 1co$\square$，这个假设值的运算会非常繁琐，但可这样来计算：取(12 减 1co)的 $\frac{1}{2}$，为 $\left(6-\frac{1}{2}co\right)$，将其乘以自身为 $\left(36-6co+\frac{1}{4}co\square\right)$，然后将这个乘积各项的加减符号调转，把前面的项移至后面，后面的项移至前面，中间的项保持不动，若为加项则转换为减项，若为减项则转换为加项。

这样转换后，取整个数量的 R_x，将 R_x 从 $6-\left(\frac{1}{2}co\right)$ 中扣减，则剩余部分就是(12 − 1co)中的一部分，另一部分就是 $\left(6-\frac{1}{2}co\right)$ 加上这个 R_x，因为一部分为 $\left(6-\frac{1}{2}co\right)$ 加上该项，另一部分为减去该项，两者相加必将等于(12 − 1co)。然后将每部分乘以自身，乘积加在一起正好等于第三部分的平方即 1co$\square$，因为加项减项正好抵消。

为便于理解，如将 $\left(6-\frac{1}{2}co\right)$ 乘以自身为 $\left(36-6co+\frac{1}{4}co\square\right)$，可以看到第一项 36 为加项，因此将其置于后面 $\frac{1}{4}co\square$ 的位置，然后 $\frac{1}{4}co\square$ 转换为减项并置于第一位的位置，而中间位置的 6co，仍在其原有位置上，同时将减 6co 转换为加 6co，这样转换后，得到 $\left(-\frac{1}{4}co\square+6co-36\right)$，取其整体的 R_x 值，从 $\left(6-\frac{1}{2}co\right)$ 中扣减，剩余值为 $\left[6-\frac{1}{2}co-R_x\left(-\frac{1}{4}co\square+6co-36\right)\right]$，就是(12 − 1co)中较小的那一部分，另一部分则为 $\left[6-\frac{1}{2}co+R_x\left(-\frac{1}{4}co\square+6co-36\right)\right]$，这样两者相加等于(12 − 1co)。

现在将每一部分乘以自身，其一得 $\left(72-12co+\frac{1}{2}co\square\right)$，另一得 $\left(12co-72+\frac{1}{2}co\square\right)$，两者相加正好等于 1co$\square$。因为 $\left(6-\frac{1}{2}co\right)$ 减 $R_x\left(-\frac{1}{4}co\square+6co-36\right)$ 乘以自身：$-R_x\left(\frac{1}{4}co\square-6co-36\right)$ 乘以 $-R_x\left(\frac{1}{4}co\square+6co-36\right)$ 为 $\left(\frac{1}{4}co\square+6co-36\right)$，这是其中一部分，然后用 $\left(6-\frac{1}{2}co\right)$ 乘以 $-R_x\left(-\frac{1}{4}co\square+6co-36\right)$ 得到一个数量，而且交叉相乘，因此其乘积应取双倍。然后将 $\left(6-\frac{1}{2}co\right)$ 乘以自身得 $\left(36-6co+\frac{1}{4}co\square\right)$，与

其他两项加在一起，则得到较小部分乘以自身的结果。

然后同样计算另外一项，从 R_x 开始：$R_x\left(\frac{1}{4}co^{\square}+6co-36\right)$ 乘以 $R_x\left(\frac{1}{4}co^{\square}+6co-36\right)$ 为 $\left(\frac{1}{4}co^{\square}+6co-36\right)$，加上上述同样的结果，为 $\left(12co-72+\frac{1}{2}co^{\square}\right)$，然后交叉相乘 $\left(6-\frac{1}{2}co\right)$ 乘以 $R_x\left(-\frac{1}{4}co^{\square}+6co-36\right)$，先得到一个数量，其中 R_x 值是加项；再乘一次得到另一个相同的数量，同样其中 R_x 值也是加项。两者相加后再与上述 R_x 值为减项的对应项目相加，则正好抵消，结果为零。

再将 $\left(6-\frac{1}{2}co\right)$ 乘以自身得到 $\left(36-6co+\frac{1}{4}co^{\square}\right)$，其与上文中的同样项目相加得 $\left(72-12co+\frac{1}{2}co^{\square}\right)$，这个和再加上 $\left(12co-72+\frac{1}{2}co^{\square}\right)$，正好得 $1co^{\square}$，因为 72 和 12co 正好抵消。

现在根据题设来运算其他部分，需要用 60 除以每一部分，先将 1co 放于一边，取另两个多项式作为被除数，用 60 除以 $\left[\left(6-\frac{1}{2}co\right)\text{减} R_x\left(-\frac{1}{4}co^{\square}+6co-36\right)\right]$，得到分数 $\dfrac{60}{\left[\left(6-\frac{1}{2}co\right)-R_x\left(-\frac{1}{4}co^{\square}+6co-36\right)\right]}$，保留于此。然后用 60 除以另一部分，即 $\left[6-\frac{1}{2}co+R_x\left(-\frac{1}{4}co^{\square}+6co-36\right)\right]$，得到另一个分数，即 $\dfrac{60}{\left[\left(6-\frac{1}{2}co\right)\text{加} R_x\left(-\frac{1}{4}co^{\square}+6co-36\right)\right]}$，将这两个分数相加。用交叉相乘来约分，首先用 $\left[-R_x\left(-\frac{1}{4}co^{\square}+6co-36\right)\right]$ 乘以 60，得到一个数量，其 R_x 值为减项，然后同样交叉相乘，乘以加 $R_x\left(-\frac{1}{4}co^{\square}+6co-36\right)$，将乘积相加，结果为零。

再用 $\left(6-\frac{1}{2}co\right)$ 乘以 60 为 $(360-30co)$，同样反过来相乘，两个乘积相加得 (720 减 60co)，即为分数线上的分子，其应除以分数线下分母的乘积，即 $\left[\left(6-\frac{1}{2}co\right)-R_x\left(-\frac{1}{4}co^{\square}+6co-36\right)\right]$ 乘以 $\left[\left(6-\frac{1}{2}co\right)\text{加} R_x\left(-\frac{1}{4}co^{\square}+6co-36\right)\right]$，交叉相乘，从后面一部分开始：$-R_x\left(-\frac{1}{4}co^{\square}+6co-36\right)$ 乘以 $R_x\left(-\frac{1}{4}co^{\square}-6co-36\right)$ 得

$\left(-\frac{1}{4}co^{\square}+6co-36\right)$，先保留于此，然后交叉相乘，用$\left(6-\frac{1}{2}co\right)$乘以$\left[-R_x\left(-\frac{1}{4}co^{\square}+6co-36\right)\right]$，以及$\left(6-\frac{1}{2}co\right)$乘以加$R_x\left(-\frac{1}{4}co^{\square}+6co-36\right)$，相加正好抵消，结果为零。

再将$\left(6-\frac{1}{2}co\right)$乘以$\left(6-\frac{1}{2}co\right)$，得$\left(36-6co+\frac{1}{4}co^{\square}\right)$，这个乘积减去$\left(-\frac{1}{4}co^{\square}+6co-36\right)$，剩余$(72-12co)$，用$(720-60co)$除以此数，得$\frac{(720-60co)}{(72-12co)}$，这就是加在一起的两个商。然后加上第三个商，即$\frac{60}{1co}$，约分，交叉相乘，用$1co$乘以$(720-60co)$为$(720co+60co^{\square})$，然后另外用60乘以$(72-12co)$为$(4\,320-720co)$，两者相加得$(4\,320-60co)$，其为分数线上的分子，然后将两个分母相乘，即$1co$乘以$(72-1co)$为$(72co-1co^{\square})$，这样得到分数$\frac{(4\,320-60co)}{(72co-12co^{\square})}$，而这所有的商相加，总和等于48。去分母，即用$(72co-12co^{\square})$乘以48，得$(3\,456co-576co^{\square})$，移项化简，两边除以二次项的系数，得到等式$\left(8\frac{16}{43}+1co^{\square}\right)$等于$6\frac{30}{43}co$，取一次项系数的一半，乘以自身，扣减常数项，剩余$2\frac{1\,558}{1\,849}$，其$R_x$值加上一次项系数的一半就是假设值，即$3\frac{15}{43}$加$R_x 2\frac{1\,558}{1\,849}$，就是题设要求的12中的较大部分。

现在计算另外两部分，我将这个运算留给你，方法如下：已知较小部分是$\left[\left(6-\frac{1}{2}co\right)减 R_x\left(\frac{1}{4}co^{\square}+6co-36\right)\right]$，因此取$\frac{1}{2}co$的值，从6中扣减，剩余值扣减$\left(\frac{1}{4}co^{\square}+6co-36 的\right)R_x$值，剩余值即为较小部分。对于另一部分即$\left[\left(6-\frac{1}{2}co\right)加 R_x\left(\frac{1}{4}co^{\square}+6co-36\right)\right]$，用6扣减$\frac{1}{2}co$的剩余值加上$\left(\frac{1}{4}co^{\square}+6co-36\right)$的$R_x$值，总和就是第二部分，如此你自己进行运算，因为这对我来说很乏味，解毕。

若想用离散数（的R_x）来验证类似题设，可以设定其商加总为47，这样可解得较大部分为5，第二部分为4，第三部分为3，将完全符合题设。当题设为将10或其他数字分成3部分时，此方法并不适用，但是对于12适用，因为其结果是离散的，可假设较大部分为$1co$，第二部分为$\left[\left(5-\frac{1}{2}co\right)加 R_x\left(\frac{1}{4}co^{\square}+5co-25\right)\right]$，按上述方法同样运算即可[①]。

【例 16-14】 一个人承诺给另一个人小麦,从 1 粒小麦开始,每次翻倍,次数为一个国际象棋棋盘格的数量,即 64 次。另一人则承诺给他 64 杜卡迪,即每翻倍一次给

---

① 原稿页面空白处有如下计算:

12－1co 1co 第三部分

$6-1co-R_X \frac{12}{4}+6co-36$ 第一部分

$5-\frac{1}{2}co+R_X \frac{1}{4}\square+6co-36$ 第二部分

得

$$\frac{60}{6-\frac{1}{2}co-R_X\frac{1}{4}\square+6co-36} \qquad 得 \quad \frac{60}{1co}$$

$$\frac{60}{6-\frac{1}{2}co-R_X\frac{1}{4}\square+6co-36} \qquad 得$$

$$\frac{60}{6-\frac{1}{2}co-R_X\frac{1}{4}\square+6co-36} \times \frac{60}{6-\frac{1}{2}co+R_X\frac{1}{4}\square+6co-36}$$

总和为

$$\frac{60}{1co} \times \frac{720-60co}{72-12co}$$

$$\frac{4\,320-720co+720co-60\square}{72co-12\square}$$

$$\frac{4\,320-60\square}{72co-12\square} \qquad\text{——}\qquad a\ 48$$

$4\,320-60\square=3\,465co-576\square$

~~155~~
~~3678~~
~~5266~~ 2 $\frac{1558}{1849}$
~~1847~~

值为 $3\frac{15}{43}+R_X 2\frac{1\,558}{1\,849}$

第三部分即最大部分

$8\frac{5}{14}+1\square \qquad\text{——}\qquad 6\frac{30}{43}co$

20 736

$\frac{1\,548}{5\,256} \qquad \frac{20\,736}{1\,849} \qquad 2\frac{15}{43}$

e 47 将正好得假设值

$3\frac{5}{14}+R_X 1\frac{137}{196}$

即 $3\frac{5}{14}+1\frac{9}{14}$

1杜卡迪。假定72粒小麦重$\frac{1}{8}$盎司,140磅为1斯塔,而每斯塔(小麦)价值$\frac{1}{2}$杜卡迪,问对谁更有利,最终给出多少小麦。

我简短思考认为,在没有对两者进行计算比较的情况下,极大可能是承诺每次翻倍给出1杜卡迪的人更有利,为了向你表明此结论的正确性,我想在这里立即给出计算翻倍的方法,以及计算无限次翻倍后,加总值的计算方法等。

现在开始计算,一粒小麦的第一次翻倍,为2;第二次翻倍,为4;第三次翻倍,为8;第四次翻倍,为16等,如此持续运算。但我不希望你以这样原始的方式去运算,而是使用现成的计算艺术,即:当第一次翻倍为2,最终翻倍64次。将第一次翻倍后的后的数量乘以自身为4,就是翻倍2次的结果;然后将4乘以自身为16,就是翻倍4次的结果;将16乘以自身为256,就是翻倍8次的结果;将256乘以自身为65 536,就是翻倍16次的结果;将65 536乘以自身,为4 294 967 296,就是翻倍32次的结果。然后将这个最后的翻倍数乘以自身,就是64次翻倍,得到18 426 744 053 709 551 616①,小麦的数量就可以通过一次次这样的方法来计算,永无误,你可随后验证②。

现在我们需要将64次翻倍的结果加总,简捷的方法就是从最后一个翻倍数中扣减2,剩余值就是除这个最后翻倍值之外的其他所有翻倍值的总和,然后将两者相加就得到所有翻倍值的总和。因此从最后的翻倍值中扣减2,余18 426 744 053 709 551 614,再加上最后的翻倍值,将得到368 534 881 074 191 103 230,这就是最终得到的小麦粒数。

现在要注意,你扣减2后的小麦数量,并不包括第一粒小麦,因为其并不是翻倍值,但若其承诺将64次的小麦都给另一人,第一次给1粒,第二次给2粒等,这样持续进行。若想要计算从第一粒开始的所有小麦数量,则必须从最后的翻倍数量中仅扣减1粒,剩余值就是最后翻倍之前所有小麦数量的总和,再加上最后的翻倍数就得到所有小麦数量的总和。

求得数量后,将小麦粒数换算为斯塔或者是柯贝(corbe),已知1磅6 912粒小麦③;140磅为1斯塔,即967 680粒小麦;1柯贝为4斯塔,即3 870 720粒小麦。因此用36 853 488 107 419 103 230除以3 870 720得9 521 093 777 750柯贝,而每柯贝价值

---

① 原稿此处有笔误,应为18 446 744 073 709 551 616,下同。——译者注。
② 原稿页面空白处有如下注明:参见原稿第217页,指本书第364页[例10-91]有同样关于翻倍的计算。——译者注。
③ 因为前文称72粒小麦重$\frac{1}{8}$盎司,则1盎司为572粒,1磅为12盎司即为6 912粒。——译者注。

2 杜卡迪。如果了解这个数量的庞大,就知道也许意大利一年的收获都无法满足这个数量。如你所见,接下来的案例也将非常有用,而且能验证这一点。

【例 16-15】 有 10 个商人住在一家旅店里,给旅店老板 10 杜卡迪,要求其承诺 10 个人有多少种在桌子前的坐法,就上多少道菜,餐食费用是每道 20 索尔迪,问这种做法是对商人有利? 还是对旅店老板更有利? 将要上多少道菜? 商人可以有多少种坐法?

要知道透过此问题你可以学到极具想象力和美感的艺术。要解答就必须从 1 个人开始,然后到 10 个人结束。现在从 1 开始:若只有 1 个人,那么只有 1 种排列座位的坐法;接下来增加人数:若是 2 人,不可能超过 2 种坐法。若 3 人,不可能超过 6 种坐法,因为若其中一个人坐在首把椅子上,其他两个人有两种坐法,然后若这两人中的一个坐在首位,其他两个人也有 2 种坐法,这样共有 4 种坐法;同样若这两人中的另一个人坐在首位,其他两人亦有 2 种坐法;总共 6 种坐法,所以,3 人共有 6 种坐法,不可能再多。然后再进一步,4 个人有 24 种坐法,因为,一个人坐在首位,则其他 3 人如前所述,有 6 种坐法;然后,这 3 人中的第三人坐在首位,其他 3 人也有 6 种坐法,共 12 种;同样,第二人坐在首位,其他 3 个人也会有 6 种变化,即共 18 种;最后第三个人坐在首位,其他 3 个人也会有 6 种变化,共 24 种坐法;即 4 个人的坐法不可能超过 24 种。

现在继续:5 人将有 120 种坐法,因为 1 人坐首位,则其他 4 个人同上述,有 24 种坐法;同样,这 4 人中的第四人坐首位,其余 4 人也有 24 种坐法,共 48 种;第三人坐首位,其余人有 24 种坐法,共有 72 种坐法;第二人坐首位,其余人有 24 种坐法,共有 96 种坐法;第一个人坐首位,其余人有 24 种坐法;总共有 120 种坐法,不可能有比其更多的坐法。

对于 6 个人,已知一人坐在首位,如上文计算其他 5 人有 120 种坐法,这 5 人中的第五人坐首位,其他人有 120 种坐法;第四、第三、第二、第一人坐首位,其他人均有 120 种坐法,因此加总所有这 6 套坐法,每套有 120 种坐法,总共 720 种,就是 6 个人所能有的坐法。

对于 7 人亦同样运算,总共 7 套坐法,每套如上文计算的有 720 种坐法,因此用 7 乘以 720 为 5 040,就是 7 个人能有的最多的坐法。对于 8 人亦同样运算,共 8 套坐法,每个人坐首位,其余 7 人有 5 040 种坐法,因此用 8 乘以 5 040 为 40 320,就是 8 人能有的最多坐法。对于 9 人,有 9 套坐法,每人坐首位,其余 8 人有 40 320 种坐法,因此用 9 乘以 40 320 为 362 880,就是 9 人能有的最多坐法。对于 10 人,有 10 套坐法,每人坐首位，其余9人有362 880种坐法，因此用10乘以362 880得3 628 800，就是10个人能有的最多坐法。

这样来计算谁更有利，则看旅店老板需要上多少道菜，价值多少，假设每杜卡迪价值6里拉，则餐食的总费用为60 480，解毕。若你想要计算11人有多少种坐法，则用11乘以362 880，就是11个人有的最多坐法数量，对于12个人则用12乘以11个人的做法数量，即可得到12个人的最多坐法数量。

依此类推至无穷。但是值得注意的是，我一开始就向你展示了其运算方法，通过这种方法你可以计算1个人可以有多少种坐法，即你知道1人只能有一种坐法；那么要知道2人坐法，只需用1乘以2，就是2种坐法；然后要知道3人，用3乘以前面2人的坐法即2，得6，即3人坐法。对于4，用4乘以前面3人的坐法即6，得24，即为4人坐法；对于5，用5乘以24为120，即5人坐法。对于6，用6乘以120，为720，就是6人坐法；然后对于7，8，9，10，依此类推至无穷，总是可以解答多少人能有的最多坐法数量，解毕。

【例16-16】 求解3个数字，第一个数字是另外两个数字之和的$\frac{1}{3}$加$\frac{1}{4}$，第二个数字是1加3个数字之和的R_x值，第三个是数字是其自身和第二个数字之和的$\frac{1}{4}$加$\frac{1}{5}$，问这3个数字各是多少。

有很多方法来解答这个问题，但是采用如下解法：为简便起见，假设第二个数字和第三个数字加起来合计数为1co，题设称第一个数字是另外两个数字之和的$\frac{1}{3}$加$\frac{1}{4}$，因此是另外两个数字的$\frac{7}{12}$，因为$\frac{1}{3}$加上$\frac{1}{4}$为$\frac{7}{12}$，因此第一个数字为$\frac{7}{12}$co。然后第三个数字是其自身和第二个数字之和的$\frac{1}{4}$加$\frac{1}{5}$，因此为$\frac{9}{20}$co，则第二个数字是$\frac{11}{20}$co，现在每个数字都已经有了单独表达。因为第二个数字是1加3个数字之和的R_x值，将1从$\frac{11}{20}$co中扣除得到$\left(\frac{11}{20}co-1\right)$，其将等于$R_x 1\frac{7}{12}$co，即3个数字总和的$R_x$值。

现在消除等式中的R_x，将等式两端均乘以自身，即$\left(\frac{11}{20}co-1\right)$乘以自身为$\left(\frac{121}{400}co^\square - 1\frac{1}{10}co+1\right)$等于$1\frac{7}{12}$co，移项化简，等式两端除以二次项系数，得到最终等

式 $\left(1\text{co}\square + \dfrac{400}{121} = 2\text{co}\dfrac{41}{60}\right)$[①]，取一次项系数的一半，乘以自身，扣减常数项，剩余 $16\dfrac{48\,296}{131\,769}$，其 R_x 值加上一次项系数的一半即 $4\dfrac{158}{363}$ 加 $R_x16\dfrac{48\,296}{131\,769}$ 就是假设值，也就是第二个数字和第三个数字的和，计算第三个数字，其为假设值的 $\dfrac{9}{20}$，即 $1\dfrac{241}{242}$ 加 $R_x3\dfrac{55\,179}{175\,692}$。

然后计算第二个数字，其为假设值的 $\dfrac{11}{20}$，即 $\left(2\dfrac{29}{66} + R_x4\dfrac{4\,141}{4\,356}\right)$。第一个数字则取假设值的 $\dfrac{7}{12}$，得 $\left(2\dfrac{1\,279}{2\,178} + R_x5\dfrac{282\,805}{4\,743\,684}\right)$，解毕。

找到 3 个数字，第一个数字是后边两个数字的 $\dfrac{3}{22}$，第二个数字为 40 加上 3 个数字总和的 R_x 值，第三个数字为其自身和第二个数字总和的 $\dfrac{19}{44}$。解得第一个数字为 12，第二个数字为 50，第三个数字为 38。

【例 16-17】 一个人须在 1472 年 5 月 1 日支付给另一个人 1 250 弗罗林，现在债权人与债务人约定分两次得到，一次在上述期限之前，即 1470 年 7 月 1 日给出一部分，其余的在上述期限之后，即 1473 年 9 月 1 日支付剩余部分；问债务人在上述期限之前要给出多少弗罗林，之后又要给出多少，这样不会有人受到欺骗。

要知道这样类似的问题我们已经在（原稿的）上文第 133 页至 145 页中讨论过[②]。求解先须计算提前时间，即从 1470 年 7 月 1 日到 1472 年 5 月 1 日的时长，其为 22 个月；然后计算延迟支付时间，即从 1472 年 5 月 1 日到 1473 年 9 月 1 日，为 16 个月，即期限之后的月数。再求解第一个日期和第二个日期需支付的弗罗林数量，这样来问：将 1 250 分成两部分，提前部分乘以 22，应等于延迟部分乘以 16。

按此来求解，得到提前支付部分为 $526\dfrac{6}{19}$ 弗罗林，即 1470 年 7 月 1 日支付的部分，相比 1 250 的剩余值为 $723\dfrac{13}{19}$，为延迟支付部分，即 1473 年 9 月 1 日支付部分，这样将与到期支付的价值一致。通过计算月份弗罗林的融合值将可验证。$723\dfrac{13}{19}$ 弗罗

[①] 原稿此处有误，$2\text{co}\dfrac{41}{60}$ 应为 $8\dfrac{316}{363}\text{co}$。——译者注
[②] 参见本书第六部分，其在原稿的 133 页至 145 页。——译者注

林在 16 个月内所赚取的，正好等于 $526\frac{6}{19}$ 弗罗林在债务人提前支付的期限 22 个月内所赚取的，因为债务人损失了 $526\frac{6}{19}$ 弗罗林 22 个月所应赚得的，因此需要让剩余的 $723\frac{13}{19}$ 弗罗林收回所损失的，这样计算即可，解毕。

【例 16-18】 一人须在 1472 年 5 月 1 日给另一个人 1 250 弗罗林，债务人在 1473 年 9 月 1 日延迟支付 850 里拉后，支付完所有债务，同时其在 1470 年 7 月 1 日提前支付了其他部分。问每弗罗林价值多少里拉。

此账目所要表达的意思如下所述，即同上例需计算提前 22 个月和延迟 16 个月支付的金额，表述如下：将 1 250 分成两部分，一部分乘以 22，等于另一部分乘以 16，将得到一部分为 $526\frac{6}{19}$，另一部分为 $723\frac{13}{19}$。即在 9 月 1 日，应支付 $723\frac{13}{19}$ 弗罗林，而题设称支付了 850 里拉，并支付完毕，因此 $723\frac{13}{19}$ 弗罗林价值 850 里拉。

为求解弗罗林的价值，问：若 $723\frac{13}{19}$ 弗罗林价值 850 里拉，那么每弗罗林价值多少里拉？计算得到 1 里拉 3 索尔迪 $5\frac{6\,118}{6\,875}$ 德纳里，解毕。提前支付的弗罗林为 $526\frac{6}{19}$，即在 1470 年 7 月 1 日支付，其弗罗林价值里拉的数量可以参照上述来进行计算。

【例 16-19】 一人须在 1470 年 6 月 10 日支付给另一个人若干数量的钱款，在 1468 年 4 月 10 日支付了其中的一部分钱款，剩下部分在 1471 年 11 月 10 日支付。问其应支付多少钱，先支付了多少钱，后来又支付了多少钱。

此问题你可按你所愿设定支付任何数量的钱财，然后再来计算支付的两部分。假设须支付 100 杜卡迪，现在来看提前支付的时间，从 1468 年 4 月 10 日到 1470 年 6 月 10 日是 26 个月；再计算延迟支付的时间是多少，从 1470 年 6 月 10 日到 1471 年 11 月 10 日，是 17 个月。然后同上类似表达问题：将 100 分成两部分，一部分乘以 26（即提前支付的月数），另一部分乘以 17（即延迟支付的月数），得到一部分为 $39\frac{23}{43}$（即提前支付的金额），另一部分为 $60\frac{20}{43}$（即延迟支付的部分），解毕，支付价值如你所愿。

【例 16-20】 将 10 分成不相等的三部分，第一部分乘以第三部分等于大小居中的部分(即第二部分)乘以自身,第一部分乘以第二部分等于第三部分乘以自身。也就是说,将 10 分成不相等的 3 部分,第一部分乘以最大的部分(即第三部分)等于居中部分(即第二部分)乘以自身,最小部分乘以居中部分等于最大部分乘以自身。但若只有前面一个条件会是一个更佳的问题。

根据卢查姆(Lucham)以及佩特罗佐(Petrozzo)[①]的观点,这个问题是不可能解答的,但是可以参考巴比伦人的数学智慧。

将 10 分成三部分,第一部分乘以最大的数(即第三部分)等于居中的数(即第二部分)乘以自身,第一部分和第二部分分别乘以自身再相加的总和等于第三部分乘以自身,问每部分各是多少。

要知道这是一个极有意义的问题,类似于前文中的第 354 页(原稿)将 12 分成三部分的那个问题[②],有多种解答方法,但我认为如下方法最简便:假设最大的第三部分为 1co,那么第一部分和第二部分之和就是(10 − 1co),为满足题设条件,将 10 减 1co 分成两部分,每部分的平方加总等于第三部分的平方,即 1co□,其中最小的一部分为 $\left[\left(5-\frac{1}{2}co\right) 减 R_x\left(\frac{1}{4}co\square + 5co - 25\right)\right]$,第二部分是剩余的 $\left[\left(5-\frac{1}{2}co\right) 加 R_x\left(\frac{1}{4}co\square + 5co - 25\right)\right]$,则这两部分的平方加总可得 1co□,这样即能满足题设的其中一个条件。

现在为满足另一个条件,将第二部分 $\left[\left(5-\frac{1}{2}co\right) 加 R_x\left(\frac{1}{4}co\square + 5co - 25\right)\right]$ 乘以自身,计算即可得结果。然后用第一部分即 $\left[\left(5-\frac{1}{2}co\right) 减 R_x\left(\frac{1}{4}co\square + 5co - 25\right)\right]$ 乘以第三部分 1co,其将等于第二部分的平方。根据等式的各项,消除 R_x 来进行相应的运算。注意如同前文的第 354 页(原稿),在乘积中不要将 R_x 的运算弄混淆,无论是二次、三次、四次或五次方根,注意抵消相应的部分。

这样将得到假设值,其结果我不置于此,但我给你方法已足以解答出其他两个部分,花时间去进行所有的相关运算。

牢记 R_x 乘法的运算,包括通常的 R_x 与二项式的乘法,以及包含加减项的特殊 R_x 的各种乘法,下面我将用例子展示所有类型 R_x 的乘法,包括含有二项式 R_x 的乘法,以及可以转化为类似数字间的 R_x 乘法。

---

① 卢查姆(Lucham)和佩特罗佐(Petrozzo)应为古代数学学者,但具体信息未知。——译者注。
② 参见本部分例 13,其在原稿中的页码数为 354。——译者注。

第一个例子是离散的 R_x（乘法），总是这样运算：用通常的 $R_x(5+5)$ 或者 $R_x(5+4)$ 进行乘法运算，其前后两项性质一致，但是特殊 R_x 值，比如（$R_x 4+5$），（可以加总）为 7，而（$R_x 5+4$）就与其不同，若是同一性质，就可以将 4 和 5 相加得到 $R_x 9$。

现在我想将其乘以 $(3+2)5$，但以二项式的方式相乘，问结果应为多少。按上文有两种方法，一种简单的方法就是将 $(3+2)$ 与 $R_x(4+5)$ 交叉相乘，$R_x 5$ 乘以 2 为 $R_x 20$，因为 5 是 R_x 值，因此要将 2 换算为 R_x 值，即 4，然后交叉相乘，2 乘以 $R_x 4$ 为 $R_x 16$，3 乘以 $R_x 5$ 为 $R_x 45$，3 乘以 $R_x 4$ 为 $R_x 36$，将所有的乘积相加，即 $R_x 36$，$R_x 45$，$R_x 16$，$R_x 20$，得 $R_x 225$，即如我们所期望的结果 15。

另一种方法是先将 $(3+2)$ 乘以自身 $(3+2)$，即如同一个单一数量一样，将其换算为 R_x 值为 9 加 12 加 4，即 $R_x(9+12+4)$ 为 $R_x 25$，用 $R_x(4+5)$ 乘以 $R_x(9+12+4)$，用十字交叉相乘的方法，因此用 $(4+5)$ 乘以 $(9+12+4)$，得 $(36+45+48+16+60+20)$，则其总和的 R_x 值就是上述乘积，加总上述数字为如前的 225，解毕。

这样可以计算任何含有加项或减项的二项式及多项式。你可以发现 $R_x(4+5)$ 即为 $R_x 9$ 即 3，3 加 2 为 5，3 乘以 5 为 15，正好等于 $R_x 225$，因此，我们必须能从一种方法转换到另一种方法。但这个运算还有另一种方法，我也想教给你：即先将 10 分成两部分，其较小的部分乘以这个数即 10，等于较大数乘以自身，也就是如前文所述，根据欧几里得《几何原本》的第六部分倒数第二章，根据比例将 10 分成中间和两端，解得一部分为 $(15-R_x 125)$，即第一部分，即较小部分，而较大部分则为 $(R_x 125-5)$。

现在来计算两部分之间成比例关系的中间部分，即 $(15-R_x 125)$ 和 $(R_x 125-5)$ 之间，其中间部分为两者相乘，即 $(15-R_x 125)$ 乘以 $(R_x 125-5)$，为 $(R_x 28\ 215+R_x 3\ 125-200)$，即 $(R_x 50\ 000-200)$，取其 R_x 值即 $R_x(R_x 50\ 000-200)$，就是两部分之间的中间部分。现在得到 3 个数量，即题设的第一、第二、第三部分，有最小部分平方 $(350-R_x 112\ 500)$，加上中间部分平方 $(R_x 50\ 000-200)$，正好等于最大部分平方 $(150-R_x 12\ 500)$，同时最小部分乘以最大部分即 $(15-R_x 125)$ 乘以 $(R_x 125-5)$，得 $(R_x 50\ 000-200)$，其正好等于第二部分乘以自身即 $R_x(R_x 50\ 000-200)$ 乘以自身，即 $(R_x 50\ 000-200)$。

这样满足了一部分题设条件，但是要看这三部分相加是否正好等于 10，相加后可知其为 $[10+R_x(R_x 50\ 000-200)]$，可这样来问：若三者的和对应 10，那么最小部分 $(15-R_x 125)$ 对应多少？用 10 乘以 $(15-R_x 125)$ 为 $(150-R_x 12\ 500)$，除以上述三者的和,将得到 10 被分成的 3 部分中的较小部分。

然后问:若三者的和对应 10,那么 $R_X(R_X 50\,000 - 200)$ 对应多少? 用 10 乘以 $R_X(R_X 50\,000 - 200)$,将 10 换算为 $R_X R_X$ 值,再用乘积除以上述除数,就将得到 10 被分成三部分中的中间部分,然后求解第三部分:若三者的和对应 10,那么 $(R_X 125 - 5)$ 对应多少? 用 $(R_X 125 - 5)$ 乘以 10 为 $(R_X 12\,500 - 50)$,除以上述除数,将得到 10 被分成的三部分中最大部分。如此便解答了将 10 分成三部分,最小部分乘以自身再加上中间部分的平方,等于最大部分乘以自身,同时最小部分乘以最大部分等于中间部分平方,这样的条件均满足。要知道这第二个解答非常相称也需要更熟练的技巧。

要注意每次将一个数量根据比例分成中间和两端时,中间部分乘以自身等于较小部分乘以较大部分,中间部分就等于一部分乘以另一部分乘积的 R_X 值。比如,上文最小部分为 $(R_X 125 - 5)$,最大部分为 $(15 - R_X 125)$,中间部分则为 $R_X(R_X 50\,000 - 200)$。总是有最小部分的平方加上最大部分的平方等于中间部分的平方,对于每个需要分配的数量均是如此,正如欧几里得在其著作的第十三卷中所证明的那样,这是一个极为著名的问题①。

【例 16-21】 寻找一个数字,将其分为三个部分,其较大部分乘以自身等于较小部分和居中部分的平方和,然后用较小部分乘以较大部分等于居中部分乘以自身,问这个数字,以及各部分是多少。

要知道,这无非是指按照中间和两端的比例来划分一个数字,划分后,再像上文那样用一部分乘以另一部分,就会得到第三个数字,这个数字就是居中部分,即两部分乘积的 R_X,这样就总是能满足题设的其中一个条件。然后,为了求解所要分配的数字,将三部分加总,就会得到要求的数字,即可得解,你可以按照上述方法来分割任何你所愿的数字,结果永无误。

例如,根据上述中间和两端的比例来分割 10,得到最大部分为 $(R_X 125 - 5)$,另一部分即最小部分为 $(15 - R_X 125)$,为计算居中部分用 $(R_X 125 - 5)$ 乘以 $(15 - R_X 125)$,得到 $(R_X 50\,000 - 200)$,则其 R_X 就是另一部分,为 $R_X(R_X 50\,000 - 200)$,如此可知三部分:最小部分为 $(15 - R_X 125)$,居中部分 $R_X(R_X 50\,000 - 200)$,最大部分为 $R_X 125$ 减 5,最小部分的平方加上居中部分的平方等于最大部分的平方,同时最小部分乘以最大部分等于居中部分乘以自身,这就能满足题设第一个条件。

---

① 原稿页面空白处有如下注明:
  最大部分 $R_X 125$ 减 5;居中部分 $R_X(R_X 50\,000 - 200)$;最小部分 15 减 $R_X 125$。根据二项式和剩余值来运算乘积和商。

现在为求解被分割的数字,将三部分加总,得到 $[10+R_x(R_x 50\ 000-200)]$,这样即可得解被分割的数字,按此方法你可以分割任何你所愿的数字,总是能够满足题设条件。

【例 16-22】 求解 3 个数字,第一个数字的平方加上第二个数字的平方等于第三个数字的平方,第一个数字乘以第三个数字等于第二个数字的平方,第一个数字加上第三个数字正好等于 10,问每个数字分别是多少。

要知道这是一个很好的问题,但若缺少上述方法则很难解答,解答如下:根据中间和两端的比例来分割 10,第一部分为 $(15-R_x 125)$,另一部分为 $(R_x 125-5)$,这样就有了第一部分和第三部分的数字,计算第二部分数字,与上同解,将第一部分数字与第三部分数字相乘得到 $(R_x 50\ 000-200)$,则第二部分的数字就是 $R_x(R_x 50\ 000-200)$,这样得到第一部分数字为 $(15-R_x 125)$,第二部分数字为 $R_x(R_x 50\ 000-200)$,第三部分数字为 $(R_x 125-5)$,第一部分数字和第二部分数字的平方和等于第三部分数字的平方,即 $(150-R_x 12\ 500)$。同时第一部分数字乘以第三部分数字等于第二部分数字的平方,即 $(R_x 50\ 000-200)$,第一部分数字加上第三部分数字等于 10,得解。

【例 16-23】 找到两个数字,每一个数的 R_x 相加等于 4,每一个数的平方相加等于 83,问这两个数字分别是多少。

这也是很好的问题,就是将 4 分成两部分,将每部分换算为 R_x 的 R_x 值,即将每部分平方,然后再将平方值取平方,两者相加和为 83,问各部分是多少,这里的各部分就是上述问题中所问的各部分的 R_x 值,然后将其乘以自身就得到所要求的两个数字。现在假设 4 的一部分为 $(2+1co)$,另一部分为 $(2-1co)$,之所以未假设其中一部分为 $1co$,是因为若如此假设,二次方根和三次方根的运算将会很繁琐,这对于解答问题很不利。

现在解答:将每部分乘以自身,$(2+1co)$ 乘以自身为 $(4\ 加\ 4co+1co^\square)$,再将其乘以自身,即换算为 $R_x R_x$,得 $(16+32co+24co^\square+8co^\triangle+1co^{\square\square})$,先保留于此。然后同样换算 $(2-1co)$,首先得 $(4-4co+1co^\square)$,再平方为 $(16-32co+24co^\square-8co^\triangle+1co^{\square\square})$,加上前文保留的乘积得 $(32+48co^\square+2co^{\square\square})$,应等于 83,两边除以 4 次项系数,移项后得到等式 $(24co^\square+1co^{\square\square})$ 等于 $25\frac{1}{2}$,取二次项系数的一半,将其平方,加上常数项,得 $169\frac{1}{2}$,则 $R_x 169\frac{1}{2}$ 扣减二次项系数的一半 12,剩余值再取 R_x,就得到 $1co$ 的值。

因此,假设值 $1co$ 等于 $R_x 169\frac{1}{2}$ 扣减 12 后剩余值的 R_x,即 $R_x\left(R_x 169\frac{1}{2}-12\right)$,

而前文假设 4 的一部分为 (2 + 1co)，因此这一部分为 $\left[2 + R_x\left(R_x 169\frac{1}{2} - 12\right)\right]$，另一部分为 (2 - 1co)，即 $\left[2 - R_x\left(R_x 169\frac{1}{2} - 12\right)\right]$。现在为求解题设要求数字，需取这两个数字的平方值，$\left[2 + R_x\left(R_x 169\frac{1}{2} - 12\right)\right]$ 乘以自身，为 $\left[R_x(R_x 43\,392 - 192)\text{加} R_x 169\frac{1}{2} - 8\right]$，就是其中一个数字，然后类似地，$\left[2 - R_x\left(R_x 169\frac{1}{2} - 12\right)\right]$ 乘以自身，得 $\left[-R_x(R_x 43\,392 - 192) + R_x 169\frac{1}{2} - 8\right]$，就是另一个数字。

根据题设验证将无误，依次处理每一个数字，但需要注意不要将上文中的次方根弄混淆。若两者的平方根加总值为 82 的话，那么一个数字为 1，另一个数字为 9 即可满足题设。本题验证应将 $R_x(R_x 43\,392 - 192)$ 加 $\left(R_x 169\frac{1}{2} - 8\right)$ 乘以自身（即平方），再加上另一个值的平方，正好得到 83，但是必须注意 $R_x(R_x 43\,392 - 192)$ 是一个整体值，而不是 $(R_x R_x 43\,392 - 192)$，即从 $R_x 43\,392$ 中扣减 192 后取剩余值的 R_x，也就是 192 只取了一次二次方根，而 43 392 取了两次二次方根，同时需要注意 $\left(R_x 169\frac{1}{2} - 8\right)$ 不是一个整体值，$169\frac{1}{2}$ 单独取 R_x，而 8 是一个单独数字，这样无论加上多少含有加项和减项的二项式和多项式，都可以运算无误。

上面假设的另一解答方法：即一个数字是 1，另一个数字为 9，两者 R_x 值相加为 4，两者平方相加为 82。若使用 82 这个题设条件，对应上文解答则其假设值 1co 为 $R_x(R_x 169 - 12)$，而 4 的一部分为 $[2 + R_x(R_x 169 - 12)]$，另一部分为 $[2 - R_x(R_x 169 - 12)]$，将第一部分乘以自身，得 $[R_x(R_x 43\,264 - 192) + R_x 169 - 8]$，为其中一个数量，即 9，然后将第二部分乘以自身，得 $[-R_x(R_x 43\,264 - 192) + R_x 169 - 8]$，即 1，根据题目将两者平方后相加得到 82，若运算中使用多项式相乘，则相加时加项和减项会相互抵消。

【例 16-24】 找到 3 个成比例的数字，第三个数字的平方等于其他两个数字的平方和，第一个数字乘以第二数字个为 10，问每个数字是多少。

要知道这是一个很好的问题，1480 年 4 月 4 日[①]，在佛罗伦萨，乔万尼·索迪 (Giovanni Sodi) 老师经萨乔万尼·库珀 (Giovangni Copo) 向我提出过这个问题，现在我们在佩鲁贾解答，让我们一起解答，同时也解答其他至今尚未回答的问题。

---

① 此日期的出现，至少说明本著作的部分内容，晚于序言中帕乔利所说的 1478 年 4 月 29 日这个完成时间。——整理者注。

假设第一个数字为 1co，其乘以第二个数字为 10，则用 10 除以 1co 为 $\frac{10}{1co}$，这样两者相乘的乘积为 10。然后按照比例求解第三个数字，使用三数法则问：若 1co 对应 $\frac{10}{1co}$，那么 $\frac{10}{1co}$ 对应多少？用 $\frac{10}{1co}$ 乘以 $\frac{10}{1co}$ 为 $\frac{100}{1co□}$，再除以 1co 得 $\frac{100}{1co△}$，是第三个数字，如此 3 个数字分别为 1co，$\frac{10}{1co}$ 和 $\frac{100}{1co△}$，三者之间比例关系就是第一个数字乘以第三个数字，即 1co 乘以 $\frac{100}{1co△}$，等于第二个数字乘以自身即 $\frac{100}{1co□}$。现在来看另一题设条件，即第三个数字的平方等于另外两个数字的平方和，将第一个数字平方为 1co□，将第二个数字平方为 $\frac{100}{1co□}$，两者加总为 $\frac{(100+1co□□)}{1co□}$，然后将第三个数字乘以自身为 $\frac{10\ 000}{1co△}$，其应等于上述平方和。交叉相乘得到 (100co□△ + 1co□□∅①) 等于 10 000co□，消减 1 次方得到 (100co□□ + 1co△∅) 等于 10 000co，再消减 1 次方为 (100co△ + 1co□∅) 等于 10 000，取三次方系数的一半，将其平方，加上常数项得到 12 500，则 R_x 12 500 扣减三次项系数的一半 50，剩余值取 $R_x R_x$，就是所假设的第一个数字，即 $R_x R_x$ (R_x 12 500 - 50)。然后求解第二个数字，用 10 除以第一个数字即得到第二个数字，但这样将会很繁琐，因此最好再做另一个假设来减少繁琐，因此与前面假设一样，假设第二个数字为 1co。

假设第二个数字为 1co，则第一个数字为 $\frac{10}{1co}$，这样两者相乘等于 10，然后同上根据三数法则来计算第三个数字：若 $\frac{10}{1co}$ 对应 1co，那么 1co 对应多少？1co 乘以 1co 为 1co□，再除以 $\frac{10}{1co}$ 为 $\frac{1}{10}$ co△，就是第三个数字，满足题设 $\frac{1}{10}$ co△ 乘以 $\frac{10}{1co}$ 等于 1co 乘以自身，即 1co□。

现在来看题设的第二个条件，将前两个数字平方后相加，为 (100 + 1co□□) 除以 1co□，即 $\frac{(100+1co□□)}{1co□}$，然后再将第三个数字 $\frac{1co△}{10}$ 平方，为 $\frac{1co□□}{100}$，两者相等，化简分数得到等式 (10 000 + 100co□□) 等于 1co□□□，取四次项系数的一半，将其平方，加上常数项得到 12 500，则 R_x 12 500 加上四次项系数的一半 50，对其和取 $R_x R_x$ 值即 $R_x R_x$ (R_x 12 500 + 50) 就是假设值。然后计算第三个数字，用第一个数字和第二个数字的

---

① 1co□□∅ 指未知数的 9 次方，符号 ∅ 代表 5 次方。——译者注。

平方相加,取其 R_x 就是第三个数字,但是同上,为求解第三个数字仍然可以通过假设值方法来解答。例题如下①。

【例 16-25】 找到 3 个成比例的数字,第一个和第二个的平方和再乘以 $3\frac{1}{5}$ 等于第三个数字的平方,第一个数字乘以第二个数字等于 8,问这 3 个数字各是多少。

计算结果为第一个数字为 2,第二个数字为 4,第三个数字为 8。解答如下:假设第一个数字为 1co,则第二个数字为 $\frac{8}{1co}$,第三个数字 $\frac{64}{1co^\triangle}$,加总 1co 和 $\frac{64}{1co^\triangle}$ 得 $\frac{(64+1co^{\square\square})}{1co^\triangle}$,将其乘以 $3\frac{1}{5}$,为 $\frac{\left(204\frac{4}{5}+3\frac{1co^{\square\square}}{5}\right)}{1co^\triangle}$,其应等于第三个数字的平方,即 $\frac{4\,096}{1co^{\square\square}}$,化简,除以 6 次项系数,得到等式 $(64co^{\square\square}+1co^{\square\square\square\square})$ 等于 1 280,取四次项系数的一半,将其平方,加上常数项等于 2 304,则 R_x2 304 扣减四次项系数的一半 32,其剩余值取 R_xR_x,就将得到假设值,即 $R_xR_x(R_x2\,304-32)$,而 R_x2 304 为 48,扣减 32 后余 16,R_xR_x16 等于 2,为第一个数字。

---

① 原稿页面空白处有如下计算:

  第一个数字 1co   第二个数字 $\frac{10}{1co}$ 第三个数字 $\frac{100}{1^\triangle}$

  $100^{\square\triangle}+1^{\square\emptyset}$ —— $10\,000^\square$

  $100^\emptyset+1^{\triangle\triangle}$ —— $10\,000co$

  $100^{\square\square}+1^{\square\square\square}$ —— $10\,000^2$

这个运算非为当前计算而是为后续计算所准备

$$\begin{array}{r}50\\50\\\hline 2\,500\\10\,000\end{array}$$

第一个数字为 $R_x R_x R_x$ 12 500 − 50

  第一个数字 $\frac{10}{1co}$ 第二个数字 1co   第三个数字 $\frac{1^\triangle}{10}$

$\frac{100}{1^\square} \bowtie \frac{1^\square}{1}$ $\frac{100}{1^\square}\frac{1^{\square\square}}{1} \bowtie \frac{1^{\square\square}}{100}$

$10\,000 + 100^{\square\square} \ < \ \dfrac{\frac{1}{100}}{1^{\square\square\square}}$

$$\begin{array}{r}50\\50\\\hline 2\,500\\10\,000\end{array}$$

第二个数为 $R_x R_x R_x$ 12 500 + 50

对于第二个数字,如同上个案例,亦可相应假设,得假设值为 $R_x R_x \left(R_x 23\,592\,\frac{24}{25} + 102\,\frac{2}{5} \right)$,$R_x 23\,592\,\frac{24}{25}$ 为 $153\,\frac{3}{5}$,加上 $102\,\frac{2}{5}$ 为 256,$R_x R_x 256$ 为 4,为第二个数字。对于假设第二个数字为 1co,同上运算会得到等式 $\left(13\,107\,\frac{1}{5} + 204\,\frac{4}{5} \text{co}^{\square\square} \right)$ 等于 $1\text{co}^{\square\square\square\square}$,等式与上一个求解第一个数的等式类似。解毕。

【例 16-26】 找到一个数字,将其分成两部分,一部分数字乘以自身等于另一部分数字乘以要求的数字,每个数字都是离散的,问这个数字及两部分数字各是多少。

要知道(题设要求)是不可能的,正如欧几里得著作中的第十一部分第二章中所证明的那样,其无非是按照中间和两端的比例来划分 1 个数字,就像第一章的倒数第二个例子那样;因此,如果其中一个部分是离散的,也将是不可能的,如果一个不是离散数,那么另一个也必然不是,依此类推。

【例 16-27】 找到两个数,两者的平方和为 97,两者平方根的和为 5。

如同前文第 359 页(原稿)的案例[①],即找到两个数,它们平方根的和为 4,平方和为 83。与上同解,得到 $R_x \left(R_x 362\,\frac{1}{4} - \frac{3}{4} \right)$,即为 $\frac{1}{2}$,而假设一部分为 $2\,\frac{1}{2}$ 加 1co,因此这部分为 3,则另一部分为 2,这两个数为 9 和 4。

---

① 即上文例 23,其在原稿第 359 页。——译者注。

第十七部分

商 业 费 率①

交换是项伟大的发明,是构成所有商品的元素和调味品,没有它,如同人类社会缺乏构成要素一样,商业就不可能存在。我所说的交换,是指从一个地方到另一个地方的货币兑换,在本书的最后我们有必要来讨论这个主题,就是要证明货币兑换是商业中极为重要的元素,对贸易极为必要,没有它贸易就无法进行。

我相信关于货币兑换的讨论对有意学习的商人是有益的,而真相是,若你想评判商人,自己必须是一个有学识的商人。比如,你想在那不勒斯王国从事加泰罗尼亚呢绒贸易,需要在巴塞罗那有1 000杜卡迪,这些钱款即使能提取,也不方便带到如此遥远的地方。你必须找到一个能在巴塞罗那给你钱,而又在那不勒斯需要钱的人。你这样对他说:我在那不勒斯给你1 000杜卡迪,你在巴塞罗那按照每杜卡迪15或16索尔迪给我当地货币。

在你从那不勒斯启程往巴塞罗那之前,应该得到报价,并需要进行账目计算。布匹商期望在巴塞罗那每布匹价格是多少里拉及索尔迪,每杜卡迪可购买多少,可以换算为多少杜卡迪等,而每次的账目计算都需要知道杜卡迪换算索尔迪的兑换比率。

与前面相对应,我在巴塞罗那,想往那不勒斯发送布匹,需要每匹布在那不勒斯价值多少杜卡迪的信息。比如15杜卡迪,或15杜卡迪15索尔迪②价值若干巴塞罗那里拉,扣减费用多少等,这样我就知道每匹布在那不勒斯的价格是多少,相当于在巴塞罗那的价格是多少等,这就是你在那不勒斯进行交易的基础和原则。

货币兑换是一个需要极为细致调查的行业,难模仿,门槛高,因此需要很多技巧来经营,这一切都取决于你对它的理解程度。当你想将某个地方的货币投资在另一地方时,你需要掌握兑换知识,否则会在希望获得利润的地方遭受亏损。比如,在巴

---

① "第十七部分"为译者所加。根据整理者序,这一部分是由帕乔利的一位深谙商业之道的学生写就,这部分笔迹的确与之前部分完全不同,可以确定非帕乔利所写。另,本部分的主题名为TARIFFA,其本意为"关税",但是本部分涉及内容广泛,包括汇兑、重量交换、运费、关税等,因此译为"商业费率"更能概括本部分的内容。——译者注。
② 注意此处的数量以及后文类似数量均使用罗马数字书写,可能与作者的习惯有关,也可能是商业中的惯例。——译者注。

塞罗那,从 10 月和 11 月开始花费钱财购买藏红花,5 月则支付运往威尼斯的船费,8 月支付从威尼斯启航的船队费用,12 月和 1 月则需支付前往叙利亚或者其他地方的船费,每个地方都有它们自己的商业贸易时间和季节。

你若有兑换货币的需求,最主要的就是获得相应汇兑金额的当地汇票和汇款通知,最好打理好你的账户,知道汇票惯例,从一个地方支取现金,汇往另一地方,无需携带现金去往支付之地,亦无时间之忧。比如,你在巴塞罗那,接到瓦伦西亚的汇款通知,想要汇往威尼斯,兑换比率为 18 索尔迪兑换所需要的当地货币,指令从瓦伦西亚下达,从巴塞罗那以百分之四的费率支取钱财,以每 18 索尔迪兑换 1 杜卡迪的惯例,汇往威尼斯,并给威尼斯的那个人写信,告诉他,你从瓦伦西亚汇款若干,他应按照所写的来办理。

从瓦伦西亚以 18 的兑换比率汇出钱款,在巴塞罗那的费率是 4%,从巴塞罗那卖出瓦伦西亚带期限的汇兑,在威尼斯以 16 杜卡迪 16 索尔迪,即 17 杜卡迪的汇率汇兑取出,差额部分是因为按照巴塞罗那商业惯例的费率以及从瓦伦西亚派出人员通知的费用和时间。如此无论在哪里,都不需要携带现金,只需要你在想要汇兑的地方,在当地兑换商那里有良好的信用即可实现汇兑,当然首先你必须要熟知汇兑的商业惯例,比如从罗马到那不勒斯,汇票签发费用为 8 德纳里①,从那不勒斯到罗马的签发费用为 10 德纳里,从那不勒斯到瓦伦西亚的签发费用为 15 德纳里,从那不勒斯到巴塞罗那的签发费用为 25 德纳里等。

了解这个时代,你就知道在不同地方经商所必要的要素。除了上述方法,如你所见,人们要理解和掌握商业知识并不容易,因为掌握这些知识不仅仅只是商人所需的数字计算,也不仅仅是熟悉经商的各个地方,而是需要能够应用这些知识。优秀的商人对待数字如诗人对待文字一般,不是浅尝辄止,而是像哲学家对待艺术一样,而非像那些油滑的皮革商人。在不同的地方经商,汇兑是必须的,没有汇兑,商业寸步难行。

那些从一地迁移到另一地的人,需要目的地货币,并希望从离开之地支取货币,无论教士、骑士、学者、军人等,那些无法把弗兰德斯王国货币搬运到布鲁日等地的人,都想通过一张汇票转移这些货币,并按合理价格在另一地接收这些货币。绝大多数时候是无法用其他方式来转移货币的。因此,汇兑之于商人,如此方便、有用和必要,之于权贵领主、骑士和各种委托人亦如此,它是这个世界最强大、最精细的元素。就汇兑的效用、方法和秩序的历史而言,佛罗伦萨人比其他任何人更杰出,毫无疑问他们是首创者。

毋庸置疑,汇兑对于人类社会的经济活动和管理是有益和便利的,甚至是非常必

---

① 原文为"VIII di vista",可能是一种商业习惯用语,按照上下文翻译为"汇票签发费率为 8(德纳里)",不能肯定其金额完全正确。——译者注。

要的，但从古至今很多神学家的观点让我无比惊讶，他们认为汇兑应被禁止，因为其中有利润。而货币流通、交换、融通，是无比实用的行业，有风险但也能获得利润，我只能怀疑那些提出禁止意见的人完全不了解汇兑是什么。

我是个商人，也懂得汇兑这门艺术，在我能够理解它之前，已实践两年。我想方设法超越平凡，完全理解这门艺术。因此，我斗胆直言，宗教人士不可能仅凭纸上谈兵的信息就能理解这门艺术，因此他们也不会对汇兑这门艺术感到惊叹。因为不了解汇兑，他们就不能恰当地评判这门艺术。他们反应最强烈和认为最不可思议的就是发生类似这样的事情：皮埃罗（Pietro）在巴黎（Parisi）有 100 德纳里，但他在威尼斯不能到巴黎，他找到在威尼斯有 100 德纳里的伊霍汉尼（Ihohanne）说：把你的 100 德纳里给我，我将在巴黎把 100 德纳里给你。伊霍汉尼说：若你想要，我将给你，我们之间交换，但我想赚取 10 德纳里，为了两者的便利，赚取的这部分是正当的。

我想说的是，遵循诚信汇兑的规则，并且切实履行，是合法之举。我们所讨论的主题将付诸实践，汇兑是通过货币进行的，并且用其他货币支付，就像在维尼翁所进行的那样，若兑换法郎，支付斯库迪（schudi），要换算为弗罗林，132 维尼翁法郎价值 100 法郎，每法郎价值 1 弗罗林 7 索尔迪 $9\frac{3}{9}$ 德纳里，流通的每弗罗林价值 30 维尼翁索尔迪或王国斯库迪的 34 索尔迪，每格罗索价值 2 索尔迪，5 弗罗林值 4 法郎。货币汇兑的损益用某种货币盈缺的多少来表示。

例如，巴塞罗那与瓦伦西亚之间里拉与里拉的兑换，巴塞罗那的里拉每百盈余多少？同样与佩皮尼昂之间里拉与里拉的兑换亦如此，每百损失多少？与威尼斯之间的威尼斯杜卡迪（ducati Venetiani）的兑换也是如此，每百盈或亏多少？日内瓦（Gienevria）与威尼斯，或与巴塞罗那之间兑换，使用金马克（marcho d'oro），每金马克要兑换多少杜卡迪 8（Ⅷ），即 62（LXⅡ）和 $62\frac{1}{2}\left(\text{LXⅡ}\frac{1}{2}\right)$[①]，这样根据不同国家和不同惯例进行多样化的兑换。

对意欲使用贷款的人，根据原则可以找到对应的，与上帝同在的行业和种类。对于不偿还贷款、在汇兑兑付中不支付相应的利息等违反合同约定的行为，对此不能沉默，虽然本著作意不在此，但下文还是简单讨论这种纠纷的处理。圣托马斯[②]在《神学大全》第二部分第 78 问涉及高利贷的罪恶，他在第 78 问第 2 款指出：贷款人可以在

---

① 杜卡迪 8（Ⅷ）以及后文的 62（LXⅡ）和 $62\frac{1}{2}\left(\text{LXⅡ}\frac{1}{2}\right)$ 可能特指某种杜卡迪，杜卡迪 8（Ⅷ）可能是这种杜卡迪名称的简称，62（LXⅡ）和 $62\frac{1}{2}\left(\text{LXⅡ}\frac{1}{2}\right)$ 可能指这种杜卡迪的重量或成色等可以量化的特质。由于杜卡迪在欧洲广泛发行，市场上同时存在多种不同的杜卡迪也不足为奇。——译者注。

② 指托马斯·阿奎罗（约 1225—1274），被认为是中世纪最伟大的哲学家和神学家，著有《神学大全》。——译者注。

无罪的情况下与借款人达成协议偿还损失,这么做不是为了出售贷款,而是为了避免损失(表17-1)①。第62问涉及赔偿,第2款中指出:

扣留别人的钱财而不偿还,是伤害别人的方式,一定要根据情况做出补偿,这与斯蒂恩西斯(Hostiense)②《法令大全》第二章中的观点是一致的。让我们来更清晰地表述:对于我向你提供的贷款,若不偿还,则我的回报利润受到影响,将通过判决来补偿我的损失。于兑换而言,其是货币之间的交换,是基于某种货币相对于另一种货币更适合流动或增值的情况下而发生的,是银行中常见的做法,即按每百若干的汇率交换货币,即为兑换,仅此而已。

若期望钱财增值,应该将其存入银行,历经年月,按如下顺序进行记录。

表 17-1

1410 年 5 月 19 日存入银行	420 弗罗林	
7 月 7 日	245 弗罗林	合计 922 弗罗林
10 月 17 日	132 弗罗林	
(1411 年)1 月 3 日	125 弗罗林	

我想于1411年5月7日从银行提款,利率5%。将其按每金币索尔迪来计算,每弗罗林等于20金币索尔迪,利率为1金币索尔迪(即5%),即每月利息1德纳里,每日利率为$\frac{1}{30}$德纳里。现在可知从1410年5月19日存入直到提款,整个期限为11个月18天,这就是第一部分420弗罗林的计息期限,其他存入部分的计息期用类似方法计算,则922弗罗林共计利息为37弗罗林8索尔迪$1\frac{2}{3}$德纳里,即利率5%。

当你从银行提款时,计息从存入开始,到账户结清之日结束,根据存款的数额来计息,若提款后尚有剩余部分,则剩余部分仍继续计息。

下面我将展示处理汇兑各方面事务的方法,即在佛罗伦萨货币兑换和交易的方法,其是汇兑的发源地,我们将讨论这片土地上的汇兑惯例。

在佛罗伦萨有两种金币,一种是较轻的老弗罗林,另一种是较重的新弗罗林,若用老弗罗林支付,老弗罗林较新弗罗林每百贬值$6\frac{2}{3}$,在佛罗伦萨除了弗罗林没有其

---

① 引用《神学大全》(Summa Theologica)中完整的文本如下:
对异议1的答复:贷款人可以在无罪的情况下与借款人达成协议偿还损失,借以提取借款人欠自己钱款;这样做不是为了出售贷款,而是为了避免损失。而且,借款人可能会因此避免比贷款人遭受的更大损失;因此,借款人也可能会用另一个人的利益来补偿贷款人。——整理者注。
② 即恩里克·巴托洛梅(Enrico Bartolomei)(1200—1271),教士,奥斯提亚(Ostia)主教,《法令大全》(Summa decretalium)的作者。——整理者注。

他金币。

从佛罗伦萨汇兑的各方面事务展示如下。

从佛罗伦萨到锡耶纳的汇兑,若使用弗罗林与弗罗林兑换,根据需求,锡耶纳方将会有 $\frac{1}{4}$ 到 $\frac{1}{3}$ 的汇兑盈余,从锡耶纳到佛罗伦萨的弗罗林与弗罗林的汇兑也是如此。

从佛罗伦萨到比萨的弗罗林与弗罗林汇兑,根据需求,比萨方将会有 2%～6% 的汇兑盈余,从比萨到佛罗伦萨也是如此。

从佛罗伦萨到卢卡的弗罗林与弗罗林汇兑,卢卡方将会有 2%～5.5% 的汇兑盈余,从卢卡到佛罗伦萨也是如此。

从佛罗伦萨到佩鲁贾的弗罗林与弗罗林汇兑,佩鲁贾方将会有 1%～5% 的汇兑盈余,从佩鲁贾到佛罗伦萨也是如此。

从佛罗伦萨到罗马的弗罗林与议会弗罗林汇兑,罗马方将会有 3%～12% 的汇兑盈余,从罗马到佛罗伦萨也是如此。

从佛罗伦萨到普利亚即那不勒斯,在整个普利亚,每盎司[①]价值 6 弗罗林,中间商说:我有若干盎司,每盎司价值 6 弗罗林,通常 300 弗罗林从佛罗伦萨汇来,价值 46 至 53 盎司。从普利亚到佛罗伦萨汇兑,每卡里尼兑换 5 佛罗伦萨老弗罗林。

从佛罗伦萨到帕勒莫以及整个西西里的弗罗林与弗罗林的汇兑,总是帕勒莫方有汇兑盈余。

从佛罗伦萨到米兰的弗罗林与弗罗林汇兑,32 索尔迪兑换 1 弗罗林,从米兰到佛罗伦萨也是如此。

从佛罗伦萨到维尼翁的弗罗林与议会弗罗林汇兑,维尼翁方将会有汇兑盈余,从维尼翁到佛罗伦萨也是如此。

从佛罗伦萨到蒙彼利埃的弗罗林与法郎弗罗林汇兑,佛罗伦萨方将会有 1%～10% 的汇兑盈余。

从佛罗伦萨到巴塞罗那汇兑 1 弗罗林与若干巴塞罗那弗罗林,每弗罗林价值从 13 索尔迪 4 德纳里到 16 索尔迪 6 德纳里之间,整个加泰罗尼亚都是如此。

从佛罗伦萨到巴黎汇兑弗罗林与法郎,巴黎一方将会有 1%～12% 的汇兑盈余,从巴黎到佛罗伦萨汇兑法郎和弗罗林也是如此。

从佛罗伦萨到布鲁日汇兑弗罗林与法郎,每法郎价值 33 格罗斯,佛罗伦萨一方将会有汇兑盈余,从布鲁日到佛罗伦萨汇兑格罗斯与弗罗林也是如此。

从佛罗伦萨到伦敦汇兑弗罗林与斯科里尼,每弗罗林价值 34 到 39 斯科里尼,从

---

① 从 10 世纪开始,在意大利地区就出现了以盎司(onza,或 once,或 oncia)命名的货币,在西西里王国广泛使用。——译者注。

伦敦到佛罗伦萨的汇兑也是如此。

比萨有两种货币，一种是用来进行汇兑支付的，价值1完好金弗罗林，即比萨弗罗林，从佛罗伦萨可支付的货币包括杜卡迪、教皇票据、热那亚人、米兰人和博洛尼亚人的货币等。另一种货币称为绿蜡货币，汇兑中会有1%的亏损。

从比萨到博洛尼亚、佩鲁贾、卢卡、罗马和维尼翁汇兑弗罗林与完好弗罗林，没有汇兑盈亏，如果从上述地方到比萨的汇兑，兑换有时会使用罗马的货币。

从比萨到锡耶纳汇兑弗罗林与弗罗林，比萨方有4%至5%的汇兑盈余，从锡耶纳到比萨也是如此。

从比萨到米兰汇兑弗罗林与弗罗林，每弗罗林价值32索尔迪，比萨方总是有汇兑盈余，从米兰到比萨也是如此。

从比萨到那不勒斯、盖尔塔和整个普利亚汇兑300弗罗林与若干金盎司，46到51卡里尼兑换6弗罗林，从上述地点到比萨汇兑若干卡里尼与5弗罗林，5弗罗林价值47到57卡里尼。

从比萨到帕勒莫汇兑弗罗林与弗罗林，与帕勒莫到比萨的汇兑也是如此。

从比萨到蒙彼利埃汇兑弗罗林与流通弗罗林即法国弗罗林，125法国弗罗林价值100法郎，从蒙彼利埃到比萨汇兑法郎与弗罗林也是如此。

从比萨到巴塞罗那以及整个加泰罗尼亚汇兑1弗罗林与若干巴塞罗那索尔迪，每弗罗林价值$13\frac{1}{2}$～17巴塞罗那索尔迪，从上述地点到比萨的汇兑也是如此。

从比萨到布鲁日汇兑弗罗林与法郎，每法郎价值31格罗斯，比萨方总是有汇兑盈余，从布鲁日到比萨汇兑33法郎的格罗斯价值1比萨弗罗林。

从比萨到巴黎汇兑弗罗林与法郎，巴黎方总是有汇兑盈余，从巴黎到比萨汇兑也是如此。

从比萨到巴黎汇兑1弗罗林与若干斯科里尼，从伦敦到比萨汇兑也是如此。

从比萨到热那亚汇兑中支付热那亚里拉，125索尔迪价值1流通弗罗林即热那亚弗罗林，威尼斯弗罗林和佛罗伦萨弗罗林等，还可以使用法兰西王国的皇冠和斯库迪，其价值为27热那亚索尔迪。

从热那亚到比萨汇兑弗罗林与弗罗林，多数情况下热那亚方有汇兑盈余，因为若到比萨支付印章弗罗林，将会有0.5%～1%的汇兑盈余，从比萨到热那亚汇兑弗罗林与弗罗林，1弗罗林等于25索尔迪。

从热那亚到卢卡汇兑弗罗林与弗罗林，与从卢卡到热那亚的汇兑一样，总是卢卡方得到汇兑盈余。

从热那亚到佩鲁贾汇兑弗罗林与弗罗林，与从佩鲁贾到热那亚的汇兑一样，总是热那亚方得到汇兑盈余。

从热那亚到罗马汇兑弗罗林与议会弗罗林,与从罗马到热那亚的汇兑一样,大多数情况下热那亚方得到汇兑盈余,取决于汇兑的具体情况。

从热那亚到佛罗伦萨汇兑弗罗林与小印章弗罗林,与从佛罗伦萨到热那亚的汇兑一样,根据汇兑情况,热那亚方得到1%~5%的汇兑盈余。

从热那亚到那不勒斯和盖尔塔以及整个普利亚,11里拉汇兑60……①盎司德纳里,6弗罗林价值7至$8\frac{1}{2}$盎司里拉。

从热那亚到帕勒莫和整个西西里汇兑弗罗林和卡里尼,12卡里尼兑换1弗罗林,时多时少,从帕勒莫到热那亚的汇兑也是如此。

从热那亚到法玛古斯塔②以及整个塞浦路斯岛兑换1弗罗林与若干老拜占庭金币,1弗罗林兑换$5\frac{2}{4}$老拜占庭金币,时多时少,从法玛古斯塔到热那亚的汇兑也是如此。

从热那亚到亚历山大③汇兑1热那亚里拉与1拜占庭金币的若干克拉,22卡拉特的德纳里价值1拜占庭金币,根据时间的不同价值从136至138热那亚里拉,从亚历山大到热那亚汇兑拜占庭金币与热那亚索尔迪也是如此。

从热那亚到大马士革汇兑1弗罗林与若干德纳里,1弗罗林价值18至24索尔迪,从大马士革到热那亚的汇兑也是如此。

从热那亚到君士坦丁堡汇兑热那亚里拉与索诺,若官方计价为每索诺6弗罗林,如此便知1索诺为36(热那亚里拉),从君士坦丁堡到热那亚的汇兑也是如此。

从热那亚到威尼斯汇兑弗罗林和杜卡迪即热那亚里拉,一般热那亚方有一点点汇兑盈余。

从热那亚到博洛尼亚汇兑弗罗林和弗罗林,平等计价,从博洛尼亚到热那亚的汇兑也是如此。

从热那亚到米兰汇兑热那亚弗罗林和弗罗林,每弗罗林价值32索尔迪,热那亚方根据米兰货币的情况,有汇兑盈余1%~3%。从米兰到热那亚的汇兑也是如此。

从热那亚到蒙彼利埃汇兑热那亚弗罗林和法国弗罗林,热那亚方有12%~30%的汇兑盈余,从蒙彼利埃到热那亚若兑换法郎与弗罗林,多数情况下蒙彼利埃方有汇兑盈余。

---

① 原稿如此,即在盎司德纳里与60之间有点线连接,不清楚其含义。——译者注。
② 中世纪丝绸之路上到西欧的最重要的地中海港口之一。——译者注。
③ 位于埃及的地中海港口城市。——译者注。

从热那亚到巴塞罗那以及整个加泰罗尼亚汇兑弗罗林与巴塞罗那索尔迪,根据时间每弗罗林价值 $12\frac{1}{2}$ 至 $16\frac{1}{2}$ 巴塞罗那索尔迪,从巴塞罗那到热那亚的汇兑也是如此。

从热那亚到斯比利亚、突尼斯和整个西班牙,若汇兑热那亚索尔迪和多布勒,根据时间 1 多布勒价值 26 至 32 热那亚索尔迪,从上述地方到热那亚的汇兑也是如此。

从热那亚到布鲁日,若弗罗林与索尔迪,或者价值 33 格罗斯的法郎,根据需求每弗罗林兑换 30、35 至 37 格罗斯,从布鲁日到热那亚的汇兑也是如此。

从热那亚到巴黎汇兑弗罗林与法郎,热那亚方会有盈余。

从热那亚到威尼斯,若以格罗斯的里拉支付,2 格罗斯的索尔迪价值 1 杜卡迪,即 24 格罗斯。

从威尼斯到佛罗伦萨汇兑格罗斯的里拉与弗罗林,威尼斯格罗斯里拉在佛罗伦萨价值弗罗林的 14 或 15 或 16 里拉及 29 索尔迪,从佛罗伦萨到威尼斯兑换弗罗林里拉与格罗斯里拉也是如此。

从威尼斯到博洛尼亚汇兑杜卡迪与弗罗林,威尼斯方总是有 1.25%～3.25% 的汇兑盈余,从博洛尼亚到威尼斯汇兑弗罗林与杜卡迪即博洛尼亚金币与杜卡迪,也是如此。

从威尼斯到费拉拉、帕多瓦和维罗纳汇兑杜卡迪与杜卡迪,平价兑换。

从威尼斯到罗马汇兑杜卡迪与议会弗罗林,威尼斯方有汇兑盈余,罗马到威尼斯汇兑议会弗罗林与威尼斯杜卡迪也是如此。

从威尼斯到那不勒斯、盖尔塔以及整个普利亚汇兑格罗斯的索尔迪与卡里尼的盎司,每盎司等于 60 卡里尼,也等于 6 弗罗林,每盎司汇兑价格为 11 至 12 格罗斯的索尔迪。

从威尼斯到锡耶纳、佩鲁贾和卢卡,汇兑杜卡迪与印章弗罗林,与从上述地方到威尼斯汇兑印章弗罗林与杜卡迪也是如此。

从威尼斯到米兰汇兑杜卡迪与弗罗林,1 弗罗林等于 32 索尔迪,威尼斯方会有 6%～20% 的汇兑盈余,从米兰到威尼斯兑换弗罗林与杜卡迪也是如此。

从威尼斯到维尼翁汇兑杜卡迪与议会弗罗林,威尼斯方有 1%～8% 的汇兑盈余,从维尼翁到威尼斯汇兑弗罗林与杜卡迪也是如此。

从威尼斯到蒙彼利埃汇兑杜卡迪与法郎,几乎是平价兑换,从蒙彼利埃到威尼斯汇兑法郎与杜卡迪也是如此。

从威尼斯到巴塞罗那汇兑杜卡迪与巴塞罗那索尔迪,每杜卡迪价值 $15\frac{1}{2}$ 至

$16\frac{1}{2}$ 巴塞罗那索尔迪,从巴塞罗那到威尼斯汇兑索尔迪与杜卡迪也是如此。

从威尼斯到巴黎汇兑威尼斯格罗斯与法郎,每法郎价值 20 至 24 格罗斯,从巴黎到威尼斯汇兑法郎与杜卡迪也是如此。

在罗马流通货币为罗马弗罗林和热那亚杜卡迪,这些被称为议会弗罗林。

从罗马到那不勒斯和盖尔塔汇兑议会弗罗林与卡里尼,公价 10 卡里尼兑换 1 弗罗林,汇兑价格为 9 至 $10\frac{1}{2}$ 卡里尼,从那不勒斯到罗马的汇兑也是如此。

从罗马到米兰的汇兑,1 议会弗罗林兑换 32 弗罗林的索尔迪,从米兰到罗马的汇兑也是如此。

从罗马到锡耶纳、佩鲁贾、卢卡和比萨,汇兑议会弗罗林与印章弗罗林,罗马方略有一点汇兑盈余。

在那不勒斯和盖尔塔,货币印有百合花图案,商人将每种印有百合花图案的货币与其他货币兑换,10 卡里尼兑换 5 塔尔,每塔尔为 20 格罗斯,30 塔尔为 1 盎司,每盎司价值 6 弗罗林。

在博洛尼亚流通的货币包括博洛尼亚金币,佛罗伦萨弗罗林,威尼斯杜卡迪,塞纳斯和比萨弗罗林,德纳里和格罗斯,它们可用于支付。

从博洛尼亚到米兰汇兑弗罗林与弗罗林,32 索尔迪兑换 1 弗罗林。总是博洛尼亚方获得汇兑盈利,从米兰到博洛尼亚的汇兑也是如此。

从博洛尼亚到维尼翁汇兑弗罗林与议会弗罗林,从维尼翁到博洛尼亚的汇兑也是如此。

从博洛尼亚到巴黎汇兑弗罗林与法郎,从巴黎到博洛尼亚汇兑法郎与弗罗林。

从博洛尼亚到布鲁日汇兑弗罗林与法郎,33 格罗斯价值 1 法郎,从布鲁日到博洛尼亚也是如此。

在米兰流通的货币有很多种类,根据领地和情况来使用,每一种都有其支付、兑换的价格和计算,每弗罗林价值 12 索尔迪。流通的货币包括热那亚、博洛尼亚、帕拉里、塞纳斯、佛罗伦萨和比萨的弗罗林,汇兑价格根据时间的不同而波动,因为这些货币的价格均非固定。

在每个地方,1 弗罗林均可兑换 32 索尔迪。可与当地货币或其他可在当地支付的货币兑换,但布鲁日除外。在布鲁日 1 弗罗林可兑换 32 索尔迪。1 法郎等于 33 格罗斯。

在卢卡的流通货币与比萨的相同,仅仅是卢卡有些货币的重量较轻,重量较佛罗伦萨和比萨的同类货币每百轻 $\frac{1}{2}$。

从卢卡到布鲁日汇兑弗罗林与法郎的格罗斯,从布鲁日到卢卡的汇兑也是如此,即 33 格罗斯的法郎价值 1 弗罗林，卢卡到巴黎的汇兑也是如此。

在锡耶纳用以汇兑的货币是印章的重的塞纳斯弗罗林，流通弗罗林与重的塞纳斯弗罗林兑换的价格是重的塞纳斯弗罗林价值 $106\frac{1}{4}$ 流通弗罗林，大约是 106%。

在维尼翁有很多种货币，1 弗罗林等于 29 索尔迪，1 法郎等于 24 索尔迪，1 斯库多金币等于 30 索尔迪，1 达塔银币等于 34 索尔迪，每教皇格罗斯和女王格罗斯等于 2 索尔迪。

从维尼翁到蒙彼利埃汇兑法郎与法郎，总是蒙彼利埃方有汇兑盈余，因为在维尼翁斯，库多每百损失 1，这个数字比在蒙彼利埃支付的价格还要高。

从维尼翁到巴塞罗那汇兑法郎与巴塞罗那索尔迪，从巴塞罗那到维尼翁和蒙彼利埃也是如此。

从维尼翁到巴黎汇兑法郎与法郎，也可汇兑议会弗罗林与要求的弗罗林。

在蒙彼利埃经营与支付的货币均为法郎，1 法郎等于 16 索尔迪，流通斯库迪通常与法郎兑换有 12.5% 的盈余。

从蒙彼利埃到巴塞罗那汇兑法郎与巴塞罗那索尔迪，巴塞罗那到蒙彼利埃汇兑也是如此。

从蒙彼利埃到巴黎汇兑法郎与法郎，巴黎到蒙彼利埃汇兑也是如此。

从蒙彼利埃到布鲁日汇兑法郎与格罗斯，但汇兑不常发生，通常是使用货币协议。

从蒙彼利埃到任何其他地区都可汇兑法郎与那些地区当地可用的支付货币。

从巴塞罗那到任何其他地区都可汇兑巴塞罗那索尔迪与其他地区当地可用的支付货币。

从巴塞罗那到马略尔卡若汇兑若干索尔迪和 1 奥里阿勒，按照 1 奥里阿勒对价 1 佛罗伦萨弗罗林计算。

从巴塞罗那到布鲁日汇兑若干巴塞罗那索尔迪与价值 22 索尔迪的 1 斯库多金币，该斯库多金币等价于价值 33 格罗斯的法郎的 $\frac{2}{3}$，汇兑价格为每斯库多价值 9 到 $10\frac{1}{2}$ 巴塞罗那索尔迪。

从巴塞罗那到西西里可汇兑若干巴塞罗那索尔迪与价值若干格罗斯的弗罗林。

从巴塞罗那到瓦伦西亚可汇兑这个国家同样的计价货币，每佛罗伦萨弗罗林价值 15 巴塞罗那索尔迪，以及 11 拉格纳索尔迪。

在巴黎若以法郎和斯库迪支付，斯库迪兑换法郎将有 12.5% 的汇兑盈利，每法郎价值 16 索尔迪。

从巴黎到任何其他地区都可以用法郎汇兑在其他地区当地流通或可花费的货币。

从巴黎到布鲁日汇兑1法郎与价值若干格罗斯的法郎,1法郎当地公价33格罗斯,汇兑价格34到36格罗斯。

在布鲁日流通很多种金币,可以用1法郎(价值33格罗斯)汇兑所有其他地区的新货币。

1弗兰德的诺比利价值新钱72格罗斯,旧钱102格罗斯。

1弗兰德的王冠金币价值新钱格罗斯$32\frac{2}{3}$,旧钱54格罗斯。

1法兰西法郎价值新钱33格罗斯,老钱48格罗斯。

从布鲁日到伦敦,用每1斯库迪汇兑塔里尼(等于24格罗斯),总是布鲁日方获得汇兑盈余,与其他地方的汇兑也是如此。

随后,我将解释汇票的所有条款,即必须在什么时候和什么期限支付,以及汇票签发或者通知或者兑付的费用,如下所见。

从佛罗伦萨到佩鲁贾,汇票签发费用5德纳里,通知费用是如此。

从佛罗伦萨到比萨,汇票签发费用3德纳里,通知费用也是如此。

从佛罗伦萨到锡耶纳,汇票签发费用2德纳里,通知费用也是如此。

从佛罗伦萨到罗马,汇票签发费用10德纳里,通知费用也是如此。

从佛罗伦萨到那不勒斯,汇票签发费用10德纳里,通知费用也是如此。

从佛罗伦萨到盖尔塔,汇票签发费用20德纳里,通知费用也是如此。

从佛罗伦萨到博洛尼亚,汇票签发费用3德纳里,通知费用也是如此。

从佛罗伦萨到威尼斯,汇票签发费用5德纳里,兑付费用20德纳里。

从佛罗伦萨到米兰,汇票签发费用10德纳里,通知费用也是如此。

从佛罗伦萨到热那亚,汇票签发费用8德纳里,通知费用也是如此。

从佛罗伦萨到维尼翁,兑付费用40德纳里,从维尼翁则需45德纳里。

从佛罗伦萨到比萨,兑付费用40德纳里,通知费用也是如此。

从佛罗伦萨到巴塞罗那、巴黎和布鲁日,汇兑期限2个月,通知期限也是如此。

从佛罗伦萨到伦敦,汇兑期限3个月,根据条款通知。

从佛罗伦萨到帕勒莫,汇票签发费用15德纳里,从帕勒莫则汇兑期限1个月。

从佛罗伦萨到帕多瓦,汇票签发费用5德纳里,从帕多瓦则签发费用10德纳里。

从佛罗伦萨到卡梅里诺,汇票签发费用10德纳里,通知费用也是如此。

从佛罗伦萨到拉奎拉和西蒙尼,汇票签发费用10德纳里,通知费用也是如此。

从佛罗伦萨到瓦伦西亚,兑付费用70德纳里,通知费用也是如此。

从博洛尼亚到威尼斯,汇票签发费用 5 德纳里,通知费用也是如此。

从博洛尼亚到米兰,汇票签发费用 10 德纳里,通知费用也是如此。

从博洛尼亚到热那亚,汇票签发费用 10 德纳里,通知费用也是如此。

从博洛尼亚到巴黎和布罗吉亚,汇兑期限 2 个月,通知期限也是如此,到巴塞罗那也是同样。

从博洛尼亚到比萨,汇票签发费用 15 德纳里,通知费用也是如此。

从博洛尼亚到佩鲁贾,汇票签发费用 8 德纳里,通知费用也是如此。

从博洛尼亚到锡耶纳,汇票签发费用 5 德纳里,通知费用也是如此。

从威尼斯到米兰,汇票签发费用 10 德纳里,通知费用也是如此,兑付费用 18 德纳里。

从威尼斯到热那亚,汇票签发费用 10 德纳里,通知费用也是如此。

从威尼斯到巴黎、布鲁日和巴塞罗那,汇兑期限 2 个月,通知期限也是如此。

从威尼斯到比萨,兑付费用 20 德纳里,通知费用也是如此。

从威尼斯到佩鲁贾,汇票签发费用 10 德纳里,通知费用也是如此。

从威尼斯到罗马,汇票签发费用 10 德纳里,通知费用也是如此。

从威尼斯到那不勒斯,汇票签发费用 10 德纳里,通知费用也是如此。

从比萨到热那亚,汇票签发费用 5 德纳里,通知费用也是如此。

从比萨到维尼翁,汇兑期限 1 个月,通知期限也是如此。

从比萨到巴塞罗那,汇兑期限 1 个月,通知期限也是如此。

从比萨到蒙彼利埃,汇票签发费用 40 德纳里,通知费用也是如此。

从比萨到巴黎和布鲁日,汇兑期限 2 个月,通知期限也是如此。

从比萨到锡耶纳,汇票签发费用 3 德纳里,通知费用也是如此。

从比萨到佩鲁贾,汇票签发费用 8 德纳里,通知费用也是如此。

从比萨到罗马,汇票签发费用 10 德纳里,通知费用也是如此。

从比萨到那不勒斯,汇票签发费用 10 德纳里,通知费用也是如此。

从比萨到帕勒莫,汇票签发费用 15 德纳里,通知费用也是如此。

从比萨到博洛尼亚,汇票签发费用 5 德纳里,通知费用也是如此。

从比萨到热那亚,汇票签发费用 20 德纳里,通知费用也是如此。

从比萨到米兰,汇票签发费用 10 德纳里,通知费用也是如此。

从米兰到巴黎和博洛尼亚,汇兑期限 2 个月,通知期限也是如此。

从米兰到热那亚,汇票签发费用 5 德纳里,通知费用也是如此。

从米兰到维尼翁,汇票签发费用 10 德纳里,通知费用也是如此。

从热那亚到维尼翁,汇票签发费用 10 德纳里,通知费用也是如此。

从热那亚到巴塞罗那,汇票签发费用 20 德纳里,通知费用也是如此。

从热那亚到瓦伦西亚,汇票签发费用 20 德纳里,通知费用也是如此。

从热那亚到巴黎和布鲁日,汇票签发费用 10 德纳里,通知费用也是如此,汇兑期限 2 个月。

从热那亚到伦敦,汇兑期限 3 个月,通知期限也是如此。

从热那亚到罗马,汇票签发费用 10 德纳里,通知费用也是如此。

从维尼翁到蒙彼利埃,汇票签发费用 2 德纳里,通知费用也是如此。

从维尼翁到巴黎和布鲁日,汇兑期限 2 个月,通知期限也是如此。

从维尼翁到巴塞罗那,汇票签发费用 10 德纳里,通知费用也是如此。

从维尼翁到布鲁日,兑付费用 40 德纳里,通知费用也是如此。

从维尼翁到巴黎,兑付费用 30 德纳里,通知费用也是如此。

从维尼翁到比萨,兑付费用 40 德纳里,通知费用也是如此。

从巴黎到布鲁日,汇票签发费用 12 德纳里,从布鲁日到巴黎,汇兑期限为 1 个月。

从巴黎到比萨,汇兑期限为 2 个月。

从布鲁日到比萨,汇兑期限为 2 个月,通知期限也是如此。

每磅白银从佛罗伦萨银带回罗马,平价。

每磅白银从佛罗伦萨银带回热那亚价值 12 盎司,20 至 2 德纳里。

每磅白银从佛罗伦萨银带回某地价值 11 盎司,18 德纳里。

每磅白银从佛罗伦萨银带回安科纳价值 11 盎司,15 德纳里。

每磅白银从佛罗伦萨银带回维尼翁价值 11 盎司,6 德纳里。

每磅白银从维罗纳和帕多瓦里拉带回佛罗伦萨价值 12 盎司,15 德纳里。

每磅白银从米兰带回佛罗伦萨价值 12 盎司,9 德纳里。

每磅白银从费拉拉带回佛罗伦萨价值 12 盎司,$19\frac{1}{2}$ 德纳里。

每磅银或合金在佛罗伦萨出售价格为 11 盎司 12 德纳里,在比萨出售价格为 11 盎司 14 德纳里,在威尼斯以及其他地方,如锡耶纳、佩鲁贾、那不勒斯、博洛尼亚、罗马的出售价格均为 12 盎司。

按照这样的规则,选择将白银发送回来,或携带至你经营之地。假定你在佛罗伦萨或其他地方,要携带白银到热那亚,首先看其在佛罗伦萨的价格,若其在佛罗伦萨卖出价格比热那亚更佳,那么将其从热那亚撤回,随后紧盯其价格随时间的变动,如此跟踪白银价格在一地的变化,直到其价格达到你所在之地的价格。若有利可图或者是可以脱离困境,则将其发送或者带来,按照有利可图的原则处理最初账目。本书将向你展示所有有利可图的方法,以及产生亏损的情景。

在发送或带来现金或者商品时,也应该使用同样方法。本部分将向你展示商人各地辗转,经营所获收益或亏损,他们以什么样的重量出售或购买,以及各地间的商品关税、运输和费用等。

关于交换的上佳规则列示如下:始终小心,不在任何时间和地点承担债务,必须优化现金账目,因为可能需要现金来投资船运的份额,或购买商业或者其他类似经营事务,所以需有现金而非债务在手。绝不在短缺中抽取现金,因为这些地方钱财昂贵,各方现金都会涌入,钱财从各地而来,汇集于财富之地。相反,若提取钱款供应至无钱流入的穷弱之地,可能财富增加 1%,但经营状况却恶化 $\frac{1}{4}$,而相反的是,在短缺之中,宁愿做的事情应该是财富损失 1% 但经营状况提升 $\frac{1}{4}$,所以宁愿忍受短缺,投资于财富之地,才更明智。

商业中亦如此,因为同样的原因,人们在短缺中的购买很少能做得好,总结而言,贵时追捧,贱时抛弃。

当建立汇兑协议,规定另一方的做法时,很多地方都能达成一致,这样一方知道当地规则时,另一方也能照此行事。比如,布鲁日和巴黎,巴塞罗那和瓦伦西亚,蒙彼利埃和维尼翁,博洛尼亚和威尼斯,两个地方中的每一方连接在一起,若双方兑付货币,协议规定双方各支付现金,就应按照双方建立的汇兑协议提取现金进行支付,这样双方目标一致,就容易达成同一个价格或者是一个差异微小的价格,使得双方支付的现金对等。例如当汇款通知到达布鲁日,而其已经和巴黎建立了汇兑协定,这样双方遵循同样规则,上述所提及的地方也是如此。双方必须小心谨慎地建立公道互信的基础,因为如有一方不遵守并逼迫另一方,或有其他违反协定的行为,那么另一方就不会如约汇兑。

若要将一个地方的钱款汇往另一个地方,在不比较价格的条件下,应该选择最短的路线,以节约时间。比如,假设你在佛罗伦萨,想在巴黎或布鲁日收到钱款,按照汇票惯例,期限为 2 个月,而你通过威尼斯期限是 40 天,若你从威尼斯汇款到布鲁日,期望和上述从佛罗伦萨汇款一样 2 个月后提取钱款,那么等 20 天支付即可,这就是所节约的时间。

当你在佛罗伦萨以同样的价格从威尼斯通过签发汇票将货币汇往其他地方,这与你在佛罗伦萨要做的一样,但你等了 20 天以后再支付。若你在威尼斯而需要在佛罗伦萨得到钱款,则按照上文所述的办法签发两个地点之间的汇票。这样因为节约时间就节省了相应的费用,否则你需要负债,或者撤回你已经给出去的货币,用以支付签发汇票的款项。

我还要提醒你，汇款支付佣金的情况少见，因为一方面你通过汇兑赚取收益，但另一方面你也会损失很多时间。当你有了一个汇票通知时，若不精通于此，恐怕你不太可能做得很好。

若在某个地方，款项已经汇兑，那么就无法停止偿付，但是若在威尼斯有很好的价格，足以弥补相应的时间期限，可以通过支付佣金来获得更好的条件。

若你在威尼斯，就必定有如下钱财优化①规律，即如果从博洛尼亚汇款，在佛罗伦萨提取现金，或者其他你所愿之地提取货币，从威尼斯汇兑你可以获得比博洛尼亚更好的价格或更低的汇兑成本，这个规律也适用于布鲁日，在布鲁日汇款，汇往如上的地点，比在巴黎汇款可以获得更好的价格。

在佛罗伦萨，在每年的9月中旬到来年的1月，都可以获得很好的钱财优化，这个时候支付繁多，一般会有大量钱财涌入。

在热那亚，复活节期间可有钱财优化，但大多数时候是很困难的，因为他们的限制条款很多，但自然的改善是在7月，因为船都去向了东方，所以7月有15～20天，总是可以进行钱财优化。

维尼翁货币价格上扬的时间和那不勒斯一样。在蒙彼利埃五个集市举办时，货币价格会很高，第一个集市是在五旬节（Pentechoste，即圣灵降临日）。第二个集市是在九月的周日。第三个集市是在复活节星期天（domenica santa），这三个时间的集市较其他更好，之前是15到20天，现在是6到18天，其中集市是6天。对于巴黎来说，集市期间流入很多货币，因为布商们通过绸缎呢绒等布匹贸易获取了大量财富，他们将货币汇入巴黎进行投资。第四个集市是在1月中旬。第五个集市是在大斋节的第二个星期，这些都是公平和著名的集市。集市贸易几乎占据了整个国家的布匹贸易，从6月中旬到7月20日，布商们并不在乎货币本身的价格，因为他们必须通过汇兑购买大量的谷物和羊毛，这导致货币价格很贵。

在巴塞罗那，从6月1日到25日因为投资涌入阿拉贡和平原地区，会导致货币价格高涨。在瓦伦西亚，8月会因为谷物购买而导致货币价格升高。10月开始，在圣卢卡（san Lucha）投资藏红花和羊毛导致货币价格上涨，并一直持续到1月，随后回落，延续到下一次新的投资潮出现。

在布鲁日，11月、1月和7月货币价格攀升，因为许多商人在此交易海运货物，8月和9月因为集市会吸引大量商人投资，并产生大量现金流。

在巴黎，每年有两个集市导致货币价格攀升：第一个集市叫安达（andetta）集市，

---

① 也就是对于商人来说汇兑成本更低，货币兑换的价格更高。——译者注。

从 6 月 12 日开始,一直持续到 6 月 24 日;第二个是 12 月的集市,从 12 月 1 日持续到复活节,叫圣安德烈(sancto Andrea)集市。安达集市更好,除了这两个集市,其他的很多集市贸易影响力很小,不值一提。

在威尼斯从 5 月一直到 12 月 8 日,货币价格都很高,因为海运船舶要在 7 月、8 月和 9 月满载出航,因为商人们 5 月启动投资,并会持续增加投资,导致货币价格开始上升。第一个船期从 7 月 8 日开始,直到下一个船期即 8 月 1 日,在此中间货币价格会下跌大约 0.5%~1%。从 8 月 1 日又开始涨价,直到 9 月 8 日,之后所有的船舶都已经离港,不再有货币需求,银行服务负担变得轻松,钱财开始涌向内陆,这个时候要着手储备剩余资金,因为货币价格上扬的时候购买货币会损失资本。

博洛尼亚货币价格上扬的时间和威尼斯一样,但是从 5 月到 6 月中旬货币价格更高,因为教皇和民众从四面八方涌来,货币价格总是很贵,而教皇离开后又会出现货币短缺,因为此时神职人员需要在银行进行货币兑换,他们有强烈的汇兑需求,高峰过后,现金就会大量增加。

本书向你展示钱财的规律,期望你能够很好地理解,因为你可能会在一个货币价格很高的地方。由于不同的原因导致货币价格对你而言很高,如何在此之前做好准备,以避免现金的短缺,因此与其说是通过时间来进行钱财优化,还不如说是理性地损失更为贴切,期望你能正确权衡一切。

在今天这个时代,你不要扩张太多,你可能大多数时间总在某个地方获得盈余,但这并不意味着你做得足够好。你也可能会有亏损,因为你什么钱都想赚,你不可能对所有领域都非常精通,对此我想说的是,不要总想着去抓住每一只鸟,而是要靠你的头脑在你擅长的领域去获取利润。

7 月 8 日是罗马涅(Romania)船舶付款的到期日,8 月 8 日是索利亚(Soria)船舶付款的到期日,在这些到期日,几乎所有的商品都在那里出售,而其中的胡椒总是以现金形式销售。

威尼斯造币所对每一个带 66∶18 标记的杜卡迪金币以 39 杜卡迪的索尔迪之价格回收[1],威尼斯金币的折扣类似于佛罗伦萨或更少,每 1 个单位的货币回到威尼斯造币所计算折损率为 0.25%[2],登记账目后在造币所 10 天后重铸翻新,造币所新的

---

[1] 本段落原稿表达较为混乱,可能有误,这里采用乔万尼·迪·安东尼奥·达·乌扎诺(Giovanni di Antonio Da Uzzano)的说法,即"威尼斯造币所对每一个带标记 66∶18 的(杜卡迪)金币以 39 杜卡迪的索尔迪之价格回收(la Zecca di Vinegia rendeva per una marca d'oro ducati 66∶18 di soldi 39 il ducato)",这样能够契合后文中的内容,因为 39 索尔迪为官方价格,而新制作杜卡迪金币的市场价格为 40 索尔迪,所以后文称回收的折损率为百分之 $\frac{1}{4}$,发行的溢价率为百分之 $\frac{1}{3}$ 到 $\frac{1}{2}$。——译者注

[2] 即市场价格为 40 索尔迪,而回收价格为 39 索尔迪,因此折损率为 0.25%。——译者注

杜卡迪将溢价 0.33%～0.5%，若你想要在杜卡迪金币磨损瑕疵之前，将其登记入银行，银行会将其计入你的账户并以你的意愿进行兑换。

博洛尼亚造币所对于博洛尼尼金币里拉回收价格为 $101\frac{1}{2}$，其回到佛罗伦萨价值金币 1 里拉 20 德纳里，重铸翻新期限为 8 天，若为 10 天则溢价更高。该造币所也回收银币里拉，每 1 价值博洛尼尼 16 里拉 16 索尔迪，银币返回时的重量与金币相同，每博洛尼尼返回时价值是 37 杜卡迪的索尔迪。

蒙彼利埃造币所回收价格为每马克 66 法郎，每马克相当于佛罗伦萨钱币的 8 盎司。

那不勒斯造币所回收银币，其为合金，毛重 $39\frac{1}{4}$，价格为 1 里拉。

热那亚回收黄金，每盎司价值热那亚的 9 里拉 3 索尔迪，相当于 25 弗罗林的索尔迪。

接下来，我将告诉你白银合金重炼后的计算，当购买重炼后的白银时，须知其损耗，否则就无法正确计算，一般要按照炼化后的白银每磅损耗 $\frac{1}{2}$ 盎司计算。

在佛罗伦萨和比萨，每磅重炼白银按 $10\frac{1}{2}$ 盎司计算。

在威尼斯、热那亚、维罗纳和帕多瓦，每磅重炼白银按 11 盎司计算。

在维尼翁、蒙彼利埃，每磅按 10 盎司 20 德纳里计算。

在那不勒斯按每磅 11 盎司计算。

在佩鲁贾按每磅 8 盎司计算。

在博洛尼亚按每磅 9 盎司 22 德纳里计算。

在米兰按每磅 7 盎司 12 德纳里计算。

在罗马没有重炼后计算的规则。

在佛罗伦萨，若你用不纯的盎格洛（Ongaro）金币①来兑换其他货币，24 克拉纯度的佛罗伦萨弗罗林每盎司溢价 21 盎格洛的德纳里，每金弗罗林溢价 3 德纳里。纯度低于 24 克拉的杜卡迪，每 1 杜卡迪溢价 2 德纳里，热那亚弗罗林、比萨弗罗林、教皇弗罗林和塞纳斯弗罗林等同样如此。冠冕上面有一个圆圈的金币，其与弗罗林兑换，每金币折价若干德纳里。折扣上佳的阿拉马尼亚（Alamania）②盎格洛金币，其纯度为 $23\frac{3}{4}$ 克拉，每金币折价 6 德纳里，罗马杜卡迪有和阿拉马尼亚盎格洛金币同样的标记，

---

① 盎格洛（Ongaro）：14 世纪上半叶在匈牙利铸造的弗罗林的意大利名称。这枚硬币在许多国家被广泛模仿。钱币一般印有一个穿宽大马裤的战士，所以也被称为马裤盎格洛"（ongari bragoni）"。——译者注。
② Alamania 和 Alamagnia 等是西罗曼语系即意大利语、法语和西班牙语等语言中对德国的称呼，名称源自日耳曼人中的阿勒曼尼部落。——译者注。

品种更佳,但是今天已经很难找到。仿造佛罗伦萨弗罗林的热那亚弗罗林有更多的标记,阿拉马尼亚弗罗林的一面有圣约翰和十字架,兑换时会折价若干德纳里。

上述阿拉马尼亚弗罗林铸币,圣约翰头像旁边有一个小孔,脚下没有十字架,兑换时每阿拉马尼亚弗罗林折价 10 德纳里。这些阿拉马尼亚弗罗林有很多品种,可能因为疏于撤回,而且期望其仍能流通,但是几乎每天其领主、标记和合金度都在变化,所以需要辨别发行货币的领主身份,在其他地区亦是如此。

下面将货币的汇兑价列示如下:

1 佛罗伦萨、比萨和卢卡的格罗斯为 11 盎司 12 德纳里。

1 那不勒斯卡里尼为 11 盎司 3 格罗斯。

1 英国托纳斯(Tornese)为 11 盎司。

1 教皇博洛尼尼为 9 盎司 20 格罗斯。

1 博洛尼亚的博洛尼尼为 9 盎司 20 德纳里。

1 费拉拉的博洛尼尼为 9 盎司 18 德纳里。

1 安可那塔尼(Anconetani)[①]为 11 盎司 12 德纳里。

1 威尼斯索尔迪尼(Soldini)为 11 盎司 9 德纳里。

1 阿拉马尼亚的乔万尼(Giovanni da l'Alamagnia)格罗斯为 10 盎司 12 德纳里。

1 卡罗(Callo)一世老格罗斯为 9 盎司 12 德纳里。

1 卡罗(Callo)新格罗斯为 8 盎司 18 德纳里。

1 阿拉马尼亚的指南针(compasso d'Alamagnia)格罗斯为 9 盎司 18 德纳里。

1 维也纳里(Viannari)为 6 盎司 12 德纳里。

1 弗兰德(Fiandra)伯爵制作的银币,经常变换,被称为弗兰德格罗斯的钱币价值等于上述格罗斯,被称为斯塔里尼(starlini)的银币价值 1 格罗斯,被称为……[②]的银币价值 1 斯塔里诺(starlino)。

被称为弗兰德头盔的金币 1 金币等于 36 格罗斯。

被称为狮子的金币 1 金币等于 50 格罗斯。

被称为罗多维卡(lodovicha)的金币 1 金币等于 38 格罗斯。

被称为弗兰德法郎的金币 1 金币等于 35 格罗斯。

被称为弗兰德斯库迪(scude)的金币 1 金币等于 34 格罗斯。

1 西班牙多布勒(doble)等于 24 格罗斯。

1 布拉蒙特的彼得(Pietro de Bramante)等于 40 格罗斯。

半个诺比利(Mezze nobele)等于 38 格罗斯。

---

① 安科纳(Ancona)铸造的一种银币。——译者注。

② 原稿即为如此,可能是作者遗忘了其名称。——译者注。

1 佛罗伦萨弗罗林等于 33 格罗斯。

下面列示在维尼翁一些金币的折扣,这样你可以依此类推。

佛罗伦萨、热那亚的弗罗林,威尼斯德纳里没有兑换折价。

1 拉奥那(Raona)法郎兑换折价 4 格罗斯。

1 拉乌贾(Raugia)法郎兑换折价 $4\frac{1}{2}$ 格罗斯。

1 国王斯库迪兑换折价 3 格罗斯。

1 教皇弗罗林兑换折价 $1\frac{1}{2}$ 格罗斯。

1 拉奥那弗罗林兑换折价 $19\frac{1}{2}$ 格罗斯。

1 沃伊阿伯爵(conte de Voia)和王子弗罗林兑换折价 4 格罗斯。

1 圣彼得德意志(todesche da san Piero)大弗罗林兑换折价 6 格罗斯。

1 圣彼得德意志小弗罗林兑换折价 $4\frac{1}{2}$ 格罗斯。

1 阿拉马尼亚匈牙利(ongare d'Alamannia)弗罗林兑换折价 $1\frac{1}{8}$ 格罗斯。

1 王冠匈牙利(ongare da la corona)弗罗林兑换折价 $\frac{3}{4}$ 格罗斯。

1 罗马杜卡迪兑换折价 $\frac{7}{8}$ 格罗斯。

1 法兰西蒙托尼(Montoni de Francia)兑换折价 1 格罗斯。

1 弗兰德狮币(Lioni de Fiandra)兑换折价 2 格罗斯。

1 勃艮第斯库迪(Schudi de Borgognia)兑换折价 $2\frac{1}{2}$ 格罗斯。

1 勃艮第公爵诺比勒(Nobile)兑换折价 6 至 8 格罗斯,兑换价格是 24 格令 24 德纳里。

在佛罗伦萨支付费用为 1% 索尔迪,支付到比萨和每个地方费用为 2% 索尔迪,保险费用为 5% 索尔迪。

在比萨支付费用为 2% 索尔迪以上,支付到每个地方的费用也是如此,保险费用为 4% 索尔迪。

在热那亚支付费用为 1‰,支付到每个地方的费用也是如此。

从热那亚支付到帕勒莫、东方以及罗马涅的费用为 2.5%,热那亚保险费用为 2% 索尔迪。

从维尼翁支付到每个地方的费用为每百弗罗林 2 索尔迪。

从蒙彼利埃支付到每个地方的费用为 1.25‰盎司。

从巴黎支付到每个地方的费用是 1.25‰或者 0.25%。

从弗兰德支付到佛罗伦萨、热那亚和威尼斯，到维尼翁、蒙彼利埃、巴黎、巴塞罗那，支付费用为每百斯库迪 2 格罗斯，到伦敦每斯库迪 4 格罗斯，所有地方每法郎平均价值是 33 格罗斯。

从伦敦到弗兰德支付每百斯库迪，费用为 6 斯塔里尼的德纳里，到西方则以每千计价，到热那亚和罗马为 1.67‰。

从米兰到每个地方支付的费用为 2%索尔迪，到弗兰德为每百若干①，到巴黎为 4%索尔迪。

从那不勒斯和盖尔塔到每个地区支付费用为 4%卡里尼。

从博洛尼亚到每个地区支付的费用为 2%博洛尼亚索尔迪。

从罗马到每个地区支付的费用为 3%索尔迪。

从巴塞罗那到每个地区的支付费用为每 100 巴塞罗那里拉 15 巴塞罗那德纳里。

从佩鲁贾到每个地区支付的费用为 2%索尔迪。

对于销毁了标记的每种银币，如果你想以不同的方式出售，必须遵循这个规则：出售被销毁标记的钱币，其每磅价值就是其所含有的银本身。当你出售 1 磅上述钱币，以获得弗罗林，钱币的数量为 15 或 20 或 30 个，用 9 612 格令除以其数量，就将得出每个上述钱币的重量。如果想要通过熔炼获得更多的盈利，必须记住要使其银的含量低于每磅 2 德纳里的合金度，你可以通过熔炼来增加或降低其纯度，从通常的弗罗林银纯度即每磅 18 德纳里下降到上述纯度。

为进一步明确，现举例说明。假设销毁佛罗伦萨格罗斯，熔炼为 1 磅，因为通常 1 磅格罗斯价值 9 弗罗林，因此假设其 1 磅价值 9 弗罗林。

现在计算价值 9 弗罗林的货币包含多少格罗斯。假设 1 弗罗林等于 14 格罗斯，因此有 126 格罗斯，现在用 1 磅即 6 912 格令除以 126，等于 $54\frac{54}{63}$ 格令，即 1 格罗斯重 $54\frac{54}{63}$ 格令。因为根据货币的价值确定 1 磅所含货币的数量，依此类推，否则就无法得到相应数量，因此按你所需处理其他类似账目。

热那亚的 100 磅回到比萨为 96 磅。

热那亚的 100 磅回到博洛尼亚为 86 磅。

热那亚的 100 磅回到佛罗伦萨为 92 磅。

热那亚的 100 磅回到威尼斯为 106 磅。

---

① 原稿此处数量未明。——译者注。

热那亚的 100 磅回到米兰为 105 磅。

热那亚的 100 磅回到那不勒斯为 106 磅。

热那亚的 100 磅回到罗马为 94 磅。

热那亚的 100 磅回到维尼翁为 80 磅。

热那亚的 100 磅回到巴塞罗那为 78 磅。

热那亚的 100 磅回到巴黎为 64 磅。

热那亚的 100 磅回到布鲁日为 72 磅。

热那亚的 100 磅回到佩鲁贾为 96 磅。

热那亚的 100 磅回到卡法(Caffa)[1]为 99 磅。

热那亚的 100 磅回到斯比利亚为 93 磅。

在热那亚以百磅和坎塔勒(cantare)[2]为单位销售,1 坎塔勒为 138 磅,以弗罗林为单位销售,1 弗罗林价值 20 索尔迪,1 金币弗罗林价值 20 金币索尔迪。

在热那亚以百磅为单位销售,以杜卡迪或博洛尼尼里拉为单位销售,每博洛尼尼里拉为 36 到 38 杜卡迪的索尔迪。

在威尼斯以每百磅或者是千细磅[3]为单位销售,或者是以粗磅为单位销售,每千粗磅约为 1 500 细磅,以粗磅为单位,2 索尔迪价值 24 杜卡迪的格罗斯,如果销售以卡里克(carico)为单位,1 卡里克则等于 400 磅。

在米兰销售,以百为单位,有些商品以磅为单位,每磅[4]为 30 盎司,或以帝国弗罗林为单位,每弗罗林为 32 索尔迪。

在那不勒斯销售,以百为单位相当于 111 磅,以坎塔勒(cantare)为单位,相当于 275 磅,以千为单位相当于 1 100 磅即 4 坎塔勒,以罗托利(ruotogli)[5]为单位,相当于 33 盎司,以盎司、塔利(tari)和格令为单位,10 格令为 1 卡里诺(carlino),20 格令为 1 塔利,30 塔利为 1 盎司。

在罗马销售,以 100 磅为重量单位,1 坎塔勒为 160 磅,以流通的弗罗林为货币单位,1 弗罗林价值 47 索尔迪。

在维尼翁销售,磅的重量与热那亚相同,100 粗磅为 1 坎塔勒,1 卡里克为 300 磅

---

[1] 即克里米亚半岛的港口城市费奥多西亚(Feodossia)。——译者注。

[2] 古代意大利重量衡量器具,用于称量中型或大型物体,也写为 cantaro,根据时期和地区,相当于 25 磅至 150 磅不等。——译者注。

[3] 在古代威尼斯有两种重量磅,一种是细磅(Libbra sottile),每磅约为 301.23 克,另一种为粗磅(Libbra grossa),每磅约为 476.999 克,每磅 12 盎司。——译者注。

[4] 米兰的重量单位也分粗磅(Libbra grossa)和细磅或小磅(Libbra sottile o Libbra piccola),粗磅约等于 28 盎司,细磅等于 12 盎司。——译者注。

[5] 亦写为 rotoli,那不勒斯地区所使用的重量单位,相当于 $\frac{1}{100}$ 坎塔勒(cantare),$33\frac{1}{3}$ 盎司。——译者注。

即 1 昆塔勒(quintare)①；1 流通弗罗林相当于 24 索尔迪，即议会弗罗林的 73 索尔迪，或流通弗罗林的 12 格罗斯；每法郎相当于 15 法郎的格罗斯。

在蒙彼利埃销售，以细磅为单位，相当于热那亚的磅，坎塔勒和昆塔勒单位的重量与维尼翁相同；以法郎为单位，每法郎为 16 索尔迪；以格罗斯为单位，每法郎为 15 格罗斯；以法兰西弗罗林为单位，每 100 法兰西弗罗林相当于 125 弗罗林。

在巴塞罗那销售，以粗磅为重量单位，或以昆塔勒为重量单位，每 3 昆塔勒相当于 1 坎塔勒；以巴塞罗那里拉为货币单位，或以罗马弗罗林为货币单位，1 罗马弗林价值 11 弗罗林的索尔迪，30 罗马弗罗林相当于 63 巴塞罗那里拉。

在巴黎销售，以百磅为重量单位，以巴黎索尔迪为货币单位，每法郎等于 16 巴黎索尔迪。

在布鲁日销售，以百磅为重量单位，若以卡里克(carico)为重量单位，其等于 400 磅；以格罗斯为货币单位，1 格罗斯相当于 20 索尔迪；以斯塔里尼的里拉为货币单位，3 斯塔里尼的里拉价值 1 格罗斯的弗罗林。

若货物往来罗马涅，在热那亚应支付如下费用：

海洋领事(Consoli del mare)②费：2 里拉 10 索尔迪。

2%领事费：1 里拉 0 索尔迪。

0.5%领事费：0 里拉 10 索尔迪。

大使馆(Ambasciate)费：0 里拉 3 索尔迪。

货物来自亚历山大、贝鲁特、塞浦路斯、罗得③或者罗马及西西里岛控制的其他地方，其费率同上。

往来科西嘉(Corsecha)、撒丁岛(Sardegnia)、突尼斯(Tunise)以及罗马和巴塞罗那控制的其他地方的货物费率同上。

往来比萨，或者经过比萨去往威尼斯或陆地的货物应支付如下费用：

海洋领事费：0 里拉，16 索尔迪，8 德纳里。

2%领事费：0 里拉，6 索尔迪，8 德纳里。

大使馆费：0 里拉，3 索尔迪，3 德纳里。

0.5%领事费：0 里拉，3 索尔迪，4 德纳里。

合计支付热那亚货物的费用为 1 里拉，20 索尔迪，8 德纳里④。

---

① 亦写作 quintale，现代称作"公担"，相当于 100 公斤，在古意大利重量不等。——译者注
② 海洋领事制度起源于比萨，逐渐成为各海洋共和国的重要司法制度，拥有巨大的权力。海洋领事有权决定船上运往东方的货物的数量和质量，货物的价格以及必须从中获取的利润，控制着海关、税收和关税等。——译者注
③ 希腊罗得岛上的港口城市，曾被罗马、拜占庭、威尼斯、耶路撒冷圣约翰医院骑士团等控制。——译者注
④ 按上述分项，合计数应该为 1 里拉，9 索尔迪，9 德纳里。——译者注

来自瓦伦西亚的货物,如上所述,每百粗磅支付 4 里拉 3 索尔迪,每种货物都照此支付,来自巴塞罗那或罗马的货物,也同上支付。

往来法兰西王国的货物,无论来自陆地或海洋,亦同上支付。

往来法兰西王国的货物,无论来自陆地或海洋,有些地方需要支付更多,即每百粗磅支付 1 弗罗林,以及每磅支付 3 盎司,但是如果不是来自普罗旺斯(Provenza)或法兰西的其他任何地方,则无须如此支付。

往来伦巴第地区(Lombardia)的货物,若不经过普罗旺斯和法兰西,则不需要支付上述关税,除非货物通过港口,则按这样的费率支付,即每个种类每索玛(soma)①8 索尔迪,羊毛每索玛 6 索尔迪 8 德纳里,其他货物按规定支付。

若海运从伦巴第,经塞纳(Saona)或塞尔扎纳(Serezzana)到特利莫里桥(Ponte Triemoli)或比萨。从伦巴第经过热那亚海域,需支付:

海洋领事费: 0 里拉,8 索尔迪,4 德纳里。

1%领事费: 0 里拉,3 索尔迪,4 德纳里。

0.5%领事费: 0 里拉,3 索尔迪,4 德纳里。

大使馆费: 0 里拉,3 索尔迪,4 德纳里。

合计支付热那亚货物的费用为 18 索尔迪,2 德纳里。

往来罗马,亚历山大,塞浦路斯,罗得,那不勒斯,或西西里的货物,需支付:

海洋领事费: 1 里拉,0 索尔迪,5 德纳里。

1%领事费: 0 里拉,10 索尔迪,0 德纳里。

1.5%领事费: 0 里拉,10 索尔迪,0 德纳里。

大使馆费: 0 里拉,3 索尔迪,0 德纳里。

合计支付 2 里拉,3 索尔迪,5 德纳里。

货物通过陆路和水路去往巴黎,关税为每百磅 58 索尔迪。

货物如果已经缴纳关税,流通到某个地点,在未改变货主的情况下,同一时期又回流至港口想要重新出港,无需缴纳任何费用。如果一个商人把货物从一个地方带到另一个地方,即从巴塞罗那到巴勒莫,经停热那亚港,但是并不卸货,他就不必支付任何费用。

一般来说,所有商人,无论进出,按每磅 2 德纳里支付关税,藏红花每磅支付 12 德纳里,羊毛进出每磅支付 8 德纳里,其他货物每磅支付 2 德纳里。

加工银具和锁子甲每磅支付 1 德纳里,剑亦如此,出口则每磅支付 4 德纳里,每种硬兵器均如此。

对于除上述关税之外的另一种关税即奥格(ogre),每种货物进出均按每磅 $\frac{1}{2}$ 德

---

① 重量单位。——译者注。

纳里支付。

印提卡勒(Intichale)是另一种关税,进出的各种货物,每磅支付 4 德纳里。金线和金装饰品每磅支付 1 德纳里,装饰蕾丝(ciambelotti)、塔夫绸(tafetà)等以及所有丝绸制品,尚未投入成品制造的,无须支付。

每桶白兰地支付 1 弗罗林的阿尔达(alda)关税,由购买者支付,再销售亦不退税,但若酒来自巴塞罗那,则无须支付关税。

胡椒、生姜、虫漆、靛青、金线、甜椒、香、肉桂皮、马西克(mascieche)[①]、树干、康乃馨、泽杜拉(zedurra)、高良姜、么拉杰特(melagette)、荜拔等,均按每坎塔勒 8 索尔迪支付关税。

白松香、棉花、小茴香、巴西红木、切阿(cea)、长石、博迪阿(bordia)、司库塔诺(scuotano)、锡、树枝,销售或购买每坎塔勒支付 2 索尔迪 8 德纳里关税。

小豆蔻按每打 4 德纳里支付阿尔达(alda)关税,若按每坎塔勒 2 德纳里支付了上述关税,则还需支付过境费用 10 德纳里,销售和购买需支付 2 索尔迪,过境需支付 1 索尔迪,但是西班牙船销售和过境仅需按每 10 个小豆蔻支付 1 德纳里。

白银、酒、油、干咸鱼、糖、纸、苹果、铁锡、硫磺和月桂,海运而来,每磅支付 12 德纳里,购买和售卖每磅支付 3 德纳里,过境亦同样支付,装载费用按 10 德纳里支付。塔夫绸,天鹅绒以及其他丝绸织品,按每匹 10 德纳里支付,除非是丝纱,无须支付关税,薄纱按每匹 6 格罗斯支付关税。

商品和其他货物在购买和售卖时,除了银、金、珍珠和所有丝织品,以每磅 2 德纳里的金额支付关税,商人卖出或买入多少次就支付多少次,但装饰用的蕾丝、纬起绒织物无须支付。

货物进入瓦伦西亚无须支付关税,出口则每磅支付 2 德纳里,很多货物无须支付关税,通过拍卖来销售货物,然后按每磅 2 德纳里征税,羊毛出口按每磅 8 德纳里支付关税。

100 磅热那亚的货物,若以粗卡扎称重,回到比萨为 96 磅。

100 磅热那亚的货物,若以细卡扎称重,回到比萨为 98 磅。

100 磅热那亚的精细货物,若以上述卡扎称重,回到比萨为 100 磅。

精细货物如果在比萨用天平称重,将减重 2%。

从热那亚发送 100 单位的粗大货物,在热那亚购买,装运上船费用为 5%,在比萨销售费用为 2%,在比萨的重量换算增加 4%,随后货币汇兑损失为比萨货币的 1%,因而直到售出,共损失为比萨货币的 2.5%。同样的方法和费用可用于以卡扎计算重

[①] 此处及后文中有大量的商品名,有些可能是地方方言或已经失传的名称,难以知道对应商品名称,此类名词统一用音译名代称,并保留原文。——译者注。

量的粗大货物,但是糖在热那亚的费用需要增加 1%,而计算方法不变。

从热那亚发送精细货物到比萨,若在比萨以磅为单位购买和销售,投入的费用为初始成本的 $\frac{1}{13}$,即在比萨每磅需要在热那亚投入这个比例的钱款数量。

热那亚的 100 磅货物回到佛罗伦斯为 92 磅,但精细货物为 94 磅。

发送百为单位的上述货物,除糖外的其他货物装运费用为 5%,糖为 6%,在比萨和在佛罗伦萨的销售费用均为 0.33%。

勺子(Cuchari)5%,纸浆和废料 5.25%,水银(ariento vivo)5%,谷物 1.25%,棉花 7%,蜡 5%,绳索 4.25%,其他毛 3.25%,这就是所有上述货物从进入比萨到在佛罗伦萨卖出的费用。在热那亚初始投入的费用为每磅 1 弗罗林,也就是在佛罗伦萨货物重量的磅数就是在热那亚为货物销售所花费用的弗罗林数量。

热那亚的 112 磅回到博洛尼亚为 100 磅。从热那亚发送棉花到博洛尼亚费用为 2.67%~3%,然后从热那亚船运到比萨,再从比萨到博洛尼亚销售,费用为 10%。

从热那亚购买并发送藏红花到威尼斯,装载费用是 5%,从比萨到博洛尼亚,弗罗林到威尼斯之间的费用是每热那亚磅(libra de Gienuine)10 德纳里。在热那亚,每磅货物的费用与在威尼斯所花费用相同。

关于在热那亚贸易的初始投资费用,可以在本书展示的账目中了解。

1 索玛(soma)的大包货物从热那亚运往比萨,费用为每弗罗林 20 索尔迪,从比萨到博洛尼亚售卖和过境,费用为 2 弗罗林,从博洛尼亚发送到费拉拉,最终在威尼斯销售,费用为 2.25%。

107 磅的精细货物从热那亚回到罗马为 100 磅。

110 磅的普通精细货物从热那亚回到罗马为 100 磅。

100 磅糙大米从热那亚回到罗马为 100 磅。

105 磅小茴香从热那亚回到罗马为 100 磅,若在罗马以 5 250 磅的重量销售,则不必给出重量折扣。

从热那亚发送以百为单位的货物到罗马,110 磅到销售时折扣为 100 磅,算作初始成本之外的费用,装载费用为 5%,从热那亚到罗马,船运加上销售,费用为 10%。若以流通弗罗林销售,比议会弗罗林损失 6%。

从热那亚发送 105 磅的小茴香,回到罗马为 100 磅,在热那亚装货费用为 3%,从热那亚到罗马至卖出,运费为 15%,重量换算增加 5%,然后使用流通弗罗林和议会弗罗林之间的兑换损失为 6%,这样各项费用汇集起来,在罗马投入为每磅 $2\frac{1}{2}$ 索尔迪。

从热那亚发送 1 百磅大米,装载费用每百磅 $4\frac{1}{2}$ 索尔迪,到罗马直接售出,运费

为每百磅运费 $27\frac{1}{2}$ 索尔迪，重量换算增加 20%，流通弗罗林的汇兑损失 6%，这样汇集从热那亚发送的各种费用，合计为每磅 $3\frac{1}{5}$ 索尔迪。

从罗马提取平纹丝绸或捻线丝绸，发送到热那亚，罗马的每磅到热那亚为 $12\frac{1}{5}$ 盎司，在罗马提取丝绸的费用及其他费用为每百磅 $1\frac{3}{5}$ 索尔迪，在热那亚不缴关税，包括运费的费用为每磅 2 德纳里，流通弗罗林兑换议会弗罗林的损失为 6%，所有的费用合计为每磅 $\frac{6}{13}$ 索尔迪。

热那亚的 106 磅回到米兰为 100 磅，$100\frac{1}{2}$ 磅精细货物回到米兰为 100 磅。

从热那亚经陆路发送棉花、蜡、生姜以及上述价格的类似商品到米兰，从热那亚到米兰的费用为 3%，到米兰销售的费用为 3%，重量换算增加 6%，然后米兰货币与热那亚货币兑换的损失为 1% 至 2%，这样将费用归集，从热那亚到米兰直到销售，费用为每百磅价值 32 弗罗林，也可将其换算为相应数量的帝国索尔迪。

从热那亚发送百单位的粗大货物或者类似货物到米兰，在热那亚的初始费用为 3%，到米兰的销售相关费用为 5%，重量换算增加 6%，再加上米兰弗罗林汇兑损失 1% 至 2%，这样汇集费用，在初始成本之外，直到销售，在热那亚费用的索尔迪数量，等于在米兰费用的帝国索尔迪数量。

热那亚的 $15\frac{1}{2}$ 盎司精细货物回到维尼翁为 1 磅，即粗昆塔勒（grosse di quintale）的 12 盎司。

15 盎司精细货物回到维尼翁为塔沃拉（tavola）的 1 磅，热那亚的 120 磅回到维尼翁为 1 昆塔勒。

从热那亚发送百单位的货物，由海路经阿尔勒（Arlì）到维尼翁，在热那亚装运费用为 6.25%，经阿尔勒到维尼翁销售的费用为 6%，重量换算增加 28%，罗马弗罗林和议会弗罗林的兑换损失为 16%，议会弗罗林与热那亚货币平价兑换，归集费用得到热那亚的初始成本为每磅 4 索尔迪，则在维尼翁的成本就是相同数量的流通弗罗林。若经马赛（Marsilia）或滞水（Aqua Morta）①，发送锡，则费用会增加，而发送水银，则费用会降低 1.5%～2%。

---

① 法国城市，位于尼姆与蒙彼利埃之间，通过运河与大海相连。——译者注。

维尼翁的每科达(corda)①各种布料,回到热那亚为 $5\frac{1}{8}$ 匹。

维尼翁的每科达各种布料,回到比萨为 $5\frac{2}{3}$ 匹。

维尼翁的每科达各种布料,回到佛罗伦萨为 $5\frac{1}{10}$ 匹。

从维尼翁提取布料到热那亚,在维尼翁的提取费用或者是经阿尔勒装运的费用为每匹 10 德纳里,运往热那亚的运费为每匹 $4\frac{1}{2}$,罗马弗罗林与议会弗罗林的汇兑损失为 16%,议会弗罗林与热那亚货币平价兑换,因而每科达的初始成本为 $\frac{1}{5}$ 罗马索尔迪,在热那亚成本为同样数量的热那亚索尔迪。布料若经运滞水或马赛,费用增加 2%。

12 盎司的精细货物从热那亚到蒙彼利埃重量不变,将精细货物以细磅为单位销售,其在蒙彼利埃和热那亚的重量是一致的。

丝绸在蒙彼利埃销售,以粗磅计量。

热那亚的 128 磅回到蒙彼利埃为 1 昆塔(quinta),3 昆塔为单位进行一次装卸。

从热那亚发送精细货物到维利亚纳(Vigliana),再从维利亚纳到维尼翁,从维尼翁到蒙彼利埃,在热那亚不需要直接支付关税,提取费用为每磅 10 德纳里,到维利亚纳关税费用为每磅 5 德纳里,从维利亚纳到蒙彼利埃销售费用为 7 德纳里,弗罗林兑换法郎,热那亚方损失为 16%,每 5 弗罗林价值 4 法郎 16 索尔迪,直到销售,在蒙彼利埃投入的法郎的索尔迪数量,相当于初始成本索尔迪数量的 $\frac{1}{3}$。

从佩鲁贾和佛里尼(Folignie)发送纸张到热那亚,需投入初始成本之外的费用为每令纸张 10 弗罗林的德纳里,直到销售,在热那亚每令纸张投入费用的弗罗林索尔迪数量相当于每张皇家大纸费用的两倍。

从热那亚发送 100 磅生姜到巴黎,先通过陆路到维利亚纳,在热那亚的初始成本为 24 里拉,其他费用包括:关税为每磅 6 德纳里,捣碎为 12 索尔迪,搬运为 1 索尔迪 2 德纳里,捆扎为 8 德纳里,帆布和绳索为 4 索尔迪 4 德纳里,1 445 磅的海关费用为 58 索尔迪,运送到巴黎的费用为每卢博(rubbo)4 里拉,搬运每索玛 $8\frac{1}{2}$ 索尔迪,经纪人费用为 2 索尔迪,在热那亚初始购买成本和费用总和为 29 里拉 15 索尔迪 6 德纳

---

① 长度单位,换算为另一长度单位匹(canna)的数量在各地和不同时期不等,此处的换算可能为 6 匹。——译者注。

里,回到巴黎为 $\frac{2}{63}$ 里拉①。

整理和搬运到房屋的费用为 1 索尔迪 2 德纳里,称重和捣碎费用为每百 5 德纳里,经纪人费用为 1 索尔迪 2 德纳里,算账和款项支付费用为每百 1 弗罗林 14 索尔迪 4 德纳里,销售人员佣金为每百 1 索尔迪 6 德纳里,则 100 磅货物在巴黎费用总和为 2 法郎 12 索尔迪 1 德纳里,从 $2\frac{2}{5}$ 弗罗林即 3 热那亚里拉中扣除 2 里拉。则 100 粗磅货物的资本到巴黎,直到销售,总成本费用为 32 热那亚的里拉 5 索尔迪,即 26 弗罗林 4 索尔迪 5 德纳里,再减去巴黎货币兑换热那亚货币的溢价 6%,即减去 1 弗罗林 9 索尔迪 5 德纳里,剩余 $25\frac{3}{4}$ 法郎。但需注意这个在巴黎的 6% 溢价会变动,贸易账目需考虑这一点。

1 坎塔勒从大马士革到威尼斯为 552 细磅或 375 粗磅,设每坎塔勒铜价值 750 德纳里,那么 1 000 粗磅的纯铜销售,这样来计算:用 750 德纳里乘以 $2\frac{2}{3}$,得 2 000,就是销售所得,必须减去 200 德纳里的费用,剩余 1 800 德纳里,每 18 德纳里价值 1 杜卡迪,因此其为 100 杜卡迪。

---

① "回到巴黎为 $\frac{2}{63}$ 里拉"或"回到巴黎为 $\frac{2}{63}$ 磅",因为里拉和磅在本书中写法一致,但均很难理解其指什么方面的成本或费用,或是重量。——译者注。

帕乔利对前文的
增补、勘误及修订[①]

【例1】[②]若干人平均分配100里拉,分得一个数量后,再有3个人加入,他们重新平分120里拉,第二次分配的数量比第一次分配的数量少5里拉,问第一次分配的人数是多少[③]。

解答如下：要知道这个问题实质上就是先用100除以一个数量,然后用120再除以这个数量加3的和,第一次除法的商比第二次的商多5,或者说第二次的商比第一次少5。因此假设第一次的人数为1co,先用100除以1co为$\dfrac{100}{1co}$,然后用120除以3加第一次的人数得$\dfrac{120}{(1co+3)}$,从题设可知第二次的商比第一次少5。

因此用5加上$\dfrac{120}{(1co+3)}$得$\dfrac{(120+5co+15)}{(1co+3)}$,或者从第一次的商$\dfrac{100}{1co}$中减去5,余$\dfrac{(100-5co)}{1co}$,可参见页面空白处的计算,最终得到等式：60等于1co$\square$加7co,取一次项系数的一半,将其平方,加上常数项,得到假设值为$R_x 72\dfrac{1}{4}$减$3\dfrac{1}{2}$,就是第一次

---

① 标题为译者加,这一部分主要是对本书第十部分和第十五部分的增补,及其他各部分相关内容的勘误及修订等。本部分在原稿第381页右侧页,接着商业费率部分顺序而写,笔迹明显为帕乔利所写。这一部分编排较为混乱,其中第383页右侧页至384页的写法和特征类似第350页至360页,似乎是该部分的延续。——译者注。
② 原稿部分内容有序号编排,比如该例编号为111,但是序号较为混乱,为便于阅读,译稿从1开始编号。——译者注。
③ 第十七部分"商业费率"由帕乔利的一个学生编撰。——整理者注。

参与分配的人数[①]。

【例 2】 一人进行了若干次旅行,每次旅行携带德纳里的数量等于旅行次数,每次赚取 20%,当其进行最后一次旅行时,发现其最终得到的德纳里总数与最后一次携带的德纳里数量乘以自身是相同的,问其进行了多少次旅行,携带了多少德纳里。

解答如下: 要知道这个问题是问进行了多少次旅行,旅行的次数可能是整数也可能不是整数。假定旅行次数是整数,为 2,按照题设条件其第二次旅行携带了 2 德纳里,且两次旅行其最终携带 4 德纳里。现在知道第一次旅行赚 20%,即 1 德纳里的 $\frac{1}{5}$ 为 $\frac{1}{5}$ 德纳里,第二次旅行赚 20% 为 2 的 $\frac{1}{5}$,即 $\frac{2}{5}$,将两次旅程的本利相加为 $3\frac{3}{5}$,而题设本利和为携带德纳里 2 乘以自身即 4。

因此旅行次数必然小于 2,因为若旅行次数大于 2,与题设结果差距将更大。第一次旅行携带 1 德纳里,赚得 20%,即 1 德纳里资本的 $\frac{1}{5}$,最后第一次旅行得到本利 $1\frac{1}{5}$ 德纳里。

因此旅行次数大于 1 小于 2,假设旅行次数为 1 加 1co,假设值是其整个旅行的一部分,第一次旅行其携带 1 加 1co 德纳里,其赚得携带资本 1 加 1co 的 $\frac{1}{5}$ 即 $\frac{1}{5}$ 加 $\frac{1}{5}$ co,

---

[①] 原稿页面空白处有如下计算:

$$1co$$

$$\frac{100}{1co} \qquad \times \qquad \frac{120}{1co+3+5}+5$$

$$\frac{100}{1co} \qquad\qquad \frac{120+15+5co}{1co+3}$$

$$100co+300 \qquad\qquad 120co+15co+5\square$$

$$300 \qquad\qquad 35co+5\square$$

$$60 \qquad\qquad 7co+1\square$$

$$12\frac{1}{4}$$

$$R_x \frac{60}{72\frac{1}{4}-3\frac{1}{2}}$$

$$\frac{100}{1co}-5co \qquad \times \qquad \frac{120}{1co+3}$$

$$100co-5\square+300-15co \qquad\qquad 20co$$

$$300 \qquad\qquad 35co+5\square$$

$$60 \qquad\qquad 7co+[5\square]$$

为此,请参见原稿第 250 页(本书第 414 页)所述的问题,以及在第 248 页(本书第 410 页)的类似问题。

加上其资本为 $1\frac{1}{5}$ 加 $1\frac{1}{5}$co，这样得到第一次旅行的本利和。现在来计算旅行的 1co 部分。先用同样的方法来计算整个旅行所赚的部分，取 $\left(1\frac{1}{5}+1\frac{1}{5}\text{co}\right)$ 的 $\frac{1}{5}$，为 $\left(\frac{6}{25}+\frac{6}{25}\text{co}\right)$，就是第二次旅行所赚。

为求解第二次旅行中 1co 部分所赚，问：若第一次旅行赚 $\frac{6}{25}$ 加 $\frac{6}{25}$co，那么 1co 部分赚多少？乘除计算，1co 部分赚 $\left(\frac{6}{25}\text{co}+\frac{6}{25}\text{co}\square\right)$，加上其资本，等于 $\left(1\frac{1}{5}+1\frac{11}{25}\text{co}+\frac{6}{25}\text{co}\square\right)$，就是 1 加 1co 次旅行后所得，而题设要求最终得到的德纳里数量为其携带德纳里数量乘以自身，即 1 加 2co 加 1co$\square$，其应等于 $\left(1\frac{1}{5}+1\frac{11}{25}\text{co}+\frac{6}{25}\text{co}\square\right)$。移项化简，取一次项系数的一半，乘以自身，加上常数项，得 $\frac{12}{19}$，则 $\left(\text{R}_\text{x}\frac{12}{19}-\frac{7}{19}\right)$ 就是假设值，因此其有 1 加 $\left(\text{R}_\text{x}\frac{12}{19}-\frac{7}{19}\right)$ 次旅行，携带同样数量的德纳里，验证将无误，依此类推。

【例 3】 找到两个数，一个数的 $\frac{2}{3}$ 加上 1，等于另一个数的 $\frac{3}{4}$ 减去 1，一个数乘以另一个数等于两个数相加。

解答如下： 假设一个数为 1co，取其 $\frac{2}{3}$ 为 $\frac{2}{3}$co，加上 1 为 $\left(\frac{2}{3}\text{co}+1\right)$，其等于另一个数的 $\frac{3}{4}$ 减 1，计算这个数如下：若其 $\frac{3}{4}$ 减 1 为一个数的 $\frac{2}{3}$ 加 1，其 $\frac{3}{4}$ 就等于一个数的 $\frac{2}{3}+2$，因此 $\left(\frac{2}{3}\text{co}+2\right)$ 就是另一个数的 $\frac{3}{4}$，因此取 $\left(\frac{2}{3}\text{co}+2\right)$ 的 $\frac{1}{3}$，就等于另一个数的 $\frac{1}{4}$，加上其 $\frac{3}{4}$ 即 $\left(\frac{2}{3}\text{co}+2\right)$，就等于另一个数，其 $\frac{1}{4}$ 为 $\left(\frac{2}{9}\text{co}+\frac{2}{3}\right)$，加上其 $\frac{3}{4}$ 得 $\left(\frac{8}{9}\text{co}+2\frac{2}{3}\right)$，即为另一个数，若取 $\left(\frac{8}{9}\text{co}+2\frac{2}{3}\right)$ 的 $\frac{3}{4}$，等于 $\frac{2}{3}$co 加 2，根据题设将其减 1 就等于另一个数的 $\frac{3}{4}$ 减 1。

以上满足了题设第一个条件，现在将两者相乘，即第一个数 1co 乘以第二个数 $\left(\frac{8}{9}\text{co}+2\frac{2}{3}\right)$，等于 $\left(\frac{8}{9}\text{co}\square+2\frac{2}{3}\text{co}\right)$，然后将两个数相加为 $\left(1\frac{8}{9}\text{co}+2\frac{2}{3}\right)$，等于 $\frac{8}{9}$co$\square$

加 $2\frac{2}{3}$co,移项,等式两边除以二次项的系数,得到等式：3 等于 $\left(1co^{\square} + \frac{7}{8}co\right)$,取一次项系数的一半,将其平方,加上常数项等于 $3\frac{49}{256}$,其 R_x 值减去一次项系数的一半即 $\frac{7}{16}$,就得到假设值,即第一个数。第二个数为 $\left(\frac{8co}{9} + 2\frac{2}{3}\right)$,因此取 $3\frac{49}{256}$ 的 $\frac{64}{81}$,等于 $2\frac{169}{324}$,然后取 $\frac{7}{16}$ 的 $\frac{8}{9}$ 为 $\frac{7}{18}$,因此另一个数为 $R_x 2\frac{169}{324}$ 减 $\frac{7}{18}$ 再加上 $2\frac{2}{3}$ 等于 $R_x 2\frac{169}{324}$ 加 $2\frac{5}{18}$,就是另一个数。根据题目验证无误。

【例 4】 找到两个数,一个数与另一个数的比为 2 比 3,两者相乘为 $R_x 12$,问这两个数分别是多少。

假设一个数为 2co,则另一个数为 3co,用 2co 乘以 3co 得 $6co^{\square}$,其等于 $R_x 12$,将 $6co^{\square}$ 乘以自身以去除等式的 R_x,等于 $36co^{\square\square}$,将 $R_x 12$ 乘以自身为 12,其等于 $36co^{\square\square}$,用 12 除以 36 为 $\frac{1}{3}$,则 $R_x R_x \frac{1}{3}$ 就是假设值,而前文假设一个数为 2co,因此将 $R_x R_x \frac{1}{3}$ 双倍,计算 2 的 $R_x R_x$ 值为 16,16 乘以 $\frac{1}{3}$ 为 $5\frac{1}{3}$,则 $R_x R_x 5\frac{1}{3}$ 就是第一个数,另一个数为 3co,因此取 3 的 $R_x R_x$ 值为 81,81 乘以 $\frac{1}{3}$ 为 27,则 $R_x R_x 27$ 就是第二个数,解毕。

【例 5】 找到两个数,一个数与另一个数的比为 2 比 3,两者相乘为 2 加 $R_x 12$,问这两个数分别是多少。

假设一个数为 2co,则另一个数为 3co,用 2co 乘以 3co 等于 $6co^{\square}$,其等于 2 加 $R_x 12$,移项将 R_x 值单独放在等式一边,得 $(6co^{\square} - 2)$ 等于 $R_x 12$。将等式两边各乘以自身,即 $(6co^{\square} - 2)$ 乘以 $(6co^{\square} - 2)$ 等于 $(36co^{\square\square} - 24co^{\square} + 4)$,然后将 $R_x 12$ 乘以自身为 12,得等式：12 等于 $36co^{\square\square}$ 减 $24co^{\square}$ 加 4,移项,等式两边除以四次项系数,得 $1co^{\square\square}$ 等于 $\left(\frac{2}{9} + \frac{2}{3}co^{\square}\right)$,取二次项系数的一半,将其平方,加上常数项,等于 $\frac{1}{3}$,则 $R_x R_x \frac{1}{3}$ 加二次项系数的一半即 $\frac{1}{3}$ 就是假设值,而前文假设一个数为 2co,因此用 2 乘以 $\left(R_x R_x \frac{1}{3} + \frac{1}{3}\right)$,$\left(R_x R_x 5\frac{1}{3} + \frac{2}{3}\right)$ 就是第一个数,另一个数为 3co,因此用 $R_x R_x \frac{1}{3}$ 乘以 3,得 $R_x R_x 27$,其加上 1,就是另一个数,根据题设验证无误。

【例 6】 若干人分配 40 弗罗林,平均分配,每个人分到一个数量,现在加上另外两个人,重新再来分配这 40 弗罗林,平均分配到每个人一个数量,两次分配到每一个人的数量相加等于 30 弗罗林,问第一次人数是多少。

解答如下:假设第一次的人数为 1co,用 40 除以 1co 为 $\frac{40}{1co}$,然后用 40 除以第二次的人数即 2 加 1co,等于 $\frac{40}{(1co+2)}$,现在将两个商加总,分数通分参见空白处①,最终得等式:$\left(\frac{2}{3}co+2\frac{2}{3}\right)$ 等于 1co□,取一次项系数的一半,将其乘以自身,加上常数项,等于 $2\frac{7}{9}$,则 $R_x 2\frac{7}{9}$ 加 $\frac{1}{3}$ 就是假设值,即第一次的人数。第二次的人数为 $\left(R_x 2\frac{7}{9}+2\frac{1}{3}\right)$,解毕。

【例 7】 两人有钱财若干,第一个人对第二个人说:若你给我你钱财的 12,我的钱财将是你的两倍。第二个人对第一个人说:若你给我你的钱财,与 12 占我钱财同比例的钱财,我的钱财将是你的两倍,问每个人各有多少钱财。

要知道这个问题与前文第 208 页②的问题是相同的,但是这里我将用一种简捷的方法来求解:假设第一个人有 1co,第二个人给了第一个人 12 后,题设称第一个人拥有的为第二个人的 2 倍,因此第二个人剩余的钱财就是第一个人的 $\frac{1}{2}$。那么第一个人有 1co 加 12,取其 $\frac{1}{2}$ 为 $\left(\frac{1}{2}co+6\right)$,就是第二个人剩余钱财,因此第二个人钱财数量是 $\left(\frac{1}{2}co+18\right)$。

现在来看第二个人要求第一个人给他的部分,问:若 $\frac{1}{2}$co 加 18 给出 12,那么 1co 给出多少?通过分数乘除,得到应该给出 $\frac{12}{\left(\frac{1}{2}co+18\right)}$ co,将其从 1co 中减去,剩余

---

① 原稿页面上方空白处有如下计算:

$\frac{40}{1co}$　　$\frac{40}{1co+2}$

$\frac{80+80co}{1□+2co}$　　———　　30

$20+80co$　　———　　$60co+30□$

$\frac{2}{3}co+2\frac{2}{3}$　　———　　$1□$

② 参见第十部分的例 67、例 68,这两例在原稿的第 208 页(本书第 345-347 页[例 10-67]和[例 10-68]),同时在原稿的 208 页也相应有"类似问题,参见原稿第 352 页,即指本页[例 7]"的注释。——译者注。

$\dfrac{\left(\frac{1}{2}\text{co}^{\square}+6\text{co}\right)}{\left(\frac{1}{2}\text{co}+18\right)}$，再加上 $\frac{1}{2}$ co 加 18，得到 $\dfrac{\left(30\text{co}+\frac{1}{4}\text{co}^{\square}+324\right)}{\left(\frac{1}{2}\text{co}+18\right)}$，其应该等于 3 乘以 $\dfrac{\left(\frac{1}{2}\text{co}^{\square}+6\text{co}\right)}{\left(\frac{1}{2}\text{co}+18\right)}$①。移项化简，等式两边除以二次项系数，得到等式 $\left(259\frac{1}{5}+9\frac{3}{5}\text{co}\right)$ 等于 $1\text{co}^{\square}$②，取一次项系数的一半，将其乘以自身，加上常数项，得到 $282\frac{6}{25}$，则其 R_x 值加 $4\frac{4}{5}$ 就是假设值，即第一人所拥有的钱财数量，第二人的钱财数量为第一人的 $\frac{1}{2}$ 加 18，解毕。

上文（原稿）中的第 190 页和 192 页，有两个关于旅行的问题，非常典型，即本书第十部分例 35 和例 36③，上文（原稿）第 382 页亦有一个类似问题④，其相当于上述两个问题的转述，但在此我将第一个问题即问题 35 的解答更清楚地表述。题设是将钱财翻倍，即每次旅行赚 100% 的收益，最终得 30，类似账目的计算需要通过尝试找到一个整数旅行的数量，其结果非常近似 30，从假设为 1 开始直到找到要求的数量。

假设旅行数量为 5，携带 5 德纳里，将 5 翻倍 5 次为 10、20、40、80、160，而期望为 30，但结果为 160，所以 5 次旅程不满足题设条件，需减少。假设为 4 次旅程，携带 4 德纳里，将其翻倍 4 次为 8、16、32、64，仍超过 30，因此其旅程次数少于 4 次，假设 3 次和携带 3 德纳里，将 3 翻倍 3 次，得到 6、12 和 24，少于 30，因此旅行数量为多于 3 次但少于 4 次。

为求解其多于 3 的数量，假设其进行了 3 次旅行和第 4 次旅行的一部分即 1co，现在将 3 加 1co 双倍，因为其携带了 3 加 1co 德纳里，进行了 3 加 1co 次旅行，先计算

---

① 原稿此处计算错误，第一个人剩余的 $\dfrac{\left(\frac{1}{2}\text{co}^{\square}+6\text{co}\right)}{\left(\frac{1}{2}\text{co}+18\right)}$，加上第二个人原有的 $\frac{1}{2}$ co 加 18 后，应该再加上第一个人给出的 $\dfrac{12}{\left(\frac{1}{2}\text{co}+18\right)}$ co，其和才能等于 3 乘以 $\dfrac{\left(\frac{1}{2}\text{co}^{\square}+6\text{co}\right)}{\left(\frac{1}{2}\text{co}+18\right)}$，因为此处漏掉了第一个人给出的 $\dfrac{12}{\left(\frac{1}{2}\text{co}+18\right)}$ co，因而导致等式不能满足题设要求。正确结果应为假设值 1co 等于 $R_x 576+12$ 即 36。——译者注。

② 根据上一脚注，得出的等式应为 432 加 24co 等于 $1\text{co}^{\square}$，解得结果为假设值 1co 等于 $R_x 576+12$ 即 36。——译者注。

③ 参见本书第十部分例 10-35 和例 10-36，其在原稿中位于第 190 页到 192 页。——译者注。

④ 即上文例 2。——译者注。

整数旅行即 3 次旅行的翻倍,第一次翻倍为 6 加 2co,第二次翻倍为 12 加 4co,第三次翻倍为 24 加 8co,现在翻倍 1co 次来计算这次旅行所赚数量。解答如下:若其进行了整个第四次旅行,则所赚的利润加上资本为 48 加 16co,因为赚得部分与资本数量一致,因此其赚的利润为 24 加 8co,并未进行完第四次旅行。

因此来计算第四次旅行的 1co 部分所赚:若第四次旅行 1 次可赚 24 加 8co,那么 1co 可赚得多少?乘除运算,将得 (24co + 8co$\square$),其加上第三次旅行后的资本即 (24 + 8co),为 (24 + 32co + 8co$\square$),就是 3 加 1co 次旅行后所得德纳里总数。根据题设条件其为 30,因此有等式 (24 + 32co + 8co$\square$) 等于 30。移项,等式两边分别除以二次项系数,得 (4co + 1co$\square$) 等于 $\frac{3}{4}$,取一次项系数的一半,将其乘以自身,加上常数项,得 $4\frac{3}{4}$,则 $R_x 4\frac{3}{4}$ 减 2 就是假设值,而前文假设旅行次数为 3 加 1co,因此其进行的旅行数量为 $R_x 4\frac{3}{4}$ 加 1,也是其携带德纳里的数量,根据题目验证将无误。

同样方法可以用来解答本书第十部分例 36,其题设为每次旅行赚 25%,最终所赚是第一次所投入资本的 $\frac{2}{5}$。因此可这样来表达:若每次旅行赚 25%,即总是赚得其旅程携带资本的 $\frac{1}{4}$,总是据其所赚来解答,将部分旅行看作是 100 的一部分。例如,条件是每次旅行其得到其携带资本的 3 倍,就可知其所赚总是 200%。依此来解答例 36,求解一个加在整数次旅行上的数量,即一个分数次旅行,运用假设条件的方法来求解,因此你可以假设其进行了两次旅行,在第一次旅行中携带 2 德纳里资本,赚 25% 即 2 的 $\frac{1}{4}$,为 $\frac{1}{2}$,将其加在所携带资本 2 上,得本利 $2\frac{1}{2}$,然后第二次旅行所赚为 $2\frac{1}{2}$ 的 $\frac{1}{4}$ 即 $\frac{5}{8}$,与前一次旅行所赚利润的 $\frac{1}{2}$ 相加得 $1\frac{1}{8}$,就是两次旅行所赚的总数。而题设条件是所赚总数等于第一次携带资本的 $\frac{2}{5}$,即 2 乘以 $\frac{2}{5}$ 为 $\frac{4}{5}$,因此其未进行完 2 次旅行,较之要少。那么假设其进行了 1 次旅程,携带资本为 1,所赚为 $\frac{1}{4}$,而题设要求是所携带资本 1 的 $\frac{2}{5}$ 即 $\frac{2}{5}$,因此其进行的旅行多于 1 但少于 2。

现在来求解其旅行多于 1 的数量,假设其旅行为 1 次加第 2 次的 1co 部分,先计算整数旅行所赚,取其资本即 1 加 1co 的 $\frac{1}{4}$,得 $\frac{1}{4}$ 加 $\frac{1}{4}$co,加上其资本得 $1\frac{1}{4}$ 加 $1\frac{1}{4}$co,

就是第一次旅行的本利和,现在计算第二次旅行所赚,因为要计算其一部分旅行所赚,先要计算整个第二次旅行所赚,因此取 $\left(1\frac{1}{4}+1\frac{1}{4}\mathrm{co}\right)$ 的 $\frac{1}{4}$ 为 $\left(\frac{5}{16}+\frac{5}{16}\mathrm{co}\right)$,就是整个第二次旅行所赚。但其仅进行了其中的 1co 部分,因此这部分所赚是 $\left(\frac{5}{16}+\frac{5}{16}\mathrm{co}\right)$ 的 1co 部分,即 $\left(\frac{5}{16}\mathrm{co}+\frac{5}{16}\mathrm{co}^\square\right)$,或者最好利用三数法则求解,问:若 1 次旅行赚 $\left(\frac{5}{16}+\frac{5}{16}\mathrm{co}\right)$,那么 1co 次旅行赚多少? 乘除处理亦将得 $\left(\frac{5}{16}\mathrm{co}+\frac{5}{16}\mathrm{co}^\square\right)$,其加上第一次所赚即 $\left(\frac{1}{4}+\frac{1}{4}\mathrm{co}\right)$ 为 $\left(\frac{1}{4}+\frac{9}{16}\mathrm{co}+\frac{5}{16}\mathrm{co}^\square\right)$,其应该等于资本 1 加 1co 的 $\frac{2}{5}$,即 $\left(\frac{2}{5}+\frac{2}{5}\mathrm{co}\right)$。移项,等式两边除以二次项系数,得等式:$\frac{12}{25}$ 等于 $\left(\frac{13}{25}\mathrm{co}+1\mathrm{co}^\square\right)$,取一次项系数的一半,将其乘以自身,加上常数项,得 $\frac{1\,369}{2\,500}$,则 $\left(\mathrm{R_x}\frac{1\,369}{2\,500}-\frac{13}{25}\right)$ 就是假设值,即 $\frac{12}{25}$,因此其进行的旅行数量为 1 次旅程加 $\frac{12}{25}$ 次旅程,这样按照 25% 利润就将满足题设条件。

如此便可解答类似问题,即便是多个旅程采用同样的方法,在本书(原稿)第 168 页及其后有更多相关案例,你可以尝试是否能够解答。

【例 8】 一人借给另一人 100 里拉,借期一年,利率为 10%,问 6 个月的利息是多少。

解答如下: 假设 6 个月利息为 1co 里拉,100 里拉 6 个月(即半年)的本息为 100 加 1co,现在计算 100 加 1co 到 1 年期期末即再经历 6 个月,所得本息是多少。问:若 100 在 6 个月本息为 (100 + 1co),那么 100 加 1co 经 6 个月本息为多少? 乘除处理,即 (100 + 1co) 乘以 (100 + 1co),为 (10 000 + 200co + 1co$^\square$),除以 100,其应该等于 110,因为根据题设 100 资本经历 1 年将得到 110 的本息。

因此用除数 100 乘以 110,得 11 000,其将等于 10 000 加 200co 加 1co$^\square$,移项得到 (200co + 1co$^\square$) 等于 1 000,取一次项系数的一半,将其乘以自身,加上常数项,得 11 000,则 $\mathrm{R_x}$11 000 减 100 就是假设值,即 100 里拉在 6 个月的利息。若你期望知道 8 个月利息是多少,也可以采用同样的方法来解答,解毕。

【例 9】 债务人必须在 6 个月后向债权人支付 100 里拉,债权人对债务人说,你现在提前给我,按照每年 10% 的折扣来支付,问必须支付多少。

解答如下: 先看多少资本依此折扣率,1 年后将支付 100,乘除处理得其为

$90\frac{10}{11}$，即按 1 年，折算到现在的价值，而题设要求为 6 个月，因此假设折扣为 1co，100 里拉 6 个月的贴现值为 100 减 1co，再计算这 100 减 1co 在另外 6 个月的折现值将是多少，问：若 100 在 6 个月折现为 100 减 1co，那么 100 减 1co 在 6 个月的折现值为多少？

用 (100 − 1co) 乘以 (100 − 1co)，为 (10 000 − 200co + 1co$^\square$)，除以 100，将等于 $90\frac{10}{11}$，因此用 100 乘以 $90\frac{10}{11}$ 为 $9\,090\frac{10}{11}$，等于 (10 000 − 200co + 1co$^\square$)，移项得 200co 等于 $\left(909\frac{1}{11} + 1\text{co}^\square\right)$，取一次项系数的一半，将其乘以自身，减去常数项，得 $9\,090\frac{10}{11}$，则 100 减 R$_x$ $9\,090\frac{10}{11}$ 就是假设值，即 100 里拉 6 个月的贴现折扣，扣减后的剩余值就是现在要支付的价值。

因此从 100 中减 100 减 R$_x$ $9\,090\frac{10}{11}$，剩余 R$_x$ $9\,090\frac{10}{11}$，就是 6 个月折扣后的现值，即便贴现期限为 8 或 9 个月，亦采用同样方法，此类计算处理非常重要。

【例 10】 将 10 分成两部分，每部分各乘以自身，两个乘积相乘得到 100，问两部分各是多少。

解答类似问题有两种方法，但实质上可归结为一种。第一种方法如下：将 10 分成两部分，两者相乘得 R$_x$100，或者是其他非离散 R$_x$，这类问题总是将一个数量分成两部分，两者乘积是一部分平方值乘以另一部分平方值的 R$_x$。例如将 5 分成 2 和 3，两者相乘为 6，将 2 乘以自身为 4，3 乘以自身为 9，再将两个平方值相乘即 4 乘以 9 得 36，其 R$_x$ 值为 6，等于两部分即 2 乘以 3 的乘积，这样便可解答。

据以上方法解答本题：假设一部分为 (5 + 1co)，则另一部分为 (5 − 1co)，注意并未假设一部分为 1co，因为若如此其等式将非常杂乱，为了减少三次项、二次项等运算的繁琐，总是取被分割数的一半加上 1co 作为一部分，则另一部分就是此数的一半减 1co，便不会得到过于繁琐的多项式。此方法可用于非常困难的问题，是计算艺术的一个好秘诀。

现在用 (5 + 1co) 乘以 (5 − 1co)，得 (25 − 1co$^\square$)，其将等于 R$_x$100，去除 R$_x$，将等式两边乘以自身，得 (625 − 50co$^\square$ + 1co$^{\square\square}$) 等于 100，移项得到等式 (525 + 1co$^{\square\square}$) 等于 50co$^\square$，取二次项系数的一半，将其乘以自身，减去常数项，剩余 100，用一次项系数的一半减 R$_x$100，剩余 25 减 R$_x$100 为 15，再取其 R$_x$ 即 R$_x$15 就是假设值，而前文假设一部分为 (5 + 1co)，即为 (5 + R$_x$15)，另一部分为 (5 − R$_x$15)，解毕。

根据题目验证如下：用$(5+R_X15)$乘以自身为$(40+R_X1\,500)$，然后将两部分的平方相乘，即$(40+R_X1\,500)$乘以$(40-R_X1\,500)$，正好得100。另一种方法不采用R_X计算，还是按上述假设，即一部分为5加1co，另一部分为5减1co，将5加1co乘以自身为$(25+10co+1co^\square)$，$(5-1co)$乘以自身为$(25-10co+1co^\square)$，然后将两者相乘，即$(25$加$10co$加$1co^\square)$乘以$(25-10co+1co^\square)$，得$(625+50co^\square-100co^\square+1co^{\square\square})$，等于100。移项得到最终等式：$(525+1co^{\square\square})$等于$50co^\square$，取二次项系数的一半，乘以自身，减去常数项，剩余100，则$1co^\square$等于$(25-R_X100)$，即15，则R_X15就是假设值，结果同上，因此一部分为5加R_X15，另一部分为5减R_X15，结果同上，解毕。

【例11】 将10分成两部分，每部分乘以自身，一个平方值除以另一个平方值，得R_X18或其他R_X，问每部分各是多少。

比如，一部分为2，另一部分为8，将8乘以自身为64，2乘以自身为4，用64除以4，得16，即R_X256。

本题R_X中的18，由2和9构成，不合理亦不可能，因为一个平方值乘以另一个平方值，其乘积必将是一个平方值，同样，一个平方值去除以另一平方值，也必将得到一个平方值。因此若用一部分的平方去除以另一部分的平方，也将得到一个平方值，因为此结论，所以题设所要求的R_X18将是不可能的，因为18不是一个整数的平方值，这值得注意。

【例12】 将10分成两部分，两者相乘的乘积等于一个除以另一个的商。

用通常的方法无法解答此问题，到目前为止我认为其也是不可能的，除非其中一部分总是1，另一部分为剩余值即9，可以满足题设条件。这样被分割的数是其他分数或整数，应总是设定较小一部分等于1，另一部分为剩余值，这样应无误，否则就是谎言。这样来看本例也是一个有意思的问题。

【例13】 [1]一磅猪肉价值若干德纳里，羊肉的价值每磅比猪肉高2德纳里，购买羊肉和猪肉共10磅，为两者各花费30德纳里，即猪肉30德纳里，羊肉30德纳里，问每磅猪肉和每磅羊肉分别价值多少德纳里，各买了多少磅。

要知道这个问题类似于前文关于特殊账目[2]中的小麦问题[3]，可以表述为，将30

---

[1] 本例位于原稿第385页右侧页，而左侧页空白，而且本例开始写作格式与通常的正文相同，这说明从本例开始实质上属于一个部分，根据内容可能属于对于本书第十五部分"方根"的增补。——译者注
[2] 原稿页面空白处有如下注释：
  类似问题参见标注大写字母S的特殊账目中的小麦账目计算。见第212页。
[3] 指本书的第十部分"特殊账目"，正如前文注释所说，本部分属于本书增补内容。——译者注

除以一个数，然后再用 30 除以这个数加 2，这两个商相加等于 10。解答如下：假设猪肉每磅价值 1co 德纳里，则羊肉每磅价值 1co 加 2，现在花费 30 德纳里购买猪肉，问：若 1co 德纳里购买一磅猪肉，30 德纳里可购买多少猪肉？用 30 乘以 1 等于 30，除以 1co 为 $\frac{30}{1co}$，就是购买猪肉的磅数。然后花费 30 德纳里购买羊肉，问：若 (1co + 2) 德纳里购买一磅羊肉，那么 30 德纳里购买多少羊肉？1 乘以 30 等于 30，除以 (1co + 2) 为 $\frac{30}{(1co + 2)}$，就是购买羊肉的磅数。

现在需将羊肉和猪肉购买的磅数相加应等于 10，即 $\frac{30}{1co}$ 加上 $\frac{30}{(1co + 2)}$，得 $\frac{(60co + 60)}{(1co^\square + 2co)}$，其等于 10，化简得 $(60co + 60)$ 等于 $(10co^\square + 20co)$，移项，等式两边除以二次项系数，得 $(4co + 6 = 1co^\square)$，取一次项系数的一半，乘以自身，加上常数项，得 10，则 $R_X 10$ 加 2 就是假设值，前文假设每磅猪肉价值 1co 德纳里，因此其价值为 $R_X 10$ 加 2 德纳里，羊肉价值较猪肉每磅高 2 德纳里，即 $R_X 10$ 加 4，就是两者每磅的价值。

再计算每种肉购买的磅数，先计算猪肉。若 $(R_X 10 + 2)$ 德纳里购买 1 磅猪肉，那么 30 德纳里购买多少猪肉？用 30 乘以 1 等于 30，除以 $(R_X 10 + 2)$，通过前文所展示的方根二项式运算方法来计算，找到 $(R_X 10 + 2)$ 的剩余值[①]，用 $(R_X 10 + 2)$ 乘以 $(R_X 10 - 2)$，得 6，其为除数，然后用被除数即 30 乘以 $(R_X 10 - 2)$ 得 $(R_X 9\,000 - 60)$，将其除以 6，得 $(R_X 250 - 10)$，就是购买猪肉的磅数，其至 10 磅的剩余值（与 10 的差额）就是购买羊肉的磅数，即 $(20 - R_X 250)$，也可通过计算猪肉磅数来计算羊肉磅数：若 $(R_X 10 + 4)$ 德纳里购买 1 磅羊肉，那么 30 德纳里购买多少？解毕。

验证如下：对于否认的人，需要验证每种肉的总价是否是 30 德纳里，多或少均为误。先来计算羊肉，若 1 磅羊肉价值 $(R_X 10 + 4)$，那么 $(20 - R_X 250)$ 磅羊肉价值是多少，用 $(R_X 10 + 4)$ 乘以 20 减 $R_X 250$，需要正好等于 30，计算正确，如此计算猪肉将无误。

【例 14】 一人购买梨若干，每德纳里可以购买多少梨，每个梨就可以再卖出得多少德纳里，如此发现赚 10 德纳里，问买了多少个梨，每德纳里可以买多少个梨。

假设每德纳里可购买 1co 个梨，因此若再卖出，一个梨价值 1co 德纳里，现在卖掉这些梨，计算赚多少德纳里，问：若 1 个梨价值 1co，那么 1co 个梨价值多少？用 1co

---

① 剩余值的定义和计算方法参见前文方根部分。——译者注。

乘以 1co 为 1co□，就是 1co 个梨再卖出的价值，这是其本利和。题设称其赚 10 德纳里，因此从 1co□ 中减去 1 德纳里成本，余（1co□ − 1），其将等于所赚利润 10 德纳里。移项得 1co□ 等于 11，用 11 除以 1 等于 11，则 R_x11 就是假设值，即每德纳里可购得梨的数量，也是 1 个梨再卖出所得德纳里的数量，即 R_x11 德纳里，这样 1 德纳里成本的梨再销售将得 11 德纳里，赚 10 德纳里。根据三数法则计算：若一个梨价值 R_x11 德纳里，那么 R_x11 个梨子价值多少，得 R_x121，即正好 11 德纳里，无误。

以上为 120 章（Capitulum 120 positum supra）[①]

当二次项[②]等于一个常数及一个 R_x 时，将这个常数换算为 R_x，然后将二次项系数换算为 R_x，用这两个 R_x 除以前述二次项系数换算所得 R_x，得两个 R_x，然后用两个一次项系数分别去乘以这两个 R_x，将两个 R_x 中的数字归集相加，归集数的平方根就是所要求解的假设值。或者采用另一种方法，用这个常数除以二次项系数，取其 R_x，然后将二次项系数换算为 R_x，用上述 R_x 中的数字除以二次项系数的平方数，得到数的 $R_x R_x$ 值就是所要求解的值。

【例 15】 找到两个数，一个数比另一个数等于 3 比 4，两者相乘等于 4 加 R_x10，问这两个数分别是多少。

假设一个数为 3co，则另外一个数为 4co，用 3co 乘以 4co 为 12co□，其等于 4 加 R_x10。根据上述规则，用 4 除以 12 得 $\frac{1}{3}$，将 $R_x \frac{1}{3}$ 保留，然后将 12 换算 R_x 为 144，用 10 除以 144 为 $\frac{10}{144}$，$R_x R_x \frac{10}{144}$ 也保留。前文假设值为 3co 和 4co，这样计算：将 3 换算 R_x 为 9，用 9 乘以 $\frac{1}{3}$ 为 3，再将 3 换算 $R_x R_x$ 为 81，用 81 乘以 $\frac{10}{144}$ 为 $5\frac{5}{8}$。

现在取 $R_x 5\frac{5}{8}$ 中的数字，与 9 乘以 $\frac{1}{3}$ 的结果 3 相加，取归集数的 R_x 就得到其中一个数，另一个则用 4 乘以 $\left(R_x \frac{1}{3} + R_x R_x \frac{10}{144}\right)$，将 4 换算为 R_x 值为 16，用 16 乘以 $\frac{1}{3}$ 为 $5\frac{1}{3}$，再将 4 换算为 $R_x R_x$ 值为 256，用其乘以 $\frac{10}{144}$，得 $17\frac{7}{9}$，与 $5\frac{1}{3}$ 相加后取 R_x，就得到另一个数字，验证无误。

[①] 此行文字用红色墨水书写，含义不明，本部分是帕乔利发现前面某些部分的论述中存在一些错误，或计算方法不够简洁，或阐述不够清晰等，因此他进行了相应的重新阐述和补充。——译者注
[②] 参见下文示例，此二次项是由两个一次项相乘得到，而两个一次项是指两个有比例关系的未知项。——译者注

【例 16】 找到一个平方数，减 7 后剩余值是一个平方数，加上 7 也是一个平方数①。

解答如下： 要通过碰运气来寻找答案，也就是说，必须寻找到适合 7 的答案，用 9 和 16 来尝试如下：9 乘以 9 为 81，16 乘以 16 为 256，两者相加为 337，337 乘以自身为 113 569，用 9 乘以 16 为 144，再用 9 加上 16 为 25，用 25 乘以 144 为 3 600，再乘以 4 为 14 400，用 113 569 除以 14 400，得 $7\frac{12\,769}{14\,400}$，就是要求的数②。对于那些想即刻知道答案的人，应知道类似问题并没有一般解答规则。

【例 17】 找到一个平方数，减 5 后的剩余值是一个平方数，加上 5 也是一个平方数，问这个数是多少③。

与上同解，通过试探摸索解答，这个数字为 $11\frac{97}{144}$，验证无误。

【例 18】 找到一个平方数，从其平方根减去 3 后，剩余值是平方数，其平方根加 2 也是一个平方数。

解答如下： 用 24 和 25 来解答，用 24 除以 3 得 8，然后用 25 除以 8 为 $3\frac{1}{8}$，将其乘以自身为 $9\frac{49}{64}$，其就是要求的数字，可以通过计算其平方根来验证无误。

【例 19】 找到 3 个平方数，第一个加上第二个的和是平方数，三个数相加也是平方数，问每个数各是多少。

解答如下： 用 9 和 16 来解答，9 加 16 为 25，用 16 乘以 25 为 400，除以 9 得 $44\frac{4}{9}$，就是第三个数字，因此第一个数是 9，第二个数是 16，第三个数是 $44\frac{4}{9}$。这样

---

① 原稿页面空白处有另一个案例：
找到一个平方数，其加上 13 还是一个平方数。
解答如下：按照如下规则，总是用要加上的数减 1。从 13 中减去 1 余 12，然后取 12 的 $\frac{1}{2}$ 为 6，6 乘以自身为 36，即为要求的平方数，其加上 13 为 49，也是一个平方数，其平方根为 7。如此还可间：找到一个数，其加上 14 还是一个平方数，从 14 中减去 1 余 13，取其 $\frac{1}{2}$ 为 $6\frac{1}{2}$，$6\frac{1}{2}$ 乘以自身为 $42\frac{1}{4}$，就是要求的平方数，其加上 14 为 $56\frac{1}{4}$，其平方根为 $7\frac{1}{2}$，依此类推永无误。这个规则用于一个平方数加上一个数字仍为平方数的条件，但是反之对于从一个平方数中扣减一个数，剩余值仍是平方数的题设条件，有其另外的计算规则。

② 这个数的确满足题设条件，但是求解方法的原理未知。——译者注。

③ 原稿页面空白处有如下案例：
找到一个平方数，加上 13 是一个平方数，扣减 13 后的剩余值也是一个平方数。这个数是 $30\frac{164\,568\,241}{375\,585\,500}$。

可用来解答多个数：总是将它们相加，然后乘以 16，再除以 9。比如要求 4 个数，则将 9、16 和 $44\frac{4}{9}$ 相加为 $69\frac{4}{9}$，然后乘以 16 为 $1111\frac{1}{9}$，再除以 9，得 $123\frac{37}{81}$，就是第四个数，这样持续进行求解第 5 个、第 6 个直至无穷等。根据题目验证无误。

【例 20】 找到一个数，其减 7 的剩余值是平方数，加上 7 也是平方数。

解答如下： 取 7 的 $\frac{1}{2}$ 为 $3\frac{1}{2}$，乘以自身为 $12\frac{1}{4}$，根据规则加上 1 为 $13\frac{1}{4}$，就是要求数，根据题目验证无误。

【例 21】 找到一个数，其减 8 的剩余值是平方数，加上 10 也是平方数。

解答如下： 将 8 和 10 加总为 18，同上加上 1 为 19，然后取 19 的 $\frac{1}{2}$ 为 $9\frac{1}{2}$，将其乘以自身为 $90\frac{1}{4}$，就是要求的数，解毕。这样的规则可以将其应用在很多其他类似的问题上。

【例 22】 两人分配 10 德纳里，一人须分总数的 $\frac{1}{2}$ 减 3，另一人须分总数的 $\frac{1}{3}$ 加 4，问每人分得多少。

要知道类似问题只能通过假设条件来解答，其他方法均不可行。可以这样表达此例：找到一个数，取其 $\frac{1}{2}$ 减 3，再取其 $\frac{1}{3}$ 加 4，两者相加等于 10，利用假设条件来求解，得到此数字 $10\frac{4}{5}$，其 $\frac{1}{2}$ 减 3 为 $2\frac{2}{5}$，其 $\frac{1}{3}$ 加 4 为 $7\frac{3}{5}$，两者相加正好等于 10，得解。

但这个结果并不正确，因为需要分配的数是 10，而所得结果是分配 $10\frac{4}{5}$，需根据 $10\frac{4}{5}$ 中两部分的比例求解 10 的两部分，即可得 10 所分成的两部分。类似地可以解答 3 个人分配的问题，比如必须分 $\frac{1}{2}$、$\frac{1}{3}$ 和 $\frac{1}{4}$ 等，类似问题可以参见本书前文关于合伙经营的内容。

【例 23】 将 2 看作是 5 和 11 的几何平均数，问：若如此，7 和 13 的几何平均数是多少。

解答如下： 先看 5 和 11 的真实几何平均数是多少，即用 5 乘以 11 为 55，则 $R_x 55$ 就是 5 和 11 的几何平均数，然后同样来计算 7 和 13 的几何平均数，用 7 乘以 13 为 91，则 $R_x 91$ 就是 7 和 13 的几何平均数，而题设称取 2 作为 5 和 11 的几何平均数，因此问：若 R_x55 对应 2，那么 R_x91 对应多少？乘除计算，得 $R_x6\frac{34}{55}$，就是根据题设条件 7 和 13 的几何平均数①。

注意类似问题可能有两种平均数，即自然平均数②和几何平均数，或者说是根据超越量的平均数和根据比例③的平均数④。例如 5 和 11 的自然平均数是 8，通过两者加总后取中间值来计算，即 5 加 11 为 16，取其 $\frac{1}{2}$ 为 8，就是根据超越量的自然平均数，即 8 超过较小值 5 的数量，等于较大值 11 超过 8 的数量，如你所见均为 3。对于 7 和 13，根据上述方法，其自然平均数为 10。

现在若想要以算术平均数来回答上述问题，不必计算平方根，只需问：若 2 对应 8，那么多少对应 10？计算结果是 $2\frac{1}{2}$，就是根据题设条件，7 和 13 对应的平均值，但若你想要以几何平均数来回答此问题，同上计算 R_x 即可，如此便知以哪个标准来解答。

【例 24】 一颗 1 克拉的珍珠价值 200 杜卡迪，一颗 2 克拉的珍珠价值 1 000 杜卡迪，若每颗珍珠的纯度相同，问一颗 3 克拉的珍珠价值多少。

要知道这些类似的问题必须按照几何平均值来计算，但你会说：我只有一个小于 3 的极值，如何才能求解？你必须按递增次序求得大于 3 克拉的珍珠所对应的价值。所以需要计算 4 克拉的珍珠价值是多少。已知 2 克拉珍珠的价值，其重量是第一颗珍珠的两倍，其价值是第一颗珍珠的 5 倍，即 1 000 杜卡迪，因此 4 克拉的珍珠其价值应该为 5 000 杜卡迪，即其重量是为 2 克拉珍珠的 2 倍而价值是其 5 倍。

现在计算 3 克拉珍珠的价值，这样表述：若在 2 克拉和 4 克拉之间以同样比例放置 3 克拉，那么在 1 000 和 5 000 之间放置的数量应该是多少？用 1 000 乘以 5 000 为 5 000 000，其 R_x 值就是 3 克拉珍珠的价值。此计算同样可以应用于类似问题。若想知道 $3\frac{1}{2}$ 克拉珍珠的价格，找到 3 的和 4 之间的几何平均数即可。这样对于每个分

---

① 原稿页面空白处有如下计算：

$$\frac{R_x55}{1} \quad \diagtimes \quad \frac{\overset{R_x4}{2}}{1} \quad —— \quad \frac{R_x91}{1}$$

② 即算术平均数。——译者注。
③ 即几何平均数。——译者注。
④ 原稿页面空白处有如下注释：
　　对于这个问题，参见原稿前文的第 217 页（指本书第 365 页[例 10-92]），关于支付德纳里太多和太少的问题。

数都可以解答,当然 $3\frac{1}{5}$、$3\frac{1}{7}$ 克拉等是难解的问题。

串起(infilzare)[①]非它意,是指分配某个分数,分出某个分数后,在这个分配中残余了另一个分数,而且其有明确的规律,不会有多种分配结果。因此,若被要求这样做时,你要知道哪个分数是必须分配的,哪个分数是剩余值,而且从最后一个分数开始。

【例25】 例如,串起 $\frac{3}{5}$ 和 $\frac{4}{9}$[②],若你问我什么数量将被分配,我会说是 $\frac{3}{4}$,须按 5 来分配,须用 3 个 $\frac{4}{9}$ 除以 5,就会得到 0 并余 3,就是 $\frac{3}{5}$,其与 $\frac{4}{9}$ 串起,如此这般即为串起。

解答如下:取第一个分数,即 $\frac{4}{9}$,作为一个部分,然后取 $\frac{3}{5}$,即最后一个分数,放在上个分数前面,与之排成一行,参见页面空白处的计算[③],然后将 $\frac{3}{5}$ 的分子 3 乘以 9,即 $\frac{4}{9}$ 的分母 9,得 27,加上分子 4,得 31,这样就有 31 个 $\frac{1}{9}$,即将 3 换算为 27 个 $\frac{1}{9}$ 再加上 4 个 $\frac{1}{9}$,将 31 作为分子。然后用除数,即 $\frac{3}{5}$ 的分母 5,乘以 9,得 45,这个 45 也是 $\frac{1}{9}$,如同上个必须被分配的数即 31 的性质一样,31 个 $\frac{1}{9}$ 除以 45 个 $\frac{1}{9}$,得 $\frac{31}{45}$,如此便可知将 $\frac{3}{5}$ 和 $\frac{4}{9}$ 串起的数就是 $\frac{31}{45}$。

---

① 从莱昂纳多·费波那契(Leonardo Fibonacci)1202 年《计算之书》(Liber Abbaci)开始,到 1340 年保罗·德拉巴克(Paolo dall'Abbaco)的《计算专论》(Trattato Dell'abbaco),再到 1664 年朱塞佩·玛丽亚·菲加泰利(Giuseppe Maria Figatelli)的《算术专论》(Trattato Dell' Aritmetica),从倍数分数(frazione multipla)到普通分数(frazione ordinaria)的分解都以"串起分数(infilzare i rotti)"的名义出现。菲加泰利(Figatelli)把从普通分数到倍数分数的逆向分解称为"翻译分数(traslatare dei rotti)",这一操作使得从普通分数到倍数分数成为可能,为评估分子和分母相对较大的分数的大小提供了可能,也就是说,正如菲加泰利所说,"将一个陌生的分数转换成另一种更已知、更清晰的分数"。——译者注。

② 串起分数的计算公式如下所示:
$$\frac{a_2 a_1}{b_2 b_1} = \frac{a_1}{b_1} + \frac{a_2}{b_1 b_2} \quad \frac{a_n \cdots a_3 a_2 a_1}{b_n \cdots b_3 b_2 b_1} = \frac{a_1}{b_1} + \frac{a_2}{b_1 b_2} + \frac{a_3}{b_1 b_2 b_3} + \cdots + \frac{a_n}{b_1 b_2 b_3 \cdots b_n}$$
——译者注。

③ 原稿页面空白处写有如下关于正文案例相关的注释和计算:
参见原稿前文第 14 和 16 页(本书第 2 页和第 7 页)。

$$\frac{3}{5} \longrightarrow \frac{4}{9} \quad \frac{31}{45} \quad \frac{3}{5} \longrightarrow \frac{1}{2} \quad \frac{7}{10} \longrightarrow \frac{3}{8} \quad \frac{59}{80}$$

注意这个串起并非放置某个数字，而是将想要串起的数个分数分解为一个整数和串起的无数个分数[①]。例如：串起 $\frac{3}{5}$、$\frac{1}{2}$ 和 $\frac{3}{8}$，使用上述同样的方法处理，即从期望的分数开始，现在首先将 $\frac{3}{5}$ 和 $\frac{1}{2}$ 串起，用 3 乘以 2 为 6，加上 $\frac{1}{2}$ 的分子 1，为 7，得 $\frac{7}{10}$，然后将 $\frac{3}{8}$ 与 $\frac{7}{10}$ 以同样的方法串起，将 $\frac{7}{10}$ 的分子 7 乘以 $\frac{3}{8}$ 的分母 8，为 56，加上 $\frac{3}{8}$ 的分子 3，为 59，将其作为分子，然后用分母 10 乘以 8 为 80，作为分母，则得到 $\frac{59}{80}$，就是串起 $\frac{3}{5}$、$\frac{1}{2}$ 和 $\frac{3}{8}$ 的分数，这样就处理了分数的每个数量，展示给你以便更好地理解。

【例 26】 串起 3 分之若干，4 分之若干，5 分之若干和 6 分之若干，得到分数 $\frac{287}{360}$，问所串起的每个分数各是多少。

解答如下： 先从最右边的分数开始计算解答，即题设最后一个分数，为 6 分之若干。取 $\frac{287}{360}$ 的分子 287，将其除以 6 得 47 余 5，则 5 就是 6 分之若干的分子数量，因为若想要按照上文方法得到 287，就必须用 6 乘以某个数量再加上 5。这样继续往前来计算串起的分数，对于 5 分之若干，用 47 除以 5，得 9 余 2，依此 2 就得到 $\frac{2}{5}$，因为若想得到 $\frac{47}{5}$，就必须要用整数加上 $\frac{2}{5}$。然后对于 4 分之若干，用 9 除以 4，得 2 余 1，即得 $\frac{1}{4}$，然后用 2 除以 3，得第一个串起的分数即 $\frac{2}{3}$，如此可知其串起的分数为 $\frac{2}{3}$、$\frac{1}{4}$、$\frac{2}{5}$ 和 $\frac{5}{6}$，串起数为 $\frac{287}{360}$。按照上文方法求解串起数正好得 $\frac{287}{360}$，验证无误。

【例 27】 串起 5 分之若干，6 分之若干，8 分之若干，得到分数 $\frac{5}{16}$，问所串起的每

---

① 其表达参见下图：
$$\frac{a}{b_2 b_1} = q + \frac{a_1}{b_1} + \frac{a_2}{b_1 b_2} = q + \frac{a_2 a_1}{b_2 b_1}$$
其中：$0 \leq a_1 < b_1$ e $0 \leq a_2 < b_2$，
例如：$\frac{9}{60} \frac{7}{24} 2 = 2 + \frac{7}{24} + \frac{9}{24 \times 60}$
——译者注。

个分数各是多少。

本例将采用与上例不同的另一种解题方法,因为本案例中分数 $\frac{5}{16}$ 的分子 5 无法在除以最后一个分母 8 后,得到一个整数加余数。因此先需要知道串起分母,将上述分数分母(5、6、8)相乘得 240,因此需要将 $\frac{5}{16}$ 的分母换算为 240,用 $\frac{5}{16}$ 除以 $\frac{1}{240}$,得到每个 $\frac{1}{16}$ 是 $\frac{15}{240}$,因此 5 个 $\frac{1}{16}$ 为 $\frac{75}{240}$,这样将 $\frac{5}{16}$ 换算为 $\frac{75}{240}$,再用分数线上的分子 75 按照上例方法进行计算,得到串起的分数是 $\frac{1}{5}$、$\frac{3}{6}$ 和 $\frac{3}{8}$,解毕。

想要测量①三角体②,必须知道如何通过一条已知的线画出所有其他的线,以及线之间的比例关系,每一个等边三角体,轴线③与侧边平方之间的比例是倍半关系,即侧边长的平方数是轴线长平方数的 1.5 倍。例如侧边长为 6,轴线长将是 $R_x 24$,因为用 6 除以 $R_x 24$,得 $R_x 1\frac{1}{2}$,所以 6 即 $R_x 36$ 的平方,是 $R_x 24$ 平方的 1.5 倍。

因此,已知侧边想求解轴线,总是将侧边长换算为 R_x 值,然后取这个 R_x 中数字的 $\frac{2}{3}$,其 R_x 就将是轴线长。例如侧边长为 6,换算成 R_x 值为 36,其 $\frac{2}{3}$ 为 24,则 $R_x 24$ 就是轴线长,注意并非是将其 $\frac{2}{3}$ 平方,而是取侧边长平方数的 $\frac{2}{3}$ 的 R_x。同样,若已知轴线长而求解侧边长,总是将轴线长换算为 R_x 值,取其中数字的 $\frac{1}{2}$ 加在其上,总和的 R_x 就是侧边长。例如轴线长 6,换算为 R_x 值为 36,其 $\frac{1}{2}$ 为 18,加上 36 为 54,则 $R_x 54$ 就是侧边长,注意不是将 $\frac{1}{2}$ 平方,而是取 R_x 中数字的 $\frac{1}{2}$。若轴线长是 R_x,比如 $R_x 24$,则不需要换算为 R_x,直接取 24 的 $\frac{1}{2}$ 为 12,加在 24 上为 36,则 $R_x 36$ 即 6,就是侧边长。这样就解得侧边,求解轴线则将比例反过来。

还应该注意的是,轴线与表面直径④(平方)之间的比例为 8 比 9,即表面直径平

---

① 接下来的内容是对本书第十四部分的补充。——译者注。
② 原稿页面空白处有如下注释:
　在此列示立方体和金字塔的衡量方法,原稿第 290 页(本书第 500 页)已经讨论过,但这里的解答更清晰。
③ 即三角体内高。——译者注。
④ 即表面三角形的垂直线。——译者注。

方是轴线的平方的 1 倍加 $\frac{1}{8}$，因此，知道表面直径想求解轴线，必须将直径平方，从这个数字中减 $\frac{1}{9}$，取剩余值的 R_x 就是轴线长。比如表面直径为 6，将其平方为 36，然后减 $\frac{1}{9}$ 即 4，剩余 32，则 R_x 32 将是轴线长，反之则变换比例①。

若想通过轴线长计算表面直径长，必须先通过上述方式找到侧边长，比如已知侧边长的平方，取其 $\frac{1}{4}$ 并将其从其自身中减去，剩余值的 R_x 就是表面直径长。例如轴线长为 6，乘以自身长度为 36，取其 $\frac{1}{2}$ 加在自身上，得到 54，则 R_x 54 就是侧边长。现在取其平方即 54 的 $\frac{1}{4}$ 为 13 $\frac{1}{2}$，从 54 中减去 13 $\frac{1}{2}$，剩余 40 $\frac{1}{2}$，则 R_x 40 $\frac{1}{2}$ 就是表面直径的长度。若问为何减去侧边长平方数的 $\frac{1}{4}$，因为表面直径的平方与侧边长的平方之间的比是 3∶4，也就是侧边长平方是表面直径平方的 1 倍加 $\frac{1}{3}$②。

若想通过表面直径求解侧边，总是取表面直径平方的 $\frac{1}{3}$ 加在其自身上，其和的 R_x 就是侧边长。例如表面直径为 R_x 27，取 27 的 $\frac{1}{3}$ 为 9，加在 27 上为 36，则 R_x 36 就是侧边长。若表面直径为 6，换算为 R_x 值为 36，取其 $\frac{1}{3}$ 为 12，加在 36 上为 48，则 R_x 48 就是侧边长。

还要注意侧边的 $\frac{1}{2}$（的平方）与侧边（平方）的比为 1 比 4，即表面三角形垂直线落在侧边的 $\frac{1}{2}$ 处，其 $\frac{1}{2}$ 的平方是侧边平方的 $\frac{1}{4}$。例如垂直线落在长 6 的侧边的 $\frac{1}{2}$ 处，将

---

① 原稿页面空白处有如下案例：

简短案例即可理解，已知轴线长，已知它和表面直径之间是 8 比 9 的比例，因此，取内直径即轴线长平方的 $\frac{1}{8}$，加上其自身，其 R_x 就是表面直径。例如轴线长 R_x 24，取其平方的 $\frac{1}{8}$ 为 3，加上 24 为 27，则 R_x 就是表面直径长。

② 原稿页面空白处有如下注释：

轴线落在表面三角形垂直线的 $\frac{1}{3}$ 处，即落点向侧边方向的 $\frac{1}{3}$ 处，亦可说是 $\frac{2}{3}$ 处，即落点朝角方向的 $\frac{2}{3}$ 处，若垂直线长 R_x 27，则其 $\frac{1}{3}$ 长 R_x 3，其 $\frac{2}{3}$ 为 R_x 12，注意这一点。

侧边长平方为 36，将其一半即 3 平方为 9，9 为 36 的 $\frac{1}{4}$，将侧边平方，取其 $\frac{1}{4}$，取其 R_x 就是垂直线落点到一角的距离。

同样要注意轴线（的平方）与落点至平面角的距离平方之间的比是 2 比 1，即轴线的平方是落点至平面角距离平方的 2 倍，将落点至平面角的距离平方，将其双倍后取 R_x 就是轴线长。例如轴线落点至平面角的距离平方为 12，将其双倍为 24，则 $R_x 24$ 就是轴线长；反过来若已知轴线长，将其平方，取其 $\frac{1}{2}$，则其 R_x 就是一角至表面中点即轴线落点的距离。若想知道落点至侧边的距离，则从 $R_x 27$ 中减去 $R_x 12$，剩余 $R_x 3$，就是落点至侧边的距离，而轴线落在垂直线即表面直径的 $\frac{1}{3}$ 处，垂直线长 $R_x 27$，侧边长 6，同上已验证的结果。

因此要注意从轴线落点到侧边距离的平方与轴线平方之比为 1 比 8，即轴线平方是轴线落点到侧边距离平方的 8 倍，也即轴线平方值取 $\frac{1}{8}$，再取其 R_x 就是落点至侧边的距离，反过来，将落点至侧边距离的平方乘以 8，再取乘积的 R_x 就是轴线长。

欲知从一角至轴线在表面落点的距离，要知道其与一角至轴的内部线之间距离的比等于表面三角形垂直线即表面直径与轴线的比，为 9 比 8，即一角至轴线在表面落点距离的平方是一角至轴的内部线之间距离平方的 1 倍加 $\frac{1}{8}$。

若已知从一角至轴线在表面落点的距离，将其平方，取其 $\frac{1}{8}$ 加上自身，再取其 R_x 就得到一角至轴的内部线之间距离。因此，从这条内部线与轴线的交点到那个角，平等地分割了这条轴线，但两者非直角相交。例如，已知从一角至轴线在表面落点的距离为 $R_x 12$，取其平方的 $\frac{1}{8}$ 为 $1\frac{1}{2}$，加上 12 为 $13\frac{1}{2}$，则 $R_x 13\frac{1}{2}$ 将是从角到轴的内部线的长度，而且是落在一条斜边上。反之，若已知从角到轴的内部线的长度，将其平方后取 $\frac{1}{2}$，从自身中减去，剩余值的 R_x 就是一角至轴线在表面落点的距离。

欲知从分割轴线的点到三角体底部的线有多长，应该从轴线长度中减去从一角至轴线的内部线长度，剩余值的 R_x 就是从分割点至底部的长度。例如，已知从轴线分割点至一角的内部线长度与另一条分割线的长度一致，即两者都是 $R_x 13\frac{1}{2}$，则从

R_x24 中减去 $R_x13\frac{1}{2}$，剩余 R_x12，就是从分割点到底部的线长。

接下来，注意计算立方体体积的方法，要知道其是以金字塔的方式来测量的，即如果它是一个三角体，确认其边长，计算底座面积，然后乘以高度，再取其乘积的 $\frac{1}{3}$，就得到三角体体积。取 $\frac{1}{3}$ 是因为金字塔与它的构成体（chelindro）之间的比例是 1 比 3，也即其构成体的体积是金字塔体积的 3 倍，无论金字塔底座是何种形式，是方形或八角形，或五角形等。因为对于金字塔和其构成体来说，两者的底座是三角形或正方形，其比例均是一致的，可以通过一个基准点，从中间等地方进行切割，如同上文中展示的那样。

【例 28】 例如一个等边三角体金字塔，其每边长为 6，先以计算三角形面积的方法来计算面积。将三边相加为 18，取其 $\frac{1}{2}$ 为 9，其与边长的差就是（边长的）一半（即垂直线将底边分割成两条短边的长度），计算得平面三角形面积为 R_x243，乘以其轴线高即 R_x24，得 $R_x5\,832$，取其 $\frac{1}{3}$，将 $\frac{1}{3}$ 换算为 R_x 即 $\frac{1}{9}$，乘以 5 832，最终得 R_x648，就是上述三角体体积。

再展示另一种更简洁的方法，案例同上，同样的等边三角体，将其边长平方，取其 $\frac{1}{2}$，再取这个一半的 R_x，将其三次方，再取其 $\frac{1}{3}$，就得到同上的三角体体积，永无误。例如上述三角体，边长为 6，将其平方为 36，取其 $\frac{1}{2}$ 为 18，将 R_x18 三次方，即 R_x18 乘以 R_x18 为 18，再乘以 R_x18，将 18 换算为 R_x 值为 324，将其乘以 18 为 5 832，则得 $R_x5\,832$，再取其 $\frac{1}{3}$，将 $\frac{1}{3}$ 平方为 $\frac{1}{9}$，乘以 $R_x5\,832$ 得 R_x648，就是按此方法计算的三角体体积，与上同解，但更为简洁，因而值得关注。

本书（原稿）第 188 页[①]所提及裁剪纸张的方法，在此简要展示，包括有高度或宽度或两者皆无的条件，各种几何方法[②]。若没有给出任何已知的边，即高度或宽度，一定要用想象力构建一个正方形，找到它的对角线，即从角到角的直径，并取其长度的

---

① 参见第十部分的例 10-29，在该例亦有对应参见本页内容的注释。——译者注。
② 原稿页面空白处有如下注释：
裁剪纸张的几何方法，参见原稿第 188 页（本书第 305 页［例 10-29］）。

$\frac{1}{2}$，就是纸张的宽度①。

【例 29】 例如，希望纸张高（即长度）为 2，需形成一个每边都是 2 的正方形，其直径（即对角线）将是 R_x8，取其 $\frac{1}{2}$ 为 R_x2，就是纸张的宽度，这样翻倍使得相同比例保持至无穷，若要将宽度翻倍，那么对角线也将同比例变化，然后就可以计算其边长，也就是其高。比如其宽为 2，将其翻倍为 4，换算为 R_x 为 16，取其 $\frac{1}{2}$ 为 8，则 R_x8 就是那个正方形的边长，也就是其高。总是用 R_x 来求解边长。正方形的对角线和侧边是不可通约的，将其牢记，极为有益②。

若想知道如何将一个三角体置于球体之内，必须首先知道如上文（原稿）第 391 页③等所述的一条线与另一条线的比例，然后你必须看看已知的是球体还是三角体。如果是球体，立即找到它的轴线，即它的直径，当知道其直径，取其 $\frac{1}{2}$，就是从三角体内角出发的一条线的长度，其沿着轴线到达球体的中心与三角体轴线相交的点。

当已知上述从三角体内角到轴的线，那么就会知道从表面角到轴线的距离，两者平方之比为 9 比 8，这已经被古代哲学家们实验证实。因此，想要计算三角形的边长，取从内角到轴线距离平方的 $\frac{1}{9}$，将其从自身中减去，剩余值就是从表层角到轴距离的平方；要取其平方数的 $\frac{1}{9}$，因为上述比例是两者平方值之间的比例，按照本文（原稿）第 368 和 391 页所示的方法来求解会很容易，这样由轴线就可以得到边长。

---

① 帕乔利试图总结一个关于比例的规则，若不知道原稿 188 页例 29（本书第 305 页［例 10-29］）的要求则很难理解其所总结的规则。例 29 简要描述如下：希望裁剪一本书，裁剪后以下面这种方式再无限裁剪，都将满足这样的条件：当将其长度裁剪一半时，裁剪后页面宽度和高度的比例，正好等于裁剪前页面宽度和高度比例，问其裁剪后其宽度和长度各是多少，使其能够满足上述的裁剪方法。而帕乔利总结的规则是：当知道长度时，求依此长度为边的正方形之对角线的长度，然后取其 $\frac{1}{2}$，就是满足题设要求的页面宽度，而下一脚注又总结了另外一个规则即当知道宽度时，求依此宽度为边的正方形之对角线的长度，其就是满足题设要求的页面长度。——译者注。

② 原稿页面空白处有如下案例内容：
要知道，如果宽度已知，形成（以宽度为边的）正方形，（所得）对角线（长度）将为（纸张的）高度；因此，若宽度为 2，正方形将是 2，2，2，2 乘以 2 为 4，这是一边，2 乘以 2 为 4，这是另一边，加总为 8，则 R_x8 为对角线长，其将改变为高度。要注意这个方法和上述方法的区别，否则就会应用失败，上述案例的方法是取对角线长度的一半。参见上文第 295 页（原稿）的方法，其非常简短。

③ 就是本部分前文关于三角体体积的相关内容。——译者注。

例如假设（球体）圆周为 22，则直径为 7，取其 $\frac{1}{2}$ 为 $3\frac{1}{2}$，就是从三角体内角到轴线的距离。将其平方为 $12\frac{1}{4}$，取其 $\frac{1}{9}$ 为 $1\frac{13}{36}$，从 $12\frac{1}{4}$ 中减去余 $10\frac{32}{36}$，则 $R_x 10\frac{32}{36}$ 就是从三角体表面角到轴线的距离，其为从内角到轴线距离的 $\frac{8}{9}$，因此它们之间的比例将是 9 比 8。现在计算轴线的交点到平面的距离，从 $12\frac{1}{4}$ 中减 $10\frac{32}{36}$，余 $1\frac{13}{36}$，而其 R_x 就是轴线交点到平面的直线长。现在计算整个轴线长，已知从三角体内角到轴线的距离为 $R_x 12\frac{1}{4}$，即 $3\frac{1}{2}$，将 $R_x 1\frac{13}{36}$ 与 $R_x 12\frac{1}{4}$ 相加，得 $R_x 21\frac{7}{9}$，就是轴线的长度。

现在计算边长，已知轴线的平方与边长的平方的比例为 2 比 3，因此取 $21\frac{7}{9}$ 的 $\frac{1}{2}$，为 $10\frac{8}{9}$，加在其自身上，为 $32\frac{2}{3}$，则 $R_x 32\frac{2}{3}$ 就是边长。还可用另一方法计算，因为已知从轴线交点到平面的直线长，要知道其与边长平方之间的比例是 1 比 24，即边长平方是从轴线交点到平面距离平方的 24 倍，验证无误。因此将其平方乘以 24，乘积的 R_x 就是三角体边长，结果同上。反过来，若边长已知，就可取其平方的 $\frac{1}{24}$，可得这条短线，即轴线交点至平面的长，随之可以根据比例逐步计算轴线和其他的数量。

已知从该点到平面的距离的平方与轴线的平方之比为 1 比 16，即轴线的平方是这条短线长平方的 16 倍，因此，已知轴线长，要计算这条短线的长，只需取轴线平方的 $\frac{1}{16}$，其 R_x 就是这条短线。反过来，若想求解轴线长，用这条短线长度的平方乘以 16，乘积的 R_x 就是轴线长度。同样，若知道这条短线的长度，其与从轴线交点往上（到内角）的直线长度（平方）之间的比例为 1 比 9，因此将这条短线的平方乘以 9，乘积的 R_x 就是从交点往上至内角直线的长度。反之，若知道轴线交点到内角直线的长度，取其平方的 $\frac{1}{9}$，其 R_x 就是这条短线，即从轴线交点往下到平面直线的长度，依此类推。

要注意轴线交点至平面短线的平方与轴线与平面交点至侧边短线的平方之比为 1 比 2，即后者是前者的两倍。还要注意轴线交点至平面短线的平方与轴线与平面交点到表面角的直线的平方之比是 1 比 4，即后者是前者的 4 倍，一旦已知这个短线的长度，就很容易通过双倍和 4 倍来计算另一条直线的长度。

另一种简单的计算方法，若已知球体直径，将其平方，再乘以 $\frac{2}{3}$，其 R_x 就是三角形边长。上述球体直径为 7，平方为 49，其 $\frac{2}{3}$ 为 $32\frac{2}{3}$，则 $R_x 32\frac{2}{3}$ 就是其内接三角体边长，结果同上，依此规则永无误。若三角体的某些数量已知，而球体数据未知，则利用三角体的轴线，按上述方法求解，如已知三角体轴线，球体直径与三角体轴线（平方）之间的比例为 3 比 2①，即球体直径平方是三角体轴线平方的两倍加 $\frac{1}{4}$，也就是将三角体轴线平方，取双倍再加上其 $\frac{1}{4}$，总和的 R_x 就是球体直径。例如假定三角体轴线为 $R_x 8$，其平方为 8，双倍为 16，再加上其 $\frac{1}{4}$ 即 2，得 18，则 $R_x 18$ 就是三角体的外接球体直径。

但是，若想把一个球体放在一个等边三角体中，首先看球体或者三角体的某些数量条件是否已知，因为通过这些已知的条件，以及不同条件之间的比例关系，可计算出所有其他未知数量。例如，假设球体周长 22，问外切三角体的边长和轴线长。求解这个问题，必须知道上述三角体的外接球体以及这里的三角体的内切球体的中心都应该在三角体轴线的分割点上，即从内角出发直线的交汇点。因此外接球体的半径就是从三角体内角至内部轴线上的直线，类似地，内切球体的半径应该是轴线的切割点向下到平面的直线，而内切球体会内接三角体的底面，而非侧边。

既然有了内切球体的半径，就可以根据上述的比例求解三角体的其他每条线。因此，用其半径的平方乘以 9，就会得到从轴线切割点向上，即从球的中心向上的三角体部分轴线的平方，因为它们之间的比例为上述所说的 9 倍。若将其平方乘以 16，将得到整个轴线的平方，因为它们之间的比例为 16 倍，依此类推，然后会得解其他数量。

---

① 在文本中有以下被横线划掉的内容：

三角体轴线与其侧边的比为 2 比 3，也就是球体直径平方的 $\frac{2}{3}$，即直径的 $\frac{4}{9}$，即为三角体的轴线长。反之，若已知三角体的轴线来求解球体的直径，总是取轴线平方的 $\frac{1}{2}$ 加在其自身上，其总和的 R_x 就是球体的直径。

因此取球体直径 7 的一半为 $3\frac{1}{2}$，将其平方为 $12\frac{1}{4}$，乘以 16 为 196，则 $R_x 196$ 就是三角体轴线长，你可来求解其他数量，可通过一个更快捷的规则来求解，即当已知内接球体的直径时，将其双倍，就得到外接三角体的轴线长；因此，将 7 双倍得到 14，结果同上无误。若你想知道球体直径与三角体内高即轴线的比例，其为平方的 4 倍，即三角体轴线的平方是球体直径平方的 4 倍，若有了已知条件，则很容易得解。

若已知外接三角体的某些条件，想求解其他数量，先按上述方法求解三角体的轴线长，然后取其平方的 $\frac{1}{4}$，其 R_x 将是球体的直径，或者取 $\frac{1}{8}$，将是球体的半径，如此继续求解其他数量。牢记上面给出的比例，并且要知道从内切球体的直径平方到外接三角体的边长平方之间的比例是 1 比 6，也就是说，边长的平方是直径平方的 6 倍，这样取边长平方的 $\frac{1}{6}$，其 R_x 就是球体的直径。

一个等边三角体，它的一条侧边在另一条侧边之上，即在侧面的一个平面上，一条从一条侧边移动另一条的直线，若想知道其长度，就要知道这条线是一个正方体的高，而那条侧边将是这个正方体的对角线，即其直径，所以三角体将是这个正方体的组成部分，其体积为正方体的 $\frac{1}{3}$。

要知道如何在不改变三角形面积的前提下延长一个三角形的任何一边，均采用如下方法：先选择想要延长的侧边，通过我在第 271 页的第 20 个问题[①]向你展示的方法，作一条垂直线在这条边上，计算其长度，同时计算其落点相对于其他两边的距离。然后看垂直线的落点是否落在三角体底边中点上，若落在中点，就取垂直线长度的双倍，就是上述延长侧边延长后的长度。但如果是一个直角三角形，有两条相等的直角边，其侧边即直角对向的那条斜边则不可能变化，因为总是会画一个半圆，得到同样的长度[②]。但你可以按照下面所述的方式去改变其他两条边。同时，若垂直线长度的双倍小于要延长的底边长度，则延长的同时保持原先三角形的面积是不可能，但是可以缩短这条边，如下面展示的那样，是可行的。

若垂直线不落在底边中点，这样求解：注意垂直线落点与底边中点的差异，这个差异值将乘以自身，然后再用垂直线长度乘以自身，将两个乘积相加，总和的 R_x 就是

---

① 即本书第 456 页第十四部份例 14-20，其位于原稿第 271 页。——译者注。
② 即等腰直角三角形，垂直线落在斜边中间，将垂直线两边的三角形画一个半圆合起来，垂直线长度的双倍仍将等于其原先的斜边，亦可参见下一脚注的配图。——译者注。

从垂直线出发的那个角到底边中点直线的长度,因为它是垂直线与上述差异线所构成的一个直角三角形的斜边。然后将这条线的长度双倍,就得到要延长的边延长后的长度,若此长度不能超过要延长的边的长度,那么同上所述,这条边就无法被延长。

【例 30】 为了能清晰理解,举例说明。一个三角形三条边长分别为 15、14、13,面积为 84,想延长边长为 14 的一边而面积不变,而非将其缩短,问将延长多少。

解答如下:先找到垂直线落在长 14 的一边上[①],从长 15 和 13 两边中间的角按上述方法作垂直线,计算此垂直线的长度为 12,落点距长 13 边为 5,距长 15 边为 9。现在看垂直线落点与底边中点即 7 之间的差,两者差为 2,现在从上述角作一条线至底边中点,其将是一个直角三角形的斜边,一边长 2,另一边即为垂直线,长 12。因此将每边边长平方,即差 2 平方为 4,垂直线 12 平方为 144,加总为 148,则 $R_x 148$ 就是这条线或称斜边的长度。

将此斜边双倍,即沿着这条斜边将三角形从中间裁剪,然后把其中一边转过来,让底边的两半重合,那么这条斜边就将双倍,因为其成为两个三角形的边。因此将 $R_x 148$ 双倍,即用 4 乘以 148 得 592,则 $R_x 592$ 就成为原先长 14 的边现在的长度,根据规则可验证这个三角形的面积,仍然为 84,也可以用纸做成三角形,清楚地看到上述结论。

此方法可以用来解答每一条边的延长问题,若想要延长 15 的边,将得 $R_x 505$,其垂直线为 $11\frac{1}{5}$,落在靠 14 一边的 $8\frac{2}{5}$ 处,靠 13 一边的 $6\frac{3}{5}$ 处,垂直线落点与底中

---

① 原稿页面空白处有如下解释性的图:

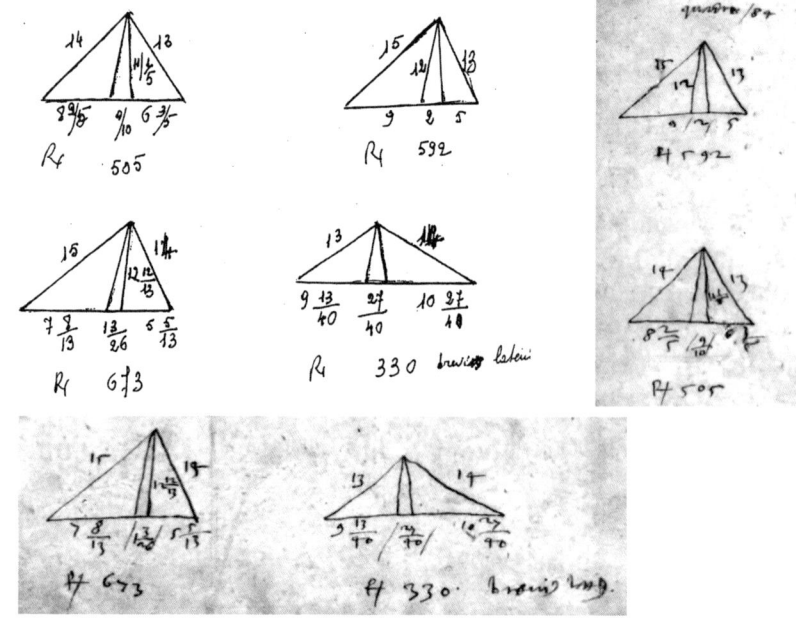

点之间的差为 $\frac{9}{10}$,落在中点的这条线长 $R_x 126\frac{1}{4}$,其双倍为 $R_x 505$,就是长 15 的边所延长后的长度。若要延长 13 的边,可计算得垂直线为 $12\frac{12}{13}$,落在靠长 15 一边的 $7\frac{8}{13}$ 处,靠长 14 一边的 $5\frac{5}{13}$ 处,垂直线落点与底边中点的差异是 $1\frac{3}{26}$,到中点的线长为 $R_x 160\frac{3}{4}$,将其双倍为 $R_x 673$,就是长 13 的边延长后的长度,依此类推。

有一个三角形三边边长分别为 14、13 和 20,想要延长边长 20 的一边,实际上是不可能的,因为若将那条从边长 14 和边长 13 两边中间到边长 20 一边中点的线长双倍,将小于边长 20 一边的长度。可以首先计算垂直线为 $R_x 82\frac{71}{1600}$,落在靠边长 14 一边的 $10\frac{27}{40}$ 处,靠边长 13 一边的 $9\frac{13}{40}$ 处,落点与底边中点的差为 $\frac{27}{40}$,这条至底边中点的线长为 $R_x 82\frac{1}{2}$,将其双倍为 $R_x 330$,而想要将边长为 20 即 $R_x 400$ 的边延长到 $R_x 330$ 是不可能的。因此若题目要求将该边缩短则是可能的,因为只有这样才不会改变三角形原来的面积,这样即可得边长缩短后为 $R_x 330$。也不要看上文第 271 页的内容,因为我错误地弄混了三角形的一边和另一边,但这里我给你提供了另一种方法,一定要遵守这个规则,将永无误。

虽然我在上文(原稿)的第 312 页(本书第 549 页[例 14-205])已经充分地描述了一个测量木桶体积的方法,但在这里我想更坦率地描述所有相关验证。先想象把木桶切成两半,可以整个直着切开,但为了更好地理解,最好从中间横切,然后计算其一半的底部和中部的平均直径,即先将每个直径乘以自身,然后将一个直径与另一个直径相乘,这个乘积与前面两个乘积相加,取其 $\frac{1}{3}$,再取这个 $\frac{1}{3}$ 的 R_x,就是这个半桶的平均直径,然后将这个平均直径平方,取其 $\frac{11}{14}$,再乘以半桶的高度,就得其体积。

【例 31】 为便于理解,举例说明:一个桶长为 6,前后底部均高为 6,中部高为 7[①],从中部裁成两半,则其中一半一底高为 7,另一半底高为 6,长为 3,现在计算平均直径,将 7 乘以自身为 49,6 乘以自身为 36,然后 6 乘以 7 为 42,三者相加为 127,取其 $\frac{1}{3}$ 为 $42\frac{1}{3}$,则这一半的平均直径为 $R_x 42\frac{1}{3}$,然后将直径平方为 $42\frac{1}{3}$,取其 $\frac{11}{14}$,得

---

① 应为葡萄酒酒桶或类似的酒桶,其放置方式为卧放或称横放,因此称"底高"或"中部高"。——译者注

$33\frac{11}{14}$，再乘以长度 6 得 $99\frac{11}{14}$，就是桶一半的体积，整个桶的体积为其两倍。

若有人否认这种解答，就用计算金字塔体积的方法来验证，结论显而易见。例如，将桶的一半设想为一个圆柱，从直径 7 的底向直径 6 的底的方向拉若干条线，最终让它们交于一点，形成一个底座直径为 7 的金字塔，为求解金字塔的体积，必须求解其长度①，解答如下：7 和 6 的差为 1，这个 1 对应桶的顶部到底部的长度为 3，问：如果 1 对应 3，那么 7 对应多少？将得 21，就是金字塔长度。

然后使用前述同样的方法来计算金字塔的体积，即将底座直径乘以自身，取其 $\frac{11}{14}$，再乘以长度 21，因为它是一个三角锥，取乘积的 $\frac{1}{3}$ 即得金字塔体积为 $269\frac{1}{3}$。现在为计算半桶的体积，计算以桶的另一底即直径为 6 的底的金字塔，其长度为 21 减 3 即 18，得其体积为 $169\frac{5}{7}$，将其从前述整个金字塔的体积即 $269\frac{1}{2}$ 中减去，剩余 $99\frac{11}{14}$，就是半桶的体积，结果同上，由此就不会有人否认上述求解方法。

亦可使用一些粗略的方法求解。加总 7 和 6 为 13，取其 $\frac{1}{2}$ 为 $6\frac{1}{2}$，就是这种方法所解得的平均直径，然后将其平方，最终得到半桶体积 $99\frac{33}{56}$，但此数量若用上述计算金字塔体积的方法去验证时无法契合，因为你用长 18，底直径 6 的金字塔体积 $169\frac{5}{7}$ 加上这里得到的半桶体积 $99\frac{33}{56}$，其并不等于整个金字塔的体积 $269\frac{1}{2}$，无法核验。

你可能会说金字塔的侧边一边是斜边，而另一边是在一个平面上的直线，因此上述计算并不正确。但是要知道金字塔的所有侧边都应该是相等的，你认为它们不会相交，但你所说的是两条平行线，它们将在无穷远的地方转向，这是欧几里得在其书中首先证实的。这样在立体和在平面中的比例一致②。

---

① 同上一脚注，这个想象的金字塔也是卧放的，因此称为"长度"。——译者注。
② 此页为本书（原稿）最后一页，在其最后画有这样的一张图，其文本整理者按从上至下从左至右的顺序用拉丁文书写：第四（quartum），或连续（vel continuum），或离散（vel discretum），连续衡量（mensura continuorum），并不知具体含义。但译者认为第一个词可能是指"平方根"。——译者注。

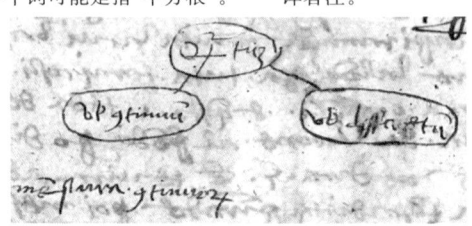

帕乔利对前文的增补、勘误及修订

*****

1480年12月10日佩鲁贾①

我在这个令人兴奋的城市,收到欧几里得的书,来自圣方济各会修士弗朗西斯·安东尼奥,佩鲁贾的现任监护人,赠送给来自圣塞波尔克罗(Borgo San Sepolcro)的卢卡修士。我已向他介绍过欧几里得,他在书页中所写②,是出于对上述内容的信念,亲手写下(此赠言)。

---

① 本部分从内容来看是后加内容,以拉丁文书写,叙述了帕乔利与另一兄弟会修士之间的往来。文本写在最后一页页面空白处,位置在左下角,写作方向不是正常文本的从左至右,而是从页面下方向页面上方,见下图。——译者注。

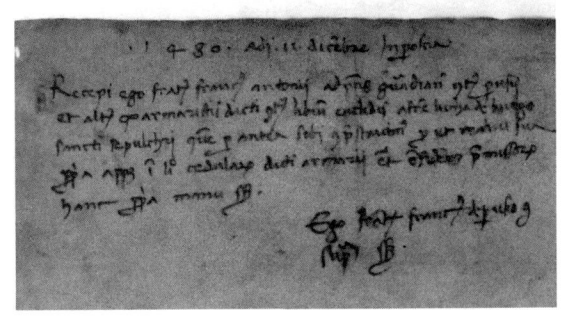

② 指圣方济各会修士弗朗西斯·安东尼奥向帕乔利赠书时,在赠书中所写的赠言,具体内容不得而知。——译者注。

附表[①]

一、货币名称列表及说明

古意大利语名称	中文译名	说明
Ambrosini de miser ambroso	安波罗索的安波罗西尼	米兰货币,以圣安波罗修(Sant'Ambrogio)命名
Anconetani	安可那塔尼	安科纳(Ancona)铸造的一种银币
Angontani	阿贡塔尼	安科纳货币
Aquilini	阿奎利尼	13世纪开始在意大利北部城市梅拉诺(Merano)铸造发行的一种银币。
Argento d'Avignone	阿维尼翁银币	阿维尼翁货币
Argento de Barzalona	巴塞罗那银币	巴塞罗那货币
Argento de corte d'Avignone	阿维尼翁教廷银币	阿维尼翁教廷发行的货币
Argento de Parigi segnato de la corona	标有皇冠的巴黎银币	巴黎货币
Argento de Provenza	普罗旺斯银币	普罗旺斯货币
Bagatini	巴卡替尼	小德纳里(denari piccoli)的俗称,价值12分之一索尔迪,广泛使用的低价值货币
Bagatini grandi per veronese e vigentine	维罗纳和维琴察的大巴卡提尼	维罗纳和维琴察的货币
Bagatini pizoli per veronese e vigentine	维罗纳和维琴察的小巴卡提尼	维罗纳和维琴察的货币
Bianche de Francia	法兰西比安科	法国发行的一种货币
Bisanti vechi	老拜占庭金币	在塞浦路斯岛使用的货币

[①] 附录中的内容均以原著古意大利语字母顺序排序。——译者注。

(续表)

古意大利语名称	中文译名	说明
Bolognini	博洛尼尼	博洛尼亚（Bologna）货币
Bolognini Nuovi	新博洛尼尼	不同时期的博洛尼亚货币
Bolognino Grosso	大博洛尼尼	不同时期的博洛尼亚货币
Bolognino Piccolo	小博洛尼尼	不同时期的博洛尼亚货币
Bolognino Vechio	老博洛尼尼	不同时期的博洛尼亚货币
Charlini de Napoli	那不勒斯卡里尼	13世纪末开始发行的那不勒斯金币，又被称为萨鲁提（Saluto）
Corone de Fiandra	弗兰德王冠金币	弗兰德货币
Danari petitti	小德纳里	价值12分之一索尔迪，广泛使用的低价值货币
Data	达塔	在维尼翁使用的货币
Doble	多布勒	又称Doblone，西班牙语Doblón，最初发行于西班牙的一种金币
Doble belledi	贝勒第多布勒	多布勒金币的一种
Doble de Castiglia	卡斯蒂亚多布勒	卡斯蒂亚发行的多布勒金币
Doble de Granate vechie	格拉纳特老多布勒	多布勒金币的一种
Doble de grane de brachette tuti	布拉克特小麦多布勒	多布勒金币的一种
Doble de Maiolicha nuove	马以奥丽卡新多布勒	多布勒金币的一种
Doble de Maiolicha vechie	马以奥丽卡老多布勒	多布勒金币的一种
Doble de Portogallo	葡萄牙多布勒	葡萄牙发行的多布勒金币
Doble de Tunitii	杜尼提多布勒	多布勒金币的一种
Dobre de papa vechie	老教宗多布勒	多布勒金币的一种
Dozine de papa Chimento	奇门托教宗多自那	不详
Dozine de papa Urbano	乌尔巴诺教宗多自那	不详
Doble moresche	摩尔多布勒	多布勒金币的一种
Ducati	杜卡迪	与佛罗伦萨弗罗林等值的金币，最初由威尼斯总督乔万尼·丹多洛（Doge Giovanni Dandolo）于1284年发行

(续表)

古意大利语名称	中文译名	说明
Fiorini（Fiorino d'oro, Fiorino a oro）	弗罗林	古代欧洲被广泛使用及依此为名发行的货币。弗罗林金币于1252年在佛罗伦萨首次铸造
Fiorini currenti	流通弗罗林	指当地所流通的弗罗林货币
Fiorini d'ascio	斧头弗罗林	弗罗林金币的一种
Fiorini de botolli	波托利弗罗林	弗罗林金币的一种
Fiorini de li ribeche	三弦琴弗罗林	弗罗林金币的一种
Fiorini de Londra e di Grifona	伦敦狮鹫弗罗林	弗罗林金币的一种
Fiorini de Lucha del volto santo	卢卡圣像弗罗林	弗罗林金币的一种
Fiorini de lupis	狼弗罗林	
Fiorini de Maiolicha	马以奥丽卡弗罗林	弗罗林金币的一种
Fiorini de Matasi	马塔斯弗罗林	弗罗林金币的一种
Fiorini de Ragona	拉格纳弗罗林	弗罗林金币的一种
Fiorini de rene apostolati	肾形使徒弗罗林	弗罗林金币的一种
Fiorini de Reno	勒诺弗罗林	
Fiorini de rene nuovi	新肾形弗罗林	弗罗林金币的一种
Fiorini de rene vechi	老肾形弗罗林	弗罗林金币的一种
Fiorini de Rodi	罗迪弗罗林	弗罗林金币的一种
Fiorini de sogello	印章弗罗林	弗罗林金币的一种
Fiorini de Svogia	斯沃加弗罗林	弗罗林金币的一种
Fiorini de Valenza	瓦伦西亚弗罗林	弗罗林金币的一种
Fiorini de Vignone	维尼翁弗罗林	弗罗林金币的一种
Fiorini del dente e da bellino	齿状小弗罗林	弗罗林金币的一种
Fiorini del sepolcro	塞波尔克罗弗罗林	弗罗林金币的一种
Fiorini del villano	农夫弗罗林	弗罗林金币的一种
Fiorini del ducha de Scotia	苏格兰公爵弗罗林	弗罗林金币的一种
Fiorini della balla	大捆弗罗林	弗罗林金币的一种，在百合花下面有一大捆（物资）

(续表)

古意大利语名称	中文译名	说明
Fiorini della guillotte	贵洛特弗罗林	弗罗林金币的一种
Fiorini della ispada	伊斯帕达弗罗林	弗罗林金币的一种
Fiorini della ragetta	小圆盾弗罗林	弗罗林金币的一种
Fiorini della rucella	卢切拉弗罗林	弗罗林金币的一种
Fiorini dell'aquilette overo de lione	鹰狮弗罗林	弗罗林金币的一种
Fiorini di Chaglieri nuovi	新卡耶里弗罗林	弗罗林金币的一种
Fiorini di Chaglieri vechi	老卡耶里弗罗林	弗罗林金币的一种
Fiorini petitti	小弗罗林	弗罗林金币的一种
Fiorini turchi	土耳其弗罗林	弗罗林金币的一种
Fiorini turchi de Rodi nuovi	罗迪土耳其新弗罗林	弗罗林金币的一种
Fiorini turchi de Rodi vechi	罗迪土耳其老弗罗林	弗罗林金币的一种
Fiorini turchi none	祷告土耳其弗罗林	弗罗林金币的一种
Fiorini turchi vechi	老土耳其弗罗林	
Fiorini venitiani	威尼斯弗罗林	弗罗林金币的一种
Fiorino de camera	议会弗罗林	弗罗林金币的一种
Franchi	法郎	14世纪法国发行的金币
Franchi a chavallo	骑马法郎	法郎的一种，图案为骑马的国王
Franchi a pié	站立法郎	法郎的一种，图案为站立的国王
Franchi de Londra	伦敦法郎	法郎的一种
Franchi di Bretagna	布列塔尼法郎	法郎的一种
Franchi di Ghelare	格拉勒法郎	法郎的一种
Genovini	杰诺维尼	13世纪热那亚发行的金币
Gigliato	吉雅多	14世纪初在那不勒斯发行的银币。
Griffoni de Lamagna	德意志狮鹫币	德意志货币的一种，一面为狮鹫，爪下有盾形纹章
Grossetti	格洛色提	威尼斯货币，每个价值4索尔迪

(续表)

古意大利语名称	中文译名	说明
Grossi	格罗斯	12世纪开始在意大利的各城市共和国及欧洲地区广泛铸造并流通的银币
Grossi de Barzalona	巴塞罗那格罗斯	格罗斯货币的一种
Grossi de Boemia	波西米亚格罗斯	格罗斯货币的一种
Grossi de Chastiglia	卡斯提莉亚格罗斯	格罗斯货币的一种
Grossi de Filippus e Ludovicho	菲利普斯和卢多维科格罗斯	格罗斯货币的一种
Grossi de Genova vechi	老热那亚格罗斯	格罗斯货币的一种
Grossi de Greta	格瑞塔格罗斯	格罗斯货币的一种
Grossi de papa Chimento	奇门托教宗格罗斯	格罗斯货币的一种
Grossi de papa de Provenza	普罗旺斯教宗格罗斯	格罗斯货币的一种
Grossi de Vinegia	威尼斯格罗斯	格罗斯货币的一种
Grossi del delfino	德尔菲诺格罗斯	格罗斯货币的一种
Grossi nuovi de Genova	热那亚新格罗斯	格罗斯货币的一种
Grossi tornesi	托纳斯的格罗斯	格罗斯货币的一种
Grossoni	格洛索尼	威尼斯货币，每个价值8索尔迪
Guiglielmi	贵耶勒米	不详，可能是以人名命名的货币
Lioni de Fiandra	弗兰德狮币	弗兰德货币的一种
Lire, Soldi, Denari	里拉，索尔迪，德纳里	自查理大帝（Charlemagne, Carlo Magno）的货币改革（793—794）以来，里拉作为记账货币出现，1里拉等于20索尔迪，240德纳里
Lodovicha	罗多维卡	弗兰德货币的一种
Marcelle	马切勒	威尼斯银币，名称源自1473—1474年威尼斯执政官姓氏，每个价值10索尔迪
Marcheti	马克提	威尼斯索尔迪的俗称
Marcho d'oro	金马克	在日内瓦使用的货币
Mezanini	马扎尼尼	意为"一半"，用来表示某种主要货币价值的一半，也有依此为名发行的货币。每个价值2索尔迪
Mezzi Grossi	半格罗斯	价值为格罗斯银币的一半

(续表)

古意大利语名称	中文译名	说明
Mezzi grossi de Genova	热那亚半格罗斯	半格罗斯货币的一种
Mezzi grossi de papa	教宗半格罗斯	半格罗斯货币的一种
Mezzi grossi de Vinegia	威尼斯半格罗斯	半格罗斯货币的一种
Montoni de Francia	法兰西蒙托尼	蒙托尼货币的一种
Montoni de Parigi	巴黎蒙托尼	蒙托尼货币的一种
Montoni nuovi	新蒙托尼	蒙托尼货币的一种
Montoni vechi	老蒙托尼	蒙托尼货币的一种
Mozenigo	默兹尼科	威尼斯银币，名称源自1474—1476年威尼斯执政官姓氏，每个价值10索尔迪
Nobili d'Inghilterra	英格兰诺比利	英文为Noble，是英格兰爱德华三世发行的金币
Nobili nuovi d'Inghilterra	英格兰新诺比利	诺比利金币的一种
Nobili de Fiandra	弗兰德诺比利	诺比利金币的一种
Ongaro	盎格洛	14世纪上半叶在匈牙利铸造的弗罗林之意大利名称。该枚硬币被广泛模仿
Onza, Once, Oncia	盎司	从10世纪开始，在意大利地区就出现了以盎司命名的货币，在西西里王国广泛使用。
Oriale	奥里阿勒	在马略尔卡使用的货币
Pattacchi	帕塔奇	又写为Patacchina或Petacchina，十四世纪后半期在热那亚和萨沃纳发行，每个价值相当于6德纳里
Patachine de Genova	热那亚帕塔奇	在热那亚发行的帕塔奇
Pathachi nuovi della reina	王后新帕塔奇	帕塔奇货币的一种
Pattacchi di Vinegia	威尼斯帕塔奇	帕塔奇货币的一种
Pattachi negri fatti a Bellaroda	贝拉罗达黑帕塔奇	帕塔奇货币的一种
Pattachi nuovi de papa	教宗新帕塔奇	帕塔奇货币的一种
Pattachi vechi de papa	教宗老帕塔奇	帕塔奇货币的一种
Pattachi vechi della reina	王后老帕塔奇	帕塔奇货币的一种
Petitti denari de la reina	王后小德纳里	小德纳里的一种

(续表)

古意大利语名称	中文译名	说明
Petitti denari de papa	教宗小德纳里	小德纳里的一种
Piccioli	皮奇奥利	佛罗伦萨低价值辅币，等于 $\frac{1}{4}$ 瓜特尼尼（Quattrini）
Pizolo、Pizoli	皮佐利	也称 Piccolo 或 Picciolo，指价值较低的钱币，可能起源于威尼斯
Populino、Populini	珀普利诺	13世纪末在佛罗伦萨铸造的银弗罗林的名称
Provigini	普罗维吉尼	又称 Provisini，12 世纪于法国普罗旺斯发行
Quarti	瓜尔提	萨沃亚公国（Ducato di Savoia）14 世纪发行的货币
Quarti de papa Chimento	奇门托教宗瓜尔提	瓜尔提货币的一种
Quarti de papa de Provenza	普罗旺斯教宗瓜尔提	瓜尔提货币的一种
Quarti del delfino	德尔菲诺瓜尔提	瓜尔提货币的一种
Quattrini	瓜特尼尼	13 世纪以来在意大利各个地区广泛铸造和使用的价值较低的硬币，大约相当于 4 德纳里
Ravignani	拉维涅尼	不详，可能是以人名命名的货币
Reali	瑞阿里	一种广泛发行和流通于意大利和欧洲其他地区的货币
Reali de Francia	法兰西瑞阿里	瑞阿里货币的一种
Reali de Parigi	巴黎瑞阿里	瑞阿里货币的一种
Reali de Maiolicha	马以奥丽卡瑞阿里	瑞阿里货币的一种
Ridoli de Parigi	巴黎利多里	巴黎货币
Saluti	萨鲁提	那不勒斯 13 世纪发行的货币
Saluti de Francia	法兰西萨鲁提	萨鲁提货币的一种
Saluti de Parigi	巴黎萨鲁提	萨鲁提货币的一种
Saluti de Lamagna	德意志萨鲁提	萨鲁提货币的一种
Schudi	斯库迪	法国路易九世 1266 年开始发行的命名为埃居（écu）的金币，在意大利、西班牙等区域称为 Scudi，Schudi

(续表)

古意大利语名称	中文译名	说明
Schudi de Borgongnia	勃艮第斯库迪	斯库迪金币的一种
Schudi de Francia nuovi	法兰西新斯库迪	斯库迪金币的一种
Schudi de Francia vechi	法兰西老斯库迪	斯库迪金币的一种
Schudi de Scotia	苏格兰斯库迪	斯库迪金币的一种
Schudi de Tolosa	图卢兹斯库迪	斯库迪金币的一种
Schudi Filippi	腓立比斯库迪	斯库迪金币的一种
Scorlini	斯科里尼	在伦敦使用的货币
Senesi、Senese	塞纳斯	锡耶纳(Siena)货币,自 1376 年开始发行
Sestini	塞斯尼	约 14 世纪在意大利开始铸造的一种通用硬币,每个价值 6 德纳里(半索尔迪)
Sogiello de cera verde	绿蜡印章	比萨货币
Soldini	索尔迪尼	威尼斯货币
Sonno	索诺	在大马士革使用的货币
Starlini	斯塔里尼	弗里德货币
Tarline	塔里尼	在伦敦使用的货币
Tornese、Tornesi	托纳斯	图尔(法语为 Tours),为中西部城市,其发行的货币名为托纳斯随后这种名称的货币也在意大利南部发行
Troni	特洛尼	威尼斯银币,名称源自 1471—1473 年威尼斯执政官姓氏,每个价值 20 索尔迪
Venitiano Venitiani	维尼亚尼	可能并不存在依此为名的真实货币,而可能是帕乔利为举例所设的"虚拟货币",意为"威尼斯的货币"
Viannari	维也纳里	奥地利商人带入威尼斯的一种银币

二、人名列表及说明

古意大利语名称	中文译名	说明
Boetio	波爱修斯	六世纪早期哲学家(480—524 年或 525 年),全名拉丁语为 Anicius Manlius Severinus Boëthius,其哲学巨著《哲学的慰藉》是中世纪最有影响力的哲学著作之一
Nicolò Trono	尼科洛·特罗诺	威尼斯执政官(1471—1473)
Nicolò Marcello	尼科洛·马赛洛	威尼斯执政官(1473—1474)

(续表)

古意大利语名称	中文译名	说明
Piero Mozenigo	皮埃罗·默兹尼科	威尼斯执政官(1474—1476)
Andrea Vendramino	安德鲁·凡卓米诺	威尼斯执政官(1476—1478)
Leonardo Fibonacci	莱昂纳多·费波那契	又名 Leonardo Pisano,于 1202 年写就西欧第一本数学专著《计算之书(Liber Abbaci)》,第一次引入印度-阿拉伯数字系统(Hindu-Arabic numeral system),并将这个数字系统应用在商业实践和数学中
Scipione Dal Ferro	西皮奥尼·德尔·费罗	于 1505 年左右发现了某些缺项三次方程的求解公式,1502 年帕乔利在博洛尼亚大学任教期间可能曾与费罗探讨过三次方程的解法
Niccolò Fontana	尼科洛·丰塔纳	于 1535 年发现了多种类型三次方程的解法,可能于 1541 年发现了三次方程的一般解答公式
Pietro Antonio Cataldi	彼得罗·卡塔尔迪	于 1588 年(一说 1603 年)计算出第 6 个完美数 8,589,869,056,其与第 5 个完美数一样,仍是以 6 结尾,卡塔尔迪证明了此结论因此 6 和 8 交替结尾实质上是错误的规律。此外,其还计算出第七个完美数 137,438,691,328
Lucham	卢卡	古代数学学者,具体信息未知。
Petrozzo	佩特罗佐	古代数学学者,具体信息未知。
Hostiense	斯蒂恩西斯	即恩里克·巴托洛梅(Enrico Bartolomei)(1200—1271),教士,奥斯提亚(Ostia)主教,《法令大全》(Summa decretalium)的作者
San Tomasso	圣托马斯	圣托马斯(St. Thomas the Apostle),耶稣十二门徒之一
Giovanni de Sacrobusco	乔万尼·德·萨克罗博斯科	亦称 Ioannes de Sacro Bosco,拉丁语称为 Johannes de Sacrobosco,英语称为约翰·霍利伍德(John of Holywood)或约翰·霍利布什(John of Holybush),其著作《运算法则》这本书的写作估计在 1225 年前后
Prosdocimo Beldomandi	普罗多西莫·贝尔德曼迪	音乐理论家和数学家(1375—1438),帕多瓦大学的数学教授,著有多部天文学和数学作品,包括《算法演示(Algoritmus demonstratus)》

(续表)

古意大利语名称	中文译名	说明
Bianchino	乔万尼·比安奇尼	费拉拉大学数学和天文学教授，全名乔瓦尼·比安奇尼（Giovanni Bianchini，拉丁语：约翰内斯·布兰奇努斯 Johannes Blanchinus）（1410—约 1469 年）
Hostiense	斯蒂恩西斯	即恩里克·巴托洛梅（Enrico Bartolomei）（1200—1271），教士，奥斯提亚（Ostia）主教，《法令大全》（Summa decretalium）的作者
Geber	盖伯	全称为来自塞尔维亚的阿布·穆罕默德·贾比尔·伊本·阿拉赫（al-Ishbili Abu Muhammad Jabir ibn Aflah）（1100—1150），一般称贾比尔·伊本·阿弗拉赫（Jabir ibn Aflah），拉丁名盖伯（Geber），塞维利亚的阿拉伯人，穆斯林天文学家和数学家，他的著作被翻译成拉丁文，可供欧洲数学家使用
Algebra	阿尔几布	书名作为人名误用，指穆罕默德·伊本·穆萨·花剌子米（Muhammad ibn Musa al-Khwarizmi）（约 780—约 850），通常简称为花剌子米（al-Khwarizmi），其最重要的著作简称"阿尔几布（Al-Jabr）"，英文名《完成和平衡计算简明书》（The Compendious Book on Calculation by Completion and Balancing），他因此被称为"代数之父"。英语术语代数（algebra）即来自他的著作简称（Al-Jabr，意为"完成"或"重新加入"）
Melchimellech	穆罕默勒斯	书名作为人名误用，指《穆罕默勒斯之书》（Liber Mahameleth），是一部拉丁文著作，写于 12 世纪中叶，主要基于来自伊斯兰西班牙的阿拉伯语资料，它也是拉丁中世纪第二大数学著作（另一本是斐波那契的著作，大约 50 年后）。"mahameleth"一词是阿拉伯语单词的拉丁语版本，意思类似于"商业数学"
Euclide	欧几里得	古希腊数学家，生活在公元前 300 年左右，著有《几何原本》，被认为是"几何学之父"
Tholomeo	托勒密	全名克劳狄乌斯·托勒密（Claudius Ptolemy）（约 100—168 年），亚历山大（Alexandrian）数学家、天文学家、占星家、地理学家和音乐理论家，最著名的著作为《天文学大成（Almagest）》

(续表)

古意大利语名称	中文译名	说明
San Marco	圣马可	圣马可（St. Mark the Evangelist），圣徒和《马可福音》的作者，被认为是威尼斯的守护圣人

三、度量衡名称及说明

古意大利语名称	中文译名	说明
Alcantarà	阿尔坎塔拉	历史上在中东和北非地区，尤其在叙利亚使用的传统重量单位，适用于衡量大宗的货物
Arubii	阿鲁比	本书中所提及的阿布雷佐（Abruzo）的重量计量单位
Atumo, Atomo	阿图米	用于测量极小长度的传统意大利单位
Barili	巴利里	用于测量液体和干货体积的传统意大利容积单位，其具体容量因地区和历史时期而异，通常在 50 到 100 升之间
Braccia	寻	基于手臂长度的传统意大利长度单位，长度因地区而异，通常在 50 厘米至 70 厘米之间
Braccio cubo	立方寻	意大利广泛使用的传统体积衡量单位，在米兰相当于 210.577 升。
Callo Emendo	卡罗·厄门朵	不详，可能也是一种长度衡量单位，但未见相关记载。
Canna	卡纳	历史上在意大利和地中海地区广泛使用的长度单位，通常在 2 米至 3 米之间
Cantare, Cantaro	坎塔勒	用于称量中型或大型物体的意大利传统重量衡量单位，根据时期和地区，相当于 25 磅至 150 磅之间
Caratto, Caratura, Charatte	克拉	具有双重含义，作为贵重材料质量的计量单位，或作为金合金纯度的指标
Carico	卡里克	传统的意大利重量或体积单位，用于测量大宗农产品和商品的数量，其具体重量或体积因地区和历史时期而异
Ciucholo, Ciucholi	奇乌科里	传统的意大利长度单位，专门用于测量织物或布料的长度，其具体长度因地区和历史时期而异，通常在 1 米至 1.5 米之间

(续表)

古意大利语名称	中文译名	说明
Corbe	柯贝	博洛尼亚干燥货物及液体的容积单位，约等于78.6升。
Cupi	库皮	托斯卡纳（Toscana）测量容积的单位，约等于佛罗伦萨的4梅塔德拉
Datio	达提欧	指Dito，拉丁文为Digitus，意大利历史上常用的一种小长度单位，基于手指的宽度，通常约为1.9到2.2厘米
Denari	德纳里	古罗马时期开始使用的重量单位，后来也被作为货币单位使用
Dramma	德拉玛	古老的重量单位，广泛用于地中海和中东地区。它在不同的历史时期和地域有不同的定义，通常用于称量贵重金属、药材以及作为货币单位
Grani	格令	传统的重量单位，主要在意大利和其他地中海沿岸国家使用，通常用于测量轻量级的物品
Libbra grossa	粗磅	用来测量较粗放货物的重量单位
Libbra piccola	小磅	细磅在米兰地区也被称为小磅
Libbra sottile	细磅	用来测量较精细货物的重量单位
Libra，Libbra	磅	古罗马时期开始使用的重量单位，后来也被作为货币单位（即里拉）使用
Metadella	梅塔德拉	托斯卡纳地区的容积单位
Miglio	千步	古罗马长度单位，等于1 000双步
Mina	米娜	古代中东和地中海地区广泛使用的重量单位，广泛用于美索不达米亚、古希腊、古罗马等区域，通常在500克至1 000克之间
Oncia，Once	盎司	历史上用于测量长度和重量的传统意大利单位。作为长度单位，1 Oncia通常约为2.54厘米；作为重量单位，1 Oncia通常约为28.35克
Palmo	掌尺	手掌是古老的长度计量单位，在多种文化中存在，又称为手幅尺、掌尺，古罗马的掌尺约合0.0741米，在意大利的各个地区，相当于成年人张开手的大拇指尖和小指之间的距离的值，通常在26至38厘米之间。

(续表)

古意大利语名称	中文译名	说明
Passo	步	基于步伐长度的传统意大利测量单位，通常用于测量距离和土地，分"单步"和"双步"，双步长度约 1.5 米
Perticha	罗马杆	用于测量土地的传统意大利长度单位，其具体长度因地区和历史时期而异，通常在几米至十几米之间
Petiti	佩提提	容积单位，从属于巴利里（Barili），每巴利里等于 20 佩提提
Pezza	匹	意大利传统纺织业和贸易中用于衡量布料长度的单位，通常指代一块标准长度的布料，其长度一般在 20 至 30 米之间
Pici	皮奇	用于测量非常小的长度或厚度的传统意大利单位，其具体长度因地区和使用场景而异，通常在毫米或亚毫米范围内
Piede	足尺	在欧洲广泛使用的长度单位，意指用脚丈量的长度，但长度并不统一，即便在意大利各地，其长度也不统一，通常在 29 至 51 厘米之间
Ponto	彭多	用于测量非常小的长度或距离的传统意大利单位，通常约为 0.353 毫米。
Provende	普罗文达	用于测量谷物等干货的传统意大利容积单位，其具体容量因地区和历史时期而异
Quintare, Quintale	昆塔勒	一种传统的重量单位，广泛用于意大利及其他欧洲国家，通常等于 100 公斤
Rubi	鲁比	本书中所提及的西西里的重量计量单位
Ruotoli, Ruotogli, Rotoli	罗托利	意大利（尤其是南部和西西里地区）传统的重量单位，通常在 0.8 至 1 公斤之间
Soma	索玛	Soma 是一种历史上用于测量谷物、葡萄、橄榄等农产品和液体（如葡萄酒、油）的传统意大利体积单位，其具体容积因地区和历史时期而异，通常在 80 至 100 升之间
Staio	斯塔	意大利传统的、最重要的谷物体积衡量单位，容量因地区而异，通常在 20 升至 83 升之间

(续表)

古意大利语名称	中文译名	说明
Stara, staro	斯塔拉	历史上用于测量谷物和其他散装商品的传统意大利体积单位,在意大利某些地区和历史时期,它也被用作面积单位,主要用于农业土地的测量
Tari	塔利	阿拉伯世界和中东地区传统的重量单位
Tavole	塔沃拉	意大利(尤其是北部)广泛使用传统面积单位,通常在20至30平方米之间

数学符号

原稿中的符号	对应现代符号	说明
1°	1x	未知数符号，翻译稿为 1co
400°	400x²	未知数的平方，翻译稿为 400co□
1°.	1x³	未知数的三次方，翻译稿为 1co△
1°°	1x⁴	未知数的四次方，翻译稿为 1co□□
+	+	加
-	-	减
R	√	平方根，翻译稿写为 R_x
R cuba	³√	立方根，原文为 R_x cuba，翻译稿写为 R_xc 或 R_xq
R R	⁴√	四次方根，翻译稿写为 $R_x R_x$
R prima relata	⁵√	五次方根，原文为 R_x prima relata，翻译稿写为 $R_x$pr
Rq.RRq	⁶√	六次方根，原文为 $R_x q R_x q$，翻译稿写为 $R_x q R_x q$ 或 $R_x c R_x c$
RRRq	⁷√	七次方根，原文为 $R_x R_x R_x q$，翻译稿写为 $R_x R_x R_x q$
RRq.RRq	⁸√	八次方根，原文为 $R_x R_x q R_x q$，翻译稿写为 $R_x R_x q R_x q$
Rq.RRq.RRq	⁹√	九次方根，原文为 $R_x q R_x q R_x q$，翻译稿写为 $R_x q R_x q R_x q$
RRRq.RRq	¹⁰√	十次方根，原文为 $R_x R_x R_x q R_x q$，翻译稿写为 $R_x R_x R_x q R_x q$

跋

宋丽梦不简单，居然翻译了卢卡·帕乔利的《会计原典》。

之所以说宋丽梦不简单，是因为《会计原典》在会计界的地位犹如《几何原本》在数学界的地位一样。公元1600年，意大利传教士利玛窦怀揣欧几里得的拉丁文版《几何原本》来到中国，在南京遇到了上海籍学者徐光启。这次邂逅7年后的1607年，徐光启和利玛窦合作翻译完成了《几何原本》前六卷并印刷出版，中国人从此知道了点、线、面、体、平行线、对角线、三角形、四边形等数学专有名词。500多年前，卢卡·帕乔利完成了他的手稿——《会计原典》，宋丽梦则把这部古意大利文并夹杂古拉丁文的整理稿翻译成中文。如果说《几何原本》是数学家的"圣经"，那么《会计原典》就是会计学家的"圣经"，能够翻译会计学家"圣经"的人当然不简单。

翻译是一件非常不容易的事情。要把源语言文字（意大利文）转换成目标语言文字（中文），不仅需要懂意大利文和中文，还需要有足够的会计专业和数学专业知识储备。再加上翻译的是500多年以前的外国专业文献。即使在自己的母语国度，500多年以前的语言表达与现代的语言表达差异也非常大，要做到准确的表达非常困难。因此，要把500多年前的意大利经典著作翻译成可供当代人阅读的中国文字，是多么艰难的一件事。

宋丽梦是有两把刷子的。首先，他天资聪颖、才思敏捷。他是妥妥的70后，慧心巧思，敏而好学，年纪轻轻就在中国顶尖会计学术刊物《会计研究》上发表多篇论文，他主讲的"会计简史"上线了中国大学慕课，还被评为国家级一流本科课程。其次，他笃学不倦、专业过硬。他本科学审计学专业，武汉大学的会计学硕士，博士阶段师从世界著名会计史学家郭道扬教授，深得郭老师真传，是郭老师众多弟子中为数不多的继承乃师衣钵专注会计史研究而且成就卓著的学者之一。最后，他目标明确、意志坚定。目标明确是精彩人生的开始。宋丽梦立志把会计史研究作为人生奋斗的主要目标，这是一个非常了不起的选择。会计领域研究的方向很多，但选择研究会计史方向的人最少。这一方面是在许多人看来，会计史远离现实，不容易上镜亦不聚焦，有它不多无它不少，容易被主流社会所忽视；另一方面是从事会计史研究会很辛苦，要补基础（历史学、考古学、古文献学、古文字学等，翻译还需要精通外国语言、了解外国文明等）、做调研，很不容易出成果。宋丽梦追随郭道扬老师依然选择了会计史。目标确定之后，剩下的就是坚持不懈的奋斗了。从 2010 年开始，他除了跟随郭老师深入系统研究中国会计史，开始远赴海外，另辟蹊径开启了翻译簿记论的工作，进而又用 8 年多的时间翻译了 80 余万字的《会计原典》，出众的才华、坚强的毅力、沉甸甸的成果，让我们感动，让我们肃然起敬。

14 世纪至 16 世纪的文艺复兴时期是一个伟大的时代。这个伟大的时代诞生了达·芬奇、米开朗基罗、拉斐尔、哥白尼、伽利略、培根、笛卡尔、但丁、莎士比亚……也诞生了"现代会计之父"卢卡·帕乔利，文艺复兴带动了欧洲大陆的科技进步、文化繁荣、经济发展，欧洲从此将征途转向星辰大海。被歌德称为"人类智慧的绝妙创造之一"——源于意大利的西式复式簿记，随着欧洲航海家和商人足迹走向非洲，走向美洲，走向亚洲……最后风靡世界。

开放才能交流，交流才能融合，融合才能创新。他山之石，可以攻玉，古能鉴今，洋可中用。中华文明是世界文明体系的重要一支，意大利文明成果也是人类文明成果的重要组成部分。卢卡·帕乔利创作的《会计原典》讲义是古意大利文和古拉丁文，佩鲁贾大学朱塞佩·卡尔佐尼和詹弗兰科·卡瓦佐尼两位教授将其整理为古意大利文，宋丽梦在此基础上历尽艰辛译为中文。宋丽梦严格尊重原著，同时对发现的讹误利用自己丰富的会计学和会计史学知识进行了必要的纠正并作出详细说明，体现出其治学的严谨性。译文尽可能用当代人的语境、中国人熟悉的语言风格阐述发生在异域 500 多年前的会计故事，在坚持原创性（原讲义"味道"）、科学性、规范性的基础上增加可读性，有利于"西式会计史"在中国传播，也向世界会计史学界展示了中国新一代会计学者的智慧和风采。《会计原典》中文版无疑会成为郭道扬会计史学流派的又一项重大学术成果，在中国会计史学界乃至世界会计史学界都具有重要的史料价值和学术价值。

当年，时任立信会计出版社社长的窦瀚修研究员带着《会计原典》遍访学界寻找译者，终与宋丽梦结缘。宋丽梦是"千里马"，窦瀚修是当之无愧的"伯乐"。

由衷感谢宋丽梦和窦瀚修这对有缘人对世界会计文明所作的努力和贡献！

山西省财政税务专科学校原党委副书记、校长
中国会计学会第九届理事会会计史专业委员会主任委员
2024 年 12 月 22 日

出版者按语

  在人类历史的长河中,中国与意大利作为世界两大文明古国,各自绽放出了独特而璀璨的文化光芒。意大利,孕育了"现代会计之父"卢卡·帕乔利,其著作《会计原典》在会计学领域具有里程碑的意义。

  《会计原典》是卢卡·帕乔利首部论述会计起源、形成和发展的著作,开辟了会计学发展史上的新纪元,是在世界范围内会计学的开山之作。我们隆重推出《会计原典》中文版,旨在开展对外文化交流,更加积极主动地学习借鉴世界一切优秀文明成果。探索优秀中外文经典图书的出版内容、出版形式和传播方式,让世界了解中国对世界优秀文明成果的尊重,为中国读者开阔国际视野、学习高水准的会计经典提供帮助。

  卢卡·帕乔利既是"现代会计之父",也是一位著名的数学家,阅读本书可以清晰地看到会计与数学如影随形,会计的发展贯穿于贸易、金融和商业发展的全过程,本书为研究会计、数学、金融和商业发展史提供了重要参考。

  感谢我国著名会计史学家、中国会计学会第一届至第七届理事会会计史专业委员会主任委员、中南财经政法大学郭道扬教授在繁忙的会计史研究中抽出时间为本书写序,这是对我们会计经典工程建设的极大鼓励。感谢我国著名数学史学家、第四届、第六届中国数学会数学史分会理事长、第七届中国数学会秘书长、中国科学院数学与系统科学研究院李文林研究员为本书作序并给予的高度评价。感谢中国会计学会第八届理事会会计史专业委员会主任委员、首都经济贸易大学会计学院原院长付磊教授为本书撰写推荐语,以及15年前邀请我们参加在北京举办的会计史国际学术研讨会,让我们有幸结识了《会计原典》的整理者詹弗兰科·卡瓦佐尼教授并获得翻译授权,启动了本部著作的翻译工作。感谢山西省财政税务专科学校原党委副书记、校长,中国会计学会第九届理事会会计史专业委员会主任委员赵丽生教授对本书的关心和支持。中南财经政法大学宋丽梦博士以匠人之心,琢时光之影,倾注8年青春时光,将其译成中文,可敬可贺,感激感恩之情难以言表。感谢意大利国家会计师协会主席威廉·圣托勒利先生、伦敦政治经济学院(英国)会计学荣誉教授理查德·麦克威先生、凯斯西储大学加里·约翰·普雷维茨教授、阿伯丁大学阿兰·桑斯特教授对本书的关注。感谢意大利驻上海总领馆的卡萨齐先生为中意文化交流所付出的努力。感谢华东政法大学陈秋秋副教授为本书做的部分内容的校译。感谢中南财经政法大学会计学院的研究生武丽娟、裴汉杰、郭俊欣、王弈林、胡依林、曹宇梁、曹卓婷、邹欣妤、王婧晗、洪萱、李天聪等同学对本书的数学题进行了认真的验算。感谢上海交通大学附属小学的马千喻小朋友为我们提供了《数学》教科书,使我们对当下有关数学术语的规范用法有所了解。

向所有为本书出版作出贡献的专家、学者和朋友致以诚挚的谢意!正是你们对会计学的挚爱和奉献,才使得会计学精品在立信会计出版社的百花园中越开越多、越开越艳。

立信会计出版社有限公司

2025 年 1 月 28 日